합격에 윙크

Win-Q

컬러리스트 기사·산업기사

[필기]

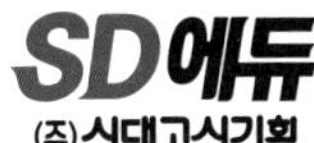

머리말

색은 다양한 분야에서, 많은 가짓수만큼 사람의 삶에도 다양한 영향을 미치고 있습니다. 특별한 상품에만 있는 특별한 색이 있고 컬러 회사가 발표하는 올해의 색은 제품, 패션으로 만들어져 유행합니다. 우리는 의식적, 무의식적으로 색을 선택하여 자신에게 필요한 에너지를 얻고, 표현함으로써 삶에 활용하고 있습니다. 그날의 날씨에 따라 고르는 옷의 색이 달라질 수도 있고, 자신의 취향에 맞는 컬러로 가전제품을 고르기도 합니다. 친구에게 주는 선물, 연인에게 주는 꽃다발, 나를 표현하는 핸드폰 케이스 등 색을 고르고 선택하는 일이 일상에서 너무나 당연하고 중요한 일이 되었습니다.

일반인의 색에 대한 관심이 나날이 높아진 만큼 산업체와 전문기관의 '색채전문가' 또한 중요한 역할이 되었습니다. 색채전문가는 소비자의 마음을 이해할 수 있도록 색 감각을 향상해 실무에서 색채에 의한 효과적인 이미지 전달과 수준 높은 디자인을 창출해야 할 것입니다. 무엇보다 색채를 보는 눈이 중요하며, 각 제품에 맞는 색채를 기획하기 위해 색채를 적용할 관련 제품에 대한 이해도 필요할 것입니다.

필자들은 오랜 시간 겪었던 교육 현장 및 실무에서의 색채 활용성을 바탕으로 컬러리스트의 기초 이론을 최대한 알기 쉽게 구성하여 본서를 집필하게 되었습니다. 선뜻 알아듣기 어려운 외국어와 한자어들을 풀어서 설명하였고 많은 관련 사진을 통해 관련 정보를 이해하기 쉽게 작성하였습니다. 또한 '빨간키'로 중요 내용을 빠르게 짚고 넘어갈 수 있도록 하였고 기출문제를 이론 중간중간에 삽입하여 반복되는 중요한 문제를 파악하기 쉽게 구성하였습니다.

필자들 역시 컬러리스트 자격을 공부했을 때가 있었습니다. 그때의 부족함과 아쉬움을 담아 좀 더 자세하고 쉬운 설명이 되도록 노력하였습니다. 본서는 여러분에게 도움을 주고 싶은 진심을 담은 안내서이면서 또한 과거의 어린 나와 같은 꿈을 꾸는 동료에게 보내는 응원이 될 것입니다.

본 교재를 잘 활용하여 미래를 앞장서는 컬러리스트가 되시길 기대합니다.

2022년 민율미 · 정민경 · 안영선

시험 안내(컬러리스트기사)

개 요

지식기반 사회에서 국제경쟁력을 갖추기 위해서 컬러리스트의 자격 인증과 자질의 향상 그리고 전문화는 필수적인 사항이라고 할 수 있다. 품질과 디자인으로 국제경쟁시장에서 경쟁력의 우위를 점하고, 색채를 통한 고부가가치 상품을 개발하고 여러 가지 문화상품을 수출하기 위해서 컬러리스트의 역할은 무엇보다 중요하다. 따라서 색채를 통해 산업의 인력 전문화와 업종의 다각화, 고용의 확대가 요구되어 현장에서 필요한 전문기술 인력을 양성하고자 자격제도를 제정하였다.

진로 및 전망

❶ 현재 우리나라의 색채 관련 교육 및 산업은 기타 여러 국가에 비해 아주 초보적인 단계에 있다. 근래에 들어 한국색채연구소 및 한국디자인진흥원, 이화여자대학교 색채디자인연구소 등에서 활발한 연구 및 교육 활동을 전개해 나가고 있다. 또한 기타 대학 및 전문대학, 기능대학, 직업전문학교 등 디자인 관련 학과에서 색채교육이 병행되고 있다.

❷ 관련 직업으로 시각디자이너, 광고디자이너 등이 있다.

시험일정

구 분	필기원서접수 (인터넷)	필기시험	필기합격 (예정자)발표	실기원서접수	실기시험	최종 합격자 발표일
제1회	1.10~1.13 / 1.16~1.19	2.13~2.28 / 3.1~3.15	3.21	3.28~3.31	4.22~5.7	6.9
제2회	4.17~4.20	5.13~6.4	6.14	6.27~6.30	7.22~8.6	1차 8.17 / 2차 9.1
제3회	6.19~6.22	7.8~7.23	8.2	9.4~9.7	10.7~10.20	1차 11.1 / 2차 11.15

※ 상기 시험일정은 시행처의 사정에 따라 변경될 수 있으니, www.q-net.or.kr에서 확인하시기 바랍니다.

시험요강

❶ 시행처 : 한국산업인력공단

❷ 시험과목

㉠ 필기 : 1. 색채심리 · 마케팅 2. 색채디자인 3. 색채관리 4. 색채지각론 5. 색채체계론

㉡ 실기 : 색채계획 실무

❸ 검정방법

㉠ 필기 : 객관식 4지 택일형, 과목당 20문항(과목당 30분)

㉡ 실기 : 작업형(6시간 정도)

❹ 합격기준

㉠ 필기 : 100점 만점 40점 이상, 전과목 평균 60점 이상

㉡ 실기 : 100점 만점 60점 이상

시험 안내[컬러리스트산업기사]

개 요

지식기반 사회에서 국제경쟁력을 갖추기 위해서 컬러리스트의 자격 인증과 자질의 향상 그리고 전문화는 필수적인 사항이라고 할 수 있다. 품질과 디자인으로 국제경쟁시장에서 경쟁력의 우위를 점하고, 색채를 통한 고부가가치 상품을 개발하고 여러 가지 문화상품을 수출하기 위해서 컬러리스트의 역할은 무엇보다 중요하다. 따라서 색채를 통해 산업의 인력 전문화와 업종의 다각화, 고용의 확대가 요구되어 현장에서 필요한 전문기술 인력을 양성하고자 자격제도를 제정하였다.

진로 및 전망

❶ 현재 우리나라의 색채 관련 교육 및 산업은 기타 여러 국가에 비해 아주 초보적인 단계에 있다. 근래에 들어 한국색채연구소 및 한국디자인진흥원, 이화여자대학교 색채디자인연구소 등에서 활발한 연구 및 교육 활동을 전개해 나가고 있다. 또한 기타 대학 및 전문대학, 기능대학, 직업전문학교 등 디자인 관련 학과에서 색채교육이 병행되고 있다.

❷ 관련 직업으로 시각디자이너, 광고디자이너 등이 있다.

시험일정

구 분	필기원서접수(인터넷)	필기시험	필기합격(예정자)발표	실기원서접수	실기시험	최종 합격자 발표일
제1회	1.10~1.13 / 1.16~1.19	2.13~2.28 / 3.1~3.15	3.21	3.28~3.31	4.22~5.7	6.9
제2회	4.17~4.20	5.13~6.4	6.14	6.27~6.30	7.22~8.6	1차 8.17 / 2차 9.1
제3회	6.19~6.22	7.8~7.23	8.2	9.4~9.7	10.7~10.20	1차 11.1 / 2차 11.15

※ 상기 시험일정은 시행처의 사정에 따라 변경될 수 있으니, www.q-net.or.kr에서 확인하시기 바랍니다.

시험요강

❶ 시행처 : 한국산업인력공단

❷ 시험과목
- ㉠ 필기 : 1. 색채심리 2. 색채디자인 3. 색채관리 4. 색채지각의 이해 5. 색채체계의 이해
- ㉡ 실기 : 색채계획 실무

❸ 검정방법
- ㉠ 필기 : 객관식 4지 택일형, 과목당 20문항(과목당 30분)
- ㉡ 실기 : 작업형(5시간 정도)

❹ 합격기준
- ㉠ 필기 : 100점 만점 40점 이상, 전과목 평균 60점 이상
- ㉡ 실기 : 100점 만점 60점 이상

검정현황[컬러리스트기사]

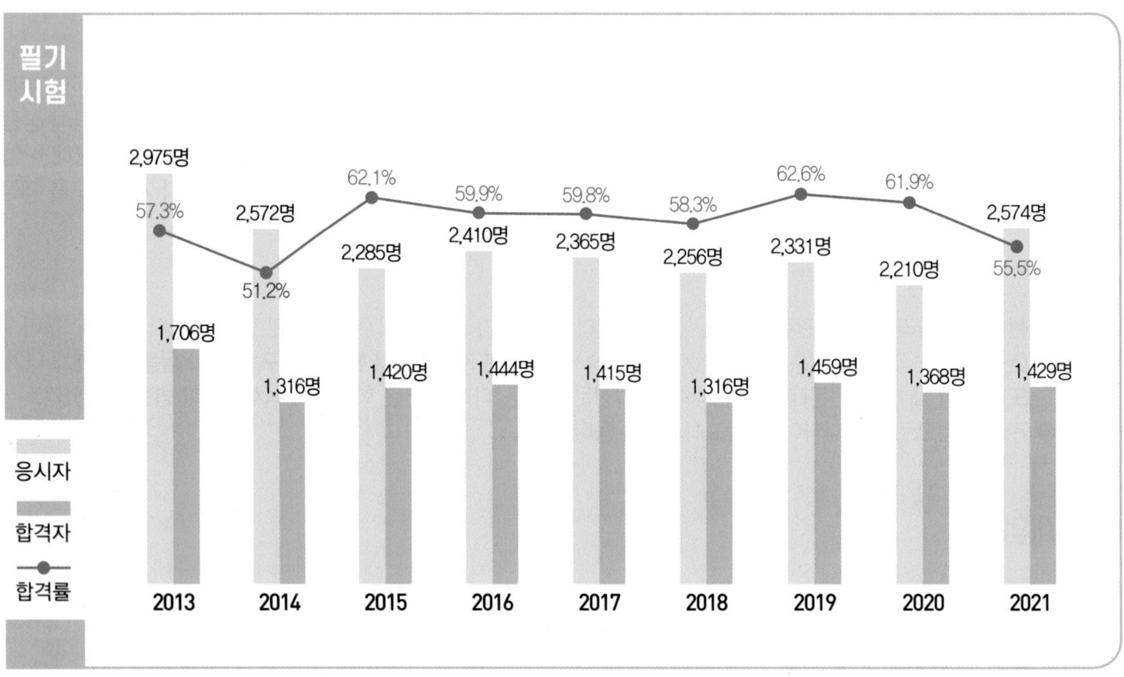

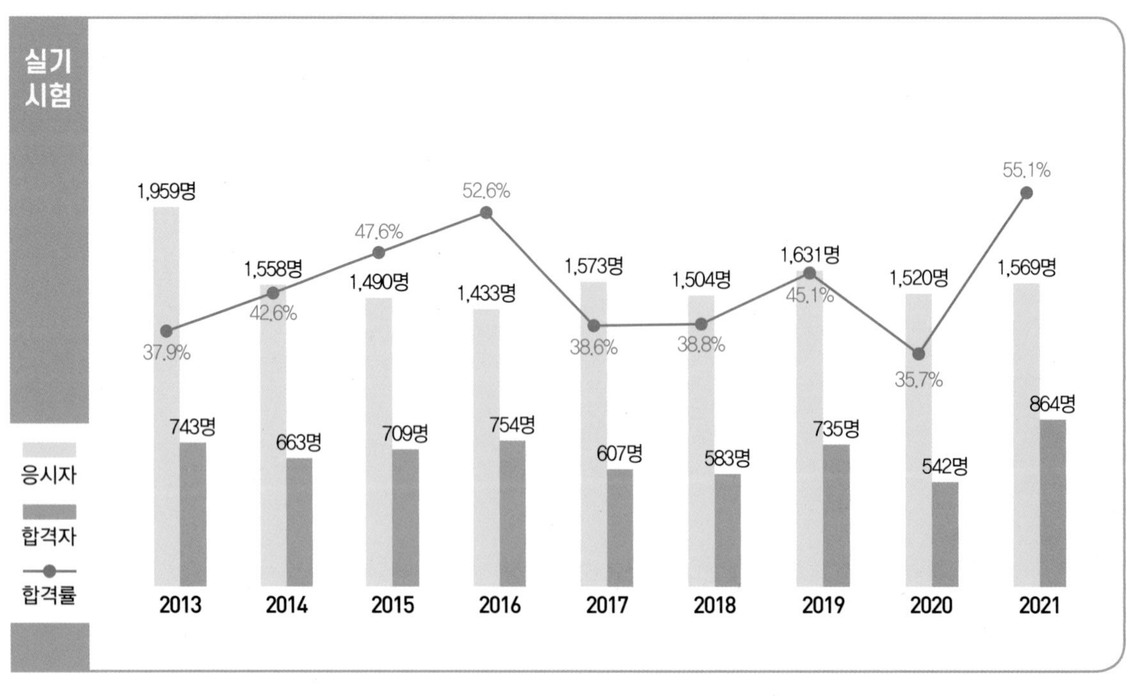

검정현황[컬러리스트산업기사]

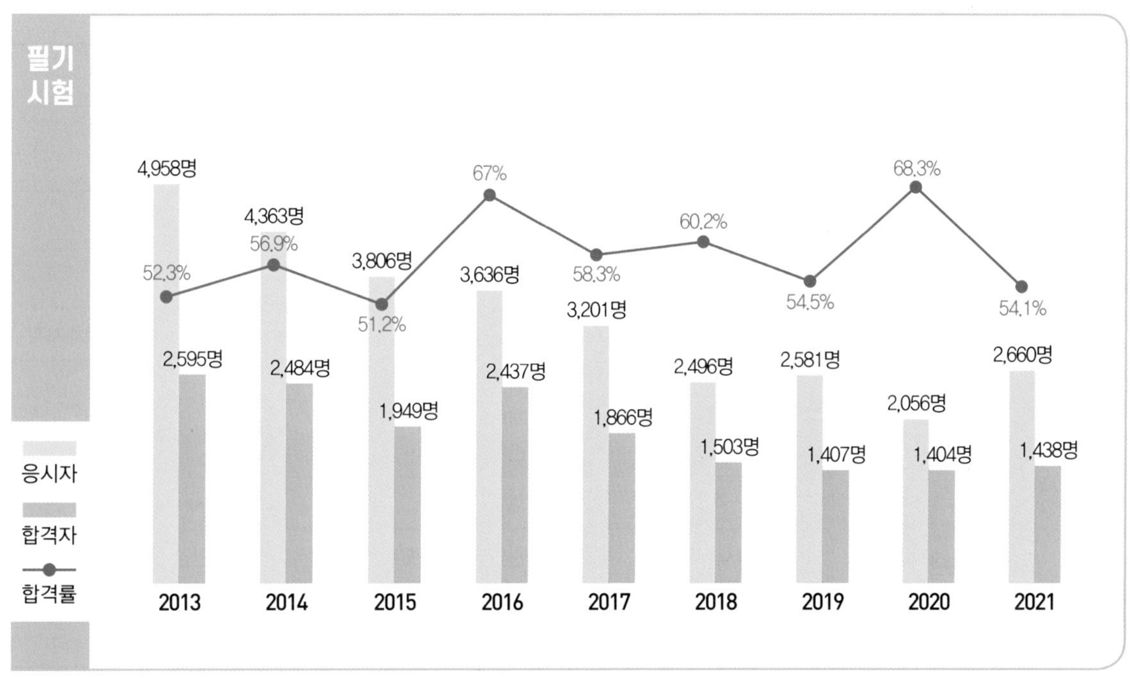

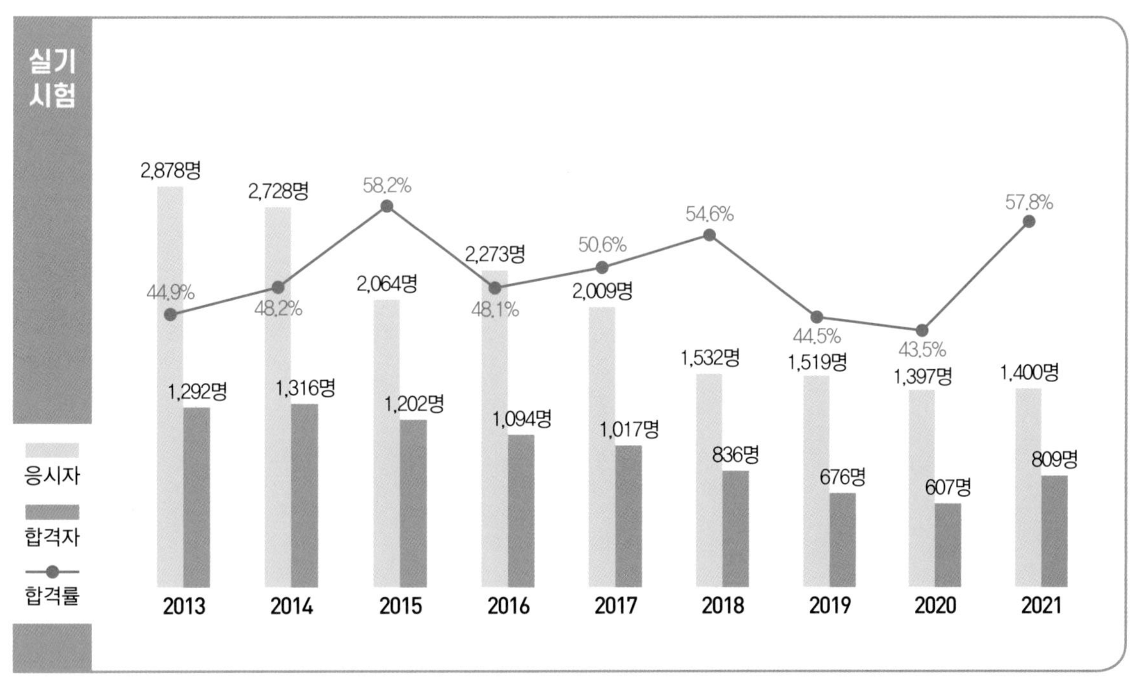

출제기준[컬러리스트기사]

필기과목명	주요항목	세부항목	
색채심리 · 마케팅	색채심리	• 색채의 정서적 반응 • 색채와 문화 • 색채의 기능	
	색채마케팅	• 색채마케팅의 개념 • 소비자행동	• 색채 시장조사 • 색채마케팅 전략
색채디자인	디자인일반	• 디자인 개요 • 디자인사 • 디자인성격	
	색채디자인 계획	• 색채계획	• 디자인 영역별 색채계획
색채관리	색채와 소재	• 색채의 원료 • 소재의 이해 • 표면처리	
	측 색	• 색채측정기	• 측 색
	색채와 조명	• 광원의 이해와 활용	• 육안검색
	디지털색채	• 디지털색채의 기초 • 디지털색채시스템 및 관리	
	조 색	• 조색기초	• 조색방법
	색채품질관리 규정	• 색에 관한 용어	• 색채품질관리 규정
색채지각론	색지각의 원리	• 빛과 색	• 색채지각
	색의 혼합	• 혼 색	
	색채의 감각	• 색채의 지각적 특성	• 색채지각과 감정효과
색채체계론	색채체계	• 색채의 표준화 • CIE(국제조명위원회) 시스템 • 먼셀 색체계 • NCS(Natural Color System) • 기타 색체계	
	색 명	• 색명체계	
	한국의 전통색	• 한국의 전통색	
	색채조화 이론	• 색채조화	• 색채조화론

출제기준[컬러리스트산업기사]

필기과목명	주요항목	세부항목
색채심리	색채심리	• 색채의 정서적 반응 • 색채의 연상, 상징 • 색채와 문화 • 색채의 기능
	색채마케팅	• 색채마케팅의 개념
색채디자인	디자인일반	• 디자인 개요 • 디자인사 • 디자인성격
	색채디자인 계획	• 색채계획 • 디자인 영역별 색채계획
색채관리	색채와 소재	• 색채의 원료 • 소 재
	측 색	• 색채측정기 • 측 색
	색채와 조명	• 광원의 이해 • 육안검색
	디지털색채	• 디지털색채의 기초 • 디지털색채시스템 및 관리
	조 색	• 조색기초 • 조색방법
	색채품질관리 규정	• 색에 관한 용어 • 색채품질관리 규정
색채지각의 이해	색지각의 원리	• 빛과 색 • 색채지각
	색의 혼합	• 색의 혼합
	색채의 감각	• 색채의 지각적 특성 • 색채지각과 감정효과
색채체계의 이해	색채체계	• 색채의 표준화 • CIE(국제조명위원회) 시스템 • 먼셀 색체계 • NCS(Natural Color System) • 기타 색체계
	색 명	• 색명체계
	색채조화 및 배색	• 색채조화론 • 배색효과

이 책의 구성과 특징

출제기준을 중심으로 출제빈도가 높은 기출문제와 필수적으로 풀어보아야 할 문제를 핵심이론당 1~2문제씩 선정했습니다. 각 문제마다 핵심을 찌르는 명쾌한 해설이 수록되어 있습니다.

핵심예제

핵심/이론 04 기타 혼합

(1) 도 료

① 물체를 장식하거나 보호하기 위해서 물체의 표면에 칠하는 현탁액으로 결합제와 결합제를 부드럽게 유지하게 하는 용제가 주원료이고 색을 결정하는 것은 안료이다.
② 결합제는 대부분 무색 또는 무색에 가깝게 투명하기 때문에 도료의 색은 안료에 따라 결정된다.
③ 도막의 표면에는 안료가 불규칙하게 배열되어 있으므로 도료의 혼색은 병치혼색의 상태를 나타내기 때문에 감법혼합과 중간혼합인 병치가법혼합이 혼재된 혼합이다.
④ 현탁액은 진흙물처럼 작은 알갱이들이 용해되지 않은 채, 액체 속에 퍼져 있는 혼합물을 의미한다.

(2) 인쇄잉크

① 인쇄잉크는 안료와 결합제가 주요 원료이며 가장 일반적인 인쇄방법으로 3원색의 원색잉크를 각각의 판을 만들어 중복 인쇄로써 종이 위에 혼합하는 방법이다.
② 블록판 인쇄와 평판 인쇄(오프셋 인쇄)는 망점을 이용하여 인쇄하는 병치혼합이다.
③ 그라비어 인쇄는 사진 제판법을 바탕으로 하는 오목판 인쇄방법으로, 감법혼합과 병치혼합이 혼재된다.

(3) 섬 유

① 염색은 염료를 섬유에 침투하게 하거나 섬유 내부에서 화학반응을 일으켜 색을 들인다.
② 염색된 섬유는 실이 되거나 실이 된 후 염색하기도 한다.
③ 섬유에서 실을 엮어낼 때 다른 색의 실이 섞이면 섬유에 의한 병치혼색이 나타난다.

(4) 플라스틱

① 플라스틱 혼합은 투명, 불투명에 따라 그 특성이 다르다.
② 투명 플라스틱의 경우 염료계의 색재에 의해 착색되며 혼합과정은 감법혼합이다.
③ 불투명 플라스틱의 경우 플라스틱 자체가 산란성을 갖기 때문에 혼합 원리는 마찬가지로 중간혼합이다.

핵심예제

4-1. 컬러 프린터에서 Magenta 잉크 위에 Yellow 잉크가 찍혔을 때 만들어지는 색은? [2017년 1회 산업기사]

① Red
② Green
③ Blue
④ Cyan

4-2. 컬러인쇄를 자세히 들여다보면 작은 망점으로 이루어진 것이 보인다. 이 망점 인쇄의 원리에 대한 설명 중 옳은 것은? [2018년 2회 기사]

① 망점의 색은 노랑, 사이안, 빨강으로 되어 있다.
② 색이 겹쳐진 부분은 가법혼색의 원리가 적용된다.
③ 일부 나열된 색에는 병치혼색의 원리가 적용된다.
④ 인쇄된 형태의 어두운 부분을 안정시키기 위하여 빨강, 녹색, 파랑을 사용한다.

|해설|

4-1
감법혼합
• Cyan + Magenta = Blue
• Magenta + Yellow = Red
• Yellow + Cyan = Green

4-2
컬러인쇄에 사용하는 잉크의 3원색은 Cyan, Magenta, Yellow이며 감법혼색의 원리가 적용된다. 인쇄의 원리로는 점들을 조밀하게 병치하여 서로 혼합되어 보이도록 하는 방법이 사용된다.

정답 4-1 ① 4-2 ③

CHAPTER 04 색채지각론 ■ 167

컬러리스트기사 · 산업기사

색채심리 · 마케팅

01 색채심리

제1절 색채의 정서적 반응

핵심/이론 01 색채와 심리

(1) 색채심리의 의의

① 색채와 관련된 인간의 반응을 연구하는 학문이다.
② 색의 3속성, 대비, 조화, 잔상 등의 영향을 받는다.
③ 개인의 심리 상태, 경험, 문화적 배경, 지역과 풍토의 영향을 받는다.
④ 색(Light)은 물리적 특성이며, 색채(Color)는 물리적 특성과 심리적 특성을 말한다.
⑤ 색채가 주는 일반적인 심리적 작용으로 온도감, 중량감, 거리감, 크기감, 시간성, 팽창과 수축 등이 있다.

(2) 색채지각의 감정반응

① 기억색 : 대상의 표면색에 대한 무의식적 추론에 의해 결정되는 색채이다.
예 사과는 빨갛다.
② 현상색 : 실제 보이는 색을 말한다.
예 사과색으로 탁한 빨강, 연두, 탁한 노랑이 있다.
③ 착 시
㉠ 색상 · 명도 · 채도, 대비와 잔상(음의 잔상, 양의 잔상) 등에 의한 효과이다.
㉡ 망막에 미치는 빛 자극에 대한 주관적 해석이며 대상을 물리적 실제와 다르게 지각하는 현상이다.
④ 항상성(Color Inconstancy) : 망막에 미치는 빛 자극의 물리적 특성이 변하더라도 대상 물체의 색이 그대로 유지된다고 지각하게 되는 현상이다.
⑤ 연색성(Color Rendering) : 빛의 특성에 의해 사물이 달라 보이는 현상이다.
⑥ 흥분과 진정 : 사람의 감정과 직접 연결되는 것으로 색상과 채도의 영향을 받는다.
㉠ 흥분색 : 난색 계열, 고채도(빨강, 주황, 다홍 등)
㉡ 진정색 : 한색 계열, 저채도(파랑, 청록, 남색 등)
⑦ 시간성 : 시간, 속도감은 색상과 채도의 영향을 받는다.
㉠ 장파장 : 속도감은 빠르고, 시간은 길게 느껴진다.
㉡ 단파장 : 속도감은 느리고, 시간은 짧게 느껴진다.
⑧ 진출과 팽창, 후퇴와 수축 : 명도의 영향을 받으며, 유채색이 무채색보다 진출해 보인다.
㉠ 진출색 : 두 가지 색이 같은 위치에 있어도 더 가깝게 보인다.
→ 난색계, 고명도, 고채도, 장파장일 때 진출되어 보이고 난색계의 어두운색보다 한색계의 밝은색이 진출되어 보인다.
㉡ 후퇴색 : 두 가지 색이 같은 위치에 있어도 더 멀리 보인다.
→ 한색계, 저명도, 저채도, 단파장일 때 후퇴되어 보이고, 배경이 밝을수록 주목하는 색이 작게 보인다.
㉢ 팽창색 : 물체의 형태나 크기가 같아도 물체의 색에 따라 더 커 보인다.
→ 난색계, 고명도, 고채도가 팽창되어 보인다.
㉣ 수축색 : 물체의 형태나 크기가 같아도 물체의 색에 따라 더 작아 보인다.
→ 한색계, 저명도, 저채도가 수축되어 보인다.

2 ■ PART 01 핵심이론 + 핵심예제

핵심이론

필수적으로 학습해야 하는 중요한 이론들을 각 과목별로 분류하여 수록하였습니다.
시험과 관계없는 두꺼운 기본서의 복잡한 이론은 이제 그만!
시험에 꼭 나오는 이론을 중심으로 효과적으로 공부하십시오.

최근에 출제된 기출문제를 수록하여 가장 최신의 출제경향을 파악하고 새롭게 출제된 문제의 유형을 익혀 처음 보는 문제들도 모두 맞힐 수 있도록 하였습니다.

최근 기출문제

2022년 제1회

컬러리스트기사

최근 기출문제

제1과목 색채심리 · 마케팅

01 분산의 제곱근으로 분산의 특성을 모두 가지고 있을 뿐만 아니라, 관찰값이나 대푯값과 동일한 단위로 사용할 수 있어 일반적인 분산도의 척도로 널리 사용되고 있는 것은?

① 평균편차 ② 중간편차
③ 표준편차 ④ 정량편차

해설
분산은 편차를 제곱한 값이기 때문에 관찰된 자료의 단위와 다르게 된다. 따라서 자료의 단위와 같게 해주기 위해서 분산에 제곱근을 취한 값을 고려하는데, 이를 표준편차라 한다.

02 다음 중 소비자의 구매심리 과정이 아닌 것은?

① A(Action) ② I(Interest)
③ O(Opportunity) ④ M(Memory)

해설
소비자 구매과정(AIDMA 법칙) : A(Attention, 주의) → I(Interest, 관심) → D(Desire, 욕구) → M(Memory, 기억) → A(Action, 행동)

03 사람마다 동일한 대상의 색채를 다르게 지각할 수 있다. 이러한 개인별 차이를 갖게 하는 요인이 아닌 것은?

① 물체에서 나오는 빛의 특성
② 생활습관과 행동 양식
③ 지역의 문화적인 배경
④ 지역의 풍토적 특성

해설
"물체에서 나오는 빛의 특성"은 색의 물리적인 특성에 해당된다.

04 최근 전통적인 의미의 소비자 심리 과정에서 벗어나 정보 검색을 통해 제품을 탐색하고, 구매 후에는 공유의 과정을 거치는 소비자 구매 패턴 모델은?

① AIDMA
② EKB
③ AIO
④ AISAS

해설
소비자 구매행동 단계로 AISAS 방식, 즉 주의(Attention) - 관심(Interest) - 검색(Search) - 구매(Action) - 공유(Share) 순으로 변하고 있다.
※ 과거에는 AIDMA 패턴이었으나 최근에는 정보 검색과 공유에 더 집중되고 있다.

05 다음 ( ) 안에 들어갈 단어를 순서대로 옳게 나열한 것은?

> 색채조절이란 색채의 사용을 (A) · 합리적으로 활용해서 (B)의 향상이나 (C)의 확보, (D)의 경감 등을 주어 사람에게 건전하고 쾌적한 환경을 만들어 나가는 것을 목적으로 하고 있다.

① 기능적, 작업능률, 안전성, 피로감
② 기능적, 경제성, 안전성, 오락성
③ 경제적, 작업능률, 명쾌성, 피로감
④ 개성적, 경제성, 안전성, 피로감

해설
색채조절의 3요소는 명시성, 작업의욕, 안전성이다. 미적 효과를 더한 색채조절의 4대 요건으로 능률성, 안전성, 쾌적성, 심미성 향상이 있다.

정답 1 ③ 2 ③ 3 ① 4 ④ 5 ①

2022년 제1회 최근 기출문제 [기사] ■ 735

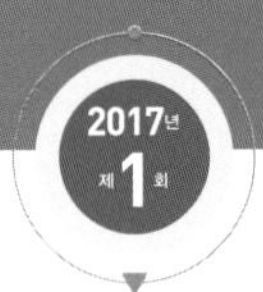

컬러리스트기사

과년도 기출문제

제1과목 색채심리 · 마케팅

01 다품종 소량생산체제로 변화되는 최근의 시장은 표적 마케팅을 지향한다. 표적 마케팅은 세 단계를 거쳐 이루어지는데 다음 중 옳은 것은?

① 시장 표적화 → 시장 세분화 → 시장의 위치 선정
② 시장 세분화 → 시장 표적화 → 시장의 위치 선정
③ 시장의 위치 선정 → 시장 표적화 → 시장 세분화
④ 틈새 시장분석 → 시장 세분화 → 시장의 위치 선정

해설
표적 마케팅은 시장 세분화 → 시장 표적화 → 시장의 위치 선정의 과정으로 이루어진다.

02 소비패턴에 따라 소비자 유형 중 특정 상품에 대한 선호도가 높아 재구매율이 높은 집단은?

① 감성적 집단
② 신소비 집단
③ 합리적 집단
④ 관습적 집단

해설
특정 상품에 대한 선호도가 높아 재구매율이 높은 집단은 관습적 집단이다.
① 감성적 집단 : 유행에 민감하여 개성이 강한 제품의 구매도가 높은 집단으로 체면과 이미지를 중시
② 신소비 집단 : 젊은 층의 성향으로 뚜렷한 구매 형태가 없는 집단
③ 합리적 집단 : 구매동기가 합리적인 집단

03 마케팅에서의 색채 역할과 사용에 대한 설명으로 가장 거리가 먼 것은?

① 주변 제품과의 색차를 고려하여 색채를 선정한다.
② 경기가 둔화되면 다양한 색상, 톤의 제품이 선호된다.
③ 제품이 가지고 있는 기능과 품질에 충실한 색채를 기획해야 한다.
④ 저비용 고효율을 목적으로 제품의 색채를 변경하였다.

해설
경기가 둔화되면 다양한 색상, 톤보다는 오래 지속될 수 있는 경제적인 색채를 활용해야 한다.

04 작업환경에서 색채의 역할과 관련이 없는 것은?

① 생산성 향상
② 안정성 저하
③ 작업 재해 감소
④ 쾌적한 작업환경

해설
작업환경에서 색채의 역할은 능률성, 안전성, 안정성, 쾌적성, 심미성 향상이다.

05 21세기의 유행색 중 주도적 색채이며, 디지털 패러다임의 대표색으로 분류되는 색채는?

① 베이지색 ② 연두색
③ 빨간색 ④ 청 색

해설
청색은 21세기의 대표적 색채이며 투명하고, 깊이가 있는 디지털 패러다임의 색이 되었다.

228 ■ PART 02 과년도 + 최근 기출(복원)문제

1 ② 2 ④ 3 ② 4 ② 5 ④ 정답

과년도 기출문제

지금까지 출제된 과년도 기출문제를 수록하였습니다. 각 문제에는 자세한 해설이 추가되어 핵심이론만으로는 아쉬운 내용을 보충 학습하고 출제경향의 변화를 확인할 수 있습니다.

목 차

빨 간 키

빨리보는

간단한

키워드

당신의 시험에 빨간불이 들어왔다면!

최다빈출키워드만 쏙쏙! 모아놓은

합격비법 핵심 요약집 "빨간키"와 함께하세요!

당신을 합격의 문으로 안내합니다.

색채심리 · 마케팅

■ 색채의 정서적 반응

- 색채는 개인의 심리 상태, 경험, 문화적 배경, 지역과 풍토의 영향을 받는다.
- 색채를 통한 감정반응으로 기억색, 현상색, 착시, 항상성, 연색성, 흥분과 진정, 시간성, 진출과 팽창(후퇴와 수축) 등이 있다.
- 프랭크 H. 만케(Frank H. Mahnke)는 '색자극에 대한 생물학적 반응 – 집단무의식 – 의식적 상징화, 연상 – 문화적 영향과 매너리즘 – 시대사조, 패션, 스타일의 영향 – 개인적 관계'의 6단계 색 경험 피라미드 형태를 제시하였다.
- 색채를 통해 자극받은 하나의 감각이 다른 감각에 적용되어 반응하는 공감각으로는 미각, 후각, 촉각, 청각, 형태가 있다.
- 파버 비렌은 "식욕을 돋우는 대표적인 색은 주황색이다."라고 하였다. 미각과 관련된 색은 난색 계열이 주를 이룬다.
- 뉴턴은 분광실험을 통해 발견한 7개 영역의 색과 7음계를 빨강 – 도, 주황 – 레, 노랑 – 미, 초록 – 파, 파랑 – 솔, 남색 – 라, 보라 – 시와 같이 연결시켰다.

■ 색채연상과 상징

- 인간은 어떤 한 가지 색을 보고 무엇인가를 느끼거나 이미지를 떠올리는 고유의 감정을 가진다.
- 색채에는 긍정적 연상과 부정적 연상이 있다.
- 색채의 상징에는 국가의 상징, 신분, 계급의 구분, 방위의 표시, 지역의 구분, 기억의 상징, 종교, 관습의 상징이 있다.
- 색채는 국제언어로서 커뮤니케이션의 좋은 도구가 된다.
- 색채는 한 국가의 이미지를 창출하고, 정체성과 단결심을 유도한다.
- 색을 신분별로 차별하여 사용하였는데, 중국의 황제는 황금색, 로마의 황제는 자주색, 우리나라의 왕족은 황금색(중국의 영향을 받음) 등으로 구분하였다.
- 올림픽 오륜기는 '세계의 결속'과 5대륙을 상징한다. 파랑은 유럽, 노랑은 아시아, 검정은 아프리카, 초록은 오세아니아, 빨강은 아메리카이다.
- 기업은 경영전략으로 고유의 색인 BI(Brand Identity) 컬러를 정해 로고에 적용하여 사용한다.
  예 삼성은 파랑, 롯데는 빨강

색채와 문화

- 지역색은 한 지역의 정체성을 대변하며, 그 지역의 역사, 풍속, 지형, 기후 등에서 도출된 색채이다.
- 풍토색은 자연과 인간의 생활이 어우러져 형성된 특유한 토지의 성질로, 특정 지역의 기후와 토지의 색 및 바람과 태양의 색 등 인간에게 영향을 미쳐 경작되고 변화하는 자연을 말한다.
- 흰색은 서양 문화권에서는 순결한 신부, 동양 문화권에서는 죽음(소복)을 의미한다. 노란색은 동양 문화권에서 왕권을 나타내는 신성한 색채이지만 서양 문화권에서는 겁쟁이, 배신자를 의미한다.
- 색채선호는 공통된 감성이 있으나 문화적, 지역적, 연령별 차이가 있다. 청색은 세계인이 가장 좋아하는 색으로, 서구 문화권에서의 청색문명은 '청색의 민주화'라는 의미로 전이되었다.
- 일반적으로 지적 능력이 높은 사람이 단파장 계열의 색을 선호하는 경향이 있다.
- 자연환경에 따라 선호하는 색이 다르다. 일조량에 따라 다른 양상을 보이는데, 일조량이 많은 지역은 난색계의 채도가 높은 계열, 일조량이 적은 지역은 연한 한색계와 연한 회색을 띠고 채도가 낮은 계열을 선호한다.
- 민주주의 국가는 평화와 안정에 기반을 두는 사상으로 푸른색 계열을 선호하며 사회주의 국가는 체제, 혁명, 투쟁 등을 상징하는 붉은색 계열을 선호한다.
- 불교에서는 노란색, 기독교에서는 빨간색, 천주교에서는 파란색을 신성시하였다.

색채의 기능

- 색채조절은 그 색이 가지고 있는 성질을 안전성, 능률성, 쾌적성 등을 고려하여 효율적으로 활용하는 것이다.
- 색채조절 효과로는 피로 감소와 집중력·능률성 향상, 안전성, 사고 예방, 청결한 환경, 정리 정돈, 건물 보호 및 유지 등이 있다.
- 안전색채는 위험이나 재해를 방지하기 위해 사용하는 색으로, 일반적으로 눈에 잘 띄는 주목성이 높은 색을 사용한다.
- 색채치료는 고유한 파장과 진동수를 갖고 있는 에너지의 색채 처방과 반응을 연구하는 분야이며, 인간의 신체조직에 영향을 미쳐 건강과 정서적 균형을 취할 수 있도록 도움을 준다.
- 색채치료의 기본 색상은 빨강, 노랑, 파랑이며, 빨강과 노랑의 중간색인 주황, 파랑과 노랑의 중간색인 초록, 빨강과 파랑의 중간색인 보라가 있다.

■ 색채 마케팅 개념

- 마케팅 개념의 변천 : 생산자 지향 → 제품 지향 → 판매자 지향 → 소비자 지향 → 사회 지향
- 기업 마케팅 전략도 소비자의 라이프스타일과 욕구에 맞게 변화한다.
- 컬러 이미지의 상징을 이용한 전략적 마케팅 방법으로, 시장에서 사용되는 색채를 분석하고 자료를 바탕으로 현재 상품을 계획·설계·디자인하는 차별화된 정책을 말한다.
- 표적 마케팅은 소비자의 인구통계적 속성과 라이프스타일에 관한 정보를 활용, 소비자 욕구를 최대한 충족시키는 마케팅 전략이다.
- 시장 세분화의 변수로는 지리적 변수, 인구통계적 변수, 심리분석적 변수, 형태분석직 변수, 구매집단별 변수, 업종별 변수 등이 있다.
- 기업과 제품 색채방향 제시, 이미지 구축, 타사와의 차별화로 기업의 판매 촉진과 수익 증대를 기대할 수 있다.

■ 색채 마케팅 전략

- 마케팅 전략에는 통합적 전략, 직감적 전략, 분석적 전략이 있으며 상황 분석 및 목표시장을 설정하고 전략을 수립해 일정을 계획하고 실행하는 모든 과정을 의미한다.
- 마케팅 발전과정 : 매스 마케팅 → 표적 마케팅 → 틈새 마케팅 → 맞춤 마케팅
- 마케팅 관리과정 : 목표 설정 → 계획 → 조직 → 시장조사 분석 → 표적시장 선정 → 색채 마케팅 개발 → 프레젠테이션 → 색채 마케팅 적용 → 색채 마케팅 관리
- 색채기획 단계에서는 목표(타깃 설정, 색채 콘셉트 및 이미지), 추진방법(색채 포지셔닝), 기간과 예산, 효과 설정이 진행된다.
- 제품의 수명주기는 도입기 - 성장기 - 경쟁기 - 성숙기 - 쇠퇴기이다.

도입기	이익은 낮고 판촉비를 높이는 시기
성장기	수요 증가, 제품의 인지도, 판매량, 이윤이 급격히 상승하는 시기
경쟁기	기업 간의 경쟁이 심화되는 시기
성숙기	수요가 포화 상태에 이르는 시기, 차별화 전략이 필요한 시기
쇠퇴기	소비시장 감소, 신상품 개발 전략이 필요한 시기

- 마케팅의 4대 구성요소(4P) : 제품(Product), 가격(Price), 유통(Place), 촉진(Promotion)
- 마케팅의 4C
  - Customer(Customer Value, Customer Solution) : 고객 또는 고객가치
  - Cost(Cost to the Customer) : 고객이 지불하는 비용
  - Convenience : 접근 및 활용 등의 편의성
  - Communications : 의사소통

■ 색채 시장조사

- 시장 세분화
  - 시장 세분화의 조건에는 측정 가능성, 접근 가능성, 실질성, 실행 가능성 등이 있다.
  - 목적으로 시장기회 탐색, 소비자욕구 충족, 시장 변화에 능동적 대처, 경쟁사와의 차이점 평가 등을 들 수 있다.
  - 행동분석적, 지리적, 인구학적, 사회문화적, 제품, 심리분석적 세분화로 구분한다.
  - SWOT 분석은 기업의 환경분석을 통해 강점(Strength)과 약점(Weakness), 기회(Opportunity)와 위협(Threat)요인을 규정하고, 이를 토대로 기업의 색채 마케팅 전략을 수립하는 분석기법을 말한다.
- 시장조사 방법으로 관찰, 패널, 설문, SD법, 면접법, 표본조사 등이 있다. 설문조사는 가장 널리 이용되며, 면접법은 신뢰성이 높은 조사기법이다.
  - SD법은 언어척도법이라고도 하며, 미국의 심리학자 찰스 오스굿(Charles Egerton Osgood)에 의해 개발되었다. 형용사의 반대어를 쌍으로 연결시켜 비교함으로써 감정적인 면을 다룬 기법이다.
  - 표본조사는 가장 많이 적용되는 연구방법으로 모집단을 대표할 수 있는 일부를 표본으로 선정하여 조사하는 방법이다. 다단추출, 계통추출, 국화추출, 무작위추출, 군집추출, 판단추출, 할당추출법이 있다.

■ 소비자 행동

- 소비자 행동은 외적·환경적 요인과 내적·심리적 요인으로 구분한다. 심리적 요인은 동기유발, 지각, 학습, 신념과 태도에 의해 영향을 받는다.
- 매슬로(Maslow)의 인간의 욕구 5단계 : 생리적 욕구 – 안전의 욕구 – 소속감과 사랑의 욕구 – 존중의 욕구 – 자아실현의 욕구
- 소비자의 구매과정의 아이드마(AIDMA)의 법칙은 A(Attention, 주의), I(Interest, 흥미), D(Desire, 욕구), M(Memory, 기억), A(Action, 행위)가 있다.

■ 유행색

유행색은 일정 기간을 가지고 반복되는 특성이 있으며, 유행색 관련기관에 의해 시즌 2년 전에 제안된다.

색채디자인

■ 디자인 개요

- 어원 : 프랑스어 데생(Dessein), 이탈리아어 디세뇨(Disegno), 라틴어 데시그나레(Designare)로 '목적', '계획', '계획을 세우다'라는 의미이다.
- 루이스 설리번(Louis Sullivan)은 "형태는 기능을 따른다."라고 주장하면서 기능에 충실하면 저절로 아름다움이 실현된다는 것을 강조하였다.
- 빅터 파파넥(Victor Papanek)은 "디자인은 가장 강력한 도구이며, 그것을 통하여 인간은 다른 도구와 환경을 구체화한다."라고 하며 형태와 기능, 미적인 것과 기능적인 것에 대한 개념을 복합기능(Function Complex)에 연결시켜 설명하였다.

  ※ 빅터 파파넥의 6가지 복합기능 요소 : 방법, 용도, 필요성, 텔레시스, 연상, 미학

■ 디자인 방법

- 디자인의 과정
  - 1단계 욕구단계(기획단계) : 시장조사, 소비자 분석
  - 2단계 조형단계(디자인 단계) : 색채 분석 및 색채계획서 작성, 주조색 · 보조색 · 강조색 결정
  - 3단계 재료과정(합리적 단계) : 소재와 재질 결정
  - 4단계 기술과정(생산단계) : 시제품 제작, 품평회(평가)
  - 5단계 홍보 : 마케팅 믹스 실시
- 디자인 설계도의 종류
  - 시방서 : 설계도 보완을 위해 작업의 순서, 마감의 정도, 제품 규격, 품질 등을 명시
  - 견적서 : 추산서, 비용을 적은 서류
  - 평면도 : 입체를 수평면상에 투영하여 그린 도형
  - 설명도 : 제작물의 구조, 기능을 설명하기 위한 도면
  - 모델링 : 색채계획에서 계획된 색채로 착색된 모형이나 시뮬레이션화시킨 것

■ 아이디어 발상법

- 브레인스토밍법 : 알렉스 오스번이 회의방식에 도입한 기법, 자유연상기법
- 시네틱스법 : 윌리엄 고든에 의해 개발, 둘 이상의 서로 관련이 없어 보이는 사물이나 생각을 연결하거나 관련시키는 유추법
- 마인드맵 : 영국의 토니 부잔에 의해 고안, 마음속에 지도를 그리듯이 생각의 길을 뻗어나가는 방법
- 고든법 : 브레인스토밍과 마찬가지로 집단적 발상을 전개, 콘셉트나 키워드로만 진행
- 체크리스트법 : 사고의 출발점 또는 문제 해결의 착안점을 미리 정해 놓고 그에 따라 사고를 전개
- 연상법 : 아이디어를 구하는 가장 기본적인 방법, 접근법, 대비법, 인과법이 있음
- NH법 : 나카야마 마사카즈에 의해 고안, 어떤 대상과 비슷한 것을 찾아내 그것을 힌트로 새로운 아이디어를 생각해 내는 방법

■ 디자인의 요건

- 디자인의 요건(10가지) : 합목적성, 심미성, 경제성, 독창성, 질서성, 합리성, 친자연성, 문화성, 유니버설 디자인, 지속 가능한 디자인
- 굿 디자인(Good Design)의 4대 조건 : 합목적성, 심미성, 경제성, 독창성
- 유니버설 디자인(Universal Design) 7대 원칙 : 공평한 사용, 사용상의 융통성, 간단하고 직관적인 사용, 정보 이용의 용이, 오류에 대한 포용력, 작은 물리적 노력, 접근과 사용을 위한 충분한 공간

■ 조형 예술사의 이해

- 그리스
  - 서양문화의 모체 : 인간의 존엄성, 합리주의 철학, 조화, 질서 강조, 세련미 미술
  - 건축 : 색채보다 균형미를 강조, 나선형이나 기하학적인 형태를 사용
  - 파르테논 신전 : '황금분할'이라는 비례법(1 : 1.618)을 사용, 고상함과 단순함, 장엄함
- 로 마
  - 현실적, 실용적, 헬레니즘 문화를 계승 발전, 건축양식이 발전
  - 폼페이 벽화 : 프레스코 페인팅 및 모자이크 벽화로 알려짐
- 중세 미술
  - 기독교 중심 세계관, 사실적인 재현 배제, 건축에서 신성에 대한 지향
  - 고딕 양식(첨탑과 아치)의 발달 : 수직선의 효과 강조 예 샤르트르 대성당
  - 내부를 모자이크, 프레스코, 스테인드 글라스로 화려하게 장식
  - 상징성인 강한 색채의 사용

• 르네상스
 - 인간성의 회복, 자연주의 세계관 부활, 시민 계급의 경제적 성장, 자유주의와 과학 발달, 일반인들의 초상화 등장
 - 레오나르도 다빈치 〈모나리자〉, 미켈란젤로 〈천지창조〉, 〈피에타〉, 라파엘로 〈성모 마리아의 결혼〉, 〈삼미신〉 등

• 바로크
 - '일그러진 진주'라는 뜻, 남성적인 성향, 감정적, 역동적, 화려한 의상, 어둠의 대비 극대화
 - 베르사유 궁전, 렘브란트, 벨라스케스, 베르메르 〈진주 귀걸이를 한 소녀〉 등

• 로코코
 - 장식적인 예술, 루이 15세의 통치 시대(1723~1774년) 파리에서 성행
 - 여성적이고 우아함, 섬세하고 호화로움, 화려한 색채, 밝은 색조의 사용(분홍색이 애용), 비실용적

■ 근대 디자인사

• 산업혁명 : 18세기 기계혁명, 생산혁명, 사회혁명, 디자인 혁명

• 미술공예운동 : "산업 없는 생활은 죄악이고, 미술 없는 산업은 야만이다."라는 이념하에 윌리엄 모리스가 주축이 된 수공예 중심의 미술운동, 예술의 민주화와 생활화를 주장, 근대 디자인의 이념적 기초를 마련 → 19세기 아르누보에 영향

• 아르누보
 - 19세기 말에서 20세기 초에 일어났던 신예술 운동으로 장식이나 아름다움에 초점을 둔 유미주의적 성향, 미술공예운동과 인상주의의 영향을 받음
 - 파스텔 계통의 부드러운 색조 및 섬세한 분위기 연출, 식물의 모티브를 이용하여 장식적, 상징적 효과를 높임
 - 알폰스 무하, 안토니오 가우디 등이 유명

• 독일공작연맹(DWB) : 1907년 헤르만 무테지우스가 주축이 되어 결성한 디자인 진흥단체, 미술과 공업의 결합을 시도, 미술과 산업 분야에서 제품의 질을 높이고 규격화와 표준화 실현을 추구 → 현대 디자인에 역사적 중요한 영향, 앙리 반데벨데가 유명

• 아르데코
 - 모더니즘의 단순미와 장식미술의 결합체, 제1·2차 세계대전 사이의 낙관적, 향락적, 분위기가 잘 드러난 예술사조
 - 직선적, 기하학적인 형태와 패턴 반복, 동서양의 고대 전통문양 인용과 동시에 현대적이고 도시적인 이미지의 결합, 강렬한 색채의 사용
 - 아르누보와의 차이 : 아르누보가 수공예적인 것에 의해 나타나는 연속적인 선을 강조했다면, 아르데코는 공업적 생산방식을 미술과 결합시킨 기능적이고 고전적인 직선미를 추구

- 바우하우스
  - 독일공작연맹의 이념을 계승하여 1919년 발터 그로피우스(Walter Gropius)가 1919년 독일의 바이마르에 미술공예학교를 세움
  - 완벽한 건축물이 모든 시각예술의 궁극적 목표, 예술과 기술의 결합을 추구
- 인상주의 : 빛에 의해 변하는 색채현상들을 혼색의 효과로 표현, 슈브뢸, 루드(점묘화법), 시냐크, 쇠라, 모네, 고흐가 대표적
- 큐비즘
  - 조르주 브라크(Georges Braque)와 파블로 피카소(Pablo Picasso)의 독립된 조형상의 모색을 통해 탄생한 운동
  - 정육면체라는 뜻의 '큐브(Cube)'에서 유래된 용어로 사물을 3차원적인 공간과 입체감을 가지고 표현했던 사조
- 모더니즘 : 르 코르뷔지에(Le Corbusier)는 "주택은 인간이 들어가 살기 위한 기계이다."라고 주장하며 합리적인 형태를 추구
- 데 스테일(= 신조형주의) : 네덜란드어로 '양식'이라는 뜻, 몬드리안 〈브로드웨이 부기우기〉

■ 현대 디자인사

- 다다이즘
  - 다다(Dada)란 프랑스어로 장난감 목마 혹은 뜻이 없는 무의미를 나타냄
  - 자유로운 형태의 예술을 지향했던 다다이즘의 회의주의적인 면모를 상징
  - 일반적으로 어둡고 칙칙한 색조를 사용하였으나, 화려한 면과 어두운 면의 성격을 모두 가짐
  - 마르셀 뒤상 〈샘〉 등
- 팝아트
  - 대중적인 이미지를 차용하여 추상표현주의의 엄숙함에 반대하고, 매스미디어와 광고를 미술의 영역으로 승화시키고자 했던 구상미술의 경향
  - 앤디 워홀 〈마릴린 먼로〉, 리히텐슈타인 〈행복한 눈물〉 등
- 플럭서스 : 흐름, 끊임없는 변화, 움직임을 뜻하는 라틴어, 삶과 예술의 조화를 추구, 아방가르드적 문화 추구
- 키치 : 예술의 수용방식을 뜻하는 말로 '대상을 모방하다'라는 의미, 속된 것, 가짜 또는 본래의 목적에서 벗어난 것 등의 의미로, 미술에서는 굿 디자인에 반대되는 개념

■ 디자인의 요소

- 디자인의 3요소 : 형태, 색채, 질감
- 형태의 기본 요소 : 점, 선, 면, 입체 등
- 감각적 자극의 순서 : 색채 → 형태 → 질감

■ 디자인의 형식 원리

- 특정한 실체를 형성하기 위한 요소들의 구조적 계획
- 크기, 척도, 리듬(율동), 조화, 균형, 비례, 강조 등

■ 형태 지각심리의 4가지 법칙

- 근접성 : 서로 가까이 모여 있는 요소들을 상호 연결시켜 집단화하려는 경향
  예 정원에 핀 같은 모양의 꽃이라도 모여 있는 꽃이 따로 떨어진 꽃보다 눈에 잘 띔
- 유사성 : 유사한 형태나 색채, 질감 등의 시각적 요소들이 있을 때 공통성이 없는 것보다 눈에 잘 띔
- 연속성 : 배열이나 진행 방향이 같은 것끼리 짝지어져 보이는 시각법칙
- 폐쇄성 : 형태의 일부가 연결되거나 완성도 있지 않아도 완전하게 보려는 법칙

■ 디자인 용어

- 리디자인(Re-Design) : 오랫동안 사용해 온 상표나 제품의 디자인을 새로운 감각이나 소비자의 선호도를 조사하여 새롭게 수정 개량하는 디자인
- 노마드(Nomad) : 유목민, 자유로운 떠돌이, 사이버 유목민을 지칭하는 신조어, 물질적인 소유보다는 경험의 축적과 자유롭고 창조적인 인간형을 추구
- 앤드로지너스 룩(Androgynous Look) : 남자와 여자의 특징을 모두 지니는 양성, 유니섹스의 발전을 가져옴
- 일러스트레이션(Illustration) : 회화, 사진, 도표, 도형 등 문자 이외의 그림 요소, 신문이나 잡지, 기사 혹은 책 내용의 이해를 돕고 주제를 명확하게 시각화하는 커뮤니케이션 언어에 해당

■ 색채계획

- 색채계획 단계 : 색채환경 분석 → 색채심리 분석 → 색채전달 계획 → 색채 디자인 적용
- 실내 디자인 프로세스 : 목적 및 범위 설정 → 문제점 인식 → 1차적인 환경적 조건 파악 → 2차적인 기능적 조건 파악 → 3차적인 정서적 조건 파악 → 정보수집 → 종합분석

• 색채 배색방법

주조색	• 전체의 60~70% 이상을 차지하는 색 • 가장 넓은 면을 차지하여 전체 색채효과를 좌우하게 되므로 다양한 조건을 가미하여 결정
보조색	• 주조색 다음으로 넓은 공간을 차지하는 색 • 통일감 있는 보조색은 변화를 주는 역할을 담당하며 일반적으로 20~25% 정도의 사용을 권장함
강조색	• 전체의 5~10% 정도를 차지하며 대상을 변화시키는 데 있어 손쉽게 활용할 수 있음 • 디자인 대상에 악센트를 주어 신선한 느낌을 줌

■ 좋은 디자인(굿 디자인)

• 최소의 경비로 최대의 효과를 얻을 수 있도록 자재, 노력, 경비들을 고려한 디자인

• 굿 디자인의 기준 : 독창성, 경제성, 심미성, 기능성, 환경친화성 등

■ 색채 디자인 평가

• 정신물리학적 측정 : 조정법, 극한법, 항상법

• 심리적 척도 구성법 : 선택법, 순위법, 평정척도법, 매그니튜드(Magnitude) 추정법

■ 시각 디자인

• 심벌과 기호를 통하여 정보를 전달하며 커뮤니케이션의 역할을 함

• 종류 : 포스터, 잡지, 광고, 포장, 편집 디자인, 기업의 CIP나 BI와 같은 디자인

• 요소 : 이미지, 색채, 타이포그래피

• 기능 : 지시적, 설득적, 기록적, 상징적 기능

■ 제품 디자인

• 생산, 소비, 판매 등 인간의 모든 생활에 관여하는 도구를 만드는 디자인

• 제품 디자인의 요소
 - 렌더링(Rendering) : 평면인 그림에 채색을 하고 명암효과를 주어서 입체감을 내는 기법, 가상시뮬레이션
 - 목업(Mock-up) : 디자인한 제품을 실제 크기로 제작하거나 또는 축소하여 제작
 - 모델링(Modeling) : 디자인이 구체화된 제품을 입체적 형태, 양감, 질감, 촉감 등을 통하여 종합적 이미지로 표현하는 것

■ 패션 디자인

• 패션 디자인의 미적 요소 : 기능미, 재료미, 형태미, 색채미

• 유행색 : 어떤 계절이나 일정 기간을 갖고 주기적으로 반복되며, 특정 시기에 많은 사람들이 선호하게 되는 색

■ 미용 디자인

• 헤어 염색 디자인 색채계획

– 모발의 구조 : 케라틴 단백질로 구성, 크게 표피층, 피질층(모발의 75% 차지, 모발의 특성 좌우, 멜라닌 색소 존재), 수질층으로 구성

– 색소의 종류 : 유멜라닌(명도가 낮은 진한 색소 알맹이, 흑색~적갈색), 페오멜라닌(색이 밝고 입자가 작음, 옅은 노란색~밝은 적색)

• 퍼스널 색채계획

– 퍼스널 컬러 사용 : 개인이 가진 피부, 모발, 눈동자 등의 고유 신체색을 파악하고, 이와 조화되는 색을 사용해야 함

– 퍼스널 색채의 분류

따뜻한 색 그룹	노랑과 황금색을 중심으로 따뜻한 계열의 색을 두 종류로 나누어 명도가 높고 진한색을 봄, 명도가 낮고 탁한 색을 가을 이미지로 구분
차가운 색 그룹	파랑과 남색을 중심으로 채도가 낮은 색을 여름 이미지, 채도가 높거나 명도가 낮은 색을 겨울 이미지로 구분

■ 환경 디자인

• 도시 디자인, 건축 디자인, 조경 디자인, 인테리어 디자인, 점포 디자인, 디스플레이 등

• 랜드마크 : 멀리서도 위치를 알 수 있는 산, 고층 빌딩, 타워, 기념물 등 그 지역의 상징물을 나타내는 환경 디자인 용어로서, 특정 지역을 식별할 수 있는 사물

예 서울타워, 동대문, 남대문 등 역사적 기념물 또는 고층빌딩

색채관리

■ 색료(컬러런트, Colorants)

- 무기안료는 가격이 저렴하고 빛과 열에 강하다. 백색안료가 가장 많이 사용된다.
- 유기안료는 착색력이 좋고 투명성이 높으나, 고가이고 내광성이 떨어진다. 안료는 도료(코팅제), 인쇄잉크, 섬유수지날염에 쓰인다.
- 염료는 물이나 용제에 녹은 상태에서 다른 물체가 흡착하여 색 변화를 이루는 것이 가장 큰 특징이다.
- 천연염료는 자연의 소재를 약간의 가공에 의해 사용하는 것으로 한국의 천연염료로는 홍화, 오배자, 소목(붉은색), 치자(노란색), 자초(자주색), 쪽(남색)이 있다. 이들은 견뢰도가 낮고 색이 선명하지 않으며 복잡한 염색법으로 가격이 비싼 것이 단점이다.
- 합성염료는 1856년 영국의 퍼킨(Perkin)에 의해 만들어진 모브(Mauve)라는 보라색 염료가 시초이다. 염료는 직접염료(분말), 산성염료(동물의 털 염색), 염기성 염료(섬유 염색), 반응성 염료(열에 반응), 형광염료(종이 등을 표백) 등이 있다.
- 합성염료 중 햇빛에 약한 염료로 직접염료, 염기성 염료가 있고 햇빛을 이용하거나 햇빛에 강한 염료로는 반응성 염료와 형광염료가 있다.

■ 소재별 색채

- 금 속
  - 전자의 활동으로 광택이 난다.
  - 색채가 다양하지 못하고 부식되기 쉽다.
  - 광원이 물체의 45° 각도에서 비추어질 때 일반 도장면과 거의 비슷하게 색을 볼 수 있고, 45°보다 멀어지면 색이 더 어둡게 느껴지고 가까워지면 더 밝아진다.
- 천연섬유는 대체적으로 염색성이 뛰어나다.
- 플라스틱은 다양한 색과 광택을 낼 수 있는 장점이 있다.
- 표면처리 기술 중 SF코팅은 폴리에스터(폴리에스테르) 화합물에 컬러를 넣어서 만든 도료로, 우레탄을 제품의 표면에 뿌려 매끈하고 부드러운 촉감을 느낄 수 있다.

■ 육안측색

- 물체와 관찰자의 측정각은 45°를 유지한다.
- 일반적으로 D_{65} 표준광원을 사용하며 1,000lx 이상에서 검사한다.
- 직사광선과 유리창, 커튼 등의 투과색을 피한다.
- 벽면은 N7로 하며 작업대는 30×40cm 이상으로 한다.
- 관측은 저채도 → 고채도 순으로 하며, 여러 색을 검사하는 경우 잔상이 나타날 수 있으므로 회색을 응시하거나 눈을 감고 잔상이 사라질 때까지 기다린다.

■ 측색기

- 스펙트로포토미터(Spectrophotometer)는 특정 파장의 가시선을 흡수하여 흡수 파장을 계산하는 방식이다. 무조건등색의 구현이 가능하고 객관적 색채계산이 가능하다.
- 컬러리미터(Colorimeter)는 RGB와 같은 물리적 필터를 사용하여 이를 통과한 빛의 세기를 측정하는 방식으로 주로 색차를 계산하기 위해 사용된다. 조건등색 테스트가 불가능하다.

■ 색차식

- 색차식을 구하기 위해서는 CIE LAB(L*a*b*) 좌표를 사용한다. L*은 0~100까지 명도, a*는 Red와 Green, b*는 Yellow와 Blue를 나타낸다.
- 색차 오차보정은 우선 a*,b*를 보정하여 색상과 포화도를 보정한 후 무채색의 L*값으로 조정하는 단계를 거친다.

■ 색채와 조명

- 색온도가 낮을수록 붉은빛이 돌고 색온도가 높을수록 푸른빛이 돈다. 표준 태양광선은 5,700K이며 일반적으로 많이 사용하는 형광등 색온도는 6,500K이다.
- 연색성이란 광원에 따라 물체의 색이 달라지는 효과이다. 100에 가까울수록 실제 색상에 가깝다.
- 조건등색이란 분광반사율이 다른 두 가지 물체가 특정광원 아래에서 같은 색으로 보이는 것을 말한다.
- 무조건등색이란 분광반사율이 완전히 일치하여 어떠한 광원에서도 같은 색으로 보이는 두 색을 말한다.
- 일반적으로 육안조색의 경우 메타머리즘이 발생하기 쉽고 CCM의 경우 아이소메릭 매칭이 용이하다.
- 컬러 어피어런스(Color Appearance)란 어떤 색이 조건이나 조명 등의 차이에 따라 변화를 보이는 것을 의미한다.
- CII(Color Inconsistency Index, 색변이 지수)는 광원의 색채 불일치 정도를 나타내는 지수이다.

■ 표준광원

- KS C 0074(측색용 표준광 및 표준광원)에서 규정한 측색용 표준광으로는 A, D_{65}, C가 있고 보조 표준광으로는 D_{50}, D_{55}, D_{75}, B가 있다.
- A : 색온도 2,856K의 텅스텐 램프로서 전구의 빛을 대표한다. 원래 교통신호등은 투과 광원이지만 항해등은 표준광 A에 의하여 정의한다.
- B : 색온도 4,874K의 직사 태양광으로, 오늘날에는 별로 쓰이지 않는다.
- C : 색온도 6,774K로 북위 40° 지역에서 흐린 날 오후 2시경 북쪽 창문을 통하여 들어오는 빛이다.
- D : 색온도에 따라 D_{55}, D_{65}, D_{70}, D_{75} 등으로 표기하며, 자외선을 함유하고 있으므로 형광색료의 측정에도 적합하다. 최근 활용이 증가하고 있다.

■ 디지털 색채체계

- 픽셀(Pixel)은 화소라고도 하며 디지털 이미지의 최소단위로, 작은 점(비트)으로 표현된다. Red, Green, Blue의 3원색을 혼합하여 만드는데, 이 3가지 색상에 각각 8비트씩 총 24비트의 데이터가 사용된다.
- 비트맵(Bitmap) 방식은 픽셀들이 모여 만들어진 사진이나 그림으로, 화면상 그림을 확대하면 경계선 부분이 계단으로 보인다.
- 벡터(Vector) 방식은 점과 점이 이루는 선분과 면에 수학적 연산으로 만들어져 사이즈를 키워도 용량 변화가 없는 것이 특징이다. 확대해도 작은 점으로 깨지지 않고 경계가 뚜렷하다.

■ 디지털 색영역

- HSV : H(색상), S(채도), V(명도)의 3가지 축으로 구성되어 있고 색상은 0~360°의 각도로 나타낸다. V값의 0%는 완전한 검정이다.
- HSB : H(색상), S(채도), B(밝기)의 3가지 축으로 구성되어 있고 색상은 0~360°의 각도로 나타낸다. B값이 100%일 경우 반드시 흰색이 아니라 고순도의 원색일 수도 있다.
- RGB : 모니터와 디스플레이에 쓰는 색값으로 R(빨강), G(녹색), B(파랑)이 혼합되어 색을 표현한다. 한 색채당 0~255의 단계를 가지며 값이 (255, 255, 255)면 흰색, (0, 0, 0)이면 무전압 영역과 비교되며 색은 검정이다.
- CMYK : C(사이안), M(마젠타), Y(옐로), K(블랙)의 색료혼합 방식으로 인쇄물 등의 출력 시 사용된다.

■ 디지털 색채의 저장방식

- JPEG(Joint Photographic Experts Group) : 컬러 이미지의 손상을 최소화하며 압축할 수 있는 포맷으로 파일 용량이 작고 많은 색감의 표현이 가능해 웹디자인에 많이 사용된다.
- GIF(Graphics Interchanges Format) : 압축률은 떨어지지만 전송속도가 빠르다. 이미지 손상이 적으며, 애니메이션 기능을 낼 수 있다.
- PNG(Portable Network Graphic) : 웹디자인에서 많이 사용되며 이미지의 질의 변화가 없고 그대로 표현할 수 있다. 배경이 투명하거나 사각이 아닌 특정 형태의 그림으로 만들 때 사용된다.
- PDF(Portable Document Format) : 벡터방식 및 비트맵 방식 모두 호환이 가능하며 전자책, CD 등에 적합하다.

■ CCM(Computer Color Matching System)

- 컴퓨터를 이용하여 정확한 측색과 분석을 수행함으로써 조색에 필요한 배합을 자동으로 산출한다.
- 장점은 조색시간 단축, 색채품질 관리, 다품종 소량에 대응, 메타머리즘 예측, 고객의 신뢰도 구축, 원가 절감이 있다.

■ 디지털 색채관리

- 색채 영상을 생성시키는 과정에서는 RGB 컬러체계를 사용한다. 출판과정에서는 CMY 컬러체계를 이용하며, 입력 디바이스와 출력 디바이스 사이에서도 사용하는 색공간이 다르다.
- CMS(Color Management System)는 입력에서 출력에 이르기는 색 공정에서 컬러 재현의 일관성을 얻기 위해 사용하는 색채관리시스템으로 CMY 색체계를 CIE XYZ 색공간에서 특징지어 주고, 색영역 매핑 등을 통해서 색 일치를 시켜주기 위해서 사용하는 소프트웨어와 하드웨어 시스템을 말한다.
- 특정 조건에 따라 발색되는 모든 색을 포함하는 색도 그림 또는 색공간 내의 영역을 색영역(Color Gamut)이라고 하는데, 색영역의 넓은 순서는 CIELAB > RGB > CMYK와 같다.

색채지각론

■ 빛과 색

- 색은 빛이며, 파장이 380~780nm인 가시광선(Visible Light)을 말한다.
- 색지각의 3요소에는 빛(Light), 눈(Eye), 물체가 있다.
- 인간이 색을 지각할 수 있는 것은 빛이 비춰지는 물체의 표면에서 그 빛을 반사 또는 흡수, 통과시킴으로서 가능한 것이다.
- 뉴턴은 빛의 입자설을 주장하였고, 프리즘을 이용해 빛이 분광되는 것을 밝혔다. 하위헌스(호이겐스)는 빛의 파동설을 주장하였다.
- 색은 현상학적 관찰을 통해 평면색(면색), 표면색(물체색), 공간색, 경영색(거울색), 투과색, 광택, 작열, 광휘, 편광 등으로 지각된다.
- 색은 자연광과 인공광으로 분류할 수 있는데, 자연광에는 태양광선과 흑체, 인공광에는 백열등, 형광등, 할로겐, 수은등, 제논 등이 속한다.
- 무채색은 색상을 띠지 않은 밝고 어둠의 감각만을 가지며, 유채색은 색상의 감각을 띠며 색상, 명도, 채도의 3속성을 가진다.

■ 색채지각

- 색채지각은 색이 광원으로부터 나와서 물체에 반사된 뒤 눈에 수용되어 뇌에 이르는 전 과정이다.
- 물체 인식의 과정 : 빛 → 각막 → 수정체 → 유리체 → 망막(시세포) → 시신경 → 대뇌
- 망막에는 추상체와 간상체라는 광수용기가 있는데, 추상체는 망막의 중심부에 모여 있으며 색상을 구별하고, 간상체는 망막의 외곽에 넓게 분포되어 있으며 밝고 어둠을 구별한다.
- 중심와는 망막 중에서도 상이 가장 정확하게 맺히는 부분으로 노란 빛을 띠어 황반(Macula)이라고도 한다.

■ 시세포의 종류와 기능

- 간상체 : 어두운 곳에서 주로 기능하며 507nm의 빛과 단파장에 민감하다.
- 추상체 : 빛의 파장에 따라 다른 반응을 보이며 L추세포는 장파장, M추세포는 중파장, S추세포는 단파장에 민감하다. 이들은 각각 약 564nm, 533nm, 420nm에서 가장 잘 흡수한다.

■ 색채 자극과 인간 반응

- 순응은 색에 있어서 감수성의 변화이며, 조명의 조건에 따라 광수용기의 민감도가 변화하는 것으로 명순응, 암순응, 박명시로 구분한다.
  - 명순응은 추상체가 활동하며 사물의 형태를 확실히 알 수 있는 시각 상태이다.
  - 암순응은 간상체만 활동하며 명암만 구별할 수 있다.
  - 명순응은 1~2초 정도의 시간이 소요되는 반면 암순응은 약 30분 정도 소요된다.
  - 박명시는 명소시와 암소시의 중간 정도의 밝기에서 추상체와 간상체가 모두 활동하고 있어 색 구분의 정확성이 떨어지는 시각 상태로 최대 시감도는 507~555nm이며 푸르킨예 현상과 관련이 있다.
- 색순응은 조명에 의해 물체색이 바뀌어도 자신이 알고 있는 고유의 색으로 보이게 되는 현상이다.
- 색의 항상성은 조명의 강도가 바뀌어도 물체의 색을 동일하게 지각하는 현상이다.
- 색의 연색성은 같은 물체색이라도 광원의 분광에 따라 다른 색으로 지각하는 현상이다.
- 조건등색은 물리적으로 다른 색이 시각적으로 동일한 색으로 보이는 현상이다.

■ 색채지각 효과

- 푸르킨예 현상 : 명소시(주간시)에서 암소시(야간시)로 이동할 때 생기는 것으로 광수용기의 민감도에 따라 낮에는 빨간색이 잘 보이다가 밤에는 파란색이 더 잘 보이는 현상이다.
- 애브니 효과 : 색자극의 순도(선명도)가 변하면 같은 파장의 색이라도 그 색상이 다르게 보이는 현상을 말한다.
- 베졸트-브뤼케 효과 : 빛의 강도가 높아질수록 색상이 같아 보이는 위치가 다르게 되는 것을 말한다.
- 리프만 효과 : 색상차가 커도 명도의 차이가 작거나 비슷하면 색의 차이가 쉽게 인식되지 않아 두 색의 경계가 모호하고 불분명하게 보이는 현상이다.
- 베너리 효과 : 흰색 배경 위에서 검정 십자형의 안쪽에 있는 회색 삼각형과 바깥쪽에 있는 회색 삼각형을 비교하면 안쪽에 배치한 회색이 보다 밝게 보이고, 바깥쪽에 배치한 회색은 어둡게 보인다.
- 허먼 그리드 현상 : 검은색과 흰색 선이 교차되는 지점에 허먼 도트라고 하는 회색 잔상이 보이는 현상이다.
- 색음현상 : 색음은 '색을 띤 그림자'라는 의미로, 괴테가 발견하여 괴테현상이라고도 하며 작은 면적의 회색을 채도가 높은 유채색으로 둘러쌀 때, 회색이 유채색의 보색으로 보이는 현상이다.
- 맥콜로 효과 : 대상의 위치에 따라 눈을 움직이면 잔상이 이동하여 나타나는 현상이다.
- 페히너 효과 : 흰색과 검은색만으로 유채색이 생기는 현상이다.

■ 색채지각설

- 영-헬름홀츠의 3원색설 : R, G, B 3원색을 인식하는 시세포와 세 가지 시신경의 흥분과 혼합에 의해 색이 만들어진다는 것이다.
- 헤링의 반대색설 : 하양-검정 물질, 빨강-초록 물질, 노랑- 파랑 물질이라는 세 가지 구성요소가 각각 빛에 따라 동화(재합성)와 이화(분해)라고 하는 대립적인 화학적 변화를 일으킨다는 것이다.
- 혼합설 : 미국의 맥 니콜에 의해 연구된 이론으로 망막수용기 단계에서는 영-헬름홀츠의 3원색설과 일치하고, 신경계와 뇌의 단계에서는 헤링의 반대색설과 일치하는 두 가지 단계의 과정에 의해 색각이 일어난다는 학설이다.

■ 색의 혼합

- 빛(색광)의 3원색 : 빨강(Red), 초록(Green), 파랑(Blue)
- 색료(안료)의 3원색 : 사이안(Cyan), 마젠타(Magenta), 노랑(Yellow)
- 가법혼합 : 색광의 혼합이며 혼합된 색의 명도가 높아지는 현상 예 컬러 모니터, 무대 조명 등
- 감법혼합 : 색료의 혼합으로 혼합된 색의 명도가 낮아지는 현상 예 색 필터, 색채사진 등
- 중간혼합 : 두 색 또는 그 이상의 색이 섞였을 때 눈의 망막에서 일어나는 착시적 혼합 예 점묘화, 직물의 짜임새 등
- 회전혼합 : 두 가지 이상의 색을 빠른 속도로 회전시키면 그 색들이 혼합되어 보이는 현상 → 혼색 결과는 중간색, 중간 명도, 중간 채도
- 병치혼합 : 두 개 이상의 색을 병치시켜 일정 거리에서 바라보면 망막상에서 혼합되어 보이는 것으로 중간혼합의 일종

■ 색채의 지각적 특성

- 색의 조화 : 배색이 보는 사람으로 하여금 쾌감의 영향을 미치는 것이다.
- 색의 대비 : 배경과 주위에 있는 색의 영향으로 색의 성질이 변화되어 보이는 현상이다.
  - 동시대비 : 인접해 있는 두 가지 이상의 색을 동시에 볼 때 서로의 영향으로 색이 다르게 보이는 현상이다.
  - 연변대비 : 두 색이 인접해 있을 때 서로 인접되는 부분이 경계로부터 멀리 떨어져 있는 부분보다 색상, 명도, 채도의 대비현상이 더욱 강하게 일어나는 현상이다.
  - 계시대비 : 어떤 색을 잠시 본 후 시간적인 차이를 두고 다른 색을 보았을 때 먼저 본 색의 영향으로 나중에 본 색이 다르게 보이는 현상이다.

- 동화현상 : 인접한 색의 영향을 받아 인접색에 가까운 색으로 보이는 현상이다. 동화효과를 전파효과 또는 혼색효과라고도 하며, 줄눈과 같이 가늘게 형성되었을 때 나타난다고 해서 줄눈효과라고도 한다.
- 색의 잔상 : 어떤 색을 응시한 후의 망막의 피로현상으로, 어떤 자극을 받았을 경우 원래 자극을 없애도 색의 감각이 계속해서 남아 있거나 반대의 상이 남아 있는 현상을 말한다.
  - 정의 잔상 : 원래 색의 밝기와 색상이 같아 보이는 잔상으로, 자극이 없어져도 원래의 자극과 동일한 상이 지속적으로 느껴지는 현상을 말한다.
  - 부의 잔상 : 원래의 감각과 반대의 밝기나 색상을 띤 잔상으로, 자극이 사라진 뒤에도 광자극의 색상, 명도, 채도가 정반대로 느껴지는 현상이다.

■ 색채지각과 감정효과

- 색의 온도감 : 따뜻하게 느껴지는 색을 난색(Warm Color), 차갑게 느껴지는 색을 한색(Cool Color)이라고 한다.
- 색의 중량감 : 명도가 높을수록 가벼워 보이며, 낮을수록 무거워 보인다.
- 색의 경연감
  - 부드러움 : 고명도, 저채도, 난색 계열
  - 딱딱함 : 저명도, 고채도, 한색 계열
- 색의 진출(팽창)과 후퇴(수축)
  - 진출 · 팽창색 : 고명도, 고채도, 난색 계열
  - 후퇴 · 수축색 : 저명도, 저채도, 한색 계열
- 빨강 계열의 장파장의 색은 시간이 길게, 속도감이 빠르게 느껴진다. 파랑 계열의 단파장의 색은 시간이 짧게, 속도감이 느리게 느껴진다.
- 색의 주목성 : 사람들의 시선을 끄는 성질로 빨강, 주황, 노랑과 같은 고명도 · 고채도의 색이 주목성이 높다.
- 색의 시인성(명시성) : 대상의 식별이 쉬운 성질, 물체의 색이 얼마나 뚜렷이 잘 보이는가의 정도로 명시도, 가시성이라고도 한다.

  ※ 색의 3속성 중에서 배경과 대상의 명도차가 클수록 잘 보이고, 명도차가 있으면서도 색상 차이가 크고 채도 차이가 있으면 시인성이 높다.

색채체계론

■ 색채과학의 기원

- 색의 정확한 측정이나 전달 또는 색채의 관리 및 재현을 위해서는 반드시 객관적인 색채 표준화가 필수적이다.
- 뉴턴 : 분광실험을 통해 빛은 곧 색이고, 색은 곧 빛이라는 정설을 확립하였다. 그로 인해 뉴턴 이후 색채과학의 시대가 열리게 된다.
- 토마스 영 : 뉴턴의 광학이론을 받아들여 정리하였고, 빛의 파동설을 주장하였다. 헬름홀츠와 함께 빨강, 초록, 파랑의 '3원색설'을 완성하였다.
- 괴테 : 자신의 눈을 근거로 한 괴테의 연구방법은 감각심리학에 해당되는 색채현상의 시초가 되어 오늘날 독일의 색채연구의 기초가 되었다.
- 헤링 : 영-헬름홀츠가 주장했던 빨강, 초록, 파랑의 3원색설과는 달리, 빨강, 초록, 노랑, 파랑의 4원색설과 무채색광을 가정하였다.

■ 현색계와 혼색계

현색계	혼색계
• 색상, 명도, 채도와 같은 3속성에 의해 정량적으로 분류 • 조건등색이나 광원의 영향을 많이 받고 정밀한 색좌표를 구하기 어려움 • 사용이 간편함 • 측색기가 필요 없음 • 종류 : 먼셀 표색계, NCS 표색계, PCCS 표색계, DIN 등	• 빛의 3원색 혼합관계를 객관화한 시스템으로 정확한 수치에 입각 • 지각적 등보성이 없음 • 측색기를 사용함 • 조색 및 검사 등에 적합한 오차를 적용 가능 • 종류 : 오스트발트 표색계, CIE L*C*h, CIE Yxy, CIE L*u*v*, CIE L*a*b*, RGB 등

■ 먼셀 색체계

- 물체색의 색 감각을 색상(Hue), 명도(Value), 채도(Chroma)의 3가지 속성으로 표기하고, 3가지 속성이 시각적으로 고른 단계가 되도록 색을 선정하였다.
- 색상(Hue) : 색상을 총 10간격으로 나누어 1~10까지의 숫자와 그 색상의 기호를 붙여 총 100단계에 이르는 색상을 관찰할 수 있다. 여기서 5는 항상 기본 색상을 의미한다.
- 명도(Value) : 가장 어두운 검은색을 빛을 전혀 반사하지 않은 상태로 보고 0이라고 표시하고, 가장 밝은 흰색은 10으로 표시한다.
  ※ 무채색은 '중립'을 뜻하는 'Neutral'의 약자인 N에 숫자를 붙여 나타낸다.
- 채도(Chroma) : 채도를 나타내기 위해 가로로 배열된 채도단계를 만들었다. 그 첫 단계는 무채색을 기점으로 하고 있는데, 여기에서 단계적으로 순색을 섞어 중심축의 바깥쪽으로 갈수록 채도가 2단계씩 높아지게 된다.
- 먼셀 기호 표시법 : '색상 명도/채도'의 순서를 나타내는 'H V/C'로 한다.
- 먼셀 색체계의 활용 및 조화 : 먼셀 기호를 이용하여 측색할 경우에는 표준광원 C를 사용하고, 관찰 각도는 2° 시야를 사용하는 것을 원칙으로 한다.

■ 오스트발트 색체계

- 이상적인 백색(White)과 이상적인 흑색(Black) 그리고 이상적인 순색(Color)이라는 현실에는 존재하지 않는 세 가지 요소를 가정하고, 이 요소들의 혼합비에 의해 체계화한 것이 특징이다.
  - 백색(White, W) : 모든 빛을 완전하게 반사하는 이상적인 색
  - 흑색(Black, B) : 모든 빛을 완전하게 흡수하는 이상적인 색
  - 순색(Color, C) : 특정 파장의 빛을 완전하게 반사하고 나머지 파장 영역을 완전하게 흡수하는 이상적인 색
- 오스트발트의 색상환 : 헤링의 반색설을 기본으로 한 Yellow, Red, Ultramarine Blue, Sea Green의 4원색을 중심으로 Orange, Purple, Turquoise, Leaf Green을 중간색으로 배열하여 8개의 색상으로 구성하였다. 이 8가지 색을 3등분하여 총 24색상으로 구성하였다.
- 오스트발트 조화론은 '조화는 질서'라는 기본 개념을 가지고 있다.
- 오스트발트의 색입체에서 세로선상의 위쪽에는 이상적인 백색이, 하단에는 이상적인 흑색이 위치한다. 그리고 그 사이는 a, c, e, g, i, l, n, p라는 8단계 척도로 나뉘어 구성되어 있다.
- 오스트발트 기호 표시법 : 순색량(C) + 백색량(W) + 흑색량(B) = 100

NCS 색체계

- W(White) + S(Black) + C(Y, R, B, G) = 100
- NCS의 기본색은 헤링의 반색설에 기초한 4가지 기본색 노랑(Y), 파랑(B), 빨강(R), 초록(G)과 함께 하양(W)과 검정(S)을 인간이 구별할 수 있는 가장 기초적인 6가지 기본 색채로 정하였다.
- NCS 색상환 : 헤링의 대응색설에 따라 노랑, 빨강, 파랑, 초록을 기본으로, 각 색상 사이를 10단계씩 분할하여 총 40색상으로 구성된다.
- NCS 기호 표시법
  - 유채색의 표시
    S3050-Y10R : 30%의 흑색량, 50%의 순색량과 빨간색이 10% 포함된 노란색을 의미한다.
  - 무채색의 표시
    S1500-N : 검은색도는 15%, 순색도(유채색도)는 0%, 나머지 85%가 하얀색도라는 의미이다.
    S9000-N : 검은색도가 90%, 순색도가 0%로 검은색에 가까운 명도를 나타낸다.

CIE 표색계

- CIE 색체계는 빛의 속성을 정량적으로 정함으로써 감각적이고 추상적인 빛의 속성을 객관적으로 표준화한 시스템이다.
- 이 색체계는 'XYZ' 또는 '3자극치'를 이용하는데, 이는 맥스웰의 빛의 3원색인 RGB를 이용하여 가상의 색과 똑같은 색이 되는 지점에서 나타나는 출력량의 등색함수를 계산한 수치이다.
- 표준광원 A, C, D_{65} 아래에서 2° 시야를 기준으로 한 RGB, XYZ, Yxy 색체계가 있고, 10° 시야를 적용한 CIE LUV, CIE LAB 등이 있다.
- CIE XYZ 표색계 : XYZ의 삼자극치 정의
  ※ X는 적색 감지, Y는 녹색 감지, Z는 청색 감지
- CIE Yxy 표색계 : 말발굽처럼 생긴 다이어그램 모양, 현재 모든 조명과 컴퓨터 모니터, 어도비 소프트웨어의 기준색이 이 표기법을 사용
- 1976 CIE 체계 : 10° 기준 관찰자 시감을 반영, CIE LAB, CIE LUV, CIE LCH를 발표
- CIE LAB(L*a*b*) 색공간 : 1976년 국제조명위원회가 CIE 색도도를 개선하여 지각적으로 균등한 색공간을 가지도록 제안한 색체계
  - L* : 반사율로서 명도
  - +a*는 빨강, −a*는 초록 / +b*는 노랑, −b*는 파랑
- CIE L*c*h : L*은 반사율, c*는 채도, h는 색상을 나타냄
  ※ h = 0°(빨강), h = 90°(노랑), h = 180°(초록), h = 270°(파랑)으로 표시됨

빨/간/키

■ PCCS 색체계

- 색광의 3원색과 헤링의 4원색을 포함, 총 24색상으로 구성
- 색의 3속성을 기반으로 한 먼셀과 오스트발트 표색계의 특징을 모두 포함하는 구조
- PCCS 명도 : 지각적 등보성에 의해 하양인 N9.5와 검정인 N1.5, 그리고 중간 단계인 N5.5와 같이 0.5단계씩 증감하며 총 17단계로 구분
- PCCS 채도 : 포화도를 의미하는 'Saturation'을 's'로 표시하여 1s~9s의 9단계로 표시, 색상마다 채도의 등보성을 실현시키는 것에 역점을 둠
- PCCS 톤 : 명도와 채도의 복합 개념, 색상은 12종류의 톤으로 나뉘고, 무채색은 5종류의 톤으로 분류

■ 색명체계

- 관용색명 : 옛날부터 전해 내려와 습관적으로 사용되어 온 색명으로, 동식물, 광물, 자연현상, 지명 등에서 유래
  예 마젠타(Magenta), 레몬(Lemon), 마린 블루(Marine Blue), 에메랄드 그린(Emerald Green) 등
- 계통색명 : 적절한 형용사와 명사를 사용하여 일정한 법칙에 따라 학술적으로 정의한 색이름
  예 '어두운, 연한'과 같은 수식어와 '분홍빛 하양', 'Yellowish Brown', 'Vivid Red' 등

■ KS 색명법

- 한국산업표준 KS A 0011은 기본 색명 15가지와 관용색명, 계통색명으로 나누어 색을 먼셀 기호와 함께 표기
- 인용표준
  - KS A 0062 : 색의 3속성에 의한 표시방법
  - KS A 0064 : 색에 관한 용어
- 유채색의 기본색이름

기본색이름	대응 영어(참고)	약호(참고)
빨강(적)	Red	R
주 황	Yellow Red	YR
노랑(황)	Yellow	Y
연 두	Green Yellow	GY
초록(녹)	Green	G
청 록	Blue Green	BG
파랑(청)	Blue	B
남색(남)	Purple Blue	PB
보 라	Purple	P

기본색이름	대응 영어(참고)	약호(참고)
자주(자)	Red Purple	RP
분 홍	Pink	Pk
갈색(갈)	Brown	Br

• 무채색의 기본색이름

기본색이름	대응 영어(참고)	약호(참고)
하양(백)	White	Wh
회색(회)	(neutral)Grey(영), (neutral)Gray(미)	Gy
검정(흑)	Black	Bk

■ 음양오행

• 음양오행사상과 오방색

오방색	오 행	오 방	오방신	오 륜
청(靑)	나무[木]	동 쪽	청 룡	인(仁)
적(赤)	불[火]	남 쪽	주 작	예(禮)
황(黃)	흙[土]	중 앙	황 룡	신(信)
백(白)	쇠[金]	서 쪽	백 호	의(義)
흑(黑)	물[水]	북 쪽	현 무	지(智)

• 오간색 : 정색과 정색의 혼합인 중간색
- 동쪽의 녹색 : 청색 + 황색
- 서쪽의 벽색 : 청색 + 백색
- 남쪽의 홍색 : 적색 + 백색
- 중앙의 유황색 : 흑색 + 황색
- 북쪽의 자색 : 흑색 + 적색

■ 한국의 전통색

• 적색 : 장단, 담주색, 석간주, 육색
• 황색 : 지황색, 치자색
• 청록색 : 비색, 양록색, 약람색, 유목색, 감색, 벽색, 숙람색
• 보라색 : 담자색, 자색, 홍람색
• 무채색 : 지백색, 치색(먹색), 휴색, 소색, 구색, 회색

■ 슈브뢸의 조화론

- 유사의 조화 : 명도, 색상, 주조색에 따른 조화
- 대조의 조화 : 명도대비, 색상대비, 보색대비, 인접보색대비에 따른 조화

■ 저드의 조화론

저드의 4가지 원칙 : 질서의 원칙, 친근성의 원칙, 공통성의 원칙, 명백성의 원칙

■ 파버 비렌의 조화론

- 오스트발트 색체계를 수용, 순색, 흰색, 검은색의 3가지 기본 구조를 발전
- 미적 효과를 나타내는 7가지의 범주인 하양(White), 검정(Black), 순색(Color), 색조(Tint), 농담(Shade), 회색조(Gray), 톤(Tone)을 바탕으로 연속된 선상에 위치한 색들을 조합하면 조화된다는 이론

■ 문-스펜서의 조화론

- 좋은 배색을 위해서는 두 색의 간격이 애매하지 않고, 오메가 색공간에 나타난 점이 기하학적 관계에 있도록 선택된 배색일 때 조화롭다고 하였다.
- 미도(美度, Aesthetic Measure)란 미적인 계수를 의미하는데, 질서성의 요소를 복잡성의 요소로 나누어 구한다. 이 식에 의하면 복잡성의 요소가 최소일 때 미도 또한 최대의 수치가 된다.
- 면적효과 : 밸런스 포인트의 심리적 효과 – 배색의 분리효과, 강조색 배색의 효과, 연속배색의 효과, 반복배색의 효과

■ 먼셀의 조화론

- 여러 가지 무채색의 조합에서 일정한 간격으로 고른 무채색 계열은 조화되고, 특히 기조 또는 중심점으로서의 N5의 균형 포인트를 가지는 색들은 조화롭다.
- 명도가 같고 채도가 다른 반대색인 경우 저채도의 색은 넓은 면적으로, 고채도의 색은 좁은 면적으로 배색하면 조화롭다.

■ 오스트발트의 조화론

- 조화란 질서와 같다.
- 등백계열의 조화(흰색량 동일), 등흑계열의 조화(흑색량 동일), 등순계열의 조화(순도의 양 동일), 등색상 계열의 조화(색상은 같고, 명도・채도 다름), 유채색과 무채색의 조화, 등가치색 계열의 조화, 무채색 계열의 조화(3색 이상의 회색은 명도가 등간격이면 조화)

■ 테마 컬러(Theme Color)

- 분리효과(Separation) 배색, 강조효과(Accent) 배색, 반복(Repetition)배색, 연속효과(Gradation) 배색, 톤온톤(Tone on Tone) 배색, 톤인톤 배색(Tone in Tone) 배색, 콤플렉스(Complex) 배색, 토널(Tonal)배색, 카마이외(Camaieu) 배색, 포카마이외(Faux Camaieu) 배색, 멀티 컬러(Multi Color) 배색[비콜로(2색의 고채도 배색), 트리콜로(2개 이상의 고채도와 1개의 무채색 배색)] 등이 있다.
- 이미지 스케일 : 색채에서 느껴지는 감성을 객관적 통계로 구분하여 만든 기준이며, 디자인 등에 총체적인 의미를 부여하는 시스템으로 감각과 과학을 결합시킨 방법

합격에 윙크[Win-Q]하다!

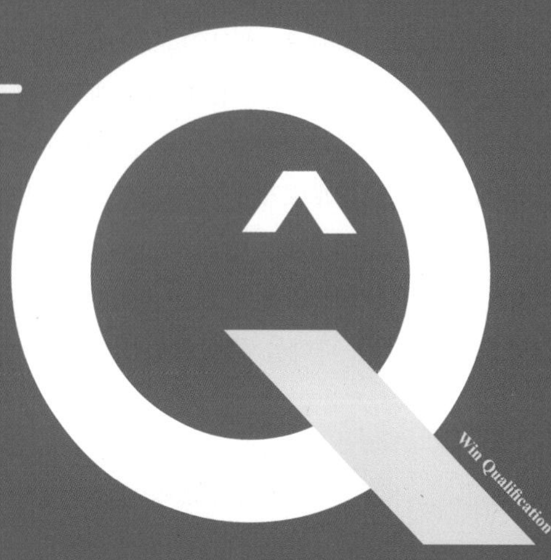

컬러리스트기사 · 산업기사

PART 01

핵심이론 + 핵심예제

컬러리스트기사 · 산업기사

색채심리 · 마케팅

01 색채심리

제1절 색채의 정서적 반응

핵심 이론 01 색채와 심리

(1) 색채심리의 의의

① 색채와 관련된 인간의 반응을 연구하는 학문이다.
② 색의 3속성, 대비, 조화, 잔상 등의 영향을 받는다.
③ 개인의 심리 상태, 경험, 문화적 배경, 지역과 풍토의 영향을 받는다.
④ 색(Light)은 물리적 특성이며, 색채(Color)는 물리적 특성과 심리적 특성을 말한다.
⑤ 색채가 주는 일반적인 심리적 작용으로 온도감, 중량감, 거리감, 크기감, 시간성, 팽창과 수축 등이 있다.

(2) 색채지각의 감정반응

① **기억색** : 대상의 표면색에 대한 무의식적 추론에 의해 결정되는 색채이다.
   예 사과는 빨갛다.
② **현상색** : 실제 보이는 색을 말한다.
   예 사과색으로 탁한 빨강, 연두, 탁한 노랑이 있다.
③ **착 시**
   ㉠ 색상 · 명도 · 채도, 대비와 잔상(음의 잔상, 양의 잔상) 등에 의한 효과이다.
   ㉡ 망막에 미치는 빛 자극에 대한 주관적 해석이며 대상을 물리적 실제와 다르게 지각하는 현상이다.
④ **항상성(Color Inconstancy)** : 망막에 미치는 빛 자극의 물리적 특성이 변하더라도 대상 물체의 색이 그대로 유지된다고 지각하게 되는 현상이다.
⑤ **연색성(Color Rendering)** : 빛의 특성에 의해 사물이 달라 보이는 현상이다.
⑥ **흥분과 진정** : 사람의 감정과 직접 연결되는 것으로 색상과 채도의 영향을 받는다.
   ㉠ 흥분색 : 난색 계열, 고채도(빨강, 주황, 다홍 등)
   ㉡ 진정색 : 한색 계열, 저채도(파랑, 청록, 남색 등)
⑦ **시간성** : 시간, 속도감은 색상과 채도의 영향을 받는다.
   ㉠ 장파장 : 속도감은 빠르고, 시간은 길게 느껴진다.
   ㉡ 단파장 : 속도감은 느리고, 시간은 짧게 느껴진다.
⑧ **진출과 팽창, 후퇴와 수축** : 명도의 영향을 받으며, 유채색이 무채색보다 진출해 보인다.
   ㉠ 진출색 : 두 가지 색이 같은 위치에 있어도 더 가깝게 보인다.
      → 난색계, 고명도, 고채도, 장파장일 때 진출되어 보이고 난색계의 어두운색보다 한색계의 밝은색이 진출되어 보인다.
   ㉡ 후퇴색 : 두 가지 색이 같은 위치에 있어도 더 멀리 보인다.
      → 한색계, 저명도, 저채도, 단파장일 때 후퇴되어 보이고, 배경이 밝을수록 주목하는 색이 작게 보인다.
   ㉢ 팽창색 : 물체의 형태나 크기가 같아도 물체의 색에 따라 더 커 보인다.
      → 난색계, 고명도, 고채도가 팽창되어 보인다.
   ㉣ 수축색 : 물체의 형태나 크기가 같아도 물체의 색에 따라 더 작아 보인다.
      → 한색계, 저명도, 저채도가 수축되어 보인다.

(3) 색채의 주관적 반응

색채는 망막상에 떨어진 빛 자극에 의해 우리의 대뇌가 결정한다. 그러나 색채의 시각적 효과는 주관적 해석에 따라 달라진다.

① 페히너(G. T. Fechner) 효과 : 무채색만으로 칠한 원판에서 유채색을 경험하는 효과이다.

② 벤함(Benham)의 팽이

㉠ 팽이의 회전속도에 따라 각기 다른 색채감각이 나타난다.

㉡ 우리의 눈이 끊임없이 자발적으로 움직여 주관적인 색채감각을 일으킨다.

(4) 색채의 일반적 반응

프랭크 H. 만케(Frank H. Mahnke)는 색채의 인식과 전달과정에서 인간에게 영향을 주는 반응을 6단계의 색 경험 피라미드 형태로 설명하였다.

개인적 관계
시대사조, 패션, 스타일의 영향
문화적 영향과 매너리즘
의식적 상징화 – 연상
집단무의식
색자극에 대한 생물학적 반응

능동적으로 의도된 단계
수동적인 영향
생물학적 반응의 단계

[프랭크 H. 만케의 색 경험 6단계 피라미드]

핵심예제

프랭크 H. 만케의 6단계 색 경험 피라미드에서 각 단계에 해당하는 내용의 연결이 틀린 것은? [2016년 2회 기사]

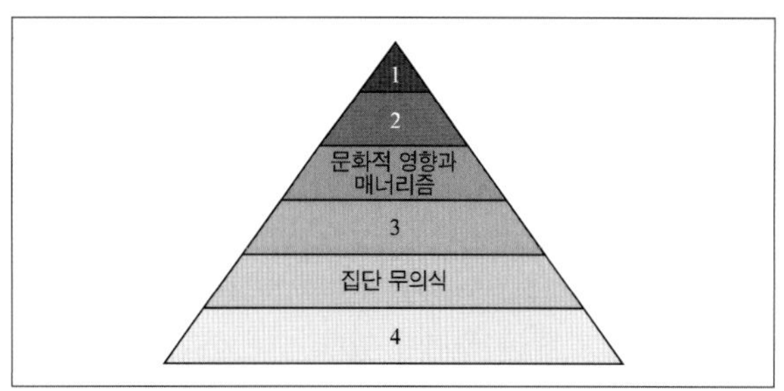

① 1 – 개인적 관계
② 2 – 시대사조, 패션, 스타일의 영향
③ 3 – 의식적 상징화, 연상
④ 4 – 색자극에 대한 심리학적 반응

|해설|

④ 색자극에 대한 생물학적 반응이다.

정답 ④

핵심 이론 02 색채와 공감각

(1) 색채와 공감각의 의의

① 자극받은 하나의 감각이 다른 감각에 적용되어 반응한다.
② 색채와 관련된 공감각기관과의 상호작용을 활용하면 메시지와 의미를 보다 정확하고 강하게 전달할 수 있다.
③ 색채가 시각 및 기타 감각기관에 교류되는 현상이 색채의 공감각이다.
④ 대표적인 현상으로 소리와 색채의 특성이 공유되는 '색을 듣는다.'라고 하는 색청이 있다.
⑤ 색채감각은 미각, 후각, 청각, 촉각 등과 함께 뇌에서 인식된다.

(2) 색채와 공감각

① **색채와 미각** : 색채와 맛에 관한 연구는 물리적, 지역적 특성에 기초를 두어야 한다. 색채는 미각의 감정을 수반하며, 파버 비렌은 "식욕을 돋우는 대표적인 색은 주황색이다."라고 하였다. 미각과 관련된 색은 난색 계열이 주를 이룬다.

㉠ 단맛 : 빨강, 분홍, 주황, 노랑의 배색
㉡ 신맛 : 초록, 노랑, 연두의 배색
㉢ 쓴맛 : 한색 계열, 탁한 갈색, 진한 청색, 파랑, 보라, 올리브그린의 배색
㉣ 짠맛 : 연한 녹색, 연한 파랑, 회색의 배색

맛		
단 맛		Red, Pink
짠 맛		Blue Green, Gray, White
신 맛		Yellow, Yellow Green
쓴 맛		Brown, Maroon, Olive Green

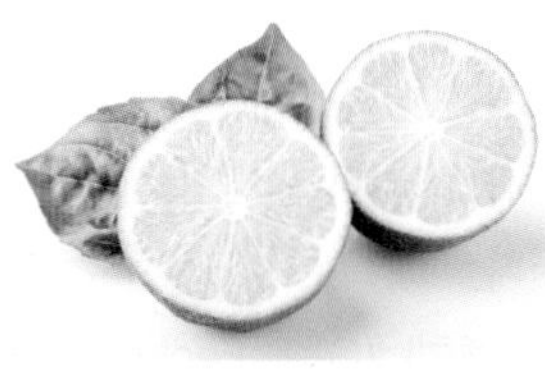
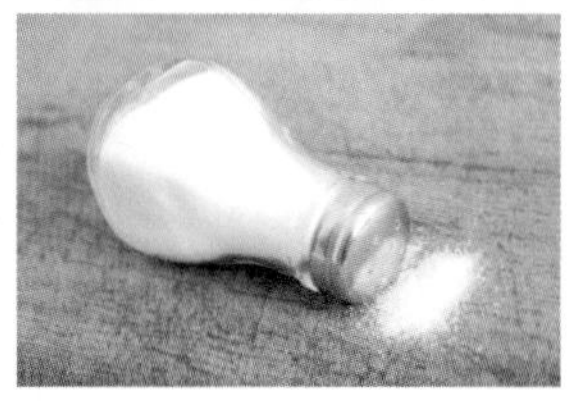
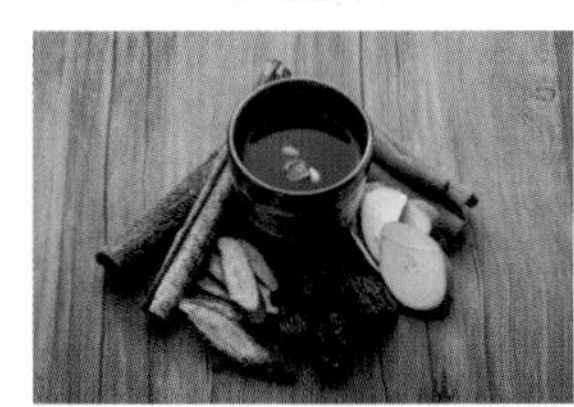

[색채와 미각]

② **색채와 후각** : 프랑스의 색채연구가 모리스 데리베레(Maurice Deribere)는 향과 색채에 대해 연관성을 연구하였다.

㉠ 향기로운 냄새 : 순색, 고명도, 고채도
㉡ 나쁜 냄새 : 저명도, 저채도의 난색 계열
㉢ 진한 냄새 : 저명도, Deep Tone
㉣ 톡 쏘는 냄새 : Orange
㉤ 라일락 : Pale Purple
㉥ 커피향 : Brown, Sepia
㉦ Musk향 : Red Brown, Gold Yellow
㉧ Mint(박하)향 : Light Green
㉨ Camphor향 : White, Light Yellow
㉩ Ethereal향 : White, Light Blue

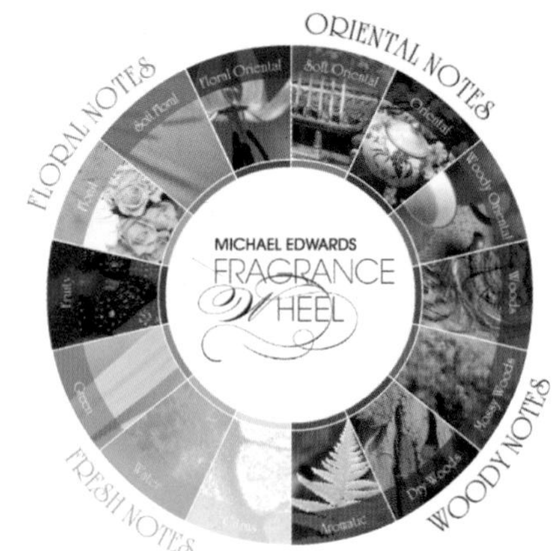

[향과 색채의 연관성]

③ 색채와 촉각

㉠ 부드러움(유연감) : 고명도, 저채도(밝은 분홍, 밝은 노랑, 밝은 하늘색 등)

㉡ 건조함 : 빨강, 주황 등 난색 계열

㉢ 촉촉함 : 파랑, 청록 등 한색 계열

㉣ 거칠음 : 어두운 회색 계열

㉤ 강하고 딱딱함(경질감) : 저명도, 고채도

㉥ 평활, 광택감 : 고명도, 고채도

촉 감	평활, 광택감	경질감	유연감	접착감	거친 느낌	촉촉함	건조함
색	진한 톤의 색	한색계의 낮은 명도	핑크, 하늘색, 노랑	올리브 그린, 옐로	어두운 회색	한색 계열	난색 계열

④ 색채와 청각

㉠ 음악에서 느낌을 색으로 표시[색음현상(色音現像)이라고도 하며 보색의 색음현상(Colored Shadow, 色陰現像)과는 다른 의미]하는 것이다.

㉡ 어떤 소리를 듣게 되면 색이나 빛이 눈앞에 떠오르는 현상으로 색청이라고 한다.

㉢ 음악을 듣고 있을 때 음의 높낮이에 따라 색채에 대한 감수성 또는 지각되는 색의 톤이 달라진다.

㉣ 시각과 청각을 일치시키려는 노력은 있었으나 공통 이론으로 발전하지 못했다.

㉤ 뉴턴은 소리와 색채가 연결된다고 믿었다. 프리즘을 통해 분광된 7가지 색을 7음계와 연결하였다.

예 빨강 – 도, 주황 – 레, 노랑 – 미, 초록 – 파, 파랑 – 솔, 남색 – 라, 보라 – 시

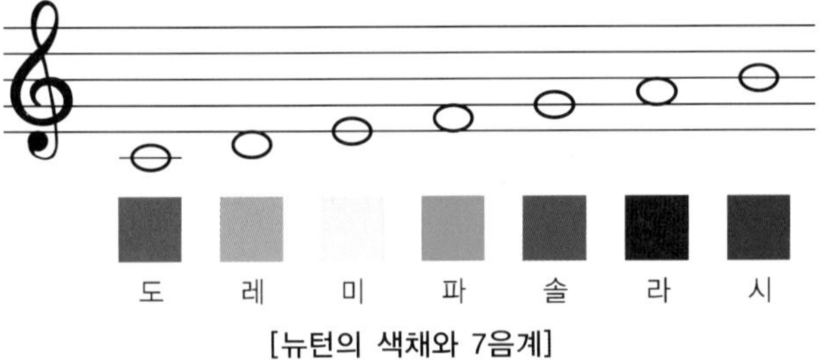

[뉴턴의 색채와 7음계]

㉥ 카스텔은 색채와 음악, 음계와 색을 연결하였다.

예 C – 청색, D – 초록, E – 노랑, G – 빨강, A – 보라

㉦ 몬드리안은 '브로드웨이 부기우기'를 통해 뉴욕의 브로드웨이가 전하는 다양한 소리와 역동적인 움직임을 표현하여 시각과 청각의 조화에 의한 색채언어의 가능성을 보여 주었다.

- 고음 : 고명도, 고채도, 강한 색상
- 저음 : 저명도, 저채도
- 탁음 : 저채도의 무채색에 가까운 계열
- 예리한 음 : 순색과 비슷한 맑고 선명한 색
- 마찰음 : 회색 기미의 거친 색
- 똑똑한 말소리 : 고채도
- 다정한 말소리 : 고명도의 난색 계열
- 우물쭈물한 말소리 : 중간 밝기의 낮은 채도
- 냉랭한 대화 : 푸른 계통의 색

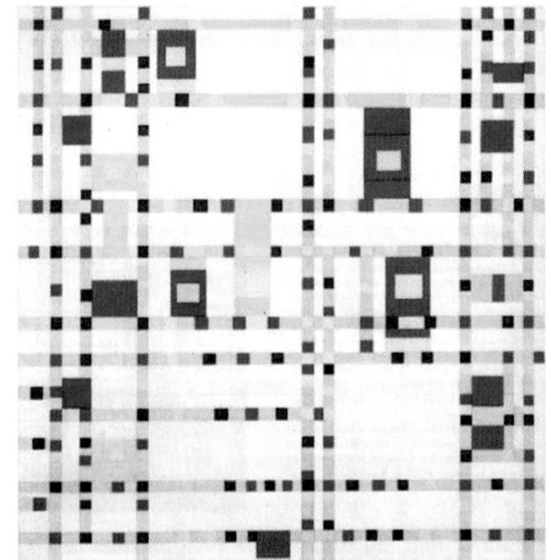

[몬드리안의 브로드웨이 부기우기]

(3) 색채와 형태

① 요하네스 이텐(Johannes Itten)과 함께 칸딘스키(Kandinsky), 베버(Webber), 페히너(Fechner), 파버 비렌(Faber Birren)은 색채와 모양에 대한 공감각적 연구를 통해 색채와 모양의 조화로운 관계성을 추구하였다.

② 파버 비렌은 빨강은 정사각형, 주황은 직사각형, 노랑은 역삼각형, 초록은 육각형, 파랑은 원, 보라는 타원형을 암시한다고 하였다.

[파버 비렌의 색채와 형태]

구 분	색 채	형 태
	빨 강	정사각형
	주 황	직사각형
	노 랑	역삼각형
	초 록	육각형
	파 랑	원
	보 라	타 원
	갈 색	마름모
	흰 색	반달모양
	검 정	사다리꼴
	회 색	모래시계

③ 칸딘스키는 색을 운동, 선, 각, 평면형과 관련지어 노랑은 원심운동, 파랑은 구심운동으로 움직이며, 빨강은 안정적인 색채라 하였다. 수평선은 검정 또는 파랑, 수직선은 하양 또는 노랑, 사선은 회색 또는 초록이나 빨강으로 표시하였다. 칸딘스키의 색 각도를 보면 30°는 노랑, 60°는 주황, 90°는 빨강, 120°는 보라, 150°는 파랑, 180°는 검정의 성격을 가진다.

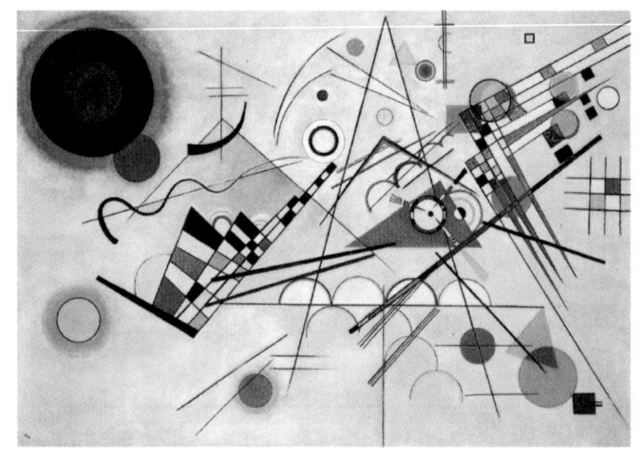

[바실리 칸딘스키의 구성 8]

핵심예제

2-1. 색채의 정서적 반응과 일치하지 않는 설명은?

[2018년 3회 산업기사]

① 색채의 시각적 효과는 객관적 해석에 의해 결정된다.
② 색채감각은 물체의 속성이 아니라 인간의 시신경계에서 결정된다.
③ 색채는 대상의 윤곽과 실체를 쉽게 파악하는 데 유용한 정보를 제공한다.
④ 색채에 대한 정서적 경험은 개인의 생활양식, 문화적 배경, 지역과 풍토의 영향을 받는다.

2-2. 색자극에 대한 반응을 연구한 학자들의 견해가 틀린 것은?

[2017년 3회 산업기사]

① 파버 비렌(Faber Biren) – 빨간색은 분위기를 활기차게 돋궈주고, 파란색은 차분하게 가라앉히는 경향이 있다.
② 웰즈(N. A. Wells) – 자극적인 색채는 진한 주황 – 주홍 – 노랑 – 주황의 순서이고, 마음을 가장 안정시키는 색은 파랑 – 보라의 순서이다.
③ 로버트 로스(Robert R. Ross) – 색채를 극적인 효과 및 극적인 감동과 관련시켜 회색, 파랑, 자주는 비극과 어울리는 색이고, 빨강, 노랑 등은 희극과 어울리는 색이다.
④ 하몬(D. B. Harmon) – 근육의 활동은 밝은 빛 속에서 또는 주위가 밝은색일 때 더 활발해지고, 정신적 활동의 작업은 조명의 밝기를 충분히 하되, 주위 환경은 부드럽고 진한 색으로 하는 편이 좋다.

2-3. 인간은 선행 경험에 따라 다른 감각과 교류되는 색채감각을 경험하게 된다. 이에 대한 설명 중 틀린 것은?

[2016년 2회 기사]

① 뉴턴은 분광실험을 통해 발견한 7개 영역의 색과 7음계를 연결시켰는데, 이 중 C음은 청색을 나타낸다.
② 색채와 모양의 추상적 관련성은 요하네스 이텐, 파버 비렌, 칸딘스키, 베버와 페히너에 의해 연구되었다.
③ '브로드웨이 부기우기'라는 작품은 시각과 청각의 공감각을 활용하여, 색채언어의 가능성을 보여 주었다.
④ 20대 여성을 겨냥한 핑크색 MP3의 시각적 촉감은 부드러움이 연상되며, 이와 같이 색채와 관련된 공감각을 활용하면 메시지와 의미를 보다 정확하게 전달할 수 있다.

2-4. 색채의 공감각에 대한 설명 중 틀린 것은?

[2019년 1회 기사]

① 색채와 다른 감각 간의 교류작용으로 생기는 현상이다.
② 몬드리안은 시각과 청각의 조화를 통해 작품을 만들었다.
③ 짠맛은 회색, 흰색이 연상된다.
④ 요하네스 이텐은 색을 7음계에 연계하여 색채와 소리의 조화론을 설명하였다.

|해설|

2-1
색채의 시각적 효과는 주관적 해석에 따라 달라진다.

2-2
웰즈(N. A. Wells) : 자극적인 색채는 진한 주황 – 주홍 – 주황(등황색)의 순서이고, 마음을 가장 안정시키는 색은 연두 – 초록, 마음을 누그러뜨리는 색은 보라 – 자주의 순이라고 주장하였다.

2-3
- 뉴턴은 분광실험을 통해 발견한 7개 영역의 색과 7음계를 빨강 – 도, 주황 – 레, 노랑 – 미, 초록 – 파, 파랑 – 솔, 남색 – 라, 보라 – 시와 같이 연결시켰다.
- 카스텔은 음계와 색을 C – 청색, D – 초록, E – 노랑, G – 빨강, A – 보라와 같이 연결시켰다.

2-4
요하네스 이텐은 색채와 모양에 대한 공감각적 연구를 통해 색채와 모양의 조화로운 관계성을 추구하였다. 색을 7음계에 연계하여 색채와 소리의 조화론을 설명한 인물은 뉴턴이다.

정답 2-1 ① 2-2 ② 2-3 ① 2-4 ④

제2절 색채의 연상과 상징

핵심 이론 01 색채의 연상

(1) 색채연상

어떤 한 가지 색을 보고 무엇인가를 느끼거나 이미지를 떠올려 느끼게 되는 고유의 감정적 효과를 말한다. 이는 개개인의 주관적 감정, 문화, 환경, 정서, 사상, 경험 등에 따라 영향을 받게 된다.

(2) 제품 정보로서의 색

① 색이 지닌 공감각의 특성과 같이 기본적인 색채만으로도 그 상품의 메시지를 전달하고 연상시킴으로써 소비자들이 정확하고 효과적으로 제품을 구매할 수 있도록 한다.
   예 초콜릿 포장
   - 밀크초콜릿 : 흰색과 초콜릿색
   - 시원한 민트향 초콜릿 : 녹색과 은색의 조합
   - 바삭바삭 씹히는 맛 : 밝은 노랑과 초콜릿색의 조합

② 색채의 온도감을 살린 제품 : 온풍기, 냉방기, 청량음료 등
③ TV 리모컨 컨트롤러 : 기능 정보에 적합한 색 사용으로 사용자의 편의성을 높임

(3) 사회, 문화 정보로서의 색

① 문화에 따라 다르게 적용되는 경우가 있다.
   예 팀 색채는 스포츠 분야에서 경기의 흐름을 쉽게 읽히게 하는 정보체계로서의 역할과 함께 응원하는 팀의 감정을 고조시키고, 지역 및 기업을 상징하기도 한다.
② 시대적 흐름과 색채와의 관계
   ㉠ 19세기 : 부와 권위, 황금의 시대 – 노랑
   ㉡ 20세기 : 모던의 시대 – 하양과 검정
   ㉢ 21세기 : 과학, 디지털의 시대 – 청색

(4) 색과 감정의 관계

심리학자 에바 헬러(Eva Heller)는 색과 감정의 관계는 우연이나 개인적인 취향의 문제가 아니라 일생을 통해 쌓아 가는 일반적인 경험, 어린 시절부터 언어와 사고에 깊이 뿌리내린 경험의 산물이라고 하였다.

[자유연상법]

- 자유연상법은 색채를 자극함으로써 생기는 감정의 일종으로 경험과 연령에 따라 변하며, 특정 색을 보았을 때 떠올리는 색채를 말한다.
- 구체적인 연상과 추상적인 연상, 부정적인 연상과 긍정적인 연상으로 나뉜다.
- 나이가 들어감에 따라 구체적인 연상에서 의미를 부여하는 추상적인 연상이 많아진다.

[에바 헬러의 색과 감정의 관계]

노 랑	유쾌함, 친절, 낙관, 이성, 시기와 질투, 배반, 거짓, 황제, 경고
초 록	중립, 중앙, 미성숙/젊음, 생명/건강, 독, 공포, 자연, 자유, 기능, 시민
파 랑	조화, 신성, 상상력, 무한, 정신적 미덕, 그리움, 평화
보 라	권력(폭력), 참회, 자유분방함, 허영, 방황의 영혼, 불륜, 동성애, 예술가
빨 강	불, 열정, 사랑, 증오, 환희, 시끄러움, 귀족/부자, 사치, 위험/금지, 섹스, 부도덕, 사회주의, 노동자, 통제/법
검 정	종말, 슬픔, 상복, 비탄, 부정, 미움, 이기심/죄, 비밀, 나쁨, 불행, 보수주의, 권력자, 잔혹, 파시스트, 객관성
흰 색	원초 색, 시작/부활, 완벽, 착함, 명확함, 여성적, 청결/순결/희생, 슬픔, 유령/귀신, 웨딩드레스
주 황	이국적, 사교, 비현실적/자유분방, 위험, 불교/개신교, 변화
분 홍	애교, 예의, 다정/에로스/누드, 부드러움, 유아적
금 색	행운, 연금술사, 명예, 태양, 사치, 장식, 과시욕
은 색	실용성, 금속, 차가움/거리감, 지적, 여성적/모성애, 광택
갈 색	바삭바삭 비스킷, 흉함, 게으름/어리석음, 편안함, 속물/유행에 뒤지는 색, 가난, 은밀함, 독일의 나치
회 색	특성이 없음, 우울, 불친절, 이론, 무감각, 노년, 망각/과거, 가난/겸손, 질 낮고 거친 색

(5) 색채별 긍정적 연상과 부정적 연상

색 명	긍정적 연상	부정적 연상
흰 색	빛, 밝음, 신의 존재, 부활, 순수, 순결, 깨끗함, 청결, 투명, 완전성, 완벽함, 덕, 구원, 고결함, 성스러움, 숭고함, 명료함, 공평성, 신뢰성, 정직성, 진실함, 정확함, 여성성, 지혜, 영적, 정화	죽음, 장례식, 무서움, 두려움, 삭막함, 차가움, 공허
회 색	중용, 중립, 지혜, 성숙, 고상함, 고급스러움, 세련됨, 도시적, 끈기, 신중함, 겸손함, 조용함, 차분함, 회개	애매함, 모호함, 불분명, 고독, 의기소침, 침울, 불친절, 스모그, 미세먼지, 고집스러움, 은폐, 무감각, 우유부단, 무기력, 외면, 회피, 무관심, 후회
검 정	고급, 엄숙, 절제, 힘, 권력, 세련됨, 품위, 정중함, 우아함, 관능적	어두움, 죽음, 소멸, 두려움, 공포, 죄, 악마, 절망, 정지, 침묵, 허무, 시체, 반항
빨 강	열정, 정열, 활력, 힘, 에너지, 운동, 젊음, 정력, 적극성, 능동적, 외향적, 행복, 기쁨, 환희, 진취적, 애국적, 자유, 영원, 생명	증오, 분노, 고통, 상처, 위험, 금지, 경고, 충동적, 공격성, 소음, 광란, 혁명, 전쟁, 공산당, 사회주의, 노동운동
주 황	즐거움, 유쾌함, 따뜻함, 활동성, 사교적, 축제, 호기심, 충만함, 태양, 사랑과 자비, 용기	위험, 경계, 경고, 불안, 피상적, 변덕스러움, 허풍, 과시
노 랑	빛, 긍정, 유쾌함, 즐거움, 행복, 깨달음, 낙관, 친절, 부귀영화	질투, 시기, 천박함, 불안정, 분노, 거짓, 구두쇠, 모순, 경고
초 록	자연, 생명, 건강, 성장, 생산, 신선함, 영원함, 젊음, 희망, 새로운 시작, 평화, 편안함, 치유, 부활, 안전, 중립, 조화, 관용, 인내심, 재주, 행운, 아낌없는, 애정 어린	독, 미성숙, 무료함, 당당하지 못함, 단조로움, 쓴, 의심, 질투
파 랑	희망, 청춘, 젊음, 평화, 행복, 이성, 스마트, 청결, 정의, 용기, 상쾌함, 자유, 투명, 깊은 지혜, 안정, 성실, 믿음, 신뢰, 책임, 신성함, 위엄, 숙연함	슬픔, 우울, 쓸쓸함, 고독, 침묵, 적막, 공포, 불안, 차가움, 냉정, 어두움
보 라	장엄, 권위, 풍요, 호화로움, 화려함, 고급, 신비, 예술적, 낭만적, 영감, 종교성, 독창적	사치, 우울, 죽음, 단념, 불행, 침체, 정신혼미, 비현실적, 허영심
갈 색	부드러움, 자연스러움, 온화함, 겸손함, 소박함, 순수함, 안정적, 든든함, 고전적, 클래식, 맛있는, 향이 강한	낡은, 썩은, 촌스러움, 보수적, 늙음, 퇴락하는 색, 대변, 결벽증

(6) 색채별 구체적 연상과 추상적 연상

색 명	대응 종교 및 나라	구체적 연상	추상적 연상
흰 색	천주교, 일본	눈, 웨딩드레스, 백합, 소복, 백지, 설탕, 간호사, 병원	청결, 순결, 순수, 소박, 신성, 정직, 유령의, 영적인, 추운, 빈 공간, 공허, 위생
회 색		구름, 쥐, 재	소극적, 고상함, 무기력, 음울, 평범함
검 정		밤, 눈동자, 타이어, 연탄, 상복	죽음, 악마, 허무, 부정, 비애, 침묵, 절대적, 절망, 공포
빨 강	기독교(헌신), 중국, 미국	우체국, 피, 불, 태양, 사과, 딸기, 장미꽃	승리, 애정, 정열, 혁명, 활력, 생명, 열광, 적극적, 공포, 흥분, 분노, 강렬함, 위험
주 황	라틴계, 기독교, 천주교	귤(오렌지), 감, 저녁노을, 불꽃	쾌활한, 활기찬, 애정, 식욕, 온화, 희열, 만족, 풍부
노 랑	불교, 인도	개나리, 병아리, 나비, 레몬, 금, 해바라기, 달	포근함, 즐거움, 명랑, 활발, 화려, 온화, 환희, 번영, 비옥함, 주의
초 록	회교국, 이슬람교, 아프리카, 호주	풀, 초원, 숲, 산, 자연, 개구리, 삼림, 에메랄드, 메론	상쾌함, 번영, 안전, 희망, 안정, 평화, 조화, 지성, 중성, 이상
청 록		심 해	안정, 이성, 침정, 심원, 엄숙, 진정, 평온, 냉정
파 랑	천주교(신뢰), 유럽	아침, 청량음료, 바다, 하늘, 호수	희망, 청렬, 이상, 청순, 시원함, 과학, 명상, 냉혹함, 영원, 박애
남 색		도라지	공포, 신비, 고독, 숭고, 영원
보 라		포도, 가지, 라일락, 수국, 자수정	공포, 신앙, 예술, 공허, 신비, 위엄, 우아

핵심예제

1-1. 다음 중 연상에 관한 설명으로 옳은 것은?

[2019년 2회 산업기사]

① 파란색 바탕의 노란색은 노란색 바탕의 파란색보다 더 크게 지각된다.
② '금색 – 사치', '분홍 – 사랑'과 같이 색과 감정이 관련하여 떠오른다.
③ 사과의 색을 빨간색이라고 기억한다.
④ 조명조건이 바뀌어도 일정한 색채감각을 유지한다.

1-2. 젊음과 희망을 상징하고 첨단기술의 이미지를 연상시키는 색채는?

[2019년 1회 산업기사]

① 5YR 5/6
② 2.5BG 5/10
③ 2.5PB 4/10
④ 5RP 5/6

1-3. 색채의 연상형태 및 색채문화에 대한 설명 중 옳지 않은 것은?

[2018년 2회 산업기사]

① 파버 비렌은 보라색의 연상형태를 타원으로 생각했다.
② 노란색은 배신, 비겁함이라는 부정의 연상언어를 가지고 있다.
③ 초록은 부정적인 연상언어가 없는 안정적이고 편안함의 색이다.
④ 주황은 서양에서 할로윈을 상징하는 색채이기도 하다.

|해설|

1-1
색채연상은 색채를 자극함으로써 생기는 감정의 일종으로 경험과 연령에 따라 변하며 특정 색을 보았을 때 떠올리는 색채를 말한다. ①은 색상대비, ③은 기억색, ④는 색의 항상성에 관한 설명이다.

1-2
③ 2.5PB 4/10 : 중명도, 고채도의 남색 – 첨단기술의 이미지와 모던한 색상을 상징
① 5YR 5/6 : 중명도, 중채도의 주황 – 안정감, 자연스러운
② 2.5BG 5/10 : 중명도, 고채도의 청록 – 싱그러움, 독특한
④ 5RP 5/6 : 중명도, 중채도의 자주 – 우아함, 고급스러움

1-3
모든 색은 긍정과 부정의 의미를 함께 지니고 있다. 초록은 질투, 미성숙, 독극물 등의 부정의 의미도 있다.

정답 1-1 ② 1-2 ③ 1-3 ③

핵심 이론 02 색채의 상징

(1) 색채의 상징

색채의 상징에는 국가의 상징, 신분, 계급의 구분, 방위의 표시, 지역의 구분, 기억의 상징, 종교, 관습의 상징이 있다. 예를 들어 기독교, 천주교에서의 청색은 믿음, 신뢰를 상징하고, 노랑은 비겁자, 겁쟁이를 상징한다.

(2) 국제언어로서의 색

① 색채는 커뮤니케이션의 좋은 도구가 된다.
② 교통 및 공공시설물에 사용되는 안전을 위한 표준색이 있다.

(3) 사회 · 문화언어로서의 색

① 권력과 고급스러움의 상징 : 붉은색, 황금색, 자색
② 색채는 다양한 문화권에서 상징적인 의미를 전달하는 역할을 해 왔다.

[파랑의 상징]
- 21세기 디지털 색채를 대표
- 민주주의를 상징
- 현대 남성복을 대표
- 중세시대의 권력의 색채

(4) 국가로서의 색

① 한 국가의 이미지를 창출하고, 정체성과 단결심을 유도한다.
② 상징성이 강하며 같은 색이라도 그 의미가 국가마다 다르다. 빨간색은 혁명성과 용기, 흰색은 순결함, 청색은 정직함과 평화 등을 상징한다.

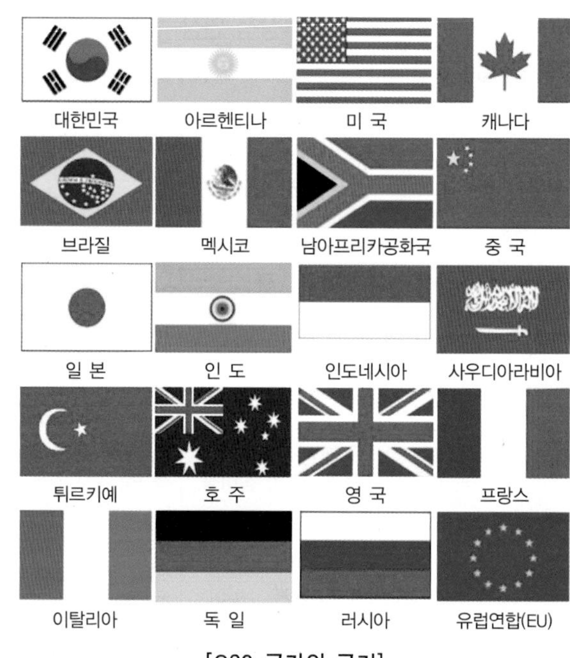

[G20 국가의 국기]

(5) 신분 및 계급으로서의 색

① 염료의 미발달로 색을 신분별로 차별하여 사용하였다.
② 중국은 황제를 의미하는 색으로 황금색을 사용하였다.
③ 로마는 황제를 의미하는 색으로 자주색을 사용하였다.
④ 프랑스 황제궁의 대문에 황금색을 사용하였다.
⑤ 우리나라도 계급에 따라 왕족은 황금색(노란색), 정1품~3품은 홍색, 종3품~6품은 청색, 종7품~9품은 녹색을 사용했다.
⑥ 인도에서는 카스트 제도에 따라 최상위 계급인 브라만(성직자) 계급은 흰색, 크샤트리아(왕족, 무사)는 빨강, 상인 바이샤는 노랑, 노예인 수드라는 검정 옷을 입었다.

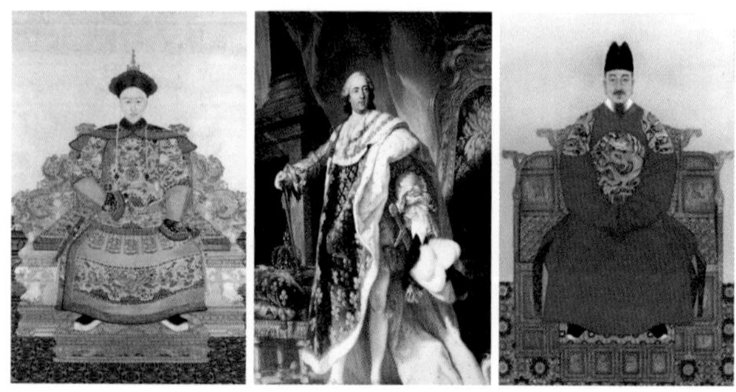

[신분 및 계급에 따른 상징색]

(6) 방위의 표시의 색

우리나라를 비롯한 동양권에서는 방위를 표시할 때 음양오행설에 따른 오방색을 사용하였다.

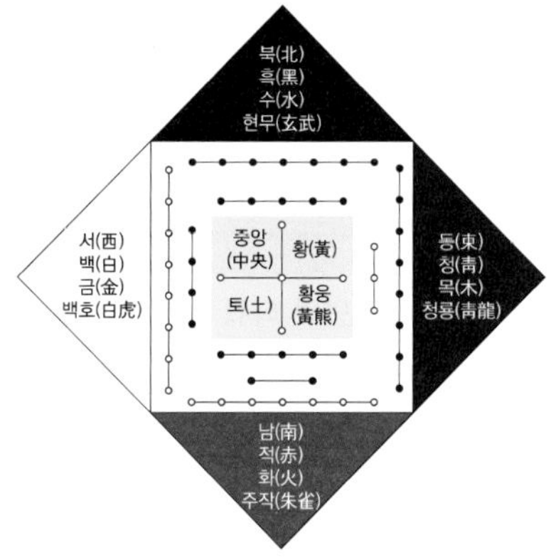

[한국의 전통 오방색과 상징성]

(7) 지역 구분으로서의 색

① 올림픽 오륜기가 대표적이다. 근대 올림픽을 상징하는 오륜기는 1913년 쿠베르탱(Pierre de Coubertin) 남작에 의해 만들어졌다.

② 오륜기는 흰 바탕에 파랑, 노랑, 검정, 초록, 빨강의 오색 고리가 연결되어 있는 형태로 세계를 뜻하는 World의 이니셜인 W를 시각적으로 형상화한 것이다.

③ 오색의 고리는 '세계의 결속'이라는 의미를 지니며, 오륜은 곧 5대륙을 상징한다(파랑은 유럽, 노랑은 아시아, 검정은 아프리카, 초록은 오세아니아, 빨강은 아메리카).

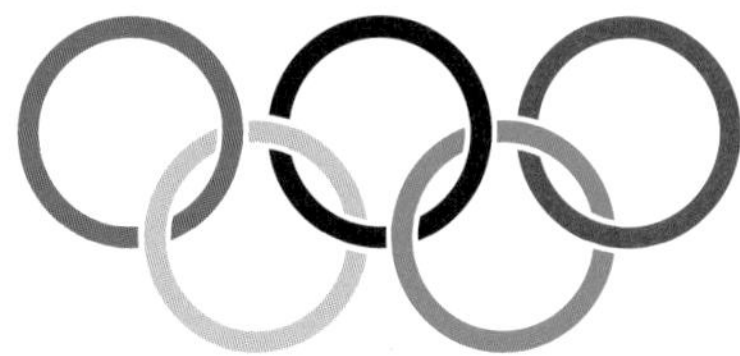

[올림픽 오륜기]

(8) 기업으로의 색

① 기업마다 고유의 CIP와 색채로 상징화한 것이다.

② 코퍼레이트 컬러(Corporate Color)는 기업의 아이덴티티(BI ; Brand Identity) 컬러로 기업 경영전략의 하나이며 고유의 색이다.

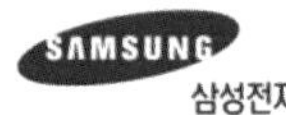

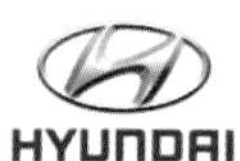

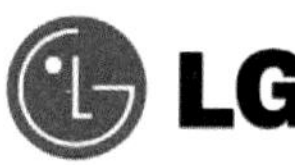

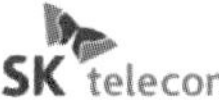

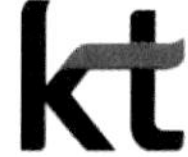

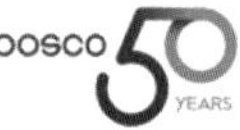

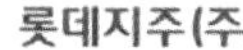

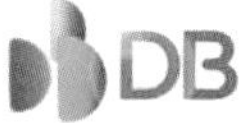

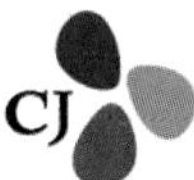

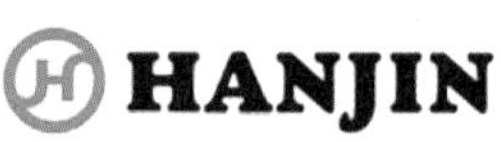

[국내 기업 로고]

 **핵심예제**

2-1. 일반적으로 국기에 사용되는 색과 상징하는 의미가 잘못 연결된 것은? [2019년 2회 산업기사]

① 빨강 – 혁명, 유혈, 용기
② 파랑 – 결백, 순결, 평등
③ 노랑 – 광물, 금, 비옥
④ 검정 – 주권, 대지, 근면

2-2. 색채를 상징적 요소로 사용한 예로 옳은 것은? [2018년 1회 산업기사]

① 사무실의 실내 색채를 차분하고 집중력을 높일 수 있는 저채도의 파란색으로 계획한다.
② 기업의 아이덴티티를 강조하기 위해 하나의 색채로 이미지를 계획한다.
③ 방사능의 위험표식으로 노랑과 검정을 사용한다.
④ 부드러운 색채환경을 위해 낮은 채도의 색으로 공공 시설물을 계획한다.

|해설|

2-1
파랑은 정직함과 평화를 상징하며 결백, 순결은 흰색과 관련있다.

2-2
① 사무실의 실내 색채를 차분하고 집중력을 높일 수 있는 밝은 톤과 파란색으로 계획하는 것이 효과적이다.
③ 방사능과 관련된 색으로 보라를 사용한다.
④ 부드러운 색채에는 고명도와 중채도의 색을 사용한다.

정답 2-1 ② 2-2 ②

제3절 색채와 문화

핵심 이론 01 색채와 환경

(1) 색채와 자연환경

① 인간에게 관계된 환경을 통틀어 일컫는 말로 경관색채와 의미가 같다.

② 심리적, 물리적인 영향을 인간에게 부여한다.

③ 역사성과 인문환경의 영향으로 지역색을 형성한다.

④ 자연과 친화된 환경일수록 풍토성이 강해진다.

⑤ 지역이 고립되고 외부와 차단될수록 특징이 두드러진다.

> **[환경색의 의미]**
> - 녹색 : 번영의 색
> - 황색 : 대지와 태양의 색
> - 청색 : 하늘과 바다의 색

⑥ 지역색

㉠ 한 지역의 정체성을 대변하는 색채로, 그 지역의 자연환경과 자연스럽게 어울리거나 주민들이 선호하는 색채이다.

㉡ 그 지역의 역사, 풍속, 지형, 기후 등의 지방색으로부터 도출된 색채를 말한다.

㉢ 하늘, 산, 바다와 같은 지형적 요소, 태양의 조사시간이나 청명일수, 토양색, 습도 등 지리적·기후적 환경에 의해 자연스럽게 어울리고 선호되는 색채를 말한다.

㉣ 국가, 지방, 도시 등의 이미지를 부각시키는 색채이다.

㉤ 색채연구가인 장 필립 랑클로(Jean-Philippe Lenclos)는 땅의 색을 기반으로 지역색의 개념을 제시하여 건축물을 위한 색채팔레트를 연구하였다.

예 시드니(항구도시) - 백색, 런던 템스강 - 갈색, 우리나라 전통 하회마을 지붕 - 토담색

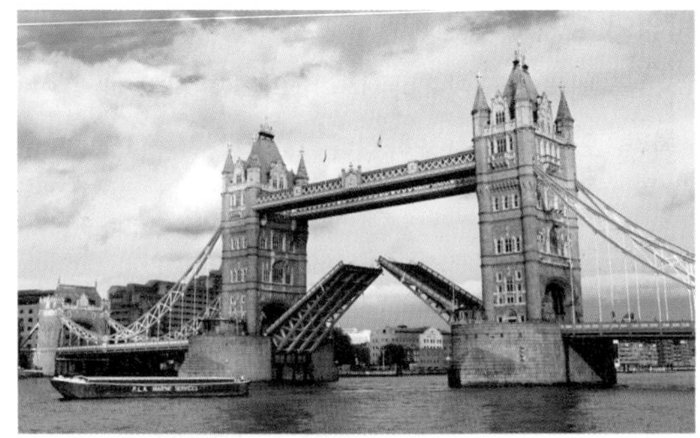

[영국 런던의 타워 브리지]

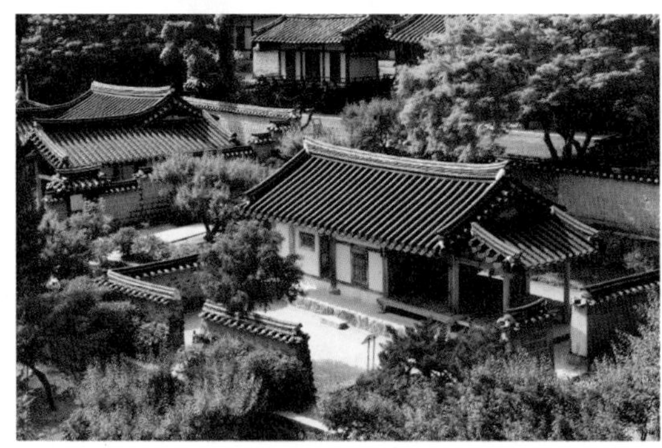

[안동 하회마을]

⑦ 풍토색

㉠ 자연과 인간의 생활이 어우러져 형성된 특유한 토지의 성질로, 인간에게 영향을 미쳐 경작되고 변화하는 자연을 말한다.

㉡ 특정 지역의 기후와 토지의 색 및 바람과 태양의 색을 의미한다.

㉢ 지리적으로 근접하거나 기후가 유사한 국가나 민족이라도 풍토색은 유사하게 나타난다.

예 북극의 풍토, 지중해의 풍토, 사막의 풍토

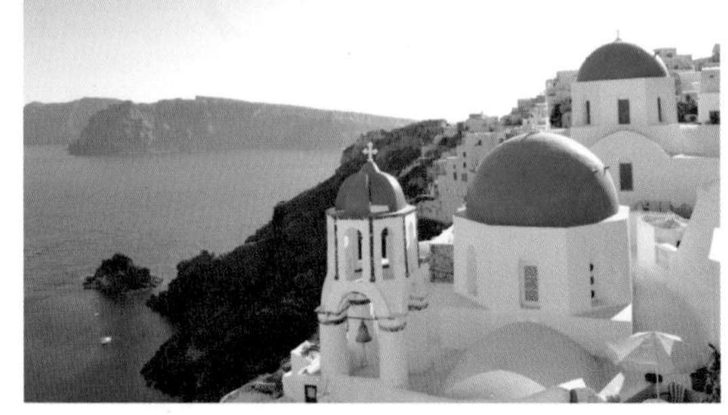

[그리스 산토리니]

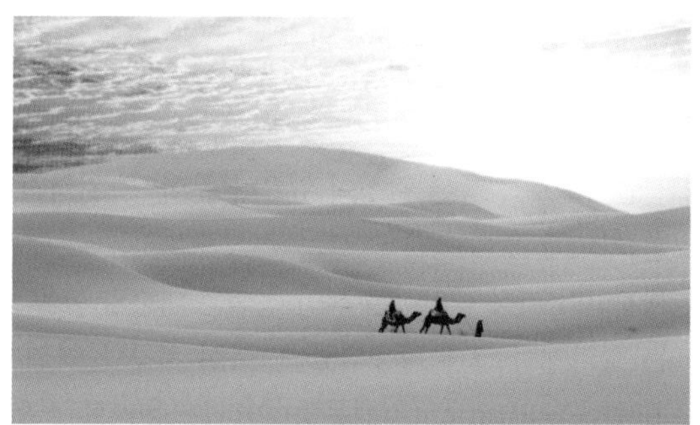

[사하라 사막]

[참 고]
- 에스닉 스타일(Ethnic Style) : 차이나 컬러, 이집트 민족 특유의 양식
- 이콜로지 스타일(Ecology Style) : 천연 소재를 주로 사용한 자연 지향적 룩의 총칭, 1990년대 유행

(2) 색채와 인문환경

① 색채는 다양한 문화권에서 상징적인 의미를 지니며, 나라와 문화마다 사용하는 색채언어는 다르다.

② 시간이 지나고 문화가 발달되면서 색들은 더 세분화되고 다양화되었다.

③ 모든 대륙에서 빨강은(검정과 하양을 제외하고) 고유의 이름을 지니게 된 최초의 색이다. 빨강은 기본 색상이자 열과 불의 색이다.

④ 흰색은 서양 문화권에서는 순결한 신부, 동양 문화권에서는 죽음(소복)을 의미한다.

⑤ 녹색은 동서양을 막론하고 봄과 새 생명의 탄생을 의미한다.

예 북유럽의 녹색인간(Green Man)은 신화로서 영혼과 자연의 풍요로움을 상징한다.

⑥ 노란색은 동양 문화권에서 왕권을 나타내는 신성한 색채이지만, 서양 문화권에서는 겁쟁이, 배신자를 의미한다.

⑦ 파랑은 평화, 협동, 진실의 의미로 기독교에서는 하느님과 성모마리아를 상징한다.

⑧ 문화별 색채

색 채	의 미
노 랑	• 동양 : 신성한 색채, 왕권 • 미국 : 겁쟁이, 배신자 • 말레이시아, 시리아, 태국, 아일랜드, 브라질 등 : 혐오색 • 고대 이집트 : 영원불변
검 정	서양 : 장례식
흰 색	• 서양 : 순결 • 동양 : 장례식

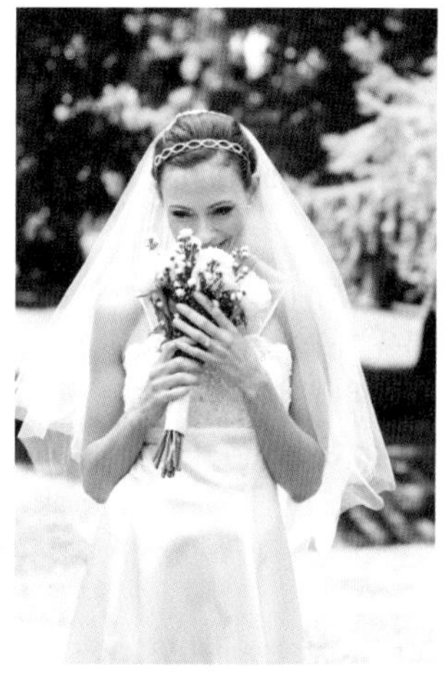

[서양의 흰색(웨딩드레스)]

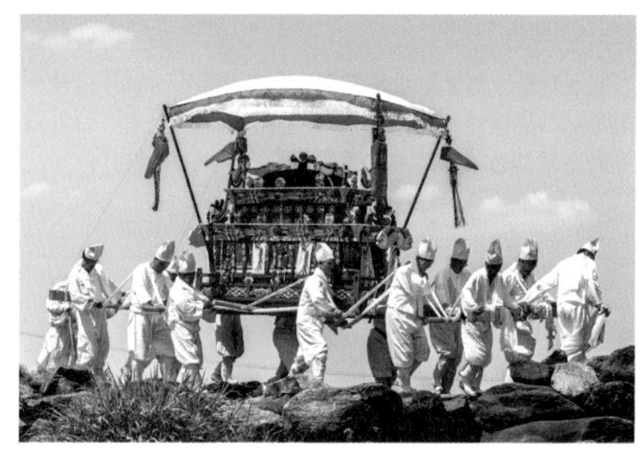

[동양의 흰색(장례문화)]

핵심예제

1-1. 색채와 자연환경과의 관계에 대한 설명 중 틀린 것은?

[2019년 1회 기사]

① 풍토색은 기후와 토지의 색, 즉 그 지역에 부는 바람, 태양의 빛, 흙의 색과 관련이 있다.
② 제주도의 풍토색은 현무암의 검은색이라고 할 수 있다.
③ 지구의 위도에 따라 일조량이 다르고 자연광의 속성이 변하므로 각각 아름답게 보이는 색에 차이가 있다.
④ 지역색은 우리가 눈으로 보는 건물과 도로 등 사물의 색으로 한정하여 지칭하는 색이다.

1-2. 파랑의 문화적 의미에 대한 설명 중 틀린 것은?

[2018년 2회 기사]

① 민주주의를 상징한다.
② 현대 남성복을 대표하는 색이다.
③ 중세시대 권력의 색채이다.
④ 비(非)노동을 상징하는 색채이다.

|해설|

1-1
지역색은 일반적인 사물의 색이라기보다는 국가, 지방, 도시 등의 이미지를 부각시키는 색으로, 그 지역주민들이 선호하는 색채를 말한다.
1-2
서구 문화권의 영향을 받은 대부분의 국가에서 성인의 절반 이상이 청색을 가장 많이 선호하는 색으로 꼽는다. 청색은 민주주의 국가의 평화와 안정을 상징하며, 중세시대 권력의 색채이다.

정답 1-1 ④ 1-2 ④

핵심이론 02 색채의 선호환경

(1) 색채선호의 개요

① 일반적으로 공통된 감성이 있으나 문화적, 지역적, 연령별 차이가 있다.
② 세계인이 가장 좋아하는 색인 청색은 대중의 힘을 요구하는 영역에서 크게 활용되었다. 특히 서구 문화권에서는 'Blue Civilization(청색문명)'이라는 용어로 쓰였으며, 이는 곧 '청색의 민주화'라는 의미로 전이되었다.
③ **소아의 색채선호** : 노랑 – 하양 – 빨강 – 주황 – 파랑 – 녹색 – 보라의 순
④ **색채선호도의 변화** : 사회적 성숙, 지적 능력의 향상을 의미
⑤ **명품의 색채선호** : 신소재, 디자인, 유행에 따라 변화
⑥ **남성과 여성의 선호도 차이**
   ㉠ 남성 : 어두운 톤의 청색, 회색
   ㉡ 여성 : 밝고 연한 파스텔 톤
⑦ 일반적으로 지적능력이 높은 사람이 단파장 계열의 색을 선호하는 경향이 있다.
⑧ 자동차의 색채선호는 지역의 환경 및 빛의 강도, 기후, 생활패턴에 따라 다르다.
⑨ **민족별 색채선호** : 라틴계 민족은 난색계, 북극계 민족은 한색계

[자동차의 색채선호]
- 대형차와 소형차에 따라 다른 색채선호 경향을 보인다.
- 자동차 선호색은 각 지역의 자연환경, 온도 및 습도, 생활패턴 등에 따라 차이가 있다.
- 우리나라의 경우 대형차는 어두운색을, 소형차는 경쾌한 색을 선호하는 경향이 있다.
- 일본의 경우 흰색 선호 경향이 압도적으로 높고, 여성은 밝은색의 톤을 선호하는 경향이 있다.

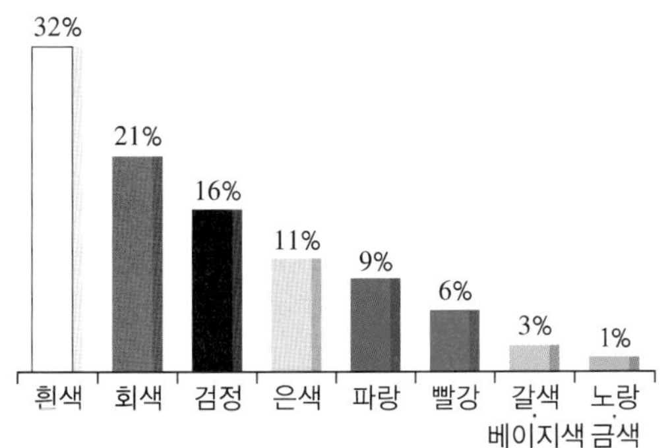

[한국인이 가장 선호하는 자동차 색상]

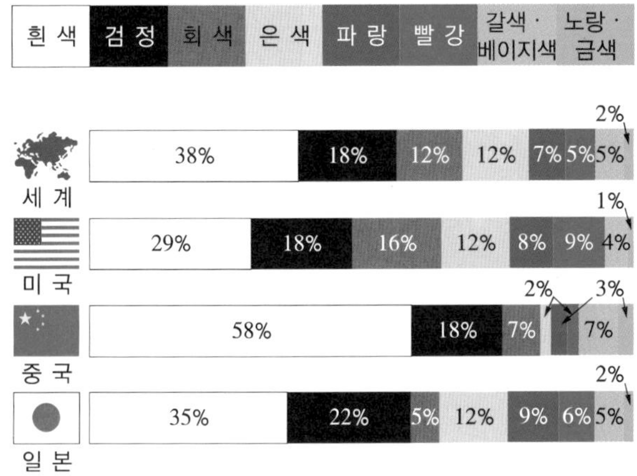

[나라별 가장 선호하는 자동차 색상]

출처 : 액솔타(Axalta). 2018년 세계 자동차 색상 선호도.

(2) 자연환경에 따른 선호색

① 지형, 기후, 빛, 사회문화적 관습, 지역 전통, 건축기술과 같은 여러 요소들이 각 나라와 지방의 풍경, 건축적 개성과 특징적인 색채를 부여한다.

② 더운 지방에 사는 사람들은 자연환경의 영향으로 난색을 선호하고, 추운 지방에 사는 사람들은 한색을 선호하는 경향이 있다.

③ 색의 선호도는 일조량에 따라 다른 양상을 보인다. 일조량이 많은 지역은 난색계의 채도가 높은 계열, 일조량이 적은 지역은 연한 한색계와 연한 회색을 띠고 채도가 낮은 계열을 선호한다.

④ 실내 색채에 대해서는 지역별 선호색은 없으며, 이는 개인 취향에 따라 다르다.

(3) 인문환경에 따른 선호색

① 사상별 선호색

㉠ 민주주의 국가는 평화와 안정에 기반을 두는 사상으로 푸른색 계열을 선호한다.

㉡ 사회주의 국가는 체제, 혁명, 투쟁 등을 상징하는 붉은색 계열을 선호한다.

② 나라별 선호색

㉠ 라틴계 : 태양이 강렬한 지역적 특징과 함께 피부가 거무스름하고 흑갈색 머리카락을 지닌 라틴계 민족은 선명한 난색 계통을 즐겨 사용한다.

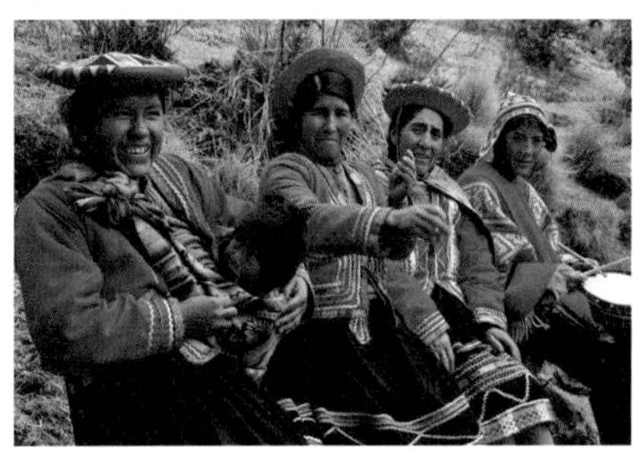

[페루 전통의상]

㉡ 게르만인

- 피부가 희고 금발인 북극계 유럽계로 인류학사상 북방 인종에 속한다. 스칸디나비아를 중심으로 스웨덴인, 덴마크인, 노르웨이인, 아이슬란드인, 앵글로색슨인, 네덜란드인, 독일인 등이 속하며 지역적 특징으로 한색을 선호한다.
- 노랑은 질투, 배신자, 겁쟁이의 의미이며, 초록은 영혼과 자연의 풍요로움으로 여긴다.

㉢ 중 국

- 황하 유역의 흙이 붉은색을 띠고 있어 중국을 '적현'이라고 한다. 붉은색은 모든 악귀를 물리치는 행운, 복, 돈을 불러온다고 하여 중국인들이 가장 선호한다.
- 노랑은 황제의 색이라 하여 이 또한 중국인들이 선호하는 색이다. 반면, 청색은 불쾌감을 느끼고 흰색과 흑색은 죽음, 상색이라 하여 불행의 뜻으로 여긴다.
- 주역에서는 흑색을 하늘의 색으로 보고, 흑색을 색채의 왕이라고 여겼으며 어떤 다른 색깔보다 흑색을 더 오랫동안 숭배했다. 백색은 황금을 대표했으며 광명, 순결, 충만을 상징한다.

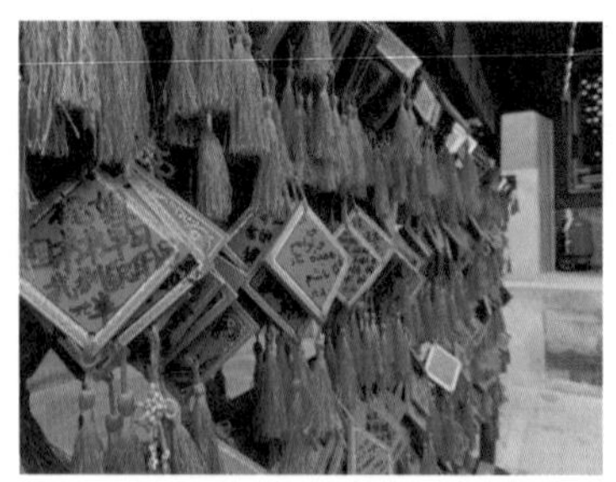

[중국의 문자포춘 기도]

㉣ 아프리카 : 이슬람 문화권 영향으로 검푸른 천의 옷을 즐겨 입거나 강한 햇볕과 모래 바람으로부터 보호하기 위해 검은색을 주로 입었다. 흑인들이 주로 거주하는 지역으로 검은색 선호도가 높다.

㉤ 일본 : 일조량이 많고 사방이 바다인 섬나라의 환경적 특성상 파란색에 대한 선호도가 높다. 또한 조선의 영향으로 흰색을 선호하고, 화산지질 등 자연환경의 영향으로 검은색을 선호하기도 한다.

㉥ 이 외에도 네덜란드는 오렌지색, 이스라엘은 하늘색, 인도는 빨간색과 초록색, 백야 지역에서는 녹색과 한색 계통을 선호한다. 태국에서는 일요일은 빨간색, 월요일은 노란색 등으로 정해져 있다.

③ 종교별 선호색

㉠ 대부분 이슬람 국가의 국기는 초록색을 많이 사용한다. 이슬람교에서 신에게 선택되어 사막에서도 부활할 수 있는 낙원(번영)을 상징하는 초록색을 매우 신성시하기 때문이다.

㉡ 불교에서는 노란색을 신성시한다. 종교적 영향으로 부처님도 대부분 황금빛이다. 힌두교에서도 노란색을 선호한다.

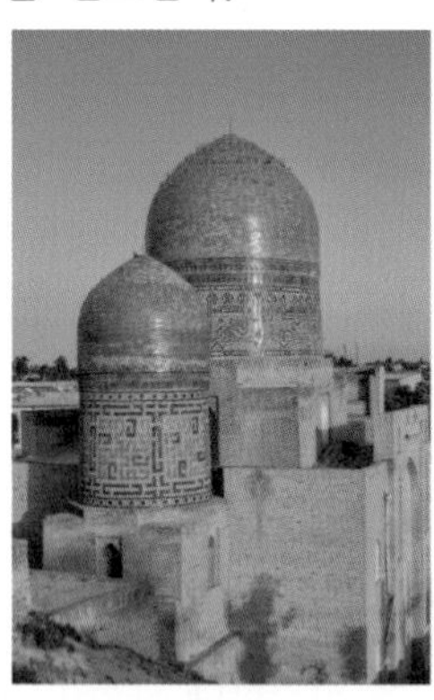

[이슬람사원의 초록색 돔]

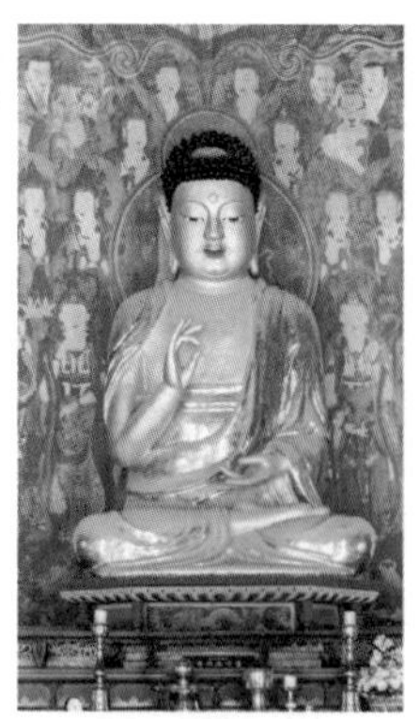

[황금빛 불상]

㉢ 기독교는 예수님의 죽음을 상징하는 빨간색을 신성시하였다. 그리고 그리스도의 흰 옷, 천사의 흰 옷을 통해 흰색을 성스러운 이미지로 표현한다. 천주교는 성모마리아의 고귀함을 상징하는 파란색을 선호한다.

㉣ 이집트 투탕카멘의 황금 마스크와 황금 관처럼 왕의 미라를 채색한 것은 금이 영원불변의 힘을 상징하였기 때문이다. 왕을 영원한 생명의 수호신으로 여겼고 신들의 세계가 황금빛으로 되어 있다고 믿었다.

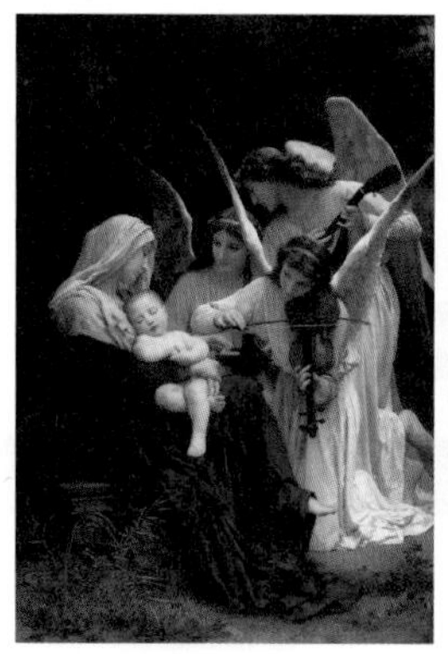

[성모마리아께 드리는 기도]

[투탕카멘의 황금 마스크]

핵심예제

2-1. 다음 각 문화권의 선호색채에 대한 설명 중 옳은 것은? [2018년 3회 산업기사]

① 중국인들은 전통적으로 유교문화의 영향을 받아 흰색과 청색을 중시하였다.
② 이스라엘 사람들은 전통적으로 노란색을 좋아하여 유대인의 별이라는 마크와 이름까지 생겨났다.
③ 이슬람교 문화권에서는 흰색과 녹색을 선호하는 것을 많은 유물에서 볼 수 있다.
④ 힌두교의 카스트 제도에서 빨강은 가장 고귀한 귀족을 의미한다.

2-2. 자동차의 선호색에 대한 일반적 경향을 설명하는 것이 아닌 것은? [2018년 1회 산업기사]

① 일본의 경우 흰색 선호 경향이 압도적이다.
② 한국의 경우 대형차는 어두운 색을 선호하고, 소형차는 경쾌한 색을 선호한다.
③ 자동차 선호색은 지역환경과 생활 패턴에 따라 다르다.
④ 여성은 어두운 톤의 색을 선호하는 편이다.

2-3. 다음 중 각 문화권별로 서로 다른 상징으로 인식되는 색채 선호의 예가 나머지 셋과 다른 하나는? [2017년 2회 산업기사]

① 서양의 흰색 웨딩드레스 – 한국의 소복
② 중국의 붉은 명절 장식 – 서양의 붉은 십자가
③ 태국의 황금사원 – 중국 황제의 금색 복식
④ 미국의 청바지 – 성화 속 성모마리아의 청색 망토

|해설|

2-1
① 중국에서는 행운과 복을 불러온다고 하여 붉은색을 선호한다. 반면 청색은 불쾌감을, 흰색과 흑색은 죽음을 나타내어 불행의 뜻으로 여긴다.
②·④ 이스라엘은 하늘색, 힌두교는 노란색을 선호한다.

2-2
여성은 어두운 톤의 색보다는 밝은 톤의 색을 더 선호하는 편이다.

2-3
태국의 황금사원은 사원의 일부이며, 사원 전체에 대한 색채는 아니다. 중국에서 금색, 황색은 황제의 색이라는 문화적 의식이 있다.

정답 2-1 ③ 2-2 ④ 2-3 ③

제4절 색채의 기능

핵심 이론 01 색채조절

(1) 색채조절의 개요

① 색채조절은 그 색이 가지고 있는 성질을 기능적으로 활용하는 것이며, 1930년 초 미국의 듀퐁(Dupont)사에서 처음 사용하였다.
② 색채를 사용함에 있어 심리학, 생리학, 조명학, 미학 등의 근거를 과학적으로 선택하여 계획적인 색채를 사용하는 객관적인 방법이다.
③ 색 자체가 가지고 있는 성질을 이용하여 안전성, 능률성, 쾌적성 등을 효율적으로 향상시킬 수 있다.
④ 색채조절에서 색채계획으로 개념과 방법이 조절되는 추세이다.
⑤ 색채관리는 색채를 효율적으로 활용하기 위해 계획, 조직, 지휘, 조정, 통제하는 활동이다.
  ㉠ 색채의 계획화 : 목표, 방향, 절차 설정
  ㉡ 색채의 조직화 : 직무의 명확함, 적재적소, 적량 배치, 인간관계 배려
  ㉢ 색채의 지휘화 : 의사소통, 경영 참여, 인센티브 참여
  ㉣ 색채의 조정화 : 이견의 대립 조정, 업무 분담, 팀워크 유지
  ㉤ 색채의 통제화 : 계획의 결과 비교와 수정

[색채 적용 시 고려사항]
- 면적효과 : 대상이 차지하는 면적
- 거리감 : 대상과 보는 사람과의 거리
- 공공성 : 개인용, 공동 사용의 구분
- 조명조건 : 광원의 종류 및 조도

(2) 색채조절의 효과

① 신체적 피로와 눈의 피로가 감소된다.
② 산만함을 예방하여 일에 대한 집중력을 높이고, 능률성을 향상시킨다.
③ 안전성을 추구하여 사고를 예방할 수 있다.
④ 청결한 환경을 제공하므로 정리 정돈 및 청소가 수월하다.

⑤ 건물을 보호하고 유지하는 데 효과적이다.
⑥ 작업환경에 따라 조명의 효율성을 높인다.
⑦ 색채조절의 3요소는 명시성, 작업의욕, 안전성이다.
⑧ 미적 효과를 더한 색채조절의 4대 요건으로 능률성, 안전성, 쾌적성, 심미성 향상이 있다.

(3) 색채조절의 분야

① 병원의 색채조절
  ㉠ 수술실을 청록색으로 하는 이유는 눈의 피로와 빨간색과의 보색 등을 고려하여 잔상을 없애는 데 있다.
  ㉡ 백열등은 황달기운이 있는 환자의 피부색을 볼 수 없으므로 주의해야 한다.
  ㉢ 약간 어두운 조명과 시원한 색은 휴식을 요하는 환자에게 적합하다.
  ㉣ 일반적으로 병원에서는 벽에 크림색을 사용한다.
  ㉤ 휴식을 요하는 환자나 만성질환자와 같이 장시간 입원해야 하는 환자 병실은 녹색, 청색이 적합하다.
  ㉥ 병원의 대기실이나 복도는 700lx 정도의 조도가 필요하다.
  ㉦ 병원이나 역내 대합실의 배색 중 지루함을 줄일 수 있는 색이 청색 계열이다.
② **공장의 색채조절** : 초점색, 기계색, 환경색을 나누어 고려, 생산 효율성 향상
③ **실내공간의 색채조절** : 음식점, 침실, 조명, 갤러리, 백화점 등

(4) 색채조절을 위한 고려사항

① 시간, 장소 등
② 사물의 용도, 실용성, 환경적 쾌적성, 청결성, 식별성, 작업효율 등
③ 사용자의 성향, 육체적·심리적 조건, 성별, 연령, 건강상태 등
④ 색채의 연상이나 상징적 의미

 **핵심예제**

1-1. 다음 중 색채조절의 효과가 아닌 것은? [2019년 1회 기사]

① 신체의 피로를 막는다.
② 안전이 유지되고 사고가 줄어든다.
③ 개인적 취향이 잘 반영된다.
④ 일의 능률이 오른다.

1-2. 병원 수술실의 의사 복장이 청록색인 이유로 가장 적합한 것은? [2018년 2회 산업기사]

① 위급한 경우 눈에 잘 띄게 하기 위하여
② 잔상현상을 없애기 위해
③ 청결하고 위생적으로 보이기 위해
④ 의사의 개인적 지위를 나타내기 위해

|해설|

1-1
색채조절의 효과
• 신체적 피로와 눈의 피로가 감소된다.
• 산만함을 예방하여 일에 대한 집중력을 높이고, 능률성을 향상시킨다.
• 안전성을 추구하여 사고를 예방할 수 있다.

1-2
수술실에서는 빨간 피의 보색인 청록색이 잔상으로부터 보호할 수 있는 색이다.

정답 1-1 ③ 1-2 ②

핵심 이론 02 안전색채

(1) 안전색채의 의의

① 안전색채는 위험이나 재해를 방지하기 위해 사용하는 색이다.

② 특정 국가나 지역의 문화나 역사를 넘어 활용되는 국제언어이다.

③ 일반적으로 눈에 잘 띄는 주목성이 높은 색을 사용한다.

④ 대표적인 안전색채로 빨강, 노랑, 초록을 사용하며 명시성을 높이는 기능적 배색이어야 하고 메시지 전달이 쉬워야 한다.

⑤ 안전색채 8가지(KS S ISO3864-1, KS A 0901)

색 채	내 용
빨 강	금지, 정지, 소방기구, 고도의 위험, 화약류의 표시
주 황	위험, 항해항공의 보안시설, 구명보트, 구명대
노 랑	경고, 주의, 장애물, 위험물, 감전경고
파 랑	특정 행위의 지시 및 사실의 고지, 의무적 행동, 수리 중, 요주의
녹 색	안전, 안내, 유도, 진행, 비상구, 위생, 보호, 피난소, 구급장비
보 라	방사능과 관계된 표지, 방사능 위험물 경고, 작업실이나 저장시설
흰 색	문자, 파란색이나 녹색의 보조색, 통행로, 정돈, 청결, 방향지시
검 정	문자, 빨간색이나 노란색에 대한 보조색

(2) 안전 표시의 의미와 배치(KS S ISO3864-1)

배 치	색조합	의미/사용	
	노랑과 검정 대비색	다음의 위험요소가 있는 위험장소나 방해물 - 사람의 부딪침 또는 낙상 - 중량물의 낙하	잠재적 위험 경고
	빨강과 하양 대비색		출입금지
	파랑과 하양 대비색	강제적인 지시를 나타냄	
	초록과 하양 대비색	안전한 상태를 나타냄	

(3) 안전보건표지의 종류와 형태(산업안전보건법 시행규칙 별표6)

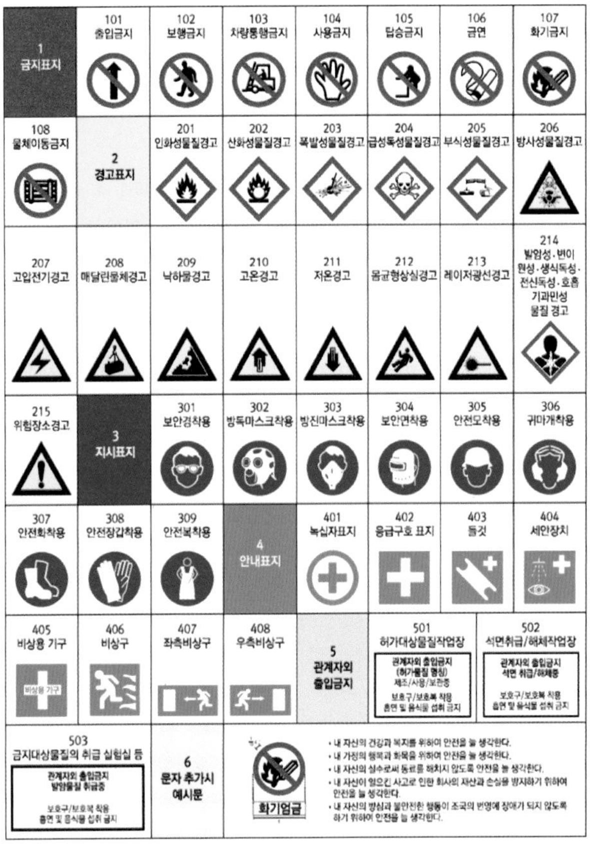

1 금지표지	101 출입금지	102 보행금지	103 차량통행금지	104 사용금지	105 탑승금지	106 금연	107 화기금지
108 물체이동금지	2 경고표지	201 인화성물질경고	202 산화성물질경고	203 폭발성물질경고	204 급성독성물질경고	205 부식성물질경고	206 방사성물질경고
207 고압전기경고	208 매달린물체경고	209 낙하물경고	210 고온경고	211 저온경고	212 몸균형상실경고	213 레이저광선경고	214 발암성·변이원성·생식독성·전신독성·호흡기과민성 물질 경고
215 위험장소경고	3 지시표지	301 보안경착용	302 방독마스크착용	303 방진마스크착용	304 보안면착용	305 안전모착용	306 귀마개착용
307 안전화착용	308 안전장갑착용	309 안전복착용	4 안내표지	401 녹십자표지	402 응급구호 표지	403 들것	404 세안장치
405 비상용 기구 비상용 기구	406 비상구	407 좌측비상구	408 우측비상구	5 관계자외 출입금지	501 허가대상물질작업장 관계자외 출입금지 (허가물질 명칭) 제조/사용/보관중 보호구/보호복 착용 흡연 및 음식물 섭취 금지		502 석면취급/해체작업장 관계자외 출입금지 석면 취급/해체중 보호구/보호복 착용 흡연 및 음식물 섭취 금지
503 금지대상물질의 취급 실험실 등 관계자외 출입금지 발암물질 취급중 보호구/보호복 착용 흡연 및 음식물 섭취 금지		6 문자 추가시 예시문	화기엄금 • 내 자신의 건강과 복지를 위하여 안전을 늘 생각한다. • 내 가정의 행복과 화목을 위하여 안전을 늘 생각한다. • 내 자신의 실수로써 동료를 해치지 않도록 안전을 늘 생각한다. • 내 자신이 일으킨 사고로 인한 회사의 재산과 손실을 방지하기 위하여 안전을 늘 생각한다. • 내 자신의 방심과 불안전한 행동이 조국의 번영에 장애가 되지 않도록 하기 위하여 안전을 늘 생각한다.				

핵심예제

2-1. 항공, 해안 시설물의 안전색으로 가장 적합한 파장 영역은? [2018년 3회 산업기사]

① 750nm　② 600nm
③ 480nm　④ 400nm

2-2. 안전표지에 관한 설명 중 틀린 것은? [2018년 1회 산업기사]

① 금지의 의미가 있는 안전표지는 대각선이 있는 원의 형태이다.
② 지시를 의미하는 안전표지의 안전색은 초록, 대비색은 하양이다.
③ 경고를 의미하는 안전표지의 형태는 정삼각형이다.
④ 소방기기를 의미하는 안전표지의 안전색은 빨강, 대비색은 하양이다.

|해설|

2-1
항공, 해안 시설물의 안전색으로 가장 주목성이 높은 노란색을 골라야 한다.
가시광선 영역
- 보라 : 380~445nm
- 파랑 : 445~480nm
- 초록 : 480~560nm
- 노랑 : 560~590nm
- 주황 : 590~640nm
- 빨강 : 640~780nm

2-2
지시를 의미하는 안전표지의 안전색은 파랑, 대비색은 하양이다. 초록은 안내표지의 안전색이다.

정답 2-1 ② 2-2 ②

핵심 이론 03 색채치료

(1) 색채치료의 정의

① 내담자로 하여금 의식적으로 색을 보게 하는 방법으로 색채의 고유 파장을 이용해 물리적인 영향을 미치게 하는 것을 말한다.
예 염증 및 통증 치료(파랑), 간 기능 저하(빨강, 노랑), 기억력 감퇴(노랑), 불면증 치료(자주색), 구토와 치통 치료(남색)
② 색채를 이용해 신체적, 정신적, 영적 질병 등을 치료할 목적으로 사용되는 요법으로 신체의 자연적 치유능력을 강화시켜 주는 광선요법(Phototherapy)이다.
③ 질병을 국소적으로 보지 않고 전체적으로 자연치유력을 높이는 보완 치료법이다.
④ 색채치료는 과학적인 현대의학의 장점을 살리는 동시에 자연적인 면역력을 증강시킨다.
⑤ 고유한 파장과 진동수를 갖고 있는 에너지의 색채 처방과 반응을 연구하는 분야이다.
⑥ 색채치료 요법으로는 레이키(Reiki), 차크라(Chakra), 오라소마(Aura Soma), 수정요법 등이 있다.
⑦ 색채치료의 기본 색상은 빨강, 노랑, 파랑이며, 빨강과 노랑의 중간색인 주황, 파랑과 노랑의 중간색인 초록, 빨강과 파랑의 중간색인 보라가 있다.
⑧ 색채의 고유 파장과 진동이 인간의 신체조직에 영향을 미쳐 건강과 정서적 균형을 취할 수 있다.
⑨ 천연색채는 유리나 필터, 염색 등을 통한 인공적인 색채보다 강력한 치유능력이 있다.

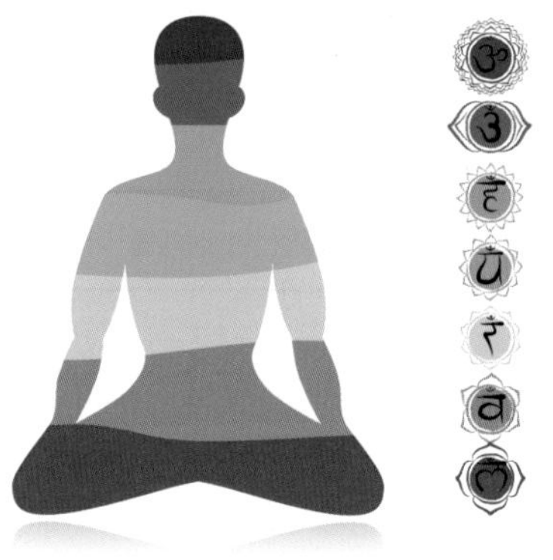

[우리 몸의 차크라]

(2) 색채치료에 사용되는 색채

빨 강	혈압 상승, 적혈구 강화, 근육긴장 증대, 소심, 우울증, 류머티즘, 관절염, 신경염, 요통, 맛을 느끼는 감각과 후각 예민, 기관지염(폐렴), 결핵 등
주 황	신경쇠약, 우울증, 과거 마음 상처에 효과적, 장과 부신(갑상선) 기관을 관장, 불임, 기관지, 간질, 정신질환, 류머티즘, 인대파열, 골절, 신장 및 방광질환, 성기능 장애 등의 개선, 체액 분비 등
노 랑	위장장애, 불안, 당뇨, 습진, 간 기능 개선, 스트레스 가중, 알레르기반응 증대, 소화기관에 활력, 노여움 감소, 기억력 회복
초 록	눈의 피로 치유, 고통과 긴장 완화, 정신질환, 천식, 말라리아, 심장계, 불면증, 병원균이나 바이러스 유독물질 배제, 상처나 무좀, 두통에 효과적
파 랑	안정감, 균형, 진정작용, 갑상선, 골절, 치통 완화, 인후 부위, 폐, 두뇌, 운동신경의 흥분진정, 맥박 저하, 염증 치유, 호흡수와 혈압안정, 근육긴장 감소
보 라	골격성 장애, 뇌와 뼈 자극, 방광질환, 운동신경 약화, 정신질환 완화, 배고픔을 덜 느끼게 함, 칼륨과 나트륨 균형 유지에 의한 다이어트 효과, 혼란, 영적 결속력 부족, 불면증 치료, 감수성 조절

핵심예제

색채치료에 대한 설명 중 틀린 것은? [2019년 1회 산업기사]

① 빨강은 감각신경을 자극하여 시각, 후각, 청각, 미각, 촉각, 등에 도움을 주고 혈액순환을 촉진시키고 뇌척수액을 자극하여 교감신경계를 활성화한다.

② 주황은 갑상선 기능을 자극하고 부갑상선 기능을 저하시키며 폐를 확장시키며 근육의 경련을 진정시키는 데 효과가 있다.

③ 초록은 방부제 성질을 갖고 근육과 혈관을 축소하며, 긴장감을 주는 균형과 조화의 색이다.

④ 보라는 정신질환의 증상을 완화시킬 뿐만 아니라 감수성을 조절하고 배고픔을 덜 느끼게 해 준다.

|해설|

초록은 피로 치유, 고통 및 긴장완화, 정신질환 및 불면증 치료에 효과적이다. 근육과 혈관을 축소하며 긴장감을 주는 것은 빨강, 균형과 조화의 색은 파랑에 대한 설명이다.

정답 ③

02 색채 마케팅

제1절 색채 마케팅의 개념

핵심이론 01 색채 마케팅의 정의 및 변천

(1) 색채 마케팅의 정의

① 색채가 중심이 된 마케팅으로 제품 이미지 정책, 제품 차별화, 제품의 기호도, 광고효과를 올리기 위해서 색의 기능을 구사하고 그것을 위해 일관된 색채를 계획하는 것을 말한다.

② 제품이 생산자로부터 소비자까지 전달되는 모든 과정을 말한다.

③ 기업 경영에 있어 마케팅 사실과 기법을 색채와 관련시켜 과학적 인식을 높이고 색채가 마케팅의 주도적 역할을 하도록 경영활동을 수행하는 것을 말한다.

④ 컬러 이미지의 상징을 이용한 전략적 마케팅 방법으로, 단순히 판매 촉진만을 목적으로 하지 않고, 시장에서 사용되는 색채를 분석하고 자료를 바탕으로 현재 상품을 계획・설계・디자인하는 차별화된 정책을 말한다.

⑤ 색이 가지고 있는 이미지 연상과 인간의 기억효과를 이용하는 것이다.

⑥ 유행색을 제안하며 소비를 촉진시키는 것도 색채 마케팅이다.

(2) 색채 마케팅의 변천

① 경제 발전으로 사회구조, 소비자의 가치관이 변화한다.

② 기업 마케팅 전략도 소비자의 라이프스타일과 욕구에 맞게 변화한다.

③ 색채학 연구가 활발해지면서 색의 효과와 기능이 입증되고 그것을 효과적으로 활용한다.

④ 신소비계층을 공략하기 위한 새로운 마케팅 전략으로 색채 마케팅이 등장한다.

⑤ 해외에서의 색채 마케팅

㉠ 1920년 파커(Parker)사의 만년필 : 립스틱을 연상시키는 빨간 만년필 출시로 매출 급상승

㉡ 1930년 GM 자동차 : 다양한 색상의 자동차 도입으로 기존 개념에서 탈피

㉢ 원색적인 베네통, 짜릿한 레드의 코카콜라 등

⑥ 국내에서의 색채 마케팅

㉠ 1950~1960년대 초 : 색채보다는 제품 기능성 우선시

㉡ 1970년대 초 : 색채에 관심을 보이기 시작

㉢ 1980년대 초 : 컬러 TV 등장, TV광고를 중심으로 색채를 강조한 제품 광고 시작

㉣ 1990년대 초 : 화장품, 자동차 등의 분야에서 색채를 마케팅 수단으로 적극 도입

㉤ 2000년대 초 : 정유회사, 이동통신사에서 색채 마케팅을 통해 기업 이미지 형성

핵심예제

색채 마케팅과 관련된 내용으로 가장 거리가 먼 것은?

[2019년 2회 산업기사]

① 세분화된 시장의 소비자 그룹이 선호하는 색채를 파악하면 마케팅에 도움이 된다.

② 경기변동의 흐름을 읽고, 경기가 둔화되면 오래 지속될 수 있는 경제적이고 효과적인 색채 마케팅을 강조한다.

③ 21세기 디지털 사회는 디지털을 대표하는 청색을 중심으로 포스터모더니즘의 다양성과 복합성을 수용한다.

④ 환경주의 및 자연을 중시하는 디자인에서는 많은 수의 색채를 사용한다.

|해설|

디자인에서 많은 수의 색채 사용은 오히려 의미 전달에 방해가 된다. 특히, 환경주의 및 자연을 중시하는 디자인은 제한된 수의 색채를 사용해야 한다.

정답 ④

핵심 이론 02 마케팅 개념의 변천

(1) 생산자 지향적 마케팅

생산자 마케팅 개념은 아마도 가장 오래된 마케팅 철학이다. 소비자는 광범위하게 쓰이는 저렴한 제품을 선호한다. 따라서 조직은 비용을 낮추고 소비자가 쉽게 접근할 수 있게 만드는 데 초점을 두어야 한다.

(2) 제품 지향적 마케팅

소비자들이 최고의 품질이나 혁신적인 기능을 제공하는 제품을 선호할 것이라는 주장이다. 여기에 초점을 맞췄을 때 프로그램과 서비스 매니저들은 종종 자신이 만든 제품과 사랑에 빠져 소비자의 니즈에 맞춰 제품을 디자인하고 확장하는 데 소홀해진다. 제품 개념은 다른 말로 '만들어 놓으면 고객들이 찾아온다.'라든가 '만들기만 하면 저절로 팔린다.'는 식의 철학과 유사하다.

(3) 판매자 지향적 마케팅

판매자 마케팅 개념은 소비자와 기업을 내버려 두려면, 목표를 성취할 만큼 충분한 양의 제품을 팔기 어렵다는 주장이다. 따라서 조직은 공격적인 판매와 홍보 노력을 아끼지 말아야 하며, 이러한 노력은 속아서 물건을 샀을지라도 그들은 어쨌든 물건을 잘 샀다고 생각할 것이고, 별로 만족스럽지 않아도 앞으로 계속 물건을 사줄 것이며, 회사에 대해 험담하지 않을 것이라는 위험한 전제를 바탕으로 한다. 이것은 매우 위험하며 지나치게 낙관적인 시나리오이다.

(4) 소비자 지향적 마케팅

소비자 마케팅 개념은 제품이나 판매 개념과 분명히 대조된다. 이것은 '만들어서 팔자(Make and sell)'는 철학이 아니라 '느끼고 대응하자(Sense and respond)'라는 개념이다. 피터 드러커(Peter Drucker)는 "마케팅의 궁극적인 목적은 판매를 불필요하게 만드는 것이다. 제품 및 서비스가 고객의 니즈를 너무나 잘 알고 이해하며, 구미에 딱 들어맞기 때문에 자연스럽게 팔리도록 하는 것이다."라고 하였다. 공공분야에서 이 말의 의미는, 철저하게 타깃 고객들의 니즈를 충족시키기 위해 설계된 프로그램과 서비스는 굳이 홍보할 필요가 없다는 뜻이다. 그 이유는 이러한 프로그램과 서비스에 만족한 고객들 스스로가 그것을 만든 기관을 알리는 '복음주의자'가 될 수 있기 때문이다.

(5) 사회 지향적 마케팅

사회적 마케팅 개념은 기존의 마케팅 개념을 한걸음 진보시킨 것이다. 이 개념에 따르면 조직은 소비자와 사회의 복지를 유지・개선할 뛰어난 가치를 개발해서 소비자에게 전달해야 한다. 사회적 마케팅 개념에 따르면 마케팅 담당자들은 마케팅 관행에 사회적・윤리적 배려가 필요하며, 소비자의 단기적 니즈를 만족시킴으로써(패스트푸드 섭취 등) 초래될 수 있는 부정적인 영향을 장기적인 사회복지(비만 인구가 늘어나는 것 등)와 중요성 면에서 비교해 봐야 한다.

[마케팅 개념의 변천]
생산자 지향 → 제품 지향 → 판매자 지향 → 소비자 지향 → 사회 지향

 **핵심예제**

마케팅의 변천된 개념과 그에 대한 설명이 틀린 것은?

[2018년 1회 기사]

① 제품 지향적 마케팅 - 제품 및 서비스의 생산과 유통을 강조하여 효율성을 개선
② 판매 지향적 마케팅 - 소비자의 구매유도를 통해 판매량을 증가시키기 위한 판매기술의 개선
③ 소비자 지향적 마케팅 - 고객의 요구를 이해하고 이에 부응하는 기업의 활동을 통합하여 고객의 욕구 충족
④ 사회 지향적 마케팅 - 기업이 인간 지향적인 사고로 사회적 책임을 다하는 것

|해설|

제품 지향적 마케팅은 제품의 특성, 성능, 품질 등에 관심을 갖고 제품의 품질 중심으로 마케팅 활동에 주력하는 것이다.

정답 ①

핵심 이론 03 마케팅의 종류

(1) 그린 마케팅(Green Marketing)

인간과 환경에 대한 철학적 관점에서 출발하여 환경주의에 바탕을 둔 마케팅이며, 환경문제를 고려하면서 경제개발을 추구하는 공해요인을 제거하고 폐기물을 재활용한 녹색상품 등을 생산·판매하는 기업활동이다.

(2) 인터넷 마케팅(Internet Marketing)

개인이나 조직이 인터넷을 이용하여 전달하는 커뮤니케이션으로 가상공간에서 상호작용이 가능하며 음성, 화면, 동영상 등을 활용해 다양한 정보를 전달할 수 있다.

(3) 차별화 마케팅(Differentiation Marketing)

제품, 유통, 판촉 등을 다른 제품과 차별화하여 제공함으로써 시장별로 높은 매출과 점유율을 달성하는 데 목적을 둔 전략적인 마케팅이다.

(4) 스토리텔링 마케팅(Storytelling Marketing)

브랜드에 맞는 이야기를 만들어 소비자의 마음을 움직이는 감성 마케팅의 일종으로, 소비자들은 상품 그 자체를 구매하기보다는 상품에 얽힌 이야기를 보고 구매한다.

(5) 감성 마케팅(Emotional Marketing)

제품의 구매동기나 사용 시 주위의 분위기, 특별한 추억 등을 중요한 고려사항으로 적용하여 디자인하고 개인의 주관적 가치와 미적 욕구를 충족시키는 마케팅이다.

(6) 표적 마케팅(Target Marketing)

① 시장은 대량생산에서 다품종 소량생산체제로 변하고 있다. 기업은 세분화 시장을 선택하여 알맞은 제품을 제공해야 한다.

② 표적 마케팅의 과정

시장 세분화	• 구매집단을 다양한 이유로 필요에 따라 분리하는 것이며 상이한 제품을 필요로 하는 독특한 구매집단으로 시장을 세분화하는 것이다. • 시장 세분화의 조건 : 측정 가능성, 경제성과 수익성 등 실질성, 접근성, 영업활동 가능성 등 • 시장 세분화의 변수 : 지리적 변수, 인구통계적 변수, 심리분석적 변수, 형태분석적 변수, 구매집단별 변수, 업종별 변수 등
시장 표적화	여러 세분화된 시장 중에서 하나 또는 그 이상을 세부 선정하는 것이다.
시장의 위치 선정	시장의 위치는 소비자들이 경쟁 제품과 비교하여 갖게 되는 지각으로 세분화된 특성에 따라 마케팅 믹스가 필요하다.

핵심예제

색채 마케팅에서 시장 세분화 전략으로 이용되며, 인구통계적 특성, 라이프스타일, 특정 조건 등을 만족하는 집단을 대상으로 하는 마케팅은? [2016년 2회 기사]

① 대중 마케팅
② 표적 마케팅
③ 포지셔닝 마케팅
④ 확대 마케팅

|해설|

최근의 시장은 표적 마케팅에 초점을 맞춘다. 표적 마케팅은 소비자들에게 제품의 특성, 스타일, 품질, 크기 등의 다양성을 제공하는 마케팅으로 고객층의 성향에 맞게 제품이나 서비스, 판매방법 등을 다양화하는 마케팅 기법이다.

정답 ②

핵심 이론 04 색채 마케팅의 기능 및 효과

(1) 마케팅의 기능

① 방향 제시의 기준
② 고지(게시나 글을 통해 알림)의 기능
③ 전략적 관리도구
④ 집행자원을 지급받는 근거(자원 획득의 근거)
⑤ 자원의 효율적 배분
⑥ 문제점의 사전 예방 및 대처기능
⑦ 합리적인 조직 운용

(2) 색채 마케팅의 기능

① 색채를 이용하여 소비자의 심리를 읽고 이를 제품에 반영한다.
② 색을 과학적, 심리적으로 이용하여 구매를 유도하는 기업의 경영전략 중 하나이다.
③ 제품 판매를 극대화하기 위한 기업의 경영전략으로 기업 이미지의 포지셔닝을 높이기 위한 CIP도 일종의 색채 마케팅이라 할 수 있다.
④ 우리나라는 1990년대부터 색채를 마케팅 수단으로 하여 제품 판매 경쟁에 돌입하였다.
⑤ 감성 마케팅인 색채 마케팅은 중요한 소비자 접근방법 중 하나이며, 상품의 차별화에 영향을 미친다.

(3) 색채 마케팅의 효과

① 브랜드와 제품에 특별한 이미지와 아이덴티티를 부여하여 인지도를 높일 수 있다.
② 아이덴티티를 통해 경쟁 제품과의 차별화를 가질 수 있다.
③ 기업의 판매 촉진과 수익 증대를 기대할 수 있다.
㉠ 기업과 제품 색채방향 제시, 이미지 구축
㉡ 신제품 개발 및 개선
㉢ 타사와의 차별화로 판매 촉진
㉣ 품질 향상과 정서 순화
㉤ 지속적 색채관리로 마케팅의 문제점 해결

[색채 마케팅의 과정]

- 색채 마케팅은 제품 개발 이전에 아이디어 회의나 콘셉트 설정 단계에서 이루어져야 한다.
- 색채 정보화 → 트렌드 파악 → 라이프스타일 분석 → 유행색 예측 → 색채계획 생산 및 판매 적용 → 색채 마케팅 전략 및 관리

(4) 색채 마케팅의 영향

① 상품 선택에 있어 인간의 감각은 모든 결정에 영향을 미친다.

[감각에 따른 구매 의존도]

감 각	구매 의존도(%)
시 각	87
청 각	7
촉 각	3
후 각	2
미 각	1

② 인구통계학적 자료와 경제적 환경 변화로 인한 영향을 많이 받는다.
㉠ 인구통계학적 환경 : 거주 지역, 연령 및 성별, 라이프스타일, 가족구성원의 특성, 보건, 위생적 환경에 따라 마케팅 전략을 구성한다.
㉡ 기술적 환경 : 21세기의 대표적 색채인 청색은 투명하고, 깊이가 있는 디지털 패러다임의 색이 되었다. 이것은 색채 마케팅 전략의 영향요인이 되었다.
㉢ 사회문화적 환경 : 다양하고 세분화된 사회와 문화 그리고 시장의 소비자 그룹이 선호하는 색채, 소비자의 라이프스타일 등을 파악해야 한다.
㉣ 경제적 환경 : 경기 흐름에 따른 제품의 색채를 말하며 경기 변동의 흐름을 읽고, 경기가 둔화되면 오래 지속될 수 있는 경제적인 색채를 활용할 수 있다.
㉤ 자연적 환경 : 환경주의적 관점을 말한다.

핵심예제

4-1. 마케팅에서 색채의 역할과 사용에 관한 설명으로 가장 거리가 먼 것은? [2016년 3회 기사]

① 소비자의 시선을 끌어 대상물의 존재를 두드러지게 한다.
② 기업의 철학이나 주요 이미지를 통합하여 전달하는 CI 컬러를 제품에 사용한다.
③ 특정 고객층이 요구하는 색채를 적용하기 위해 생산자의 기획 의도를 고려하여 기업 이미지에 맞는 색채를 적용한다.
④ 한 시대가 선호하는 유행색의 상징적 의미는 소비자의 라이프스타일과 가치관에 영향을 준다.

4-2. 컬러 마케팅의 직접적인 효과로 보기 어려운 것은? [2018년 1회 기사]

① 브랜드 가치의 업그레이드
② 기업의 아이덴티티 형성
③ 기업의 매출 증대
④ 브랜드 기획력 향상

|해설|

4-1
특정 고객층이 요구하는 색채를 적용하기 위해 고객층의 선호도를 고려하여 기업 이미지에 맞는 색채를 적용한다.

4-2
브랜드 기획력 향상은 컬러 마케팅의 효과라기보다는 기업 내 조직의 역량 향상이라고 볼 수 있다.

정답 4-1 ③ 4-2 ④

제2절 색채 마케팅 전략

핵심 이론 01 색채 마케팅 전략

(1) 마케팅 전략

① 마케팅 전략은 마케팅에 전략적이고 디자인적인 기획을 하는 것이다. 마케팅 전략에는 통합적 전략, 직감적 전략, 분석적 전략이 있으며 상황 분석 및 목표시장을 설정하고 전략을 수립해 일정을 계획하고 실행하는 모든 과정을 의미한다.
※ 색채기획 단계에서는 목표(타깃 설정, 색채 콘셉트 및 이미지), 추진방법(색채 포지셔닝), 기간과 예산, 효과 설정이 진행된다.
② 통합적 전략 : 마케팅 믹스의 기본적 요소인 제품, 가격, 유통, 프로모션의 개별적 범위에 한정하지 않고 4가지 요소를 하나의 마케팅 전략 차원에서 접근하여 통합하는 방법이다.
③ 직감적 전략
㉠ 마케팅에 있어 논리적인 증명보다 본인의 경험에 중점을 두는 방법으로 시간적인 여유가 없어서 즉각적인 의사결정을 해야 할 경우 효과적인 방법이다.
㉡ 유능한 경영자에 의존하는 전략이다.
④ 분석적 전략 : 고객, 자사, 경쟁사의 분석을 통해 기업 내・외부 요인을 분석하여 체계적이고 세분화된 계획을 수립함으로써 경쟁사에 진입 가능성과 해결안을 도출해 내는 방법이다.

(2) 색채 마케팅 전략

① 색채 마케팅 전략 개발 시 라이프스타일과 문화의 변화, 환경문제와 환경운동의 영향, 인구통계적 요인과 같은 다양한 요인의 영향을 받는다.
② 발전과정 : 매스 마케팅 → 표적 마케팅 → 틈새 마케팅 → 맞춤 마케팅
③ 관리과정 : 목표 설정 → 계획 → 조직 → 시장조사 분석 → 표적시장 선정 → 색채 마케팅 개발 → 프레젠테이션 → 색채 마케팅 적용 → 색채 마케팅 관리

(3) 색채 마케팅을 위한 팀별 목표관리

① 마케팅팀 : 정보조사 분석, 포지셔닝, 마케팅의 전략화
② 상품기획팀 : 신소재 개발, 독창적 조화미 추구
③ 생산품질팀 : 품질평가, 보증, 재고 및 고객사 품질 대응
④ 영업판촉팀 : 판매 촉진의 극대화

(4) 마케팅의 정보 시스템

① 마케팅 계획을 수립하기 위해서는 여러 주변 환경과 기업 내부에 대한 분석을 진행하여야 한다. 이때 필요한 것이 마케팅 정보 시스템이다.
② 마케팅 정보 시스템이란 마케팅 의사 결정자 또는 담당자가 필요한 정보를 수집·분석하기 위한 시스템이다.

[마케팅 정보 시스템의 분류]

구분	내용
내부정보 시스템	• 내부정보는 제품매출, 재고수준, 외상거래, 판매가격, 점포수 및 점포실적에 관한 정보 등에 해당된다. • 매출성과와 시장점유율, 가격반응, 기타 촉진활동의 성과에 대한 효과를 파악하고 의사결정에 반영하기 위한 정보를 제공하는 것이 시스템 목적이다.
고객정보 시스템	• 고객정보는 고객의 인구통계적 특성, 라이프스타일, 고객이 추구하는 혜택과 구매행동, 제품 구매일자, 구매빈도와 금액까지 상세하게 포함할 수 있는 정보이다. • 기존 고객의 충성도 제고와 이탈 방지, 신규 고객을 유치하기 위한 전략을 수립하는 것이 목적이다. • 최근에는 고객관계관리(CRM) 방법을 사용하여 고객과의 장기적인 관계를 고착하려는 노력을 많이 하고 있다. 고객관계관리는 신규 고객 확보, 고객충성도 제고 및 유지, 구매활성화 및 고객확장의 단계로 구성되어 있다.
마케팅 인텔리전스 시스템	• 기업 주변 환경에서 발생되는 일상적인 정보를 수집하기 위해서 기업이 사용하는 절차와 정보원의 집합을 의미한다. • 내부정보 시스템과는 달리 기업 주변의 모든 의사결정에 영향을 미치는 정보를 수집하는 것이다.
마케팅조사 시스템	• 마케팅 문제에 대한 해결을 목적으로 직접 자료를 수집하기 위한 시스템으로 위에서 제시한 시스템과는 차이가 있다. • 내부정보·고객정보·마케팅 인텔리전스 시스템이 과거 자료 또는 관련 문건으로 구성된 시스템이었다면 마케팅조사 시스템은 조사원으로 하여 직접 조사를 실시하기 위한 시스템이다.
마케팅 의사결정 지원시스템	• 마케팅 환경으로부터 수집된 정보를 해석하고 의사결정의 결과를 예측하기 위해 사용되는 관련 자료, 소프트웨어, 분석도구 등을 통합한 시스템이다. • 내부정보·고객정보·마케팅 인텔리전스·마케팅조사 시스템은 현상 또는 이미 발생한 내용을 기술한 정보이기 때문에 의사결정의 결과를 예측하는 데 어려움이 있다. 이때 결과를 예측하기 위한 시스템이 마케팅 의사결정 지원시스템이다.

출처 : 경영인사이트(https://blog.naver.com/csh2375/221165758894)

핵심예제

색채 마케팅 과정을 색채 정보화, 색채기획, 판매 촉진전략, 정보망 구축으로 분류할 때 색채기획 단계에 해당하지 않는 것은?

[2019년 1회 기사]

① 소비자의 선호색 및 경향조사
② 타깃 설정
③ 색채 콘셉트 및 이미지 설정
④ 색채 포지셔닝 설정

|해설|

색채기획이란 색채의 목표를 달성하기 위해 시장과 고객 심리를 이용해 효과적으로 색채를 적용하기 위한 과정을 말한다.

정답 ①

핵심 이론 02 마케팅의 종류

(1) 매체광고

① 신문광고(주간신문, 일간신문, 월간지)

㉠ 특징 및 장점 : 신뢰성, 편의성, 안전성, 전통적인 매체, 설득성, 자료전달 용이, 기록성, 경제성, 신속성

㉡ 단 점

- 광고의 수명이 짧고 독자의 계층 선택이 어렵다.
- 인쇄컬러의 질이 낮아 고급스러운 광고가 어렵다.

㉢ 구성요소

- 내용적 요소 : 헤드라인, 서브 헤드라인, 보디카피, 슬로건, 캡션, 회사명과 주소
- 조형적 요소 : 일러스트레이션, 트레이드마크, 코퍼레이트 심벌, 보더라인

② 잡지광고

㉠ 장 점

- 계층이 뚜렷하고 설득력 강하다.
- 기록성, 보존성이 있다.
- 회람률이 높고 매체의 생명력이 길다.
- 감성적 광고가 가능하다.
- 인쇄컬러의 질이 높다.
- 지면의 독점이 가능하므로 효과적인 광고가 가능하다.
- 여성용품, 화장품, 의류, 자동차 광고에 적당하다.

㉡ 단 점

- 각 잡지의 크기가 달라 제작비가 상승한다.
- 페이지의 위치에 따라 광고비의 차이가 있다.
- 신속한 전달이 어렵다.

③ 라디오광고

㉠ 장 점

- 전파가 있는 곳이면 장소의 제한이 없다.
- 반복적인 광고가 가능하다.
- 지역별 광고가 가능하다.
- 경제성이 가장 좋다.
- 배경음악을 이용하여 감성적인 메시지 전달도 가능하다.
- 식품, 약품, 가전제품 등의 광고에 좋다.

㉡ 단 점

- 내레이션 위주이기 때문에 청각에만 의존하므로 시각적 상품 제시에 제약이 있다.
- 다양한 계층에 전달이 불가능하다.

④ TV광고

㉠ 장 점

- 시각, 청각, 문자 등의 다양한 방법으로 전달이 가능하다.
- 감정이입의 효과가 크다.
- 반복성 광고가 가능하다.
- 오락성이 강하고, 소비자 반응이 빠르다.
- 실물의 실연 제시 및 구체적 사항 전달이 용이하다.
- 매체의 영향력과 대중 분포가 가장 넓다.
- 세대 간의 의견일치 효과가 있다.

㉡ 단 점

- 광고비가 비싸다.
- 시청률에 따라 광고의 효과가 달라진다.
- 메시지의 수명이 짧고 보전성이 낮다.
- 오락적 성향으로 본질적 의미가 흐려질 수 있다.

㉢ 종류 : 프로그램 광고, 스폿광고, 블록광고, PPL(Product Placement)광고, 네트워크 광고, 로컬광고 등

(2) 판촉광고(SP광고)

판촉광고는 SP(Sales Promotion)광고라고도 하며, 구매 시점에 소비자를 유도하여 행동에 옮기도록 하기 위한 세일즈 수준의 광고이다.

① DM(Direct Mail)광고

㉠ 전화, 전보, 신문에 넣는 삽입광고, 호별 배포광고 등이 있다.

㉡ 예산에 맞는 광고를 할 수 있다.

㉢ 경쟁 기업에 노출되지 않게 전략적인 광고가 가능하다.

㉣ 바로 버려지는 경우도 있다.

② POP(Point of Purchase)광고

㉠ 소비자가 상품을 사는 곳에 세워 두는 모든 종류의 광고를 말한다.

㉡ 구매시점 광고이다.

③ **포지션광고** : 옥외광고, 교통광고, 영화광고 등 집 밖에서 작용하는 광고이다.

핵심예제

2-1. 기업방침, 상품의 특성을 홍보하고 판매를 높이기 위한 광고매체 선택의 전략적 방향과 거리가 먼 것은? [2019년 1회 기사]

① 기업 및 상품의 존재를 인지시킨다.
② 현장감과 일치하여 아이덴티티(Identity)를 얻어야 한다.
③ 소비자에게 공감(Consensus)을 얻을 수 있어야 한다.
④ 정보의 DB화로 상품의 가격을 높일 수 있어야 한다.

2-2. TV광고 매체의 특성이 아닌 것은? [2019년 2회 기사]

① 소구력이 강하며 즉효성이 있으나 오락적으로 흐를 수 있다.
② 화면과 시간상 충분한 설명이 가능하다.
③ 반복효과가 크나 총체적 비용이 많이 든다.
④ 메시지의 반복이나 집중공략이 가능하다.

|해설|

2-1
광고매체를 선택할 때 중요한 것은 기업 및 상품의 존재를 인지시키고 현장과의 일치를 이루어 아이덴티티를 얻어내는 전략적 방향을 고려하는 것이다. 또한 소비자와의 의견 일치를 얻을 수 있어야 한다.

2-2
TV광고는 시간이 정해져 있고, 소비자가 오랜 시간 집중하지 않기 때문에 충분한 설명이 가능하지 않다. 짧은 시간 안에 소비자를 이해시키고, 소비를 유도하기 위해서는 집중할 수 있으며, 이해가 빠르고, 가지고 싶은 욕구를 불러일으켜야 한다.

정답 2-1 ④ 2-2 ②

핵심이론 03 마케팅 프로세스(Marketing Process)

(1) 조사(Research)

마케팅의 시작단계로, 시장기회를 조사하고, 전략을 바탕으로 목표 달성이 가능한지 재무적으로 준비한다.

(2) 시장 세분화(Segmentation)

목표시장을 결정(Targeting)하는 과정이다. 보다 높은 이익을 주는 시장을 표적으로 삼고, 그 시장에서의 성공요인을 찾아내어 경쟁력을 분석, 확인한다.

(3) 포지셔닝(Positioning)

① **포지셔닝** : 기업 상품을 포지셔닝함에 있어 차별화된 광고, 디자인, 테스트를 통해 소비자에게 상품 이미지를 강조한다.

② **제품 포지셔닝**

㉠ 포지셔닝이란 제품이 소비자들에 의해 지각되고 있는 모습이다.

㉡ 소비자들의 원하는 바 또는 경쟁자의 포지셔닝에 따라 기존 제품의 포지션을 새롭게 전환시키는 전략을 말한다.

㉢ 제품의 위치는 소비자들이 경쟁 제품과 비교하여 갖게 되는 지각, 인상, 감성, 가격 등이 복합적으로 영향을 미쳐 형성된다.

㉣ 세분화된 특성에 따라 어떤 제품은 가격을, 어떤 제품은 성능이나 안정성을 강조하는 식의 마케팅 믹스가 필요하다.

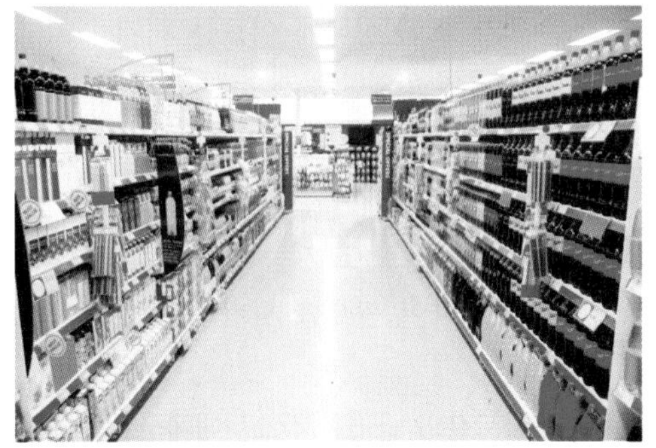

[대형마트에 제품이 진열된 모습]

③ **제품 포지셔닝의 과정** : 소비자 분석 → 경쟁사 확인 → 자사 제품 포지션 개발 → 포지셔닝의 확인

④ **제품 수명주기(Product Life Cycle)**

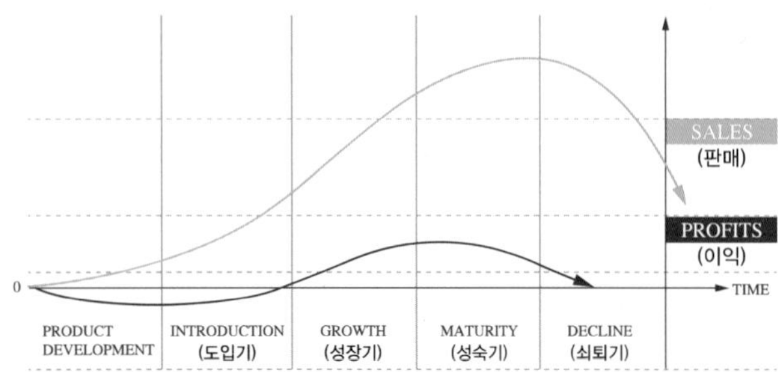

[제품 수명주기에 따른 판매량과 수익]

㉠ 도입기
- 기업이나 회사에서 신제품을 만들어 관련 시장에 진출하는 시기
- 이익은 낮고 유통경비와 광고 판촉비는 높이는 시기
- 제품 홍보와 혁신적인 설득이 필요한 시기

㉡ 성장기
- 수요가 점차 늘어나며 제품의 인지도, 판매량, 이윤이 급격히 상승하는 시기
- 경쟁사의 유사제품이 나오는 시기이므로, 시장점유율을 극대화하며 브랜드의 우수성을 알리고 대형시장에 침투해야 하는 시기

㉢ 경쟁기
- 기업 간의 경쟁이 심화되는 시기로 급속한 판매율과 이익률은 아니지만, 이윤은 이어지고 있는 시기
- 차별화 전략이 필요한 시기

㉣ 성숙기
- 수요가 포화 상태에 이르는 시기
- 회사 간의 치열한 경쟁으로 가격, 광고, 유치경쟁이 치열하게 일어나는 시기
- 이익 감소와 매출의 성장세가 정점에 이르는 시기
- 반복 수요가 늘고 제품의 리포지셔닝과 브랜드 차별화 전략이 필요한 시기

㉤ 쇠퇴기
- 소비시장의 급격한 감소, 대체상품의 출현 등 제품시장이 사라지는 시기
- 신상품 개발 전략이 필요한 시기

(4) 마케팅 믹스(Marketing Mix)

① 제품, 가격, 유통, 촉진 등의 도구를 설정하기 위한 전술적 마케팅 단계이다.

② 맥카시(McCarthy)는 4P, 즉 제품(Product), 가격(Price), 유통(Place), 촉진(Promotion)을 마케팅의 4대 구성요소로 설명하였으며, 이를 어떻게 잘 혼합하느냐에 따라 마케팅 효과를 극대화할 수 있다고 하였다.

③ 마케팅 믹스는 표적시장을 통하여 원하는 결과를 얻을 수 있도록 사용하는 통제 가능한 마케팅 변수의 총집합이다.

④ 마케팅 믹스를 보다 효과적으로 구성함으로써 소비자의 욕구나 필요를 충족시키며, 이익・매출・이미지・사회적 명성・사용자본 이익률(ROI ; Return On Investment)과 같은 기업목표를 달성할 수 있게 된다.

(5) 마케팅의 구성

① **제품(Product)** : 마케팅의 구성요소 중 가장 핵심적 판매 요소이다(물건, 공연, 아이디어, 서비스, 컨설팅 등).

② **가격(Price)** : 소비자 선택에 가장 큰 영향을 미친다.
  ㉠ 침투가격 정책 : 경쟁 제품보다 낮은 가격대 책정
  ㉡ 경쟁가격 정책 : 경쟁 제품과 같은 가격대 책정
  ㉢ 고가가격 정책 : 경쟁 제품보다 높은 가격대 책정
  ㉣ 명성가격 정책 : 고가품의 가격을 더 높게 책정

③ **유통(Place)** : 제품이 판매되고 소진되는 장소와 경로를 말한다.

④ **촉진(Promotion)** : 제품이나 서비스 등 제품을 판매하고 소비하는 모든 활동을 말한다.
  예 광고, 대인판매, 직접 판매(카탈로그, DM인터넷 쇼핑), 판매 촉진(구매시점 광고 POP, 이벤트 경연대회, 경품, 쿠폰), PR 등

⑤ **실행(Implementation)** : 전략적 기획을 실행하는 과정에서 발생하는 다양한 문제들을 해결하기 위한 협력적 마케팅, 즉 중요한 고객 관련 기능들 간의 유연한 연합이 필요하게 된다.

⑥ **관리(Control)** : 마케팅 프로세스의 마지막 단계로 시장으로부터 피드백(Feed Back)을 수집하고 이를 개선하기 위한 개선책을 만든다.

[마케팅의 4C]

- Customer(Customer Value, Customer Solution) : 고객 또는 고객가치
- Cost(Cost to the Customer) : 고객이 지불하는 비용
- Convenience : 접근 및 활용 등의 편의성
- Communication : 의사소통

핵심예제

3-1. 브랜드 개념의 관리는 도입기, 심화기, 강화기 순으로 나눌 수 있다. 브랜드 유형에 따른 관리의 단계와 설명이 잘못된 것은? [2017년 2회 기사]

① 효능충족 브랜드는 일상생활에서 실제적인 문제를 해결해 줄 수 있어야 한다.
② 긍지추구 브랜드는 도입기에 구매의 제한성을 강조한다.
③ 경험유희 브랜드는 강화기에 동일한 이미지통합전략으로 라이프스타일을 형성하게 된다.
④ 브랜드 개념의 관리단계는 시장 상황에 따라 피동적으로 변해야 한다.

3-2. 마케팅 믹스에 대한 설명으로 옳은 것은? [2019년 1회 기사]

① 시장을 세분화하는 방법
② 마케팅에서 경쟁 제품과의 위치 선정을 하기 위한 방법
③ 마케팅에서 제품 구매 집단을 선정하는 방법
④ 표적시장에서 원하는 결과를 얻기 위해 가능한 수단을 활용하는 방법

3-3. 제품 포지셔닝에 대한 설명으로 틀린 것은? [2018년 2회 기사]

① 제품마다 소비자들에게 인지되는 속성의 위치가 존재한다.
② 특정 제품의 확고한 위치는 소비자의 구매 결정을 돕는다.
③ 경쟁 환경의 변화에도 항상 고정된 위치를 유지해야 한다.
④ 세분화된 시장의 요구에 따른 차별적인 위치 설정이 효과적이다.

3-4. 제품의 수명주기에 따른 마케팅 믹스 전략에 대한 설명이 틀린 것은? [2017년 2회 기사]

① 도입기 – 기초적인 제품을 원가가산가격으로 선택적 유통을 실시하며 제품인지도 향상을 위한 광고를 실시한다.
② 성장기 – 서비스나 보증제와 같은 방법으로 제품을 확대시키고 시장침투가격으로 선택적 유통을 실시하며 시장 내 지명도 향상과 관심 형성을 위한 광고를 실시한다.
③ 성숙기 – 상품과 모델을 다양화하며 경쟁대응 가격으로 집약적 유통을 실시하고 브랜드와 혜택의 차이를 강조한 광고를 실시한다.
④ 쇠퇴기 – 취약 제품은 폐기하며 가격인하를 실시하고 선택적 유통으로 수익성이 작은 유통망은 폐쇄하며 충성도가 강한 고객 유치를 위한 광고를 실시한다.

|해설|

3-1
브랜드란 제품의 생산자 혹은 판매자가 제품이나 서비스를 경쟁자와 차별화하기 위해 사용하는 독특한 이름이나 상징물의 결합체다. 브랜드의 가치를 높이려면 즉, 관리를 위해서는 시장 상황에 따라 능동적・적극적인 전략이 필요하다.

3-2
마케팅 4P는 마케팅의 핵심 구성요소로 기업이 이를 어떻게 잘 혼합하느냐에 따라 마케팅 효과를 극대화할 수 있다고 하였다. 기업은 표적시장을 통해 원하는 결과를 얻기 위해 가능한 수단을 활용해야 한다.

3-3
③ 경쟁 환경의 변화에 따라 위치를 새롭게 전환시켜야 한다.

3-4
서비스나 보증제와 같은 방법으로 제품을 확대시키고 시장침투가격으로 선택적 유통을 실시하며 시장 내 지명도 향상과 관심 형성을 위한 광고를 실시하는 전략은 성숙기에 이루어져야 하는 방법이다.

정답 3-1 ④ 3-2 ④ 3-3 ③ 3-4 ②

핵심이론 04 색채를 활용한 브랜드 아이덴티티

(1) 브랜드 아이덴티티(BI ; Brand Identity)

① 기업 경영전략의 하나로 상표 이미지를 시각적으로 단순화하고, 체계화·차별화하여 기업 이미지를 높이고 소비자에게 강하게 인식시키는 데 영향을 미친다.

② 체계적인 관리를 통해 특정 브랜드에 대한 선호도를 향상시키는 것을 말한다.

(2) 브랜드 로열티(Brand Royalty)

소비자가 특정 브랜드에 대해 가지고 있는 호감 또는 애착의 정도를 의미한다. 소비자는 브랜드 로열티 때문에 습관적으로 특정한 브랜드를 고정적으로 선호하고, 그것을 계속적으로 구입하게 된다.

(3) 브랜드 네임(Brand Name)

마케팅에서 브랜드 네임은 가치 또는 자산을 가지고 있다. 시장에서 소비자에게 브랜드 네임의 인지도를 확립하고 강화하는 것은 브랜드 자산관리의 가장 중요한 부분이다.

> **[브랜드의 관리과정]**
> 브랜드 설정 및 인지도 향상 → 브랜드 이미지 구축 → 브랜드 충성도(로열티) 확립 → 브랜드 파워

핵심예제

경영전략의 하나로, 상표 이미지를 시각적으로 체계화, 단순화하여 소비자에게 인식시키고, 체계적인 관리를 통해 특정 브랜드에 대한 선호를 향상시키는 것은? [2019년 1회 기사]

① Brand Model
② Brand Royalty
③ Brand Name
④ Brand Identity

|해설|

Brand Identity는 경영전략의 하나로, 상표 이미지를 시각적으로 체계화, 단순화하여 소비자에게 인식시키고, 체계적인 관리를 통해 특정 브랜드에 대한 선호를 향상시킨다.

정답 ④

제3절 색채 시장조사

핵심이론 01 시장조사 및 시장 세분화

(1) 시장조사 개념

① 상품을 판매하거나 서비스를 제공하는 시장에 대한 조사를 말한다. 즉, 상품 및 마케팅에 관련된 문제에 관해서 과학적으로 수집, 분석, 보고하는 등의 활동을 말한다.

② 시장조사의 내용에는 상품조사, 판매조사, 소비자 조사, 광고조사, 잠재수요자 조사, 판로조사 등 각 분야를 포괄한다.

③ 시장조사 방법은 시장분석(Market Analysis), 시장실사(Marketing Survey), 시장실험(Test Marketing)의 3단계로 나뉜다.

(2) 시장 세분화의 정의

① 다양한 욕구를 가진 전체 시장을 일정한 기준에 따라 공통된 욕구와 특성을 가진 부분 시장으로 나누는 것을 말한다.

② 효율적인 마케팅을 위해 구매집단을 다양한 이유로 필요에 따라 분리하는 것이며, 상이한 제품을 필요로 하는 독특한 구매집단으로 시장을 세분화하는 것이다.

③ 시장 세분화의 조건 : 측정 가능성, 접근 가능성, 실질성, 실행 가능성

(3) 시장 세분화의 목적

① 시장기회를 탐색하기 위해
② 소비자의 욕구를 정확하게 충족시키기 위해
③ 변화하는 시장수요에 능동적으로 대처하기 위해
④ 자사와 경쟁사의 강점, 약점을 효과적으로 평가하기 위해

(4) 시장 세분화의 기준

① 사용자의 행동분석적 세분화 : 제품의 사용 경험, 사용량, 상표(브랜드) 충성도, 가격의 민감도별로 세분화

② 지리적 세분화 : 지역, 도시 크기, 인구밀도, 기후별로 세분화

③ 인구학적 세분화 : 연령, 성별, 결혼 여부, 직업, 거주 지역, 학력, 교육수준, 라이프스타일, 소득별로 세분화

④ 사회문화적 세분화 : 문화, 종교, 사회계층별로 세분화

⑤ 제품 세분화 : 사용자 유형, 용도, 효용성 가치, 가격탄력성, 상표인지도, 상표애호도 등으로 세분화

⑥ 심리분석적 세분화 : 기호, 개성, 생활양식, 전위적, 사교적, 보수적, 야심적과 같은 심리분석적으로 세분화한 여피족, 오렌지족, 386세대, 히피족, 힙스터 등

(5) 시장 세분화의 전략방법

① 표적 마케팅

㉠ 최근의 시장은 표적 마케팅에 초점을 맞춘다.

㉡ 소비자의 인구통계적 속성과 라이프스타일에 관한 정보를 활용, 소비자 욕구를 최대한 충족시키는 마케팅 전략이다. 이를 위해 소비자들을 가장 작은 단위로 나눈 다음 계층별로 소비자 특성에 관한 데이터를 수집해 마케팅 계획을 세운다.

㉢ 기업은 모든 소비자를 대상으로 대량생산, 대량분배, 판촉을 하는 대량 마케팅이나 구매자들에게 제품의 특성, 스타일, 품질, 크기 등의 다양성을 제공하는 제품 다양화 마케팅 전략을 사용한다.

㉣ 표적 마케팅은 시장 세분화, 시장 표적화, 시장의 위치 선정의 3단계를 거친다.

② 대량 마케팅

㉠ 시장 세분화를 포기하고 전체 시장에 대하여 한 가지 마케팅 믹스만 제공하는 것이다.

㉡ 생산, 재고관리, 유통, 광고 등 비용을 절감할 수 있다.

③ 마케팅 다양화 : 소비자들에게 제품의 특성, 스타일, 품질, 크기 등의 다양성을 제공하는 마케팅으로 고객층의 성향에 맞게 제품이나 서비스, 판매방법 등을 다양화하는 마케팅 기법이다.

(6) 시장 세분화 분석

① 경쟁사 분석

② 소비자 분석 : 제품의 소비자 유형, 구매동기, 대상, 구매심리 등 여러 분야에 걸쳐 세심한 자료 분석이 필요하다.

[시장의 유행성]
- 플로프(Flop) : 수용기 없이 도입기에 제품의 수명이 끝나는 유형
- 패드(Fed) : 단시간에 나타났다가 사라지는 유행
- 크레이즈(Craze) : 지속적인 유행
- 트렌드(Trend) : 경향을 말하며 특정 부분의 유행
- 유행(Fashion) : 유행의 양식, ~풍, ~식 등 추세

③ SWOT 분석

㉠ 기업의 환경분석을 통해 강점(Strength)과 약점(Weakness), 기회(Opportunity)와 위협(Threat)요인을 규정하고, 이를 토대로 기업의 색채 마케팅 전략을 수립하는 분석기법을 말한다.

강점 (Strength)	경쟁기업과 비교하여 소비자로부터 강점으로 인식되는 것
약점 (Weakness)	경쟁기업과 비교하여 소비자로부터 약점으로 인식되는 것
기회 (Opportunity)	외부환경에서 유리한 기회요인
위협 (Threat)	외부환경에서 불리한 위협요인

㉡ 학자에 따라서는 외부환경을 강조한다는 점에서 위협, 기회, 약점, 강점을 TOWS라 부르기도 한다.

㉢ 마케팅을 기획하고 수행하는 조직의 장단점, 조직 밖에 존재하는 대외적이고 사회적인 문제들, 잠재 고객의 기회 혹은 문제가 기회와 위협요인에 속하게 된다. 그래서 마케팅의 주체인 조직을 중심으로 내적 요인(강점, 약점)과 외적 요인(기회, 위협)으로 구분한다.

㉣ SWOT 분석에 의한 전략

SO전략 (강점-기회전략)	시장의 기회를 활용하기 위해 강점을 사용하는 전략을 선택한다.
ST전략 (강점-위협전략)	시장의 위협을 회피하기 위해 강점을 사용하는 전략을 선택한다.
WO전략 (약점-기회전략)	약점을 극복함으로써 시장의 기회를 활용하는 전략을 선택한다.
WT전략 (약점-위협전략)	시장의 위협을 회피하고 약점을 최소화하는 전략을 선택한다.

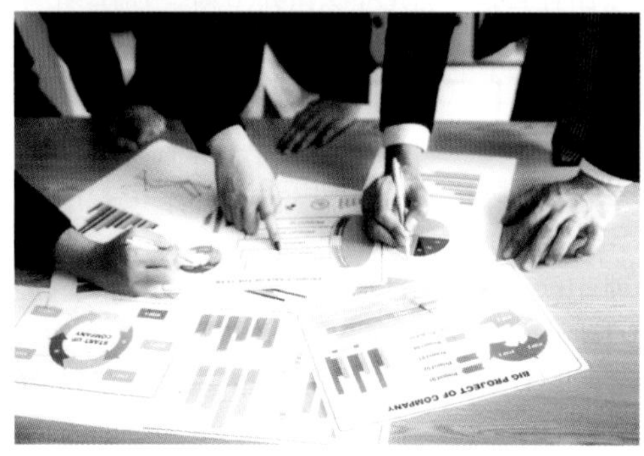

[비즈니스 전략 분석]

핵심예제

다음 중 시장 세분화의 목적이 아닌 것은? [2018년 3회 기사]

① 기업의 이미지를 통합하여 통일감 부여
② 변화하는 시장수요에 능동적으로 대처
③ 자사 제품의 차별화와 시장 기회를 탐색
④ 자사와 경쟁사의 장단점을 효과적으로 평가

|해설|

기업의 이미지를 통합하여 통일감을 부여하는 것은 기업 이미지 통합화에 대한 설명이다.

정답 ①

핵심이론 02 시장조사 방법

(1) 관찰조사(Observation Research)

① 어떤 대상의 특성, 상태, 언어적 행위 등의 관찰을 통해 자료를 수집한다.
② 주로 실험연구에서 많이 사용한다.
③ 관찰자의 주관성 개입 우려로 면접이나 질문지 조사방법과 함께 쓰인다.
④ 조사의 신뢰도를 높이기 위해 소비자의 행동을 직접적으로 관찰하는 방법이다.
⑤ 특정 지역의 유동인구를 분석하거나 시청률이나 시간, 집중도 등을 조사하는 데 적절하다.
⑥ 특정 색채의 기호도를 조사하는 데 적절하다.

(2) 패널조사(표적집단 조사)

① 조사대상을 고정시키고, 동일한 조사대상에 대하여 동일 질문을 반복 실시하여 조사하는 방법이다.
② 본래는 시장조사에서 소비자의 소비행동과 소비태도의 변화과정을 분석하기 위해서 이용된다.
③ 조사대상의 시간적 변화를 엄밀하게 관찰·연구할 수 있다.
④ 소비자 개별 추적이 가능하고 통계적으로 효율성과 시간적 활용도가 높다.
⑤ 초기 표본설계가 중요하며 질문표에 대한 창의적인 변형이 필요하다.
⑥ 패널을 유지하고 관리하는 데 시간과 비용이 소요된다.

(3) 설문조사(Survey Research)

① 마케팅 조사 중 가장 널리 이용된다.
② 조사원과 응답자 간의 질의응답, 가정방문, 설문지 작성 등을 통해 조사한다.
③ 특정 효과를 얻거나 비교를 통해 정확한 정보를 얻고자 할 때 사용하는 방법이다.
④ 표적집단, 불특정 다수를 상대로 실시한다.

⑤ 설문조사의 결과는 통계처리하여 평균, 빈도의 산출로 아이디어가 추출된다.

⑥ 문항 작성, 설문대상의 선정을 위한 샘플링이 중요하다.

⑦ 설문지의 구성방법으로 첫머리에 조사의 취지 및 안내 글을 배치하고 개인의 신분을 나타내는 성별, 연령, 소득 등의 인구사회학적 질문은 끝에 배치한다.

⑧ 조사자 사전교육 내용
  ㉠ 조사의 취지와 표본 선정방법에 대한 이해
  ㉡ 특수 상황에 대한 대응방침
  ㉢ 면접과정의 지침
  ㉣ 참가자의 응답에 영향을 주지 않도록 중립적이고 객관적인 태도 유지
  ㉤ 색채에 대한 정신물리학적, 심리학적 이해와 색채체계에 관한 교육

⑨ 설문지 작성법
  ㉠ 약 15~20개 정도의 항목이 적당하다.
  ㉡ 미세한 차이가 있는 반복 질문은 피하되, 관련된 질문은 연결하여 배치한다.
  ㉢ 질문의 유형은 개방형에서 폐쇄형으로, 전반적인 질문에서 구체적인 질문으로 배치한다.
  ㉣ 정확한 어휘를 사용하되 전문용어나 복잡한 용어는 피하도록 한다.
  ㉤ 각각의 질문은 하나의 내용만 구체화한다.
  ㉥ 전문지식이나 특정 견해, 미래의 행동 등을 예상하는 질의는 가급적 피하도록 한다.

> **[설문의 방식]**
> • 개방형 설문 : 응답자가 자유롭게 자신의 생각을 응답하도록 하는 방식
> • 폐쇄형 설문 : 두 개 이상의 응답을 주고 그중에서 하나 이상을 선택하도록 하는 방식

(4) SD법(Semantic Differential Method, 언어척도법, 의미분화법, 의미미분법)

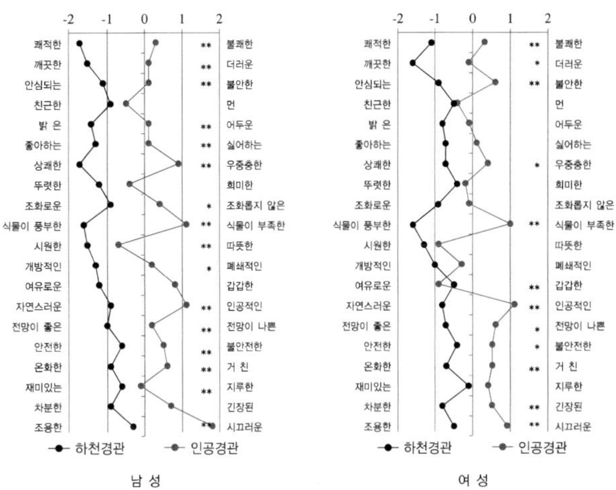

[하천경관과 인공경관에서 남성과 여성의 SD변화]

① SD법 개념
  ㉠ 미국의 심리학자 찰스 오스굿(Charles Egerton Osgood, 1916~1991)에 의해 개발되었다.
  ㉡ 형용사의 반대어를 쌍으로 연결시켜 비교함으로서 색채의 감정적인 면을 다룬다.
  ㉢ 의미공간상에서 두 점 간의 거리는 의미 차이를 가진다.
    예 색을 좋아한다-싫어한다 / 아름답다-추하다 / 상품-하품 / 따뜻하다-차갑다 / 양기-음기 / 동적-정적 / 가벼움-무거움 / 단단함-부드러움 / 화려함-수수함 / 강함-약함 등
  ㉣ 색채 감성의 객관적 척도이다.
  ㉤ 단색 체계에 대한 상대적인 비교 평가가 가능하다.
  ㉥ 색채기획이나 디자인 과정에서 이미지의 위치를 찾을 수 있다.
  ㉦ 낯선 개념이나 망설이게 만드는 피상적인 것 혹은 어느 쪽도 아니다와 같은 문항이 많아지지 않도록 주의하고, 친숙한 개념을 사용하도록 한다.
  ㉧ 경관이나 제품, 색, 음향, 감촉 등 다양한 대상의 인상을 파악하는 방법으로 많이 사용된다.
  ㉨ 평가대상이 가지고 있는 이미지를 수량적 처리에 의해 척도화하여 정량적으로 측정하는 방법이다.

ⓩ 상당히, 약간 등 척도의 단계를 결정해야 하며 3단계, 5단계, 7단계, 9단계를 많이 사용한다.
ⓚ 분석으로 만들어지는 이미지 프로필은 각 평가대상마다 각각의 평정척도에 대한 평균값을 구해 그 값을 선으로 연결한 것이다.
ⓣ 설문대상의 수를 증가시킴에 따라 정확도를 더할 수 있으며 그 값은 수치적 데이터로 나오게 된다.
ⓟ 의미공간을 효율적으로 정의하기 위해 그 공간을 대표하는 차원의 수를 최소로 결정할 필요가 있다.

② 의미의 요인분석
㉠ 요인분석(Factor Analysis)
- 의미공간을 최소한의 차원으로 밝혀주는 가장 대표적인 방법이다.
- 여러 변수들 사이의 상관관계를 기초로 하여 정보의 손실을 최소화하면서 자료를 변수의 개수보다 적은 수의 요인으로 설명하는 분석방법이다.
- 변수들을 몇 개의 요인으로 분류하여 변수 내에 존재하는 특성 또는 차원을 발견할 수 있다.

㉡ 오스굿은 요인분석을 통해 의미공간의 대표적인 3가지 구성요인(평가요인, 역능요인, 활동요인)을 밝혀냈다.

(5) 면접법

① 신뢰성이 높은 조사기법이다.
② 조사비용과 시간이 비교적 많이 든다.
③ 조사 목적을 공개하면서 수집하는 방법으로, 응답자의 자유로운 의사표현을 조사자가 기록하는 방법이다.
④ 심층적이고 복잡한 정보의 수집이 가능하다.

(6) 양적 연구방법과 질적 연구방법

① 양적 연구방법
㉠ 척도화, 계량화된 자료로 분석하고 논리적으로 증거를 제시하는 방법이다.
㉡ 인간의 감성이나 내면 문제까지는 표시할 수 없는 단점이 있다.
㉢ 종류로 개별 면접조사법, 전화조사법, 우편조사법이 있다.

② 질적 연구방법
㉠ 양적 연구의 단점을 보완하기 위해 만들어진 방법으로, 연구자의 직관적 통찰과 공감적인 이해가 많이 활용된다.
㉡ 인간의 주체성과 자율성을 존중하고, 인간의 내면적 특성과 복잡하고 역동적인 사회와 문화현상을 심도 있게 파악하는 데 유용하다.
㉢ 심층 면접방법 : 조사자와의 일대일 면접을 통해 소비자의 심리를 파악하는 조사법이다.
㉣ 그룹 토론법(포커스 그룹조사법) : 6~12명 정도의 응답자와 집중적인 대화를 통해 정보를 찾아내는 소비자 면접조사법이다.

(7) 표본조사

① 가장 많이 적용되는 연구방법으로, 모집단을 대표할 수 있는 일부 대상을 표본으로 선정하여 조사하는 방법이다.
※ 전수조사는 모집단 구성원 전체에 대해 조사하는 방법이다.
② 모집단에 대한 정확한 이해가 선행되어야 하며, 편차를 최대한 줄여야 한다.
③ 표본 선정 시 대규모의 모집단에서 소규모의 표본을 뽑아야 한다.
④ 표본의 사례수(크기)는 오차와 관련이 있으며, 적정 표본크기는 허용오차 범위에 의해 달라진다.
⑤ 일반적으로 조사대상의 속성은 다원적이고 복합적이므로 모든 특성을 고려하여 표본을 선정하는 것은 불가능하다.
⑥ 표본의 크기는 대상 변수의 변수도, 연구자가 감내할 수 있는 허용오차의 크기 및 허용오차 범위 내의 오차가 반영된 조사 결과의 확률을 고려하여 결정해야 한다.
⑦ 표본 추출방법
㉠ 다단추출법(2단계 샘플링, Two-stage Sampling) : 전국적인 규모로 조사하여 1차 추출하고, 그중에서 다시 추출하여 조사하는 방법이다.
㉡ 계통추출법(등간격 추출법) : 지그재그 추출법이라고도 한다. 일정 간격으로 10명 또는 5명마다 조사하는 방법이다.

㉢ 국화추출법(층화추출법, Stratified Sampling)
- 상이한 그룹으로 구성되어 있는 경우, 몇 그룹으로 분할한 후 그룹별로 추출률을 정해 조사하는 방법이다.
- 지역적 특성에 따라 소비자의 제품 색채선호 특성 등을 조사할 때 유리하다. 모집단을 미리 임의수의 동질적 집단으로 분류하여 각 층에서 공평하게 표본을 임의추출하는 방법이다.
- 비록 각층으로부터의 표본추출률은 낮더라도, 표본분산이 적으므로 표본조사의 결과로서 모집단의 성질을 추정할 때 그 신뢰성이 높다.

㉣ 무작위추출법(랜덤 샘플링, Random Sampling) : 각 표본에 일련번호를 부여하여 무작위로 추출하는 조사방법으로 '임의추출'이라고도 한다.

㉤ 군집추출법(Cluster Sampling) : 모집단을 소집단(군집)들로 나누고, 일정수의 소집단을 무작위로 표본을 추출한 다음, 추출된 소집단 내의 구성원들을 모두 조사하는 방법이다.

㉥ 판단추출법 : 전문지식을 가진 표본을 임의로 선정하는 방법이다.

㉦ 할당추출법 : 공평하게 모집단의 특성에 따라 표본을 산출하는 방법이다.

(8) 기타 조사방법

① **응용조사** : 시장조사를 위해 구체적 질문을 구성하고, 여러 가지 필요한 정보를 수집한다.

② **이론조사** : 어떠한 사실에 대한 올바른 접근을 위해 주제와 원칙을 정해 놓고 질문을 구성하여 해답을 얻는다.

③ **방법론 조사**

㉠ 서술형을 사용한 이론적이고 학술적인 조사에서 많이 사용한다.

㉡ 설문지, 우편조사 방법은 응답률을 높일 수 있다.

④ **실험법**

㉠ 특정한 효과를 얻거나 비교를 통해 정확한 정보를 얻고자 할 때 사용한다.

㉡ 실험집단과 통제집단의 비교를 통해 측정된다.

⑤ **실사방법**

㉠ 우편조사 : 포괄적인 질문이 가능하며 비용이 적게 드는 반면, 응답회수율과 신뢰도가 낮다.

㉡ 전화조사 : 전화를 통해 조사하는 방법으로 응답률과 신뢰도가 높고 가장 신속하나 비용이 많이 든다.

㉢ 면접조사 : 통제력과 선별력이 높고 융통성이 많은 방법이다. 면접자의 역량이 좌우된다.

> **[정보처리 및 분석]**
> 산술평균, 중앙값, 최빈값, 살포도, 교차분석, 상관관계 분석, SD법, 다변량 분석, 결과분석 등이 있다.

핵심예제

2-1. 표본추출에 대한 설명으로 틀린 것은? [2019년 1회 기사]

① 표본추출은 편의가 없는 조사를 위해 미리 설정된 집단 내에서 뽑아야 한다.
② 일반적으로 큰 표본이 작은 표본보다 정확도는 더 높은 대신 시간과 비용이 증가된다.
③ 일반적으로 조사대상의 속성은 다원적이고 복합하기에 모든 특성을 고려하여 표본을 정하는 것은 불가능하다.
④ 표본의 크기는 대상 변수의 변수도, 연구자가 감내할 수 있는 허용오차의 크기 및 허용오차 범위 내의 오차가 반영된 조사결과 확률을 고려하여 결정해야 한다.

2-2. 색채 시장조사 방법 중 설문지 작성에 관한 내용으로 잘못된 것은? [2016년 3회 기사]

① 설문지 문항 중 개방형 문항은 응답자가 자신의 생각을 자유롭게 응답하는 것이다.
② 설문지 문항 중 폐쇄형은 두 개 이상의 응답 가운데 하나를 선택하도록 하는 것이다.
③ 쉽게 응답할 수 있는 질문을 먼저 구성한다.
④ 각 질문에 여러 개의 내용을 복합적으로 구성한다.

2-3. 색채조사 분석에 많이 사용되는 찰스 오스굿이 고안한 의미 미분법에 관한 설명으로 틀린 것은? [2016년 3회 기사]

① 경관이나 제품, 색, 음향, 감촉 등 여러 가지 대상의 인상을 파악하는 방법으로 많이 사용된다.
② 분석으로 만들어지는 이미지 프로필은 각 평가대상마다 각각의 평정척도에 대한 평가 평균값을 구해 그 값을 선으로 연결한 것이다.
③ 정량적 색채 이미지를 정성적, 객관적으로 측정하는 방법이다.
④ 설문대상의 수를 증가시킴에 따라 정확도를 더할 수 있으며 그 값은 수치적 데이터로 나오게 된다.

2-4. 색채정보 분석방법 중 의미의 요인분석에 해당하는 주요 요인이 아닌 것은? [2018년 2회 기사]

① 평가차원(Evaluation)
② 역능차원(Potency)
③ 활동차원(Activity)
④ 지각차원(Perception)

|해설|

2-1
표본추출은 편의가 없는 조사를 위해 모집단을 대표할 수 있는 일부 대상을 표본으로 선정하며, 모집단에 대한 정확한 이해가 선행되어야 한다.
2-2
설문지는 응답자가 쉽게 응답할 수 있는 질문을 먼저 구성해야 하므로 복합적인 구성은 적합하지 않다.
2-3
③ 정성적 색채 이미지를 정량적, 객관적으로 측정하는 방법이다.
2-4
찰스 오스굿은 요인분석을 통해 의미공간의 대표적인 3가지 구성요인(평가요인, 역능요인, 활동요인)을 밝혀냈다.

정답 2-1 ① 2-2 ④ 2-3 ③ 2-4 ④

핵심 이론 03 통계분석 방법

(1) 요인분석(Factor Analysis)

변수들 간의 상호 연관성(상관관계) 분석을 통해 공통적으로 작용하고 있는 내재된 요인을 추출하여 전체 자료를 대변할 수 있는 변수의 수를 줄이는 기법으로, 모집단에 어떤 인자(원인, 요인)들이 있는지 추출하는 방법을 말한다.

(2) 군집분석(Cluster Analysis)

개인 또는 여러 개체 중에서 유사한 속성을 지닌 대상을 몇 개의 집단으로 그룹화한 다음 각 집단의 성격을 파악함으로써 데이터 전체의 구조에 대해 이해하고자 하는 탐색적인 분석방법이다. 어떤 집단의 요소를 다차원 공간에서 요소의 분포로부터 유사한 것을 모아 군으로 정리하는 것을 말한다.

(3) 회귀분석(Regression Analysis)

독립변수가 종속변수에 미치는 영향력의 크기를 파악하여 독립변수의 특정한 값에 대응하는 종속변수값을 예측하는 선형 모형을 산출하는 방법을 말한다.

(4) 상관분석(Correlation Analysis)

변수들 간의 연관성을 파악하기 위해 사용하는 분석기법 중 하나로, 변수 간의 선형관계 정도를 분석하는 통계기법을 말한다.

(5) 판별분석(Discriminant Analysis)

2개 이상의 모집단으로부터의 표본이 있을 때 각각의 사례에 대하여 어느 모집단에 속해 있는지를 판별하기 위해 실시하는 분석방법이다.

제4절 소비자 행동

핵심 이론 01 소비자 행동의 요인

소비자 행동이란 개인이나 조직이 제품 또는 서비스와 관련해 행동하는 일련의 모든 심리적 의사결정 과정을 의미한다. 소비자 행동은 정보수집자, 영향력 행사자, 의사결정자, 구매자, 사용자 등을 포함한 의사결정 단위를 가진다.

(1) 외적·환경적 요인

① 외부적 요인

㉠ 소비자의 평균수명이 연장되고 있다.

㉡ 여성의 사회참여 기회가 확대되고 있다.

㉢ 여가시간이 증가하고 있다.

㉣ 소비자의 소득과 수입이 점진적으로 증가하고 있다.

㉤ 인터넷을 이용한 구매가 늘고 있다.

② 문화적 요인 : 소속되어 있는 문화환경이나 사회계급의 영향을 받는다.

㉠ 사회계급(Social Class) : 계층이나 지위, 경제적 지표, 교육, 직업, 소득, 재산 등에 의해 분류된 인간의 집단으로 구매활동에 영향을 미친다.

㉡ 하위문화(Sub Culture)

- 사회 전반적인 구성원과는 다른 이질적 사고방식, 행동양식, 생활관습, 종교 등을 지닌 집단이 공유하는 문화이다.
- 상당한 규모의 크기를 이루는 경우가 많고, 시장 세분화 전략을 활용하기 위해 하위문화를 면밀히 분석해야 한다.

③ 사회적 요인 : 가족, 회사 등 집단의 영향을 받는다.

㉠ 준거집단(Reference Group) : 비교적 크게 개인의 의사나 행동에 영향을 미치는 집단이다.

㉡ 대면집단(Face to Face Group) : 개인의 취향이나 의견에 직접적 영향을 미친다.

㉢ 가족(Family) : 가족 중 누가 구매를 하느냐가 관건이다.

(2) 내적·심리적 요인

① 개인적 요인

㉠ 나이와 생활주기 : 소비자 개인의 나이와 가족 생활주기를 고려한다.

㉡ 직업과 경제적 상황 : 교육 및 소득과 더불어 소비자 사회계층을 결정짓는 요소로, 구매에 영향을 미친다.

㉢ 개성과 자아개념 : 개성에 따라 상품, 상표의 상관관계를 지니므로 개성 분류는 소비자 행동을 분석하는 데 유용한 자료가 된다.

② 심리적 요인 : 상황에 따른 심리와 지각상태에 영향을 받는다.

㉠ 동기유발 : 특별한 원인이나 계기로 인하여 어떤 일이나 행동을 하게 되거나, 그러한 마음을 먹게 되는 내적 과정으로 개인의 만족을 위해 자신들의 노력과 열정을 쏟게 된다.

㉡ 지각 : 감각기관을 통해 관념과 연결시키는 심리적 과정이다.

㉢ 학습 : 배워서 익히는 경험에서 나오는 개인의 행동 변화이며, 다양한 경험의 반복으로 이루어진다.

㉣ 신념과 태도 : 사람들이 가지고 있는 평가, 감정 및 행동경향 등을 말한다.

> **[인지 부조화]**
> 우리의 신념 간에 또는 신념과 실제로 보는 것 간에 불일치나 비일관성이 있을 때 생기는 것으로, 구매 전 믿는 것과 구매 후 실제로 내 손 안에 들어와 보는 것 간의 차이로 인한 불안감 및 불편감을 느끼는 현상을 말한다.
> 출처 : 곽호완, 「실험심리학 용어사전」, (주)시그마프레스, 2008.

(3) 매슬로의 욕구단계

① 매슬로(Maslow)는 인간의 행동은 필요와 욕구에 의해 동기가 유발된다고 주장하였다. 인간의 동기에는 단계가 있어서 각 욕구는 하위단계의 욕구들이 어느 정도 충족되었을 때 비로소 지배적인 욕구로 등장하게 되며 점차 상위단계로 나아간다고 주장하였다.

② 욕구 5단계

㉠ 1단계 생리적 욕구 : 의식주와 관련한 인간의 가장 원초적인 욕구

㉡ 2단계 안전의 욕구 : 지속적으로 생활 속에서 안전을 추구하는 안전 욕구

㉢ 3단계 소속감과 사랑의 욕구 : 사회구성원으로서의 역할을 통해 인정받고자 하는 욕구

㉣ 4단계 존중의 욕구 : 타인에게 인정받고 싶은 권력에 대한 욕구로 개인의 존경 취득의 욕구, 자존심, 인식, 지위 등

㉤ 5단계 자아실현의 욕구 : 고차원적인 자기만족의 단계로 자아개발의 실현단계

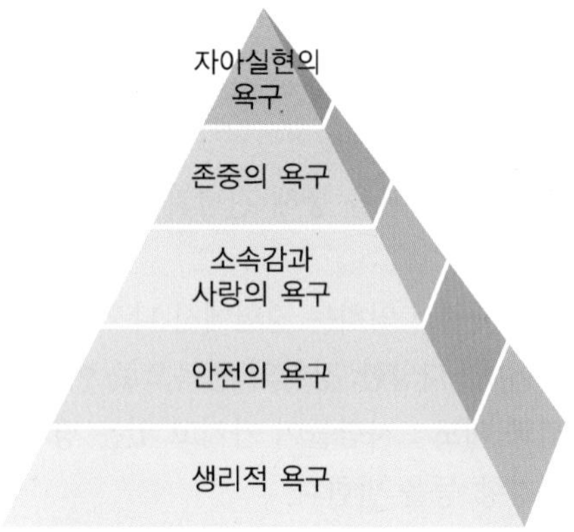

[매슬로(Maslow)의 인간의 욕구 5단계]

핵심예제

1-1. 소비자 행동은 외적·환경적 요인과 내적·심리적 요인에 영향을 받는다. 다음 중 소비자의 내적·심리적 영향 요인이 아닌 것은? [2017년 2회 기사]

① 경험, 지식　② 개 성
③ 동 기　④ 준거집단

1-2. 소비자가 구매 후 자신의 선택에 대하여 불안감을 느끼는 것은? [2018년 2회 기사]

① 상표 충성도　② 인지 부조화
③ 내적 탐색　④ 외적 탐색

1-3. 매슬로(Maslow)의 인간의 욕구단계에 관한 설명으로 틀린 것은? [2019년 1회 산업기사]

① 자아실현 욕구 – 자아개발의 실현
② 생리적 욕구 – 배고픔, 갈증
③ 사회적 욕구 – 자존심, 인식, 지위
④ 안전 욕구 – 안전, 보호

|해설|

1-1
준거집단은 사회적 요인, 외적·환경적 요인에 해당된다.

1-2
인지 부조화란 개인이 가진 신념, 생각, 태도와 행동 사이의 부조화가 유발하는 심리적 불편함을 해소하기 위한 태도나 행동의 변화를 말한다. 우리는 자신에 대해 일관된 생각과 느낌, 태도를 가지기를 원한다. 그러나 종종 우리의 의사결정이나 행동은 자신의 태도에 대한 일관성을 해치고 부조화를 유발한다. 이런 이유로 소비자가 구매 후 자신의 선택에 대하여 불안감을 느끼는 것이다.

1-3
존경취득 욕구는 타인에게 인정받고 싶은 권력에 대한 욕구로, 자존심, 인식, 지위 등과 관련있다. 사회적 욕구는 사회구성원으로서의 역할을 통해 인정받고자 하는 욕구에 해당된다.

정답 1-1 ④ 1-2 ② 1-3 ③

핵심 이론 02 소비자 생활유형(Life Style)

(1) 소비자 생활유형의 의의

① 소비자의 생활유형은 그 특성에 따라 특정 문화나 집단의 생활양식을 표현하는 구성요소와 관계가 깊다. 소비자가 어떤 방식으로 시간과 재화를 사용하면서 세상을 살아가는가에 대한 선택의 의미이다.

② 소비자 라이프스타일에 따라서 내추럴(Natural), 댄디(Dandy), 엘레강트(Elegant) 등의 용어로 구분되기도 한다.

③ 생활유형은 소비자의 가치관을 반영하므로 소비자 행동을 결정하는 중요한 지표가 된다. 라이프스타일에 따른 소비자 시장의 연구는 소비자가 어떤 활동, 관심, 의견을 가지고 있는가를 중심으로 이루어진다.

④ 경제적 원칙에 부합되는 요소이다. 라이프스타일은 소득, 직장, 가족수, 지역, 생활주기 등을 기초로 분석된다.

㉠ 엥겔, 블랙웰, 콜랏(Engel, Blackwell & Kollat)은 라이프스타일은 '사람이 살아가는 방식이며, 생활의 유형 혹은 시간과 돈을 소비하는 유형'이라고 하였다.

㉡ 윌리엄 레이저(William Lazer)는 라이프스타일이란 '사회 전체 또는 사회 일부 계층의 차별적이고 특정적인 생활양식'이라고 하였다.

(2) 소비자 유형과 특징

① **관습적 집단** : 유명한 특정 상품에 대한 선호도가 높아서 재구매율이 높은 집단

② **합리적 집단** : 구매동기가 합리적인 집단

③ **감성적 집단** : 유행에 민감하여 개성이 강한 제품의 구매도가 높은 집단으로 체면과 이미지를 중시

④ **가격 중심 집단** : 경제적인 측면만으로 고려하는 집단

⑤ **유동적 집단** : 충동구매가 강한 집단

⑥ **신소비집단** : 젊은 층의 성향으로 뚜렷한 구매 형태가 없는 집단

(3) 소비자 집단별 행동분석

① **트레저 헌터(Treasure Hunter)** : 보물을 찾듯이 진취적이고 적극적으로 상품을 발굴하는 소비자 집단

② **크리슈머(Cresumer)** : 크리에이티브(Creative, 창조적인)와 컨슈머(Consumer, 소비자)의 합성어로 창조적인 소비자를 의미한다. 주어진 제품을 사는 것에 만족하지 않고 다양한 경로로 기업의 제품 개발, 디자인, 판매 등에 적극 개입하는 소비자 집단을 말한다.

③ **몰링족(Malling)** : 대형 복합쇼핑몰에서 쇼핑, 놀이, 공연, 교육 등을 원스톱(One-Stop)으로 해결한다는 뜻으로 몰링(Malling)을 즐기는 새로운 소비계층을 일컫는 말이다.

④ **마이크로미디어 소비자(Micro Media Consumer)** : 온라인상에서 인스타그램, 브이로그, 블로그, 카페, 유튜브 등을 통해 공유하는 소비자를 말한다.

⑤ **준거집단(Reference Group)** : 소비자의 제품 및 색채 선택에 가장 큰 영향을 미치는 집단을 말한다. 즉, 소비자의 행동에 직접 영향을 미치는 사회적 요인 중 하나로 개인의 태도나 의견, 가치관에 영향을 미치는 집단을 의미한다.

(4) 소비자 생활유형별 색채반응

① **컬러 포워드(Color Forward)** : 색에 민감하여 최신 유행색에 관심이 많으며 적극적인 구매활동을 한다.

② **컬러 프루던트(Color Prudent)** : 신중하게 색을 선택하고 트렌드를 따르며 충동적으로 소비하지 않는다. 색채의 다양성과 변화를 거부하지 않지만 주도적으로 변화를 이끌어내지는 않는다.

③ **퍼퓰러 유즈(Popular Use)** : 집단이 선호하는 색에 따라 구매활동을 하는 소비자를 말한다.

④ **컨슈머 유즈(Consumer Use)** : 개인 기호에 따른 색이나 디자인을 선택하는 소비자를 말한다.

⑤ **템퍼러리 플레저 컬러(Temporary Pleasure Colors)** : 개인의 일시적인 호감에 따라 색이나 디자인을 선택하는 소비자를 말한다.

⑥ **컬러 로열(Color Loyal)** : 항상 동일한 색을 고집하고 변화를 거부하며 최신 유행에 흔들리지 않는 소비자를 말한다.

 **핵심예제**

2-1. 색채 마케팅 전략에서 소비자의 활동 · 관심 · 의견 등을 인구통계학적 차원을 기초로 분석하여 유형별로 구분하는 방법은?

[2016년 2회 기사]

① 소비자 구매행동 분석
② 라이프스타일 분석
③ 색채 이미지 분석
④ 소비자 선호도 조사

2-2. 다음의 ( ) 안에 공통적으로 들어갈 용어는?

[2017년 2회 기사]

> ( )(이)란 소비자가 어떤 방식으로 시간과 재화를 사용하면서 세상을 살아가는가에 대한 선택을 의미한다. ( )에 따라서 소비자들은 내추럴(Natural), 댄디(Dandy), 엘레강트(Elegant) 등의 용어로 구분되기도 한다.

① 소비 유형
② 소비자 행동
③ 라이프스타일
④ 문화체험

|해설|

2-1
소비자의 라이프스타일은 소비자의 가치관을 반영하므로 소비자 행동을 결정하는 중요한 지표가 된다. 라이프스타일에 따른 소비자 시장의 연구는 소비자가 어떤 활동, 관심, 의견을 가지고 있는가를 중심으로 이루어진다. 또한 경제적 원칙에 부합되는 요소이다. 라이프스타일은 소득, 직장, 가족수, 지역, 생활주기 등을 기초로 분석된다.

정답 2-1 ② 2-2 ③

핵심 이론 03 소비자 생활유형 측정

(1) 소비자 생활유형 측정법

① **일차원적 선호성 척도** : 가장 간단하고 총체적인 방법으로 하나의 브랜드를 평가하는 것이다.

② **비교척도** : 비교대상에 대하여 순위를 부여하는 순위서열 척도와 측정대상을 두 개씩 선정하여 비교하는 쌍대비교 척도법이 있다.

※ 쌍대비교척도법이란 범주형 자료의 행범주와 열범주에 적절한 수량을 부여하여 자료의 구조를 파악하는 탐색적 자료 분석방법을 뜻한다.

③ **다차원 척도** : 여러 대상 간의 객관적 또는 주관적 관계에 관한 수치적 자료들을 처리하여 다차원 공간상에서 그 대상들을 위치적으로 표시하는 일련의 통계기법을 말한다.

> **[소비자 생활유형 조사 목적]**
> • 소비자의 가치관
> • 소비 형태
> • 소비자의 행동 특성

(2) 사이코 그래픽스(Psychographics)

① 소비자의 심리나 정신을 나타내는 '사이코(Psycho)'와 윤곽, 도식, 묘사를 나타내는 '그래픽(Graphic)'을 합친 개념으로 소비자 라이프스타일을 분석함으로써 소비자의 생활양식을 평가하기 위해 사용된다.

② **AIO법(소비자 생활유형 측정법, 심리도법)** : 판매를 촉진시키는 광고의 효과적 집행을 위해 소비자의 구매심리 과정을 파악할 수 있는 방법으로, 소비자 활동(Activities), 흥미(Interest), 의견(Opinions) 등을 측정한다.

③ **VALS법(Values And Life Styles)**

㉠ 스탠포드 연구기관(SRI ; Stanford Research Institute)에서 개발된 VALS는 가치(Value)와 라이프스타일(Lifestyle)의 머리글자를 딴 약어로, 인구통계적인 자료나 소비통계뿐만 아니라 시장 세분화를 위한 생활유형 연구에 많이 쓰이며, 미국인을 기준으로 하였다.

㉡ 분 류

• 욕구 지향적 소비자 집단(Need Driven Consumers) : 기본적 욕구에 의해서 소비자 행동이 나타나는 집단이다(생존자형, 생계유지형).

• 외부 지향적 소비자 집단(Outer Directed Consumers) : 시장에서 가장 높은 비중을 차지하며, 다른 사람들을 의식해서 구매하는 소비자 집단이다(소속지향형, 경쟁지향형, 성취자형).
• 내부 지향적 소비자 집단(Inner Directed Consumers) : 독자적으로 행동하는 소비자이다(개인주의형, 경험지향형, 사회사업가형).
• 통합적 소비자 집단(Integrated Consumers) : 극히 적은 비중을 차지하며, 내부 지향적인 면과 외부 지향적인 면을 혼합해서 행동하는 성숙하고 균형 있는 인격을 가진 소비자 집단이다(종합형).

핵심예제

3-1. 소비자의 컬러 소비 형태를 조사하고자 한다. 시장 세분화를 위한 생활유형 연구를 중심으로 연구하고자 할 때 적합한 연구방법은? [2018년 2회 기사]

① AIO법　② SWOT법
③ VALS법　④ AIDMA법

3-2. 색채 마케팅 전략을 수립하는 데 있어서 생활유형(Life Style)이 대두된 이유가 아닌 것은? [2019년 1회 기사]

① 물적 충실, 경제적 효용의 중시
② 소비자 마케팅에서 생활자 마케팅으로의 전환
③ 기업과 소비자 간의 커뮤니케이션 장애 제거의 필요성
④ 새로운 시장 세분화(Market Segmentation) 기준으로서의 생활유형이 필요

|해설|

3-1
① AIO법 : 판매를 촉진시키는 광고의 효과적 집행을 위해 소비자의 구매심리 과정을 파악할 수 있는 방법으로 활동(Activities), 흥미(Interest), 의견(Opinions) 등을 측정하는 방법이다.
② SWOT법 : 기업의 환경분석을 통해 강점(Strength)과 약점(Weakness), 기회(Opportunity)와 위협(Threat)요인을 규정하고, 이를 토대로 기업의 색채 마케팅 전략을 수립하는 분석기법이다.
④ AIDMA법 : 1920년대 미국의 경제학자 롤랜드 홀(Rolland Hall)이 발표한 구매행동 마케팅 이론이다.

3-2
경제 발전으로 인해 사회구조, 소비자의 가치관은 변화하고 있다.

정답 3-1 ③ 3-2 ①

핵심 이론 04 소비자 구매의사 결정

(1) 구매의사 결정

① 소비자가 구매를 할 때 거치는 결정과정은 총 6단계로 문제인식, 정보탐색, 대안평가, 의사결정, 구매, 구매 후 평가로 구성된다.
② 구매 결정과정에 영향을 미치는 요인
　㉠ 주요 요인 : 구매의 중요성, 대체상품의 존재 여부, 개성
　㉡ 구매 결정에 필요한 정보 : 내적 탐색 → 외적 추가 탐색
　㉢ 특정 상품의 구매는 다른 요인에 의해서도 영향을 받지만 점포의 특성과도 밀접한 관계가 있다.
③ 소비자 의사결정단계 : 문제인식 → 정보탐색 → 대안평가 → 의사결정 → 구매 → 구매 후 평가

(2) 소비자의 구매과정

아이드마(AIDMA)의 법칙은 1920년대 미국의 경제학자 롤랜드 홀(Rolland Hall)이 발표한 구매행동 마케팅 이론이다. 소비자의 구매 심리과정의 약자를 따서 이름 붙였다.

① A(Attention, 주의) : 신제품의 출현으로 소비자의 주목을 끌어야 한다. 제품의 우수성, 디자인, 여러 가지 서비스에 따라 결정된다.
② I(Interest, 흥미) : 타 제품과의 차별화로 소비자의 흥미를 유발해야 한다. 색채가 좋은 요소가 된다.
③ D(Desire, 욕구) : 제품 구입으로 인해 얻어지는 이익이나 편리함으로 제품을 구입하고자 하는 욕구가 생기는 단계이다. 색채의 연상이나 기억의 상징 등을 활용한다.
④ M(Memory, 기억) : 소비자의 구매의욕이 최고치에 달하는 시점으로, 제품의 광고나 정보 등을 기억하고 심리적 작용으로 구매를 결정하는 단계이다. 색채디자인과 광고의 효과가 가장 크게 영향을 미친다.
⑤ A(Action, 행위) : 소비자가 직접 구입하는 행동을 취하는 단계이다.

(3) 신제품 수용에 대한 소비자 형태

로저스(Rogers)는 소비자가 신제품을 수용할 때 인지, 관심, 평가, 시용, 수용의 5단계를 거친다고 제시하였다. 그는 이를 구체화하여 소비자들의 제품 수용 속도에 따라 소비자를 혁신층, 조기 수용층, 조기 다수층, 후기 다수층, 추종적 수용층의 5개의 집단으로 분류하여 정규분포 곡선상에 제시하였다.

① 혁신층

㉠ 혁신층은 제일 먼저 신제품을 수용하는 사람들의 집단이며, 수적으로는 많지 않다.

㉡ 전체 시장의 2.5%를 차지하며, 모험심이 강하고 남보다 앞서 새로운 것을 받아들이는 계층이다.

㉢ 후기 다수층에 비해 젊고, 사회적 신분이 높은 편이고 수입면에서도 좋은 위치에 있으며, 보통 폭넓은 사교관계를 가지고 있다.

㉣ 인적 판매나 구전 광고보다는 비대인적 정보원에 의존하는 경향이 많으며, 홍보가 가장 유효한 설득 커뮤니케이션 수단이 되고 광고도 일부 사용되지만 판매촉진전략은 사용되지 않는다.

② 조기 수용층

㉠ 그 사회에서 여론 주도자로서의 직위를 향유하며, 새로운 아이디어를 조기에 선별적으로 수용한다.

㉡ 전체 시장의 13.5%를 차지하며, 지역사회에서 존경받는 집단으로 오피니언 리더가 많다.

㉢ 신제품의 수용을 촉진하기 위해서는 동료집단의 가장 가까운 준 거리 집단이 되는 이들을 잡아야 한다.

㉣ 인적 판매가 가장 효과적이며 홍보와 광고는 오피니언 리더에게 중요한 정보원이다.

㉤ 전시, 팸플릿, 카탈로그와 같은 판촉물이 효과적이다. 따라서 혁신층과 이들 조기 수용자층에 맞는 광고전략이 수립되어야 조기 다수층과 후기 다수층의 신제품 수용에 파급영향을 미칠 수 있다.

③ 조기 다수층

㉠ 신중하지만, 보통 사람들보다는 먼저 신제품을 수용한다.

㉡ 전체 시장의 34%를 차지하며, 후기 다수층과 함께 가장 많은 부분을 차지한다.

㉢ 커뮤니케이션 수단으로 매체를 통한 광고에 의존하는 경향이 높으며 구전광고와 구매시점 광고물이 효과적이다.

④ 후기 다수층

㉠ 회의주의자들일 경우가 많고 신제품의 효용이 입증되지 않는 한 결코 수용하지 않는다.

㉡ 경제적인 필요성이나 동료집단에서 느끼는 사회적인 압력에 의해서만 새로운 것을 수용하는 비교적 회의적 집단이다.

㉢ 이들은 조기 수용층이나 조기 다수층에게서 정보를 추구하며 광고와 인적 판매, 홍보 등에서 큰 효과를 기대하기 어렵다. 오히려 샘플링이나 쿠폰, 가격 인하 등의 판매 촉진수단이 유용하다.

⑤ 추종적 수용층

㉠ 남들이 다 구매한 뒤 신제품을 수용하는 보수적인 사람들이다.

㉡ 전통 지향적인 소비자들로 최종적으로 신제품을 수용하며 신제품에 대한 의혹을 가진 사람들이다.

㉢ 추종적 수용층이 신제품을 수용할 때 혁신층에서는 이미 다른 새로운 것을 추구하고 있어 유행에 뒤쳐지는 계층이다.

㉣ 노인층, 사회경제적 지위가 낮은 계층이 이에 속한다. 이들은 대체로 어떠한 판매촉진 수단도 받아들이려 하지 않기 때문에 투자가치가 떨어진다.

 **핵심예제**

AIDMA 법칙에 의한 소비자 구매심리 과정 중 신제품, 특정 상품 등이 시장에 출현하게 되면 디자인과 색채에 시선이 끌리면서 관찰하게 되는 시기는? [2016년 3회 기사]

① Attention
② Interest
③ Desire
④ Action

|해설|

AIDMA 법칙
- A(Attention, 주의) : 신제품의 출현으로 소비자의 주목을 끌어야 한다.
- I(Interest, 흥미) : 타 제품과의 차별화로 소비자의 흥미를 유발해야 한다.
- D(Desire, 욕구) : 제품 구입으로 인해 얻어지는 이익이나 편리함으로 제품을 구입하고자 하는 욕구가 생기는 단계이다.
- M(Memory, 기억) : 제품의 광고나 정보 등을 기억하고 심리적 작용으로 구매를 결정하는 단계이다.
- A(Action, 행위) : 소비자가 직접 구입하는 행동을 취하는 단계이다.

정답 ①

제5절 유행색

핵심이론 01 유행색 수집 및 전문기관

(1) 정보 및 유행색 수집

① 유행 예측색은 색채전문가들에 의해 예측되는 색으로, 일정 기간 동안 사람들이 선호한 색이다.
② 유행색은 일정 기간을 가지고 반복되는 특성이 있다.
③ 특정한 사회적, 경제적 사건이 있을 시 예외적인 색이 유행하기도 한다.
④ 유행색을 특징짓는 것은 발생, 성장, 성숙, 쇠퇴의 사이클을 갖는 유동성이다.
⑤ 유행색 관련기관에 의해 시즌 2년 전에 제안된다.
⑥ 패션산업은 유행색에 가장 민감한 분야이다.
⑦ 유행색의 심리적 발생요인으로 변화 욕구, 동조화 욕구, 개별화 욕구가 있다.

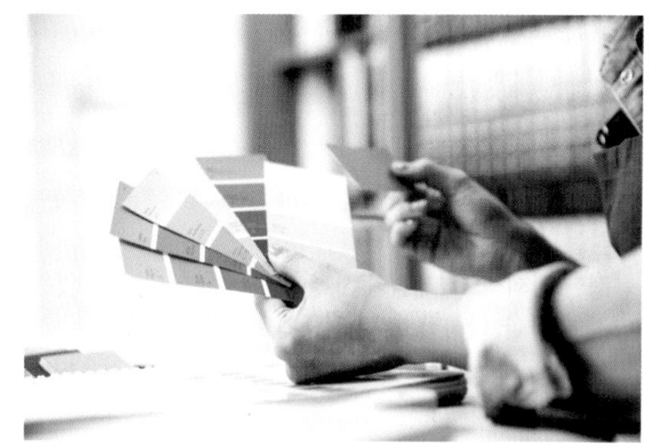

[색채 방향 분석]

(2) 유행색의 전문기관

① JAFCA(일본), CMG(미국), KOREA(대한민국), INTER-COS(이탈리아), CAUS(미국), INTER-COLOR(국제유행색협회), BASF, MERCK, DUPONT 등 안료회사가 있다.
② INTER-COLOR(국제유행색협회)는 1963년 설립되었으며, 매년 1월과 7월 말에 협의회를 개최하여 S/S와 F/W의 2분기로 나누어 시즌 2년 후의 색채 방향을 분석하여 제안하고 있다.

(3) 유행색의 종류

① 유행 예측색(Forecast Color) : 유행이 예측되는 색
② 스탠더드 컬러(Standard Color) : 기본색으로 받아들여진 색채
③ 전위색(Trial Color) : 유행의 징조를 보이는 색
④ 화제색(Topic Color) : 주목을 받지만 지극히 소수인 색
⑤ 트렌드 컬러(Trend Color) : 유행의 경향을 상징하는 색

핵심예제

1-1. 유행색에 대한 설명 중 틀린 것은? [2016년 2회 산업기사]

① 어떤 계절이나 일정 기간 동안 특별히 많은 사람에 의해 입혀지고, 선호도가 높은 색이다.
② 유행색은 선호되는 기간과 속도가 일정하지 않다.
③ 패션산업에서는 실 시즌의 약 2년 전에 유행 예측색이 제안되고 있다.
④ 한국유행색협회는 국제유행색위원회와 무관하게 국내활동에만 국한되어 있다.

1-2. 유행색의 속성에 대한 설명으로 옳은 것은? [2017년 2회 산업기사]

① 일정 계절이나 기간 동안 특별히 많은 사람들이 선호하여 사용하는 색
② 특정한 사회적, 경제적인 사건에 많은 영향을 받지 않는 색
③ 일정 기간만 나타나고 주기를 갖지 않는 색
④ 패션, 자동차, 인테리어 분야에 동일하게 모두 적용되는 색

1-3. 패션 디자인 분야에 활용되는 유행 예측색은 실 시즌보다 어느 정도 앞서 제안되는가? [2019년 2회 산업기사]

① 6개월 ② 12개월
③ 18개월 ④ 24개월

1-4. 국제유행색위원회(International Commission for Fashion and Textile Colors)에 대한 설명으로 틀린 것은? [2015년 1회 산업기사]

① 1963년에 설립되었다.
② 3년 후의 색채 방향을 분석하고 제안한다.
③ S/S, F/W의 두 분기로 유행색을 예측・제안한다.
④ 매년 6월과 12월에 인터컬러 회의를 개최한다.

1-5. 유행색의 심리적 발생요인이 아닌 것은? [2015년 2회 기사]

① 안전 욕구
② 변화 욕구
③ 동조화 욕구
④ 개별화 욕구

|해설|

1-1
한국유행색협회는 국제유행색위원회에서 매해 약 2년 전의 유행색을 제안해 오고 있어서 매우 밀접한 관계가 있다.

1-2
유행색
- 일정 기간을 가지고 반복되는 특성이 있다.
- 특정한 사회적, 경제적 사건이 있을 시 예외적인 색이 유행하기도 한다.
- 유행색 관련기관에 의해 시즌 2년 전에 제안된다.
- 패션산업은 유행색에 가장 민감한 분야이다.

1-3
패션 디자인 분야에 활용되는 유행 예측색은 유행색 관련기관에 의해 시즌 2년(24개월) 전에 제안된다.

1-4
국제유행색위원회는 1963년 설립되었으며 매년 1월과 7월 말에 협의회를 개최하여 S/S와 F/W의 2분기로 나누어 시즌 2년 후의 색채 방향을 분석하고 있다.

1-5
유행색은 특정 계절이나 기간 동안 많은 사람들이 선호하는 색으로, 일정 기간을 두고 주기적으로 반복되는 특성이 있다. 이러한 반복은 변화, 동조화, 개별화 욕구 등이 이유가 될 수 있다.

정답 1-1 ④ 1-2 ① 1-3 ④ 1-4 ② 1-5 ①

컬러리스트기사 · 산업기사

색채디자인

01 디자인 개요

핵심 이론 01 디자인의 정의 및 목적

(1) 디자인의 정의

① 어 원

㉠ 데생(Dessein) : 프랑스어로 '목적', '계획'의 의미이다.

㉡ 디세뇨(Disegno) : 이탈리아어로 '목적'의 의미이다.

㉢ 데시그나레(Designare) : 라틴어로 '지시하다(To make out)', '계획을 세우다', '스케치를 하다'의 의미이다. → 영어 동사 'Design'

② 어떤 구상이나 작업계획을 구체적으로 나타내는 과정이다.

③ 인간 생활의 목적에 맞고 실용적이면서도 미적인 조형활동을 실현하고 창조해 가는 과정을 말한다. 따라서 디자인에서 가장 기본이 되는 개념은 심미적인 측면과 실용적인 가치를 계획하는 합목적성이라고 할 수 있다.

④ 모든 조형활동에 대한 계획, 의장, 도안, 밑그림, 설계, 구상, 착상 등 넓은 의미의 조형활동을 말한다.

⑤ 디자인은 순수미술의 주관적인 가치라기보다는 수용하는 사람들의 객관적인 가치이다. 아름다움을 추구하고자 하는 인간의 조형적 활동인 디자인은 인간 생활의 목적에 알맞게 실용적이고도 시각적으로도 아름다워야 좋은 디자인으로 평가받을 수 있다.

(2) 디자인의 목적

① 미적인 것과 기능적인 것의 조화를 통해 인간의 근본적인 생활을 보다 더 윤택하게 하고, 편리함과 아름다움을 실현하여 제품으로 통합하는 것이다.

② 루이스 설리번(Louis Sullivan)은 "형태는 기능을 따른다."라고 주장하면서 기능에 충실하면 저절로 아름다움이 실현된다는 것을 강조하였다. 즉, 우선되어야 하는 것은 기능이며, 건축의 미는 이러한 모든 기능이 만족스럽게 해결되었을 때 자연스럽게 수반되는 것이라고 여겼다. 이는 불필요한 형태, 형태를 위한 형태를 배제하자는 사고가 바탕이 된다.

③ 빅터 파파넥(Victor Papanek)은 "디자인은 가장 강력한 도구이며, 그것을 통하여 인간은 다른 도구와 환경을 구체화한다."라고 하며 형태와 기능, 미적인 것과 기능적인 것에 대한 개념을 복합기능(Function Complex)에 연결시켜 설명하였다. 또한 방법, 용도, 필요성, 텔레시스, 연상, 미학이라는 6가지 요소로 복합기능을 정의하였다.

[빅터 파파넥의 복합기능 요소]

구분	내용
방법 (Method)	재료와 도구, 공정의 상호과정을 말하며 이것들을 유효 적절하게 사용하는 것을 의미한다.
용도 (Use)	도구의 용도가 다르게 때문에 용도에 적합하게 사용하는 것을 말한다.
필요성 (Need)	일시적 유행과는 거리가 있고, 경제적 · 심리적 · 정신적 · 기술적 · 지적 요구가 복합된 디자인이 필요하다.
텔레시스 (Telesis)	특수한 목적을 달성하기 위해 자연과 사회의 변천 작용에 대해 계획적이고 의도적으로 실용화하는 것을 말한다.
연상 (Association)	인간이 지닌 보편적인 것이며 인간의 욕망과 관계되어 있다.
미학 (Aesthetics)	디자이너가 가진 가장 중요한 것으로서 형태나 색의 아름다움을 실체화한다. 또한 우리를 흥미롭고 기쁘게 하여 감동시켜 의미 있는 실체로 만들어 주는 것이다.

 핵심예제

1-1. 디자인의 개념을 설명한 것으로 거리가 먼 것은?

[2019년 1회 기사]

① 디자인은 생활의 예술이다.
② 디자인은 일부 사물과 일정한 범위 안의 시스템과 관계된다.
③ 디자인은 커뮤니케이션의 수단이다.
④ 디자인은 미지의 세계로부터 새로운 가치를 추구하는 것이다.

1-2. 디자인의 라틴어 어원인 데시나레(Designare)의 의미와 관련이 없는 것은? [2019년 1회 산업기사]

① 지시한다.
② 계획을 세운다.
③ 스케치한다.
④ 본을 뜨다.

1-3. 빅터 파파넥의 복합기능 중 보편적인 것이며 인간의 마음속 깊이 자리 잡고 있는 충동과 욕망에 관계되는 것은?

[2019년 2회 산업기사]

① 방법(Method)
② 필요성(Need)
③ 텔레시스(Telesis)
④ 연상(Association)

|해설|

1-1
디자인은 주어진 목적을 달성하기 위하여 여러 조형요소 가운데 의도적으로 택한 것들의 구성으로, 합리적이며 유기적인 통일을 얻기 위한 창조적 활동이며 그 결과의 실현이다. 그러므로 일부 사물이 아닌 우리가 머릿속에서 무엇인가를 기획하고 구상하는 정신적인 행위까지 디자인이라고 볼 수 있다.

1-2
디자인(Design)의 어원인 라틴어 데시그나레(Designare)는 지시, 계획하다, 스케치하다의 의미를 가지고 있다.

1-3
① 방법(Method) : 재료와 도구, 공정의 상호과정을 말하며 이들을 유효 적절하게 사용하는 것을 의미한다.
② 필요성(Need) : 일시적 유행과는 거리가 있고, 경제적・심리적・정신적・기술적・지적 요구가 복합된 디자인이 필요하다.
③ 텔레시스(Telesis) : 특수한 목적을 달성하기 위해 자연과 사회의 변천작용에 대해 계획적이고 의도적으로 실용화하는 것을 말한다.

정답 1-1 ② 1-2 ④ 1-3 ④

핵심 이론 02 디자인의 방법

(1) 디자인의 방법

① 어떤 대상을 어떻게 표현해 나갈 것인가와 같은 명확한 콘셉트에서부터 최종적으로 디자인이 완성되기까지 디자인을 효과적으로 수행하기 위한 제작의 과정을 총괄하여 지칭하는 말이다.
② 어떤 마케팅 방법을 택하는지에 따라 매우 다른 결과가 나타날 수 있으므로 디자인의 각 파트마다 어떤 디자인 프로세스를 채택할지 신중하게 결정해야 한다.

(2) 디자인의 과정

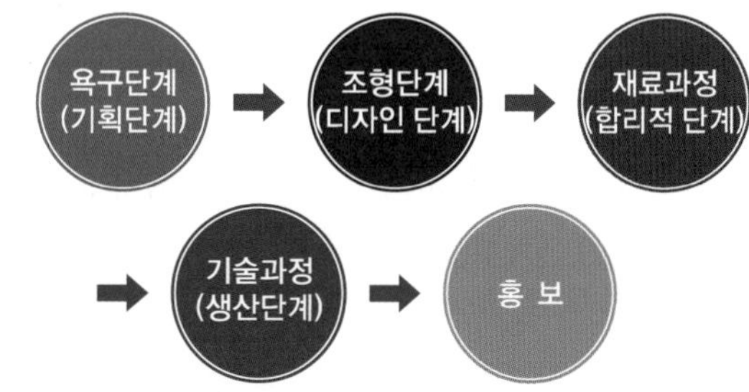

① 욕구단계(기획단계)
  ㉠ 색채디자인을 할 대상의 기획을 하는 단계
  ㉡ 시장조사 단계
  ㉢ 소비자 조사단계
② 조형단계(디자인 단계)
  ㉠ 색채 분석 및 색채계획서 작성단계
  ㉡ 색채디자인 단계
  ㉢ 주조색, 보조색, 강조색 결정(7 : 2 : 1)
③ 재료과정(합리적 단계)
  ㉠ 소재와 재질 결정
  ㉡ 제품 계열별 분류 및 체계화 단계
④ 기술과정(생산단계)
  ㉠ 시제품 제작단계
  ㉡ 평가(품평회)단계
  ㉢ 생산단계
⑤ 홍 보
  ㉠ 홍보단계
  ㉡ 마케팅 믹스 실시단계

(3) 디자인 설계도의 종류

① 시방서(Specification) : 설계도 보완을 위해 작업 순서와 방법, 마감의 정도, 제품 규격, 품질 등을 명시하여 표시하는 것을 말한다. 다른 말로 사양서(仕樣書)라고도 하며 도면과 함께 설계의 중요한 부분을 이룬다.

② 견적서(Estimate) : 어떤 일을 하는 데 필요한 비용 따위를 계산하여 구체적으로 적은 서류로, 추산서(推算書)로 순화되었다.

③ 평면도(Plane Figure) : 투영법(投影法)에 의하여 입체를 수평면상에 투영하여 그린 도형을 말한다. 입체를 평면상에 나타내는 경우 일반적으로 평면도와 입면도로 나타낸다. 복잡한 입체의 경우에는 제3의 평면에 투영한 측면도를 함께 표시하는 경우도 있다.

④ 설명도(Diagram) : 제작물의 구조, 기능 따위를 설명하기 위한 도면이다. 필요한 부분을 굵은 선으로 나타내거나 색칠하여 두드러지게 그린다.

⑤ 모델링(Modeling) : 색채계획 및 디자인 프로세스에서 계획된 색채로 착색된 모형이나 시뮬레이션을 통해 의뢰인과 검토하는 과정을 말한다.

핵심예제

2-1. 디자인 과정에서 사용자의 필요성에 의해 디자인을 생각해 내고, 재료나 제작방법 등을 생각하여 시각화하는 과정을 무엇이라고 하는가? [2017년 3회 산업기사]

① 재료과정
② 조형과정
③ 분석과정
④ 기술과정

2-2. 색채계획 프로세스 중 이미지의 방향을 설정하고 주조색, 보조색, 강조색을 결정하고 소재 및 재질 결정, 제품 계열별 분류 및 체계화를 하는 단계는? [2019년 2회 산업기사]

① 디자인 단계
② 기획단계
③ 생산단계
④ 체크리스트

2-3. 다음에서 설명하는 색채디자인의 프로세스 과정은? [2019년 2회 산업기사]

생산을 위한 재질의 검토와 단가, 재료의 특성을 시험하고 적용하는 과학적이고 합리적인 단계

① 욕구과정
② 조형과정
③ 재료과정
④ 기술과정

2-4. 설계도 보완을 위해 작업순서와 그 방법, 마감 정도, 제품 규격, 품질 등을 명시하는 것은? [2015년 2회 산업기사]

① 견적서
② 평면도
③ 시방서
④ 설명도

|해설|

2-2
디자인 단계는 색채계획 프로세스 중 이미지의 방향을 설정하고 주조색, 보조색, 강조색을 결정하고 소재 및 재질 결정, 제품 계열별 분류 및 체계화를 하는 단계이다.

2-3
생산을 위한 재질의 검토와 단가, 재료의 특성을 시험하고 적용하는 과학적이고 합리적인 단계를 재료과정이라고 한다.

정답 2-1 ② 2-2 ① 2-3 ③ 2-4 ③

핵심 이론 03 아이디어 발상법

(1) 아이디어 발상의 개요

디자인에서 어떤 아이디어를 만들어 내는 것을 아이디어 발상이라고 한다. TV광고에서부터 카피라이트, 시각 디자인, 제품 디자인 등 모든 디자인 분야에 있어서 가장 핵심이 되는 부분이 바로 창의적인 아이디어를 내는 것이다.

(2) 아이디어 발상법

① 브레인스토밍(Brainstorming)법

㉠ 1939년 미국의 광고회사 부사장 알렉스 오스번(Alex. F. Osborn)이 회의방식에 도입한 기법

㉡ 창조적인 아이디어를 표출해 내는 자유분방한 아이디어의 산출을 의미

㉢ 자유연상을 통하여 다양하고 새로운 아이디어를 얻음

㉣ 비판 금지, 자유분방, 다양성 추구, 조직 개선 등을 제시

[브레인스토밍의 특성]

브레인스토밍의 장점은 하나의 주제에 대해 많은 양의 아이디어를 찾을 수 있고, 비판하지 않으므로 자유분방하고 엉뚱하면서도 우수한 아이디어를 얻을 수 있다는 점에 있다. 일반적으로 리더를 두고 10명 이내의 인원으로 회의를 진행하게 된다.

② 시네틱스(Synectics)법

㉠ 그리스어 Synthesis(종합, 통합, 합성)에서 유래되었으며, 서로 관련 없어 보이는 것을 결부시킨다는 의미

㉡ 1944년 미국의 윌리엄 고든(William. J. Gordon)에 의해 개발된 유추로부터 아이디어를 얻는 방식

㉢ 둘 이상의 서로 관련이 없어 보이는 사물이나 생각을 연결하거나, 사상이나 생각을 사물과 관련시키는 집단 아이디어 도출방법

㉣ 자신과 유사한 문제에서 해결상황을 발상하는 것으로 직접유추, 개인적 유추, 상징적 유추, 환상적 유추 등과 같은 4가지 방법이 있음

㉤ 전문가 집단을 조직하여 문제의 해결안을 얻고 있음

③ 마인드 맵(Mind Map)

㉠ 마음속에 지도를 그리듯이 생각의 길을 뻗어 나가는 방법

㉡ 1960년대 영국의 토니 부잔(Tony Buzan)에 의해 고안된 방법

㉢ 학습에 대한 생각, 기억, 감정, 정서 등을 이미지, 부호, 색깔, 핵심단어 등으로 치환하여 지도처럼 그리는 사고기법

④ 고든법(Gordon Method)

㉠ 미국의 윌리엄 고든에 의해 고안된 아이디어 발상법

㉡ 브레인스토밍과 마찬가지로 집단적으로 발상을 전개하는 방식

㉢ 명확한 주제가 아닌 콘셉트나 키워드로만 진행, 기발한 아이디어 발상을 도모

⑤ 체크리스트법(Checklist Method) : 사고의 출발점 또는 문제의 해결의 착안점을 미리 정해 놓고 그에 따라 사고를 전개함으로써 아이디어를 얻는 방법

⑥ 연상법(Associaton Mothod) : 아이디어를 구하는 가장 기본적인 방법으로 모든 사물을 발상의 근원으로 함

접근법	공간이나 시각적으로 비슷한 위치에 접근하고 있는 관념이나 경험에 의한 발상법
대비법	서로 상반되거나 대조를 이루는 관계에 의한 발상법
인과법	원인과 결과에 따른 발상법

⑦ NM법(NM Method)

㉠ 나카야마 마사카즈(Nakayama Masakazu)에 의해 고안된 방법

㉡ 어떤 대상과 비슷한 것을 찾아내 그것을 힌트로 새로운 아이디어를 생각해 내는 방법

㉢ 연상을 위한 키워드를 정하고 직결되는 단어를 도출하여 질문을 던져 가면서 콘셉트를 형성하는 방법

[NM법 실시 순서]

키워드를 정한다. → 키워드로부터 연상 유추를 도출한다. → 키워드를 통해 연상되는 것을 계속 적어 나간다. → 계속 질문으로 찾아 나간다. → 배경을 조사한다(표현된 유추에 대해 그 구조나 요소를 알아봄). → 콘셉트를 형성한다.

핵심예제

3-1. 서로 관련 없는 요소들 간의 결합을 의미하는 그리스어에서 유래한 것으로, 문제를 보는 관점을 완전히 달리하여 여기서 연상되는 점과 관련성을 찾아 아이디어를 발상하는 방법은?

[2017년 3회 산업기사]

① 시네틱스(Synectics)법
② 체크리스트(Checklist)법
③ 마인드 맵(Mind Map)법
④ 브레인스토밍(Brainstorming)법

3-2. 다음 중 디자인 아이디어 발상법이 아닌 것은?

[2019년 1회 기사]

① 글라스 박스(Glass Box)법
② 체크리스트(Checklist)법
③ 마인드 맵(Mind Map)법
④ 입출력(Input-Output)법

|해설|

3-1
시네틱스법은 둘 이상의 서로 관련이 없어 보이는 사물이나 생각을 연결하거나 사상이나 생각을 사물과 관련시키는 방법이다.
3-2
글라스 박스 법은 화이트박스 테스팅(White Box Testing)이라고도 하며 응용 프로그램의 내부 구조와 동작을 검사하는 소프트웨어 테스트 방식으로, 블랙박스 검사와는 반대된다.

정답 3-1 ① 3-2 ①

핵심 이론 04 디자인의 요건

(1) 합목적성

① 실용상의 목적을 의미한다.
② 일정한 목적에 도달하는 데 적합한 대상 또는 행위의 성질, 객관적이고 합리적인 접근이 요구되며, 과학적이고 공학적인 기초가 필요하다.

(2) 심미성

① 아름다움을 느끼는 미적 의식으로, 원칙적으로 합목적성과 대립되는 개념이다.
② 외형장식(표현장식, 형식미)과 유기적으로 결합된 형태(조형미, 내용미, 기능미)에 아름다움이 나타나야 하며 개인의 기호에 따라 비합리적, 주관적, 감성적 특징을 지니게 된다.

(3) 경제성(지적 활동)

① 최소의 비용을 들여 최대의 효과를 얻을 수 있는 디자인적 조건이다.
② 심미성과 합목적성을 잘 조화시켜 처음 단계부터 구체화하여 한정된 경비로 최상의 디자인이 창출되도록 한다.

(4) 독창성(감정적 활동)

① 현대 디자인의 핵심으로, 창조적이며 이상을 추구하고 독창적인 요소를 가미할 수 있도록 한다.
② 대중성이나 기능성보다는 차별화에 중점을 두어야 한다.

[굿 디자인(Good Design)의 4대 조건]
합목적성, 심미성, 경제성, 독창성

(5) 질서성

① 디자인은 질서이다.
② 디자인의 4대 조건인 합목적성, 심미성, 경제성, 독창성의 원리가 각각 독자적인 성립 이유를 갖고 있으면서도 서로 관계를 맺고 있다고 보는 특성이다.
③ 디자인의 조건들의 관계를 유지시키며 조직을 세우고 하나로 통합하는 것이다.

④ 합리성과 비합리성이 밀착되도록 통일시키는 것이 질서성의 원리이다.

(6) 합리성

① 지적 요소로 합목적성과 경제성을 고려한 디자인의 조건이다.

② 비합리성은 감정적인 요소로 심미성과 독창성을 고려한 디자인의 조건이다.

(7) 친자연성

① 생태학적으로 건강하고 유기적으로 전체에 통합되는 인공환경의 구축을 목표로 삼아야 한다.

② 환경친화적인 디자인의 개념, 그린 디자인(Green Design), 생태학적 디자인(Eco-design) 등이 나타난다.

③ 최근 환경에 대한 관심과 자연보호에 대한 인식이 높아지면서 자연을 대표하는 색으로 초록색을 많이 활용하고 있다.

④ 주변의 계(系, System)와 그에 속해 있는 주체가 상호 관계 속에서 긍정적인 결과를 도출하는 방향으로 화합된다.

(8) 문화성

① 한 지역의 지리적, 풍토적 자연환경과 인종적인 배경 위에서 자생적인 미의식이 여러 대(代)를 거치면서 형태의 세련과 사용상의 개선이 이루어져 생태계에 유기적으로 적응하는 인간 중심의 디자인 전통을 말한다.

② 문화성을 고려한 디자인 방법에는 버내큘러 디자인, 에스닉 디자인, 앤틱 디자인이 있다.

③ 세계화, 지역화라는 동시 발생적인 상황 앞에서 문화의 특수가치에 대한 비중이 높아지고 있다.

[문화성을 고려한 디자인]
- 지리적, 풍토적 환경을 고려한다.
- 민속적, 토속적 디자인과 관련된다.
- 생활습관과 전통을 고려한다.

(9) 유니버설 디자인

① 개념 : 장애의 유무나 연령 등에 관계없이 모든 사람들이 제품, 건축, 환경, 서비스 등을 보다 편하고 안전하게 이용할 수 있도록 설계한 '보편적인 디자인'을 일컫는다. 지원성, 접근성, 안정성의 원리에 의해서 모두가 사용이 용이한 배려 디자인을 말한다.

② 유니버설 디자인의 7대 원칙

㉠ 공평한 사용 : 누구라도 차별감이나 불안감, 열등감을 느끼지 않고 공평하게 사용 가능한지 확인해야 하며, 모든 사용자들에게 같은 사용방법을 제공해야 한다.

㉡ 사용상의 융통성 : 다양한 생활환경 조건에서도 정확하고 자유롭게 사용 가능한지 확인해야 하며, 각 개인의 선호도와 능력에 부합하도록 한다.

㉢ 간단하고 직관적인 사용 : 사용자들의 경험, 지역, 언어기술, 집중력에 구애되지 않고 직감적으로 사용방법을 알 수 있도록 간결해야 하며, 사용 시 피드백이 있는지 확인해야 한다.

㉣ 정보 이용의 용이 : 사용자들의 지각능력이나 조건에 구애받지 않고 필요한 정보를 효과적으로 전달하기 위해 정보구조가 간단하고, 복수의 전달 수단을 통해 입수가 가능한지 확인한다.

㉤ 오류에 대한 포용력 : 사고를 방지하고, 잘못된 명령에도 원래의 상태로 쉽게 복구가 가능한지 확인하며, 우연한 행동에 의한 역효과나 위험, 실수를 최소화한다.

㉥ 작은 물리적 노력 : 무의미한 반복 동작이나 무리한 힘을 들이지 않고 자연스런 자세로 사용이 가능한지, 피로를 최소화하고 좀 더 효과적으로 사용할 수 있는지를 확인한다.

㉦ 접근과 사용을 위한 충분한 공간 : 이동이나 수납이 용이하고, 다양한 신체조건의 사용자와 도우미가 함께 사용 가능한지 확인해야 한다.

(10) 지속 가능한 디자인

① 자연이 먼저 보존되고 인간과 환경이 조화되는 개발을 의미한다. 인간 문명이 자연계의 구성요소라는 인식과 인류가 영원하기 위해서는 자연이 훼손되지 않고 안정적으로 함께 발전되어 가야 한다는 개념이 내재되어 있다.

② 생물학적 다양성과 통합을 위해 대기나 환경, 물, 토양 등 유기적이고 건강한 개발을 통해 긍정적인 결과와 지속적인 관계를 실현해 간다.

 **핵심예제**

4-1. 굿 디자인(Good Design)의 조건으로 반드시 필요하다고 볼 수 없는 것은? [2019년 1회 산업기사]

① 경제성과 독창성
② 주목성과 일관성
③ 심미성과 질서성
④ 합목적성과 효율성

4-2. 디자인 조건에 대한 설명 중 틀린 것은? [2019년 2회 산업기사]

① 경제성 - 각 원리의 모든 조건을 하나의 통일체로 하는 것
② 문화성 - 오랜 세월에 걸쳐 형태와 사용상의 개선이 이루어짐
③ 합목적성 - 실용성, 효용성이라고도 함
④ 심미성 - 형태, 색채, 재질의 아름다움

4-3. 다음과 같은 개념을 지닌 디자인은? [2016년 1회 기사]

- 접근 가능한 디자인
- 적용 가능한 디자인
- 세대를 초월한 디자인
- 배리어 프리(Barrier Free) 디자인

① 그린 디자인
② 지속 가능한 디자인
③ UX 디자인
④ 유니버설 디자인

4-4. 다음 중 자연친화적 색채를 개발하여 적용하는 것이 디자인 개념과 가장 부합하는 디자인은? [2017년 3회 기사]

① 유비쿼터스 디자인(Ubiquitous Design)
② 유니버설 디자인(Universal Design)
③ 지속 가능한 디자인(Sustainable Design)
④ 사용자경험 디자인(User Experience Design)

|해설|

4-1
굿 디자인이란 사용하기 쉽고 아름다운 제품의 디자인으로, 조건은 시대에 따라 다소 다르며 초기의 무장식, 심플한 것부터 따뜻한 인간적 감촉을 주는 것에 이르기까지 폭이 넓어지고 있다. 조건으로는 심미성, 합목적성, 경제성 등이 있다.

4-2
디자인 조건 중 경제성은 한정된 경비로 최상의 디자인을 하는 것을 말한다.

4-4
지속 가능한 디자인이란 인간과 자연의 상호작용을 생각하는 디자인이다. 즉, 환경적인 요소를 염두에 두고 제품을 디자인하는 것이며 경제적인 요소와 환경적인 요소를 합쳐 가장 실용적인 결과를 찾자는 것이다.

정답 4-1 ② 4-2 ① 4-3 ④ 4-4 ③

02 디자인 역사

제1절 조형 예술사의 이해

핵심 이론 01 원시 미술

(1) 구석기 시대

① 약 250만~20만 년 전 즈음의 구석기 시대에는 주로 종교적이고 주술적인 목적으로 번식과 풍요를 기원하는 의미를 담은 예술품을 남겼다.

　예 알타미라 동굴, 비너스상 등은 종교와 주술, 번식과 풍요를 기원하는 의도이다.

② 최초의 벽화는 남 프랑스에서 발견된 라스코 동굴벽화이다.

③ 문자는 수메르인들에 의해 발명되었으며 이로 인해 문화, 사회, 경제 등에 일대 혁신을 가져왔다. 이 그림문자들은 점토에 갈대로 만든 세필로 기록되었고 초보적 십진법을 사용하였다.

④ 부족문화가 생성되고, 재산의 사유화 및 교역, 사업의 발달로 소유권을 시각적으로 나타낼 필요가 생겼다.

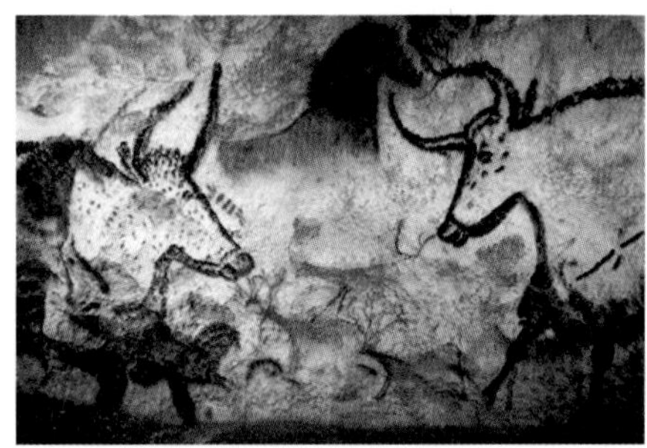

[라스코 동굴벽화]

(2) 메소포타미아 문명

① 수메르인이 메소포타미아 문명의 기초를 세웠으며, 기원전 3500년경부터 티그리스 강과 유프라테스 강이 합류하는 지역에 수많은 도시를 건설하였다. 또한 인류 최초로 문자를 사용하였으며 공통의 종교, 수학, 법률 그리고 건축법을 발달시켰다.

② 수메르인들은 왕이 죽으면 저승에서도 사람들을 거느릴 수 있도록 모든 가족과 노예들은 물론 왕국에서 사용했던 물건들을 함께 묻었기 때문에 부장품을 통해서 그들의 찬란했던 문명을 추측해 볼 수 있다.

③ 메소포타미아인들은 흙으로 빚어 햇볕에 말린 벽돌을 사용하여 신전을 중심으로 한 정교한 도시를 만들었다. 이 건물 내부에는 신전뿐만 아니라 상점, 일터, 거주지가 포함되어 있었다. 역사상 처음으로 도시 방어 및 공공사업과 노동의 분업을 통해 도시생활이 시작되었다.

④ 설형문자를 개발하여 계약이나 규칙, 공고 그리고 통계나 법률 등을 기록하였는데, 그 대표적인 것이 함무라비 법전이다.

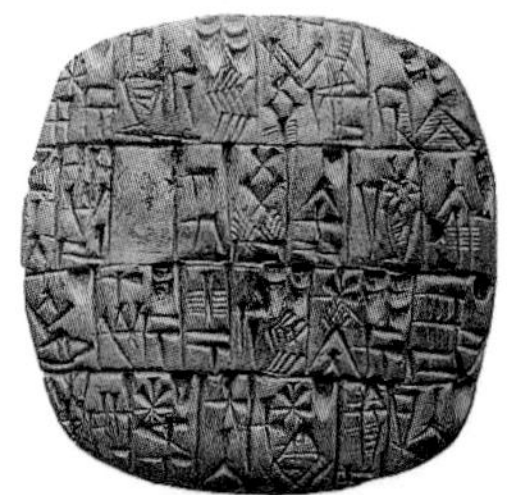

[메소포타미아 문명의 쐐기문자]

핵심예제

디자인 역사에 대한 설명 중 옳은 것은? [2016년 2회 산업기사]

① 구석기 시대에는 대개 주술적 또는 종교적 목적의 디자인이라 아름다움과 실용성을 더욱 강조했다.
② 18세기 영국에서 일어난 산업혁명은 예술혁명이자 공예혁명인 동시에 디자인혁명이었다.
③ 중세 말 아시아에서 도시경제가 번영하게 되자 자연과 인간에 대한 사고방식이 바뀌었는데, 이를 고전문예의 부흥이라는 의미에서 르네상스라 불렀다.
④ 크리스트교를 중심으로 한 중세 유럽문화는 인간성에 대한 이해나 개성의 창조력은 뒤떨어졌다.

|해설|

크리스트교를 중심으로 한 중세미술은 종교주의적인 입장에 선 예술만을 고수하였다. 인간성에 대한 이해나 개성의 창조력은 중세미술에서 뒤떨어져 있다.

정답 ④

핵심 이론 02 고대 미술

(1) 이집트

① 태양신을 숭배하고 영혼 불멸의 내세를 믿었던 이집트 미술에는 상징성이 강한 상형문자가 사용되었는데, 이것은 형식적이고 기호처럼 보이는 이미지를 만들어 냈다.

② 거대한 이집트의 건축물과 예술품들은 파라오 영혼의 영원한 영관을 위해 존재하였다.

③ 이집트 특유의 색채는 나일강 유역의 비옥한 토양이 만들어 내는 자연환경에서 영향을 받았다. 식물과 동물의 뼈에서 검은색을 얻고, 샤프란 꽃에서는 노란색을, 비소에서는 빨간색을, 쪽풀에서는 남색을, 천연 무기재료에서는 초록색을 추출하여 일상생활에 다양하게 사용하였다.

④ 이집트 문명 중 피라미드 건축과 스핑크스는 불멸의 오리엔트 문화로서 거대문명 발전의 초시를 이루었다.

⑤ 초상화와 조각상의 인체

㉠ 엄격한 공식에 따라 묘사되었는데, 눈과 어깨는 정면을 향하고 있고, 머리와 팔, 다리들은 측면으로 그려졌다.

㉡ 벽화의 표면은 수평의 선으로 구분되는데 마르고 어깨가 넓으며 엉덩이가 작은 인물들이 머리장식을 하고 치마 모양의 옷을 입은 채 한쪽 다리를 내밀고 있다.

㉢ 인물의 크기는 신분에 따라 달라지는데 파라오는 거인처럼 묘사되어 있는 반면, 시종들은 난쟁이같이 그리고 있다.

⑥ 유일신인 태양신을 숭배하였으며, 현재와 내세의 삶이 이어진다고 믿었다. 미술양식으로는 정면성의 법칙, 위계의 법칙으로 고수하고 있다.

⑦ 종이와 비슷한 파피루스의 개발로 커뮤니케이션에 중요한 역할을 하였다(죽음과 신앙에 대한 내용이 대부분).

⑧ 인류 최초의 화장법인 고대 이집트의 화장법은 아이라인과 눈썹, 속눈썹을 진하게 칠하기 위해 진한 흑갈색이나 검은색을 띠는 콜을 사용하였다. 이집트 시대의 눈 화장은 주술적인 의미를 담고 있었다. 호루스 신의 눈은 일명 '우자트'라 하여 '악을 응시하고 모든 것을 보는 자', '완전함을 가진 자'의 의미를 가졌다. 따라서 수호 부적과도 같은 의미를 가지고 눈 화장을 한 것이다.

[이집트 벽화의 정면성]

- 고대 이집트인들은 대상의 특징이나 성격이 잘 드러날 수 있도록 눈에 보이는 대로 그리는 방식 대신, 자신들이 알고 있는 대로 그리는 방식을 선택하였다.
- 정면성의 원리는 회화의 표현양식 중 하나가 아닌, 이집트인들의 관념체계를 보여 준다.
- 정면성의 원리는 현실의 사회질서를 뚜렷하게 드러내는 방식이다. 즉, 신분이 높은 인물을 표현할 때에는 정면성의 원리를 적용했지만, 미천한 신분의 인물은 그 적용에서 제외되었고, 동식물의 경우에는 자연주의가 적용되었다.

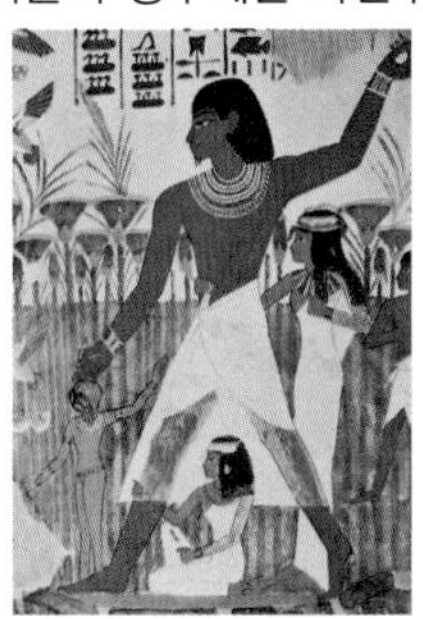

[이집트 초상화]

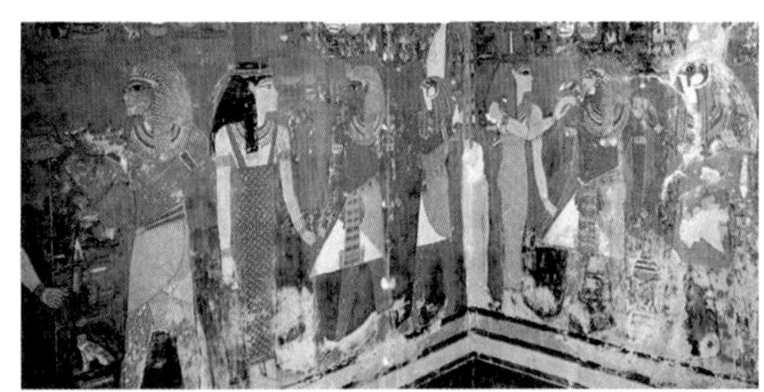

[이집트 문명의 벽화]

(2) 그리스

① 서양 문화의 모체인 그리스 시대는 인간의 존엄성과 가치에 척도를 두고 민주적이고 합리적인 철학의 근간을 이루었던 시기라 할 수 있다.

② 그리스 철학이 사고의 명석함과 조화, 질서를 강조했듯이, 그리스 미술과 건축도 균형을 강조하였다.

③ 당시의 디자인은 색채보다 선과 형의 균형미에 중점을 두었으며, 소재는 주로 식물이나 말, 사자같은 동물이었고, 나선형이나 기하학적인 형태를 사용했다.

④ 그리스 건축가들은 흰 대리석의 파르테논 신전을 통해 아테네의 위대함을 나타내고자 했다.
   ㉠ 건축을 거대한 조각품으로 간주했고 똑같이 조화와 이상적인 비례의 규칙에 맞추어 건립했다.
   ㉡ 신전과 예술품에서 아름다움과 시각적 질서를 위해 '황금분할'이라는 비례법(1 : 1.618)을 사용하였으며, 고상한 단순함과 격조 있는 장엄함이 그리스 장식의 특성을 이룬다.

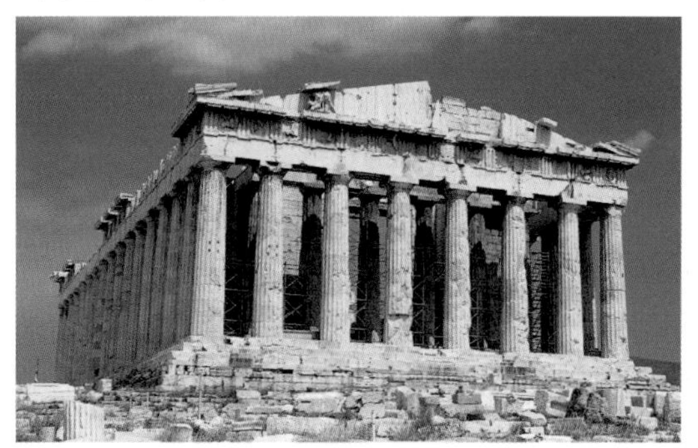

[황금비율이 적용된 파르테논 신전]

⑤ 그리스 미술은 대부분 헬레니즘 시대에 변화를 겪게 되는데, 헬레니즘 미술은 초기 그리스 조각의 조화미와 세련미 대신 거칠고 격렬한 작품을 선호했으며, 보는 사람들에게 강렬하고 드라마틱한 인상을 주었다.
⑥ 헬레니즘 시대에는 세속적이고 감성적인 화려한 미를 추구하였으며, 격동적, 극적, 관능적인 것은 그리스 시대와는 다른 방식이다. 관능적인 묘사의 예로 헤르메스와 크니도스의 비너스, 밀로 섬에서 출토되어 8등신의 비례미를 잘 표현한 밀로의 비너스가 있다.

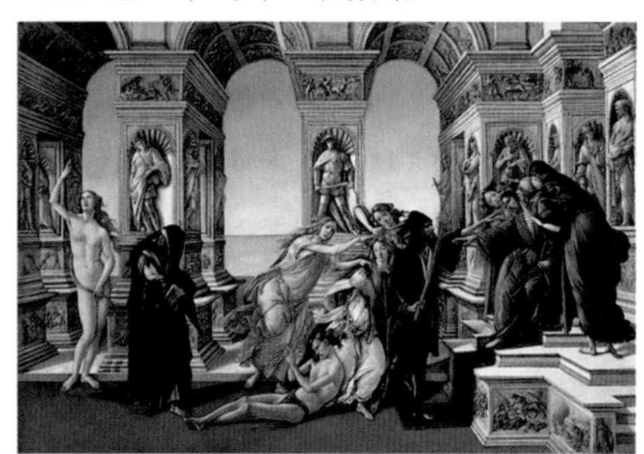

[헬레니즘 시대 미술]

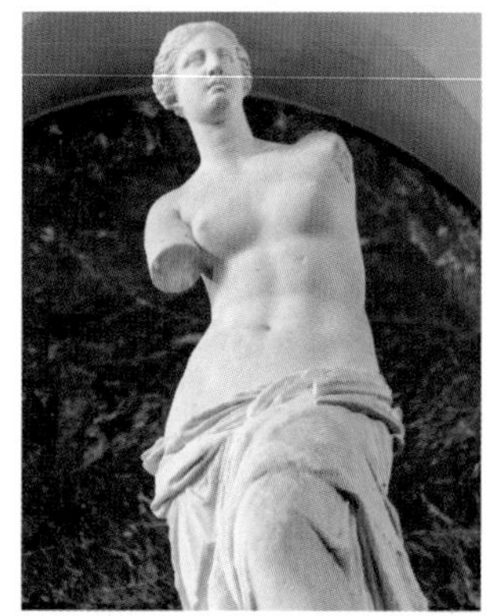

[밀로의 비너스]

(3) 로 마

① 로마 예술은 그리스 예술보다 지적이고 이상적인 면은 덜하였지만 현실적이고 기능적이었다.
② 로마의 건축가들은 아치와 돔 등을 개발한 것 외에도 콘크리트를 최초로 사용했다. 이와 같은 혁신적인 건축기술로 인해 로마인들은 최초로 받침대 없이 거대한 내부 공간을 덮을 수 있게 되었다.
③ 콜로세움이라는 거대한 원형 경기장은 많은 관객을 수용할 수 있으면서도 매우 효율적으로 설계되어 있어서 오늘날 스타디움의 디자인에도 응용되고 있다.

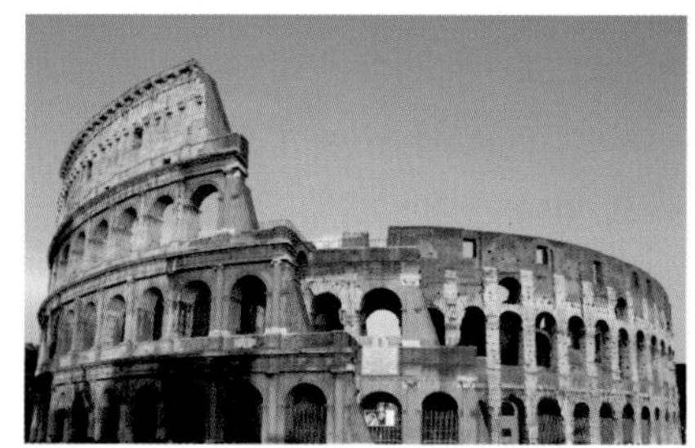

[로마의 콜로세움]

④ 아우구스투스(고대 로마의 초대황제) 황제상, 아그리파상, 폼페이 벽화가 대표적이다.
   ※ 폼페이 벽화는 프레스코(Fresco) 및 모자이크 벽화이다.
⑤ 그리스 미술의 영향을 받았으나 현실적이고 실용적인 생활을 중시하였고, 헬레니즘 문화를 계승, 발전시켰다.

[프레스코 페인팅(Fresco Painting)]

본래의 뜻은 회반죽 벽이 마르기 전, 즉 축축하고 신선할 때 물로 녹인 안료로 그리는 부온 프레스코(Buon Fresco) 기법 및 그 기법으로 그려진 벽화를 말한다. 이에 대해 회반죽이 마른 후 그리는 기법을 세코(Secco), 어느 정도 마른 벽에 그리는 것을 메조 프레스코(Mezzo Fresco)라고 부르지만 이들 기법이 함께 쓰이는 경우가 많아 확실하게 구별하기 어려운 경우가 많다.

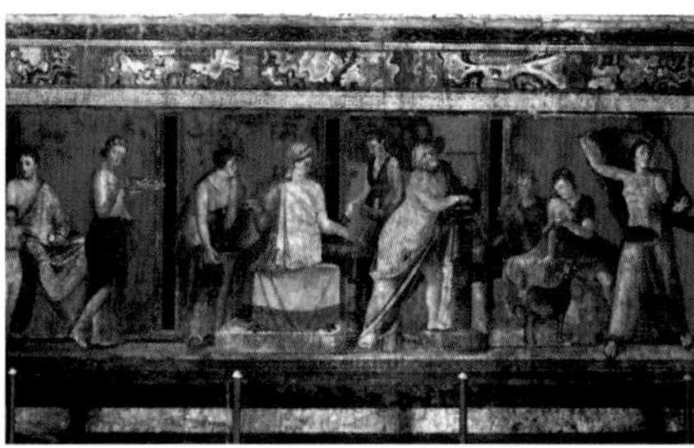

[폼페이 벽화(프레스코 벽화)]

 **핵심예제**

2-1. "콧날이 날카로워지고 눈이 움푹 파이며 관자놀이가 푹 꺼지고 귀가 차가워지고 뒤틀리며, 얼굴 전체의 색이 갈색이나 검은색, 검푸른색, 납빛으로 변한다."라고 죽음의 징후를 기록한 사람은? [2015년 2회 산업기사]

① 소크라테스
② 히포크라테스
③ 레오나르도 다빈치
④ 레오나르도 울리

2-2. 고대 이집트인들에게 영원불변을 상징하는 색채는? [2017년 3회 기사]

① 검 정 ② 하 양
③ 빨 강 ④ 노 랑

2-3. 그리스인들이 신전과 예술품에서 아름다움과 시각적 질서를 얻기 위한 수단으로 사용한 비례법으로 조직적 구조를 말하는 체계는? [2016년 2회 기사]

① 조 화
② 황금분할
③ 산술적 비례
④ 기하학적 비례

|해설|

2-2
고대 이집트인들은 신들의 세계가 황금빛으로 되어 있다고 여겼고, 왕을 영원불변의 힘, 영원한 생명의 수호신으로 여겨 투탕카멘, 황금 마스크와 황금 관처럼 왕의 미라를 노란색으로 채색하였다.

2-3
황금분할 : 한 선분을 두 부분으로 나눌 때에 전체에 대한 큰 부분의 비와 큰 부분에 대한 작은 부분의 비가 같도록 나눈 것이다. 그 비는 약 1 : 1.618로서 가로와 세로가 황금비인 직사각형은 고대 그리스 이래로 가장 아름답고 조화를 이룬 모양이라고 생각되었으며, 책의 국판이나 엽서의 크기가 대략 이 비율로 되어 있다.

정답 2-1 ② 2-2 ④ 2-3 ②

핵심 이론 03 중세 미술

중세 시대는 5세기에서 15세기에 이르는 약 1,000년의 오랜 기간 동안 모든 철학사상과 가치가 인간이 아닌 신 중심으로 이루어졌던 시기로, 신과 교회의 절대적 권위가 압도적인 때였다.

(1) 초기 기독교 시대

① 기독교 중심의 세계관을 바탕으로 사실적인 재현을 배제하였으므로, 예술에 있어 창조성이나 실험정신은 찾아보기 힘들다.

② 누드는 완전히 사라지게 되었고, 심지어 옷을 입고 있는 육체도 해부학적인 정확성이 무시되곤 하였다.

③ 신학자들은 신자들이 물질의 아름다움을 통해 신성한 아름다움을 느낄 수 있다고 믿었고, 그 결과로 매혹적인 모자이크와 회화, 조각품이 만들어졌다.

④ 건축에서 신성에 대한 지향

㉠ 밝고 가벼운 건물의 형태로 표현하였는데, 육중하고 거대한 로마 건축은 서서히 사라지고, 이상적인 기독교상이 건축에 반영되기 시작했다.

㉡ 중세의 첨탑과 아치를 특색으로 하는 건축 양식을 고딕 양식이라고 한다.

㉢ 이들은 밖에서 보면 소박하지만 내부는 성령을 상징하는 모자이크, 프레스코, 스테인드 글라스로 화려하게 장식되었다.

㉣ 단순한 외곽과 장식을 거의 하지 않고, 양팔을 벌리고 서 있는 기도자의 모습 등의 기법을 사용하였다.

⑤ 색채는 상징성이 강한 색들을 사용하였다. 진실과 변함없는 사랑은 파랑으로 인식하여 성모마리아나 천국을 표현하는 데 사용하였고, 인간을 위한 예수의 헌신을 의미하는 경우에는 빨강을, 성경 안에서 비열함과 비겁함의 대상이었던 유다와 관계된 의상이나 소품은 노랑으로 지정하는 등의 예를 찾아볼 수 있다.

(2) 비잔틴(Byzantine)

① 중세 미술의 황금기로 불리며, 콘스탄티누스 황제가 로마제국의 수도를 비잔티움으로 옮긴 기원 후 330년경부터 투르크족에 의해 멸망한 1453년까지 지속됐던 지중해 동부지방의 예술이다.

② 로마가 야만족에 의해 멸망하여 잿더미에 있을 당시 비잔티움은 초기 기독교 미술을 발전시켰으며 문명의 중심지로 자리 잡게 되었다.

③ 비잔틴 미술과 건축의 복잡한 형식으로부터 오늘날 복잡하고 난해하다는 의미의 비잔틴이라는 단어가 유래하였다.

④ 세계에서 가장 위대한 모자이크 작품 중 몇 개가 5~6세기 튀르키예(터키)의 비잔티움과 이탈리아의 라벤나에서 제작되었다.

(3) 로마네스크(Romanesque)

① 로마네스크는 '로마와 같은'이라는 뜻으로, 19세기 창안된 말이다.

② 로마네스크는 주로 건축에서 사용된 용어로, 11세기 후반과 12세기 유럽의 전형적인 건물들이 두꺼운 벽과 아치가 있는 고대 로마의 석조 건축과 닮았음을 가리키는 말이다.

③ 추상적이고 문양적인 것이 특징이며, 서로마를 중심으로 한 유럽 전체의 중세 미술을 대표한다.

④ 로마네스크 건축의 특징적인 형태

㉠ 가장 특징적인 형태는 궁륭(Vault)의 이용이며, 옆으로 확장된 아치형으로 원통형 또는 터널형 궁륭이 있다.

㉡ 이런 종류의 지붕은 아주 무겁고 건물 내부에 채광을 어렵게 만들기 때문에 고대 로마의 건축가들은 교차궁륭을 발전시켰다.

㉢ 이것은 두 개의 원통형 궁륭이 직각으로 교차하여 네 개의 버팀 기둥 위에 닫집 모양을 이룸으로써 만들어진다.

㉣ 평면에 교차 궁륭을 짓는 것이 힘들었음에도 불구하고 더욱 개방된 이 형태는 건물 내부에 더 많은 빛이 들어오게 해 주었으므로 호평을 받았다.

㉤ 원통형 궁륭과 교차 궁륭은 거의 모든 로마네스크 교회에 이용되었다. 시각적으로 이 궁륭들은 견고하고 편안한 느낌을 주며, 외관은 유연한 형태를 띤다.

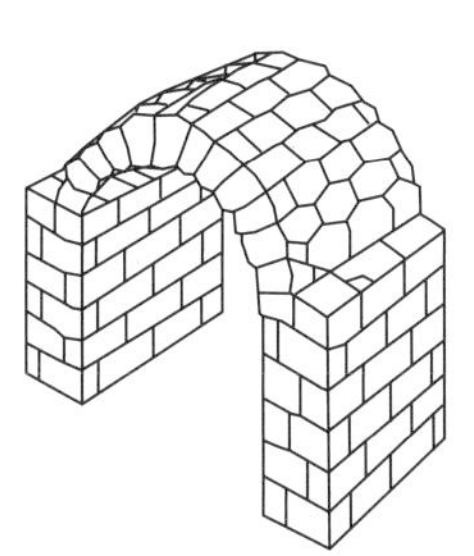
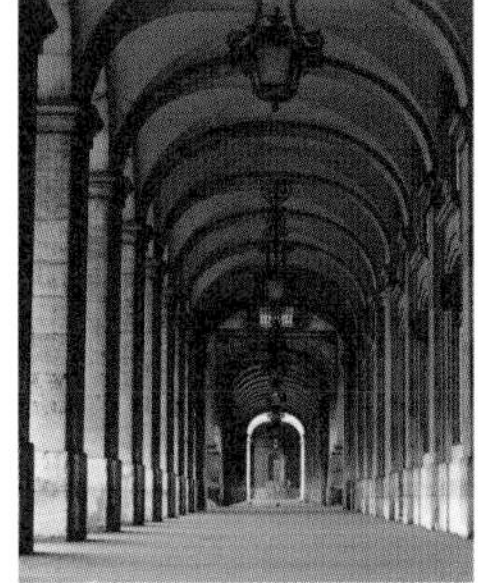

[원통형 궁륭]

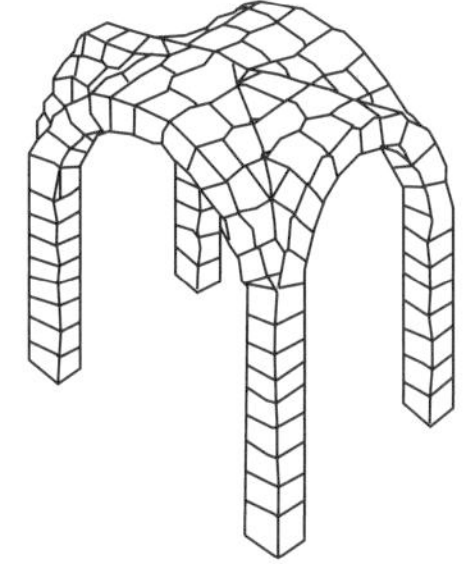
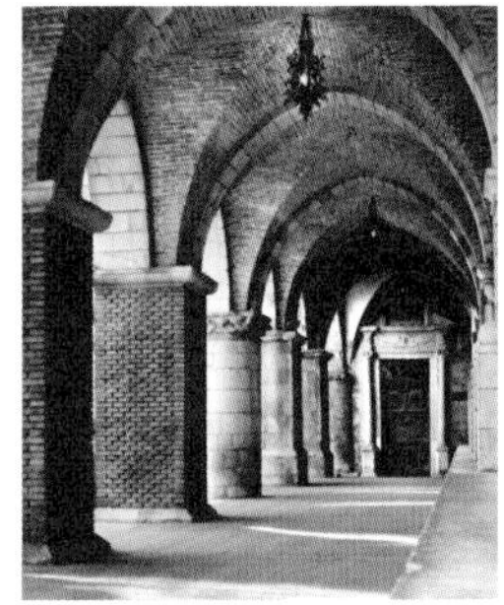

[교차 궁륭]

(4) 고딕(Gothic)

① 중세예술 업적 중에서도 고대 그리스와 로마의 경이로운 업적을 필적하는 것은 바로 고딕 양식의 대성당들이었다.

② 수직선의 효과를 강조하여 기둥과 집중의 높이를 높이고, 창문에는 스테인드 글라스를 통해 신비스럽고 환상적인 느낌을 조성하였다.

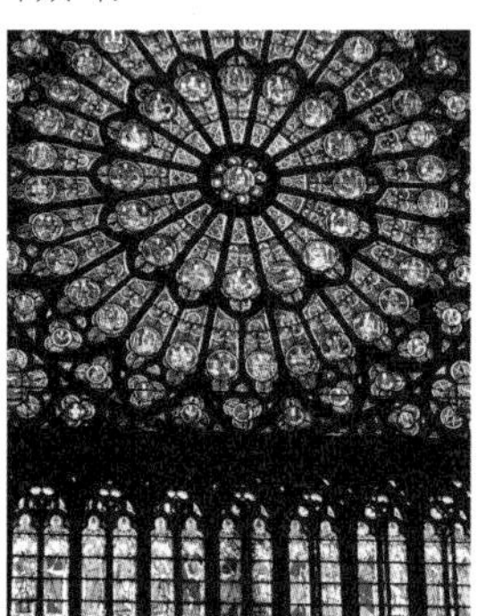

[스테인드 글라스(고딕 양식)]

③ 고딕 성당은 육중한 벽 대신, 커다란 스테인드 글라스를 설치한 창을 통해 밝은 빛이 들어와 내부를 환하게 밝힐 수 있었고, 격자 문양과 더불어 위로 상승하려는 듯한 수직성 또한 고딕의 특징을 이루고 있다.

④ 샤르트르 대성당은 중세 정신의 진수로, 이 안에 설치된 스테인드 글라스는 전체 면적이 약 896m에 이른다.

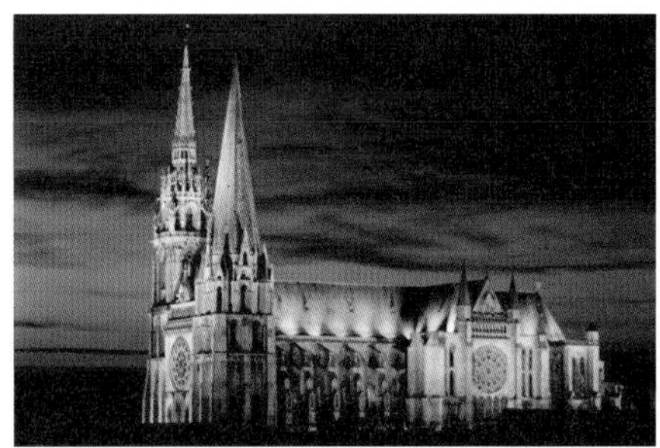

[샤르트르 대성당]

핵심예제

3-1. 윌리엄 모리스가 미술공예운동에서 주로 추구한 수공예의 양식은? [2015년 2회 기사]

① 바로크
② 로마네스크
③ 고 딕
④ 로코코

3-2. 서양 중세 건축의 특징으로 옳은 것은? [2015년 2회 산업기사]

① 천국을 상징하는 환상적인 시각효과 연출로 스테인드 글라스 효과를 중시했다.
② 콘스탄티누스 기념물과 샤르트르 성당에서 그 특징적 양식을 볼 수 있다.
③ 기념비적 특성을 위한 기하학적 비례의 원리와 기념비적 특성을 가진다.
④ 논리적이고 구상적이며 장식적인 형식이 화려한 색채와 더불어 나타나고 있다.

|해설|

3-1
19세기 미술공예운동을 전개한 윌리엄 모리스는 중세 역사와 고딕 건축에 대한 관심이 높았고, 이러한 관심은 자신의 신혼집인 레드하우스 건축과 디자인 회사 모리스 마셜포크너사의 설립으로 이어졌다. 중세 고딕풍의 건축물인 레드하우스는 근대 건축의 출발점이자 미술공예운동의 요람이 되었다.

3-2
12세기 이후의 교회 건축에서 스테인드 글라스 효과가 본격적으로 발달했다. 특히 고딕 건축은 구조상 거대한 창을 달 수 있게 되었으므로 창유리가 벽화를 대신하게 되었을 뿐 아니라, 창을 통해 들어오는 빛의 신비하고 감동적인 효과가 인식되어 스테인드 글라스는 교회 건축에 불가결한 것이 되었다.

정답 3-1 ③ 3-2 ①

핵심이론 04 르네상스(Renaissance)

(1) 시작과 전파

① 르네상스는 '다시 깨어나다'라는 의미로, 15세기 이탈리아를 중심으로 일어난 문예부흥운동이다. 재생, 부활의 의미로 신이 아닌 인간의 예술을 의미한다.
② 르네상스는 이탈리아의 건축가인 필리포 브루넬레스키(Filippo Brunelleschi)를 중심으로 한 미술가들에 의해 새로운 미술을 창조하고 과거의 미술 개념에서 탈피하려는 노력으로부터 시작되었다.
③ 이러한 시도는 로마와 베네치아로 전파되었고, 1500년 북유럽 르네상스로 일컬어지는 네덜란드, 독일, 프랑스, 스페인, 영국 등으로 퍼져 나갔다.

(2) 경 향

① 르네상스 시대에는 인간성의 회복과 자연주의적 세계관이 다시 부활하였다. 또한 시민 계급의 경제적 성장이 이루어지고 자유주의와 과학이 발달하였으며, 중세 회화와는 달리 일반인들의 초상화가 등장하였다.
② 해부학과 같은 새로운 기술의 도움으로 화가들은 초상화, 풍경화, 신화나 종교 내용을 주제로 한 회화의 새로운 지평을 열었으며, 이에 따라 예술가의 지위도 상승하여 르네상스 전성기(1500~1520년)에는 레오나르도 다빈치, 미켈란젤로, 라파엘로와 같은 거장이 탄생하기도 하였다.
③ 이 시기에는 유화가 발명되어 단순히 소묘를 기초로 채색하는 단계에서 벗어나, 빛과 그림자를 사용하여 부피감을 살리고, 원근법을 이용하여 3차원 공간감과 사실감을 부여하였다. 또한 차분하고 가라앉은 색조와 함께 사실적 명암법인 스푸마토(Sfumato) 기법이 주로 사용되었다.

(3) 황금분할

황금비란 어느 장방향에 있어서 두 변의 길이에 대한 비율로서, 이 장방향에서 짧은 변을 한 변으로 하는 정방형을 제외한 나머지 장방형이 처음 장방형과 서로 유사하게 하는 것을 말한다. 황금비율의 값은 1 : 1.618이다.

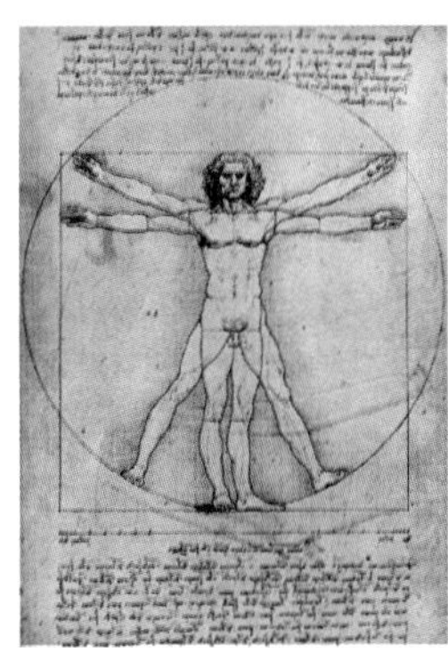

[황금비율]

(4) 레오나르도 다빈치

① 레오나르도 다빈치(Leonardo da Vinci, 1452~1519)는 반듯한 용모와 지성, 매력으로 인해 국제적인 명성을 날렸다. 그의 관심사는 해부학, 건축공학, 천문학, 수학, 자연사, 음악, 조각, 건축, 회화 등 여러 방면에 이르고 있어 그는 역사상 가장 다방면에 걸친 천재로 일컬어진다.

② 그는 생전에 20개의 작품밖에 제작하지 못했는데 이 중 '모나리자'는 너무 유명하다. 모나리자의 머리 뒤에 있는 소실점으로 모든 선들이 집중되는 원근법을 사용하였으며, 기하학적인 구성의 중요성을 정착시킨 삼각형 구도를 활용하였다. 또한 모나리자의 손을 보면 레오나르도가 해부학에 대한 정확한 지식을 갖고 있었음을 알 수 있다.

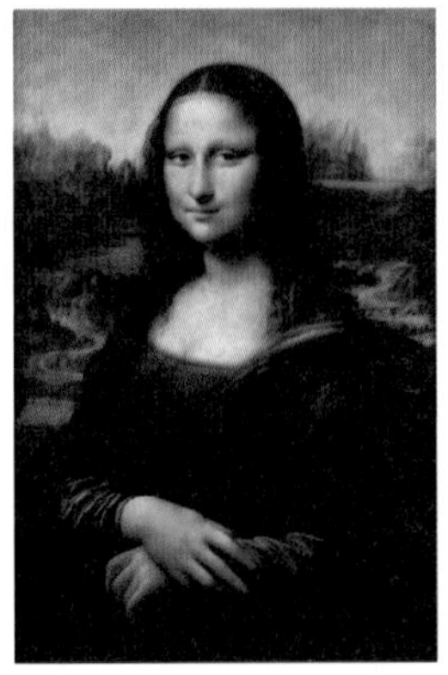

[모나리자(레오나르도 다빈치)]

(5) 미켈란젤로

① 미켈란젤로(Michelangelo, 1475~1564)는 건축가, 화가, 조각가, 공학자로 활약할 정도로 매우 광범위한 지식을 가지고 있었다. 일체 제자를 두지 않았고, 자신이 작업하는 모습을 누구에게도 보이지 않았다. 그는 조각을 '대리석 안에 갇혀 있는 인물을 해방시키는 것'이라고 표현했다.

② '그리스도의 죽음을 애도한다'는 의미의 피에타는 레오나르도 다빈치에게 배운 피라미드 구도를 사용했고 성모마리아의 평온한 얼굴은 그리스 조각의 사실적인 표현을 보여 주고 있다.

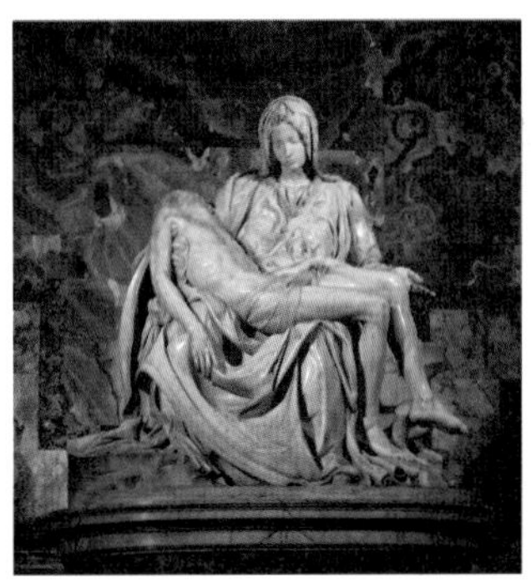

[피에타(미켈란젤로)]

③ 시스티나 성당의 천장화에는 인류의 탄생과 죽음을 표현하는 340여 개의 인물상을 그려 넣어 르네상스 시기를 통틀어 위대한 작품을 만들어 냈다. 시스티나 성당의 천장화를 완성한 29년 후 같은 성당의 제단 벽에 프레스코화 '최후의 심판'을 그렸다.

[천지창조]

미켈란젤로가 로마의 시스티나 성당 천장에 그린 세계 최대의 벽화이다.

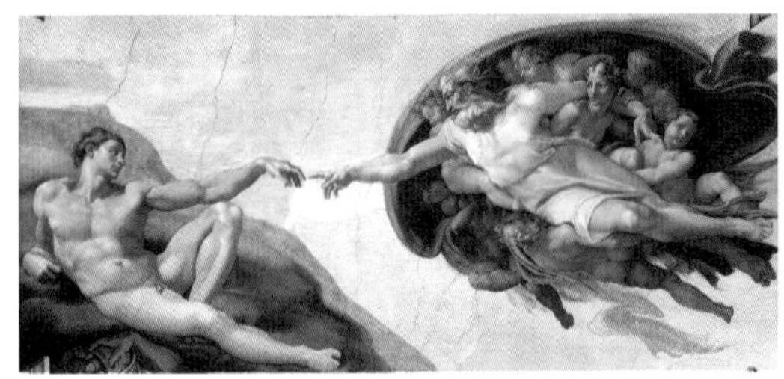

[천지창조(미켈란젤로)]

핵심예제

4-1. 비례에 대한 설명이 틀린 것은? [2015년 2회 산업기사]

① 비례를 구성에 이용하여 훌륭한 형태를 만든 예로는 밀로의 비너스, 파르테논 신전 등이 있다.
② 황금비는 어떤 선을 2등분하여 작은 부분과 큰 부분의 비를, 큰 부분과 전체의 비와 같게 한 분할이다.
③ 비례는 기능과도 밀접하여, 자연 가운데 훌륭한 기능을 가지고 있는 것의 형태는 좋은 비례양식을 가진다.
④ 등차수열은 1 : 2 : 4 : 8 : 16 : … 과 같이 이웃하는 두 항의 비가 일정한 수열에 의한 비례이다.

4-2. 르네상스의 회화기법인 키아로스쿠로(Chiaroscuro)에 사용된 배색효과로 가장 적합한 것은? [2015년 1회 산업기사]

① 토널 배색
② 선명한 톤의 도미넌트 배색
③ 명도의 그러데이션 배색
④ 카마이외 배색

|해설|

4-2
키아로스쿠로(Chiaroscuro)는 '명암'이라는 뜻으로, 서양 미술용어로는 밝은 곳으로부터 어두운 곳으로 가는 점진적인 그러데이션을 뜻하는 명암법 또는 명암효과를 말한다.

정답 4-1 ④ 4-2 ③

핵심 이론 05 바로크(Baroque)

(1) 의 미

① 바로크란 '일그러진 진주'라는 뜻의 다소 부정적인 표현으로, 17~18세기에 유행했던 새로운 미술 경향을 가리키던 말이었다.
② 허세부리고 지나치게 과장되어 있다는 부정적인 의미로 종종 사용되지만, 렘브란트(Rembrandt)나 벨라스케스(Velazquez)와 같은 예술적인 천재를 배출했을 뿐만 아니라 미술의 영역을 일상생활로까지 확장시킨 시기이다.

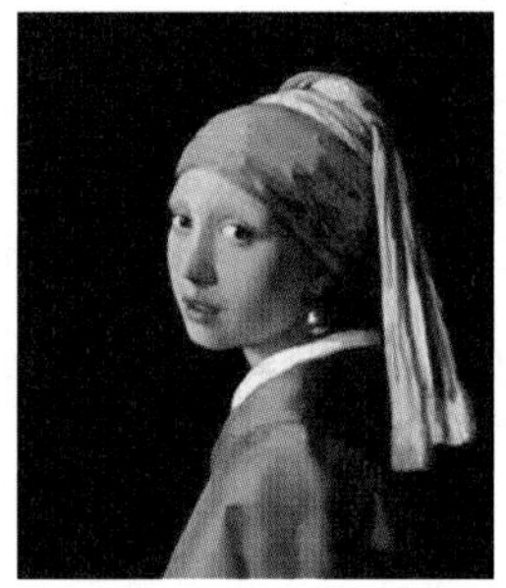

[진주 귀걸이를 한 소녀(베르메르)]

(2) 특 징

① 르네상스 양식과는 달리 감정적이고 역동적인 스타일과 남성적인 성향이 특징이며, 화려한 의상 등을 선보이기도 하였다.
② 건축은 베르사유 궁전에 화려하고 과장된 표면 장식이 대표적이다.
③ 바로크의 미술의 특징은 어둠의 대비를 극대화시키는 것에 중점을 둔다.
④ 미술의 소재가 정물화, 초상화, 풍경화, 풍속화 등 일상생활로 확대되었다.

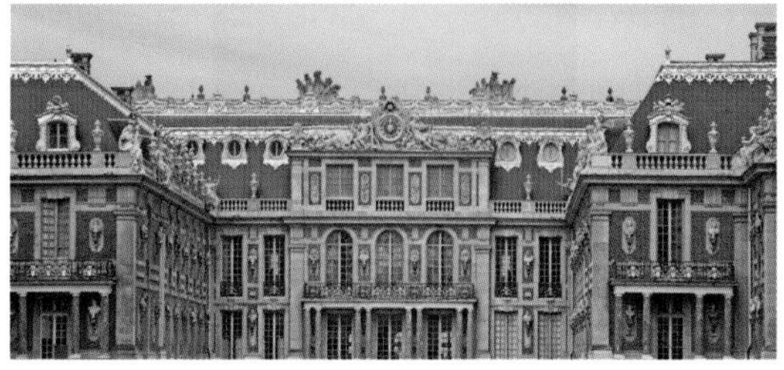

[베르사유 궁전]

핵심예제

감정적이고 역동적인 스타일을 강조하고, 건축에서의 거대한 양식, 곡선의 활동, 자유롭고 유연한 접합 부분 등의 특색을 나타낸 시기는? [2020년 4회 기사]

① 르네상스 시기
② 중세 말기
③ 바로크 시기
④ 산업혁명 초기

|해설|

바로크의 예술적 표현 양식은 르네상스 양식에 비해 파격적이며, 감각적 효과를 노린 동적 표현과 외적 형태의 중시, 감정의 극적 표현, 풍만한 감각, 곡선의 활동, 화려한 색채 등이 특징이다.

정답 ③

핵심 이론 06 로코코(Rococo)

(1) 의 미

① 로코코 양식이란 말 그대로 장식적인 예술로서 곡선적이고 우아한 장신구들을 진열해 놓은 공간에 사용되는 용어이다.
② 루이 15세의 통치 시대(1723~1774년)에 파리에서 성행했던 미술사조를 일컫는다.

(2) 특 징

① 르네상스 이후의 기독교 예술에 대한 반작용으로 화려하고 사치스러운 장식과 색채를 특징으로 한다.
② 섬세하고 호화로운 장식 문양, 정밀한 조각에서 볼 수 있듯이 로코코의 여성적이고 감각적인 특징은 장식성 짙은 건축과 패션에서도 찾아볼 수 있다.
③ 꽃 모양의 소용돌이를 이용하여 장식하였으며, 곡선 형식의 자유롭게 꼬부라진 다리 등이 유행하였다.
④ 옷이나 은제 식기, 도자기도 꽃무늬와 조가비, 나뭇잎과 같은 소용돌이 무늬를 주로 사용하고 있다.
⑤ 전반적으로 밝은 색조가 주로 사용되었고, 특히 분홍색이 애용되었다.
⑥ 로코코 예술은 장식적이었으나 당시의 무능한 귀족 계급만큼이나 비실용적이었다.
⑦ 대표적인 회화로 와토의 진실한 쾌활, 부대의 출발, 샤르뎅의 정물화의 시조, 탈의의 마야 등이 있다.

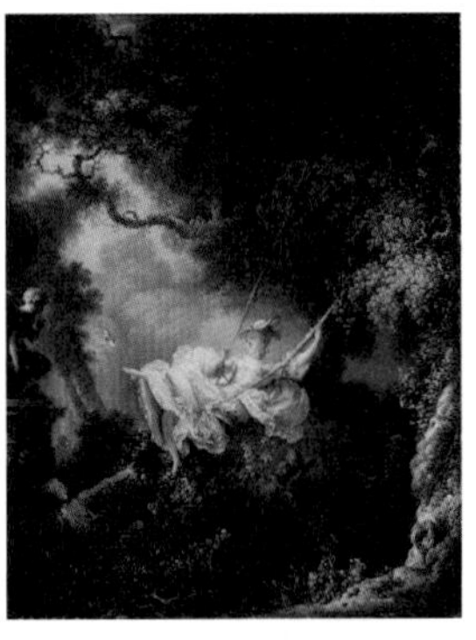

[그네(프라고나르)]

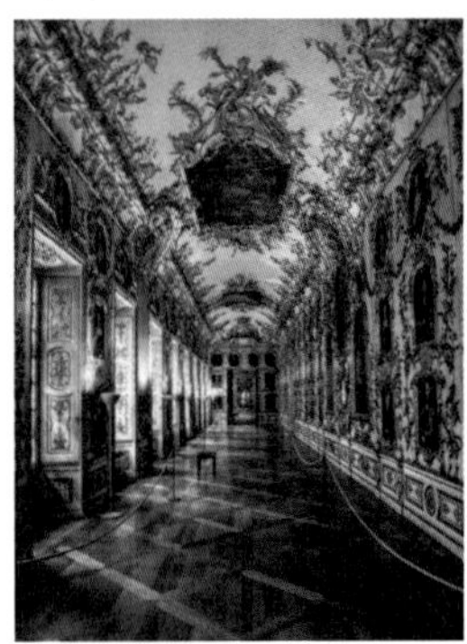

[로코코 시대 실내 장식]

핵심 이론 07 신고전주의와 낭만주의

(1) 신고전주의(Neoclassicism)

① 18세기 후반 로코코의 지나친 장식과 화려함에 식상함을 느껴 그리스·로마의 합리주의적인 화풍으로 되돌아가려는 성향이 등장하였는데, 이러한 경향을 신고전주의라고 한다.

② 신고전주의 화가들은 단순하면서도 섬세한 선과 균형 잡힌 인체 구도를 사용하였다.

③ 신고전주의 회화는 연극무대처럼 한정된 공간, 단순한 구도, 건축적 배경이 많고, 등장인물이 적다. 또한 숨어 있는 비극적 감정을 표현하고자 한다.

④ 후기에는 형식주의에 빠져 개성을 잃어버리고, 낭만주의의 도전을 받았다.

(2) 낭만주의(Romanticism)

① 18~19세기 계몽주의와 신고전주의에 반대하여 나타난 낭만주의는 로맨티시즘(Romanticism)이라는 단어의 기원에서 알 수 있듯이 비현실적인, 지나치게 환상적이라는 어원을 가지고 있으며 이성과 합리, 절대적인 것을 거부한 사조였다.

② 자유와 개성을 중시했던 낭만주의는 자유롭게 내면의 세계를 표출하고 무한의 세계를 동경하며 현실을 초월한 예술 세계를 창조하고자 하였다. 특히 이성의 지배를 부정하며 공상과 감성의 분출을 존중하였다.

핵심예제

19세기 중반에서 후반에 걸쳐 프랑스를 중심으로 전개된 예술사조로서 배경으로는 부르주아의 대두, 과학의 발전, 기독교의 권위 추락 등과 밀접한 관계가 있는 사조는? [2015년 2회 산업기사]

① 바로크 ② 로코코
③ 사실주의 ④ 아르데코

|해설|

사실주의는 낭만주의가 쇠퇴하면서, 현실을 있는 그대로 보고 표현하고자 하는 현실주의 사상에 입각한 미술사조로서, 사실주의 운동에 동참한 예술가들은 자신이 살고 있는 동시의 생활상을 세심하게 관찰하고 진실되게 기록하는 것을 목적으로 삼았다.

정답 ③

제2절 디자인 사조

핵심 이론 01 근대 디자인사

(1) 산업혁명의 영향

① 18세기 영국에서 일어난 산업혁명은 기계혁명이자 생산혁명이고 사회혁명인 동시에 디자인 혁명이었다.

② 프랑스혁명이 진행되고 있을 무렵 영국에서는 명예혁명 이후 상공업이 크게 발전하여 기술혁신에 필요한 자본이 축적되어 있었고 기업가들의 열의도 대단해졌다.

③ 최초로 산업혁명을 이룸으로써 자연히 영국은 세계의 공장이라 불릴 만한 지위를 차지하였고, 후에 자유무역론을 내세워 세계시장을 지배하는 돌풍을 일으켰다.

④ 런던에서 열린 세계 최초의 박람회장 건물인 수정궁은 주철로 된 구조물의 미학적 기능성을 보여 주었다.

⑤ 각국의 기계공업의 성과를 한 곳에 모은 것으로 전시품들은 예전처럼 공예가의 수공기술로 만든 것이 아니라 기계로 제작되어 미적 수준이 낮았으나, 이 박람회는 새로운 기계의 시대가 열렸음을 알리고 디자인에 대한 중요성을 일깨우는 데 커다란 공을 세웠다.

⑥ 만국박람회 이후 1860년대 뉴욕에서는 시민을 위한 대중공원인 센트럴파크가 만들어졌고, 1889년 파리 만국박람회에서는 철골구조의 에펠탑이 세워지는 등 새로운 형태의 디자인이 이루어졌다.

(2) 미술공예운동(Arts and Crafts Movement)

① 배 경

㉠ 일찍이 식민지 개척에 눈을 뜬 영국은 여러 가지 풍부한 자원을 바탕으로 수공예에서 탈피하여 기계에 의한 대량생산 등 산업혁명을 일으켰다.

㉡ 산업혁명 이후 대량생산으로 인해 생산품이 질적으로 저하되었고 예술성의 저하를 가져왔다.

② 성 격

㉠ 영국에서 일어난 건축과 장식미술 분야의 새로운 미술운동이다.

㉡ 윌리엄 모리스(William Morris)가 주축이 된 수공예 중심의 미술운동으로, 예술의 민주화와 생활화를 주장하여 근대 디자인의 이념적 기초를 마련하였다.

㉢ "산업 없는 생활은 죄악이고, 미술 없는 산업은 야만이다."라는 19세기 심미적 이상주의에 사상적 뿌리를 두고 있으며, 후에 프랑스의 아르누보 양식을 창출시키는 등 근대 디자인 운동에 많은 영향을 미쳤다.

㉣ 주로 고딕 양식을 추구하였고 식물 문양을 응용한 유기적이고 선적인 형태가 사용되었다.

③ 윌리엄 모리스(William Morris, 1834~1896)

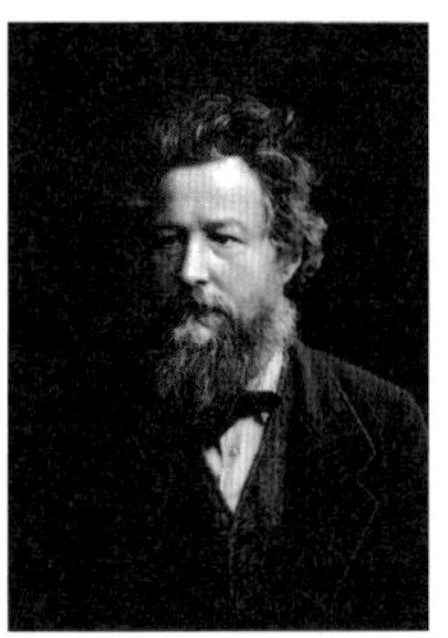

[윌리엄 모리스]

㉠ 윌리엄 모리스는 말버러 대학에 입학하여 중세 역사와 고딕 건축에 높은 관심을 보였으며, 노동의 가치를 찬양하던 존 러스킨(John Ruskin)의 예술론에 상당한 영향을 받았다. 그는 프랑스 북부 지방의 중세 교회들을 방문하면서 자연스럽게 고딕 양식의 아름다움에 매료되어 예술가, 건축가로서의 꿈을 결심하게 된다.

㉡ 대학을 졸업한 후에는 로세티(Dante Gabriel Rossetti), 번 존스(Burne Jones) 등 라파엘 전파의 화가들과 함께 옥스퍼드 대학교 박물관과 학생회관의 천장과 벽에 '아서왕의 죽음'을 주제로 프레스코화를 그리기도 했다. 이러한 경험은 자신의 신혼집인 레드하우스 건축과 디자인 회사 '모리스 마셜 포크너사'의 설립으로 이어졌다.

㉢ 중세 고딕풍의 건축물인 레드하우스는 근대 건축의 출발점이자 미술공예운동의 요람이 되었다.

㉣ 모리스가 실천가로서 역량이 부족하였고 비록 말년에 지극히 수동적인 태도로 기계를 인정할 수밖에 없었다고 할지라도 민중을 위한 조형을 역설하고 만인이 함께 나누어 가질 수 있는 예술을 추구했다는 점과 산업혁명으로 파괴된 인간성과 미의 회복을 목적으로 미술과 공예를 통일하며 수공예를 부흥시키기 위해서는 수공예의 사회적 책임이 중요하다고 주장했다는 점에서 모리스는 20세기 예언자이며 근대 디자인 운동의 아버지였다고 할 수 있다.

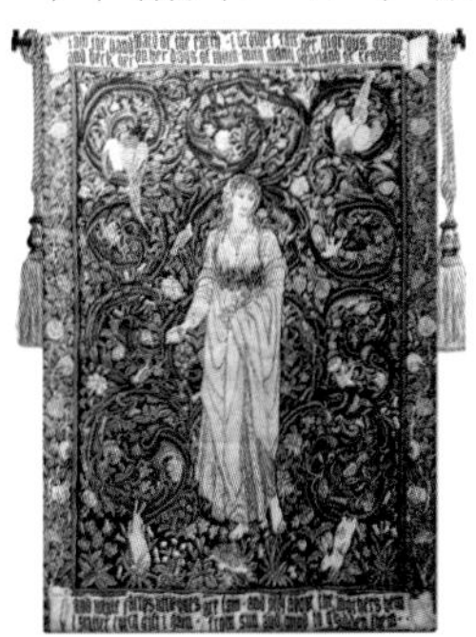

[포모나의 여신나무(윌리엄 모리스의 수공예 태피스트리)]

(3) 아르누보(Art Nouveau)

① 의미와 기원

㉠ 아르누보는 신예술(New Art)이란 뜻으로, 영국에서는 '모던 스타일', 독일에서는 '유겐트 스타일', 프랑스에서는 '기마르 양식', 이탈리아에서는 '리버티 양식'으로 불릴 만큼 여러 나라에서 대대적으로 유행하였다.

㉡ 아르누보는 새로움이라는 개념으로 해석되었으며, 주로 곡선을 사용하고 식물을 모방함으로써 꽃의 양식, 물결 양식, 당초무늬 양식 등으로 불리고 있다.

㉢ 아르누보 양식의 기원은 영국의 미술공예운동에 두고 있으며, 1892년부터는 브뤼셀이 중요한 중심지 중의 하나가 되었다.

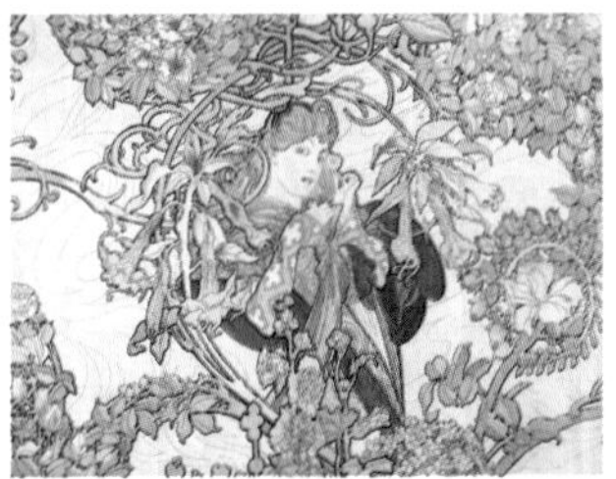

[알폰스 무하의 아르누보 양식]

② 특 징

㉠ 인상주의의 영향을 받아 1900년대 전후 프랑스 파리를 중심으로 일어났던 '신예술 운동'으로 깊이감보다는 장식과 아름다움에 초점을 둔 유미주의적 성향을 띤다.

㉡ 19세기 말에서 20세기 초에 일어났던 양식운동으로 자연물의 유기적 형태를 빌려 건축의 외관 기구, 조명, 실내 장식, 회화, 포스터 등을 장식할 때 사용되었던 양식이다.

㉢ 환하고 연한 파스텔 계통의 부드러운 색조 및 섬세한 분위기를 연출하였으며, 식물의 모티브를 이용하여 장식적, 상징적 효과를 높인 사조이다.

㉣ 이 운동을 통하여 선과 색채, 면과 형태라는 조형적 요소에 새로운 장식적 가치가 부가되었으며 종합적인 디자인의 수단으로서 새로운 의의를 갖게 되었다.

㉤ 아르누보 양식은 과거의 복고주의적 장식에서 탈피하여 상징주의 형태와 패턴의 미학을 받아들임으로써 미술을 모든 생활에 실용화하려 했던 점에서 커다란 의의가 있다. 아르누보 양식에서 가장 독창적이고 화려한 장식을 사용한 스페인의 건축가로 사그라다 파밀리아 대성당과 구엘 공원을 건축한 '안토니오 가우디(Antoni Gaudi)'가 있다.

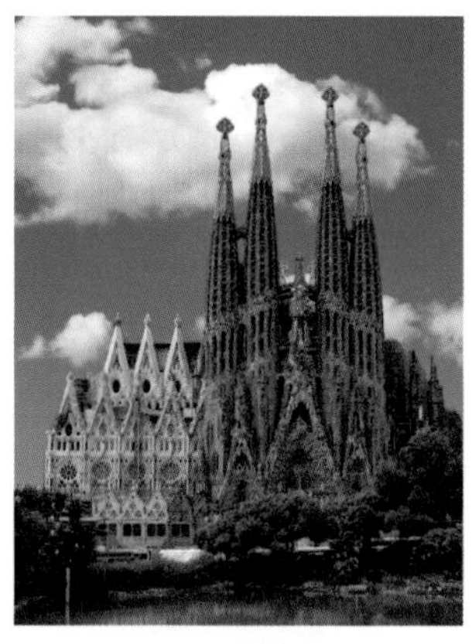

[사그라다 파밀리아 대성당(안토니오 가우디)]

(4) 분리파 – 시세션(Secession)

① 분리파라는 이름은 아카데믹한 예술 그리고 과거의 모든 예술로부터의 분리를 목표로 한다는 의미에서 붙여진 것이다.

② 19세기 말 프랑스 인상파의 영향을 받아 주로 독일과 오스트리아를 중심으로 일어난 반 아카데미즘 미술운동이다.

③ 1897년 요셉 호프만, 요셉 마리아 올브리히, 구스타프 클림트 등이 빈에서 결성한 그룹이다.

④ 과거의 모든 예술로부터의 분리를 목표로 하고 새로운 시대의 예술을 추구하였다. 그들은 속도, 폭력, 전쟁의 영광스런 근대 세계라고 생각했던 것에다 예술을 통합시키고자 하였다.

⑤ 회화, 건축, 공예의 각 분야에 걸쳐 새로운 시대를 개척하였으며 개성적, 창조의 자유를 주장하였다.

⑥ 대표 작가인 오토 바그너(Otto Wagner)는 보수적, 폐쇄적인 과학적 미술에서 벗어나서 클래식한 직선미와 기하학적인 개성을 창조하였다.

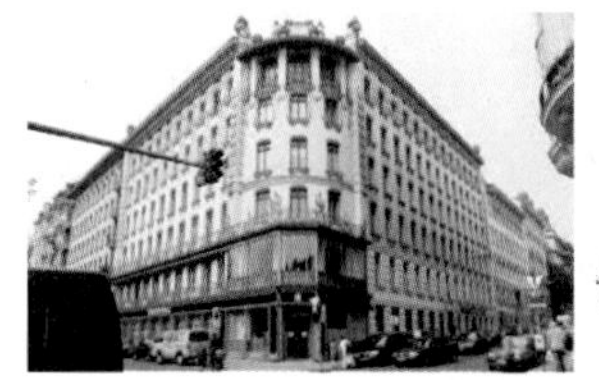

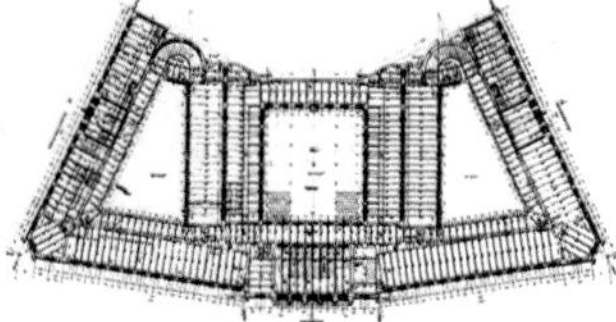

[빈 우체국 저축은행(오토 바그너)]

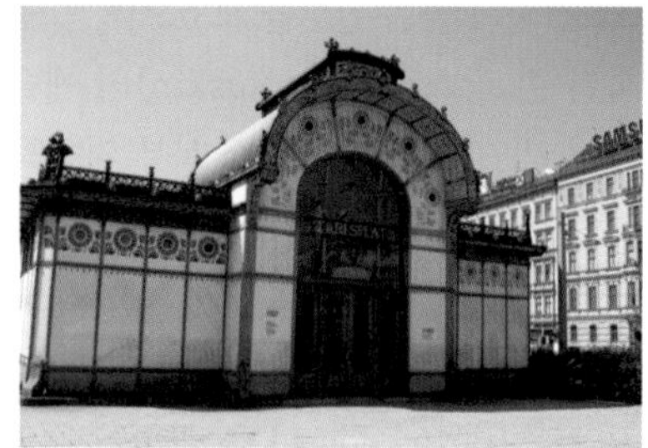

[도시 기차역 칼스플라츠(오토 바그너)]

[구스타프 클림트(Gustav Klimt)]

오스트리아 출신이면서 유겐트 양식의 대표적인 화가이자 분리파(시세션)에 참여했던 구스타브 클림트의 경우 윤곽선이 강조된 얼굴이나 모자이크풍의 평면성과 장식성이 강한 문양을 선보이면서 독자적이고 고혹적인 양식을 창조하기도 하였다. 이들은 종래의 디자인이나 예술과는 다르게 모든 역사적인 양식을 부정하고 자연 형태에서 모티브를 빌려 새로운 표현을 얻고자 했다. 특히 덩굴이나 담쟁이 등 식물의 형태를 연상하게 하는 유연하고 유동적인 선과 파상무늬, 당초무늬, 화염무늬 등 특이한 장식성을 자랑했고, 유기적이고 움직임이 있는 모티브를 즐겨 좌우상칭이나 직선적 구성을 고의로 피했다.

(5) 사실주의(Realism)

① 사실주의는 19세기 중반 낭만주의와 이상주의에 대한 반동으로 프랑스를 중심으로 일어난 미술사조이다.

② 실증주의를 바탕으로 사실적 묘사를 통해 대상을 있는 그대로 표현하고자 하였다.

③ 이 시기에는 귀족사회에서 시민사회로 이행되면서 인간과 사회를 향한 객관적이고도 실증적인 탐구가 진행되었다. 사실주의자들은 동시대를 상상적 유희나 풍자의 대상으로 보는 것이 아니라, 현재를 객관적으로 인식하는 것을 자신들의 소명이라 생각하여 눈에 보이는 것만을 그리도록 하였다.

④ 우아한 포즈나 미끈한 선, 인상적인 색채는 없으나 자연스럽고 균형 잡힌 구도로 안정감을 준다.

⑤ 무겁고 어두운 톤의 색채가 특징이다.

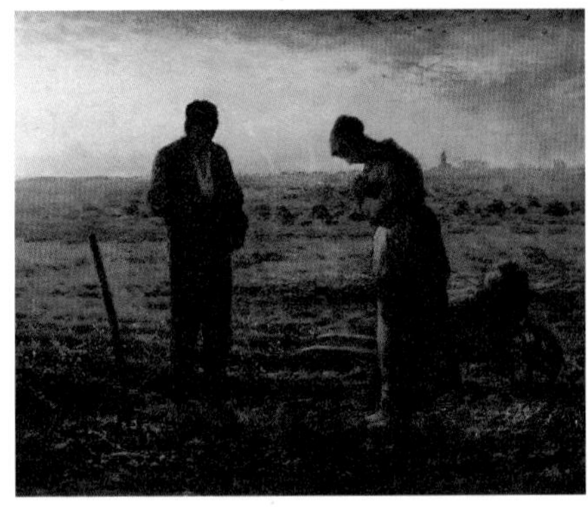

[밀레의 만종(사실주의 회화)]

(6) 독일공작연맹(DWB)

① 1907년 헤르만 무테지우스(Hermann Muthesius)가 주축이 되어 결성하게 된 독일공작연맹은 예술가나 건축가뿐만 아니라 공업이나 상업에 종사하는 실업가를 포함한 디자인 진흥단체이다.

② 미술과 산업의 협력에 의해 공업 제품의 질을 높이고 규격화를 목적으로 결성하였다.

③ 의 의

㉠ 단순한 공예운동이나 건축운동이 아니라 결집된 형태의 운동을 전개함으로써 디자인의 근대화를 추구하였다.

㉡ 미술과 산업 분야에서 제품의 질을 높이면서도 규격화와 표준화를 실현하여 대량생산 체제에 한 발짝 다가설 수 있는 계기를 마련했다.

㉢ 규격화한 형태로서 대량생산하여 그 목적을 달성할 수 있다고 생각하였으므로 간결하고 합리적인 양식을 만들어 가고자 했다.

㉣ 단순하고 합리적인 양식 등 디자인의 근대화를 추구하였으며, 미술과 공업의 결합을 시도하고 기계 시대에 표준 스타일을 설정한 그들은 현대적인 디자인에서 역사적 중요성을 갖는다.

④ 대표 인물로 건축가인 피터 베렌스(Peter Behrens), 앙리 반데벨데(Henry van de Velde)가 있다.

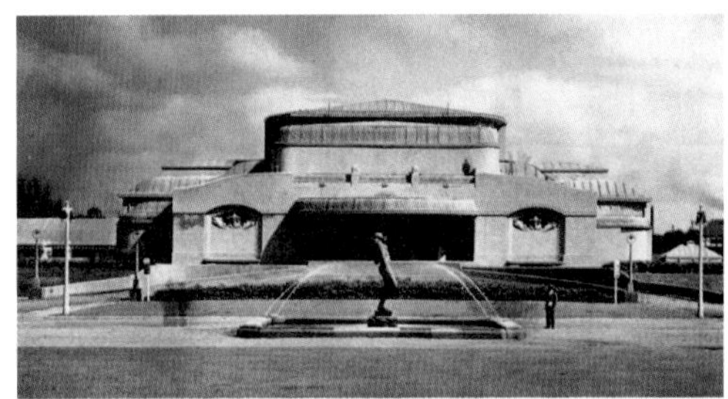

[베르크분트 극장(앙리 반데벨데)]

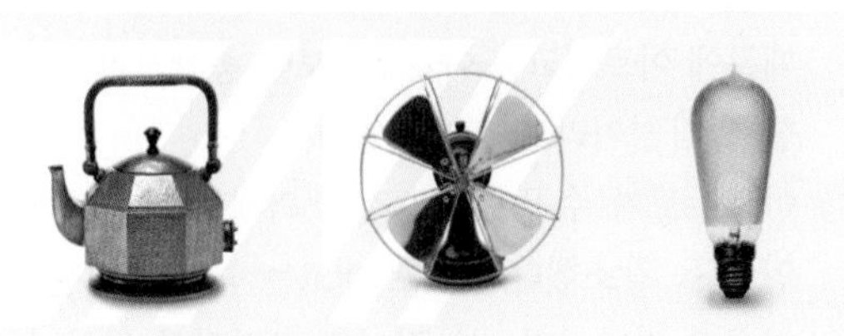

[독일공작연맹(피터 베렌스)]

(7) 아르데코(Art Deco)

① 유래와 명칭

㉠ 1925년 파리의 현대장식 산업미술 국제박람회의 약칭에서 유래되었다.

㉡ 아르데코(Art Deco)는 장식미술을 뜻하는 아르 데코라티프(Art Décoratif)를 줄인 말로 기능적이고 단순한 미를 강조하는 미술양식이다.

② 특 징

㉠ 일명 1925년 양식이라고도 불리는 아르데코는 모더니즘과 장식미술의 결합체이다.

㉡ 현대적, 도시적인 감각과 제1·2차 세계대전 사이의 낙관적, 향락적 분위기가 잘 드러난 예술사조이다.

㉢ 파리를 기점으로 직선적이며 기하학적인 형태와 패턴이 반복된다.

㉣ 동서양의 고대 전통문양을 인용하여 민속적인 이미지를 강하게 표현하는 동시에 모더니즘의 시작을 알리듯 현대적이면서 도시적인 이미지로 모더니즘과 장식미술의 결합을 보여주었다.

㉤ 아르데코는 20세기 입체파, 미래파 등에 의해 개척된 모더니즘 양식을 기본으로 하면서도 그것을 장식적으로 활용했다는 점에서 모더니즘의 장식적 가능성을 보여주며, 또 그 점에서 아르누보와 구별된다.

③ 아르누보와의 비교

㉠ 유동적인 곡선을 애용했던 아르누보와는 대조적으로 아르데코는 기하학적인 형태가 반복되는 패턴이다.

㉡ 아르누보가 비대칭으로 화려한 식물의 유기적인 곡선을 지향한 데 비해서 아르데코는 대칭으로 기계적인 추상적 형태와 기하학적 직선을 지향하여 모더니즘을 탄생시켰다.

㉢ 아르데코는 건축과 공예, 패션, 자동차, 콤팩트, 향수병 등 생활 디자인의 다양한 분야에 파급되었고, 그 때문에 아르데코는 아르누보보다 종합적이며 광범위한 스타일이라고 할 수 있다.

㉣ 아르누보가 수공예적인 것에 의해 나타나는 연속적인 선을 강조했다면, 아르데코는 공업적 생산방식을 미술과 결합시킨 기능적이고 고전적인 직선미를 추구했다.

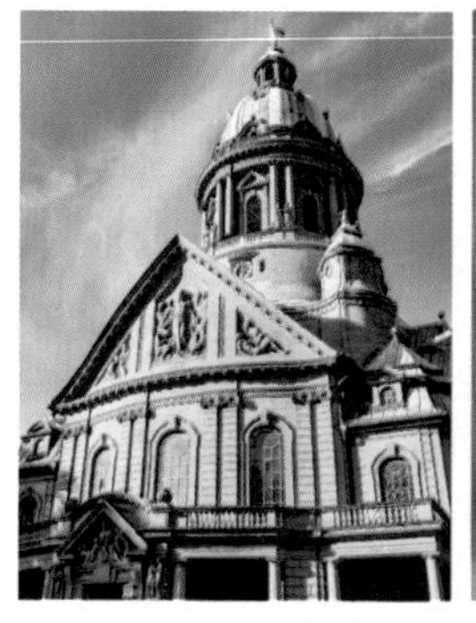
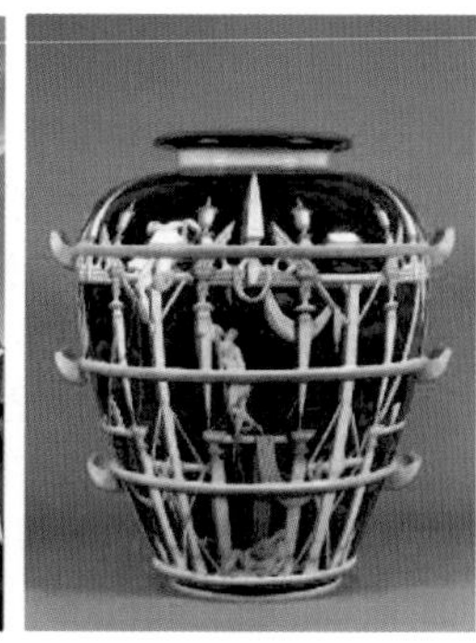

[아르누보 스타일]

④ 색 채

㉠ 1890~1900년대까지 아르누보 시대의 엷은 색조에서 야수주의 영향을 받아 20세기로 향하는 강렬한 색조로 변화하였다.

㉡ 아르데코 디자인은 국가별, 작가별로 다양한 특성을 나타내지만 그 대표적인 배색은 검은색, 회색, 녹색의 조합이며 여기에 갈색, 크림색, 주황색의 조합도 일반적이다.

(8) 바우하우스(Bauhaus)

① 시 작

㉠ 독일공작연맹의 이념을 계승하여 발터 그로피우스(Walter Gropius)가 1919년 독일의 바이마르에 미술공예학교를 세움으로써 시작되었다.

㉡ 바우하우스는 대학의 이름이자 예술사조이기도 하다.

㉢ 바우하우스에서는 완벽한 건축물이 모든 시각예술의 궁극적 목표라고 선언하고 예술과 기술을 결합하고자 하였다. 특히 교사와 학생이 함께 공동의 목표를 실현하기 위해 힘썼으며, 과거 문화에 연루되지 않으면서도 고루한 것을 과감하게 타파하고자 새로운 공작교육, 형태교육, 예비 조형교육 등을 실시하였다.

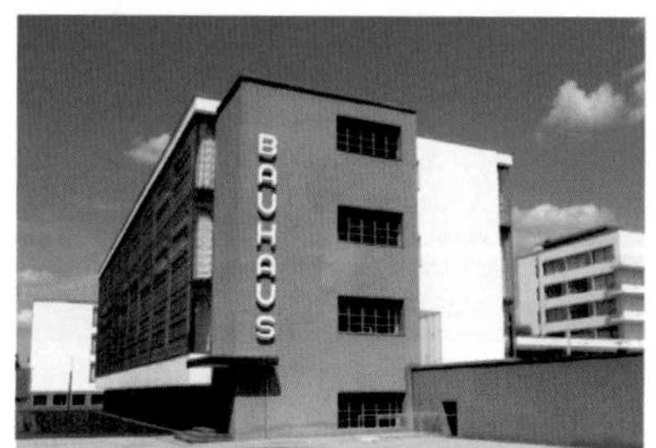

[바우하우스]

② 특 징

㉠ 예술 창작과 공학적 기술의 통합을 목표로 삼고 현대 건축, 회화, 조각, 디자인에 결정적인 영향을 주었다.

㉡ 바우하우스는 과거 문화에 연루되지 않고 고루한 것을 과감하게 타파하는 것이 목표였으므로 색에 어떤 제한도 없다.

㉢ 색채와 같은 형식에 어떠한 제한도 두지 않는 새로움을 추구하면서, 고딕 양식과 합목적적이고 기본에 충실한 예술을 지향해 기능과 관계없는 장식을 배제한 스타일을 추구하였다.

③ 바우하우스 운동에 영향을 준 인물로 앙리 반데벨데(Henri Van de Valde)가 있고, 이후 주요 인물로는 모홀리 나기(Moholy Nagy), 요하네스 이텐(Johannes Itten), 발터 그로피우스(Walter Gropius), 한네스 마이어(Hannes Meyer), 마르셀 브로이어(Marcel Breuer) 등이 있다.

(9) 인상주의(Impressionism)

① 19세기 말 프랑스에서 일어난 회화운동으로 '재현'의 회화를 벗어나 개인의 시각적인 경험이나 느낌을 화면에 표현하고자 하였다.

② 최초로 색을 도구화하고, 화가들 자신의 시각적 경험을 바탕으로 야외에서 실제로 보면서 작업함으로써 색채의 발전에 기여하였다.

③ 빛에 의해 시시각각 변하는 색채현상들을 붓으로 여러 색을 지어내듯 표현하여 혼색의 효과를 추구하였다. 이러한 다채로운 색감은 이후 표현주의에 많은 영향을 미쳤다.

④ 슈브뢸과 루드의 영향으로 병치혼색의 회화적 표현인 점묘화법이 발달하였다.

⑤ 대표 화가로 시냐크, 쇠라, 모네, 고흐 등이 있다.

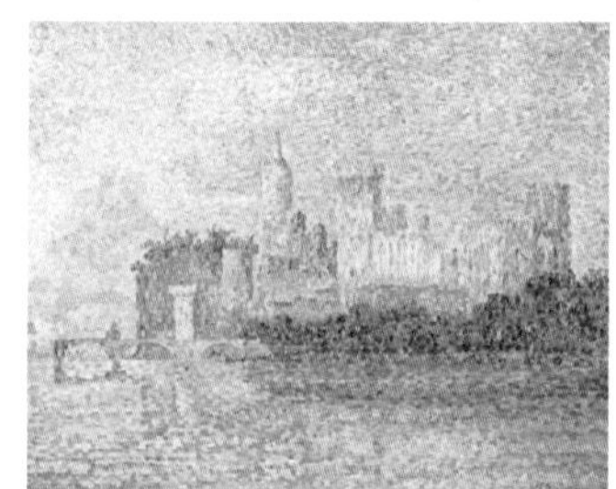

[아비뇽 교황청(폴 시냐크)]

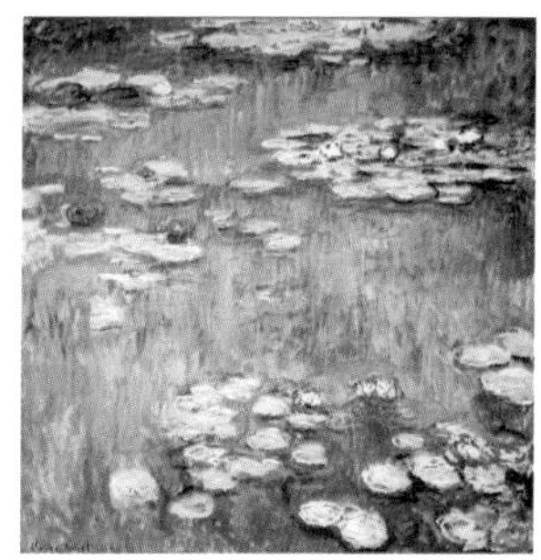

[연꽃(모네)]

(10) 야수파(Fauvism)

① 19세기 후반에서 20세기 초 인상주의의 타성적인 화풍에 반기를 든 작가들이 원색의 굵은 필촉을 사용하여 대담하고 강렬하게 표현하면서 새로운 화풍이 형성되었다.

② 1905년 살롱 도톤느에 출품된 한 소녀상 조각을 보고 비평가 루이 보셀(Louis Vauxcelles)이 "마치 야수의 우리 속에 갇혀 있는 도나텔로 같다."고 평한 데서부터 유래한 명칭이다. 색채를 표현의 도구뿐만 아니라 주제의 이미지로도 삼았다.

③ 기존의 아카데믹한 화풍과 다르게 순수한 색채를 추구하고 필치가 자유로운 것이 특징이다.

④ 대표 화가로는 앙리 마티스(Henri Matisse), 조르주 루오(Georges Henri Rouault), 모리스 드 블라맹크(Mourice de Vlaminck) 등이 있다.

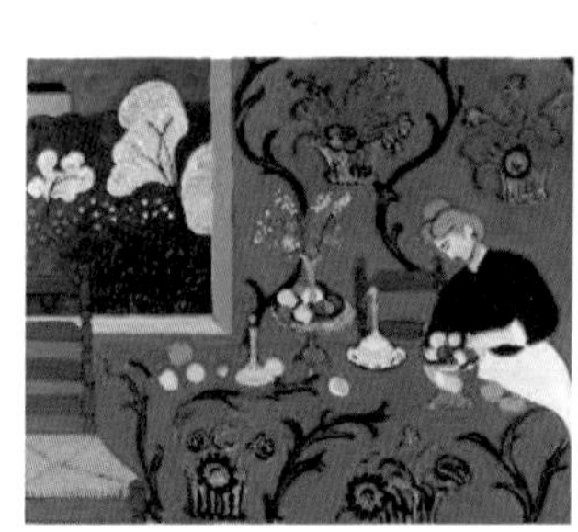

[붉은 방(앙리 마티스)]

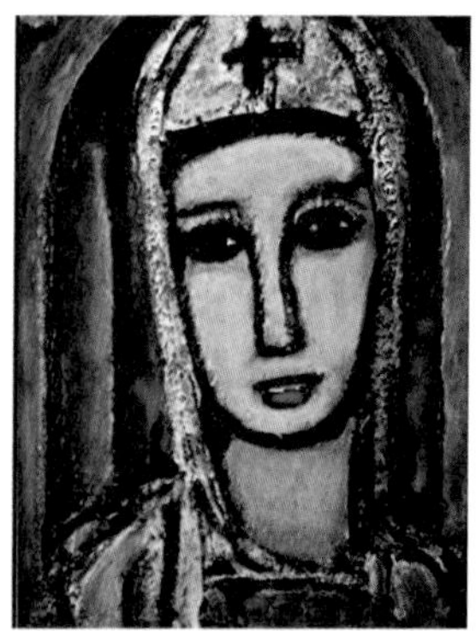

[베로니카(조르주 루오)]

(11) 비대칭 추상미술

① 원색에서의 극도의 명도대비를 이용한 대담한 작품으로 리드미컬한 화면 구성을 보였다.

② 대표 화가로 독일의 칸딘스키(Kandinsky) 등이 있다.

(12) 큐비즘(Cubism)

① 창시와 배경

㉠ 입체파라고 불리는 큐비즘은 정육면체라는 뜻의 '큐브(Cube)'에서 유래된 용어로 사물을 3차원적인 공간과 입체감을 가지고 표현했던 사조이다.

㉡ 1909년 조르주 브라크(Georges Braque)와 파블로 피카소(Pablo Picasso)의 독립된 조형상의 모색을 통해 탄생한 운동으로, 그들은 이념의 리얼리즘을 추구하며 자연을 원통, 구, 원추로 보아야 한다고 주장하였다.

㉢ 세잔(Cezanne)의 자연해석과 아프리카 원시조각의 형태감이 큐비즘의 동기이다.

㉣ 세잔의 이론은 화가가 3차원의 세계에서 본 모든 측면들을 편평한 표면 위에 재현하는 것을 목표로 삼았다.

㉤ 피카소는 사물을 대담하게 변형하고 면들을 분할하며, 형식감각(형식에 대한 형식주의)을 살림으로써 사물을 체계적으로 변형시켰다.

[파블로 피카소]
스페인 태생으로 프랑스에서 활동한 입체파 화가이다. 프랑스 미술에 영향을 받아 파리로 이주하였으며 르누아르, 툴루즈, 뭉크, 고갱, 고흐 등 거장들의 영향을 받았다. 초기 청색시대를 거쳐 입체주의 미술양식을 창조하였고 20세기 최고의 거장이 되었다.

② 특 징

㉠ 추상과 재현의 경계를 무너뜨려 새로운 조형성을 보여 주었다. 다채로운 색채와 색상의 대비를 적극적으로 사용하여 개성 넘치는 형태로 20세기 초 야수파와 함께 창의적인 예술운동을 이끌었다.

㉡ 형태상 극단적인 해체와 단순화, 추상화가 큐비즘의 특징이다.

㉢ 3차원의 대상을 2차원의 화면에 병치하고 시간을 화면에 도입함으로써 전통적인 회화원리를 무너뜨렸다.

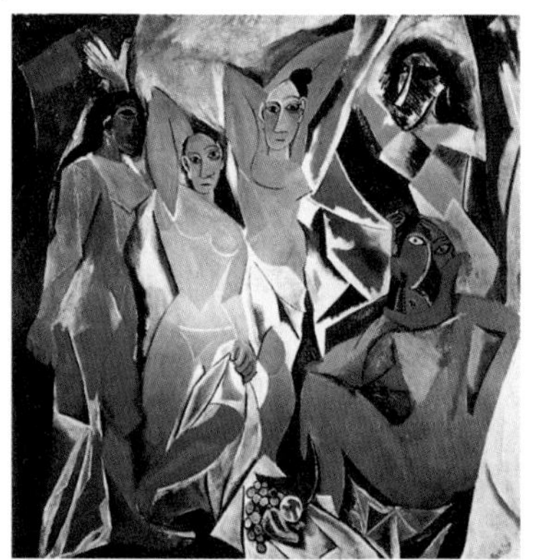

[아비뇽의 처녀들(파블로 피카소)]

(13) 구성주의(Constructivism)

① 제1차 세계대전을 전후하여 러시아를 중심으로 전개된 예술운동으로, 귀족과 부르주아의 전유물이었던 미술을 대중화시키고자 하였다.

② 기계 문명의 눈부신 발전과 함께 금속이나 유리, 그 밖의 공업 재료를 과감히 받아들여 자유롭게 썼으며 기하학적 질서나 그 요소의 합리적 배열, 패턴 등이 특징이다.

③ 예술가는 근대 산업의 재료와 기계를 사용하는 기술자여야 한다고 주장하고 기계적 또는 기하학적인 형태를 중시하여 역학적인 미를 창조하고자 하였다.

④ 자연을 모방하거나 재현하는 전통적인 미술 개념을 전면적으로 부정하고 현대 기술적 원리에 따라 실제 산물을 생산하는 것을 예술적 목표로 삼았다. 따라서 구성주의자들에게는 일반 생산과 예술 창작이 구별되지 않았다.

⑤ 예술의 추상적 소성(순수한 표면, 구성, 선과 색 등)을 과학적・실천적 입장에서 탐구하고자 했다.

⑥ 대표 인물로 로드첸코(Rodchenko), 말레비치(Malevich), 엘 리시츠키(El Lissitzky) 등이 있으며, 말레비치는 독립된 단위로서의 색채를 강조하면서 명시도와 가시도 등과 같은 시각적 특성을 고찰하여 합리적으로 사용되도록 하였다.

⑦ 의 의

㉠ 기계 생산과 건축공학 및 그래픽 사진 등과 같은 커뮤니케이션 수단과 미술가들을 조화시킴으로써 사회 전체의 물질적, 지적 요구를 고양시키려는 신념을 가졌으나 공산주의 경제체제에 맞지 않았기 때문에 스탈린에 의해 종식되었다.

㉡ 1934년 러시아의 예술이념으로 사회주의 리얼리즘이 공식화됨에 따라 구성주의 운동은 막을 내려야 했지만 현대 미술사에서 매우 독보적인 위치를 차지하며, 최근 건축에서의 해체주의적 경향은 구성주의의 영향을 또 다른 측면에서 보여 주고 있다.

㉢ 러시아의 구성주의는 특히 독일의 바우하우스에 큰 영향을 주었다.

> **[절대주의(Absolutism)]**
> 러시아 혁명 이후 구성주의와 함께 일어난 전위 미술의 하나이다. 화가가 수동적인 태도로 자연환경을 똑같이 재현하는 것이 아니라 그 자체로 의미 있는 실재를 창조하고자 했다. 즉, 회화에 있어서 재현을 거부하고 가장 단순한 구성을 위해 순수 감성을 추구하는 기하학적 추상주의라고 할 수 있다. 대표적인 화가인 말레비치(Kazimir S. Malevich)는 "절대주의는 창작 예술에 있어서 순수 감성의 절대적 우위를 말한다." 고 주장하면서 시각적, 물질적 세계를 초월하여 정신세계를 표현하고자 노력하였다. 기하학적인 질서와 순수한 스펙트럼의 색을 사용하여 명시성과 가시성을 높인 화파로도 잘 알려져 있다.

(14) 모더니즘(Modernism)

① 배 경

㉠ 모더니즘은 19세기 말 산업화의 결과로 등장한 새로운 문화운동으로, 빅토리아 시대의 타락과 탐욕 혹은 사실주의와 같은 과거의 규범을 벗어나고자 하는 움직임이었다. 주로 산업혁명과 같은 기계 메커니즘과 그에 따른 대량생산 시스템, 제품의 규격화와 단순함을 추구하여 빠른 속도로 전파되었다.

㉡ 모더니즘을 이끌 수 있었던 원동력이 1907년 서유럽의 독일공작연맹 단체가 보여준 디자인의 규격화 혹은 근대화였다는 것은 시사를 하는 바가 매우 크다.

② 특 징

㉠ 모더니즘은 전위적이고 실험적인 예술을 뜻하고, 과거보다는 현재와 미래에 관한 의식을 형상화하고자 하였다.

㉡ 사회적 기능에서 탈피한 예술을 위한 예술을 주장하였다.

㉢ 모더니즘은 프랑스 상징주의의 영향을 받아 주관성과 개인주의를 기본 원칙으로 객체보다는 주체를, 외적 경험보다는 내적 경험을, 집단보다는 개인의식을 중요시하였다.

㉣ 흰색과 검은색을 주로 사용하였으며, 실용적이고 심플한 디자인을 추구하였다.

㉤ 일상에서 사용할 수 있는 실용적이고 간편한 디자인이 현대 생활에 맞는 것이라고 역설하면서 모더니즘은 이성적이고 합리주의적인 형태를 추구하였다.

㉥ 대표적인 작가로는 르 코르뷔지에(Le Corbusier)가 있으며, 그는 "주택은 인간이 들어가 살기 위한 기계이다."라고 주장하면서 합리적인 형태를 추구하였다.

> **[르 코르뷔지에의 모듈 개념]**
> 르 코르뷔지에에 의하면, 모듈(Module)은 고대 그리스・로마의 건축에서 각 부분의 길이와 그 비율이 이상적일 때를 가리키는 '모듈러스(Modulus)'를 어원으로 한다. 인력 부족과 수요 증대에 따른 건축 공사의 기계화와 건축 재료나 부품의 합리적인 공업화를 위한 노력은 오래전부터 세계 각국에서 연구・개발되어 온 것이다. 이러한 필요성에 따라 기준자수의 값을 모아 놓은 것이 모듈이며, 건축 재료의 크기에 의해 정해지던 모듈의 개념에 새롭게 접근한 사람이 르 코르뷔지에이다. 그는 모듈 본래의 사고방식인 비례의 개념에서 '황금비례'의 중요성을 찾아내고 자신의 모듈에 '모듈러(Modular)'라는 새로운 단어를 붙였다. 모듈러 디자인 시스템을 통해 아름다움의 근원인 인간 신체의 척도와 비율을 기초로 황금분할을 찾아 무한한 수학적 비례 시리즈를 만들었다.

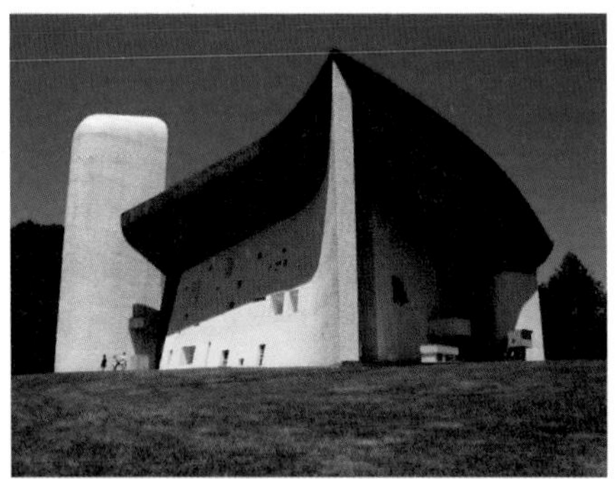

[르 코르뷔지에의 모더니즘 양식]

(15) 데 스테일(De Stiljl)

① 의 미

㉠ 데 스테일은 네덜란드어로 '양식'이라는 뜻이며, 입체파와 추상주의 미술을 주축으로 구성된 예술단체의 명칭이었다. 데 스테일이란 용어도 그들이 발간한 잡지의 이름에서 유래되었다.

㉡ 모든 구성적인 요소를 버리고 순수한 형태미를 추구하여 신조형주의라고도 불린다.

② 특 징

㉠ 독일의 표현주의, 소련의 구성주의와 함께 출연한 운동이다.

㉡ 반데스버그(Theo van Doesburg), 몬드리안(Piet Mondrian) 등이 1917년에 파리에서 결성한 그룹이다.

㉢ 새로운 기계시대의 상징으로 '기하학적인 형태가 기능적인 것'이라는 기능주의 철학을 대두시켰고 화면을 정확한 수평과 수직으로 분할하고 3원색과 무채색을 이용하여 단순하고 차가운 추상주의를 표방하였다.

㉣ 몬드리안을 중심으로 한 추상미술운동으로 러시아의 절대주의에 영향을 받아 순수기하학적인 절대미학을 중시하였다.

㉤ 어떤 색을 사용하는가 보다는 색 면을 어떠한 공간적 질서 속에서 위치시키고 배분하느냐의 단순한 면 구성을 중시하였다.

㉥ 모더니즘의 대표적인 사조로 색채는 빨강, 노랑, 파랑의 순수 원색으로 제한되어 있으며, 강한 원색대비와 무채색의 흑백대비를 이용한 단순한 면 구성이 특징이다.

③ 대표적인 화가인 몬드리안을 중심으로 명확함과 질서 있는 시각적 요소를 표현하였던 데 스테일은 1920년대에는 네덜란드를 넘어 바우하우스와 국제주의 양식에 영향을 미쳤다.

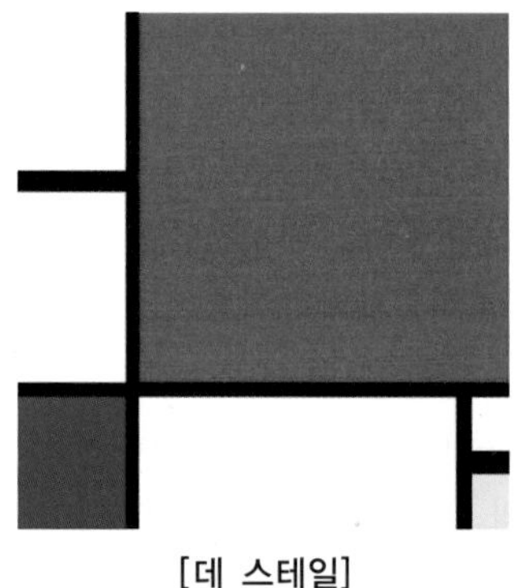

[데 스테일]

(16) 아방가르드(Avant-garde)

① 원래 프랑스의 군대 용어였던 아방가르드는 제일 앞에서 진군하는 주력 부대의 전위대를 의미한다.

② 예술에서는 급격한 진보적 성향을 일컫는 말로써 시대사조이자 예술 행위의 한 형태라고 할 수 있다.

③ 아방가르드라는 말은 이상적인 사회 개혁을 위해 쓰이기 시작한 이후 양식이라기보다는 예술 창작의 자유에 대한 규범을 제시하는 용어가 되었다.

④ 아방가르드는 앞선 색채를 지향하였으며, 밝고 화사한 색조가 유행할 경우 어둡고 칙칙한 색조를 주조색으로 사용하기도 하였다.

핵심예제

1-1. 근대 디자인의 역사에 지대한 영향을 끼친 바우하우스 디자인학교는 언제 설립되었는가? [2016년 3회 기사]

① 1909년 ② 1919년
③ 1925년 ④ 1937년

1-2. 다음에서 설명하는 디자인 사조는? [2016년 3회 기사]

인상주의의 영향을 받아 부드러운 색조가 지배적이었으며 원색을 피하고 섬세한 곡선과 유기적인 형태로 장식미를 강조

① 다다이즘 ② 아르누보
③ 포스트모더니즘 ④ 아르데코

1-3. 예술, 디자인계 사조별 색채특성에 관한 설명 중 틀린 것은? [2018년 1회 산업기사]

① 야수파는 색채의 특성을 이용하여 강렬한 색채를 주제로 사용하였다.
② 바우하우스는 공간적 질서 속에서 색 면의 위치, 배분을 중시하였다.
③ 인상파는 병치혼합 기법을 이용하여 색채를 도구화하였다.
④ 미니멀리즘은 비개성적, 극단적 간결성의 색채를 사용하였다.

|해설|

1-1
바우하우스는 1919년 독일의 바이마르에서 발터 그로피우스에 의해 세워진 미술공예학교이다.

1-2
① 다다이즘 : 제1차 세계대전 이후 기존의 부르주아 사상과 전통에 반기를 들고 파격적이면서도 자유로운 형태의 예술을 지향했던 예술사조로 일반적으로 어둡고 칙칙한 색조가 사용되었고, 색채는 화려한 면과 어두운 면의 성격을 모두 가지는 것이 특징이다.
③ 포스트모더니즘 : 탈모더니즘이란 뜻으로, 근대 디자인의 탈피, 기능주의의 반대와 함께 개성이나 자율성을 중요시한 문화현상을 말한다. '형태는 재미를 따른다'는 가치하에 유머와 위트, 장식성을 회복하려 노력하였으며, 예술과 공예, 디자인 사이에 존재하던 장르의 벽을 허물었다.
④ 아르데코 : 기능적이고 단순한 미를 강조하는 미술사조이다. 아르누보와 직선적 모더니즘의 변환기에 있으며, 기하학적인 요소가 주로 사용되었다.

1-3
공간적 질서 속에서 색 면의 위치, 배분을 중시한 것은 데 스테일 또는 추상주의와 관련이 있다.

정답 1-1 ② 1-2 ② 1-3 ②

핵심 이론 02 현대 디자인사

(1) 다다이즘(Dadaism)

① 시작과 의미
㉠ 제1차 세계대전 이후 기존의 부르주아 사상과 전통에 반기를 들고 새롭고 파격적인 것이 미술의 주제가 되어야 함을 강조하면서 시작된 화파이다.
㉡ '다다(Dada)'란 프랑스어로 장난감 목마 혹은 뜻이 없는 무의미를 나타낸다. 이는 자유로운 형태의 예술을 지향했던 다다이즘의 회의주의적인 면모를 그대로 보여 주는 것이라 할 수 있다.

② 특 징
㉠ 부르주아 계층의 고상한 취향을 강조하는 예술에 대한 확신을 직접적으로 공격하고 정치적, 도덕적, 미적인 위기에 대해서 개인적인 자유의 필요성을 주장하였다.
㉡ 개인의 완전한 자유를 위하여 이에 반대되는 모든 것들을 파괴하여 옷 벗기, 쌍소리, 자살 같은 공격적, 파격적, 희극적인 방법이 사용되었다.
㉢ 다다이즘에서는 일반적으로 어둡고 칙칙한 색조가 사용되었고, 색채는 화려한 면과 어두운 면의 성격을 모두 가지는 것이 특징이다.
㉣ 미술 재료의 영역을 확장하여 콜라주와 인쇄매체 등을 자유롭게 사용하는 동시에 예술에 있어서 정신적인 측면을 새롭게 표현하였다.
㉤ 예술과 삶의 구분을 거부하여 관람자와 작품과의 대화가 시작되며 기성품이라는 오브제(Objet)의 등장으로 금세기의 새로운 조형언어가 시작되었다.

③ 뒤샹과 다다이스트들의 반전통, 반부르주아적 의도는 네오 다다(Neo-dada) 이후 팝아트, 누보리얼리즘, 아르테 포베라, 최근의 미술에 이르기까지 오브제의 긍정적 사용이라는 또 하나의 전통으로 이어져 왔다. 우표, 신문지, 철사, 성냥 등 다양한 소재를 활용한 새로운 기법의 콜라주를 선보였다.

④ 대표 작가로 마르셀 뒤샹(Marcel Duchamp), 쿠르트 슈비터스(Kurt Schwitters) 등이 있다.

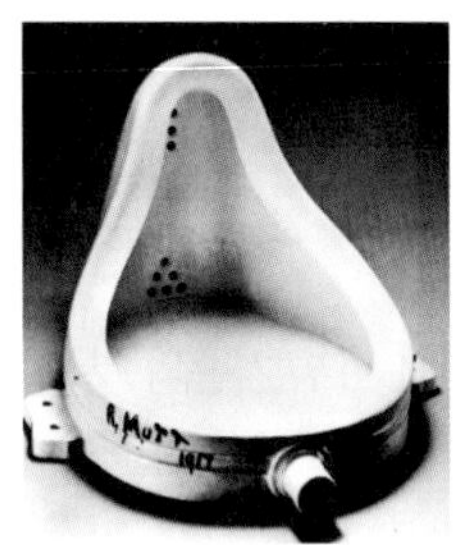

[샘(마르셀 뒤샹)]

(2) 초현실주의(Surrealism)

① 시 작

㉠ 초현실주의는 1919년부터 제2차 세계대전이 일어나기 전까지 약 20년 동안 프랑스를 중심으로 일어났던 전위미술운동이다.

㉡ 초현실주의의 기원은 다다이즘에서 찾아볼 수 있으며, 기존의 예술 체계를 부정한 독특한 표현과 성향을 콜라주와 오브제 같은 표현방식으로 따르기도 했다.

㉢ 1924년 앙드레 브르통(André Breton)에 의해 일어났으며, 프로이트의 잠재의식 표출을 통한 인간 해방을 꿈꾸는 반합리주의 운동이다.

② 특 징

㉠ 경험적인 통상적 세계보다 더 참된 세계가 존재한다는 믿음을 갖고, 무의식적인 정신세계를 통하여 초월적 세계를 확인하려는 예술적 시도이다.

㉡ 프로이트 학설의 영향을 받아 인간심리의 무의식을 발견하여, 심층심리학의 발달에 따라 이것과 관련된 인간이 지니고 있는 일체의 힘을 회복하는 예술을 주장하였다.

㉢ 초현실주의자는 꿈의 이미지를 회화적으로 재현하는 것만이 아닌, 억압된 무의식 내용에 접근할 수 있는 다양한 수단을 강구하였다.

㉣ 이성의 지배를 배척하고 비합리적인 무의식의 세계, 꿈의 세계를 표현하는 예술운동으로 유럽 문명의 가장 기본적인 원리인 합리주의, 이른바 이성에 대한 도전과 재래의 예술형식을 격렬하게 파괴하는 양상으로 나타났다.

㉤ 주로 몽환적 색채와 연결되는 고명도와 밝은 색채들을 사용하였다.

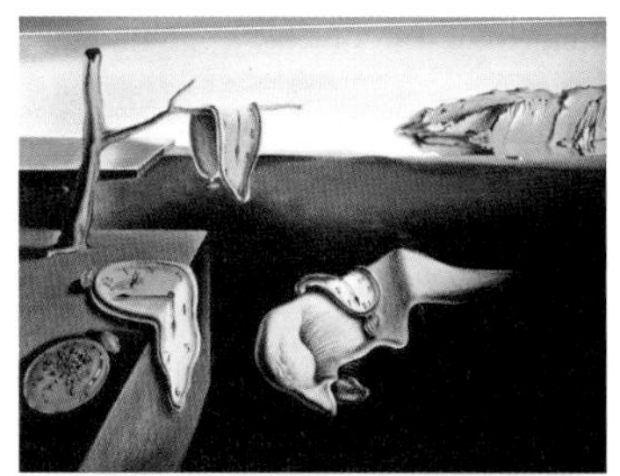

[기억의 지속(살바도르 달리)]

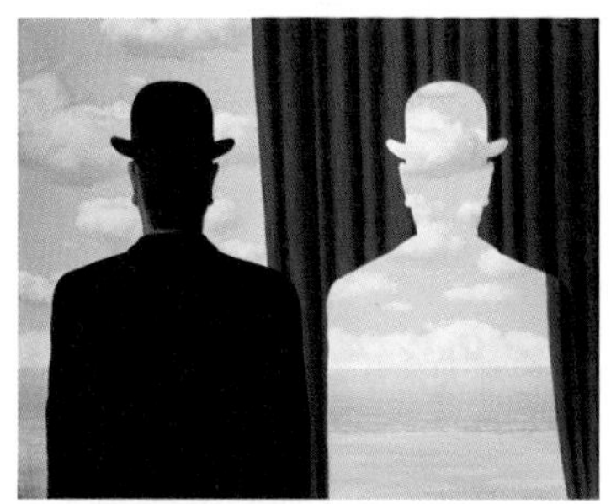

[데칼코마니(르네 마그리트)]

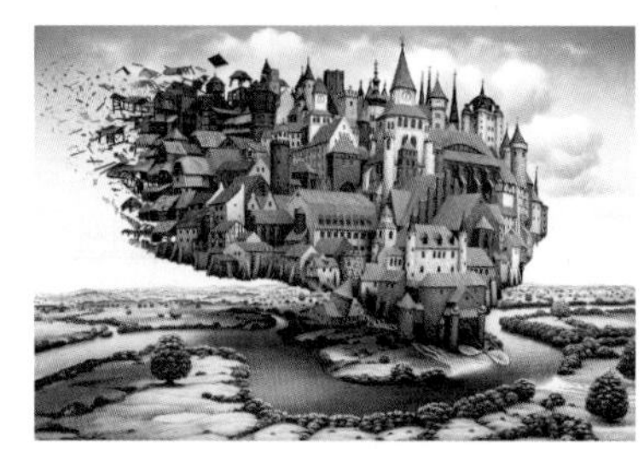

[블라드미르 쿠쉬]

(3) 추상표현주의(Abstract Expressionism)

① 1940년대~1960년대 초에 미국에서 전개된 미술의 한 동향을 가리키는 추상표현주의는 원래 1919년 독일의 표현주의 잡지에서 구상적인 표현에 대립되는 개념으로 사용한 것에서 유래하였다.

② 추상표현주의라는 말은 '자기표현과 무관함', '비개인적'이라는 의미를 담고 있는 미국 회화에 있어서 엄밀하게는 모순된 명칭이나 빈번히 사용된다.

③ 어두운 색채의 사용과 강렬한 원색, 명도가 높은 파스텔 계열의 다양한 색채들이 혼합적으로 사용되었다.

④ 대표 작가로 잭슨 폴록(Jackson Pollock), 바넷 뉴먼(Barnett Newman), 마크 로스코(Mark Rothko) 등이 있다.

⑤ 20세기 초에 추상미술의 대표 화가였던 칸딘스키는 강한 원색대비와 함께 후기에는 단순한 명도대비에 의한 작품도 남겼다. 미국에서의 액션 페인팅 또한 이러한 표현적인 성향을 드러내며, 화면 전체에 고르게 물감을 흩뿌려 배경과 형상이 따로 구분되지 않는 올 오버 페인팅, 다초점 공간과 정신적인 측면의 다양한 해석과 같은 특징을 나타낸다.

⑥ 후에 네오다다이즘, 팝아트, 미니멀 아트 등을 거치며 신표현주의에 이르기까지 많은 영향을 주었다.

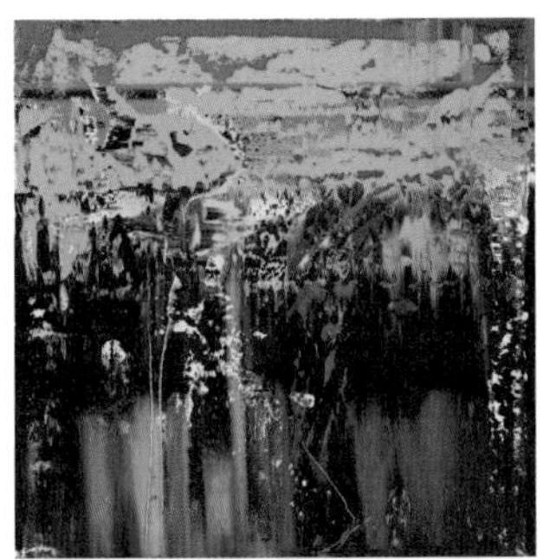

[게하르트 리히터]

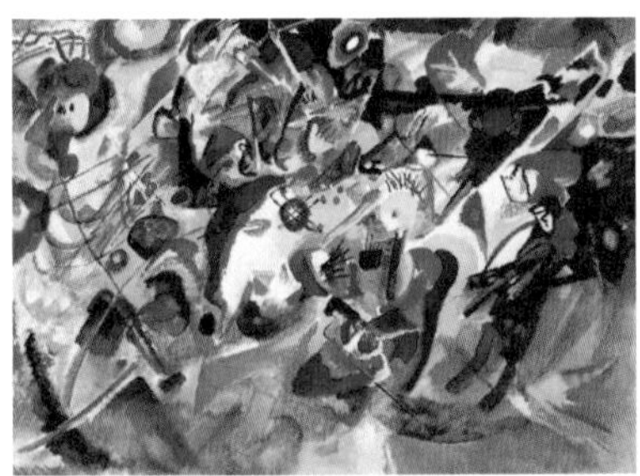

[칸딘스키]

(4) 미래주의(Futurism)

① 20세기 초 이탈리아를 중심으로 역동성, 혁명성을 강조한 전위예술운동이다.

② 1909년 시인 마리네티(Filippo T. Marinetti)가 「피가로」지에 '미래주의 선언문'을 발표하면서 시작되었다. 대상의 움직임을 포착하고 기존의 낡은 예술을 부정하며, 기계시대에 어울리는 새롭고 다이내믹한 미를 창조하려는 운동이다.

③ 현대 문명의 핵심은 속도에 있다고 보고 속도를 시각화하였으며, 새로운 금속성 광택 소재, 우레탄, 형광섬유, 비닐 등의 하이테크한 소재로 색채를 표현하였다.

④ 미래주의의 커다란 공적은 기계가 지닌 차갑고 역동적인 아름다움을 예술의 주제로 삼고 속도감이나 운동감을 표현하기 위해 시간의 요소를 회화에 도입하려고 시도했다는 점이다.

⑤ 이후 다다이즘과 아방가르드에 많은 영향을 미치게 되었다.

(5) 미니멀 아트(Minimal Art)

① 1960년대 후반부터 주관적이고 단순한 미를 보여준 예술사조로, 예술가의 감성을 고의로 억제하고 색채, 형태, 구성을 극도로 단순화하여 가장 기본적이고 본질적인 요소까지 환원해 '최소한의 예술'이라고 한다.

② 주로 원형이나 정육면체 등의 입방체와 단순한 기하학적 형태를 사용하며 이미지와 조형요소를 최소화하여 기본적인 구조로 환원시켰다.

③ 미니멀리즘의 색채 경향은 개성적인 성격, 극단적인 간결성, 기계적인 엄밀성으로 나타내며, 통합되고 단순하게 표현된다. 따라서 구조적인 요소로서의 표면은 대개 흑색이거나 단색의 거친 금속이고 금, 은 또는 동을 사용하였다.

④ 순수한 색조대비와 개성 없는 색채 도입을 특징으로 하며 알루미늄, 강철 등 재료 자체의 색으로 미니멀리즘의 명료성을 획득하였다.

⑤ 최소한의 장식과 미학으로 간결하게 처리되는 미니멀 디자인들은 그 절제된 단아함 속에서 더욱 세련된 면모를 보이기도 하였다.

⑥ 대표 작가로 로버트 라우센버그(Robert Rauschenberg), 바넷 뉴먼(Barnett Newman), 도널드 저드(Donald Judd) 등이 있다.

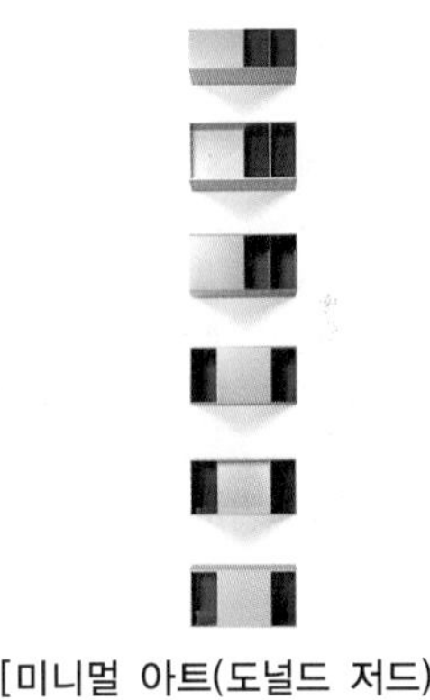

[미니멀 아트(도널드 저드)]

(6) 팝아트(Pop Art)

① 1950년대 후반에서 1960년대 초반에 미국을 중심으로 등장한 팝아트는 대중적 이미지를 차용하여 추상표현주의의 엄숙함에 반대하고, 매스미디어와 광고를 미술의 영역으로 승화시키고자 했던 구상미술의 경향을 가리킨다.

② 비평계의 저항을 극복하고 대중적으로 성공하여 1964년까지 크게 유행하였다.

③ 팝아트 용어는 영국의 비평가 로런스 앨러웨이(Lawrence Alloway)가 1954년 광고문화가 창조한 대중예술이란 의미로 사용하면서 처음 대두되었다.

④ 현대 산업사회의 특징인 대중문화 속에 등장하는 이미지(코카콜라, 마릴린 먼로의 얼굴, 미키마우스)를 미술로 수용하였으며 개방과 비개성, 낙관적인 분위기, 속도와 역동성이 특징이다.

⑤ 대중문화와 소비영상으로 구성되는데(만화, 장식용 포스터, 포장지), 역설과 찬미를 훌륭하게 조화하였다.

⑥ 대중적인 색채, 날렵한 디자인(때론 거대한 사이즈로 확대된), 기계적인 질감은 대중들에게 매우 친근감을 주었다.

⑦ 팝 아티스트들은 대량 소비시대 산물인 햄버거, 변기, 잔디 깎는 기계, 립스틱 케이스, 스파게티, 엘비스 프레슬리에 대한 경애 등을 표현하였다.

⑧ 팝아트는 뚜렷한 양식상의 통일성을 요약해 내기 어려움에도 불구하고 조형적인 면에서 볼 때 마티스 이래의 모더니즘 전통인 강렬하고 명확하게 평면화된 색 면과 원색 사용을 일반적인 특징으로 하였다.

⑨ 대표 작가로 앤디 워홀(Andy Warhol), 리히텐슈타인(Lichtenstein) 등이 있다.

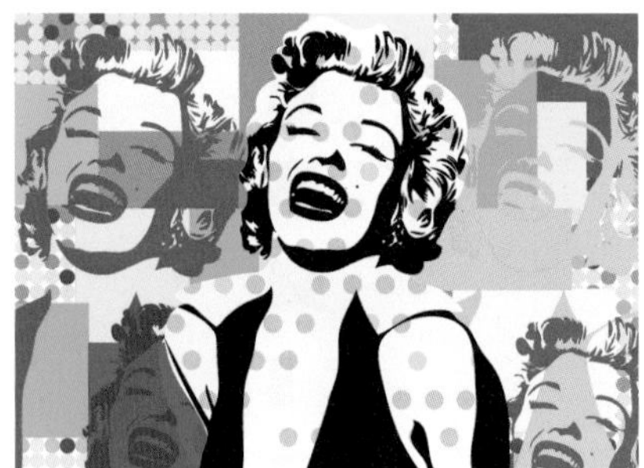

[마릴린 먼로(앤디 워홀)]

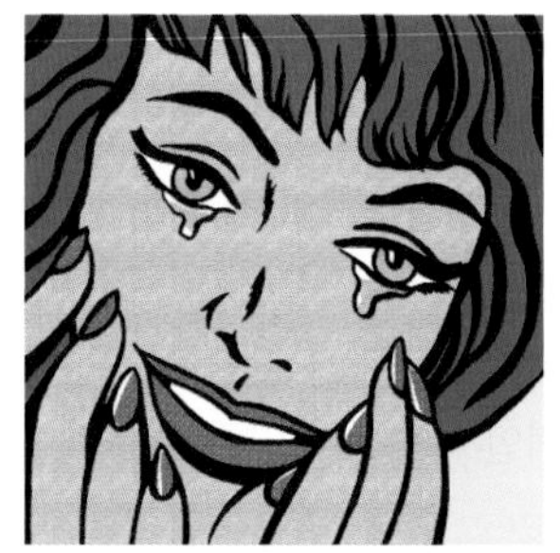

[행복한 눈물(리히텐슈타인)]

(7) 옵아트(Op Art)

① 1960년대 미국을 중심으로 일어났던 추상미술의 한 동향으로 옵티컬 아트(Optical Art)의 약칭이다.

② 줄무늬나 원형 무늬와 같이 기하학적인 형태의 원색적이고 대비감이 강한 색채의 장력을 이용하여 시각적인 착시효과를 노렸으며 평면에 공간감과 원근감, 입체감이 나타나도록 작품을 제작하여 심리적인 반응을 유도하였다.

③ 동시대에 유행했던 팝아트가 매우 대중적이고 상업적인 성향을 띤 것에 비해 옵아트는 매우 이성적이고 지적인 양상으로 발전되었다.

④ 주로 순수한 시각적인 반응에 초점을 두고 추상적, 기계적 또는 시각적 환영과 보는 이의 심리적 효과를 연구하였다.

⑤ 1965년 뉴욕 현대미술관에서 열린 '응답하는 눈' 전시를 통해 회화 양식의 한 유파로 거듭나게 되었지만, 1960년대 후반부터 의상이나 광고, 상품 디자인에 이용되면서 순수성의 질타를 받기도 하였다.

⑥ 대표 화가로 바자렐리(Victor Vasarrely) 등이 있다.

[키네틱 아트(Kinetic Art)]

- 옵아트를 동적 착시효과가 두드러지는 움직이는 예술이라는 의미로 키네틱 아트라고 부르기도 한다.
- '움직이는 예술'을 뜻하는 말로서, 어떠한 수단이나 방법에 의하여 움직임을 나타내는 작품을 통틀어 키네틱 아트라고 한다.
- 칼더(Alexander Calder)의 모빌처럼 바람이나 손으로 운동을 표현하는 것부터 시작하여 가보(Naum Gabo), 뒤샹(Marcel Duchamp) 그리고 제2차 세계대전 이후 팅겔리(Jean Tinguely)가 고안한 모터 장치까지 포함된다.

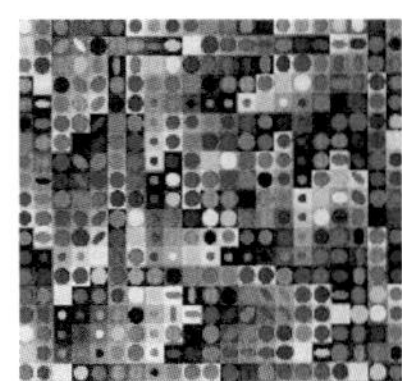 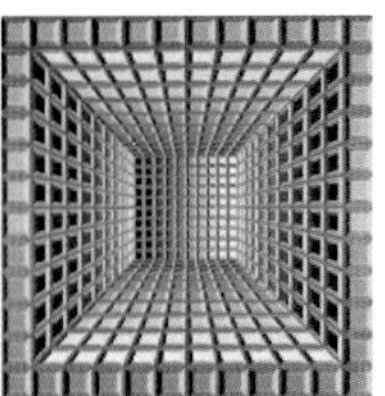 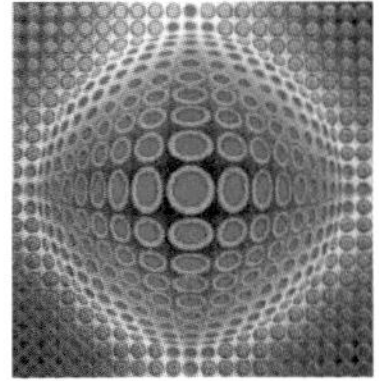

[옵아트(바자렐리)]

(8) 포스트모더니즘(Postmodernism)

① 1970년대 말에 다원주의와 함께 부상하였으며, 포스트모더니즘이란 '모더니즘 이후', '탈모더니즘'이란 뜻으로, 근대 디자인의 탈피, 기능주의의 반대와 함께 개성이나 자율성을 중요시한 문화현상을 의미한다.

② 발 전

㉠ 1981년 밀라노에 세워진 멤피스 그룹은 미니멀 아트로부터 단순한 형태를 차용하고 과감한 다색 배합과 같은 기묘함과 유희성을 디자인 방식으로 채택하였다.

㉡ 혁신적인 현상들이 나타남에 따라 기존의 가치체계나 도덕이 효력을 상실하게 되고 새로운 것을 찾으려는 분위기 속에서 발달하기 시작하였다.

③ 특 징

㉠ 원래 건축에서 시작하여 문학과 사회 전반에 걸쳐 다양성을 중시하는 사조로 발전하였고, 특히 모더니즘의 보수적 성향과 단순미를 비판하는 경향이 강하게 드러난다.

㉡ "형태는 재미를 따른다."는 가치 아래 유머와 위트, 장식성을 회복하려고 노력하였으며 예술과 공예, 디자인 사이에 존재하던 장르의 벽을 허물었다.

㉢ 포스트모더니즘의 특징을 한마디로 말하면 절충주의, 맥락주의, 은유와 상징이며, 대표적인 건축물로는 스페인의 빌바오에 위치한 구겐하임 미술관이 있다.

④ 색 채

㉠ 포스트모더니즘의 기본적인 파괴적 형상에 의해 무채색에 가까운 파스텔 색조가 주를 이룸으로써 근대주의자들이 하찮게 여기던 2차색, 파스텔 색조 그리고 다양한 색조가 폭넓게 사용되기 시작하였다.

㉡ 선호하는 색채는 복숭아색(Peach), 살구색(Apricot), 올리브그린(Olive Green), 보라(Violet), 청록색(Turquoise) 등이다.

㉢ 포스트모더니즘은 일관성이 있는 사상체계가 아니기 때문에 새롭다고 느껴지는 느낌을 위해서 여러 색이 사용되었다.

[포스트모더니즘의 다양한 측면]

개성, 다양성, 자율성, 대중성을 중요시한 포스트모더니즘은 절대이념을 거부했기에 탈이념이라는 이 시대 정치이론을 만들었으며, 후기 산업사회 문화논리로 비판받기도 했다.

[멤피스(Memphis)]

1980년대 이탈리아를 중심으로 활약했던 가구와 제품 디자인 그룹의 이름이다. 이 그룹은 소트사스(Ettore Sottsass)의 주도로 모더니즘의 기능적 미학에서 탈피하고 모조 대리석과 같은 채색 라미네이트를 사용하여 장식적이고 풍요로우면서도 진보적인 디자인을 추구하였다. 특히 선명한 색상의 플라스틱 재질을 사용하여 제품에 감성적인 이미지를 부여하였으며 기하학적인 형태와 함께 위트와 풍자가 돋보이는 디자인을 선보였다. 이러한 개성적인 표현은 포스트모더니즘의 이론을 명확히 한 계기가 되었다는 평가를 받기도 한다.

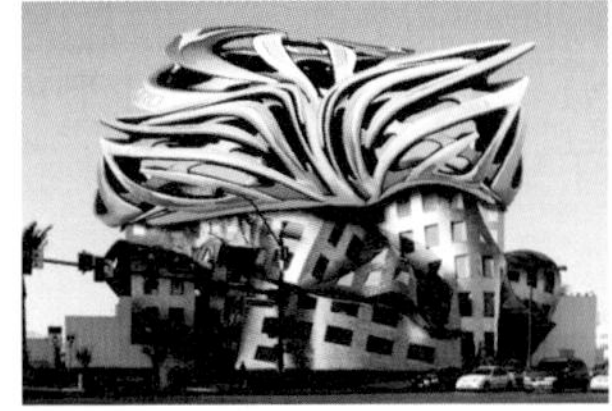 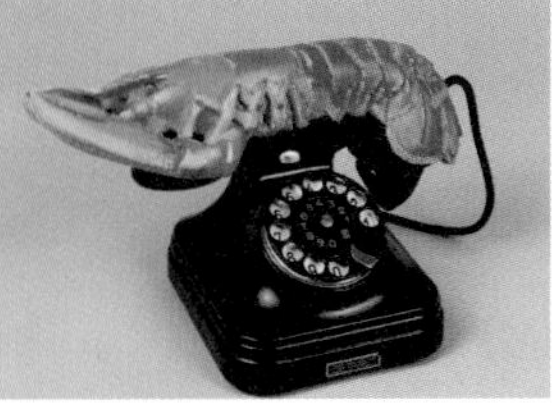

[포스트모더니즘]

(9) 플럭서스(Fluxus)

① 플럭서스는 흐름, 끊임없는 변화, 움직임을 뜻하는 라틴어로 1960년대에서 1970년대에 걸쳐 독일의 여러 도시를 중심으로 일어난 국제적 전위예술운동이다.

② '삶과 예술의 조화'를 가치로 내걸고 출발한 플럭서스는 부르주아적 성향(게릴라 극장, 거리공연, 전자음악회 등)을 혐오하고 아방가르드적 문화를 추구하였다.

③ 음악과 시각예술, 무대예술과 시 등 다양한 예술 형식을 융합한 통합적인 예술 개념을 탄생시켰다.

④ 회색조가 전반을 이루고, 색이 있는 경우에도 어두운 색조가 주가 된다.

(10) 페미니즘(Feminism)

① 여성의 지위와 역할을 남성과 평등한 위치로 회복하고자 했던 여성해방운동이다.

② 이 용어는 1890년대부터 쓰이기 시작했는데, 사회현상을 역동적으로 파악하고자 전략을 모색한 페미니즘은 자유주의와 마르크스 급진주의 이론을 뒷받침하면서 발전하기 시작했다.

③ 생물학적인 성(性)으로 인한 모든 차별을 부정하며 남녀평등을 지지하는 믿음에 근거를 두고, 불평등하게 부여된 여성의 지위, 역할에 변화를 일으키려는 여성운동을 의미한다.

④ 사회현상을 바라보는 하나의 시각이나 관점, 세계관이나 이념을 의미한다. 따라서 페미니즘 미술에서는 여성을 남성의 성적 대상으로 기능하는 수동적인 위치가 아닌 평등한 위치로 끌어올리기 위해 노력했다.

(11) 해체주의

① 1980년대에 등장한 해체주의는 프랑스의 비평가 데리아(Jacques Derida)가 모더니즘 건축의 획일적인 기능주의를 비판하면서 사용한 용어로 개성과 자유, 다양성을 중시했던 포스트모더니즘의 면모를 잘 드러낸다.

② 사각형의 주거 틀에서 벗어나 형태를 변형하거나 다시 중첩시켰을 때 나타나는 역동적인 조형미를 강조한 것이 가장 큰 특징이다. 따라서 '해체하다'라는 부정적인 의미를 넘어서 확장의 의미를 지닌 해체를 의미한다.

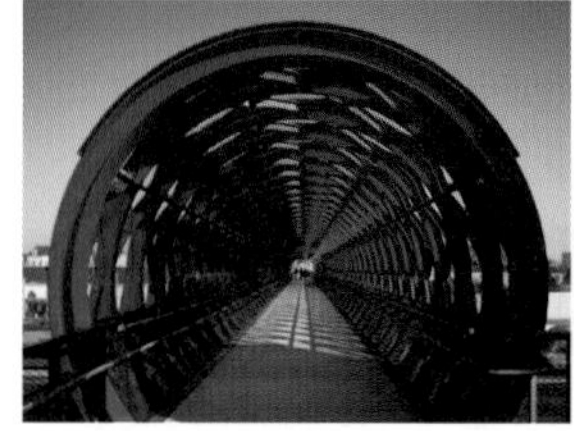
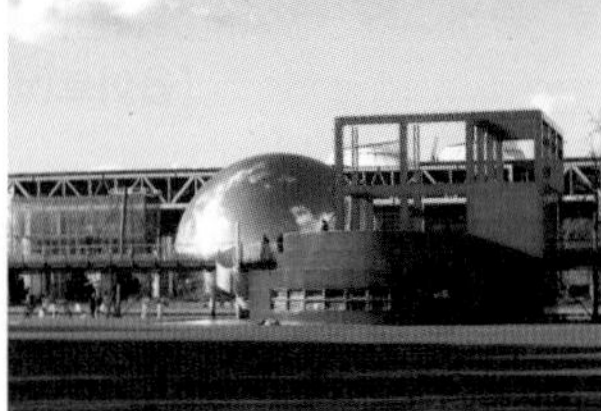

[베르나르 추미]

(12) 키치(Kitsch)

① 의미와 유래

㉠ 키치는 예술사조라기보다는 예술의 수용방식을 뜻하는 말로 '대상을 모방하다'라는 의미를 가지고 있다.

㉡ 원래 '낡은 가구를 모아 새로운 가구를 만든다'는 뜻으로 저속한 모방 예술을 의미하기도 한다.

㉢ 1972년경부터 유행하기 시작한 용어로 속된 것, 가짜 또는 본래의 목적에서 벗어난 것 등의 의미로, 미술에서는 굿 디자인에 반대되는 개념이다.

㉣ 19세기 말 유럽 전역에서는 급속한 산업화로 부를 축적하게 된 중산층의 문화적 욕구를 만족시키는 그럴듯한 그림이나 장식미술이 등장하게 되었는데, 이러한 디자인을 키치라고 칭하면서부터 용어가 유래되었다.

㉤ 현대 포스트모더니즘 시대에는 키치가 고급 예술과 저급 예술의 구분이 모호함을 가리키는 말로 사용된다.

② 특 징

㉠ 예술의 수용방식이나 특수한 상태를 말한다.

㉡ 모방이 아닌 진정한 창조란 인간의 사유와 예술품에 있을 수 없다는 예술론과도 연관되며, 작품을 소유하거나 감상하는 데 있어서 다양한 이해가 가능하다는 다원주의적 예술 수용방식과도 맥을 같이 한다.

㉢ 특히 과거의 산물로 인해 현재가 이루어지는 신구 문화의 혼재 양상이나 연예인의 옷이나 액세서리의 유행, 과거 시대의 보상심리 등으로 표현된 대상들이 포스트모더니즘의 다양성이라고 불리고 있다.

㉣ 고귀한 예술일지라도 감상자의 수준이나 관심에 따라 속물적인 이해가 가능하다.

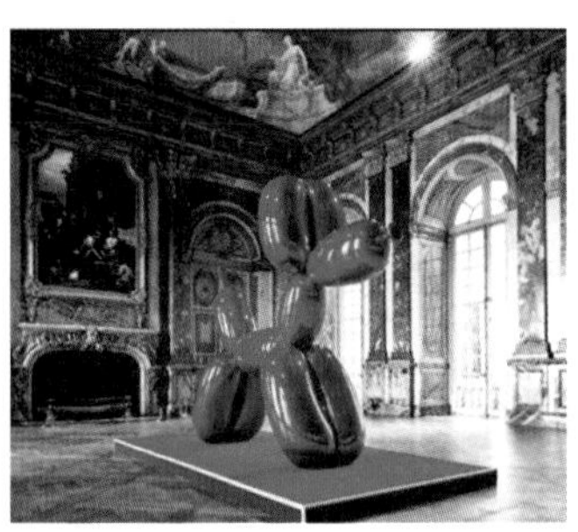
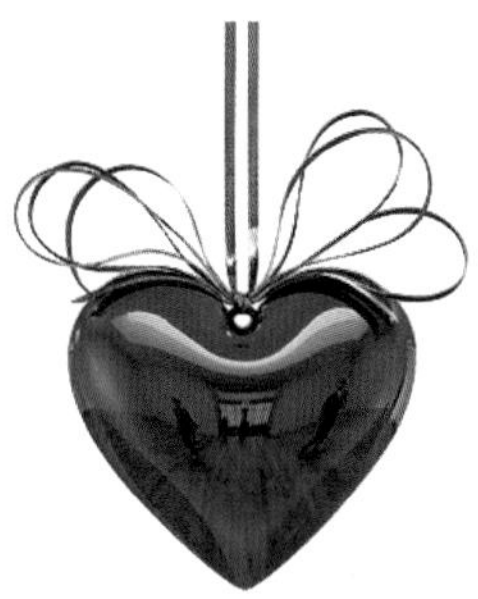

[풍선개, 매달린 마음(제프쿤스)]

핵심예제

2-1. 디자인 사조와 색채와의 연결이 틀린 것은?

[2016년 3회 기사]

① 아르누보 - 밝고 연한 파스텔 색조
② 큐비즘 - 난색의 따뜻하고 강렬한 색
③ 데 스테일 - 빨강, 노랑, 파랑
④ 팝아트 - 백색, 회색, 검은색

2-2. '멤피스 디자인 그룹'의 설명 중 틀린 것은?

[2016년 3회 기사]

① 이탈리아의 진보적인 디자인 그룹인 멤피스는 1981년에 창립되었다.
② 이 그룹의 발상은 '모더니즘 디자인'을 계승하고 발전시키는 데 집중되었다.
③ 이들의 작품은 전통적인 공예 상점에서 비싼 가격에 팔리는 한정된 수량의 제품을 생산하는 한계를 벗어나지 못했다.
④ 이탈리아의 혁신적인 디자인 그룹으로 후기 혁신주의 또는 후기 전위운동으로 평가되었다.

|해설|

2-1

팝아트는 원색이나 선명한 색채 경향을 보인다. 대표적인 화가로 앤디 워홀과 리히텐슈타인 등이 있다.

2-2

멤피스 디자인 그룹은 1980년대 이탈리아를 중심으로 활약했던 제품 디자인 그룹이다. 이 그룹은 모더니즘의 기능적 미학에서 벗어나 모조 대리석과 같은 채색의 라미네이트를 사용하여 장식적이고 전위적인 디자인을 추구하였다.

정답 2-1 ④ 2-2 ②

03 디자인 성격

핵심이론 01 디자인의 요소

디자인의 요소는 크게 형태, 색채, 질감으로 나눌 수 있다. 형태의 기본 요소로 점, 선, 면, 입체 등이 있고, 색채에는 빛과 전자기파의 에너지 운동 등이 들어갈 수 있다. 이 중에서 특히 어떤 대상을 보고 느끼는 감각적 자극의 순서는 색채 → 형태 → 질감의 순으로 나열할 수 있다.

(1) 형 태

형태는 대상의 시각적 경험을 형성하는 요소로서 자연적인가 혹은 인공적인가에 따라 순수 기하학적 형태, 자연 형태, 인위적 형태로 나눌 수 있다. 그리고 이념적 형태와 현실적 형태로 구분할 수도 있는데, 이념적 형태란 순수한 형태로서 점, 선, 면, 입체 등의 추상적이고 기하학적인 형태를 말한다. 반면 현실적 형태란 자연 형태나 인위적 형태로서 점, 선, 면, 입체를 뛰어넘은 구체적 형태를 말한다.

① 점(Point)

㉠ 위치는 있으나 크기가 없는 무정의 원소로서 직선 및 평면과 함께 고전적인 기하학을 구성하는 기본 개념이다.

㉡ 점의 크기는 일정하지 않고 점이 확대되면 면이 된다.

㉢ 점의 형태 : 일반적으로 점은 원형 상태를 가진다. 삼각형, 사각형 또는 그 밖의 불규칙한 형이라도 그것이 작으면 점이 되며 입체라도 그것이 작으면 점으로 지각된다.

㉣ 점의 성질

- 기하학적으로 점은 크기가 없고 위치만 존재한다.
- 점은 정적이며 방향도 없고 자기중심적이다.
- 점은 선의 양 끝, 선의 교차, 굴절 및 면과 선의 교차 등에서도 나타난다.
- 점은 색채 또는 농담에 의해 바탕에서 부각되는 가장 작은 면이라고 할 수 있다.

㉤ 점의 표현

한 개의 점	• 공간에 한 점을 두면 주의력이 집중되는 효과가 있다. • 점이 중앙에서 벗어날 경우에는 점과 그 영역 사이에 시각적 긴장이 생긴다. • 평면상의 점은 공간 내에서 기둥요소가 된다. • 같은 점이라도 밝은 점은 크고 넓게 보이며, 어두운 점은 작고 좁게 보인다.
두 개의 점	• 두 개의 점 사이에는 서로 잡아당기는 인장력이 지각된다. • 점의 크기가 다를 때에는 주의력은 작은 점에서 큰 점으로 이행되며, 큰 점이 작은 점을 끌어당기는 것처럼 지각된다. • 두 개의 점은 축을 한정하고 공간의 영역을 제한한다.
다수의 점	• 나란히 있는 점의 간격에 따라 집합, 분리의 효과를 얻는다. • 가까운 거리에 있는 점은 도형(삼각형, 사각형)으로 인지된다. • 더욱 많은 점의 근접은 면으로 지각된다.

② 선(Line)

㉠ 선은 하나의 점이 이동하면서 이루는 자취로 점이 움직임을 시작한 위치에서 끝나는 위치까지의 거리를 가진 점의 궤적이라 할 수 있다.

㉡ 선의 성질

- 선은 위치, 길이, 방향의 개념은 있으나 폭과 깊이의 개념은 없다.
- 선은 점이 이동한 궤적이며 면의 한계, 교차에서 나타난다.
- 선은 폭이 넓어지면 면이 되고, 굵기를 늘리면 입체 또는 공간이 된다.
- 선은 운동감, 속도감, 깊이감, 방향감, 성장감, 동선감, 통로감 등을 나타낸다.
- 선은 모든 패턴 및 이차원적이고 장식을 위한 기본이 되며, 디자인 요소 중 가장 감정적인 느낌을 갖게 한다.

㉢ 선의 표현

- 선의 조밀성의 변화로 깊이를 느낄 수 있다.
- 지그재그선, 곡선의 반복으로 양감의 효과를 얻는다.
- 선을 끊음으로서 점을 느낄 수 있다.

• 많은 선의 근접으로 면을 느낄 수 있다.
• 선을 포개면 패턴(Pattern)을 얻을 수 있다.

㉣ 선의 종류

• 수평선 : 안정되고 편안한 느낌을 주며, 영원, 확대, 무한, 침착, 고요, 평화의 느낌
• 수직선 : 구조적인 높이감 외에 상승감, 존엄성, 엄숙함, 위엄, 절대, 희망, 강한 의지의 느낌
• 사선 : 역동적, 방향적, 시각적으로 위험, 변화, 활동적인 느낌
• 곡선 : 매력적이고 우아하며 흥미로운 느낌을 주어 실내의 경직된 분위기를 부드럽고 유연하게 함
• 직선형과 곡선형
  - 기하직선형 : 질서 있는 간결함, 확실, 명료, 강함
  - 자유직선형 : 강력, 예민, 남성적, 명쾌, 대담
  - 기하곡선형 : 유순, 수리적 질서, 자유, 확실, 고상함
  - 자유곡선형 : 여성적, 부드러움, 유연한, 자유로움

③ **면(Surface)** : 선분과 선분을 이어 만든 2차원적인 평면으로 형태를 생성하는 요소로서의 기능을 가진다. 또한 공간을 구성하는 단위로서 공간효과를 나타내는 중요한 요소가 바로 면이다.

④ **입체** : 3차원의 공간에서 여러 개의 평면이나 곡면으로 둘러싸인 부분으로 된 형상을 입체라고 한다. 따라서 공간감과 양감을 가진다.

(2) 색채(Color)

① 색채는 형태와 질감과 함께 디자인에 있어서 시각적인 효과를 크게 좌우한다.

② 인간의 지각과 감정을 지배하기 때문에 단순히 조형적 아름다움뿐 아니라 심리적, 생리적, 정신적, 물리적으로 통합된 의미로 기능해야 한다.

③ 색의 3요소는 색상, 명도, 채도이며, 크게 유채색과 무채색으로 나눌 수 있다.

④ 색채는 주변색의 변화에 따라 영향을 받으며 배색에 따라 이미지가 달라지므로 단색만으로 색의 가치를 판정하지 않아야 하며, 의미와 기능, 상호작용 및 색채의 감정효과를 연구해야 한다.

⑤ 색채 이미지는 색의 3속성과 특히 관련이 깊다. 그중에서도 명도와 채도의 복합 개념으로 다양한 이미지를 전달하는 것을 색조(Tone)라 한다.

⑥ **색의 분류**

㉠ 물체색(표면색) : 빛의 반사로 이루어진 물체색으로 우리가 가장 많이 생활하면서 볼 수 있는 색이다.

㉡ 광원색(빛의 색) : 비추어지는 광원 자체의 색으로 색온도로서 표기한다.

㉢ 투과색(빛의 색) : 물체색을 통과하여 보이는 색으로 빛의 색과 같이 분류, 측정한다.

⑦ **색채의 3요소**

㉠ 색상(Hue) : 가시광선에서의 주파장의 길이를 나타낸다.

㉡ 명도(Value) : 색상의 종류나 채도와 관계없이 색의 밝고 어두움을 나타낸다.

㉢ 채도(Chroma) : 모든 색상, 명도에 적용되어 색이 눈에 보이는 정도를 나타낸다.

⑧ **색 지각의 3요소** : 빛, 물체, 관찰자

(3) 질감(Texture)

① 질감이란 어떤 물체가 가진 표면상의 특징으로서 손으로 만지거나 눈으로 보았을 때 느껴지는 시각적인 재질감을 말한다.

② **질감의 성질**

㉠ 질감은 실내에서 다양성과 흥미로움을 준다.

㉡ 질감은 색채와 조명을 동시에 고려했을 때 효과가 크며, 빛에 따른 질감의 효과는 매우 중요하다.

㉢ 단일 색상의 실내에서 질감대비를 통해 풍부한 변화와 드라마틱한 분위기를 연출할 수 있다.

㉣ 질감이 거칠면 거칠수록 많은 빛을 흡수하여 무겁고 안정된 느낌을 주는 반면, 표면이 매끄러우면 많은 빛을 반사하므로 가볍고 환한 느낌을 준다.

㉤ 사물에서 느껴지는 표면의 특성으로써 직접 만져서 느껴지는 촉각적 질감과 눈으로 보았을 때 느껴지는 시각적 질감이 있다.

[자극의 인지과정]

지 각	외부로부터의 자극을 시각, 청각, 미각, 촉각, 후각과 같은 감각기관을 통해 수용하고 최종적으로 뇌까지 연결되어 인식하는 작용, 그리고 작용의 결과로 지각체가 형성되는 것을 말한다.
감 각	자극이 신체에 수용되면 신체 내의 복잡한 작용에 의하여 중추신경계에 전해지는데, 이때 여기서 일어나는 대응을 감각이라고 한다. 즉 감각의 정보가 뇌에 전달되어 지각되기 이전까지의 정보를 말한다.
적 응	주위 환경과 생활이 조화를 이룬 상태로서 환경을 변화시켜 적응하는 경우와 스스로 변화시켜 적응하는 경우가 있다.
인 지	자극을 받아들이고 저장하고, 인출하는 일련의 정신과정을 의미한다. 지각, 기억, 상상, 개념, 판단, 추리를 포함하여 무엇을 안다는 것을 나타내는 포괄적인 용어로 쓴다.

핵심예제

1-1. 주위를 환기시킬 때, 단조로움을 덜거나 규칙성을 깨뜨릴 때, 관심의 초점을 만들거나 움직이는 효과와 흥분을 만들 때 이용하면 효과적인 디자인 요소는? [2019년 1회 산업기사]

① 강 조 ② 반 복
③ 리 듬 ④ 대 비

1-2. 디자인 조형요소에서 선에 대한 설명으로 틀린 것은? [2019년 2회 산업기사]

① 점의 속도, 강약, 방향 등은 선의 동적 특성에 영향을 끼친다.
② 직선이 가늘면 예리하고 가벼운 표정을 가진다.
③ 직선은 단순, 남성적 성격, 정적인 느낌이다.
④ 쌍곡선은 속도감을 주고, 포물선은 균형미를 연출한다.

|해설|

1-1
강조는 주위를 환기시키고, 단조로움을 덜며, 규칙성을 깨뜨릴 때, 관심의 초점을 만들 때 사용하면 좋은 디자인 요소이다.

1-2
선의 형태에 따른 이미지
- 쌍곡선 : 균형적인 아름다움
- 포물선 : 부드럽고 유연한 느낌
- 수평선 : 안정, 평화, 휴식의 느낌
- 수직선 : 엄숙함, 엄격함
- 사선 : 움직임, 운동감, 방향감을 줌
- 자유곡선 : 질서 있는 부드러운 느낌
- 기하곡선 : 자유롭지만 단조로운 부드러움

정답 1-1 ① 1-2 ④

핵심이론 02 디자인의 형식 원리

디자인의 형식 원리란 특정한 실체를 형성하기 위한 요소들의 구조적 계획으로 크기, 척도, 리듬(율동), 조화, 균형, 비례, 강조 등이 있다.

(1) 크기(Size)

우리가 사물을 '크다 또는 작다'라고 생각하는 것은 상대적인 것이다.

(2) 척도(Scale)

① 스케일(Scale)은 가구, 실내, 건축물 등 물체와 인체와의 관계 및 물체 상호 간의 관계를 말한다.
② 스케일은 인간 및 공간 내의 사물과의 종합적인 연관을 고려하는 공간관계 형성의 측정기준으로 쾌적한 활동반경의 측정에 두어야 한다.
③ 스케일의 기준은 인간을 중심으로 공간 구성의 제요소들이 적절한 크기를 갖고 있어야 한다.

(3) 리듬(Rhythm)

① 리듬이란 '흐름'이나 '움직임'을 뜻하는 그리스어의 '리트머스(Rhythmos)'에서 유래한 말이다.
② 리듬은 무엇인가 연속적으로 전개되어 이미지를 만드는 요소와 운동감을 말한다. 즉, 형태 구성의 부분 간의 상호관계에 있어 반복, 연속되어 생명감이나 존재감을 나타낸다.
③ 넓은 의미에서 리듬은 시간예술·공간예술을 불문하고 신체적 운동, 심리적·생리적 작용과 연관되어 있다. 특히 음악적 감각인 청각적 원리를 시각화하며 리듬의 세부요소는 반복, 점진, 대립, 변이, 방사로 구별할 수 있다.

[리듬의 세부 요소]

반 복	색채나 문양, 질감 등이 되풀이됨으로써 이루어지는 율동감을 말한다. 예 섬유의 무늬, 실내 바닥재의 패턴 깔기, 벽체에서의 질감 변화 등
점진 (점이, 점층)	형태의 크기나 방향 및 색 등이 점차로 변화하여 생기는 율동감을 말한다. 일정한 단계적 순서를 가지기 때문에 편안하고 흥미를 유발한다. 이 리듬은 창의적이며 매우 드라마틱하게 사용할 수 있다.
대립 (교체)	사각 창문틀의 모서리처럼 직각 부위에서 연속적이면서 규칙적인 상이한 선에서 볼 수 있는 리듬이다. 예 벽과 천장 사이, 창문, 커튼이나 수직기둥과 수평보와의 교차
변이 (대조)	삼각형에서 사각형으로 변화하거나 노란색이 초록색으로 변화하는 등 상반된 분위기로 배치하는 것이다. 예 원형 아치, 늘어진 커튼, 둥근 의자 등
방 사	중심점을 기준으로 밖으로 갈수록 퍼져 나가는 율동이다. 예 화환, 바닥의 패턴 등

(4) 조화(Harmony)

① 선, 면, 형태, 공간, 색채, 재질 등의 디자인적 요소가 하나의 공간 내에서 결합되어 발생하는 미적 현상을 말하며, 보는 사람에게 쾌감을 줄 때 각 요소들이 서로 조화를 이룬다고 본다.

② 동일성이 높은 요소들의 결합은 조화를 이루기 쉽지만 단조로울 수가 있고, 동일성이 낮은 조화는 구성이 어렵고 질서를 잃기 쉬우나 생동적으로 활발할 수 있다.

③ 여러 가지 다양한 형태와 빛깔의 결합에 있어서 조화나 연속성이 결여된다면 통일성을 기할 수 없다.

(5) 균형(Balance)

① 2차원이나 3차원 공간 내에서 좌우대칭으로 배치되어 생기는 중력적인 균형을 말한다.

② 모든 디자인에서 대칭, 비대칭, 주도, 종속의 개념을 이용하여 시각적 안정감을 주며, 온화하고 차분한 느낌을 준다.

③ 대칭적 균형(정형적 균형)
   ㉠ 대칭의 구성 형식이며, 가장 완전한 균형 상태이다.
   ㉡ 안정감, 엄숙함, 완고함, 단순함 등의 느낌을 준다.
   ㉢ 공간에 질서를 부여하고 보다 정적이나 형식적으로 치우치기 쉬우며, 보수성이 강하고 딱딱해 보인다.
   ㉣ 좌우대칭 : 좌우 또는 상하로 한 개의 직선을 축으로 하는 것이다. 예 나비, 잠자리
   ㉤ 방사대칭 : 한 개의 점을 중심으로 주위에 방사성 대칭을 이루는 것이다. 예 회전계단

④ 비대칭적 균형(비전형 균형)
   ㉠ 물리적으로 불균형이지만 시각적으로 균형을 이루는 것이다.
   ㉡ 자유분방하고 긴장감, 율동감 등의 생명감을 느끼는 효과가 크다.

(6) 비례(Proportion)

① 부분과 부분 또는 부분과 전체의 수량적 관계, 즉 면적과 길이의 대비관계를 일정한 비율로 나타낸 것이다.

② 스케일과 밀접과 관계를 갖고 있으며 눈으로 느껴지는 시각적인 크기는 실제 크기가 아닌 색채, 명도, 질감, 문양, 조명 등의 공간 속 제요소에 의해 영향을 받는다.

③ 기능과 관련된 미를 추구하는 양식이며, 종류에는 황금비, 등차수열, 등비수열 등이 있다.

④ **황금비 또는 황금분할** : 한 선분의 길이를 다른 두 선분으로 분할했을 때 그 긴 선분에 대한 짧은 선분의 길이의 비가 전체 선분, 즉 짧은 선분과 긴 선분을 더한 선분에 대한 긴 선분의 길이의 비가 같을 때를 말한다. 즉, 황금비율은 1 : 1.618이 된다.

(7) 강조(Emphasis)

① 특정 부분에 힘을 실어 주거나 눈에 띄는 요소를 배치하여 돋보이도록 하는 것을 강조라고 한다.

② 디자인에서 강조는 주위를 환기시키거나 규칙성이 갖는 단조로움을 극복하기 위해 사용되며 관심의 초점을 조성하거나 흥분을 유도할 때 사용되기도 한다.

(8) 대칭(Symmetry)

① 질서를 주기 좋고 통일감을 얻기 쉬우나, 엄격하고 딱딱한 느낌을 줄 수도 있다. 비대칭은 형태상으로 불균형이지만 보는 사람에게 안정감을 주는 변화가 있는 개성적 표현이다.

② 좌우대칭의 예로 자연의 동식물, 사원의 건축, 전통적 가구 등이 있다.

(9) 통일(Unity)

① 통일성은 공간이든 물체이든 질서 있고 미적으로 즐거움을 주는 전체가 창조되도록 그 부분들을 선택하고 배열함으로써 이루어지는 일종의 규칙이라고 할 수 있다.

② **통일과 변화** : 통일은 변화와 함께 모든 조형에 대한 미의 근원이 된다. 변화는 단순히 무질서한 변화가 아니라 통일 속의 변화이다. 이는 서로 대립되는 관계가 아니라 상호 유기적인 관계 속에서 성립되는 것이다. 변화는 실내 공간에서 생동감을 불어 넣어 즐겁고 흥미롭게 하나 적절한 절제가 되지 않으면 통일성을 깨뜨리게 된다.

핵심예제

2-1. 그리스어인 Rheo(흐르다)에서 나온 말로, 유사한 요소가 반복 배열되어 연속할 때 생겨나는 것으로서 음악, 무용, 영화 등의 예술에서도 중요한 원리가 되는 것은? [2019년 2회 기사]

① 균 형
② 리 듬
③ 강 조
④ 조 화

2-2. 그림은 프랑스 클로드 로랭의 '항구'라는 작품이다. 이 그림에서 설명할 수 있는 디자인의 조형원리는?

[2019년 2회 산업기사]

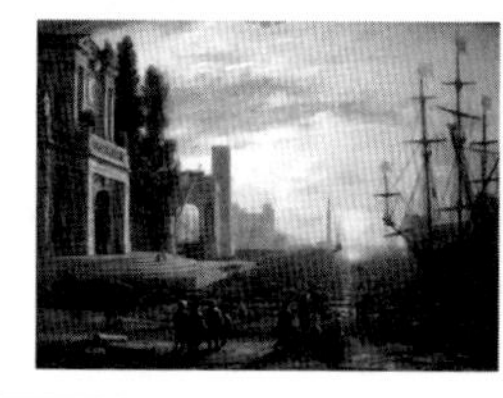
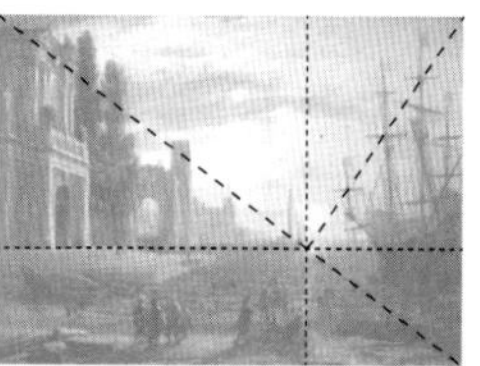

① 통일(Unity)
② 강조(Emphasis)
③ 균형(Balance)
④ 비례(Proportion)

|해설|

2-1

리듬이란 흐르다는 뜻의 동사 레오(Rheo)를 어원으로 하는 그리스어 리드모스(Rhythmos)에서 유래한 말이다. 리듬은 무엇인가 연속적으로 전개되어 이미지를 만드는 요소와 운동감을 말한다. 즉, 형태 구성의 상호관계에 있어 반복, 연속되어 생명감이나 존재감을 나타낸다. 넓은 뜻에서 리듬은 시간예술, 공간예술을 불문하고 신체적 운동, 심리적·생리적 작용과 연관되어 있다. 특히 음악적 감각인 청각적 원리를 시각화하며 리듬의 세부 요소는 반복, 점진, 대립, 변이, 방사로 구별할 수 있다.

2-2

프랑스 클로드 로랭의 '항구' 작품에 사용된 조형원리는 비례(Proportion)이다. 비례란 전체와 부분, 부분과 부분 사이의 크기 비율을 말한다.

정답 2-1 ② 2-2 ④

핵심 이론 03 형태의 지각심리

(1) 의 의

① 게슈탈트 심리학은 인간이 어떠한 형태를 지각할 때 심리학적으로 내재된 성향에 입각하여 형태를 주지한다는 것을 연구한 이론으로, 형태주의라고 번역하거나 게슈탈트라고 부르기도 한다.

② 형태주의는 부분 혹은 요소의 의미가 고정되어 있지 않고 부분들이 모여 이룬 전체에 따라 달라진다고 본다. 전체는 또한 부분에 의해 달라지므로 형태주의는 전체와 부분의 전체성 혹은 통합성을 강조한다고 할 수 있다.

(2) 형태 지각심리의 4가지 법칙

① 근접성 : 서로 가까이 모여 있는 요소들을 상호 연결시켜 집단화하려는 경향으로, 함께 근접해 있는 사물들은 한 구성단위로 지각되는 법칙을 말한다. 정원에 핀 같은 모양의 꽃이라도 모여 있는 꽃이 따로 멀리 떨어져 있는 꽃보다 눈에 잘 띄는 시각현상을 예로 들 수 있다.

② 유사성 : 유사한 형태나 색채, 질감 등의 시각적 요소들이 있을 때 공통성이 없는 것보다 더 눈에 잘 띄는 법칙이다.

③ 연속성 : 배열이나 진행 방향이 같은 것끼리 짝지어져 보이는 시각법칙을 말한다.

④ 폐쇄성 : 형태의 일부가 연결되거나 완성도가 있지 않아도 완전하게 보려는 시각법칙이다.

[게슈탈트 이론의 7가지 법칙]

- 근접의 법칙 : 개인이 사물을 인지할 때, 가까이에 있는 물체들을 하나의 그룹으로 묶어 인지한다는 법칙
- 유동의 법칙 : 비슷한 것끼리 한데 묶어서 인지한다는 법칙
- 폐쇄의 법칙 : 기존의 지식을 토대로 완성되지 않은 형태도 완성시켜 인지한다는 법칙
- 대칭의 법칙 : 대칭의 이미지들은 조금 떨어져 있더라도 한 그룹으로 인식하게 된다는 법칙
- 공동 운명의 법칙 : 같은 방향으로 움직이는 물체를 묶어서 인식한다는 법칙
- 연속의 법칙 : 어떤 현상들이 방향성을 가지고 연속되어 있을 때 이것이 전체의 고유한 특성이 되어 직선 또는 곡선을 따라 배열된 하나의 단위로 보이는 법칙
- 좋은 형태의 법칙(간결성의 법칙) : 대상을 주어진 조건에서 최대한 단순하게 인식하는 것을 말하는 법칙

(3) 착 시

① 실제 대상을 다르게 인지하는 시각적 착각을 말하며, 길이의 착시, 면적의 착시, 방향의 착시 등이 있다.

② 길이는 같은데 방향성이 다른 표시로 인해 길이가 차이나 보이는 경우에는 길이의 착시라고 할 수 있다.

③ 이 외에도 각도나 방향의 착시, 분할의 착시, 대비의 착시, 기하학적 착시, 원근의 착시, 가현운동 등이 있다.

④ 주위의 밝기나 빛깔에 따라 중앙 부분의 밝기나 빛깔이 반대 방향으로 치우쳐서 느껴지는 것이 대비의 착시에 해당하며, 실제로 움직이지 않는데 움직이는 것처럼 느껴지는 심리적 현상인 가현운동의 예로는 영화처럼 조금씩 다른 정지 영상을 잇달아 제시하면 연속적인 운동으로 보이는 것을 들 수 있다.

[도형과 바탕의 반전]

도형이란 일반적으로 화면에서 주제가 되는 요소나 그림을 말한다. 이때 도형의 외곽을 차지하는 것을 바탕이라고 할 때 가끔 도형과 바탕의 착시를 일으키는 경우가 발생하는데, 이것을 반전도형이라고 부른다.

핵심예제

각 요소들이 같은 방향으로 운동을 계속하는 경향과 관련한 게슈탈트 그루핑 법칙은? [2019년 1회 산업기사]

① 근접성
② 유사성
③ 연속성
④ 폐쇄성

|해설|

게슈탈트 형태 지각심리

- 접근성 : 근접한 것끼리 짝지어져 보이는 착시현상
- 유사성 : 형태, 규모, 색, 질감 등에 있어서 유사한 시각적 요소들이 연관되어 보이는 착시현상
- 연속성 : 유사한 배열이 하나의 묶음으로 시각적 이미지의 연속장면처럼 보이는 착시현상
- 폐쇄성 : 시각적 요소들이 어떤 형상으로 허용되어 보이는 착시현상

정답 ③

04 디자인 실무이론

핵심 이론 01 디자인의 용어

(1) 그런지(Grunge)

① 오물, 쓰레기, 보잘 것 없는 사람이라는 뜻의 속어로, 1980년대 말 미국 음악가들의 패션에서 유래되었다.
② 주로 얼터너티브 록 그룹들(펄잼, 너바나)의 엘리트주의에 대한 반항에서 시작되어 보헤미아니즘과 젊은이들의 자유분방함을 나타냈다.

(2) 그래피티(Graffiti)

① 그래피티의 어원은 '긁다, 긁어서 새기다'라는 뜻의 이탈리아어 그라피토(Graffito)와 그리스어 스그라피토(Sgraffito)로서 스프레이나 물감을 이용하여 낙서 같은 문자나 그림을 표현한 것을 뜻한다.
② 1960년대 말 미국의 필라델피아에서 콘브레드(Cornbread)와 쿨 얼(Cool Earl)이라는 서명을 남긴 인물들로부터 시작되었으며, 뉴욕의 브롱크스 거리에서 낙서화가 범람하면서 본격화되었다.

(3) 글램(Glam)

① 글램은 '매혹적인'이란 뜻을 가진 '글래머러스(Glamorous)'에 어원을 두고 있다.
② 1980년대에 유행한 패션으로 상의는 어깨를 강조해서 풍성하게 하고 하의는 슬림하고 타이트하게 연출한다. 스키니 팬츠나 레깅스, 글리터링한 소재가 포인트이다.

(4) 노마드(Nomad)

① 유목민, 유목민족을 뜻하는 라틴어인 노마드는 자유로운 떠돌이를 뜻하며, 특히 요즘 시대에는 '사이버 유목민'을 뜻하는 신조어로 통한다.
② 물질적인 소유보다는 경험의 축적과 자유롭고 창조적인 인간형을 추구하며, 홀가분하고 쾌적한 삶과 단순하고 간편한 생활양식을 지향하여 21세기의 주도적인 소비 흐름으로 부각되고 있다.

(5) 데콜타주(Decolletage)

네크라인을 V, U자형으로 깊게 파서 목과 가슴을 대담하게 노출되도록 하여 인체 곡선미를 강조한 스타일이다.

(6) 리디자인(Re-Design)

오랫동안 사용해 온 상표나 제품의 디자인을 새로운 감각이나 소비자의 선호도를 조사하여 새롭게 수정 개량하는 디자인을 말한다.

(7) 레트로(Retro)

과거 지향적이고 복고적인 성향을 뜻하는 레트로는 과거의 스타일을 새롭게 해석하고 그 감성을 재발견하는 절충주의적이고 다중주의적인 경향을 나타낸다.

(8) 로하스(Lohas)

유기농, 건강을 나타내는 용어로 미국의 내추럴마케팅연구소가 2000년에 처음으로 사용하였다. 'Lifestyle of Health and Sustainability'의 약자로서, 말 그대로 건강하고 지속 가능한 환경 상태의 보전 등을 의미하므로 건강한 정신과 육체의 조화를 뜻한다.

(9) 모방 디자인

기존의 형태와 기능을 그대로 모방하는 디자인으로, 제품을 개발하는 차원에서는 새로운 디자인의 창출과 개발이 아닌 활동이기는 하나 모든 디자인의 시작점으로 기능하는 디자인이다.

(10) 사이키델릭(Psychedelic)

① 영혼을 의미하는 사이키(Psyche)와 시각적이라는 의미의 델로스(Delos)에서 유래된 용어로, 1960년대 히피의 마약 문화로 인한 현란한 색채가 패션에 응용된 것을 말한다.
② 1960년대의 옵아트와 팝아트의 영향을 받아 형광성이 강한 색채가 특징이며 1980년대에는 테크노, 사이버 펑크가 태동하게 된 계기가 되었다.

(11) 스칸디나비아 디자인(Scandinavia Design)

① 스칸디나비아 디자인에는 단순함, 실용성 그리고 과학적 특징이 반영되어 있다.
② 간결하지만 뛰어난 기능성을 가진 디자인 제품들은 인간 중심적 사고에서 시작되었으며, 북유럽 자연환경을 바탕으로 탄생된 그들만의 디자인에서는 자연스러우면서도 실용적인 면모가 돋보인다.

(12) 앤드로지너스 룩(Androgynous Look)

① 그리스어로 '앤드로스(Andros)'는 남자를, '지나케아(Gynacea)'는 여자를 뜻하며, 앤드로지너스는 남자와 여자의 특징을 모두 지니고 있는 양성을 말한다.
② 1960년대 중반부터 남성 패션에 여성복의 영향이 나타나 복식 선택에 자유로움을 주었다. 이러한 경향은 1985년을 전후해 급격히 유행하는 유니섹스 모드의 발전을 가져오기도 했다.

(13) 에스닉(Ethnic)

인종이나 민족을 의미하는 라틴어 '에스니커스(Ethnicus)'와 그리스어 '에스니코스(Ethnikos)'에서 유래된 말로 비기독교 문화권인 중동, 아시아, 인도 등의 민속 의상과 고유의 염색, 직물, 자수, 액세서리 등에서 영감을 얻어 이국적이고 자연적인 스타일을 일컫는 용어가 되었다.

(14) 엠파이어 스타일(Empire Style)

고전주의를 표방한 복식의 한 형태로 얇게 비치는 옷감이나 몸에 감기는 부드러운 소재를 사용하였다.

(15) 일러스트레이션(Illustration)

회화, 사진, 도표, 도형 등 문자 이외의 그림 요소이다. 신문이나 잡지, 기사 혹은 책 내용의 이해를 돕고 주제를 명확하게 시각화하는 커뮤니케이션 언어에 해당된다.

(16) 젠 스타일(Zen Style)

동양적 사고의 오리엔탈리즘과 단순하고 근본적인 사상인 미니멀리즘의 요소가 결합된 스타일이며, 순수함을 나타낼 수 있는 자연적인 소색이나 흑, 백, 재색들의 색채와 절제되고 자연친화적인 소재감을 강조한다.

(17) 테크노(Techno)

1980년대 후반 미국의 디트로이트를 중심으로 컴퓨터에 의해 생성된 음악 형태에서 비롯된 양식이다. 음악적 트렌드를 넘어서 미술, 건축, 테크놀로지, 패션, 영화 등 전반적인 예술의 문화 코드로 등장했으며 끊임없는 호기심과 인공적이고 차가운 소재, 미래적이며 사이버틱한 이미지를 만들어 내는 것이 특징이다.

(18) 펑크(Punk)

속어로 '시시한 사람, 불량스러운 사람, 풋내기'라는 의미로 미국에서 시작되어 영국에서 크게 유행했던 스타일이다. 주로 권위 체제에 대한 저항 의식을 가진 10대들이 머리를 핑크나 그린으로 염색하고 기분 나쁜 메이크업을 하며 저속한 액세서리를 착용하였다.

(19) 프로타주(Frottage)

프랑스어로 '마찰하다, 문지르다'의 뜻으로 일명 탁본이라고 하며, 요철이 있는 표면을 문질러 피사물의 질감효과를 나타내는 기법을 말한다.

(20) 히피(Hippie)

히피는 1966년 미국 서해안의 샌프란시스코를 중심으로 발현하여 대도시 곳곳으로 확산된 것은 물론 파리나 런던 등 유럽의 청년층에도 파급됨으로써 일시적인 유행이 아닌 하나의 문화적 양식으로 자리 잡게 되었다. 이들은 공동체 생활과 자연 회귀, 인간성 회복과 수공예적인 스타일, 에스닉한 스타일을 선호하였고, 물질만능에 대한 저항과 반전운동이 특징적이다.

(21) 홀로그램(Hologram)

1948년 영국의 물리학자 데니스 가보르(Dennis Gabor)에 의해 발견되었다. 레이저 광선의 간섭효과를 이용하여 2차원의 평면에 3차원적 입체감이 있는 듯 착각을 일으키게 하는 영상 기술로서, 현재 은행이나 신용카드의 위조 방지를 위해 흔히 사용된다.

핵심예제

'마찰하다'의 뜻으로 일명 탁본이라고 하며 요철이 있는 표면을 문질러 피사물의 질감효과를 나타내는 기법은? [2015년 3회 기사]

① 프로타주
② 데칼코마니
③ 콜라주
④ 오브제

|해설|

프로타주 : 막스 에른스트(Max Ernst)가 바위나 나무의 거친 면에다 종이를 대고 연필로 문질러 얻어지는 이미지에 주목한 후, 초현실주의의 독특한 기법 중 하나를 가리키게 되었다. 에른스트는 이것을 유화에도 사용하여 물질에 의해 촉발된 의식의 불안한 이미지를 표현했다.

정답 ①

핵심 이론 02 색채계획

(1) 목적 및 정의

① 색채계획이란 실용성과 심미성을 기본으로 디자인 요소를 고려하여 아름다운 배색효과를 얻을 수 있도록 계획하는 것이다.
② 색채조절보다 진보된 개념으로 미적인 동시에 다양한 기능성을 부여한다는 차원에서 예술적 감각이 중요시된다.
③ 색의 이미지, 연상, 상징, 기능성 및 안전색을 고려하여 계획하는 것을 말한다.
④ 색채계획은 1950년대 미국에서 보급되었는데 비렌(F. Birren), 체스킨(L. Cheskin) 등의 실천가가 주요한 역할을 하였다.
⑤ 인공적인 착색 재료와 착색 기술이 발달하여 그때까지 자유롭지 못했던 색의 표현이 가능해지고, 소재나 제품에 채색이 일반화되면서 색채계획이 발달되었다.
⑥ 색채계획은 분야의 특성에 맞는 적절한 색채효과를 미리 예측하는 데 그 목적이 있으며, 폭넓은 사전준비와 기본적인 배색의 특징을 익혀 응용할 수 있어야 한다.

(2) 색채계획 대상의 취급방법

① 색채계획은 환경, 시각, 제품, 패션, 미용, 공공 디자인에 이르기까지 다양한 분야에 걸쳐 있는데, 무엇보다 중요한 것은 사용 목적에 부합하는 색채의 선택과 적용이다.
② 같은 색상이라도 어디에 어떻게 쓰이느냐에 따라 전혀 다른 효과를 내기 때문에 색채가 활용되는 디자인에서는 각 분야별 특성 파악이 색채계획의 가장 중요한 부분이다.
③ 색채를 적용할 대상을 검토할 때 고려할 조건은 대상과 보는 사람과의 거리인 거리감, 대상의 움직임 유무, 개인용과 공동 사용을 구분하는 공공성의 정도 등이다.
④ 색채계획은 쾌적한 작업 환경을 만들어 근로자의 피로를 경감시키고 작업 능률을 높이는 효과를 볼 수 있다.
⑤ 색채계획은 '색채환경 분석 – 색채심리 분석 – 색채전달 계획 – 색채디자인 적용'의 단계로 이루어지는데, 색채 변별능력 및 조사능력, 자료수집 능력은 색채 시장조사 및 환경분석의 단계에서 요구된다.

⑥ 색채구성 능력과 심리조사 능력은 색채심리 분석단계에서, 컬러 이미지 계획능력과 컬러 컨설턴트의 능력은 색채전달 계획단계에서, 마지막 색채 규격과 컬러 매뉴얼 작성단계인 디자인 적용 부분에서는 아트 디렉션의 능력이 필요하다.

(3) 색채계획 시 배색방법

① 주조색

㉠ 전체의 60~70% 이상을 차지하는 색이다.

㉡ 일반적으로 전체의 느낌을 전달할 수 있는 배색으로 가장 넓은 면을 차지하여 전체 색채효과를 좌우하게 되므로 다양한 조건을 가미하여 결정한다.

㉢ 인테리어, 환경, 제품, 소품, 그래픽 디자인, 미용, 패션 등 분야별로 주조색의 선정방법은 다를 수 있다.

② 보조색

㉠ 주조색 다음으로 넓은 공간을 차지하는 색이다.

㉡ 보조 요소들은 배합색으로 취급한 것이다.

㉢ 통일감 있는 보조색은 변화를 주는 역할을 담당하며 일반적으로 20~30% 정도의 사용을 권장한다.

③ 강조색

㉠ 디자인 대상에 악센트를 주어 신선한 느낌을 만드는 포인트를 주는 역할을 한다.

㉡ 주조색, 보조색과 비교하여 색상을 대비적으로 사용하거나, 명도나 채도에 의해 변화를 주는 방법을 선택한다.

㉢ 강조색의 분량은 전체의 5~10% 정도이므로 대상을 변화시키는 데 있어 손쉽게 활용할 수 있다.

(4) 색채계획 및 디자인 프로세스

① 실내 디자인

㉠ 실내 디자인 프로세스는 크게 기획 설계, 기본 설계, 실시 설계, 공사 설계로 이루어진다.

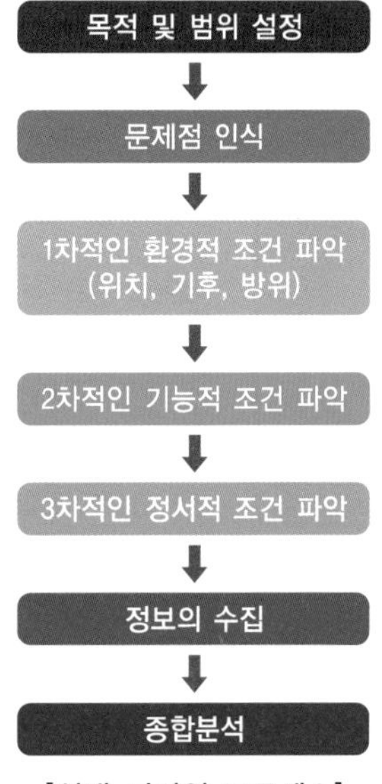

[실내 디자인 프로세스]

㉡ 주거공간의 색채

- 가족의 공유공간이므로 특수한 색채는 어울리지 않는다.
- 천장, 벽, 마루, 가구 등의 색채는 가급적 심리적 자극을 적게 준다.
- 베이지, 브라운, 오프 뉴트럴계 등의 저채도 색을 주조색으로 선정한다.
- 커튼, 카페, 인테리어 소품 등 악센트로서 고채도 색을 사용한다.
- 기조가 되는 색채가 심리적 자극이 적기 때문에 환경색이라고 부르기도 한다.

② 패션 디자인 : 패션 분야에서는 트렌드를 기반으로 시장 및 소비자 조사를 하여 계절별, 주제별 색채 방향을 설정하고 배색계획을 세운 다음 디자인한다.

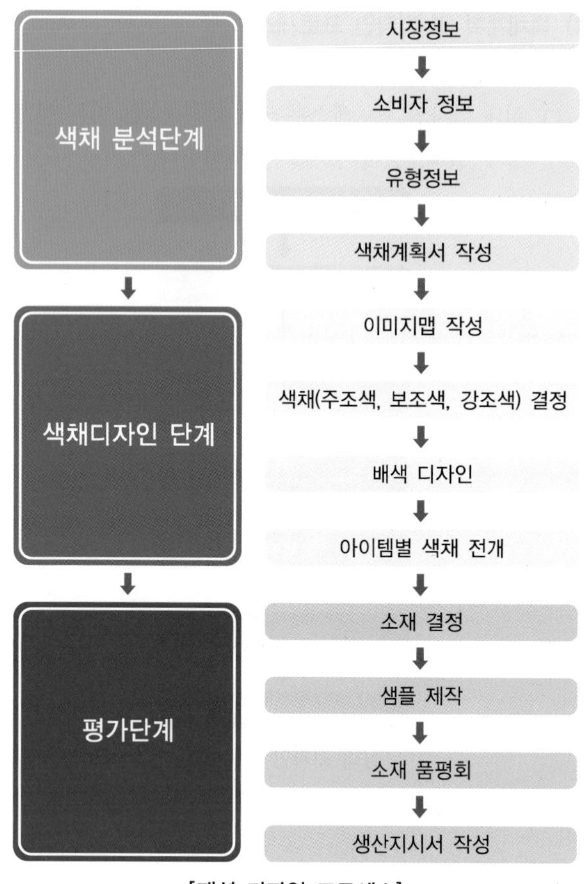

[패션 디자인 프로세스]

③ 제품 디자인 : 전체 이미지의 방향을 설정하고 주조색을 결정한 후, 시장의 경향이나 소비자의 선호를 고려하여 배색하는 것이 좋다. 광고, 포장, 매장의 디스플레이까지 색채가 연계되는 것이 바람직하다.

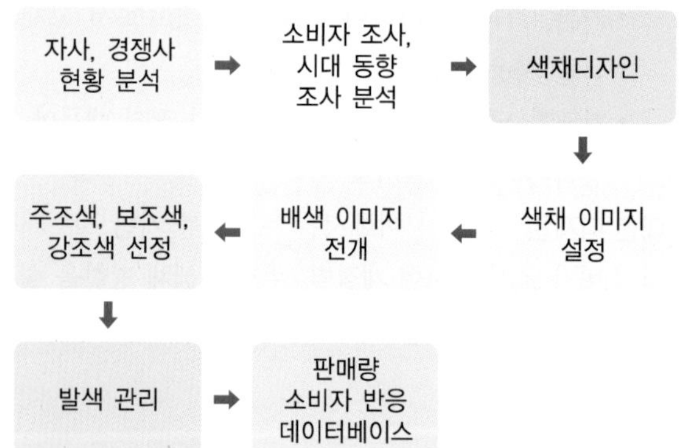

[제품 디자인 프로세스]

(5) 좋은 디자인의 요건 및 특징

① 좋은 디자인(굿 디자인)은 최소의 경비로 최대의 효과를 얻을 수 있는 자재, 노력, 경비들을 고려한 디자인이다.

② 디자인 시 제품의 생산과정에 대한 전문적인 지식을 갖추고 창의적이고 독창적인 디자인이 되도록 노력해야 한다. 또한 감정적이며 비합리적인 요소는 배제시키고 순수하게 합리적 요소만으로 형성하도록 한다.

③ 제2차 세계대전 후 대량생산 제품의 품질 향상을 목적으로 만들어진 개념으로, 매년 굿 디자인을 선정하여 GD마크를 부여한다. 국가마다 굿 디자인의 기준이 다르며, 기능성, 심미성, 경제성, 사회성, 독창성, 창조성, 환경친화성 등의 요건이 있다.

구분	내용
좋은 디자인의 요건	• 독창성 : 항상 창조적이며 이상을 추구하는 디자인 • 경제성 : 최소의 인적, 물적 자원을 투자하여 최대의 효과를 가져올 수 있는 디자인 • 심미성 : 아름다움을 느끼는 미적 의식으로 주관적, 감성적 • 기능성 : 목적에 합당한 구실이나 작용에 적합한 디자인
좋은 디자인의 예	• 의자 디자인을 하기 위해 인체공학적 방법을 도입하였다. • 기차나 항공기의 형태는 빠른 속도로 달려야 하므로 공기 역할을 고려해야 한다. • 형태나 재질의 선정은 기능과 유기적으로 연결되어야 한다.

 **핵심예제**

2-1. 컬러 플래닝 프로세스가 옳게 나열된 것은?

[2016년 2회 산업기사]

① 기획 → 색채설계 → 색채관리 → 색채계획
② 기획 → 색채계획 → 색채설계 → 색채관리
③ 기획 → 색채관리 → 색채계획 → 색채설계
④ 기획 → 색채설계 → 색채계획 → 색채관리

2-2. 색채계획 과정에서 컬러 이미지의 계획능력, 컬러 컨설턴트의 능력은 어느 단계에서 요구되는가? [2019년 1회 산업기사]

① 색채환경 분석
② 색채심리 분석
③ 색채전달 계획
④ 디자인에 적용

2-3. 품평할 목적으로 제작되는 것으로, 완성 예상 실물과 흡사하게 만드는 데 중점을 두는 모델은? [2019년 1회 산업기사]

① 아이소타입 모델
② 프로토타입 모델
③ 프레젠테이션 모델
④ 러프 모델

2-4. 색채계획 시 색채가 주는 정서적 느낌을 언어로 표현한 좌표계로 구성하여 디자인 방법론으로 활용하기 위해 개발된 것은? [2019년 2회 산업기사]

① 그레이 스케일(Gray Scale)
② 이미지 스케일(Image Scale)
③ 이미지 맵(Image Map)
④ 이미지 시뮬레이션(Image Simulation)

|해설|

2-1
기획 → 색채계획 → 색채설계 → 색채관리의 순서가 옳다.

2-2
색채계획은 색채환경 분석 → 색채심리 분석 → 색채전달 계획 → 색채디자인 적용단계로 이루어져 있다. 컬러 이미지의 계획능력, 컬러 컨설턴트의 능력은 색채전달 계획단계에서 요구된다.

2-3
고객과 단계별로 디자이너의 의도를 전달하기 위해 프레젠테이션 과정을 거쳐야 한다. 이때 고객의 이해를 돕기 위하여 언어, 시각적 방법이 함께 이루어지는데, 시각적 방법으로 프레젠테이션 모델이 있다.

2-4
언어 이미지 스케일은 미국의 심리학자 오스굿(Charles Egerton Osgood)에 의해 개발되었다. 형용사의 반대어를 쌍으로 연결시켜 비교함으로써 색채의 감정적인 면을 다룬다. 색채 감성의 객관적 척도로, 평가대상이 가지고 있는 이미지를 수량적 처리에 의해 척도화하여 정량적으로 측정하는 방법이다.

정답 2-1 ② 2-2 ③ 2-3 ③ 2-4 ②

핵심 이론 03 색채디자인의 평가

(1) 대상에 따른 색채 표현의 검토

① 면적효과(Scale) : 대상이 차지하는 면적
② 거리감(Distance) : 대상과 보는 사람과의 거리
③ 움직임(Movement) : 대상의 움직임 유무
④ 시간(Time) : 시야에 있는 시간의 장단
⑤ 공공성의 정도 : 개인용, 공동 사용의 구분
⑥ 조명조건 : 자연광, 인공조명의 구분 및 그 종류와 조도

(2) 정신물리학적 측정법

① 조정법
㉠ 지정된 성질을 가진 자극(판별역)을 연속적으로 변화를 주면서 탐색하고 평가하는 방법이다.
㉡ 자극색과 같은 감각이 되는 물리값을 얻는 방법이다.
㉢ 계측 대상이 되는 자극을 표준자극, 조정용으로 사용하는 자극을 비교자극이라고 한다.
㉣ 조사에 시간이 걸리지만, 한도값을 구하는 데 적합하다.

② 극한법
㉠ 자극의 크기나 강도 등을 일정 방향으로 조금씩 바꾸면서 제시하고 그 각 자극에 대해서 '크다/작다, 보인다/보이지 않는다' 등의 판단을 구하는 방법이다.
㉡ 조사에 시간이 걸리지만, 한도값을 구하는 데 적합하다.

③ 항상법
㉠ 실험자가 5~9개 정도의 자극을 무선적으로 제시하고 이에 탐지・불탐지 응답이 50%인 자극을 절대역으로 간주하는 것이다.
㉡ 적용범위가 넓고 가장 정확한 측정방법이지만 측정 시간이나 피실험자의 부담이 크다.

(3) 심리적 척도 구성법

① 선택법 : 가장 기본적이며 널리 사용되는 평가방법이다. 다수의 평가대상을 일정한 평가 기준으로 가장 선호하는 것을 선발한다.

② **순위법** : 평가하고자 하는 대상을 피험자에게 동시에 제시하여 순서를 붙이는 방법이다.

③ **평정척도법** : 평가의 척도를 제시하는 것으로 점수 평정척도법의 경우 5 또는 7의 평정단계의 질량을 정의할 때 짧은 문장 표현에 의하는 데 비해서 이 척도는 5, 4, 3, 2, 1의 숫자에 의하든지 혹은 숫자 대신에 A, B, C, D, E 또는 수, 우, 미, 양, 가 등의 부호에 의하는 것이 특징이다.

④ **매그니튜드(Magnitude) 추정법**

㉠ 미국의 스티븐스(Stevens)가 고안한 것으로 자극의 물리량과 감각 사이의 관계를 구하기 위한 측정법이다.

㉡ 어느 실내의 넓이를 100으로 가정한 다음, 다른 실내의 범위가 어느 정도로 느껴지는가를 숫자로 회답시키는 방법이다.

㉢ 대상에서 받을 미묘한 차이를 정량적으로 파악할 수 있다.

핵심예제

3-1. 자극의 크기나 강도를 일정 방향으로 조금씩 변화시켜 나가면서 그 각각 자극에 대하여 '크다/작다, 보인다/보이지 않는다' 등의 판단을 하는 색채디자인 평가방법은? [2017년 1회 기사]

① 조정법 ② 극한법
③ 항상법 ④ 선택법

3-2. 다음 중 색채를 적용할 대상을 검토할 때 고려해야 할 조건으로 가장 거리가 먼 것은? [2018년 1회 산업기사]

① 면적효과(Scale) - 대상이 차지하는 면적
② 거리감(Distance) - 대상과 보는 사람과의 거리
③ 재질감(Texture) - 대상의 표면질
④ 조명조건 - 자연광, 인공조명의 구분 및 그 종류와 조도

3-3. 공공환경에서 대상에 따른 색채적용 시 고려해야 할 조건이 아닌 것은? [2015년 3회 기사]

① 대상과 보는 사람의 거리
② 선호도
③ 면적효과
④ 공공성의 정도

핵심예제

3-4. 색채의 선호도를 파악하는 조사방법이 아닌 것은? [2017년 1회 산업기사]

① 순위법
② 항상자극법
③ 언어척도법
④ 감성 데이터베이스 조사

|해설|

3-1

① 조정법 : 지정된 성질을 가진 자극(판별역)을 연속적으로 변화를 주면서 탐색하고 평가하는 방법이다.

③ 항상법 : 실험자가 5~9개 정도의 자극을 무선적으로 제시하고 이에 탐지·불탐지 응답이 50%인 자극을 절대역으로 간주하는 것이다.

④ 선택법 : 가장 기본적이며 널리 사용되는 평가방법으로 다수의 평가대상을 일정한 평가 기준으로 가장 선호하는 것을 선발한다.

3-2

색채 적용 시 고려할 조건은 면적효과(Scale), 거리감(Distance), 움직임의 정도(Movement), 시간(Time), 공공성의 정도, 조명 조건 등이 있다.

3-3

대상에 따른 색채적용 시 고려해야 할 조건으로 면적, 거리감, 움직임, 시간, 공공성, 조명 등이 있다.

3-4

색채선호도 조사법에는 SD법(언어척도법), 순위법, 감성 데이터베이스 조사법 등이 있다.

정답 3-1 ② 3-2 ③ 3-3 ② 3-4 ②

05 디자인 영역

핵심 이론 01 시각 디자인

(1) 의 의

① 시각 디자인은 심벌과 기호를 통하여 정보를 전달하며 커뮤니케이션의 역할을 한다. 시각 디자인의 영역에는 시각 매체를 통한 커뮤니케이션을 목적으로 하는 포스터, 잡지, 광고, 포장, 편집 디자인, 기업의 CIP나 BI와 같은 디자인이 포함된다.

② 시각 디자인은 일차적으로 시각적 흥미를 불러일으킬 필요가 있으며, 감성적 만족뿐만 아니라 의미와 상징도 잘 전달할 수 있어야 한다. 최근에는 인쇄매체로 점차 확대되고 있다.

(2) 시각 디자인의 요소

① **이미지** : 점, 선, 면을 조합하여 최종 형태를 이루어 이미지를 만든다.

② **색채** : 사물에 직접적인 생명력을 부여하고 상징성과 의미를 전달함으로써 감성을 움직이는 요소이다.

③ **타이포그래피** : 글자나 문자로 이루어진 모든 조형적 표현으로 캘리그래피(Calligraphy)와 서체, 자간, 굵기 등을 모두 포괄한다.

(3) 시각 디자인의 기능

① **지시적 기능** : 신호, 활자, 문자, 지도, 타이포그래피 등

② **설득적 기능** : 신문광고, 잡지광고, 포스터, 애니메이션 등

③ **기록적 기능** : 사진, 영화, 인터넷 등

④ **상징적 기능** : 심벌마크, 패턴, 일러스트레이션 등

[용지 규격]

- A0(841 * 1,189) : 일명 대판
- A1(594 * 841) : 일명 중판, 포스터
- A2(420 * 594) : 포스터
- A3(297 * 420) : 포스터와 광고지
- A4(210 * 297) : 광고지와 일반 인쇄용
- A5(148 * 210) : 일반 인쇄용
- A6(105 * 148) : 엽서
- B0(1,030 * 1,456)
- B1(728 * 1,030)
- B2(515 * 728) : 특수 제작품
- B3(364 * 515) : 포스터
- B4(257 * 364) : 포스터, 광고지
- B5(182 * 257) : 광고지, 일반 인쇄용
- B6(128 * 182) : 광고지, 일반 인쇄용

(4) 영역별 시각 디자인

① **환경 그래픽 디자인** : 환경을 구성하는 여러 요소의 상관성을 고려하여 질서와 조화를 추구하는 디자인이다.

옥외광고 디자인	도시 주변 경관 조성과 정보 전달, 안내 역할을 하며 지역의 특징을 보여주는 디자인으로 네온사인, 애드벌룬, 광고 자동차 등을 예로 들 수 있다.
교통광고 디자인	대중교통 수단의 내부 및 외부는 물론 그 밖의 구조물 등을 매체로 하는 광고물로 교통수단이 발달하면서 점차 그 영역이 확대되고 있다.
슈퍼그래픽 디자인	건물의 외벽, 건축 현장의 담, 아파트 등의 대형 벽면에 그린 그림으로 크기의 제한을 탈피하는 개념의 디자인이다. 슈퍼그래픽은 지표물의 기능, 공간 조절의 기능, 실용적 기능을 가진다.

[카피의 종류]

헤드라인, 보디카피, 슬로건, 캡션

② **그래픽 디자인** : 평면 위에 시각적인 디자인을 행하는 것으로 인쇄를 전제로 하는 포스터, 신문, 잡지, 캘린더 등을 포함한다. 북 디자인의 경우 내용을 포괄적으로 암시할 수 있어야 한다.

③ **그래픽 심벌**

㉠ 교육이나 학습 없이도 누구나 이해할 수 있는 언어를 뛰어넘는 시각적 기호이다.

㉡ 일정한 사상을 나타내기 위해 문자와 숫자를 사용하는 대신에 상징적 도형이나 정해진 기호를 조합시켜 보다 직접적으로 나타내는 방식이다.

㉢ 아이소타이프나 다이어그램과 사물・시설・행위・개념 등을 상징화된 그림 문자로 나타내 불특정 다수의 사람들이 문화와 언어를 초월해서 빠르고 쉽게 공감할 수 있도록 만든 그래픽 심벌인 픽토그램 등이 있다.

㉣ 국제적 커뮤니케이션을 가능하게 하기 위해서 세계 공통으로 사용되는 안전색채를 사용해야 하며, 명시성과 가독성도 높아야 한다.

④ 광고 디자인 : 사람과 제품을 연결해 주는 역할을 하는 광고 디자인에서 색채는 제품의 이미지 및 전체 분위기를 나타내는 데 특히 중요한 역할을 한다.

⑤ 포장 디자인

㉠ 소비자에게 상품을 알리고, 구매 의욕을 증가시키며, 상품을 안전하게 보호하고 운반할 수 있는 입체 디자인으로 패키지 디자인이라고도 한다.

㉡ 포장 디자인은 유통의 편리성, 상품 가치 상승, 상품 보호, 보존성 등의 기능을 겸비해야 한다. 이때 색채는 상품의 특성을 분명하게 드러내고 소비자로 하여금 구매 충동을 유발시킬 수 있어야 한다.

⑥ 아이덴티티 디자인

㉠ 기업 통합 이미지 정책을 뜻하는 CIP(Corporation Identity Program)의 색채계획은 기업의 이미지에 일관성을 주고 이미지를 향상시켜 판매를 촉진하는 데 목적이 있다.

㉡ BI(Brand Identity)는 보다 작은 개념이며 상품 이미지를 평가하는 데 핵심이 된다. 색채는 기업의 이미지를 대변하기도 하므로 기업이 지향하는 이미지를 대표할 수 있는 색채를 신중하게 선택해야 한다.

㉢ CI의 3대 기본 요소는 심리 통일과 시각 이미지 통일, 행동 양식 통일이다.

⑦ 컴퓨터 그래픽

㉠ 컴퓨터를 사용하여 만들어진 모든 시각적 대상을 의미한다. 보이지 않는 사물이나 현상을 시각적으로 표현할 수 있으며 모호한 이미지를 명확하게 정립시킬 수 있다.

㉡ 과거의 정보를 수정 및 재사용하는 것이 용이하며, 다양한 색채 표현 및 교체, 시각의 자유로운 표현, 이미지의 변환과 이동이 가능하다.

⑧ 캘리그래피(Calligraphy)

㉠ '손으로 그린 그림문자'라는 뜻인데, 문자의 선, 번짐, 균형미 등의 조형적 요소도 포함한 의미이다.

㉡ 개성적인 표현과 우연성이 중시되는 캘리그래피는 기계적인 표현이 아니라 손으로 쓴 아름다운 글 자체를 말한다.

㉢ 술라주, 아르퉁, 폴록 등 1950년대 표현주의 화가들의 추상화에서 이용되었고, 동양화에서는 서예라는 파트가 현대적으로 특성화된 것으로 연관된다.

핵심예제

1-1. 국제적인 행사 등에서의 사용을 목적으로 제작된 그림문자로서, 언어를 초월해서 직감으로 이해할 수 있도록 한 그래픽 심벌은? [2019년 2회 산업기사]

① 다이어그램(Diagram)
② 로고타입(Logotype)
③ 레터링(Lettering)
④ 픽토그램(Pictogram)

1-2. 다음의 특징을 고려하여 색채계획을 해야 할 디자인 분야는? [2019년 3회 산업기사]

- 생산과 소비를 직접 연결해 주는 매개체의 역할
- 안전하게 운반, 보관할 수 있는 보호의 기능
- 시선을 사로잡을 수 있는 시각적 충동을 느낄 수 있는 디자인

① 헤어 디자인
② 제품 디자인
③ 포장 디자인
④ 패션 디자인

|해설|

1-1
픽토그램(Pictogram)은 그림을 뜻하는 'Picto'와 전보를 뜻하는 'Telegram'의 합성어로 누가 보더라도 그 의미를 쉽게 알 수 있도록 만들어진 그림문자이다. 픽토그램은 언어가 달라서 소통에 불편함이 있는 외국인들을 위해 사용하는 경우가 많다.

1-2
포장 디자인은 소비자에게 제품을 알리고 구매의욕을 증가시키며, 상품을 안전하게 보호하고 운반할 수 있는 입체 디자인이다.

정답 1-1 ④ 1-2 ③

핵심이론 02 멀티미디어 디자인

(1) 의 의

① 멀티미디어란 다중매체의 의미로 이미지, 문자, 기호, 음악, 동영상 등을 표현하는 컴퓨터와 이러한 정보를 저장하고 재생하는 CD-ROM, 월드 와이드 웹 등 그 범위가 매우 넓고 포괄적이다.

② 멀티미디어 디자인은 동영상과 사운드, 전시장이나 공항 등의 안내 시스템, 인터넷을 통한 사이버 강의, 기업 홍보, 전자상거래, 디지털 위성방송 등 다양한 분야에서 활동되고 있다.

③ 멀티미디어 디자이너에게는 청각 정보를 시각화하는 능력, 시청각 정보를 통합하는 능력, 추상적 개념을 구체화하는 능력 등의 자질이 요구된다. 또한 디자인 시 다양한 웹 환경을 고려하는 동시에 시각적 피로도와 홈페이지의 구동력 등을 감안해야 한다.

(2) 멀티미디어 디자인의 특징

① **쌍방향** : 상호작용에 의한 커뮤니케이션 방법을 택한다. 즉 매스미디어가 정보 발신자의 의견을 일방적으로 전달하였다면, 멀티미디어는 문자(텍스트), 그래픽, 동영상, 사운드(오디오) 등을 융합함과 동시에 정보 수신자의 의견을 전달한다.

② **사용자 중심** : 정보의 선택권이 사용자에게로 넘어가면서 디자인의 가치 기준과 방향이 사용자 중심으로 변한다.

③ **사용자의 경험 중시** : 사용자의 편의성을 극대화하는 정보 설계, 사용자 인터페이스, 항해, 상호작용성 등 사용자의 경험 측면이 강조된다.

핵심예제

음성, 문자, 그림, 동영상 등 다양한 형식의 정보를 이용하여 안내시스템, 인터넷을 통한 사이버 강의 등에서 활용되고 있는 디자인은? [2016년 2회 산업기사]

① 일러스트레이션 ② 멀티미디어 디자인
③ 에디토리얼 디자인 ④ 아이덴티티 디자인

|해설|

멀티미디어 디자인은 음성, 영상, 문자, 도형 등 모든 형태의 정보를 하나의 기기에서 처리하여 전달할 수 있도록 융합한 것이다.

정답 ②

핵심이론 03 제품 디자인

(1) 의 의

① 제품 디자인은 제품의 심미성과 실용성, 인간적 가치를 추구하며 생산, 소비, 판매 등 인간의 모든 생활에 관여하는 도구를 만드는 디자인이다.

② 인류의 역사는 창조력에 의해 인간이 만든 도구의 역사와 맥을 같이 하며, 자연에 대응하기 위한 도구적 장비에 관한 것이 곧 제품 디자인의 영역에 해당된다.

③ 색채계획은 반드시 실용성과 심미성, 조형성을 모두 갖추도록 해야 하며 광고, 포장, 매장의 디스플레이까지 연계되는 것이 좋다. 디자이너의 개인적 취향이나 감성에 의존하지 않고 제품의 성격과 기장, 소비자의 유형과 선호도, 라이프스타일 등을 고려해 제품의 색채 이미지를 정해야 한다.

④ 제품 디자인을 공예와 구별 짓는 가장 중요한 요인인 대량생산과 제품의 기본 기능 외에도 사용상의 편리함, 유지관리와 용이함이 요구된다.

(2) 제품 디자인의 분류

① **소비자 제품** : 소비자가 직접 구입하여 사용하는 제품으로 일반적으로 가정용품에 속하는 것들이다. 디자이너의 아이디어나 조형적 감각 표현이 자유로이 발현된다.

② **상업용 또는 서비스업용 비품** : 공공장소에서 직간접으로 서비스를 하기 위해 쓰인다. 가정 소비자가 직접 소유하는 일이 드문 비품류로서 각종 기구가 여기에 포함된다.

③ **자본재 또는 내구재** : 기업체 또는 공공기관에서 소유하는 것으로서 주로 기계류에 속하며 물리적인 기능이 큰 비중을 차지하는 부류들이다.

④ **수송 설비** : 자동차 중에서 일반 승용차는 소비자의 소유물인 경우도 있으나 버스, 기차, 전철 등은 직간접적으로 공중에 봉사하므로 수송 설비로 분류한다.

(3) 제품 디자인의 요소

① 렌더링(Rendering) : 평면인 그림에 채색을 하고 명암효과를 주어서 입체감을 내는 기법으로 일종의 가상 시뮬레이션이다. 제품의 외관을 이해할 수 있도록 그린 완성 예상도와 같다.

② 목업(Mock-up) : 디자인한 제품을 실제 크기로 제작하거나 또는 축소하여 제작하는 것을 말한다.

③ 모델링(Modeling) : 디자인이 구체화된 제품을 입체적 형태, 양감, 질감, 촉감 등을 통하여 종합적 이미지로 표현하는 것을 말한다. 색채계획 및 디자인 프로세스에서 계획된 색채로 착색한 모형이나 시뮬레이션을 통해 의뢰인과 검토하는 과정이기도 하다.

[모델링의 종류]

구분	설명
러프 모델 (Rough Model)	디자인 초기 발상단계에서 형태의 연구 및 개요, 확인을 위해 만든다.
프레젠테이션 모델 (Presentation Model)	디자인 제출, 진단을 위해 외관상 실제 제품에 가깝도록 만드는 단계의 모델을 말한다.
프로토 타입 모델 (Prototype Model)	최종 디자인이 결정된 후 제품의 완성단계에 만드는 모델을 말한다. 실제 부품을 사용하여 기능을 부여한 완성형이다.

핵심예제

제품 디자인에 있어서 그 제품의 외관을 이해할 수 있도록 그린 완성 예상도는? [2016년 2회 기사]

① 렌더링
② 러프 스케치
③ 일러스트레이션
④ 레이아웃

|해설|

렌더링은 평면인 그림에 채색을 하고 명암효과를 주어서 입체감을 내는 일종의 가상 시뮬레이션이다.

정답 ①

핵심이론 04 패션 디자인

(1) 의 의

① 패션이란 일정 기간 동안 사회 다수의 사람들에게 일시적으로 수용되는 의복 스타일을 말한다. 패션 디자인은 소비자의 욕구, 디자이너의 스타일, 시대적 유행에 따라 결정되며, 중요한 표현 요소는 선, 재질, 색채이다.

② 디자인 요소들의 조형 원리로는 디자인 내에서 부분들 간의 상대적인 크기 관계를 의미하는 비례, 의복의 균형인 시각적 무게감, 장식, 면적, 색채대비 등을 사용하여 시선을 끄는 강조, 리듬을 들 수 있다.

③ 패션 디자인의 4대 미적 요소는 기능미, 재료미, 형태미, 색채미이다.

(2) 패션 디자인의 색채계획

① 의상과 관련된 디자인 분야인 패션 디자인은 그 시대의 유행과 매우 밀접한 관계가 있으며 대중성과 개인적 취향을 모두 만족시키는 디자인이 되어야 한다. 따라서 소비자의 욕구, 디자이너의 스타일, 시대적 유행 등을 고려하여 디자인을 결정한다.

② 패션은 어떤 디자인 분야보다 색채가 매우 중요한 역할을 하므로 다양한 분석과 조사를 통해 유행색, 소비자의 선호색, 계절색 등을 종합해서 색채계획을 세운다. 또한 만들고자 하는 의복의 종류, 직물의 질감, 착용하는 성별과 연령대, 연출하고자 하는 분위기 등에 따라 매우 다양하고 세분화된 색채계획이 필요하다.

(3) 패션 유행색

① 유행색이란 어떤 계절이나 일정 기간을 갖고 주기적으로 반복되며, 특정 시기에 많은 사람들이 선호하게 되는 색을 말한다.

② 패션 디자인에서 사용되는 유행색과 그 주기는 자동차나 인테리어 디자인 등 다른 디자인 분야와 차이가 있는데, 타 분야에 비해 색 영역이 비교적 다양하며 유행이 빠르게 변화한다.

[유행 예측색]

1963년 설립되어 각국의 공적인 유행색 연구기관들이 가맹하고 있는 국제유행색협회에서 매년 1월과 7월 말에 협의회를 개최한다. 이 협의회는 각국의 위원들이 준비한 제안색을 토대로 2년 후의 색채 방향을 분석하고 S/S(봄/여름)와 F/W(가을/겨울)의 두 분기로 유행색을 예측 제안한다.

(4) 패션 스타일에 따른 색채 사용

① 클래식(Classic) : 유행에 민감하지 않고 세대를 초월한 보수적이고 전통적인 이미지로 격조 있는 세련미를 표현한다. 주로 슈트의 형태가 대표적이며 어두운 듯 채도가 낮고 안정된 다크브라운이나 무채색이 대표적이다.

② 페미닌(Feminine) : 여성스러움을 최대한 강조하는 이미지로 부드럽고 낭만적인 감성을 표현하기 위해 밝고 산뜻한 색상을 많이 사용한다.

③ 스포티브(Sportive) : 활동적인 이미지와 편안함을 강조하는 스타일로 밝고 선명한 색상을 사용한 경쾌한 배색이 주를 이룬다.

④ 모던(Modern) : 현대적이고 심플한 스타일이다. 깔끔하면서도 이지적이며 강렬한 대비감을 주는 분리배색을 사용한다.

[패션 용어]

- 데콜타주 : 네크라인을 V, U자형으로 깊게 파서 목과 가슴이 대담하게 노출되도록 하여 인체 곡선미를 강조하였다.
- 퀼팅 : 한국의 전통 우비기법과 유사하며 현재에는 하나의 예술기법으로도 활동되고 있다.
- 버슬 : 스커트의 뒤쪽 허리 부분을 부풀려 과장하기 위하여 허리에 대는 물건의 총칭이다.
- 샤넬 라인 : 프랑스 디자이너 샤넬(Gabrielle Chanel)이 즐겨 디자인한 무릎 아래 5~10cm의 스커트 길이를 뜻한다. 직선적 실루엣을 이루는 스커트로 유행에 좌우되지 않는 길이이며, 시대와 연령을 초월하여 누구에게나 어울린다.

(5) 패션 디자인사에 나타난 색채 특징

① 1900년대

㉠ 아르누보는 풍요로운 자연을 영감의 원천으로 삼아 식물 문양과 같은 유기적 형상과 순수한 형태를 사용하였다.

㉡ 패션에서는 섬세하고 쾌락주의적인 특성을 띄는 유미주의와 퇴폐적인 장식성이 가미된 흘러내리는 곡선 스타일, 여성스러운 S커브 실루엣으로 가슴을 강조하고 힙과 스커트의 유연함을 돋보이게 하는 스타일이 유행하였다.

㉢ 인상주의의 영향을 받아 부드럽고 환상적인 분위기의 파스텔 색조가 널리 퍼졌다.

② 1910년대

㉠ 오리엔탈리즘의 영향을 받아 밝고 선명한 색조의 오렌지, 노랑, 청록 등이 주조색으로 사용되었다.

㉡ 서서히 아르데코의 영향권에 포함되는 시기이면서, 여성의 사회적 진출에 따라 치마 길이는 짧아지고 실용적이면서도 기능적인 로 웨이스트의 직선적인 실루엣이 유행하였다.

㉢ 제1차 세계대전 즈음에는 어두운 색조가 유행하기도 하였다.

③ 1920년대

㉠ 인공 합성염료의 발달로 자유롭고 인공적인 색, 주관적인 색을 사용하였으며 흑색, 원색, 금속의 광택이 등장하였다.

㉡ 물질적 번영을 누린 쾌락주의적인 시기이면서 이국적인 정취가 유행하였다.

㉢ 여성의 스커트 길이는 짧아지고 과도한 장식을 없앤 직선적인 실루엣을 강조한 가르손느 스타일이 유행하였다. 가르손느는 프랑스어로 소년이라는 뜻으로 프랑스 작가 빅토르 마르그리트(Victor Margueritte)의 소설 '라 가르손느(La Garconne)'에서 유래되었다.

④ 1930년대

㉠ 1930년대에는 미국이 경제대공항의 혼란을 겪었으며 뉴딜정책과 독일의 파시즘에 대항하는 비폭력 시위가 일어나던 시기였다. 디자인 전반에서 흰색이 대유행을 한 이후 서서히 유채색이 유행하기 시작했고,

패션에서는 영화 속 주인공을 우상시하는 사조가 등장하여 이브닝 웨어와 같은 롱스커트가 유행하기도 하였다.

ⓛ 그러나 대부분의 일상복에서는 어려운 경제 상황을 반영하듯 녹청색, 차분한 핑크, 커피색 등이 사용되었다.

⑤ 1940년대

㉠ 제2차 세계대전의 참담함을 반영하듯 차분한 색조와 함께 각진 어깨와 테일러드 스커트의 밀리터리 룩이 전 세계적으로 유행하였다.

ⓛ 직물과 염료의 부족으로 엷고 흐린 색채가 많이 활용되었고, 1940년대 초반에는 검정, 카키, 올리브색(군복색) 등이 사용되었다.

ⓒ 전후에 크리스찬 디오르(Christian Dior)가 여성미를 강조한 뉴룩(New Look)을 발표한 이후에는 분홍, 회색, 엷은 파랑 등 은은한 색채가 나타나기 시작하였다.

⑥ 1950년대

㉠ 제2차 세계대전 이후 점차 사회적으로 안정을 되찾는 시기로 색채 또한 부드러운 파스텔 색조가 나타났다.

ⓛ 과학의 발전과 진보로 물자가 풍부해졌으며, 섬유 산업에서도 여러 가지 소재가 개발되었다. 특히 나일론이나 스타킹과 같은 합성섬유들이 나왔던 시대이기도 하다.

ⓒ 여성스러운 스타일과 글래머러스한 여배우들의 대중적인 인기도 일반 패션계에 영향을 주었다. 색채로는 베이비핑크와 베이비블루, 다양한 색조의 빨강, 채도가 낮은 하늘색 등이 큰 인기를 누렸다.

⑦ 1960년대

㉠ 1960년대 영 패션의 시대로 대중문화가 급속히 발달하였고, 미술에서는 팝아트의 선명하고 강렬한 색조들이 대두되었다. 미국의 케네디 대통령과 영부인인 재클린은 패션에 큰 영향을 주었고, 인기를 누리던 밴드 비틀즈 역시 젊은이들의 자유를 갈망하는 문화의 아이콘이 되었다.

ⓛ 색채 경향은 팝아트와 사이키델릭의 영향을 함께 받으면서 명도와 채도가 높은 현란한 색채로 변화되었다.

⑧ 1970년대

㉠ 1973년 석유파동을 겪은 후 전 세계의 경제는 침체되어 좀 더 합리적인 소비 성향이 나타나게 되었다. 따라서 경기 침체기에 등장하는 브라운 계열의 탁색들이 패션계에 전반적인 영향을 주었고, 크림색 위주의 내추럴 룩(Natural Look)이 등장하였다.

ⓛ 스포츠의 영향으로 트레이닝복과 노출된 옷, 청바지 등이 젊은 층에게 인기 있는 아이템이 되었다. 옷을 여러 겹으로 겹쳐서 각자의 개성에 맞게 입을 수 있는 레이어드 룩 역시 1970년대 유행했던 자연스러운 스타일이다.

⑨ 1980년대

㉠ 1980년대에는 이란과 이라크의 전쟁으로 세계 경제가 침체기에서 벗어나지 못했고, 동서의 냉전과 함께 일본의 경제가 눈에 띄게 성장하면서 동양적인 이미지를 차용한 재패니즈 룩(Japanese Look), 남성과 여성의 개념을 없앤 앤드로지너스 룩(Androgynous Look) 등이 유행하였다.

ⓛ 검은색, 흰색, 어두운 자연계 색과 어두운 뉴트럴계 색들이 유행하였고, 특히 에스닉과 에콜로지, 포크로어 등이 패션에 도입된 시기이다.

⑩ 1990년대

㉠ 1990년대에는 퍼스널 컴퓨터가 일반화되고 개인적인 라이프스타일과 함께 환경문제 또한 지속적인 관심의 대상이 되었다.

ⓛ 패션 전반에 다양한 스타일이 결합되어 나타났고, 특히 미니멀리즘은 흰색, 카키, 검정, 베이지, 회색 등의 색채를 유행시켰으며 1990년대 중반 이후에는 분홍, 초록, 파랑, 보라, 빨강 등 다양한 색이 유행하게 되었다.

ⓒ 리사이클 패션이 대두되었고, 복고풍과 동시에 네오히피 룩(Neo-hippie Look)과 보헤미아니즘(Bohemianism)이 등장하였다.

⑪ 21세기

㉠ 1990년대 이후에는 포스트모더니즘의 영향으로 패션 트렌드도 특별한 양식으로 규정하기 어렵다.

㉡ 신소재와 기술의 발전으로 인해 더욱 다양하고 개성적인 스타일과 패션 색채가 공존하며, 검은색 또한 새롭게 부각되고 있다.

 **핵심예제**

시대와 패션 색채의 변천이 바르게 연결된 것은?

[2019년 2회 기사]

① 1900년대는 밝고 선명한 색조의 오렌지, 노랑, 청록이 주조를 이루었다.
② 1910년대는 흑색, 원색과 금속의 광택이 등장하였다.
③ 1920년대는 연한 파스텔 색조가 유행했다.
④ 1930년대 중반부터는 녹청색, 뷰 로즈, 커피색 등이 사용되었다.

정답 ④

핵심 이론 05 미용 디자인

(1) 의 의

미용 디자인의 범위는 일반적으로 헤어스타일, 메이크업, 네일 케어, 스킨 케어 등을 포함한다. 미용 디자인은 인간의 신체 일부를 대상으로 하는 디자인이므로 개인적인 요구에 적합한 이미지를 추구하면서도 시대의 흐름과 기능성을 고려해 적절한 색채와 형태를 계획해야 한다.

(2) 미용 디자인의 과정

① **미용 소재 분석** : 소재를 적용한 신체 일부분을 분석한다. 각 개인마다 피부와 모발, 눈동자 등의 고유색을 갖고 있으므로 같은 재료를 쓰더라도 색채효과에서 차이가 난다.

② **구상** : 직업, 장소, 시간, 의상 등의 미용 목적을 확인하고 고객의 선호색과 유행색을 참고하여 결정한다. 또한 각 개인이 가지고 있는 고유의 색(피부색, 모발색 등)과 그에 따른 색채효과를 미리 예상하여 색채디자인을 해야 한다.

③ **실행** : 결정된 사항을 실행하는 데 있어 고객의 신체에 화학적, 생리적, 물리적인 자극이나 위생상의 문제가 없도록 해야 한다.

④ **보정** : 고객의 만족도와 완성도를 파악한 후 보정한다.

(3) 헤어 염색 디자인 색채계획

① **모발의 구조** : 케라틴 단백질로 이루어져 있으며 크게 3개의 층으로 구성된다. 모발의 단면을 기준으로 가장 바깥쪽은 표피층, 그 안쪽은 피질층으로 70%가 수분으로 구성된다. 모발의 제일 중심 부위에 연필심처럼 공기를 함유하고 있는 곳은 수질층이다.

표피층	여러 겹의 세포가 물고기 비늘처럼 겹쳐 있으며 알칼리와 접촉하면 팽창되고 산과 접촉하면 응축된다.
피질층	모발의 75%를 차지하며 모발의 특성을 좌우한다. 또한 멜라닌 색소가 존재한다.
수질층	모발의 중심 부위에 공기를 함유한 공기관이 들어 있는 곳이다.

② 색소의 종류 : 멜라닌 색소는 인간의 피부와 동공, 모발의 색을 결정하는데, 인종마다 색소의 종류와 양이 다르다.

유멜라닌	명도가 낮은 진한 색소 알맹이로서 이 색소의 양이 많아지면 피부색, 눈동자색, 모발색의 명도가 낮아진다. 동양인에게 많으며 적갈색에서 흑색을 띤다.
페오멜라닌	색이 밝고 입자가 작아 분사형으로 흩어져 있는 색소를 말하며 이 색소가 많으면 모발색은 밝아진다. 서양인에게 많으며 옅은 노란색부터 밝은 적색까지 띤다.

③ 염색과정 : 모발 분석 → 염모제 선정 → 혼합

㉠ 먼저 염료의 종류 및 모발의 특성을 파악하고 패치테스트를 한다.

㉡ 현재 모발보다 밝게 할 것인지, 어둡게 할 것인지 결정하여 염모제를 선정한다.

㉢ 멜라닌 색소보다 인공 색소의 입자가 크므로 자연스럽게 빠져나오지 않는 한 이미 흡수된 염모제를 빼기가 어렵기 때문에 보색으로 중화시킨 후 재염색해야 한다.

(4) 메이크업 디자인 색채계획

① 메이크업의 색채계획 : 계절별 유행을 고려하면서도 소비자가 원하는 스타일과 부합되는 연출을 목적으로 해야 한다. 이때 개인의 얼굴형이나 피부색, 모발색이나 눈동자의 색 등도 색채계획의 고려대상이 되어야 한다.

② 메이크업의 정의 : 메이크업은 색소 화장품을 사용하여 얼굴의 장점을 부각시키고 단점을 보완하여 목적에 맞는 이미지를 연출하는 작업이다. 고대 이집트 시대에 최초의 화장에 대한 기록이 남아 있으며 손가락과 발에는 식물성 헤나 염료로 염색을 하였다. 또한 아이라인과 눈썹, 속눈썹을 진하게 하기 위해 차콜(숯)을 사용하였다.

③ 메이크업을 위한 관찰 요소 : 이목구비의 비율, 얼굴형, 얼굴의 입체 정도

배 분	얼굴과 이목구비의 비율이 이상적인지 관찰한다.
배 치	얼굴형이 구심형인지, 원심형인지 관찰한다.
입 체	이마, 코, 턱, 볼, 눈꺼풀의 입체 부위를 관찰한다.

④ 메이크업의 표현 요소

색	메시지를 전달하는 역할을 한다.
형	선(눈썹 라인, 입술 라인, 아이라인 등)과 면(아이섀도, 블러셔, 입술의 면)에 의해서 표현된다.
질 감	피부의 결을 고르게 보이도록 하거나 색의 표정을 이용하기 위해 피부 전체에 바르는 파운데이션과 파우더의 양을 조정하여 표현된다.

⑤ 메이크업의 균형 요인 : 좌우대칭의 균형, 전체와 부분의 균형, 색의 균형

[메이크업과 빛]

- 백열등 아래에서는 붉은색의 볼연지가 더욱 혈색 있게 보인다.
- 메이크업은 조명의 색온도에 영향을 받으므로 적합한 색상을 고려한다.
- 형광등 아래에서는 붉은색이 함유된 파운데이션과 볼연지로 발색을 살려 준다.

[입술과 색]

- 메탈릭 페일 색조는 은은하고 섬세하며 로맨틱한 분위기를 연출할 수 있다.
- 카키색의 상의를 입었을 때 오렌지색 입술은 부드러운 느낌으로 조화를 이룰 수 있다.
- 따뜻한 오렌지나 레드계의 색을 적용하면 명랑하고 활달한 분위기가 연출된다.

(5) 퍼스널 색채계획

① 성공적인 미용 디자인의 연출을 위해서는 개인이 가진 피부, 모발, 눈동자 등의 고유 신체색을 파악하고 이와 잘 조화되는 색을 사용해야 한다. 이때 개인의 개성을 부각시키고 이미지를 창출해 내는 역할을 하는 것이 바로 퍼스널 컬러로, 1942년 수잔 케이길(Suzanne Caygill)이 퍼스널 팔레트를 발표한 후 캐롤 잭슨(Carole Jackson)이 유행시켜 세계 여러 곳에서 많은 연구가 진행 중이다.

② 퍼스널 색채의 분류

㉠ 따뜻한 색 그룹 : 노랑과 황금색을 중심으로 따뜻한 계열의 색을 두 종류로 나누어 명도가 높고 진한 색을 봄 이미지로 하고, 명도가 낮고 탁한 색을 가을 이미지로 구분한다.

ⓛ 차가운 색 그룹 : 파랑과 남색을 중심으로 채도가 낮은 색을 여름 이미지로 하고, 채도가 높거나 명도가 낮은 색을 겨울 이미지로 구분하여 그에 부합되는 색채를 적용한 것이다.

③ 사계절 이미지 : 피부색과 눈동자, 모발색을 바탕으로 한 개인의 신체색 유형은 독일의 요하네스 이텐의 4계절 이론을 기반으로 하여 1987년 캐롤 잭슨이 단순화시켰다. 이 이론은 자신의 피부와 어울리는 색을 적용하면 단점을 보완하고 장점을 부각시킬 수 있다고 주장한다.

봄 유형	생명력과 에너지를 느낄 수 있는 화사하고 경쾌한 이미지인 봄 유형은 상아빛이나 아이보리 빛의 피부를 가진 사람으로 발랄한 이미지이다. 밝은 갈색조의 머리색이 잘 어울린다.
여름 유형	피부가 비교적 붉은 기를 띠는 유형이다. 시원한 느낌의 색이 잘 어울리며 은은하고 부드러운 톤으로 연출해야 한다.
가을 유형	차분하고 가라앉는 느낌의 가을 유형은 피부가 골드 빛을 띠며 피부색과 모발 모두 차분한 느낌을 준다. 붉은 종류의 따뜻한 색이 잘 어울린다.
겨울 유형	푸른색과 검은색을 기본 색상으로 하는 겨울 유형은 피부가 어둡고 푸른빛을 띤 피부색을 가지고 있으며 차가운 색을 사용하면 개성이 잘 드러난다.

④ 피부색 진단

㉠ 피부의 색은 혈관 속의 헤모글로빈, 표피 기저층의 멜라닌, 유극층의 카로틴의 양에 의해서 결정된다. 헤모글로빈은 붉은색, 카로틴은 황색, 멜라닌은 갈색을 낸다.

ⓛ 진단 천의 변화로 설명할 수 있으며 각각의 유형별 컬러 천을 보고 얼굴의 변화가 크지 않는 색을 추천한다.

[메이크업 베이스의 색상]

피부 톤을 균일하게 정돈해 주는 역할을 하는 메이크업 베이스는 피부 타입별로 색상 선택이 다르다.

- 초록계 : 피부가 얇거나 모세혈관이 확장되어 붉은 피부, 여드름 자국 등 울긋불긋한 잡티가 많은 피부에 적합하다.
- 핑크계 : 생기가 없어 푸석해 보이는 노란 피부에 적합하다.
- 보라계 : 칙칙하거나 누렇게 뜬 피부 혹은 동양인의 피부 표현에 적합하다.
- 오렌지계 : 다크서클이나 칙칙함이 눈에 띌 때 혈색을 희게 보이도록 도와준다.

핵심예제

5-1. 미용 디자인에서 메이크업의 표현 요소에 대한 설명이 틀린 것은? [2015년 2회 기사]

① 형은 선과 면에 의해 표현되며, 그중 입술라인과 아이라인 등은 선에 의한 표현이다.
② 색은 메이크업, 의상, 헤어스타일과의 조화를 통하여 개성을 부각시키고 상황에 따른 메시지를 전달하는 역할을 한다.
③ 피부를 돋보이게 하고 얼굴의 형태를 수정・보완해 주고, 입체를 부여하는 것은 질감이다.
④ 질감은 포인트 메이크업과 조화를 이루며 효과를 상승시키고 전체의 이미지에 영향을 미치게 된다.

5-2. 모발의 구조 중 염색 시 염모제가 침투하여 모발에 색상을 입히는 부분은? [2016년 2회 산업기사]

① 표피층(Cuticle)
② 수질층(Medulla)
③ 간충물질(CMC)
④ 피질층(Cortex)

5-3. 퍼스널 컬러(Personal Color)의 설명으로 틀린 것은? [2019년 3회 기사]

① 신체색과 조화를 이루면 활기차 보인다.
② 사계절 컬러는 따뜻한 색과 차가운 색으로 구분된다.
③ 신체 피부색의 비중은 눈동자, 머리카락, 얼굴 피부색의 순이다.
④ 사계절 컬러 유형에 따라 베스트 컬러, 베이직 컬러, 워스트 컬러로 구분한다.

|해설|

5-1
질감은 피부의 결을 고르게 보이도록 하거나 색의 표정을 이용하기 위해 바르는 파운데이션과 파우더의 양에 의해 표현된다.

5-3
성공적인 미용 디자인의 연출을 위해서는 개인이 가진 피부, 모발, 눈동자 등의 고유 신체색을 파악하고 이와 잘 조화되는 색을 사용해야 한다. 이때 개인의 개성을 부각시키고 이미지를 창출해 내는 역할을 하는 것이 바로 퍼스널 컬러이다.

정답 5-1 ③ 5-2 ④ 5-3 ③

핵심 이론 06 환경 디자인

(1) 의 의

① 환경 디자인이란, 인간을 둘러싼 모든 공간적 개념으로 작게는 실내 인테리어부터 넓게는 우주의 모든 공간까지 포괄하는 개념이다.

② 환경 디자인은 개인적인 취향보다는 공동체 의식과 기능성을 중시한 적절한 계획으로 질서와 시각적 편안함을 주어야 하며, 편리성, 경제성, 안전성 등을 고려하여야 한다.

③ 편의성과 심미성에 치중되었던 종래의 환경 디자인 개념은 자원을 절약하고 재사용이 가능한 에콜로지컬 디자인(Ecological Design)의 개념으로 변화하고 있다.

④ 종류는 도시 디자인, 건축 디자인, 조경 디자인, 인테리어 디자인, 점포 디자인, 디스플레이 등이 있다.

⑤ 일반적으로 디자인 프로세스는 기획 및 구상 - 계획 - 실시 - 유지관리의 순으로 이루어진다.

(2) 경관 색채계획

① 경관이란 산이나 들, 강, 바다 따위의 자연이나 지역의 풍경 또는 경치를 말하는 것으로, 자연적 요소와 인공적 요소가 있다. 흙, 돌, 물 등과 생명력을 지닌 동식물 등은 전자에 속하고, 시멘트나 콘크리트, 벽돌, 철재 등 옥외 인공 시설용 재료는 후자에 속한다. 동적 경관은 시퀀스, 정적 경관은 신으로 표현한다.

② 경관 색채계획이란 쾌적하고 활기찬 환경을 만들기 위해 그 지역의 기후, 토양, 문화적 성향을 고려하여 더 나은 경관 이미지를 형성하는 색채계획이다.

③ 경관은 시간적·공간적 연속성으로 파악해야 하며, 지역 특성을 반영하여 모든 색채 요소들이 주변 환경과의 관계성을 잃지 않도록 해야 한다.

㉠ 원경 : 사진이나 그림에서 먼 곳에 있는 것으로 찍히거나 그려진 대상과 같이 멀리 보이는 경치 또는 먼 데서 보는 경치를 말한다.

㉡ 중경 : 멀리 보이는 원경과 가까운 근경 사이의 중간 정도에서 보이는 경치를 말한다.

㉢ 근경 : 가까이 보이는 경치 또는 가까운 데서 보는 경치를 말한다.

(3) 건축 디자인

① 건축물 색채계획은 건물의 형태, 상징성, 주위 환경, 규모, 위치 등을 고려해 기능적이고 목적에 맞도록 해야 한다. 또한 색채계획의 결과가 가장 오래 지속되고 사후관리가 중요시되는 영역이기도 하다. 예를 들면 광선, 온도, 기후 등의 조건은 물론 사회성, 공통성, 공익성의 여부, 환경 색으로서 배경적인 역할 등을 고려해야 하며 재료의 자연색을 살리는 것이 바람직하다.

② 주로 명도가 높고 채도가 낮은 색이 활용된다. 건축물 내부와 외부의 색채계획은 건축물 자체가 도료만으로 도색되는 경우가 드물기 때문에 건축 재료인 목재, 타일, 플라스틱 등의 재질과 색채에 의해 많은 영향을 받게 된다.

③ 건축 재료에 대한 이해도가 높아야 하며 학교, 공장, 병원 등 각 건축물의 목적을 명확히 파악해야 한다. 건축은 효과적인 사용을 위하여 공간을 둘러싸는 예술이며, 거주성이 높은 내부 공간과 외부 공간의 구성미가 전체적으로 조화를 이룰 때 예술적 가치가 발휘된다.

(4) 조경 디자인

① 자연과의 균형과 리듬을 지키기 위해 도시 구조물의 삭막함을 없애고 미적 가치를 지키기 위해 시설물, 보도, 광장의 포장 및 실외 디자인에 적용되는 색채를 말하는 것으로, 넓은 의미에서 경관색채를 일컫는다.

② 파버 비렌(Faber Birren)은 환경색채를 인간의 안전과 건강, 생존에 관계된 환경을 만드는 데 없어서는 안 될 중요한 요소로 정의하였다.

(5) 랜드마크(Landmark)

① 멀리서도 위치를 알 수 있는 산, 고층 빌딩, 타워, 기념물 등 그 지역의 상징물을 나타내는 환경 디자인 용어로서, 특정 지역을 식별할 수 있는 사물을 말한다.

② 주위 경관에서 눈에 띄기 쉬운 것이 대부분이며 서울타워나 동대문, 남대문 등 역사적 기념물이나 고층 빌딩들이 이에 해당한다.

 핵심예제

6-1. 다음 중 색채계획에 있어서 주변 환경과의 조화가 가장 중요한 분야는? [2019년 3회 산업기사]

① 패션 디자인
② 환경 디자인
③ 포장 디자인
④ 제품 디자인

6-2. 환경 디자인을 실행함에 있어서 유의할 점과 거리가 먼 것은? [2016년 2회 기사]

① 사회성, 공통성, 공익성 함유 여부
② 환경색으로 배경적인 역할의 고려
③ 사용조건에의 적합성
④ 재료의 자연색 배제

6-3. 디자인의 분류 중 인간생활을 둘러싸고 있는 복합적인 환경을 보다 정돈되고, 쾌적하게 창출해 나가는 디자인은? [2017년 2회 산업기사]

① 인테리어
② 환경 디자인
③ 시각 디자인
④ 건축 디자인

|해설|

6-1, 6-3
환경 디자인이란 인간을 둘러싼 모든 공간적 개념으로서 좁게는 실내 인테리어부터 넓게는 우주의 모든 공간까지 포괄하는 개념이다. 환경 디자인은 개인적인 취향보다는 주변과의 맥락을 우선적으로 고려하면서 공동체 의식과 기능성을 중시한 적절한 계획으로 질서와 시각적 편안함을 주는 합리적인 계획이 되어야 한다.
6-2
편의성과 심미성에 치중되던 종래의 환경 디자인 개념은 차츰 자원을 절약하고 재사용이 가능한 에콜로지 디자인의 개념으로 변화하고 있다.

정답 6-1 ② 6-2 ④ 6-3 ②

핵심 이론 07 실내 디자인

(1) 의 의

① 실내 디자인이란 건물의 기능과 용도에 따라 과학적 자료와 기술적인 정보를 활용하여 디자인하는 것을 말한다.
② 초기에는 실내 장식의 의미만 가지고 있었으나, 오늘날에는 계획, 코디네이트, 전시 디자인의 개념을 내포하고 있다.
③ 건축의 외장이 완성된 이후 실내 디자인을 시작하게 되는데, 어떤 색채를 사용하는지에 따라 전체 분위기가 결정되므로 공간의 배색과 조화에 대한 계획이 중요하다.
④ 공간의 기능 및 사용 목적에 부합해야 하며 미적 측면을 고려해야 한다. 또한 인간의 심리에 부담을 주지 않는 쾌적성과 생리적 욕구를 충족시키는 적당한 빛과 공간 색채를 필요로 한다. 전체적인 이미지를 선정한 후 사용 색을 추출하는 방법도 있으며, 사용 색의 소재별(재료적) 특성을 고려할 필요가 있다.

(2) 공간과 색채

기능이 다른 공간들을 색에 의해서 질서화하거나 구별해 주는 것이 그 공간의 이용자들에게 바람직하게 작용하는 경우가 많다. 색의 지시기능과 다양성이 생물 유기체로서의 인간에게 심리적으로 긍정적인 영향을 미치기 때문이다.

(3) 인간과 색채

실내에서는 인간의 근본적인 생리적, 심리적 요구를 만족시키기 위해 다음과 같은 사항들을 고려하여야 한다.

① 생리적 요구
㉠ 시지각적으로 방해가 되는 광택 및 직접적인 눈부심으로부터 보호되는 정도
㉡ 적합한 조도
㉢ 적당한 휘도의 배분
㉣ 자연적인 빛의 방향과 부드러운 음영
㉤ 적당한 조명의 색
㉥ 본연의 색을 재생하는 다양한 조건

② 심미적 요구
　㉠ 색의 다채로움과 대비의 정도
　㉡ 색면의 비례와 색 비중의 비율
　㉢ 표면적 특징
　㉣ 형태적 특징
　㉤ 특정 공간 내에서 색 표면의 위치

(4) 실내 공간과 디자인 영역

① **주거공간 디자인** : 단독주택, 공동주택, 별장 등 인간 생활에 가장 기본이 되는 공간
② **상업공간 디자인** : 미용실, 패션숍, 커피숍 등 거래가 이루어지는 상행위 공간
③ **사무공간 디자인** : 은행, 관공서, 회사 등 업무 능률을 높이는 것을 목적으로 한 공간
④ **전시공간 디자인** : 쇼룸, 박람회장, 박물관 등 전시를 목적으로 한 공간
⑤ **특수공간 디자인** : 무대 디자인, 학교, 도서관 등 특수 목적을 위한 공간
⑥ **기타** : 건물 내부의 소품, 운송기기 내부, 선박, 기차, 자동차의 내부 등

(5) 실내 공간의 기본 요소와 색채

바 닥	• 따뜻하고 밝은 색 : 공간이 밝게 보여 기분을 가볍게 한다. • 차갑고 밝은 색 : 마감 재료를 매끄럽게 보이도록 하며 공간이 밝게 보인다. • 어두운 색 : 빛의 흡수로 인해 실내가 어두워 보일 수 있으나 안정감을 준다.
천 장	• 흰색이나 연한 색 : 빛의 반사가 높아 공간이 밝아 보인다. • 노랑, 주황, 연두 : 선명해 보인다. • 청색, 보라색 : 우중충해 보인다. • 강한 색 : 천장이 매우 두드러져 보인다.
벽	• 색 : 실내 공간의 가구류나 장식물의 배경이 되는 색을 사용한다. 일반적으로 한 공간 내에서는 바닥보다 벽의 색채를 밝게 한다. 저명도의 한색은 벽이 뒤로 후퇴되는 느낌을 준다. • 문양 : 공간이 넓어 보이게 하려면 벽지의 문양이 작은 것을 선택한다.

(6) 스타일별 디자인 기법

① 내추럴 스타일
　㉠ 문학이나 예술에서 시작한 자연주의적 경향을 따라 편안하면서도 친근감을 유도한 친자연적인 디자인을 말한다.
　㉡ 주조색 : 고명도, 저채도(베이지, 아이보리, 노란색 계열)
　㉢ 강조색 : 식물의 초록색, 바다나 강의 푸른색, 꽃의 빨간색, 보라색, 오렌지색 등
② 클래식 스타일
　㉠ 풍요롭고 격식이 있는 이미지로서 고급스럽게 연출하도록 한다.
　㉡ 주조색 : 저명도, 고채도(레드와인 계열이나 네이비블루 계열)
　㉢ 강조색 : 초록, 다크그린, 금색, 광택 있는 질감
③ 모던 스타일
　㉠ 현대적이며 세련미가 있는 이미지로 차갑고 인공적인 느낌을 완화시키기 위해 자연적인 요소도 첨부한다.
　㉡ 주조색 : 브라운 계열(아이보리, 베이지, 브라운), 무채색, 금속색
　㉢ 강조색 : 빨강, 파랑 등의 순색
④ 엘레강스 스타일
　㉠ '품위 있는, 기품 있는, 우아한, 고상한'의 뜻으로 클래식의 엄격한 질서미를 추구하면서 부드러운 곡선의 느낌을 주도록 한다. 색의 수는 가능한 적게 사용하며 색의 대비를 약하게 하거나 그러데이션 처리한다.
　㉡ 주조색 : 중명도, 저채도의 부드러운 톤
　㉢ 강조색 : 부드러운 민트그린, 그레이시한 보라, 밝고 채도가 낮은 노란색
⑤ 캐주얼 스타일
　㉠ 양식이나 제약 없이 질감이 다른 소재들을 자유롭게 조합시키거나 다양한 색상과 화려한 톤을 사용하여 감정을 자유롭게 표현한다.
　㉡ 너무 많은 수의 색상을 사용하면 오히려 분위기가 산만해질 수 있으므로 2~3가지 색으로 한정하는 것이 좋다.

㉢ 점잖고 부드러운 이미지와 정반대의 이미지, 활동적이고 생동감 있는 개방적인 분위기를 연출한다.

㉣ 주조색 : 흰색 계열이나 부드러운 아이보리

㉤ 강조색 : 붉은색, 노란색, 파란색 등의 강한 원색

⑥ 한국 전통 스타일

㉠ 자연 소재가 잘 어울리며 자연스러운 아름다움과 간결한 선, 여백의 미를 표현하는 것이 특징이다.

㉡ 주조색 : 고명도, 저채도의 색채

㉢ 강조색 : 오방색(청색, 백색, 적색, 흑색, 황색)

⑦ 에스닉 스타일

㉠ 인종이나 민족 특유의 민속적이고 토속적인 아름다움을 표현하는 스타일이다.

㉡ 주조색 : 흙이나 나무색, 카키색 등 자연을 닮은 색

㉢ 강조색 : 붉은색, 오렌지색, 노란색 등 화려한 원색

핵심예제

주택의 색채계획 시 색채 선택을 위한 사전작업으로 거리가 먼 것은? [2019년 3회 산업기사]

① 공간의 여건 분석 – 공간의 용도, 공간의 크기와 형태, 공간의 위치 검토
② 거주자의 특성 파악 – 거주자의 직업, 지위, 연령, 기호색, 분위기, 라이프스타일 등 파악
③ 주변 환경분석 – 토지의 넓이, 시세, 교통, 편리성 등 확인
④ 실내용품에 대한 고려 – 이미 소장하고 있거나 구매하고 싶은 가구, 그림 등 파악

|해설|

건축물은 한 번 지어지면 적게는 몇 십 년, 많게는 몇 백 년의 세월을 같은 장소에 존재하게 된다. 즉, 환경으로서 배경적 역할을 하여 상징적인 랜드마크나 도시의 경관을 만드는 데 일조를 하게 된다. 따라서 그 건축만 강조되거나 튀지 않도록 주의해야 하고, 재료에 있어서는 자연색을 살리는 것이 무엇보다 중요하다.

정답 ③

핵심 이론 08 공공 디자인

(1) 정 의

① 행정안전부의 정의 : 공공장소의 여러 장비, 장치를 합리적으로 꾸미는 것으로 제품, 산업 디자인 등 사적 영역이 아닌 국가·지방단체 및 공공단체 등이 설치·관리하는 기반시설, 매체, 가로시설물 등을 위한 공적 영역의 디자인으로 국가 공공기관의 관리 안에서 국민의 다양한 사회문화적 가치와 요구를 조절하는 것이다.

② 문화체육관광부의 정의 : 국가 및 지방자치단체가 제작·설치·운영·관리하는 것으로서 국민이 사용하거나 국가나 지방자치단체가 직접 사용하는 공간, 시설, 용품, 정보 등의 미적, 상징적, 기능적 가치를 높이기 위한 창조적 행위를 말한다.

(2) 공공 디자인의 분류

① 공공공간 디자인 : 도시환경, 공공건축 및 실내환경 등
② 공공시설물 디자인 : 교통시설, 편의시설, 공급시설 등
③ 공공매체 디자인 : 정보매체, 상징매체 등

(3) 공공 디자인의 역할

① 공공영역에 대해서 이용자 편의를 제공하고 쾌적한 환경을 구성하는 행위로, 사회질서 유지와 디자인 의식 고취, 국가경쟁력 강화와 고부가가치 창출에 기여한다.

② 공공 디자인은 사람들의 편의만을 고려하는 것을 넘어 자연과의 균형을 통해 더 지속 가능한 공간을 창출할 수 있어야 한다. 즉, 자연과의 공감도 함께 고려해야 한다.

핵심예제

도시의 이미지를 결정짓고 도시민의 삶의 질을 높이는 역할 중 옳은 것은? [2015년 3회 산업기사]

① 그린 디자인 ② 공공 디자인
③ 편집 디자인 ④ 제품 디자인

|해설|

공공 디자인은 사적인 공간의 일부와 공공공간뿐 아니라 공공시설 등을 디자인적으로 고려해 미적, 기능적으로 꾸민다. 예를 들어 가로등, 쓰레기통, 가두판매대, 버스정류장 등은 공공시설을 넘어 그 사회의 평균 미적 감각을 보여 주는 디자인 아이콘이기도 하다.

정답 ②

핵심 이론 09 기타 디자인

(1) 무대 디자인

① 넓은 의미로는 눈을 통해 보이는 무대 위의 공간적인 조형물, 즉 무대 장치물, 무대의상, 무대 조명 등을 총칭하지만, 좁은 의미로는 무대 장치만을 지칭하는 경우도 있다.
② 물건을 공간에 배치, 구성, 연출하여 사람의 시선을 유도하는 강력한 이미지를 표현해야 한다.
③ **시노그래피** : 3차원의 제한된 공간에 4차원 공간의 리얼리티를 현실화하는 예술이다.
④ **윙** : 관객의 시각선 바깥에 있는 무대 옆쪽의 공간으로, 관객에게 보이는 무대 공간을 조절하는 데 쓰인다.
⑤ **프로시니엄 아치** : 극장의 객석과 무대를 구분하는 사진틀 모양의 장식 프레임으로 현대에는 무대 기계, 조명, 장치를 관객의 시야에서 숨겨 주는 가림 벽의 역할을 한다.

(2) 애니메이션 디자인

① 정적인 물체에 시간의 흐름에 따른 동작성을 부여하여 운동감 있는 장면을 묘사하는 기술이다.
② 컴퓨터 애니메이션, 셀 애니메이션, 투광 애니메이션, 인형 애니메이션 등으로 분류할 수 있다.
③ 스토리보드는 각본에 따라서 이야기의 중요한 장면을 선정해 그림을 통해 연속적으로 묘사한 것이다.

(3) 바이오닉 디자인

① 자연계의 생물들이 지니는 기본 생존방식과 운동 메커니즘을 모방하거나 응용하여 인공물의 디자인이나 인위적 환경 형성에 이용하는 디자인을 의미한다.
② 예를 들어 항공기 동체에 균열이 생겼을 때 조기에 발견할 수 있도록 하고 궁극적으로는 그 균열 부위를 스스로 복원할 수 있는 능력까지 갖추게 하는 디자인이 해당된다.

(4) 산업 디자인

① 공업 디자인이라고도 하며, 제품을 만드는 쪽과 사용하는 쪽이 서로 불가분의 관계를 맺고 있는 현대 산업사회 환경의 모든 국면을 포괄하는 종합 개념으로 확대되고 있다.
② 산업 디자인 제품의 색채기획은 크게 기획단계, 디자인단계, 생산단계로 나누어 볼 수 있다. 기획단계에는 제품의 기획, 시장조사, 소비자 조사, 색채 분석, 색채계획서 작성이 속한다. 소재 결정은 디자인 단계에 속한다.

> **[노먼 벨 게디스(Norman Bel Geddes)]**
> 부드럽게 흐르는 미국의 유선형 디자인을 유행시킨 거장의 한 사람이다. 처음에는 광고 디자인 일을 하다가 1927년경 산업 디자인에 대한 사회적 수요가 크게 일자, 산업 디자이너로 전환하였다. 비록 현실적인 대안을 내놓는 데는 미흡했지만 특유의 상상력과 이상주의적 성향으로 미래 예측에 있어서는 탁월한 능력을 가지고 있었다.

(5) 하이테크 디자인

고도의 과학기술을 의미하는 하이테크놀로지(High-technology)의 약칭이다. 하이테크 이미지는 광택성 소재, 고어텍스 등의 신소재, 실버나 플래티늄 등의 금속성 소재, 모노톤의 색상을 사용하여 미래지향적이며 전위적인 이미지를 담은 의복이나 실내 장식을 말한다.

(6) 토털 디자인

토털 커뮤니케이션이 이루어지는 광고 대행사에서 전문적으로 행하는 디자인이다. 편집 디자인, 웹 디자인, CF 광고 디자인, 부스 디자인, 패키지 디자인, 시각, 영상, 간판 등을 모두 아우른다.

(7) 버내큘러 디자인

① '디자이너가 디자인하지 않은 디자인'으로 전문가의 솜씨는 아니지만 훌륭한 기능성과 아름다운 형태로 미적 감동을 주는 디자인이다.
② 지역 고유의 자연환경과 인종적인 배경 아래 토착민들의 일상적인 생활습관과 자연스러운 욕구에 의해 이루어진 토속양식은 유기적인 조형과 실용적인 문제 해결이라는 측면에서 오늘날의 디자인에 시사하는 바가 크다.
③ 건축에서의 비판적인 지역주의, 패션과 인테리어에서의 에스닉 스타일, 우리나라의 흙 건축물 등과 관계가 깊다.

(8) 어메니티 디자인

어메니티(Amenity)란 어떤 장소나 기후 등에서 느끼는 쾌적함을 일컫는 용어로, 예를 들어 친환경적인 리모델링을 통해 새로운 어촌을 만드는 것을 어촌 어메니티, 쾌적한 도시환경을 도시 어메니티라고 한다. 어메니티는 이처럼 어느 한 요소에 국한되지 않고 다양한 분야에서 쓰이고 있다.

(9) 크래프트 디자인

수공계, 즉 핸디 크래프트 디자인으로 기계적 양산을 하는 것이 아니라 손으로 제작하거나 또는 간단한 기계를 부분적으로 사용하여 생산하는 제품의 디자인을 말한다.

(10) 파사드 디자인

파사드란 건축물의 주된 출입구가 있는 정면부이다. 내부의 공간 구성과 관계없이 독자적인 구성을 취하는 공간으로, 이 공간을 디자인하는 것을 파사드 디자인이라 한다.

(11) 아이덴티티 디자인

기업이나 기관 행사 등 대상의 이미지를 일관성 있게 관리하기 위한 디자인이다. 사회 전반에 걸쳐 사용되고 있으며 기업 자체의 이미지 시각화에서 브랜드 시각화로 영역이 점차 확대되고 있다.

> **[CIP(Corporation Identity Program)]**
> 기업 이미지 통합 계획을 말한다. 즉 마크, 로고, 캐릭터뿐만 아니라 명함 서식류를 비롯한 차량, 외부 사인, 유니폼 등 외부에 기업의 이미지를 일관성 있게 보여 주고 관리하여 기업을 시각적으로 인지하고 기억하도록 작용한다. CI라고 줄여 부르기도 하는데, 그 구성요소는 심벌마크, 로고타입, 시그니처, 전용컬러이다.

(12) 카툰 디자인

원래는 그림을 그리기 위해 스케치한 컷을 의미했지만 오늘날에는 만화적인 그림에 유머나 아이디어를 넣어 완성한 그림 디자인을 말한다.

(13) 적응 디자인

기존의 기능을 이용하여 새로운 용도와 형태를 창조하는 경우로 디자인 개념, 디자이너의 자질과 능력, 시스템, 팀워크 등이 핵심이 되는 신제품 개발 유형의 디자인이다.

(14) 편집 디자인

① 신문, 잡지 서적 등 출판물의 지면을 시각적으로 구성하는 것 또는 그 시각적 표현기술을 말한다.
② 지면의 구성요소들인 활자와 사진, 일러스트레이션 등을 시각적으로 보기 좋게 배치하며, 인쇄와 제본방식, 용지 및 기타 재료들을 적절히 선택하여 출판물을 조형적으로 꾸미는 그래픽 디자인의 일종이다.
③ 최근에는 출판물도 점차 조형적으로 꾸미려는 경향이 대두되어 편집 디자인이 매우 중요시되고 있다. 편집 디자인의 요소로는 플래닝, 타이포그래피, 레이아웃 등이 있다.

※ 그리드 : 지면에 존재하는 보이지 않는 골격을 말한다. 레이아웃의 시각적 구성요소들(타이포그래피, 사진, 그림 등)을 서로 융화시켜 주며 디자인의 질서를 도입하는 하나의 수단이 될 수 있다.

(15) 디스플레이 디자인

물건을 공간에 배치, 구성, 연출하여 사람의 시선을 유도하는 강력한 이미지를 표현하는 것으로, 디스플레이의 구성요소는 상품, 고객, 장소, 시간이다. 시각 전달수단으로서의 디스플레이는 사람, 물체, 환경을 상호 연결시킨다.

(16) 얼터너티브 디자인

미개발국이나 제3세계를 위한 제품 디자인을 비롯하여, 인간의 진정한 행복에 대한 물음으로부터 물질문명사회의 문제 해결을 목표로 하는 디자인이다. 대표적인 디자이너로 빅터 파파넥을 들 수 있다.

(17) 감성공학

① 인간의 감성을 정량적으로 측정하여 평가하고 공학적으로 분석하여 이것을 제품 개발이나 환경 설계에 적용함으로써 더욱 편리하고 쾌적하며 안전한 인간의 삶을 도모하려는 기술이다.

② 기본 철학은 인간 중심의 설계이며, 1988년 시드니 국제 인간공학학회에서 '감성공학'으로 명명되었다. 그 발단은 미국, 유럽 등의 휴먼 머신 인터페이스 기술과 일본의 정서공학이라 할 수 있다. 개인의 경험을 통해 얻어지는 외부의 물리적 자극에 대한 쾌석함, 안락함 또는 불쾌함, 불편함 등의 복합적인 감성을 과학적으로 측정, 분석하고 공학적으로 적용시켜 제품이나 환경을 그에 맞게 편리하고 안락하며 쾌적하게 개발하려는 분야이다.

③ 적용되는 예로는 냉장고, 세탁기, 에어컨 등 전자제품 개발에서 하드웨어적 기능뿐만 아니라 색상, 소재, 모양에서도 인간의 생체적, 심리적 적합성을 고려하여 제품을 생산하는 것, 소프트웨어 휴먼 인터페이스를 고려한 연구, 음성, 키보드, 마우스 입력 모드의 연구 등이 있다. 또한 유럽과 일본 등지에서 개발 중인 운전자 졸음방지 시스템 등이 있다.

④ 인간공학, 인지공학 등 인간 특성을 파악하려는 연구에 기본을 둔 생체 측정기술로, 인간 특성에 적합하도록 사용자 인터페이스를 실현하기 위한 기술이다.

⑤ 센서 공학·퍼지 뉴럴 네트워크 기술, 신경망 기술 등 인간의 오감 센서 및 감성처리 기술, 산업 디자인 등의 감성 디자인 기술, 마이크로 기구 설계, 극소기계 응용 등 마이크로 가공기술 등이 있다.

 **핵심예제**

기업방침, 상품의 특성을 홍보하고 판매를 높이기 위한 광고매체 선택의 전략적 방향과 거리가 먼 것은? [2019년 1회 기사]

① 기업 및 상품의 존재를 인지시킨다.
② 현장감과 일치하여 아이덴티티(Identity)를 얻어야 한다.
③ 소비자에게 공감(Consensus)을 얻을 수 있어야 한다.
④ 정보의 DB화로 상품의 가격을 높일 수 있어야 한다.

|해설|

광고매체를 선택할 때 중요한 것은 기업 및 상품의 존재를 인지시키고 현장감과의 일치를 이뤄 아이덴티티를 얻어내는 전략적 방향을 고려하는 것이다. 또한 소비자의 의견 일치를 얻을 수 있어야 한다.

정답 ④

색채관리

01 색채와 소재

핵심 이론 01 컬러런트(Colorants)

(1) 색료(Colorants)

① 색소를 포함하고 있는 색을 나타내는 재료 또는 색을 느낄 수 있게 하는 재료이다.
② 안료와 염료로 나뉜다.
③ 일반적으로 색료는 가시광선을 흡수한다.
④ 색료의 투명도는 색료와 수지의 굴절률 차이가 작을수록 높아진다.

(2) 컬러 인덱스(Color Index International)

① 염색 및 컬러리스트협회(SDC ; Society of Dyers and Colourists)와 미국 섬유화학자 및 컬러리스트협회(AATCC ; The American Association of Textile Chemists and Colorists)가 공동으로 관리하는 참조 데이터베이스다. 현재 13,000개의 컬러 인덱스에 속해 있는 27,000개 이상의 개별 제품이 포함되어 있으며 1925년에 처음 책으로 출판되었지만 현재는 웹으로만 출판되고 있다.
② 1925년에 컬러 인덱스 제1판을 출판한 이후 1952년 제2판, 1971년 제3판, 1975년 증보판을 내어 전 6권을 출판하였다. 컬러 인덱스는 컬러 인덱스 분류명(Color Index Generic Name ; C.I. Generic Name)과 합성염료나 안료를 화학구조별로 종속과 색상으로 분류하고 컬러 인덱스 번호(Color Index Number ; C.I. Number)로 표시한다.
③ 컬러 인덱스에서 제공하는 정보는 색료의 생산회사, 색료의 화학적 구조, 색료의 활용방법, 염료와 안료의 활용방법과 견뢰성, 색공간에서 디지털 기기 간의 색채를 계산하는 것 등이다.

핵심 이론 02 안 료

(1) 안료의 특징

① 분말 형태로 물이나 용매에 녹지 않고, 불투명하다.
② 소재에 대한 친화력이 없다.
③ 별도의 접착제를 필요로 하며 전색제에 혼합하여 표면에 고착시킨다.
④ 공업, 산업, 건축 제반 분야에 사용되는 도장의 원료로 사용한다.
⑤ 도료의 발색 성분이며 광택과 도막 강도를 증가시키는 역할을 한다.

(2) 안료의 종류

① 무기안료
 ㉠ 인류가 사용한 가장 오래된 색료로 광물성 안료로도 불리며, 천연광물, 아연, 타이타늄, 납, 철, 구리, 크로뮴(크롬) 등의 금속물을 원료로 한다.
 ㉡ 은폐력이 크고 햇볕에 잘 견디며 변색되지 않는다.
 ㉢ 도료, 인쇄잉크, 크레용, 고무, 통신기계, 요업제품 등에 사용된다.
 ㉣ 유기안료에 비해 불투명하고 농도가 불충분해서 색채가 선명하지 않다.
 ㉤ 내광성과 내열성이 양호하고 가격이 저렴하다.
 ㉥ 백색 안료가 가장 많이 사용된다. 다른 안료에 혼합하여 색을 연하게 하거나 은폐력을 높이는 데 사용된다.
 ㉦ 체질안료 : 바라이트, 호분, 백악, 클레이, 석고
 ㉧ 형광안료 : 아연, 스트론튬, 바륨

② 유기안료

㉠ 제2차 세계대전 후에 출현되었으며, 물에 잘 녹지 않는 금속화합물 형태와 물에 잘 녹는 안료로 크게 구분한다.

㉡ 내광성, 내열성이 떨어지나, 선명한 색조, 높은 착색력, 투명성이 높다.

㉢ 도료, 고무, 플라스틱의 착색, 안료의 날염, 합성섬유의 원액착색 등에 두루 사용된다.

[무기안료와 유기안료의 비교]

구 분	무기안료	유기안료
착색력	나 쁨	좋 음
내광, 내열성	좋 음	나 쁨
가 격	저 가	고 가
독 성	있 음	없 음

(3) 안료의 용도

① 도 료

㉠ 고체 물체의 표면에 칠하여 피도면에 건조 도막을 형성하여, 물체의 표면을 보호하고 외관을 아름답게 하기 위해 사용한다.

㉡ 내열, 전기 절연, 전자파 차단 등 기능적인 효과를 얻기 위해 사용하는 유동성 물질이다.

㉢ 수성도료는 유기계 용제 대신 물을 사용하여 친환경적이며, 도막이 건조되고 나면 내수성, 내염기성이 좋다. 콘크리트와 모르타르 등에 사용되며, 광택이 없다.

㉣ 유성도료는 건성유, 수지를 도막 형성의 주된 요소로 하는 도료의 총칭으로 유성 페인트(보일류와 안료), 유성 에나멜이 있다.

[도료의 형성]

- 전색제 : 도료의 최종 목적인 도막의 주된 성분
- 수지, 유지, 셀룰로스 아마씨유, 합성수지, 천연수지, 보일유, 테레핀, 페트롤
- 도막 성분
  - 부요소 : 도료의 분산, 건조, 경화 등의 향상을 위한 첨가물
  - 조요소 : 도료를 칠하기 쉽게 하기 위한 첨가물(유동성)
- 투명도료 = 전색제 + 부요소 + 조요소
- 불투명(유색)도료 = 전색제 + 부요소 + 조요소 + 안료

② 인쇄잉크

㉠ 안료와 전색제를 혼합하여 미세하게 분산시켜 만드는 균일한 혼합물이다.

㉡ Cyan, Magenta, Yellow, Black의 4도 인쇄잉크가 일반적이다.

㉢ 특수한 경우로서 금색을 나타내기 위해서 황동가루, 은색에는 알루미늄 가루가 쓰인다.

㉣ 인쇄잉크의 종류

블록판 인쇄용	신문잉크, 블록판 윤전잉크, 플렉소 인쇄잉크 등
평판 인쇄용	낱장평판 잉크, 오프셋 윤전기 잉크, 평판신문 잉크 등
오목판 인쇄용	그라비어 잉크, 오목판 잉크 등
공판 인쇄용	스크린 잉크, 등사판 잉크 등
기 타	전자인쇄 잉크, 레지스터 잉크 등

③ 섬유수지날염 : 섬유의 착색에는 주로 염료가 쓰이지만 염색성이 없는 합성수지는 섬유에 염색시키는 대신 고착시키는 방법을 사용하기도 한다.

핵심예제

2-1. 다음은 일반적인 색료(色料)에 관한 설명이다. 맞지 않는 것은? [2015년 2회 산업기사]

① 색료는 가시광선을 흡수하는 성질을 갖고 있다.
② 안료는 유기안료와 무기안료로 나눌 수 있다.
③ 안료는 착색하고자 하는 매질에 모두 용해된다.
④ 염료는 침염에 많이 사용된다.

2-2. 색료에 관한 설명으로 틀린 것은? [2018년 3회 기사]

① 안료는 주로 용해되지 않고 사용된다.
② 염료는 색료의 한 종류이다.
③ 도료는 주로 안료를 사용하여 생산된다.
④ 플라스틱은 염료를 사용하여 생산된다.

|해설|

2-1
가시광선을 흡수하여 색을 띠는 재료인 색료는 착색 또는 염색되는 방식에 따라 염료와 안료로 나눈다.

2-2
유기안료는 유기화합물로 착색력이 우수하고 색상이 선명하며, 인쇄잉크, 도료, 섬유, 수지날염, 플라스틱 등의 착색에 사용된다.

정답 2-1 ③ 2-2 ④

핵심이론 03 염 료

(1) 염료의 특징

① 물이나 용매에 녹으며, 액체 형태를 띠며 투명성이 높다.
② 소재에 대한 친화력이 높아 섬유 등에 침투하여 염착시키므로 별도의 접착제가 필요하지 않다.
③ 직물이나 종이, 머리카락, 피혁, 목재 및 식품 등의 염색으로 사용한다.
④ 물 및 대부분의 유기용제에 녹아 섬유에 침투하여 착색되는 유색물질이다.
⑤ 천연염료와 인조염료로 나뉜다.
⑥ 1856년 영국의 퍼킨(Perkin)에 의해 처음으로 합성안료가 개발되었다[보라색 염료인 모브(Mauve)].

(2) 천연염료

① 자연 그대로 또는 약간의 가공에 의해 염료로 쓸 수 있다.
② 깊고 우아한 멋과 자연스러운 빛깔 때문에 한옥, 공예품, 생활용품에 사용한다.
③ 합성염료에 비해 견뢰도가 낮고 색조가 선명하지 않으며, 복잡한 염색법 때문에 점차 합성염료로 대체되고 있다.
④ 천연염료의 종류

식물염료	동물염료	광물염료
• 홍색 : 꼭두서니(뿌리), 오미자, 홍화, 소목, 다목, 오배자, 자초 • 황색 : 치자, 황련, 황백, 울금(뿌리) • 청색 : 쪽, 대청, 인디고	• 자주색, 진홍색 : 패자 • 적색, 적갈색 : 코치닐(연지벌레) • 세피아 : 오징어먹물(어두운 회갈색)	크로뮴황, 크로뮴주황, 망가니즈, 타닌철흑, 카키, 프러시안 블루 등이 있으며, 주로 그림 물감의 소재로 쓰인다.

[한국의 천연염료]
• 홍화 : 잇꽃의 대표적인 홍색 염료
• 오배자 : 붉나무의 면충 벌레집 적색 염료
• 치자 : 꼭두서니과의 황색 염료
• 자초 : 지치과의 뿌리 자색 염료
• 소목 : 두과수목 홍색과 적색 염료
• 쪽 : 남(Indigo, 藍), 청색 염료

(3) 인조염료(합성염료)

① 인공적으로 제조된 염료로, 1856년 영국의 화학자 퍼킨이 최초로 염기성 염료인 모브[또는 모베인(Mauveine)]를 인공 합성하였다.
② 콜타르 염료, 아닐린 염료라고 하며, 염색이 쉽고 염착성이 우수하며 채도가 높다.
③ 염료의 성질에 따른 분류
  ㉠ 직접염료(Direct Dyes) : 분말 상태로 찬물이나 더운 물에 간단하게 용해되고 혼색이 자유로워 손쉽게 사용할 수 있다. 염색방법이 쉽고 간단하여 대량으로 사용되지만 세탁이나 햇빛에 약하다.
  ㉡ 산성염료(Acid Dyes) : 견, 양모의 염색에 많이 사용되며, 나일론 등의 폴리아마이드 섬유를 염색하는 수용성 염료이다. 물에 잘 용해되지만 칼슘, 알루미늄염과 화합하면 침전하므로 경수를 사용하는 것은 좋지 않다.
  ㉢ 염기성 염료(카티온 염료, Basic Dyes, Cation Dyes) : 퍼킨에 의해 만들어진 모브(Mauve)로 염기성 염료이다. 색깔이 선명하고 물에 잘 용해되며 착색력도 좋으나, 알칼리 세탁이나 햇빛에 약한 단점이 있다. 섬유에 대한 친화력이 높으나 얼룩 염색이 되기 쉽다.
  ㉣ 반응성 염료(Reactive Dyes) : 안료와 수지를 섞은 풀을 섬유에 칠한 다음 열처리에 의해 수지를 경화시켜 안료를 수지에 고정시키는 방법이다. 세탁이나 햇빛에 강하다.
  ㉤ 형광염료(Fluorescent Dyes) : 무명, 종이, 양모, 합성섬유, 합성수지, 펄프 등을 하얗게 할 때 사용되는 것으로 자외선을 흡수하여 일정한 파장의 가시광선을 형광으로서 발하는 성질을 이용한 것이다(형광증백제, 형광표백제). 일정량 이상을 사용하면 푸른빛을 띠게 된다.

[특수 재료]
• 금속성 안료(Metallic Pigment) : 알루미늄 분말을 첨가하여 금속성이 가미된 표면
• 형광증백제(Fluorescent Whitening Agent)
  – 흰 천이나 종이의 표백을 위해 사용한다.

- 자외선을 흡수하여 일정한 파장의 가시광선을 형광으로서 발하는 성질을 이용하였다.
- 무명, 종이, 양모 합성섬유의 증백에 사용한다.
- 형광염료는 소량 사용할 경우 백색도가 증가하나 대량 사용하면 황색도가 증가한다.

• 식품착색용 색료(Food Coloring) : 음료, 소시지, 과자류 등에 사용하며, 유독성 여부가 가장 중요하다.

(4) 색소의 특징

① 카로틴(Carotin) : 당근, 엽채류 등에 존재하는 색소로, 오렌지색을 띠며, 동물 체내에서 비타민 A로 전환되는 전구물질이다.

② 클로로필(Chlorophyll)
㉠ 식물의 푸른 색소인 클로로필은 엽록체 속에 함유되어 있으며 광합성 과정에서 중요한 역할을 한다.
㉡ 중앙에 마그네슘 원자를 갖고 있으며 푸른색과 붉은색을 띤다.
㉢ 녹색과 노란색 영역에서 강한 흡수가 일어난다.

③ 프탈로사이아닌(Phthalocyanine)
㉠ 분자가 헤모사이아닌 분자에 있으면서 중앙에 구리 금속을 갖고 있다.
㉡ 게나 갑각류에서 푸른색의 피를 띠게 한다.

④ 멜라닌(Melanin)
㉠ 검은색이나 갈색을 띠는 색소를 말하며, 아미노산 중의 타이로신으로부터 생성된다.
㉡ 검은색과 갈색으로 발현된다.

⑤ 플라보노이드(Flavonoid)
㉠ 흰색, 노란색, 빨간색, 파란색을 나타내는 색소이다.
㉡ 구조는 플라본과 관련이 있다.
㉢ 앵초꽃에서 추출된 플라본은 본래에는 색을 띠지 않지만, 과산화크로뮴에 의한 산화작용으로 노란색의 플라보노이드, 오렌지색의 케르세틴으로 변한다.

⑥ 안토사이아닌(Anthocyanin)
㉠ 플라보노이드 중에서 녹색을 강하게 흡수하는 안토사이아닌은 국화, 포도주 등에서 볼 수 있다.
㉡ pH의 변화에 의해 색도 산성에서는 빨간색, 중성에서는 보라색, 알칼리성에서는 파란색으로 변한다.

 **핵심예제**

3-1. 염료의 설명으로 적절치 않은 것은? [2015년 3회 산업기사]

① 최초의 합성염료는 1856년 W. H. Perkin이 콜타르에서 보라염료의 합성법을 찾아 Mauve라고 불렀다.
② 천연염료는 대부분 견뢰도는 높지만 색조가 선명하지 않은 특성이 있다.
③ 복잡한 염색법으로 인해 점차 합성염료로 대체되어 오늘날 천연염료는 공예품 등 특수한 용도에만 사용된다.
④ 염료는 일반적으로 물에 잘 녹으며 섬유에 대한 흡착력이 우수하다.

3-2. 염료에 대한 설명 중 틀린 것은? [2015년 1회 기사]

① 염료는 천연염료와 인공염료로 나눌 수 있다.
② 염료분자는 직물에 흡착되어야 한다.
③ 염료는 외부의 빛에 대하여 안정해야 한다.
④ 직접염료는 셀룰로스 섬유 및 단백질 섬유에 염색되지 않는다.

3-3. 자외선을 흡수하여 일정한 파장의 가시광선을 형광으로 발하는 성질을 이용하여 종이, 합성수지, 펄프, 양모 등의 백색도를 높이기 위하여 사용되는 염료는? [2018년 3회 산업기사]

① 합성염료 ② 식용염료
③ 천연염료 ④ 형광염료

|해설|

3-1
염료의 가장 큰 특징은 물이나 용제에 녹은 상태에서 다른 물체와 흡착하여 색 변화를 이룬다는 데 있다. 방직 계통에 많이 사용되며, 피혁, 종이, 식품 등의 염색에도 사용되는 색소이다. 천연염료의 경우 일광, 세탁, 다림질 등 외부 조건에 견디는 정도가 약하므로 견뢰도가 낮다고 말해야 한다.

3-2
직접염료는 분말 상태로 찬물이나 더운물에 용해가 잘되고 혼색이 자유롭다. 셀룰로스 섬유 및 단백질 섬유에 염색할 수 있다.

3-3
형광염료는 소량만 사용하며, 한도량을 넘으면 도리어 백색도가 줄고 청색이 되므로 주의한다. 주로 종이, 합성섬유, 합성수지, 펄프, 양모를 보다 희게 하기 위해 사용하며 스틸벤, 이미다졸, 쿠마린유도체, 페놀프탈레인 등이 있다.

정답 3-1 ② 3-2 ④ 3-3 ④

핵심 이론 04 소재별 색채

(1) 소재별 색채

소 재	색 채
알칼리 금속의 색채 (화염테스트의 색)	• 리튬(Lithium) : 주황색 • 나트륨(Sodium/Natrium) : 노란색 • 포타슘(Potassium) : 자주색 • 루비듐(Rubidium) : 빨강(자주색) • 칼슘(Calcium) : 오렌지
불활성기체의 색 (1835년 패러데이가 발견)	• 헬륨(Helium) : 노란색 • 네온(Neon) : 분홍색, 빨간색 • 아르곤(Argon) : 연한 파란색

(2) 재질 및 광택

① **재질** : 소재의 표면구조에 따른 물체의 속성을 말한다.

② **광택** : 색채 소재를 바라보는 각도에 따라 다르며 표면의 매끄러움으로 결정된다.

※ 색채디자인 3요소 : 형태, 색채, 질감

(3) 금속(Metal) 소재

① 금속은 외부로 들어오는 파장과 관계없이 전자의 활동으로 광택이 난다.

② 불연성, 내마멸성이 높은 소재이며 가공이 용이하다.

③ 열과 전기의 양도체로 내구력이 좋고 쉽게 오염되지 않는다.

④ 색채가 다양하지 못하고 부식되기 쉽다.

⑤ 가장 반사율이 높은 금속은 알루미늄이다. 예 거울 재료

⑥ 광원이 물체의 45° 각도에서 비추어질 때 일반 도장면과 거의 비슷하게 색채를 볼 수 있다.

⑦ 45°를 기준으로 각도가 광원에서 멀어지면 도장면보다 더 어두워지고, 광원에 가까워지면 더 밝아진다.

(4) 섬유(Fabric) 소재

① 염색과정을 통해 발색되는 모든 소재를 의류 소재라고 한다.

② 염착성이 좋고 섬유구조가 치밀하다.

③ 천연섬유와 화학섬유(인조섬유)로 나뉜다.

④ 폴리에스터(폴리에스테르)처럼 내열성이 높은 합성섬유는 염색할 때 고온과 많은 시간을 필요로 하며 염착성이 떨어지기 때문에 염색법과 특수 염료를 계속 연구 중이다.

[천연섬유와 화학섬유]

천연섬유 (Natural Fabric)	• 면(Cotton) : 목화 열매에서 채취한 섬유로 부드럽고 흡습성이 강하여 염색성이 우수하나 광택이 적은 편이다. • 마(Bast Fiber) : 아마, 저마, 황마 등에서 채취한 섬유로 구김이 잘 가고 여름 의류 및 자재용으로 사용한다. • 견(Silk) : 누에고치에서 추출한 상섬유로 염색성이 뛰어나지만 내광성, 내알칼리성이 약하다. • 양모(Wool) : 면양에서 채취한 섬유로 염색성이 뛰어나고 촉감이 부드러우며 광택과 탄력성, 보온성이 우수하다. 햇빛과 고온에 약하다.
화학섬유 (Chemical Fabric)	• 레이온(Rayon) : 천연의 순수한 셀룰로스 섬유소로 만든 것으로 구김이 적고 내마찰성 및 내약품성이 강하지만, 흡수성, 염색성, 내열성이 약하다. • 아세테이트(Acetate) : 아세틸셀룰로스로 만든 반합성 섬유로서 해충에 강하고 수분을 적게 흡수하는 특성이 있다. 의류에 사용된다. • 아크릴(Acrylic) : 염색성이 우수하고 보온성 및 내광성이 뛰어나며 약품과 해충에도 강하다.

(5) 플라스틱(Plastic) 소재

① 광택과 착색이 우수하다.

② 가열과 가압으로 형태를 변형시킬 수 있는 지에 따라 열가소성과 열경화성 플라스틱으로 구별된다.

③ 압축 및 인장 강도가 뛰어나 가공이 용이하고 다양한 색과 광택을 낼 수 있는 장점이 있다.

④ 투명도가 높아 유리와 같이 투명한 용도로 사용할 수 있으며, 굴절률은 유리보다 낮다.

(6) 목재 및 종이소재

① 생활 주변에서 쉽게 구할 수 있다.

② 사용이 용이하여 가장 오래 쓰인 재료이다.

③ 공급이 쉽고 가격이 저렴하다.

④ 목재는 비중에 비해 강도가 크다.

⑤ 열전도율이 낮고 비전도체이다.

⑥ 가연성으로 화재에 약하다.

⑦ 내구성이 약하고 수축과 변형과 부식이 쉽다.

(7) 기타 특수소재

① 유 리

㉠ 대표적인 메짐성 재료로, 내구성이 크고 반영구적이다.

㉡ 광선의 투과율이 높아 건축 등의 채광재료로 사용된다.

② 세라믹스(Ceramics)

㉠ 흙(점토)을 불에서 구워서 만든 것이다.

㉡ 자동차, 항공우주, 전자공학 등에 널리 활용된다.

㉢ 비금속 무기물실을 주재료로 하여 열을 가해 만든 모든 물질을 말한다.

③ 형상기억합금(Shape Memory Alloy)

㉠ 특정한 온도에서 가지고 있던 모양을 기억해 형태가 변하더라도 그 온도가 되면 되돌아오는 성질을 말한다.

㉡ 1963년 미국의 해군병기연구소에서 발견되었으며, 니켈과 타이타늄의 합금을 니티놀(Nitinol)이라고 명명하였다.

(8) 표면처리 기술

① 도금(Plating)

㉠ 금속이나 비금속 표면에 피막을 만드는 처리과정이다.

㉡ 전기, 화학, 유용, 진공, 침투, 이온 도금 등이 있다.

② 화성처리(Chemical Coating)

㉠ 금속의 표면에 화학반응을 일으켜 피막 또는 산화피막을 만드는 과정이다.

㉡ 도장이나 피막 착색 등에 사용된다.

③ 양극 산화피막(Anodizing) : 금속에 양극을 전하시켜 전기화학적으로 산화피막을 만드는 것이다.

④ 도장(Painting)

㉠ 미관의 아름다움을 위해 표면에 도료를 칠하는 것이다.

㉡ 산소를 차단하여 부식을 막아 주고, 습기에 노출되지 않아 금속이나 목재를 보호한다.

⑤ 래핑(Lapping)

㉠ 공작물의 표면을 다듬질하는 방법 중 하나이다.

㉡ 절삭량이 작아 형상이나 치수 정도를 대략 맞춘 뒤 가공한다.

⑥ 버핑(Buffing)

㉠ 가죽이나 고무 및 직물 등의 부드러운 회전원반에 연삭입자를 부착한 뒤 회전한다.

㉡ 도금한 제품에 광택을 낼 때 주로 사용된다.

⑦ 분체도장

㉠ 액체도장이 아닌 고운 가루입자를 뿌려 열을 가해 녹여 붙이는 것이다.

㉡ 아주 일정하고 고르게 칠해지며 환경적으로 주변에 페인트 성분이 퍼지지 않는다.

㉢ 대량생산에 적합하다.

⑧ 샌드 블라스팅(Sand Blasting)

㉠ 모래를 공작물과 충돌시켜 미세하게 부수는 방법이다.

㉡ 녹 등을 제거하거나 표면에 거친 질감을 준다.

⑨ 샌딩(Sanding)

㉠ 공기 중에 돌가루나 유리가루를 분사시켜 표면에 홈을 파이게 한다.

㉡ 육안으로 볼 때에는 고급스럽고 차분해 보인다.

⑩ SF코팅(Soft Feeling Coating)

㉠ 폴리에스터 화합물에 컬러를 넣어서 만든 도료이다.

㉡ 우레탄을 제품의 표면에 뿌려 매끈하고 부드러운 촉감을 느낄 수 있다.

㉢ 광택이 없다.

핵심예제

4-1. 섬유 소재의 분류가 옳게 짝지어진 것은?

[2017년 3회 기사]

① 식물성 섬유 – 폴리에스터, 대마
② 동물성 섬유 – 명주, 스판덱스
③ 합성섬유 – 면, 석면
④ 재생섬유 – 비스코스레이온, 구리암모늄레이온

4-2. 다음 중 광택이 가장 강한 재질은? [2018년 1회 산업기사]

① 나무판 ② 실크천
③ 무명천 ④ 알루미늄판

4-3. 자외선에 의한 황화현상이 가장 심한 섬유소재는?

[2015년 3회 산업기사]

① 면 ② 마
③ 레이온 ④ 견

4-4. 색채 소재에 대한 설명 중 틀린 것은? [2015년 1회 기사]

① 염료를 사용할수록 가시광선의 흡수율은 떨어진다.
② 염료로서의 역할을 하기 위해서는 외부의 빛에 안정되어야 한다.
③ 가공하지 않은 상태에서의 무명천은 소색(브라운 빛의 노란색)을 띤다.
④ 합성안료로 색을 낼 때는 입자의 크기가 중요하므로 크기를 조절한다.

4-5. 열가소성 플라스틱에 대한 설명으로 틀린 것은?

[2015년 2회 기사]

① 열을 가하면 연화되어 유동성을 갖는다.
② 열을 가하면 화학적 변화가 일어나지 않고 냉각하면 원래 상태로 돌아간다.
③ 열을 다시 가해도 형태가 변하지 않는 수지로 섬유강화 플라스틱을 제조한다.
④ 가소성이 크고 열변형 가공성이 용이하며 자유로운 형태로 성형이 가능하다.

|해설|

4-1
① 폴리에스터(합성섬유), 대마(식물성 섬유)
② 명주(동물성 섬유), 스판덱스(합성섬유)
③ 면(식물성 섬유), 석면(광물성 섬유)

4-2
금속 소재에는 철, 구리, 스테인리스, 동, 알루미늄 등이 있다. 알루미늄의 경우 다른 금속에 비해 파장에 관계없이 반사율이 높아 거울로 사용할 정도로 광택이 가장 강한 재질이다.

4-3
견은 누에고치로부터 얻는 것으로 실크라고도 하며, 자외선에 의한 황화현상이 가장 심한 섬유소재이다.

4-4
염료를 사용할수록 가시광선의 흡수율이 높아진다.

4-5
열을 다시 가해도 형태가 변하지 않는 것은 열경화성 플라스틱이다.

정답 4-1 ④ 4-2 ④ 4-3 ④ 4-4 ① 4-5 ③

02 측 각

핵심이론 01 측 색

(1) 의 의

인간의 감각으로 객관화된 색을 정확하게 감지하기 어려우므로 색을 객관화된 구조나 기계를 이용하여 측정함으로써 색의 커뮤니케이션과 관리를 보다 과학적이고 용이하게 할 수 있도록 하는 것이다.

(2) 측색의 원리

① 색을 계측하는 것으로, 색의 정량적인 전달과 동일한 재현을 위해 사용된다.

② 측색의 방법으로 육안으로 측정하는 시감측색(視感測色)과 측색기(색채 측정기)를 이용하는 방법이 있다.

(3) 육안측색

① **시감을 이용한 색채 측정방법** : 표준 색표집을 이용, 가장 가까운 색 좌표를 찾아 수치를 표기하는 방법과 육안측색 환경을 설정한 뒤에 조색된 샘플과 직접 비교하는 방법이 있다.

② **육안측색의 조건** : 측청광, 측색광원, 측정환경

③ **3자극치 계산법** : 인간의 눈에는 X, Y, Z라고 하는 3종의 시세포가 있고 X는 적색, Y는 녹색, Z는 청자색을 감지한다. 3종의 시세포가 받아들이는 자극의 정도로 모든 색의 색채를 결정하며, 3자극치 각각의 전 자극치에 대한 비율을 X, Y, Z로 하여 다음 식으로 표시한다.

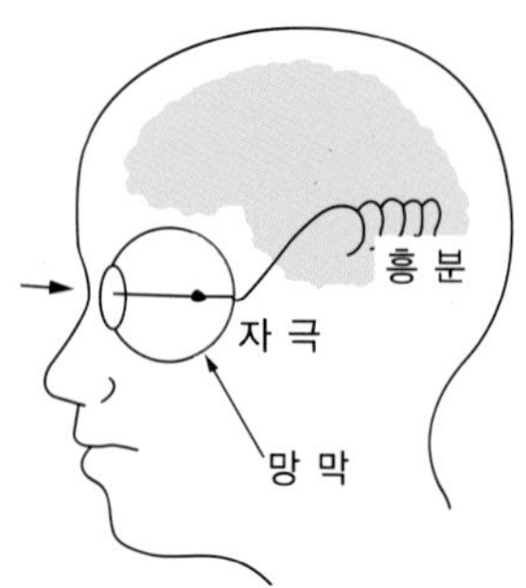

[눈에 들어온 색상]

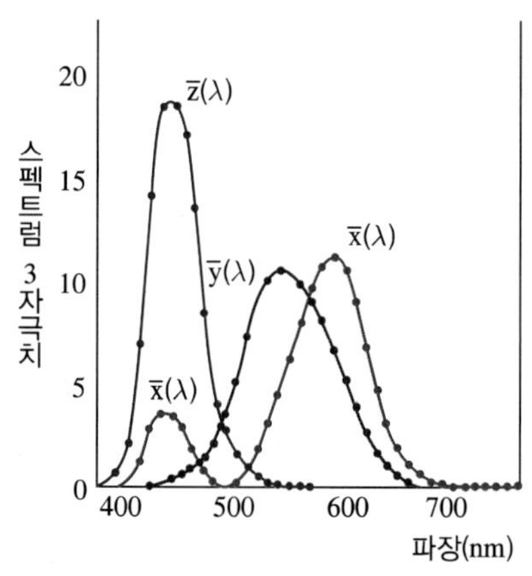

[등색함수(분광광도)]

$$x = \frac{X}{X+Y+Z},\ y = \frac{Y}{X+Y+Z},\ z = \frac{Z}{X+Y+Z}$$

④ 규정 조건

㉠ 측정각

- 육안검색에 있어서 물체와 관찰자의 측정각은 45°를 유지한다.
- 물체의 수직 위치에서 광원을 비추는 경우에는 45°에서 관찰하며, 45°로 물체에 광원을 비추는 경우에는 수직에서 관찰한다.

㉡ 측정광원

- 조명은 표준광 D_{65}나 제논 표준 백색광원을 사용하며, 먼셀 색표와 비교 검색하기 위해서는 C 광원을 사용한다.
- 태양광을 이용하는 경우에는 일출 3시간 후부터 일몰 3시간 전까지 북쪽 하늘 주광으로서 환경색의 영향을 받지 않으면 조명으로 사용 가능하다.

㉢ 조 도

- 500lx를 기준으로 하며, 원칙으로는 1,000lx 이상에서 검색한다.
- 먼셀 명도 3 이하의 어두운색을 검색할 때는 2,000lx 이상으로 하며, 고명도의 색은 600lx 이상의 조도를 사용한다. 조명의 균제도는 0.8 이상이어야 한다.

㉣ 측정환경

- 직사광선과 유리창, 커튼 등의 투과색을 피한다.
- 넓은 공간에서 실시하는 경우 벽면을 N7로 하며, 조명의 부스를 이용하는 경우, 무광택의 N5~8의 무채색 환경에서 실시한다.
- 작업대의 크기는 30×40cm 이상으로 한다.

⑤ 육안측색 시 주의사항

㉠ 마스크 사용

- 표준면의 모양이나 크기를 조정할 필요가 있을 경우, 마스크를 사용한다.
- 가능하면 마스크의 표면은 광택이 없고, 시료면의 명도에 비슷한 무채색으로 한다.
- 검은색, 흰색, 회색의 세 가지 마스크 모두 사용하되 개구색의 조건이어야 한다.

㉡ 환경색의 영향 : 관찰자는 색이 선명한 옷을 피해야 하고, 비교하는 색은 인접배열과 동일 평면으로 배열되도록 배치한다.

㉢ 관찰자 연령 : 젊을수록 좋으며, 20대 초반의 여성이 가장 적합하다.

⑥ 관측 순서

㉠ 육안으로 채도가 강한 색채를 오래 관측하다가 여러 색채를 검사하는 경우 계속하여 검사하는 것을 피한다.

㉡ 새로운 색채시료를 관측하던 중 관측했던 색상의 보색 방향으로 잔상이 나타나 다르게 보일 때에는 회색을 장시간 응시하거나 눈을 감고 잔상이 사라질 때까지 기다린다.

㉢ 저채도의 색을 검사한 다음 고채도의 색을 검사한다.

⑦ 표기방법

㉠ 광원의 종류 : 색온도, 조명방식, 광원의 종류 표기 예 6,500K, D_{65}, 형광등

㉡ 작업면의 조도 : 작업면의 조명의 밝기 예 1,000lx

㉢ 관찰 조건 : 각도, 배경면의 조건을 기입(개구색, 물체색의 조건) 예 45°, N5면 또는 전문 광원부스 N7면

㉣ 사용 광원의 성능 : 가시조건 등색지수, 형광조건 등색지수, 평균 연색 평가수, 최소 특수연색 평가수 등을 기입 예 연색지수 90

㉤ 기타 : 소재의 특기사항 등 예 유광택 소재 도료표

⑧ 육안측색 시 사용되는 색표집

㉠ 먼셀 색표집 : 색상별로 총 40쪽으로 구성되어 있으며 2.5단계로 나뉘어져 있다. 명도는 가장 어두운 1등급부터 가장 밝은 9등급까지 1단계씩 증가한다. 채도는 2단계씩 2등급부터 16등급까지 증가한다. 반광은 낮은 명도단계와 높은 채도단계의 컬러 영역이 좁기 때문에 총 1,300여 가지 색으로 구성되어 있고 유광은 1,600여 가지 컬러가 수록되어 있다.

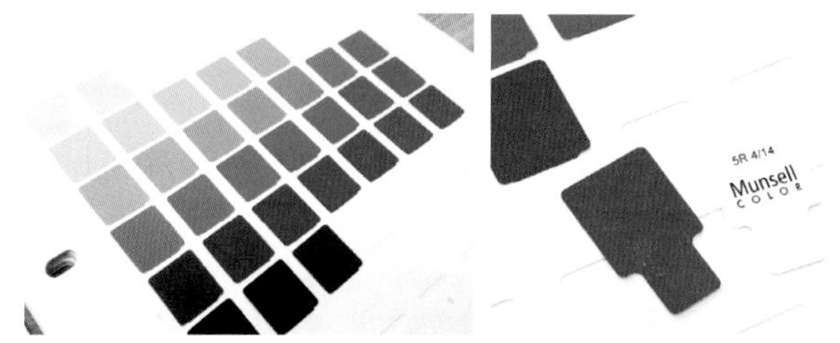

[먼셀 색표집]

㉡ NCS(Natural Color System) : NCS에서는 서로 반대되는 감각적 속성을 가지는 6가지 기본색(Yellow – Blue, Red – Green, White – Black)을 정의하고 색을 표시한다. 이는 흑색도(Blackness), 백색도(Whiteness), 순색도(Chromaticness)로 구성되어 있다. NCS는 주로 디자인 분야 및 유럽의 여러 나라에서 널리 사용되고 있다.

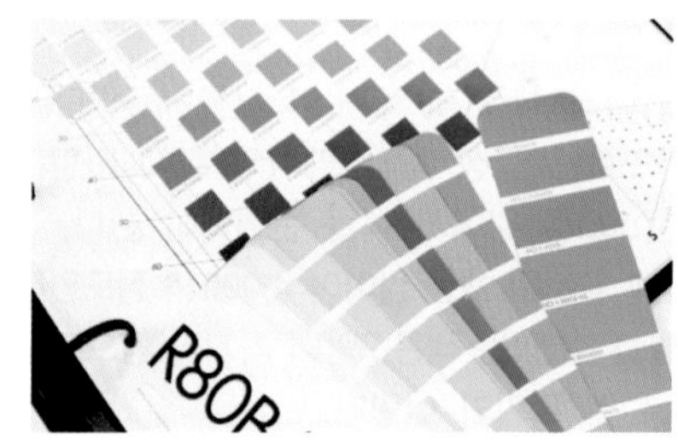

[NCS]

㉢ 팬톤(PANTONE) : 팬톤은 자체 시스템과 컬러를 가지고 있는데, 대략 5천여 가지이다. 팬톤 컬러는 인쇄와 패키징을 위한 것과 제품 디자인을 위한 시스템으로 정리된다.

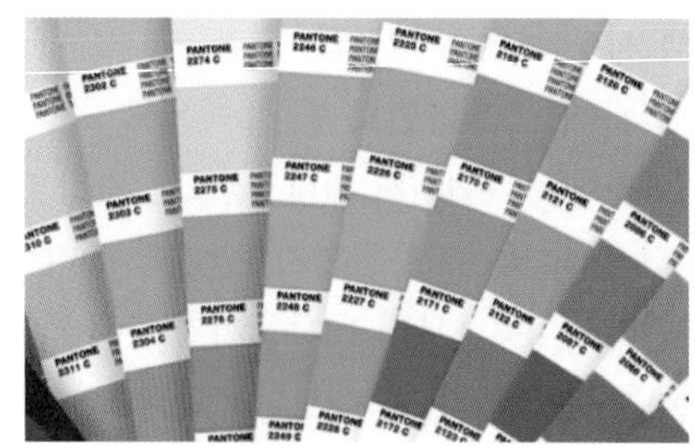

[팬톤(PANTONE)]

㉣ DIC컬러 : 일본에서 제작된 컬러 가이드로 PCCS를 기반으로 하고 있다. 팬톤보다 가격이 저렴하고 잉크 기본색(CMYK)의 혼합비에 따른 색을 표시하고 있어 사용하기 쉽고 컬러 커뮤니케이션에 용이하다.

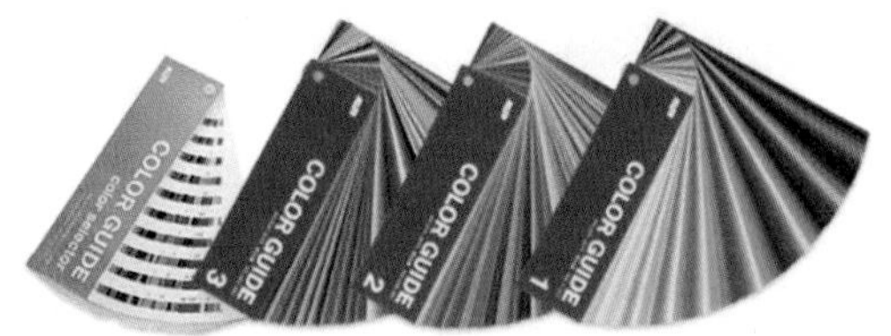

[DIC컬러]

[색표집의 장단점]

- 색표집의 장점
  - 시각적으로 누구나 이해하기 쉽다.
  - 컬러 측정장비 없이도 사용할 수 있다.
  - 사용자가 컬러 칩(Chip)을 용도에 맞게 사용할 수 있다.
- 색표집의 단점
  - 조명에 따라 색값(색 표기)이 다를 수 있다.
  - 원칙상으로는 항상 중간 밝기의 회색 바탕(Midgrey Background) 위에서 색을 판별해야 한다.
  - 색표집에 표시된 색은 많아야 4,000색 정도인데 육안으로 구별할 수 있는 색은 2만여 가지가 넘으므로 정확한 색 구분 및 표기가 어렵다.
  - 오염 또는 빛의 노출 등으로 사용 중인 색표집의 색상이 변할 수 있고, 이에 따라 색 표기가 달라질 수 있다.
  - 표시되는 색의 범위(색역)가 잉크나 도료 등의 색료에 따라 제한된다.

 **핵심예제**

1-1. 육안검색에 대한 조건이 아닌 것은? [2016년 1회 기사]

① 시감 측색의 표기는 KS(한국산업표준)의 먼셀 기호로 표기한다.
② 육안검색의 측정환경으로는 직사광선을 피해야 한다.
③ 먼셀 명도 3 이하의 정밀한 검사를 위해서는 광원의 조도는 300lx 정도가 적당하다.
④ 비교하는 색은 인접해서 배열하고 동일평면으로 배열되도록 배치한다.

1-2. 육안검색과 측색기 측정에 대한 설명으로 틀린 것은? [2017년 2회 산업기사]

① 육안검색 시 감성적인 판단이 이루어질 수 있다.
② 측색기는 동일 샘플에 대해 거의 일정한 측색값을 낸다.
③ 육안검색은 관찰자의 차이가 없다.
④ 필터식 색채계와 분광계의 측색값은 서로 다를 수 있다.

1-3. 육안으로 색을 비교할 경우 조건등색검사기 등을 이용한 검사를 권장하는 연령의 관찰자는? [2017년 3회 산업기사]

① 20대 이상 ② 30대 이상
③ 40대 이상 ④ 무관함

1-4. 육안측색 시 조명방법에 대한 설명이 옳은 것은? [2017년 1회 기사]

① 자연주광의 특성은 변하기 쉬워 인공조명만 사용할 수 있다.
② 관찰자는 무채색 계열의 의복을 착용해야 한다.
③ 관찰자의 시야 내에는 시험할 시료의 색 외에 연한 표면색이 있어서는 안 된다.
④ 시료면의 범위보다 넓은 범위를 균일하게 조명해야 하며 적어도 500lx의 조도가 필요하다.

1-5. 다음 중 육안검색 시 사용하는 주광원이나 보조광원이 아닌 것은? [2017년 2회 기사]

① 표준광 C ② 표준광 D_{50}
③ 표준광 A ④ 표준광 F_8

|해설|

1-1
먼셀 명도 검사대는 N5, 주위 환경은 N7일 때 정확한 검사가 가능하고, 광원의 조도는 1,000lx가 적합하다.

1-2
육안검색이란 조색 후 정확하게 조색이 되었는지를 육안으로 검색하는 것을 말한다. 측색기 측정과 달리 정확하지 않기 때문에 관찰자에 따라 차이가 있다.

1-3
육안측색 시 관찰자는 젊을수록 좋으며 20대의 젊은 여성이 조색과 검색에 가장 유리하다. 그런 이유에서 조건등색검사기와 같은 장비를 이용해야 하는 연령은 보기 중에서 가장 연령대가 높은 40대이다.

1-4
관찰자의 의복은 선명한 색을 피하고, 마스크의 표면은 가능한 광택이 없는 무채색을 사용한다.

1-5
KS C 0074에서는 표준 주광원을 A, D_{65}, C로 보조 표준광을 D_{50}, D_{55}, D_{75}, B로 정하고 있다.

정답 1-1 ③ 1-2 ③ 1-3 ③ 1-4 ② 1-5 ④

핵심 이론 02 측색기의 종류

(1) 측색의 방법

분광식 색채계와 3자극치를 이용한 필터식 색채계가 있다. 일반적으로 인간은 약 200만 가지의 색을 구분할 수 있는 능력을 가지고 있다고는 하나, 정확한 값을 구하기는 어렵다. 그러나 측색기를 이용하여 정확한 측정이 가능하므로 색채관리, CCM 등에서 널리 활용되고 있다.

(2) 측색기의 장점

① 객관적 데이터 확보
② 측정환경의 표준화
③ 측정 데이터의 편견과 개인적인 성향 배제
④ 기준색과 시료색의 차이 분석
⑤ 데이터 보관 용이

(3) 필터식 색채계

① 색 필터와 광측정기로 3자극치(CIE X, Y, Z)값을 직접 측정할 수 있다.
② 광원, 광검출부, 신호처리로 구성되어 측정이 간편하고 구조가 간단하며 저렴하다.
③ 측정 소요시간이 짧다.
④ 정해진 하나의 표준광과 표준관측자의 측색 조건으로 측정된 색채는 해당 광원과 관측자에 의해서만 측정된다.
⑤ 색채를 생산하는 현장에서 색차 분석, 색채 품질을 관리하는 데 용이한 이동형 색차계가 있다. 그러나 색료 변화에 따른 대응이 불가능하며 자동배색에 사용되는 측정 데이터를 만드는 것 또한 불가능하다.

(4) 분광식 색채계

① 정밀한 색채의 측정장치로 사용된다.
② 시료의 분광반사율을 측정하여 색채를 계산하므로 다양한 광원과 시야의 색채값을 동시에 산출할 수 있다. 즉, 여러 조건에서 색채값을 얻을 수 있다.
③ 광원 변화에 따른 등색성 문제, 색료 변화에 따른 색 재현의 문제점 등에 대처할 수 있다.

④ 백색기준물의 분광반사율을 측정하는 데 있어서 색채계의 측정방식과 일치하는 기준물의 교정치를 사용해야 한다. 예를 들어, 분광식 색채계의 교정방식이 0/d이면 백색기준물의 0/d 교정방식을 사용해야 한다.

핵심예제

2-1. 색채 측정 결과에 반드시 첨부하지 않아도 되는 사항은?

[2015년 2회 산업기사]

① 표준광의 종류
② 색채 측정방식
③ 측정 횟수
④ 표준관측자

2-2. 짧은 파장의 빛이 입사하여 긴 파장의 빛을 복사하는 형광현상이 있는 시료의 색채 측정에 적합한 장비는?

[2019년 2회 산업기사]

① 후방분광방식의 분광색채계
② 전방분광방식의 분광색채계
③ D_{65} 광원의 필터식 색채계
④ 이중분광방식의 분광광도계

|해설|

2-1
색채 측정 결과에 반드시 첨부해서 표기해야 할 사항은 색채 측정방식, 표준광의 종류, 표준관측자이다.

2-2
짧은 파장의 빛이 입사하여 긴 파장의 빛을 복사하는 형광현상이 있는 시료의 측정에 적합한 분광식 색채계는 후방방식의 분광식 색채계이다. 그 외 나머지는 전방식의 분광식 색채계를 사용한다.

정답 2-1 ③ 2-2 ①

핵심이론 03 측색기의 특성

(1) 측색기별 특성

① 스펙트로포토미터(Spectrophotometer, 분광광도계)
㉠ 물체색과 투명색 측정 가능
㉡ 3자극치 및 분광데이터 표기 가능
㉢ 표준광원의 변환 가능
㉣ 아이소머리즘(Isomerism, 무조건등색 : 어떤 조건에서나 항상 같은 색으로 보이는 색)의 구현 가능
㉤ 광원 : 자외선을 측정할 수 있는 UV와 가시광선이나 적외선을 측정할 수 있는 텅스텐 할로겐 램프가 있다.
㉥ 분광기 : 회절격자, 프리즘, 간섭 필터 등을 사용하며, 이에 따라 파장분해가 달라진다.
㉦ 수광기
- PM Tube : 자외선에서 가시광선까지의 영역
- 실리콘 포토다이오드 : 가시광선에서 근적외선까지의 영역
- 황화납 : 적외선 영역

㉧ 적분구 : SPEX, SPIN 측정 조건장치가 부착되어 있다.
㉨ Single Beam 방식과 Double Beam 방식이 있는데, Double Beam 방식이 보다 데이터가 안정되고 정확하다.
※ 분광반사율은 단색광에 대한 반사율, 명도가 높은 색일수록 높게 나타난다.
㉩ 채도가 높은 색은 분광반사율의 파장 차이가 크며, 채도가 낮아짐에 따라 차이가 줄어 무채색이 되면 평탄한 곡선을 이룬다.
㉪ 분광광도계에 적분구를 정착시켜야 한다.
㉫ 일반적 측정방식으로 모노크로매틱(Monochromatic) 방식과 형광색 등을 측정하는 데 효과적인 폴리크로매틱(Polychromatic) 방식의 두 가지가 있다.
㉬ 폴리크로매틱은 형광색을 측정할 수 있는 장점이 있으나, 광원의 빛을 그대로 시료에 입사시켜 그 반사광을 분광하여 측정해야 하므로 광원 자체의 분광분포가 표준광 조건과 일치해야 하는 어려움이 있다.

㉥ 모노크로매틱은 표준광원의 분광분포를 데이터로 처리하기 때문에 정확하고 정밀하게 색채계산을 할 수 있으나 형광성 물질의 색채를 측정하기에는 적합하지 않다.

[분광광도계의 특성]
- 객관적인 색상 측정
- 고정밀 색상 측색 가능
- 각종 표색계(CIEXYZ, CIELAB, Munsell 등)로 변환이 쉬움
- 정확한 색상의 데이터 관리로 색상관리가 가능
- 각종 색좌표에 의한 표시 가능
- 시료색상의 색차를 쉽게 표시

② 컬러리미터(Colorimeter, 색차계)
- ㉠ RGB와 같은 물리적 필터를 사용하여 이를 통과한 빛의 세기 측정
- ㉡ 물채색과 투명색 측정
- ㉢ 메타머리즘(Metamerism, 조건등색 표현) 불가능
- ㉣ 표준광원 설정 가능
- ㉤ 주로 색차를 계산하기 위해 사용
- ㉥ 색 필터와 광 측정기로 이루어진 3개의 센서로 3자극치인 X, Y, Z값을 측정

[분광광도계와 색채계]

분광광도계	색채계
• 고정격자 및 어레이 방식(Fixed Grating & Array) • 다수광원(Multiple Illuminant) • 관측자 선택 가능 • 펄스 제논 광원(Pulsed Xenon Light Source) • 조건등색도 계산 가능 • 반사율 및 색좌표	• 3~4개의 필터에 기초한 방식(Filter Based) • 광원의 수가 한정(C 또는 D_{65}) • 관측자 고정(2° 또는 10°) • 텅스텐 할로겐 광원(Tungsten Halogen Light Source) • 조건등색 테스트 불가 • 색좌표

③ 크로마미터(Chromameta)
- ㉠ 광원측정용(Chromameta, 형광등, 백열등 등) 측색기
- ㉡ 3자극치 측정방식
- ㉢ 조도, 색온도 측정 가능

④ 기타 광측정 장치
- ㉠ 글로스미터(Glossmeta, 광택 측정기) : 반사 측정방식
- ㉡ 덴시토미터(Densitometer) : 광도계

(2) 측색기의 구조와 용도

① **집광렌즈** : 측정된 데이터를 직접 보는 눈의 역할을 한다.

② **적분구 내부** : 측색기 내부에서 빛을 확산·반사시키는 완전 백색면으로 이루어진다.

③ 적분구 내부에 완전 백색면을 만들기 위해 사용되는 물질이다. → 산화마그네슘(= 백색표준)

④ 정확한 색채 측정의 기준이 되는 백색기준물을 철저히 관리하고 정기적으로 교정하는 것이 필수이다.

(3) 측색조건과 원리

① 색채 측정방식(조명과 수광방식)은 크게 4가지로 구분되며, 표기방법은 (빛이 입사되는 각도) / (관찰자의 반사광 측정각도)로 나타낸다.
- ㉠ 0/45 : 빛의 각도를 수직으로 입사시키고, 45° 각도에서 관찰한다.
- ㉡ 45/0 : 빛의 각도를 45°로 입사시키고, 90°에서 수직으로 관찰한다.
- ㉢ 0/D : 빛의 각도를 90°로 입사시키고, 모든 분산광을 평균값으로 관측한다.
- ㉣ D/0 : 사방에서 분산된 빛을 조사시키고, 수직으로 반사된 빛을 관찰한다.

※ D는 Diffuse의 약자로 확산조명을 나타낸다.

② **측색 데이터 관리** : 색상 측정 결과, 측정방식, 광원, 관측시야의 조건, 측색장비의 명칭

(4) 관찰시야

① 1931년 CIE에서는 색채 관찰에 있어 2° 시야로 규정하였으며, 1976년에 10° 시야를 표준으로 정하였다.

② 현재 CIE의 표준으로는 색채 측정에 있어서 10° 시야가 채용되고 있으며, 먼셀의 표기에는 2° 시야를 사용한다.

③ 2° 시야에서 10° 시야로 넓어지면 색의 느낌은 명도가 높고 채도는 낮게 느껴진다.

④ 면적대비는 명도, 채도가 다 높아진다.

⑤ 2° 시야 등색함수는 50cm 거리에서 약 1.7cm 지름의 시편을 관측하는 것이다.

⑥ 10° 시야 등색함수는 50cm 거리에서 약 8.8cm 지름의 시편을 관측하는 것이다.

핵심예제

3-1. 측색기 사용 시 정확한 색채 측정을 위해 교정에 이용하는 것은? [2015년 1회 산업기사]

① 북창주광
② 표준관측자
③ 그레이 스케일
④ 백색교정판

3-2. 정확한 색채 측정을 위한 백색기준물(White Reference)의 설명으로 틀린 것은? [2017년 2회 기사]

① 충격, 마찰, 광조사, 온도, 습도 등의 영향을 받지 않아야 한다.
② 분광식 색채계에서의 백색기준물은 분광흡수율을 기준으로 한다.
③ 백색기준물 자체의 색이 변하면 측정값들도 직접적인 영향을 받게 된다.
④ 백색기준물은 국가교정기관을 통하여 국제표준으로의 소급성이 유지되는 교정값을 갖고 있어야 한다.

3-3. 물체색의 분광반사율을 구하고, CIE 표준광원과 표준관측자를 사용하여 3자극치 또는 색도 좌표를 산출하는 방법으로 색을 측정하는 장비의 명칭은? [2016년 1회 기사]

① 라이팅 부스(Lighting Booth)
② 적분구(Integrating Sphere)
③ 분광광도계(Spectrophotometer)
④ 스펙트럼 팩터(Spectrum Factor)

|해설|

3-1
정확한 색채를 측정하기 위해 백색 교정 후 백색교정판을 10초 간격으로 30회 측정한다. 이는 정밀도를 위해 측색을 시작하기 전 매회 진행하는 것이 좋다.

3-2
분광식 색채계에서의 백색기준물은 분광반사율이 기준이 된다.

3-3
분광광도계는 모노크로미터를 이용해 분광된 단색광을 시료 용액에 투과시켜 투과된 시료광의 흡수 또는 반사된 빛의 양의 강도를 광검출기로 검출하는 장치이다.

정답 3-1 ④ 3-2 ② 3-3 ③

핵심 이론 04 색채 오차보정 및 계산

(1) 색차와 색차식

① CIELAB 좌표와 색차 : 국제조명위원회에서 규정한 것으로, 균일한 색공간 좌표로서 눈과 매우 근사한 차이를 보여 주기 때문에 현재 세계적으로 표준화되어 있는 색공간이다.

② CIELAB에서 색좌표는 L, a, b이며 L은 명도(Lightness), a는 Red와 Green 정도, b는 Yellow와 Blue의 정도를 나타내는 입체좌표이다. L = 100은 흰색(광원색에 가까운 정도), L = 0은 검은색이다.

[참 고]
- a가 +쪽이면 빨간색, −쪽이면 녹색이다.
- b가 +쪽이면 노란색, −쪽이면 파란색을 나타낸다.
- a, b값이 클수록 채도가 높아져 색상이 선명하고, 작을수록 낮아 색상이 흐린 쪽으로 가게 되어, a, b값이 '0'이 될수록 무채색이 된다. 이러한 색차는 ΔE로서 표시한다.

③ 색차 오차보정은 우선 a*, b*를 보정하여 색상과 포화도를 보정한 후 무채색의 L*값으로 조정하는 단계를 거친다.

④ L*, a*, b*값 중 L*값에 인간의 시감이 가장 민감하다. a*, b*값 평균 10 이내에서는 정밀 보정이 가능하고, 10~30 사이에서는 일반 보정이 가능하다. 그러나 30 이상의 값을 갖는 범위에서는 보정이 어려우므로 주의해야 한다.

(2) 색차 오차보정 계산법

L* 46.99
a* 15.33
b* −19.56
색표계
광원 관찰시야 수광방식 일련번호
D_{65} 2 0/8 001

[측색기 표시창]

$$\Delta E(Lab) = \sqrt{(\Delta L^*)^2 + (\Delta a^*)^2 + (\Delta b^*)^2}$$

$$\Delta E(Luv) = \sqrt{(\Delta L^*)^2 + (\Delta u^*)^2 + (\Delta v^*)^2}$$

(3) 시각색차 계산법

CIELUV 균등 색공간에서 사람이 보는 색 차이값을 계산한다. $e^*=$ 사람이 보는 색의 정도의 차이로, $e^*(\Delta E^*ab)$와 같이 표시하며 다음과 같은 수식으로 표현된다.

$\Delta L^* = L^*{}_t - L^*$

$\Delta a^* = a^*{}_t - a^*$

$\Delta b^* = b^*{}_t - b^*$

$L^*{}_t,\ a^*{}_t,\ b^*{}_t$: 기준 샘플의 $L^*a^*b^*$값

$L^*,\ a^*,\ b^*$: 시료 샘플의 $L^*a^*b^*$값

$L^*a^*b^*$ 공간의 경우 두 개의 데이터 색차 ΔE^*ab는 다음의 식에서 얻을 수 있다.

$$\Delta E^*ab = [(\Delta \mathrm{L}^*)^2 + (\Delta \mathrm{a}^*)^2 + (\Delta \mathrm{b}^*)^2]^{\frac{1}{2}}$$

$\Delta E^*ab \le 5.0$일 때 사용 가능하다.

(4) CIEDE2000

① 컬러 어피어런스 모델의 중요한 요소 중의 하나가 균등 컬러 스페이스 변환을 추구한다. 컬러 어피어런스의 색공간과는 달리 색오차값을 정확히 아는 색오차식을 구하는 것 또한 중요하다.

② LAB 공간에서 색차를 나타내는 지표로 ΔE^*ab를 사용한다.

③ 과거에는 단순히 두 개의 자극에 대한 좌표 간의 유클리드 거리로 나타냈으나, 색공간은 색차가 균등하게 지각되지 않았다. 그 후 측정의 일관성을 증가시키기 위해 다양한 실험적인 데이터들에 기초해서 1994년도에 CIE94가 고안되었고, 2000년도에 CIE94의 문제점을 개선한 CIEDE2000을 발표했다.

$$\Delta E^*_{00} = \sqrt{\left(\frac{\Delta L'}{k_L S_L}\right)^2 + \left(\frac{\Delta C'}{k_C S_C}\right)^2 + \left(\frac{\Delta H'}{k_H S_H}\right)^2 + R_T \frac{\Delta C'}{k_C S_C}\frac{\Delta H'}{k_H S_H}}$$

* k_L, k_C, k_H는 가중치로 응용 분야에 따라 달라진다.

핵심예제

4-1. 다음 중 CIELAB 공간의 불균일성을 보정한 색차식은? [2016년 2회 산업기사]

① CIE94
② BFD(1 : c)
③ CMC
④ CIEDE2000

4-2. CIEDE2000 색차식은 CIELAB 색차 ΔE^*ab로 일정한 차이 이하의 정밀한 색차에 대하여 적용할 것을 권장하고 있다. 이 적용한계는? [2016년 1회 기사]

① $\Delta E^*ab \le 10.0$
② $\Delta E^*ab \le 5.0$
③ $\Delta E^*ab \le 2.5$
④ $\Delta E^*ab \le 2.0$

4-3. 다음 중 CIELAB 색차식을 나타낸 것이 아닌 것은? [2018년 3회 산업기사]

① $\Delta E^*ab = [(\Delta L^*)^2 + (\Delta a^*)^2 + (\Delta b^*)^2]^{\frac{1}{2}}$
② $\Delta E^*ab = [(\Delta L^*)^2 - (\Delta a^*)^2 - (\Delta b^*)^2]^{\frac{1}{2}}$
③ $\Delta E^*ab = [(L^*1 - L^*0)^2 + (a^*1 - a^*0)^2 + (b^*1 - b^*0)^2]^{\frac{1}{2}}$
④ $\Delta E^*ab = [(\Delta L^*)^2 + (\Delta C^*ab)^2 + (\Delta H^*ab)^2]^{\frac{1}{2}}$

4-4. CIELAB 표색계에서 색차식을 나타내는 계산식으로 옳은 것은? [2018년 3회 기사]

① $\Delta E^*ab = [(\Delta L^*)^2 + (\Delta a^*)^2 + (\Delta b^*)^2]^{\frac{1}{2}}$
② $\Delta E^*ab = [(\Delta L^*)^2 + (\Delta C^*)^2 + (\Delta b^*)^2]^{\frac{1}{2}}$
③ $\Delta E^*ab = [(\Delta a^*)^2 + (\Delta b^*)^2 - (\Delta H^*)^2]^{\frac{1}{2}}$
④ $\Delta E^*ab = [(\Delta a^*)^2 + (\Delta C^*)^2 + (\Delta H^*)^2]^{\frac{1}{2}}$

4-5. 다음의 빈칸에 들어갈 내용을 순서대로 짝지은 것은?

[2016년 3회 기사]

CIE L*a*b*에서 채도 C = (ⓐ)이고, 색상 H = (ⓑ)이다.

① ⓐ $|a^*+b^*|$, ⓑ $\tan^{-1}\left(\frac{b^*}{a^*}\right)$

② ⓐ $\sqrt{a^{*2}+b^{*2}}$, ⓑ $\tan^{-1}\left(\frac{b^*}{a^*}\right)$

③ ⓐ $\sqrt{a^{*2}+b^{*2}}$, ⓑ $\tan^{-1}\left(\frac{a^*}{b^*}\right)$

④ ⓐ $|a^*+b^*|$, ⓑ $\tan^{-1}\left(\frac{a^*}{b^*}\right)$

|해설|

4-2

CIEDE2000 색차식의 기반이 되는 것은 L*a*b* 색좌표이며, 가장 최근에 CIE에서 표준으로 제안된 CIEDE2000은 색차 범위를 5.0 이하의 미세한 색차에 사용하도록 KS A 0063 색차 표시방법에서 규정하고 있다.

4-3, 4-4

KS A 0064에 따르면 CIELAB 색차식을

$\Delta E^*ab = [(\Delta L^*)^2 + (\Delta a^*)^2 + (\Delta b^*)^2]^{\frac{1}{2}}$ 로 규정하고 있다.

4-5

CIE가 1976년에 정한 Lch의 색차공식은 $c^* = \sqrt{a^{*2}+b^{*2}}$, $h^* = \tan^{-1}\left(\frac{b^*}{a^*}\right)$로 표시한다.

정답 4-1 ④ 4-2 ② 4-3 ② 4-4 ① 4-5 ②

핵심 이론 05 색온도의 연색성

(1) 색온도(Color Temperature)

① 색온도란 빛의 색을 측정하고 표현하는 수단이다.

② 색온도를 일정한 수치로 규정하여 색채 측정, 검사, 표기를 위해 CIE에서 정해 놓은 표준광원이 있다.

③ 색온도는 완전 방사체인 흑체(Black Body)의 온도를 색으로 나타낸 것이다.

④ 색온도의 단위는 켈빈 온도(K)로 표기하며, K는 섭씨온도(℃)에 273을 더한 것이다.

⑤ 흑체에 열을 가하면 금속과 같이 달궈지면서 저온에서는 붉은색을 띠다가 고온으로 갈수록 노란색, 흰색을 거쳐 푸른색을 띤다.

⑥ 흑체, 백열등처럼 달구어져 빛을 내는 광원은 흑체의 색온도로 구분하고, 열광원이 아닌 일반 형광등은 상관색 온도(Correlated Color Temperature : 가장 가까운 색의 빛을 내는 흑체의 온도를 지정)로 구분한다.

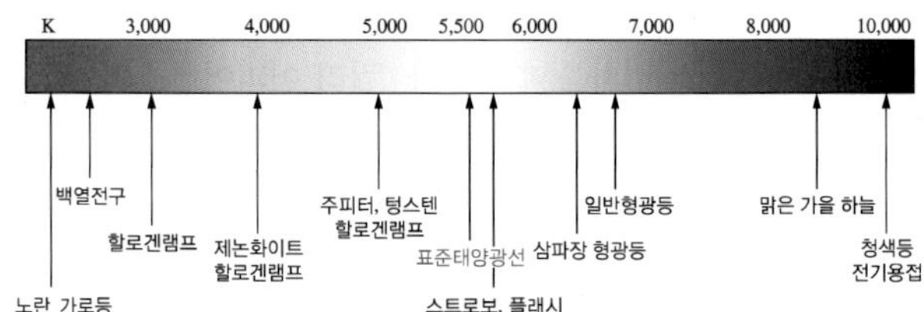

[색온도 그래프]

(2) 연색성(Color Rendering)

① 광원에 따라 물체의 색이 달라지는 효과이다. 이는 광원에 따라 방사하는 빛의 파장분포가 다르기 때문이다.

② 연색성을 수치화한 것을 연색지수라 하며, 인공광원이 얼마나 기준 광에 가깝게 색을 재현하는가를 나타낸다. 연색지수는 100에 가까울수록 연색성 등급도 높고 연색성도 좋은 것이다.

③ **국제조명위원회(CIE)의 연색성 평가법** : 시료광원의 색온도에 의해 선정할 수 있는 기준광원을 정하고, 그 기준광원과 시료광원을 규정한 시험색에 조명하였을 때 색의 차이에서 연색성 평가수를 정한다.

④ 시료광원 채취 시의 기준광원

㉠ 색온도 5,000K 이하의 경우 : 완전방사체

㉡ 색온도 5,000K 초과의 경우 : CIE에서 정한 합성주광(분광분포 계산치)

㉢ 색온도 5,300K 이하의 백색 형광램프의 경우 : 완전방사체

⑤ 연색지수에 따른 연색성 등급

연색성 등급	연색지수
1A	90~100
1B	80~89
2A	70~79
2B	60~69

(3) 메타머리즘(Metamerism, 조건등색)

분광반사율이 다른 두 가지 물체가 특정 광원 아래에서 같은 색으로 보이는 것을 말한다.

(4) 아이소머리즘(Isomerism, 무조건등색)

① 분광반사율이 완전히 일치하여 어떠한 광원, 관측자에게도 같은 색으로 보이는 두 색은 아이소머리즘 관계에 있다고 말한다. 이를 무조건등색, 아이소메릭 매칭(Isomeric Matching)이라고 한다.

② 일반적으로 육안조색의 경우에는 메타머리즘이 발생하기 쉽고, CCM(Computer Color Matching)의 경우 아이소머리즘 매칭이 용이하다.

③ 궁극적인 조색의 목적은 아이소머리즘의 실현이다.

(5) 컬러 어피어런스(Color Appearance)

① 어떤 색이 조건이나 조명 등의 차이에 따라 변화를 보이는 것을 의미한다. 같은 수치의 색이라도 모니터 화면에 나타나는 색을 프린터로 출력했을 때 각각 다른 색으로 보일 수 있다.

② 그래서 적절한 방법으로 정해진 색채구현 체계 아래에서 가장 최상의, 최적의 색채가 재현될 수 있게 만드는 것이 컬러 어피어런스 모델이다.

(6) 색변이 지수(Color Inconsistency Index, 색채 불일치 정도)

① 광원이 변함에 따라 색은 다르게 보이나 사람은 색채의 차이를 많이 느끼지 못한다.

② 색에 따라 광원이 달라질 때 심하게 변해 보이는 것이 있는데, 이런 색은 선호도가 별로 좋지 않다.

③ 이렇게 광원에 따른 색채의 불일치 정도를 나타내는 지수가 CII이다.

핵심예제

분광반사율의 측정에 있어서 측정의 기준으로 사용되는 것은?

[2018년 1회 기사]

① 표준백색판

② 회색기준물

③ 먼셀 색표집

④ D_{65} 광원

|해설|

필터식이나 분광식의 모든 측색기에서 색채 측정의 기준으로 사용되는 교정물을 백색교정물(표준백색판)이라고 한다. 이 백색교정물은 측색기의 측정값을 보증하기 위한 측정기준 인증물질(CRM)로 정기적으로 교정을 받아야 한다.

정답 ①

핵심 이론 06 CIE 표준광

(1) CIE 표준광

① CIE 표준광은 색온도를 일정한 수치로 규정하여 색채 측정, 검사, 표기를 위해 CIE에서 규정한 측색용 표준광(인공광원)을 말한다.

② CIE 표준광의 종류

표준광 A	• 2,856K인 흑체가 발하는 빛 • 색온도가 2,856K가 되도록 점등한 투명 밸브 가스가 들어 있는 텅스텐 코일 전구
표준광 B	• 4,874K로 태양광의 평균 직사광 • 표준광원 A에 규정한 데이비스–깁슨 필터를 걸어서 상관 색온도를 4,874K로 한 광원으로, 측색에는 사용하지 않음
표준광 C	• 6,774K로 북위 40° 지점에서 흐린 날 오후 2시경 북쪽 창문을 통해 들어오는 빛 • 표준광원 A에 규정한 데이비스–깁슨 필터를 걸어서 상관 색온도를 6,774K로 한 광원 • 먼셀 기호 측정과 검색에 사용
표준광 D	• 정확성을 기하기 위해 색온도를 맞춘 광원으로 D_{50}, D_{55}, D_{60}, D_{65}, D_{70}, D_{75} 등이 있음 • 이 중 표준광 D_{65}는 6,504K로 자외선 영역을 포함한 평균적인 CIE 주광이며, 육안측색을 할 때 주로 사용함 • 표준광 D를 얻을 수 있는 인공광원은 아직 개발되지 않음
표준광 F	• 형광등의 색온도를 표기하기 위한 F_1~F_{13}까지 있음 • F_2는 상관 색온도가 4,230K인 백색 형광등, F_8은 상관 색온도가 5,000K, F_{11}은 상관 색온도가 4,000K인 삼파장 등

(2) 광 측정(Photometry)

① 광도(Luminous Intensity, I) : 광원의 전광속은 사방으로 나오는 총에너지 양으로 측정이 어려운 데 반해서, 한쪽 방향에서만 측정된 에너지를 광도라 한다. 단위 입체각으로 1루멘의 에너지를 방사하는 광원의 광도를 1칸델라(단위 : cd)라고 한다.

② 조도(Illumination, E) : 광원이 비추어지는 지점에 입사되는 에너지로 단위면적($1m^2$)에 1루멘의 광속이 입사된 경우를 1럭스(lux)라고 한다.

③ 전광속(Luminous Flux, F) : 광원이 사방으로 내는 빛의 총에너지로서 단위는 루멘(lm)을 사용한다. 광원의 광효율은 광원에 공급된 전력에 대해 광출된 루멘의 양으로 lm/W로 나타낸다.

④ 휘도(Luminance, L) : 광도는 점광원에 대한 측정량이다. 그러나 실제로는 하나의 점으로 이루어진 광원은 존재하지 않고 면을 이루므로, 일반적으로 면광원의 광도를 말한다. 단위면적당 1cd의 광도가 측정된 경우를 $1cd/m^2$라 한다.

핵심예제

6-1. KS C 0074(측색용 표준광 및 표준광원)에서 규정한 측색용 표준광, 보조 표준광이 아닌 것은? [2017년 3회 기사]

① 표준광 A
② 표준광 D_{65}
③ 보조 표준광 B
④ 보조 표준광 D_{70}

6-2. CIE 표준광 및 광원에 대한 설명으로 틀린 것은? [2018년 2회 기사]

① CIE 표준광은 CIE에서 규정한 측색용 표준광으로 A, D_{65}가 있다.
② CIE C광은 2004년 이후 표준광으로 사용하지 않는다.
③ CIE A광은 색온도 2,700K의 텅스텐램프이다.
④ 표준광 D_{65}는 상관 색온도가 약 6,500K인 CIE 주광이다.

6-3. CIE 표준광에 대한 설명으로 가장 거리가 먼 것은? [2018년 3회 기사]

① CIE 표준광은 CIE에서 규정한 측색용 표준광을 의미한다.
② CIE 표준광은 A, C, D_{65}가 있다.
③ 표준광 D_{65}는 상관 색온도가 약 6,500K인 CIE 주광이다.
④ CIE 광원은 CIE 표준광을 실현하기 위하여 CIE에서 규정한 인공광원이다.

6-4. CIE 표준광에 대한 설명으로 옳은 것은? [2018년 2회 산업기사]

① A : 색온도 약 2,856K – 백열전구로 조명되는 물체색을 표시할 경우에 사용한다.
② B : 색온도 4,874K – 형광을 발하는 물체색의 표시에 사용한다.
③ C : 색온도 6,774K – 형광을 발하는 물체색의 표시에 사용한다.
④ D : 색온도 6,504K – 백열전구로 조명되는 물체색을 표시할 경우에 사용한다.

|해설|

6-1
보조 표준광원은 D_{50}, D_{55}, D_{75}, B광이 있다.

6-2
③ CIE A광은 색온도 2,856K이다.

6-3
② 1931년 국제조명위원회(CIE)에서 분광에너지 분포가 다른 표준광원 A, B, C로 3종류가 정해졌고, C 광원과 D_{65} 광원이 주로 색채계산용으로 사용된다.

6-4
① A : 색온도 2,856K의 표준광원으로 백열전구로 조명되는 물체색을 표시할 경우에 사용한다.
② B : 색온도 4,874K의 표준광원으로 태양광의 직사광선이다. 오늘날 잘 사용되지 않는다. 형광을 발하는 물체색의 표시는 광원 F를 사용한다.
③ C : 색온도 6,774K의 표준광원으로 북위 40° 흐린 날 오후 2시경 북쪽 창문으로 들어오는 빛이다. 모든 색상이 고르게 드러나는 이상적인 광원이다.
④ D : 색온도 6,504K로 측색 또는 색채계산용 표준광원으로 사용된다. 자외선을 함유하고 있으므로 형광색료의 측정에도 적합하며, 최근 활용이 증가하고 있다.

정답 6-1 ④ 6-2 ③ 6-3 ② 6-4 ①

핵심 이론 07 조명방식

(1) 간접조명

① 전등의 빛을 천장 면에 비추어 반사된 빛으로 조명하는 방식이다.
② 효율은 나쁘지만 차분한 분위기를 연출할 수 있다.
③ 눈부심이 적고 방바닥 면의 조도가 균일하며 빛이 물체에 가려져도 심한 그늘이 생기지 않는다.

(2) 반간접조명

① 간접조명을 개선하여 아래 방향으로도 어느 정도의 빛이 조사될 수 있도록 한 방식이다.
② 상향 조명이 60~90%, 하향 조명이 40~10% 정도이다.

(3) 직접조명

① 광원으로부터의 빛이 거의 직접 작업 면에 조사되는 것으로서 반사갓으로 광원의 빛을 모아 비추는 방식이다.
② 천장이나 벽으로부터 반사의 영향이 작으므로 설계가 간단하고 설비비용이 저렴하다.

(4) 반직접조명

반간접조명과 반대의 방식으로서 상향 조명이 10~40%, 하향 조명이 90~60% 정도이다.

(5) 전반확산조명

확산성 덮개를 사용하여 모든 방향으로 똑같이 빛이 확산되도록 조명하는 방식으로 눈부심이 거의 없다.

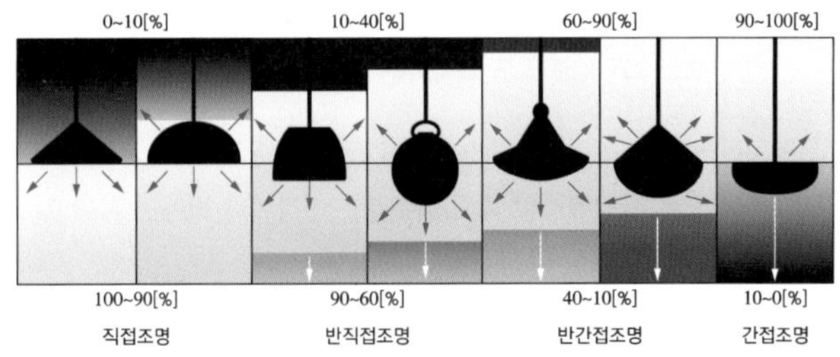

[빛을 비추는 방향에 따른 조명방식]

 핵심예제

7-1. 간접조명에 대한 설명으로 옳은 것은?

[2018년 1회 산업기사]

① 반사갓을 사용하여 광원의 빛을 모아 비추는 방식
② 반투명의 유리나 플라스틱을 사용하여 광원 빛의 60~90%가 대상체에 직접 조사되고 나머지가 천장이나 벽에서 반사되어 조사되는 방식
③ 반투명의 유리나 플라스틱을 사용하여 광원 빛의 10~40%가 대상체에 직접 조사되고 나머지가 천장이나 벽에서 반사되어 조사되는 방식
④ 광원의 빛을 대부분 천장이나 벽에 부딪혀 확산된 반사광으로 비추는 방식

7-2. 반사갓을 사용하여 광원의 빛을 모아 비추는 조명방식으로 조명효율이 좋은 반면 눈부심이 일어나기 쉽고 균등한 조도 분포를 얻기 힘들며 그림자가 생기는 조명방식은?

[2017년 1회 산업기사]

① 반간접조명 ② 직접조명
③ 간접조명 ④ 반직접조명

7-3. 반투명 유리나 플라스틱을 사용하여 광원 빛의 60~90%가 대상체에 직접 조사되고 나머지가 천장이나 벽에서 반사되어 조사되는 방식은?

[2018년 2회 산업기사]

① 반간접조명 ② 간접조명
③ 반직접조명 ④ 직접조명

|해설|

7-1
① 직접조명, ② 반직접조명, ③ 반간접조명에 대한 설명이다.
7-2
직접조명 : 90~100% 작업면에 직접 비추는 조명방식으로 눈부심이 일어나기 쉽고 균등한 조도를 얻을 수 없어 그림자가 강하게 나타난다.
7-3
① 반간접조명 : 대부분의 조명은 벽이나 천장에 조사되지만, 아래 방향으로 10~40% 정도 조사하는 방식으로 그늘짐이 부드럽고 눈부심도 적다.
② 간접조명 : 90% 이상 빛을 벽이나 천장에 투사하여 조명하는 방식으로 광원에서의 빛의 대부분은 천장이나 벽에 투사하고 여기에서 반사되는 광속을 이용한다.
④ 직접조명 : 빛의 90~100%가 작업면에 직접 비추는 조명방식으로 조명 효율이 좋은 반면, 눈부심이 일어나고 균일한 조도를 얻을 수 없어 그림자가 강하게 나타난다.

정답 7-1 ④ 7-2 ② 7-3 ③

핵심 이론 08 조 색

(1) 조 색

두 가지 이상의 색을 혼합하여 다른 색을 얻는 것을 말한다.

(2) 조색의 종류

① 육안조색법(목측 조색법) : 일반적으로 가장 많이 사용되는 조색법으로, 경험에 의하여 직접 눈으로 색상을 관찰하여 손으로 조색하는 방법이다. 목표한 색을 조색하기 위하여 많은 경험과 숙련을 필요로 한다.
② 계량조색법 : 조색 데이터를 기초로 원색을 이용하여 사용량을 저울의 눈금에 따라 무게 비율대로 적절히 배합해서 조색하는 방법이다. 조색 기술의 향상과 색상의 오차를 극소화하고 능률의 향상에 크게 기여한다. 계량조색에는 조색배합표가 필요하며, 조색배합표에는 원색의 사용량을 백분비율로 표시해 놓고 있어 비율대로 원색을 섞어 주면 쉽게 원하는 색상을 얻을 수 있다. 백분비율은 보통 무게를 나타내며, 업체에 따라 다르다. 또한 무게 대신 부피를 백분율로 나타내는 경우도 있다.
③ 컴퓨터 조색법(Computer Color Matching) : 각 원색의 특정치를 컴퓨터에 입력시켜 놓고 조색하고자 하는 색상 견본의 반사율을 측정해서 원색의 배합률 계산을 컴퓨터로 하는 방법이다.

(3) 조색의 기본 원리

① 양이 많은 원색을 먼저 조합하고 소량의 색을 첨가한다.
② 연한 색(또는 밝은색)을 먼저 조합하고 짙은 색으로 명도와 채도를 조절한다.
③ 색을 조합할 때 원색의 양을 먼저 일정하게 조합하고 이후 흰색과 검정을 조절한다.
④ 유사영역의 색을 혼합하면 채도가 낮아진다.
⑤ 보색영역의 색을 섞으면 회색이 된다. 색의 채도를 떨어뜨리고 싶을 때 사용한다.
⑥ 염료나 안료를 혼합할수록 명도와 채도가 같이 낮아지며 혼합하는 색이 많아질수록 검정에 가까워진다.

(4) 조색의 순서와 방법

① 어떤 색이 주색상인지, 첨가할 색인지 판단한다.

② 필요한 양의 80%를 먼저 조색한 다음, 추가로 색을 첨가한다.

③ 혼합막대나 붓으로 칠한 다음, 완전히 마른 상태의 색을 보고 판단한다.

(5) CCM(Computer Color Matching System)

① 컴퓨터를 이용하여 정확한 측색과 분석을 수행함으로써 조색에 필요한 배합을 자동으로 산출한다.

② CCM에 필요한 장치

㉠ 애플리케이터 : 색을 일정한 두께로 도막하는 데 사용

㉡ 컴퓨터 : 조색 및 측색 데이터 저장

㉢ CCM 소프트웨어 : 측색 및 디스펜딩 작업

㉣ 디스펜서 : 구성된 원색을 정량적으로 공급

㉤ 믹서 : 조색된 페인트나 염료를 혼색

③ CCM 활용의 장점

㉠ 조색시간 단축

㉡ 색채품질 관리

㉢ 다품종 소량에 대응

㉣ 메타머리즘 예측

㉤ 고객의 신뢰도 구축

㉥ 원가 절감

㉦ 컬러런트 구성의 효율화

㉧ 소재의 변화에 따른 대응

㉨ 미숙련자도 조색 가능

(6) 육안조색

① 측색기 : 3자극치 L*a*b*값을 측정하며 측정 결과 색채를 조사한다.

② 표준광원 : 메타머리즘을 방지한다.

③ 애플리케이터 : 샘플색을 일정한 두께로 칠한다.

④ 믹서 : 도료를 완전하게 섞어 준다.

⑤ 스포이드 : 정밀한 단위의 도료나 안료를 공급한다.

⑥ 측정지 : L*a*b*값을 측정한다.

⑦ 은폐율지 : 도막 상태를 검사한다.

 **핵심예제**

8-1. 컴퓨터 장치를 이용해서 정밀 측색하여 자동으로 구성된 컬러런트를 정밀한 비율로 자동조절 공급함으로써, 색을 자동화하여 조색하는 시스템을 무엇이라 하는가? [2017년 2회 산업기사]

① CRT ② CCD
③ CIE ④ CCM

8-2. CCM 기기의 주요 기능이 아닌 것은? [2018년 1회 산업기사]

① 컬러 스와치 제공
② 초기 레시피 예측 및 추천
③ 레시피 수정 제안
④ 예측 알고리즘의 보정계수 계산

8-3. 육안조색 시 필요한 도구로 옳은 것은? [2017년 1회 기사]

① 측색기, 애플리케이터, CCM, 측정지
② 표준광원, 애플리케이터, 스포이드, 믹서
③ 표준광원, 소프트웨어, 믹서, 스포이드
④ 은폐율지, 측색기, 믹서, CCM

|해설|

8-1
CCM은 컴퓨터 장치를 이용해 정밀 측색하여 자동으로 구성된 컬러런트를 정밀한 비율로 자동조절·공급함으로써 색을 조색하는 시스템이다.

8-2
CCM은 필요한 컬러런트를 정밀한 비율로 자동조절·공급함으로써 초기 레시피를 예측하고 추천하는 색채 자동화 배색 시스템이다. 이때 분광 특성은 단위 농도당 분광반사율의 변화로 입력되며 예측 알고리즘의 보정계수를 계산하여 색채를 선택하므로 광원이 바뀌어도 색채가 일치하게 되어 무조건등색을 실현할 수 있다. 사용되는 색료의 양뿐만 아니라 다시 색상을 수정할 때도 레시피를 수정하여 제안해 준다.

8-3
육안조색은 인간의 눈을 기준으로 하기 때문에 오차가 심하여 정밀도가 떨어질 수 있고, 메타머리즘이 발생할 가능성도 높다. 따라서 육안조색으로 색채를 조절할 때는 색차의 내용을 주의해서 관측할 필요가 있는데, 필요한 준비물로는 표준광원, 애플리케이터, 스포이드, 믹서, 은폐율지 등이 있다. 애플리케이터의 경우 도막을 일정한 두께로 칠하기 위해 필요하다.

정답 8-1 ④ 8-2 ① 8-3 ②

핵심 이론 09 디지털 색채

(1) 디지털 색채의 원리

디지털이란 2진수로 표시되는 모든 표기를 말하며, 아날로그 색채를 제외한 모니터와 컴퓨터상의 데이터에 해당하는 모든 색채 범위를 말한다. 디지털 색채체계는 수치와 논리의 구성이므로 현색계에서 표현할 수 없는 색좌표를 입출력할 수 있다.

(2) 디지털 색채의 특성

① 물리적으로 만지거나 실제 작업을 할 수 없다.
② 수치적으로 범위를 설정하여 이론적인 표현이 가능하다.
③ 항상 도구와 표현방법이 전제된다.
④ 적용되는 데이터 저장용량과 색 깊이는 직접 관계된다.

(3) 디지털 색채체계

① 픽셀(Pixel) : 컴퓨터 모니터상에 나타나는 이미지의 최소 단위로, bit, dot, pixel(화소)로 표기한다. 350dpi의 해상도가 일반적이다.
② 해상도(Resolution) : 원고의 정밀도와 데이터의 용량에 직접 관련 있다.
③ 디멘션(Dimension) : mm, cm, inch 등 기본적인 해상도의 측정 및 표기 단위이다.
④ 비트 깊이(Bit Depth) : 색의 깊이를 나타내며, 비트로 표기한다.
⑤ 컬러 모델(Color Model) : CMYK, RGB, CIE 등 표준 색체계를 말한다.

[비트맵 방식과 벡터 방식]

- 비트맵(Bitmap)
  - 격자 모양으로 이루어진 것으로, 각 화소를 표시하기 위한 공간과 색상으로 컴퓨터나 기타 그래픽 장치에서 그림을 표현하는 방법이다.
  - 화소들로 이루어진 비트맵 영상(래스터 영상)은 화면상의 그림을 확대하면 경계선 부분이 계단상으로 보이게 하는 것으로, 가로 × 세로만큼의 픽셀 정보를 모두 저장해야 하기 때문에 벡터 방식의 이미지나 텍스트 자료에 비해 상대적으로 용량이 크고 처리 속도가 느리다. 이를 개선하기 위해 JPEG, GIF, PNG 등의 파일 형식이 개발되었다.
- 벡터(Vector)
  - 점과 점이 이루는 선분과 면에 수학적 연산으로 만들어져 사이즈를 키워도 용량 변화가 없는 것이 특징이다.
  - 확대해도 작은 점으로 깨지지 않고 경계가 뚜렷하다.
  - 로고, 캐릭터, 글자 등을 만드는 데 사용되며 ai, swf 등의 확장자를 가진다.

(4) 디지털 색채 시스템

① HSV
㉠ 색공간의 3차원 모델에 색상, 채도, 명도의 3가지 축으로 위치시킨다.
㉡ 중심축은 명도, 하양은 가장 위에, 검정은 가장 밑에 위치한다.
㉢ 색상은 0~360°의 각도로 나타내며, 0%는 하양, 100%는 하양을 포함하지 않은 순수한 색이다.
㉣ 명도 0% 컬러는 완전한 검정이다.

② RGB
㉠ 빛의 원리로 빨강(Red), 초록(Green), 파랑(Blue)을 혼합하여 컬러를 재생한다.
㉡ 스캐너, 모니터, 프린터 등의 여러 장치를 함께 사용하여 컬러를 재생하는 경우에는 적합하지 않다.
㉢ RGB는 각각 8비트 색채인 경우(0~255) 256단계를 갖는다.
㉣ 디지털 색채 시스템 중 가장 안정적이며 널리 쓰인다.

③ LAB
㉠ L*(명도), a*(빨강/녹색), b*(노랑/파랑)이다.
㉡ 작업속도가 빠르며, CMYK를 모두 수용할 수 있는 색영역을 가지고 있다.

④ CMYK
㉠ 색료혼합 방식으로 인쇄물 등의 출력 시 사용된다.
㉡ C(사이안), M(마젠타), Y(옐로), K(검정)이다.

⑤ HSB
㉠ 먼셀의 색채 개념인 색상, 명도, 채도 중심으로 선택한다.
㉡ H는 0~360°의 각도로 색상을 표현한다.
㉢ S는 채도이며 0%(회색)에서 100%(완전한 색상)로 되어 있다.

㉣ B는 밝기로 0~100%로 구성되며 B값이 100%일 경우 반드시 흰색이 아니라 고순도의 원색일 수도 있다.

(5) 디지털 색채의 저장방식

① JPEG(Joint Photographic Experts Group)
  ㉠ 컬러 이미지의 손상을 최소화하며 압축할 수 있는 포맷이다.
  ㉡ 파일 용량이 작고 많은 색감의 표현이 가능하다.
  ㉢ 웹디자인에 많이 사용되며 호환성이 좋다.

② GIF(Graphics Interchanges Format)
  ㉠ 미국의 통신회사인 컴퓨서브사가 개발하였다.
  ㉡ 압축률은 떨어지지만 전송속도가 빠르다.
  ㉢ 이미지 손상이 적으며, 애니메이션 기능을 낼 수 있다.

③ PNG(Portable Network Graphic)
  ㉠ 웹디자인에서 많이 사용되며, 포맷 대체용이다.
  ㉡ 이미지의 질의 변화가 없고 그대로 표현할 수 있다.
  ㉢ 심도수를 8비트, 24비트, 32비트로 나누어 저장할 수 있다.

④ PDF(Portable Document Format)
  ㉠ 미국 어도비사가 개발한 문서파일이다.
  ㉡ 전자책, CD 등에 적합하다.

⑤ PICT(Picture)
  ㉠ 매킨토시용 그래픽과 페이지레이아웃 응용 프로그램 사이에서 사용되는 중간 파일이다.
  ㉡ 단색의 큰 영역을 포함하고 있는 이미지를 압축하는데 효과적이다.

⑥ TIFF(Tagged Image File Format)
  ㉠ 사용자가 고쳐서 쓸 수 있는 유연함이 특징이다.
  ㉡ RGB 및 CMYK 이미지를 24비트까지 지원하며 이미지 손상이 없는 압축방식이다.

핵심예제

9-1. 디지털 색채에 대한 설명 중 옳은 것은?

[2015년 1회 산업기사]

① 디지털 색채의 기본색은 Red, Green, Blue이다.
② 디지털 색채 영상을 구성하는 최소 단위는 바이트(Byte)이다.
③ 해상도는 모니터의 크기가 커질수록 선명도가 높아진다.
④ 24비트로 된 한 화소가 나타낼 수 있는 색의 종류는 1,572,864 (= 256 × 256 × 24)이다.

9-2. 디지털 색채에 관한 설명 중 옳은 것은?

[2016년 1회 산업기사]

① 아날로그 방식이란 데이터를 0과 1의 두 가지 상태로만 생성, 저장, 처리, 출력 전송하는 전자기술이다.
② 디지털 방식은 전류, 전압 등과 같이 물리량을 이용하여 어떤 값을 표현하거나 측정하는 것이다.
③ 디지털 색채는 물감, 파스텔, 염료 등 물리적 또는 화학적으로 활용하여 색을 구사하는 방식이다.
④ 디지털 색채는 크게 RGB를 이용한 색채 영상을 디스플레이하는 것과 CMYK를 이용하여 프린트하는 두 가지가 있다.

9-3. 디지털 컬러에서 (C, M, Y)값이 (255, 0, 255)로 주어질 때의 색채는? [2016년 3회 산업기사]

① Red
② Green
③ Blue
④ Black

9-4. 모니터의 검은색 조정방법에서 무전압 영역과 비교하기 위한 프로그램의 RGB 수치가 올바르게 표기된 것은?

[2018년 2회 산업기사]

① R = 0, G = 0, B = 0
② R = 100, G = 100, B = 100
③ R = 255, G = 255, B = 255
④ R = 256, G = 256, B = 256

9-5. 디지털 색채 시스템에 대한 설명으로 옳은 것은?

[2017년 1회 기사]

① RGB – 빛을 더할수록 밝아지는 감법혼색 체계이다.
② HSB – 색상은 0°에서 360° 단계의 각도값에 의해 표현된다.
③ CMYK – 각 색상은 0에서 255까지 256단계로 표현된다.
④ Indexes – 일반적인 컬러 색상을 픽셀 밝기 정보만 가지고 이미지를 구현한다.

|해설|

9-1

② 디지털 색채 영상을 구성하는 최소 단위는 비트(Bit)이다.

③ 해상도는 모니터의 크기가 커질수록 선명도가 낮아진다.

④ 24비트로 된 화소가 나타낼 수 있는 색의 종류는 16,777,216 (256 × 256 × 256)가지이다.

9-2

디지털은 데이터를 0과 1이라는 수치로 처리하거나 숫자로 나타내는 것을 말한다. 디지털 색채에는 RGB를 이용한 색채 영상을 디스플레이하는 디지털 색채와 CMYK를 이용하여 프린트하는 디지털 색채가 있다.

9-3

C = Cyan(청록색), Y = Yellow(노랑), M = Magenta(마젠타)이므로, Cyan + Yellow = Green이다.

9-4

디지털 색체계에서 RGB 색체계는 R, G, B로 표시하며 255색상으로 구현된다.

9-5

① RGB는 빛을 더할수록 밝아지는 가법혼색 체계이다.

③ 각 색상이 0에서 255까지 256단계로 표현되는 것은 RGB 모드이다.

④ Indexes는 24비트 컬러 중에서 정해진 256컬러를 사용하는 컬러 시스템으로, 컬러 색감을 유지하면서 이미지의 용량을 줄일 수 있어 웹게임 그래픽용 이미지를 제작하는 데 많이 사용된다.

정답 9-1 ① 9-2 ④ 9-3 ② 9-4 ① 9-5 ②

핵심이론 10 입출력시스템

(1) 입력체계

① CCD(Change Coupled Device) : 전하결합소자라 부르기도 하며, 입력도구의 이미지 센서로 기본 단위는 화소이다.

② A/D 컨버터(Analog/Digital Converter) : 아날로그 원고를 비트맵화된 디지털 이미지로 전환하는 도구를 말한다.

(2) 입력장치(In-put Device)

디지털 카메라(Digital Camera)가 있으며, 화상을 이미지 센서를 이용하여 디지털 신호로 바꾸어 기록하는 영상 기록매체이다.

(3) 스캐너(Scanner)

광선을 그림이나 사진 위에 주사하여 그 물체의 표면으로부터 나온 반사광을 전기신호로 변환시켜 색채 영상정보를 컴퓨터에 입력시키는 장치이다.

(4) 출력장치(Out-put Device)

① 모니터(Monitor) : 컴퓨터의 가장 기본적인 출력장치로, RGB 컬러체계이다.

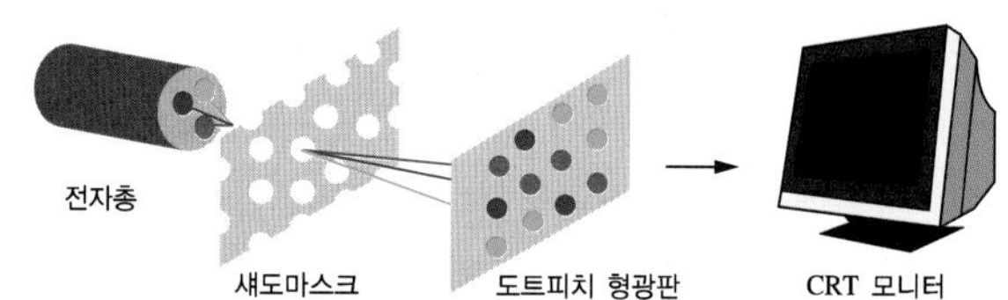

② 음극선관(CRT ; Cathode Ray Tube) : 고진공 전자관으로 진공 속의 음극에서 방출되는 전자를 이용하여 영상으로 만드는 장치이다. 브라운관이 대표적이다.

[디스플레이 장치]

LCD	• 액정 표시장치 또는 액정 디스플레이라고도 한다. • CRT와는 달리 자기발광성이 없어 후광이 필요하지만 동작 전압이 낮아서 에너지 효율이 좋고 휴대용으로 사용 가능해 손목시계, 컴퓨터 등에 널리 쓰인다.
OLED	형광성 유기화합물에 전류가 흐르면 빛을 내는 전계발광현상을 이용하여 스스로 빛을 내는 자체 발광형 유기물질을 말한다.
PDP	전면유리와 배면유리 및 그 사이의 칸막이에 의해 밀폐된 유리 사이에 Ne + Ar, Ne + Xe 등의 가스를 넣어 양극과 음극의 전극에 의해 전압을 인가하여 네온광을 발광시켜 표시광으로 이용하는 전자 표시장치이다.

③ 트리니트론(Trinitron) : 일본 소니(SONY)사가 1968년 발명한 새로운 음극선관으로, 한 개의 전자총에서 3개의 색인 RGB를 방출하는 방식이다.

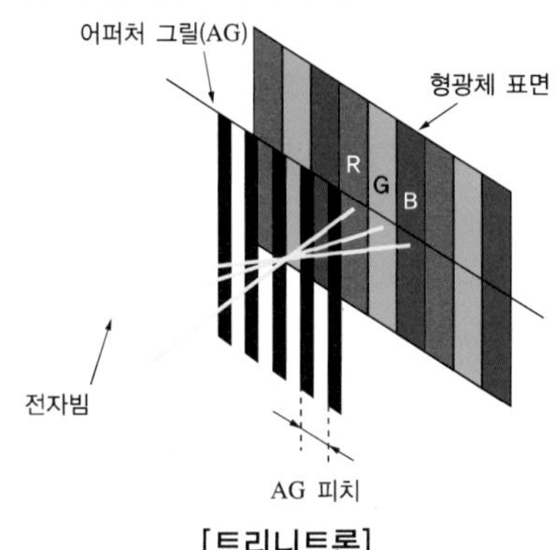

[트리니트론]

④ 프린터(Printer) : 잉크젯 프린터, 레이저 프린터 등이 있으며, CMY 컬러체계로 출력된다.

핵심예제

10-1. 사물이나 이미지를 디지털 정보로 바꿔주는 입력장치가 아닌 것은? [2015년 1회 기사]

① 디지털 캠코더 ② 디지털 카메라
③ LED 모니터 ④ 스캐너

10-2. 디지털 입출력시스템에 대한 설명이 틀린 것은? [2015년 2회 기사]

① 모션캡처 – 몸에 센서를 부착하고 그 동작을 데이터화하여 가상 캐릭터가 같은 동작으로 애니메이션되도록 하는 장치이다.
② 3D 스캐너 – 회전하는 플랫폼 위에 대상을 올려놓고 레이저 광선으로 대상의 표면을 스캔하는 방식이다.
③ 디지털 프린터 – 고해상도로 출력하기 때문에 출력물 표면에 픽셀이 거의 보이지 않는 고화질의 출력물을 만들 수 있다.
④ OLED 디스플레이 – 백라이트와 필터를 이용하는 방식이다.

10-3. 디지털 카메라나 스캐너와 같은 입력장치가 사용하는 주색은? [2016년 2회 산업기사]

① 빨강(R), 파랑(B), 옐로(Y)
② 마젠타(M), 옐로(Y), 녹색(G)
③ 빨강(R), 녹색(G), 파랑(B)
④ 마젠타(M), 옐로(Y), 사이안(C)

10-4. 가법혼색만을 이용하여 색을 표현하는 출력영상장비는? [2018년 3회 기사]

① LCD 모니터 ② 레이저 프린터
③ 디지타이저 ④ 스캐너

|해설|

10-1
LED 모니터는 출력장치에 해당한다.
10-2
④ OLED 디스플레이는 스스로 빛을 내는 자체 발광 다이오드를 이용한다.
10-3
가법혼색은 빛의 혼합으로 빛의 3원색인 빨강, 초록, 파랑을 혼합한다.
10-4
LCD 모니터는 액정 투과도의 변화를 이용해서 각종 장치에서 발생되는 여러 가지 전기적인 정보를 시각정보로 변환시켜 전달하는 전자소자로, 손목시계나 컴퓨터 등에 널리 쓰이고 있는 평판 디스플레이다. 가법혼색의 원리를 이용하는 출력장치이다.

정답 10-1 ③ 10-2 ④ 10-3 ③ 10-4 ①

핵심 이론 11 디지털 색채관리

(1) 디지털 색채관리

① 색채 영상을 생성시키는 과정에서는 RGB 컬러체계를 사용한다. 출판과정에서는 CMY 컬러체계를 이용하며, 입력 디바이스와 출력 디바이스 사이에서도 사용하는 색공간이 다르다. 결국 이러한 이유로 인하여 입출력 디바이스 사이의 색채가 일치하지 못하게 되어 원하는 결과물을 얻을 수 없게 된다.

② 입출력 시스템은 각 장치의 특성과 설정에 따라 색이 서로 다르게 보이는 경우가 있다. 이에 색온도, 감마 컬러 및 기타 특성 등을 조절하여 색상이 일정한 표준으로 나타나도록 하는 과정을 캘리브레이션(Calibration)이라고 한다.

(2) CMS(Color Management System)

① 입력에서 출력에 이르기는 색 공정에서 컬러 재현의 일관성을 얻기 위해 사용하는 색채관리시스템이다.

② 입력장치인 스캐너, 디지털 카메라와 같은 다양한 종류의 디바이스들에서 입력된 RGB 색체계와 컬러 프린터와 같은 출력장치에서 나타나는 CMY 색체계를 CIEXYZ 색공간에서 특징지어 주고, 색영역 매핑 등을 통해서 색 일치를 시켜 주기 위해서 사용하는 소프트웨어와 하드웨어 시스템을 말한다.

(3) 색영역(Color Gamut)과 색영역 매핑(Color Gamut Mapping)

① 특정 조건에 따라 발색되는 모든 색을 포함하는 색도 그림 또는 색공간 내의 영역을 색영역이라고 한다. 즉, 색을 생성하는 디바이스가 주어진 조건에서 생성할 수 있는 색의 범위가 색영역이다. 색역(Gamut)의 넓은 순서는 CIELAB > RGB > CMYK와 같다.

② 색영역 매핑이란 색역이 다른 두 장치 사이의 색채를 효율적으로 대응시켜 색채 영상이 같은 느낌이 나도록 조절하는 기술을 말한다. 즉 컬러 모니터의 영상 색채를 컬러 프린터로 출력하려면 모든 색채를 정확하게 전환할 수 없기 때문에 적절한 방법으로 정해진 색채 구현체계 내에서 최적으로 색채가 재현되도록 만드는 것이다.

③ 입력 디바이스와 출력 디바이스 간에 재현되는 색의 영역이 다르기 때문에 고품질의 디지털 색채 구현을 위해 수행되는 작업으로, 크게 색영역의 클리핑과 색영역의 압축으로 구별된다.

㉠ 색영역 클리핑방법(Color Gamut Clipping Method) : 출력하는 디바이스 색영역을 기준으로 하여 바깥 부분의 모든 색들을 색영역의 내부로 옮겨서 붙이는 방법이다.

㉡ 색영역 압축방법(Color Gamut Compression Method) : 출력 가능한 색들과 출력 불가능한 색을 모두 출력 가능한 색영역으로 압축시켜 옮기는 방법이다. 즉, 색영역 바깥의 모든 색과 내부에 있는 모든 색을 색영역의 내부로 압축시켜 옮기는 방법이다. 그러나 출력 색영역 바깥부에 있는 특히, 고채도의 색들을 재현하는 데에는 한계가 있다.

 **핵심예제**

색영역(Color Gamut)에 대한 설명으로 옳은 것은?

[2015년 2회 기사]

① 발색영역의 외곽을 구축하는 색료는 명도가 높은 원색이 된다.
② 감법혼색의 경우 채도가 높은 마젠타, 그린, 블루를 사용함으로써 가장 넓은 색채영역을 구축한다.
③ 감법혼색에서 주색은 특정한 파장을 효율적으로 깎아 내는 특성을 가진 색료가 된다.
④ 가법혼색의 경우 주색의 파장 영역이 좁으면 좁을수록 색역도 같이 줄어든다.

|해설|

① 발색영역의 외곽을 구축하는 색료는 채도이다.
② 가법혼색에 대한 설명이다.
④ 감법혼색의 경우 주색의 파장 영역이 좁을수록 색역도 같이 줄어들게 된다.

정답 ③

컬러리스트기사 · 산업기사

색채지각론

01 색지각의 원리

제1절 빛과 색

핵심 이론 01 색의 지각

(1) 색(Color)의 정의

① 색 : 색은 사전적으로 “빛” 또는 “빛의 색(Color Light)”으로 정의한다. 즉, 물리적인 현상을 지각하는 색의 총칭이다. 빛의 색, 스펙트럼의 단색광이나 모든 광원을 말한다.

② 색채 : 심리적, 지각적 요소를 포함하고 있다. 빛이 물체를 비추었을 때 생겨나는 반사, 흡수, 투과, 굴절, 분해 등에 의해 나타나는 모든 색이다. 뇌를 자극하는 지각과정을 통해 경험적, 심리적 요소에 영향을 미친다.

(2) 색의 물리적 개념

① 색은 빛이다. 즉, 빛은 비교적 파장이 짧은 전자기파의 한 종류로서 에너지 전달현상이다.

② 각각의 파장 길이에 따라 여러 가지 특성을 지닌 빛이 된다.

③ 색은 파장이 380~780nm인 가시광선(Visible Light)을 말하며, 넓은 의미에서 자외선과 적외선도 포함한다.

(3) 색지각의 3요소

① 빛(광원, Light) : 자연광인 태양, 인공광인 형광등, 백열전구, 촛불 등은 빛의 근원이며 이들은 각기 다른 물체의 특성에 따라 반사, 흡수과정을 거치면서 우리 눈에 자극을 주어 색지각을 가능하게 한다.

② 눈(Eye) : 색지각은 우리의 눈이 느끼는 시감각, 물리적 에너지인 광원을 받아들여 지각할 수 있는 기관인 눈의 특성에 따라 색을 다르게 지각할 수 있다.

③ 물체(Object) : 물체가 갖는 특성에 따라 고유의 반사율도 다른데, 물체는 그 자신에게 맞는 파장을 흡수하고 반대의 파장은 반사한다.

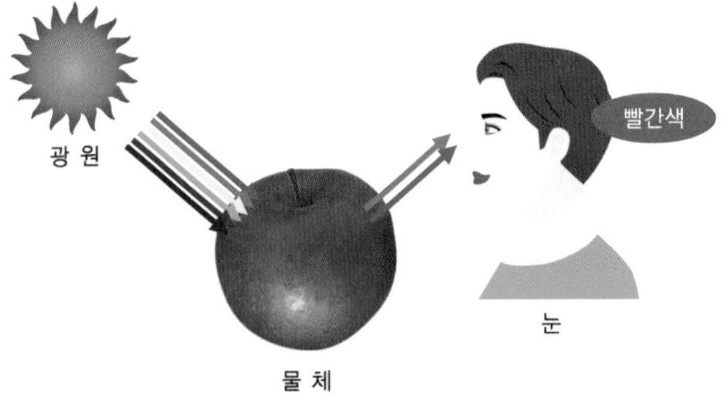

[색지각의 3요소]

 핵심예제

1-1. 색의 지각과 감정효과에 대한 설명으로 옳은 것은?

[2018년 2회 기사]

① 멀리 보이는 경치는 가까운 경치보다 푸르게 느껴진다.
② 크기와 형태가 같은 물체가 물체색에 따라 진출 또는 후퇴되어 보이는 것에는 채도의 영향이 가장 크다.
③ 주황색 원피스가 청록색 원피스보다 더 날씬해 보인다.
④ 색의 3속성 중 감정효과는 주로 명도의 영향을 가장 많이 받는다.

1-2. 빛에 대한 설명으로 틀린 것은? [2018년 2회 산업기사]

① 빛은 눈에 보이는 전자기파이다.
② 파장이 500nm인 빛은 자주색을 띤다.
③ 가시광선의 파장범위는 380~780nm이다.
④ 흰 빛은 파장이 다른 빛들의 혼합체이다.

|해설|

1-1
② 크기와 형태가 같은 물체가 물체색에 따라 진출 또는 후퇴되어 보이는 것에는 명도의 영향이 가장 크다.
③ 주황색 원피스가 청록색 원피스보다 더 뚱뚱해 보인다. 난색 계열의 색은 더 팽창해 보인다.
④ 색의 3속성 중 감정효과는 주로 색상의 영향을 가장 많이 받는다.

1-2
파장이 500nm인 빛은 중파장으로 초록색을 띤다.

정답 1-1 ① 1-2 ②

핵심이론 02 빛과 색

(1) 빛의 정의

① 빛은 눈을 자극하여 시각을 일으키는 물리적 원인인 동시에 시지각의 원인이다.
② 빛은 전자기파의 일종으로 좁은 의미에서는 파장 영역이 약 380~780nm인 가시광선을 의미하고, 넓은 의미에서는 자외선과 적외선을 포함하기도 하며, 전자파 전체를 의미하기도 한다.
③ 빛은 움직이면서 공간 안에 있는 물체의 표면과 형태를 우리 눈이 인식하도록 해 준다.
④ 빛이 비춰지는 물체의 표면은 그 빛을 반사 또는 흡수, 통과시키게 된다.

(2) 빛의 본질에 대한 학설

① 입자설
㉠ 1669년 영국의 물리학자 아이작 뉴턴(Isaac Newton, 1642~1727)은 빛은 에너지의 입자로 된 흐름이며, 그 입자가 눈에 들어가 색 감각을 일으킨다는 입자설을 주장하였다.
㉡ 그의 저서 「광학」에서 빛의 본체는 물체로부터 발사된다는 미립자설을 발표하였는데, 이 이론은 빛의 간섭이나 회절현상 등을 설명하기에는 한계를 갖는다. 이 학설은 파동설이 확립되기 전까지 일반화되었다.

② 파동설
㉠ 1678년 네덜란드의 물리학자 크리스티안 하위헌스(호이겐스, Christian Huygens, 1629~1695)는 빛은 '매질(Medium)을 통해 전파되는 파동'이라고 설명하였다.
㉡ 수면의 파장과 같이 광원에서 전파된 진동파가 눈을 자극하여 색 감각이 생긴다는 학설이다.
㉢ 하위헌스는 물 위에서 진행하는 파동이 벽면에 나 있는 작고 좁은 틈에 닿으면 이 틈을 중심으로 새로운 파동이 발생하는 것을 관찰하고 파동이 지나가는 동안에 매질은 위아래로 진동하기 때문에 모든 지점은 새로운 파동을 만들어내는 근본 원인이 될 수 있다는 것을 알아냈다.

㉣ 빛의 파장이 매우 짧아 빛이 가진 파동의 성질을 실험적으로 확인할 수 없었기 때문에 하위헌스의 파동설은 뉴턴의 입자설에 밀려 오랫동안 주목받지 못했다.

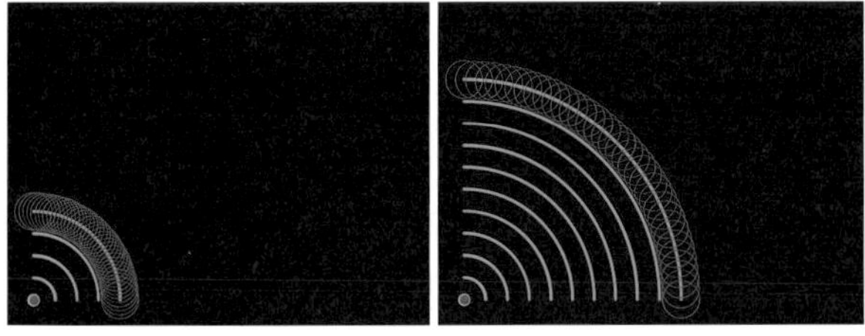

[하위헌스의 빛의 파동 원리]

③ 전자기파설

㉠ 1865년 맥스웰(James Clerk Maxwell, 1831~1879)은 전자기장의 기초 방정식인 맥스웰 방정식을 이용하여 전자기파의 전파 속도가 광속도와 같고 전자기파가 횡파라는 사실을 입증하였다.

㉡ 빛은 일종의 전자기파로 모든 전자기파의 근본 성질을 가지고 있으며, 그들과 물질 사이의 상호작용에 의해 많은 특징들은 전자기파의 진동수에 의해 달라진다고 하였다.

㉢ 빛은 서로 직각을 이루고 있는 전기장과 자기장의 진동이 전파되는 방향에 따라서 이동한다고 하였다.

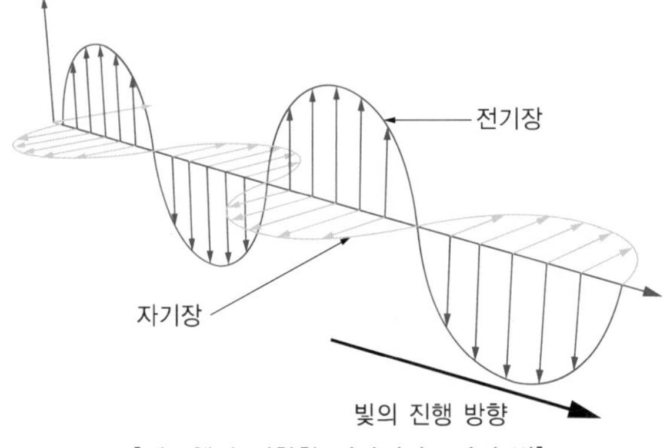

[맥스웰이 제창한 전자기파로서의 빛]

④ 광양자설

㉠ 1905년 독일의 물리학자 아인슈타인(Albert Einstein, 1879~1955)은 입자설과 파동설의 모순을 해결하기 위한 학설로 빛은 광전효과로 에너지를 가진 입자이며, 광전자로서 불연속적으로 진행한다는 광양자설을 발표하였다.

㉡ 광전자는 금속 등의 물체에 빛을 쏘았을 때 전자가 튀어나오는 현상이다.

㉢ 아인슈타인은 진동수가 큰 빛은 큰 에너지를 가지고 있어 전자를 스스로 떼어낼 수 있지만, 진동수가 작은 빛은 에너지가 작기 때문에 전자를 떼어낼 수 없다고 생각했고, 이를 실험을 통해서 증명해 냈다. 또한 같은 색의 빛을 비추었을 때 튀어 나오는 에너지도 항상 같았다. 즉, 아인슈타인은 빛이 불연속적인 덩어리를 이루고 있다는 플랑크의 "빛 에너지의 양자화" 이론을 증명해 냈다.

㉣ 빛의 진동수가 특정한 값보다 작으면 아무리 센 빛이 쪼여도 광전자가 방출되지 않았고, 세기가 약한 빛이라 하더라도 특정 진동수보다 큰 빛을 쪼이면 즉시 광전자가 방출되었다.

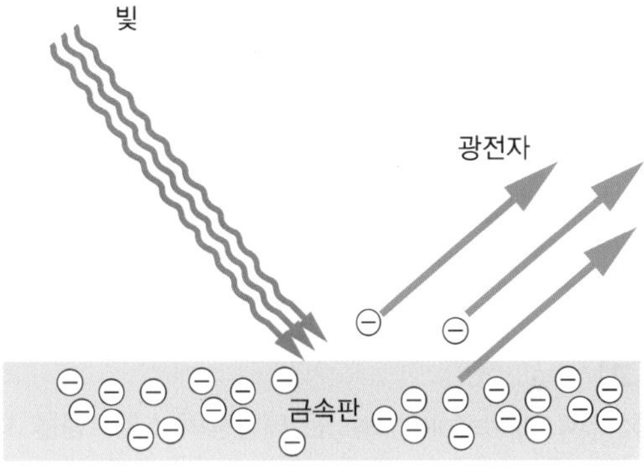

[광전효과]

(3) 뉴턴의 분광실험과 가시광선(Visible Light)

① 1666년 뉴턴은 빛의 파장은 굴절되는 각도가 다르다는 성질을 발견하였고, 프리즘을 이용하여 빛을 분광시켜 굴절이 작은 것부터 빨강, 주황, 노랑, 초록, 파랑, 남색, 보라 순으로 분광되는 것을 밝혔다.

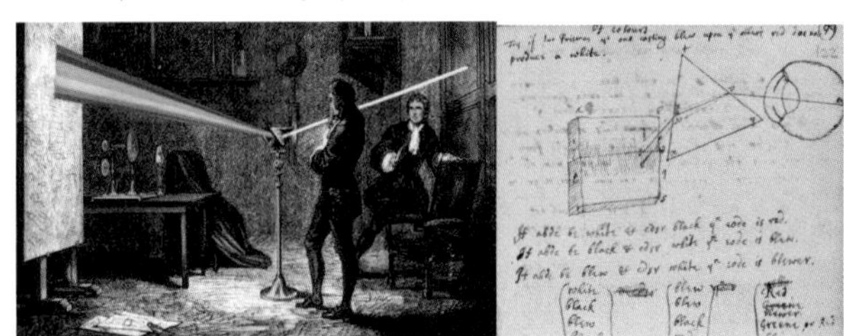

[뉴턴의 분광실험]

② 굴절률이 작은 장파장의 붉은색 계열부터 굴절률이 큰 단파장의 푸른빛까지 여러 가지 파장 영역인 스펙트럼(Spectrum)으로 나뉜다.

③ 분광분포란 각 파장이 어느 정도의 에너지를 가지는가를 나타낸 것이다.

④ 가시광선의 파장 영역

㉠ 빛은 전자파라고 불리는 에너지의 일종으로 우리 눈으로 들어와 여러 가지 색채감각을 일으키는 에너지이다.

㉡ 주로 전자파는 파동의 성질을 갖는데, 380~780nm의 영역만이 색채감각을 가진다고 하여 이 부분을 가시광선 영역이라 한다.

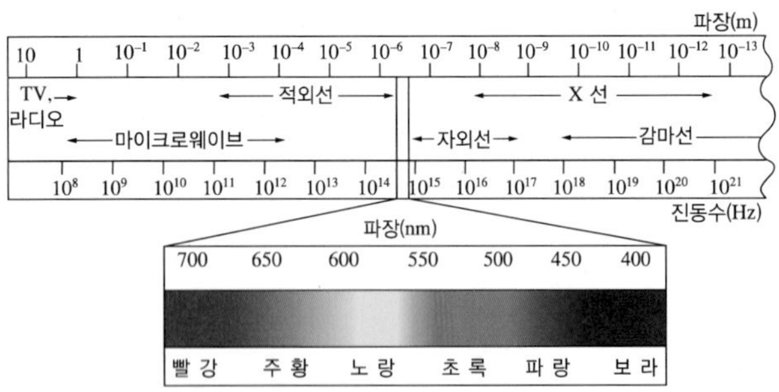

[가시광선의 영역]

[참 고]

자외선(UV ; Ultraviolet Rays)은 태양광의 스펙트럼을 사진으로 찍었을 때, 가시광선보다 짧은 파장으로 눈에 보이지 않는 빛이다. 사람의 피부를 태우거나 살균작용을 하며, 과도하게 노출될 경우 피부암에 걸릴 수도 있다.

⑤ 분광분포 곡선

㉠ 분광분포 : 색광에 포함되어 있는 스펙트럼의 비율로 파장별 상대치와 파장의 관계를 말한다.

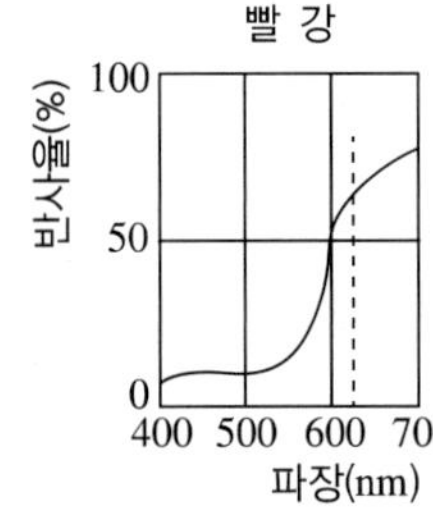

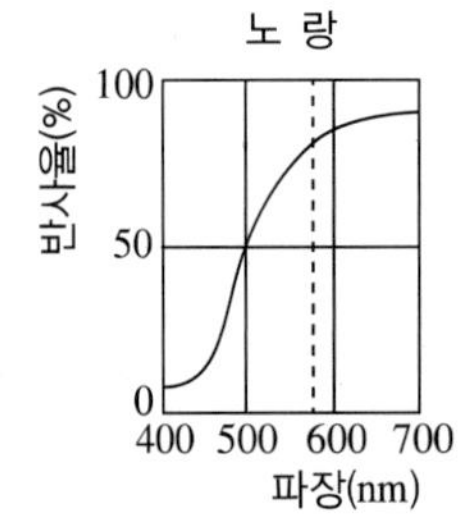

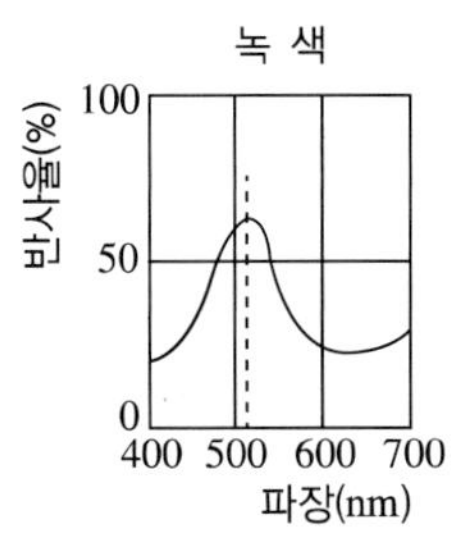

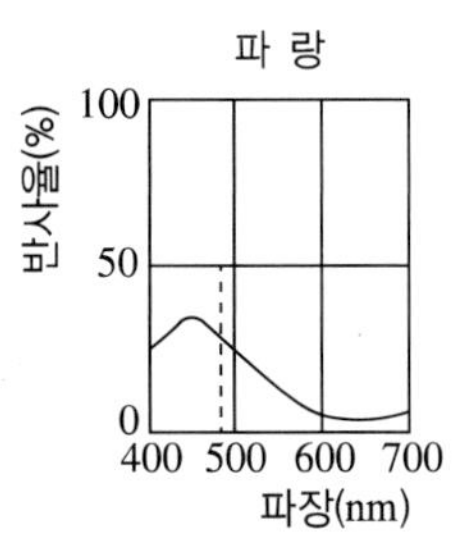

[분광분포 곡선]

㉡ 절대분광 반사율 : 물체색이 스펙트럼 효과에 의해 빛을 반사하는 각 파장별 세기, 물체의 색을 표면에서 반사되는 빛의 각 파장별 분광분포도에 따라 여러 가지 색으로 나타난다.

㉢ 파장별 빛의 성질

영 역	파 장	광원색	빛의 성질
장파장	640~780nm	빨 강	굴절률이 작으며 산란이 어렵다.
	590~640nm	주 황	
중파장	560~590nm	노 랑	가장 밝게 느껴진다.
	480~560nm	초 록	
단파장	445~480nm	파 랑	굴절률이 크며 산란이 쉽다.
	380~445nm	보 라	

핵심예제

눈을 자극하는 빛의 파장에 따라 잔상이 남는 시간이 다르다. 다음 중 파장의 빛에 대해 잔상이 남는 시간이 가장 긴 것은?

[2016년 3회 기사]

① 380~450nm
② 450~570nm
③ 570~620nm
④ 620~780nm

|해설|

파장의 빛에 대해 잔상이 남는 시간이 긴 것은 단파장 범위에 있을 때이다. 단파장일수록 산란이 커서 잔상으로 남는 시간이 길어지게 된다. 이는 정의 잔상으로 망막에 색의 자극이 흥분한 상태로 지속되고 자극이 없어져도 원래의 자극과 동일한 상이 지속적으로 느껴지는 현상을 말한다.

정답 ①

핵심 이론 03 색의 물리적 분류

독일의 학자 카츠(David Katz)는 현상학적 관찰을 통해 직접 경험한 그대로의 지각색을 다음과 같이 분류하였다.

(1) 평면색, 면색(Film Color)

① 인간의 색지각에 있어서 순수하게 느껴지는 감각 또는 색 자극을 말한다.

② 푸른 하늘처럼 순수하게 색 자체만이 끝없이 보이는 가장 원초적인 색이며 깊이를 알 수 없는 색이다.

③ 색에 구체적 표면이 없기 때문에 거리감이나 입체감이 없는 평면적인 것처럼 느껴지는 색이다.

④ 색채의 질감이나 환경을 제외한 상태에서 지각되는 순수한 색으로 자극만 있는 상태를 말한다.

(2) 표면색(Surface Color), 물체색(Object Color)

① 표면색은 물체의 표면에서 빛이 반사되어 나타나는 색을 말한다. 빛을 확산・반사하는 불투명한 물체 표면에 속하는 것처럼 지각되는 색으로 보통 색상, 명도, 채도 등으로 표시한다.

② 물체색은 물체에서 반사 또는 투과하는 빛의 색이다. 한국산업표준 KS에서는 물체색을 보통 특정 표준광에 대한 색도 좌표 및 시감 반사율 등으로 표시한다.

③ 평면색에 비해 거리감이 확실하게 지각되고 표면의 재질과 형태에 따라 여러 방향에서 다르게 지각되는 색이다.

[표면색의 분류]

분 류	내 용
금속색 (Metallic Color)	빛 중에서 특정한 파장이 강한 반사를 통하여 지각되는 표면색으로 금속 표면에서 느껴지는 색 예 금속 느낌이 나는 도료, 잉크 등
형광색 (Fluorescent Color)	• 물질이 빛의 자극에 의해 발광되는 현상 • 특정한 파장이 강한 반사를 일으키는 현상을 이용한 색
간섭색 (Interference Color)	• 얇은 막에서 빛이 확산 또는 반사되어 나타나는 색 • 빛의 간섭이 일어나는 색 예 진주조개, 비누거품, 수면에 뜬 기름, 전복 껍데기 등
광원색 (Illuminate Color)	자연광과 조명기구(백열등, 형광등, 네온사인)에서 볼 수 있는 광원에서 나오는 빛이 인식되는 색

(3) 공간색(Volume Color)

① 물체나 면의 성질이 없고 투명한 느낌을 동반하여 색 자체에 거리감과 두께감이 있어 용적색이라고도 한다.

② 3차원 공간의 부피감을 느낄 수 있는 색이다.

③ 빛을 투과시키는 물체를 빛이 투과해서 나올 때 지각되는 색이다.

예 유리컵 속에 포도주를 담았을 때 일정한 두께가 지각되는 색이다.

> **[개구색(開口色, Aperture Color)]**
> • 구멍을 통하여 보이는 색과 같이 빛을 발하는 물체가 무엇인지 알 수 없는 조건에서 지각되는 색이다.
> • 질감과 소재의 특성 등 외부 조건이 없는 색채관찰법에서 지각되는 색을 말한다.

(4) 경영색, 거울색(Mirrored Color)

① 어떤 물체 위에서 빛이 투과하거나 흡수되지 않고 거의 완전 반사에 가까운 색을 말하며, 거울과 같이 광택이 나는 불투명한 물질 표면에 나타나는 색을 말한다.

② 거울에 비춰진 상을 보면서 실제와 같은 존재감을 느끼는 색이다.

(5) 투과색(Transmission Color)

① 빛을 통과시키는 물체에 빛이 닿아 그 물체를 투과한 빛의 색이다.

② 투과색은 색을 가지고 있는 유리, 셀로판지, 플라스틱, 선팅, 신호등, 색안경 등에서 찾아볼 수 있는데, 이런 물질에서는 빛의 흡수보다는 주로 투과와 반사가 일어난다.

③ 파란색의 선팅은 파란색과 관련된 파장의 범위만 투과시키고 나머지 파장은 흡수한다.

(6) 광택(Gloss)

① 물체 표면의 물리적 속성으로서, 빛을 정반사하는 정도를 나타내는 값이다.

② 빛이 표면에서 부분적으로 반사될 때 나타나는 현상이다.

③ 광택은 사물에 결부되어 나타나기 때문에 작열이나 광휘와 구별되며 어두운 곳에서도 지각되는 특성이 있다.

④ 이는 부분적 반사광의 밝기가 그 물체의 표면색보다 밝기 때문에 그 표면의 지각을 방해하는 것처럼 느껴진다.
⑤ 반사율이 파장에 따라 다르게 나타나며, 반사하는 빛의 총량(반사량)과 강약에 따라서 광택의 질이 정해진다.

(7) 광휘(Luminosity)

① 암실에서 반투명 유리나 종이를 안쪽에서 강한 빛으로 비추었을 때 지각되는 색을 말한다.
② 같은 조명 아래에서 흰색보다 밝게 느껴지는 색으로 촛불이나 불꽃의 바깥 면에서 느껴지는 밝고 환한 빛으로 비추어진다.

(8) 작열(Glow)

① 광원이나 발광체의 광원색처럼 어떤 물체의 표면뿐만 아니라 그 내부에까지도 빛나는 색을 지니고 있는 느낌을 주는 경우를 말한다.
② 작열하는 물체는 그 표면뿐만 아니라 그 물체 내부에까지 색이 퍼진 것처럼 지각된다.
③ 태양과 같이 이글거리는 빛의 출현방식이다.

(9) 편광(Polarization light)

편광현상은 1809년 말루스(Malus)에 의해 발견되었다. 편광은 전기장 또는 자기장의 방향이 일정한 방법으로 진동하는 빛이며 쏠림 빛이라고도 한다.

핵심예제

색의 현상학적 분류 기법에 대한 연결이 틀린 것은?

[2018년 1회 산업기사]

① 표면색 - 물체의 표면에서 빛이 반사되어 나타나는 물체 표면의 색이다.
② 경영색 - 고온으로 가열되어 발광하고 있는 물체의 색이다.
③ 공간색 - 유리컵 속의 물처럼 용적 지각을 수반하는 색이다.
④ 면색 - 물체라는 느낌이 들지 않은 채색만 보이는 상태의 색이다.

|해설|

경영색은 어떤 물체 위에서 빛이 투과하거나 흡수되지 않고 거의 완전 반사에 가까운 색을 말한다. 고온으로 가열되어 발광하고 있는 물체의 색은 색의 광원적 분류에 해당된다.

정답 ②

핵심 이론 04 색의 인문학적 분류

(1) 물리학적 방법

광원, 반사광, 투명광의 에너지 분포 양상과 자극 정도를 규명하는 방법이며, 색지각을 규명하는 대표적인 광학적 방법이다.

(2) 생리학적 방법

색의 자극에 따르는 신경조직, 망막, 시신경, 홍채의 조직과 기능에 대한 연구이며, 눈에서 대뇌에 이르는 신경계통의 광화학적 활동을 색채연구와 접목하는 방법이다.

(3) 화학적 방법

물리적 안료, 염료, 잉크의 화학적인 분석과 분자구조, 색의 정착, 색료의 합성방법과 성질에 따른 변화를 접목하는 방법이다.

(4) 심리학적 방법

색채가 인간에게 미치는 작용과 영향에 대한 연구이며, 개개인의 주관적 감정작용, 과거의 경험에 의한 기억, 연상작용에 대한 색채의 반응을 연구한다.

(5) 심리물리학적 방법

인간의 지각에 따른 색지각, 색맹, 잠재의식, 환경요소를 연구하고, 색상, 명도, 채도의 3가지 기본적인 색채반응과 빛의 물리량, 인간의 감각 자극과 반응의 관계를 측색하는 방법이다.

(6) 미학적 방법

인간의 예술적 감성의 필수 요건인 주관적인 미적 감정이나 조형활동으로 색채의 미적 가치를 미학적으로 해석하는 방법이다.

핵심예제

색채의 개념을 눈에서 대뇌로 연결되는 신경에서 일어나는 전기화학적 작용이라는 의미를 함축하여 정의하고 있는 입장은?

[2016년 2회 산업기사]

① 화학적인 입장
② 물리학적인 입장
③ 생리학의 입장
④ 측색학의 입장

|해설|

① 화학적인 입장은 물리적 안료, 염료, 잉크의 화학적인 분석과 분자구조, 색의 정착, 색료의 합성방법과 성질에 따른 변화를 접목하는 방법이다.
② 물리학적인 입장은 광원, 반사광, 투명광의 에너지 분포 양상과 자극 정도를 규명하는 방법이다.
④ 측색학의 입장은 빛의 분광 조성 또는 분광분포 등의 물리량과 색의 관계를 체계화하는 것이다. 이들 관련의 기초는 비시감도곡선 및 분포계수이다.

정답 ③

핵심 이론 05 색의 광원적 분류

(1) 자연광원

① **태양광선** : 모든 영역의 파장이 골고루 물체에 분광되어 물체의 색을 그대로 재현한다.

② **흑체**(Black Body)

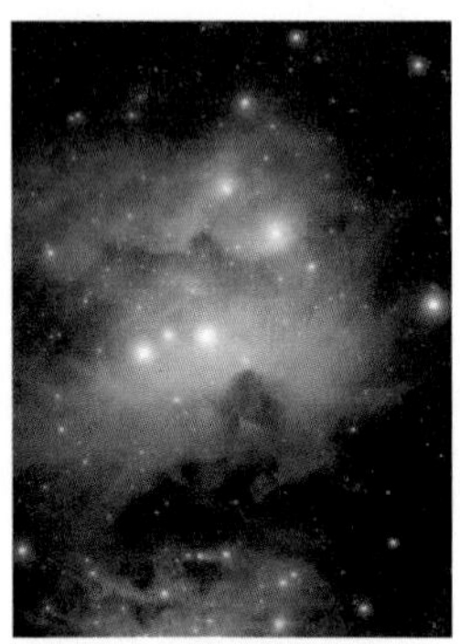

[흑 체]

㉠ 흑체는 이상화된 가상물질로 에너지를 완전히 흡수하고 방출하는 물질이다.

㉡ 400℃ 이하의 온도에서는 주로 장파장을 내놓는다.

㉢ 흑체가 에너지를 흡수하면 물질이 뜨거워지고 이로 인해 물질을 구성하고 있는 원자나 분자는 빠르게 충돌하여 내부에너지 상태가 변하게 된다. 이 과정에서 생기는 빛(가시광선)을 포함한 전자기파의 방사가 생긴다.

㉣ 저온에서는 붉은색을 띠다가 고온으로 갈수록 노란색, 흰색을 띠게 된다.

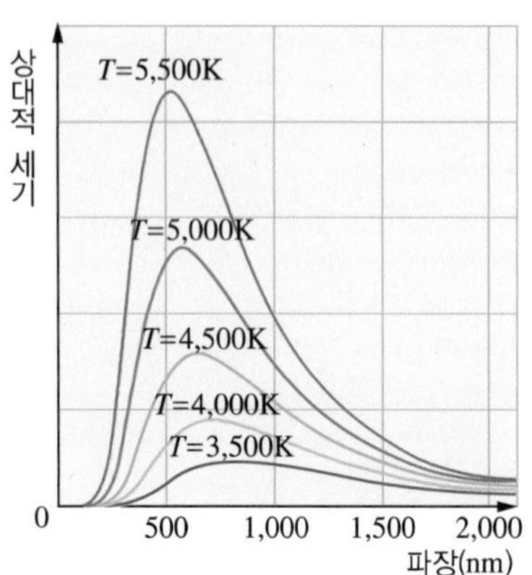

[흑체복사의 스펙트럼]

(2) 인공광원

① **백열등** : 장파장 계열의 빛을 물체에 방출한다. 이때 물체는 붉은색 기미를 띤다.

② **형광등** : 단파장 계열의 빛을 물체에 방출한다. 이때 물체는 푸른색 기미를 띤다.

③ **할로겐** : 백열전구의 일종으로 유리구 안에 할로겐 물질을 주입하여 텅스텐의 증발을 더욱 억제한 램프를 말한다. 백열전구에 비해 더 밝고 환한 빛을 내고, 수명이 더 길다.

④ **수은등** : 고압의 수은증기 속의 아크방전에 의해 빛을 내는 전등으로 텅스텐을 사용하는 전구에 비해 발광효율이 좋다.

⑤ **제논** : 가스방전에 의해 빛을 내는 광원으로, 적외선을 제거하는 열선 흡수필터와 냉각팬이 장착되어 있고 평균 주광 에너지 분포와 매우 닮은 특색이 있다.

⑥ **발광 다이오드** : 우리가 흔히 알고 있는 LED(Light Emitting Diode)이며, 1923년에 비소화갈륨 p-n 접합에서의 고발광 효율이 발견되면서부터 그 연구가 활발하게 진행되어 1960년대 말 실용화되었다.

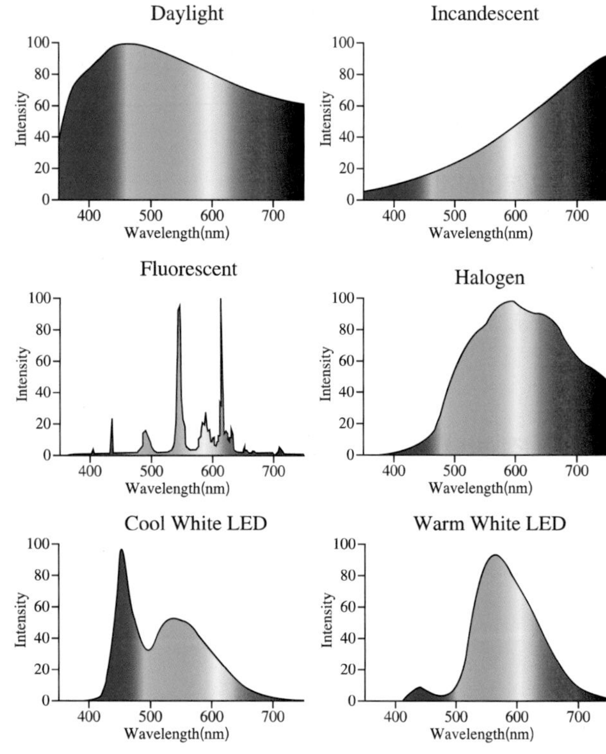

[광원별 스펙트럼]

 핵심예제

흑체에 대한 설명으로 틀린 것은? [2019년 2회 산업기사]

① 400℃ 이하의 온도에서는 주로 장파장을 내놓는다.
② 흑체는 이상화된 가상물질로 에너지를 완전히 흡수하고 방출하는 물질이다.
③ 온도가 올라갈수록 방출되는 에너지의 양과 평균 세기가 커진다.
④ 모든 범위에서의 전자기파를 반사하고 방출하는 것이다.

|해설|

흑체는 에너지를 흡수하여 물질이 뜨거워져 내부 에너지가 변화하는 과정에서 전자기파를 방출하는 것이다.

정답 ④

핵심이론 06 색의 일반적 분류

(1) 무채색(Achromatic Color)

① 무채색은 색상을 갖지 않으며 밝고 어두움의 감각만을 가지는 색을 말한다.
② 색상이 전혀 섞이지 않는 색이며 채도도 존재하지 않는다.
③ 흰색에서 검은색 사이의 명도단계만 가진다.

(2) 유채색(Chromatic Color)

① 무채색을 제외한 모든 색을 말한다.
② 색상의 감각을 띠며 채도를 가지고 있는 색이다.
③ 색상, 명도, 채도의 3속성을 가진다.

(3) 색의 3속성

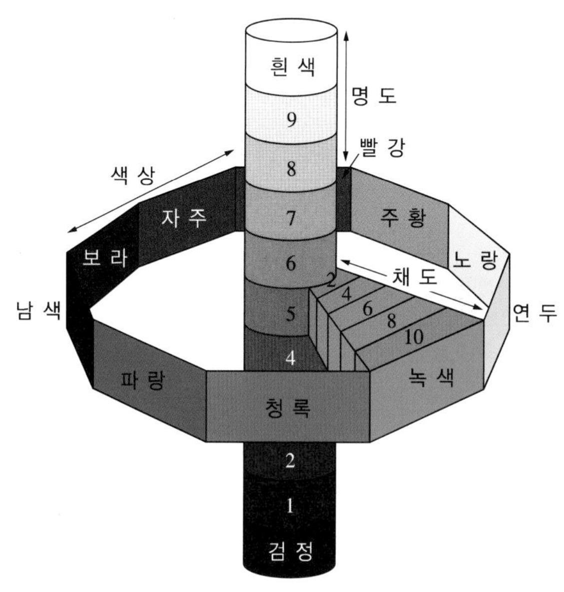

[색의 3속성]

① 색상(Hue)
㉠ 색상은 사물을 봤을 때 각각의 색이 가지고 있는 독특한 성질이나 명칭을 말한다.
㉡ 대부분 색상을 통해 구별하고 인간은 약 200~250개의 색상을 구별할 수 있다.
㉢ 가시광선의 주파장에 의해 결정된다.

② 명도(Lightness/Value)

㉠ 색의 밝고 어두운 정도를 나타내는 명암단계를 말하며 그레이 스케일(Gray Scale)이라고 부른다.

㉡ 인간은 색의 3속성 중에서 명도단계에서 가장 민감하게 반응하며 약 500단계의 명도를 구별할 수 있다.

㉢ 색의 밝기(명도)는 분광반사율에 의해 결정된다.

③ 채도(Saturation/Chroma)

㉠ 색의 선명도를 나타내며 색의 맑고 탁함, 색의 강하고 약함, 순도, 포화도 등으로 다양하게 해석된다.

㉡ 진한 색과 연한 색, 흐린 색과 맑은 색 등은 모두 채도의 높고 낮음을 가리키는 말이다.

 **핵심예제**

색의 속성 중 색의 온도감을 좌우하는 것은?

[2020년 1·2회 통합 산업기사]

① Value
② Hue
③ Chroma
④ Saturation

|해설|

색의 속성

- 색상(Hue)은 광파장의 차이에 따라 변하는 색채의 위치로, 색을 감각으로 구별하는 색의 속성 또는 명칭을 말하고, 온도감을 좌우한다.
- 명도(Value)는 밝고 어두운 정도를 말한다.
- 채도(Chroma, Saturation)는 순도를 의미한다. 즉, 색의 선명함, 흐리고 탁한 정도를 나타낸다.

정답 ②

핵심 이론 07 색채현상

(1) 색채현상의 정의

가시광선에 의해 나타나는 빛의 현상이다. 인간의 눈은 광원 또는 물체에 대한 색을 지각할 때 중요한 작용을 하는데, 빛이 비출 때 각 물체마다 어느 정도의 빛을 흡수, 반사, 투과했는지에 따라 여러 가지 색채현상이 나타난다.

(2) 색채현상의 특성

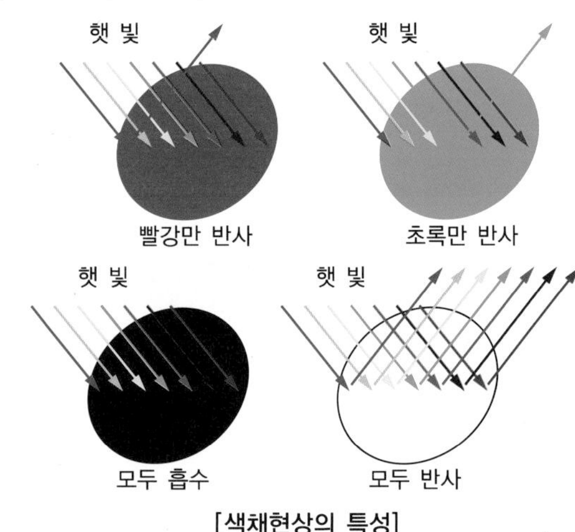

[색채현상의 특성]

① 반사(Reflection)

㉠ 인간이 지각하는 대부분의 빛은 물체에 의해 반사되는 것이다.

㉡ 물체 표면에 비춰진 빛 중에서 반사되는 빛의 백분율을 반사율이라고 한다.

㉢ 물체의 색은 표면 반사율에 따라 결정되는데, 빛이 물체에 닿아 85% 이상 반사되면 물체의 표면은 흰색, 3% 미만 반사되면 검은색, 특정 파장을 선별적으로 반사할 경우에는 유채색으로 나타난다.

② 흡수(Absorption)

㉠ 기체가 액체나 고체 내부에 빨려 들어가는 현상이다.

㉡ 빛은 물체에 닿으면 파장의 반사와 흡수 정도에 따라 색이 결정된다.

㉢ 바나나가 노란색으로 보이는 것은 바나나가 노란색 외의 빛들은 흡수하고 노란 빛만 반사하기 때문이다.

③ 굴절(Refraction)

㉠ 빛이 다른 매질로 들어가면서 빛의 파동이 진행 방향을 바꾸는 것이다.

㉡ 빛의 파장이 길면 굴절률이 작고, 파장이 짧으면 굴절률이 크다.

㉢ 무지개, 아지랑이, 별의 반짝임 등이 빛의 굴절에 의해 관찰되는 현상이다.

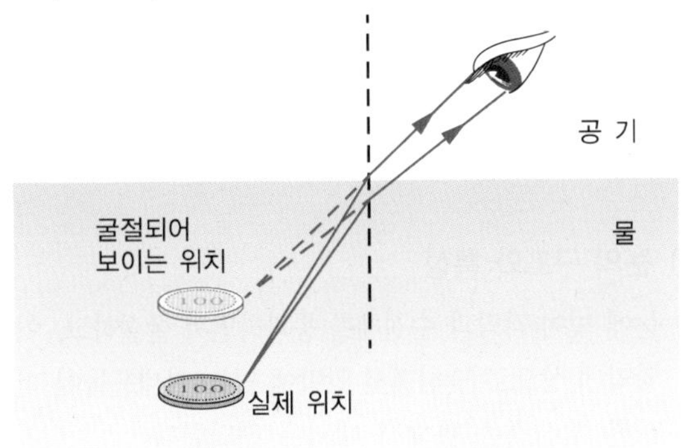

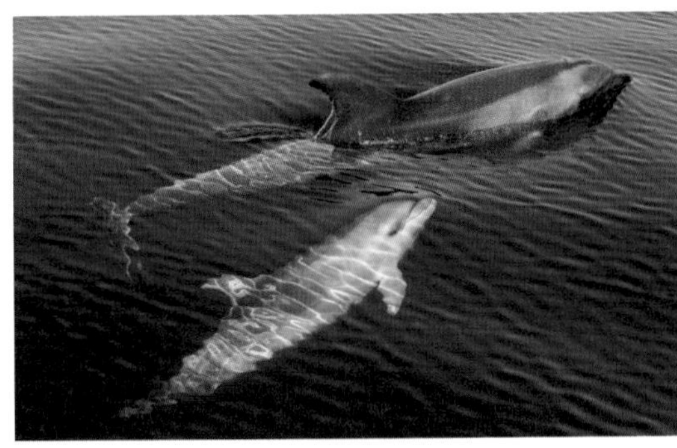

[굴절에 의한 현상]

④ 회절(Diffraction)

㉠ 빛의 파동이 장애물의 뒤쪽에 기하학적으로 결정된 그림자를 만들지 않고, 그림자에 해당하는 부분까지 돌아 들어가는 현상으로 간섭과 산란의 두 가지 현상이 동시에 일어난다.

㉡ 금속, 유리, 곤충의 날개, 예리한 칼날, 콤팩트디스크, 오팔(보석)에서 빛의 산란과 회절현상이 일어난다.

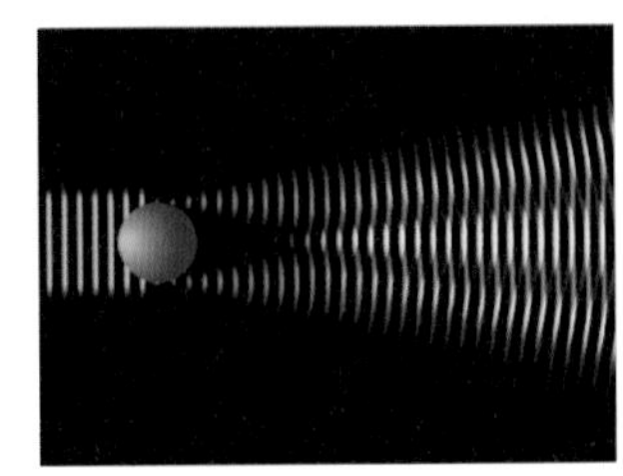
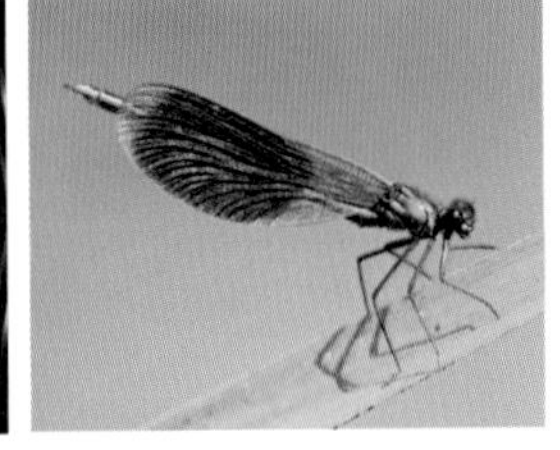

⑤ 산란(Scattering)

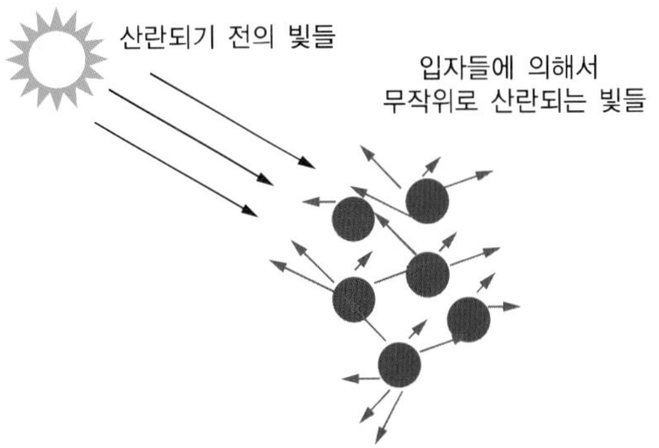

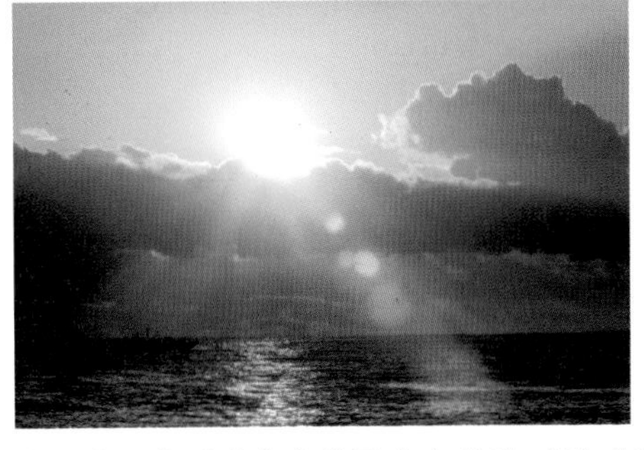

㉠ 빛의 파동이 미립자와 충돌하여 빛의 진행 방향이 대기 중에서 여러 방향으로 분산되어 퍼져나가는 현상으로 빛이 매질에 닿아 불규칙하게 흩어져 버리는 현상이다.

㉡ 태양의 빛은 대기 중의 질소나 산소 분자에 의해 산란된다.

㉢ 새벽빛의 느낌, 낮의 태양광선, 구름, 저녁노을, 파란 하늘 등 하루의 대기 변화를 느낄 수 있는 것과 관계가 있다.

⑥ 간섭(Interference)

㉠ 빛의 파동이 잠시 둘로 나누어진 후 다시 결합되는 현상으로, 빛이 합쳐지는 동일점에서 빛의 진동이 중복되어 강하게 되거나 약하게 나타나는 현상이다.

㉡ 비눗방울의 색이 무지개 색으로 빛나고, 은비늘이 보는 각도에 따라 색이 빛나 보이는 것은 빛의 일부가 막의 표면에서 반사한 빛이 서로 간섭하여 색을 만들기 때문이다.

⑦ 투과(Transmission)

㉠ 빛이 어떤 물체에 닿을 때 흡수되거나 반사되지 않고 그 물체를 통과하는 현상이다.

㉡ 물체의 성질에 따라 투과하는 정도가 크게 다른데 유리 같은 투명 물질은 광선을 약간은 반사하고, 약간은 흡수하지만 거의 대부분의 광선을 통과시킨다. 이를 선택 투과(Specular Transmission)라고 한다.

㉢ 물질에 색이 있는 경우 그 자체의 색만 통과시키고 다른 색들은 흡수한다. 빛이 통과하는 비율을 그 물질의 투과율(Transmittance)이라 하는데 100% 투과시키는 것은 투명도가 1인 물질이다.

 **핵심예제**

7-1. 빛의 성질에 대한 설명으로 틀린 것은? [2019년 1회 기사]

① 흡수 – 빛이 물리적으로 기체나 액체나 고체 내부에 빨려 들어가는 현상
② 굴절 – 파동이 한 매질에서 다른 매질로 향해 이동할 때 경계면에서 일부 파동이 진행 방향을 바꾸어 원래의 매질 안으로 되돌아오는 현상
③ 투과 – 광선이 물질의 내부를 통과하는 현상으로 흡수나 산란 없이 빛의 파장범위가 변하지 않고 매질을 통과함을 의미함
④ 산란 – 거친 표면에 빛이 입사했을 경우 여러 방향으로 빛이 분산되어 퍼져나가는 현상

7-2. 백색광을 투사했을 때 사이안(Cyan) 염료로 염색된 직물에 의해 가장 많이 흡수되는 파장은? [2017년 1회 기사]

① 약 400~450nm
② 약 450~500nm
③ 약 500~550nm
④ 약 550~600nm

|해설|

7-1
굴절은 파동이 한 매질에서 다른 매질로 향해 이동할 때 경계면에서 일부 파동이 진행 방향을 바꾸는 현상이며, 원래의 매질 안으로 되돌아오는 현상이 아니다.

7-2
사이안(Cyan) 염료로 염색된 직물은 사이안색은 반사하고 반대색인 난색 계열 색을 흡수하는데, 난색 계열의 파장은 약 550~600nm이다.

정답 7-1 ② 7-2 ④

제2절 색채지각

핵심이론 01 색채지각

(1) 색채지각의 의의

① 색이 광원으로부터 나와서 물체에 반사된 뒤 눈에 수용되어 뇌에 이르는 전 과정이며, 인간이 외부환경으로부터 얻는 여러 가지 정보 중에서 색채를 파악하는 현상이다.

② 색채지각은 단순히 빛의 작용과 망막의 자극으로 인해 생겨나는 물리적인 차원에만 국한되지 않으며 심리적, 생리적으로 받아들이는 과정도 모두 해당된다.

(2) 눈의 구조와 특성

① 눈에 빛이 각막과 수정체를 통과하면서 굴절하고, 이 빛이 망막에 상으로 맺히면서 망막에 있는 시세포들이 빛의 정보를 시신경을 통해서 대뇌에 전달한다.

② 시세포 망막에 분포하며 막대세포(간상세포)와 원뿔세포(원추세포)가 있다.

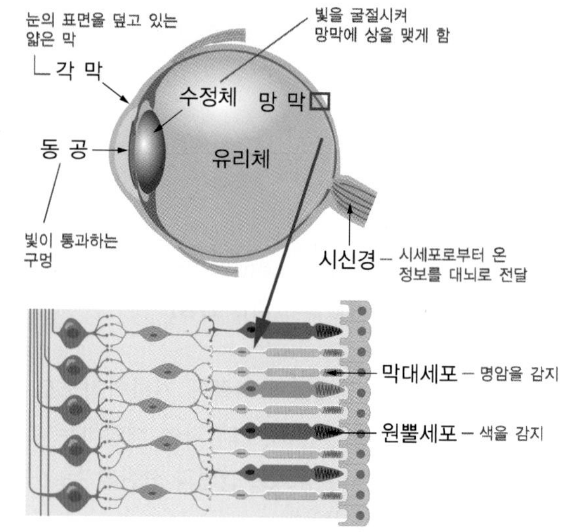

[눈의 구조와 시세포의 종류]

③ 인간의 눈은 뇌의 일부분이라고 하며 시각중추기관이다.

④ 빛을 감지하여 시각정보를 인식하는 감각기관이다.

⑤ 안구는 지름 약 24mm의 구형이다.

※ 물체 인식의 과정 : 빛 → 각막 → 수정체 → 유리체 → 망막(시세포) → 시신경 → 대뇌

핵심예제

눈의 가장 바깥 부분에 위치하고 있어 공기와 직접 닿는 부분은?

[2017년 1회 산업기사]

① 각 막
② 수정체
③ 망 막
④ 홍 채

|해설|

각막은 눈의 표면을 덮고 있는 얇은 막으로 눈 속으로 빛을 받아들이는 투명한 창문 역할을 한다.

정답 ①

핵심이론 02 눈의 구조

(1) 공막(Sclera)

각막을 제외한 눈 전체를 덮고 있다. 눈꺼풀의 안쪽에서 윤곽을 짓는 투명한 막 조직(흰자위막)이다.

(2) 각막(Cornea)

눈 속으로 빛을 받아들이는 투명한 창문 역할을 한다.

(3) 동공(Pupil)

빛의 양이나 거리에 따라 수축과 팽창을 한다.

(4) 홍채(Iris)

① 눈동자에 색채가 들어 있는 부분이다.
② 외부에서 들어오는 빛의 양을 조절하는 기능을 한다.
③ 홍채 중앙에는 동공이 있고, 홍채의 이완 또는 수축에 따라 동공의 크기가 변한다. 이에 따라 망막에 도달하는 광선의 양이 조절된다.
④ 카메라의 조리개에 해당하며, 홍채의 색은 개인별, 인종별로 멜라닌 색소의 양과 분포에 따라 달라 눈동자의 색깔이 다양하게 결정된다.

(5) 수정체(Lens)

① 홍채 바로 뒤에 위치해 있다. 양면이 볼록한 렌즈 형태의 투명한 구조이며, 이 두께를 조절함으로써 빛이 통과할 때 빛을 모아 망막 위에 상을 맺게 한다.
② 가까운 거리의 물체를 보면 수정체가 두꺼워져 상의 초점을 만들고, 멀리 있는 물체를 보면 얇게 변하며 망막의 중심에 있는 중심와에 정확히 상이 맺히게 된다.

(6) 모양체(Ciliary Body)

맥락막의 앞쪽 끝부터 홍채 부근까지 걸쳐 있는 직삼각형 모양의 조직으로, 평활근과 혈관으로 수정체의 두께를 조절해 주는 근육이다.

(7) 망막(Retina)

① 빛은 각막에서 망막까지 광학적인 처리가 일어나며, 실제로 빛에너지가 전기화학적인 에너지로 변환되는 부분은 망막이다. 망막에 있는 광수용기에서 신경정보로 전환된다.

② 안구벽의 가장 안쪽에 위치한 얇고 투명한 막으로 시신경이 분포되어 있는 조직이며 물체의 상이 맺히는 곳이다.

③ 시신경세포가 있어 가시광선의 에너지를 생체 내에서 사용할 수 있는 전기신호로 변환하는 역할을 한다.

④ 추상체와 간상체라는 광수용기가 있다.

㉠ 추상체(Cone)는 망막의 중심부에 모여 있으며 색상을 구별한다.

㉡ 간상체(Rod)는 망막의 외곽에 넓게 분포되어 있으며, 밝고 어둠을 구별한다.

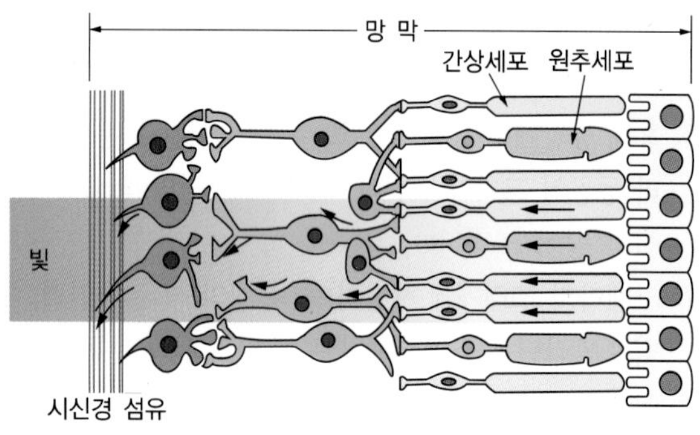

[망막의 구조]

(8) 중심와(Fovea)

① 망막 중에서도 상이 가장 정확하게 맺히는 부분으로 노란 빛을 띠어 황반(Macula)이라고도 한다.

② 황반에 들어 있는 노란 색소는 빛이 시세포로 들어가기 전에 자외선을 차단하는 일종의 필터 역할을 한다.

③ 색각과 시력이 가장 강한 곳으로 그 중심부를 말한다.

④ 눈으로 물체를 주시했을 때 중심와 위에 상이 맺히게 되는데 중심와는 형태시, 색각시, 명소시 등의 기능을 담당한다.

(9) 유리체(Vitreous Body)

① 수정체와 망막 사이의 공간을 채우고 있는 무색투명한 젤리 모양의 조직으로 안구의 3/5을 차지하며 수정체와 망막의 신경층을 단단하게 지지하여 안구의 정상적인 형태를 유지시키고, 광학적으로는 빛을 통과시켜 망막에 물체의 상이 맺힐 수 있게 한다.

② 안구를 가득 채우고 있는 투명한 물질로 안압을 유지하는 기능을 한다.

③ 성분의 90%는 물이며, 여기에 미세한 교원섬유가 엉켜져 망을 형성하고 있다.

④ 안방수와 함께 안구내압을 형성하며, 14~27mmHg의 내압을 유지한다.

(10) 맥락막(Choroid)

① 망막과 공막 사이의 중간 막으로, 중막이라고도 한다.

② 혈관이 많아 눈에 영양을 보급하는 역할을 한다.

③ 눈으로 들어오는 빛의 산란을 막아 망막의 상을 명료하게 한다.

(11) 맹점(Blind Spot)

① 맹점은 망막의 중심와의 20°가량 하단에 위치하며 시신경 유두라고도 부른다.

② 맹점은 망막의 시세포가 물리적 정보를 뇌로 전달하기 위해 시신경 다발이 나가는 통로이기에 빛을 구분하는 시세포가 없어 상이 맺히지 않는다.

핵심예제

눈의 구조와 기능에 대한 설명으로 틀린 것은? [2016년 3회 산업기사]

① 빛은 각막, 동공, 수정체, 유리체를 통해 망막에 상을 맺게 된다.
② 홍채는 눈으로 들어오는 빛의 양을 조절한다.
③ 각막과 수정체는 빛을 굴절시킴으로써 망막에 선명한 상이 맺히도록 한다.
④ 눈에서 시신경 섬유가 나가는 부분을 중심와라고 한다.

|해설|

눈에서 시신경 섬유가 나가는 부분은 맹점이며, 중심와는 망막 중에서도 상이 가장 정확하게 맺히는 부분으로 노란 빛을 띠어 황반(Macula)이라고도 한다.

정답 ④

핵심 이론 03 시세포의 종류와 기능

(1) 시세포(Visual Cell)

① 망막에 존재하며 빛의 자극을 받아들이는 눈의 감각세포를 말한다.

② 감광물질을 함유하고 있으며 빛 자극의 수용기가 되는 세포로 핵절, 내절, 외절로 구성된다.

③ 망막 위에 맺힌 상을 뇌에 전달하기에 적합한 전기적 신호로 변환하는 역할을 한다.

④ 시세포는 그 형상과 역할에 따라 간상체와 추상체로 나뉜다.

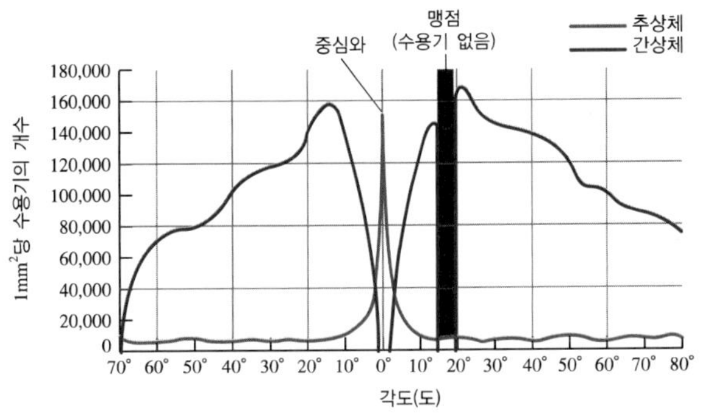

[간상체와 추상체 수용기]

(2) 간상세포(Rod Cell)

① 망막에 약 1억 2천만 개 정도가 존재하며 0.1lx 이하의 어두운 빛을 감지하는 세포로 막대세포라고도 한다.

② 주로 명암을 판단하는 세포로 이 세포 속에는 로돕신(Rhodopsin)이라는 물질이 있어 어두운 곳에서 주로 기능한다.

③ 원추세포는 황반의 중심부에 자리잡고 있는 반면, 간상세포는 황반 위에는 없고 황반 주위에 퍼져 있다.

④ 507nm의 빛에 가장 민감하며 단파장에 민감하다.

⑤ 포유류는 간상체가 발달하여 어둠 속에서도 물체를 쉽게 식별한다.

(3) 추상세포(Cone Cell)

① 망막에 약 650만 개 정도가 존재하며 주로 색상을 판단하는 시세포이다. 삼각형 형태로 원뿔세포 또는 원추세포라고 부른다.

② 해상도가 높고 주로 밝은 곳이나 낮에 작용한다.

③ 망막의 중심부에 밀집해 있으며 0.1lx 이상의 밝은 색을 감지하는 세포로 555nm의 빛에 가장 민감하다.

④ 빛의 파장에 따른 다른 반응을 보이는 3가지의 추상체로 구분되는데, L, M, S추상체라 불린다.

⑤ L은 장파장, M은 중파장, S는 단파장에 민감한 추상체로 각각 약 564nm, 533nm, 420nm에서 가장 잘 흡수한다.

> **[참 고]**
> 각 추상체는 각각의 특징적인 색 감각만을 감지한다.
> - L추세포 : 장파장을 감지하는 빨강 감지세포
> - M추세포 : 중파장을 감지하는 초록 감지세포
> - S추세포 : 단파장을 감지하는 파랑 감지세포

⑥ 모두 같은 수로 분포하는 것이 아니라 40(L) : 20(M) : 1(S)의 비율로 존재한다.

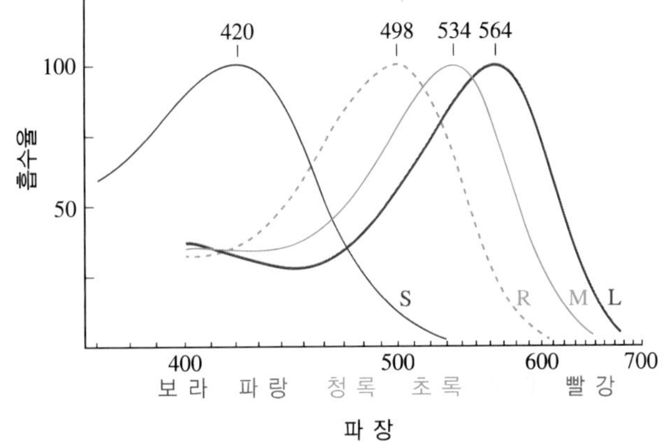

[추상체의 파장범위]

(4) 시감도(Luminosity Factor)

① 빛의 강도를 느끼는 능력을 시감, 그 방사 에너지에 대한 정도를 시감도라고 한다.

② 시감도에는 개인차가 있기 때문에 국제적인 약속으로서 표준적 시감도를 정해 두고 있다.

③ 시감도 곡선(Luminosity Curve)은 빛에너지에 대하여 인간의 눈이 감각하는 밝기의 정도를 나타내며 '밝은 곳의 시감도'와 '어두운 곳의 시감도'의 2종류로 구별된다.

④ 주간에 가장 밝게 느끼는 최대 시감도는 555nm의 연두색, 야간의 최대 시감도는 507nm의 초록색이다.

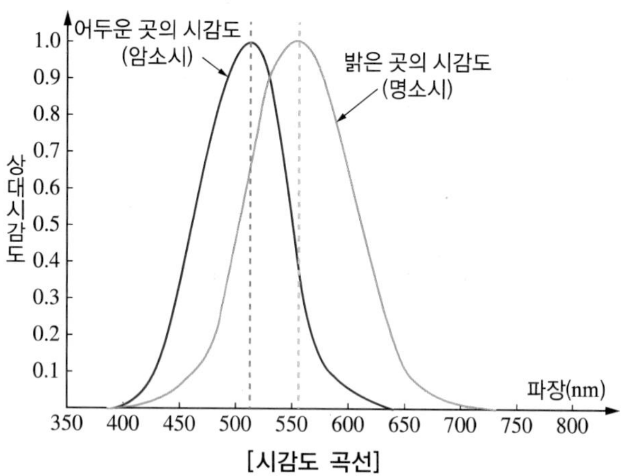

[시감도 곡선]

⑤ 색깔에 의한 밝기의 비를 비시감도라고 하며, 파장 555nm의 밝기를 1로 하고, 다른 파장의 밝은 느낌을 비교값으로 나타낸다.

⑥ 1924년 CIE에서는 명순응에서의 비시감도를 표준 비시감도로 채택하였다.

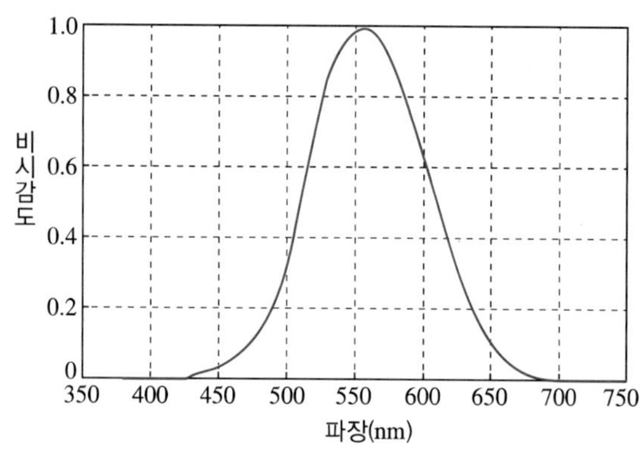

[비시감도 곡선]

핵심예제

3-1. 추상체 시각의 스펙트럼 민감도가 가장 높은 광원색은? [2018년 3회 산업기사]

① 빨 강 ② 초 록
③ 파 랑 ④ 보 라

3-2. 초록 색종이를 수 초간 응시하다가, 흰색 벽을 보면 자주색 잔상이 나타나는 이유는? [2019년 1회 기사]

① L추상체의 감도 증가
② M추상체의 감도 저하
③ S추상체의 감도 증가
④ 간상체의 감도 저하

3-3. 시세포에 관한 설명으로 틀린 것은? [2019년 1회 산업기사]

① 추상체는 장파장, 중파장, 단파장의 동일한 비율로 색을 인지한다.
② 인간은 추상체와 간상체의 비율로 볼 때 색상과 채도의 구별보다 명도의 구별에 더 민감하다.
③ 추상체는 망막의 중심부인 중심와에 존재한다.
④ 간상체는 단일세포로 구성되어 빛의 양을 흡수하는 정도에 따라 빛을 감지한다.

|해설|

3-1
추상체는 망막의 중심부에 밀집해 있으며 0.1lx 이상의 밝은색을 감지하는 세포로 555nm의 빛에 가장 민감하다. 스펙트럼 중 555nm 구간에 해당되는 색상은 초록 계열이다.

3-2
각각의 추상체는 특징적인 색 감각만을 감지한다. 초록 색종이를 수 초간 응시다가 흰색 벽을 보았을 때 자주색 잔상이 나타나는 것은 초록을 감지하는 M추상체의 감도가 저하되었기 때문이다.

3-3
추상체는 600~700만 개가 존재하는데, 빛에 따라 다른 비율에 반응을 보이는 3가지의 추상체인 장파장(L), 중파장(M), 단파장(S)으로 구분된다.

정답 3-1 ② 3-2 ② 3-3 ①

제3절 색채 자극과 인간 반응

핵심 이론 01 순 응

(1) 순응(Adaptation)

① 색에 있어서 감수성의 변화를 말한다.

② 조명의 조건에 따라 광수용기의 민감도가 변화하는 것으로 명순응, 암순응, 박명시로 구분한다.

(2) 명순응(Light Adaptation)

① 명순응

㉠ 암소시에서 명소시로 이동한 경우에 안정된 감수성을 회복하기까지의 순응 상태이다.

㉡ 어두운 곳에 있다가 밝은 곳으로 나오면 처음에는 눈이 부시지만 곧 잘 볼 수 있게 되는 현상으로 민감도가 증가하는 것인데, 이는 추상체(원추세포)가 활동하기 때문이다.

② 명소시

㉠ 약 10lx 이상에서는 충분히 밝기 때문에 시세포 중 추상체의 활동이 가능하며 사물의 형태를 확실히 알 수 있는 시각 상태이다.

㉡ 명순응은 3cd · m^{-2} 정도 이상인 휘도의 자극에 대한 휘도순응을 말한다.

(3) 암순응(Dark Adaptation)

① 암순응

㉠ 명소시에서 암소시의 상태로 갑자기 변하면 잠시 동안은 어두운 곳이 잘 보이지 않지만 시간의 경과와 함께 곧 어두운 빛에 적응하게 되는 시각 상태를 말한다.

예 영화관 안으로 갑자기 들어가면 처음에 잘 보이지 않다가 점차 보이게 되는 현상이다.

㉡ 명순응은 1~2초 정도의 시간이 소요되는 반면 암순응은 약 30분 정도 소요된다.

② 암소시

㉠ 2~10lx 이하에서는 간상체만 활동하여 물체의 형태는 확실하지 않고 색각 없이 명암만을 구별할 수 있는 시각 상태를 말한다.

㉡ 암순응은 0.03cd · m^{-2} 정도 이하인 휘도의 자극에 대한 휘도순응이다.

㉢ 명소시에서 암소시 상태로 이동할 때 시감도가 높아져 가장 밝게 보이는 색은 파란색이다.

(4) 박명시(Mesopic Vision)

① 명소시와 암소시의 중간 정도의 밝기에서 추상체와 간상체가 모두 활동하고 있어 색 구분의 정확성이 떨어지는 시각 상태이다.

② 주로 날이 저물어 어두움이 시작될 때 작용하며 물체의 상이 흐리게 보이는 현상이다.

③ 박명시의 최대 시감도는 507~555nm이며 푸르킨예 현상과 관련이 있다.

[푸르킨예 현상]

- 암순응되기 전에는 빨간색 꽃이 잘 보이다가 암순응 상태가 되면 파란색 꽃이 더 잘 보이게 되는 것으로 광자극에 따라 활동하는 시각기제가 바뀌는 현상을 말한다.
- 빛이 약할 경우 우리의 눈이 장파장보다 단파장의 빛에 더 민감해지는 현상이다.
- 약 10~10.2lx 사이의 조도 레벨에서는 추상체와 간상체가 모두 활동한다.

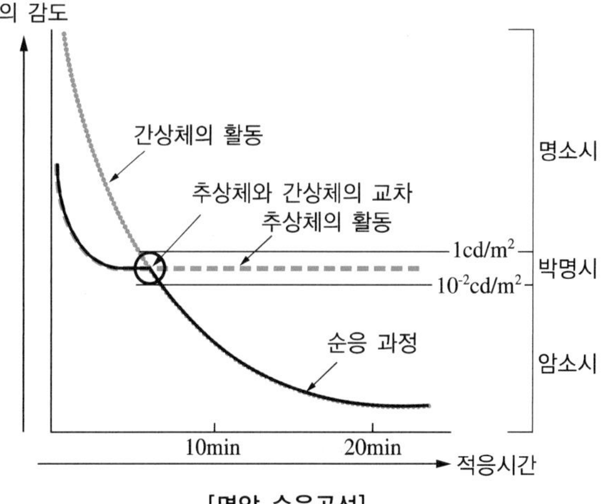

[명암 순응곡선]

(5) 색순응(Chromatic Adaptation)

① 색광에 대하여 눈의 감수성이 순응하는 과정 또는 그러한 상태를 말한다.

② 조명에 의해 물체색이 바뀌어도 자신이 알고 있는 고유의 색으로 보이게 되는 현상이다.

③ 빛에 따라 눈의 기능을 조절하여 환경에 적응하려는 상태이다.

④ 한 곳을 오랫동안 쳐다보고 있으면 그 색에 순응되어 색의 지각이 약해지는 것으로 조명에 의해 물체색이 바뀌어도 자신이 알고 있는 고유의 색으로 보이게 된다.

예 파란색 선글라스를 끼면 잠시 물체가 푸르게 보이던 것이 익숙해져 본래의 물체색으로 느껴지는 현상

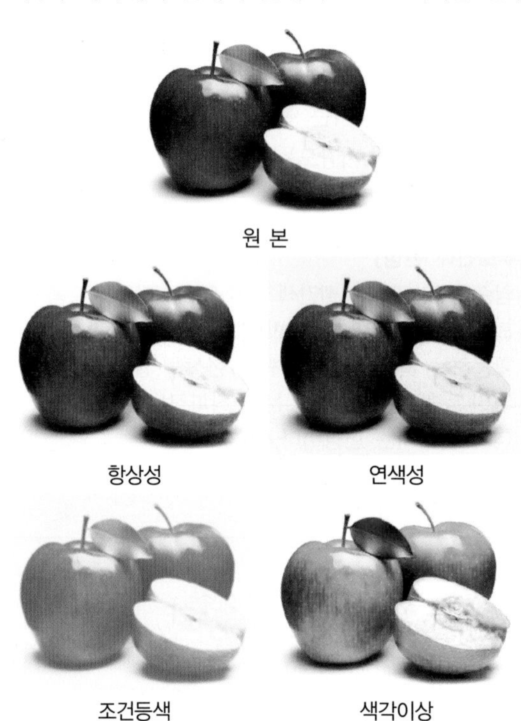

[광원에 따라 다르게 지각되는 물체색]

(6) 색의 항상성(Color Constancy)

① 광원의 강도나 모양, 크기, 색상이 변하여도 물체의 색을 동일하게 지각하는 현상이다.

② 광원으로 인하여 색의 분광반사율이 달라졌음에도 불구하고 같은 색으로 인식한다.

③ 대상의 표면색에 대한 무의식적 추론에 의해 결정되는 색채이며, 동일한 심리적 상태이면 주변 환경이 달라져도 같은 색채로 지각하는 현상이다.

(7) 색의 연색성(Color Rendering)

광원에 따라서 물체의 색감에 영향을 미치는 현상으로 같은 물체색이라도 광원의 분광에 따라 다른 색으로 지각하는 현상이다.

예 정육점의 붉은색 조명은 고기를 더욱 싱싱하게 보이게 한다.

(8) 조건등색(Metamerism)

① 연색성과 반대의 성질로 분광분포가 다른 두 가지 색이 특정한 광원 아래에서는 같은 색으로 보이는 현상이다.

② 물리적으로는 다른 색이 시각적으로 동일한 색으로 보이게 되는 현상이다.

③ 따라서 색과 관련된 작업을 할 경우, 자연광과 동일한 조건에서 시행해야 한다.

※ 무조건등색은 분광반사율이 정확하게 일치하는 완전한 물리적인 등색을 말한다.

핵심예제

1-1. 조명의 강도가 바뀌어도 물체의 색을 동일하게 지각하는 현상은? [2018년 1회 산업기사]

① 색순응
② 색지각
③ 색의 항상성
④ 색각이상

1-2. 명소시와 암소시 각각의 최대 시감도는? [2019년 2회 기사]

① 명소시 355nm, 암소시 307nm
② 명소시 455nm, 암소시 407nm
③ 명소시 555nm, 암소시 507nm
④ 명소시 655nm, 암소시 607nm

1-3. 색채현상(효과)에 관한 설명이 옳게 연결된 것은?

[2017년 1회 기사]

① 푸르킨예 현상 - 교통신호기의 색 중에서 빨강이 빨리 지각된다.

② 색음현상 - 해가 질 때 빨간 꽃은 어두워 보이고 푸른 잎이 밝게 보인다.

③ 베졸트 브뤼케 현상 - 주황색 원통에 빛이 강하게 닿는 부분은 노랑으로 보인다.

④ 브로커 술처 효과 - 석양에서 양초에 비친 연필의 그림자가 파랑으로 보인다.

|해설|

1-1

① 색순응은 조명에 의해 물체색이 바뀌어도 자신이 알고 있는 고유의 색으로 보이게 되는 현상이다.

② 색지각은 색을 알아차리고 구별하는 것, 우리의 눈이 느끼는 시감각을 말한다.

④ 색각이상은 빛의 파장 차이에 의해 색을 분별하는 감각이다.

1-2

시감도는 인간이 지각할 수 있는 가시광선이 주는 밝기의 감각이 파장에 따라 달라지는 정도를 나타내는 것으로, 스펙트럼의 발광효과를 말한다. 주간에 가장 밝게 느끼는 최대 시감도는 555nm의 연두색, 야간의 최대 시감도는 507nm의 초록색이다.

1-3

① 푸르킨예 현상은 명소시(주간시)에서 암소시(야간시)로 이동할 때 생기는 것으로, 광수용기의 민감도에 따라 낮에는 빨간색이 잘 보이다가 밤에는 파란색이 더 잘 보이는 현상이다.

② 색음현상은 '색을 띤 그림자'라는 의미로 괴테가 발견하여 괴테현상이라고도 하며, 어떤 빛을 물체에 비추면 그 물체의 그림자가 빛의 반대 색상(보색)으로 보이는 현상이다.

④ 브로커 술처 효과는 자극이 강할수록 시감각의 반응도 크고 빨라지는 현상이다.

정답 1-1 ③ 1-2 ③ 1-3 ③

핵심 이론 02 색각이상

(1) 색각이상

① 빛의 파장 차이에 의해 색을 분별하는 감각을 말한다.

② 색맹 : 색채지각 요소인 추상체가 전혀 기능을 못하는 상태이다(대부분 선천적).

③ 색약 : 추상체의 기능성 면에서 정상적인 상태보다 떨어지는 상태이다.

[색맹의 분류]

분 류		내 용
완전색맹		• 추상체가 전혀 기능을 하지 못해 모든 색을 구별할 수 없는 색각이상으로 명암 또는 농담만을 구별 • 색을 구별하지 못해 모두 흑백으로 보며 정상인이 노란색을 가장 밝게 느끼는 데 비해 초록색을 가장 밝게 느끼며 적색을 어둡게 느낌
부분색맹	적록색맹	• 일반적으로 가장 많음 • 빨간색과 초록색이 회색으로 보이는 것
	청황색맹	파란색과 노란색이 회색으로 보이는 것
색 약		채도가 다소 낮은 경우 색채를 구별할 수 없지만, 고채도의 선명한 색채는 다소 구별할 수 있음

[색각이상의 구분]

형 질	색각이상의 종류		추상체	증상 및 보완
선천성	완전색맹	간상체 전색맹	간상체만 있음	
		추상체 전색맹	간상체는 있고 추상체 중 한 개만 존재	
	2색각 색맹	제1색맹	L추상체 결여	남성에게만 해당
		제2색맹*	M추상체 결여	
		제3색맹	S추상체 결여	남성과 여성 모두 해당
	변칙적 3색각 색맹	제1색약	L추상체 결여	• 필터나 조명으로 보완 가능 • 남성과 여성 모두 해당
		제2색약	M추상체 결여	• 필터나 조명으로 보완 가능 • 남성과 여성 모두 해당 • 가장 많은 경우
		제3색약	S추상체 결여	• 필터나 조명으로 보완 가능 • 남성과 여성 모두 해당 • 가장 적은 경우
후천성	사고, 약물 등으로 증상을 규정하기 어려움			

* 제2색맹은 돌터니즘(Daltonism)이라고도 불리며 존 돌턴(John Dalton)이 죽은 뒤 DNA 분석을 통해 그가 제2색맹임이 밝혀짐으로써 명명된 것이다.

(2) 고령화에 따른 색각의 변화

① 시각 기능은 우리의 신체적 기능과 마찬가지로 나이와 함께 퇴화하거나 변화되며 여기에 질환 등이 더해지면 그 영향으로 다양한 변화가 나타난다.

② 고령화에 따른 노안은 나이가 들면서 수정체의 탄성력이 감소되어 혼탁현상으로 물체에 초점을 맞추는 능력이 떨어지는 상태이다.

분 류	내 용
수정체 혼탁현상	• 자외선의 영향으로 인한 수정체 광선 통과의 장애 • 전체적으로 어둡게 보이고 푸른색의 대상물이 뚜렷하게 보이지 않게 됨
백내장	• 수정체의 세포가 오랜 기간에 걸쳐 자외선을 흡수하여 백탁화되며 투명성을 상실하게 됨 • 광선이 잘 통과되지 않아 시력 감퇴
녹내장	• 안구의 안압이 높아져 시신경 장애로 시력이 약해지는 현상 • 안압의 정상값이 15~20mmHg인데, 안구의 안압이 병적으로 상승하는 현상이 질환으로 진행되면서 동공 안쪽이 녹색으로 보임
노령 감소 분열	• 동공의 확장이 점점 좁아지는 현상으로 어두운 곳에서 잘 보지 못하는 것이 특징 • 동공에 관여하는 세포의 수가 감소함에 따라 반응이 느려져서 생기는 현상

핵심예제

2-1. 돌터니즘(Daltonism)으로 불리는 색각이상 현상에 대한 설명으로 옳은 것은? [2018년 2회 기사]

① M추상체의 결핍으로 나타난다.
② 제3색약이다.
③ 추상체 보조장치로 해결된다.
④ Blue~Green을 보기 어렵다.

2-2. 다음 ( )에 들어갈 내용으로 적합한 것은? [2019년 1회 산업기사]

> 연령에 따른 색채지각은 수정체의 변화와 관련 있다. 세포가 노화되는 고령자는 ( )의 색 인식이 크게 퇴화된다.

① 청색 계열
② 적색 계열
③ 황색 계열
④ 녹색 계열

|해설|

2-1
돌터니즘(Daltonism)은 제2색맹으로 존 돌턴(John Dalton)이 죽은 뒤 DNA 분석을 통해 그가 제2색맹임이 밝혀짐으로써 명명된 것이다. 제2색맹은 남성에게만 해당되며 M추상체가 결여된 증상이다.

2-2
연령의 증가에 따라 수정체의 조절능력이 약해지고 근거리의 물체를 잘 구별하지 못하게 된다. 시신경의 기능이 저하되면서 백내장, 녹내장과 같은 질환도 많이 발생하고, 수정체가 노란색으로 변하는 황화현상으로 인해 파란색, 남색, 보라색의 청색 계열을 구분하는 데 어려움이 생긴다.

정답 2-1 ① 2-2 ①

제4절 색채지각 효과

핵심 이론 01 생리적 · 심리적 지각효과

(1) 푸르킨예 현상(Purkinje Phenomenon)

① 간상체와 추상체 지각의 스펙트럼 민감도가 달라서 일어나는 현상이다.

② 명소시(주간시)에서 암소시(야간시)로 이동할 때 생기는 것으로 광수용기의 민감도에 따라 낮에는 빨간색이 잘 보이다가 밤에는 파란색이 더 잘 보이는 현상이다.

③ 주위의 밝기에 따라 물체색의 명도가 달라 보이는 것으로 밝은 곳에서는 장파장 계열의 색이, 어두운 곳에서는 단파장 계열의 색이 상대적으로 밝게 보인다.

④ 인간의 최대 시감도는 507~555nm이며, 이 상태를 박명시라고 한다.

⑤ 푸르킨예 현상으로 인해 색이 사라지는 순서는 빨강, 주황, 노랑, 초록, 파랑, 보라 순이며 색이 보이는 순서는 그 반대이다.

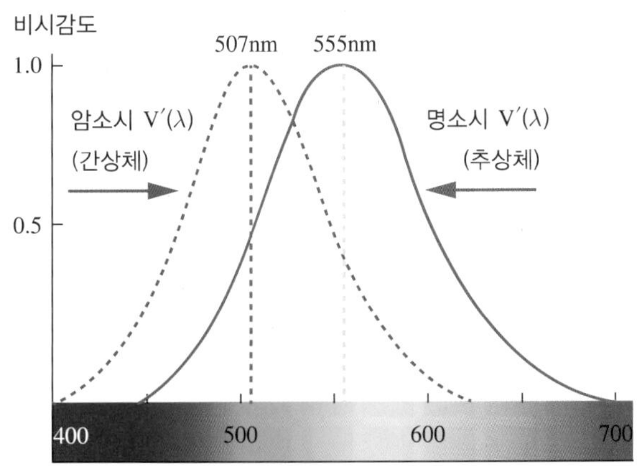

[푸르킨예 현상]

(2) 애브니 효과(Abney Effect)

① 색자극의 순도(선명도)가 변하면 같은 파장의 색이라도 그 색상이 다르게 보이는 현상을 말한다.

② 1910년 애브니는 단색광을 더해가는 과정에서 이 현상을 발견하였는데, 파장이 동일해도 색의 채도가 달라지면 색상이 달라 보이는 효과이다.

③ 채도가 높아짐에 따라 색상의 변화가 있고 밝기가 변화함에 따라 색상별로 특성을 잃고 단순해진다.

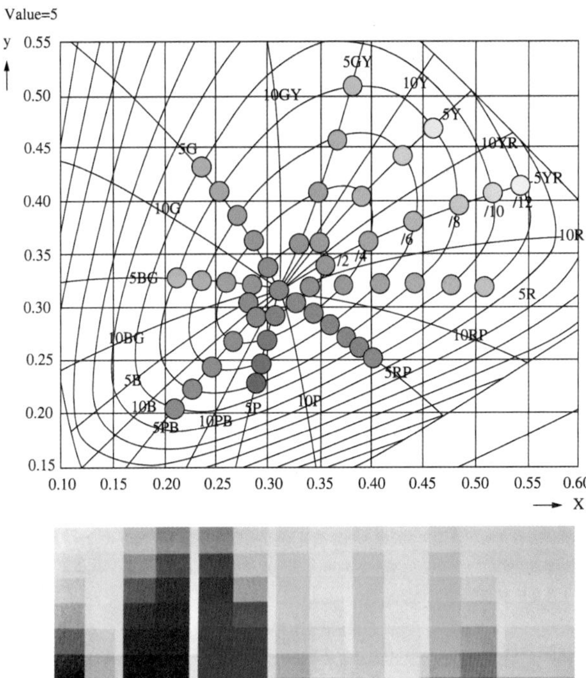

[애브니 효과]

(3) 베졸트 브뤼케 효과(Bazold-Bruke Effect)

① 동일한 주파장의 색광이 빛의 강도에 따라 색상이 다르게 보이며, 다른 유사한 색광도 강도에 따라서 동일하게 보일 수 있는 현상을 말한다. 즉, 빛의 강도가 높아질수록 색상이 같아 보이는 위치가 다르게 되는 것을 말한다.

② 474nm의 파랑, 506nm의 초록, 571nm의 노랑은 빛의 세기와 관계없이 일정하게 보이는 특별한 불변 색상이다.

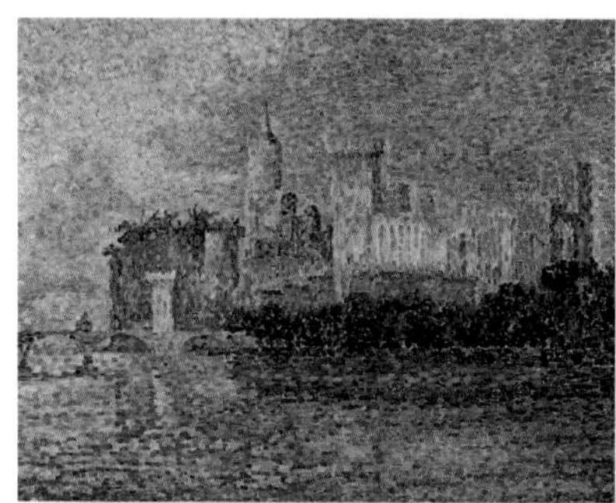

[아비뇽 교황청(폴 시냐크)]

(4) 리프만 효과(Liebmann's Effect)

색상차가 커도 명도의 차이가 작거나 비슷하면 색의 차이가 쉽게 인식되지 않아 두 색의 경계가 모호하고 불분명하게 보이는 현상이다.

[리프만 효과]

(5) 스티븐스 효과(Stevens Effect)

백색 조명광 아래서 흰색, 회색, 검정의 무채색 물체를 관찰할 때 조명광을 낮은 조도에서 점차 증가시키면 흰색 물체는 보다 희게, 검은색 물체는 보다 검게 지각되고 반면, 회색 물체는 지각변화가 거의 없다.

(6) 베너리 효과(Benery Effect)

흰색 배경 위에서 검정 십자형의 안쪽에 있는 회색 삼각형과 바깥쪽에 있는 회색 삼각형을 비교하면 안쪽에 배치한 회색이 보다 밝게 보이고, 바깥쪽에 배치한 회색은 어둡게 보인다.

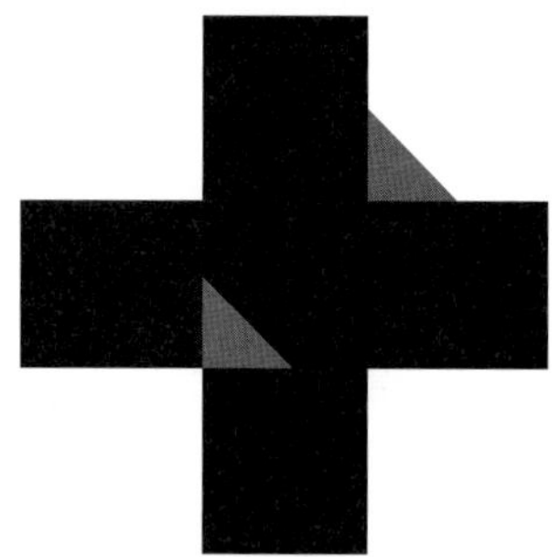

[베너리 효과]

(7) 허먼 그리드 현상(Hermann Grid Illusion)

① 인접하는 두 색을 망막세포가 지각할 때 두 색의 차이가 본래보다 강조된 상태로 지각되는 경우의 현상이다.

② 사각형의 블록 사이로 교차되는 지점에 허먼 도트라고 하는 회색 잔상이 보이며, 채도가 높은 청색에서도 회색 잔상이 보인다.

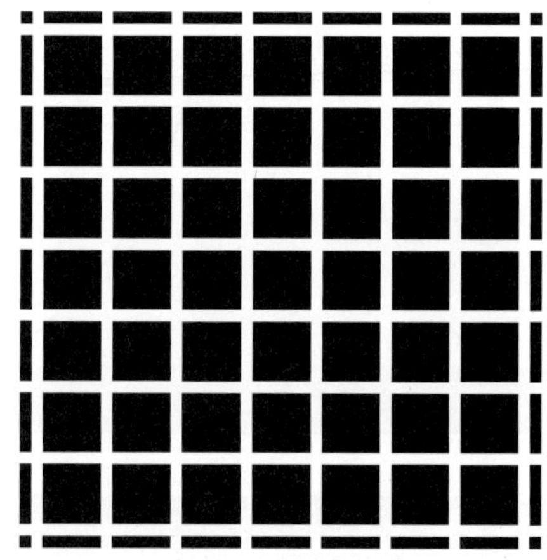

[허먼 그리드의 격자]

(8) 네온컬러 효과(Neon Effect)

① 어느 선의 일부가 다른 색이나 밝기의 선분으로 치환되었을 때 그 색이나 밝기가 주위로 새어 나오는 것처럼 지각되는 착시효과이다.

② 격자의 교점 부분에 다이아몬드형의 점과 같은 것이 지각된다. 이런 지각 상태가 네온관의 빛을 연상시킨다고 해서 네온컬러 효과라고 한다.

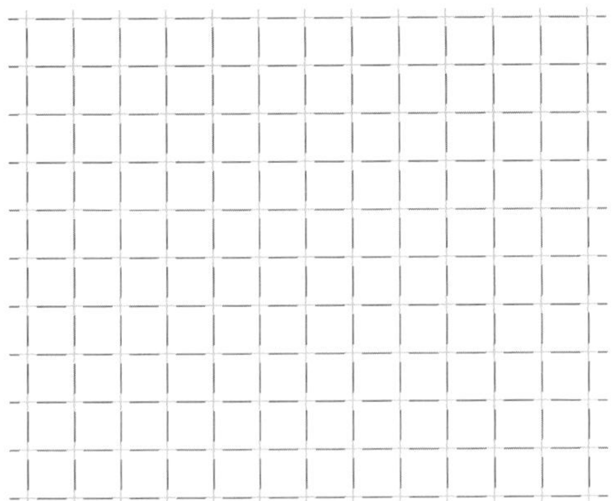

[네온컬러 효과]

(9) 에렌슈타인 효과(Ehrenstein Illusion)

격자의 교점 부분에 지워진 그림을 관찰하면 교점 부분이 동그랗게 보이는 착시가 일어난다. 이는 지워진 부분을 채우려는 눈의 작용에 의한 것이다.

(10) 색음현상(Colored Shadow Phenomenon)

① '색을 띤 그림자'라는 의미로 괴테가 발견하여 괴테현상이라고도 한다.

② 괴테는 저서 「색채론」에서 저녁 때 불타고 있는 양초를 흰 종이 위에 놓고 석양의 방향 사이에 한 개의 연필을 세우면 석양에 비친 흰 종이 위에 떨어지는 양초에 의한 연필의 그림자는 청색으로 보인다고 하였다.

③ 작은 면적의 회색을 채도가 높은 유채색으로 둘러쌀 때, 회색이 유채색의 보색으로 보이는 현상이다. 이처럼 어떤 빛을 물체에 비추면 그 물체의 그림자가 빛의 반대 색상(보색)으로 보이는 현상을 말한다.

[참 고]

- 헬름홀츠-콜라우슈 효과(Helmholtz-Kohlrausch Effect)
  일정한 밝기에서 채도가 높아질수록 더 밝아 보인다는 시지각적 효과이다. 헬름홀츠, 콜라우슈는 먼셀의 색표집으로 이를 실험했는데, 일정한 값의 색상과 명도를 가진 색표들을 비교하면 채도가 높은 컬러 칩일수록 실제보다 명도가 높아 보인다.
- 브로커-슐처 효과(Broca-Sulzer Effect)
  어떤 자극의 세기와 시감각의 관계에 있어 자극이 강할수록 시감각의 반응도 크고 빨라지는 현상이다. 시감각이 반응하는 속도는 색의 파장에 따라서 다른데, 장파장이 단파장보다 빨리 반응한다. 예를 들어 파랑보다는 노랑이, 노랑보다는 빨강이 더 빨리 지각된다.
- 헬슨-저드 효과(Helson-Judd Effect)
  무채색 계열의 색을 하양, 회색, 검정을 배경으로 색광 아래에서 볼 때, 대상색이 배경색보다 밝은 무채색은 조명광과 같은 색조로, 배경색보다 어두운 무채색은 조명광의 보색으로 보이는 현상이다.

(11) 맥콜로 효과(McCollough Effect)

① 대상의 위치에 따라 눈을 움직이면 잔상이 이동하여 나타나는 현상이다.

② 잔상색은 망막의 위치를 규정하지 않고 대상의 패턴에 따라 방향이 변화한다. 이러한 현상은 망막 단계에서 일어나는 현상이 아니라 대뇌에서 인지한 사물의 방향에서 일어나는 것이다.

③ 맥콜로 효과는 몇 시간 또는 몇 개월도 계속될 수 있다.

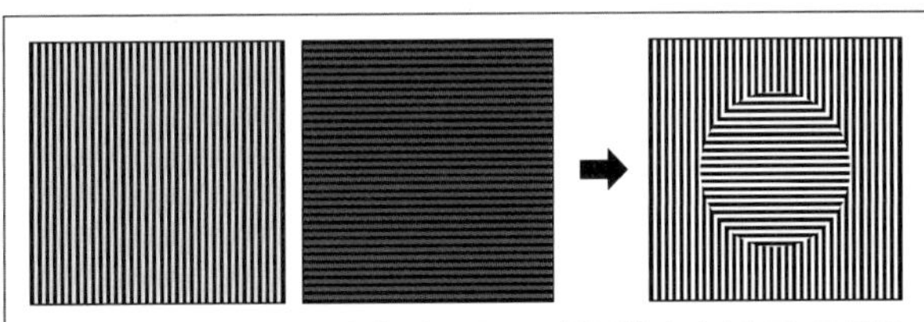

노랑 세로줄 그림과 파랑 가로줄 그림을 번갈아 본 뒤 오른쪽 그림을 보면 보색이 나타나는 것을 알 수 있다.

(12) 페히너 효과(Fechner's Effect)

① 흰색과 검은색만으로 유채색이 생기는 현상, 즉 흑백대비가 강한 미세한 패턴에서는 유채색으로 보인다.

② 1838년 독일의 페히너는 원반의 반을 흰색, 검은색으로 칠한 후 고속으로 회전시켜 파스텔 톤의 연한 유채색 영상을 경험하였는데 이를 페히너 효과 혹은 주관색 현상이라고 한다.

③ 그 후 영국의 장난감 제조공이었던 벤함(Benham)이 상품으로 개발하여 판매해 이를 벤함의 팽이라고도 한다.

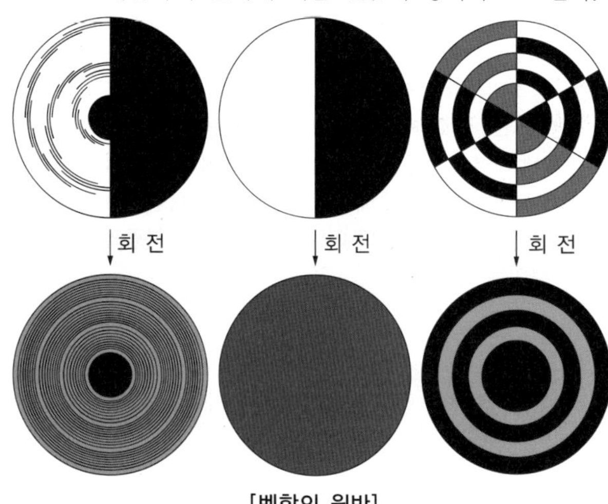

[벤함의 원반]

핵심예제

다음 중 색채의 잔상효과와 관련이 없는 것은? [2019년 3회 기사]

① 맥콜로 효과(McCollough Effect)
② 페히너의 색(Fechner's Comma)
③ 허먼 그리드 현상(Hermann Grid Illusion)
④ 베졸트 브뤼케 현상(Bezold-Bruke Phenomenon)

|해설|

④ 베졸트 브뤼케 현상은 빛의 강도가 변화하면 색광이 다르게 보이는 것으로, 색의 감정적 효과이다.
① 맥콜로 효과는 대상의 위치에 따라 눈을 움직이면 잔상이 이동하여 나타나는 현상이다.
② 페히너 효과는 원판에 흰색과 검은색을 칠하여 팽이를 만들어 빠르게 회전시켰을 때 유채색이 느껴지는 것을 말한다.
③ 허먼 그리드 현상은 검은색과 흰색 선이 교차되는 지점에 회색 점이 보이는 현상이다.

정답 ④

핵심 이론 02 속성에 의한 지각효과

(1) 면적효과(Area Effect)

① 같은 물체를 동일한 광원에서 같은 사람이 보더라도 면적에 따라 색이 다르게 보이는 현상이다.

② 면적이 큰 색은 밝고, 선명하게 보이고 면적이 작은 색은 어둡고, 탁하게 보인다.

[면적효과의 예]

(2) 착시효과(Illusion Effect)

① 사물의 크기, 형태, 빛깔 등의 객관적인 성질과 눈으로 본 성질 사이에 차이가 있는 경우, 인간의 시각에 생기는 착시현상이다.

② 착시는 색상대비나 명도대비 현상과 밀접한 관계가 있고, 같은 크기일 때 흰색 제품보다 검은색 제품이 더 작게 보인다.

③ 길이의 착시, 면적과 크기의 착시, 방향과 색상의 착시 등이 있다.

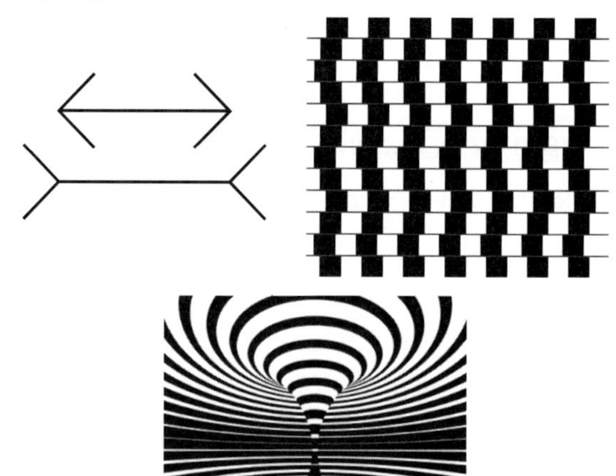

[선과 면을 이용한 착시효과]

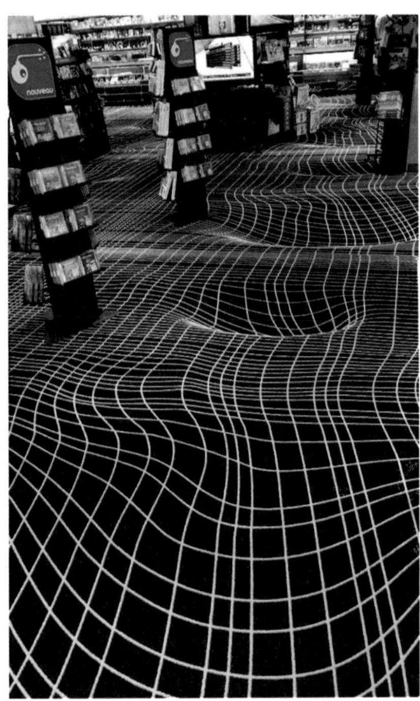

[선 하나로 공간을 왜곡시킨 매장]

 **핵심예제**

2-1. 그림이 나타내는 것으로 옳은 것은? [2016년 2회 산업기사]

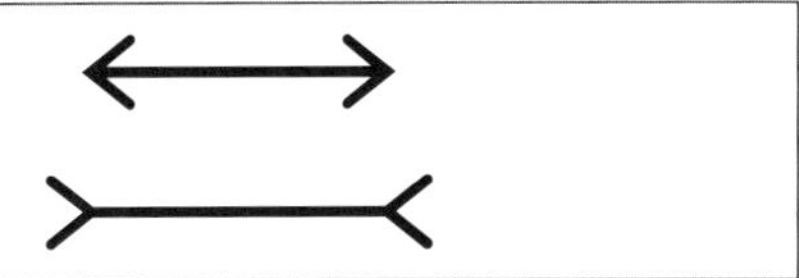

① 방향의 착시
② 논리적 법칙
③ 명암의 착시
④ 길이의 착시

2-2. 견본을 보고 벽 도색을 위한 색채를 선정할 때, 고려해야 할 대비현상과 결과는? [2020년 1·2회 통합 산업기사]

① 면적대비 효과 – 면적이 커지면 명도와 채도가 견본보다 낮아진다.
② 면적대비 효과 – 면적이 커지면 명도와 채도가 견본보다 높아진다.
③ 채도대비 효과 – 면적이 커져도 견본과 동일하다.
④ 면적대비 효과 – 면적이 커져도 견본과 동일하다.

|해설|

2-1
독일의 심리학자 프란츠 뮐러-라이어(Franz Carl Müller-Lyer)에 의해 처음 고안된 것으로, 동일한 길이를 가진 두 수직선이 화살표의 방향에 따라 원래 길이보다 더 짧거나 길어 보이는 착시현상이다.

2-2
면적대비는 양적대비라고도 하며, 차지하고 있는 면적에 따라 색이 다르게 보이는 현상을 말한다. 같은 색이라도 면적이 큰 경우에 더욱 밝고 선명하게 보인다.

정답 2-1 ④ 2-2 ②

핵심 이론 03 색채지각설

(1) 영-헬름홀츠의 3원색설

① 1801년 영국 물리학자 토마스 영(Thomas Young)은 빨강, 노랑, 파랑의 3색을 3원색으로 하여 세 종류의 시신경 세포가 이 3개의 기본색에 대응함으로써 색지각이 일어난다고 하였다.

② 1860년 독일의 생리학자 헬름홀츠(Herman von Helmholtz)는 영이 주장한 빨강, 노랑, 파랑의 3원색을 빨강, 초록, 청자라고 주장하였으며, 영의 이론을 실험적으로 정리하고 시신경과 뇌의 작용까지 보충하여 '영-헬름홀츠의 3원색설'을 성립하였다.

③ 영-헬름홀츠의 3원색설은 세 가지(R, G, B) 시세포와 세 가지 시신경의 흥분과 혼합에 의해 색이 만들어진다는 것이다.

④ 초록과 빨강의 시세포가 흥분하면 노랑, 빨강과 파랑의 시세포가 흥분하면 마젠타, 초록과 파랑의 시세포가 흥분하면 사이안으로 지각된다.

⑤ 빨강, 초록, 파랑의 시세포가 흥분하면 흰색이나 회색으로 지각되고, 흥분이 없으면 검정으로 지각된다.

⑥ 이 학설은 빛의 원리에 의해 재현되는 색각현상인 계시대비와 같은 색채대비와 효과는 설명하지만 음성적 잔상과 동시대비 이론은 설명하지 못하는 한계를 가진다.

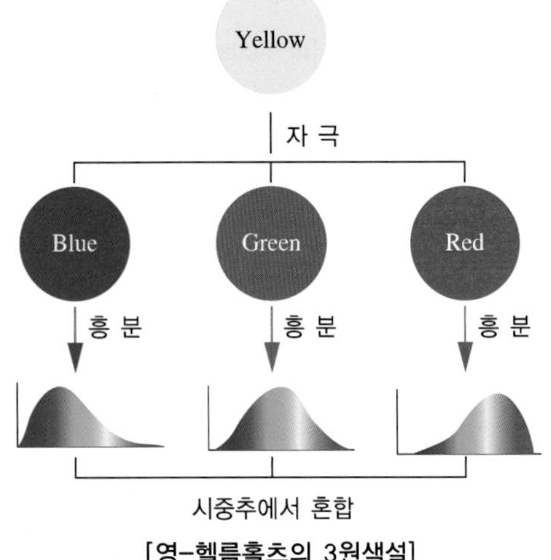

[영-헬름홀츠의 3원색설]

(2) 헤링의 반대색설

① 1872년 독일 심리학자이자 생리학자인 헤링(Ewald Hering)은 '색채지각에 관한 연구'에서 기본색이 빨강, 노랑, 초록, 파랑의 4색이라고 주장하였다.

② 반대색설은 빨강-초록, 노랑-파랑, 하양-검정의 세 쌍의 반대색설을 색의 기본 감각으로 가정하고 있다.

③ 헤링은 망막에 하양-검정 물질, 빨강-초록 물질, 노랑-파랑 물질이라는 세 가지 구성요소가 있다고 가정하고, 각각의 물질은 빛에 따라 동화(재합성)와 이화(분해)라고 하는 대립적인 화학적 변화를 일으킨다고 하였다.

※ 동화는 검정, 초록, 파랑을 나타내고, 이화는 하양, 빨강, 노랑을 나타낸다.

④ 헤링은 장파장에서 노랑-파랑 물질이 분해작용을 일으켜 노랑이, 빨강-초록 물질이 분해작용을 일으켜 초록이 지각된다고 하였다. 또한 단파장에서 노랑-파랑 물질이 합성작용을 일으켜 파랑으로 지각되고, 빨강-초록 물질이 이화와 합성작용을 일으켜 무색이 되고 이 빛은 파랑으로 지각된다고 하였다.

⑤ 검정-하양 물질은 명도단계에 대응하여 합성은 검정, 분해는 하양으로 지각된다. 이들 물질은 모든 파장에서 분해작용이 일어난다.

⑥ 빨강, 파랑, 초록의 자극이 동시에 생기면 합성, 분해작용에 의해 무채색으로 지각된다.

⑦ 대응색설이라고도 하며 1918년 발표된 오스트발트 표색계의 바탕이 되었다.

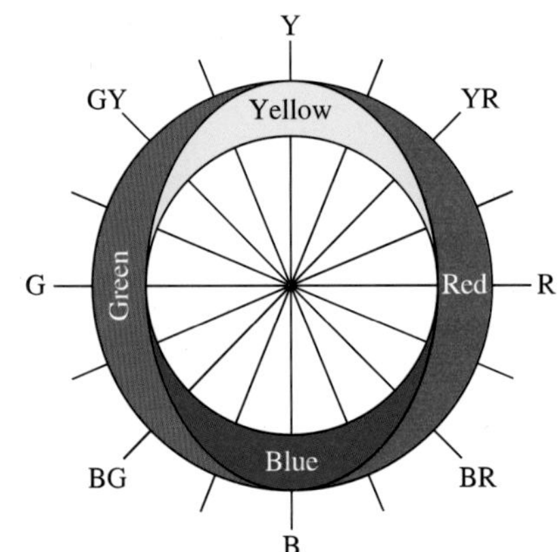

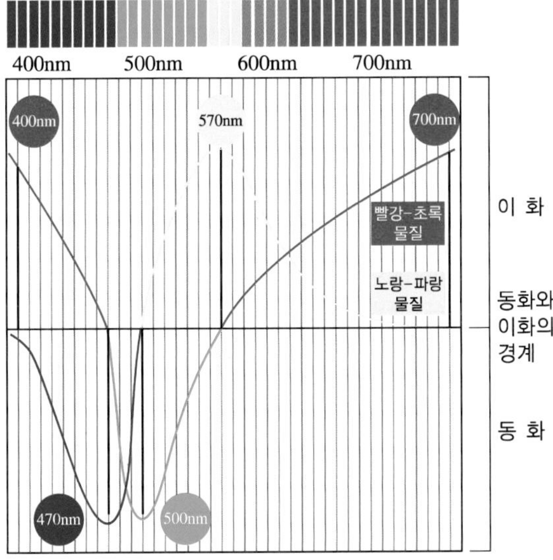

[헤링의 반대색설]

(3) 혼합설(Blending Hypothesis)

① 1964년 미국의 애드워드 맥 니콜(Edward F.Mc Nichol)에 의해 연구된 이론으로 망막수용기 단계에서는 영-헬름홀츠의 3원색설과 일치하고 신경계와 뇌의 단계에서는 헤링의 반대색설과 일치하는 두 가지 단계의 과정에 의해 색각이 일어난다는 학설이다.

② 영-헬름홀츠의 3원색설은 혼색 및 색각이상을, 대비와 잔상 등의 현상은 반대색설로 설명이 가능하다. 따라서 이러한 두 개의 색각이론을 받아들여 색채지각의 재해석을 하였다.

 **핵심예제**

3-1. 헤링의 색채 대립과정 이론에 의하면 노랑에 대립적으로 부호화되는 색은? [2017년 2회 산업기사]

① 녹 색 ② 빨 강
③ 파 랑 ④ 보 라

3-2. 영-헬름홀츠의 색지각설에 대한 설명으로 틀린 것은? [2016년 3회 산업기사]

① 빨강과 파랑의 시세포가 동시에 흥분하면 마젠타의 색각이 지각된다.
② 녹색과 빨강의 시세포가 동시에 흥분하면 노랑의 색각이 지각된다.
③ 우리 눈의 망막 조직에는 빨강, 녹색, 파랑의 시세포가 있어 색지각을 할 수 있다.
④ 색채의 흥분이 크면 어둡게, 색채의 흥분이 작으면 밝게, 색채의 흥분이 없어지면 흰색으로 지각된다.

|해설|

3-1
헤링은 망막에 하양-검정 물질, 빨강-초록 물질, 노랑-파랑 물질이라는 세 가지 구성요소가 있다고 가정하고, 각각의 물질은 빛에 따라 동화(재합성)와 이화(분해)라고 하는 대립적인 화학적 변화를 일으킨다고 하였다.

3-2
영-헬름홀츠의 3원색설은 세 가지(R, G, B) 시세포와 세 가지 종류의 시신경의 흥분과 혼합에 의해 색이 만들어진다는 것이다. 빨강, 초록, 파랑의 시세포가 흥분하면 흰색이나 회색으로 지각되고, 흥분이 없으면 검정으로 지각된다.

정답 3-1 ③ 3-2 ④

02 색의 혼합

핵심이론 01 색채 혼합의 원리

(1) 색채 혼합의 정의

① 서로 다른 성질의 색이 섞이는 것으로 두 개 이상의 색료나 잉크, 색광 등을 혼합하여 새로운 색을 만들어내는 것을 말한다.

② 컬러 TV의 화상, 사진이나 인쇄물, 직물 등은 혼색의 원리를 활용한 것이다.

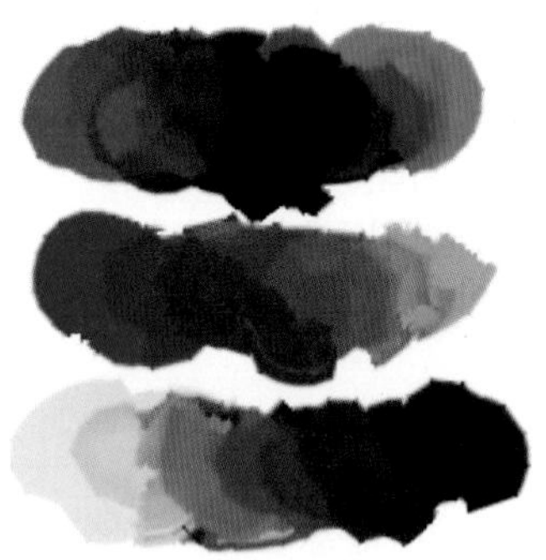

[보색혼합]

(2) 원색과 혼색

① 원 색

㉠ 색의 혼합에서 기본이 되는 색으로 더 이상 분해할 수 없거나 다른 색의 혼합으로는 도저히 만들어낼 수 없는 기초색을 말한다.

㉡ 빛(색광)의 3원색 : 빨강(Red), 초록(Green), 파랑(Blue)

㉢ 색료(안료)의 3원색 : 사이안(Cyan), 마젠타(Magenta), 노랑(Yellow)

② 혼 색

㉠ 두 가지 이상의 색광 또는 색료의 혼합으로 새로운 색을 만들어 내는 것을 말한다.

㉡ 가법혼합과 감법혼합 그리고 두 색을 동일하게 혼합하여 만든 2차색의 중간혼합이 있다.

※ 중간색(2차색) : 원색과 원색을 혼합한 것이다.

(3) 혼합의 종류와 방법

① 혼합의 종류

물리적 혼합	• 여러 종류의 색자극을 합성(혼색)하여 스펙트럼이나 색료를 동일한 곳에 합성하는 혼합 • 빛의 혼합인 가법(가산)혼합, 색료의 혼합인 감법혼합 • 무대 조명, 물감
생리적 혼합	• 서로 다른 색자극을 공간적으로 인접시켜 혼합되어 보이는 방법 • 병치혼합 : 색점을 나열하거나 직물의 직조에서 보이는 혼합 • 계시혼합(순차적 혼합) : 회전판을 돌려 서로 다른 자극을 계시적으로 보이는 혼합

② 혼합의 분류

분 류	혼합 원리	응 용
물리적 혼합	가산혼합	무대 조명, 스튜디오 조명
	감산혼합	컬러인쇄, 컬러사진
생리적 혼합	가산혼합	색팽이, 바람개비
	감산혼합	직물 모자이크, 신인상주의 점묘화
일차색	혼합되기 전의 원색	
이차색	일차색끼리의 혼합	
삼차색	이차색끼리의 혼합, 무채색에 가까움	

③ 혼합 결과의 밝기에 따른 분류 : 가산혼합, 감산혼합, 중간혼합

④ 혼합의 방법

동시혼합	• 동시에 두 가지 이상의 스펙트럼이 망막의 동일한 부분에 자극되어 나타나는 색채지각 • 동시에 어떤 색을 혼합하는 것
계시혼합	• 동일한 지점에서 두 가지 이상의 색을 짧은 시간 동안 교대하면서 자극을 주고, 자극을 없앤 후 다른 자극을 주어 앞의 자극과 혼합되도록 하는 방법 • 우리 눈은 그것들이 혼합된다고 인지하기 때문에, 이것을 계시가법혼합색이라고도 함
병치혼합	많은 색의 점들을 조밀하게 병치하여 서로 혼합되어 보이도록 하는 것으로 가법혼합의 일종

 **핵심예제**

1-1. 혼색의 원리와 활용 사례 연결이 옳은 것은?

[2020년 4회 기사]

① 물리적 혼색 – 점묘화법, 컬러사진
② 물리적 혼색 – 무대 조명, 모자이크
③ 생리적 혼색 – 점묘화법, 레코드판
④ 생리적 혼색 – 무대 조명, 컬러사진

1-2. 다음 중 색의 혼합방법이 나머지와 다른 하나는?

[2018년 1회 기사]

① 무대 조명
② 네거티브 필름의 제조
③ 모니터
④ 컬러 슬라이드

|해설|

1-1
혼합의 원리
- 물리적 혼색 : 여러 종류의 색자극을 혼색하여 스펙트럼이나 색료를 동일한 곳에 합성하는 혼색이며 무대 조명, 스튜디오 조명, 컬러인쇄, 컬러사진 등에 활용된다.
- 생리적 혼색 : 서로 다른 색자극을 공간적으로 인접시켜 혼색되어 보이는 방법이며 점묘화법, 레코드판, 색팽이 등에 활용된다.

1-2
색의 혼합방법에 크게 가법혼합과 감법혼합이 있다. 색이 혼합될수록 가법혼합은 명도가 높아지는 현상이고 감법혼합은 명도가 낮아지는 현상이다. 컬러 슬라이드는 감법혼합에 해당된다.

정답 1-1 ③ 1-2 ④

핵심이론 02 가법혼합과 감법혼합

(1) 가법혼합

① 혼합된 색의 명도가 혼합 이전의 평균 명도보다 높아지는 색광의 혼합을 말한다.
② 두 종류 이상의 색광을 혼합할 경우 빛의 양이 증가하기 때문에 명도가 높아진다는 의미에서 가법이나 가산이라는 단어를 사용한다.
※ 색광의 3원색 : 빨강(Red), 초록(Green), 파랑(Blue)
③ 가법혼합의 방법

동시가법혼합	무대 조명과 같이 2개 이상의 스펙트럼을 동시에 겹쳐 합성된 결과를 지각하는 방법으로 색광을 동시에 투사하여 혼색하는 방법
계시가법혼합 (순차가법혼합)	색광을 빠르게 교대하면서 계시적으로 혼색하는 방법
병치가법혼합	신인상파의 점묘화, 직물의 무늬색, 모자이크, 옵아트 등

④ 가법혼합의 결과

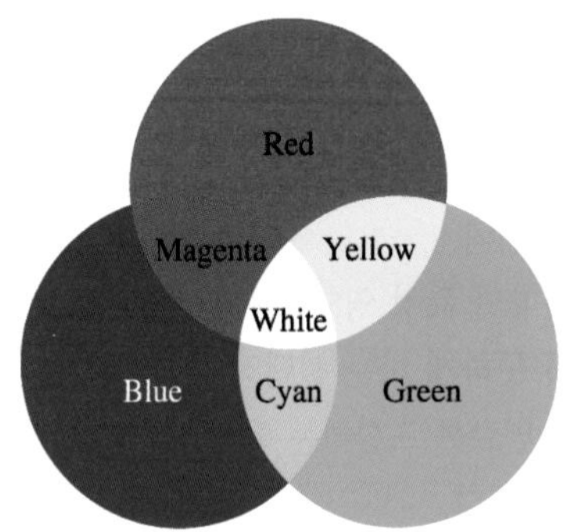

[RGB의 가법혼합]

㉠ 빨강(Red) + 초록(Green) = 노랑(Yellow)
㉡ 초록(Green) + 파랑(Blue) = 사이안(Cyan)
㉢ 파랑(Blue) + 빨강(Red) = 마젠타(Magenta)

(2) 감법혼합

① 혼합된 색의 명도나 채도가 혼합 이전의 평균 명도나 채도보다 낮아지는 색료의 혼합을 말한다.
② 두 종류 이상의 색을 혼합할 경우 순색의 밝기가 어두워진다는 뜻에서 감법이나 색료의 혼합이라는 단어를 사용한다.

③ 색 필터의 혼합, 컬러 슬라이드, 아날로그 영화필름, 색채 사진 등이 있다.

※ 색료의 3원색 : 사이안(Cyan), 마젠타(Magenta), 노랑(Yellow)

④ 감법혼합의 결과

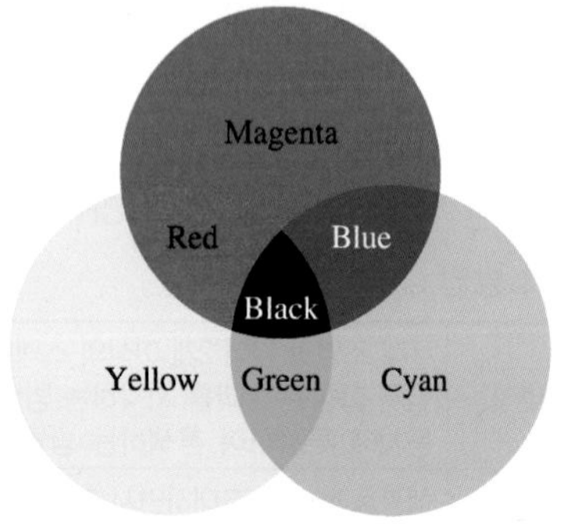

[CMY의 감법혼합]

㉠ 사이안(Cyan) + 마젠타(Magenta) = 파랑(Blue)

㉡ 마젠타(Magenta) + 노랑(Yellow) = 빨강(Red)

㉢ 노랑(Yellow) + 사이안(Cyan) = 초록(Green)

(3) 색 필터

① 색 필터의 개념

㉠ 전자기파의 특정 영역을 통과시키고, 다른 영역은 투과하지 못하게 하는 선택적 투과 특성을 가지는 것으로, 색 염료를 포함하는 유리, 젤라틴, 플라스틱 등으로 제조된다.

㉡ 여러 개의 색 필터를 이용하면 띠 필터와 같은 좁은 영역의 빛 투과 영역을 만들 수 있다.

㉢ 색 필터를 겹치거나 그림물감을 덧칠함으로써 색을 혼합하는 방법을 감산혼합 또는 감법혼색이라고 한다.

② 색 필터의 특성

㉠ 2장의 색 필터를 겹치면 양쪽이 공통으로 투과시키는 파장 부분만이 마지막으로 투과하고, 투과가 공통되지 않은 파장 부분은 어느 것이나 불투명해지므로 혼색 결과는 원래의 색보다 어두운색이 된다.

㉡ 백색광을 색 필터에 통과시킬 경우 각각의 필터는 자신의 색에 해당하는 파장 성분만을 통과시킨다.

- 사이안(Cyan) 필터 : 중파장의 초록과 단파장의 파랑은 통과시키고 장파장의 빨강은 흡수한다.
- 마젠타(Magenta) 필터 : 장파장의 빨강과 단파장의 파랑은 통과시키고 중파장의 초록은 흡수한다.
- 노랑(Yellow) 필터 : 장파장의 빨강과 중파장의 초록은 통과시키고 단파장의 파랑은 흡수한다.

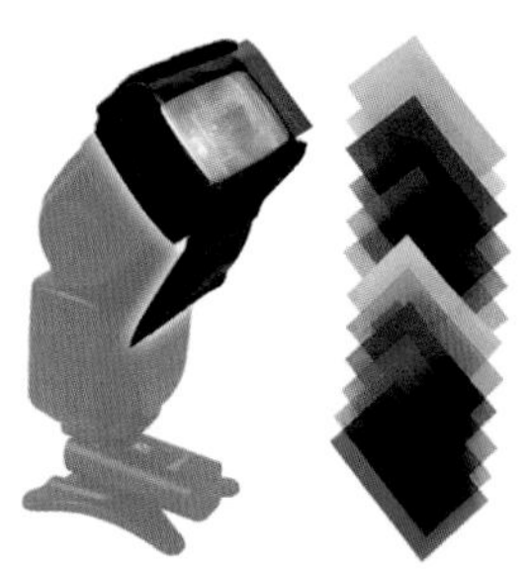

[컬러 젤 필터]

③ 색 필터에 의한 감법혼합의 원리

㉠ 백색광을 노란 필터에 통과시키면 단파장은 흡수하고, 장파장과 중파장은 통과하여 빨강과 초록이 합성되어 노랑으로 지각된다.

㉡ 백색광을 사이안 필터에 통과시키면 장파장은 흡수하고, 중파장과 단파장은 통과하여 초록과 파랑이 합성되어 사이안으로 지각된다.

㉢ 백색광을 마젠타 필터에 통과시키면 중파장은 흡수하고, 장파장과 단파장은 통과하여 빨강과 파랑이 합성되어 마젠타로 지각된다.

㉣ 백색광을 노란 필터와 마젠타 필터에 겹쳐서 통과시키면 노란 필터에서 단파장을 흡수하고, 마젠타 필터에서 중파장을 흡수하여 장파장인 빨강만 통과하여 빨강으로 지각된다.

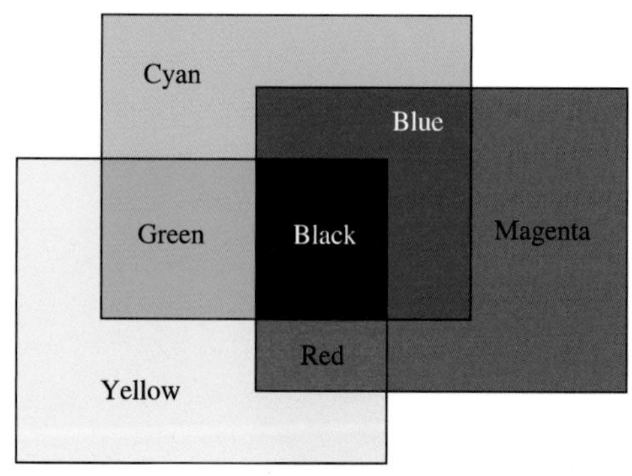

[색 필터]

ⓜ 백색광을 사이안 필터와 노란 필터에 겹쳐서 통과시키면 사이안 필터에서 장파장을 흡수하고, 노란 필터에서 단파장을 흡수하여 중파장인 초록만 통과하여 초록으로 지각된다.

ⓑ 백색광을 마젠타 필터와 사이안 필터에 겹쳐서 통과시키면 마젠타 필터에서 중파장을 흡수하고, 사이안 필터에서 장파장을 흡수하여 단파장인 파랑만 통과하여 파랑으로 지각된다.

ⓢ 백색광을 노란 필터, 사이안 필터, 마젠타 필터에 겹쳐서 통과시키면 노란 필터에서 단파장을 흡수하고, 사이안 필터에서 장파장을 흡수하며, 마젠타 필터에서 중파장을 각각 모두 흡수하여 검정으로 지각된다.

핵심예제

인쇄과정 중에 원색분판 제판과정에서 사이안(Cyan) 분해 네거티브 필름을 만들기 위해 사용하는 색 필터는?

[2019년 1회 산업기사]

① 사이안색 필터
② 빨간색 필터
③ 녹색 필터
④ 파란색 필터

|해설|

사이안(Cyan) 분해에 대한 네거티브 필름을 만들기 위한 색 필터는 보색인 빨간색 필터이다.

정답 ②

핵심이론 03 중간혼합

(1) 의 의

① 두 색 또는 그 이상의 색이 섞였을 때 눈의 망막에서 일어나는 착시적 혼합을 말한다.
② 인상파 화가들이 자주 사용했던 점묘화법과 같은 병치혼합이 대표적이다.

(2) 회전혼합

① 영국의 물리학자인 제임스 클러크 맥스웰(James Clerk Maxwell)이 발견하였으며, 하나의 면에 두 가지 이상의 색을 붙인 후 빠른 속도로 회전시키면 그 색들이 혼합되어 보이는 현상이다.
② 혼색 결과는 중간색, 중간 명도, 중간 채도이다.
③ 혼합되는 색 중 명도가 높은 색으로 좀 더 기울고, 여러 가지 색팽이나 완구류, 바람개비 등에서 쉽게 볼 수 있는 혼합이다.
④ 동일 지점에서 두 가지 이상의 색자극으로 반복시키는 계시혼합의 원리에 의해 색이 혼합되어 보이는 것으로 중간혼합의 일종이다.
⑤ 혼색이 결과로 나타나는 색의 색상, 명도, 채도가 평균값이 된다.
⑥ 보색관계의 혼합은 회색이 된다.

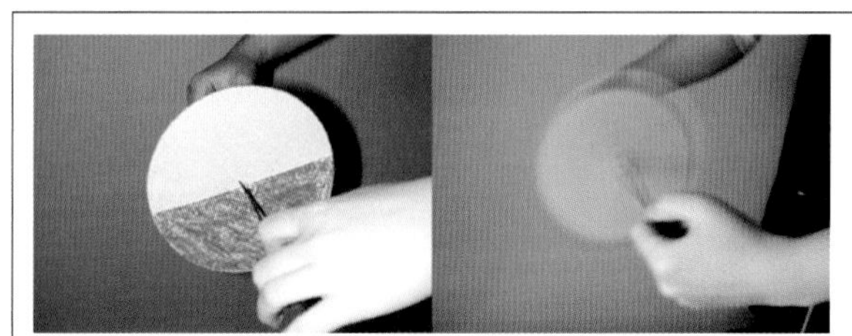

노랑과 빨강이 칠해진 색팽이를 돌리면 주황으로 보인다.

(3) 병치혼합

① 두 개 이상의 색을 병치시켜 일정 거리에서 바라보면 망막상에서 혼합되어 보이는 것으로 중간혼합의 일종이다.

② 색 면적과 거리에 비례하고 색점이 작을수록 혼합되는 거리가 짧아 혼합이 잘되어 보인다.

③ 텔레비전이나 컴퓨터의 컬러 모니터, 모자이크 벽화, 직물에서의 베졸트 효과, 망점에 의한 원색 인쇄 등이 있다.

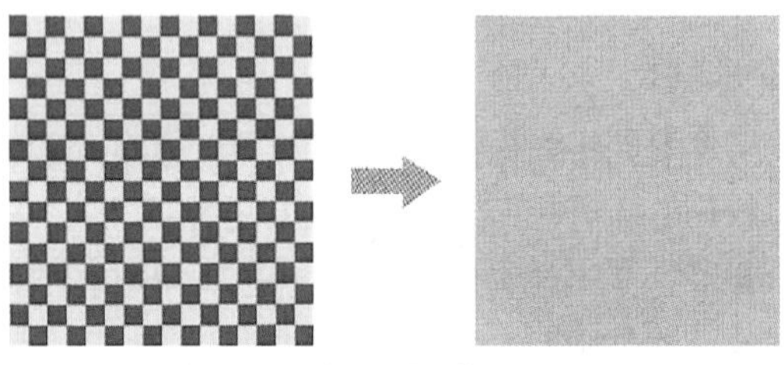

[병치혼합]

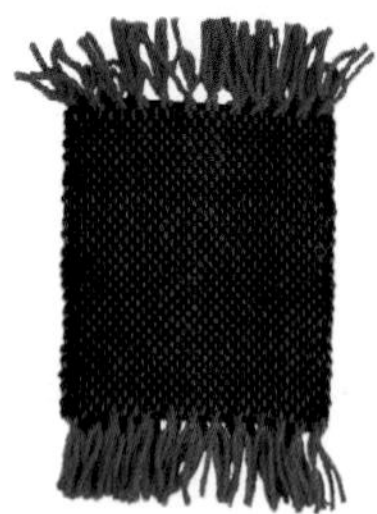

[직조물]

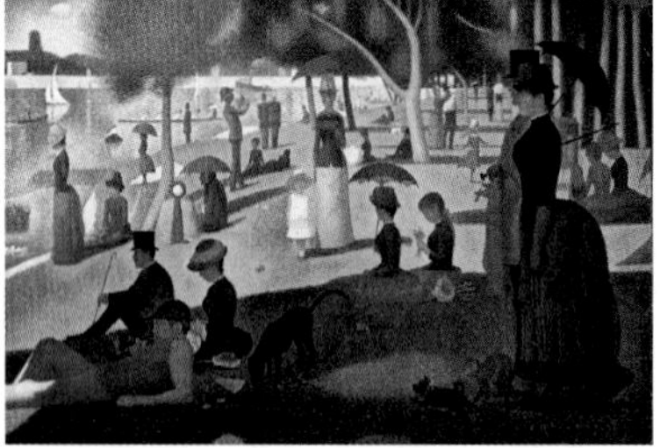

[그랑드 자트 섬의 일요일 오후]

핵심예제

3-1. 병치혼합에 관한 설명 중 틀린 것은? [2019년 1회 기사]

① 감법혼색의 일종이다.

② 점묘법을 이용한 인상파 화가의 그림에서 볼 수 있는 색혼합 방법이다.

③ 비잔틴 미술에서 보여지는 모자이크 벽화에서 볼 수 있는 색혼합 방법이다.

④ 두 색의 중간적 색채를 보게 된다.

3-2. 중간혼색에 대한 설명이 틀린 것은? [2017년 3회 기사]

① 병치혼합은 많은 색의 점들을 조밀하게 병치하여 서로 혼합되게 보이는 방법이다.

② 병치혼합은 19세기 후반 프랑스를 중심으로 일어난 신인상주의 미술에서 점묘파 화가들이 고안한 기법이다.

③ 회전혼색은 동일 지점에서 2가지 이상의 색자극을 반복시키는 계시혼합의 원리에 의해 색이 혼합되어 보이는 것이다.

④ 회전판을 이용한 보색의 회전혼색은 흰색이다.

|해설|

3-1

병치혼합은 많은 색의 점들을 조밀하게 병치하여 서로 혼합되어 보이도록 하는 방법으로 중간혼합의 일종이다.

3-2

중간혼색은 가법혼색의 일종으로 혼합한 색이 평균 밝기로 되는 현상을 말한다. 모든 색을 일정한 양으로 혼색하면 흰색이 나오지만 보색의 혼색은 다른 색이 보인다.

정답 3-1 ① 3-2 ④

핵심 이론 04 기타 혼합

(1) 도 료

① 물체를 장식하거나 보호하기 위해서 물체의 표면에 칠하는 현탁액으로 결합제와 결합제를 부드럽게 유지하게 하는 용제가 주원료이고 색을 결정하는 것은 안료이다.

② 결합제는 대부분 무색 또는 무색에 가깝게 투명하기 때문에 도료의 색은 안료에 따라 결정된다.

③ 도막의 표면에는 안료가 불규칙하게 배열되어 있으므로 도료의 혼색은 병치혼색의 상태를 나타내기 때문에 감법혼합과 중간혼합인 병치가법혼합이 혼재된 혼합이다.

④ 현탁액은 진흙물처럼 작은 알갱이들이 용해되지 않은 채, 액체 속에 퍼져 있는 혼합물을 의미한다.

(2) 인쇄잉크

① 인쇄잉크는 안료와 결합제가 주요 원료이며 가장 일반적인 인쇄방법으로 3원색의 원색잉크를 각각의 판을 만들어 중복 인쇄로써 종이 위에 혼합하는 방법이다.

② 블록판 인쇄와 평판 인쇄(오프셋 인쇄)는 망점을 이용하여 인쇄하는 병치혼합이다.

③ 그라비어 인쇄는 사진 제판법을 바탕으로 하는 오목판 인쇄방법으로, 감법혼합과 병치혼합이 혼재된다.

(3) 섬 유

① 염색은 염료를 섬유에 침투하게 하거나 섬유 내부에서 화학반응을 일으켜 색을 들인다.

② 염색된 섬유는 실이 되거나 실이 된 후 염색하기도 한다.

③ 섬유에서 실을 엮어낼 때 다른 색의 실이 섞이면 섬유에 의한 병치혼색이 나타난다.

(4) 플라스틱

① 플라스틱 혼합은 투명, 불투명에 따라 그 특성이 다르다.

② 투명 플라스틱의 경우 염료계의 색재에 의해 착색되며 혼합과정은 감법혼합이다.

③ 불투명 플라스틱의 경우 플라스틱 자체가 산란성을 갖기 때문에 혼합 원리는 마찬가지로 중간혼합이다.

핵심예제

4-1. 컬러 프린터에서 Magenta 잉크 위에 Yellow 잉크가 찍혔을 때 만들어지는 색은? [2017년 1회 산업기사]

① Red
② Green
③ Blue
④ Cyan

4-2. 컬러인쇄를 자세히 들여다보면 작은 망점으로 이루어진 것이 보인다. 이 망점 인쇄의 원리에 대한 설명 중 옳은 것은? [2018년 2회 기사]

① 망점의 색은 노랑, 사이안, 빨강으로 되어 있다.
② 색이 겹쳐진 부분은 가법혼색의 원리가 적용된다.
③ 일부 나열된 색에는 병치혼색의 원리가 적용된다.
④ 인쇄된 형태의 어두운 부분을 안정시키기 위하여 빨강, 녹색, 파랑을 사용한다.

|해설|

4-1
감법혼합
- Cyan + Magenta = Blue
- Magenta + Yellow = Red
- Yellow + Cyan = Green

4-2
컬러인쇄에 사용하는 잉크의 3원색은 Cyan, Magenta, Yellow이며 감법혼색의 원리가 적용된다. 인쇄의 원리로는 점들을 조밀하게 병치하여 서로 혼합되어 보이도록 하는 방법이 사용된다.

정답 4-1 ① 4-2 ③

03 색채감각

제1절 색채의 지각적 특성

핵심이론 01 색의 조화

① 배색은 보는 사람에게 쾌감을 줄 때 어우러진 색의 상태를 말한다.

② 색의 조화를 색상이라는 점에서 보면, 같은 색상의 조화, 유사 색상의 조화, 반대 색상의 조화가 있다. 또 명도라는 점에서 보면 등명도 및 유사 명도 조화가 있다.

③ 보통 배색에서는 이런 것들이 적당하게 조합된다. 같은 색상 및 유사 색상의 조화는 무난하지만 변화가 적어 명도차가 요구된다.

④ 반대 색상의 조화는 순색끼리는 너무 강하여 명색이나 탁색으로 하면 바람직한 조화를 얻을 수 있다.

⑤ 일반적으로 명청색끼리의 배색은 밝고 경쾌하며 암탁색끼리의 배색은 은근하고 침착한 것이 된다. 또 하얀색, 검은색, 회색의 무채색은 거의 어떤 색과도 조화되므로 그것을 유채색과 적당히 조합시키면 조화효과를 높일 수 있다.

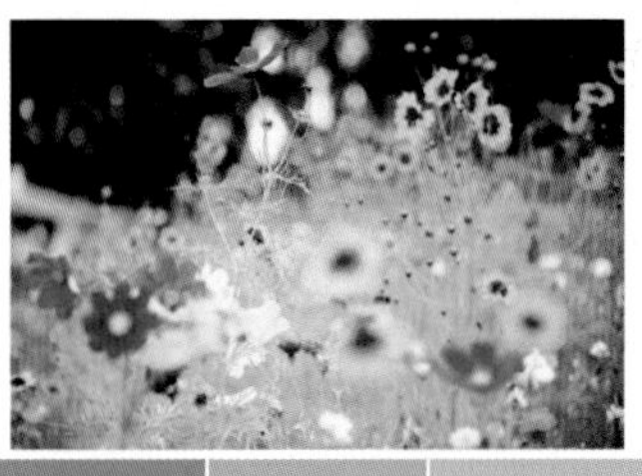

[자연에서 얻은 색의 조화]

핵심예제

색채조화에 대한 설명으로 틀린 것은? [2015년 2회 기사]

① 색채조화는 상대적인 색을 바르게 선택하여, 더욱 좋은 효과를 얻는 것을 의미한다.
② 색채조화는 주관적인 판단이나 일시적인 평가를 얻기 위한 것이다.
③ 색채조화는 조화로운 균형을 의미한다.
④ 색채조화는 두 색 또는 그 이상의 색채연관 효과에 대한 가치평가로 말한다.

|해설|

색채조화란 객관적인 자료를 통해 지속적으로 관리하고 사용할 것을 목적으로 한다.

정답 ②

핵심 이론 02 색의 대비

(1) 의 의

① 배경과 주위에 있는 색의 영향으로 색의 성질이 변화되어 보이는 현상을 말한다.

② 대부분 지속적이 아닌 순간적으로 일어나며 시간이 경과함에 따라 그 정도가 약해진다.

③ 색의 대비는 대비방법에 따라 두 개의 색을 동시에 볼 때 일어나는 동시대비와 시간적 차이를 두고 일어나는 계시대비로 나눌 수 있다.

(2) 동시대비(Simultaneous Contrast, 공간대비)

① 인접해 있는 두 가지 이상의 색을 동시에 볼 때 서로의 영향으로 색이 다르게 보이는 현상으로, 순간적이며 시점을 한 곳에 집중시키려는 색채지각 과정에서 일어난다.

② 색차가 클수록 대비현상이 강해지고, 색과 색의 거리가 멀어질수록 대비현상은 약해진다.

③ 계속해서 한 곳을 보게 되면 눈의 피로도 때문에 대비효과는 떨어지게 된다.

④ 색상대비(Color Contrast)

㉠ 색상이 다른 두 색을 동시에 볼 때 각 색상의 차이가 크게 느껴지는 현상이다.

㉡ 색상대비는 1차색끼리 잘 일어나며, 2차색, 3차색이 될수록 그 대비효과는 작아진다.

㉢ 색의 상징을 극대화한 것으로 교회나 성당의 스테인드 글라스에 많이 사용되고 현대회화에서 마티스, 피카소 등의 작품에서 사용된다.

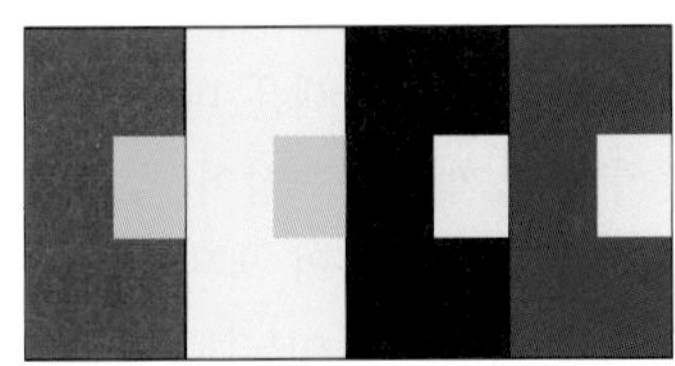

[색상대비의 예]

⑤ 명도대비(Luminosity Contrast)

㉠ 명도가 다른 두 색이 서로 대조가 되어 두 색 간의 명도차가 크게 보이는 현상이다.

㉡ 명도대비는 명도의 차이가 클수록 더욱 뚜렷하며, 유채색보다 무채색에서 더욱 강하게 나타난다.

㉢ 배경색의 명도가 낮으면 본래의 명도보다 높아 보이고, 배경색의 명도가 높으면 본래의 명도보다 낮아 보인다.

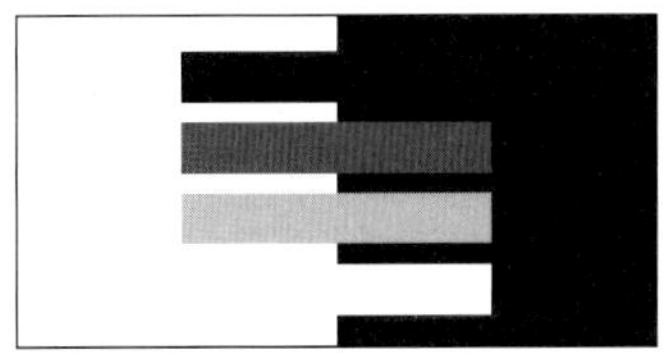

[무채색의 명도대비]

⑥ 채도대비(Chromatic Contrast)

㉠ 채도가 다른 두 색이 인접해 있을 때 서로에게 영향을 주어 채도차가 더욱 크게 일어나는 현상이다.

㉡ 동일한 색일지라도 주위의 색 조건에 따라서 채도가 낮은 색은 더욱 낮게, 높은 색은 더욱 높게 보인다.

㉢ 채도차가 클수록 뚜렷한 대비현상이 나타나고, 유채색과 무채색의 대비에서 가장 뚜렷하게 일어나며, 무채색 사이에서는 일어나지 않는다.

㉣ 동일한 색을 채도가 낮은 바탕에 놓았을 때는 선명해 보이고, 채도가 높은 바탕에 놓았을 때는 탁해 보인다.

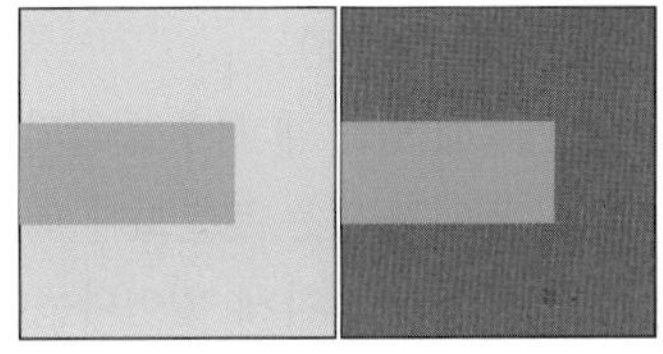

[채도대비의 예]

⑦ 보색대비(Complementary Contrast)

㉠ 보색은 색상환에서 가장 멀리 있는 색으로 서로 혼합했을 때 무채색이 되는 관계이다.

㉡ 보색관계인 두 색을 인접시켰을 때 서로의 영향으로 본래의 색보다 채도가 높아져 색이 더욱 뚜렷해 보이는 현상이다.

㉢ 색의 대비 중에서 가장 강한 대비로 각각 잔상의 색이 상대편의 색과 같아지기 위해 서로의 채도를 높이게 되어 색상을 강조하게 되면서 나타나는 현상이다.

[보색의 분류]

분 류	내 용
물리보색	• 두 색을 섞었을 때 무채색이 되는 색 • 색광은 보색끼리 혼합하면 백색광이 됨 • 색료는 보색끼리 혼합하면 검정이 됨
심리보색	• 눈의 잔상에 따른 보색 • 빨강의 보색은 사이안, 녹색의 보색은 마젠타, 파랑의 보색은 노랑이며 서로 심리보색 관계

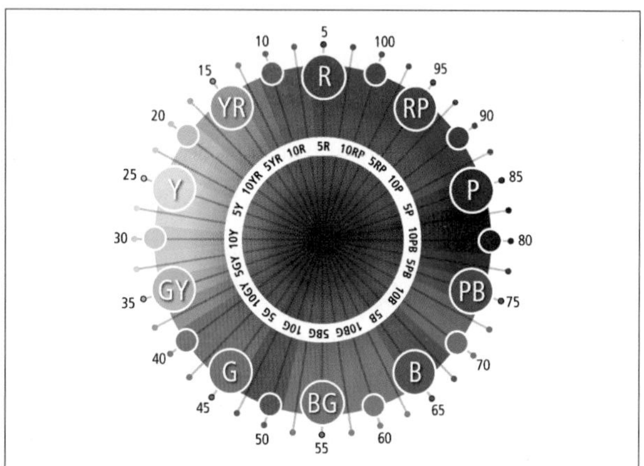

색상환에서 가장 멀리 있는 색은 서로 보색관계이며 이 두 색을 섞으면 무채색이 된다.

⑧ 연변대비(Edge Contrast)

㉠ 두 색이 인접해 있을 때 서로 인접되는 부분이 경계로부터 멀리 떨어져 있는 부분보다 색상, 명도, 채도의 대비현상이 더욱 강하게 일어나는 현상이다.

㉡ 연변대비를 약화시키고자 할 때는 두 색 사이를 무채색 테두리로 구분해 준다.

㉢ 명도단계별로 색을 나열하면 명도가 높은 부분과 접하는 부분은 어둡게 보이고 명도가 낮은 부분과 접하는 부분은 밝게 보인다.

예 노트르담 대성당의 스테인드 글라스 제작기법을 보면 원색으로 이루어진 바탕 사이에 검은색 띠를 두른 것을 발견하게 되는데, 이는 연변대비를 약화시키려는 시각적 보정작업이다.

[연변대비 효과]

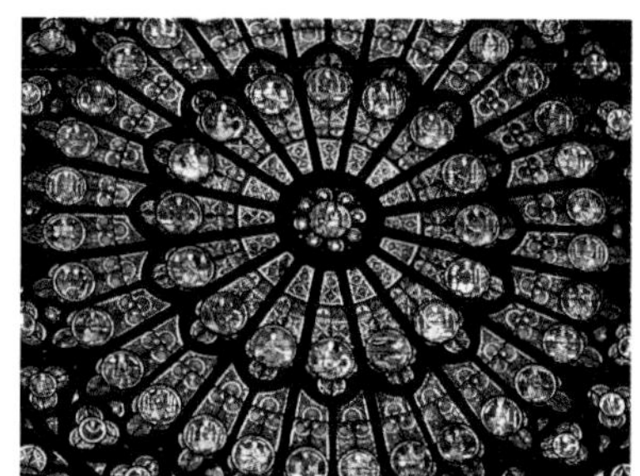

[노트르담 대성당의 장미창]

(3) 계시대비(Successive Contrast, 시간대비, 연속대비)

① 어떤 색을 잠시 본 후 시간적인 차이를 두고 다른 색을 보았을 때 먼저 본 색의 영향으로 나중에 본 색이 다르게 보이는 현상이다.

② 일정한 색의 자극이 사라진 후에도 지속적으로 색의 자극을 느낄 때 나타난다.

③ 채도가 매우 높은 빨간색 색지를 한참 동안 바라보다가 다음 순간에 초록색 색지를 보면 보다 선명한 초록으로 보인다. 색채의 음성적 잔상과 계시대비는 유사한 현상으로 취급한다.

빨간색을 집중해서 바라본 후 검은색으로 시선을 옮겨 바라보면 그 검은색이 파란색으로 보인다.

(4) 기타 대비

① 한난대비(Contrast of Warm and Cool)

㉠ 서로의 영향으로 한색은 더욱 차갑게, 난색은 더욱 따뜻하게 느껴지는 현상이다.

㉡ 보라와 초록색 계통의 색은 때로는 차갑게, 때로는 따뜻하게 느껴질 수 있는데 이러한 색상을 중성색이라고 한다.

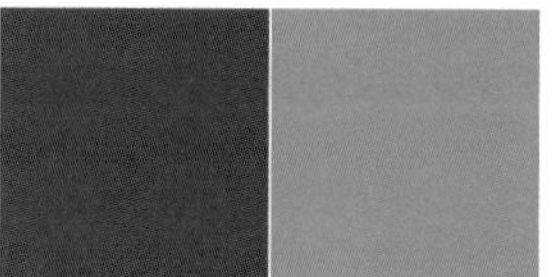

[한난대비 효과]

[색의 온도감]

구 분	내 용
난 색	• 빨강, 주황, 노랑 • 파장이 긴 색
한 색	• 파랑, 남색, 청록 • 파장이 짧은 색
중성색	보라, 초록

② 면적대비(Area Contrast)

㉠ 동일한 색이라도 면적이 크고 작음에 따라서 색이 다르게 보이는 현상으로 색채의 양적대비라고도 한다.

㉡ 면적이 크면 명도와 채도가 실제보다 좀 더 밝고 깨끗하게 보이고, 면적이 작으면 명도와 채도가 실제보다 어둡고 탁하게 보인다.

㉢ 동일한 크기의 면적일 때, 고명도 색의 면적은 실제보다 크게 보이고, 저명도 색의 면적은 실제보다 작게 보인다. 고채도의 색은 실제보다 크게 보이고, 저채도 색의 면적은 실제보다 작게 보인다.

[면적대비 효과]

핵심예제

2-1. 다음은 면적대비에 대한 일반적인 설명이다. (　　)에 들어갈 단어가 순서대로 옳게 나열된 것은? [2019년 2회 기사]

> 동일한 크기의 면적일 때, 고명도 색의 면적은 실제보다 (A) 보이고, 저명도 색의 면적은 실제보다 (B) 보인다. 고채도 색의 면적은 실제보다 (C) 보이고, 저채도 색의 면적은 실제보다 (D) 보인다.

① A : 크게, B : 작게, C : 크게, D : 작게
② A : 작게, B : 크게, C : 작게, D : 크게
③ A : 작게, B : 크게, C : 크게, D : 작게
④ A : 크게, B : 작게, C : 작게, D : 크게

2-2. 색채대비 현상에 관한 설명으로 옳은 것은? [2019년 2회 산업기사]

① 색상대비는 1차색끼리 잘 일어나며 2차색, 3차색이 될수록 대비효과가 감소한다.
② 계속해서 한 곳을 보게 되면 대비효과는 더욱 커진다.
③ 일정한 자극이 사라진 후에도 지속적으로 자극을 느끼는 현상을 연변대비라 한다.
④ 대비현상은 생리적 자극방법에 따라 동시대비와 동화현상으로 나눌 수 있다.

2-3. 계시대비에 대한 설명으로 틀린 것은? [2018년 1회 산업기사]

① 시점을 한 곳에 집중시키려는 색채지각 과정에서 일어난다.
② 일정한 색의 자극이 사라진 후에도 지속적으로 색의 자극을 느끼는 현상이다.
③ 두 가지 이상의 색을 연속적으로 보았을 때 나타난다.
④ 음성잔상과 동일한 맥락으로 풀이될 수 있다.

|해설|

2-1
동일한 크기의 면적일 때, 고명도 색의 면적은 실제보다 크게 보이고, 저명도 색의 면적은 실제보다 작게 보인다. 고채도 색의 면적은 실제보다 크게 보이고, 저채도 색의 면적은 실제보다 작게 보인다.

2-2
② 계속해서 한 곳을 보게 되면 대비효과는 더욱 작아진다.
③ 일정한 자극이 사라진 후에도 지속적으로 자극을 느끼는 현상을 잔상현상이라 한다.
④ 대비현상은 생리적이 아닌 지각적・심리적 효과에 의해 동시대비와 동화현상으로 나눌 수 있다.

2-3
계시대비는 어떤 색을 잠시 본 후 시간적인 차이를 두고 다른 색을 보았을 때 먼저 본 색의 영향으로 나중에 본 색이 다르게 보이는 현상이다. 시점을 한 곳에 집중시키려는 색채지각 과정은 동시대비에 속한다.

정답 2-1 ① 2-2 ① 2-3 ①

핵심 이론 03 색의 동화

(1) 동화현상의 특성

① 대비현상과는 반대로 인접한 색의 영향을 받아 인접색에 가까운 색으로 보이는 현상이다.

② 동화현상은 점이나 선의 크기와 밀접한 관계가 있으며, 이와 동시에 관찰의 거리에도 영향을 받는다.

③ 가까이서 보면 식별이 가능한 점과 선도 일정한 거리를 두고 보면 바탕과 점이나 선이 혼합되어 동화현상이 일어난다.

④ 동화효과를 전파효과 또는 혼색효과라고도 하며, 줄눈과 같이 가늘게 형성되었을 때 나타난다고 해서 줄눈효과라고도 한다.

⑤ 베졸트 효과가 대표적인 동화현상이다.

　㉠ 하나의 색만 변화시켜도 양탄자 디자인의 전체 색조를 변화시킬 수 있다는 것을 발견할 수 있다.

　㉡ 면적이 작거나 무늬가 가는 경우에 생기는 효과로, 배경과 줄무늬의 색이 비슷할수록 그 효과가 커진다는 것이다.

　㉢ 세밀한 도형 패턴에 있어서 동화효과는 베졸트의 동화현상이라고 불린다.

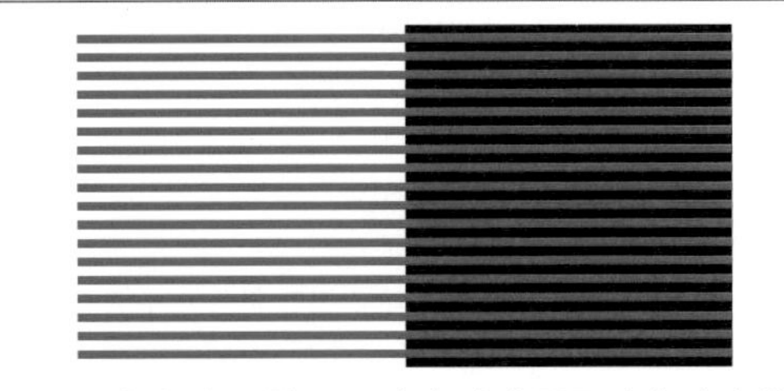

베졸트 효과의 예로 흰 줄무늬와 검정 줄무늬에 따라 빨강의 명도가 달라 보인다.

(2) 동화현상의 종류

① **명도동화** : 회색 바탕에 검정과 흰색의 무늬가 있는 그림에서 명도동화가 일어나면 흰색 무늬가 있는 바탕의 회색은 본래의 회색보다 밝아 보이고, 검정 무늬가 있는 바탕의 회색은 본래의 회색보다 어두워 보인다.

② **색상동화** : 배경색과 문양이 서로 혼합되어 주로 색상의 변화가 보이는 동화현상으로, 대비현상과는 반대로 주변색의 영향을 받아 근접하게 색상이 동화되는 효과를 가리킨다.

③ **채도동화** : 중채도의 빨강 바탕에 고채도의 빨강과 회색에 가까운 무늬가 있는 그림에서 채도의 동화가 일어나면, 고채도의 빨강 무늬가 있는 바탕의 빨강은 원래의 빨강보다 선명하게 보이고, 저채도의 빨강 무늬가 있는 바탕의 빨강은 원래의 빨강보다 탁해 보인다.

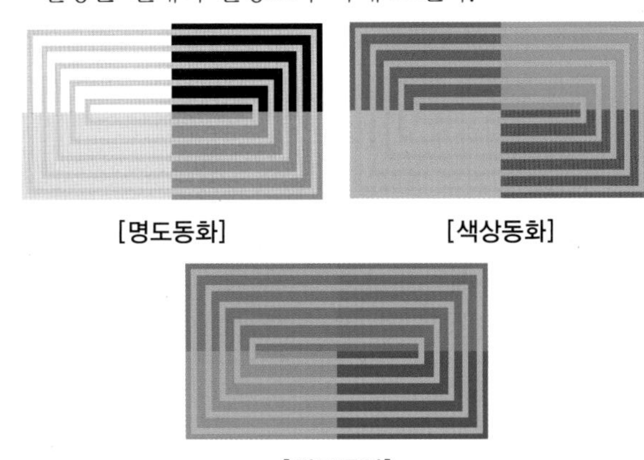

[명도동화]　[색상동화]

[채도동화]

핵심예제

색의 동화효과를 바르게 설명한 것은? [2019년 1회 산업기사]

① 일정한 자극이 사라진 후에도 지속적으로 자극을 느끼는 현상이다.

② 대비효과의 일종으로서 음성적 잔상으로 지각된다.

③ 색의 경연감에 영향을 주는 지각효과이다.

④ 색의 전파효과 또는 혼색효과라고 한다.

|해설|

색의 동화효과는 대비현상과는 반대로 인접한 색의 영향을 받아 인접색에 가까운 색으로 보이는 현상으로 전파효과 또는 혼색효과라고 한다. 줄눈과 같이 가늘게 형성되었을 때 나타난다고 해서 줄눈효과라고도 한다.

정답 ④

핵심이론 04 색의 잔상

(1) 색의 잔상

① 어떤 색을 응시한 후의 망막의 피로현상으로, 어떤 자극을 받았을 경우 원자극을 없애도 색의 감각이 계속해서 남아 있거나 반대의 상이 남아 있는 현상을 말한다.

② 자극한 빛의 밝기와 색도, 시간, 눈의 상태에 따라 잔상 시간이 다르게 나타난다.

③ 잔상은 짧은 시간에 이루어지며 크게 정의 잔상(양성잔상)과 부의 잔상(음성잔상)으로 구분한다.

빨간 원을 한참 동안 응시한 후 하얀 공백으로 시선을 돌리면 빨간 원의 잔상이 나타나는 것을 경험할 수 있다.

(2) 정의 잔상(Positive After Image, 양성잔상)

① 원래 색의 밝기와 색상이 같아 보이는 잔상이 생기는 것으로 망막에 색의 자극이 흥분한 상태로 지속되고 자극이 없어져도 원래의 자극과 동일한 상이 지속적으로 느껴지는 현상을 말한다.

② 정의 잔상은 주로 짧고 강한 자극으로 일어나기 쉽다.

③ 어두운 곳에서 빨간 성냥불을 돌리면 길고 선명한 빨간색 원이 그려지는 현상이다.

④ 원래의 자극과 같은 색으로 느껴지지만 밝기가 감소하는 현상이다.

(3) 부의 잔상(Negative After Image, 음성잔상)

① 원래의 감각과 반대의 밝기나 색상을 띤 잔상으로 자극이 사라진 뒤에도 광자극의 색상, 명도, 채도가 정반대로 느껴지는 현상이다.

② 무채색의 경우 밝기가 반대로 보이며(검은색의 잔상인 흰색으로), 유채색의 경우 응시한 색과 반대의 색이 잔상으로 보인다.

③ 수술실의 의사 가운이 초록색이나 청록색으로 사용되는 이유도 음성잔상을 없애고 수술 시, 시각적 피로를 감소시키기 위함이다.

[부의 잔상]

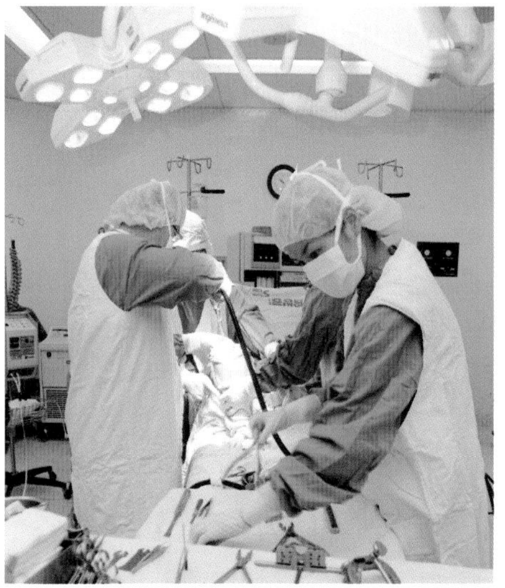

[초록색의 수술실 벽과 수술복]

핵심예제

정의 잔상(양성적 잔상)에 대한 설명으로 옳은 것은?

[2018년 2회 기사]

① 색자극에 대한 잔상으로 대체로 반대색으로 남는다.
② 어두운 곳에서 빨간 성냥불을 돌리면 길고 선명한 빨간 원이 그려지는 현상이다.
③ 원자극과 같은 정도의 밝기와 반대색의 기미를 지속하는 현상이다.
④ 원자극이 선명한 파랑이면 밝은 주황색의 잔상이 보인다.

|해설|

정의 잔상은 원래 색의 밝기와 색상이 같아 보이는 잔상이 생기는 것으로 망막의 흥분 상태가 지속되어 생기는 것이며, 주로 짧고 강한 자극으로 일어나기 쉽다. ①, ③, ④는 부의 잔상에 대한 설명이다.

정답 ②

제2절 색채지각과 감정효과

핵심이론 01 색의 감정효과

(1) 색의 감정효과

① 색을 지각할 때 색이 수반하는 감정이 있다.

② 색의 3속성인 색상, 명도, 채도 등의 영향에 따라 다양한 외부의 반응과 함께 색의 경험에서 오는 심리적이거나 감정적인 효과를 느끼게 된다.

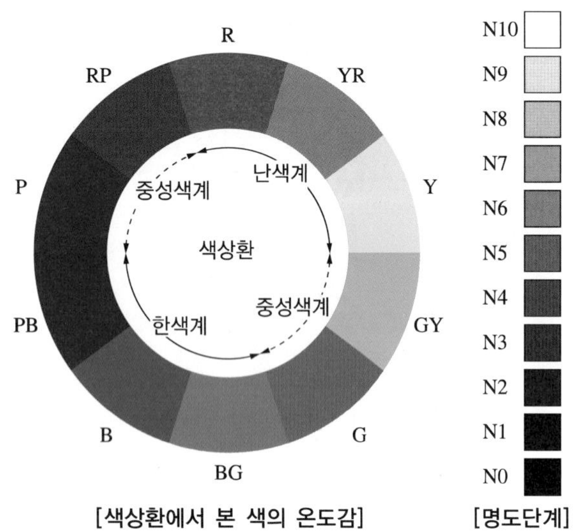

[색상환에서 본 색의 온도감] [명도단계]

(2) 색의 온도감

① 따뜻하게 느껴지는 색을 난색(Warm Color), 차갑게 느껴지는 색을 한색(Cool Color)이라고 한다.

② 무채색인 경우 저명도의 색은 따뜻하게 느껴지고, 고명도의 색은 시원하게 느껴진다.

[색의 온도감에 따른 분류]

구 분	내 용
난 색	• 빨강, 주황, 노랑 등 장파장의 고명도, 고채도의 따뜻하게 느껴지는 색을 말한다. • 교감신경을 자극해 생리적인 촉진작용이나 흥분작용을 일으킨다고 하여 흥분색이라고도 불린다. • 팽창과 진출의 느낌을 준다. • 무채색에서는 저명도의 색이 더 따뜻하게 느껴진다. 즉, 회색보다는 검은색이 따뜻하게 느껴지는데, 이는 모든 빛을 흡수하는 검은색의 성질과 연관성이 있다.
한 색	• 청록, 파랑, 남색 등 단파장의 저명도, 저채도의 차갑게 느껴지는 색을 말한다. • 차분하고 집중력을 향상시킨다고 하여 진정색이라고도 불린다. • 수축과 후퇴의 느낌을 준다. • 무채색에서는 고명도의 흰색이 더 차갑게 느껴진다.
중성색	• 연두색, 초록색, 보라색, 자주색 등 녹색 계열이나 보라 계열처럼 난색과 한색에 속하지 않는 색을 말한다. • 중성색은 따뜻하지도 차갑지도 않은 색이다. • 명도가 높으면 따뜻하고, 명도가 낮으면 차갑게 느껴진다. • 채도가 높은 색들의 대비에서 주위에 중성색을 사용하면 색의 반발성을 막을 수 있다.

(3) 색의 중량감

① 동일한 형태, 동일한 크기라도 색에 따라 가벼워 보일 수도 혹은 무거워 보일 수도 있다.

② 색의 3속성 중에서도 '명도'가 중량감에 가장 큰 영향을 미친다.

③ 명도가 높을수록 가벼워 보이며, 낮을수록 무거워 보인다.

④ 색상의 중량감이 무겁게 느껴지는 순서는 검정, 파랑, 빨강, 보라, 주황, 초록, 흰색 순이다.

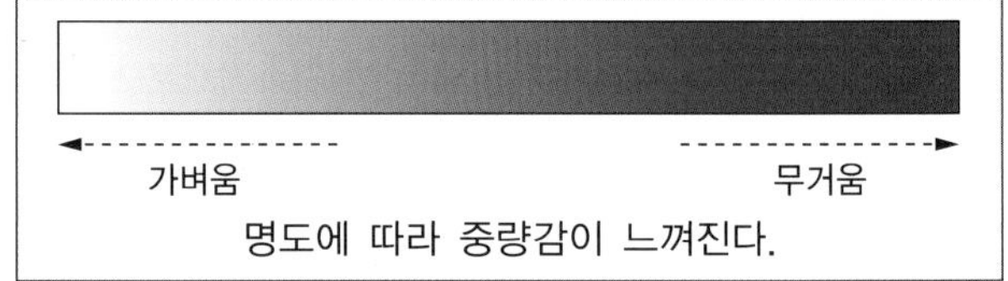

명도에 따라 중량감이 느껴진다.

(4) 색의 경연감

① 부드럽고 딱딱한 느낌을 말한다.

② 색의 경연감은 주로 채도에 의해 좌우된다.

③ 부드러운 색은 평온하고 안정감을 주며, 딱딱한 색은 긴장감을 준다.

㉠ 부드러움 : 고명도, 저채도, 난색 계열

㉡ 딱딱함 : 저명도, 고채도, 한색 계열

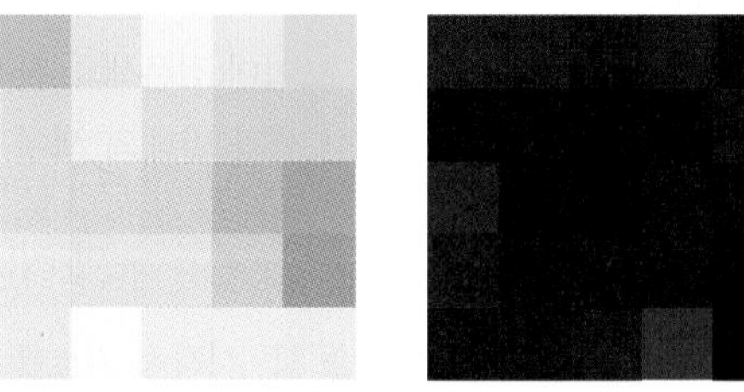

[부드러움(왼쪽)과 딱딱함(오른쪽)]

(5) 색의 진출과 후퇴

① 같은 거리에 위치한 물체가 색에 따라서 거리감이 느껴지기도 하는데, 가깝게 보이는 색을 진출색(Advancing Color), 멀리 보이는 색을 후퇴색(Receding Color)이라고 한다.

② 난색이 한색보다, 밝은색이 어두운색보다, 채도가 높은 색이 낮은 색보다, 유채색이 무채색보다 더 진출해 보이는 효과가 있다.

③ 명도나 채도가 높은 색은 망막상에서 자극이 강하여 그 성질이 크게 퍼져 보인다. 즉, 안구 안의 굴절률 차이에 의해 진출/후퇴색이 나타난다.

㉠ 진출색, 팽창색 : 고명도, 고채도, 난색 계열

㉡ 후퇴색, 수축색 : 저명도, 저채도, 한색 계열

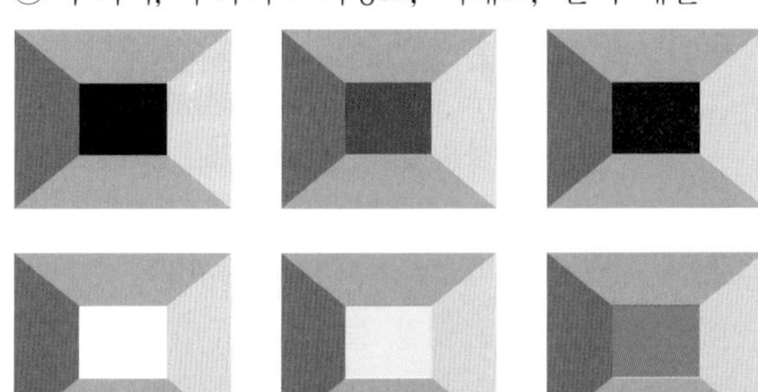

[후퇴색(위쪽)과 진출색(아래쪽)]

(6) 색의 팽창과 수축

① 동일한 형태, 동일한 크기라도 색에 따라 크기가 다르게 보이는 경우가 많은데, 실제보다 크게 보이는 색을 팽창색(Extensive Color), 실제보다 작게 보이는 색을 수축색(Contractive Color)이라고 한다.

② 주로 명도의 영향을 받는데, 명도가 높을수록 커 보이고 낮을수록 작아 보이는 현상이다.

③ 밝은색 바탕에 어두운색 글씨보다 어두운색 바탕에 밝은색 글씨가 더 굵고 커 보이는 현상이다.

(7) 색의 흥분과 진정

① 흥분과 진정의 감정적인 효과는 주로 색상과 관련이 있다.

② 한색 계열의 저채도는 심리적으로 침착되고 진정작용을 하며, 난색 계열의 고채도는 심리적으로 흥분감을 유도하며 맥박을 증가시킨다.

③ 밝고 선명한 색은 활발한 운동감을 주며, 어둡고 저채도의 색은 차분하고 침착함을 느끼게 한다.

(8) 색의 화려함과 소박함

① 화려함과 소박함을 느끼는 것은 채도와 관련이 있다.

② 채도가 높을수록 화려하고 채도가 낮을수록 소박하게 느껴진다.

(9) 색의 시간성과 속도감

① 빨간 계열의 장파장의 색은 시간이 길게, 속도감이 빠르게 느껴진다.

② 파란 계열의 단파장의 색은 시간이 짧게, 속도감이 느리게 느껴진다.

③ 고채도의 맑은 색은 속도감이 빠르게, 저채도의 탁한 색은 느리게 느껴진다.

 **핵심예제**

1-1. 색채에 대한 느낌을 가장 옳게 설명한 것은?

[2016년 3회 기사]

① 빨강, 주황, 노랑 등의 색상은 경쾌하고 시원함을 느끼게 한다.
② 장파장 계통의 색은 시간의 경과가 느리게 느껴지고, 단파장 계통의 색은 시간의 경과가 빠르게 느껴진다.
③ 한색 계열의 저채도 색은 심리적으로 침정되는 느낌을 준다.
④ 색의 중량감은 주로 채도에 의하여 좌우된다.

1-2. 다음 중 교통사고율이 가장 높은 자동차의 색상은?

[2019년 1회 산업기사]

① 파 랑 ② 흰 색
③ 빨 강 ④ 노 랑

1-3. 시간성과 속도감에 대한 설명이 틀린 것은?

[2019년 1회 기사]

① 고채도의 맑은 색은 속도감이 빠르게, 저채도의 칙칙한 색은 느리게 느껴진다.
② 고명도의 밝은색은 느리게 움직이는 것으로 느껴진다.
③ 주황색 선수 복장은 속도감이 높아져 보여 운동경기 시 상대편을 심리적으로 위축시키는 효과가 있다.
④ 장파장 계열의 색은 시간이 길게 느껴지고, 속도감은 빨리 움직이는 것 같이 지각된다.

|해설|

1-1
① 빨강, 주황, 노랑 등의 색상은 경쾌하고 따뜻함을 느끼게 한다.
② 시간의 경과가 느리게 느껴지는 것은 단파장 계통의 색이고, 시간의 경과가 빠르게 느껴지는 것은 장파장 계통의 색이다.
④ 색의 중량감은 주로 명도에 의하여 좌우된다.

1-2
같은 거리에 위치한 물체가 색에 따라서 거리감이 느껴지기도 하는데, 가깝게 보이는 색을 진출색, 멀리 보이는 색을 후퇴색라고 한다. 한색 계열은 후퇴색으로 교통사고율이 높은 색이다.

1-3
• 고명도의 밝은 색은 가벼운 느낌이다.
• 고채도의 맑은 색과 같은 계열은 속도감이 빠르게 느껴진다.

정답 1-1 ③ 1-2 ① 1-3 ②

핵심 이론 02 색의 주목성과 시인성

(1) 색의 주목성(Attractiveness of Color, 유목성)

① 사람들의 시선을 끄는 성질로 시각적으로 잘 보여 주목이 되는 것을 말한다.
② 빨강, 주황, 노랑과 같은 고명도・고채도의 색이 주목성이 높다.
③ 무채색보다 유채색, 한색 계열보다 난색 계열, 저채도보다 고채도가 주목성이 높다.

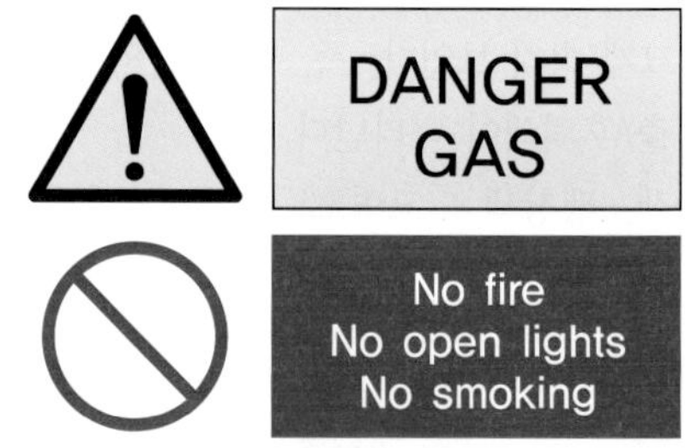

[위험성을 알리는 안전표지판]

(2) 색의 시인성(Visibility of Color, 명시성)

① 대상의 식별이 쉬운 성질, 물체의 색이 얼마나 뚜렷이 잘 보이는가의 정도로 명시도, 가시성이라고도 한다.
② 색의 차이에 의해 대상이 갖는 정보의 차이를 구분하여 전달하는 성질을 말한다.
③ 멀리서 확실히 잘 보이는 경우 명시도가 높다고 한다.
④ 색의 3속성 중에서 배경과 대상의 명도차가 클수록 잘 보이고, 명도차가 있으면서도 색상 차이가 크고 채도 차이가 있으면 시인성이 높다.
⑤ 대상의 존재나 색의 차이에 대하여 잘 볼 수 있는 정도 또는 상태를 말한다. 빛의 감각, 깜박거림 등이 그 대상이 되며, 보는 대상의 크기, 밝기, 배경과의 대비에 따라 영향을 미친다.

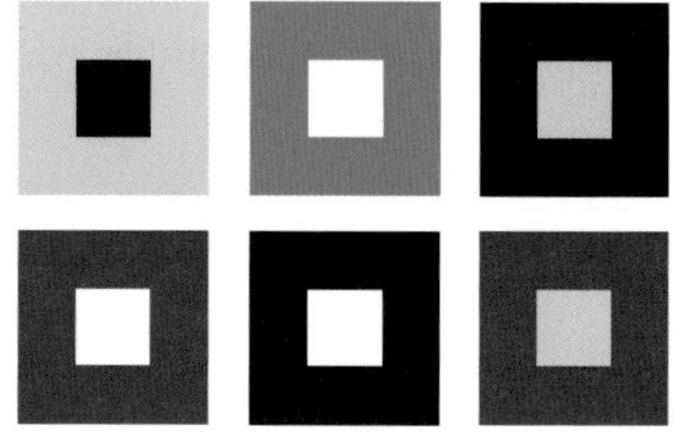

[명시성이 높은 배색]

핵심예제

2-1. 다음 중 시인성이 가장 낮은 배색은? [2017년 1회 산업기사]

① 5R 4/10 - 5YR 6/10
② 5Y 8/10 - 5YR 5/10
③ 5R 4/10 - 5YR 4/10
④ 5R 4/10 - 5Y 8/10

2-2. 도로 안내 표지를 디자인할 때 가장 중점을 두어야 하는 것은? [2017년 1회 기사]

① 배경색과 글씨의 보색대비 효과를 고려한다.
② 배경색과 글씨의 명도차를 고려한다.
③ 배경색과 글씨의 색상차를 고려한다.
④ 배경색과 글씨의 채도차를 고려한다.

|해설|

2-1
시인성은 대상의 식별이 쉬운 성질, 물체의 색이 얼마나 뚜렷이 잘 보이는가의 정도로 명시도, 가시성이라고도 한다. 색상의 3속성 중에서 배경과 대상의 명도 차이가 클수록 잘 보인다.

2-2
명시성은 대상의 식별이 쉬운 성질, 물체의 색이 얼마나 뚜렷이 잘 보이는 가의 정도로, 명도 차이가 클수록 잘 보인다.

정답 2-1 ③ 2-2 ②

컬러리스트기사 · 산업기사

색채체계론

01 색채체계

제1절 색채표준의 목적

핵심이론 01 색채과학의 기원

(1) 의 의

① 색의 정확한 측정이나 전달 또는 색채의 관리 및 재현을 위해서는 반드시 객관적인 색채 표준화가 필수적이다. 특히 시대를 초월하여 다양한 색채 시스템을 안다는 것은 색채 업무와 연구에 보다 적합한 색채계를 선택할 수 있다는 장점이 되기도 한다. 따라서 각 시대마다의 특징 있는 색채표준을 이해함으로써 보다 나은 조화론을 연구할 수 있도록 한다.

② 색채의 본질을 정의하려는 시도는 고대부터 있어 왔지만, 색을 체계적으로 정리하려고 한 시도는 1758년 독일의 수학자인 토비아스 마이어(Tobias Mayer)의 색입체 확립부터 시작되었다고 할 수 있다.

(2) 피타고라스(Pythagoras, BC 582~BC 497)

피타고라스는 지구와 행성들 사이의 위치 관계에서 모든 조화의 뿌리를 찾아볼 수 있다고 생각하였다. 이처럼 조화의 원리를 형성하는 행성에 색을 부여하고, 이를 다시 12음계와 연결시켜 음악과 색채의 유기적 관계를 연구하였다.

(3) 엠페도클레스(Empedokles, BC 490~BC 430)

불에서 빛이 발생하여 대상물이 보이는 것이라고 주장하였다.

(4) 데모크리토스(Democritus, BC 460~BC 380)

흰색, 검정, 빨강, 초록의 4원색에서 세상의 모든 색들이 생겨난다고 믿었다.

(5) 플라톤(Platon, BC 427~BC 347)

고대 그리스의 철학자로 색채를 그 자체로 아름다운 기하학적인 형상과 동일하다고 평가하면서 흰색에 의한 눈의 수축, 검은색에 의한 눈의 개방과 함께 눈의 광채(Radiant)이론을 펼친 학자이다.

(6) 아리스토텔레스(Aristoteles, BC 384~BC 322)

아리스토텔레스는 색의 원류를 땅, 불, 물, 공기의 4가지 원소인 자연현상에서 찾아 색의 질서를 확립하고자 한 최초의 인물이다. 그는 흰색과 검정 사이에 노랑, 빨강, 초록, 파랑, 보라와 같은 7색상을 제시하면서 만물의 성장과 결실의 원리에 따른 색채이론을 주장하였다.

(7) 포르시우스(Sigfridus Aronus Forsius, 1550~1624/1637)

포르시우스는 핀란드의 천문학자로, 색채의 근원적인 관계를 나타내기 위해 흰색에서 검정까지의 5단계와 빨간색, 파란색, 초록색, 노란색에서의 밝고 어두움의 단계를 가진 색입체를 만들었다. 이것은 색채 역사에서 최초로 단계적인 변화를 시도한 색채 시스템이라는 평가를 받는다.

(8) 뉴턴(Isaac Newton, 1642~1727)

수학자이자 물리학자인 뉴턴은 그의 저서 「광학」편에서 태양광선을 프리즘에 통과시키면 스펙트럼의 단색광으로 분해되고, 다시 프리즘으로 단색 광선들을 합성하게 되면 원래의 백색광으로 돌아간다는 사실을 밝혀냈다. 이 분광 실험을 통해 빛은 곧 색이고, 색은 곧 빛이라는 정설을 확립하였다. 그로 인해 뉴턴 이후 색채과학의 시대가 열리게 된다.

(9) 하위헌스(Christian Huygens, 1629~1695)

네덜란드의 학자인 하위헌스는 1678년 빛은 진동을 통해 파동한다는 파동설을 주장하였고, 1690년 「빛의 간섭에 대하여(Traite de la Lumiere)」라는 저술에서 간섭현상을 확립하면서 광학의 물리학적 연구를 급속도로 성장시켰다.

(10) 해리스(Moses Harris, 1730~1758)

해리스는 「색의 자연적 시스템(Natural System of Colours)」이라는 저서를 통해 원형으로 만들어진 최초의 색채도표를 완성시켰다. 이것은 물감의 혼합으로 이루어진 빨강, 노랑, 파랑의 색상환으로 오늘날의 감법혼색에 의해 증명되었다.

(11) 토마스 영(Thomas Young, 1773~1829)

토마스 영은 뉴턴의 광학이론을 받아들여 정리하였고, 빛의 파동설을 주장하였다. 그는 우리가 색을 인식하는 것은 망막에 존재하는 빨강, 초록, 파랑이라는 3가지 종류의 시신경섬유 때문이라는 주장을 펼치면서 헬름홀츠와 함께 빨강, 초록, 파랑의 '3원색설'을 완성시켰다.

(12) 괴테(Johann Wolfgang von Goethe, 1749~1832)

괴테는 1810년 「색채론」 3부작을 발표하면서 광학의 시대를 대표하던 뉴턴의 이론을 반박하였다. 그는 한 줄기 빛을 분광하여 정리한 뉴턴의 스펙트럼은 인간의 심리와는 별개로 자연의 일부만을 편협하게 정의한 결과라고 반박하면서, 유채색이 흰색과 검정 사이에 위치한다고 하는 아리스토텔레스의 주장을 계승하게 된다. 자신의 눈을 근거로 한 괴테의 연구방법은 감각심리학에 해당되는 색채현상의 시초가 되어 오늘날 독일의 색채연구의 기초가 되었다.

(13) 슈브럴(Michel Eugène Chevreul, 1786~1889)

색채조화론의 아버지라 할 수 있는 슈브럴은 고블랭의 직물 제작소에 재직하던 시절, 직물의 혼색을 통해 병치혼색의 개념을 제시하였다. 또한 그는 동시대비의 원리, 전체를 주도하는 도미넌트 컬러의 개념과 선명함을 특징으로 하는 세퍼레이션 컬러, 두 가지 색의 강한 대비효과로 일어나는 보색이론과 같은 '색채조화와 대비의 법칙'을 발표하여 당대 화가에게 큰 영향을 주었다.

(14) 맥스웰(James Clerk Maxwell, 1831~1879)

맥스웰은 빛의 전자론을 주장하면서 1850년대 중반 색의 혼합에 관한 이론을 발표하였다. 특히 회전판을 통한 빛의 혼합을 통해 '가법혼색의 원리'를 창안하였는데, 이는 현대의 색채측정기에 널리 이용되고 있다. 또한 물체색을 1초에 40~50회 정도로 빠르게 회전시키면 혼색된 것처럼 보이는 맥스웰 원판(Maxwell's Disk)도 제작하였다. 이는 과학적으로 색을 취급하는 합리성을 가지고 있으며 RGB 표색계가 만들어진 근원이 되었다.

(15) 헤링(Karl Ewald Konstantin Hering, 1834~1918)

헤링은 오스트리아의 생리학자이자 심리학자로서 「빛의 감성적인 이론에 대하여」라는 저서를 통해 인간의 지각 심리에 관한 연구를 진행하였다. 그는 이화(분해)작용이 일어나면 따뜻한 느낌인 흰색, 노랑, 빨강의 시감각이 생기고, 동화(합성)작용이 일어나면 검정, 파랑, 초록의 감각이 생성된다고 주장하였다. 즉, 우리의 망막에는 서로 반대되는 수용기가 존재함으로써 색채지각이 이루어진다는 것이다. 그는 당시 영-헬름홀츠가 주장했던 빨강, 초록, 파랑의 3원색설과는 달리, 빨강, 초록, 노랑, 파랑의 4원색설과 무채색광을 가정하였다.

(16) 루드(Nicholas Ogden Rood, 1831~1902)

루드는 미국의 자연과학자로 예술과 산업에 적용된 「모던 크로마틱스」의 저자이다. 그는 황색에 가까운 것은 밝고, 먼 것은 어둡다는 '색상의 자연 연쇄(Natural Sequence of Hue)' 원리를 강조하면서 자연의 빛의 음영에 따른 배색관계는 우리에게 매우 친숙해서 위화감이 없는 자연스러운 조화를 이룬다는 이론을 제기하였다. 이는 후에 인상주의 화가들에게 많은 영향을 주었다.

(17) 먼셀(Albert Henry Munsell, 1858~1918)

미국의 화가이며 색채연구가인 먼셀은 색의 3속성을 척도로 체계화시킨 「색채 표시(A Color Notation)」를 1905년에 발표하였다. 이어 1915년에는 색지각의 기초를 담은 「먼셀 색체계 도해(The Atlas Munsell Color System)」를 간행하였다.

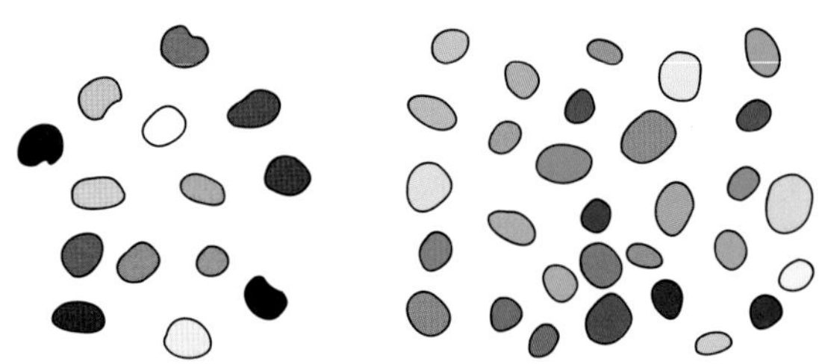

[무채색(왼쪽) 및 유채색(오른쪽)]

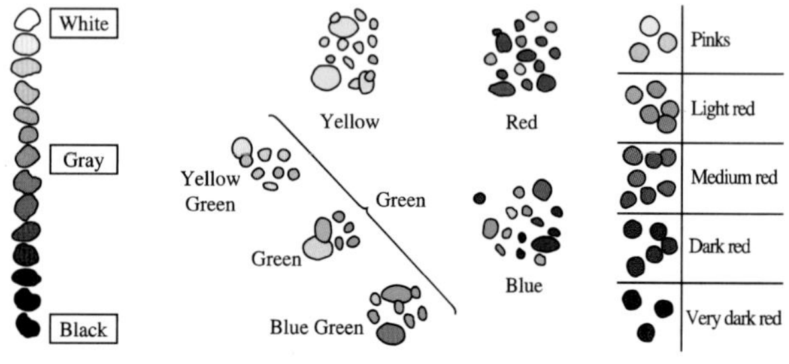

[명도, 색상, 채도의 개념(왼쪽부터)]

(18) 오스트발트(Friedrich Wilhelm Ostwald, 1853~1932)

오스트발트는 헤링의 4원색설과 맥스웰의 회전 혼색기의 원리를 바탕으로 1916년 자신의 색체계를 발표하였다. 그의 색채체계의 특징은 현실에는 존재하지 않지만 이상적인 백색, 검정, 순색을 가정함으로써 색의 원리를 규명하고자 하였다는 점이다.

(19) 파버 비렌(Faber Birren, 1900~1988)

파버 비렌은 오스트발트 색채체계 이론을 수용하여 1940년부터 1970년대까지 색채에 관한 많은 이론과 자료를 발표하였다. 특히 그는 색채는 기계와는 달리 심리적, 정신적 반응에 지배된다는 이론을 바탕으로 색 삼각형(Color Triangle)을 작도하였다. 색 삼각형은 순색, 하양, 검정의 기본 3색을 결합한 4개의 색조군인데, 그는 이를 통해 하양과 검정이 합쳐진 회색조(Gray), 순색과 하양이 합쳐진 밝은 명색조(Tint), 순색과 검정이 합쳐진 어두운 암색조(Shade), 순색과 하양 그리고 검정이 합쳐진 톤(Tone) 등 7개 범주에 의한 조화이론을 제시하였다.

핵심예제

1-1. 색의 표준화를 통해 얻을 수 있는 효과와 거리가 먼 것은?

[2016년 3회 산업기사]

① 색채정보의 보관
② 색채정보의 재생
③ 색채정보의 전달
④ 색채정보의 창조

1-2. 색채표준에 대한 설명으로 옳은 것은? [2019년 2회 기사]

① 반드시 3속성으로 표기한다.
② 색채의 속성을 정량적으로 표기한 것이다.
③ 인간의 감성과 관련되므로 주관적일 수 있다.
④ 집단고유의 표기나 특수문자를 사용할 수 있다.

|해설|

1-1
색의 표준화를 통해 얻을 수 있는 효과로 색채정보의 보관, 색채정보의 재생, 색채정보의 전달 등이 있다.

1-2
색의 정확한 측정이나 전달 또는 색채의 관리 및 재현을 위해서는 반드시 객관적인 색채표준화가 필수적이다. 특히 시대를 초월하여 다양한 색채 시스템을 안다는 것은 색채 업무와 연구에 있어서 보다 적합한 색채계를 선택할 수 있다는 장점이 되기도 한다. 따라서 각 시대마다 특징 있는 색채표준을 이해함으로써 보다 나은 조화론을 연구할 수 있도록 한다.

정답 1-1 ④ 1-2 ②

핵심 이론 02 현색계와 혼색계

(1) 현색계(Color Appearance System)

① 현색계란 표준색표에 번호나 기호를 붙여 물체의 색채를 나타내는 체계이다. 컬러 오더 시스템(Color Order System)이라고도 하며 현색계의 색들은 색상, 명도, 채도와 같은 3속성에 의해 정량적으로 분류되고 색표화하여 나타낸 것으로서 인간의 실제 눈에 보이는 물체색과 투과색을 말한다.

② 현색계는 현실에 있는 색들을 기준으로 하므로 조건등색이나 광원의 영향을 많이 받고, 눈의 시감을 통해서 색표계 간의 변화를 나타내므로 정밀한 색좌표를 구하기 어렵다.

③ 색편의 배열 및 개수를 용도에 맞게 조정할 수 있으며, 사용이 간편하고 측색기가 필요하지 않다. 또한 색편을 등간격으로 뽑아내면 축소된 색표집으로 사용이 가능하다.

④ 현색계의 예로 먼셀 표색계, NCS 표색계, PCCS 표색계, DIN 등이 있다.

[현색계의 장단점]

장 점	• 지각적으로 일정한 배열이 되어 있다. • 색편의 배열 및 개수를 용도에 맞게 조정할 수 있다. • 시각적 이해가 쉽다. • 사용이 비교적 쉽다.
단 점	• 광원과 같은 빛의 색 표기가 어렵다. • 변색과 오염의 정도를 파악하기 어렵다.

(2) 혼색계(Color Mixture System)

① 혼색계는 빛의 3원색 혼합관계를 객관화한 시스템으로서 객관적인 측면이 강하다.

② 대표적인 표색계인 CIE의 경우 심리, 물리적인 빛의 혼합을 실험하는 데 기초를 둔 것으로 정확한 수치 개념에 입각한다. 하지만 이 점 때문에 색을 감각적으로 가늠하기 힘들고 지각적 등보성이 없다는 단점이 있다.

③ 빛의 자극치를 수치화시켜 표현하므로 색편 사이의 간격이 현색계 시스템보다 조밀하여 보다 정확한 색좌표를 구할 수 있다. 이러한 장점 때문에 측색학의 영역에서 조색 및 검사 중에 적합한 오차를 적용할 수 있어 중시된다.

④ 광원이나 빛의 색을 수치로 표시하므로 물리적인 영향을 받지 않는다.

⑤ 혼색계의 예로 오스트발트 표색계, CIE L*C*h, CIE Yxy, CIE L*u*v*, CIE L*a*b*, RGB 등이 있다.

[혼색계의 장단점]

장 점	• 물리적 영향을 받지 않아 정확한 측정이 가능하다. • 조색, 검사 등에 적합한 오차를 적용한다. • 수치로 표현하여 변색, 탈색 등의 영향이 없다.
단 점	• 측색기가 필요하다. • 지각적 등보성이 없다.

[색채 표준의 조건 및 속성]

- 과학적이고 합리적인 체계여야 하며 사용이 용이해야 한다.
- 색채 간의 지각적 등보성을 유지하여 단계가 고르게 표현되어야 한다.
- 색상, 명도, 채도 등의 색채 속성이 명확히 표기되어야 한다.
- 색채의 표기는 국제적으로 통용 가능해야 한다.
- 실용화시킬 수 있고 재현가능성, 해독가능성이 고려되어야 한다.
- 색채 재현 시 일반 안료를 사용하여 만들 수 있어야 한다.

 핵심예제

2-1. 현색계와 혼색계에 대한 설명 중 옳은 것은?

[2019년 1회 산업기사]

① 혼색계는 사용하기 쉽고, 측색기를 필요로 하지 않는다.
② 대표적인 혼색계로는 먼셀, NCS, DIN 등이다.
③ 현색계는 좌표 또는 수치를 이용하여 표현하는 체계이다.
④ 현색계는 조건등색과 광원의 영향을 많이 받는다.

2-2. 다음 중 혼색계에 대한 설명으로 틀린 것은?

[2019년 3회 기사]

① 색편 사이의 간격이 넓어 정밀한 색좌표를 구하기가 어렵다.
② 수학, 광학, 반사, 광택 등 산업규격에 의하여야 하는 단점이 있다.
③ 수치적인 데이터값을 보존하기 때문에 변색 및 탈색 등의 물리적인 영향이 없다.
④ 수치로 구성되는 기기가 반드시 있어야 한다.

2-3. 혼색계(Color Mixing System)의 대표적인 색체계는?

[2019년 2회 기사]

① NCS ② DIN
③ CIE 표준 ④ 먼 셀

|해설|

2-1
표색체계에는 빛과 관계있는 혼색계와 물체색과 관계있는 현색계가 있으며 어느 쪽이라도 색을 정확하게 표시할 수 있다.
④ 광원의 영향을 많이 받는 것은 빛과 관계있는 혼색계이다.

2-2
혼색계는 빛의 자극치를 수치화시켜 표현하므로 색편 사이의 간격이 현색계 시스템보다 조밀하여 보다 정확한 색좌표를 구할 수 있다.

2-3
혼색계의 예로 오스트발트 표색계, CIE L*C*h, CIE Yxy, CIE L*u*v*, CIE L*a*b*, RGB 등이 있다.

정답 2-1 ④ 2-2 ① 2-3 ③

제2절 대표적인 표색계(색체계)

핵심 이론 01 먼셀 색체계

(1) 먼셀 색체계의 의의

① 미국의 화가이자 색채연구가였던 먼셀(Albert H. Munsell)은 자신이 졸업한 노먼예술학교(Norman Art School)에서 예술 해부학(Artistic Anatomy)과 색채 구성(Color Composition)에 대해 25년간 강의를 해 오면서 여러 가지 연구와 업적을 쌓았다.
② 1905년 먼셀의 컬러 오더 시스템(Color Order System)은 인간이 물체색을 보고 인지하는 지각체계를 색의 3가지 속성인 색상, 명도, 채도로 체계화시킨 것으로, 지금까지 발표된 색채체계 가운데에서 가장 훌륭한 현색계 체계라고 알려져 있다.
③ 먼셀 색체계는 색과 색 사이를 사람의 주관적인 시감에 바탕을 두어 등간격으로 배열함으로써 정량적인 물리값이 아닌 심리적인 색체계를 바탕으로 계획된 것이다. 그러나 개인차가 있는 관찰자를 기준으로 설계되었다는 이유로 객관성을 인정받지 못하였다.
④ 1912년 전 세계의 주목을 받기 시작한 먼셀의 여러 가지 색채연구는 1914년 봄에 영국, 프랑스, 독일의 과학협회에 초대되어 많은 사람들의 주목과 환호를 받았다.
⑤ 먼셀은 1918년 6월 28일 세상을 떠날 때까지도 강연을 활동적으로 지속하였다. 이 해를 기념하여 그의 동료들은 볼티모어에 먼셀 색채회사(Munsell Color Company)를 세워 색채의 표준화와 용어 제정, 색채 표시 등을 위한 임무를 수행하였고, 1921년 「색채의 문법(A Grammar of Color)」을 발간하기도 하였다.
⑥ 1931년 CIE의 회의 결과에 따라 관측 광원과 표준관찰자가 결정되었고, 미국 광학회(OSA)의 검토를 거친 후 '수정 먼셀 색체계'로 완성되었다.

⑦ 먼셀은 색체계의 고안뿐만 아니라 소형 휴대 일광광도계(Small Portable Daylight Photometer)를 고안한 것으로도 잘 알려져 있는데, 이것은 당시 색채를 측정하는 것뿐만 아니라 기차의 신호등을 표준화하는 데도 많은 도움이 되었다.

⑧ 1940년 미국 광학회에서 먼셀 색체계의 색을 측색, 수정하여 발표하였는데, 현재 사용되고 있는 수정 먼셀 색체계는 국제적으로 널리 이용되고 있고 한국 KS에서도 채택하여 사용하고 있다.

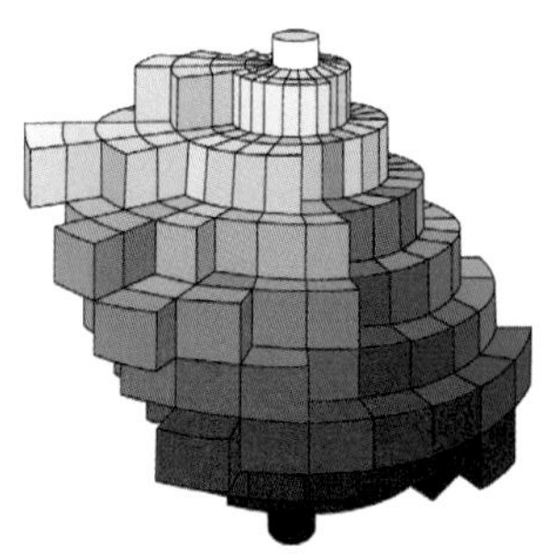

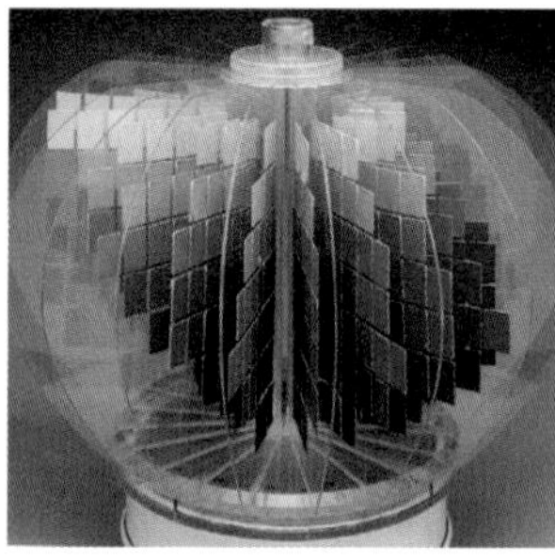

[먼셀 색입체]

(2) 수정 먼셀 색체계

수정 먼셀 색체계는 기호나 기본 구조 개념에는 변화가 없고, 단지 지각적인 등보성을 수정하고, CIE 색도좌표와 관련을 가지도록 하는 등의 발전을 보였다.

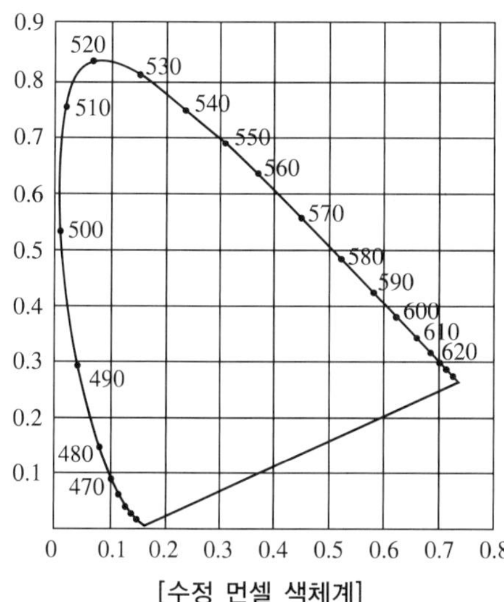

[수정 먼셀 색체계]

(3) 먼셀 색체계의 기본 구조

① 먼셀은 물체색의 색 감각을 색상(Hue), 명도(Value), 채도(Chroma)의 3가지 속성으로 표기하고, 3가지 속성이 시각적으로 고른 단계가 되도록 색을 선정하였다.

② 세로축에는 명도, 원주상에는 색상, 무채색의 중심축으로부터 바깥 단계로는 채도축을 설정하여 다음 그림과 같은 체계로 개발하였다.

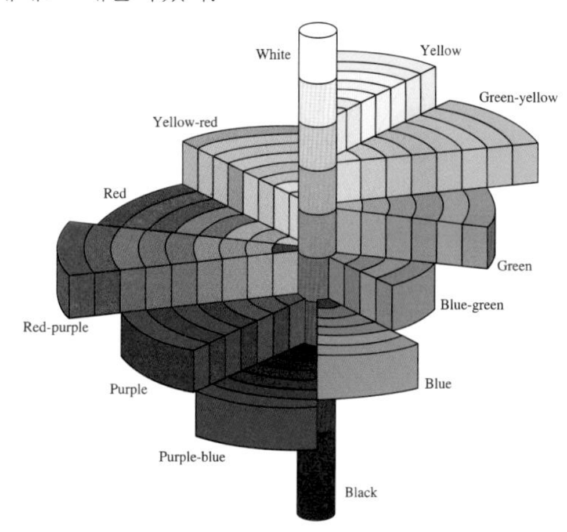

[먼셀 색체계의 기본 구조]

(4) 먼셀의 색상

① 먼셀 휴(Munsell Hue)라고 불리는 색상에서는 첫 번째 색으로 빨강(Red)을 시계 12시 방향에 위치시키고 노랑(Yellow), 초록(Green), 파랑(Blue), 보라(Purple)를 색상환의 5등분이 되도록 배열하였다. 다시 각 색의 중간색은 주황(Yellow Red), 연두(Green Yellow), 청록(Blue Green), 남색(Purple Blue), 자주(Red Purple)를 배치하여 총 10색상이 기본색을 이루도록 하였다.

② 색상환은 시계 방향 순서로 순환되며, 좀 더 미묘한 색의 변화를 원할 때에는 한 가지 색상을 총 10간격으로 나누어 1~10까지의 숫자와 그 색상의 기호를 붙여 총 100단계에 이르는 색상을 관찰할 수 있다. 여기서 5는 항상 기본 색상을 의미한다.

③ 한국의 Hue & Tone 120 색체계를 담은 IRI 120색의 종이는 10가지 기본색을 11가지의 톤으로 재현한 것으로써, 미묘한 색상의 변화는 들어 있지 않다.

④ 각 색상의 180° 반대 방향은 서로 보색관계이며, 두 색을 혼합하면 무채색이 된다.

⑤ 기본색들은 자연에서 보는 색상으로부터 지각된 잔상(After Image) 이론에 기초한다. 빨간색을 응시한 후 흰 벽면을 보면 파랑과 초록의 잔상이 만들어지는 것이 이 이론의 한 예이다. 먼셀은 기본 색상에서 정확히 맞은편에 각 잔상색을 위치시켰고, 이 잔상색은 먼셀의 색상환에서 2차 색상을 의미하게 된다.

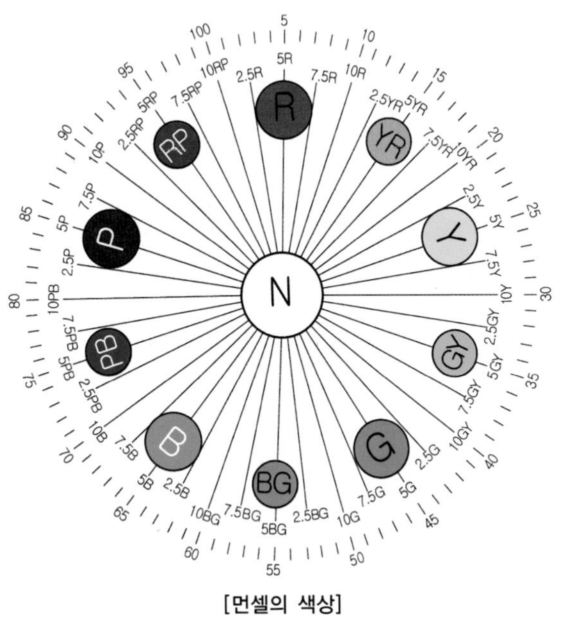

[먼셀의 색상]

(5) 먼셀의 명도

① 가장 어두운 검은색을 0이라고 표시하고, 가장 밝은 흰색은 10으로 표시한다. 그러나 완전한 검은색과 흰색은 현실적으로는 얻을 수 없기 때문에 가장 어두운 회색을 1, 가장 밝은 단계를 9.5로 사용한다.

② 수정 먼셀 색체계에서는 표준광 C의 표준 조명에서 산화마그네슘을 1mm의 두께로 훈연하여 제작한 표준백색면을 기준으로 시감 반사율을 측정하였다.

③ 다음의 표에서 N5의 시감 반사율이 약 18%인 것을 보면 중명도로 느끼는 명도의 수치와 빛의 반사율의 정도가 확연한 차이를 보인다는 것을 알 수 있다.

[먼셀 명도의 반사율값(%)]

V (명도)	N1	N2	N3	N4	N5	N6	N7	N8	N9	N9.5
Y (반사율)	1.21	3.13	6.55	12.00	18.89	30.05	43.06	59.10	78.66	90.01

④ 무채색은 '중립'을 뜻하는 'Neutral'의 약자인 N에 숫자를 붙여 나타낸다. 먼셀의 명도단계를 통해 무채색뿐만 아니라 여러 가지 유채색에 대해서도 색의 정확한 위치를 가늠할 수 있다.

⑤ 먼셀 색체계와 수정 먼셀 색체계의 가장 큰 차이점은 바로 명도에 관한 것이다. 현실에서는 먼셀 명도 0과 10이 존재하지 않는다는 점을 고려하여 안료나 페인트 등의 색료로 발색 가능한 실제 색표를 0.5~9.5까지 제작하여 사용하도록 한 것이다.

⑥ 특히 색상의 배열을 '2.5', '5', '7.5', '10' 총 4단계의 40색상환으로 구분한 뒤 명도와 채도를 구분한 톤의 개념을 적용하여 등색상면으로 구성하였다. 그리고 수정 먼셀 색체계에서는 무광택 색표의 표현 범위가 유광택 색표의 표현 범위보다 좁다는 것을 감안하여 무광택과 유광택의 두 종류로 「먼셀 표준 색표집(Munsell Book of Color)」을 제작하였다. 여기에서 유광택은 명도 2에서부터 9.5까지, 무광택은 명도 약 2.5에서 9까지 배열되어 있다.

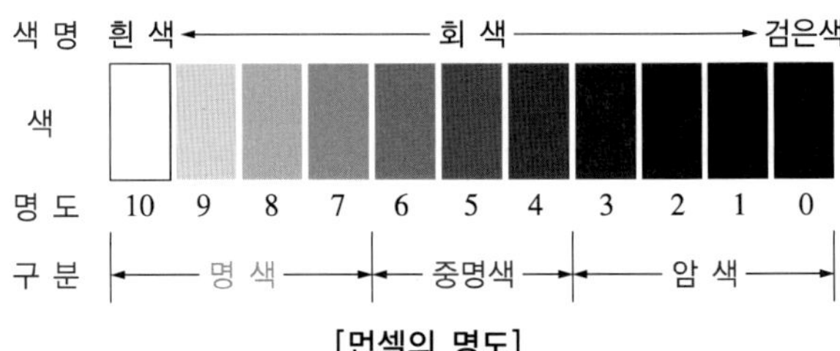

[먼셀의 명도]

(6) 먼셀의 채도

① 먼셀은 채도를 나타내기 위해 가로로 배열된 채도단계를 만들었다. 그 첫 단계는 무채색을 기점으로 하고 있는데, 여기에서 단계적으로 순색을 섞어 중심축의 바깥쪽으로 갈수록 채도가 2단계씩 높아지게 된다.

② 먼셀 채도의 가장 큰 특징은 색상마다 채도의 차이를 보인다는 점이다. 예를 들면, 가장 채도가 높은 비비드(Vivid)한 Red는 채도가 16인데 같은 비비드 톤의 보라(Puple)나 청록(Blue Green)과 같은 경우에는 9 정도이다.

③ 색료마다 채도감이 다르기 때문에, 새로운 색료의 개발로 표준색이 확장되면 이를 반영할 수 있도록 고안하였다. 이를 나무가 가지를 뻗는다는 의미에서 먼셀 트리(Munsell Tree)라고 부른다.

④ 채도의 단계는 2단계씩 변화하도록 구성되었지만, 일반적으로 저채도의 색을 많이 사용하므로 2/3/4/5/7/9/11/13…과 같은 저채도의 채도를 더 세분화시켜서 사용하고 있다.

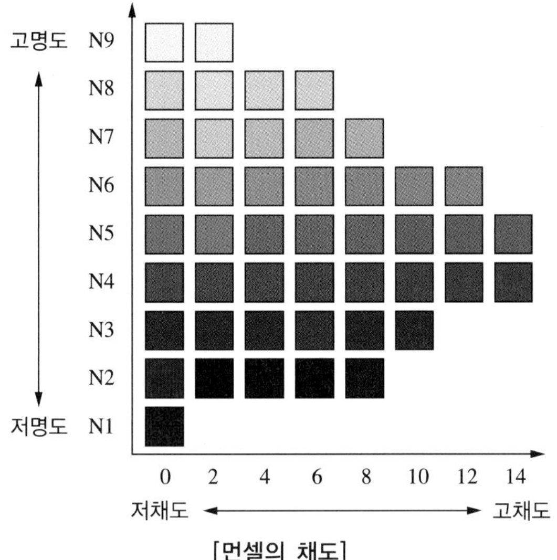

[먼셀의 채도]

(7) 먼셀의 표기법

먼셀의 색 표기는 '색상 명도/채도'의 'H V/C'로 한다. 예를 들어, 5R 4/14는 오알 사의 십사라고 읽고, 색상은 10등분된 빨강 중에서도 5번째에 있는 빨강이라는 뜻인 5R, 명도는 중명도보다 약간 어두운 4, 채도는 14인 색을 뜻한다.

[먼셀의 표기법 예시(KS A 0011 참고)]

관용색명	계통색명	먼셀 기호
밤 색	진한 갈색	5YR 3/6
갈 색	갈 색	5YR 4/8
벽돌색	탁한 적갈색	10R 3/6
올리브색	녹갈색	10Y 4/6
베이지	흐린 노랑	2.5Y 8.5/4
크림색	흐린 노랑	5Y 9/4
귤 색	노란 주황	7.5YR 7/14
금발색	연한 황갈색	2.5Y 7/6
연지색	밝은 빨강	5R 5/12

(8) 먼셀의 색입체

① 먼셀 색입체의 수평단면

㉠ 먼셀 색입체를 가로로 절단하게 되면 기준이 된 가로축의 명도단계의 변화와 함께, 모든 색상환의 뉘앙스를 볼 수 있고, 그 명도의 채도단계도 관찰할 수 있다.

㉡ 등명도면, 가로단면, 횡단면이라고 한다.

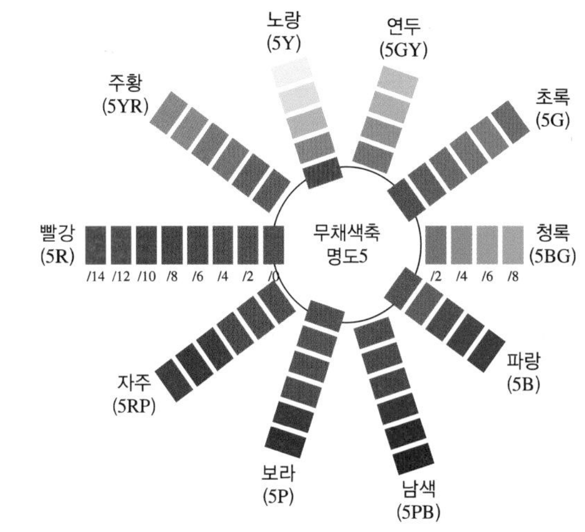

[먼셀 색입체의 수평단면도]

② 먼셀 색입체의 수직단면

㉠ 먼셀 색입체를 세로로 절단하게 되면 자른 색상을 기준으로 같은 색상의 단면이라는 뜻의 등색단면을 볼 수 있고, 반대 색상의 흐름도 같이 관찰할 수 있다.

㉡ 예를 들어, 먼셀 색입체를 빨간색과 청록색을 기준으로 자르면 빨간색과 청록색의 전체 톤 뉘앙스와 무채색 10단계를 모두 관찰할 수 있다.

㉢ 등색상면, 세로단면, 종단면이라고 한다.

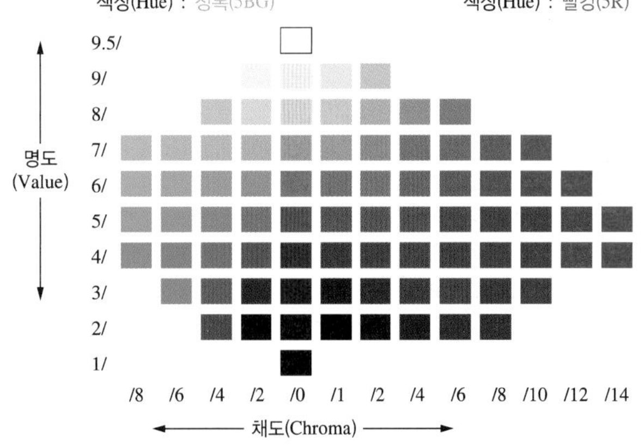

[먼셀 색입체의 수직단면도]

(9) 먼셀 색체계의 활용 및 조화

먼셀 색체계는 N5를 기준으로 한 조화의 균형점을 설정했으며, 지각적 등보 단위로 색상, 명도, 채도의 단위를 정했다. 또한 먼셀 기호를 이용하여 측색할 경우에는 표준광원 C를 사용하고, 관찰 각도는 2° 시야를 사용하는 것을 원칙으로 한다.

(10) 먼셀의 균형이론

① 먼셀 색체계에서 가장 중요한 조화 원리는 균형이론이다. 1905년에 발표한 「색채 표시(A Color Notation)」에서도 색채의 조화가 중요하게 언급되어 있고, 또 회전혼색에서 회색을 얻는 균형이 중요하다고 설명했다는 점에서 알 수 있다.

② 특히 먼셀은 N5는 모든 불균형의 색들을 어울리게 하는 명도로, 색들의 평균 명도가 N5일 때 가장 균형 있는 조화가 생긴다고 주장하였는데, 이러한 생각은 후에 문-스펜서의 조화론으로 이어지게 된다. 이러한 조화론 안에서 색상, 명도, 채도는 정연한 간격으로 증가하거나 혹은 감소하는 그러데이션의 특징을 보인다.

 **핵심예제**

1-1. 먼셀 색입체의 수직 단면도에서 볼 수 없는 것은?

[2019년 1회 산업기사]

① 다양한 색상환
② 다양한 명도
③ 다양한 채도
④ 보색 색상면

1-2. 먼셀 색체계의 7.5RP 5/8에 대한 설명으로 옳은 것은?

[2019년 1회 산업기사]

① 명도 7.5, 색상 5RP, 채도 8
② 색상 7.5RP, 명도 5, 채도 8
③ 채도 7.5, 색상 5RP, 명도 8
④ 색상 7.5RP, 채도 5, 명도 8

1-3. 색의 3속성에 의한 먼셀 색체계의 설명으로 틀린 것은?

[2019년 2회 산업기사]

① R, Y, G, B, P를 기본 색상으로 한다.
② 명도 번호가 클수록 명도가 높고, 작을수록 명도가 낮다.
③ 색상별 채도의 단계는 차이가 있다.
④ 무채색의 밝고 어두운 축을 Gray Scale이라고 하며, 약자인 G로 표기한다.

|해설|

1-1
먼셀 색입체를 수직으로 절단한 단면도에서는 동일한 색상의 명도단계와 채도단계의 차이를 한 눈에 볼 수 있다. 등색상면이라고도 한다.

1-2
3속성에 의한 먼셀의 표기법은 H V/C이다. 예를 들어, 색상이 Red Purple이고 명도가 5이며, 채도가 8일 경우 7.5RP 5/8로 표기하고, '7.5RP 5의 8'로 읽는다.

1-3
무채색의 밝고 어두운 축을 Value라고 하고, 약자로 V로 표시한다.

정답 1-1 ① 1-2 ② 1-3 ④

핵심 이론 02 오스트발트 색체계

(1) 오스트발트 색체계의 의의

① 독일의 물리화학자인 오스트발트(Friedrich Wilhelm Ostwald)는 1916년 헤링의 반대색설을 바탕으로 한 「색채의 초보」라는 저서에서 '인간의 시감각의 성분 또는 요소가 바로 색채'라는 생각을 바탕으로 오스트발트 표색계의 개념을 창안·발표하였다.

② 또한 회전 혼색기를 응용하여 여러 뉘앙스의 색을 만들고, 그 색과 등색인 것을 색표로 나타냈다.

③ 오스트발트 색체계에서 가장 주목할 점은 바로 현실에는 존재하지 않는 3가지 요소(흑색, 백색, 순색)를 가정한 점인데, 이 요소들을 통해 분명하고 체계적으로 물체색을 체계화할 수 있었다.

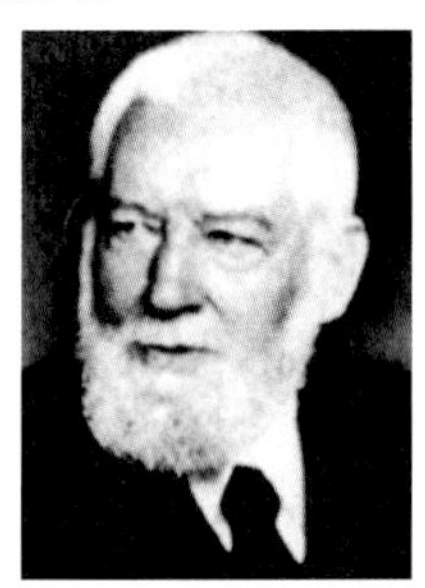

[오스트발트]

(2) 오스트발트 색체계의 기본 구조

① 이상적인 백색(White)과 이상적인 흑색(Black) 그리고 이상적인 순색(Color)이라는 현실에는 존재하지 않는 세 가지 요소를 가정하고, 이 요소들의 혼합비에 의해 체계화한 것이 특징이다.

㉠ 백색(White, W) : 모든 빛을 완전하게 반사하는 이상적인 색

㉡ 흑색(Black, B) : 모든 빛을 완전하게 흡수하는 이상적인 색

㉢ 순색(Color, C) : 특정 파장의 빛을 완전하게 반사하고 나머지 파장 영역을 완전하게 흡수하는 이상적인 색

② 면적에 따라 혼합비를 계산하여 사용하게 되는데, 알파벳을 하나씩 건너 표기하도록 하였다.

[오스트발트 기호별 함량]

기 호	a	c	e	g	i	l	n	p
백색량	89	56	35	22	14	8.9	5.6	3.5
흑색량	11	44	65	78	86	91.1	94.4	96.5

③ 오스트발트의 등색상 삼각형이라고 불리는 세 가지 기본 구조인 정삼각형의 좌표로 표기하며, 여기서 색의 변화는 "감각량은 자극량의 대수에 비례한다."고 하는 페히너(Fechner)의 법칙을 적용하여 감각의 고른 간격을 얻고 있다.

④ 정삼각형의 구조와 등간격으로 이루어져 동색조(등백계열, 등흑계열, 등순계열)의 색을 선택하기 편리하다.

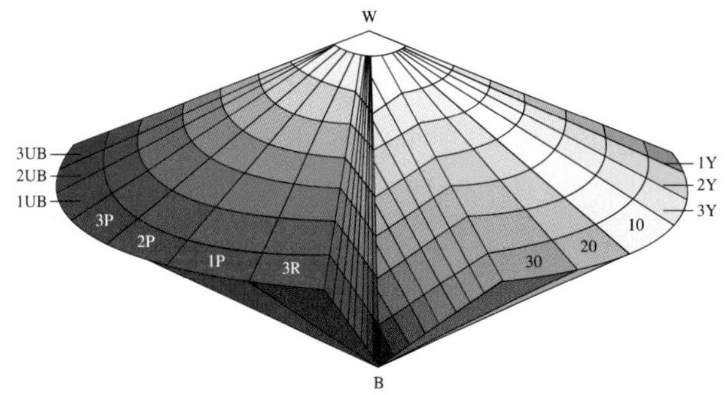

[오스트발트 색입체]

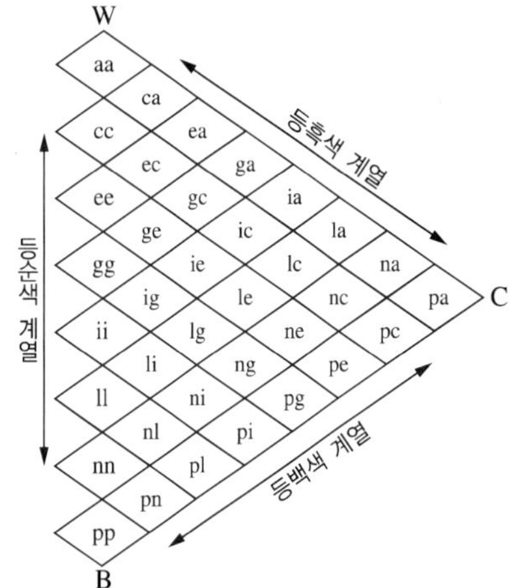

[오스트발트 등색상 삼각형의 표색기호]

(3) 오스트발트의 색상환과 색입체

① 오스트발트 색상환의 가장 큰 특징은 헤링의 반대색설을 기본으로 한 Yellow, Red, Ultramarine Blue, Sea Green의 4원색을 중심으로 Orange, Purple, Turquoise, Leaf Green을 중간색으로 배열하여 8개의 색상으로 구성하였다는 점이다. 이 8가지 색을 3등분하여 총 24색상으로 구성하였다.

② 오스트발트의 색입체에서 세로선상의 위쪽에는 이상적인 백색이, 하단에는 이상적인 흑색이 위치한다. 그리고 그 사이는 a, c, e, g, i, l, n, p라는 8단계 척도로 나뉘어 구성되어 있다.

③ 이러한 뉘앙스를 하나의 색상에 적용하면 총 28가지 톤 변화가 나타나는 '등색상 삼각형'이 되고, 색상환의 중심에 앞서 설명한 무채색 단계를 세로축으로 위치시켜서 색상마다 등색상 삼각형을 대입하면 위아래가 뾰족한 모양의 입체인 '복원추체'가 된다. 다른 말로, 오스트발트의 색입체는 보색을 중심으로 정삼각 구도를 사선배치한 모양이다.

④ 오스트발트 색체계가 실제로 색표화되었던 1923년에는 오스트발트 색채 아트라스라고 불렸는데, 이 표색계를 CHM(Color Harmony Manual)이라고 하였다. 이것은 색표를 뽑아서 사용하기 편리하도록 아세테이트 칩으로 만들어졌으며, 앞뒤가 광택과 무광택으로 이루어져 있다.

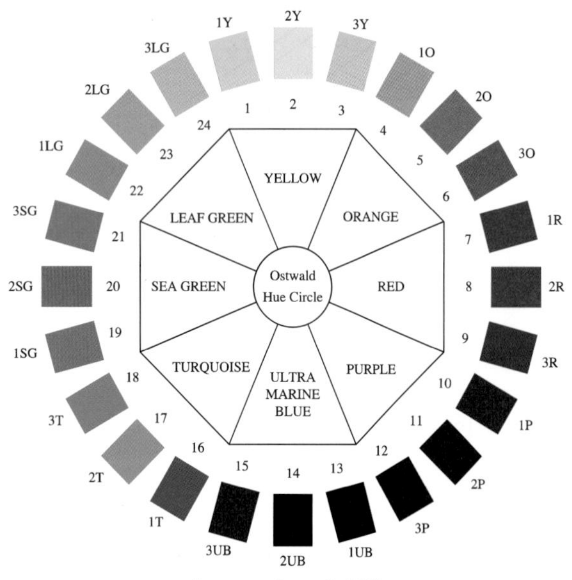

[오스트발트 색상환]

[오스트발트 색채조화 편람(CHM ; Color Harmony Manual)]

1923년 오스트발트는 자신의 색체계의 색을 실제 현실에서 볼 수 있는 색표로 재현함으로써 색표를 뽑아서 사용할 수 있도록 하는 색채조화 편람을 고안하였다. 이것은 앞뒤가 광택, 무광택으로 제작되어 사용하기 편리하다. 또한 이제까지의 색상환에서 시각적으로 고른 단계가 유지되지 않았다는 점을 보완하여 기존의 24색상 외에 $6\frac{1}{2}$, $7\frac{1}{2}$, $12\frac{1}{2}$, $13\frac{1}{2}$, $24\frac{1}{2}$, $1\frac{1}{2}$을 합하여 총 30색상을 포함시켰다.

(4) 오스트발트 색체계의 구조와 조화론

오스트발트 조화론의 가장 큰 특징은 바로 '조화는 질서'라는 기본 개념을 가지고 있다는 점이다. 이에 의하면 2가지 이상의 색 사이가 합법적인 관계일 때 조화한다.

① **등백색 계열의 조화**(Isotint Series) : 순색과 검은색 계열의 평행선상에 놓인 색을 등간격으로 골랐을 때 생기는 조화로, 모든 색의 백색량이 같기 때문에 쉽게 조화를 얻어낼 수 있다. 예를 들면 lg-le-lc와 같다.

② **등흑색 계열의 조화**(Isotone Series) : 하얀색과 순색 계열의 평행선상을 기준으로 색표에서 알파벳 뒤의 기호가 같은 색으로 이루어진 흑색량이 같은 계열의 조화를 말한다. 예를 들면 ec-gc-ic와 같다.

③ **등순색 계열의 조화**(Isochrome Series)

㉠ 무채색축을 기준으로 일정한 순색의 양을 나타내는 수직선상의 계열에 위치한 색의 조화를 말한다. 예를 들면 ga-le-pi와 같다.

㉡ 주의할 것은 오스트발트 색체계의 특성상 등순 계열에 속한 색들은 실제 순색의 양이 다르지만 시각적으로 순도가 같아 보이는 색들이라는 점이다.

④ **등가치색 계열의 조화**(Isovalent Series, 등가색환의 조화)

㉠ 백색량과 흑색량이 같고 색상만 다른 조화원리를 말한다. 즉, 무채색을 축으로 하여 백색량과 흑색량이 같은 28개의 색 계열을 의미한다. 예를 들면 4pa-8pa-11pa와 같다.

㉡ 등가색환에서의 조화에서는 색상차가 2, 3, 4 간격대의 조화를 '유사의 조화'라고 하고 색상차가 6, 7, 8의 간격대를 '이색의 조화', 색상 차이가 12간격인 경우는 '보색의 조화'라고 부른다.

⑤ **무채색 계열의 조화** : 무채색 단계인 a, c, e, g, i, l, n, p에서 같은 간격의 순서로 배열하거나 일정한 규칙에 따라 변화된 간격으로 나열하면 조화된다.

⑥ **유채색과 무채색 계열의 조화** : 어떤 기호의 색과 그 기호의 앞뒤 문자와 같은 선상에 있는 관계는 서로 조화된다.

(5) 오스트발트 기호 표시법

'순색량(C) + 백색량(W) + 흑색량(B) = 100'이라는 혼합비 공식에 의거하며, 색상의 영문기호는 생략하고, 번호만을 표시한다. 그런 다음 백색량, 흑색량 순서대로 표기한다.

색 기호	함 량
2R ca	2R이라고 하면 빨강 중에서도 두 번째 빨강에 해당하는 색상으로서 백색량이 c로 56%, 흑색량이 a로 11%인 색이다. 따라서 순색량은 100 – (56 + 11)로 33%가 된다.
2R le	백색량이 l로 8.9%, 흑색량이 e로 65%인 색이다. 따라서 순색량은 100 – (8.9 + 65)로 26.1%가 된다.
2R pa	백색량이 p로 3.5%, 흑색량이 a로 11%인 색이다. 따라서 순색량은 100 – (3.5 + 11)로 85.5%가 된다.
2R lg	백색량이 l로 8.9%, 흑색량이 g로 78%인 색이다. 따라서 순색량은 100 – (8.9 + 78)로 13.1%가 된다.

(6) 오스트발트 색체계의 장점과 단점

① 오스트발트 색체계는 정삼각 대칭 구도로 규칙적인 틀을 가지고 있기 때문에 질서 있게 모든 색을 위치시켜 동색조의 색을 선택할 때 매우 편리하다. 또한 분명하고 확실한 관계의 배색이 가능하다는 장점도 있다.

② 그러나 선명한 색이라도 색상마다 명도차와 채도차가 크게 나는 것이 사실이다. 예를 들어, 선명한 노랑이나 빨강은 청록이나 파랑보다 훨씬 선명하기 때문에 먼셀 색체계에서는 이러한 특징을 살려 각 색상마다 채도 변화의 흐름이 일정하지 않게 나타나는 특징이 있었다. 반면, 오스트발트 색체계에서는 같은 색조의 색을 고를 때 선택되는 색의 느낌이 다를 수 있다. 또한 표시된 기호의 직관적 연상이 어렵다는 점, 물체색 가운데에는 오스트발트 색입체 내에 해당되지 않는 색이 있을 수 있다는 점 또한 단점이다.

핵심예제

2-1. 오스트발트 색체계의 특징이 아닌 것은?

[2019년 1회 산업기사]

① 표시된 기호로 색의 직관적 연상이 가능하다.
② 지각적 등간격성이 확립되어 있지 않아 측색을 위한 척도로 삼기에는 불충분하다.
③ 안료 제조 시 정량조제에 응용이 가능하다.
④ 색배열의 위치로 조화되는 색을 찾기 쉬워 디자인 색채계획에 활용하기 적합하다.

2-2. 오스트발트 색체계와 관련이 없는 것은?

[2019년 2회 산업기사]

① 등백계열
② 등흑계열
③ 등순계열
④ 등비계열

|해설|

2-1
오스트발트의 색상은 Y(Yellow, 노랑), R(Red, 빨강), UB(Ultramarine Blue, 파랑), SG(Sea Green, 녹색)와 각각의 사이에 O(Orange, 주황), P(Purple, 보라), T(Turquoise, 청록), LG(Leaf Green, 연두)를 더하여 8가지 색상을 기본으로 하였다. 이 8가지 색상을 각각 3단계로 분할하여 24가지 색상을 기본으로 하여, 1R, 2R, 3R과 같이 색상의 단계별로 숫자를 붙이고 이 중 2번이 중심 색상이 되도록 하였다. 또 각각의 색상에는 1~24의 고유 번호를 붙였다.

2-2
오스트발트 색체계는 색의 3속성과는 달리, 흰색(W), 검은색(B), 순색(C)을 3가지 기본 색채로 하고 기본색의 혼합 색량의 비율에 따라 물체의 표면색을 정량적으로 표시하는 방법이다.

정답 2-1 ① 2-2 ④

핵심 이론 03 NCS 색체계

(1) NCS의 개념

① NCS는 Natural Color System의 약자이다. 이 색체계는 헤링이 저술한 「색에 관한 인간 감정의 자연적 시스템」에 기초하여 1979년 스웨덴 색채연구소에서 하드(Anders Hard), 시비크(Lars Sivik), 톤퀴스트(Gunnar Tonnquist)와 같은 유명한 색채연구가들이 오랜 기간 동안 연구를 거듭한 결과 완성한 색체계다.

② 이 색체계는 시대에 따라 변화하는 유행색과는 달리, 보편적인 자연색을 기본으로 삼아 색채에 관한 표준체계를 제시하여 색채의 커뮤니케이션이 원활해지도록 만들어졌다. 특히 노르웨이, 스페인, 스웨덴의 국가 표준색을 제정하는 데 크게 기여하였고, 유럽 전역에서 사용되고 있으며 우리나라 인천공항의 색채 지정에도 사용될 만큼 활용도가 높다.

③ 스웨덴 스칸디나비아 색채연구소(현 스웨덴 색채연구소)에서 1979년 1차 NCS 색표집을 발표하였고, 이를 개정하여 1995년 2차 NCS 색표집을 발표하였다.

(2) NCS의 기본 구조

① NCS는 인간이 색깔을 어떻게 보는가에 기초하여 완성한 논리적인 색체계이다. 또한 NCS를 이용하면 상상할 수 있는 모든 컬러를 NCS 기호로 표현할 수 있다.

② NCS의 기본색은 헤링의 반대색설에 기초한 4가지 기본색 노랑, 파랑, 빨강, 초록과 함께 하양과 검정을 인간이 구별할 수 있는 가장 기초적인 6가지 기본 색채로 정하였다. 여기에서 모든 색은 하양(W), 검정(S ; Schwarzanteil, 스웨덴어로 Black), 순색(C)의 합이 100이 되도록 이루어져 있다.

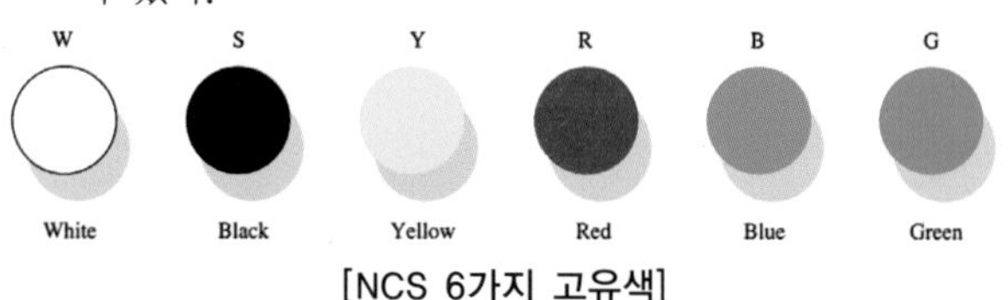

[NCS 6가지 고유색]

W(White) + S(Black) + C(Y, R, B, G) = 100

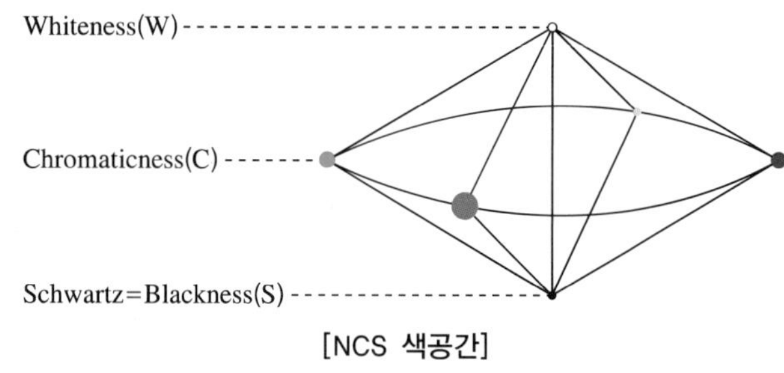

[NCS 색공간]

(3) NCS 색상환

헤링의 대응색설에 따라 노랑, 빨강, 파랑, 초록을 기본으로, 각 색상 사이를 10단계씩 분할하여 총 40색상으로 구성된다. 예를 들어, 그림 [NCS 색상환]과 같이 노랑과 빨강 사이에 존재하는 색의 기호는 Y10R, Y20R, Y30R로 표기하는데, 뒤에 오는 알파벳 기호에 해당하는 혼합량을 표시하도록 되어 있다. 즉, Y90R의 경우 90%의 Red와 10%의 Yellow의 비율로 형성된 색상을 의미한다.

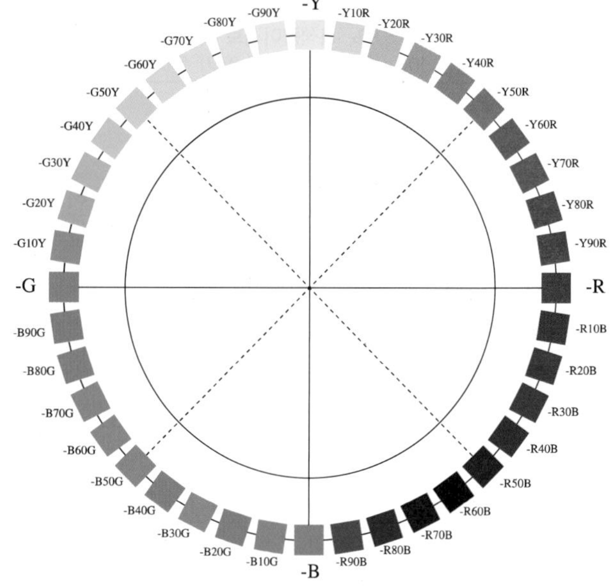

[NCS 색상환]

(4) NCS 기호 표기법

① 유채색의 표시

NCS에서는 색을 '흑색량, 순색량 – 색상의 기호'로 표기한다. S3040–Y60R은 30%의 흑색량, 40%의 순색량을 나타내고, Y60R은 색상의 기호이다. 앞머리의 S는 NCS 색견본 두 번째 판(Second Edition)을 의미한다.

예 S3050–Y10R : 30%의 흑색량, 50%의 순색량과 빨간색이 10% 포함된 노란색을 의미한다.

※ 흑색량 + 순색량 = Nuance(뉘앙스 = 톤의 개념)

② 무채색의 표시

무채색은 S0500–N와 같이 Second Edition의 약호와 흑색의 양과 순색의 양 그리고 무채색이라는 뜻의 N(Neutral)을 하이픈으로 연결하여 표시한다. 0500는 검은색도가 5%이고, 순색도는 0%라는 것을 뜻한다. S1500–N의 경우 검은색도는 15%, 순색도(유채색도, 포화도)는 0%, 나머지 85%가 하얀색도라는 의미이다. 또 S9000–N의 경우 검은색도가 90%, 순색도가 0%로 검은색에 가까운 명도를 나타낸다.

(5) NCS 색 삼각형

① NCS 색 삼각형에서 세로축은 W(하양)에서 S(검정)까지의 흑색의 양으로 총 10단계로 분할된 회색 척도(Gray Scale)를 나타내고, 이것과 수직을 이루고 있는 평행선상에는 순색의 양이 순차적으로 변화되도록 10단계로 분할되어 있어 먼셀 색체계와 같이 순색의 정도를 나타내는 채도의 흐름이 위치한다.

② 삼각형의 오른쪽 꼭짓점에는 최고 채도를 나타내는 순색이 존재한다. 특징적인 점은 명도와 채도를 통합한 톤의 개념, 즉 뉘앙스(Nuance)로 색을 표시한다는 것이다.

(6) NCS 명도와 검정 정도

다른 색상의 두 색은 비록 같은 명확도와 같은 종류의 검정–하양 요소를 갖더라도 명도에서는 다를 수 있다. 같은 종류의 검정–하양 요소를 위해 노랑과 빨강의 관계를 보면 노랑–빨강은 더 밝고, 이와 반대로 파랑과 초록의 관계에서 파랑–초록은 더 어둡게 느껴진다. 즉, 지각적 등보성에는 차이가 있다.

(7) NCS의 활용 및 조화

NCS에서 톤의 개념은 백색도(W), 흑색도(S), 포화도(C)를 포함하는 개념인 뉘앙스로 표현할 수 있는데, 위의 3가지를 정삼각형의 정점에 표기하여 각각의 속성을 다음 그림과 같이 10개의 단위로 나누어 표기한다.

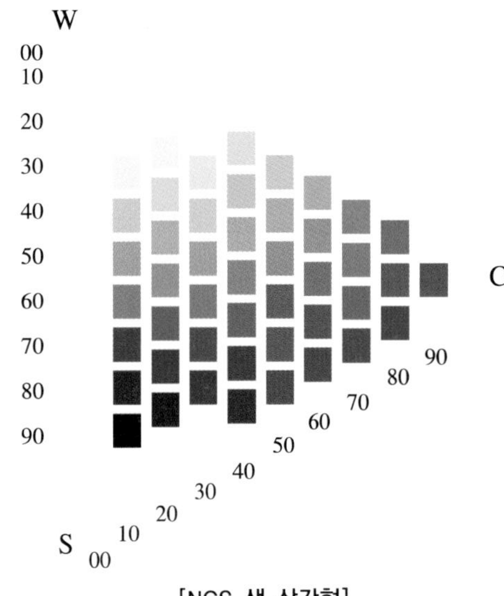

[NCS 색 삼각형]

핵심예제

3-1. NCS 색 삼각형에 대한 설명으로 옳은 것은?

[2019년 2회 산업기사]

① W-S, W-B, S-B의 기본 척도를 가진다.
② 대상색의 하얀색도, 검은색도, 유채색도 사이의 관계를 설명한다.
③ Y-R, R-B, B-G, G-Y의 기본 척도를 가진다.
④ 24색상환으로 되어 있으며, 색상・명도・채도(H V/C)의 순서로 표기한다.

3-2. NCS 색체계의 설명으로 옳은 것은? [2019년 2회 산업기사]

① 오스트발트 시스템에서 영향을 받아 24개의 기본색상과 채도, 어두움의 정도로 표기한다.
② 시대에 따른 트렌드 컬러를 중심으로 하여 업계 간 컬러 커뮤니케이션을 원활하게 하기 위해 만들어진 색체계이다.
③ 스웨덴 색채연구소에서 발표한 색체계로 심리보색의 개념을 바탕으로 한 색체계이다.
④ 색체계의 형태는 원기둥이며 공간상의 좌표를 이용하여 색의 표시와 측정을 한다.

3-3. 그림의 NCS 색 삼각형의 사선이 의미하는 것은?

[2019년 3회 기사]

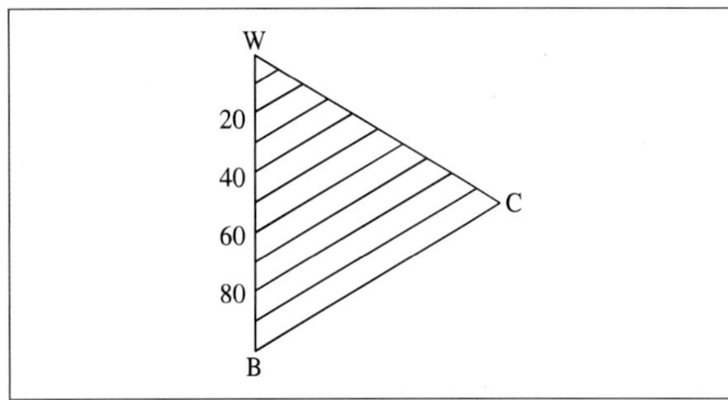

① 동일하얀색도
② 동일검은색도
③ 동일유채색도
④ 동일반사율

3-4. NCS 색 표기 S7020-R20B의 설명으로 틀린 것은?

[2019년 3회 산업기사]

① S7020에서 70은 흑색도를 나타낸다.
② S7020에서 20은 백색도를 나타낸다.
③ R20B는 빨강 80%를 의미한다.
④ R20B는 파랑 20%를 의미한다.

3-5. NCS 색체계 기본색의 표기가 틀린 것은?

[2019년 2회 기사]

① Black → B
② White → W
③ Yellow → Y
④ Green → G

|해설|

3-1
NCS 색 삼각형 : 색공간을 수직으로 자른 등색상면이다. 색 삼각형의 위에서 아래로 하양(W)과 검정(S)의 그레이 스케일을 나타내고, 삼각형의 오른쪽 꼭짓점에 최고 채도(C)를 표기한다.

3-2
NCS 색체계 : 스웨덴공업규격(SIS)으로 제정된 것으로 물체의 표면색을 체계화하는 시스템이다. 헤링의 반대색설에 기초하여 색의 자연스러운 체계를 표색계로 체계화하였다.

3-3
NCS 색 삼각형에서 세로축은 W(하양)에서 S(검정)까지의 흑색의 양으로 총 10단계로 분할된 회색 척도(Gray Scale)를 나타내고, 이것과 수직을 이루고 있는 평행선상에는 순색의 양이 순차적으로 변화되도록 10단계로 분할되어 있어 먼셀 표색계와 같이 순색의 정도를 나타내는 채도의 흐름이 위치한다. 따라서 삼각형의 오른쪽 꼭짓점에는 최고 채도를 나타내는 순색이 존재한다. 특징적인 점은 명도와 채도를 통합한 톤의 개념, 즉 뉘앙스(Nuance)로 색을 표시한다는 것이다.

3-4
NCS에서는 색을 '흑색량, 순색량 - 색상의 기호'로 표기한다. S7020에서 20은 순색도를 나타낸다.

3-5
NCS 색체계에서 Black은 S로 표기한다.

정답 3-1 ② 3-2 ③ 3-3 ① 3-4 ② 3-5 ①

핵심 이론 04 CIE 표색계(Ⅰ)

(1) CIE 색체계

① 국제조명위원회(CIE)는 빛에 관한 표준과 규정에 대한 지침을 목적으로 하는 국제기관으로, 1913년 베를린에서 창립된 이래 현재는 오스트리아 비엔나에 본부를 두고 있다.

② CIE 색체계는 빛의 속성을 정량적으로 정함으로써 감각적이고 추상적인 빛의 속성을 객관적으로 표준화한 시스템이다. 이 색체계는 'XYZ' 또는 '3자극치'를 이용하는데, 이는 맥스웰의 빛의 3원색인 RGB를 이용하여 가상의 색과 똑같은 색이 되는 지점에서 나타나는 출력량의 등색함수를 계산한 수치이다.

③ 표준광원 A, C, D_{65} 아래에서 2° 시야를 기준으로 한 RGB, XYZ, Yxy 색체계가 있고, 10° 시야를 적용한 CIE LUV, CIE LAB 등이 있다. 이 색체계들은 색채를 설계하고 관리할 수 있다는 장점을 지닌다.

(2) CIE 색채 규정

① CIE 표색법은 임의의 빛에 의해 시신경에 일어나는 반응과 빛의 3원색을 비교하여 등색이 되도록 한 혼합 비율로 모든 빛의 색을 표시하도록 한 체계이다. 다시 말해, 표준관찰자가 평균 일광 아래에서 시료를 보고 두 색을 비교했을 때, 시료의 반사 비율인 시감 반사율을 측정하여 색도 좌표상에 수치를 나타내도록 한 것이다.

② 빛을 표시하기 위해 색의 분광 에너지 분포를 측정하고 측색을 계산하여 3자극치 또는 주파장, 자극 순도, 명도 등으로 나타낸다.

③ 조명과 색채의 표준화를 위해 가법혼색을 근간으로 하고 있으며, 2° 기준 관찰자와 10° 보조 기준 관찰자라는 시야 조건을 따른다.

④ 우리의 눈에는 추상체와 간상체의 비율이 각각 다르게 분포하며 민감도 또한 다르다. 이 때문에 동일한 물체라 하더라도, 가깝게 관찰하여 망막에 상이 크게 맺히게 될 때와 물체를 멀리 두고 관찰하여 망막에 상이 작게 맺히게 될 때 각기 색이 다르게 지각된다. CIE에서는 2° 시야와 10° 시야 두 가지를 정의하며, 현재는 10° 시야를 사용한다.

핵심예제

국제조명위원회의 CIE 표준 색체계의 설명으로 틀린 것은?

[2019년 3회 기사]

① 표준관측자의 시감함수를 바탕으로 한다.
② 색을 과학적으로 객관성 있게 지시하려는 경우 정확하고 적절하다.
③ 감법혼색의 원리를 적용하므로 주파장을 가지는 색만 표시할 수 있다.
④ CIE 색도도 내의 임의의 세 점을 잇는 삼각형 속에는 세 점의 색을 혼합하여 생기는 모든 색이 들어 있다.

|해설|

③ 빛의 3원색인 RGB를 이용하여 가상의 색과 똑같은 색이 되는 지점에서 나타나는 출력량의 등색함수를 계산한 수치이다.

정답 ③

핵심 이론 05 CIE 표색계(Ⅱ)

(1) CIE XYZ 표색계

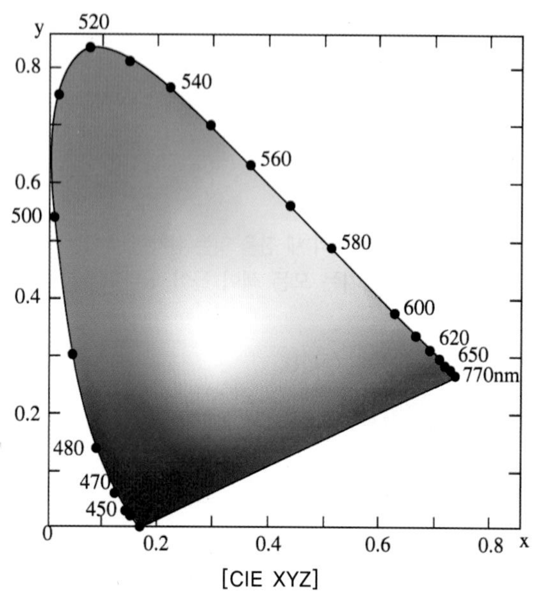

[CIE XYZ]

① 1931년 CIE는 새로운 가상의 색공간인 XYZ를 규정하고 실제로 사람이 느끼는 빛의 색과 등색이 되는 3원색 실험을 시도하여 XYZ라는 3개의 자극치를 정의하였다.

※ X는 적색 감지, Y는 녹색 감지, Z는 청색 감지이다.

② 물체의 색은 조명 광원의 분광 특성, 물체의 반사 특성, 눈의 감도 특성에 의해 결정되는데, 이때 눈의 분광감도와 광원의 분광 특성을 규정하여 물체색을 구하는 색체계인 XYZ 색체계를 규정하였다.

③ XYZ는 세 가지의 등색함수가 필요하며 다음과 같은 계산식으로 구할 수 있다.

$$X = K\int_{380}^{780} S(\lambda)R(\lambda)x(\lambda)d\lambda$$

$$Y = K\int_{380}^{780} S(\lambda)R(\lambda)y(\lambda)d\lambda$$

$$Z = K\int_{380}^{780} S(\lambda)R(\lambda)z(\lambda)d\lambda$$

- $S(\lambda)$: 조명의 분광분포
- $R(\lambda)$: 물체의 분광반사율
- $x(\lambda)$, $y(\lambda)$, $z(\lambda)$: XYZ 색체계의 등색함수
- K : $100/\int S(\lambda)y(\lambda)d\lambda$로 주어지는 정수
- $d\lambda$: 파장간격(5nm 간격 또는 10nm 간격)
- $\int$: 적분 범위는 380~780nm

위 식에서 정수 K는 3자극치 Y가 완전 확산면[$R(\lambda)=1$]에서 $Y=100$이 되도록 정하고 있으므로 녹색을 감지하는 Y센서가 반사율을 나타내며 x, y는 색도좌표를 나타내고 있다.

④ XYZ로부터 xy 색도는 다음 식에 의해 구한다.

$$x = X/(X+Y+Z)$$
$$y = Y/(X+Y+Z)$$
$$z = Z/(X+Y+Z)$$
$$x = y + z = 1$$

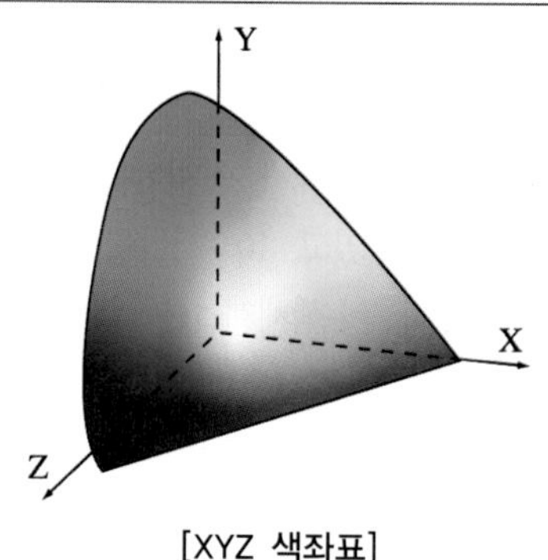

[XYZ 색좌표]

(2) CIE Yxy 표색계

① Yxy는 XYZ 표색계가 양적인 표시 체계이어서 색채 느낌을 알기 어렵고 밝기의 정도를 판단할 수 없다는 점을 보완하기 위해 수식을 변환하여 얻은 표색계로서, 말발굽처럼 생긴 다이어그램 모양을 하고 있다.

② 현재 모든 조명과 컴퓨터 모니터, 어도비 소프트웨어의 기준색이 이 표기법을 사용하고 있다.

③ 맥아담(Mac Adam)은 CIE 1931 측정체에서 분산되어 있던 색자극들을 통일하여 CIE 1931 xy 색도 다이어그램 개선안을 제시하였다. 이로 인해 새로이 얻게 된 Yxy 색표계에서 광원색을 나타내는 Y값은 좌표로서의 의미를 잃고 색상과 채도를 나타내는 x와 y로만 색채를 표시할 수 있어서 변환식은 2차원으로 표시된다.

(3) 1976 CIE 체계

① 10° 기준 관찰자 시감을 반영하였고, CIE LAB, CIE LUV, CIE LCH를 발표하였다.

② 맥아담(Macadam)의 타원

㉠ 원색과 비교하여 어느 정도 차이가 나는지를 수치적으로 표현하기 위해 1950년대부터 꾸준히 논의되어 왔다. 이러한 차이는 결국 인간이 느끼는 색의 차이이기 때문에 색차의 공식을 만들어 내는 것은 인간의 감각과 일치된 공간을 만들어 내는 일이다.

㉡ 맥아담의 연구에 의해서 밝혀진 것으로 xy 색도도에서 인간은 녹색의 차이에는 둔감하나 파란색의 차이에는 민감한 특성이 있다(xy 색도도에 국한된 내용).

㉢ 다음의 그림은 xy 색도도상에서 인간이 같은 색으로 인식하는 부분을 묶어서 타원으로 표시한 것으로 이 타원이 맥아담의 타원이다.

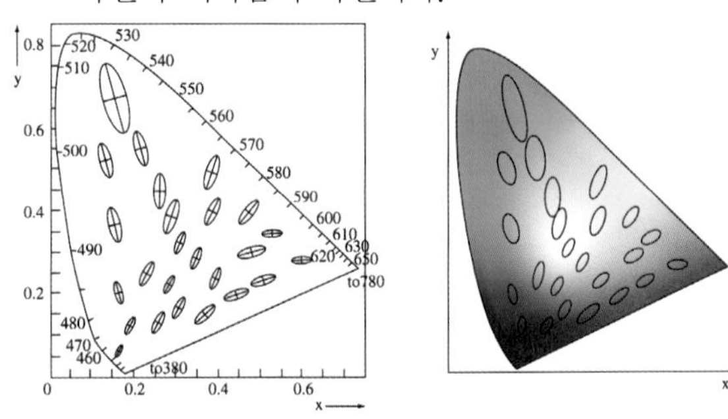

[맥아담의 표준편차 타원]

(4) CIE LAB(L*a*b*)

① CIE LAB(L*a*b*)은 산업 분야에서 널리 사용되고 있는 색공간으로서, 주로 색차를 구하기 위한 목적으로 사용된다.

② 1976년 국제조명위원회가 CIE 색도도를 개선하여 지각적으로 균등한 색공간을 가지도록 제안한 색체계이다. 이전 색공간인 Yxy 색도 다이어그램에서는 같은 거리에 있는 색들이 실제 지각되는 색의 차이와 일치하지 않았다. 이를 개선하기 위해 애덤스와 니컬슨의 오차공식을 먼셀의 3속성의 단계에 기초하여 수정하였고, 최근에는 맥아담의 방정식에 의거하여 인간의 감성에 매우 밀접한 단계의 표현이 가능하게 되었다.

㉠ L* : 반사율로서 명도를 나타낸다.

㉡ a*, b* : 색도 다이어그램으로서 색상과 채도의 정도를 나타낸다. 중심의 백색광의 공간에서 a*와 b*의 절댓값이 증가되면 점이 중앙에서 점점 바깥으로 이동하게 된다. 이렇게 바깥 둘레로 갈수록 선명한 빛을 띠게 되어 채도가 증가한다.

㉢ a가 플러스 방향일 때는 빨강의 색상을 나타내고, 마이너스 방향일 때에는 초록색을 나타낸다.

㉣ b가 플러스 방향일 때는 노랑의 색상을 나타내고, 마이너스 방향일 때에는 파란색을 나타낸다.

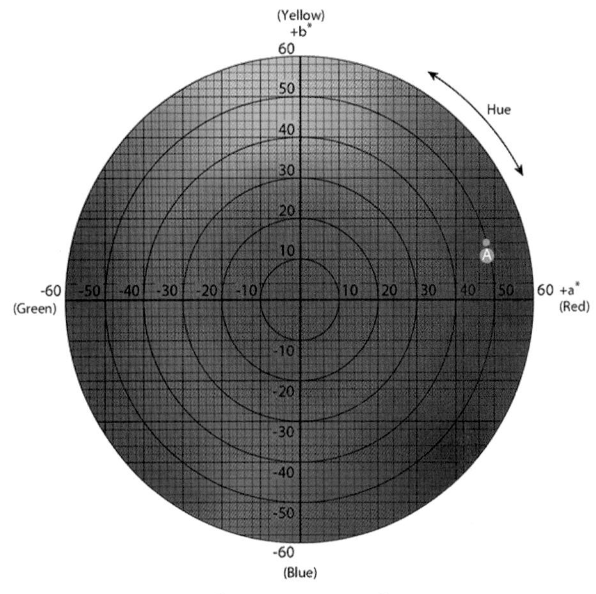

[CIE LAB 색공간]

(5) CIE LUV(L*u*v*)

① CIE LUV 색공간은 Yxy가 가진 색자극의 불일치를 보완한 색공간이다. L*는 반사율로 명도 차원을 나타내고, u*와 v*는 2개의 채도축과 색상을 함께 보여준다.

② CIE LUV 색공간의 장점은 색자극이 가산혼합에 의해 일치할 수 있도록 직선상의 거리로 색을 나타냈다는 점이다. 이에 컬러 TV나 컬러 사진 등에서 CIE LAB보다 자주 사용된다.

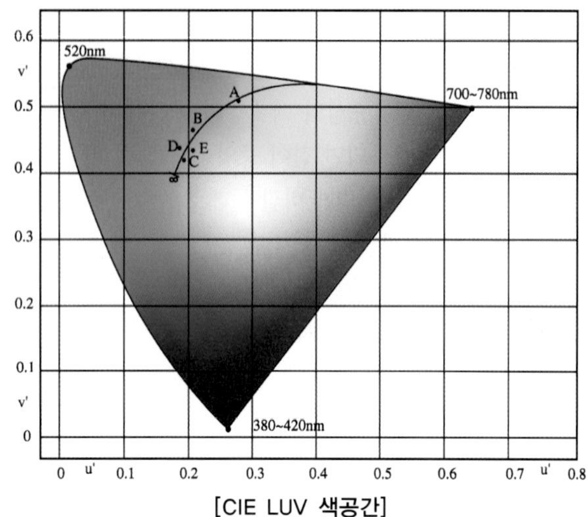

[CIE LUV 색공간]

(6) CIE L*c*h

① CIE L*c*h는 CIE L*a*b*에서 개량되어 나온 새로운 방법으로, 원기둥형 좌표를 나타내어 시각적 효과가 우수한 도식적인 체계를 표시한 것이다.

② L*은 CIE L*a*b*에서와 같이 반사율을 나타내며 c*는 채도를 나타내고, h는 색상을 나타낸다.

㉠ L* : 백색과 흑색으로 최대의 Lightness와 Darkness를 표시한다.

㉡ c* : 채도값(Chroma)으로 극 좌표계에서 방사선의 길이로 표시한다.

㉢ h : 색상을 나타내는 Hue로서 a*(빨간색)와 –a*(초록색)/b*(노란색)과 –b*(파란색) 간의 각도로 표시된다.

※ h = 0°(빨강), h = 90°(노랑), h = 180°(초록), h = 270°(파랑)

핵심예제

5-1. CIE 색체계에 대한 설명 중 틀린 것은?

[2019년 1회 산업기사]

① CIE LAB과 CIE LUV는 CIE의 1931년 XYZ체계에서 변형된 색공간체계이다.
② 색채공간을 수학적인 논리에 의하여 구성한 것이다.
③ XYZ체계는 삼원색 RGB 3자극치의 등색함수를 수학적으로 변환하는 체계이다.
④ 지각적 등간격성에 근거하여 색입체로 체계화한 것이다.

5-2. L*a*b* 측색값에 대한 설명 중 옳은 것은?

[2019년 1회 산업기사]

① L*값이 클수록 명도가 높고, a*와 b*의 절댓값이 클수록 채도가 높다.
② L*값이 클수록 명도가 낮고, a*가 작아지면 빨간색을 띤다.
③ L*값이 클수록 명도가 높고, a*와 b*가 0일 때 채도가 가장 높다.
④ L*값이 클수록 명도가 낮고, b*가 작아지면 파란색을 띤다.

5-3. Yxy 표색계의 중앙에 위치하는 색은? [2019년 2회 산업기사]

① 빨 강
② 보 라
③ 백 색
④ 녹 색

5-4. 다음 중 노랑에 가장 가까운 색은?(단, CIE 색공간 표기임)

[2019년 2회 산업기사]

① a* = –40, b* = 15
② h = 180°
③ h = 90°
④ a* = 40, b* = –15

|해설|

5-1
CIE 1931 XYZ 색공간(혹은 CIE 1931 색공간)은 인간의 색채 인지에 대한 연구를 바탕으로 수학적으로 정의된 최초의 색공간 가운데 하나이다. 국제조명위원회(CIE)가 1931년 제정하였다.

5-2
공식 명칭은 CIE 1976 L*a*b* 지각색 공간이다. 1976년에 CIE에서 정해진 균등 지각색 공간(또는 ULCS 표색계)의 일종이다. L*이 0이면 검은색이며, 100이면 흰색을 나타내므로 명도를 나타내며, a*가 음수이면 초록색으로, 양수이면 빨강으로 치우친다. b*가 음수이면 파랑이고, 양수이면 노랑으로 치우친다.

5-3
Yxy 표색계의 중앙에는 백색이 위치한다.

5-4
CIE L*c*h에서 L*은 명도, c*는 채도, h는 색상의 각도를 의미한다. h = 0°(빨강), h = 90°(노랑), h = 180°(초록), h = 270°(파랑)으로 표시된다.

정답 5-1 ④ 5-2 ① 5-3 ③ 5-4 ③

핵심 이론 06 PCCS 색체계

(1) PCCS 색체계

① 1964년 일본 색채연구소는 색채조화와 배색계획에 적합한 체계를 위해 PCCS(Practical Color Coordinate System)를 개발하였다. '색을 조정하는, 배색의'라는 뜻을 지닌 'Coordinate'에서 알 수 있듯이 이 색체계는 색을 서로 조화롭게 조정한다는 의미를 지녔다.

② 이 색체계는 포화도를 의미하는 'Saturation'을 's'로 표시하여 모든 색을 9단계의 채도로 나누고 있다. 또한 명도와 채도의 복합 개념인 톤은 해맑은(Vivid), 강한(Strong), 밝은(Bright), 연한(Light), 엷은(Pale), 부드러운(Soft), 밝은 회색을 띤(Light Grayish), 회색을 띤(Grayish), 칙칙한(Dull), 짙은(Deep), 어두운(Dark), 어두운 회색을 띤(Dark Grayish)이며, 12가지로 나뉘어 있다.

(2) PCCS 색상

① PCCS 색상환에서 색상은 색광의 3원색과 헤링의 4원색을 포함하고 있다. 빨강, 노랑, 초록, 파랑의 4원색은 각각에 해당하는 심리보색을 고른 간격으로 마주보도록 배열되어 있고, 이 색들은 다시 총 24색상으로 구분된다.

② 색의 3속성을 기반으로 한 먼셀과 오스트발트 표색계의 특징을 모두 포함하는 구조이다. 헤링의 지각원리 체계와 유사하게 형성된 PCCS 색상환에서 노란색은 12시 방향에, 빨간색의 시작점은 8시 방향에 놓여 있다. 이 시계 방향의 순서대로 번호와 색상 약호를 붙여 표시하도록 되어 있다. 예를 들어, 첫 번째 빨강의 경우 1 : pR로 표기한다.

색상 번호	색 상	색의 뉘앙스	먼셀 기호
1	pR/purplish Red	보라 기미의 빨강	10RP
2	R/Red	빨 강	4R
3	yR/yellowish Red	노랑 기미의 빨강	7R
4	rO/reddish Orange	빨강 기미의 주황	10R
5	O/Orange	주 황	4YR
6	yO/yellowish Orange	노랑 기미의 주황	8YR
7	rY/reddish Yellow	빨강 기미의 노랑	2Y
8	Y/Yellow	노 랑	5Y
9	gY/greenish Yellow	초록 기미의 노랑	8Y
10	YG/Yellow Green	황 록	3GY
11	yG/yellowish Green	노랑 기미의 초록	8GY
12	G/Green	초 록	3G
13	bG/bluish Green	파랑 기미의 초록	9G
14	BG/Blue Green	청 록	5BG
15	BG/Blue Green	청 록	10BG
16	gB/greenish Blue	초록 기미의 파랑	5B
17	B/Blue	파 랑	10B
18	B/Blue	파 랑	3PB
19	pB/purplish Blue	보라 기미의 파랑	6PB
20	V/Violet	청보라	9PB
21	bP/bluish Purple	파랑 기미의 보라	3P
22	P/Purple	보 라	7P
23	rP/reddish Purple	빨강 기미의 보라	1RP
24	RP/Red Purple	적보라	6RP

※ PCCS 기호 표시방법 : 색상 – 명도 – 채도 순

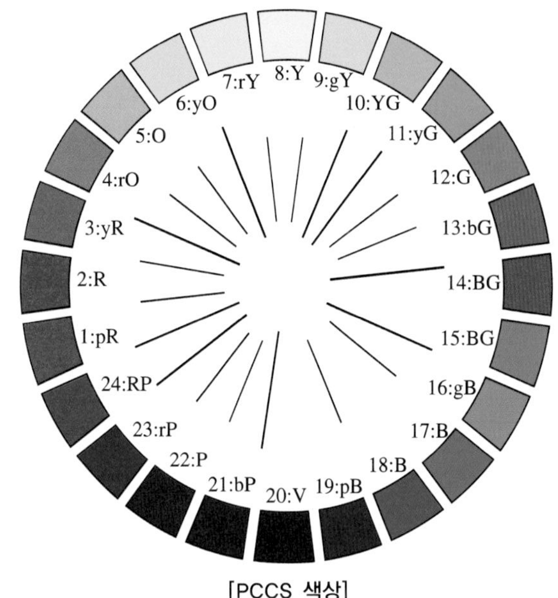

[PCCS 색상]

(3) PCCS 명도

PCCS 명도는 지각적 등보성에 의해 하양인 N9.5와 검정인 N1.5, 그리고 중간 단계인 N5.5와 같이 0.5단계씩 증감하며 총 17단계로 구분되어 있다. 실제 사용되는 최고 명도치는 도료를 기준으로 설정한 것이 특징적이고, 원래의 명도 기준인 0, 10 등의 절대치 기호가 없다. 분할된 순서와 그에 따른 명도단계는 다음과 같다.

(4) PCCS 채도

① 순색에 해당하는 각 색상을 등가치 계열에서 선택하여 9s라 하고 무채색에 색이 조금 붙어 있는 준무채색의 계열도 등가치 계열에서 선택하여 1s로 한 뒤, 1s~9s 사이를 지각적으로 등간격이 되도록 분할하여 총 9단계로 표시한다.

② 이때 s는 Saturation(채도)을 뜻하며, 먼셀 채도(Chroma)와는 구별된다. 또한 먼셀 채도의 경우 색상이 다를 때 채도 기호는 같을 수 있어도 선명도에 차이가 있기 때문에 PCCS 채도에서는 색상마다 채도의 등보성을 실현시키는 것에 역점을 두었다. 이것은 톤 계열을 설정할 때 매우 중요한 요소이다.

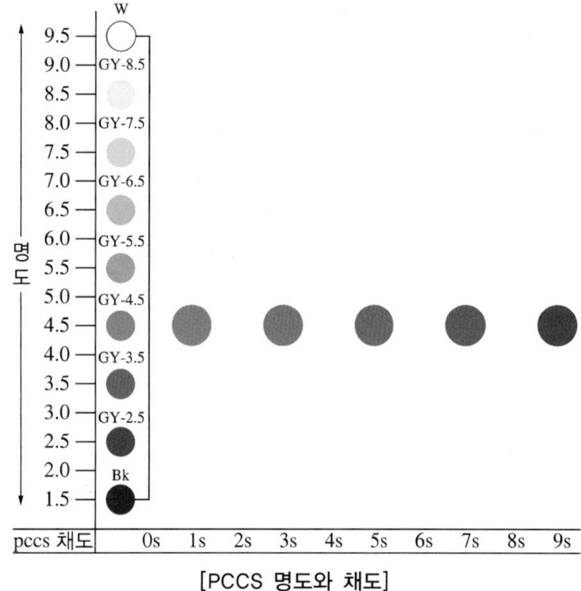

[PCCS 명도와 채도]

(5) PCCS 톤

하나의 색상에서도 명암, 강약, 농담, 심천 등의 차이를 느낄 수 있는데 이것이 톤의 개념이다. 각 색상은 12종류의 톤으로 나뉘고, 무채색은 5종류의 톤으로 분류된다. 명도와 채도의 복합 개념이며 톤의 색공간을 설정한다.

[PCCS 톤]

톤	톤(영어 표기)	톤(기호)
해맑은	vivid	v
밝 은	bright	b
강 한	strong	s
짙 은	deep	dp
연 한	light	lt
부드러운	soft	sf
칙칙한	dull	d
어두운	dark	dk
엷 은	pale	p
밝은 회색 띤	light grayish	ltg
회색 띤	grayish	g
어두운 회색 띤	dark grayish	dkg

핵심예제

6-1. PCCS 색체계에 관한 설명으로 틀린 것은?

[2019년 1회 산업기사]

① 명도와 채도를 톤(Tone)이라는 개념으로 정리하였다.
② 명도를 0.5단계로 세분화하여 총 17단계로 구분한다.
③ 1964년에 일본 색채연구소가 발표한 컬러 시스템이다.
④ 색상, 포화도, 암도의 순서로 색을 표시한다.

6-2. PCCS의 톤 분류가 아닌 것은? [2019년 2회 산업기사]

① strong
② dark
③ tint
④ grayish

6-3. PCCS 색체계의 색상환에 대한 설명 중 틀린 것은?

[2019년 1회 기사]

① 적, 황, 녹, 청의 4색상을 중심으로 한다.
② 4색상의 심리보색을 색상환의 대립 위치에 놓는다.
③ 색상을 등간격으로 보정하여 36색상환으로 만든다.
④ 색광과 색료의 3원색을 모두 포함한다.

 핵심예제

6-4. PCCS 색체계에 관한 설명으로 틀린 것은?

[2019년 3회 산업기사]

① 톤의 개념을 이해하는 데 적합한 구조로 구성되어 있다.
② 색채관리 및 조색, 색좌표의 전달에 적합한 색체계이다.
③ 색상은 헤링의 지각원리와 유사하게 구성되어 있다.
④ 무채색인 경우 하양은 W, 검정은 Bk로 표시한다.

6-5. PCCS 색체계의 주요 4색상이 아닌 것은?

[2017년 2회 산업기사]

① 빨 강 ② 노 랑
③ 파 랑 ④ 보 라

|해설|

6-1
④ 색상 기호 - 명도 - 채도 순으로 표기한다.
6-2
③ tint는 비렌의 색체계와 관련이 있다.
6-3
PCCS 색상환에서 색상은 색광의 3원색과 헤링의 4원색을 포함하고 있다. 빨강, 노랑, 초록, 파랑의 4원색은 각각에 해당하는 심리보색을 고른 간격으로 마주보도록 배열되어 있고, 이 색들은 다시 총 24색상으로 구분된다.
6-4
PCCS는 현색계이다. 색채관리 및 조색, 색좌표의 전달에 적합한 색체계는 혼색계이다.
6-5
PCCS의 주요 4색상은 빨강, 노랑, 초록, 파랑이다.

정답 6-1 ④ 6-2 ③ 6-3 ③ 6-4 ② 6-5 ④

핵심 이론 07 기타 표색계

(1) JIS(Japan Industrial Standard)

일본공업규격으로 대부분의 표시가 한국산업표준(KS)의 규정과 같다.

(2) DIN(Deutsches Institute fur Normung)

DIN은 1955년에 오스트발트 표색계의 결함을 보완, 개량하여 발전시킨 현색계로서 산업의 발전과 규격의 통일을 위해 독일의 공업규격으로 제정된 체계이다.

① 색상(T, Bunton) : 24색상으로 구성되어 있다.
② 채도(Sattigung) : 무채색을 0으로, 가장 순색인 것을 15까지 하여 총 16단계이다.
③ 어두운 정도(Dunkelstufe) : 이상적인 흰색을 0으로, 이상적인 검정을 10으로 하여 색표에서는 1~8까지 재현하고, 0.5스텝으로 나누기도 하는데 총 16단계까지 나눈다.
④ T : S : D로 표기하며, 색상이 T, 채도(포화도)가 S, 어두운 정도(명도, 암도)는 D이다.

(3) RAL 색체계

① 독일에서 1927년 840색을 기준으로 DIN에 의거하여 실용 색지로 개발된 색표계이다.
② 선정된 색편에 일련번호를 주어 사용하며, 디자이너를 위한 실용 색표, 건축물이나 중공업품의 외장색으로도 사용된다.
③ RAL은 Disital은 디지털 사용자를 위하여 개발된 것이다.
④ RGB, CMYK, L*a*b, L*c*h 표기가 모두 가능하다.

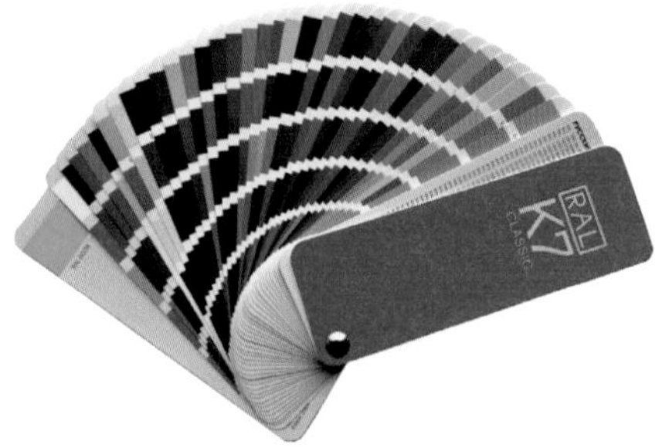

[RAL 색체계]

(4) OSA 색체계

미국 광학회(Optical Society of America)가 개발한 색체계를 말한다. 중심에서 12개의 정점까지의 거리가 같은 정육면체, 팔면체의 기하학적인 성질을 이용해서 만들어진 색공간으로 지각적으로 색채가 같게 느껴지는 색의 공간에서도 같은 거리로 환산될 수 있도록 고안되었다.

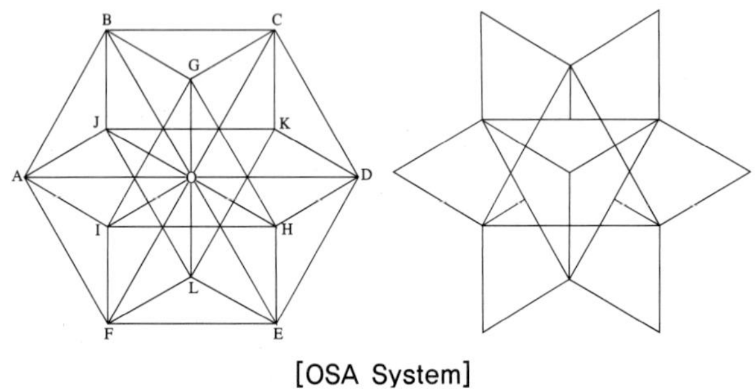

[OSA System]

(5) 팬톤(Pantone) 색체계

① 미국 팬톤사에서 인쇄 및 소재별 잉크를 조색하여 제작한 색표집으로 자사 제품의 활용도를 높이려는 고객 서비스 차원에서 출발하였다.

② 국가 표준이 아니고, 색의 배열이 불규칙하며 유행색이나 사용 빈도가 높은 색으로 편중된 경향이 있지만, 회사의 인지도가 높아 세계적으로 사용되고 있다.

③ 색채 수는 유광판 1,015가지, 무광판 1,013가지이다. 유광판의 표기는 Coated의 약자인 C와 색 번호를 기호로 하고, 무광판은 Uncoated의 약자인 U와 색 번호를 붙여 표시한다. 현재 팬톤 컬러는 인쇄용, 텍스타일용, 플라스틱용, 웹용 등으로 다양하게 출시되고 있다.

④ **팬톤 번호 읽는 법**

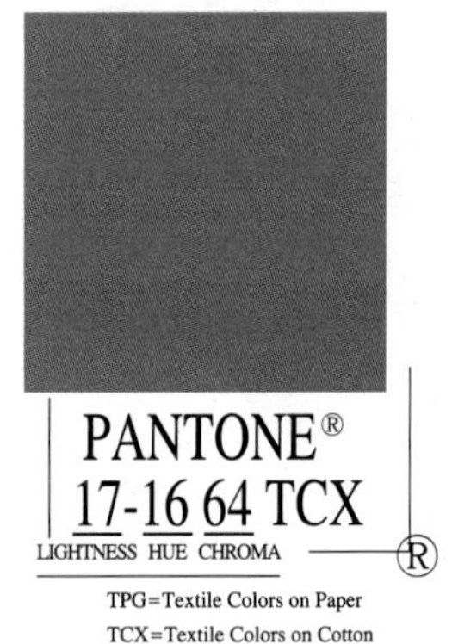

㉠ 첫 번째 번호(그림에서 17)는 명도를 나타낸다. 팬톤 시스템은 11번부터 19번까지 총 9가지의 명도로 나뉘는데 11번은 흰색에 가깝고 19번은 검은색에 가깝다.

㉡ 두 번째 번호(그림에서 16)은 색상공간을 의미한다. 색상은 총 64가지의 공간으로 나뉘며, 01번은 레몬색(Yellow-green)이고 64번은 연두색(Green-yellow)이다. 00번의 경우 무채색을 의미한다.

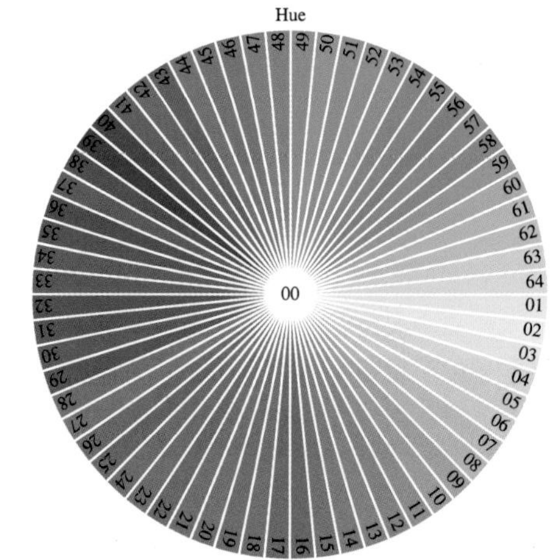

㉢ 마지막 번호(그림에서 64)는 채도를 나타내는데 총 65단계가 있다. 00번은 무채색이고 64번은 가장 채도가 높은 색이다.

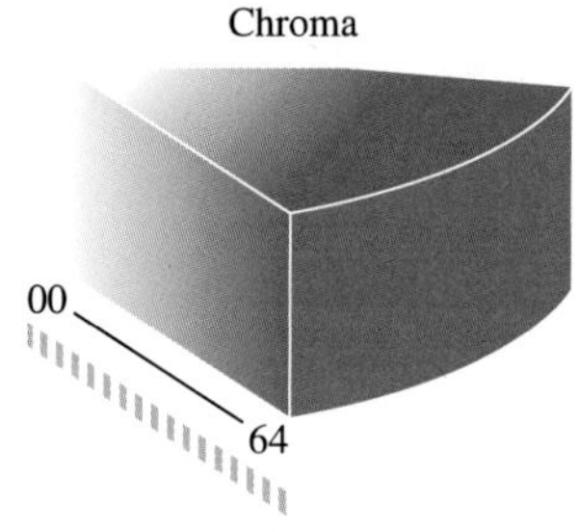

(6) DIC(Dainippon Ink & Chemicals, Inc.) 색체계

약 100여 년의 역사를 가진 대일본잉크화학공업 주식회사에서 색견본집을 생산하고 있다.

핵심예제

7-1. DIN 색체계에서 어두움의 정도에 해당하는 것은?

[2019년 3회 기사]

① T ② S
③ D ④ R

7-2. DIN 색채체계의 설명으로 틀린 것은? [2019년 2회 기사]

① 독일공업규격으로 Deutches Institute fur Normung의 약자이다.
② 색상 T, 포화도 S, 어두움 정도 D의 3가지 속성으로 표시한다.
③ 색상환은 20색을 기본으로 한다.
④ 어두움 정도는 0~10 범위로 표시한다.

7-3. RAL 색체계 표기인 210 80 30에 대한 설명이 옳은 것은?

[2019년 1회 기사]

① 명도, 색상, 채도의 순으로 표기
② 색상, 명도, 채도의 순으로 표기
③ 채도, 색상, 명도의 순으로 표기
④ 색상, 채도, 명도의 순으로 표기

7-4. 다음 중 색체계의 설명이 틀린 것은? [2019년 1회 기사]

① Pantone – 실용성과 시대의 필요에 따라 제작되었기 때문에 개개 색편이 색의 기본 속성에 따라 논리적인 순서로 배열되어 있지 않다.
② NCS – 스웨덴, 노르웨이, 스페인의 국가 표준색 제정에 기여한 색체계이다.
③ DIN – 색상(T), 포화도(S), 암도(D)로 조직화하였으며 색상은 24개로 분할하여 오스트발트 색체계와 유사하다.
④ PCCS – 채도는 상대 채도치를 적용하여 지각적 등보성이 없이 상대수치인 9단계로 모든 색을 구성하였다.

7-5. Pantone 색체계의 설명으로 틀린 것은? [2019년 1회 기사]

① 미국 Pantone사의 자사 색표집이다.
② 지각적 등보성을 기초로 색표가 구성되었다.
③ 인쇄잉크를 조색하여 일정 비율로 혼합, 제작한 실용적인 색체계이다.
④ 인쇄업계, 컴퓨터그래픽, 의상디자인 등 산업 분야에서 널리 사용되고 있다.

|해설|

7-1
DIN은 1955년에 오스트발트 표색계의 결함을 보완, 개량하여 발전시킨 현색계로서 산업의 발전과 규격의 통일을 위해 독일의 공업규격으로 제정된 색체계이다. 이상적인 흰색을 D = 0, 이상적인 검정을 D = 10으로 하여 색표에서는 1~8까지 재현하고, 0.5스텝으로 나누기도 하는데 총 16단계까지 나눈다.

7-2
DIN은 1955년에 오스트발트 표색계의 결함을 보완, 개량하여 발전시킨 현색계로서 산업의 발전과 규격의 통일을 위해 독일의 공업규격으로 제정된 색체계이다. 색상(T, Bunton)은 오스트발트 색체계와 같이 24가지로 구성되었다. 채도의 개념인 'Sattigung'은 0인 무채색에서 15까지 총 16단계로 나누었다. 명도를 가리키는 'Dunkelstufe'는 어두움의 정도인 암도를 나타내며, 0~10까지 총 11단계로 구성된다. 색 표기는 '색상 : 포화도 : 암도'를 나타내는 'T : S : D'의 순서로 한다.

7-3
RAL 색체계는 독일에서 1927년 840색을 기준으로 DIN에 의거해 실용 색지로 개발된 체계로 색상, 명도, 채도로 분류된다.

7-4
PCCS 채도는 순색에 해당하는 각 색상을 등가치 계열에서 선택하여 9s라 하고 무채색에 색이 조금 붙어 있는 준무채색의 계열도 등가치 계열에서 선택하여 1s로 한 뒤, 1s~9s 사이를 지각적으로 등간격이 되도록 분할하여 총 9단계로 표시한다.

7-5
Pantone 색체계 : 미국 팬톤사에서 인쇄 및 소재별 잉크를 조색하여 제작한 색표집으로 자사 제품의 활용도를 높이려는 고객 서비스 차원에서 출발하였다. 국가 표준이 아니고, 색의 배열이 불규칙하며 유행색이나 사용 빈도가 높은 색으로 편중된 경향이 있지만, 회사의 인지도가 높아 세계적으로 사용되고 있다.

정답 7-1 ③ 7-2 ③ 7-3 ② 7-4 ④ 7-5 ②

02 색명체계

핵심 이론 01 색명체계

(1) 색명체계의 의의

① 색채정보를 전달하는 방법에는 여러 가지가 있다. 예를 들면, 눈앞에 있는 꽃을 직접 가리키면서 타인과 대화를 한다고 가정하면, 쉽게 그 색의 뉘앙스를 공감할 수 있게 된다. 하지만 서로 이메일이나 글을 사용하거나, 전화로 전달하게 된다면 정확한 색에 대해 소통하기란 쉬운 일이 아닐 것이다.

② 예부터 우리나라에는 여러 가지 색이름들이 있었다. 소색(素色), 옥색(玉色), 하늘색과 같이 지금은 사라져 없어진 색명도 있고, 고유한 이름이 바뀌어 사용되는 경우도 있다. 오늘날에는 컬러 오더 시스템이나 CIE 표색계 등에서 색을 정량적으로 표시하고 있으므로 감성적이면서 부정확했던 옛 색명보다 다양한 방법의 색명이 등장하였다. 이처럼 색을 구분해서 이름을 표시하는 방법을 색명체계라고 부른다.

(2) 색명에 의한 분류

① 관용색명(Individual Color Names)
  ㉠ 관용색명이란 옛날부터 전해 내려와 습관적으로 사용되어 온 색명이다. 색채의 감성 전달이 가장 우수한 체계로서 주로 동식물, 광물, 자연현상, 지명 등의 이름에서 유래한 것이 대부분이다.
  ㉡ 우리말로 된 고유색명인 하양, 검정, 빨강, 노랑, 파랑, 보라와 한자말로 된 흑, 백, 적, 황, 녹, 청, 자 등이 여기에 속한다. 관용색명은 문화나 시대에 따라 차이를 보이기 때문에 특정 지명이나 사물에 대한 이해가 수반되지 않을 때에는 색의 명확한 뉘앙스를 이해하기 어려울 수도 있고, 정확한 색을 소통해야 할 경우에는 오차가 심하게 발생할 수도 있다.
  ㉢ 관용색명의 예로는 마젠타(Magenta), 레몬(Lemon), 마린 블루(Marine Blue), 에메랄드 그린(Emerald Green) 등이 있다.

② 계통색명(Systematic Color Names)
  ㉠ 계통색명이란 적절한 형용사와 명사를 사용하여 일정한 법칙에 따라 학술적으로 정의한 색이름을 말한다.
  ㉡ 색채에 대한 기본적인 지식을 가지고 있다면 계통색명만으로도 색의 관계와 위치를 가늠할 수 있지만, 학습되지 않은 상태에서는 대체적으로 관용색명에 비해 감각적으로 연상하기 어렵다.
  ㉢ '어두운, 연한'과 같은 수식어와 '분홍빛 하양', 'Yellowish Brown', 'Vivid Red' 등이 계통색명의 대표적인 예이다.

핵심예제

다음 중 색명법의 분류가 다른 색 하나는? [2019년 1회 기사]

① 분홍빛 하양
② Yellowish Brown
③ Vivid Red
④ 베이지 그레이

|해설|

베이지는 수식형이 아니고 동물의 이름에서 유래한 관용색명이다.

정답 ④

핵심이론 02 색명법(Ⅰ) – KS

(1) KS 표준 색이름 수식형

① 한국산업표준 KS A 0011은 기본 색명 15가지와 관용색명, 계통색명으로 나누어 색을 먼셀 기호와 함께 표기함으로써 색의 정확한 사용과 색의 원활한 의사소통을 도모하도록 발간되었다.

② 색이름에 수식을 할 수 있는 종류로 빨간(적), 노랑(황), 초록빛(녹), 파란(청), 보랏빛, 자줏빛(자), 분홍빛, 갈, 흰, 회, 검은(흑)의 11가지가 있다.

(2) 물체색의 색이름(KS A 0011, 2015년 6월 개정)

① **적용 범위** : 이 표준은 물체색의 색이름 중, 특히 표면색의 색이름을 규정한다. 투과색의 색이름도 여기에서 규정하는 색이름을 준용할 수 있다.

② **인용 표준** : 다음의 인용 표준은 이 표준의 적용을 위해 필수적이다. 발행 연도가 표기된 인용 표준은 인용된 판만을 적용한다. 발행 연도가 표기되지 않은 인용 표준은 최신판(모든 추록을 포함)을 적용한다.

㉠ KS A 0062 : 색의 3속성에 의한 표시방법

㉡ KS A 0064 : 색에 관한 용어

③ **용어와 정의**

이 표준에서 사용하는 주요 용어의 정의는 KS A 0064와 다음에 따른다.

㉠ 계통색이름 : 모든 색을 계통적으로 분류해서 표현할 수 있도록 한 색이름

㉡ 관용색이름 : 관용적인 호칭방법으로 표현한 색이름

④ **계통색이름의 구별** : 계통색이름은 기본색이름이나 조합색이름에 수식 형용사를 붙인 것으로 한다.

㉠ 유채색의 기본색이름

기본색이름	대응 영어(참고)	약호(참고)
빨강(적)	Red	R
주 황	Yellow Red	YR
노랑(황)	Yellow	Y
연 두	Green Yellow	GY
초록(녹)	Green	G
청 록	Blue Green	BG
파랑(청)	Blue	B
남색(남)	Purple Blue	PB
보 라	Purple	P
자주(자)	Red Purple	RP
분 홍	Pink	Pk
갈색(갈)	Brown	Br

비고 1. ( ) 속의 색이름은 조합색이름의 구성에서 사용한다.
비고 2. 유채색의 기본색이름에 "색"자를 붙여 사용할 수 있다. 다만, 빨강, 노랑, 파랑의 경우는 빨간색, 노란색, 파란색으로 한다.
비고 3. 분홍과 갈색을 제외한 유채색의 기본색이름은 색상 이름으로 사용한다.

㉡ 무채색의 기본색이름

기본색이름	대응 영어(참고)	약호(참고)
하양(백)	White	Wh
회색(회)	(neutral)Grey(영), (neutral)Gray(미)	Gy
검정(흑)	Black	Bk

비고 1. ( ) 속의 색이름은 조합색이름의 구성에서 사용한다.
비고 2. 하양, 검정의 경우 흰색, 검은색으로 사용할 수 있다.

⑤ 기본색이름의 조합방법

㉠ 2개의 기본색이름을 조합하여 조합색이름을 구성한다.

㉡ 조합색이름은 기준색이름 앞에 색이름 수식형을 붙여 만드는데, 조합색이름의 앞에 붙는 색이름을 색이름 수식형, 뒤에 붙는 색이름을 기준색이름이라 부른다.

㉢ 색이름 수식형에는 다음의 3가지 유형이 있다.

- 기본색이름의 형용사 : 빨간, 노란, 파란, 흰, 검은
- 기본색이름의 한자 단음절 : 적, 황, 녹, 청, 남, 자, 갈, 백, 회, 흑
- 수식형이 없는 2음절 색이름에 '빛'을 붙인 수식형 : 초록빛, 보랏빛, 분홍빛, 자줏빛

㉣ 색이름 수식형별 기준색이름

색이름 수식형	기준색이름
빨간(적)	자주(자), 주황, 갈색(갈), 회색(회), 검정(흑)
노란(황)	분홍, 주황, 연두, 갈색(갈), 하양, 회색(회)
초록빛(녹)	연두, 갈색(갈), 하양, 회색(회), 검정(흑)
파란(청)	하양, 회색(회), 검정(흑)
보랏빛	하양, 회색, 검정
자줏빛(자)	분홍
분홍빛	하양, 회색
갈	회색(회), 검정(흑)

색이름 수식형	기준색이름
흰	노랑, 연두, 초록, 청록, 파랑, 보라, 분홍
회	빨강(적), 노랑(황), 연두, 초록(녹), 청록, 파랑(청), 남색, 보라, 자주(자), 분홍, 갈색(갈)
검은(흑)	빨강(적), 초록(녹), 청록, 파랑(청), 남색, 보라, 자주(자), 갈색(갈)

⑥ 기본색이름과 조합색이름을 수식하는 방법 : 기본색이름이나 조합색이름 앞에 수식 형용사를 붙여 색채를 세분하여 표현할 수 있다.

㉠ 유채색의 수식 형용사

수식 형용사	대응 영어(참고)	약호(참고)
선명한	vivid	vv
흐 린	soft	sf
탁 한	dull	dl
밝 은	light	lt
어두운	dark	dk
진(한)	deep	dp
연(한)	pale	pl

비고 1. 필요시 2개의 수식 형용사를 결합하거나 부사 '아주'를 수식 형용사 앞에 붙여 사용할 수 있다.
[보기] 연하고 흐린, 밝고 연한, 아주 연한, 아주 밝은

비고 2. ( ) 속의 '한'은 생략될 수 있다.
[보기] 진빨강, 진노랑, 진초록, 진파랑, 진분홍, 연분홍, 연보라

㉡ 무채색의 명도, 유채색의 명도와 채도의 상호관계

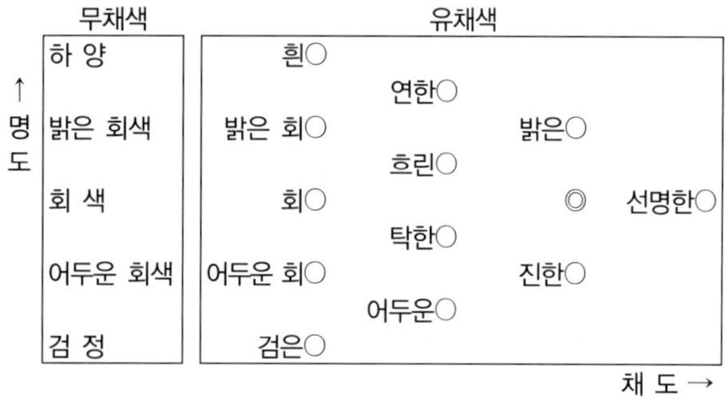

무채색	유채색			
하 양	흰○			
		연한○		
밝은 회색	밝은 회○		밝은○	
		흐린○		
회 색	회○		◎	선명한○
		탁한○		
어두운 회색	어두운 회○		진한○	
		어두운○		
검 정	검은○			

↑ 명도 / 채 도 →

비고 1. ○는 ④의 ㉠에 나타낸 기본색이름이나 조합색이름을 표시한다.
[보기] 선명한 빨강, 어두운 회녹색, 밝은 남색

비고 2. ◎는 수식어를 쓰지 않고 ④의 ㉠에 나타낸 기본색이름 및 조합색이름만으로 나타낸다.

※ 위의 색명법에서 가장 높은 명도의 색을 표시하는 수식어는 '흰'이다.

(3) 한국산업표준

표준 번호	표준명
KS A 0011	물체색의 색이름
KS A 0012	광원색의 색이름
KS A 0061	XYZ 색표시계 및 X10, Y10, Z10 색표시계에 따른 색의 표시방법
KS A 0062	색의 3속성에 의한 표시방법
KS A 0063	색차 표시방법
KS A 0064	색에 관한 용어
KS A 0065	표면색의 시감 비교방법
KS A 0066	물체색의 측정방법
KS A 0067	L*a*b*표색계 및 L*u*v* 표색계에 의한 물체색의 표시방법
KS A 0068	광원색의 측정방법
KS C 0073	제논(Xenon) 표준백색광원
KS C 0074	측색용 표준광 및 표준광원
KS C 0075	광원의 연색성 평가방법
KS C 0076	광원의 분포온도 및 색온도・상관 색온도의 측정방법
KS A 3701	도로조명 기준

 핵심예제

2-1. KS A 0011(물체색의 색이름)의 유채색의 기본색이름 - 대응 영어 - 약호의 연결이 틀린 것은? [2019년 3회 기사]

① 주황 - Orange - O
② 연두 - Green Yellow - GY
③ 남색(남) - Purple Blue - PB
④ 자주(자) - Red Purple - RP

2-2. 한국산업표준(KS) 중의 관용색명에 관한 설명으로 옳은 것은? [2019년 1회 산업기사]

① 관용색명은 주로 사물의 명칭에서 유래한 것으로, 색의 3속성에 의한 표시기호가 병기되어 있다.
② 새먼핑크, 올리브색, 에메랄드 그린 등의 색명은 사용할 수 없다.
③ 한국산업표준(KS) 관용색명은 독일공업규격 색표에 준하여 만든 것이다.
④ 색상은 40색상으로 분류되고 뉘앙스를 나타내는 수식어와 함께 쓰인다.

|해설|

2-1
주황 - Yellow Red - YR
2-2
관용색명은 예부터 습관적으로 사용하는 색명을 말하며, 하나하나의 고유색명을 지닌 것으로서 동물, 식물, 자연현상 등의 이름에서 유래된 명칭이 대부분이며 현재 164개 정도가 있다.

정답 2-1 ① 2-2 ①

핵심이론 03 색명법(Ⅱ) - ISCC-NIST

(1) ISCC-NIST의 의의

① ISCC-NIST(Inter-Society Color Council, National Institute of Standards and Technology)는 전미색채협의회와 미국국가표준에 의해 1939년에 제정한 색명법으로, 미국에서 통용되는 일반색명을 정리한 것이라고 할 수 있다.
② 먼셀 색입체를 267블록으로 구분하고, 무채색은 White, light Gray, medium Gray, dark Gray, Black의 5가지로 구분한다.
③ 색상 수식어는 vivid, strong, brilliant, deep, very deep, very light, light, moderate, dark, very pale, pale, grayish, dark grayish, blackish로 구분하였는데, 이 중에서 가장 채도가 높은 것은 vivid이다.
④ 색상명은 Pink, Red, Orange, Brown 등을 사용한다. ISCC-NIST에서는 색상, 명도, 채도를 포함하는 톤 개념을 바탕으로 하고 있다.

(2) ISCC-NIST 기호

① ISCC-NIST 기본색과 기호

기본색	기 호
Pink	PK
Red	R
Orange	O
Brown	BR
Yellow	Y
Olive Brown	OLBR
Olive	OL
Olive Green	OLG
Yellow Green	YG
Green	G
Blue Green	BG
Blue	B
Violet	V
Purple	P

② 색상의 수식어

수식어	기 호
reddish	r
pinkish	pk
brownish	br
yellowish	y
greenish	g
bluish	b
purplish	p

③ ISCC-NIST 톤 이름과 톤 기호

톤 이름	톤 기호	톤 이름	톤 기호
very pale	vp	very deep	vdp
pale	p	dark	d
very light	vl	very dark	vd
light	l	moderate	m
brilliant	bt	light grayish	lgy
strong	s	grayish	gy
vivid	v	dark grayish	dgy
deep	dp	blackish	bk

핵심예제

ISCC-NIST 색명에 관한 설명이 잘못된 것은? [2019년 2회 기사]

① ISCC-NIST 색명법은 한국산업표준(KS) 색이름의 토대가 되고 있다.

② 톤의 수식어 중 light, dark, medium은 유채색과 무채색을 수식할 수 있다.

③ 동일 색상면에서 moderate를 중심으로 명도가 높은 것은 light, very light로 명도가 낮은 것은 dark, very dark로 나누어 표기한다.

④ 명도와 채도가 함께 높은 부분은 brilliant, 명도는 낮고 채도가 높은 부분은 deep으로 표기한다.

|해설|

유채색과 무채색에 공통적으로 사용되는 톤의 수식어는 Light와 Dark이다.

정답 ②

핵심이론 04 관용색명

(1) 동물의 이름에서 유래한 관용색명

	색명	기호	설명
	피콕그린 Peacock Green	7.5BG 3/8	공작 깃털에 있는 여러 가지 색 중 목에서 날개 쪽의 윤택 있는 초록을 공작 초록이라고 한다.
	가죽색 Buff	7.5YR 6/6	송아지나 소의 살색인 가죽색으로 다소 붉은 갈색을 띤다.
	새먼(살몬) 핑크 Salmon Pink	10R 7/8	노란 분홍, 연어의 살색으로 노랑을 띤 분홍이다.
	세피아 Sepia	10YR 2/2	검은색을 띤 짙은 흑갈색이며, 오징어의 먹물에서 색을 추출하는 것이 가능하다.
	베이지 Beige	2.5Y 8.5/4	연한 주황에 회색이 더해진 색으로 마른 흙색에 가깝다. 양모에서 얻은 원사를 의미한다.
	쥐색 Mouse Gray	N4.25	어두운 회색으로 쥐의 털색, 보통의 회색보다 약간 명도가 낮은 회색이다.
	카민 Carmine	5R 4/12	여러 가지 선인장을 먹고 사는 암컷 연지벌레에서 얻는 밝은 붉은색이다.

(2) 식물의 이름에서 유래한 관용색명

	색명	기호	설명
	복숭아 색 Peach	7.5R 8/6	잘 익은 복숭아 열매의 색이다.
	마룬 Maroon	5R 3/4	마로니에 나무의 열매색으로 밤껍질색이며 갈색을 띤 어두운 빨강이다.
	밤색 Chestnut	7.5YR 3/6	잘 익은 밤 껍질의 색으로 어두우면서도 붉은빛을 띤 갈색이다.
	라벤더 Lavender	7.5PB 7/6	허브 종류의 하나로 라벤더 꽃의 색이다. 밝고 연한 보라색이다.
	풀색 Grass Green	5GY 5/8	풀잎의 색으로 진한 연두를 말한다.
	쑥색 Artemisia (Green)	5GY 4/4	말린 쑥잎의 색으로 연한 회색을 띤 초록이다.
	팬지색 Pansy	5P 2/8	오랑캐꽃에서 보이는 진한 보라 계열의 색이다. Pansy Purple이라고도 한다.

	모브 Mauve	5P 4.5/9.5	접시꽃의 색인 엷은 보라색을 말한다.

(3) 광물이나 원료의 이름에서 유래한 관용색명

	오커 Ocher	10YR 6/10	황토의 누르고 거무스름한 색이다. 풍토, 석회, 철, 망가니즈 등의 주성분으로 형성된 누런 흙색이다.
	코발트블루 Cobalt Blue	5PB 3/10	선명한 파랑으로, 산화코발트와 산화알루미늄에서 추출한 색이다. 알칼리 작용을 받지 않고 공기, 일광에 견실한 특징을 가진다.
	크로뮴 옐로 Chrome Yellow	2.5 8/12	크로뮴산납을 주성분으로 하는 노랑 염료의 순노랑에 가까운 색으로 황연이라고도 한다. 크로뮴 옐로라고도 불리는 크로뮴산납은 크로뮴화합물 중 가장 처음으로 안료에 사용되었던 물질이다.
	에메랄드 그린 Emerald Green	5G 5/8	에메랄드의 색으로 선명하고 맑은 초록색이다.
	고동색 古銅色	2.5YR 2/4	오래된 금속 구리의 색으로 검은색을 띤 갈색이다.
	목탄색 Charcoal Gray	N2	숯과 같다고 하여 소탄색(消炭色), 다크 그레이(Dark Gray)라고도 한다. 목탄과 같은 회색으로 거의 검은색에 가까운, 짙은 회색이다.

(4) 지명이나 인물의 이름에서 유래한 관용색명

	프러시안 블루 Prussian Blue	2.5PB 2/6	프러시안 칼륨 용액에 제2철염 용액을 가해 만든 깊고 진한 파랑이다.
	하바나 브라운 Havana brown	2R 5/6	남동아시아 시안의 황실 고양이의 털색으로, 빛나는 마호가니의 붉은빛이 감도는 갈색을 말한다.
	보르도 Bordeaux	10RP 2/8	암적색으로 프랑스의 보르도 지방에서 나는 붉은 포도주의 색이다.
	반다이크 브라운 Vandyke-Brown	7.5YR 3/2	반다이크가 만든 검정을 띤 갈색의 유화 물감의 색이다.
	번트시에나 Burnt Sienna	10R 4.5/7.5	이탈리아 시에나 지방의 황토를 구워 만든 산화제2철의 색에서 온 것으로 갈색을 말한다.
	색스블루 Saxe Blue	5B 6/5	독일 남쪽의 색소니(Saxony) 주에서 온 말이다. 초록 기미의 청색이므로 소프트 그리니시 블루(Soft Greenish Blue)라고도 한다.

 **핵심예제**

관용색이름, 계통색이름, 색의 3속성에 의한 표시가 틀린 것은?

[2019년 3회 기사]

① 벚꽃색 - 흰 분홍 - 2.5R 9/2
② 대추색 - 빨간 갈색 - 10R 3/10
③ 커피색 - 탁한 갈색 - 7.5YR 3/4
④ 청포도색 - 흐린 초록 - 7.5G 8/6

|해설|

청포도색은 연두색이며 5GY 7/10이다.

정답 ④

03 한국의 전통색

핵심 이론 01 음양오행(陰陽五行)

(1) 음양오행설

오행인 목(木), 화(火), 토(土), 금(金), 수(水)의 다섯 가지가 음양의 원리에 따라 순환함으로써 우주의 만물이 생성되고 소멸하게 된다는 동양 철학사상이다. 우리나라의 전통색에는 이와 같은 다섯 가지의 방위에 따라 각각의 색이 정해진다고 보는 견해가 담겨 있다.

(2) 정색과 간색

① 음양오행 사상과 동양 철학을 바탕에 두고 있는 한국의 전통색인 오방색은 '다섯 가지 기본색'이라는 의미로 '오정색(五正色)'이라고도 불린다. 동방의 청색, 서방의 백색, 남방의 적색, 북방의 흑색, 중앙의 황색이 바로 그것이다.

② 정색과 정색의 혼합으로 오간색이 생기는데, 이는 동방과 중앙의 간색인 녹색, 동방과 서방의 간색인 벽색, 남방과 서방의 간색인 홍색, 남방과 북방의 간색인 자색, 중앙과 북방의 간색인 유황색이다.

③ 한국의 전통색은 오정색과 오간색의 구조로 이루어진다.

④ 청농, 명담, 암탁의 색채 변화는 유록색(幼綠色), 송화색(松花色), 청암색(靑暗色) 등과 같이 주로 기억색으로 인식된다.

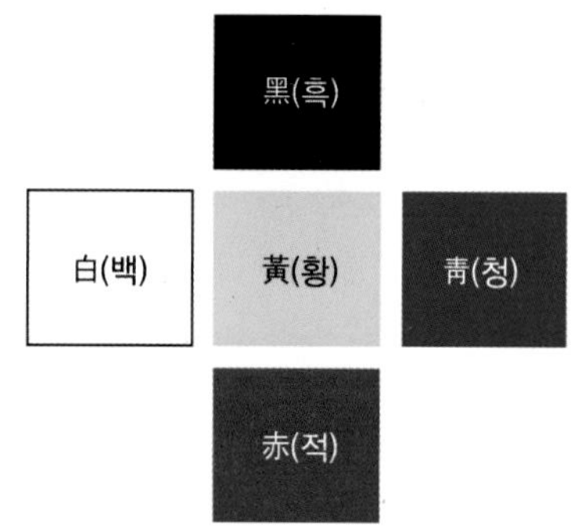

[한국의 전통 오방색]

(3) 음양오행사상과 오방색의 대응 도표

오방색	오 행	오 방	계 절	오방신	오 륜	신체 부위	맛	음 계
청(靑)	나무[木]	동 쪽	봄	청 룡	인(仁)	간 장	신 맛	각
적(赤)	불[火]	남 쪽	여 름	주 작	예(禮)	심 장	쓴 맛	치
황(黃)	흙[土]	중 앙	토용(土用)	황 룡	신(信)	위 장	단 맛	궁
백(白)	쇠[金]	서 쪽	가 을	백 호	의(義)	폐	매운맛	상
흑(黑)	물[水]	북 쪽	겨 울	현 무	지(智)	신 장	짠 맛	우

(4) 오정색(오방색)에 따른 의미

① 적(赤)

㉠ 벽색은 불을 상징하며 불은 뜨거움이다. 뜨거움은 여름이 되며, 여름은 남쪽이 된다.

㉡ 벽사의 의미와 인연이 깊어 「동국세시기」에 보면 붉은 팥죽을 쑤어 문짝에 뿌리면 액운이 물러간다고 하였으며, 적색과 청색은 악귀를 쫓는 색이라고 해서 벽사색(辟邪色)이라고도 한다.

㉢ 생명의 근원으로 태양과 불, 생성과 창조, 정열과 애국, 적극성을 상징한다.

㉣ 질병 치료나 집안, 마을, 나라 전체의 안위를 기원하는 의식을 의미한다.

㉤ 부적에 주로 사용되는 색은 적색이며, 신부의 면사포색도 적색이었다.

㉥ 금(禁)줄에 고추와 청지(솔잎)를 꽂는 이치도 벽사의 식에서 비롯된 것이다.

㉦ 흉례 때에는 주로 백색과 흑색이 이용되었으며, 황색은 부분적으로 이용하였다.

② 청(靑)

㉠ 고려 충렬왕 원년의 기록을 보면 "태사국에서 동방은 오행 중 목(木)의 위치오니 푸른 색깔을 숭상하여야 하며, 흰 것은 오행 중 금(金)의 색깔인데 지금 나라 사람들이 군복을 입고, 흰 모시옷으로 웃옷을 많이 입으니, 이것은 목이 금에 제어되는 현상이라 하여 백의를 입는 것을 금하기를 청하였다."고 한다.

㉡ 태양이 솟는 동쪽의 색인 청색은 부활과 탄생을 의미한다.

③ 황(黃)

㉠ 황색은 밝은 것을 의미하며, 방위로서는 중앙에 자리 잡아 만물을 관장하는 색이다.

㉡ 「세종실록」에 따르면 세종 21년 5월, 함경도 경흥군에 노란 비가 5일간 내려 모두들 풍년이 들 징조라 하였다고 한다. 요즘에야 노란 비가 내리면 황사나 산성비라 하여 모두들 피했겠지만, 그 당시 사람들 눈엔 풍년을 가져오는 길상의 의미가 깃든 색으로 보인 것이다.

④ 흑(黑)

㉠ 오정색의 하나로 겨울과 물을 상징한다.

㉡ 저승세계와도 관련이 깊어 상중(喪中)임을 나타내는 상장(喪章)에 검은색을 사용했으며, 염라대왕의 비(妃)를 흑암신(黑闇神)이라 불렀다.

㉢ 붉나무의 오배자와 굴참나무의 수피, 밤꽃나무의 꽃, 가래나무 액, 먹, 오리나무, 신나무 등에서 염료를 추출하여 여러 번 염색을 거치면 검은색이 배어 나오는데 염색의 횟수가 많고 공이 많이 들어 현색(玄賾)은 고려시대 이후 귀족만이 향유할 수 있었다.

㉣ 전통가옥의 기와도 우리나라 고유의 검은색을 잘 보여 준다. 똑같은 검은색이 아닌 한 장 한 장 조금씩 다르면서도 함께 어울려 기와지붕의 깊은 맛을 내는 것이다.

⑤ 백(白)

㉠ 신화적으로 흰색은 출산과 상서로운 징조를 상징한다. 신화에서 하늘과 관계있는 흰 기운과 흰 새, 흰 동물이 등장하는 것은 하늘의 뜻을 받은 왕이라고 믿는, 우리 민족의 신화적 의지가 숨어 있기 때문이다.

㉡ 국호를 조선이라 한 것은, 희고 깨끗하고 밝다는 태양 숭배사상에 뿌리를 둔다. 흰색은 어떤 색으로도 물들 일 수 있으나, 어떤 색으로도 물들지 않는 자존(自尊)과 견인불발(堅忍不拔)의 마음을 나타내는 색이다.

(5) 오간색

오정색을 섞어서 만든 중간색을 말한다.

① 동쪽의 녹색 : 황색 + 청색
② 서쪽의 벽색 : 백색 + 청색
③ 남쪽의 홍색 : 백색 + 적색
④ 중앙의 유황색 : 황색 + 흑색
⑤ 북쪽의 자색 : 적색 + 흑색

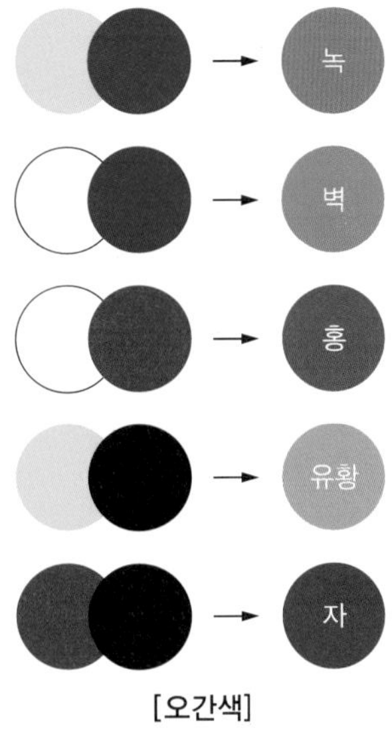

[오간색]

 **핵심예제**

1-1. 다음 (   )에 들어갈 오방색으로 옳은 것은?

[2019년 1회 산업기사]

광명과 부활을 상징하는 중앙의 색은 (A)이고 결백과 진실을 상징하는 서쪽의 색은 (B)이다.

① A 황색, B 백색
② A 청색, B 황색
③ A 백색, B 황색
④ A 황색, B 홍색

1-2. 한국의 오방색은? [2019년 2회 산업기사]

① 적(赤), 청(靑), 황(黃), 백(白), 흑(黑)
② 적(赤), 녹(綠), 청(靑), 황(黃), 옥(玉)
③ 백(白), 흑(黑), 양록(洋綠), 장단(長丹), 삼청(三靑)
④ 녹(綠), 벽(碧), 홍(紅), 유황(騮黃), 자(紫)

|해설|

1-1
• 황색 : 중앙, 토(土), 황룡, 궁
• 백색 : 서쪽, 금(金), 백호, 상

1-2
한국의 전통 오방색은 동쪽은 청색, 서쪽은 백색, 남쪽은 적색, 북쪽은 흑색, 중앙은 황색을 뜻한다.

정답 1-1 ① 1-2 ①

핵심 이론 02 한국의 전통색이름

(1) 적색 계열

① **장단** : 주황빛이 도는 붉은색, 일산화연을 구워 만든 적색 안료이다. 단처의 색으로 사용되었다.
② **담주색** : 흙을 구웠을 때 나타나는 어두운 주황을 말한다. 갈색이나 담적색이라고도 한다.
③ **석간주** : 붉은 산화철이 많이 들어 있는 붉은빛이 도는 흙색으로 단청에 이용된다.
④ **육색** : 사람의 살색과 같은 적색 계열의 색이다.

(2) 황색 계열

① **지황색** : 영지버섯의 황색을 뜻한다.
② **치자색** : 잘 익은 치자나무 열매의 색을 말한다.

(3) 청록색 계열

① **비색** : 고려청자의 비취옥과 같은 색이다.
② **양록색, 약람색** : 서양에서 전해진 초록으로 진하고 선명한 초록색을 뜻한다.
③ **유목색** : 봄날 버들잎의 색과 같이 노란색을 띤 연한 녹색을 말한다.
④ **뇌록색** : 진한 녹색과 같다.
⑤ **감색** : 검푸른 남색으로 곤색이라고 한다. 우리말로는 감청색에 해당되며, 소량의 자주 기미가 더해진 어두운 남색을 뜻한다.
⑥ **벽색** : 하늘을 뜻하는 벽이라는 글자에서 따온 관용색명이다. 연하고 푸른 하늘을 가리키던 용어이다.
⑦ **숙람색** : 어둡고 짙은 명도의 남색을 부르던 전통색명이다.

(4) 보라색 계열

① **담자색** : 엷은 보라에 약간의 자주 기미가 있는 회색이 많이 섞인 색이다.
② **자색** : 자색(紫色)은 자주색을 뜻하는 단어로 붉은기가 많은 보라색이다.
③ **홍람색** : 포도색보다 밝은 비교적 붉은기와 푸른기가 비슷한 보라색이다.

(5) 무채색 계열

① 지백색 : 종이의 백색과 같다.

② 치색(먹색) : 치(緇)는 원래 검은색 비단이라는 뜻으로 스님의 옷 색을 나타낸다. 신라시대와 고려시대 스님의 신분을 간접적으로 드러내는 색이었다.

③ 휴색 : 검붉은 옻나무로 물들인 색을 말한다.

④ 소색 : 특별히 염색을 하지 않는 무명이나 삼베 고유의 색을 뜻한다.

⑤ 구색 : 비둘기의 깃털 색과 같다.

⑥ 회색 : 재의 빛깔과 같이 흰 빛을 띤 검은색이다.

(6) 전통색명의 수식 형용사

① 숙(熟) : 어두운
② 순(純) : 해맑은
③ 회(灰) : 칙칙한
④ 담(淡) : 매우 연한
⑤ 명(明) : 밝은
⑥ 진(眞) : 짙은
⑦ 연(軟) : 연한
⑧ 흑(黑) : 아주 어두운
⑨ 선(鮮) : 원색(기본색)

핵심예제

그림은 한국 전통색과 톤의 서술어의 개념을 나타낸 것이다. A, B, C 전통색 톤을 순서대로 옳게 나열한 것은?

[2019년 1회 산업기사]

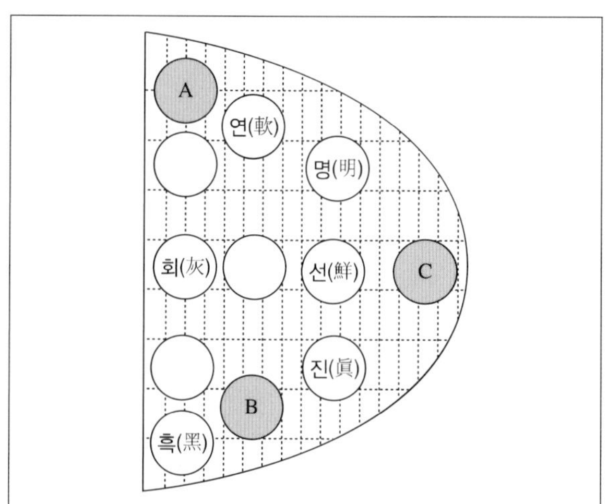

① 담(淡), 숙(熟), 순(純)
② 숙(熟), 순(純), 담(淡)
③ 농(濃), 담(淡), 순(純)
④ 숙(熟), 순(純), 농(濃)

정답 ①

핵심 이론 03 한국의 전통색채 의식

(1) 공간 개념과 전통색

좌청룡, 우백호, 북현무, 남주작이라는 사신도에서 보이는 것과 같이, 색채의 설정이 음양오행의 이치에 맞아야 생활이 길상, 장수하고 국가가 번창한다는 관념에서 비롯되었다.

(2) 의식과 전통색

① 청색과 적색은 양(陽)에 해당되는 색으로서 동방과 남방의 방위에 해당되며, 길례, 빈례, 가례 때 많이 사용된 색이다. 특히 색동에 사용된 배색의 예를 보면, 흑, 백, 적색 등이 재앙을 막아준다고 하여 아이들의 의복이나 장신구에 사용되기도 하였다.

② 백색과 흑색은 음(陰)에 해당되는 색으로 서방과 북방의 방위에 해당된다. 백색은 순백과 진실, 쇠퇴를 가리키면서 사별을 뜻하기도 하였고, 흑색의 경우 북방을 가리키면서 거울을 상징하는 색으로, 태양이 사라진 뒤의 어두움과 고요함을 뜻하는 색이었다.

(3) 계급 표시와 전통색

유채색은 화려, 장엄, 사치, 권위의 상징으로 권력층의 전유물이었다. 평민 이하 많은 국민들은 소색과 같이 소박하면서도 자연스러운 백색의 미를 즐겼다.

(4) 고려청자에 사용된 비취색

비취색 혹은 비색이라고도 불리던 청자의 색은 매우 은은하고 단아한 공간감을 가진 색이다. 단색이라기보다는 회색에 가까운 자연의 색으로 소박한 한국적인 미의식이 잘 묻어나는 색이라 할 수 있다.

(5) 단청과 색채

① 선사시대 계단이나 제사장 등을 상징적으로 표시하는 것에서부터 시작된 단청의 색은 음양의 조화를 이루려는 철학사상을 담고 있다. 또한 장단, 양록, 석간주, 황색 등과 같이 화려한 색상대비를 이용하여 가옥에서 액막이 역할을 하거나 사찰이나 궁궐과 같은 권위 있는 곳을 치장하는 의미로도 사용되었다.

② 고려시대 단청은 녹색과 청색이 주조를 이루고 있는 반면, 조선시대의 단청 무늬는 구성이 복잡할 뿐 아니라 다채롭고 화려한 것이 특색을 이룬다. 이 중 금단청은 사찰에서 두드러지게 사용되었다.

(6) 백의민족

① 한국인에게 백색은 순백, 수백, 선벽 등 혼색이 전혀 없는 조작하지 않은 그대로의 색이라는 의미이다. 이러한 상징성으로 인해 한민족은 밝고 깨끗한 흰색을 선호하여 즐겨 입었다.

② 조선시대의 유교적인 영향으로 생겨난 근검절약의 정신도 흰옷을 입는 데 영향을 주었다. 나아가 역사적으로 외국인 내한이 많을 근대 무렵 일어난 잦은 국상으로 백성들이 흰옷을 입기도 했다.

(7) 태극기의 색채

① 태극기는 1883년 조선의 국기로 채택되었는데, 1948년부터 현재까지 대한민국의 국기로 사용되고 있다. 흰색 바탕의 태극 문양과 건곤감리의 4괘로 이루어져 있다.

② 흰색 바탕은 밝음과 순수, 전통적으로 평화를 사랑하는 민족성을 나타내고 있다. 태극 문양은 음과 양의 조화를 상징하며, 우주만물이 상호작용에 의해 생성하고 발전하는 자연의 진리를 형상화한 것이다.

③ 4괘는 음과 양이 서로 변화하고 발전하는 모습을 효와 조합하여 구체화한 것이다.

건(乾)	천(天), 춘(春), 동(東), 인(仁)
곤(坤)	지(地), 하(夏), 서(西), 의(義)
감(坎)	월(月), 동(冬), 북(北), 지(智)
리(離)	일(日), 추(秋), 남(南), 예(禮)

④ 1996년 말 개방화, 세계화 시대에 국민의 단합과 국가의 정체성 확립 방안의 하나로 태극기 색의 표준화를 추진하였다. 이에 사계 전문가 13명으로 태극기표준색도협의회를 구성하여 역사성, 감수성, 시각성, 실용성 등을 고려해 표준색도를 지정하였다.

[태극기 표준색도(대한민국국기법 시행령 별표2)]

구 분	CIE 색좌표	먼셀 색 표기
빨간색	x = 0.5640, y = 0.3194, Y = 15.3	6R 4.5/14
파란색	x = 0.1556, y = 0.1354, Y = 6.55	5PB 3/12
검은색	–	N0.5
흰 색	–	N9.5

 **핵심예제**

3-1. 한국의 전통색채 및 색채의식에 관한 설명이 아닌 것은? [2019년 2회 산업기사]

① 음양오행사상을 표현하는 상징적 의미의 표현수단으로서 이용되어 왔다.
② 계급서열과 관계없이 서민들에게도 모든 색채 사용이 허용되었다.
③ 한국의 전통색채 차원은 오정색과 오간색의 구조로 이루어진다.
④ 색채의 기능적 실용성보다는 상징성에 더 큰 의미를 두었다.

3-2. 전통색에 대한 설명이 가장 옳은 것은? [2019년 2회 기사]

① 어떤 민족의 정체성을 나타낼 수 있는 색이다.
② 특정 지역에서 특정 시기에 두드러지게 나타나는 색이다.
③ 색의 기능을 매우 중요한 속성으로 하는 색이다.
④ 사회의 특정 계층에서 지배적으로 사용하는 색이다.

|해설|

3-1
황색은 중앙을 상징하며, 중국 황제가 황색의 복색을 착용하였으므로 조정의 신하들은 황색의 옷을 착용하지 못하였다. 조선에서도 황색 금지령은 복색 금지령 중에서 가장 높은 빈도를 나타내고 있는데, 특히 태종~세종 대에 많이 나타난다. 그러나 송화색이나 치자색의 옷은 색이 주는 안정감으로 인해 부녀자들이 즐겨 입었다.

3-2
전통색이란 어떤 민족의 정체성을 나타낼 수 있는 색이며, 전통적인 분위기 또는 그러한 분위기를 느낄 수 있는 색을 말한다.

정답 3-1 ② 3-2 ①

04 색채조화론

색채조화란 두 색 또는 그 이상의 색채 연관효과에 대한 가치 평가를 말하는 것으로서, 아름답고 쾌적한 생활을 만드는 것을 목적으로 한다. 색상, 명도, 채도의 3속성의 대비는 조화의 기초이다.

핵심 이론 01 슈브뢸의 조화론

(1) 슈브뢸의 조화론

① 프랑스의 고블랭 직물 제작소의 화학기사였던 슈브뢸(Chevreul)은 색의 3속성에 근거를 두고 동시대비 원리, 도미넌트 컬러, 세퍼레이션 컬러, 보색배색 조화 등의 법칙을 제공하였다.

② 계속대비 및 동시대비의 효과에 대한 그의 그림도판은 후에 비구상화가들에 영향을 끼치기도 하였으며, 특히 병치혼합에 대한 연구는 인상주의, 신인상주의에 많은 영향을 주었다.

(2) 유사의 조화

① **명도에 따른 조화** : 동일 색상에 명도의 차를 같은 간격으로 배열할 때 생기는 조화이며, 단계의 조화라고도 한다.

② **색상에 따른 조화** : 명도가 비슷한 유사 색상을 배열했을 때 무지개의 스펙트럼에서와 같이 연속적인 변화가 일어나는 조화를 말하며, 색상의 조화라고도 한다.

③ **주조색에 따른 조화** : 자연에서 볼 수 있는 일출이나 일몰과 같이 여러 가지 색들 가운데 하나의 색이 중심을 이루어 생기는 조화이며, 주조색광의 조화 또는 도미넌트 조화라고도 한다.

(3) 대조의 조화

① **명도대비에 따른 조화** : 동일 색상에서 명도차를 크게 했을 때 얻게 되는 분명한 조화를 말한다.

② **색상대비에 따른 조화** : 색상의 차이를 크게 했을 때 얻게 되는 조화로 색상환에서 같은 거리에 있는 3색 조화를 말한다.

③ **보색대비에 따른 조화** : 색상환에서 거리가 먼 보색끼리의 조합에서 생기는 조화를 말한다.

④ **인접 보색대비에 따른 조화** : 어떤 색을 기준으로 그 색과 보색인 색의 이웃해 있는 색을 배색했을 때 얻게 되는 조화로, 보다 격조 있는 효과를 얻을 수 있다.

핵심예제

1-1. 슈브뢸(M. E. Chevreul)의 색채조화론에 대한 설명이 틀린 것은? [2015년 1회 기사]

① 색상환에 의한 정성적 색채조화론이다.
② 여러 가지 색들 가운데 한 가지 색이 주조를 이루면 조화된다.
③ 두 색이 부조화일 때 그 사이에 흰색이나 검정을 더하면 조화된다.
④ 명도가 비슷한 인접색상을 동시에 배색하면 조화된다.

1-2. 다음 설명과 관련있는 색채조화론 학자는? [2019년 2회 산업기사]

- 색의 3속성에 근거하여 유사성과 대비성의 관계에서 색채조화 원리를 찾았다.
- 계속대비 및 동시대비의 효과에 대한 그의 그림도판은 나중에 비구상화가에 영향을 끼쳤다.
- 병치혼합에 대한 그의 연구는 인상주의, 신인상주의에 영향을 끼쳤다.

① 슈브뢸(M. E. Chevreul)
② 루드(O. N. Rood)
③ 저드(D. B. Judd)
④ 비렌(Faber Birren)

|해설|

1-1, 1-2
프랑스의 화학자 슈브뢸은 고블랭의 직물 제작소에서 연구하던 중 색의 조화와 대비의 법칙을 발견하였다. 그의 조화론은 당시의 화가들에게 큰 영향을 주었다. 도미넌트 컬러는 전체를 주도하는 색이 있음으로 조화되고, 세퍼레이션 컬러는 선명한 윤곽이 있음으로 조화된다. 보색배색은 두 색을 원색의 강한 대비로 성격을 강하게 표현하면 조화된다.

정답 1-1 ① 1-2 ①

핵심 이론 02 저드의 조화론

(1) 저드의 조화론

① 저드(Judd)에 따르면 색채조화는 개인의 좋아함과 싫어함의 문제이다. 그는 색채조화에 대한 정서반응은 사람에 따라 다르고, 동일인이라도 때에 따라 다르다고 보았다.

② 오래된 배색에 질려 조그만 변화에도 상당히 동요되는 경우가 있고 평소에 무관심했던 색의 배색도 반복해서 보는 사이 마음에 들게 되는 경우도 있다고 하면서 4가지 원칙을 지적하였다.

(2) 저드의 4가지 원칙

① **질서의 원칙** : 색상, 명도, 채도의 요소가 일정한 질서나 규칙이 있을 때 조화를 이룰 수 있다는 원리이다.

② **친근성의 원칙** : 자연에서 느껴지는 익숙한 색의 원리에 맞는 배색을 말한다. 명암, 단풍, 자연계의 원리를 이용하는 배색으로 조화를 이룰 수 있다는 원리이다.

③ **공통성의 원칙** : 색상이나 색조에 공통적인 원리가 있는 배색을 말한다. 배색 사이에 색상이나 명도, 채도에 공통성이 있는 배색으로 조화를 이룰 수 있다는 원리이다.

④ **명백성의 원칙** : 애매함이 없고 색의 차이가 명료한 배색을 말한다. 특히 명도 차이가 크게 나는 배색으로 명료함을 주어 배색의 조화를 이룰 수 있다는 원리이다.

핵심예제

저드의 4가지 색채 조화론과 관계가 없는 것은?

[2015년 1회 산업기사]

① 질서의 원리
② 친숙의 원리
③ 명료성의 원리
④ 통일성의 원리

|해설|

저드는 1955년 과거 색채조화에 관한 이론을 조사 및 정리하여 4종류의 조화법칙을 발표했다. 색채조화의 4원칙은 질서의 원리, 비모호성의 원리(명료성의 원리), 동류의 원리, 유사의 원리가 있다.

정답 ④

핵심 이론 03 루드의 조화론

(1) 루드의 조화론

루드(Rood)는 자연 관찰에서 일정한 법칙을 찾아내어 황색에 가까운 것은 밝고, 먼 것은 어둡다는 '색상의 자연연쇄'를 주장하였다. 즉, 같은 색이라도 빛을 받은 부분은 따뜻한 난색의 느낌으로 나타내고, 그늘진 부분은 차가운 한색의 느낌으로 색을 표현하면 조화로움이 생긴다는 원리이다. 이 이론은 후대에 저드의 조화론에서 친근성의 원칙으로 정리되기도 하였다.

(2) 루드의 조화론 특징

① 자연색이 보이는 효과를 적용하여 색상마다 고유의 명도를 갖는다고 주장하였다.

② 광학적 이론, 효시적 이론, 보색이론 등에 관한 연구이다.

핵심예제

"인접하는 색상의 배색은 자연계의 법칙에 합치하며 인간이 자연스럽게 느끼므로 가장 친숙한 색채조화를 이룬다."와 관련된 것은?

[2019년 3회 기사]

① 루드의 색채조화론
② 저드의 색채조화론
③ 비렌의 색채조화론
④ 슈브럴의 색채조화론

|해설|

루드는 자연 관찰에서 일정한 법칙을 찾아내어 황색에 가까운 것은 밝고, 먼 것은 어둡다는 색상의 자연연쇄(Natural Sequence of Hues)를 주장하였다. 즉, 같은 색이라도 빛을 받은 부분은 따뜻한 난색의 느낌으로 나타내고, 그늘진 부분은 차가운 한색의 느낌으로 색을 표현하면 조화로움이 생긴다는 원리이다. 이 이론은 후대에 저드의 조화이론에서 친근성의 원칙으로 정리되기도 하였다.

정답 ①

핵심 이론 04 파버 비렌의 조화론

(1) 파버 비렌의 조화론

미국의 색채학자 파버 비렌(Faber Birren)은 오스트발트의 색체계를 수용하면서 순색, 흰색, 검은색이라는 3가지 기본 구조를 발전시켰다. 그의 조화론은 미적 효과를 나타내는 7가지의 범주인 하양(White), 검정(Black), 순색(Color), 색조(Tint), 농담(Shade), 회색조(Gray), 톤(Tone)을 바탕으로 연속된 선상에 위치한 색들을 조합하면 조화된다는 이론이다.

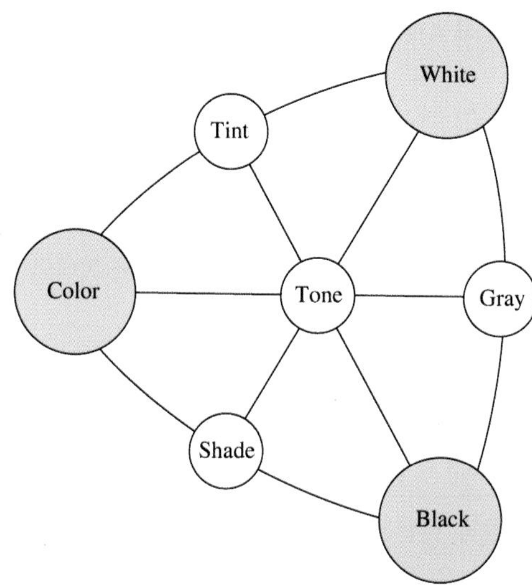

[비렌의 색 삼각형]

(2) 바른 연속의 미

① White – Tint – Color

Tint는 White와 Color를 모두 포함하는 색이므로 이 세 가지 조합은 조화롭다.

② Color – Shade – Black

색채의 깊이와 풍부함이 있는 배색이다.

예 렘브란트의 그림

③ Tint – Tone – Shade

색 삼각형 중에서도 가장 세련되고 감동적인 배색이다. 레오나르도 다빈치의 명암법, 오스트발트의 음영 계열인 Shadow Series에 해당된다.

④ White – Gray – Black

무채색들만의 자연스러운 조화이다.

⑤ White – Color – Black

이 세 가지는 모두 잘 어울리며, 2차적인 구성과도 잘 융합되며 세련된 배색이다.

⑥ Tint – Tone – Shade – Gray

색채의 미적 효과를 나타내는 데는 최소 7가지의 용어, 즉 하양(White), 검정(Black), 순색(Color), 밝은 색조(Tint), 어두운 색조(Shade), 회색조(Gray), 톤(Tone)이 필요하다.

핵심예제

비렌의 색 삼각형에서 ①~④의 번호에 들어갈 용어가 순서대로 바르게 배열된 것은? [2019년 2회 산업기사]

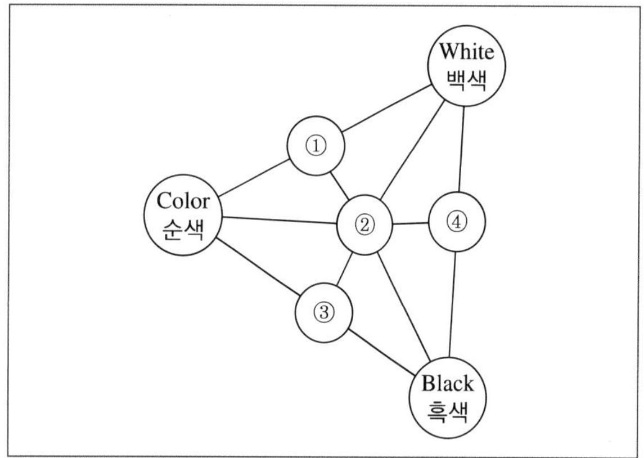

① Tint – Tone – Shade – Gray
② Tone – Tint – Gray – Shade
③ Tint – Gray – Shade – Tone
④ Tone – Gray – Shade – Tint

|해설|

백색과 순색이 만나면 밝은 색조(Tint)가 되고 백색과 흑색이 만나면 회색조(Gray)가 된다. 순색과 흑색이 만나면 어두운 색조(Shade)가 되고 밝은 색조와 어두운 색조, 회색조가 만나면 중간 색조(Tone)가 된다.

정답 ①

핵심 이론 05 문-스펜서의 조화론

(1) 문-스펜서의 조화론

① 1944년 문(P. Moon)과 그의 조수 스펜서(D. E. Spencer)는 먼셀 시스템을 토대로 바탕으로 한 색채조화론 연구를 미국 광학회에 발표하였다.

② 문-스펜서의 조화론은 배색의 아름다움을 오메가 공간을 이용하여 정량적인 수치에 의해 구하고자 했다는 점에서 시사하는 바가 크다.

③ 조화론을 정량적으로 다루기 때문에 색채연상, 색채 기호, 색채의 적합성은 고려되지 못하였지만, 당시의 조화론에는 없었던 획기적인 미도의 계산방법을 발표하면서 감각적으로만 다루어져 왔던 조화론을 좀 더 객관적인 방법으로 해석하고자 한 것이다.

(2) 조화와 부조화의 범위

구 분	영역명	색상차	명도차	채도차
조 화	동 일	–	–	–
부조화	제1의 부조화함	–	–	–
조 화	유 사	3~5	0.5~1.5	7~12
부조화	제2의 부조화함	5~7	1.5~1	12~28
조 화	대 비	7 이상	2.5~10	28~50
부조화	현 휘	–	10보다 큼	–

(3) 조화와 부조화

좋은 배색을 위해서는 두 색의 간격이 애매하지 않고, 오메가 색공간에 나타난 점이 기하학적 관계에 있도록 선택된 배색일 때 조화롭다고 하였다.

[문-스펜서의 조화와 부조화의 범위]

조 화		부조화	
	동일조화(Identity)		제1부조화(First Ambiguity)
	유사조화(Similarity)		제2부조화(Second Ambiguity)
	대비조화(Contrast)		눈부심(Glare)

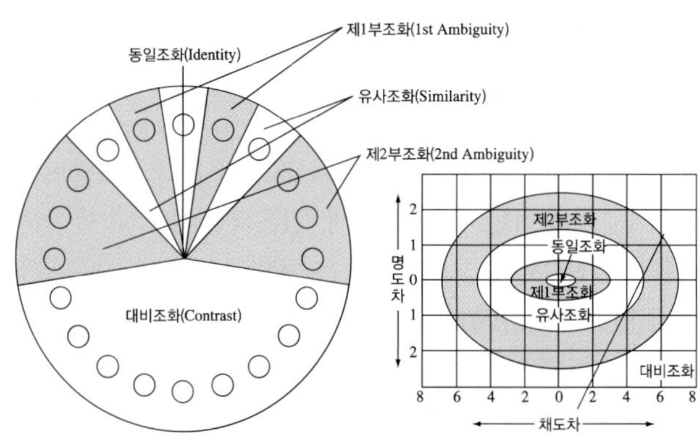

[먼셀 표색계에서 색상차에 의한 쾌, 불쾌의 범위]

(4) 미 도

미도(美度, Aesthetic Measure)란 미적인 계수를 의미하는데, 질서성의 요소를 복잡성의 요소로 나누어 구한다. 이 식에 의하면 복잡성의 요소가 최소일 때 미도 또한 최대의 수치가 된다.

$$미도(M) = \frac{질서의\ 원리(Elementary\ of\ Order)}{복합성의\ 원리(Elementary\ of\ Complexity)}$$

= 0.5 < 좋은 배색

① 균형 있게 선택된 무채색의 배색은 아름답다.

② 동일 색상은 조화한다.

③ 색상과 채도를 일정하게 하고 명도만 변화시키는 경우 많은 색상을 사용할 때보다 미도가 높다.

(5) 면적효과

① 문-스펜서는 여러 색을 면적비에 따라 회전원판 위에 놓고 회전혼색할 때 나타나는 색을 밸런스 포인트(Balance Point)라고 하고, 이 색에 의해 배색의 심리적 효과가 결정된다고 보았다.

② 이 효과에 따르면 밸런스 포인트의 색이 빨강이면 매우 자극적이고 따뜻한 느낌이 나고, 청록일 경우에는 매우 안정적이고 찬 느낌이 난다.

③ 밸런스 포인트의 심리적 효과

㉠ 배색의 분리효과

• 색상과 톤이 비슷할 때나 전체 배색에서 희미하고 애매한 인상이 들 때 무채색을 가운데에 삽입하여 명쾌함을 주어, 배색의 효과를 분리시켜 주는 기법으로 슈브륄의 조화론을 기본으로 한 기법이다.

• 주로 무채색(흰색, 검은색, 회색)을 이용하며, 금속색을 쓰는 경우도 있다.

• 이 기법은 건축, 회화, 그래픽, 텍스타일 디자인과 스테인드 글라스, 애니메이션, POP 광고에 많이 쓰인다.

㉡ 강조색 배색의 효과

• 강조색은 악센트 컬러라고 하여 '돋보이게 하는', '눈에 띄게 하는' 색을 의미한다.

• 단조로운 배색에 대조적인 색상이나 톤을 삽입하여 전체적으로 돋보이게 하고 개성을 주는 기법이며 주조색과 보조색을 조화롭게 하기 위해서 사용하는 기법이다.

㉢ 연속배색의 효과

• 점점 명도가 낮아진다거나 순차적으로 색상이 변하는 등 연속적인 변화의 방법으로 배색하는 것을 의미한다.

• 색채의 조화로운 배열에 의해 시각적인 유목감을 주는 배색으로 점진적인 배색 혹은 연속배색이라고 한다.

㉣ 반복배색의 효과

• 두 색 이상을 반복 사용해 일정한 질서를 유도하여 조화를 이루는 방법이다.

• 두 색의 배색을 하나의 유닛 단위로 하여 그것을 되풀이하면서 조화의 효과를 내며 템포가 느껴지거나 리듬감이 증가되는 효과가 있다.

• 체크무늬, 바둑판무늬, 타일의 배색 등에 사용되는 기법이다.

핵심예제

5-1. 문-스펜서 색채조화론에 대한 설명이 틀린 것은?

[2019년 1회 산업기사]

① 균형 있게 선택된 무채색의 배색은 유채색의 배색에 못지않은 아름다움을 나타낸다.
② 동일색상의 조화는 매우 바람직하다.
③ 작은 면적의 강한 색과 큰 면적의 약한 색은 조화된다.
④ 색상과 채도를 일정하게 하고 명도만을 변화시킨 단순한 배색은 여러 가지 색상을 사용한 복잡한 배색보다는 미도가 낮다.

5-2. 문-스펜서의 색채조화론에서 조화의 배색이 아닌 것은?

[2020년 1·2회 통합 산업기사]

① 동일조화
② 다색조화
③ 유사조화
④ 대비조화

|해설|

5-1

④ 색상과 채도를 일정하게 하고 명도만을 변화시킨 단순한 배색은 여러 가지 색상을 사용한 복잡한 배색보다는 미도가 높다.

5-2

문-스펜서는 색채조화론에서 조화는 미적 가치를 가지는 것이라 하였고, 부조화는 미적 가치가 없는 것으로 규정하였다. 조화를 이루는 배색은 동일조화, 유사조화, 대비조화의 3가지로 인접한 두 색 사이에 3속성에 의한 차이가 애매하지 않으며 쾌감을 주는 것이라고 하였다. 부조화는 제1부조화, 제2부조화, 눈부심으로 구분하였다.

정답 5-1 ④ 5-2 ②

핵심 이론 06 요하네스 이텐의 조화론

(1) 요하네스 이텐의 조화론

① 스위스의 화가이자 색채이론가인 요하네스 이텐(Johannes Itten)은 바우하우스에서 색채교육 프로그램을 주도하였으며, 1961년에는 자신의 색채이론을 담은 「색채의 예술」이라는 책을 집필하였다.

② 이텐은 자신의 12색상환을 기본으로 등거리 2색 조화, 3색 조화, 4색 조화, 5색 조화, 6색 조화의 이론을 발표하였다.

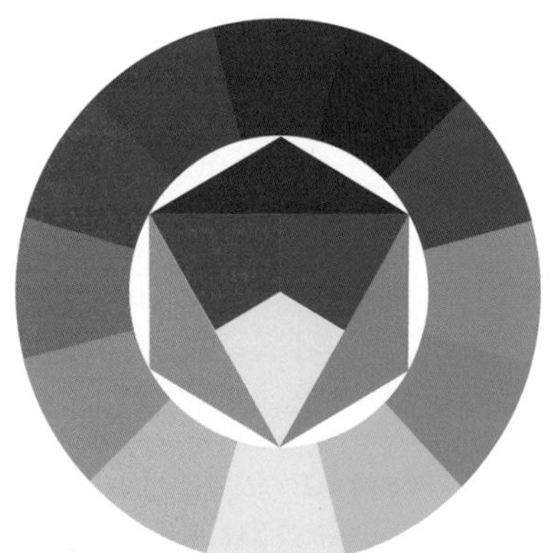

[요한네스 이텐의 색상환]

(2) 2색 조화

다이아드(Dyad)라고 하며, 색상환에서 보색의 조화를 일컫는다. 이와 같은 관계는 이상적인 밸런스 관계로 조화롭다.

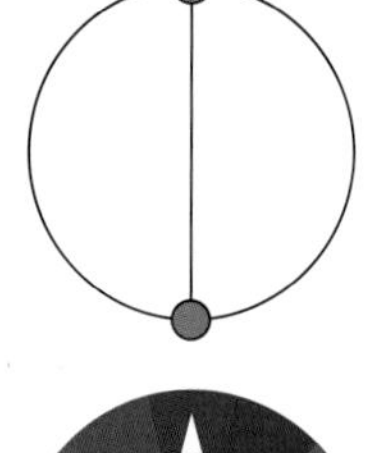

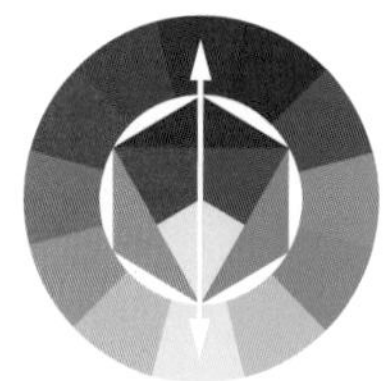

(3) 3색 조화

트라이아드(Triad)라고 하며, 색상환에서 삼각형으로 만나는 지점의 색들은 조화한다는 이론이다.

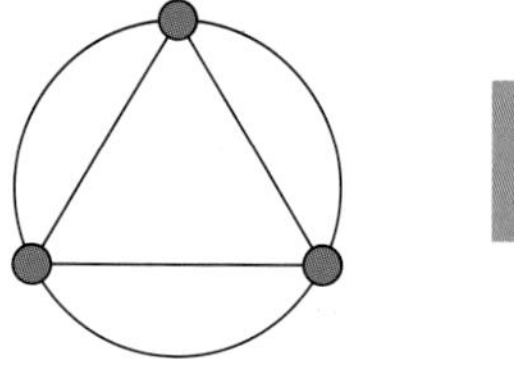

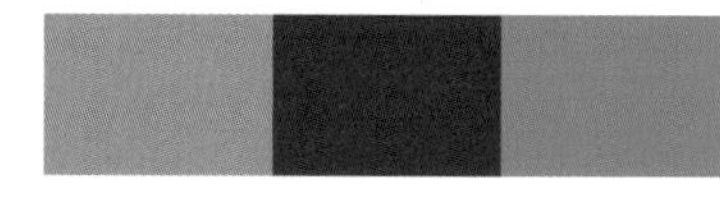

(4) 4색 조화

테트라드(Tetrad)라고 하며, 색상환에서 정사각형의 지점의 색과 근접 보색으로 만나는 직사각형 위치의 색은 조화된다는 이론이다.

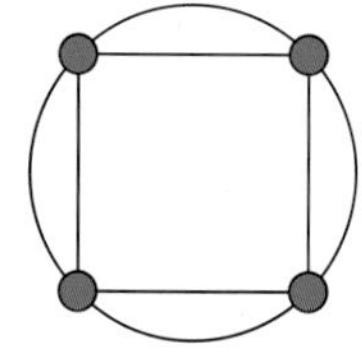

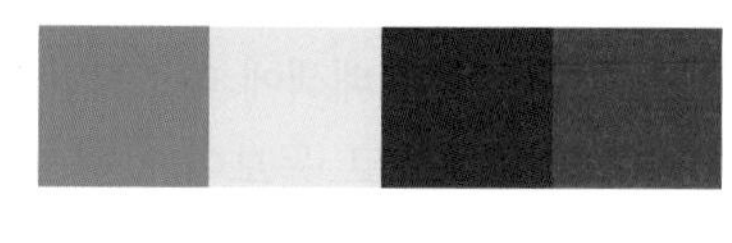

(5) 5색 조화

펜타드(Pentad)라고 하며, 색상환에서 5등분한 위치의 5색과 함께 삼각형의 위치에 있는 3색과 하양 및 검정을 더한 배색은 조화한다는 이론이다.

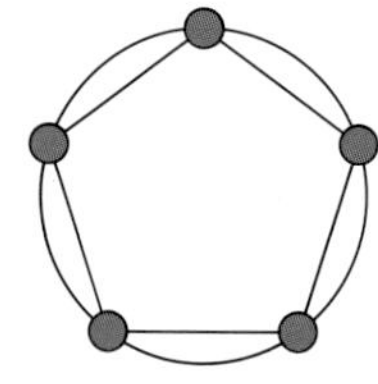

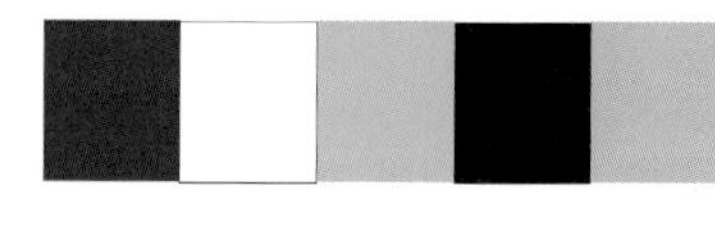

(6) 6색 조화

핵사드(Hexad)라고 하며, 색상환에서 6등분한 위치의 6색과 함께, 사각형의 위치에 있는 4색과 하양 및 검정을 더한 배색을 말한다.

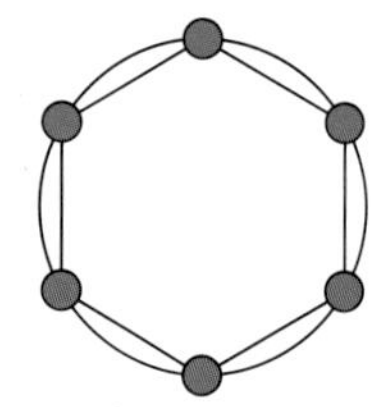

핵심예제

6-1. 색채의 기하학적 대비와 규칙적인 색상의 배열, 특히 계절감을 색상의 대비를 통하여 표현한 것이 특징인 색채조화론은? [2019년 2회 기사]

① 비렌의 색채조화론
② 오스트발트의 색채조화론
③ 저드의 색채조화론
④ 이텐의 색채조화론

6-2. 색채와 모양에 대한 공감각적 연구를 통해 색채와 모양의 조화로운 관계성을 추출한 사람은? [2020년 1·2회 통합 산업기사]

① 요하네스 이텐
② 뉴 턴
③ 카스텔
④ 로버트 플러드

|해설|

6-1
색채의 기하학적 대비와 규칙적인 색상의 배열, 특히 계절감을 표현한 것은 요하네스 이텐의 색채조화론이다. 봄, 여름, 가을, 겨울의 계절감을 표현하였다.
6-2
요하네스 이텐과 함께 칸딘스키, 베버, 페히너, 파버 비렌이 함께 연구하였으며, 색채와 모양에 대한 공감각적 연구를 통해 색채와 모양의 조화로운 관계성을 추출하였다.

정답 6-1 ④ 6-2 ①

핵심 이론 07 먼셀의 색채조화론

① 여러 가지 무채색의 조합에서 일정한 간격으로 고른 무채색 계열은 조화되고, 특히 기조 또는 중심점으로서의 N5의 균형 포인트를 가지는 색들은 조화된다.
② 동일 색상에서 명도와 채도의 간격이 고른 색들의 조합은 조화되며, 특히 그 균형점으로 N5가 바람직하다.
③ 채도가 동일하고 색상이 반대색일 경우에는 N5에 연속성이 있고 이 경우 같은 면적으로 배색하면 조화롭다.
④ 명도가 같고 채도가 다른 반대색인 경우 저채도의 색은 넓은 면적으로, 고채도의 색은 작은 면적으로 배색하면 조화롭다. 예를 들면 R 5/10과 BG 5/5에서 R의 면적 1에 대해 BG의 면적 2가 되면 조화롭다. 즉, 채도가 높은 색이 좁은 면적을 가지면 조화롭다.

$$\frac{\text{A색의 채도치} \times \text{명도치}}{\text{B색의 채도치} \times \text{명도치}} = \frac{\text{A면적}}{\text{B면적}}$$

⑤ 명도와 채도가 모두 다른 반대색인 경우에는 회색 척도에 준하여 정연한 간격으로 조합하면 조화되는데, 저명도나 저채도의 색은 고명도나 고채도의 색보다 넓이를 넓게 배치하면 조화된다.
⑥ 인접색상이나 근접 보색과 같이 완전히 보색관계가 아닌 색의 조합 또한 정연한 간격이나 N5의 균형에 맞는 조합은 조화된다.
⑦ 정연한 간격으로 고른 조합 중에서도 명도와 채도가 한쪽 방향으로 감소하는 배열은 조화된다.
⑧ 반대 색상의 조합은 색입체에서 타원형 경로에 해당하는 높고 낮은 명도로 배열하면 조화된다.

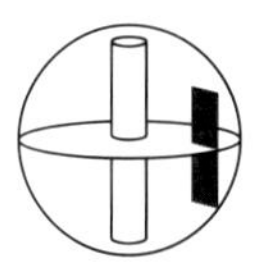
[수직조화]

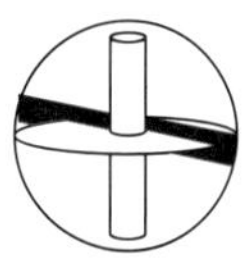
[내면조화]

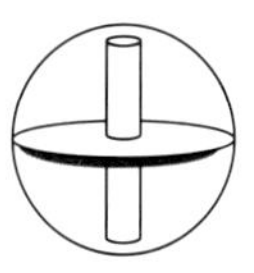
[원주상조화]

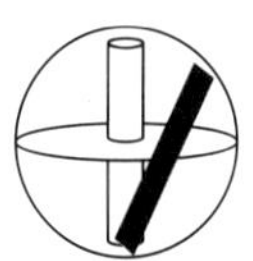
[사형내면조화]

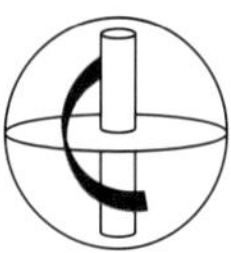
[나선형조화]

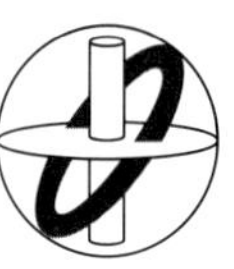
[타원조화]

핵심예제

7-1. 먼셀의 색채조화 원리에 해당되지 않는 것은?

[2015년 3회 기사]

① 다양한 무채색의 평균 명도가 N2가 될 때 조화로운 배색이 된다.
② 동일 색상의 색은 모두 조화된다.
③ 어두운색이나 채도가 낮은 색은 밝은색이나 높은 채도의 색보다 넓게 사용한다.
④ 항상 두 색의 조화로운 균형을 유지하며 배색해야 한다.

7-2. 먼셀의 색채조화 원리에 대한 설명이 틀린 것은?

[2019년 3회 기사]

① 중간 채도(/5)의 반대색끼리는 같은 면적으로 배색하면 조화롭다.
② 중간 명도(5/)의 채도가 다른 반대색끼리는 고채도는 좁게, 저채도는 넓게 배색하면 조화롭다.
③ 채도가 같고 명도가 다른 반대색끼리는 명도의 단계를 일정하게 조절하면 조화롭다.
④ 명도, 채도가 모두 다른 반대색끼리는 고명도·고채도는 넓게, 저명도·저채도는 좁게 구성한 배색은 조화롭다.

|해설|

7-1
일정한 간격으로 고른 무채색 계열은 조화되고, 특히 기조 또는 중심점으로서의 N5의 균형 포인트를 가는 색들은 조화된다.
7-2
명도가 같고 채도가 다른 반대색인 경우 저채도의 색은 넓은 면적으로, 고채도의 색은 좁은 면적으로 배색하면 조화롭다.

정답 7-1 ① 7-2 ④

핵심 이론 08 오스트발트의 색채조화론

(1) 오스트발트의 색채조화론

오스트발트(Ostwald)의 색채체계는 매우 조직적이기 때문에 배색의 방법이 명쾌하다. 오스트발트는 “조화란 질서와 같다.”고 하면서 매우 명쾌하고 조직적인 조화론을 펼쳤다.

(2) 등백계열의 조화

흰색의 양이 같은 것(앞의 기호가 같은 것)은 조화롭다.

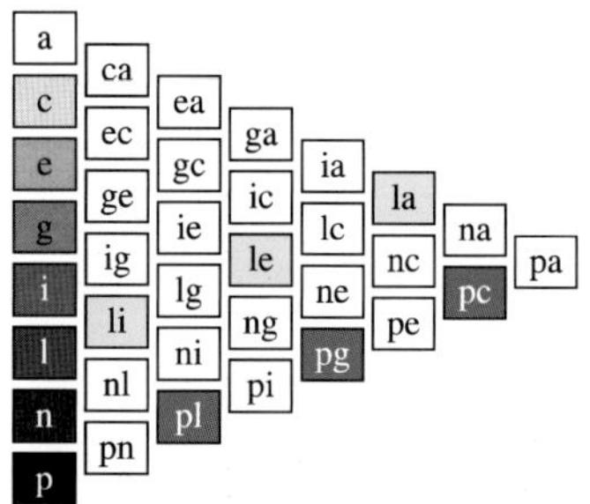

(3) 등흑계열의 조화

검은색의 양이 같은 것(뒤의 기호가 같은 것)은 조화롭다.

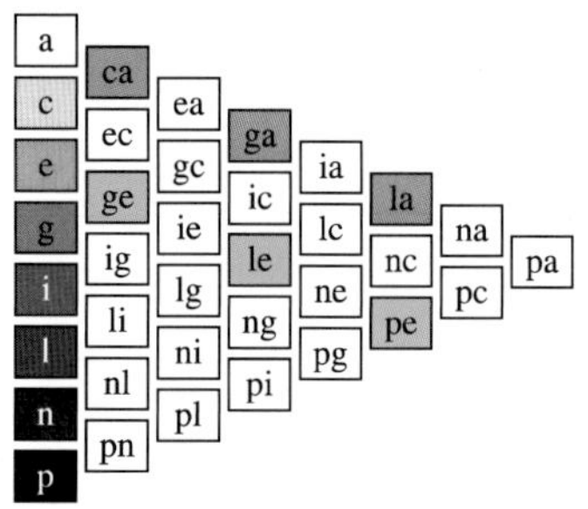

(4) 등순계열의 조화

순도(흰색 양과 순색 양의 비율)가 같은 것은 조화한다. 섀도(Shadow) 시리즈라고도 하며, 자연에서 볼 수 있는 명암의 그러데이션과 유사한 아름다움이 있다.

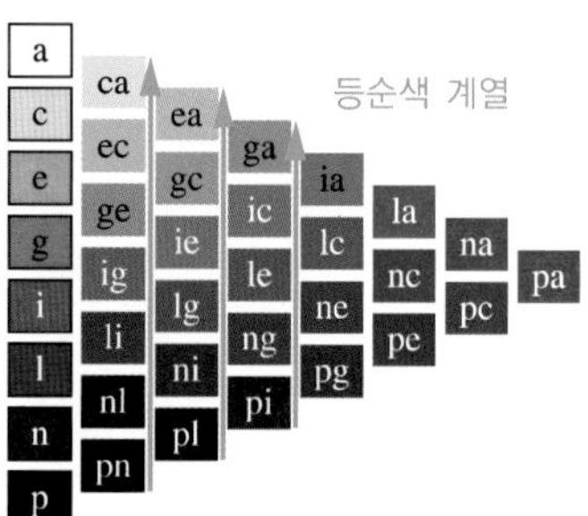

(5) 등색상 계열의 조화

색상은 같고 명도와 채도는 다른 색들의 조화이다.

(6) 유채색과 무채색의 조화

어떤 색과 그 색을 포함하는 등백색 또는 등흑색의 회색 계열의 조화이다.

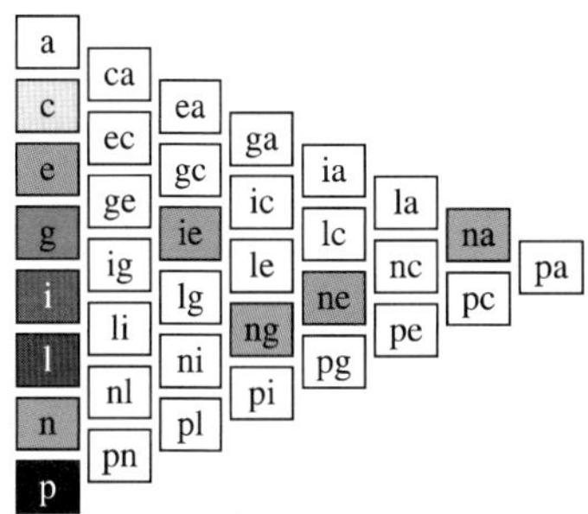

(7) 등가치색 계열의 조화

무채색을 중심으로 하여 한 축에서 동일한 거리에 있는 색상들 혹은 오스트발트 색입체에서 동일한 높이에서 수평으로 잘랐을 때 무채색 축을 중심으로 동심원을 이루는 색상들이다. 흰색 양(W), 검은색 양(B), 순색 양(C)이 같기 때문에 조화를 이룬다. 등가색상환 계열(Isovalent Series) 혹은 링스타(Ring Star)라고도 부른다.

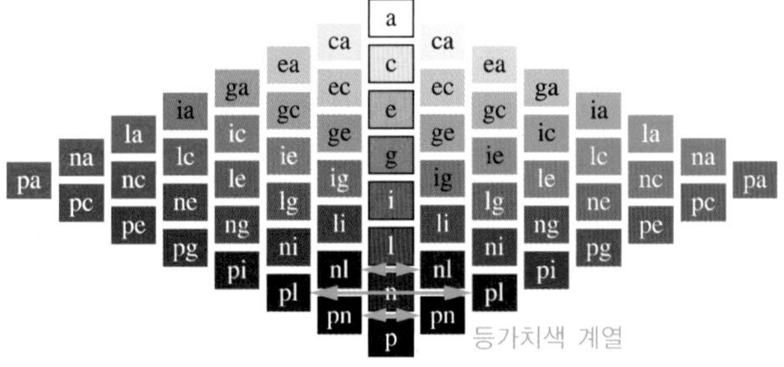

(8) 무채색 계열의 조화

3색 이상의 회색은 명도가 등간격이면 조화한다.

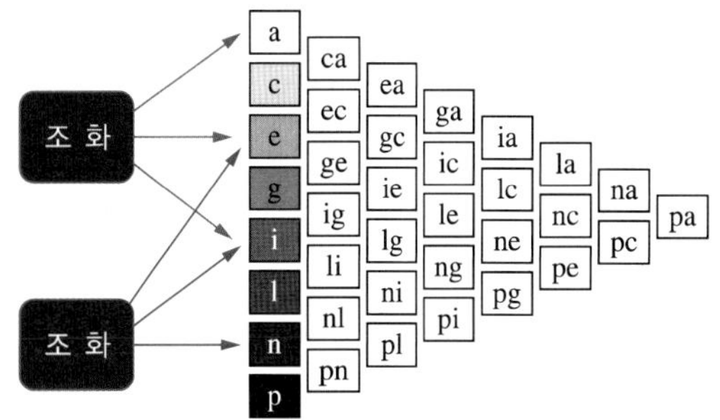

핵심예제

8-1. 오스트발트 색채조화론에 관한 설명 중 옳은 것은?

[2019년 1회 기사]

① 오스트발트는 "조화는 균형이다."라고 정의하였다.
② 오스트발트 색체계에서 무채색의 조화 예로는 a-e-i나 g-l-p이다.
③ 등가치계열 조화는 색입체에서 백색량과 흑색량이 상이한 색으로 조합하는 것이다.
④ 동일 색상에서 등흑계열의 색은 조화하며 예로는 na-ne-ni가 될 수 있다.

8-2. 오스트발트 색채조화 원리 중 ec – ic – nc는 어떤 조화인가?

[2020년 1·2회 통합 기사]

① 등순색 계열
② 등백색 계열
③ 등흑색 계열
④ 무채색의 조화

|해설|

8-1
① 오스트발트는 "조화는 질서와 같다."라고 정의하였다.
③ 등가치계열 조화는 색입체에서 백색량과 흑색량이 유사색으로 조합하는 것이다.
④ na-ne-ni는 등백계열의 조화이다.

8-2
각 뒤의 기호가 c로 같은 것은 검은색의 양이 같은 것을 의미하는 것으로 조화롭다.

정답 8-1 ② 8-2 ③

05 배색기법

핵심 이론 01 테마 컬러(Theme Color)

(1) 테마 컬러의 의의

색채 표현을 중심으로 하는 기법으로, 전체의 색감에 주제가 되는 색을 테마 컬러(기준색, 베이스컬러)라고 한다.

(2) 분리효과(Separation Color)에 의한 배색

배색의 관계가 모호하거나 대비가 너무 강한 경우 색과 색 사이에 분리색을 삽입하는 방법이다. 주로 무채색(흰색, 검정, 회색)을 이용하는데, 금속(메탈색)을 쓰는 경우도 있다.

예 스테인드 글라스, 애니메이션, POP 광고

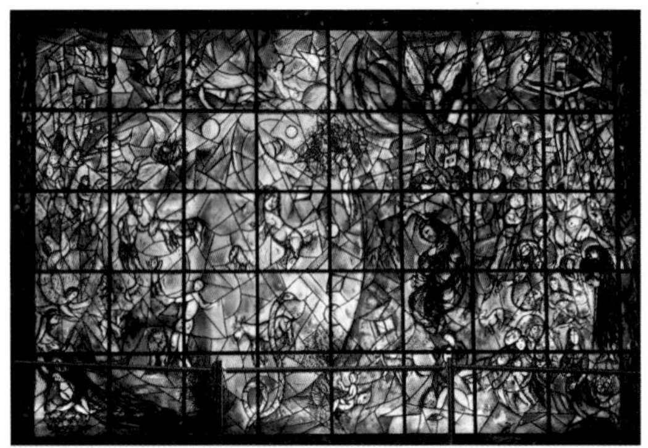

[스테인드 글라스]

(3) 강조효과(Accent Color)에 의한 배색

① 도미넌트 컬러와 대조적인 색상이나 톤을 사용하여 강조한다. 악센트(Accent)란 돋보이게 하는, 눈에 띄게 하는 등의 의미로, 단조로운 배색에 대조적인 색을 소량 첨가하여 전체적으로 돋보이게 하고 개성을 부여하는 기법이다.

② 세퍼레이션 컬러가 도미넌트 컬러를 돋보이게 하기 위한 보조 역할이라면, 악센트 컬러는 도미넌트 컬러와 대조적인 색상이나 톤을 사용함으로써 주목성이나 초점들을 강조하는 포인트를 부여한다는 점이 특징이다.

(4) 반복(Repetition)효과에 의한 배색

두 가지 이상의 색을 사용하여 일정한 질서를 주는 배색으로 통일감을 부여한다. 이 기법은 두 색 이상을 사용하여 통일감이 배제된 배색으로 일정한 질서를 기본으로 하여 조화를 이루는 방법이며, 템포가 느껴지거나 리듬감이 증가된다.

예 체크, 바둑판무늬, 타일의 배색 등

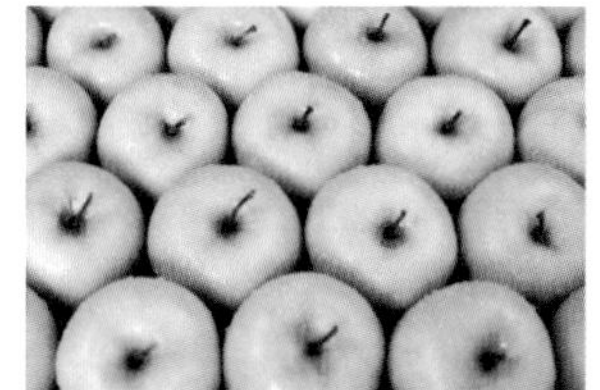

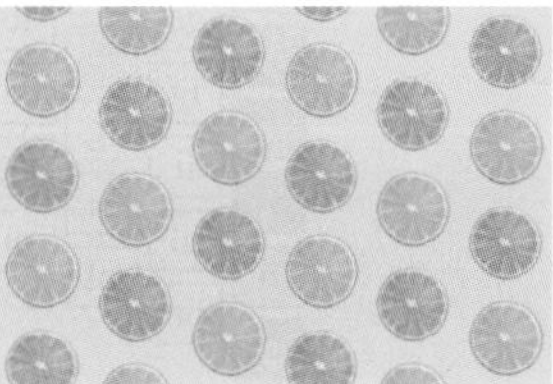

[반복효과에 의한 배색]

(5) 연속효과(Gradation)에 의한 배색

① 점진적인 효과와 색으로 율동감, 색상, 명도, 채도 등 다양하게 구성할 수 있다. 색채의 조화로운 배열에 의해 시각적인 유복감을 주는 배색법을 그러데이션 배색이라고 하며, 색상, 명도, 채도, 톤의 그러데이션으로 구분한다.

② 톤온톤(Tone on Tone) 배색

㉠ '톤을 겹치다'라는 의미로 동일 색상에서 주로 명도차를 비교적 크게 설정하는 배색을 말한다.

㉡ 보통 동색 계열의 농담 배색으로 '밝은 베이지 + 어두운 브라운' 또는 '밝은 물색(옅은 하늘색) + 감색' 등이 그 전형적인 예이다.

㉢ 색상은 동일, 인접, 유사의 범위에서 선택한다.

③ 톤인톤(Tone in Tone) 배색 : 색상은 다르지만 톤은 통일하게 배색하여 전체 색조의 통일감과 특징을 살린 배색을 말한다.

④ 콤플렉스(Complex) 배색

㉠ '복잡한'이라는 의미로 본래 순색이 지닌 고유의 밝기와 어둡기를 반대로 배색한 것을 말한다.

㉡ 가령 순색의 노랑은 유채색 중 가장 밝은 명도를 가진 색상이지만 명도를 낮추어 배색하고, 어두운 명도를 가진 보라의 순색은 밝게 적용하여 불안정한 느낌을 주는 것과 같다.

⑤ 토널(Tonal) 배색 : 톤의 형용사형으로 '색조의', '색조의 어울림'이라는 뜻이다. 특히 중명도, 중채도의 톤인 Dull 톤을 주로 사용한 배색을 말하고, 차분하고 안정된 느낌을 준다.

⑥ 카마이외(Camaieu) 배색

㉠ 거의 같은 색에 가까운 색을 사용한, 언뜻 보면 한 가지 색으로 보일 정도로 미묘한 차의 배색으로 색상이나 톤의 변화가 거의 없는 배색을 말한다.

㉡ 패션 분야에서는 동일한 색상에 질감을 달리하였을 때 느껴지는 미묘한 차이의 배색을 말하기도 한다.

⑦ 포카마이외(Faux Camaieu) 배색

㉠ 프랑스어 접두사 '포(Faux)'는 '모조품' 또는 '가짜'라는 의미이다. 따라서 카마이외 배색에서 색상이나 톤에 약간의 변화를 준 배색을 가리킨다.

㉡ 전통적으로는 톤의 차이나 색상 차이가 적어 부드럽고 온화한 느낌을 주는 배색을 총칭하며 이질적인 소재를 조합함으로써 생기는 미묘한 색의 효과를 가리키기도 한다.

(6) 멀티 컬러(Multi Color) 배색

① 고채도의 다양한 색상으로 배색하는 것이며, 적극적이고 활동적인 배색이 된다.

② 비콜로(Bicolore) 배색

㉠ 'Bi'는 프랑스어로 '2개의'라는 의미로, 두 가지 컬러 팔레트를 만드는 배색이다. 예를 들어, 바탕색과 무늬색과 같이 두 가지 색에 의한 배색을 말한다.

㉡ 일반적으로 '비콜로' 또는 영어식으로 '바이컬러'라고 부르고, 여러 나라 국기에서 그 예를 찾아볼 수 있듯이 분명하고 상징성이 강한 배색에 많이 쓰인다.

③ 트리콜로(Tricolore) 배색

㉠ 'Tri'는 프랑스어로 '3개의'라는 의미로, 3색 배색을 가리킨다.

㉡ 비콜로 배색과 같이 상징성이 강한 국기들의 배색들이 해당되며 변화와 리듬, 적당한 긴장감을 주는 것이 특징이다.

㉢ 3색의 색상이나 톤의 조합에 의해 명료성이 강하다.

(7) 면적에 따른 배색

① **주조색** : 전체 배색에서 색채효과를 좌우하며 통일된 인상을 주는 역할을 한다. 주로 65~70%의 면적을 사용하여 표현한다.

② **보조색** : 주조색과 강조색 사이를 연결하여 주거나 부가적인 요소로 사용된다. 약 25~30%의 면적을 사용한다.

③ **강조색** : 전체 이미지에 소량 사용하여 포인트나 생명력을 주는 역할을 한다. 약 5~10%의 면적을 차지한다.

(8) 이미지 스케일(Image Scale)에 의한 배색

① 색채에서 느껴지는 감성을 객관적 통계로 구분하여 만든 기준이며, 디자인 등에 총체적인 의미를 부여하는 시스템으로 감각과 과학을 결합시킨 방법이다.

② 색채의 의미를 전달하기 위한 언어적 표현과 시각적 이미지에 의한 색채를 분류하고 체계화한 공간으로 1966년 일본 색채연구소에 의해 고바야시 이미지 스케일이 개발되었다.

③ 이후 2001년 우리나라 IRI색채연구소에서 한국적 정서에 맞게 재설정한 것으로 단색 이미지 스케일, 배색 이미지 스케일, 형용사 이미지 스케일이 있다.

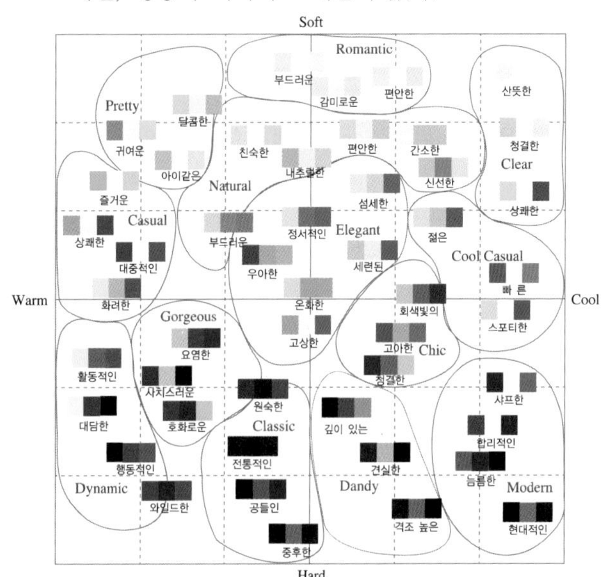

[고바야시 이미지 스케일]

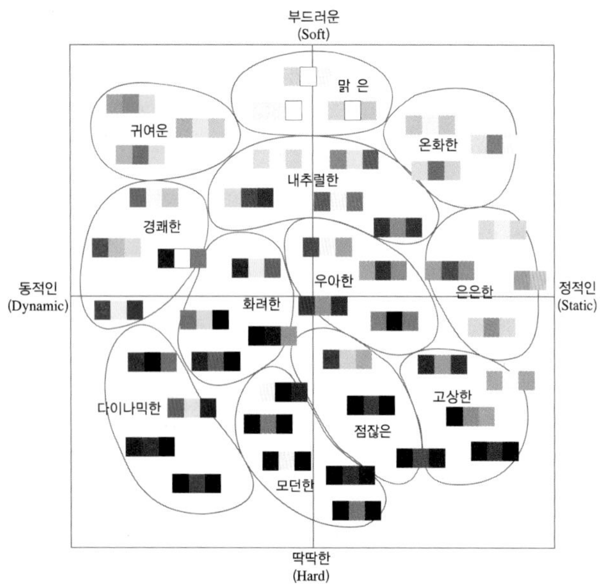

[IRI 이미지 스케일]

핵심예제

1-1. 고채도의 반대색상 배색에서 느낄 수 있는 이미지는? [2019년 1회 산업기사]

① 협조적, 온화함, 상냥함
② 차분함, 일관됨, 시원시원함
③ 강함, 생생함, 화려함
④ 정적임, 간결함, 건전함

1-2. 톤온톤(Tone On Tone) 배색 유형과 관계있는 배색은? [2019년 1회 산업기사]

① 명도의 그러데이션 배색
② 세퍼레이션 배색
③ 색상의 그러데이션 배색
④ 이미지 배색

1-3. 연속배색에 대한 설명 중 옳은 것은? [2019년 2회 산업기사]

① 애매한 색과 색 사이에 뚜렷한 한 가지 색을 삽입하는 배색
② 색상이나 명도, 채도, 톤 등이 단계적으로 변화되는 배색
③ 2색 이상을 사용하여 되풀이하고 반복함으로써 융화성을 높이는 배색
④ 단조로운 배색에 대조색을 추가함으로써 전체의 상태를 돋보이게 하는 배색

1-4. 배색효과에 관한 설명이 틀린 것은? [2019년 2회 산업기사]

① 고명도 배색이 저명도 배색보다 가볍고 부드러운 느낌을 준다.
② 명도차가 큰 배색은 명쾌하고 역동감을 준다.
③ 동일 채도의 배색은 통일감을 준다.
④ 고채도가 저채도보다 더 후퇴하는 느낌이다.

1-5. 로맨틱(Romantic)한 이미지를 표현하기에 적합한 배색은? [2019년 3회 기사]

① 중성화된 다양한 갈색 계열에 무채색으로 변화를 준다.
② 어둡고 무거운 색조와 화려한 색조의 다양한 색조들로 보색대비를 한다.
③ 차분한 색조의 주조색과 약간 어두운색의 보조색을 사용한다.
④ 밝은 색조를 주조색으로 하고, 차분한 색조를 보조색으로 한다.

|해설|

1-1
반대색상 배색은 색상차가 큰 반대색을 이용하는 배색방법이다. 반대색상의 배색은 강렬한 이미지를 주며, 색상차가 크기 때문에 톤 차를 적게 주어 배색한다. 빨강과 청록의 조합 등 색상환에서 정반대의 위치에 있는 색들의 배색으로, 화려하고 개성적이며 대담한 이미지를 전달한다. 강함, 예리함, 동적임, 화려함, 자극적인 이미지가 느껴진다.

1-2
톤온톤이란 '톤을 겹친다'라는 의미로, 동일 색상 내에서 톤의 차이를 두어 배색하는 방법이다. 보통 동일 색상의 농담 배색이라고 불리는 배색으로, 밝은 베이지 + 어두운 브라운, 밝은 물색 + 감색 등이 그 전형적인 예이다.

1-3
연속 배색은 색의 3속성 중 하나 이상의 속성이 일정한 간격을 갖고 자연스럽게 변화하도록 배색하는 것을 말한다. 색상이나 명도, 채도, 톤 등이 단계적으로 변화되는 배색을 연속배색이라 한다.

1-4
채도가 높을수록 진출하는 느낌이 더 강하다.

1-5
로맨틱한 이미지를 표현하기 위해서는 색상보다는 명도에 유의하여야 한다. 로맨틱한 이미지는 고명도일 때 효과적으로 드러나며, 저채도인 경우가 좋다. 배색을 할 때는 반대 색조보다는 톤온톤 배색이나 톤인톤 배색이 좋고, 차분한 색조를 보조색과 주조색으로 사용하는 것이 로맨틱한 느낌을 연출하기에 좋다.

정답 1-1 ③ 1-2 ① 1-3 ② 1-4 ④ 1-5 ④

MEMO

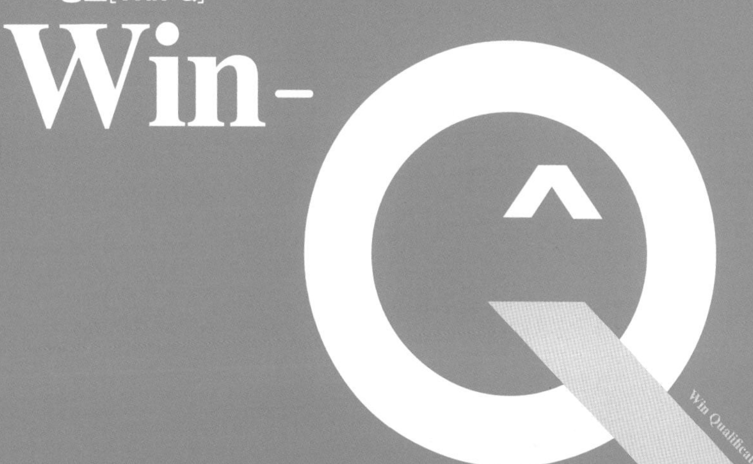

컬러리스트기사 · 산업기사

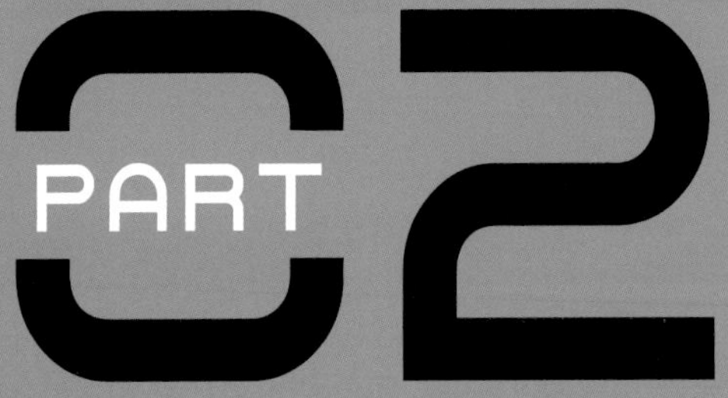

과년도 + 최근 기출(복원)문제

2017~2021년 과년도 기출(복원)문제

2022년 최근 기출(복원)문제

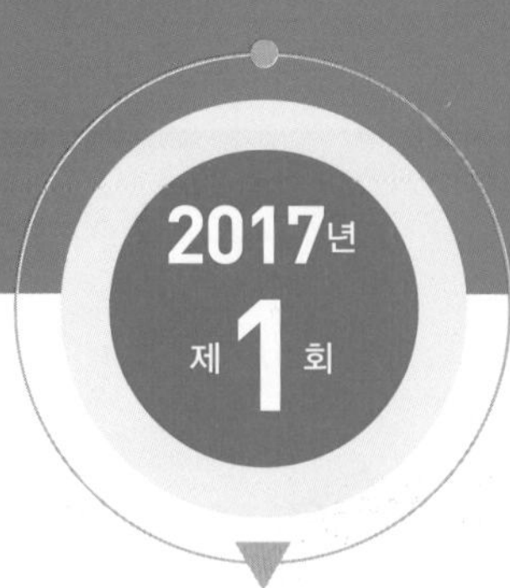

컬러리스트기사

과년도 기출문제

제1과목 색채심리 · 마케팅

01 다품종 소량생산체제로 변화되는 최근의 시장은 표적 마케팅을 지향한다. 표적 마케팅은 세 단계를 거쳐 이루어지는데 다음 중 옳은 것은?

① 시장 표적화 → 시장 세분화 → 시장의 위치 선정
② 시장 세분화 → 시장 표적화 → 시장의 위치 선정
③ 시장의 위치 선정 → 시장 표적화 → 시장 세분화
④ 틈새 시장분석 → 시장 세분화 → 시장의 위치 선정

해설
표적 마케팅은 시장 세분화 → 시장 표적화 → 시장의 위치 선정의 과정으로 이루어진다.

02 소비패턴에 따라 소비자 유형 중 특정 상품에 대한 선호도가 높아 재구매율이 높은 집단은?

① 감성적 집단
② 신소비 집단
③ 합리적 집단
④ 관습적 집단

해설
특정 상품에 대한 선호도가 높아 재구매율이 높은 집단은 관습적 집단이다.
① 감성적 집단 : 유행에 민감하여 개성이 강한 제품의 구매도가 높은 집단으로 체면과 이미지를 중시
② 신소비 집단 : 젊은 층의 성향으로 뚜렷한 구매 형태가 없는 집단
③ 합리적 집단 : 구매동기가 합리적인 집단

03 마케팅에서의 색채 역할과 사용에 대한 설명으로 가장 거리가 먼 것은?

① 주변 제품과의 색치를 고려하여 색채를 선정한다.
② 경기가 둔화되면 다양한 색상, 톤의 제품이 선호된다.
③ 제품이 가지고 있는 기능과 품질에 충실한 색채를 기획해야 한다.
④ 저비용 고효율을 목적으로 제품의 색채를 변경하였다.

해설
경기가 둔화되면 다양한 색상, 톤보다는 오래 지속될 수 있는 경제적인 색채를 활용해야 한다.

04 작업환경에서 색채의 역할과 관련이 없는 것은?

① 생산성 향상
② 안정성 저하
③ 작업 재해 감소
④ 쾌적한 작업환경

해설
작업환경에서 색채의 역할은 능률성, 안전성, 안정성, 쾌적성, 심미성 향상이다.

05 21세기의 유행색 중 주도적 색채이며, 디지털 패러다임의 대표색으로 분류되는 색채는?

① 베이지색 ② 연두색
③ 빨간색 ④ 청 색

해설
청색은 21세기의 대표적 색채이며 투명하고, 깊이가 있는 디지털 패러다임의 색이 되었다.

1 ② 2 ④ 3 ② 4 ② 5 ④ 정답

06 색채정보를 조사하기 위해 사용되는 연구방법으로 거리가 먼 것은?

① 표본조사 방법
② 현장관찰법
③ 추리관찰법
④ 패널조사법

해설
추리관찰법은 색채정보를 조사하기 위해 사용되는 연구방법과는 거리가 멀다.

07 색채의 공감각적 특징을 옳게 연결한 것은?

① 비렌 – 빨강 – 육각형
② 카스텔 – 노랑 – E 음계
③ 뉴턴 – 주황 – 라 음계
④ 모리스 데리베레 – 보라 – 머스크향

해설
색채와 공감각
- 파버 비렌은 빨강은 정사각형, 주황은 직사각형, 노랑은 역삼각형, 초록은 육각형, 파랑은 원, 보라는 타원형을 암시한다고 하였다.
- 카스텔은 음계와 색을 C–청색, D–녹색, E–노랑, G–빨강, A–보라로 연결하였다.
- 뉴턴은 일곱 가지 색을 빨강–도, 주황–레, 노랑–미, 녹색–파, 파랑–솔, 남색–라, 보라–시로 7음계와 연결하였다.
- 모리스 데리베레는 향과 색채에 대해 라일락 – Pale Purple, 커피향 – Brown, Sepia, 머스크 – Red Brown, Gold Yellow로 연관성을 연구하였다.

08 색채 마케팅에서 표적 고객에게 광고를 통해 가장 내세우고자 하는 제품의 특징을 의미하는 용어는?

① 소구점 ② 카 피
③ 일러스트레이션 ④ 배 열

해설
소구점은 색채 마케팅에서 표적 고객에게 광고를 통해 가장 내세우고자 하는 제품의 특징을 의미하는 용어이다. 사전적 의미로는 기업이 소비자로 하여금 자사 제품에 대해 관심을 갖고 구매할 수 있도록 강조하는 점을 말한다.

09 컬러 마케팅에 사용되는 매슬로(Maslow)의 욕구단계 중 가장 상위계층에 속하는 것은?

① 생리적 욕구단계
② 안전 욕구단계
③ 사회적 욕구단계
④ 자아실현 욕구단계

해설
자아실현 욕구단계는 고차원적이며 가장 상위계층인 자기만족의 단계로 자아개발의 실현단계이다.

10 처음 색을 보았을 때보다 시간이 지나면서 그 특성이 약해지는 현상은?

① 잔상색
② 보 색
③ 기억색
④ 순응색

해설
처음 색을 보았을 때보다 시간이 지나면서 그 특성이 약해지는 것은 눈의 자동조절 반응으로, 그 색에 순응되어 색의 지각이 약해지는 현상이며 자신이 알고 있는 고유의 색으로 보이게 된다.

11 형광등 또는 백열등과 같은 다양한 조명 아래에서도 사과의 빨간색이 달리 지각되지 않는 현상을 무엇이라 하는가?

① 착 시
② 색채의 주관성
③ 페히너 효과
④ 색채 항상성

해설
항상성(Color Inconstancy)은 우리 망막에 미치는 빛 자극의 물리적 특성이 변화하더라도 대상 물체의 색이 그대로 유지된다고 지각하게 되는 현상이다.

정답 6 ③ 7 ② 8 ① 9 ④ 10 ④ 11 ④

12 공장의 근로자들이 실제 근무시간을 보다 짧게 인식할 수 있도록 실내 환경색채를 적용하려고 한다. 이때 사용할 가장 적합한 색은?

① 파 랑 ② 빨 강
③ 노 랑 ④ 하 양

해설
파랑은 속도감은 느리고, 시간이 짧게 느껴지게 하는 효과가 있다.

13 SD법(Semantic Differential Method)을 활용한 색채 이미지 조사법에 대한 설명 중 틀린 것은?

① 색채 감성의 객관적 척도이다.
② 단색에 대한 상대적인 비교 평가가 가능하다.
③ 색상이 다르면 항상 다른 형용사로 표현된다.
④ 색채기획 과정에서 의미 공간 내 이미지의 위치를 찾을 수 있다.

해설
색상이 다르더라도 같은 형용사로 표현될 수 있다.

14 요하네스 이텐은 색과 모양의 조화로운 관계성을 연구하였다. 색과 형태의 관계에 대한 설명 중 틀린 것은?

① 노랑은 명시도 높은 색으로 뾰족하고 날카로운 느낌을 준다.
② 파랑은 차갑고 투명한 영적인 느낌을 주는 색으로 동그라미를 연상시킨다.
③ 빨강은 주목성이 강하고 단단한 느낌을 주기 때문에 마름모꼴이 연상된다.
④ 수직과 수평선의 특성이 있는 모양은 사각형과 관련이 있다.

해설
빨강은 주목성이 강하고 단단한 느낌을 주기 때문에 정사각형이 연상된다. 마름모꼴이 연상되는 색은 갈색이다.

15 색채 시장조사 기법 중 서베이(Survey) 조사에 대한 설명으로 틀린 것은?

① 일반 소비자들의 제품 구매 및 이용 상황에 대한 정보를 수집하고 분석하는 방법이다.
② 조사원이 직접 거리나 가정을 방문하여 조사하는 방법이다.
③ 조사의 주목적은 시장 점유율의 변화와 마케팅 변화의 변수를 파악하는 것이다.
④ 기업의 전반적 마케팅 전략수립의 기본자료를 수집하기 위한 조사로 활용된다.

해설
서베이(Survey) 조사의 주목적은 특정 효과를 얻거나 비교를 통해 정확한 정보를 얻고자 하는 것으로 표적집단, 불특정 다수를 상대로 실시한다.

16 소비자 구매심리 과정을 파악할 수 있는 AIDMA에 속하지 않는 것은?

① Attention ② Interest
③ Design ④ Action

해설
AIDMA의 법칙
- A(Attention, 주의) : 신제품의 출현으로 소비자의 주목을 끌어야 한다.
- I(Interest, 흥미) : 타 제품과의 차별화로 소비자의 흥미를 유발한다.
- D(Desire, 욕구) : 제품 구입으로 인해 얻어지는 이익이나 편리함으로 제품을 구입하고자 하는 욕구가 생기는 단계이다.
- M(Memory, 기억) : 소비자의 구매의욕이 최고치에 달하는 시점으로 제품의 광고나 정보 등을 기억하고 심리적 작용으로 구매를 결정하는 단계이다.
- A(Action, 행위) : 소비자가 직접 구입하는 행동을 취하는 단계이다.

17 환경문제를 생각하는 소비자를 위해서 천연재료의 특성을 부각시키거나 제품이 갖는 환경보호의 이미지를 부각시키는 '그린 마케팅'과 관련한 색채 마케팅 전략은?

① 보편적 색채전략 ② 혁신적 색채전략
③ 의미론적 색채전략 ④ 보수적 색채전략

12 ① 13 ③ 14 ③ 15 ③ 16 ③ 17 ③ 정답

해설
환경보호에 의미를 두는 마케팅이기 때문에 의미론적 색채전략에 해당된다.

18 **색채 마케팅을 위한 마케팅(Marketing)의 기초이론에 대한 설명 중 틀린 것은?**

① 마케팅이란 개인이나 집단이 상호 제품과 가치를 창출하고 교환하여 그들의 욕구를 충족시키는 사회적 관리의 과정이다.
② 마케팅의 기초는 인간의 욕구에서 출발하는데 욕구는 필요, 수요, 제품, 교환, 거래, 시장 등의 순환고리를 만든다.
③ 인간의 욕구는 매우 다양하므로 제품에 따라 1차적 욕구와 2차적 욕구를 분리시켜 제품과 서비스를 창출하는 것이 좋다.
④ 마케팅의 가장 기초는 인간의 욕구(Needs)로, 매슬로는 인간의 욕구가 다섯 계층으로 구분된다고 설명하였다.

해설
인간의 욕구는 매우 다양하므로 제품에 따라 1차적 욕구와 2차적 욕구를 적절하게 조합하여 마케팅 활동을 수행해야 한다.

19 **색채치료에 있어서 색상과 치료효과가 바르게 연결된 것은?**

① 빨강 – 소화장애, 당뇨, 습진
② 노랑 – 빈혈, 내분비기관장애, 천식
③ 파랑 – 충수염, 호흡기질환, 경련
④ 보라 – 방광질환, 골격성장애, 정신질환

해설
색채치료
- 노랑 : 소화장애, 당뇨, 충수염
- 주황 : 내분비기관장애
- 초록 : 습진, 천식
- 빨강 : 빈혈, 혈액순환
- 파랑 : 맥박안정, 긴장해소, 상처부위 해독

20 **환경색채의 영향으로 틀린 것은?**

① 지역 거주자의 생활에 영향을 준다.
② 의식적·무의식적 행동을 유발한다.
③ 자연환경인 기후와 일광에 영향을 준다.
④ 지역의 자연적·인공적 특징을 형성한다.

해설
자연환경인 기후와 일광을 고려하여 환경색채를 계획하는 것이다.

제2과목 색채디자인

21 **유니버설 디자인의 7원칙에 해당되지 않는 것은?**

① 누구라도 사용할 수 있고, 손에 넣을 수 있는 것
② 적은 노력으로 효율적으로, 편하게 사용할 수 있을 것
③ 실수를 하면 중대한 결과가 초래되도록 할 것
④ 접근하고 사용하는데 적절한 공간이 있을 것

해설
유니버설 디자인의 7대 원칙
- 공평한 사용 : 누구라도 사용할 수 있고, 손에 넣을 수 있는 것
- 사용상의 융통성 : 다양한 생활환경 조건에서도 정확하고 자유롭게 사용 가능한 것
- 간단하고 직관적인 사용 : 간결하고 불필요한 복잡함이 없는 것
- 정보 이용의 용이 : 필수적인 정보를 충분히 나타낼 수 있도록 여러 가지 전달 수단을 통해 최대한 쉽게 알 수 있도록 하는 것
- 오류에 대한 포용력 : 사고를 방지하고, 잘못된 명령에도 원래 상태로 쉽게 복귀가 가능할 것
- 적은 물리적 노력 : 적은 노력으로 효율적으로, 편하게 사용할 수 있을 것
- 접근과 사용을 위한 충분한 공간 : 이동이나 수납이 용이하고 다양한 신체 조건의 사용자와 도우미가 함께 사용이 가능할 것

22 **게슈탈트 시지각원리에 해당되지 않는 것은?**

① 근접성　② 연속성
③ 폐쇄성　④ 역동성

정답 18 ③ 19 ④ 20 ③ 21 ③ 22 ④

해설
게슈탈트의 형태지각심리
- 근접성 : 형태가 서로 비슷한 조건에서 가까이 있을수록 지각적으로 무리 지어 보이는 것
- 유사성 : 유사한 형태나 색채, 질감 등의 요소들이 있을 때 공통성이 없는 것보다 더 눈에 잘 띄는 것
- 폐쇄성 : 닫혀 있지 않은 도형이 완결되어 보이거나 무리지어서 하나의 형태로 보이는 것
- 연속성 : 진행 방향이나 배열이 같은 것끼리 무리 지어 보이는 것

23 시지각의 원리에 근거를 둔 추상적, 기계적 형태의 반복과 연속 등을 통한 시각적 환영, 지각 그리고 색채의 물리적 및 심리적 효과에 관련된 착시의 회화는?

① 팝아트
② 옵아트
③ 미니멀리즘
④ 포스트모더니즘

해설
① 팝아트 : 파퓰러 아트(Popular Art, 대중예술)의 줄임말로, 1960년대 뉴욕을 중심으로 일어난 미술의 한 경향을 가리킨다. 리히텐슈타인, 워홀, 올덴버그 등이 대표적인 작가로 손꼽힌다.
③ 미니멀리즘 : 단순함과 간결함을 추구하는 예술과 문화적인 흐름을 말한다.
④ 포스트모더니즘 : 1920년대 아르데코를 모던 양식의 원점으로 하여 바로크, 아르누보, 1950년대 모드 등의 특징을 흡수하면서 현대의 새로운 모드를 만드는 움직임을 총칭한다.

24 디자인의 기본조건인 합목적성에 대한 설명으로 옳은 것은?

① 시대성, 유행, 개성이 복합된 것이다.
② 기능성과 실용성을 고려한 것이다.
③ 사용될 재료, 가공법을 고려한 것이다.
④ 창의적인 아름다움을 창조하는 것이다.

해설
좋은 디자인의 조건에는 합목적성, 심미성, 경제성, 독창성, 질서성, 합리성, 문화성, 친자연성 등이 있다. 이 중 합목적성은 실용상의 목적을 가리키며 실용성 또는 효용성이라고도 한다.
① 심미성
③ 리디자인(Redesign), 지속 가능한 디자인
④ 독창성

25 상업용 공간의 파사드(Facade) 디자인은 어떤 분야에 속하는가?

① Exterior Design
② Multiful Design
③ Illustration Design
④ Industrial Design

해설
파사드(Facade)란 사전적으로 건축물의 출입구가 있는 정면, 입면을 의미하며 내부 공간 구성을 표현하는 것뿐만 아니라 내부와 관계없이 독자적인 구성을 취하는 형태도 있다. 현재의 파사드는 단지 사전적 의미를 넘어 건축물의 아이덴티티를 좌우하는 중요한 디자인 요소로 여겨진다.
① Exterior Design : 옥외디자인이라고 하며, 지붕, 외벽 등의 디자인을 하는 것을 말한다.

26 공간의 색채계획으로 적절하지 않은 것은?

① 보조색은 면적의 비례에서 5~10%를 차지한다.
② 장기체류의 공간은 색채배색이 두드러지지 않아야 한다.
③ 색의 사용은 천장 – 벽 – 바닥의 순으로 어두워져야 한다.
④ 디자인 분야별로 주조색의 선정방법은 다를 수 있다.

해설
보조색은 주조색을 보완해 주는 색으로 전체 면적의 20~25%를 차지한다. 강조색은 악센트나 변화를 주기 위해 사용하는 색으로 5~10% 이내에서 사용된다.

27 컬러 플래닝의 기획단계 조사항목이 아닌 것은?

① 환경요소 ② 시설요소
③ 인간요소 ④ 비용요소

해설
색채계획 및 디자인 프로세스 3단계
- 1단계 기획단계 : 대상의 형태나 재료, 작업 일정 등의 조건 확인, 소비자 조사(인간요소), 시장조사, 현장조사(환경요소 및 시설요소) 등의 현황 조사 및 분석 시행

23 ② 24 ② 25 ① 26 ① 27 ④ 정답

- 2단계 색채계획 및 설계 : 환경조건이나 주변과의 조화 여부를 조사하고, 실물 색견본을 수집하거나 배색안을 작성, 모형 · 그래픽을 이용한 시뮬레이션을 실시하여 계획안 결정
- 3단계 색채관리 : 색견본 승인, 시공사 결정, 시공감리 및 색채 관리

28 **색채계획을 함에 앞서 색채를 적용할 대상을 검토할 때 고려할 조건에 대한 설명이 틀린 것은?**

① 거리감 – 대상과 사물의 거리
② 면적효과 – 대상이 차지하는 면적
③ 조명조건 – 광원의 종류 및 조도
④ 공공성의 정도 – 개인용, 공동사용의 구분

해설
① 거리감 : 대상과 보는 사람과의 거리

29 **효과적인 커뮤니케이션을 위한 연결이 틀린 것은?**

① 소스 – 메시지 송신자, 디자이너
② 메시지 – 시각적 기호, 텍스트, 통신데이터
③ 경로 – 기호의 해석 및 시각화
④ 수신자 – 체험, 경험, 해석, 기호의 언어화

해설
커뮤니케이션의 필수 요소로 소스(Source), 메시지(Message), 경로(Media), 수신자(Consumer)가 있다. 효과적인 커뮤니케이션의 경로는 소스를 메시지화하여 경로를 통해 수신자에게 보내는 것을 말한다.

30 **하나의 상품이 특정 제조업체의 제품임을 나타내는 상품명이라고 불리는 것은?**

① Naming
② Brand
③ C.I
④ Concept

해설
브랜드란 사업자가 자기 상품을 경쟁 업체의 상표와 구별하기 위하여 사용하는 기호나 문자, 도형 따위의 일정한 표지를 말하며 일반적으로 상표라고 일컫는다.

31 **디자인의 원리에 대한 설명으로 틀린 것은?**

① 디자인의 원리에는 조화, 균형, 리듬, 통일과 변화가 있다.
② 리듬에는 반복, 점진, 방사, 황금분할이 있다.
③ 디자인의 균형에는 대칭적 균형과 비대칭적 균형이 있다.
④ 디자인에 있어 강조되는 요소는 다른 요소들과 변화 또는 대조를 이루도록 계획되어야 한다.

해설
리듬은 디자인의 원리 중 하나로 무엇인가가 연속적으로 전개되어 이미지를 만드는 요소와 운동감을 말한다.

32 **디자인에 관한 전반적인 설명 중 적합하지 않은 것은?**

① 인간 생활의 목적에 맞고 실용적이며 미적인 조형을 계획하고 그를 실현하는 과정과 그에 따른 결과이다.
② 라틴어의 Designare가 그 어원이며 이는 모든 조형활동에 대한 계획을 의미한다.
③ 기능에 충실한 효율적 형태가 가장 아름다운 것이며 기능을 최대로 만족시키는 형식을 추구함이 목표이다.
④ 지적 수준을 가지고 표현된 내용을 구체화시키기 위한 의식적이고 지적인 구성요소들의 조작이다.

해설
디자인은 심미적인 측면과 실용적인 기능의 합일을 추구하는 것이 가장 중요하다. 따라서 기능적인 개념만 강조할 수 없다.

33 **좋은 디자인의 조건 중 여러 대(代)를 거치면서 형태의 세련과 사용상의 개선이 이루어져 생태계에 유기적으로 적응하는 인간 중심의 디자인으로 나타나게 되는 것을 무엇이라고 하는가?**

① 친자연성 ② 문화성
③ 질서성 ④ 지역성

정답 28 ① 29 ③ 30 ② 31 ② 32 ③ 33 ②

해설
문화성은 생물학적 진화과정처럼 여러 세대를 거치면서 세련미를 얻고 사용상의 개선이 이루어져 생태계에 유기적으로 적응하는 인간 중심의 디자인 전통을 말한다.

34 신예술 양식이라 불렸으며 곡선적이고 장식적이며 추상형식이 유행하게 되었으며 유럽 전역으로 확대되었던 디자인 사조는?

① 아르데코
② 아르누보
③ 미술공예운동
④ 바우하우스

해설
아르누보 : 1900년대 초반에 일어난 미술 및 예술사조로 자연에서 얻은 영감을 원천으로 삼아 식물 문양과 같은 유기적 형상과 순수한 형태를 사용하였다.

35 디자인을 할 때, 필수적으로 고려할 필요가 없는 것은?

① 실용성
② 심미성
③ 경제성
④ 역사성

해설
좋은 디자인으로 평가하기 위해서는 합목적성(실용성), 경제성, 문화성, 친자연성, 심미성, 합리성, 질서성, 독창성을 고려해야 한다.

36 러시아 구성주의자인 엘 리시츠키의 작품을 일컫는 대표적인 조형언어는?

① 팩투라(Factura)
② 아키텍톤(Architecton)
③ 프라운(Proun)
④ 릴리프(Relief)

해설
구성주의(Constructivism)는 제1차 세계대전을 전후하여 러시아를 중심으로 전개된 예술운동으로, 기계문명의 눈부신 발전과 함께 금속이나 유리, 그 밖의 공업 재료를 과감히 받아들여 자유롭게 썼으며 실생활에 필요한 미술에 집착하였다. 엘 리시츠키(El Lissitzky)는 선구적이고 혁신적인 표현양식으로 초기 그래픽 디자인의 방향을 형성하는 데 중추적인 역할을 한 구성주의자로, 프라운(Proun)은 그의 작품을 일컫는 대표적인 조형언어이다. 프라운은 '새로운 예술을 위하여'라는 뜻이다.

37 자극의 크기나 강도를 일정 방향으로 조금씩 변화시켜 나가면서 그 각각 자극에 대하여 '크다/작다, 보인다/보이지 않는다' 등의 판단을 하는 색채디자인 평가방법은?

① 조정법　② 극한법
③ 항상법　④ 선택법

해설
① 조정법 : 지정된 성질을 가진 자극(판별역)을 연속적으로 변화를 주면서 탐색하고 평가하는 방법이다.
③ 항상법 : 어떤 감각이 생기는 비율(자극역) 또는 표준자극보다 강하다고 판단되는 비율(등가자극과 판별역의 경우)을 미리 정해 놓은 여러 종류의 자극에서 찾아, 통계적 처리에 의해 50%의 확률을 가진 판단이 생기는 값을 산출한다.
④ 선택법 : 가장 기본적이며 널리 사용되는 평가방법으로 다수의 평가대상을 일정한 평가 기준으로 가장 선호하는 것을 선발한다.

38 다음 중 멀티미디어 디자인에서 정보의 위치를 탐색하기 위하여 비교적 중요하게 다뤄지는 개념과 거리가 먼 것은?

① 사용성(Usability)
② 가독성(Legibility)
③ 상호작용성(Interactivity)
④ 항해(Navigation)

해설
멀티미디어에서는 사용자와 제공자 간의 상호작용성을 바탕으로 데이터가 전달되고, 사용자가 정보를 선택하기 위해 항해한다는 특징이 있다. 가독성은 일방향적인 단일 매체에서도 고려되는 사항이므로 멀티미디어 디자인 시 고려할 사항 중 가장 거리가 멀다.

34 ② 35 ④ 36 ③ 37 ② 38 ② 정답

39 색채계획에 따른 주조색, 보조색, 강조색의 배색에 대한 설명이 틀린 것은?

① 주조색 – 전체의 70% 이상을 차지하는 색이다.
② 주조색 – 전체적인 이미지를 좌우하게 된다.
③ 보조색 – 색채계획 시 주조색을 보완해 주는 역할을 한다.
④ 강조색 – 전체의 30% 정도이므로 디자인 대상을 변화시키기 어렵다.

해설
강조색(Accent Color)는 전체의 기조를 해치지 않는 범위에서 포인트를 주어 전체 분위기에 생명력을 심어 주고 힘의 강약을 조절하는 역할을 한다. 전체 면적의 5~10% 정도가 사용된다.

40 다음 중 형과 바탕(Figure and Ground)의 법칙이 적용된 예로 적합하지 않은 것은?

① 가구와 벽면의 관계
② 건물 표면과 간판의 관계
③ 자연경관과 아파트의 관계
④ 기업 이미지와 상품의 관계

해설
형태(Form, Shape)는 일반적으로 화면에서 주제가 되는 요소나 그림을 말하며, 도형의 외곽을 차지하는 것을 바탕이라고 부른다. 형의 색채는 바탕의 색채보다 확실하고 두드러지는 특징이 있다. 가구와 벽면, 건물 표면과 간판, 자연경관과 아파트는 형과 바탕의 법칙이 적용된 예라고 볼 수 있으나 상품을 형이라고 보았을 때 상품의 바탕은 상품 자체를 둘러싼 배경이다.

제3과목 색채관리

41 컴퓨터 자동배색(Computer Color Matching)을 도입하는 목적 또는 장점이라고 할 수 없는 것은?

① 다품종 소량에 대응
② 고객의 신뢰도 구축
③ 메타머리즘의 효율적인 형성과 실현
④ 컬러런트 구성의 효율화

해설
메타머리즘을 예측할 수 있어 아이소머리즘을 실현할 수 있다.

42 광 측정요소와 그 단위의 연결이 잘못된 것은?

① 광도 – K
② 휘도 – nt
③ 조도 – lx
④ 광속 – lm

해설
① 광도 : cd(칸델라)

43 회화나무의 꽃봉오리로 황색염료가 되며 매염제에 따라서 황색, 회록색 등으로 다양하게 염색되는 것은?

① 황벽(黃蘗)
② 소방목(蘇方木)
③ 괴화(槐花)
④ 울금(鬱金)

해설
괴화(槐花) : 괴화는 회화나무(콩과의 낙엽교목)의 열매에서 얻는 다색성 염료로서 매염제에 따라 연둣빛 노랑에서 짙은 카키색까지 얻을 수 있다. 황벽과 치자에 비해 일광견뢰도가 우수하다.

44 육안검색 시 조명방법에 대한 설명이 옳은 것은?

① 자연주광의 특성은 변하기 쉬워 인공조명만 사용할 수 있다.
② 관찰자는 무채색 계열의 의복을 착용해야 한다.
③ 관찰자의 시야 내에는 시험할 시료의 색 외에 연한 표면색이 있어서는 안 된다.
④ 시료면의 범위보다 넓은 범위를 균일하게 조명해야 하며 적어도 500lx의 조도가 필요하다.

해설
관찰자의 의복은 선명한 색을 피하고, 마스크의 표면은 가능한 광택이 없는 무채색을 사용한다.

정답 39 ④ 40 ④ 41 ③ 42 ① 43 ③ 44 ②

45 **색채 측정기에 관한 설명으로 틀린 것은?**

① CIE에서 광원과 물체의 반사각도, 그리고 관찰자의 조건을 표준화하였다.
② 측색기의 특성에 따라 분광광도계와 색차계를 이용하는 방법이 있다.
③ KS A 0011에 제정되어 있다.
④ 목적에 따라 RGB, CMYK를 측정하는 측정기도 있다.

해설
KS A 0011은 물체색의 색이름의 표준을 규정하고 있다. 측색에 관한 것은 KS A 0066(물체색의 측정방법)에 규정되어 있다.

46 **이미지의 투명성과 관련된 알파채널에서 향상된 기능 제공, 트루컬러 지원, 비손실 압축을 사용하여 이미지 변형 없이 원래 이미지를 웹상에 그대로 표현할 수 있는 파일 포맷은?**

① EPS
② PNG
③ PSD
④ PCX

해설
PNG 파일은 JPG와 GIF의 장점만을 가진 포맷으로 투명성과 관련된 알파채널에서 향상된 기능을 제공하며 256컬러 외에 1,600만 컬러 모드로 저장이 가능하고 GIF보다 10~30% 뛰어난 압축률을 가진다.

47 **KS 색에 관한 용어 중 다음과 같은 의미를 지닌 용어는?**

시료면이 유채색을 포함한 것으로 보이는 정도에 관련된 시감각의 속성

① 채도(Chroma)
② 선명도(Colorfulness)
③ 포화도(Saturation)
④ 먼셀 크로마(Munsell Chroma)

해설
색에 관한 용어(KS A 0064)
- 채도 : 물체 표면의 색상의 강도를 동일한 밝기(명도)의 무채색으로부터의 거리로 나타낸 시지(감)각의 속성 또는 이것을 척도화한 것
- 선명도 : 시료면이 유채색을 포함한 것으로 보이는 정도에 관련된 시감각의 속성
- 포화도 : 그 자신의 밝기와의 비로 판단되는 컬러풀니스. 채도에 대한 종래의 정의와는 상당히 다른 개념으로 명소시에 일정한 관측 조건에서는 일정한 색도의 표면은 휘도(표면색인 경우에는 휘도율 및 조도)가 다르다고 해도 거의 일정하게 지각되는 것
- 먼셀 크로마 : 먼셀 색표시계에서의 채도

48 **컬러런트(Colorant)에 대한 설명으로 틀린 것은?**

① 컬러런트는 원색이며 하나의 색을 만들기 위해 색상을 만드는 역할을 한다.
② 색소는 안료와 염료로 구성된다.
③ 안료는 친화력이 있어 별도의 접착제를 필요로 하지 않는다.
④ 채도를 낮추기 위해 보색을 사용하는 것은 좋은 방법이 아니다.

해설
컬러런트는 하나의 색을 만들기 위해서 필요한 기본적인 염료나 안료, 즉 색료를 의미한다. 안료는 물과 기름에 녹지 않기 때문에 별도의 접착제 역할을 하는 전색제가 필요하다.

49 **분광광도계의 특징으로 틀린 것은?**

① 컴퓨터로 제어하고 고정밀 측정이 가능하며 투명색 측정도 가능하다.
② d/0, 0/d 광학계를 이용하여 투과색 측정이 가능하다.
③ 분광분포를 얻을 수 있다.
④ 표준광 D_{65}를 기준광원으로 한다.

해설
분광식 측색계는 표준광 D_{65}를 기준광원으로 하지 않으며, 다양한 광원과 시야에서의 색채값을 동시에 산출할 수 있다.

45 ③ 46 ② 47 ② 48 ③ 49 ④ 정답

50 디지털 색채 시스템에 대한 설명으로 옳은 것은?

① RGB – 빛을 더할수록 밝아지는 감법혼색 체계이다.
② HSB – 색상은 0°에서 360° 단계의 각도값에 의해 표현된다.
③ CMYK – 각 색상은 0에서 255까지 256단계로 표현된다.
④ Indexes – 일반적인 컬러 색상을 픽셀 밝기 정보만 가지고 이미지를 구현한다.

해설
① RGB는 빛을 더할수록 밝아지는 가법혼색 체계이다.
③ 각 색상이 0에서 255까지 256단계로 표현되는 것은 RGB 모드이다.
④ Indexes는 24비트 컬러 중에서 정해진 256컬러를 사용하는 컬러 시스템으로, 색감을 유지하면서 이미지의 용량을 줄일 수 있어 웹게임 그래픽용 이미지를 제작하는 데 많이 사용된다.

51 분광반사율에 대한 설명으로 틀린 것은?

① 회색 계통의 색들은 반사율이 동일하게 나타난다.
② 밝은색일수록 전반적으로 반사율이 높다.
③ 채도가 높은 선명한 색일수록 분광반사율의 차이가 크다.
④ 반사율은 색채 시료의 특성에 따라 다르게 나타난다.

해설
분광반사율은 물체색이 빛을 반사하는 각 파장별 세기로, 물체의 색은 표면에서 반사되는 빛의 각 파장별로 분광분포에 따라 여러 가지 색을 나타낸다.
① 회색 계통의 색들은 반사율이 광원과 시료의 색상에 따라 다르게 나타난다.

52 안료에 대한 설명이 틀린 것은?

① 백색안료 중에는 바라이트, 호분, 백악, 클레이, 석고 등의 체질안료가 있다.
② 안료는 성분에 따라 무기안료와 유기안료로 분류한다.
③ 무기안료 중에는 백색의 색조를 띠는 백색안료가 많으며, 다른 안료에 섞어 사용하면 은폐력이 떨어진다.
④ 유기안료는 무기안료에 비해 빛깔이 선명하고 착색력도 좋으며 임의의 색조를 얻을 수 있다.

해설
무기안료에는 백색안료뿐만 아니라 적색안료, 황색안료, 녹색안료, 청색안료, 자색안료, 흑색안료, 투명성의 백색안료[체질안료(體質顔料)] 등이 다양하게 사용된다.

53 다음 컬러와 관련된 용어의 설명 중 틀린 것은?

① Chrominance – 시료색 자극의 특정 무채색 자극에서의 색도차와 휘도의 곱
② Color Gamut – 특정 조건에 따라 발색되는 모든 색을 포함하는 색도 좌표도 또는 색공간 내의 영역
③ Lightness – 광원 또는 물체 표면의 명암에 관한 시지각의 속성
④ Luminance – 유한한 면적을 갖고 있는 발광면의 밝기를 나타내는 양

해설
광원 또는 물체 표면의 명암에 관한 시지각의 속성은 밝기(시명도)에 대한 설명이고, 명도(Lightness)는 물체 표면의 상대적인 명암에 관한 색의 속성으로 정의된다(KS A 0064).

54 색채 소재의 분류에 있어 각 소재별 사례가 잘못된 것은?

① 천연수지 도료 – 옻, 유성페인트, 유성에나멜
② 합성수지 도료 – 주정도료, 캐슈계 도료, 래커
③ 천연염료 – 동물염료, 광물염료, 식물염료
④ 무기안료 – 아연, 철, 구리 등 금속화합물

정답 50 ② 51 ① 52 ③ 53 ③ 54 ②

해설
합성수지 도료는 도료 중 가장 많이 사용되는 것으로서 내알칼리성으로 콘크리트나 모르타르의 마무리에 쓰인다. 래커는 합성수지 도료이지만 주정도료이고, 캐슈계 도료는 천연수지 도료에 속한다.

55 조명과 관련이 있는 측정값이 아닌 것은?

① CIE 연색지수(Color Rendering Index)
② 상관 색온도(CCT ; Correlated Color Temperature)
③ 반사스펙트럼
④ 조 도

해설
반사스펙트럼은 조명보다는 물체색과 관련이 있다.

56 다음 CCM의 과정 중에서 가장 마지막에 하는 일은?

① CCM 배색 처방 계산
② 기초 컬러런트 데이터 입력
③ 시편 도장 또는 염색
④ 표준색 측색

해설
CCM은 표준색 측색 → CCM 배색 처방 계산 → 기초 컬러런트 데이터 입력 → 시편 도장 또는 염색의 과정으로 진행이 된다.

57 염료 및 염색에 대한 설명 중 틀린 것은?

① 염료 이온이 피염제에 화학적인 결합을 하는 것을 이용한다.
② 염료로서의 역할을 하기 위해서는 분자가 직물에 흡착되어야 한다.
③ 최초의 합성염료가 만들어진 것은 20세기 초이다.
④ 효율적인 염색을 위해서 염료가 용매에 잘 용해되어야 한다.

해설
1856년 영국의 윌리엄 퍼킨에 의해 최초의 합성염료인 모브(Mauve)가 개발되어 사용되었다.

58 디지털 색채의 특징에 대한 설명 중 틀린 것은?

① 디지털 색채는 가법혼색과 감법혼색 체계를 기본으로 한다.
② 디지털 색채에서의 가법혼색은 빛의 3원색을 다양한 비율과 강도로 혼합하여 만들어진다.
③ 모니터와 프린터의 색역(Gamut)은 서로 다르다.
④ 모니터와 프린터는 항상 동일한 프로파일을 갖는다.

해설
ICC 프로파일은 장치의 입출력 컬러에 대한 수치를 저장해 놓은 파일, 즉 프로필로서 장치프로파일과 색공간 프로파일로 나뉜다. 모니터와 프린터마다 서로 다른 프로파일을 가지고 있다.

59 육안조색 시 필요한 도구로 옳은 것은?

① 측색기, 애플리케이터, CCM, 측정지
② 표준광원, 애플리케이터, 스포이드, 믹서
③ 표준광원, 소프트웨어, 믹서, 스포이드
④ 은폐율지, 측색기, 믹서, CCM

해설
육안조색 검사 시 필요한 도구는 표준광원기, 측색기, 애플리케이터, 믹서, 측정지, 은폐율지 등이다.

60 디지털 색채와 관련된 설명으로 틀린 것은?

① 1비트는 흑과 백의 2가지 색채 정보를 가진다.
② Full HD는 약 100만 화소로 해상도는 1,366 × 768이다.
③ RGB를 채널당 8비트로 사용하는 경우 약 1,600만 컬러의 표현이 가능하다.
④ 컬러 채널당 8비트를 사용하는 경우 각 채널당 256단계의 계조가 표현된다.

해설
Full HD는 기존 HD급보다 화질이 2배 이상, SD급보다는 6배 이상인 해상도를 가진다. HD급 패널의 해상도는 1,280 × 720 또는 1,366 × 768인 반면, Full HD의 해상도는 1,920 × 1,080이다.

55 ③ 56 ③ 57 ③ 58 ④ 59 ② 60 ② 정답

제4과목 색채지각론

61 **백색광이 어떤 과일에 비추어졌을 때 600~700nm에서 일부의 빛을 흡수하고 나머지는 반사시켰다면 이 과일의 색은?**

① 빨간색 ② 초록색
③ 노란색 ④ 파란색

해설
빛의 파장

파 장	광원색
640~780nm	빨 강
590~640nm	주 황
560~590nm	노 랑
480~560nm	초 록
445~480nm	파 랑
380~445nm	보 라

62 **감법혼색에 대한 설명으로 틀린 것은?**

① 색료의 3원색을 모두 혼합하면 검정이나 검정에 가까운 회색이 된다.
② 색료의 3원색을 같은 비율로 혼합한 2차색은 Red, Green, Yellow이다.
③ 색료의 두 보색을 균형 있게 혼합하면 중성의 회색이 된다.
④ 색료의 순색에 회색을 혼합하면 탁색이 된다.

해설
색료의 3원색을 같은 비율로 혼합한 2차색은 Red, Green, Blue이다.

63 **어떤 물체 위에서 빛이 투과하거나 흡수되지 않고 거의 완전 반사에 가까운 색은?**

① 금속색 ② 간섭색
③ 경영색 ④ 형광색

해설
① 금속색 : 빛 중에서 특정한 파장이 강한 반사를 통하여 지각되는 표면색으로 금속 표면에서 느껴지는 색
② 간섭색 : 빛의 파동이 잠시 둘로 나누어진 후 다시 결합되는 현상으로 빛이 합쳐지는 동일점에서 빛의 진동이 중복되어 강하게 되거나 약하게 나타나는 현상
④ 형광색 : 특정한 파장이 강한 반사를 일으키는 현상을 이용한 색

64 **푸르킨예 현상에 대한 설명 중 틀린 것은?**

① 낮에는 빨간 사과가 밤이 되면 검게 보이며, 낮에는 파란 공이 밤이 되면 밝은 회색으로 보이는 현상
② 조명이 점차로 어두워지면 파장이 짧은 색이 먼저 사라지고 파장이 긴 색이 나중에 사라지는 현상
③ 어두운 곳에서 비시감도곡선은 단파장 쪽으로 이동
④ 해가 지고 황혼일 때 초목의 잎이 밝게 보이는 현상

해설
푸르킨예 현상은 명소시(주간시)에서 암소시(야간시)로 이동할 때 생기는 것으로 광수용기의 민감도에 따라 낮에는 빨간색이 잘 보이다가 밤에는 파란색이 더 잘 보이는 현상이다. 즉, 조명이 점차로 어두워지면 파장이 짧은 색이 나중에 사라지고 파장이 긴 색이 먼저 사라지게 된다.

65 **음성적 잔상으로 보이는 색은 원래의 색과 어떤 관계의 색이 보이게 되는가?**

① 보 색
② 유사색
③ 동일색
④ 기억색

해설
음성적 잔상은 부의 잔상이라고도 하며 원래의 감각과 반대의 밝기나 색상을 띤 잔상으로 자극이 사라진 뒤에도 광자극의 색상, 명도, 채도가 정반대, 즉 보색으로 느껴지는 현상이다.

정답 61 ① 62 ② 63 ③ 64 ② 65 ①

66 명시성에 대한 설명으로 틀린 것은?

① 명도가 같을 때 채도가 높은 쪽이 쉽게 식별된다.
② 채도 차이가 3속성 차이 중 가장 효과가 높다.
③ 바탕색과의 관계에서 명도의 차이가 클 때 높다.
④ 차가운 색보다 따뜻한 색이 명시성이 높다.

해설
명시성은 시각적으로 더 선명하게 보이고 색의 조합에 따라 더 잘 보이는 색으로 서로 보색일 때 더 뚜렷하다. 명시성은 3속성 중 색상이 가장 효과가 높다.

67 물리적, 생리적 원인에 따른 색채 지각변화에 대한 설명 중 옳은 것은?

① 망막의 지체현상은 약한 빛 아래서 운전하는 사람의 반응시간을 짧게 만든다.
② 망막 수용기에 의해 지각된 색은 지배적 주변상황에서 오는 변수에 따른 반응이 사람마다 동일하다.
③ 빛 강도가 해 질 녘의 경우처럼 약할 때는 망막의 화학적 변화가 급속히 일어나 시자극을 빠르게 받아들인다.
④ 빛의 강도가 주어진 최소 수준 아래로 떨어질 경우 스펙트럼의 단파장과 중파장에 민감한 간상체가 작용하기 시작한다.

해설
① 망막의 지체현상은 강한 빛 아래서 운전하는 사람의 반응시간을 짧게 만든다.
② 망막 수용기에 의해 지각된 색은 지배적 주변상황에서 오는 변수에 따른 반응이 사람마다 다르다.
③ 빛 강도가 해 질 녘의 경우처럼 약할 때는 망막의 화학적 변화로 시자극을 느리게 받아들인다.

68 청록과 노랑으로 구성된 그림을 집중해서 보다가 흰 벽을 쳐다보면 보이는 잔상의 색은?

① 사이안과 노랑 ② 빨강과 파랑
③ 주황과 녹색 ④ 자주와 보라

해설
청록과 노랑으로 구성된 그림을 집중해서 보다가 흰 벽을 쳐다보면 보색관계인 빨강과 파랑이 잔상으로 보인다. 이는 수술실에서 빨간 피만 집중해서 보다가 흰 벽을 보면 청록색이 아른거리는 것과 같은 현상이다.

69 보색대비에 대한 설명으로 옳은 것은?

① 보색끼리의 색은 상대 쪽의 채도를 높여 색상을 강하게 드러나 보이게 한다.
② 보색끼리의 색은 상대편의 명도를 더욱 낮게 만든다.
③ 노랑 배경 위의 파랑이 녹색 배경 위의 파랑보다 더 약하게 보인다.
④ 주황 배경 위의 빨강이 청록 배경 위의 빨강보다 더 선명하게 보인다.

해설
보색대비는 보색관계인 두 색을 인접시켰을 때 서로의 영향으로 본래의 색보다 채도가 높아져 색이 더욱 뚜렷해 보이는 현상이다.

70 색채현상(효과)에 관한 설명이 옳게 연결된 것은?

① 푸르킨예 현상 – 교통신호기의 색 중에서 빨강이 빨리 지각된다.
② 색음현상 – 해가 질 때 빨간 꽃은 어두워 보이고 푸른 잎이 밝게 보인다.
③ 베졸트 브뤼케 현상 – 주황색 원통에 빛이 강하게 닿는 부분은 노랑으로 보인다.
④ 브로커 슐처 효과 – 석양에서 양초에 비친 연필의 그림자가 파랑으로 보인다.

해설
① 푸르킨예 현상은 명소시(주간시)에서 암소시(야간시)로 이동할 때 생기는 것으로 광수용기의 민감도에 따라 낮에는 빨간색이 잘 보이다가 밤에는 파란색이 더 잘 보이는 현상이다.
② 색음현상은 '색을 띤 그림자'라는 의미로 괴테가 발견하여 '괴테현상'이라고도 한다. 어떤 빛을 물체에 비추면 그 물체의 그림자가 빛의 반대 색상(보색)으로 보이는 현상이다.
④ 브로커 슐처 효과는 자극이 강할수록 시감각의 반응도 크고 빨라지는 현상이다.

66 ② 67 ④ 68 ② 69 ① 70 ③ 정답

71 **색의 지각과 감정효과를 적용한 사례로 옳은 것은?**

① 저학년 아동들을 위한 놀이공간에 밝은 회색을 사용하였다.
② 여름이 되어 실내가구, 소파를 밝은 주황색으로 바꾸었다.
③ 고학년 아동들을 위한 학습공간에 연한 파란색을 사용하였다.
④ 레스토랑에 식욕을 돋우기 위해 밝은 녹색을 사용하였다.

해설
① 저학년 아동들을 위한 놀이공간에는 밝은 난색 계열을 사용하는 것이 효과적이다.
② 여름에는 밝은 한색 계열로 실내가구 등을 사용하는 것이 효과적이다.
④ 식욕을 돋우는 색으로 따뜻한 주황빛이 도는 조명을 사용하는 것이 효과적이다.

72 **인상파 화가 쇠라는 작은 색 점을 찍어서 그림을 그리는 기법을 사용하였는데 이러한 방식의 색 혼합방법은?**

① 병치혼합 ② 회전혼합
③ 감법혼합 ④ 계시혼합

해설
병치혼합은 많은 색의 점들을 조밀하게 병치하여 서로 혼합되어 보이도록 하는 방법으로 가법혼합의 일종이다. 신인상파의 점묘화, 직물의 무늬색, 모자이크, 옵아트 등이 이 기법을 사용하였다.

73 **대낮 어두운 극장에 들어가면 처음에는 전혀 안 보이다가 서서히 보이기 시작한다. 이때 활발하게 반응하기 시작하는 광수용기는?**

① 홍 채 ② 추상체
③ 간상체 ④ 초자체

해설
간상체는 명암을 판단하는 세포로 어두운 곳에서 작용하는 광수용기이다.

74 **밤하늘의 별을 볼 때 정면으로 보는 것보다 곁눈으로 보는 것이 더 잘 보이는 이유는?**

① 망막의 맹점에는 광수용기가 없으므로
② 망막의 중심부에는 추상체만 있고, 주변 망막에는 간상체가 많이 분포되어 있으므로
③ 추상체와 간상체가 각기 다른 해상도를 갖기 때문에
④ 추상체에 의한 순응이 간상체에 의한 순응보다 신속하게 발생하기 때문에

해설
시세포 중 어두운 환경에서 활동하는 간상체는 망막 주변부에 위치해 있어 곁눈으로 봐야 밝은 별들을 더 잘 볼 수 있다. 반면 추상체는 망막 중심부에 있고 낮에 활동을 하며 정면으로 보는 것이 더 잘 보인다.

75 **흰 종이 위에 빨간색 원을 놓고 얼마 동안 보다가 그 바탕의 흰 종이를 빨간 종이로 바꾸어 놓으면 검정의 원이 느껴지는 것과 관련한 대비현상은?**

① 채도대비 ② 동시대비
③ 연변대비 ④ 계시대비

해설
계시대비는 어떤 색을 잠시 본 후 시간적인 차이를 두고 다른 색을 보았을 때 먼저 본 색의 영향으로 나중에 본 색이 다르게 보이는 현상이다.

76 **백색광을 투사했을 때 사이안색(Cyan) 염료로 염색된 직물에 의해 가장 많이 흡수되는 파장은?**

① 약 400~450nm
② 약 450~500nm
③ 약 500~550nm
④ 약 550~600nm

해설
사이안색(Cyan) 염료로 염색된 직물은 사이안색은 반사하고 반대색인 난색 계열색을 흡수하는데, 난색 계열의 파장은 약 550~600nm이다.

정답 71 ③ 72 ① 73 ③ 74 ② 75 ④ 76 ④

77 명도대비에 대한 설명으로 틀린 것은?

① 명도대비는 명도의 차이가 클수록 더욱 뚜렷하다.
② 3속성에 의한 대비 중 명도대비의 효과가 가장 크다.
③ 명도가 다른 두 색을 인접했을 때 밝은색은 더욱 밝아 보인다.
④ 색채가 검정 바탕에서 가장 어둡게 보이고, 흰색 바탕에서 가장 밝아 보인다.

해설
색채가 검정 바탕에서 가장 밝게 보이고, 흰색 바탕에서 가장 어둡게 보인다.

78 컬러인쇄, 사진 등에 사용되고 있는 색료의 3원색이 아닌 것은?

① 마젠타(Magenta)
② 노랑(Yellow)
③ 녹색(Green)
④ 사이안(Cyan)

해설
녹색은 가법혼색인 색광의 3요소 중 하나다.

79 도로 안내 표지를 디자인할 때 가장 중점을 두어야 하는 것은?

① 배경색과 글씨의 보색대비 효과를 고려한다.
② 배경색과 글씨의 명도차를 고려한다.
③ 배경색과 글씨의 색상차를 고려한다.
④ 배경색과 글씨의 채도차를 고려한다.

해설
명시성은 대상의 식별이 쉬운 성질, 물체의 색이 얼마나 뚜렷이 잘 보이는가의 정도로 명도 차이가 클수록 잘 보인다.

80 회전혼합에 대한 설명 중 틀린 것은?

① 혼합된 색의 명도는 혼합하려는 색들의 중간 명도가 된다.
② 혼합된 색상은 중간 색상이 되며, 면적에 따라 다르다.
③ 보색관계의 색상혼합은 중간 명도의 회색이 된다.
④ 혼합된 색의 채도는 원래의 채도보다 높아진다.

해설
회전혼합은 하나의 면에 두 가지 이상의 색을 붙인 후 빠른 속도로 회전시키면, 그 색들이 혼합되어 보이는 현상이다. 평균혼합으로 명도와 채도가 평균값으로 지각이 났고 계시가법혼색에 속한다. 즉, 혼색 결과는 중간색, 중간 명도, 중간 채도이다. 그러므로 혼합된 색의 채도는 원래의 채도보다 낮아진다.

제5과목 색채체계론

81 먼셀 기호의 표기인 “5Y 8/10”의 뜻으로 옳은 것은?

① 명도가 8이다.
② 명도가 10이다.
③ 채도가 5이다.
④ 채도가 8이다.

해설
먼셀의 표기법은 H V/C이며, H는 색상, V는 명도, C는 채도이다.

82 맥스웰(Maxwell)의 색 삼각형에 대한 설명으로 틀린 것은?

① 과학적으로 색을 취급하는 데 있어서 합리성을 가지고 있다.
② RGB 색체계가 만들어진 근원이 되고 있다.
③ 현색계의 원리를 설명하는 수단으로 크게 활용되고 있다.
④ 단색광을 크게 나누어 3개의 기본색으로 구성한다는 토마스 영과 헬름홀츠의 학설을 증명하고 있다.

77 ④ 78 ③ 79 ② 80 ④ 81 ① 82 ③ 정답

해설
맥스웰은 색료의 3원색 대신 빛의 3원색인 빨강, 초록, 파랑을 이용해 회전혼합을 실험하면서 맥스웰의 빛깔 삼각형을 발견했다. 이는 혼색계의 원리를 설명하는 수단으로 크게 활용되었다.

83 CIE L*a*b* 색좌표계에 다음 색을 표기할 때 가장 밝은 노란색에 해당되는 것은?

① L* = 0, a* = 0, b* = 0
② L* = +80, a* = 0, b* = −40
③ L* = +80, a* = +40, b* = 0
④ L* = +80, a* = 0, b* = +40

해설
CIE L*a*b* 색좌표에게서 L*은 명도를 나타내고, 100은 흰색, 0은 검은색을 의미한다. +a*는 빨강, −a*는 초록을 나타내며 +b*는 노랑, −b*는 파랑을 의미한다. 즉, 가장 밝은 명도는 +80이고 노란색은 b가 +인 L* = +80, a* = 0, b* = +40이다.

84 NCS의 표색기호의 설명으로 옳은 것은?

S4020 − Y70R

① S − 순색의 양
② 40 − 백색의 양
③ 20 − 흑색의 양
④ Y70R − 색상

해설
S4020−Y70R에서 4020은 뉘앙스를 의미하고 Y70R은 색상을 의미한다. 40은 검은색도, 20은 유채색도, Y70R은 Y에 70만큼 R이 섞인 YR을 나타낸다. S는 2판임을 표시한다.

85 CIELAB(L*a*b*) 색공간에 대한 설명이 틀린 것은?

① CIELAB 색공간은 재현상의 수치 기록과 기준색과의 차이를 정량적으로 정확히 측정하는 기준을 제공할 수 있다.
② CIELAB 색공간은 중앙이 무색이며, a*, b*값이 증가하면 채도는 증가하게 된다.
③ CIELAB에서 L*, a*, b* 좌표들은 생리지각의 4원색인 R−G, Y−B 색상들과 대응된다.
④ L*, a*, b*로부터 명도수치값(L*), 색상각(hab), 크로마(C*ab)가 CIELUV 공간에서와 같은 방법으로 유도되지 않으며 서로 호환되지 않는다.

해설
CIELAB(L*a*b*) 색공간은 인간이 색채를 감지하는 노랑−파랑, 초록−빨강의 반대색설에 기초하여 재현상의 수치기록과 기준색과의 차이를 정량적으로 정확히 측정해 CIE에서 정의한 색공간을 이용한 색 표시계를 말한다. CIELAB 색공간은 중앙이 무색이며, a*b*값이 증가하면 채도는 증가한다.

86 색채 표준화의 조건과 목적으로 옳은 것은?

① 색의 배색원리 조명
② 관측자의 색좌표 정의
③ 색의 정확한 측정 및 전달
④ 눈으로 표본을 보면서 재현

해설
색채표준을 통해 색채정보의 저장, 전달, 재현 등의 효과를 얻을 수 있다.

87 오스트발트 색채조화론 중 c−nc−n로 배열되는 조화는?

① 등백계열과 등흑계열의 조화
② 등가치색 조화
③ 유채색과 무채색의 조화
④ 등색상의 계열 분리 조화

해설
③ 유채색과 무채색의 조화 : 동일 색상의 등백색 계열의 색과 무채색, 등흑색 계열과 무채색은 조화를 이룬다.

88 오정색의 방위와 오상(五常)이 바르게 연결된 것은?

① 청색 − 동쪽 − 인
② 백색 − 서쪽 − 예
③ 적색 − 중앙 − 지
④ 흑색 − 북쪽 − 신

정답 83 ④ 84 ④ 85 ④ 86 ③ 87 ③ 88 ①

해설
② 백색 – 서쪽 – 의
③ 적색 – 남쪽 – 예
④ 흑색 – 북쪽 – 지

89 PCCS의 특징으로 옳은 것은?

① 최고 채도치가 색상마다 각각 다르다.
② 각 색상 최고 채도치의 명도는 다르다.
③ 색상은 영-헬름홀츠의 지각원리와 유사하게 구성되어 있다.
④ 유채색은 7개의 톤으로 구성된다.

해설
PCCS 색체계는 1964년 일본 색채연구소에서 색채조화를 주요 목적으로 개발되었다. 톤(Tone)의 개념으로 도입되었고 색조를 색공간에 설정하였다. 톤 분류법에 의하면 색채를 쉽게 기억할 수 있고 우리의 일상적인 감각과 어울려 이미지 반영이 용이하다는 장점이 있다. 헤링의 4원색설을 바탕으로 빨강, 노랑, 초록, 파랑의 4색상을 기본색으로 사용하여 색상은 24색, 명도는 17단계(0.5단계 세분화), 채도는 9단계(지각적 등보성 없이 절대수치인 9단계로 구분)로 구분해 사용한다.

90 한국산업표준(KS)에서 색이름 수식형으로 사용하지 않는 것은?

① Olivish
② Purplish
③ Pinkish
④ Whitish

해설
② Purplish : 보랏빛
③ Pinkish : 분홍빛
④ Whitish : 흰

91 문과 스펜서의 색채조화론에 관한 설명으로 옳은 것은?

① 조화영역을 동등, 유사, 대비조화로 그리고 부조화영역을 제1불명료, 제2불명료, 제3불명료로 분류하였다.
② 1944년에 오스트발트 색체계를 오메가공간으로 개량하여 정량적인 색채조화론을 발표하였다.
③ 복잡성의 요소가 적으면 적을수록 미도가 높으므로 대조색상 배색이 가장 미도가 높다.
④ 미도 공식은 M = O/C이며, 여기서 O는 색상의 미적 계수 + 명도의 미적 계수 + 채도의 미적 계수로 구한다.

해설
문과 스펜서는 먼셀 시스템을 바탕으로 한 색채조화론을 미국 광학회의 학회지에 발표했다. 문과 스펜서의 색채조화론은 수학적 공식을 사용하여 정량적으로 이론화한 것이다. 지각적으로 고른 감도의 오메가 공간을 만들어 먼셀 표색계의 3속성과 같은 개념인 H, V, C 단위로 설명하였고 조화를 미적 가치를 가지는 것이라 하였으며 부조화는 미적 가치가 없는 것으로 규정했다. 조화는 동등조화, 유사조화, 대비조화로 구분했고 부조화는 제1부조화, 제2부조화, 눈부심으로 구분했다.

92 색상 T, 포화도 S, 암도 D의 속성으로 표시하는 색체계는?

① DIN 색체계
② NCS 색체계
③ JIS 색체계
④ CIE 색체계

해설
DIN 색체계는 1955년에 오스트발트 표색계의 결함을 보완, 개량하여 발전시킨 현색계로서 산업의 발전과 규격의 통일을 위해 독일의 공업규격으로 제정된 체계이다. DIN 색체계는 오스트발트 색체계와 마찬가지로 24색으로 구성되어 있으며 색상을 주파장으로 정의하고 명도는 0~10단계의 총 11단계로 분류하며, 채도는 0~15단계의 총 16단계로 분류한다. T : S : D로 표기하며, 색상이 T, 채도(포화도)가 S, 어두운 정도(명도, 암도)는 D이다.

89 ② 90 ① 91 ④ 92 ① 정답

93 NCS 색체계의 색표기 중 동일한 채도선의 m(Constant Saturation)값이 나머지와 다른 하나는?

① S6010-R90B　② S2040-R90B
③ S4030-R90B　④ S6020-R90B

해설
NCS 뉘앙스는 명도와 채도의 비율이 달라 다른 톤을 보이는 것을 말한다. 보기의 색상은 모두 남색에 해당되며, 다른 색과는 달리 S6010-R90B의 경우 저채도의 색에 속한다.

94 먼셀 색체계에 관한 설명으로 틀린 것은?

① 무채색을 0으로 하여 채도의 시감에 의한 등간격의 증가에 따라 채도값이 증가한다.
② 색입체를 명도 5를 기준으로 수평으로 절단하면 명도는 5로 동일하며 색상과 채도가 다른 색이 보인다.
③ 실제 관찰되는 명도는 1.5/ 단계에서 8.5/ 단계에 이르며 '먼셀 컬러북'에도 이와 같이 표현하고 있다.
④ 색입체를 수직으로 자르면 빨강과 청록처럼 보색관계의 등색상면이 보인다.

해설
③ 명도는 1단위로 구분하였으나 정밀한 비교를 감안하여 0.5단위로 나눈다. 먼셀의 색입체를 수직으로 절단하면 동일 색상면이 나타나고, 수평으로 절단하면 동일 명도면이 나타난다.

95 CIE 색체계의 색공간 읽는 법에 대한 설명이 틀린 것은?

① Yxy에서 Y는 색의 밝기를 의미한다.
② L*a*b*에서 L*는 인간의 시감과 같은 명도를 의미한다.
③ L*C*h에서 C*는 색상의 종류, 즉 Color를 의미한다.
④ L*u*v*에서 u*와 v*는 두 개의 채도축을 표현한다.

해설
L*C*h에서 L*은 명도, C*는 채도, h는 색상의 각도를 의미한다. 원기둥형 좌표를 이용해 표시하는데 색상은 h = 0°(빨강), h = 90°(노랑), h = 180°(초록), h = 270°(파랑)으로 표시된다.

96 ISCC-NIST 색명법의 톤 기호의 약호와 풀이가 틀린 것은?

① vp - very pale
② m - moderate
③ v - vivid
④ d - deep

해설
deep의 약호는 dp이다.

97 다음 중 먼셀 색체계에서 가장 높은 채도단계를 가진 색상은?

① 5RP　② 5BG
③ 5YR　④ 5GY

해설
먼셀 색표집에서 채도단계는 감각적 혼합에 의한 것으로, 소재나 재현의 발달에 따라 표현의 범위가 달라질 수 있다. 그렇기에 각 색상마다 최고 채도치가 다른 것이 특징인데, 빨강과 노랑의 채도가 가장 높고, 파랑과 청록은 최고 채도의 정도가 낮은 편이다. 기술의 발달로 인해 새로운 안료를 사용할 수 있게 됨에 따라 더 높은 채도의 Munsell 색상 칩이 다양한 색조와 값으로 만들어졌는데, 일반 반사 재료의 채도 스케일은 경우에 따라 20 이상으로 확장된다. 형광 물질의 채도는 30만큼 높을 수 있다.

98 중명도 : 중채도인 중간 색조의 덜(Dull) 톤을 중심으로 한 배색기법으로 각각의 색 이미지보다는 차분한 톤의 이미지가 강조되는 배색은?

① 톤온톤 배색
② 트리콜로 배색
③ 토널 배색
④ 카마이외 배색

정답 93 ① 94 ③ 95 ③ 96 ④ 97 ③ 98 ③

해설
③ 토널 배색 : 토널(Tonal)은 '색조', '음조'의 뜻을 가지며, 배색의 느낌은 톤인톤 배색과 비슷하지만 중명도, 중채도의 색상으로 배색되기 때문에 안정되고 편안한 느낌을 가지며, 다양한 색상을 사용한다는 점에서 톤인톤 배색과 차이가 있다.
① 톤온톤 배색 : 톤을 겹치게 한다는 의미이며, 동일 색상으로 두 가지 톤의 명도차를 비교적 크게 잡은 배색이다.
② 트리콜로 배색 : 비콜로 배색과 동일하게 국기의 배색에서 나온 기법으로 한 면을 3가지 색으로 배색한 것을 말한다.
④ 카마이외 배색 : 색상과 톤의 차이가 거의 없는 배색기법으로 톤온톤과 비슷한 배색이지만 톤의 변화 폭이 매우 작은 배색으로 색상차와 톤의 차가 거의 근사한 애매한 기법을 말한다.

99 다음 중 오간색(五間色)을 옳게 나열한 것은?

① 적색, 청색, 황색, 백색, 흑색
② 홍색, 벽색, 녹색, 유황색, 자색
③ 적색, 벽색, 녹색, 황색, 자색
④ 적색, 녹색, 청색, 백색, 흑색

해설
오간색은 홍색, 벽색, 녹색, 유황색, 자색이다.

100 비렌의 색채조화론에 관한 내용으로 틀린 것은?

① 색 삼각형의 연속된 선상에 위치한 색들을 조합하면 조화된다.
② Color, White, Black, Gray, Tint, Shade, Tone 7개 범주의 조합으로 이루어진다.
③ 좋은 배색을 위해서는 오메가 공간에 나타낸 점이 간단한 기하학적 관계에 있어야 한다.
④ 다빈치, 렘브란트 등 화가의 훌륭한 배색원리를 찾아 색 삼각형에서 보여 준다.

해설
③ 좋은 배색을 위해 오메가 공간에 나타낸 점이 간단한 기하학적 관계에 있어야 한다고 주장한 것은 문-스펜서의 색채조화론이다.

99 ② 100 ③ 정답

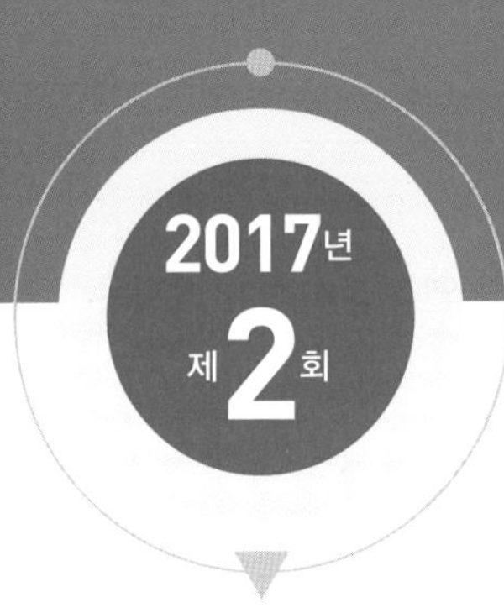

컬러리스트기사

과년도 기출문제

제1과목 색채심리 · 마케팅

01 소비자 행동은 외적 · 환경적 요인과 내적 · 심리적 요인에 영향을 받는다. 다음 중 소비자의 내적 · 심리적 영향 요인이 아닌 것은?

① 경험, 지식　② 개 성
③ 동 기　④ 준거집단

해설
준거집단은 사회적 요인, 외적 · 환경적 요인에 해당된다. 소비자의 내적 · 심리적 요인은 상황에 따른 심리와 지각상태에 영향을 받는다.
소비자 행동의 심리적 요인
- 동기유발 : 사람으로 하여금 모든 행동을 일으키게 하며 개인의 만족을 위함
- 지각 : 감각기관을 통해 관념과 연결시키는 심리적 과정
- 학습 : 배워서 익히는 경험에서 나오는 개인의 행동 변화이며, 다양한 경험의 반복으로 이루어짐
- 신념과 태도 : 사람들이 가지고 있는 평가, 감정 및 행동경향

02 컬러 마케팅의 이론으로 적합하지 않은 것은?

① 컬러 마케팅의 궁극적인 목표는 제품의 판매를 늘리는 것이다.
② 글로벌화된 현대사회에 선진국에서 성공한 제품의 색채는 다른 국가에서도 성공을 보장받는다.
③ 우리나라는 1990년대부터 컬러를 마케팅 수단으로 삼아 제품 판매 경쟁에 돌입하였다.
④ 컬러 마케팅에 있어 광고의 컬러 선정은 목표시장 집단의 색채 감성을 파악하여 이를 활용하여야 한다.

해설
선진국에서 성공한 제품의 색채일지라도 각 나라마다의 문화와 환경적 요소 및 선호색이 다르기 때문에 다른 국가에서도 꼭 성공을 보장받을 수는 있는 것은 아니다.

03 항상 동일한 색을 고집하고 변화에 대한 거부감을 가지며 최신 유행에 흔들리지 않는 색채반응 유형은?

① 컬러 포워드(Color Forward) 유형
② 컬러 프루던트(Color Prudent) 유형
③ 컬러 로열(Color Loyal) 유형
④ 컬러 트렌드(Color Trend) 유형

해설
③ 컬러 로열(Color Loyal)은 항상 동일한 색을 고집하고 변화를 거부하며 최신 유행에 흔들리지 않는 소비자 유형이다.
① 컬러 포워드(Color Forward)는 색에 민감하여 최신 유행색에 관심이 많으며 적극적인 구매활동을 한다.
② 컬러 프루던트(Color Prudent)는 신중하게 색을 선택하고 트렌드를 따르며 충동적으로 소비하지 않는다. 색채의 다양성과 변화를 거부하지 않지만 주도적으로 변화를 이끌어내지는 않는다.

04 다음의 (　) 안에 공통적으로 들어갈 용어는?

> (　)(이)란 소비자가 어떤 방식으로 시간과 재화를 사용하면서 세상을 살아가는가에 대한 선택을 의미한다. (　)에 따라서 소비자들은 내추럴(Natural), 댄디(Dandy), 엘레강트(Elegant) 등의 용어로 구분되기도 한다.

① 소비 유형
② 소비자 행동
③ 라이프스타일
④ 문화체험

해설
소비자의 생활 유형은 특정 문화나 집단의 생활양식을 표현하는 구성요소와 관계가 깊다. 소비자가 어떤 방식으로 시간과 재화를 사용하면서 세상을 살아가는가에 대한 선택의 의미이다. 소비자 라이프스타일에 따라서 소비자들은 내추럴(Natural), 댄디(Dandy), 엘레강트(Elegant) 등의 용어로 구분되기도 한다.

정답 1 ④　2 ②　3 ③　4 ③

05 소비자 욕구 변화 중 사회경제적인 배경의 영향으로 가장 거리가 먼 것은?

① 존경, 성취의 욕구 변화
② 소비지출 구조의 변화
③ 개방화와 국제화의 변화
④ 인구 및 가족구조의 변화

해설
존경, 성취의 욕구 변화는 타인에게 인정받고 싶은 권력에 대한 욕구로 개인의 존경, 취득의 욕구, 자존심, 인식, 지위 등이 해당된다.

06 시장 세분화의 기준 중 행동분석적 속성의 변수는?

① 사회계층
② 라이프스타일
③ 상표 충성도
④ 개 성

해설
행동분석적 세분화는 제품의 사용 경험, 사용량, 브랜드 충성도, 가격의 민감도 등으로 구분한다.
①은 사회문화적 속성, ②는 인구학적 속성, ④는 심리분석적 속성에 해당한다.

07 유행색에 관한 설명으로 틀린 것은?

① 유행색은 어떤 시기에 집중해서 시장을 점유한 상품색을 가리킨다.
② 유행색을 특징짓는 것은 발생・성장・성숙・쇠퇴의 사이클을 갖는 유동성이다.
③ 젊은 연령층에서 유행색은 특징적으로 나타나는 경향이 있다.
④ 귀속의식이 강한 집단일수록 유행색의 전파는 느리지만 그 수명은 길다.

해설
귀속의식이 강한 집단일수록 유행색의 전파 및 수명은 느릴 수도 빠를 수도 있다.

08 다음과 같이 색과 그 상징이나 연상의 사례를 짝지은 것 중 적절하지 않은 것은?

① 검정 – 죽음, 어둠
② 회색 – 결백, 냉혹
③ 파랑 – 차가움, 하늘
④ 빨강 – 정열, 사과

해설
결백은 흰색, 냉혹은 파란색, 남색이다.

09 색채가 주는 일반적인 심리적 작용이 아닌 것은?

① 온도감
② 거리감
③ 크기감
④ 입체감

해설
색채가 주는 일반적인 심리적 작용으로 온도감, 중량감, 거리감, 크기감, 시간성, 팽창과 수축 등이 있다.

10 상품의 마케팅 전략 중 핵심적인 요소로 등장하면서 제품의 패키지, 로고, 광고 등에 공통 요소로 사용되는 기초적인 요소는?

① 색 채
② 명 도
③ 채 도
④ 재 질

해설
색채는 브랜드와 제품에 특별한 이미지와 아이덴티티를 부여하여 인지도를 높이는 데 사용하는 전략적 요소이며 각 산업분야에 공통 요소로 사용되는 기초적인 요소이다.

5 ① 6 ③ 7 ④ 8 ② 9 ④ 10 ① 정답

11 색채 시장조사 시 다음과 같은 설문지의 유형과 특징으로 옳은 것은?

> '우아함'의 콘셉트에 가장 적합한 색은 무엇이라고 생각하십니까?

① 개방형으로 의견을 자유롭게 응답
② 폐쇄형으로 2개 이상의 응답 가운데 하나를 선택
③ 개방형으로 질문에 대한 전문지식이나 견해에 대한 응답
④ 폐쇄형으로 미세한 차이의 반복질문을 통해 공통의견 추출

해설
문제는 감성적인 이미지에 대한 질문 형식의 개방형 설문지이다. 응답자의 전문지식이나 견해가 전혀 필요하지 않으며, 자유롭게 자신의 생각을 응답하도록 한다.

12 제품의 수명주기에 따른 마케팅 믹스 전략에 대한 설명이 틀린 것은?

① 도입기 – 기초적인 제품을 원가가산가격으로 선택적 유통을 실시하며 제품인지도 향상을 위한 광고를 실시한다.
② 성장기 – 서비스나 보증제와 같은 방법으로 제품을 확대시키고 시장침투가격으로 선택적 유통을 실시하며 시장 내 지명도 향상과 관심형성을 위한 광고를 실시한다.
③ 성숙기 – 상품과 모델을 다양화하며 경쟁대응가격으로 집약적 유통을 실시하고 브랜드와 혜택의 차이를 강조한 광고를 실시한다.
④ 쇠퇴기 – 취약 제품은 폐기하며 가격인하를 실시하고 선택적 유통으로 수익성이 작은 유통망은 폐쇄하며 충성도가 강한 고객 유치를 위한 광고를 실시한다.

해설
성장기는 수요가 점차 늘어나고 이윤이 급격히 상승하면서 경쟁회사의 유사제품이 나오는 시기이므로 브랜드의 우수성을 알리고 대형시장에 침투해야 하는 시기이다. ②의 설명은 성숙기에 이루어져야 하는 방법이다.

13 색채와 촉감의 연관성이 바르게 연결된 것은?

① 어두운 빨강 – 말랑말랑하고 부드러운 느낌
② 밝은 노랑 – 견고하고 굳은 느낌
③ 밝은 하늘색 – 부드러운 느낌
④ 선명한 청록 – 건조한 느낌

해설
① 말랑말랑하고 부드러운 느낌 : 고명도, 밝은 핑크, 밝은 노랑, 밝은 하늘색 계열
② 견고하고 굳은 느낌 : 저명도, 고채도 계열
④ 건조한 느낌 : 빨강, 주황 등 난색 계열

14 시장 세분화 전략에 해당하지 않는 것은?

① 하위문화의 소비시장 분석
② 선호 집단에 대한 분석
③ 선호 제품에 대한 탐색
④ 소비자생활 지역에 대한 탐색

해설
시장 세분화 전략 시 제품의 소비자 유형, 구매동기, 대상, 선호 제품에 대한 구매심리 등 여러 분야에 걸쳐 세심한 자료 분석이 필요하다.

15 국가별, 문화별로 색채선호 및 상징은 다르게 나타난다. 다음 중 색채에 대한 문화별 차이를 설명한 사례로 적절하지 않은 것은?

① 서양의 흰색 웨딩드레스, 한국의 소복
② 중국의 붉은 명절 장식, 서양의 붉은 십자가
③ 미국의 청바지, 가톨릭 성화 속 성모마리아의 청색 망토
④ 프랑스 황제궁의 황금 대문, 중국 황제의 황색 옷

해설
프랑스 황제궁의 황금 대문과 중국 황제의 황색 옷 모두 신분 및 계급의 상징색이다.

정답 11 ① 12 ② 13 ③ 14 ④ 15 ④

16 **색채심리를 이용한 색채요법에 대한 설명 중 틀린 것은?**

① Blue – 해독, 방부제, 결핵 등에 효과가 있다.
② Red – 빈혈, 무기력증에 효과적이다.
③ Yellow – 신경질환 및 우울증 등 가벼운 증상에 효과적이다.
④ Purple – 정신질환, 피부질환 등 가벼운 증상에 효과가 있다.

해설
해독, 방부제는 Green, 결핵은 Red에 속한다.

17 **일반적으로 '사과는 무슨 색?' 하고 묻는 질문에 '빨간색'이라고 답하는 경우처럼, 물체의 표면색에 대해 무의식적으로 결정해서 말하게 되는 색을 무엇이라 하는가?**

① 항상색　　② 무의식색
③ 기억색　　④ 추측색

해설
기억색은 대상의 표면색에 대한 무의식적 추론에 의해 결정되는 색채이다.

18 **브랜드 개념의 관리는 도입기, 심화기, 강화기 순으로 나눌 수 있다. 브랜드 유형에 따른 관리의 단계와 설명이 잘못된 것은?**

① 효능충족 브랜드는 일상생활에서 실제적인 문제를 해결해 줄 수 있어야 한다.
② 긍지추구 브랜드는 도입기에 구매의 제한성을 강조한다.
③ 경험유희 브랜드는 강화기에 동일한 이미지통합 전략으로 라이프스타일을 형성하게 된다.
④ 브랜드 개념의 관리단계는 시장 상황에 따라 피동적으로 변해야 한다.

해설
브랜드란 제품의 생산자 혹은 판매자가 제품이나 서비스를 경쟁자들의 것과 차별화하기 위해 사용하는 독특한 이름이나 상징물의 결합체다. 브랜드의 가치를 높이려면 즉, 관리를 위해서는 시장 상황에 따라 능동적, 적극적인 전략이 필요하다.

19 **일반적인 색채선호 원리와 가장 거리가 먼 것은?**

① 아기들은 장파장의 색을 선호한다.
② 성인이 되면서 단파장의 색들을 선호한다.
③ 이지적인 사람들은 장파장의 색을 선호한다.
④ 여성들은 밝고 맑은 톤을 선호한다.

해설
이지적이란 단어는 이성과 지혜를 아울러 이르는 말이다. 본능이나 감정에 지배되지 않고 지식과 윤리에 따라 사물을 분별하는 성인을 일컬으며 일반적으로 이들은 단파장의 파랑 계열을 선호한다.

20 **건축물의 용도와 색채계획이 적합한 경우는?**

① 식당 내부 – 하늘색
② 병원 수술실 – 분홍색
③ 공장 내부 – 주황색
④ 도서관 내부 – 연한 초록색

해설
① 식당 내부는 음식의 맛을 돋우는 주황색 계열이 적합하다.
② 병원 수술실은 보색대비, 잔상효과가 있는 밝은 청록색 계열이 적합하다.
③ 공장 내부는 안전과 피로감을 줄여 주는 청색 계열이 적합하다.

16 ① 17 ③ 18 ④ 19 ③ 20 ④ 정답

제2과목 색채디자인

21 디자인 아이디어의 발상 기법으로 자연관찰이 중요한 이유로 거리가 먼 것은?

① 자연과 자연 변화의 관찰을 통해 미적 감정을 개발할 수 있기 때문
② 자연물의 비례와 형태에서 아름다운 조형언어를 추출할 수 있기 때문
③ 자연물에 쓰인 효율적 구조를 분석하여 디자인 설계에 응용할 수 있기 때문
④ 자연물에 대한 묘사력과 표현력을 개발할 수 있기 때문

해설
자연이나 대상물을 관찰하는 것은 단순히 자연물에 대한 묘사력과 표현력을 개발하는 것을 넘어 자연의 형상을 새로 재해석하여 새로운 조형으로 표현하면서 아름다움의 구조를 파악하고 분석하여 디자인 설계에 응용하려는 데 있다.

22 패션 색채계획에 활용할 '소피스티케이티드(Sophisticated)' 이미지에 대한 설명이 옳은 것은?

① 고급스럽고 우아하며 품위가 넘치는 클래식한 이미지와 완숙한 여성의 아름다움을 추구
② 현대적인 샤프함과 합리적이면서도 개성이 넘치는 이미지로 다소 차가운 느낌
③ 어른스럽고 도시적이며 세련된 감각을 중요시여기며 지성과 교양을 겸비한 전문직 여성의 패션스타일을 대표하는 이미지
④ 남성정장 이미지를 여성패션에 접목시켜 격조와 품위를 유지하면서도 자립심이 강한 패션 이미지를 추구

해설
패션 8대 이미지에는 엘리건스(Elegance), 소피스티케이티드(Sophisticated), 모던(Modern), 매니시(Mannish), 액티브(Active), 컨트리(Country), 에스닉(Ethnic), 로맨틱(Romantic)이 있다.
① 엘리건스(Elegance)
② 모던(Modern)
④ 매니시(Mannish)

23 다음 중 인상파에 대한 설명이 아닌 것은?

① 주로 야외에서 작업하면서 자연의 순간적 입장을 묘사하였다.
② 회화에 있어서 색채를 소재가 아닌 주제의 직접적인 표현으로 삼았다.
③ 마티스, 루오가 대표적이며 검은색의 사용, 강한 원색대비를 사용하였다.
④ 병치혼색의 개념을 소개한 슈브뢸, 루드의 영향을 받아 점묘법을 이용한 그림을 그리기도 하였다.

해설
인상파는 19세기 말 프랑스에서 일어난 회화운동으로 '재현'의 회화를 벗어나 개인의 시각적인 경험이나 느낌을 화면에 표현하고자 하였다. 시시각각 변화하는 색채현상들을 작은 붓으로 여러 색을 지어내듯 표현하여 혼색의 효과를 추구하였다. 인상파의 화가로는 시냑, 쇠라, 모네, 고흐 등이 대표적이다.
③ 마티스, 루오는 19세기 후반에서 20세기 인상주의의 타성적인 화풍에 반기를 들어 원색을 사용하여 대담하고 강렬하게 표현하면서 새로운 화풍을 형성했다.

24 다음의 ( ) 속에 가장 적절한 말은?

일방통행로에서 반대 방향에서 오는 차는 금방 눈에 띈다. 같은 방향의 차는 ( )에 의하여 지각된다.

① 폐쇄성
② 근접성
③ 지속성
④ 유사성

해설
④ 유사성 : 비슷한 성질을 가진 요소는 비록 떨어져 있어도 무리지어 보인다.
① 폐쇄성 : 부분이 연결되지 않아도 완전하게 보려는 시각법칙이다.
② 근접성 : 근접한 것이 시각적으로 뭉쳐 보이는 경향이 있다.
③ 지속성(연속성) : 어떤 형태든 방향성을 가지고 연속되어 있을 때 하나의 단위로 보인다.

정답 21 ④ 22 ③ 23 ③ 24 ④

25 **사용자가 제품, 서비스 또는 시스템을 사용하거나 체험하는 데 있어 제품과의 상호작용을 디자인의 주요소로 고려하여 디자인하는 분야는?**

① 그린 디자인
② 지속 가능한 디자인
③ 유니버설 디자인
④ UX 디자인

해설
UX 디자인(User Experience Design)은 사용자 경험 디자인을 말한다. 소비자가 제품이나 서비스 등을 선택하거나 사용할 때 발생하는 제품과의 상호작용을 제품 디자인의 주요소로 고려하는 것이다. 사용자 경험 디자인은 소비자의 요구를 벗어나는 요소를 최소화하고 사용자 관찰을 통해 사업과 마케팅의 목표를 달성할 수 있다는 장점을 지닌다.

26 **디자인의 조형요소에 대한 설명으로 틀린 것은?**

① 점을 확대하면 면이 되고, 원형이나 정다각형이 축소되면 점이 된다.
② 선은 방향이나 굵기, 모양 등에 의해 다양한 시각적 느낌을 만들어 낼 수 있다.
③ 입체는 길이, 너비, 깊이, 형태와 공간, 표면, 방위, 위치 등의 특징을 가진다.
④ 색채의 배색은 주변의 변화와 조화에 따라 가치가 결정되지 않는다.

해설
색채는 물리적 현상인 색이 감각기관인 눈을 통해서 지각되는 것 또는 그런 경험효과를 가리킨다. 그리고 색채의 배색은 주변의 변화와 조화를 고려하여 적용되어야 한다.

27 **디자인(Design)의 라틴어 어원은?**

① 데시그나레(Designare)
② 디세뇨(Desegno)
③ 데생(Dessein)
④ 데시그(Desig)

해설
② 디세뇨(Desegno) : 이탈리아 어원
③ 데생(Dessein) : 프랑스 어원

28 **옥외광고, 전단 등 제품의 판매 촉진을 위한 모든 광고, 홍보활동을 뜻하는 것은?**

① POP(Point Of Purchase) 광고
② SP(Sales Promotion) 광고
③ Spoot 광고
④ Local 광고

29 **다음 중 일반적인 주거공간별 색채계획 중 적절하지 않은 것은?**

① 침실 – 거주자가 원하는 색채 중 부드러운 색조로 구성한다.
② 거실 – 넓은 거실의 통일성을 위해 벽과 바닥을 동일색으로 한다.
③ 어린이방 – 아이가 좋아하는 색을 밝은 색조로 구성한다.
④ 욕실 – 청결한 이미지를 표현하도록 밝은 한색 계열을 적용한다.

해설
바닥 → 벽 → 천장 순으로 밝은색을 쓰면 공간이 넓어 보인다. 통일성을 위해서는 창호나 붙박이 가구를 바닥재와 같은 색으로 통일한다.

30 **다음의 (　　)에 알맞은 말은?**

> 인류의 역사는 창조력에 의해 인간이 만든 도구의 역사와 맥을 같이 하며, 자연에 대응하기 위한 도구적 장비에 관한 것이 곧 (　　) 디자인의 영역에 해당된다.

① 시 각　② 환 경
③ 제 품　④ 멀티미디어

25 ④ 26 ④ 27 ① 28 ② 29 ② 30 ③ **정답**

31 팝아트(Pop Art)에 관한 설명 중 옳은 것은?

① 인간의 시지각 원리에 근거한 것이다.
② 1960년대에 뉴욕을 중심으로 전개된 대중예술이다.
③ 여성의 주체성을 찾고자 한 운동이다.
④ 분해, 풀어헤침 등 파괴를 지칭하는 행위이다.

해설
팝아트(Pop Art)는 1960년대 초 뉴욕을 중심으로 출현한 미술의 한 장르이다. 간결하고 명확하게 평면화된 색면과 원색을 사용하였다. 대중문화를 그림의 소재이자 정보로서 이용하는 중립적 입장으로 도구화된 성과 상업화된 성을 표현하였다. 리히텐슈타인, 워홀, 올덴버그 등이 대표적인 작가이다.

32 기계가 지닌 차갑고 역동적 아름다움을 조형예술의 주제로까지 높였다는 것과 스피드감이나 운동을 표현하기 위해 시간의 요소를 도입하려고 시도한 예술운동은?

① 구성주의 ② 옵아트
③ 미니멀리즘 ④ 미래주의

해설
미래주의는 이탈리아에서 등장한 모더니즘 미술사조이다. 속도와 역동성, 신기술 및 기계주의 등에 확고한 믿음을 가지고 있었다. 과거의 미적 취향과 예술제작 과정을 타파하고자 애썼다. 또한 산업도시와 자동차, 기차 등 산업혁명의 상징이라고 할 수 있는 새로운 도상들을 작품에 담았다.

33 패션 디자인 분야는 유행의 흐름과 유행색에 많은 영향을 받는다. 국제유행색위원회인 인터컬러(INTER-COLOR)에 대한 설명으로 틀린 것은?

① 파리에 본부를 두고 있다.
② 생산자를 위한 유행 예측색을 제공한다.
③ 특정 지역의 마켓 상황과 분위기를 반영한다.
④ 트렌드에 있어 가장 앞선 색채정보를 제시한다.

해설
INTER-COLOR(국제유행색협회)는 1963년 설립되었으며 매년 1월과 7월 말에 협의회를 개최하여 S/S와 F/W를 2분기로 나뉘어 시즌 2년 후의 색채 방향을 분석하여 제안하고 있다.

34 제1차 세계대전 중 네덜란드에서 발행된 새로운 미술운동의 기관지 이름에서 연유된 것으로 유럽 추상미술의 지도적 역할을 했던 양식이라는 의미의 미술운동은?

① 유겐트 스틸 ② 데 스테일
③ 모더니즘 ④ 구성주의

해설
① 유겐트 스틸(Jugend Stijl) : 청춘 양식이라는 뜻의 독일 아르누보 운동의 양식과 경향에 대한 호칭
③ 모더니즘(Modernism) : 종래의 전통적인 기반에서 급진적으로 벗어나려는 20세기 서구 문학, 예술상의 경향
④ 구성주의(Constructivism) : 1917년 러시아 혁명 후 소비에트 아방가르드에 의해 발생한 영향력 있는 예술운동

35 빅터 파파넥(Victor Papanek)이 말한 디자인의 복합기능(Function Complex)으로 틀린 것은?

① 용도에 적합해야 한다는 것은 디자인의 기본적 전제
② 일시적 유행과 세태에 민감한 변화
③ 재료나 도구를 타당성 있게 사용하는 것
④ 재료를 다루는 작업과정을 합리적 또는 효과적으로 습득하는 것은 최상의 디자인 방법

36 디자인의 원리인 조화에 대한 설명 중 틀린 것은?

① 디자인의 조화는 부분의 상호관계가 서로 분리되거나 배척하지 않는 상태를 말한다.
② 유사조화는 변화의 다른 형식으로 서로 다른 부분의 조합에 의해서 생긴다.
③ 디자인의 조화는 여러 요소들의 통일과 변화의 정확한 배합과 균형에서 온다.
④ 조화는 크게 유사조화와 대비조화로 나눌 수 있다.

정답 31 ② 32 ④ 33 ③ 34 ② 35 ② 36 ②

37 디자인 행위의 초기 단계에서 앞으로 완성될 작품에 대한 개념을 설정하는 것은?

① 모듈(Module)
② 콘셉트(Concept)
③ 디자인(Design)
④ 게슈탈트(Gestalt)

38 그림과 같은 티셔츠의 색채기획을 하려고 한다. 티셔츠의 번호가 적힌 부분에 대한 색채기획 중 적절하지 않은 것은?(1 : 몸통, 2 : 양쪽 팔, 3 : 목둘레, 아랫단)

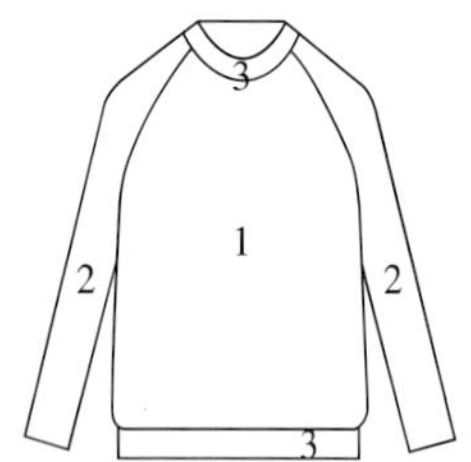

① 1번 부분은 가장 넓은 부분으로 주조색을 적용하였다.
② 2번 부분은 1번 부분에 적용한 색과 색차가 반드시 큰 배색을 해야 한다.
③ 3번 부분은 1, 2번과는 구별되는 색으로 강조하였다.
④ 1번의 색을 밝은 노란색으로 기획하여 전체적인 분위기를 밝게 하였다.

39 일정한 목적에 도달하는데 적합한 대상 또는 행위의 성질을 말하며, 원하는 작품의 제작에 있어서 실제의 목적에 알맞도록 하는 것은?

① 합목적성　② 경제성
③ 독창성　④ 질서성

해설
합목적성이란 일정한 목적에 적합한 방식으로 들어맞을 때를 뜻하는 말이다. 따라서 디자이너의 주관적인 생각보다는 실용성과 기능을 충족시켜야 한다.

40 다음 중 환경 디자인의 목적을 표현한 것으로 적절하게 기술한 내용이 아닌 것은?

① 삶의 질 향상
② 자연과 인간 문명의 조화
③ 환경문제 해결
④ 개발 이익 극대화

해설
환경 디자인은 인간을 자연스럽게 연결해 줌으로써 인간이 자연 속에서 숨 쉬고 생활할 수 있도록 실내 영역과 외부 공간을 만들어 주는 디자인이다. 편의성과 심미성에 치중되었던 종래의 환경 디자인 개념은 자원을 절약하고 재사용이 가능한 에콜로지컬(Ecological) 디자인의 개념으로 확대되고 있다.

제3과목 색채관리

41 표면색의 시감비교 시 어두운색을 비교하는 경우에 적합한 작업면의 조도는?

① 1,000lx　② 2,000lx
③ 3,000lx　④ 4,000lx

해설
색 비교를 위한 작업면의 조도는 1,000~4,000lx 사이로 하고 균제도는 80% 이상이 적합하다. 단지, 어두운색을 비교하는 경우의 작업면 조도는 4,000lx에 가까운 것이 좋다(KS A 0065).

42 안료에 대한 설명이 틀린 것은?

① 자연에서 얻은 천연무기안료는 입자가 거칠고 불규칙하다.
② 무기안료는 유기안료보다 색채가 다양하고 선명하며, 내광성이 좋다.
③ 물이나 기름, 알코올 등의 유기용제에 용해되지 않는다.
④ 동물성 유기안료는 대부분 견뢰도가 떨어지고 안정적이지 못하다.

정답 37 ② 38 ② 39 ① 40 ④ 41 ④ 42 ②

해설
무기안료는 유기안료보다 색채가 다양하지 않고 선명하지 않다. 반면에 유기안료는 무기안료에 비해 채도가 높고, 농도가 높은 특징이 있으나 내광성이 나쁘다.

43 다음 중 CCM(Computer Color Matching)에 대한 설명이 아닌 것은?

① 소프트웨어산업과 정밀측정기기인 스펙트로포토미터의 발전으로 정밀한 조색을 실현하는 방법이다.
② 컴퓨터 장치를 이용하여 정밀 측색하여 자동으로 구성된 색료(Colorants)를 정밀한 비율로 자동조절 공급한다.
③ 메타머리즘을 예측할 수 있어 아이소머리즘을 실현할 수 있다.
④ 정확한 양으로 최대의 컬러런트로 조색하므로 원가가 절감될 수 있다.

해설
정확한 양으로 최소의 컬러런트로 조색하므로 원가가 절감될 수 있다.

44 PCS(Profile Connection Space)에 대한 설명으로 적절한 것은?

① PCS의 체계는 sRGB와 CMYK 체계를 사용한다.
② PCS의 체계는 CIE XYZ와 CIE LAB를 사용한다.
③ PCS의 체계는 디바이스 종속체계이다.
④ ICC에서 입력의 색공간과 출력의 색공간은 일치한다.

해설
PCS는 컬러장치 사이의 색정보 전달을 위한 디바이스 독립 색공간으로 CMS에서 장치 간의 색을 연결해 주고 중심이 되는 색공간의 역할을 한다.
② ICC 프로파일의 색을 기술하기 위해서 CIE XYZ와 CIE LAB를 사용한다.

45 KS A 0064 : 색에 관한 용어에서 색역(Color Gamut)의 정의로 옳은 것은?

① 특정 조건에 따라 발색되는 모든 색을 포함하는 색도 좌표도 또는 색공간 내의 영역
② 2가지의 색자극이 등색이 되는 것을 나타내는 대수적 또는 기하학적 표시
③ 두 색의 지각된 색의 간격, 또는 그것을 수량화한 값
④ 색의 상관성 표시에 이용하는 3차원 공간

해설
색역은 특정 조건에 따라 발색되는 모든 색을 포함하는 색도 좌표도 또는 색공간 내의 영역이다(KS A 0064).

46 다음 중 탄소 함유량이 분류의 중요한 요인이며, 함유된 탄소량에 따라 성질이 달라지기도 하는 것은?

① 철 재
② 플라스틱
③ 섬 유
④ 페인트

해설
탄소 함유량 분류의 중요한 요인이며 함유된 탄소량에 따라 성질이 달라지는 것은 철재이다.

47 다음 중 안료의 검사항목이 아닌 것은?

① 색채편차와 내광성
② 은폐력과 착색력
③ 흡유율과 흡수율
④ 고착력과 접착력

해설
고착력은 안료가 단단하게 붙는 힘을 의미하며 접착력과 비슷한 의미를 가진다. 안료의 검사항목에는 색채편차와 내광성, 은폐력, 착색력, 흡유율과 접착력은 포함되지만 고착력은 포함되지 않는다.

정답 43 ④ 44 ② 45 ① 46 ① 47 ④

48 **CCM 소프트웨어에 대한 설명 중 옳은 것은?**

① 배합 비율은 도료와 염료에 기본적으로 똑같이 적용된다.
② 빛의 흡수계수와 산란계수를 이용하여 배합비를 계산한다.
③ Formulation 부분에서 측색과 오차 판정을 한다.
④ Quality Control 부분에서 정확한 컬러런트 양을 배분한다.

해설
CCM 소프트웨어는 일정한 두께를 가진 발색 층에서 감법혼색을 하는 경우에 성립하는 쿠벨카 뭉크(Kubelka Munk) 이론의 기본원리로 빛의 흡수계수와 산란계수를 이용하여 배합비를 계산한다.

49 **색채의 시감비교에 대한 설명이 틀린 것은?**

① 색채의 시감비교는 규정된 표준광원 아래서 조명 관측조건을 고려하여 광택을 피하여 관측한다.
② 시편에 광선이 고르게 도달하도록 하고 관측 전에 색채적응이 일어나지 않도록 한다.
③ 시료색들은 눈에서 약 300mm 떨어뜨린 위치에, 같은 평면상에 인접하여 배치한다.
④ 비교의 정밀도를 향상시키기 위해서 가끔씩 시료색의 위치를 바꿔가며 비교한다.

해설
시료색들은 눈에서 약 500mm 떨어뜨린 위치에, 같은 평면상에 인접하여 배치한다(KS A 0065).

50 **효율이 높고 소형으로 고출력과 배광제어가 비교적 쉬워 건물의 외벽 조명, 정원, 공항, 경기 조명이나 분수 조명 등에 사용되고 있는 조명용 광원은?**

① 백열등
② 방전등
③ 형광등
④ 할로겐등

해설
방전등 : 기체 또는 증기 속의 방전에 따르는 빛을 이용하는 광원으로 효율이 높고 소형으로 고출력과 배광제어가 비교적 쉬워 건물의 외벽 조명, 정원, 공항, 경기장 조명이나 분수 조명 등에 일반적으로 사용되고 있다.

51 **육안조색의 방법 중 틀린 것은?**

① 시편의 색채를 D_{65} 광원을 기준으로 조색한다.
② 샘플색이 시편의 색보다 노란색을 띨 경우, b*값이 낮은 도료나 안료를 섞는다.
③ 샘플색이 시편의 색보다 붉은색을 띨 경우, a*값이 낮은 도료나 안료를 섞는다.
④ 조색 작업면은 검은색으로 도색된 환경에서 2,000lx 조도의 밝기를 갖추도록 한다.

해설
어두운색을 비교하는 경우의 작업면 조도는 4,000lx에 가까운 것이 좋다(KS A 0065).

52 **ICC 프로파일 사양에서 정의된 렌더링 의도(Rendering Intent)의 특성에 관한 설명 중 틀린 것은?**

① 상대색도(Relative Colorimetric) 렌더링은 입력의 흰색을 출력의 흰색으로 매핑하여 출력한다.
② 절대색도(Absolute Colorimetric) 렌더링은 입력의 흰색을 출력의 흰색으로 매핑하지 않는다.
③ 채도(Saturation) 렌더링은 입력 측의 채도가 높은 색을 출력에서도 채도가 높은 색으로 변환한다.
④ 지각적(Perceptual) 렌더링은 입력색상 공간의 모든 색상을 유지시켜 전체 색을 입력색으로 보전한다.

해설
렌더링 의도(Rendering Intent)란 물리적으로 동일한 색상을 표현할 수 없다면 어느 색상으로 표현할 것인가를 결정하는 기준이다. 렌더링 의도의 종류에는 가시범위, 채도, 상대색도계, 절대색도계가 있다.
④ 지각적 인텐트가 이동하면 전체가 비례 축소되어 색의 수치는 변하게 되고 입력색상 공간의 모든 색상을 변화시키게 된다.

48 ② 49 ③ 50 ② 51 ④ 52 ④ 정답

53 색차관리에 이용될 수 있는 색공간 혹은 색차식으로 볼 수 없는 것은?

① CIEDE2000 ② CIELUV
③ CMC(l : c) ④ HSV

해설
색채관리가 아닌 디바이스에서만 사용되는 색공간으로는 RGB색체계, CMY색체계, HSV색체계, HLS색채계가 있다.

54 색채 디바이스 간의 호환성을 확보하기 위한 노력에 대한 설명으로 적합하지 않은 것은?

① 국제적인 기구를 통한 측색 기반의 디바이스 특성을 바탕으로 색채조절을 호환성 있게 실행하려는 노력
② 각 디바이스의 특성을 공개하고 이에 적합한 색채 조절이 이루어지도록 표준화하는 노력
③ 컬러 어피어런스 모델이 프로파일 연결공간의 전후에서 적용
④ 입력장치와 출력장치를 연결하는 프로파일 연결공간에서는 입력장치의 RGB 색채공간을 사용

해설
디지털 색채는 반드시 디바이스를 통해 구현하게 된다. 그래서 입력장치와 출력장치마다 다른 프로파일을 가지게 되며 입력장치와 출력장치를 연결하는 프로파일 연결공간에서 입력장치의 RGB 색채공간을 사용할 경우 색영역의 차이가 크게 나타날 수 있다.

55 조건등색에 대한 설명으로 틀린 것은?

① 조건등색은 물체색의 분광분포가 같아도 일어날 수 있다.
② 조건등색이 성립하는 2가지 색자극을 메타머(Metamer)라고 한다.
③ 분광분포가 다른 2가지 색자극이 특정 관측조건에서 동등한 색으로 보이는 것이다.
④ 특정 관측조건이란 관측자나 시야, 물체색인 경우에는 조명광의 분광분포에 따른 차이를 가리킨다.

해설
조건등색은 분광분포가 다른 2가지 색자극이 특정 관측조건에서 동등한 색으로 보이는 것으로 메타머리즘이라 한다.

56 정확한 색채 측정을 위한 백색기준물(White Reference)의 설명으로 틀린 것은?

① 충격, 마찰, 광조사, 온도, 습도 등의 영향을 받지 않아야 한다.
② 분광식 색채계에서의 백색기준물은 분광흡수율을 기준으로 한다.
③ 백색기준물 자체의 색이 변하면 측정값들도 직접적인 영향을 받게 된다.
④ 백색기준물은 국가교정기관을 통하여 국제표준으로의 소급성이 유지되는 교정값을 갖고 있어야 한다.

해설
분광식 색채계에서의 백색기준물은 분광반사율이 기준이 된다.

57 색채 영역과 혼색방법에 관한 설명이 틀린 것은?

① 모니터 화면의 형광체들은 가법혼색의 주색 특징에 따라 선별된 형광체를 사용한다.
② 감법혼색은 각 주색의 파장 영역이 좁을수록 색역이 확장된다.
③ 컬러프린터의 발색은 병치혼색과 감법혼색을 같이 활용한 것이다.
④ 감법혼색에서 사이안(Cyan)은 600nm 이후의 빨간색 영역의 반사율을 효과적으로 감소시킨다.

해설
각 주색의 파장 영역이 좁으면 좁을수록 색역이 오히려 확장되는 것은 가법혼색의 특징이다.

정답 53 ④ 54 ④ 55 ① 56 ② 57 ②

58 다음 중 육안검색 시 사용하는 주광원이나 보조광원이 아닌 것은?

① 표준광 C
② 표준광 D_{50}
③ 표준광 A
④ 표준광 F_8

해설
육안검색 시 광원 C는 먼셀 색표와 비교할 때 사용한다.

59 분광반사율의 설명으로 틀린 것은?

① 물체 고유의 특성으로 색채를 결정짓는 중요한 요소이다.
② 색채시료에 입사하는 빛이 반사할 때 각 파장별로 물체의 특성에 따라 반사율이 다르기 때문에 나타난다.
③ 채도가 높은 색은 분광반사율의 파장별 차이가 작아지고, 채도가 낮은 경우는 그 차이가 크게 나타난다.
④ 같은 색이라도 염료의 종류에 따라 달라질 수가 있다.

해설
분광반사율은 밝은색일수록 반사율이 높은 편이고, 채도가 높을수록 분광반사율의 파장별 차이가 크다.

60 다음은 무기안료와 유기안료를 비교한 것이다. (　) 안에 들어갈 내용은?

> 유기안료는 무기안료에 비해 채도가 (A) 내광성이 (B).

① A 높고 B 좋다.
② A 낮고 B 좋다.
③ A 낮고 B 나쁘다.
④ A 높고 B 나쁘다.

해설
유기안료는 무기안료에 비해 채도가 높고, 농도가 높은 특징이 있으나 내광성이 나쁘다. 종류가 많아 다양한 색상의 재현이 가능하고, 인쇄잉크, 도료, 플라스틱 염색 등에 널리 사용된다.

제4과목 색채지각론

61 빈칸에 들어갈 용어가 순서대로(A-B-C) 바르게 연결된 것은?

> 색의 물리적 분류에 따르면, (A)은 물체의 질감이나 상태를 지각할 수 있는 색을 말하며, (B)은 거리감이나 입체감이 지각되지 않는다. (C)은 완전반사에 가까워 좌우가 바뀌어 보인다.

① 표면색 - 공간색 - 경영색
② 표면색 - 면색 - 경영색
③ 면색 - 공간색 - 표면색
④ 면색 - 표면색 - 공간색

해설
색의 물리적 분류에 따르면, 표면색은 물체의 질감이나 상태를 지각할 수 있는 색을 말하며, 면색은 거리감이나 입체감이 지각되지 않는다. 경영색은 완전반사에 가까워 좌우가 바뀌어 보인다.

62 체조선수의 움직임을 뚜렷하고 잘 보이게 만들려고 한다. 선수복에 가장 적합한 색은?

① 장파장색으로 고명도・저채도의 색
② 단파장색으로 중명도・고채도의 색
③ 장파장색으로 중명도・고채도의 색
④ 단파장색으로 고명도・저채도의 색

해설
체조선수의 움직임을 뚜렷하고 잘 보이게 하기 위해 장파장인 난색 계열에 중명도, 고채도의 색을 사용하는 것이 주목성을 높이는 효과가 있다.

58 ① 59 ③ 60 ④ 61 ② 62 ③ 정답

63 빛의 혼합에 관한 설명 중 옳은 것은?

① 녹색 빛과 파란색 빛을 한 곳에 비추어 나타나는 색은 400~500nm의 파장을 갖는다.
② 녹색 빛과 파란색 빛을 한 곳에 비추어 나타나는 색은 500~600nm의 파장을 갖는다.
③ 빨간색 빛과 녹색 빛을 한 곳에 비추어 나타나는 색은 400~500nm의 파장을 갖는다.
④ 빨간색 빛과 녹색 빛을 한 곳에 비추어 나타나는 색은 600~700nm의 파장을 갖는다.

해설
- 녹색 빛과 파란색 빛을 한 곳에 비추어 나타나는 색은 사이안(Cyan)으로 파란 계열 파장인 400~500nm이다.
- 빨간색 빛과 녹색 빛을 한 곳에 비추어 나타나는 색은 노랑(Yellow)으로 570~590nm의 파장을 갖는다.

64 색의 대비현상에 관한 설명으로 틀린 것은?

① 하얀 바탕 위에 명도 5인 회색을 놓았을 때 회색이 명도 5보다 더 어둡게 보인다.
② 노란 바탕 위에 녹색을 놓았을 때 녹색에 약간 노란색 기미를 띤 것처럼 보인다.
③ 선명한 파란 바탕 위에 연한 하늘색을 놓았을 때 하늘색의 채도가 낮아 보인다.
④ 청록 바탕 위에 회색을 놓았을 때 회색이 붉은색 기미를 띤 것처럼 보인다.

해설
노란 바탕 위에 녹색을 놓았을 때 녹색이 더 선명하게 보인다.

65 중간혼합에 대한 설명으로 틀린 것은?

① 중간혼합에는 회전혼합과 병치혼합의 두 가지 종류가 있다.
② 여러 색실로 직조된 직물은 병치혼색의 한 종류이다.
③ 병치혼색은 개개 점의 색으로 지각된다.
④ 컬러 TV의 화면, 인쇄의 망점 등에 중간혼합이 이용된다.

해설
병치혼합은 두 개 이상의 색을 병치시켜 일정 거리에서 바라보면 망막상에서 혼합되어 보이는 것으로 중간혼합의 일종이다.

66 색의 온도감에서 어느 쪽에도 기울지 않는 색으로만 묶인 것은?

① 녹색, 보라
② 노랑, 주황
③ 파랑, 연두
④ 자주, 빨강

해설
색의 온도감에서 어느 쪽에도 기울지 않는 중간색은 연두, 초록, 보라, 자주이다. 노랑, 주황, 빨강은 따뜻한 계열이고, 파랑은 차가운 계열이다.

67 다음 중 색이 갖는 감정효과에 관한 설명으로 틀린 것은?

① 따뜻한 색이 차가운 색보다 진출되어 보인다.
② 밝은색이 어두운색보다 진출되어 보인다.
③ 명도가 높을수록 팽창되어 보인다.
④ 차가운 색이 따뜻한 색보다 팽창되어 보인다.

해설
차가운 색이 따뜻한 색보다 후퇴해 보인다.

68 먼셀 색상환의 기준색 빨강(Red)을 먼셀 기호로 표시한 것은?

① 10R 6/10
② 5R 4/14
③ 5YR 6/12
④ 5P 3/12

해설
① 10R 6/10 : 다홍에 가까운 빨강
③ 5YR 6/12 : 주황
④ 5P 3/12 : 보라

정답 63 ① 64 ② 65 ③ 66 ① 67 ④ 68 ②

69 다음 중 옷 상점의 조명 선택 시 색의 연색성을 높일 수 있는 상황은?

① 조명의 색에 상관없이 조도를 최대한 밝게 높여 준다.
② 조명의 색에 상관없이 조도를 줄여 준다.
③ 분광분포가 장파장 영역에 집중된 백열등을 사용한다.
④ 분광분포가 천연주광에 가까운 조명을 사용한다.

해설
연색성은 광원이 물체의 색감에 영향을 미치는 현상으로 같은 물체색이라도 광원의 분광에 따라 다른 색으로 지각하는 현상이다. 분광분포가 천연주광에 가까운 조명은 자연광에 가까워 연색성을 높일 수 있다.

70 망점 인쇄된 컬러 인쇄물에서 관찰 가능한 혼색의 종류는?

① 감법혼색과 회전혼색
② 가법혼색과 병치혼색
③ 가법혼색과 회전혼색
④ 감법혼색과 병치혼색

해설
컬러 인쇄는 감법혼색법으로 사이안(Cyan), 마젠타(Magenta), 노랑(Yellow), 검정(Black) 색료가 혼합되어 인쇄물에 분사되는 방식이다. 망점 인쇄는 병치혼색이다.

71 다음 중 빛의 파장에 따라 장파장에서부터 단파장의 순으로 배열한 것은?

① 빨강, 주황, 노랑, 초록, 파랑, 보라
② 흰색, 회색, 검정
③ 선명한 빨강, 진한 빨강, 흐린 빨강, 회빨강
④ 선명한 노랑, 밝은 노랑, 연한 노랑

해설
1666년 뉴턴은 빛의 파장은 굴절되는 각도가 다르다는 성질을 발견하였다. 이에 프리즘을 이용하여 빛을 분광시켜 굴절이 작은 것부터 빨강, 주황, 노랑, 초록, 파랑, 남색, 보라 순으로 분광되는 것을 밝혔다.

빛의 파장에 따른 색

영 역	파 장	광원색
장파장	640~780nm	빨 강
	590~640nm	주 황
중파장	560~590nm	노 랑
	480~560nm	초 록
단파장	445~480nm	파 랑
	380~445nm	보 라

72 하얀 바탕 위의 회색은 어둡게 보이고, 검정 바탕 위의 회색은 밝게 보이는 것과 관련한 대비는?

① 색상대비
② 채도대비
③ 명도대비
④ 보색대비

해설
명도대비는 서로 간의 영향으로 명도가 높은 색은 더욱 밝게, 명도가 낮은 색은 더욱 어둡게 보이게 하는 현상이다.

73 노란 색종이를 조그맣게 잘라 여러 가지 배경색 위에 놓았다. 다음 중 어떤 배경색에서 가장 선명한 노란색으로 보이는가?

① 주황색 ② 연두색
③ 파란색 ④ 빨간색

해설
보색관계인 두 색을 인접시켰을 때 서로의 영향으로 본래의 색보다 채도가 높아져 색이 더욱 뚜렷해 보인다. 노란색의 보색은 파란색이다.

74 색체계별 색의 속성 중 온도감과 가장 관련이 높은 것은?

① 먼셀 색체계 – V
② NCS 색체계 – Y, R, B, G
③ L*a*b* 색체계 – L*
④ Yxy 색체계 – Y

정답 69 ④ 70 ④ 71 ① 72 ③ 73 ③ 74 ②

해설
색의 온도감은 색상과 관련이 있다.
① 먼셀 색체계에서 V는 명도이다.
③ L*a*b* 색체계에서 L*는 명도이다.
④ Yxy 색체계에서 Y는 반사율이다.

75 무대에서 하얀 발레복을 입은 무용수에게 빨간 조명과 초록 조명이 동시에 투사되면 발레복은 무슨 색으로 나타나는가?

① 주 황
② 노 랑
③ 파 랑
④ 보 라

해설
가법혼합
- 빨강(Red) + 초록(Green) = 노랑(Yellow)
- 초록(Green) + 파랑(Blue) = 사이안(Cyan)
- 파랑(Blue) + 빨강(Red) = 마젠타(Magenta)

76 푸르킨예 현상에 대한 설명이 옳은 것은?

① 저녁에는 붉은 복장보다는 청색 복장 쪽이 멀리서도 눈에 잘 띈다.
② 백열전구를 켜는 순간 노란 빛을 느끼지만, 곧 흰 종이는 희게, 파랑은 파랗게, 원색에 가깝게 보인다.
③ 밝기나 조명의 변화에 따라서 망막자극의 변화가 비례하지 않는 현상이다.
④ 영화관에 들어갈 때 처음에는 주위를 식별할 수 없지만 시간이 좀 지나면 식별이 가능하게 된다.

해설
푸르킨예 현상은 명소시(주간시)에서 암소시(야간시)로 이동할 때 생기는 것으로 광수용기의 민감도에 따라 낮에는 빨간색이 잘 보이다가 밤에는 파란색이 더 잘 보이는 현상이다.

77 도로의 터널 출입구 부분에는 조명이 집중되어 있는 반면 중심부에는 조명의 수가 적다. 이것은 무엇을 고려한 것인가?

① 잔상현상 ② 병치혼합현상
③ 명암순응현상 ④ 색각현상

해설
순응은 조명의 조건에 따라 광수용기의 민감도가 변화하는 것을 말한다. 우리의 눈은 순응은 조명의 조건에 따라 광수용기의 민감도가 변화하는 것을 말한다. 명순응은 1~2초 정도의 시간이 소요되는 반면 암순응은 약 30분 정도 소요된다. 터널 출입구 부분에 조명이 집중되어 있는 반면 중심부에는 조명의 수를 적게 배치한 이유는 밝은 곳에서 어두운 곳으로 들어가면서 명순응에서 암순응으로 적응하기까지 약 1~2초 정도의 소요시간을 고려한 것이다.

78 감법혼합이나 가법혼합의 3원색에서 서로 인접한 두 색을 동일하게 혼합 시 만들어지는 색은?

① 보 색 ② 중간색
③ 원 색 ④ 중성색

해설
중간색은 순색에 회색을 섞은 것 같은 느낌의 색 또는 기본 색상 사이의 색상을 말한다. 혼합 시 본래의 색상이 아닌 2차적 색상이 된다.

79 잔상에 대한 설명 중 틀린 것은?

① 잔상이 원래의 감각과 같은 밝기나 색상을 가질 때, 이를 양성잔상이라 한다.
② 잔상이 원래의 감각과 반대의 밝기 또는 색상을 가질 때, 이를 음성잔상이라 한다.
③ 양성잔상은 색상, 명도, 채도대비와 관련이 있다.
④ 양성잔상은 원래의 자극과 같아서 다음에 오는 자극을 더 강하게 할 수 있다.

해설
양성잔상은 원래 색의 밝기와 색상이 같아 보이는 잔상이 생기는 것으로 망막에 색의 자극이 흥분한 상태로 지속되고 자극이 없어져도 원래의 자극과 동일한 상이 지속적으로 느껴지는 현상을 말한다.

정답 75 ② 76 ① 77 ③ 78 ② 79 ③

80 눈의 세포인 추상체와 간상체에 대한 다음 설명 중 옳은 것은?

① 간상체에 의한 순응이 추상체에 의한 순응보다 신속하게 발생한다.

② 간상체는 빛의 자극에 의해 빨강, 노랑, 녹색을 느낀다.

③ 어두운 곳에서 추상체가 활동하는 밝기의 순응을 암순응이라고 한다.

④ 간상체는 약 500nm의 빛에 가장 민감하며, 추상체 시각은 약 560nm의 빛에 가장 민감하다.

해설
간상체는 명암에 민감하여 주로 밤에 활동하고 추상체는 빛의 자극에 의해 색상을 느끼며 낮에 활동한다. 추상체가 간상체에 비해 순응도가 빠르다.

제5과목 색채체계론

81 L*a*b* 색공간 읽는 법에 대한 설명으로 옳은 것은?

① L* : 명도, a* : 빨간색과 녹색 방향, b* : 노란색과 파란색 방향

② L* : 명도, a* : 빨간색과 파란색 방향, b* : 노란색과 녹색 방향

③ L* : R(빨간색), a* : G(녹색), b* : B(파란색)

④ L* : R(빨간색), a* : Y(노란색), b* : B(파란색)

해설
L*a*b* 색공간에서 L*은 명도를 나타내며 100은 흰색, 0은 검은색이다. +a*는 빨강, −a*는 초록을 나타내며, +b*는 노랑, −b*는 파랑을 의미한다.

82 문-스펜서(Moon & Spencer)의 색채조화론 중 색상이나 명도, 채도의 차이가 아주 가까운 애매한 배색으로 불쾌감을 주는 범위는?

① 유사조화 ② 눈부심
③ 제1부조화 ④ 제2부조화

해설
제1부조화는 아주 가까운 애매한 유사색의 부조화를 의미하며, 제2부조화는 약간 다른 색의 부조화를 뜻한다. 눈부심은 극단적인 반대색의 부조화를 의미한다.

83 일반적으로 색을 표시하거나 전달하는 방법에 관한 설명 중 틀린 것은?

① 개나리색, 베이지, 쑥색 등과 같은 계통색이름으로 표시할 수 있다.

② 기본색이름이나 조합색이름 앞에 수식 형용사를 붙여서 아주 밝은 노란 주황, 어두운 초록 등으로 표시한다.

③ NCS 색체계는 S5020 − B40G로 색을 표기한다.

④ 색채표준이란 색을 일정하고 정확하게 측정, 기록, 전달, 관리하기 위한 수단이다.

해설
① 개나리색, 베이지, 쑥색 등과 같은 고유색명법으로 표현할 수 있다.

84 DIN 색체계에 대한 설명으로 옳은 것은?

① 표기방법은 색상(T), 포화도(S), 백색도(W)로 한다.

② 현재 사용되고 있는 수정된 DIN 색체계는 C 광원에서 검색을 하여야 한다.

③ 오스트발트 색체계를 모델로 한 독일의 공업규격으로 CIE 체계로 편입되지는 못하였다.

④ 산업의 발전과 통일된 규격을 위하여 개발되어 독일산업규격의 모델이 되었다.

해설
DIN 색체계는 오스트발트 표색계와 마찬가지로 24색으로 구성되어 있으며 색상을 주파장으로 정의하고 명도는 0~10단계의 총 11단계로 분류하며, 채도는 0~15단계의 총 16단계로 분류한다. 13 : 5 : 3과 같이 표기하며 13은 색상, 5는 포화도, 3은 암도를 나타낸다. 색상은 T(Bunton), 포화도(채도)는 S(Sattigung), 암도(명도)는 D(Dunkelstufe)로 표기한다.

정답 80 ④ 81 ① 82 ③ 83 ① 84 ④

85 NCS 체계를 구성하고 있는 기초적인 6가지 색은?

① 흰색(W), 검정(S), 노랑(Y), 주황(O), 빨강(R), 파랑(B)
② 노랑(Y), 빨강(R), 녹색(G), 파랑(B), 보라(P), 흰색(W)
③ 사이안(C), 마젠타(M), 노랑(Y), 검정(K), 흰색(W), 녹색(G)
④ 빨강(R), 파랑(B), 녹색(G), 노랑(Y), 흰색(W), 검정(S)

해설
헤링의 R(빨강), Y(노랑), G(초록), B(파랑)의 기본색에 W(흰색), S(검정)을 추가하여 기본 6색을 사용한다.

86 다음은 먼셀 색체계의 색표시 방법에 따라 제시한 유채색들이다. 이 중 가장 비슷한 색의 쌍은?

① 2.5R 5/10, 10R 5/10
② 10YR 5/10, 2.5Y 5/10
③ 10R 5/10, 2.5G 5/10
④ 5Y 5/10, 5PB 5/10

해설
먼셀 표색계의 표기법은 H V/C이다. H는 색상, V는 명도, C는 채도를 의미한다.
② 10YR 5/10, 2.5Y 5/10 : 색상차 약 2.5
① 2.5R 5/10, 10R 5/10 : 색상차 약 7.5
③ 10R 5/10, 2.5G 5/10 : 색상차 약 32.5
④ 5Y 5/10, 5PB 5/10 : 색상차 약 50

87 한국인의 고유 전통 색채의식에 관한 설명 중 틀린 것은?

① 음양오행사상에 의한 오정색의 사용관습
② 시대에 따라 복색이 사회계급의 표현
③ 자연주의적 소박감이 아닌 동적인 인공미
④ 정적이고 소박한 이미지

해설
한국인의 고유 전통 색채의식의 특징은 동적인 인공미가 아닌 자연주의적 소박감에 있다.

88 슈브럴의 색채조화론 중 "전체적으로 하나의 주된 색을 이루는 배색은 조화한다."라는 것으로, 색이 가지는 여러 속성 중 공통된 요소를 갖추어 전체 통일감을 부여하는 배색은?

① 도미넌트(Dominant)
② 세퍼레이션(Separation)
③ 톤인톤(Tone in Tone)
④ 톤온톤(Tone on Tone)

해설
도미넌트(Dominant) 배색은 색이 가지는 여러 속성 중 공통된 요소를 갖추어 전체에 통일감을 부여하는 배색으로 배색 전체를 지배적인 요소로 통일함으로써 이미지의 공통성을 부여하는 방법을 말한다.

89 배색기법에 대한 설명이 틀린 것은?

① 기조색은 색채계획에서 의도적으로 설정한 주제를 상징하는 색이다.
② 강조색은 주조색과 보조색을 조화롭게 하기 위해 사용되기도 한다.
③ 보조색은 배색의 지루함을 덜기 위해서 사용한다.
④ 주조색은 직접 사용된 색이며, 가장 많은 면에서 주도적인 역할을 한다.

해설
배색의 지루함을 덜기 위해서 사용하는 색은 강조색이다.

90 오스트발트 색체계 기호표시인 12 pa의 순색 함량은? (단, 백색량 p 3.5, a 89 흑색량 p 96.5, a 11)

① 7.5%
② 25.5%
③ 65.5%
④ 85.5%

해설
12 pa에서 12 = 색상, p = 백색량, a = 흑색량을 말한다.
순색량은 3.5 + 11 = 14.5 값을 100에서 뺀 나머지 85.5가 된다.

정답 85 ④ 86 ② 87 ③ 88 ① 89 ③ 90 ④

91 오스트발트 색체계의 장점으로 옳은 것은?

① 색상 표기가 색상들 사이의 관계성을 명료하게 나타내므로 실용적이다.
② 대칭구조로 각 색이 규칙적인 틀을 가지므로 동색조의 색을 선택할 때 편리하다.
③ 인접색과 관계를 절대적 개념으로 표현하여 일반인들이 사용하기 쉽다.
④ 색상, 명도, 채도로 나누어 설명하므로 물체색 관리에 유용하다.

해설

① 오스트발트 표색계는 색상 표기방법이 실용적이지 못해 활용이 곤란하다.
③ 시각적으로 고른 간격이 유지되지 않고 섬세하지 못해 일반인이 사용하기 어렵다.
④ 기호가 같은 색이라도 색상에 따라 명도, 채도 감각이 다르고, 물체색의 관리가 어렵다.

92 먼셀 색체계에서 7.5YR의 보색은?

① 7.5BG ② 7.5B
③ 2.5B ④ 2.5PB

해설

보색은 색상환에서 서로 마주보고 있으면서 서로 보완해 주는 관계를 말한다.

93 한국산업표준(KS)의 색명에 관한 설명으로 틀린 것은?

① 색이름을 계통색이름과 관용색이름으로 구별한다.
② 유채색의 수식 형용사로는 선명한, 흐린, 탁한, 밝은, 어두운, 진(한), 연(한)이 있다.
③ 조합색이름은 기준색이름 뒤에 색이름 수식형을 붙여 만든다.
④ 무채색의 수식 형용사로는 밝은, 어두운이 있다.

해설

조합색이름은 기준색이름 앞에 색이름 수식형을 붙여서 사용한다.

94 색표와 같은 특정의 착색물체를 정하고, 고유의 번호나 기호를 붙여 물체의 색채를 표시하는 색체계는?

① 혼색계 ② 현색계
③ 감각계 ④ 지각계

해설

현색계는 인간의 색 지각을 기초로 심리적 3속성인 색상, 명도, 채도에 의해 물체색을 순차적으로 배열하고 색입체 공간을 체계화시킨 표색계로, 측색기가 필요하지 않고 사용하기 쉬운 편이다. 색편의 배열 및 개수를 용도에 맞게 조정할 수 있으며, 고유의 번호나 기호를 붙여 물체의 색채를 표시하는 색체계로 색편을 등간격으로 뽑아내어 쉽게 확인하고 이해할 수 있으며, 축소된 색표집으로 사용할 수 있다.

95 CIE 색체계의 설명이 틀린 것은?

① 표준광원에서 표준관찰자에 의해 관찰되는 색을 정량화시켜 수치로 만든 것이다.
② 1931년 국제조명회(CIE)는 XYZ 색체계와 Yxy 색체계를 발표하였다.
③ Y값은 황색의 자극치로 명도치를 나타내고, X는 청색, Z는 적색의 자극치에 일치한다.
④ CIE L*a*b* 색체계는 색오차와 근소한 색차이를 표현하기 위해 변환된 색공간이다.

해설

CIE 색체계 : 1931년 국제조명위원회에서 제정한 표준 측색시스템으로 가법혼색(RGB)의 원리를 이용해 빨간색은 X센서, 초록색은 Y센서, 파란색은 Z센서에서 감지하여 XYZ 3자극치의 값을 표시하는 것이다. Y값은 초록색의 자극치로 명도값을 나타낸다. X는 빨간색, Z는 파란색이 자극치에 일치한다. 현재 모든 측색기의 기본 함수로 사용되고 있어서 색이름을 수량화하여 나타내기에 가장 적합한 색체계이다.

96 헌터 랩(Hunter Lab) 색공간의 설명으로 틀린 것은?

① 유럽 디자인계에서만 주로 사용된다.
② 1931년 CIE의 Yxy보다 시각적으로 더욱 통일된 색공간을 제공한다.
③ 헌터(R. S. Hunter)에 의해 개발된 것이다.
④ 혼색계에 속한다.

91 ② 92 ② 93 ③ 94 ② 95 ③ 96 ① 정답

해설

헌터 랩 색공간은 1931년 헌터에 의해 개발된 것으로, CIE의 Yxy보다 시각적으로 더욱 통일된 색공간을 제공하며 혼색계에 속한다. 헌터 랩 색공간은 디자인계에서만 사용되지 않고 다양한 분야에서 적용된다.

97 한국의 오방색과 오간색에 대한 설명이 옳은 것은?

① 동방 청색과 서방 백색의 간색은 벽색이다.
② 적색은 북방의 정색으로 화성에 속한다.
③ 남방 적색과 서방 백색의 간색은 유황색이다.
④ 오간색은 홍색, 벽색, 옥색, 유황색, 자색이다.

해설

② 적색은 남쪽이다.
③ 남방 적색과 서방 백색의 간색은 홍색이다.
④ 오간색은 홍색, 벽색, 녹색, 유황색, 자색이다.

98 NCS 색체계에서 S2040-Y80R이 뜻하는 의미는?

① 20% 검은색도, 40% 유채색도, 80%의 빨간색도를 지닌 노랑
② 20% 하얀색도, 40% 검은색도, 80%의 노란색도를 지닌 빨강
③ 20% 하얀색도, 40% 유채색도, 80%의 빨간색도를 지닌 노랑
④ 20% 검은색도, 40% 하얀색도, 80%의 노란색도를 지닌 유채색

해설

혼합비는 S(흑색량) + W(백색량) + C(유채색량) = 100%로 표시되는데 혼합비의 세 가지 속성 가운데 흑색량과 순색량의 뉘앙스만 표기한다. S2040-Y80R에서 2040은 뉘앙스를 의미하고, Y80R은 색상을 의미하며, 20은 검은색도, 40은 유채색도, Y80R은 Y에서 80만큼 R이 섞인 YR을 나타낸다. S는 2판임을 표시한다.

99 다음 중 먼셀 기호 5YR 3/6에 해당하는 관용색명은?

① 밤 색
② 베이지
③ 귤 색
④ 금발색

해설

① 밤색 : 5YR 3/6, 진한 갈색
② 베이지 : 2.5Y 8.5/4, 흐린 노랑
③ 귤색 : 7.5YR 7/14, 노란 주황
④ 금발색 : 2.5Y 7/6, 연한 황갈색

100 먼셀 색체계의 명도 속성에 대한 설명으로 옳은 것은?

① 명도의 중심인 N5는 시감 반사율이 약 18%이다.
② 실제 표준 색표집은 N0~N10까지 11단계로 구성되어 있다.
③ 가장 높은 명도의 색상은 PB를 띤다.
④ 가장 높은 명도를 황산바륨으로 측정하였다.

해설

먼셀 색체계에서 명도는 0~10단계까지 총 11단계로 나누고 있다. 명도는 1단위로 구분하였으나 정밀한 비교를 감안하여 0.5단위로 나눈 것도 있다. 명도는 N단계에 따라 저명도(N1~N3), 중명도(N4~N6), 고명도(N7~N9)로 구분하고 있다. 명도의 중심인 N5는 시감 반사율이 약 18%로 정해져 있다.

정답 97 ① 98 ① 99 ① 100 ①

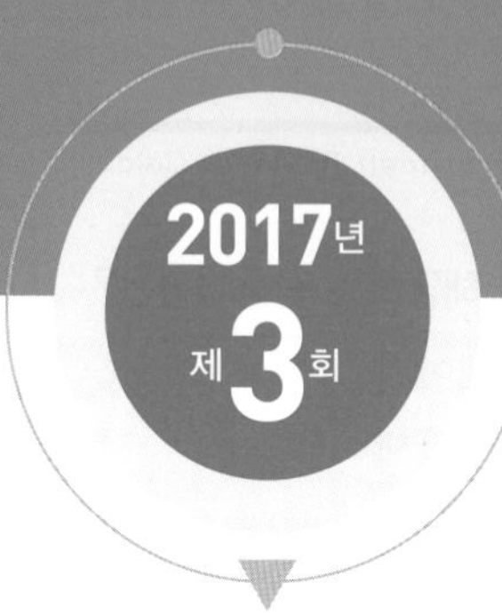

컬러리스트기사

과년도 기출문제

제1과목 색채심리 · 마케팅

01 컴퓨터에 의한 컬러 마케팅의 기능을 효율적으로 전개한 결과, 파악할 수 있는 내용과 관계가 없는 것은?

① 제품의 표준화, 보편화, 일반화
② 기업정책과 고객의 Identity
③ 상품 이미지와 인간의 Needs
④ 자사와 경쟁사의 제품 차별화를 통한 마케팅

해설
컬러 마케팅은 감성 마케팅으로 소비자의 심리를 읽고 이를 제품에 반영한다. 기업 이미지인 아이덴티티를 통해 경쟁 제품과의 차별화 전략으로 색채를 마케팅 수단으로 하여 효과적인 제품 판매 경쟁을 하게 된다.

02 색채의 반응에 관한 다음 설명 중 틀린 것은?

① 색채의 시각적 효과는 주관적 해석에 따라 영향을 받는다.
② 빨간색 원을 보다가 흰 벽을 봤을 때 청록색 원이 보이는 현상이 색채의 항상성이다.
③ 동일한 단색광이라도 빛이 강할 때와 빛이 약할 때의 색감은 변화한다.
④ 페히너 효과(Fechner's Effect)는 주관적인 색채 경험이다.

해설
빨간색 원을 보다가 흰 벽을 봤을 때 청록색 원이 보이는 현상은 색채의 보색관계로 잔상효과이다.

03 나라별 색채선호 및 특징에 대한 설명이 틀린 것은?

① 한국의 전통색은 자연과 우주의 원리에 순응하려는 노력이 오방정색과 오방간색으로 표현되었다.
② 인도인들은 빨간색이 생명과 영광을, 초록색이 평화와 희망을 상징한다고 믿는다.
③ 태국인들은 각 요일의 색채가 전통적으로 제정되어 있어 일요일은 빨간색, 월요일은 노란색 등으로 정하고 있다.
④ 이스라엘에서는 하늘색을 불길한 색으로 여기고 극단적인 경우 혐오감까지 느낀다고 한다.

해설
이스라엘은 종교적인 영향으로 하늘색을 선호한다.

04 다음 중 국제적 언어로 인지되는 색채와 기호의 사례가 틀린 것은?

① 빨간색 소방차
② 녹색 십자가의 구급약품 보관함
③ 노랑 바탕에 검은색 추락위험 표시
④ 마실 수 있는 물의 파란색 포장

해설
마실 수 있는 물의 파란색 포장은 제품포장 색채로서 색채연상의 사례이다.

1 ① 2 ② 3 ④ 4 ④ 정답

05 시장 세분화(Market Segmentation)에 대한 설명이 틀린 것은?

① 시장 세분화란 다양한 욕구를 가진 전체 시장을 일정한 기준하에 공통된 욕구와 특성을 가진 부분 시장으로 나누는 것을 말한다.
② 기업이 구체적인 마케팅 활동을 하는 세분시장을 표적시장(Target Market)이라 한다.
③ 치약은 시장 세분화의 기준 중 행동분석적 속성인 가격 민감도에 따라 세분화하는 것이 좋다.
④ 자가용 승용차 시장은 인구통계학적 속성 중 소득에 따라 세분화하는 것이 좋다.

해설
치약은 시장 세분화의 기준 중 브랜드 충성도나 제품의 사용 경험에 따라 세분화하는 것이 좋다.

06 기업이 원하는 표적시장을 통하여 원하는 결과를 얻을 수 있도록 사용하는 통제 가능한 마케팅 변수의 총집합을 무엇이라고 하는가?

① 마케팅 도구　　② 마케팅 믹스
③ 마케팅 구조　　④ 마케팅 전략

해설
제품, 가격, 유통, 촉진 등의 도구를 설정하기 위한 전술적 마케팅 단계이다. 마케팅 믹스는 기업이 원하는 표적시장을 통하여 원하는 결과를 얻을 수 있도록 사용하는 통제 가능한 마케팅 변수의 총집합을 말한다. 마케팅 믹스를 보다 효과적으로 구성함으로서 소비자의 욕구나 필요를 충족시킨다.

07 소비자 의사결정에 영향을 미치는 요인 중 개인적 요인에 해당하지 않는 것은?

① 동기(Motive)
② 학습(Learning)
③ 가족(Family)
④ 개성(Personality)

해설
소비자 개인적 요인으로 경험, 지식, 개성, 동기 등이 있다.

08 색채의 심리적 효과를 적용한 사례로 적합하지 않은 것은?

① 거실을 넓어 보이게 하려고 아이보리색 커튼과 가구로 꾸몄다.
② 무거운 소파를 가볍고 경쾌하게 보이게 하려고 연한 하늘색 커버를 씌웠다.
③ 다리를 날씬하게 보이려고 어두운 회색 스타킹을 신었다.
④ 추운 방안이 따뜻하게 보이도록 초록과 파랑으로 꾸몄다.

해설
④ 추운 방안이 따뜻하게 보이도록 중명도에 난색 계열로 꾸미는 것이 좋다.
① 아이보리색은 고명도로 보다 넓게 보이는 효과가 있다.
② 연한 하늘색이 가볍고 청결하게 보인다.
③ 어두운 회색 또는 저명도일수록 수축효과가 있다.

09 색채조사에 있어서 조사대상을 직접 방문하여 조사하는 방법은?

① 설문지 조사　　② 전화조사
③ 매체조사　　④ 개별면접 조사

해설
④ 개별면접 조사 : 조사대상을 직접 방문하여 조사하는 방법이다.
① 설문지 조사 : 마케팅 조사 중 가장 널리 이용하는 방법으로 설문지를 통해 조사하는 방법이다.
② 전화조사 : 전화를 통해 조사하는 방법으로 응답률과 신뢰도가 높고 가장 신속하나 비용이 많이 든다.
③ 매체조사 : 다양한 영상, 신문 매체 등을 이용해 조사하는 방법이다.

10 소비자 행동에 영향을 미치는 내적·심리적 요인이 아닌 것은?

① 지 각　　② 학 습
③ 품 질　　④ 동 기

해설
소비자 행동은 상황에 따른 심리와 지각상태에 영향을 받으며 내적·심리적 요인으로는 동기유발, 지각, 학습, 신념과 태도가 있다.

정답 5 ③ 6 ② 7 ③ 8 ④ 9 ④ 10 ③

11 **색채 마케팅의 기초가 되는 인간의 욕구 중에서 가장 낮은 단계는?**

① 소속감 ② 배고픔
③ 자존심 ④ 자아실현

해설
매슬로(Maslow)는 인간의 행동은 필요와 욕구에 의해 동기가 유발된다고 주장하였다. 인간의 동기에는 단계가 있어서 각 욕구는 하위단계의 욕구들이 어느 정도 충족되었을 때 비로소 지배적인 욕구로 등장하게 되는데, 가장 낮은 원초적(생리적)인 욕구는 의식주와 관련되며 그중 배고픔이 이에 속한다.

12 **프랭크 H. 만케의 색경험 피라미드 반응 단계 중 유행색을 설명하기 위한 배경으로 적절한 단계와 인간의 반응은?**

① 2단계 - 집단무의식
② 3단계 - 의식적 상징화, 연상
③ 4단계 - 문화적 영향과 매너리즘
④ 5단계 - 시대사조, 패션, 스타일의 영향

해설
패션산업은 유행색에 가장 민감한 분야이다. 즉, 5단계의 시대사조, 패션, 스타일의 영향이 이에 해당된다.

13 **색채조사를 실시하는 목적과 방법에 대한 설명 중 틀린 것은?**

① 현대사회 트렌드가 빨리 변화되고 있어 색채선호도조사 실시주기도 짧아지고 있다.
② 선호색에 대한 조사 시 색채 견본은 최대한 많이 제시하여 정확성을 높인다.
③ SD법으로 색채조사를 실시할 경우 색채를 평가하는 반대되는 의미를 갖는 형용사 쌍으로 조사한다.
④ 요인분석을 통한 색채조사는 색의 3속성이 어떤 감성요인과 관련이 높은지 분석하기 적절한 방법이다.

해설
선호색에 대한 조사 시 색채 견본을 많이 제시할수록 결정장애 현상이 나타나 정확도가 떨어질 수도 있다.

14 **다음의 (   )에 들어갈 적합한 내용은?**

> 코카콜라의 빨간색과 물결무늬, 맥도날드의 노란색 M 문자 등은 어느 곳에서나 인식이 잘되고 많은 사람들에게 해당 제품을 확실하게 인식시켜 주는 역할을 하고 있다. 이처럼 기업과 제품을 확실히 인식시키게 된 것은 이 제품의 색채를 활용한 (   )가(이) 확실히 성립되었기 때문이다.

① Brand Identity
② Brand Level
③ Brand Price
④ Brand Slogan

해설
브랜드 아이덴티티(BI ; Brand Identity)는 기업 경영전략의 하나로서 상표 이미지를 시각적으로 단순화하고, 체계화·차별화하여 기업 이미지를 높이고 소비자에게 확실히 인식시키는 데 영향을 미친다.

15 **색채 라이프 사이클 중 회사 간의 치열한 경쟁으로 가격, 광고, 유치경쟁이 치열하게 일어나는 시기는?**

① 도입기
② 성장기
③ 성숙기
④ 쇠퇴기

해설
성숙기는 수요가 포화상태에 이르는 시기, 회사 간의 치열한 경쟁으로 가격, 광고, 유치경쟁이 치열하게 일어나는 시기, 이익감소, 매출의 성장세가 정점에 이르는 시기, 반복수요가 늘고, 제품의 리포지셔닝과 브랜드 차별화 전략이 필요한 시기이다.
① 도입기는 색채 마케팅에 의한 브랜드 색채를 선정하는 시기이다.
② 성장기는 시장이 확대되는 시기로 색채 마케팅을 통해 알리는 시기이다.
④ 쇠퇴기는 색채 마케팅의 새로운 이미지나 대처방안이 필요한 시기이다.

11 ② 12 ④ 13 ② 14 ① 15 ③ 정답

16 **색채조사를 위한 표본추출방법에서 군집(집락, Cluster) 표본추출을 설명한 것 중 가장 옳은 것은?**

① 표본을 선정하기 전에 여러 하위집단으로 분류하고 각 하위집단별로 비례적으로 표본을 선정한다.
② 모집단의 개체를 구획하는 구조를 활용하여 표본추출 대상 개체의 집합으로 이용하면 표본추출의 대상 명부가 단순해지며 표본추출도 단순해진다.
③ 조사 결과에 크게 영향을 미치는 변수를 기준으로 하위 모집단을 구분하는 것이 좋다.
④ 지역적인 특성에 따른 소비자의 자동차 색채선호 특성 등을 조사할 때 유리하다.

해설
①·④ 국화추출법(층화추출법)에 대한 설명이다.
③ 조사 결과에 크게 영향을 미치는 변수 기준보다 모집단의 개체로 활용하는 구조로 표본추출 대상 개체를 구분해야 한다.

17 **오프라인 매장의 색채계획을 온라인상의 웹사이트에도 그대로 적용한 온라인 매장화로 소비자와의 긴밀한 유대관계를 형성하면서 시장을 이끌어가는 마케팅 전략은?**

① 직감적 마케팅 전략
② 통합적 마케팅 전략
③ 분석적 마케팅 전략
④ 표적 마케팅 전략

해설
① 직감적 마케팅 전략은 경영자를 중심으로 단기적이고 즉흥적인 해결 사안에 있어서 효과적인 전략이다.
③ 분석적 마케팅 전략은 객관적으로 문제를 관찰하고 해결하기 위해 전문가의 도움으로 해결방법을 모색하는 전략이다.
④ 표적 마케팅 전략은 대량생산에서 다품종 소량생산체제로 변해가는 시장에 대해 구체적인 마케팅을 하는 세분화 시장을 선택하여 알맞은 제품을 제공하는 방식이다.

18 **색채 시장조사의 자료수집방법 중 관찰법에 대한 설명으로 틀린 것은?**

① 조사의 신뢰도를 높이기 위해 소비자의 행동을 직접적으로 관찰하는 방법이다.
② 특정 지역의 유동인구를 분석하거나 시청률이나 시간, 집중도 등을 조사하는 데 적절하다.
③ 특정 효과를 얻거나 비교를 통해 정확한 정보를 얻고자 할 때 사용하는 방법이다.
④ 특정 색채의 기호도를 조사하는 데 적절하다.

해설
관찰법은 조사의 신뢰도를 높이기 위해 소비자의 행동을 직접적으로 관찰하는 방법이다. 특정 효과를 얻거나 비교를 통해 정확한 정보를 얻고자 할 때 사용하는 방법은 설문지법이다.

19 **고대 이집트인들에게 영원불변을 상징하는 색채는?**

① 검 정 ② 하 양
③ 빨 강 ④ 노 랑

해설
고대 이집트인들은 신들의 세계가 황금빛으로 되어 있다고 여겼고, 왕을 영원불변의 힘, 영원한 생명의 수호신으로 여겨 투탕카멘, 황금마스크와 황금 관처럼 왕의 미라를 노란색으로 채색하였다.

20 **다음 중 맛과 색의 관계가 잘못된 것은?**

① 쓴맛 – 하양, 올리브그린
② 짠맛 – 회색, 청록색
③ 단맛 – 빨강, 분홍
④ 신맛 – 노랑, 연두

해설
쓴맛은 한색 계열, 탁한 갈색, 진한 청색, 파랑, 보라, 올리브그린 등이다. 하양은 짠맛에 해당된다.

정답 16 ② 17 ② 18 ③ 19 ④ 20 ①

제2과목 색채디자인

21 **디자인 조건에 관한 내용이 잘못 연결된 것은?**

① 합목적성 – 용도, 적합성, 기능성
② 독창성 – 창조성, 고유성, 시대정신
③ 심미성 – 미의식, 형태와 색상, 유행
④ 경제성 – 최대 재료, 최소 효과, 효율성

해설
디자인의 조건 중 경제성이란 최소한의 재료로 최대의 효과를 얻을 수 있는 것이다.

22 **18세기에서 19세기에 걸쳐 일어난 산업혁명이 산업 디자인에 끼친 가장 큰 영향은?**

① 대량생산으로 인한 가격 저하에 따른 품질의 저하
② 다양한 제품이 생산됨으로써 소비자층 확산
③ 보다 더 정교해진 제품의 장식
④ 튼튼한 제품이 생산됨으로 제품의 수명주기 연장

해설
산업혁명은 기계적 생산으로 대량생산과 복제를 가능하게 하였다. 그로 인해 디자인 제품의 가격 저하와 질적 하락, 예술성의 저하를 가져왔다.

23 **다음 중 자연친화적 색채를 개발하여 적용하는 것이 디자인 개념과 가장 부합하는 디자인은?**

① 유비쿼터스 디자인(Ubiquitous Design)
② 유니버설 디자인(Universal Design)
③ 지속 가능한 디자인(Sustainable Design)
④ 사용자경험 디자인(User Experience Design)

해설
지속 가능한 디자인이란 인간과 자연의 상호작용을 생각하는 디자인이다. 즉, 환경적인 요소를 염두에 두고 제품을 디자인하는 것이며 경제적인 요소와 환경적인 요소를 합쳐 가장 실용적인 결과를 찾자는 것이다.

24 **디자인의 조형요소에 대한 설명 중 틀린 것은?**

① 직선은 경직, 명확, 확실, 단순, 남성적 성격을 나타낸다.
② 입체는 면이 이동한 자취이며 길이, 너비, 깊이, 형태와 공간, 표면, 방위, 위치 등의 특징을 가진다.
③ 면은 길이와 폭, 두께가 있으며 입체의 한계와 공간의 경계를 만든다.
④ 한 개의 점은 공간에서 위치를 나타내며 점을 확대하면 면이 된다.

해설
면은 2차원적 평면으로 형태를 생성하는 요소로서의 기능을 가진다. 또한 공간을 구성하는 단위로서 공간효과를 나타내는 중요한 요소이며, 넓이는 있지만 두께는 없다.

25 **다음 중 베이지, 크림색, 파랑과 초록색을 적용하여 분열적인 행동을 억제하는 데 가장 효과적인 공간은?**

① 교도소 ② 놀이공원
③ 스포츠 시설 ④ 사무실

해설
베이지, 크림색, 파랑과 초록은 심신을 안정시키는 단파장의 색상과 안락한 느낌의 고명도 색상, 한색 계열 색상이다. 이러한 분열적인 행동을 억제하는 색채를 사용하여 심신을 안정시키는 적합한 공간은 교도소이다.

26 **사회 캠페인 매체로서 목적하는 바에 따라 대중을 설득하거나 통일된 행동을 유도하는 포스터는?**

① 관광 포스터
② 공공 캠페인 포스터
③ 문화행사 포스터
④ 상품광고 포스터

해설
공공 캠페인 포스터는 각종 사회 캠페인 매체로서의 기능을 수행하며, 대중을 설득시키고 통일된 행위를 유도한다.

21 ④ 22 ① 23 ③ 24 ③ 25 ① 26 ② 정답

27 웹 브라우저의 특성상 서로 다른 색상을 재현하는 단점을 보완하여 어느 시스템에서도 동일한 색상을 갖는, 기본적인 웹 기반 색상은?

① 24bit RGB ② 256 시스템 컬러
③ 216 웹 안전색 ④ Indexed 컬러

해설
216 웹 안전색은 컴퓨터 운영체제의 종류와 비트 심도, 브라우저의 종류가 달라지더라도 변하지 않는 안전한 색으로 이루어진 팔레트이다. 즉, 216색은 운영체제나 브라우저의 차이에 무관하게 공통으로 사용되는 색으로 어떤 경우에서도 똑같은 색으로 재현된다. 안전색은 빨간색(Red), 녹색(Green), 파란색(Blue)의 디지털 신호(DAC Count)가 각각 0, 51, 102, 153, 204, 255일 때 재현되는 색의 조합으로서 6×6×6(R×G×B)에 의해 모두 216가지가 되어 210가지의 유채색과 6가지의 무채색으로 이루어진다.

28 그림과 같이 동일 면적의 도형이라도 배열에 따라 그 크기가 달라 보이는 현상은?

 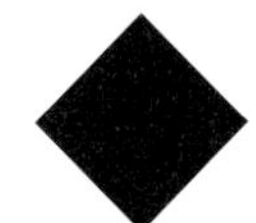

① 이미지 ② 형태지각
③ 착 시 ④ 잔 상

해설
착시는 사물의 크기, 형태, 빛깔 등의 객관적인 성질과 눈으로 본 성질 사이에 차이가 있는 경우 인간의 시각에 생기는 현상이다.

29 디자인 사조 – 특징 – 작가에 대한 설명이 틀린 것은?

① 구성주의 – 기하학적인 패턴과 잘 조화되어 단순하고 세련된 느낌 – 말레비치(Kazimir Malevich)
② 야수파 – 색채는 주제를 표현하는 수단이 아니라 하나의 주제이자 명확한 도구 – 마티스(Henri Matisse)
③ 아르누보 – 환하고 연한 톤의 부드러운 색조 – 무하(Alphonse Mucha)
④ 데 스테일 – 흑과 백을 사용한 형태 중심의 작품들이 중심을 이루면서 발전 – 알베르스(Josef Albers)

해설
데 스테일(De Stijl)은 네덜란드어로 양식이라는 뜻을 가지며, 입체파와 추상주의 미술을 주축으로 구성된 예술단체의 명칭이다. 이들은 화면을 정확한 수직, 수평으로 분할하고 3원색과 무채색을 이용하여 단순하고 차가운 추상주의를 표방하였다. 데 스테일은 후에 국제주의양식과 바우하우스에 영향을 미쳤다.

30 산업이나 공예, 예술, 상업이 잘 협동하여 디자인의 규격화와 표준화를 실천한 디자인 사조는?

① 구성주의
② 독일공작연맹
③ 미술공예운동
④ 사실주의

해설
독일공작연맹은 1907년 헤르만 무테지우스가 주축이 되어 다양한 직업군의 사람들이 모여 이루어진 디자인 진흥단체이다. 단순하고 합리적인 양식 등 디자인의 근대화를 추구하였으며 미술과 산업 분야에서 제품의 질을 높이면서 규격화와 표준화를 실현시켜 대량생산체제에 다가갈 수 있는 계기를 마련하였다.

31 바우하우스의 교육이념과 철학에 대한 설명이 틀린 것은?

① 예술가의 가치 있는 도구로서 기계를 적극적으로 활용하였다.
② 공방교육을 통해 미적조형과 제작기술을 동시에 가르쳤다.
③ 제품의 대량생산을 위해 굿 디자인(Good Design)의 개념을 설정하였다.
④ 디자인과 미술을 분리하기 위해 교육자로서의 예술가들을 배제하였다.

해설
바우하우스는 건축물이 모든 시각예술의 궁극적 목표라고 선언하고 디자인과 미술을 분리하기보다는 오히려 예술과 기술을 결합하고자 하였다.

정답 27 ③ 28 ③ 29 ④ 30 ② 31 ④

32 다음 중 점이, 점증, 반복, 강조, 강약과 관련된 조형의 원리는?

① 통일과 변화 ② 조 화
③ 율 동 ④ 균 형

해설
선, 형태, 색, 크기 등이 일정한 간격을 두고 반복적으로 나타나 점점 늘어나거나 작아져서 마치 살아 움직이는 듯한 리듬감을 느끼게 되는 것을 율동이라고 한다.

33 컬러 플래닝(Color Planning) 최종단계에서 이루어지는 입체모형 또는 컴퓨터 그래픽에 의해 최종상황을 검증하는 것은?

① 컬러 스킴(Color Skim)
② 컬러 시뮬레이션(Color Simulation)
③ 컬러 렌더링(Color Rendering)
④ 컬러 오버레이(Color Overlay)

해설
컬러 시뮬레이션이란 색상을 결정하기 전에 컴퓨터 그래픽 기능을 이용하여 컴퓨터 화면에서 여러 가지로 배색을 미리 시도하는 것이다. 적절한 컬러의 검토와 평가를 위해 사용되고 있다.

34 특정한 회사의 CI를 개발하면서 회사의 상징색을 설정하였으나 유사한 디자인이 이미 존재하고 있어 다시 제작하게 되었다. 색채계획 과정 중에 어떤 단계의 작업이 가장 부족한 결과인가?

① 색채환경 분석
② 색채심리 분석
③ 색채전달 계획
④ 색채정보 수집

해설
색채정보 수집은 계획하고자 하는 대상의 형태나 재료, 작업일정 등의 조건을 확인하고 소비자 조사와 시장조사, 현장조사 및 분석을 시행하며, 이것을 바탕으로 콘셉트를 잡고 이미지 키워드를 추출하는 것이다. 이때 현황조사에서 유사 디자인의 유무를 파악하고 차별성 있는 색채계획을 하여야 한다. 유사 디자인이 이미 존재하는 것을 파악하지 못한 것은 색채정보 수집과정이 가장 부족한 것이다.

35 모든 디자인에서 대칭, 비대칭, 주도, 종속의 개념을 이용하여 시각적으로 안정감을 주기 위한 원리는?

① 통일의 원리
② 대비조화의 원리
③ 운동의 원리
④ 균형의 원리

해설
균형이란 물체가 수직축을 중심으로 좌우대칭으로 배치될 때 생기는 중력적인 균형을 말한다. 대칭, 비대칭, 주도, 종속의 개념을 이용하여 시각적으로 안정감, 온화, 차분함을 준다.

36 디자인의 기능과 역할에 대한 설명 중 적절하지 않은 것은?

① 디자인은 다각적 효율성을 지닌다.
② 디자인은 인간의 욕구를 만족시킨다.
③ 디자인은 윤리적 책임을 강조하지 않는다.
④ 디자인은 인간의 생활을 변화시킨다.

해설
좋은 디자인의 개념에 대해 기능적인 면과 미적인 측면 두 가지 요소를 복합적 상호기능으로 봤던 빅터 파파넥은 경제적, 심리적, 정신적, 기술적, 윤리적, 지적 요구에 부합한 디자인이 굿 디자인이라고 정의하였다. 즉, 좋은 디자인은 윤리적 책임성을 강조한다.

37 다음의 디자인 특징과 관련이 있는 나라는?

> 이전의 역사적 경험보다는 기술지상주의에 입각한 디자인을 했으며, 20세기 초부터 주요 도시에 마천루(고층빌딩)를 많이 지었다. 세계 제2차 대전이 끝나면서 세계의 산업화를 선도했고, 가장 먼저 대량소비 사회를 조성하였다. 1950년대 이후 자동차를 중심으로 유선형 스타일을 창조하여 국제적인 유행을 이끌기도 하였다.

① 미 국 ② 독 일
③ 이탈리아 ④ 일 본

해설
20세기 미국은 모더니즘과 기능주의 디자인에 입각해 초고층 빌딩을 짓고, 매스미디어를 활용해 유희적이고 소비적인 경향의 디자인을 수용하였다.

32 ③ 33 ② 34 ④ 35 ④ 36 ③ 37 ① 정답

38 에스니컬 디자인(Ethnical Design), 버네큘러(Vernacular Design)의 개념은 다음 중 어떤 디자인의 조건을 충족시키기 위한 것으로 설명될 수 있는가?

① 합목적성 ② 독창성
③ 질서성 ④ 문화성

해설
버네큘러 디자인(Vernacular Design)은 한 지역의 문화유산과 지리적, 풍토적 자연환경과 인종적, 민족적 배경에서 여러 세대를 거쳐 세련미와 사용상의 개선을 통하여 생태계에서 유기적으로 적응할 수 있게 한 디자인이다.

39 디자인의 특성에 따른 색채에 관한 설명 중 틀린 것은?

① 패션 디자인에서 유행색은 사회, 경제, 문화적 요인을 고려한 유행 예측색과 일정 기간 동안 많은 사람들이 선호하는 색으로 나눌 수 있다.
② 포장 디자인에서의 색채는 제품의 이미지 및 전체 분위기를 나타내는 중요한 역할을 한다.
③ 제품 디자인은 다양한 소재의 집합체이며 그 다양한 소재는 같은 색채로 적용되는 것이 가장 효과적이다.
④ 광고 디자인은 상품의 특성을 분명히 해 주고 구매충동을 유발하는 색채의 적용이 필요하다.

해설
제품 디자인은 색채계획 시 실용성과 심미성, 조형성을 모두 갖추어야 하며 디자이너의 개인적 취향이나 감성에 의존하지 않는다. 제품의 성격과 시장, 소비자의 유형과 선호도, 라이프스타일을 고려하여 색채 이미지 배색을 정해야 하므로 모든 재료가 같은 색상으로 적용하는 것이 가장 효과적이라고 할 수 없다.

40 빅터 파파넥의 대표적 디자인 개념은?

① 생산기능 ② 경제기능
③ 복합기능 ④ 미적기능

해설
빅터 파파넥의 대표적 디자인 개념은 굿 디자인의 개념에서 형태, 기능, 미적 측면을 '복합기능'을 6가지 요소(방법, 용도, 필요성, 텔레시스, 연상, 미학)로 정의한 것이다.

제3과목 색채관리

41 KS A 0064(색에 관한 용어)에 의한 용어와 정의가 잘못 연결된 것은?

① 색채계 – 색을 표시하는 수치를 측정하는 계측기
② 색차식 – 2가지 색자극의 색차를 계산하는 식
③ 색표집 – 특정한 색 표시계에 기초하여 컬러차트를 편집한 것
④ 색공간 – 특정 조건에 따라 발색되는 모든 색을 포함하는 색도 좌표도 또는 색공간 내의 영역

해설
특정 조건에 따라 발색되는 모든 색을 포함하는 색도 좌표도 또는 색공간 내의 영역은 색역에 대한 정의이다. 색공간은 색의 상관성 표시에 이용하는 3차원 공간이다(KS A 0064).

42 sRGB 색공간에 대한 설명으로 잘못된 것은?

① 모니터, 프린터, 인터넷에 사용할 목적으로 만들었다.
② BT.709와 동일한 RGB 색좌표를 갖는다.
③ 국제전자기술위원회(IEC ; International Electrotechnical Commission)에 의해 표준화되었다.
④ CMYK 출력의 컬러를 충분히 재현할 수 있다.

해설
④ CMYK 출력 시 색공간보다 넓기 때문에 재현되지 않는다.

43 KS C 0074(측색용 표준광 및 표준광원)에서 규정한 측색용 표준광, 보조 표준광이 아닌 것은?

① 표준광 A
② 표준광 D_{65}
③ 보조 표준광 B
④ 보조 표준광 D_{70}

정답 38 ④ 39 ③ 40 ③ 41 ④ 42 ④ 43 ④

해설

표준광 및 보조 표준광의 종류(KS C 0074)
- 표준광 : 표준광 A, 표준광 D_{65}, 표준광 C
- 보조 표준광 : 보조 표준광 D_{50}, 보조 표준광 D_{55}, 보조 표준광 D_{75}, 보조 표준광 B

44 백색도를 평가하는 방법으로 틀린 것은?

① 흰색이라 인정되는 표면색의 흰 정도를 측정하고 관리하기 위한 것이다.
② 백색도는 D_{65}광원에서 정의된다.
③ 반사광의 산란형태를 측정한다.
④ 완전한 반사체의 경우 백색도 지수가 100이다.

해설

반사광의 산란이 아닌 굴절의 형태를 측정하게 된다.

45 K/S 흡수, 반사를 이용한 조색의 원리와 관계된 사람은?

① 쿠벨카 뭉크
② 먼 셀
③ 헤 링
④ 베졸트

해설

CCM은 자동배색장치의 기본원리가 되는 쿠벨카 뭉크 이론이 성립하는 시료의 종류이다.

46 광측정의 단위가 바르게 연결된 것은?

① 광속 – 루멘(lm)
② 휘도 – 럭스(lx)
③ 광도 – 칸델라 퍼 제곱미터(cd/m^2)
④ 조도 – 칸델라(cd)

해설

② 휘도 : cd/m^2(칸델라 퍼 제곱미터), nt(니트), mL(밀리람베르트), ftL(푸트람베르트)
③ 광도 : cd(칸델라)
④ 조도 : lx(럭스)

47 육안조색을 할 때 색채관측 시 발생하는 이상현상과 가장 관련있는 것은?

① 연색현상
② 착시현상
③ 잔상, 조건등색 현상
④ 무조건등색 현상

해설

육안조색은 심리적 영향, 환경적 요인, 관측조건에 따라 오차가 발생하며, 정밀도가 떨어지기도 한다. 그런 이유에서 육안조색 시 잔상, 메타머리즘 등 이상현상이 발생할 수 있다.

48 다음 중 천연수지 도료에 대한 설명으로 옳은 것은?

① 마이크로미터 이하의 입자로 이루어진 라텍스를 전색제로 한다.
② 내알칼리성이기 때문에 콘크리트나 모르타르의 마무리 도료에 많이 쓰인다.
③ 옻, 캐슈계 도료, 유성페인트, 유성에나멜, 주정 도료 등이 대표적이다.
④ 미립자의 염화비닐수지에 가소제를 혼합하여 만든 페이스트를 도포한 후 가열 용융하여 도막을 만드는 도료를 말한다.

해설

① 유성페인트는 보일유를 전색제로 하는 도료이며, 보일유의 원료인 건성유에는 아마인유, 콩기름, 동유, 어유 등이 사용된다.
② 내알칼리성이기 때문에 콘크리트나 모르타르의 마무리 도료에 쓰이는 것은 합성수지 도료이다.
④ 미립자의 염화비닐수지에 가소제를 혼합하여 만든 페이스트를 도포한 후 가열 용융하여 도막을 만드는 도료는 플라스티졸 도료이다.

49 다음의 색채 측정기 중 정확도 급수가 가장 높은 기기는?

① 스펙트로포토미터
② 크로마미터
③ 덴시토미터
④ 컬러리미터

44 ③ 45 ① 46 ① 47 ③ 48 ③ 49 ① 정답

해설
분광광도계(Spectrophotometer)는 모노크로미터를 이용해 분광된 단색광을 시료 용액에 투과시켜 투과된 시료광의 흡수 또는 반사된 빛의 양의 강도를 광검출기로 검출하는 장치이다. 고정밀도 측정이 가능하며 주로 연구 분야에 많이 사용된다.

50 **도료의 색채오차에 관한 설명 중 옳은 것은?**

① 국제적으로 통용되는 정밀한 표본의 합격은 $\Delta E^*ab \leq 1$을 기준으로 한다.
② 적용 색차식은 소재, 국가에 관계없이 단일 기준이 적용된다.
③ 도료, 안료, 염료의 오차판정에는 Yxy 색체계를 사용한다.
④ 도막의 두께는 건조 후 100μm를 적용한다.

51 **안료를 도료에 사용할 때 표면을 덮어 보이지 않게 하는 성질을 무엇이라 하는가?**

① 은폐성 ② 근접성
③ 침투성 ④ 착색성

해설
도막이 표면의 바탕색을 덮어 보이지 않게 하는 성질을 은폐성이라고 한다.

52 **활동 내용과 작업에 따른 조명의 특성과 관계를 설명하는 것으로 적합하지 않은 것은?**

① 일반 사무실을 색채조형 작업실로 쓸 경우 백색형광등(FL-40W)과 주광색 형광등(FL-40D)을 병치 사용한다.
② 미술관은 전시하고 있는 작품(고대와 현대)에 따라서 재료와 기법에 따른 재질효과에도 조도가 달라야 한다.
③ 평면색체 조형작업의 경우, 일반 사무실의 천장 조명에다 작업대에 별도의 집중조명등을 보조하는 것이 경제적이다.
④ 일반 작업의 경우는 그림자를 피하기 위해서 형광등보다 백열등이 많이 사용된다.

해설
백열등은 노란 느낌이 나므로 일반 작업 시 색에 영향을 줄 수 있어 많이 사용되지 않는다.

53 **염료와 안료에 대한 설명이 틀린 것은?**

① 색료가 섬유와 친화력을 갖고 있어 별도의 고착제가 필요하지 않은 경우를 염료라고 한다.
② 집 벽에 붙어 있는 도료막과 같이 고착제 내부에 들어 있는 색료를 안료라고 한다.
③ 착색된 플라스틱의 경우는 안료가 분산되어 있는 경우이다.
④ 안료를 이용하여 착색을 할 경우 친화력의 강도에 따라 드러나는 색채의 농도가 다르게 나타난다.

해설
친화력이란 도막이 형성되는 재료와의 친화성을 말한다. 안료는 섬유에 친화력이 없으므로 전색제인 수지로 섬유에 고착시켜 염색을 하게 된다. 이런 이유에서 친화력의 강도와 색채의 농도는 직접적인 관계가 없다. 농도는 색료의 양과 관련이 있다.

54 **Color Management System(CMS)에서 사용되는 렌더링 인텐트(Rendering Intent)에 관한 설명 중 틀린 것은?**

① 렌더링 인텐트에는 4가지가 있다.
② 절대색도(Absolute Colormetric) 렌더링 인텐트에서는 화이트포인트 보상이 적용되지 않는다.
③ 지각적(Perceptual) 렌더링 인텐트는 프로파일 생성 프로그램에 따라 그 효과가 다를 수 있다.
④ 프로파일을 이용하여 이미지를 변환할 때 사용되는 변환 엔진을 말한다.

해설
변환 엔진은 저장방식을 변경할 때 사용된다.

정답 50 ④ 51 ① 52 ④ 53 ④ 54 ④

55 광원의 표기방식으로 틀린 것은?

① MIvis = 가시조건 등색지수
② Ra = 평균연색 평가지수
③ MIuv = 반사조건 등색지수
④ Ri = 특수연색 평가지수

해설
MIuv는 형광조건 등색지수이다(KS A 0065).

56 동일한 색온도를 갖는 조명이라고 하더라도 스펙트럼 조성 특성에 따라 실내의 색감이 크게 달라지게 된다. 기준 광원에 비해 테스트 광원하에서 색들이 얼마나 달라 보이는가를 나타내는 용어는?

① 색온도(Color Temperature)
② 연색지수(Color Rendering Index)
③ 컬러 어피어런스(Color Appearance)
④ 색역 매핑(Color Gamut Mapping)

해설
연색지수는 서로 다른 물체의 색이 어떠한 광원에서 얼마나 같아 보이는가를 표시하는 것이다. 인공광이 자연광의 분광분포와 일치하는 정도를 연색성 지수라고 한다.

57 색영역 매핑(Color Gamut Mapping)이란?

① 디지털 기기 내의 색체계 RGB를 L*a*b*로 바꾸는 것
② 디지털 기기 내의 색체계 CMYK를 L*a*b*로 바꾸는 것
③ 매체의 색영역과 디지털 기기의 색영역 차이를 조정하여 맞추려는 것
④ 색공간에서 디지털 기기들 간의 색차를 계산하는 것

해설
색영역이 다른 두 장치 사이의 색채를 효율적으로 대응시켜 색채 구현이 효과적으로 이루어지도록 색채 표현방식을 조절하는 기술을 색영역 매핑이라고 한다.

58 올바른 색관리를 위한 모니터의 설명 중 옳은 것은?

① 정확한 컬러 매칭을 위해서는 가능한 밝고 콘트라스트가 높은 모니터가 필요하다.
② 정확한 컬러 조절을 위하여 모니터는 자연광이 잘 들어오는 곳에 배치하여야 한다.
③ 정확한 컬러를 보기 위해서 모니터의 휘도는 주변광과 관계없이 항상 일정해야 한다.
④ 정확한 컬러를 보기 위해서는 모니터 고유의 프로파일로 설정을 해야 한다.

59 섬유 소재의 분류가 옳게 짝지어진 것은?

① 식물성 섬유 – 폴리에스테르, 대마
② 동물성 섬유 – 명주, 스판덱스
③ 합성섬유 – 면, 석면
④ 재생섬유 – 비스코스레이온, 구리암모늄레이온

해설
① 폴리에스테르(합성섬유), 대마(식물성 섬유)
② 명주(동물성 섬유), 스판덱스(합성섬유)
③ 면(식물성 섬유), 석면(광물성 섬유)

60 기기를 이용한 컴퓨터 자동 조색방법에 대한 설명으로 틀린 것은?

① 컴퓨터 컬러 매칭(Computer Color Matching)을 말한다.
② 분광광도계와 컴퓨터 소프트웨어를 활용하는 것이다.
③ 컴퓨터 자동조색의 목적은 고품질의 다품종 대량생산을 위한 것이다.
④ 주요 기능은 색료 선택, 초기 레시피 예측, 실제작을 통한 레시피 수정 등이다.

해설
다품종 소량생산에 대응하여 고객의 신뢰도를 구축하는 컬러런트 구성이 효율적이다.

55 ③ 56 ② 57 ③ 58 ④ 59 ④ 60 ③ 정답

제4과목 색채지각론

61 분광반사율이 다른 두 가지 색이라도 특수한 조건의 조명 아래에서는 같은 색으로 느껴지는 현상은?

① 무조건등색
② 항상성
③ 조건등색
④ 기억색

해설
③ 조건등색은 분광분포가 서로 다른 두 가지 색이 특정한 광원 아래에서는 같은 색으로 보이는 현상이다.
① 무조건등색은 분광반사율이 정확하게 일치하는 완전한 물리적인 등색을 말한다.
② 항상성은 광원의 강도나 모양, 크기, 색상이 변하여도 물체의 색을 동일하게 지각하는 현상이다.
④ 기억색은 특정한 물체색이나 상징과 관련하여 인간의 머릿속에 미리 인식되어 있는 색을 말한다.

62 색을 지각할 때 적용되는 빛의 특성과 작용이 잘못 연결된 것은?

① 노란 바나나의 색 – 빛의 반사
② 색유리를 통한 색 – 빛의 투과
③ 검은 도화지의 색 – 빛의 흡수
④ 하늘의 무지개 색 – 빛의 간섭

해설
하늘의 무지개 색은 빛의 굴절로 생기는 현상이다.

63 베졸트 효과에 대한 설명으로 틀린 것은?

① 배경에 비해 줄무늬가 가늘고, 그 간격이 좁을수록 효과적이다.
② 어느 영역의 색이 그 주위 색의 영향을 받아 주위 색에 근접하게 변화하는 효과이다.
③ 배경색과 도형색의 명도와 색상 차이가 작을수록 효과가 뚜렷하다.
④ 음성적 잔상의 원리를 적용한 효과이다.

해설
베졸트 효과는 색을 직접 섞지 않고, 색점을 배열하여 전체 색조를 변화시키는 효과로, 가까이서 보면 여러 가지 색들이 각각 보이지만 멀리서 보면 이들이 섞여 하나의 색으로 보이는 효과이다.
④ 음성적 잔상의 원리를 적용한 효과로는 맥콜로 효과가 관련있다. 맥콜로 효과는 대상의 위치에 따라 눈을 움직이면 잔상이 이동하여 나타나는 현상으로 검은 줄을 한동안 바라본 뒤 흰 줄무늬를 보면 보색이 보인다.

64 빨간색 벽에 노란색 줄무늬를 그려 멀리서 보니 벽이 주황색으로 보였다. 이 현상(효과)과 관련이 없는 것은?

① 베졸트 효과
② 푸르킨예 현상
③ 줄눈효과
④ 동화현상

해설
푸르킨예 현상은 명소시(주간시)에서 암소시(야간시)로 이동할 때 생기는 것으로 광수용기의 민감도에 따라 낮에는 빨간색이 잘 보이다가 밤에는 파란색이 더 잘 보이는 현상이다.

65 중간혼색에 대한 설명이 틀린 것은?

① 병치혼합은 많은 색의 점들을 조밀하게 병치하여 서로 혼합되게 보이는 방법이다.
② 병치혼합은 19세기 후반 프랑스를 중심으로 일어난 신인상주의 미술에서 점묘파 화가들이 고안한 기법이다.
③ 회전혼색은 동일 지점에서 2가지 이상의 색자극을 반복시키는 계시혼합의 원리에 의해 색이 혼합되어 보이는 것이다.
④ 회전판을 이용한 보색의 회전혼색은 흰색이다.

해설
중간혼색은 가법혼색의 일종으로 혼합한 색이 평균 밝기로 되는 현상을 말한다. 모든 색을 일정한 양으로 혼색하면 흰색이 나오지만 보색의 혼색은 다른 색이 보인다.

정답 61 ③ 62 ④ 63 ④ 64 ② 65 ④

66 밝은 곳에서 주로 활동하고 망막의 중심와에 집중 분포되어 있는 것은?

① 간상체
② 수정체
③ 유리체
④ 추상체

해설
망막의 중심부를 중심와라고 하며 추상체는 이 부위에 밀집해 있다. 망막에 약 650만 개 정도가 존재하며 주로 색상을 판단하는 시세포로 삼각형으로 생겨서 '원뿔세포' 또는 '원추세포'라고 부른다. 주로 밝은 곳이나 낮에 작용한다.

67 색각이상에 대한 설명이 틀린 것은?

① 색각이상은 시세포의 종류와 감도의 차이에 의해 발생한다.
② 적녹색각이상은 파란색과 노란색을 구분하지 못한다.
③ 망막에 존재해야 하는 3종의 추상체 색소 중에서 어느 한 가지 또는 모든 것이 결핍되어 정상의 색각이 아닌 것을 말한다.
④ 선천적인 원인과 후천적인 원인으로 구분된다.

해설
색각이상은 빛의 파장 차이에 의해 색을 분별하는 감각을 말한다. 적녹색각이상은 빨간색과 초록색을 구분하지 못하고 회색으로 보이는 현상을 말한다.

68 색의 밝기(명도)는 어떤 요소에 의해 결정되는가?

① 주파장
② 순 도
③ 분광반사율
④ 포화도

해설
색의 밝기(명도)는 분광반사율에 의해 결정된다. 주파장에 의해 결정되는 것은 색상이다. 순도와 포화도는 채도와 관련이 있다.

69 색채의 팽창과 수축에 대한 설명으로 옳은 것은?

① 어떤 색의 면적이 실제의 면적보다 크게 느껴질 때의 색을 수축색이라 한다.
② 따뜻한 색이나 명도가 낮은 색을 팽창색이라 한다.
③ 일반적으로 진출색은 팽창색이다.
④ 빨강은 어느 색보다도 후퇴되어 보인다.

해설
고명도, 고채도, 난색 계열은 진출색(팽창색)이고, 저명도, 저채도, 한색 계열은 후퇴색(수축색)이다.

70 색의 심리적 기능에 대한 설명이 틀린 것은?

① 밝은 회색은 실제 무게보다 가벼워 보인다.
② 어두운 파란색은 실제 무게보다 가벼워 보인다.
③ 선명한 파란색은 차가운 느낌을 준다.
④ 선명한 빨간색은 따뜻한 느낌을 준다.

해설
어두운 파란색은 실제 무게보다 무거워 보인다.

71 색 필터를 통한 혼색실험에 관한 설명 중 틀린 것은?

① 노랑과 마젠타의 이중필터를 통과한 빛은 빨간색으로 보인다.
② 감법혼색과 가법혼색의 연관된 관계를 이해하는 데 도움이 된다.
③ 필터의 색이 진해지거나 필터의 수가 증가할수록 명도가 낮아진다.
④ 노랑 필터는 장파장의 빛을 흡수하고 사이안 필터는 단파장의 빛을 흡수한다.

해설
색 필터
- 색 필터는 공통된 파장을 투과시키고 공통되지 않은 파장 부분은 불투명해져 혼합 시, 원래의 색보다 어두워지는 감법혼색이다.
- 노랑(Yellow) 필터는 장파장의 빨강과 중파장의 초록은 통과시키고 단파장의 파랑은 흡수한다.
- 사이안(Cyan) 필터는 중파장의 초록과 단파장의 파랑은 통과시키고 장파장의 빨강은 흡수한다.

66 ④ 67 ② 68 ③ 69 ③ 70 ② 71 ④ 정답

72 **다음 중 나머지 보기와 혼색방법이 다른 하나는?**

① TV 브라운관에서 보이는 혼합색
② 연극무대의 조명에서 보이는 혼합색
③ 직물의 짜임에서 보이는 혼합색
④ 페인트의 혼합색

해설
페인트의 혼합색은 감법혼합 방법이다. TV 브라운관, 연극무대의 조명, 직물의 짜임의 혼합은 가법혼합 방법이다.

73 **색채의 감정효과에 맞도록 색을 가장 올바르게 사용한 것은?**

① 좁은 공간에 개방감을 주고자 어두운 회색을 주조색으로 사용하였다.
② 편안한 느낌을 주고자 레스토랑 내부에 고채도의 빨간색으로 주조색을 주었다.
③ 청량한 느낌을 주고자 여름철 실내 배색에 고채도의 주황색을 주조색으로 사용하였다.
④ 방의 한쪽 벽면이 후퇴되어 보이고자 다른 3면의 벽면보다 어두운 명도의 색을 주조색으로 사용하였다.

해설
① 좁은 공간에 개방감을 주고자 할 때는 주조색을 밝은색으로 사용하는 것이 효과적이다.
② 편안한 느낌에는 밝고 채도가 낮은 한색 계열의 색이 효과적이다.
③ 청량한 느낌에는 고채도와 고명도의 한색 계열의 색이 효과적이다.

74 **밝은 곳에서 영화관 같은 어두운 곳으로 들어갈 때 일정 시간 후에 보이게 되는 것과 관련이 있는 것은?**

① 민감도 ② 명순응
③ 암순응 ④ 색순응

해설
암순응은 명소시에서 암소시의 상태로 갑자기 변화하면 잠시 동안은 어두운 곳이 잘 보이지 않지만 시간의 경과와 함께 곧 어두운 빛에 적응하게 되는 시각의 상태를 말한다.

75 **혼색에 관한 설명 중 옳은 것은?**

① 혼색은 색자극이 변하면 색채감각도 변하게 된다는 대응관계에 근거한다.
② 가법혼색은 빛의 색을 서로 더해서 점점 어두워지는 것을 말한다.
③ 인쇄잉크 색채의 기본색은 가법혼색의 삼원색과 검정으로 표시한다.
④ 감법혼색이라도 순색에 고명도의 회색을 혼합하면 맑아진다.

해설
② 가법혼색은 혼합할수록 점점 밝아지는 방법이다.
③ 인쇄잉크의 기본색은 감법혼색의 사이안(Cyan), 마젠타(Magenta), 노랑(Yellow), 검정(Black)이다.
④ 고명도의 회색(검정이 조금이라도 혼합되어 있음)일지라도 감법혼색은 혼합할수록 채도가 낮아져 탁해진다.

76 **최대 시감도를 나타내는 파장은?**

① 약 355nm ② 약 455nm
③ 약 555nm ④ 약 655nm

해설
시감도란 가시광선이 주는 밝기의 감각이 파장에 따라서 달라지는 정도를 나타내는 것이다. 스펙트럼 발광효과를 말하며 단색광인 공기 중의 파장으로 555nm가 최대 시감도이다.

77 **잔상에 대한 설명이 아닌 것은?**

① 빛의 자극이 없어진 후에도 계속 남아 있는 시자극 현상이다.
② 어떤 색이 인접한 색의 영향으로 인접색에 가까운 색으로 변해 보이는 현상이다.
③ 수술실의 벽과 수술복 등에 청록색 계통을 사용하는 것은 잔상 때문이다.
④ TV 화면을 응시하다 사라진 인물의 상이 보이는 것은 잔상 때문이다.

해설
어떤 색이 인접한 색의 영향으로 인접색에 가까운 색으로 변해 보이는 현상은 동화현상이다.

정답 72 ④ 73 ④ 74 ③ 75 ① 76 ③ 77 ②

78 계시대비에 대한 설명이 옳은 것은?

① 두 색을 인접시켰을 때 나타나는 현상이다.
② 빨간색과 초록색 조명으로 노란색을 만드는 방법이다.
③ 육안검색 시 각 측정 사이에 무채색에 눈을 순응시켜야 한다.
④ 비교하는 색과 바탕색의 자극량에 따라 대비효과가 결정된다.

해설
계시대비란 어떤 색을 계속해서 본 후에 다른 색을 보면, 앞 색의 영향에 의해 뒤의 색이 단독으로 볼 때와는 다르게 보이는 것이다.
① 동화현상
② 가법혼색
④ 동시대비

79 색순응에 대한 설명이 옳은 것은?

① 밝은 곳에서 갑자기 어두운 곳으로 들어갔을 때 시간이 경과하면 어둠에 순응하게 된다.
② 조명에 의해 물체색이 바뀌어도 자신이 알고 있는 고유의 색으로 보인다.
③ 어두운 곳에서 밝은 곳으로 나오면 눈이 부시지만 잠시 후 정상적으로 보이게 된다.
④ 중간 밝기에서 추상체와 간상체 양쪽이 작용하고 있는 시각의 상태이다.

해설
① 암순응에 대한 설명이다.
③ 명순응에 대한 설명이다.
④ 박명시에 대한 설명이다.

80 색과 색채지각 및 감정효과에 관한 연결이 옳은 것은?

① 난색 – 진출색, 팽창색, 흥분색
② 난색 – 진출색, 수축색, 진정색
③ 한색 – 후퇴색, 수축색, 흥분색
④ 한색 – 후퇴색, 팽창색, 진정색

해설
한색은 수축색, 후퇴색, 진정색이다.

제5과목 색채체계론

81 음양오행사상에 오방색과 방위가 잘못 연결된 것은?

① 동쪽 – 청색 ② 중앙 – 백색
③ 북쪽 – 흑색 ④ 남쪽 – 적색

해설
② 중앙 : 황색

82 NCS 색체계에 대한 설명 중 옳은 것은?

① 대표적인 혼색계 중의 하나이다.
② 오스트발트의 반대색 이론을 바탕으로 하고 있다.
③ 이론적으로 완전한 W, S, R, B, G, Y의 6가지를 기준으로 이 색성들의 혼합비로 표현한다.
④ 색상은 표준 색표집을 기준으로 총 48개의 색상으로 구성되어 있다.

해설
NCS 색체계
혼합비는 S(흑색량) + W(백색량) + C(유채색량) = 100%로 표시되는데 혼합비의 세 가지 속성 가운데 흑색량과 순색량의 뉘앙스만 표기한다. 헤링의 R(빨강), Y(노랑), G(초록), B(파랑)의 기본색에 W(하양), S(검정)을 추가해 기본 6색을 사용하고 기본 4색상을 10단계로 구분해 색상을 총 40단계로 구분한다.

83 3자극치 XYZ 색체계와 관계가 있는 것은?

① 먼셀 색체계
② 오스트발트 색체계
③ NCS 색체계
④ CIE 색체계

해설
CIE 색체계 : 1931년 국제조명위원회에서 제정한 표준 측색시스템으로 가법혼색(RGB)의 원리를 이용해 빨간색은 X센서, 초록색은 Y센서, 파란색은 Z센서에서 감지하여 XYZ 3자극치의 값을 표시하는 것이다. Y값은 초록색의 자극치로 명도값을 나타낸다. X는 빨간색, Z는 파란색이 자극치에 일치한다. 현재 모든 측색기의 기본 함수로 사용되고 있어서 색이름을 수량화하여 나타내기에 가장 적합한 색체계이다.

78 ③ 79 ② 80 ① 81 ② 82 ③ 83 ④ 정답

84 CIE XYZ 표준 3원색이 아닌 것은?

① Red
② Green
③ Blue
④ Yellow

해설
XYZ 색체계는 가법혼색(RGB)의 원리를 이용해 3원색을 기반으로 XYZ 3자극치의 값을 표시하는 것이다.

85 상용 실용색표의 설명으로 옳은 것은?

① 색채의 구성이 지각적 등보성에 따라 이루어져 있다.
② 어느 나라의 색채감각과도 호환이 가능하다.
③ CIE 국제조명위원회에서 표준으로 인정되었다.
④ 유행색, 사용빈도가 높은 색 등에 집중되어 있다.

해설
상용 실용색표는 기존의 표준색에 회사 또는 나라별로 자신들의 장치나 정서에 맞게 자주 사용되는 색들을 모아 만든 실용적인 색표를 말한다. 예로 PCCS, PANTONE, DIC 색표 등이 있다. 지각적 등보성이 없어서 색채 배열과 구성이 불규칙하고 유행색이나 사용 빈도가 높은 색 위주로 제작되어 있어 호환성이 떨어진다. 또한 다른 나라의 감성을 그대로 받아들여야 하는 단점이 있다.

86 문-스펜서 색채조화론의 미도계산 공식은?

① M = O/C
② W + B + C = 100
③ (Y/Yn) > 0.5
④ $\Delta E^*uv = \sqrt{(\Delta L^*)^2 + (\Delta u^*)^2 + (\Delta v^*)^2}$

해설
$$미도(M) = \frac{질서성의\ 요소(O)}{복합성의\ 요소(C)}$$

87 먼셀 색입체에 관한 설명 중 틀린 것은?

① 세로축에는 명도, 주위의 원주상에는 색상, 중심의 가로축에서 방사상으로 늘이는 축은 채도로 구성한다.
② 색입체의 종단면도에서 무채색 축 좌우에 보색관계의 색상면이 나타난다.
③ 색입체를 일정한 위치에서 자른 수평단면은 동일 채도면이다.
④ 채도단계가 늘어날 것을 예측하여 먼셀 컬러트리라고 부른다.

해설
먼셀의 색입체를 수직으로 절단하면 동일 색상면이 나타나고, 수평으로 절단하면 동일 명도면이 나타난다. 색입체를 일정한 위치에서 자른 수평단면은 동일 명도면이다.

88 문-스펜서의 색채조화론의 설명으로 틀린 것은?

① 균형 있게 선택된 무채색의 배색은 아름다움을 나타낸다.
② 작은 면적의 강한 색과 큰 면적의 약한 색은 조화롭다.
③ 조화에는 동일조화, 유사조화 두 종류가 있다.
④ 색상, 채도를 일정하게 하고 명도만 변화시키는 경우 많은 색상 사용 시보다 미도가 높다.

해설
문-스펜서의 조화와 부조화의 범위
- 조화 : 동일조화(Identity), 유사조화(Similarity), 대비조화(Contrast)
- 부조화 : 제1부조화(First Ambiguity), 제2부조화(Second Ambiguity), 눈부심(Glare)

89 혼색계의 특징으로 옳은 것은?

① 지각적으로 일정한 배열이 되어 있다.
② 조색, 검사 등에 적합한 오차를 적용할 수 있다.
③ 측색기가 필요하지 않아 사용하기가 쉽다.
④ 색편의 배열 및 개수를 용도에 맞게 조정할 수 있다.

정답 84 ④ 85 ④ 86 ① 87 ③ 88 ③ 89 ②

해설
혼색계는 물체색을 측색기로 측색하고 어느 파장 영역의 빛을 반사하는가에 따라서 각 색의 특징을 표시하는 체계로 심리적, 물리적인 빛의 혼색실험에 기초를 둔 표색계이다. 환경을 임의로 선정하여 정확하게 측정할 수 있고 조색, 검사 등에 적합한 오차를 적용할 수 있다. 단점으로는 지각적 등보성이 없으며, 감각적인 검사에서 반드시 오차가 발생하며 데이터화된 수치로만 표기하기 때문에 직관적이지 못하다. 빛의 색을 표기하는 데 사용되는 표색계는 CIE(국제조명위원회) 표준표색계가 대표적이다.

90 헤링이 제안한 반대색설의 4원색을 기준으로 색상을 조직화한 색체계가 아닌 것은?

① 오스트발트 색체계
② Natural Color System
③ 먼셀 색체계
④ PCCS

해설
헤링의 4원색설의 R, Y, G, B를 기본 색상으로 정해 사용하는 표준은 오스트발트 표색계, NCS, PCCS 등이다. 먼셀 표색계는 R, Y, G, B, P를 사용한다.

91 'KS A 0011 물체색의 색이름'의 계통색이름에 대한 설명이 옳은 것은?

① 기본색이름이나 조합색이름 앞에 수식 형용사를 붙여 색채를 세분하여 표현할 수 있다.
② 조합색이름의 앞에 붙는 색이름을 기준색이름이라 한다.
③ 유채색의 기본색명은 10개이다.
④ 색이름에 '빛'을 붙인 수식형은 초록빛, 보랏빛, 분홍빛의 3가지가 있다.

해설
② 조합색이름의 앞에 붙는 색이름을 수식형 색이름이라 한다.
③ 기본색명은 기본적인 색의 구별을 위해 정한 색명법으로, 우리나라는 한국산업규격에서 먼셀 표색계를 기본으로 '2003년 색이름 표준규격개정안'을 지정해 유채색 12개와 무채색 3개로 15개를 기본색명으로 정하고 있다.
④ 색이름에 '빛'을 붙인 수식형은 초록빛, 보랏빛, 자줏빛, 분홍빛 4가지가 있으며 여기서 '빛'은 광선의 의미가 아니라 물체 표면의 색채 특징을 나타낸다.

92 먼셀 색체계에서 'YR'의 보색은?

① B ② BG
③ Y ④ PB

해설
먼셀 색체계에서 YR의 보색은 B이다.

93 패션색채의 배색에 관한 설명으로 옳은 것은?

① 동일색상, 유사색조 배색은 스포티한 인상을 준다.
② 반대색상의 배색은 무난한 인상을 준다.
③ 고채도의 배색은 화려한 인상을 준다.
④ 채도의 차가 큰 배색은 고상한 인상을 준다.

해설
① 동일색상, 유사색조 배색은 부드러운 통일감을 준다.
② 반대색상의 배색은 화려하고 다이내믹한 느낌을 준다.
④ 채도의 차가 큰 배색은 강하고 동적인 이미지를 준다.

94 먼셀의 표기법에서 7.5RP 3/10은 무슨 색인가?

① 빨 강 ② 보 라
③ 분 홍 ④ 자 주

해설
먼셀 표색계는 H V/C로 표시한다. H는 색상, V는 명도, C는 채도를 의미한다. 7.5RP 3/10에서 7.5RP는 빨간색 쪽으로 치우친 보라로 자주에 가깝다. 명도는 3으로 저명도이고 10은 고채도이다. 따라서 진한 자주이다.

95 ISCC-NIST 색표기법 중 약호와 색상의 연결이 틀린 것은?

① rO – Reddish Orange
② OY – Orange Yellow
③ OBr – Olive Brown
④ yPk – Yellowish Pink

해설
Olive Brown : OlBr

정답 90 ③ 91 ① 92 ① 93 ③ 94 ④ 95 ③

96 Yxy 색체계에서 중심 부분의 색은?

① 백 색 ② 흑 색
③ 회 색 ④ 원 색

해설
CIE Yxy 표색계는 말발굽형 모양의 색도로 표시하며, 바깥 둘레에 나타난 모든 색은 고유 스펙트럼을 가지고 있어 모든 색을 표현할 수 있다. 내부의 궤적선은 색온도를 나타내고, 보색은 중앙에 위치한 백색점 C를 두고 마주보고 있다. 서로 보색관계에 있는 두 색을 잇는 선분은 백색점을 지난다.

97 오스트발트의 등색상 삼각형에서 2gc-2lc-2pc의 조화가 의미하는 것은?

① Yellow의 등백색 계열의 조화
② Yellow의 등흑색 계열의 조화
③ Red의 등백색 계열의 조화
④ Red의 등흑색 계열의 조화

해설
2gc-2lc-2pc에서 숫자는 색상을 나타내며, 알파벳 뒤의 기호가 같으면 등흑색 계열의 조화를 말한다. 2는 노란색이고 Red는 색상번호가 7이다. 따라서 정답은 Yellow의 등흑색 계열의 조화이다.

98 파버 비렌의 조화론에서 색채의 깊이감과 풍부함을 느끼게 하는 조화의 유형은?

① White - Tint - Color
② White - Tone - Shade
③ Color - Shade - Black
④ Color - Tint - White

해설
파버 비렌의 조화론
- Tint-Tone-Shade : 가장 세련된 배색으로 레오나르도 다빈치에 의해 시도되었고 오스트발트는 이것을 음영계열의 배색조화라고 했다.
- Color-Shade-Black : 렘브란트의 그림과 같은 색채의 깊이와 풍부함과 관련된 배색조화이다.
- Color-Tint-White : 밝고 깨끗한 느낌의 배색조화이다.
- White-Gray-Black : 무채색을 이용한 조화이다.

99 다음 중 먼셀의 색상 5R과 가장 유사한 DIN 색체계의 색상 기호는?

① T = 1 ② T = 5
③ T = 8 ④ T = 12

해설
DIN 색체계의 표기법은 T : S : D로 색상이 T, 채도(포화도)가 S, 어두운 정도(명도, 암도)는 D이다. 색상은 오스트발트 표색계와 마찬가지로 24색으로 구성되어 있으며, 오스트발트 표색계에서 빨강은 7~9번 사이에 표시된다.

100 NCS 표기법에서 S1500-N의 해석으로 옳은 것은?

① 검은색도는 85%의 비율이다.
② 하얀색도는 15%의 비율이다.
③ 유채색도는 0%의 비율이다.
④ N은 뉘앙스(Nuance)를 의미한다.

해설
S1500-N에서 1500은 뉘앙스, N은 무채색, 즉 유채색도가 0임을 의미하고 S는 2판임을 나타낸다.

정답 96 ① 97 ② 98 ③ 99 ③ 100 ③

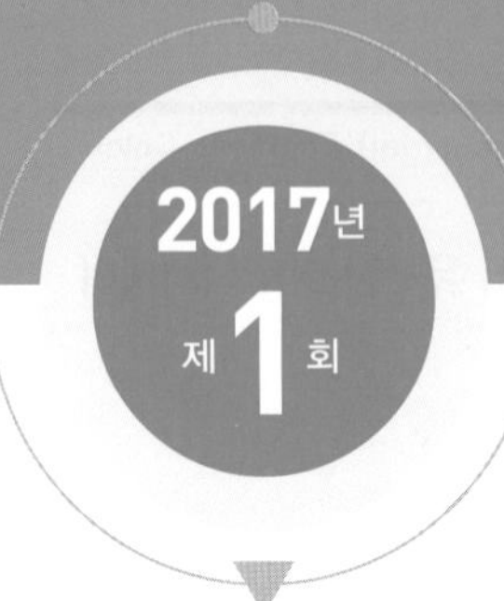

컬러리스트산업기사

과년도 기출문제

제1과목 색채심리

01 색채와 문화의 관계가 적절하지 않은 것은?

① 서양 문화권에서 파랑은 노동자 계급을 의미한다.
② 동양 문화권에서 흰색은 죽음을 의미한다.
③ 서양 문화권에서 노랑은 왕권, 부귀를 의미한다.
④ 북유럽에서 녹색은 영혼과 자연의 풍요로움을 의미한다.

해설
서양 문화권에서 노랑은 배반, 겁쟁이를 의미한다. 그러나 동양 문화권에서는 황제의 색이며 신성한 종교의 색이다.

02 세계적으로 잘 알려진 음료회사인 코카콜라는 모든 제품과 회사의 표시 등을 빨간색으로 통일하고 있다. 이러한 것은 기업이 무엇을 위해 실시하는 전략인가?

① 색채를 이용한 제품의 포지셔닝(Positioning)
② 색채를 이용한 브랜드 아이덴티티(Brand Identity)
③ 색채를 이용한 소비자 조사
④ 색채를 이용한 스타일링(Styling)

해설
브랜드 아이덴티티(BI ; Brand Identity)
BI는 기업 경영전략의 하나로서 상표 이미지를 시각적으로 단순화하고, 체계화・차별화하여 기업 이미지를 높이고 소비자에게 강하게 인식시키는 데 영향을 미친다. 체계적인 관리를 통해 특정 브랜드에 대한 선호도를 향상시키는 것을 말한다.

03 Blue-green, Gray, White와 같은 색채에서 느껴지는 맛은?

① 단 맛　　② 쓴 맛
③ 신 맛　　④ 짠 맛

해설
④ 짠맛 : 연한 녹색, 연한 파랑, 회색의 배색
① 단맛 : 빨강, 분홍, 주황, 노랑의 배색
② 쓴맛 : 한색 계열, 탁한 갈색, 진한 청색, 파랑, 보라, 탁한 녹색의 배색
③ 신맛 : 녹색, 노랑, 연두의 배색

04 언어척도법(Semantic Differential Method)에 대한 설명으로 틀린 것은?

① 신중한 답을 구하기 때문에 시간적 여유를 가지고 판단하도록 유도한다.
② 서로 상반되는 형용사군을 이용한다.
③ 세밀한 차이를 필요로 할 경우 7단계 평가로 척도화한다.
④ 색채의 지각현상과 감정효과를 다면적으로 분석할 수 있다.

해설
언어척도법(SD법)은 미국의 심리학자 오스굿(Charles Egerton Osgood)에 의해 개발되었다. SD법은 형용사의 반대어를 쌍으로 연결시켜 비교함으로써 색채의 감정적인 면을 다루는 연구법으로, 시간적 여유를 가지고 판단하도록 유도하게 되면 주관성이 떨어져 정확한 분석이 불가능하다.

1 ③ 2 ② 3 ④ 4 ① 정답

05 색의 심리효과를 이용한 색채설계로 옳은 것은?

① 난색계의 조명에서는 물체가 더 짧고 더 작아 보인다.
② 북, 동향의 방은 차가운 색을 사용한다.
③ 무거운 물건의 포장색은 밝은색을 사용한다.
④ 교실의 천장과 윗벽은 어두운색을 사용한다.

해설
① 난색계의 조명에서는 물체가 더 길고 더 커 보인다.
② 북, 동향의 방은 따뜻한 색을 사용해야 한다.
④ 교실의 천장과 윗벽은 밝은색을 사용하여 더 높고 쾌적한 느낌을 주어야 한다.

06 뉴턴의 색과 일곱 음계 중 '레'에 해당하고, 새콤달콤한 맛을 연상시키는 색은?

① 빨 강 ② 주 황
③ 연 두 ④ 보 라

해설
뉴턴은 7가지 색을 7음계와 연결하였는데, 빨강은 도, 주황은 레, 노랑은 미, 초록은 파, 파랑은 솔, 남색은 라, 보라는 시에 해당한다. 파버 비렌은 식욕을 돋우는 대표적인 색으로 주황색을 말하였다.

07 색채와 공감각에서 촉감과 관련된 색의 연결이 틀린 것은?

① 부드러움 – 밝은 분홍
② 촉촉함 – 한색 계열 색채
③ 건조함 – 밝은 청록
④ 딱딱함 – 저명도, 저채도 색채

해설
색채와 촉각
• 부드러움 : 밝은 분홍, 밝은 노랑, 밝은 하늘색
• 건조함 : 빨강, 주황 등 난색 계열
• 촉촉함 : 파랑, 청록 등 한색 계열
• 거칠음 : 어두운 회색 계열
• 강하고 딱딱함 : 저명도, 고채도
• 평활, 광택감 : 고명도, 고채도
• 유연감 : 난색 계열

08 오륜기의 5가지 색채로 옳은 것은?

① 빨강, 노랑, 파랑, 초록, 자주
② 빨강, 노랑, 파랑, 흰색, 검정
③ 빨강, 노랑, 파랑, 초록, 남색
④ 빨강, 노랑, 파랑, 초록, 검정

해설
근대 올림픽을 상징하는 오륜기는 1913년 쿠베르탱(Pierre de Coubertin) 남작에 의해 만들어졌다. 오륜기는 흰 바탕에 파랑, 노랑, 검정, 초록, 빨강의 오색 고리가 연결되어 있는 형태로 세계를 뜻하는 World의 이니셜인 W를 시각적으로 형상화한 것이다.

09 석유나 가스의 저장탱크를 흰색이나 은색으로 칠하는 이유는?

① 흡수율이 높은 색이므로
② 팽창성이 높은 색이므로
③ 반사율이 높은 색이므로
④ 수축성이 높은 색이므로

해설
흰색은 빛 반사율이 높은 색으로 석유나 가스와 같은 열에 위험한 저장탱크 등에 사용하면 효과적이다.

10 색채의 추상적 연상에 대한 예가 틀린 것은?

① 빨강 – 정열
② 초록 – 희망
③ 파랑 – 안전
④ 보라 – 우아

해설
파랑은 이상, 과학, 명상, 냉정, 영원, 박애 등의 연상과 관련된다.

정답 5 ③ 6 ② 7 ③ 8 ④ 9 ③ 10 ③

11 색채의 시간성과 속도감을 이용한 색채계획에 있어서 틀린 것은?

① 오랜 시간 기다려야 하는 대합실에 적합한 색채는 지루함이 느껴지지 않는 난색계의 색을 적용한다.
② 손님의 회전율이 빨라야 할 패스트푸드 매장에서는 난색계의 색을 적용한다.
③ 일상적이고 단조로운 일을 하는 공장에는 한색계의 색상을 적용한다.
④ 고채도의 난색계 색상이 한색계보다 속도감이 빠르게 느껴지므로 스포츠카의 외장색으로 좋다.

해설
오랜 시간 기다려야 하는 대합실에 적합한 색채는 지루함이 느껴지지 않는 한색계의 색을 적용한다.

12 기후에 따른 일반적인 색채기호의 설명으로 틀린 것은?

① 라틴계 민족은 난색계를 좋아한다.
② 머리카락과 눈동자색이 검정이나 흑갈색의 민족은 한색계를 선호한다.
③ 스페인, 라틴아메리카의 사람들은 난색계를 선호한다.
④ 북구계의 게르만인과 스칸디나비아 민족은 한색계를 선호한다.

해설
머리카락과 눈동자색이 검정이나 흑갈색의 민족은 난색계를 선호한다.

13 색채치료에 대한 설명으로 잘못된 것은?

① 질병을 국소적으로 보지 않고 전체적으로 자연치유력을 높이는 보완 치료법이다.
② 색채치료는 인간의 조직활동을 회복시켜 주거나 억제하지만 동물에게는 효과가 검증되지 않았다.
③ 과학적인 현대의학의 장점을 살리는 동시에 자연적인 면역력을 증강시키는 것이다.
④ 고유한 파장과 진동수를 갖고 있는 에너지의 형태인 색채 처방과 반응을 연구한 결과이다.

해설
피타고라스학파는 색이 피부가 아닌 눈으로 수용되어 순차적으로 내분비선을 자극한다는 사실을 알아냈다. 즉, 색채는 정신적, 생물학적, 생리학적 요인에 영향을 미치며, 질병의 치유에 도움을 준다고 할 수 있다. 동물들도 색을 보며 몸과 정신은 물론 영을 유지하기 위한 모든 에너지를 색에서 얻고자 하는 데 쏟는다. 단지 동물이 보는 세계는 인간이 보는 세계와는 다른 색채를 가지고 있으리라 생각된다.

14 색의 연상에 관한 설명으로 틀린 것은?

① 주황은 식욕을 증진시키는 데 효과적인 색이다.
② 검정은 위험을 경고하는 데 효과적인 색이다.
③ 초록은 휴식과 안정이 필요한 공간에 효과적인 색이다.
④ 파랑은 신뢰를 상징하는 기업의 이미지에 효과적인 색이다.

해설
위험을 경고하는 데 효과적인 색은 빨강이다. 검정은 보수주의 권력자, 종말, 슬픔, 부정 등의 연상단어이다.

15 색채의 선호도를 파악하는 조사방법이 아닌 것은?

① 순위법
② 항상자극법
③ 언어척도법
④ 감성 데이터베이스 조사

해설
색채선호도 조사법에는 SD법(언어척도법), 순위법, 감성 데이터베이스 조사법 등이 있다.

11 ① 12 ② 13 ② 14 ② 15 ② 정답

16 마케팅 믹스의 4P 요소가 잘못 연결된 것은?

① 제품(Product) – 포장
② 가격(Price) – 가격조정
③ 촉진(Promotion) – 서비스
④ 유통(Place) – 물류관리

해설
촉진(Promotion) : 제품이나 서비스 등 제품을 판매하고 소비하는 모든 활동
예 광고, 대인판매, 직접판매(카탈로그, DM, 인터넷 쇼핑), 판매 촉진(POP, 이벤트, 경연대회, 경품, 쿠폰), PR 등

17 색채조절의 효과에 대한 설명이 틀린 것은?

① 눈의 피로를 막아주고, 자연스럽게 일할 기분이 생긴다.
② 조명의 효율과 관계없지만 건물을 보호, 유지하는 데 좋다.
③ 일에 주의가 집중되고 능률이 오른다.
④ 안전이 유지되고 사고가 줄어든다.

해설
색채조절의 효과
- 신체적 피로와 눈의 피로가 감소된다.
- 산만함을 예방하여 일에 대한 집중력을 높이고 능률성과 안전성을 향상시킨다.
- 청결한 환경을 제공하므로 정리정돈 및 청소가 수월하다.
- 건물을 보호하고 유지하는 데 효과적이다.
- 작업환경에 따라 조명의 효율성을 높인다.

18 마케팅에 대한 설명으로 틀린 것은?

① 현재의 마케팅은 대량생산과 함께 발생했다.
② 시대에 따른 유행이나 스타일과 관계없이 지속된다.
③ 제품의 유용성, 가격을 알려준다.
④ 수요·공급의 법칙에 따라 물건을 사용 가능하게 해 준다.

해설
마케팅은 시대에 따른 유행이나 스타일의 영향을 받는다.

19 건축이나 환경의 색채에 대한 심미적 기능이 아닌 것은?

① 공간의 분위기를 창출한다.
② 재료의 성격(질감)을 표현한다.
③ 형태의 비례에 영향을 준다.
④ 온도감에 영향을 준다.

해설
온도감은 정서적·심리적인 기능에 영향을 미친다.

20 성별과 연령에 따른 색채선호에 대한 설명으로 틀린 것은?

① 남성들은 비교적 어두운 톤을 선호하고 여성들은 밝고 맑은 톤을 선호하는 경향이 있다.
② 문화적인 차이가 있는 국가들 사이에서는 연령에 따른 공통점은 나타나지 않는다.
③ 지적능력이 낮을수록 원색 계열, 밝은 톤을 선호하는 편이다.
④ 유년의 기억, 교육과정, 교양적 훈련에 의해 색채 기호가 생성된다.

해설
문화적인 차이는 있으나 연령에 따른 공통점은 차이가 크지 않다. 연령대가 낮을수록 장파장인 난색 계열을 선호하고, 연령대가 높아질수록 단파장인 한색 계열을 선호하는 것은 공통적인 현상이다.

제2과목 색채디자인

21 다음 중 식욕을 촉진하기 위한 음식점의 실내 색채계획으로 적당한 배색은?

① 보라색 계열
② 주황색 계열
③ 청색 계열
④ 녹색 계열

해설
주황색을 사용하면 빨강에서 느껴지는 단맛과 노랑에서 느껴지는 신맛을 느껴 식욕을 촉진시킬 수 있다.

정답 16 ③ 17 ② 18 ② 19 ④ 20 ② 21 ②

22 다음에서 설명하는 내용과 관련이 있는 용어는?

> 물리적 단순 기능주의의 획일성에서 탈피하려 했으며, 에토레 소트사스, 마이클 그레이브, 한스 홀라인 등을 영입하여 단순한 형태를 이용, 과감한 다색 배합과 유희성을 바탕으로 낙천적이고 자유분방한 실험적 디자인을 채택했다.

① 구성주의 ② 멤피스그룹
③ 옵아트 ④ 팝아트

해설

① 구성주의 : 기계 예찬의 경향으로부터 시작되었으며, 러시아를 중심으로 하는 아방가르드 운동의 하나이다. 말레비치는 독립된 단위로서의 색채를 강조하면서 명시도와 가시도 같은 시각적 특성을 고찰하여 합리적으로 사용되도록 하였다.
③ 옵아트 : 1960년대 미국에서 팝아트의 상업주의와 지나친 상징성에 대한 반동적 성격으로 탄생하였다. 다이내믹한 빛과 색의 변조가능성을 추구하였으며 시각적 착각을 다룬 추상미술이다.
④ 팝아트 : 1950년대 중후반 미국에서 추상표현주의의 주관적 엄숙성에 반대하고 매스미디어와 광고 등 대중문화적 시각적 이미지를 미술의 영역 속에 적극적으로 수용하고자 했던 구상미술의 한 경향을 말한다.

23 시대사조와 대표 작가의 연결이 틀린 것은?

① 데 스테일 – 몬드리안
② 바우하우스 – 발터 그로피우스
③ 큐비즘 – 피카소
④ 팝아트 – 윌리엄 모리스

해설

팝아트는 1960년대 엘리트 문화에 반대한 유희적, 소비적 경향의 디자인으로 대표 작가로 리히텐슈타인, 앤디 워홀 등이 있다.

24 표현기법 중 완성될 제품에 대한 예상도로서 실물의 형태나 색채 및 재질감을 실물과 같이 충실하게 표현하는 것을 의미하는 것은?

① 스크래치 스케치 ② 렌더링
③ 투시도 ④ 모델링

해설

① 스크래치 스케치 : 소묘라는 뜻으로, 디자인 초기 발상단계에서 이미지를 확정하기 위한 초안이다.
③ 투시도 : 제품을 원근법에 의거하여 직접 바라보는 것 같이 작성하는 것이다.
④ 모델링 : 디자인이 구체화된 제품을 입체적 형태, 양감, 질감, 촉감 등을 통하여 종합적 이미지로 표현하는 것을 말한다.

25 에코 디자인(Eco-design)의 설명으로 틀린 것은?

① 환경친화의 적절한 조화를 이루는 디자인
② 환경과 인간을 고려한 자연주의 디자인
③ 디자인, 생산, 품질, 환경, 폐기에 따른 총체적 과정의 친환경 디자인
④ 기존의 디자인을 수정 및 개량하는 디자인

해설

디자인을 크게 분류했을 때 사물을 다루는 디자인 영역이 기존의 디자인을 부분 혹은 전체로 수정 및 개선, 개량, 창착, 설계한다. 사물을 다루는 디자인의 하위 범주로는 제품 디자인, 자동차 디자인, 가구 디자인, 장식품 디자인, 패션 디자인 일부가 속한다.

26 시대별 패션색채의 변천에 대한 설명이 틀린 것은?

① 1900년대에는 부드럽고 환상적인 분위기의 파스텔 색조가 유행하였다.
② 1910년대에는 오리엔탈리즘의 영향을 받아 밝고 선명한 색조의 오렌지, 노랑, 청록 등이 주조색을 이루었다.
③ 1930년대에는 아르데코의 경향과 함께 흑색, 원색과 금속의 광택이 등장하였다.
④ 1940년대 초반은 군복의 영향으로 검정, 카키, 올리브 등이 사용되었다.

해설

1930년대 미국의 경제대공황과 뉴딜정책의 영향으로 어려운 경제 상황을 반영하여 일상복에서 녹청색, 차분한 핑크, 커피색 등이 사용되었다.

22 ② 23 ④ 24 ② 25 ④ 26 ③ 정답

27 **게슈탈트 심리학자들에 의해서 제시된 시지각 법칙이 아닌 것은?**

① 근접성의 원리
② 유사성의 원리
③ 연속성의 원리
④ 대조성의 원리

해설
- 게슈탈트 심리학은 인간이 어떠한 형태를 지각할 때 심리학적으로 내재된 성향에 입각하여 형태를 인지한다는 것을 연구한 이론으로 형태주의라고도 한다. 게슈탈트는 부분 혹은 요소의 의미가 고정되어 있지 않고 부분들이 모여 이룬 전체에 따라 달라진다고 본다.
- 형태지각의 4가지 법칙
  - 근접성의 법칙 : 비슷한 조건에서 가까이 있는 것끼리 짝지어 보이는 현상
  - 유사성의 법칙 : 유사한 상호작용끼리 집단화시키는 경향
  - 연속성의 법칙 : 진행 방향이나 배열이 같은 것끼리 무리 지어 보이는 것
  - 폐쇄성의 법칙 : 불완전한 형이나 그룹들이 완전한 형이나 그룹으로 완성되어 보이는 현상

28 **패션 디자인에 대한 설명 중 옳은 것은?**

① 의복의 균형은 디자인 요소들의 시각적 무게감에 의해 이루어진다.
② 재질(Texture)은 사람들이 가장 먼저 지각하는 디자인 요소로서 개인의 기호, 개성, 심리에 반응하는 다양한 감정효과를 지닌다.
③ 패션 디자인은 독창성과 개성을 디자인의 기본조건으로 하며 선, 재질, 색채 등을 고려하여 스타일을 디자인한다.
④ 색채 이미지는 다양성과 개별성을 지니며 단색 이용 시 더욱 뚜렷한 이미지를 전달한다.

해설
② 색채(Color)는 사람들이 가장 먼저 지각하는 디자인 요소로서 개인의 기호, 개성, 심리에 반응하는 다양한 감정효과를 지닌다.
③ 패션 디자인은 소비자의 욕구, 디자이너의 스타일, 시대적 유행에 따라 결정되며, 중요한 표현 요소는 선, 재질, 색채이다.
④ 색채 이미지는 다양성과 개별성을 지니며 단색보다는 배색 이용 시 더욱 뚜렷한 이미지를 전달할 수 있다.

29 **디자인의 원리에 대한 설명으로 틀린 것은?**

① 대비는 시각적 힘의 강약에 의한 형의 감정효과이다.
② 비대칭은 형태상으로 불균형이지만, 시각상의 힘의 정돈에 의하여 균형이 잡힌다.
③ 등비수열에 의한 비례는 1 : 2 : 4 : 8 : 16 … 과 같이 이웃하는 두 항의 비가 일정한 수열에 의한 비례이다.
④ 강조는 규칙성, 균형을 주고자 할 때 이용하면 효과적이다.

해설
강조는 주위를 환기시킬 때, 단조로움을 덜거나 규칙성을 깨뜨릴 때, 관심의 초점을 만들거나 움직이는 효과와 흥분을 만들 때 이용하면 효과적이다.

30 **심벌 디자인(Symbol Design)의 하나로 문화나 언어를 초월해서 이해할 수 있도록 만든 그림문자는?**

① 픽토그램(Pictogram)
② 로고타입(Logotype)
③ 모노그램(Monogram)
④ 다이어그램(Diagram)

해설
② 로고타입(Logotype) : 회사나 제품의 이름이 독특하게 드러나도록 만들어, 상표처럼 사용되는 글자체를 말한다.
③ 모노그램(Monogram) : 두 개 이상의 글자를 합쳐 한 글자 모양으로 도안화한 글자이다. 개인이나 단체의 머리글자로 만들어져 로고타입으로서 사용되는 것이 많다.
④ 다이어그램(Diagram) : 기호, 선, 점 등을 사용해 각종 사상의 상호관계나 과정, 구조 등을 이해시키는 설명적 그림을 말한다.

31 **제품디자인 색채계획 단계 중 기획단계에 포함되지 않는 것은?**

① 제품기획
② 시장조사
③ 색채분석 및 색채계획서 작성
④ 소재 및 재질 결정

정답 27 ④ 28 ① 29 ④ 30 ① 31 ④

해설
소재 및 재질을 결정하는 것은 디자인 단계이다.

32 디자인 편집의 레이아웃(Layout)에 대한 설명 중 틀린 것은?

① 사진과 그림이 문자보다 강조되어야 한다.
② 시각적 소재를 효과적으로 구성, 배치하는 것이다.
③ 전체적으로 통일과 조화를 고려해야 한다.
④ 가독성이 있어야 한다.

해설
레이아웃(Layout)이란 디자인, 광고, 편집에서 텍스트나 사진의 구성요소를 제한된 공간 안에서 효과적으로 배열하는 것이다. 레이아웃에서 즉각적인 인상을 주기 위해서 이미지나 사진을 사용하여 주목성을 주는 것이 효과적일 수 있으나, 텍스트와 여백과의 심미성과 균형감 역시 고려해야 한다.

33 19세기 이후 산업 디자인의 변화로 거리가 먼 것은?

① 제품이 대량생산되어 가격이 저렴해짐
② 다양한 제품이 생산되어 소비자층이 확산됨
③ 공예제품 같이 정교한 제품을 소량생산함
④ 튼튼한 제품 생산으로 제품의 수명주기가 연장됨

해설
1907년 헤르만 무테지우스가 주축이 되어 결성하게 된 독일공작연맹은 사물의 형태는 그 역할과 기능에 따른다는 기본 이념 아래 제품의 질을 높이면서도 규격화와 표준화를 실현하여 대량생산체제의 기틀을 마련했다. 이는 19세기 말 산업화의 결과로 등장한 모더니즘에 영향을 주어 제품의 규격화, 대량생산 시스템, 실용적이고 간편한 디자인을 이끌었다.
③ 18세기 산업혁명 이후 대량생산으로 인한 생산품의 질적 하락과 예술성의 저하로 윌리엄 모리스가 주축이 된 수공예 중심의 미술공예운동이다.

34 "형태는 기능을 따른다"라고 하여 기능에 충실함과 형태의 아름다움을 강조한 사람은?

① 몬드리안 ② 루이스 설리번
③ 요하네스 이텐 ④ 앤디 워홀

해설
① 몬드리안 : 네덜란드의 화가로, 추상회화의 선구자로서 데 스테일운동을 이끌었으며, '신조형주의'라는 양식을 통해 자연의 재현적 요소를 제거하고 보편적인 리얼리티를 구현하고자 했다.
③ 요하네스 이텐 : 독일의 예술가이자 바우하우스의 교사였으며, 색채의 배색방법과 색채의 대비효과에 대해서 연구하였다. "색은 삶이다. 색이 없는 세상은 죽음과 같다."라고 강조하였다.
④ 앤디 워홀 : 미국 팝아트의 제왕이라 불렸으며 20세기의 가장 영향력 있는 미술가 중 하나로 평가된다. 대담하고 선명한 색채를 담았다는 점이 특징적이다.

35 뜻을 가진 그림, 말하는 그림으로 목적미술의 개념이라 할 수 있는 것은?

① 캐릭터
② 카 툰
③ 캐리커처
④ 일러스트레이션

해설
① 캐릭터 : 특정 상표를 나타내고 긍정적 느낌을 갖도록 만든 가공의 인물이나 동물 등 시각적 상징물
② 카툰 : 원래는 그림을 그리기 위해 스케치한 한 컷을 의미했지만 오늘날에는 만화적인 그림에 유머나 아이디어를 넣어 완성한 그림을 말함
③ 캐리커처 : 양상이나 인간의 자태 등 그 특징을 잡아 익살스럽게 표현한 그림이나 문장

36 입체모형 혹은 컴퓨터 그래픽에 의해 컬러 디자인의 최종 상황을 검증하는 것을 무엇이라 하는가?

① 컬러 오버레이
② 컬러 스케치
③ 컬러 스킴
④ 컬러 시뮬레이션

해설
① 컬러 오버레이 : 색상을 덮어씌워서 이미지에 변화를 주는 기능
③ 컬러 스킴 : 색채계획에 사용하는 색의 관계를 구체적인 색표를 사용해서 계통적으로 나타낸 것

32 ① 33 ③ 34 ② 35 ④ 36 ④ 정답

37 기존 제품의 기능, 재료, 형태를 필요에 따라 개량하고 조형성을 변경시키는 작업을 의미하는 디자인 용어는?

① 모던 디자인(Modern Design)
② 리디자인(Redesign)
③ 미니멀 디자인(Minimal Design)
④ 굿 디자인(Good Design)

해설
① 모던 디자인 : 보통 단순하고 명쾌한 형태나 기능미를 나타내는 형태 등을 노리는 디자인 경향을 가리킨다.
③ 미니멀 디자인 : 예술가의 감성을 고의로 억제하고 색채, 형태, 구성을 극도로 단순화하여 가장 기본적이고 본질적인 요소로 환원해 '최소한의 예술'이라고 한다.
④ 굿 디자인 : 사용하기 쉽고 아름다운 제품의 디자인으로, 제2차 세계대전 후 대량생산 제품의 품질향상운동 중 하나로 일어났다. 기준은 시대에 따라 다소 다르며 초기의 무장식, 심플한 것부터 따뜻한 인간적 감촉을 주는 것에 이르기까지 폭이 넓어지고 있다.

38 좋은 디자인이 되기 위한 조건이 아닌 것은?

① 기능성　② 심미성
③ 창조성　④ 윤리성

해설
굿 디자인(Good Design)
- 제2차 세계대전 이후 미국을 비롯한 선진 산업국가에서 제품 디자인의 수준을 향상시키기 위해 벌인 공공적 차원에서의 운동이다.
- 굿 디자인의 4대 요소 : 합목적성, 심미성, 경제성, 독창성

39 디자인에 대한 설명 중 틀린 것은?

① 디자인의 미적 가치는 실제 사용하는 과정에서 잘 작동하고 기대되는 성능을 발휘하는 실용적 가치이다.
② 빅터 파파넥(Victor Papanek)은 디자인을 의미 있는 질서를 만드는 노력이라고 했다.
③ 디자인은 인간생활의 향상을 위한다는 점에서 문제해결 방법이다.
④ 오늘날 디자인 분야는 점차 상호지식을 공유하는 토털(Total) 디자인이 되고 있다.

해설
디자인에서 심미적 가치란 기능적인 합리성과 미적인 것이 통합을 이루는 것에 있다. 즉, 실용적 가치만 강조하는 것이 아닌, 시각적으로도 아름다워야 좋은 디자인으로 평가받을 수 있다.

40 곡선에 대한 설명이 틀린 것은?

① 점의 방향이 끊임없이 변할 때에는 곡선이 생긴다.
② 곡선은 우아, 매력, 모호, 유연, 복잡함의 상징이다.
③ 기하곡선은 분방함과 풍부한 감정을 나타낸다.
④ 포물선은 속도감, 쌍곡선은 균형미를 연출한다.

해설
기하곡선은 유순, 수리적 질서, 자유, 확실, 고상함을 나타낸다. 분방함과 풍부한 감정을 나타내는 것은 자유곡선이다.

제3과목 색채관리

41 합성수지 도료에 대한 설명이 틀린 것은?

① 도막형성 주요소로 셀룰로스 유도체를 사용한 도료의 총칭이다.
② 화기에 민감하고 광택을 얻기 어렵다.
③ 부착성, 휨성, 내후성의 향상을 위하여 알키드수지, 아크릴수지 등과 함께 혼합하여 사용된다.
④ 건조가 20시간 정도 걸리고, 도막이 좋지 않지만 내후성이 좋고 값이 싸서 널리 사용된다.

해설
건조가 20시간 정도 걸리고, 도막이 좋지 않지만 내후성이 좋고 값이 싸서 널리 사용되는 것은 천연수지 도료인 유성페인트이다.

42 광원을 측정하는 광측정 단위와 가장 거리가 먼 것은?

① 광 도　② 휘 도
③ 조 도　④ 감 도

정답 37 ② 38 ④ 39 ① 40 ③ 41 ④ 42 ④

해설
감도는 빛에 대해 반응하는 정도를 표시하는 것으로 광원을 측정하는 광측정 단위가 아니다.

43 **가법혼색의 원색과 감법혼색의 원색이 바르게 표현된 것은?**

① 가법혼색 – R, G, B / 감법혼색 – C, M, Y
② 가법혼색 – C, G, B / 감법혼색 – R, M, Y
③ 가법혼색 – R, M, B / 감법혼색 – C, G, Y
④ 가법혼색 – C, M, Y / 감법혼색 – R, G, B

해설
가법혼색은 빛의 혼합으로 빛의 3원색인 Red, Green, Blue을 혼합한다. 감법혼색은 색채의 혼합으로 색료의 3원색인 Cyan, Magenta, Yellow를 혼합하기 때문에 혼합하면 할수록 명도와 채도가 떨어져 어두워지고 탁해진다.

44 **가공하지 않은 원료 그대로의 무명천은 노란색을 띤다. 이를 더욱 흰색으로 만드는 다음의 방법 중 가장 효과적인 것은?**

① 화학적 방법으로 탈색
② 파란색 염료로 약하게 염색
③ 광택제 사용
④ 형광물질 표백제 사용

해설
형광염료는 소량만 사용해도 되며, 한도량을 초과하면 도리어 백색도가 줄고 청색이 된다.

45 **Rec. 709와 Rec. 2020 등 방송통신에서 재현되는 색역 등의 표준을 재정한 국제기구는?**

① ISCC(Inter-Society Color Council)
② ASTM(American Society for Testing and Materials)
③ ISO(International Standard Organization)
④ CIE(Commission International de l′Eclairage)

해설
방송통신에서 재현되는 색공간에는 HDTV 규격의 표준 Rec. 709의 sRGB와 어도비 RGB인 울트라 HD 스펙의 Rec. 2020이 있다. 이 규정은 ISO에서 제정한다.

46 **CCM 소프트웨어의 기능 중 Formulation 부분의 기능으로 틀린 것은?**

① 컬러런트의 정보를 이용한 단가계산
② 컬러런트와 적합한 전색제 종류 선택
③ 컬러런트의 적합한 비율계산으로 색채 재현
④ 시편을 측정하여 오차 부분을 수정하는 Correction 기능

해설
CCM에서는 색재생을 개선하기 위해 유사한 색상을 공식화(Fomulation)하여 제형을 설계한다. 이를 위해서는 색상 편차의 범위를 줄이기 위한 비율과 단가계산이 필요하다. 전색제는 컬러런트에 섞는 액체로 안료의 농도를 조절하거나 중량을 늘리기 위하여 사용하는 것으로 포뮬레이션에는 적합하지 않다.

47 **반사물체의 측정방법 – 조명 및 수광의 기하학적 조건 중 빛을 입사시키는 방식은 di : 8° 방식과 일치하나 광검출기를 적분구 면을 향하게 하여 시료에서 반사된 빛을 측정하는 방식은?**

① 확산/확산(d : d)
② 확산 : 0°(d : 0)
③ 45°/수직(45x : 0)
④ 수직/45°(0 : 45x)

해설
① 확산/확산(d : d) : 확산조명을 조사하고 확산광을 관측하는 방식
② 확산 : 0°(d : 0) : 확산조명을 조사하고 수직 방향에서 관측하는 방식
③ 45°/수직(45x : 0) : 45° 조명의 입사광선에서 수직 방향에서 관측하는 방식
④ 수직/45°(0 : 45x) : 수직 방향에서 조명을 비추고, 45° 방향에서 관측하는 방식

43 ① 44 ④ 45 ③ 46 ② 47 ① 정답

48 **반사갓을 사용하여 광원의 빛을 모아 비추는 조명방식으로 조명효율이 좋은 반면 눈부심이 일어나기 쉽고 균등한 조도분포를 얻기 힘들며 그림자가 생기는 조명방식은?**

① 반간접조명 ② 직접조명
③ 간접조명 ④ 반직접조명

해설
① 반간접조명 : 대부분은 조명을 벽이나 천장에 조사하고 아래 방향으로 10~40% 정도를 조사하는 방식
③ 간접조명 : 90% 이상의 빛을 벽이나 천장에 투사하여 조명하는 방식
④ 반직접조명 : 반투명 유리나 플라스틱을 사용하여 광원빛의 60~90%가 대상체에 직접 조사되는 방식

49 **CIE에서 분류한 채도의 3단계 분류에 포함되지 않는 것은?**

① Colorfulness
② Perceived Chroma
③ Tint
④ Saturation

해설
③ 색조
①·②·④ 채도

50 **화면에 디스플레이되는 최대 해상도 및 표현할 수 있는 색채의 수가 결정되는 것과 관련없는 것은?**

① 그래픽 카드
② 모니터의 픽셀 수 및 컬러 심도
③ 운영체제
④ 모니터의 백라이트

해설
모니터 LCD는 자체적으로 빛을 낼 수 없어서 백라이트를 사용한다. 모니터의 백라이트는 해상도보다는 화면을 구현하는 방식이다. 반면, 그래픽 카드, 모니터의 픽셀수 및 컬러 심도, 운영체제에 따라 해상도가 달라질 수 있다.

51 **자연에서 대부분의 검은색 또는 브라운색을 나타내는 색소는?**

① 멜라닌
② 플라보노이드
③ 안토사이아니딘
④ 포피린

해설
① 멜라닌 : 자연에서 대부분의 검은색 또는 브라운색을 나타내는 동물색소
② 플라보노이드 : 식품에 널리 분포하는 노란색 계통의 식물색소
③ 안토사이아니딘 : 안토사이안이라 하며 빨강(산성), 보라(중성), 파랑(알칼리성)의 색을 나타내는 식물색소
④ 포피린 : 헤모글로빈의 금속을 제거한 화합물

52 **분광식 색채계에 대한 설명 중 틀린 것은?**

① 분광반사율을 측정하여 색채를 산출하는 방법이다.
② 색처방 산출을 위한 자동배색에 측정 데이터를 직접 활용할 수 있다.
③ 정해진 광원과 시야에서만 색채를 측정할 수 있다.
④ 색채재현의 문제점 등에 근본적인 대응을 할 수 있다.

해설
분광식 색채계는 다양한 광원과 시야에서 색채를 측정할 수 있는 장점이 있다.

53 **장치 특성화(Device Characterization)라고도 부르며, 디지털 색채를 처리하는 장치의 컬러 재현 특성을 기록하는 과정은?**

① 색영역 매핑(Color Gamut Mapping)
② 감마 조정(Gamma Control)
③ 프로파일링(Profiling)
④ 컴퓨터 자동배색(Computer Color Matching)

정답 48 ② 49 ③ 50 ④ 51 ① 52 ③ 53 ③

해설
① 색영역 매핑(Color Gamut Mapping) : 디지털 색채는 사용하기 편리한 반면 실제로 출력을 할 경우 디지털 색채와 실제 출력한 색이 일치하지 않는 경우가 많다. 색역이 다른 두 장치 사이의 색채를 효율적으로 대응시켜 색채의 구현이 효과적으로 이루어지도록 색채 표현방식을 조절하는 기술을 색영역 매핑이라고 한다.
② 감마 조정(Gamma Control) : 디스플레이 등의 특성에 따라 감마값을 미세하게 조정하는 것을 말한다.
④ 컴퓨터 자동배색(Computer Color Matching) : CCM 자동배색장치이다.

54 전자기파장의 길이가 가장 긴 것은?

① 적색 가시광선
② 청색 가시광선
③ 적외선
④ 자외선

해설
감마선 – X선 – 자외선 – 가시광선 – 적외선 – 극초단파 순으로 파장이 길다.

55 표면색의 시감비교 시 관찰자에 대한 설명이 틀린 것은?

① 미묘한 색의 차이를 판단하는 관찰자의 능력을 필요로 한다.
② 관찰자가 시력보조용 안경을 사용하는 경우에는 안경렌즈가 가시 스펙트럼 영역에서 균일한 분광투과율을 가져야 한다.
③ 눈의 피로에서 오는 영향을 막기 위해서 연한 색 다음에는 바로 파스텔색이나 보색을 보면 안 된다.
④ 관찰자가 연속해서 비교작업을 실시하면 시감판정의 성능이 현저하게 저하되기 때문에 수 분간의 휴식을 취해야 한다.

해설
눈의 피로에서 오는 영향을 막기 위해서 진한 색 다음에는 바로 파스텔색이나 보색을 보면 안 된다.

56 안료와 염료의 구분이 옳은 것은?

① 고착제를 사용하면 안료이고, 사용하지 않으면 염료이다.
② 수용성이면 안료이고, 비수용성이면 염료이다.
③ 투명도가 높으면 안료이고, 낮으면 염료이다.
④ 무기물이면 염료이고, 유기물이면 안료이다.

해설
② 수용성이면 염료이고, 비수용성이면 안료이다.
③ 투명도가 높으면 염료이고, 낮으면 안료이다.
④ 무기물이면 안료이고, 유기물이면 염료이다.

57 디스플레이 모니터 해상도(Resolution)에 대한 설명이 틀린 것은?

① 화소의 색채는 C, M, Y 스펙트럼 요소들이 섞여서 만들어진다.
② 디스플레이 모니터 내에 포함되어 있는 화소의 개수를 의미한다.
③ ppi(pixels per inch)로 표기하며, 이는 1인치 내에 들어갈 수 있는 화소의 수를 의미한다.
④ 동일한 해상도에서 모니터의 크기가 작아질수록 영상은 선명해진다.

해설
모니터 화소의 색채는 색광혼합 방식으로 R, G, B 요소들이 섞여서 만들어진다.

58 분광반사율의 분포가 서로 다른 두 개의 색자극이 광원의 종류와 관찰자 등의 관찰조건을 일정하게 할 때에만 같은 색으로 보이는 현상은?

① 메타머리즘
② 무조건등색
③ 색채적응
④ 컬러 인덱스

54 ③ 55 ③ 56 ① 57 ① 58 ① 정답

해설
② 무조건등색 : 어떤 조명 아래에서나 어느 관찰자가 보더라도 같은 색으로 보이는 현상으로 분광반사율이 일치한다.
③ 색채적응 : 색순응을 의미한다.
④ 컬러 인덱스 : 색료의 호환성과 통용성을 확보하기 위한 색료 표시 기준으로 색료를 사용방법에 따라 분류하고 색료에 고유의 번호를 표시한 것이다.

59 컬러 프린터에서 Magenta 잉크 위에 Yellow 잉크가 찍혔을 때 만들어지는 색은?

① Red
② Green
③ Blue
④ Cyan

해설
감법혼합
- Cyan + Magenta + Yellow = Black
- Cyan + Magenta = Blue
- Magenta + Yellow = Red
- Yellow + Cyan = Green

60 물체색의 측정 시 사용하는 표준백색판의 기준으로 거리가 먼 것은?

① 충격, 마찰, 광조사, 온도, 습도 등의 영향을 받지 않을 것
② 균등 확산 흡수면에 가까운 확산 흡수 특성이 있고, 전면에 걸쳐 일정할 것
③ 표면이 오염된 경우에도 세척, 재연마 등의 방법으로 오염들을 제거하고 원래의 값을 재현시킬 수 있는 것
④ 분광반사율이 거의 0.9 이상으로, 파장 380~780nm에 걸쳐 거의 일정할 것

해설
② 균등 확산 흡수면이 아니라 균등 확산 반사면이다.

제4과목 색채지각의 이해

61 회색의 배경색 위에 검은 선의 패턴을 그리면 배경색의 회색은 어두워 보이고, 흰 선의 패턴을 그리면 배경색이 하얀색 기미를 띠어 보이는 것과 관련된 현상(대비)은?

① 동화현상 ② 병치현상
③ 계시대비 ④ 면적대비

해설
동화현상은 인접한 색의 영향을 받아 인접색에 가까운 색으로 보이는 현상이다.

62 백화점 디스플레이 시, 주황색 원피스를 입은 마네킹을 빨간색 배경 앞에 놓았을 때와 노란색 배경 앞에 놓았을 때 원피스 색깔이 다르게 보이는 현상은?

① 색상대비 ② 명도대비
③ 채도대비 ④ 한난대비

해설
색상대비는 색상이 다른 두 색을 동시에 볼 때 각 색상의 차이가 크게 느껴지는 현상이다. 예를 들어 빨간색 위의 주황색은 노란색 기미를 띠고 노란색 바탕 위의 주황색은 빨간색 기미를 띤다.

63 전자기파 중에서 사람의 눈에 보이는 가시광선의 범위는?

① 250~350nm ② 180~380nm
③ 380~780nm ④ 750~950nm

해설
전자기파 중에서 사람의 눈에 보이는 가시광선의 범위는 380~780nm 구간이다.

64 눈의 가장 바깥 부분에 위치하고 있어 공기와 직접 닿는 부분은?

① 각 막 ② 수정체
③ 망 막 ④ 홍 채

정답 59 ① 60 ② 61 ① 62 ① 63 ③ 64 ①

해설
각막은 눈 속으로 빛을 받아들이는 투명한 창문 역할을 한다. 우리가 사물을 보면 각막 → 홍채 → 수정체 → 망막 → 시신경 → 뇌의 경로를 통해 전달된다.

65 물체의 색이 결정되는 요인이 아닌 것은?

① 물체 표면에 떨어진 빛의 흡수율에 의해서
② 물체 표면에 떨어진 빛의 반사율에 의해서
③ 물체 표면에 떨어진 빛의 굴절률에 의해서
④ 물체 표면에 떨어진 빛의 투과율에 의해서

해설
굴절률은 빛이 다른 매질로 들어가면서 빛의 파동이 진행 방향을 바꾸는 것으로 무지개, 아지랑이, 별의 반짝임 등이 빛의 굴절에 의해 관찰된다.

66 고령자의 시각 특성에 관한 설명이 틀린 것은?

① 암순응, 명순응의 기능이 저하된다.
② 황변화가 발생하면 청색 계열의 시인도가 저하된다.
③ 수정체의 변화로 물체가 흐릿하게 보이고 색의 식별능력이 저하된다.
④ 간상체의 개수는 증가하고 추상체의 개수는 감소한다.

해설
나이가 들면서 간상체와 추상체 모두 감소되어 반응이 느려진다.

67 빨간색을 계속 응시하다가 순간적으로 노란색을 보았을 때 나타나는 색은?

① 황록색 ② 노란색
③ 주황색 ④ 빨간색

해설
부의 잔상은 원래의 감각과 반대의 밝기나 색상을 띤 잔상으로 자극이 사라진 뒤에도 광자극의 색상, 명도, 채도가 정반대로 느껴지는 현상이다.

68 다음 중 시인성이 가장 낮은 배색은?

① 5R 4/10 – 5YR 6/10
② 5Y 8/10 – 5YR 5/10
③ 5R 4/10 – 5YR 4/10
④ 5R 4/10 – 5Y 8/10

해설
시인성은 대상의 식별이 쉬운 성질, 물체의 색이 얼마나 뚜렷이 잘 보이는가의 정도로 명시도, 가시성이라고도 한다. 색상의 3속성 중에서 배경과 대상의 명도 차이가 클수록 잘 보인다. 5R 4/10 – 5YR 4/10는 명도단계의 수치가 4로 동일하기 때문에 시인성이 낮다.

69 각각 동일한 바탕 면적에 적용된 글씨를 자연광 아래에서 관찰할 경우, 명시도가 가장 높은 것은?

① 검정 바탕 위의 노랑 글씨
② 노랑 바탕 위의 파랑 글씨
③ 검정 바탕 위의 흰색 글씨
④ 노랑 바탕 위의 검정 글씨

해설
명시도는 멀리서 확실히 잘 보이는 경우를 말한다. 3속성 중에서 배경과 대상의 명도 차이가 클수록 잘 보이며 명도차가 있으면서도 색상 차이가 크고 채도 차이가 있으면 시인성이 높다.

70 빨간 색광과 녹색 색광의 혼합 시, 녹색 색광보다 빨간 색광이 강할 때 나타나는 색은?

① 노 랑 ② 주 황
③ 황 록 ④ 파 랑

해설
빨간 색광과 녹색 색광을 혼합하면 노랑이 되는데, 빨간 색광이 강하면 주황이 나타나고, 녹색 색광이 강하면 황록이 나타난다.

71 빔 프로젝트(Beam Projector)의 혼색은 무슨 혼색인가?

① 병치혼색 ② 회전혼색
③ 감법혼색 ④ 가법혼색

정답 65 ③ 66 ④ 67 ① 68 ③ 69 ④ 70 ② 71 ④

해설
가법혼합은 무대 조명과 같이 2개 이상의 스펙트럼을 동시에 겹쳐 합성된 결과를 지각하는 방법으로 색광을 동시에 투사하여 혼색하는 것이다. 무대 조명, 스튜디오 조명 등이 가법혼합에 해당된다.

72 색채의 경연감에 대한 설명으로 옳은 것은?

① 따뜻하고 차게 느껴지는 시각의 감각현상이다.
② 고채도일수록 약하게, 저채도일수록 강하게 느껴진다.
③ 난색 계열은 단단하고, 한색 계열은 부드럽게 느껴진다.
④ 연한 톤은 부드럽게, 진한 톤은 딱딱하게 느껴진다.

해설
색채의 경연감은 부드럽고 딱딱한 느낌을 말하며, 주로 채도에 의해 좌우된다. 부드러운 색은 평온하고 안정감을 주며, 딱딱한 색은 긴장감을 준다.

73 채도대비에 관한 설명 중 틀린 것은?

① 채도가 낮은 색은 더욱 낮게, 채도가 높은 색은 더욱 높게 보인다.
② 모든 색은 배경색과의 관계로 인해 항상 채도대비가 일어난다.
③ 무채색 위의 유채색은 채도가 높아 보이고, 고채도 색 위의 저채도 색은 채도가 더 낮아 보인다.
④ 동일한 하늘색이라도 파란색 배경에서는 채도가 낮게 보이고, 회색의 배경에서는 채도가 높게 보인다.

해설
채도대비는 채도가 다른 두 색이 인접해 있을 때 서로에게 영향을 주어 채도차가 더욱 크게 일어나는 현상으로 채도차가 클수록 뚜렷한 대비현상이 나타난다. 유채색과 무채색의 대비에서 가장 뚜렷하게 일어나며, 무채색 사이에서는 일어나지 않는다. 모든 색이 배경색과의 관계로 인해 항상 채도대비가 일어나는 것은 아니다.

74 빛이 밝아지면 명도대비가 더욱 강하게 느껴진다고 하는 시지각적 효과는?

① 애브니(Abney) 효과
② 베너리(Benery) 효과
③ 스티븐스(Stevens) 효과
④ 리프만(Liebmann) 효과

해설
③ 스티븐스(Stevens) 효과 : 조명광을 낮은 조도에서 점차 증가시키면 흰색 물체는 보다 희게, 검은색 물체는 보다 검게 지각되고 반면, 회색 물체는 지각 변화가 거의 없는 현상이다.
① 애브니(Abney) 효과 : 색자극의 순도(선명도)가 변하며 같은 파장의 색이라도 그 색상이 다르게 보이는 현상을 말한다.
② 베너리(Benery) 효과 : 흰색 배경 위에서 검정 십자형의 안쪽에 있는 회색 삼각형과 바깥쪽에 있는 회색 삼각형을 비교하면 안쪽에 배치한 회색이 보다 밝게 보이고, 바깥쪽에 배치한 회색은 어둡게 보이는 현상이다.
④ 리프만(Liebmann) 효과 : 그림과 바탕의 색이 서로 달라도 그 둘의 밝기 차이가 크지 않을 때 문자나 모양이 뚜렷하지 않게 보이는 현상이다.

75 다음 중 가장 가벼운 느낌의 색은?

① 5Y 8/6　② 5R 7/6
③ 5P 6/4　④ 5B 5/4

해설
색의 3속성 중에서도 명도가 중량감에 가장 큰 영향을 미친다. 명도가 높을수록 가벼워 보이며, 명도가 낮을수록 무거워 보인다. 보기에서 가장 가벼운 느낌의 색은 난색 계열의 고명도에 해당되는 5Y 8/6 노랑이다. 노랑은 색상 중 명도가 가장 높다.

76 두 색을 동시에 인접시켜 놓았을 때 두 색의 색상차가 커 보이는 현상은?

① 색상대비　② 명도대비
③ 채도대비　④ 보색대비

해설
색상대비는 색상이 다른 두 색을 동시에 볼 때 각 색상의 차이가 크게 느껴지는 현상이다.

정답 72 ④ 73 ② 74 ③ 75 ① 76 ①

77 눈[目, Eye]의 구조와 특성에 관한 설명이 옳은 것은?

① 빛의 전달은 각막 – 동공 – 수정체 – 유리체 – 망막의 순서로 전해진다.
② 수정체는 눈동자의 색재가 들어 있는 곳으로서 카메라의 조리개와 같은 기능을 한다.
③ 홍채는 카메라 렌즈의 역할을 하며, 모양이 변하여 초점을 맺게 하는 작용을 하며, 눈에는 굴절이 가장 많이 일어나는 곳이다.
④ 간상체는 망막의 중심와 부분에 밀집되어 존재하는 시신경 세포이며, 색채를 구별하게 한다.

해설
② 수정체는 망막 위에 상을 맺게 하는 렌즈 역할을 한다.
③ 홍채는 빛의 양을 조절하는 조리개 역할을 한다.
④ 간상체는 중심와 외곽에 넓게 분포되어 있으면서 명암만 구별하고, 추상체는 중심와 중심부에 모여 있고 색채를 구별하는 시세포이다.

78 자외선(UV ; Ultra Violet)에 대한 설명이 아닌 것은?

① 화학작용에 의해 나타나므로 화학선이라 하기도 한다.
② 강한 열작용을 가지고 있는 것이 특징이다.
③ 형광물질에 닿으면 형광현상을 일으킨다.
④ 살균작용, 비타민 D 생성을 한다.

해설
자외선은 가시광선보다 짧은 파장으로 눈에 보이지 않는 빛이다. 사람의 피부를 태우거나 살균작용을 하며, 과도하게 노출될 경우 피부암에 걸릴 수도 있다. 적외선을 열선이라고 하는데 대응하여 자외선은 화학작용이 강하므로 화학선이라고도 한다. 즉, 강한 열작용을 가지고 있는 것은 적외선을 말한다.

79 잔상에 대한 설명 중 틀린 것은?

① 시신경의 흥분으로 잔상이 나타난다.
② 물체색의 잔상은 대부분 보색잔상으로 나타난다.
③ 심리보색의 반대색은 잔상의 효과가 뚜렷이 나타난다.
④ 양성잔상을 이용하여 수술실의 색채계획을 한다.

해설
잔상은 어떤 자극을 받았을 경우 원자극을 없애도 색의 감각이 계속해서 남아 있거나 반대의 상이 남아 있는 현상을 말한다. 수술실의 색채계획은 음의 잔상효과를 이용한 것이다. 음의 잔상은 원래의 감각과 반대의 밝기나 색상을 띤 잔상으로 자극이 사라진 뒤에도 광자극의 색상, 명도, 채도가 정반대로 느껴지는 현상이다.

80 시점을 한 곳으로 집중시키려는 색채지각 과정에서 일어나는 현상이다. 순간적으로 일어나며 계속하여 한 곳을 보게 되면 눈의 피로도가 발생하여 그 효과가 작아지는 색채심리 효과(대비)는?

① 계시대비 ② 계속대비
③ 동시대비 ④ 동화효과

해설
계속해서 한 곳을 보게 되면 눈의 피로도 때문에 동시대비 효과는 떨어지게 된다.

제5과목 색채체계의 이해

81 먼셀 색체계의 채도에 관한 설명 중 틀린 것은?

① 색의 맑고 탁한 정도를 나타낸다.
② 최고의 채도단계는 색상에 따라 다르다.
③ 색입체에서 세로축이 채도에 해당된다.
④ 먼셀 기호로 표기할 때 맨 뒤에 위치한다.

해설
먼셀 색입체에서 세로축은 명도이다.

82 색채조화의 공통된 원리로서 가장 가까운 색채끼리의 배색으로 친근감과 조화를 느끼게 하는 조화원리는?

① 동류의 원리 ② 질서의 원리
③ 명료성의 원리 ④ 대비의 원리

해설
저드의 색채조화론에는 질서의 원리, 비모호성의 원리, 동류의 원리, 유사의 원리가 있다. 친근감과 조화를 이루는 원리는 동류의 원리이다.

77 ① 78 ② 79 ④ 80 ③ 81 ③ 82 ① 정답

83 **DIN 색체계에 대한 설명 중 옳은 것은?**

① 색상을 주파장으로 정의하고 10색상으로 분할한 것이 먼셀 색체계와 유사하다.
② 등색상면은 백색점을 정점으로 하는 부채형으로, 한 변은 흑색에 가까운 무채색이고, 다른 끝색은 순색이 된다.
③ 2 : 6 : 1은 T = 2, S = 6, D = 1로 표시 가능하고, 저채도의 빨간색이다.
④ 어두운 정도를 유채색과 연계시키기 위해 유채색 만큼의 같은 색도를 갖는 적정색들의 분광반사율 대신 시감반사율이 채택되었다.

해설
① DIN 색체계는 오스트발트 색체계와 유사하다.
② 등색상면은 흑색점을 정점으로 하는 부채형이다.
③ 2 : 6 : 1은 T = 2, S = 6, D = 1로 표시 가능하고, 노란색을 나타낸다.

84 **비렌의 색채조화 중 대부분 깨끗하고 신선하게 보이며 부조화를 찾기는 힘든 조합은?**

① Tint – Tone – Shade
② Color – Tint – White
③ Color – Shade – Black
④ White – Gray – Black

해설
Color – Tint – White : 인상주의처럼 밝고 깨끗한 느낌의 배색조화이다.

85 **색채기호 중 채도를 표현하는 것은?**

① 먼셀 색체계 – Value
② CIELCH 색체계 – C*
③ CIELAB 색체계 – L*
④ CIEXYZ 색체계 – Y

해설
① 먼셀 색체계 : Value – 명도
③ CIELAB 색체계 : L* – 명도
④ CIEXYZ 색체계 : Y – 명도

86 **색의 물리적인 혼합을 회전 혼색판으로 실험, 규명하여 색채 측정기의 아버지라고 불리는 사람은?**

① 뉴 턴 ② 오스트발트
③ 맥스웰 ④ 해리스

해설
회전혼합은 영국의 물리학자 맥스웰에 의해 실험되었다. 1871년 빛의 전자기설을 제창했고 색의 혼합을 시험하는 장치인 맥스웰의 원판 등 다양한 실험을 통해 색채 측정기의 아버지라 불리기도 했다.

87 **먼셀(Munsell) 3속성에 의한 표시기호인 7.5G 8/6에 가장 적합한 관용색명은?**

① 올리브그린(Olive Green)
② 쑥색(Artemisia)
③ 풀색(Grass Green)
④ 옥색(Jade)

해설
④ 옥색(Jade) : 7.5G 8/6 – 흐린 초록
① 올리브그린(Olive Green) : 5GY 3/4 – 어두운 녹갈색
② 쑥색(Artemisia) : 5GY 4/4 – 탁한 녹갈색
③ 풀색(Grass Green) : 5GY 5/8 – 진한 연두

88 **오스트발트 색체계에 대한 설명 중 틀린 것은?**

① 색의 3속성에 따른 지각적인 등보성을 가진 체계적인 배열이다.
② 헤링의 4원색설을 기본으로 하였기 때문에 원주의 4등분이 서로 보색관계가 되도록 하였다.
③ 색량의 대소에 의하여, 즉 혼합하는 색량의 비율에 의하여 만들어진 체계이다.
④ 백색량, 흑색량, 순색량의 합을 100%로 하였기 때문에 등색상면뿐만 아니라 어떠한 색이라도 혼합량의 합은 항상 일정하다.

해설
색의 3속성에 따른 지각적인 등보성을 가진 체계적인 배열은 현색계이다. 오스트발트 색체계는 혼색계에 해당한다.

정답 83 ④ 84 ② 85 ② 86 ③ 87 ④ 88 ①

89 먼셀 색체계에서 색상을 100으로 나눈 이유와 그 설명으로 옳은 것은?

① 반사율 – 기계적 측정의 값으로 사람의 시감과는 다르다.
② 표준시료 – 색종이나 색지 등의 각 업종에 적합한 표준시료로 만든 색견본이다.
③ 뉘앙스 – 색상, 명도, 채도의 변화를 뉘앙스라 하고 100으로 나누었다.
④ 최소식별 한계치 – 인간이 눈으로 색을 구별할 수 있는 최소거리이다.

해설
먼셀 색체계에서 색상을 100으로 나눈 이유는 인간이 눈으로 색을 구별할 수 있는 최소거리인 최소식별 한계치이기 때문이다.

90 디자인 원리 중 일정한 리듬감을 표현하기에 가장 적합한 배색기법은?

① 테마컬러를 이용한 악센트 배색
② 점증적으로 변하는 그러데이션 배색
③ 주조색, 보조색, 강조색의 면적 분할에 따른 배색
④ 중명도, 중채도를 이용한 토널 배색

해설
점증적으로 변하는 그러데이션 배색은 일정한 리듬감을 표현하기 가장 적합한 배색기법이다.

91 밝은 베이지 블라우스와 어두운 브라운 바지를 입은 경우는 어떤 배색이라고 볼 수 있는가?

① 반대 색상 배색
② 톤온톤 배색
③ 톤인톤 배색
④ 세퍼레이션 배색

해설
② 톤온톤 배색 : 톤을 겹치게 한다는 의미이며, 동일 색상으로 두 가지 톤의 명도차를 비교적 크게 잡은 배색이다.
① 반대 색상 배색 : 반대 색상의 보색대비를 이용한 배색이다.
③ 톤인톤 배색 : 톤과 명도의 느낌은 그대로 유지하면서 색상을 다르게 배색하는 방법으로 톤은 같지만 색상이 다른 배색을 말한다.
④ 세퍼레이션 배색 : 말 그대로 색채배색 시 색들을 분리시키는 효과를 말한다.

92 먼셀 색체계의 설명으로 틀린 것은?

① 무채색은 뉴트럴(Neutral)의 약호 N을 부가하여 N4.5와 같이 표기한다.
② 먼셀 색표계는 현재 한국색채연구소, 미국의 Macbeth, 일본 색채연구소의 색도감으로 사용하고 있으며, 전 세계적으로 가장 널리 쓰이는 혼색계 체계이다.
③ 먼셀 색입체의 특징은 색상, 명도, 채도를 시각적으로 고른 단계가 이루어지도록 한 것이다.
④ 채도가 높은 안료가 개발될 때마다 나뭇가지처럼 채도의 축을 늘여 가면 좋다고 하여 먼셀의 색입체를 컬러트리(Color Tree)라고 불렀다.

해설
먼셀 색표계는 현재 한국색채연구소, 미국의 Macbeth, 일본 색채연구소의 색도감으로 사용하고 있으며, 전 세계적으로 가장 널리 쓰이는 현색계 체계이다.

93 ISCC-NIST의 톤 약호 중 틀린 것은?

① vd = very dark
② m = moderate
③ pl = pale
④ l = light

해설
③ pale의 약호는 p이다.

89 ④ 90 ② 91 ② 92 ② 93 ③ 정답

94 그림의 W-C상의 사선상이 의미하는 것은?

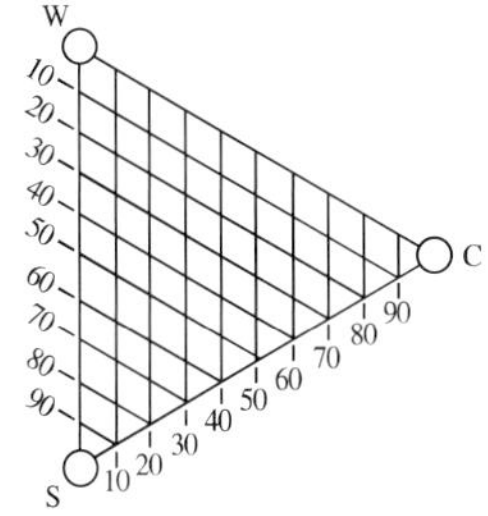

① 동일 하얀색도
② 동일 검은색도
③ 동일 유채색도
④ 동일 명도

해설
W-C는 등흑계열이므로 동일 검은색도를 의미한다.

95 CIE LAB 색공간에서 밝기를 나타내는 L값과 같은 의미를 지니고 있는 CIE XYZ 색공간에서의 값은?

① X ② Y
③ Z ④ X + Y + Z

해설
CIE XYZ 색체계는 1931년 국제조명위원회에서 제정한 표준 측색시스템으로 가법혼색(RGB)의 원리를 이용해 빨간색은 X센서, 초록색은 Y센서, 파란색은 Z센서에서 감지하여 XYZ 3자극치의 값을 표시하는 것이다. Y값은 초록색의 자극치로 명도값을 나타낸다. X는 빨간색, Z는 파란색이 자극치에 일치한다.

96 국제조명위원회와 관련이 없는 색체계는?

① Yxy 색체계
② XYZ 색체계
③ PCCS 색체계
④ L*u*v* 색체계

해설
CIE 표준 표색계에는 XYZ, Yxy, Lch, Luv, Lab 등이 있다. PCCS는 현색계로 일본 색체계이다.

97 타일의 배색에서 볼 수 있는 배색효과는?

① 분리효과의 배색
② 강조효과의 배색
③ 반복효과의 배색
④ 연속효과의 배색

해설
주조색, 보조색, 강조색의 면적에 따른 배색은 반복효과의 배색이다. 반복배색은 배색 자체가 반복됨에 따라 전체적인 통일감을 느낄 수 있으며, 일정한 리듬감을 보인다. 타일바닥이나 바둑판무늬는 대표적인 반복배색이다.

98 관용색명과 계통색명의 설명으로 옳은 것은?

① 계통색명은 예부터 전해 내려오거나 동물, 식물, 광물, 자연현상, 지명, 인명 등에서 유래한 것을 정리한 것이다.
② 계통색명은 색상을 나타내는 기본색이름, 톤의 수식어, 그리고 무채색 수식어를 조합하여 나타낸다.
③ 관용색명에는 계통색명의 수식어 사용이 금지되어 있다.
④ 관용색명은 색의 3속성에 따라 분류, 표현한 것으로 익히는 데 시간이 걸리나, 색명의 관계와 위치까지 이해하기에 편리하다.

해설
관용색명은 옛날부터 관습적으로 전해 내려오는 광물, 식물, 동물, 지명 등의 이름으로 습관적으로 사용하는 색으로, 색감의 연상이 즉각적이다. 기본색명 앞에 색상을 나타내는 수식어와 톤을 나타내는 수식어를 붙여 표현하는 것이 계통색명이다.

정답 94 ② 95 ② 96 ③ 97 ③ 98 ②

99 혼색계에 대한 설명으로 옳은 것은?

① 색편 사이의 간격이 넓어 정밀한 색좌표를 구하기가 어렵다.
② 관측하는 사람에 따라 주관적으로 색좌표를 정할 수 있다.
③ 색좌표의 활용기술과 해독기술 등이 필요하다.
④ 색표계의 색역을 벗어나는 샘플이 존재할 수 있다.

해설
혼색계는 물체색을 측색기로 측색하고 어느 파장 영역의 빛을 반사하는가에 따라서 각 색의 특징을 표시하는 체계이다. 심리, 물리적인 빛의 혼색실험에 기초를 둔 표색계로 환경을 임의로 선정하여 정확하게 측정할 수 있지만 색좌표의 활용기술과 해독기술 등이 필요하다.

100 NCS(Natural Color System) 색체계에 대한 설명으로 옳은 것은?

① 영-헬름홀츠의 색각이론에 바탕을 두고 색채사용법과 전달방법을 발전시켰다.
② NCS의 척도체계는 복잡한 표시체계를 가지고 있어 색의 기호를 통해 색의 느낌을 잘 전달할 수 없는 단점을 가지고 있다.
③ 흰색, 검정, 노랑, 빨강, 파랑, 녹색의 6색을 기본색으로 한다.
④ 미국, 일본 등의 국가 표준색을 제정하는 데 기여한 색체계이다.

해설
NCS 색체계는 헤링의 R(빨강), Y(노랑), G(초록), B(파랑)의 기본색에 W(하양), S(검정)을 추가해 기본 6색을 사용한다.

99 ③ 100 ③ 정답

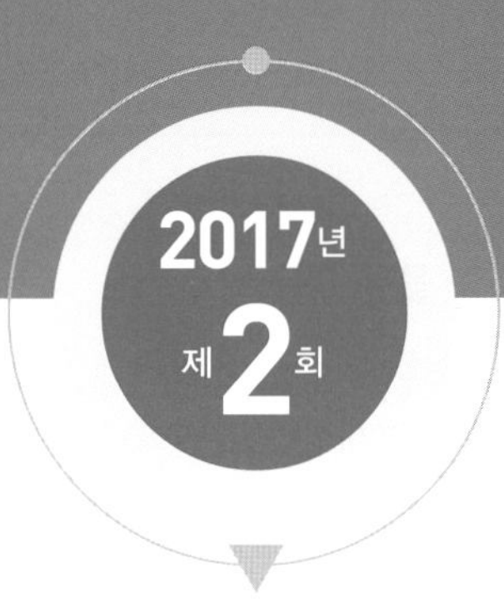

컬러리스트산업기사

과년도 기출문제

제1과목 색채심리

01 색채경험에 대한 설명 중 틀린 것은?

① 색채경험은 주위 환경에 따라 다르게 지각된다.
② 색채경험은 문화적 배경의 영향을 받는다.
③ 색채경험은 객관적 현상으로 지역별 차이가 있다.
④ 지역과 풍토는 색채경험에 영향을 끼친다.

해설
색채는 개인의 심리상태, 경험, 문화적 배경, 지역과 풍토의 영향을 받으며, 주관적 해석에 따라 차이가 있다.

02 다음 중 각 문화권별로 서로 다른 상징으로 인식되는 색채선호의 예가 나머지 셋과 다른 하나는?

① 서양의 흰색 웨딩드레스 – 한국의 소복
② 중국의 붉은 명절 장식 – 서양의 붉은 십자가
③ 태국의 황금사원 – 중국 황제의 금색 복식
④ 미국의 청바지 – 성화 속 성모마리아의 청색 망토

해설
색채는 다양한 문화권에서 상징적인 의미를 지닌다. 태국의 황금사원은 사원의 일부이며 사원 전체에 대한 색채는 아니다. 중국에서 금색, 황색은 황제의 색으로 문화적 인식이 있다.

03 색채조절에 있어서 심리효과에 대한 설명 중 틀린 것은?

① 색채의 감정적인 효과에 의해 한색계로 도색을 하면 심리적으로 시원하게 느껴진다.
② 큰 기계부위의 아랫부분은 어두운색으로 하고, 윗부분은 밝은색으로 해야 안정감이 있다.
③ 눈에 띄어야 할 부분은 한색으로 하여 안전을 도모한다.
④ 고채도의 색은 화사하고, 저채도의 색은 수수하므로, 이를 적절하게 이용한다.

해설
눈에 띄어야 할 부분은 난색 계열의 고채도로 하여 안전을 도모해야 한다.

04 색채기호 조사분석에 대한 설명으로 틀린 것은?

① 소비자의 생활에서 일관된 기호 이미지를 찾는다.
② 소비자가 지향하는 라이프스타일을 추출한다.
③ 소비자가 선호하는 이미지를 유형별로 분류한다.
④ 소비자의 생활지역에 대한 객관적인 자료를 수집한다.

해설
색채기호 조사는 소비자의 주관적인 의미를 객관적으로 평가하여 정성적 색채 이미지를 정량적·객관적으로 측정하는 것이며, 객관적인 자료를 수집하는 것을 목적으로 하는 것은 아니다.

05 회사 간의 경쟁으로 인해 가격, 광고, 유치경쟁이 치열하게 일어나는 제품 수명주기 단계는?

① 도입기 ② 성장기
③ 성숙기 ④ 쇠퇴기

해설
제품 포지셔닝
- 도입기 : 기업이나 회사에서 신제품을 만들어 관련 시장에 진출하는 시기로, 이익은 낮고 유통비와 광고 판촉비는 높이는 시기
- 성장기 : 수요가 점차 늘어나며 이윤이 급격히 상승하는 시기로, 경쟁회사의 유사제품이 출시되므로 시장점유율을 극대화함
- 경쟁기 : 기업 간의 경쟁이 심화되는 시기로 급속한 판매율과 이익률은 제한적이지만 이윤은 이어지고 있는 시기
- 성숙기 : 수요가 포화 상태이며, 이익 감소와 매출의 성장세가 정점에 이르는 시기(제품의 리포지셔닝과 브랜드 차별화 전략이 필요한 시기)
- 쇠퇴기 : 소비시장의 급격한 감소, 대체상품의 출현 등으로 제품시장이 사라지는 시기(신상품 개발 전략이 필요)

정답 1 ③ 2 ③ 3 ③ 4 ④ 5 ③

06 부정적 연상으로 절망, 악마, 반항의 의미를 가지고 있으나, 현대의 산업제품에는 세련된 색의 대표로 많이 활용되는 것은?

① 빨 강 ② 회 색
③ 보 라 ④ 검 정

해설
검은색은 현대의 산업제품에 세련된 색의 대표로 사용된다. 그러나 색채연상 의미로는 부정의 의미를 지니고 있다(우울, 절망, 악마, 반항, 무감각, 노년, 망각/과거, 가난 등).

07 교통표지, 안전색채 등 국제적으로 공통적인 의미를 갖는 색채의 심리적 작용은?

① 감 각 ② 연 상
③ 상 징 ④ 착 시

해설
색채의 상징에는 국가의 상징, 신분·계급의 구분, 방위의 표시, 지역의 구분, 기억의 상징, 종교·관습의 상징이 있다. 특히, 교통 및 공공시설물에 안전을 위해 국제적으로 가장 쉽게 이해되는 표준색이 사용되고 있다.

08 제품/사회·문화 등 정보로서의 색채연상에 대한 사용방법으로 볼 수 없는 것은?

① 두 종류의 차 포장상자에 녹차는 초록색 포장지를, 대추차는 빨간색 포장지를 사용하여 포장하였다.
② 지하철 1호선은 빨간색, 2호선은 초록색으로 표시하였다.
③ 선물을 빨간색 포장지와 분홍색 리본테이프로 포장하였다.
④ 더운 물은 빨간색 손잡이를, 차가운 물은 파란색 손잡이를 설치하였다.

09 색채 마케팅에 관련된 설명 중 옳은 것은?

① 색채를 이용하여 소비자의 심리를 읽고 표현하는 분야로 인구통계학적 자료와 경제적 환경변화로 인한 영향을 많이 받는다.
② 경기가 둔화되면 다양한 색상과 톤의 색채를 띤 제품을 선호하는 경향이 있다.
③ 기업의 색채 마케팅 전략은 소비자 계층에 대한 정확한 파악 시 직관적이고 경험주의적 성향을 중요시한다.
④ 색채 마케팅의 궁극적 목표는 다양한 색채를 이용한 제품의 차별화를 추구함에 있다.

해설
② 경기 둔화와 다양한 색상과 톤의 사용은 직접적인 관련이 없다.
③ 기업의 색채 마케팅 전략은 소비자 계층에 대한 파악이 정확하지 않고 감성적인 부분이 많으므로 직관적이고 경험주의적 성향을 파악하기 어렵다.
④ 색채 마케팅의 궁극적 목표는 제품 판매를 극대화하기 위함이다.

10 다음 ( ) 안에 들어갈 알맞은 단어는?

> 서구 문화권의 영향을 받은 대부분의 국가에서 성인의 절반 이상이 ( )을 가장 많이 선호하는 색으로 꼽고 있다. 이와 같은 세계 공통의 선호 특성 때문에 ( )의 민주화라는 말까지 만들어졌다.

① 녹 색
② 황 색
③ 청 색
④ 백 색

해설
서구 문화권의 영향을 받은 대부분의 국가에서 성인의 절반 이상이 청색을 가장 많이 선호하는 색으로 꼽고 있다. 특히 청색은 국제적으로 가장 높은 선호도를 보이는 색으로, 청색의 민주화라는 말까지 만들어졌다.

6 ④ 7 ③ 8 ③ 9 ① 10 ③ 정답

11 색채연상 중 제품 정보로서의 색을 사용한 예로 옳은 것은?

① 밀크 초콜릿의 포장지를 하양과 초콜릿색으로 구성하였다.
② 녹색은 구급장비, 상비약의 상징에 사용된다.
③ 노란색은 장애물에 대한 경고를 나타낸다.
④ 시원한 청량음료에 난색 계열의 색채를 사용하였다.

해설
②·③ 국제언어로서의 안전색채이다.
④ 시원한 청량음료에는 한색 계열의 색채를 사용하여야 한다.

12 "같은 길이의 두 수직, 수평선이 교차하는 사각형은 물질성, 중력 그리고 날카로움의 한계를 상징한다."라고 색채와 모양 간의 조화로운 관계를 언급한 사람은?

① 칸딘스키 ② 파버 비렌
③ 요하네스 이텐 ④ 카스텔

해설
색채와 모양의 추상적 관련성은 요하네스 이텐, 파버 비렌, 칸딘스키, 베버, 페히너 등에 의해 연구되었다. 요하네스 이텐은 색채와 모양에 대한 공감각적 연구를 통해 색채와 모양의 조화로운 관계성을 추구하였다.

13 색채연상에 대한 설명으로 틀린 것은?

① 심리적 활동의 영향으로 어떤 현상이나 이미지가 나타나는 것을 말한다.
② 개인적인 경험, 기억, 사상, 의견 등이 투영된다.
③ 유채색은 연상이 강하게 나타난다.
④ 빨강, 파랑, 노랑 등 원색과 선명한 톤일수록 연상언어가 적다.

해설
빨강, 파랑, 노랑 등 원색과 선명한 톤일수록 연상언어가 많다.

14 색채의 추상적 자유연상법 가운데 연관관계가 가장 적합하지 않은 것은?

① 빨강 – 광명, 활발, 명쾌
② 하양 – 청결, 소박, 신성
③ 파랑 – 명상, 냉정, 심원
④ 보라 – 신비, 우아, 예술

해설
빨강의 추상적 단어는 정열, 공포, 흥분, 분노 등이며, 광명, 활발, 명쾌는 노랑의 추상적 단어에 해당된다.

15 능률을 높일 수 있는 사무실 벽의 색채로 가장 적합한 것은?

① 하 양
② 연녹색
③ 노란색
④ 회 색

해설
사무실은 피로감을 줄여주고 심리적 안정과 집중력 향상, 청결함을 느낄 수 있는 밝은 청색과 초록 계열을 사용하는 것이 좋다.

16 색채선호 원리에 대한 설명으로 틀린 것은?

① 색의 선호도는 피부색과 눈동자와 연관성이 없다.
② 색의 선호도는 태양광의 양에 따라 다른 양상을 보인다.
③ 색의 선호도는 교양과 소득에 따라 다르며, 연령에 따라서도 변화한다.
④ 색의 선호도는 성별, 민족, 지역에 따라 다르다.

해설
색의 선호도는 피부색과 눈동자와 연관성이 있다. 색채는 다양한 문화권에서 상징적인 의미를 지닌다. 라틴계 민족은 난색계, 북극계 민족은 한색계를 선호한다.

정답 11 ① 12 ③ 13 ④ 14 ① 15 ② 16 ①

17 선호색채를 구분하는 변인을 설명한 것 중 잘못된 것은?

① 동일한 제품이라 할지라도 남성과 여성의 선호경향은 다를 수 있다.
② 제품의 특성에 따라 선호되는 색채는 일반적으로 고정되어 있어 새로운 재료의 개발이나 유행이 제품의 특성에 영향을 미치지 않는다.
③ 동양과 아프리카 등지에서는 서양식의 일반 색채 원리가 적용되지 않는 경우가 있다.
④ 성별의 차이는 색상의 선호도에 영향을 미친다.

해설
제품의 특성에 따라 선호되는 색채는 일반적으로 고정되어 있지 않고, 새로운 재료의 개발이나 유행이 제품의 특성에 영향을 미친다.

18 색채치료와 관련이 없는 것은?

① 괴테의 색채심리이론
② 그리스 헤로도토스의 태양광선치료법
③ 아우렐리우스 켈수스의 컬러 밴드법
④ 뉴턴의 색채론

해설
뉴턴의 색채론은 광학이론과 관련이 있다.

19 색채의 3속성과 심리효과가 틀린 것은?

① 색채의 한난감은 주로 색상에 의존한다.
② 색채의 경중감은 주로 명도에 의존한다.
③ 어둡고 채도가 낮은 색채는 강하고 딱딱해 보인다.
④ 난색은 촉촉한, 한색은 건조한 느낌을 준다.

해설
난색은 건조한, 한색은 촉촉한 느낌을 준다.

20 유행색의 속성에 대한 설명으로 옳은 것은?

① 일정 계절이나 기간 동안 특별히 많은 사람들이 선호하여 사용하는 색
② 특정한 사회적, 경제적인 사건에 많은 영향을 받지 않는 색
③ 일정 기간만 나타나고 주기를 갖지 않는 색
④ 패션, 자동차, 인테리어 분야에 동일하게 모두 적용되는 색

해설
유행색의 특징
- 유행색은 일정 기간을 가지고 반복되는 특성이 있다.
- 특정한 사회적, 경제적 사건이 있을 시 예외적인 색이 유행하기도 한다.
- 유행색 관련기관에 의해 시즌 2년 전에 제안된다.
- 패션산업은 유행색에 가장 민감한 분야이다.

제2과목 색채디자인

21 색채계획은 규모와 장소에 따라 내용이 달라지기도 하나 변함없이 필요로 하는 4가지 조건이 있다. 이 조건과 거리가 먼 것은?

① 개성 표현
② 유행 표현
③ 정보 제공
④ 감성 자극

해설
색채계획 시 다양한 색상들을 보다 조화롭게 사용하여 개성을 표출하고, 감성을 자극하며 정보를 제공하고 안정성을 생각하여야 한다.

17 ② 18 ④ 19 ④ 20 ① 21 ② 정답

22 **다음 중 디자인(Design)의 개념과 거리가 먼 것은?**

① 디자인 분야에는 시각 디자인, 산업 디자인, 의상 디자인, 환경 디자인 등 매우 다양한 분야가 있다.
② 사물의 재료나 구조, 기능은 물론 아름다움이나 조화를 고려하여 사물의 형태, 형식들을 한데 묶어내는 종합적 계획설계를 한다.
③ 미술은 작가 중심이라고 한다면 디자인은 사용자, 소비자 중심이라고 말할 수 있다.
④ 디자인은 반드시 경제성을 배제할 수 없기에 경제적 여유로움이 없으면 그만큼 디자인의 혜택을 누릴 수 없다.

해설
경제성은 최대한 적은 경비로 최대의 효과를 얻는 것을 의미한다. 심미성과 합목적성을 적절하게 조화시켜 구체화된 경제성을 고려해야만 한다.

23 **사물, 행동, 과정, 개념 등을 나타내는 상징적 그림으로 오늘날 국제적인 스포츠 행사나 공항, 역에서 문자를 대신하는 그래픽 심벌은?**

① CI(Corporate Identity)
② 픽토그램(Pictogram)
③ 시그니처(Signature)
④ BI(Brand Identity)

해설
① CI(Corporate Identity) : 기업 이미지 통합 계획을 말한다. 기업의 이미지에 일관성을 주고 이미지를 향상시켜 판매를 촉진하는 데 목적이 있다.
③ 시그니처(Signature) : 시그니처는 서명하기, 사인, 기호 또는 특징, 표시의 뜻이다. 뛰어난 특징을 갖거나 유명품이란 의미로 쓰일 때가 많다.
④ BI(Brand Identity) : 제품의 특성을 시각적으로 디자인해 대외경쟁력 강화 및 차별화를 꾀하는 브랜드 이미지 통일화 작업이다.

24 **디자인의 분류 중 인간생활을 둘러싸고 있는 복합적인 환경을 보다 정돈되고, 쾌적하게 창출해 나가는 디자인은?**

① 인테리어 ② 환경 디자인
③ 시각 디자인 ④ 건축 디자인

해설
환경 디자인(Environment Design)
인간을 둘러싼 모든 공간적 개념으로 좁게는 실내 인테리어부터 넓게는 우주의 모든 공간까지 포괄하는 개념이다. 종류로는 도시 디자인, 건축 디자인, 조경 디자인, 인테리어 디자인, 점포 디자인, 디스플레이 등이 있다.

25 **다음 중 제품 수명주기가 가장 짧은 품목은?**

① 자동차 ② 셔 츠
③ 볼 펜 ④ 냉장고

해설
패션이란 일정 기간 동안 사회 다수의 사람들에게 일시적으로 수용되는 의복 스타일을 말한다. 셔츠는 패션 디자인의 영역으로 자동차나 인테리어 등 다른 디자인 분야의 제품에 비해 비교적 빠르게 유행이 변화해 제품의 주기가 짧은 경향이 있다.

26 **디자인 사조와 특징이 옳게 연결된 것은?**

① 큐비즘 – 세잔이 주도한 순수 사실주의를 말함
② 아르누보 – 1925년 파리박람회에서 유래된 것으로 기하학적인 문양이 특색
③ 바우하우스 – 1919년 발터 그로피우스에 의해 설립된 조형학교
④ 독일공작연맹 – 윌리엄 모리스와 반데벨데의 주도로 결성된 조형그룹

해설
① 큐비즘 : 피카소가 주도한 입체파라고 불리는 큐비즘은 사물을 3차원적인 공간과 입체감을 가지고 표현했던 사조이다.
② 아르누보 : 1890년대 프랑스를 중심으로 일어났던 새로운 예술 장르로 자연물의 유기적 형태를 빌려 외관이나 가구, 조명, 회화, 포스터 등을 장식할 때 사용되었던 양식이다. 대표적인 화가로는 구스타프 클림트와 건축가 안토니 가우디가 있다.
④ 독일공작연맹 : 1907년 헤르만 무지테우스가 주축이 되어 결성된 디자인 진흥단체로 단순하고 합리적인 양식 등 디자인의 근대화를 추구하였다.

정답 22 ④ 23 ② 24 ② 25 ② 26 ③

27 **색채계획과 색채조절의 효과로 공통점이 아닌 것은?**

① 작업능률을 향상시킨다.
② 피로도를 경감시킨다.
③ 예술성이 극대화된다.
④ 유지관리 비용이 절감된다.

해설
색채조절과 색채계획

색채조절	색채계획
• 색채조절에 의한 기능적인 색의 선택은 객관적으로 정하며, 개인 취향은 거의 필요하지 않다. • 색채조절의 예로 작업 근로자들의 안전 확보와 생산 효율성을 극대화시키기 위해 위험한 곳은 주황색으로, 통로는 흰색으로 표시하여 시각적으로 질서를 부여한 사례가 있다.	• 디자인에 있어 용도나 재료를 바탕으로 기능적으로 아름다운 배색효과를 얻을 수 있도록 계획하는 것이다. • 색채조절보다 진보된 개념으로 미적인 동시에 다양한 기능성을 부여한다는 차원에서 예술적 감각이 중요시된다.

28 **디자인의 역할 중에서 커뮤니케이션이 중심이 되고, 심벌과 기호를 통해 정보를 전달하는 분야는?**

① 제품 디자인 ② 시각 디자인
③ 평면 디자인 ④ 환경 디자인

해설
시각 디자인의 기능
• 기록적 기능 : 신문광고, 영화, 인터넷
• 설득적 기능 : 포스터, 신문광고, 디스플레이
• 지시적 기능 : 신호, 활자, 문자, 지도, 타이포그래피
• 상징적 기능 : 심벌, 일러스트레이션, 패턴

29 **다음 중 디자인 과정(Design Process)을 적절하게 나열한 것은?**

① 계획 - 조사분석 - 전개 - 결정
② 조사분석 - 계획 - 전개 - 결정
③ 계획 - 전개 - 조사분석 - 결정
④ 조사분석 - 전개 - 계획 - 결정

해설
디자인 과정(Design Process)
디자인 제작의 과정을 총괄하여 지칭하는 말이다. 대상(What), 방법(How), 원인(Why) 등에 따라 최종적으로 완성되는 디자인이 달라질 수 있으므로 어떠한 디자인 프로세스를 채택할 것인지는 매우 중요한 일이다.

30 **형태와 기능의 관계에 대해 "형태는 기능을 따른다"라고 말한 사람은?**

① 발터 그로피우스
② 루이스 설리번
③ 필립 존슨
④ 프랑크 라이트

해설
① 발터 그로피우스 : 독일의 건축가이자 디자이너로 제1차 세계대전과 제2차 세계대전 사이 유럽 예술의 흐름을 이끈 바우하우스 운동의 창시자이다.
③ 필립 존슨 : 20세기를 대표하는 건축가이다. 현대 미국 공업 기술을 바탕으로 건축 형태에 역사 양식의 면모를 반영시켰으며, 특히 고전주의적인 엄격성을 설계의 기조로 근대적인 전통주의의 일면을 보여 주었다.
④ 프랑크 라이트 : 미국의 건축가로 합리적인 평면계획, 수평선을 강조하는 안정감에 찬 단순한 형태를 실현하였다.

31 **색채계획의 역할 중 가장 거리가 먼 것은?**

① 심리적 안정감 부여
② 효과적인 차별화
③ 제품 이미지 상승효과
④ 제품의 가격 조정

해설
색채계획은 환경, 시각, 제품, 패션, 미용, 공공 디자인에 이르기까지 다양한 분야에 걸쳐 시행된다. 색채는 심리적 안정감을 부여할 뿐만 아니라 제품의 차별화, 제품 정보요소 제공, 그리고 기능의 효과적인 구분을 위해 필요하며 제품의 이미지 상승효과도 있다.

27 ③ 28 ② 29 ① 30 ② 31 ④ 정답

32 **제품의 색채를 통일시켜 대량생산하는 것과 가장 관계가 깊은 디자인 조건은?**

① 심미성 ② 경제성
③ 독창성 ④ 합목적성

해설
경제성은 최소의 경비와 노력으로 최대의 효과를 얻고자 하는 것이다. 특히 제품이 대량생산될 경우에는 손쉽게 재료를 구할 수 있는지부터 가공, 조립 방법 등 미세한 곳까지 경제성을 검토해야 한다.

33 **디자인 프로세스의 대표적인 3단계에 속하지 않는 것은?**

① 디자인 문제에 대한 이해단계 – 목표와 제한점 · 요구사항 파악, 문제요소 간 상호 관련 분석 등
② 해결안의 종합단계 – 상상력, 창조기법, 해결안, 디자인안 제시
③ 해결안의 평가단계 – 아이디어의 확증, 의사결정의 실천, 해결안의 이행 · 발전 · 결정
④ 마케팅 전략 수립단계 – 소비자 행동요인 파악, 소비시장 분석, 세분화, 시장선정

해설
디자인 프로세스의 3단계
- 문제의 이해(1단계) : 시장정보, 소비자 정보, 유행정보 등의 분석을 통한 목표와 제한점, 요구사항 파악, 문제요소 간의 상호 관련 분석 등을 시행
- 해결안의 종합(2단계) : 디자인 제시 및 아이템 전개
- 해결안의 평가(3단계) : 해결안 이행 · 발전 · 결정, 아이디어 확증 등

34 **대상을 연속적으로 전개시켜 이미지를 만드는 디자인 조형원리는?**

① 비 례 ② 균 형
③ 리 듬 ④ 구 도

해설
패션 디자인의 원리
- 리듬 : 일반적으로 규칙적인 요소들의 반복으로 나타나는 통제된 운동감이다.
- 비례 : 부분과 부분 또는 부분과 전체의 수량적 관계, 즉 면적과 길이의 대비관계를 일정한 비율로 나타낸 것이다.
- 균형 : 2차원이나 3차원 공간 내에서 좌우대칭으로 배치되어 생기는 중력적인 균형을 말한다.
- 구도 : 미적 효과를 얻기 위해 여러 가지 부분을 통일성 있게 전체로 조립하는 것이다.

35 **디자인(Design)의 어원으로 거리가 먼 것은?**

① 데셍(Dessein)
② 디스크라이브(Describe)
③ 디세뇨(Disegno)
④ 데시그나레(Designare)

해설
디자인의 어원은 프랑스어의 데셍(Dessein), 이탈리아어의 디세뇨(Disegno), 라틴어의 데시그나레(Designare)이며 '계획을 세우고 수립하다'라는 의미를 가지고 있다.

36 **빅터 파파넥(Victor Papanek)이 말한 '복합기능(Function Complex)'이란 디자인 목적 중 "특수목적을 달성하기 위한 자연과 사회의 변천작용에 대한 계획적이고 의도적인 이용"에 해당하는 기능적 용어는?**

① 미학(Aesthetics)
② 텔레시스(Telesis)
③ 연상(Association)
④ 용도(Use)

해설
빅터 파파넥의 복합기능(Function Complex) 6가지 요소
- 방법(Method) : 재료와 도구, 공정의 상호과정
- 용도(Use) : 도구를 용도에 적합하게 사용하는 것
- 필요성(Need) : 일시적 유행과는 거리가 있고, 경제적, 심리적, 정신적, 기술적, 지적 요구가 복합된 디자인의 필요
- 텔레시스(Telesis) : 특수한 목적을 달성하기 위해 자연과 사회의 변천작용에 대해 계획적이고 의도적으로 실용화하는 것
- 연상(Association) : 인간이 지닌 보편적인 것이며 인간의 욕망과 관계되어 있음
- 미학(Aesthetics) : 디자이너가 가진 가장 중요한 것으로서 형태나 색의 아름다움을 실체화함

정답 32 ② 33 ④ 34 ③ 35 ② 36 ②

37 **유사, 대비, 균일, 강화와 관련있는 디자인의 조형원리는?**

① 통 일 ② 조 화
③ 균 형 ④ 리 듬

해설
② 조화 : 부분과 부분, 부분과 전체 사이에 안정된 관련성을 주면서도 공감을 일으키면 조화가 성립된다.
① 통일 : 다수의 다양한 것들이 결합되어 하나로 모여 있는 것으로 공통적 요소를 가진다.
③ 균형 : 좌우대칭으로 배치되어 생기는 중력적인 균형을 말한다. 대칭, 비대칭, 종속이 이에 속한다.
④ 리듬 : 연속적으로 전개되어 이미지를 만드는 요소와 운동감을 지칭한다.

38 **바우하우스에 대한 설명으로 틀린 것은?**

① 바이마르의 바우하우스 기초조형교육의 중심적인 인물은 이텐(Itten, Johannes)이다.
② 다품종 소량생산과 단순하고 합리적인 양식 등 디자인의 근대화를 추구한다.
③ 예술창작과 공학기술의 통합을 주장한 새로운 교육기관이며, 연구소이다.
④ 현대건축, 회화, 조각, 디자인 운동에 영향을 주었다.

해설
바우하우스는 독일공작연맹의 이념을 계승하여 발터 그로피우스(Walter Gropius)가 1919년 독일의 바이마르에 미술공예학교를 세움으로써 시작됐으며, 대학의 이름이자 예술사조이기도 하다. 대량생산과 단순하고 합리적인 양식 등 디자인의 근대화를 추구하였다.

39 **제1차 세계대전을 전후로 러시아에서 일어난 조형운동으로서 산업주의와 집단주의에 입각한 사회성을 추구하였으며, 입체파나 미래파의 기계적 개념과 추상적 조형을 주요 원리로 삼아 일어난 조형운동은?**

① 구성주의 ② 구조주의
③ 미래주의 ④ 기능주의

해설
② 구조주의 : 어떤 사물의 의미는 개별로서가 아니라 전체 체계 안에서 다른 사물들과의 관계에 따라 규정된다.
③ 미래주의 : 20세기 초 이탈리아를 중심으로 기계가 지닌 차갑고 역동적인 아름다움을 예술의 주제로 삼고 속도감이나 운동감을 표현하기 위해 시간의 요소를 도입한 운동이다. 이후 다다이즘과 아방가르드에 많은 영향을 미쳤다.
④ 기능주의 : 온갖 현상을 끊임없는 생성, 소멸의 과정으로 이해할 것을 강조한 과학방법론을 말한다.

40 **색채계획의 과정에서 현장·측색조사는 어느 단계에서 요구되는가?**

① 조사기획 단계 ② 색채계획 단계
③ 색채관리 단계 ④ 색채디자인 단계

해설
색채계획의 단계
• 1단계 조사 및 기획 : 계획하고 있는 대상의 형태나 재료, 작업 일정 등을 확인하고, 소비자 조사, 시장조사, 현장조사 등의 현황 조사 및 분석을 시행한다. 현장 및 측색조사가 이 과정에서 이루어진다.
• 2단계 색채계획 및 설계 : 환경이나 조명 조건, 주변과의 조화 여부를 체크리스트로 작성하여 조사한 후 실물 색견본을 수집하거나 배색안을 작성한다. CG나 모형, 그래픽을 이용한 시뮬레이션을 실시하여 계획안을 결정한다.
• 3단계 색채관리 : 현장에 적용할 색견본을 승인하고 생산과 관리를 지시할 시공사 등을 선정하여 관리한다.

제3과목 색채관리

41 **육안검색과 측색기 측정에 대한 설명으로 틀린 것은?**

① 육안검색 시 감성적인 판단이 이루어질 수 있다.
② 측색기는 동일 샘플에 대해 거의 일정한 측색값을 낸다.
③ 육안검색은 관찰자의 차이가 없다.
④ 필터식 색채계와 분광계의 측색값은 서로 다를 수 있다.

정답 37 ② 38 ② 39 ① 40 ① 41 ③

해설
육안검색이란 조색 후 정확하게 조색이 되었는지를 육안으로 검색하는 것을 말한다. 육안검색은 측색기 측정과 달리 정확하지 않기 때문에 관찰자에 따라 차이가 있다.

42 관측자의 색채 적응조건이나 조명, 배경색의 영향에 따라 변화하는 색이 보이는 결과를 무엇이라고 하는가?

① ICM File 현상
② 색영역 매핑현상
③ 디바이스의 특성화
④ 컬러 어피어런스

해설
컬러 어피어런스는 어떤 색채가 매체, 주변색, 광원, 조도 등의 차이에 따라 변화를 보이는 주관적인 색의 변화를 말한다.

43 다음 중 측색 결과로 얻게 되는 데이터에 대한 설명으로 틀린 것은?

① CIEXYZ – CIE 3자극치
② CIEYxy – CIE 1931 색좌표 x, y와 시감반사율 Y
③ CIE1976 L*a*b* – 균등 색공간에서 표현되는 측색 데이터
④ CIE L*C*h* – L*은 명도, C*는 채도, h*는 파장

해설
④ L*은 명도, C*는 채도, h*는 색상의 표시이다.

44 디지털 CMS에서 프로파일을 이용하여 컬러를 관리할 때 틀린 설명은?

① RGB 컬러 이미지를 프린터 프로파일로 변환하면 원고의 RGB 색 데이터가 변환되어 출력된다.
② RGB 이미지에 CMYK 프로파일을 대입할 수 없다.
③ RGB, CMYK, L*a*b* 이미지들은 상호 간 어떤 모드로도 변환 가능하다.
④ 입력 프로파일은 출력 프로파일과 동일하게 적용된다.

해설
CMS는 각종 입출력 디바이스 간의 색상을 일치시켜 주는 하드웨어와 소프트웨어를 말한다. 입력 프로파일은 출력 프로파일과 동일하게 작동되지 않기 때문에 디지털 컬러에서 가장 중요한 목적이 출력 시 색 오차를 줄이는 데 있다.

45 시감도와 눈의 순응과 관련한 용어의 설명이 틀린 것은?

① 간상체 – 망막의 시세포의 일종으로, 주로 어두운 곳에서 활성화되고, 명암감각에만 관계되는 것
② 추상체 – 망막의 시세포의 일종으로 밝은 곳에서 활성화되고, 색각 및 시력에 관계되는 것
③ 명소시 – 명순응 상태에서 시각계가 시야의 색에 적응하는 과정 및 상태
④ 박명시 – 명소시와 암소시의 중간 밝기에서 추상체와 간상체 양쪽이 활성화되고 있는 시각의 상태

해설
명소시는 밝음에 적응하는 상태로 암순응 상태에서 시각계가 시야의 색에 적응하는 과정 및 상태를 말한다.

46 다음 중 산업현장에서의 색차평가를 바탕으로 인지적인 색차의 명도, 채도, 색상 의존성과 색상과 채도의 상호간섭을 통한 색상 의존도를 평가하여 발전시킨 색차식은?

① ΔE^*_{ab}
② ΔE^*_{uv}
③ ΔE^*_{00}
④ ΔE_{AN}

해설
색차 표시방법(KS A 0063)
CIEDE2000 총색차식은 CIELAB의 불균일성을 수정한 색차식으로 기준 환경에서 정의한다. 산업현장에서의 색차평가를 바탕으로 인지적인 색차의 명도, 채도, 색상 의존성과 색상과 채도의 상호간섭을 통한 색상 의존도를 평가하여 발전시킨 색차식으로 이전에 발표했던 CIEDE94 색차식을 개선하여 발표된 색차식이다. CIEDE00(ΔE^*_{00})로 표기하기도 한다.

정답 42 ④ 43 ④ 44 ④ 45 ③ 46 ③

47 **분광반사율이 다르지만 같은 색자극을 일으키는 현상은?**

① 아이소머리즘(Isomerism)
② 메타머리즘(Metamerism)
③ 컬러 어피어런스(Color Appearance)
④ 푸르킨예 현상(Purkinje Phenomenon)

해설
① 아이소머리즘(Isomerism)은 분광반사율이 일치하여 어떤 조명 아래에서나 어느 관찰자가 보더라도 같은 색으로 보이는 현상이다.
③ 컬러 어피어런스(Color Appearance)는 어떤 색체가 매체, 주변색, 광원, 조도 등이 다른 환경에서 다르게 보이는 현상이다.
④ 푸르킨예 현상(Purkinje Phenomenon)은 명소시에서 암소시로 갑자기 이동할 때 빨간색은 어둡게 파란색은 밝게 보이는 현상이다.

48 **반사물체의 측정방법 중 정반사 성분이 완벽히 제거되는 배치는?**

① 확산/확산 배열(d : d)
② 확산 : 0° 배열(d : 0)
③ 45° 환상/수직(45a : 0)
④ 수직/45°(0 : 45x)

해설
확산 : 0° 배열(d : 0)은 확산조명을 조사하고 수직 방향에서 관측하는 방식으로, 정반사 성분이 완벽히 제거되는 배치이다.

49 **최초의 합성염료로서 아닐린 설페이트를 산화시켜서 얻어내며, 보라색 염료로 쓰이는 것은?**

① 산화철
② 모베인(모브)
③ 산화망가니즈
④ 옥소크로뮴

해설
1856년 영국의 화학자 윌리엄 퍼킨이 최초의 염기성 염료인 모베인(Mauveine)을 인공 합성하였다.

50 **다음의 컬러 인덱스 구조에 대한 설명으로 옳은 것은?**

C.I. Vat Blue 14,	C.I. 69810
↑	↑
ⓐ	ⓑ

① ⓐ : 색료 사용 용도에 따른 분류
ⓑ : 화학적인 구조가 주어지는 물질번호
② ⓐ : 색료 사용 용도에 따른 분류
ⓑ : 제조사 등록번호
③ ⓐ : 색역에 따른 분류
ⓑ : 판매업체 분류번호
④ ⓐ : 착색의 견뢰성에 따른 분류
ⓑ : 광원에서의 색채 현시 분류번호

해설
컬러 인덱스는 색료의 호환성과 통용성을 확보하기 위한 색료 표시 기준이다. 색료를 사용방법에 따라 분류하고 색료의 고유의 번호를 표시한 것으로 약 9,000개 이상의 염료와 약 600개의 안료가 수록되어 있다. 컬러 인덱스는 컬러 인덱스 분류명(C.I. Generic Name)과 합성염료나 안료를 화학구조별로 종속과 색상으로 분류한 컬러 인덱스 번호(C.I. Number)로 표시한다.

51 **연색지수에 대한 설명으로 틀린 것은?**

① 연색지수는 기준광과 시험광원을 비교하여 색온도를 재현하는 정도를 나타내는 지수이다.
② 연색지수를 구하기 위해 사용되는 시험색은 스펙트럼 반사율을 아는 물체색이다.
③ 연색지수 100은 시험광원이 기준광하에서 동일한 물체색을 재현하는 것을 의미한다.
④ 광원의 연색성을 나타내는 것을 목적으로 한 지수이다.

해설
연색성을 평가하는 단위를 연색지수라고 한다. 연색지수는 서로 다른 물체의 색이 어떠한 광원에서 얼마나 같아 보이는가를 표시한다. 색온도를 재현하는 정도가 아니다.

정답 47 ② 48 ② 49 ② 50 ① 51 ①

52 아날로그 이미지를 디지털 파일로 변환시켜 주는 장비는?

① 포스트스크립트
② 모션캡처
③ 라이트 펜
④ 스캐너

해설

④ 스캐너 : 아날로그 이미지를 컴퓨터가 처리할 수 있는 디지털 파일의 형태로 정보를 변환하여 입력할 수 있는 장비이다.
① 포스트스크립트 : 포스트스크립트 방식은 출판을 목적으로 작은 글씨도 선명하게 인쇄하기 위해 개발되었으며, 보통 인디자인, 쿼크익스프레스, 페이지메이커와 같은 프로그램에 적용된다.
② 모션캡처 : 몸에 센서를 달아 움직임 정보를 인식해 애니메이션, 영화, 게임 등의 영상 속에 재현하는 기술이다.
③ 라이트 펜 : 감지용 렌즈를 이용하여 컴퓨터 명령을 수행하는 펜 모양의 입력장치이다.

53 육안조색 시 광원을 가장 중요시해야 하는 이유는?

① 동화효과　② 연색성
③ 색순응　④ 메타머리즘

해설

메타머리즘(조건등색)은 분광반사율의 분포가 서로 다른 두 개의 색자극이 광원의 종류와 관찰자 등의 관찰조건을 일정하게 할 때에만 같은 색으로 보이는 현상을 말한다.

54 인간의 색채 식별력을 감안하여 가장 많은 컬러를 재현할 수 있는 비트 체계는?

① 24비트
② 32비트
③ 채널당 8비트
④ 채널당 16비트

해설

채널당 16비트는 1개의 채널당 16비트의 정보를 가지는 이미지를 말한다. 이는 R, G, B 3개의 채널 $16 \times 3 = 48$로 48비트의 이미지가 된다. 48비트 이미지는 24비트보다 정보량이 두 배가 커진다. 인간의 색채 식별력을 감안할 때 가장 많이 컬러를 재현할 수 있는 비트 체계이다.

55 안료입자의 크기에 대한 설명으로 틀린 것은?

① 안료입자의 크기에 따라 굴절률이 변한다.
② 안료입자의 크기가 클수록 전체 표면적이 작아지는 반면 빛은 더 잘 반사한다.
③ 안료입자의 크기는 도료의 점도에 영향을 미친다.
④ 안료입자의 크기는 도료의 불투명도에 영향을 미친다.

해설

안료입자의 크기가 클수록 도막이 거칠어져 빛을 반사하지 못해 광택이 감소하게 된다. 이와 같이 지나치게 큰 입자를 조립자라고 한다.

56 컬러 프린터 잉크로 사용하는 기본 원색들은?

① Red, Green, Blue
② Cyan, Magenta, Yellow
③ Red, Yellow, Blue
④ Cyan, Magenta, Red

해설

감법혼색은 색료의 3원색인 사이안, 마젠타, 노랑을 혼합하기 때문에 혼합할수록 명도와 채도가 떨어져 어두워지고 탁해진다. 감법혼색은 컬러 프린터 잉크인쇄, 사진, 색 필터 겹침, 안료, 물감에 의한 색 재현 등에 사용된다.

57 다음에서 설명하는 특징을 가진 도료는?

- 주성분은 우루시올이며, 산화효소 라카제를 함유하고 있다.
- 용제가 적게 들고, 우아하고 깊이 있는 광택성을 가지는 도막을 형성한다.

① 천연수지 도료 – 캐슈계 도료
② 수성도료 – 아교
③ 천연수지 도료 – 옻
④ 기타 도료 – 주정도료

정답 52 ④ 53 ④ 54 ④ 55 ② 56 ② 57 ③

해설
① 천연수지 도료 중 캐슈계 도료는 캐슈열매 껍질에서 추출한 액과 포르말린의 축합물을 주성분으로 하며, 도막은 옻과 비슷하고 저렴하다.
② 수성도료 중 아교는 천연접착제로 동물의 가죽, 힘줄, 뼈 등을 이용해 만들며 물과 함께 팽창시켜 점액상으로 사용된다.
④ 주정도료는 천연수지 도료로 알코올을 주성분으로 하는 용제에 수지를 용해한 것을 전색제로 하는 도료이다.

58 컴퓨터 장치를 이용해서 정밀 측색하여 자동으로 구성된 컬러런트를 정밀한 비율로 자동조절 공급함으로써, 색을 자동화하여 조색하는 시스템을 무엇이라 하는가?

① CRT ② CCD
③ CIE ④ CCM

해설
CCM은 컴퓨터 장치를 이용해 정밀 측색하여 자동으로 구성된 컬러런트를 정밀한 비율로 자동조절 공급함으로써 색을 자동화하여 조색하는 시스템이다.

59 컬러런트(Colorant) 선택 시 고려되어야 할 조건과 가장 거리가 먼 것은?

① 착색비용
② 다양한 광원에서 색채현시에 대한 고려
③ 착색의 견뢰성
④ 기준광원 설정

해설
색료 선택 시 고려해야 할 사항으로 착색비용, 다양한 광원에서 색채 현상에 대한 고려, 착색의 견뢰성 등이 있다.

60 KS A 0062에 의한 색체계와 관련된 것은?

① H V/C ② L*a*b*
③ DIN ④ PCCS

해설
먼셀 표색계는 우리나라 한국공업규격으로 KS A 0062(색의 3속성에 의한 표시방법)에서 채택하고 있다. 표기법은 H V/C이다.

제4과목 색채지각의 이해

61 색채의 감정효과에 대한 설명으로 틀린 것은?

① 색의 중량감은 색상에 따라 가장 크게 좌우된다.
② 작업능률과 관계있는 것은 색채조절로, 색의 여러 가지 감정효과 등이 연관되어 있다.
③ 녹색, 보라색은 따뜻함이나 차가움을 느끼지 않는 중성색이다.
④ 채도가 낮은 색은 부드러운 느낌을 준다.

해설
색의 중량감은 명도에 따라 가장 크게 좌우된다.

62 영–헬름홀츠의 색각이론에 관한 설명 중 옳은 것은?

① 흰색, 검정, 노랑, 파랑, 빨강, 녹색의 반대되는 3대 반응과정을 일으키는 수용기가 존재한다는 이론이다.
② 빨강, 노랑, 녹색, 파랑의 4색을 포함하기 때문에 4원색설이라고 한다.
③ 흰색, 회색, 검정 또는 흰색, 노랑, 검정을 근원적인 색으로 한다.
④ 빨강, 녹색, 파랑을 느끼는 색각세포의 혼합으로 모든 색을 감지할 수 있다는 3원색설이다.

해설
영–헬름홀츠의 3원색설은 세 가지(R, G, B) 시세포와 세 가지 시신경의 흥분과 혼합에 의해 색이 만들어진다는 것이다.

63 인간이 볼 수 있는 가시광선의 파장 범위는 대략 얼마인가?

① 약 280~790nm ② 약 380~780nm
③ 약 390~860nm ④ 약 400~700nm

해설
인간이 볼 수 있는 가시광선의 파장 범위는 380~780nm이다.

정답 58 ④ 59 ④ 60 ① 61 ① 62 ④ 63 ②

64 다음 중 심리적으로 가장 침정되는 느낌을 주는 색의 특성을 모은 것은?

① 난색 계열의 고채도
② 난색 계열의 저채도
③ 한색 계열의 고채도
④ 한색 계열의 저채도

해설
심리적으로 가장 침정되는 느낌을 주는 색은 한색 계열의 저채도이다.

65 색의 조화와 대비의 법칙을 발표하여 동시대비의 원리를 발견한 사람은?

① 문-스펜서(Moon & Spencer)
② 오스트발트(Friedrich Wilhelm Ostwald)
③ 파버 비렌(Faber Biren)
④ 슈브뢸(M. E Chevreul)

해설
슈브뢸은 프랑스의 화학자로 고블랭 직물제작소에서 염색과 직물을 연구하던 중 색채조화에 대한 몇 가지 중요한 사실을 발견하고 1839년에 「색채조화와 대비 그리고 예술의 활용」을 저술하였다. 슈브뢸은 가느다란 배색은 가까이 보면 분별할 수 있어도 일정 이상의 거리를 두면 병치혼색으로 하나의 색이 보인다고 하였다. 또한 색채의 조화를 유사의 조화와 대비의 조화로 정의하였다. 이는 병치혼색과 보색 등의 대비를 통해 그 결과가 혼란된 것이 아닌 주도적인 색으로 보일 때 조화된다는 이론이다.

66 어느 색을 검은 바탕 위에 놓았을 때 밝게 보이고, 흰 바탕 위에 놓았을 때 어둡게 보이는 것과 관련된 현상은?

① 동시대비
② 명도대비
③ 색상대비
④ 채도대비

해설
명도대비는 배경색의 명도가 낮으면 본래의 명도보다 높아 보이고, 배경색의 명도가 높으면 본래의 명도보다 낮아 보이는 것이다.

67 색의 진출과 후퇴효과에 대한 설명으로 옳은 것은?

① 단파장의 색은 장파장의 색보다 후퇴되어 보인다.
② 고명도의 색은 저명도의 색보다 후퇴되어 보인다.
③ 난색은 한색보다 후퇴되어 보인다.
④ 저채도의 색은 고채도의 색보다 진출되어 보인다.

해설
난색이 한색보다, 밝은색이 어두운색보다, 채도가 높은 색이 낮은 색보다, 유채색이 무채색보다 더 진출해 보이는 효과가 있다.

68 작은 면적의 회색을 채도가 높은 유채색으로 둘러쌀 때, 회색이 유채색의 보색 색조를 띠어 보이는 현상은?

① 푸르킨예 현상
② 저드효과
③ 색음현상
④ 브뤼케 현상

해설
작은 면적의 회색을 채도가 높은 유채색으로 둘러쌀 때, 회색이 유채색의 보색 색조를 띠어 보이는 현상을 색음현상 또는 괴테현상이라고도 한다.

69 동시대비에 관한 설명 중 잘못된 것은?

① 두 색의 차이가 클수록 대비효과가 강해진다.
② 색자극 사이의 거리가 멀수록 대비효과가 약해진다.
③ 배경색의 크기가 일정할 때 샘플색의 크기가 클수록 대비효과가 커진다.
④ 두 색의 인접 부분에서 대비효과가 특별히 강조된다.

해설
동시대비는 인접해 있는 두 가지 이상의 색을 동시에 볼 때 일어나는 현상으로, 서로의 영향으로 인해 색이 다르게 보이는 현상을 말한다. 색차가 클수록 대비현상이 강해지고, 색과 색의 거리가 멀어질수록 대비현상은 약해진다. 배경색의 크기가 일정할 때 샘플색의 크기가 클수록 대비효과가 커지는 것은 면적대비에 해당된다.

정답 64 ④ 65 ④ 66 ② 67 ① 68 ③ 69 ③

70 다음 중 가장 온도감이 높게 느껴지는 색은?

① 보 라 ② 노 랑
③ 파 랑 ④ 빨 강

해설
온도감이 가장 높게 느껴지는 것은 빨강이고 온도감이 가장 낮게 느껴지는 것은 파랑이다. 보라는 온도감이 느껴지지 않는 중성색에 해당된다.

71 파란 하늘, 노란 튤립과 같이 색을 지각할 수 있는 광수용기는?

① 간상체 ② 수정체
③ 유리체 ④ 추상체

해설
추상체는 망막의 중심부에 밀집해 있으며 0.1lx 이상의 밝은색을 감지하여 해상도가 높고 주로 밝은 곳이나 낮에 작용한다.

72 분광반사율의 분포가 서로 다른 두 개의 색자극이 광원의 종류와 관찰자 등의 관찰조건을 일정하게 할 때에만 같은 색으로 보이는 경우는?

① 무조건등색 ② 아이소머리즘
③ 메타머리즘 ④ 현상색

해설
조건등색(메타머리즘)은 분광분포가 서로 다른 두 가지 색이 특정한 광원 아래에서는 같은 색으로 보이는 현상이다.

73 빛의 혼합 결과로 옳은 것은?

① 녹색 + 마젠타 = 노랑
② 파랑 + 녹색 = 사이안
③ 파랑 + 노랑 = 녹색
④ 마젠타 + 파랑 = 보라

해설
가법혼합(빛의 혼합방법)의 결과
• 빨강(Red) + 초록(Green) = 노랑(Yellow)
• 초록(Green) + 파랑(Blue) = 사이안(Cyan)
• 파랑(Blue) + 빨강(Red) = 마젠타(Magenta)

74 빨간색을 한참 본 후에 황색을 보면 그 황색은 녹색 기미를 띤다. 이와 같은 현상은?

① 연변대비
② 계시대비
③ 동시대비
④ 색상대비

해설
계시대비는 어떤 색을 잠시 본 후 시간적인 차이를 두고 다른 색을 보았을 때 먼저 본 색의 영향으로 나중에 본 색이 다르게 보이는 현상이다.

75 헤링의 색채 대립과정 이론에 의하면 노랑에 대립적으로 부호화되는 색은?

① 녹 색 ② 빨 강
③ 파 랑 ④ 보 라

해설
헤링은 빨강–초록, 노랑–파랑, 하양–검정의 세 쌍의 반대색설을 색의 기본 감각으로 가정하고 있다. 헤링은 망막에 하양–검정 물질, 빨강–초록 물질, 노랑–파랑 물질이라는 세 가지 구성요소가 있다고 가정하고, 각각의 물질은 빛에 따라 동화(재합성)와 이화(분해)라고 하는 대립적인 화학적 변화를 일으킨다고 하였다.

76 색상대비에 대한 설명이 옳은 것은?

① 빨강 위의 주황색은 노란색에 가까워 보인다.
② 색상대비가 일어나면 배경색의 유사색으로 보인다.
③ 어두운 부분의 경계는 더 어둡게, 밝은 부분의 경계는 더 밝게 보인다.
④ 검은색 위의 노랑은 명도가 더 높아 보인다.

해설
색상대비는 색상이 다른 두 색을 동시에 볼 때 각 색상의 차이가 크게 느껴지는 현상이다. 색상대비는 일차색끼리 잘 일어나며, 이차색, 삼차색이 될수록 그 대비효과는 작아진다. 예를 들어 빨간색 바탕 위의 주황색은 노란색 기미를 띠고 노란색 바탕 위의 주황색은 빨간색 기미를 띤다.

70 ④ 71 ④ 72 ③ 73 ② 74 ② 75 ③ 76 ① 정답

77 혼합하면 무채색이 되는 두 가지 색은 서로 어떤 관계인가?

① 반대색 ② 보 색
③ 유사색 ④ 인근색

해설
서로 반대되는 색의 관계로 보색을 혼합하면 무채색 또는 채도가 떨어진다.

78 백색광을 노란색 필터에 통과시킬 때 통과되지 않는 파장은?

① 장파장 ② 중파장
③ 단파장 ④ 적외선

해설
백색광을 노란색 필터에 통과시키면 단파장은 흡수하고, 장파장과 중파장은 통과하여 빨강과 초록이 합성되어 노랑으로 지각하게 된다.

79 붉은 사과를 보았을 때 지각되는 빛의 파장으로 가장 근접한 것은?

① 300~400nm
② 400~500nm
③ 500~600nm
④ 600~700nm

해설
빛의 파장

영 역	파 장	광원색
장파장	640~780nm	빨 강
	590~640nm	주 황
중파장	560~590nm	노 랑
	480~560nm	초 록
단파장	445~480nm	파 랑
	380~445nm	보 라

80 빛의 성질과 그 예가 옳은 것은?

① 산란 – 파란 하늘, 노을
② 굴절 – 부처님의 후광, 브로켄의 요괴
③ 회절 – 콤팩트 디스크, 비눗방울
④ 간섭 – 무지개, 렌즈, 프리즘

해설
① 산란은 빛의 진행 방향이 대기 중에서 여러 방향으로 분산되어 퍼져 나가는 현상으로 새벽빛의 느낌, 낮의 태양광선, 구름, 저녁노을, 파란 하늘 등 하루의 대기 변화를 느낄 수 있는 것과 관계가 있다.
② 굴절은 빛이 다른 매질로 들어가면서 빛의 파동이 진행 방향을 바꾸는 것으로 무지개, 아지랑이, 별의 반짝임 등이 해당된다.
③ 회절은 간섭과 산란의 두 가지 현상이 동시에 일어나는 현상으로 금속, 유리, 곤충의 날개, 예리한 칼날, 콤팩트 디스크(CD), 오팔(보석)에서 빛의 산란과 회절 현상이 일어난다.
④ 간섭은 빛의 파동이 잠시 둘로 나누어진 후 다시 결합되는 현상으로 비눗방울의 색이 무지개 색으로 빛나고, 은비늘이 보는 각도에 따라 색이 빛나 보이는 것과 관계가 있다.

제5과목 색채체계의 이해

81 먼셀 색체계의 특징에 관한 설명 중 옳은 것은?

① 색각이론 중 헤링의 반대색설을 기본으로 하여 24색상환을 사용하였다.
② 1905년 미국의 화가이자 색채연구가인 먼셀이 측색을 통해 최초로 정량적 표준화를 시도한 것이다.
③ 새로운 안료의 개발 등으로 인한 표준색의 범위확장을 허용하는 색나무(Color Tree) 개념을 가지고 있다.
④ 채도는 중심의 무채색 축을 0으로 하고, 수평 방향으로 10단계로 구성하여 그 끝에 스펙트럼 상의 순색을 위치시켰다.

해설
① 색각이론 중 헤링의 반대색설을 기본으로 하여 24색상환을 사용한 것은 오스트발트 표색계이다.
② 정량적인 물리적 표준이 아닌 정성적인 시감각에 의한 표준이다.
④ 채도는 중심의 무채색 축을 0으로 하고 수평 방향으로 14단계로 구성하여 그 끝에 스펙트럼상의 순색을 위치시켰다.

정답 77 ② 78 ③ 79 ④ 80 ① 81 ③

82 Yxy 색체계에 대한 설명이 옳은 것은?

① 빛에 의해 일어나는 3원색(R, G, B)을 정하고, 그 혼색비율에 의한 색체계이다.
② 수학적 변환에 의해 도입된 가상적 원자극을 이용해서 표색을 하고 있다.
③ 색도도의 중심점은 백색점을 표시하고, Y는 명도이고, x, y는 색도를 나타낸다.
④ 감법혼색의 실험결과로 만들어진 국제표준체계이다.

해설
Yxy 색체계는 국제조명위원회에서 제정한 표준 측색시스템으로 가법혼색의 원리로, 양(+)적인 표시만 가능한 XYZ 표색계로는 색채의 느낌을 정확히 알 수 없고 밝기의 정도도 판단할 수 없으므로 XYZ의 표색계의 수식을 변환하여 얻은 표색계이다.

83 톤(Tone)을 위주로 한 배색이 주는 느낌 중 틀린 것은?

① Light Tone – 즐거운, 밝은, 맑은
② Deep Tone – 눈에 띄는, 선명한, 진한
③ Soft Tone – 어렴풋한, 부드러운, 온화한
④ Grayish Tone – 쓸쓸한, 칙칙한, 낡은

해설
Deep Tone은 저명도의 고채도로 비교적 어두워 눈에 잘 띄거나 선명하지 않고 어두우면서 진한 느낌이다.

84 저드(D. B Judd)의 색채조화론과 관련이 없는 설명은?

① 규칙적으로 선정된 명도, 채도, 색상 등 색채의 요소가 일정하면 조화된다.
② 자연계와 같이 사람들에게 잘 알려진 색은 조화된다.
③ 어떤 색도 공통성이 있으면 조화된다.
④ 전체적으로 하나의 주된 색의 배색은 조화된다.

해설
저드의 색채조화론에는 질서, 친근(친숙)성, 유사성, 명료성(비모호성)의 원리가 있다.
①은 질서의 원리, ②는 친근(친숙)성의 원리, ③은 유사성의 원리이다.
④는 도미넌트 배색에 대한 설명이다.

85 NCS 색체계의 색 표기방법인 S4030-B20G에 대한 설명으로 옳은 것은?

① 40%의 하얀색도
② 30%의 검은색도
③ 20%의 녹색도를 지닌 파란색
④ 20%의 파란색도를 지닌 녹색

해설
NCS 색체계에서 혼합비는 S(흑색량) + W(백색량) + C(유채색량) = 100%로 표시되는데 혼합비의 세 가지 속성 가운데 흑색량과 순색량의 뉘앙스만 표기한다. S4030-B20G에서 4030은 뉘앙스를 의미하고 B20G은 색상, 40은 검은색도, 30은 유채색도, B20G은 B에 20만큼 G가 섞인 BG를 나타내며, S는 2판임을 표시한다.

86 ISCC-NIST 색명법의 표기방법 중 영역부분에 대한 설명으로 틀린 것은?

① 명도가 높은 것은 Light, Very Light로 구분한다.
② 채도가 높은 것은 Strong, Vivid로 구분한다.
③ 명도와 채도가 함께 높은 부분을 Brilliant로 구분한다.
④ 명도는 낮고, 채도가 높은 부분을 Dark로 구분한다.

해설
명도와 채도가 낮은 색조를 Dark로 구분한다.

87 PCCS 색체계의 주요 4색상이 아닌 것은?

① 빨 강 ② 노 랑
③ 파 랑 ④ 보 라

82 ③ 83 ② 84 ④ 85 ③ 86 ④ 87 ④ 정답

해설
PCCS 색체계는 헤링의 4원색설을 바탕으로 빨강, 노랑, 초록, 파랑의 4색상을 기본색으로 한다. 색상은 24색, 명도는 17단계, 채도는 9단계로 구분해서 사용한다.

88 오스트발트 색체계를 기본으로 해서 측색학적으로 실용화되고, 독일공업규격에 제정된 색체계는?

① DIN ② JIS
③ DIC ④ Pantone

해설
DIN 색체계는 1955년 오스트발트 색체계를 기본으로 산업발전과 통일된 규격을 위하여 독일의 표준기관인 DIN에서 도입한 것이다. 다양한 색채 측정과 밀접하게 연관된 수많은 정량적 측정에 이용할 수 있는 체계이다.

89 현색계에 속하지 않는 색체계는?

① 먼셀 색체계 ② NCS 색체계
③ XYZ 색체계 ④ DIN 색체계

해설
XYZ 색체계는 혼색계이다.

90 색명에 관한 설명 중 틀린 것은?

① 색이름은 색채의 이름과 색을 전달하고 색이름을 통해 감성이 함께 전달된다.
② 계통색이름은 모든 색을 계통적으로 분류해서 표현할 수 있도록 한 색이름 체계이다.
③ 한국산업표준에서 사용하는 유채색의 수식 형용사는 Soft를 비롯하여 5가지가 있다.
④ 관용색이름이 다른 명칭과 혼동되기 쉬울 때에는 '색'을 붙여 읽는 것이 바람직하다.

해설
유채색의 수식 형용사는 선명한(Vivid), 흐린(Soft), 탁한(Dull), 밝은(Light), 어두운(Dark), 진한(Deep), 연한(Pale)의 7가지이다(KS A 0011).

91 먼셀의 색채표기법 기호로 옳은 것은?

① H C/V
② H V/C
③ V H/C
④ C V/H

해설
먼셀 표색계의 표기법은 H V/C이다. 여기서 H는 색상, V는 명도, C는 채도를 의미한다.

92 한국인의 백색에 관한 설명으로 옳은 것은?

① 순백, 수백, 선백 등 혼색이 전혀 없는, 조작하지 않은 있는 그대로의 색이라는 의미이다.
② 백색은 소복에만 사용하였다.
③ 위엄을 표하는 관료들의 복식색이었다.
④ 유백, 난백, 회백 등은 전통개념의 백색에 포함되지 않는다.

해설
② 백색은 의복에 다양하게 사용되었다.
③ 위엄을 표하는 관료의 복식색으로 홍색, 파랑, 초록색을 사용했다.
④ 유백, 난백, 회백 등은 그 이름에서 알 수 있듯 전통개념의 백색에 포함된다.

93 현색계에 대한 설명이 틀린 것은?

① 색지각에 따라 분류되는 체계를 말한다.
② 조색, 검사 등에 적합한 오차를 적용할 수 있다.
③ 조건등색과 광원의 영향을 많이 받는다.
④ 형광색이나 고채도 염료의 경우 판단이 어렵다.

해설
현색계는 인간의 시점에 의존하므로 관측하는 사람에 따라 주관적으로 값이 정해져 정밀한 색좌표를 구하기 어렵다. 그래서 조색, 검사 등에 적합한 오차를 적용하기 어렵다.

정답 88 ① 89 ③ 90 ③ 91 ② 92 ① 93 ②

94 NCS 색체계에 대한 설명으로 옳은 것은?

① 뉘앙스는 색채 서술에 관한 용어이다.
② 색채 표기는 검은색도 – 유채색도 – 색상의 순으로 한다.
③ 색체계의 기본은 영–헬름홀츠의 원색설에서 출발한다.
④ 색채 표기에서 "S"는 Saturation(채도)을 나타낸다.

해설
NCS 색체계는 헤링의 4원색을 기본으로 사용하며, 혼합비는 S(흑색량) + W(백색량) + C(유채색량) = 100%로 표시되는데 혼합비의 세 가지 속성 가운데 흑색량과 순색량의 뉘앙스만 표기한다.

95 먼셀 색체계는 색의 어떠한 속성을 바탕으로 체계화한 것인가?

① 색상, 명도, 채도
② 백색량, 흑색량, 순색량
③ 백색도, 검은색도, 유채색도
④ 명색조, 암색조, 톤

해설
먼셀 색체계는 1905년 먼셀이 고안한 색 표시법으로 H V/C로 표시한다. 여기서 H는 색상, V는 명도, C는 채도를 의미한다.

96 한국산업표준(KS)에 규정된 유채색의 기본색이름 전부의 약호가 옳게 나열된 것은?

① R, YR, Y, GY, G, BG, B, PB, P, RP, Pk, Br
② R, O, Y, YG, G, BG, B, bV, P, rP, Pk, Br
③ R, yR, Y, gY, G, bG, B, pB, P, rP
④ R, Y, G, B, P

해설
유채색의 기본색이름은 빨강(R), 주황(YR), 노랑(Y), 연두(GY), 초록(G), 청록(BG), 파랑(B), 남색(PB), 보라(P), 자주(RP), 분홍(Pk), 갈색(Br)이다(KS A 0011).

97 오스트발트 조화론의 기본 개념은?

① 대 비 ② 질 서
③ 자 연 ④ 감 성

해설
오스트발트의 "조화란 곧 질서와 같다"라는 주장은 두 개 이상의 색상이 서로 질서를 가질 때 조화롭다는 것이다.

98 CIELAB 색체계에 대한 설명으로 옳은 것은?

① a*값이 +이면 파란빛이 강해진다.
② a*값이 –이면 붉은빛이 강해진다.
③ b*값이 +이면 노란빛이 강해진다.
④ b*값이 –이면 초록빛이 강해진다.

해설
CIE L*a*b* 색체계에서 L*은 명도이며, 100은 흰색, 0은 검은색이다. +a*는 빨강, –a*는 초록, +b*는 노랑, –b*는 파랑을 의미한다.

99 배색의 예와 효과가 바르게 연결된 것은?

① 선명한 색의 배색 – 동적인 이미지
② 차분한 색의 배색 – 동적인 이미지
③ 색상의 대비가 강한 배색 – 정적인 이미지
④ 유사한 색상의 배색 – 동적인 이미지

100 오스트발트 색체계에 대한 설명 중 틀린 것은?

① 헤링의 4원색 이론을 기본으로 한다.
② 색상환의 기준색은 Red, Yellow, Ultramarine Blue, Sea Green이다.
③ 정삼각형의 꼭짓점에 순색, 회색, 검정을 배치한 3각 좌표를 만들었다.
④ 색상 표시는 숫자와 알파벳 기호로 나타낸다.

해설
오스트발트의 색입체 모양은 삼각형을 회전시켜 만든 복원추체(마름모) 형태이다.

94 ② 95 ① 96 ① 97 ② 98 ③ 99 ① 100 ③ 정답

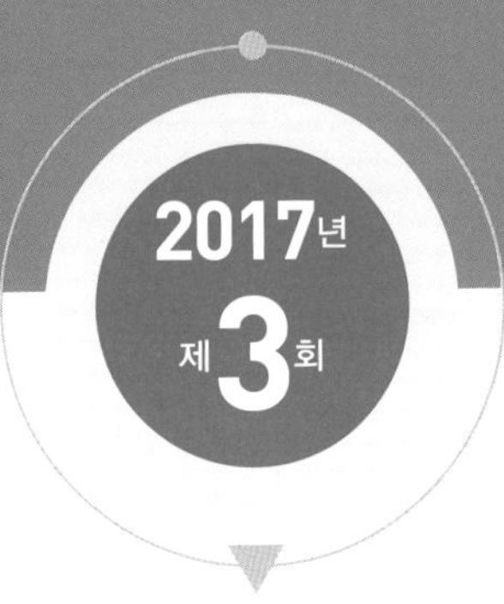

컬러리스트산업기사

과년도 기출문제

제1과목 색채심리

01 적도 부근의 풍부한 태양광선에 의해 라틴계 사람들 눈의 망막 중심에는 강렬한 색소가 형성되어 있다. 그로 인해 그들이 공통적으로 선호하는 색은?

① 빨 강　② 파 랑
③ 초 록　④ 보 라

해설
색의 선호도는 일조량에 따라 다른 양상을 보인다. 일조량이 많은 지역은 난색계의 채도가 높은 계열을 선호한다. 특히, 지역적 특징과 함께 피부가 거무스름하고 머리카락이 흑갈색인 라틴계 민족은 선명한 난색 계통을 즐겨 사용한다.

02 한국의 전통 오방색, 종교적이며 신비주의적인 상징색 등은 프랭크 H. 만케의 색경험 6단계 중 어느 단계에 해당이 되는가?

① 1단계 – 색자극에 대한 생물학적 반응
② 2단계 – 집단 무의식
③ 3단계 – 의식적 상징화
④ 4단계 – 문화적 영향과 매너리즘

해설
한국의 전통 오방색, 종교적이며 신비주의적인 상징색 등은 문화적 영향과 인문·자연환경의 영향으로 상징적 의미를 지닌다.

03 컬러 이미지 스케일에 대한 설명으로 틀린 것은?

① 색채 이미지를 어휘로 표현하여 좌표계를 구성한 것이다.
② 유행색 경향 및 선호도 비교분석에 사용된다.
③ 색채의 3속성을 체계적으로 이미지화한 것이다.
④ 색채가 주는 느낌, 정서를 언어스케일로 나타낸 것이다.

해설
③ 색채의 3속성을 체계적으로 이미지화한 것은 색입체이다.
④ 컬러 이미지 스케일은 맛, 향기, 감정 등의 느낌을 쉽게 전달하기 위해 만든 소통방법이다.

04 각 지역의 색채기호에 관한 내용 중 옳은 것은?

① 중국에서는 청색이 행운과 행복, 존엄을 의미한다.
② 이슬람교도들은 녹색을 종교적인 색채로 좋아한다.
③ 아프리카 토착민들은 일반적으로 강렬한 난색만을 좋아한다.
④ 북유럽에서는 난색계의 연한 색상을 좋아한다.

해설
① 중국에서는 붉은색이 행운과 행복, 존엄을 의미한다.
③ 아프리카 토착민들은 강한 햇볕과 모래 바람으로부터 보호하기 위해 검은색을 주로 입었다.
④ 북유럽에서는 지역적 특징으로 한색을 선호한다.

05 색채의 심리적 의미의 연결이 틀린 것은?

① 난색 – 양
② 한색 – 음
③ 난색 – 흥분감
④ 한색 – 용맹

해설
용맹은 난색과 관련이 있다. 반면 한색은 음과 차분한 느낌을 준다.

정답 1 ① 2 ④ 3 ③ 4 ② 5 ④

06 **다음 중 컬러 피라미드 테스트의 색채 의미와 거리가 먼 것은?**

① 빨강 – 충동적인 감정을 일으키는 색이다.
② 녹색 – 외향적인 색으로 정서적 욕구가 강하고 그것을 밖으로 쉽게 표현하는 사람이 많이 사용한다.
③ 보라 – 불안과 긴장의 지표로 사용량이 많은 경우에는 적응 불량과 미성숙을 나타낸다.
④ 파랑 – 감정통제의 색으로 진정효과가 있다.

해설
컬러 피라미드 테스트
• 컬러 칩을 배열할 때 사용된 색의 빈도와 배열형식 등을 통해 정동성(靜動性)과 자아기능, 정서적 안정감, 감수성, 반응성, 정서적 성숙도, 적응력, 내향적·외향적 성향 등을 진단한다.
• 녹색(4색) : 정서의 조절 및 감수성의 지표로 사용량이 많은 경우는 감수성이 풍부함을 나타내지만 극단적으로 많은 경우는 정서적 자극에 압도당하고 있음을 나타낸다. 사용량이 적은 경우는 감정이 퇴조된 단조로운 사람을 나타낸다.
• 주황(2색) : 외향적인 색으로 정서적 욕구가 강하고 그것을 밖으로 쉽게 표현하는 사람이 많이 사용한다. 사용량이 적은 사람은 감정을 부정하거나 억압하고 있음을 나타낸다.

07 **색채의 지각과 감정효과에 대한 설명이 틀린 것은?**

① 백열램프 조명의 공간은 따뜻한 느낌을 준다.
② 보라색은 실제보다 더 가까이 보인다.
③ 노란색 옷을 입으면 실제보다 더 팽창되어 보인다.
④ 좁은 방을 연한 청색 벽지로 도배를 하면 방이 넓어 보인다.

해설
한색계, 저명도, 저채도 계열의 색상은 같은 위치에 있어도 더 멀리 보인다. 보라색은 단파장(어두운 색상 계열), 한색계에 속한다.

08 **색채와 촉감에 대한 설명 중 틀린 것은?**

① 어둡고 채도가 낮은 색채는 강하고 딱딱한 느낌이다.
② 밝은 핑크, 밝은 노랑은 부드러운 느낌이다.
③ 난색 계열의 색은 건조한 느낌이다.
④ 광택이 없으면 매끈한 느낌을 줄 수 있다.

해설
광택이 없으면 딱딱하고 건조한 느낌을 줄 수 있다.
색채와 촉각
• 부드러움 : 밝은 핑크, 밝은 노랑, 밝은 하늘색
• 건조함 : 빨강, 주황 등 난색 계열
• 촉촉함 : 파랑, 청록 등 한색 계열
• 거칠음 : 어두운 회색 계열
• 평활, 광택감 : 고명도, 고채도

09 **선호색에 대한 설명이 옳은 것은?**

① 북극계 민족은 한색계를 선호한다.
② 생후 3개월부터 원색을 구별할 수 있다.
③ 라틴계 민족은 중성색과 무채색을 선호한다.
④ 교육수준이 높은 사람은 붉은색을 선호한다.

해설
② 생후 3개월부터 형태에 따라 색을 구별하기 시작하나 지각능력은 생후 12개월부터 발달한다.
③ 라틴계는 태양이 강렬하고 정열이 넘치는 민족으로 지역적 특징으로 선명한 난색 계통을 즐겨 사용한다.
④ 교육수준이 높은 사람은 한색을 선호한다.

10 **마케팅 개념의 변천 단계로 옳은 것은?**

① 제품지향 → 생산지향 → 판매지향 → 소비자지향 → 사회지향마케팅
② 제품지향 → 판매지향 → 생산지향 → 소비자지향 → 사회지향마케팅
③ 생산지향 → 제품지향 → 판매지향 → 소비자지향 → 사회지향마케팅
④ 판매지향 → 생산지향 → 제품지향 → 소비자지향 → 사회지향마케팅

해설
과거의 마케팅이 기업이윤 극대화 추구, 대량판매가 목적이었다면 현대의 마케팅은 구매자(고객) 중심, 품질서비스, 상호만족 등으로 변하고 있다.

정답 6 ② 7 ② 8 ④ 9 ① 10 ③

11 **색채조사 방법 중에서 디자인과 관련된 이미지어들을 추출한 다음, 한 쌍의 대조적인 형용사를 양 끝에 두고 조사하는 방법은?**

① 리커트 척도법
② 의미미분법
③ 심층면접법
④ 좌표분석법

해설
SD법(의미미분법)은 형용사의 반대어를 쌍으로 연결시켜 비교함으로써 색채의 감정적인 면을 다루는 방법이다.

12 **다음 중 색채조절에 관한 설명 중 가장 올바른 것은?**

① 시각작업 시 명시도를 높이는 것이다.
② 환경, 안전, 작업능률을 높이기 위한 색채계획이다.
③ 디자인 작품의 인쇄제작에 쓰이는 말이다.
④ 색상이 아름답게 보이도록 적절히 혼합하는 것이다.

해설
색채조절 시 색채관리, 색채조화, 심리학, 생리학, 조명학, 미학 등이 고려되며 색채조절을 통해 능률성, 안정성, 쾌적성 등을 효율적으로 향상시킬 수 있다.

13 **색채조절을 통해 이루어지는 효과가 아닌 것은?**

① 신체의 피로, 특히 눈의 피로를 막는다.
② 안전이 유지되며 사고가 줄어든다.
③ 색채의 적용으로 주위가 산만해질 수 있다.
④ 정리정돈과 질서 있는 분위기가 연출된다.

해설
색채조절의 효과
• 신체적 피로와 눈의 피로가 감소된다.
• 산만함을 예방하여 일에 대한 집중력을 높이고 능률성을 향상시킨다.
• 안전성을 추구하여 사고를 예방할 수 있다.
• 청결한 환경을 제공하므로 정리정돈 및 청소가 수월하다.

14 **색자극에 대한 반응을 연구한 학자들의 견해가 틀린 것은?**

① 파버 비렌(Faber Biren) – 빨간색은 분위기를 활기차게 돋궈주고, 파란색은 차분하게 가라앉히는 경향이 있다.
② 웰즈(N. A. Wells) – 자극적인 색채는 진한 주황 – 주홍 – 노랑 – 주황의 순서이고, 마음을 가장 안정시키는 색은 파랑 – 보라의 순서이다.
③ 로버트 로스(Robert R. Ross) – 색채를 극적인 효과 및 극적인 감동과 관련시켜 회색, 파랑, 자주는 비극과 어울리는 색이고, 빨강, 노랑 등은 희극과 어울리는 색이다.
④ 하몬(D. B. Harmon) – 근육의 활동은 밝은 빛 속에서 또는 주위가 밝은색일 때 더 활발해지고, 정신적 활동의 작업은 조명의 밝기를 충분히 하되, 주위 환경은 부드럽고 진한 색으로 하는 편이 좋다.

해설
웰즈(N. A. Wells) : 자극적인 색채는 진한 주황 – 주홍 – 주황의 순서이고, 마음을 가장 안정시키는 색은 연두 – 초록, 마음을 누그러뜨리는 색은 보라 – 자주의 순이라고 주장하였다.

15 **올림픽의 오륜마크에 사용된 상징색이 아닌 것은?**

① 빨 강
② 검 정
③ 녹 색
④ 하 양

해설
오륜기는 흰 바탕에 파랑, 노랑, 검정, 초록, 빨강의 오색 고리가 연결되어 있는 형태이며 오륜은 곧 5대륙을 상징한다.

16 **동서양의 문화에 따른 색채정보의 활용이 옳게 연결된 것은?**

① 동양의 신성시되는 종교색 – 노랑
② 중국의 왕권을 대표하는 색 – 빨강
③ 봄과 생명의 탄생 – 파랑
④ 평화, 진실, 협동 – 녹색

정답 11 ② 12 ② 13 ③ 14 ② 15 ④ 16 ①

해설
① 불교에서는 노란색을 신성시한다.
② 중국에서는 노랑을 황제의 색으로 사용하였다.
③ 동서양을 막론하고 녹색은 새 생명의 탄생을 의미한다.
④ 평화와 안정을 의미하는 것은 파란색이다.

17 상쾌하고 맑은 이미지를 연상시키는 색채의 톤(Tone)은?

① Pale
② Light
③ Deep
④ Soft

해설
색채의 톤(Tone)
- Pale : 여리고 연한 이미지
- Light : 상쾌하고 맑은 이미지
- Deep : 강인한 이미지
- Soft : 부드럽고 순한 이미지

18 소비자 구매심리의 과정이 옳게 배열된 것은?

① 주의 → 관심 → 욕구 → 기억 → 행동
② 주의 → 욕구 → 관심 → 기억 → 행동
③ 관심 → 주의 → 기억 → 욕구 → 행동
④ 관심 → 기억 → 주의 → 욕구 → 행동

해설
소비자의 구매과정(AIDMA의 법칙)
- A(Attention, 주의) : 신제품의 출현으로 소비자의 주목을 끌어야 한다.
- I(Interest, 흥미) : 타 제품과의 차별화로 소비자의 흥미를 유발한다.
- D(Desire, 욕구) : 제품 구입으로 인해 얻어지는 이익이나 편리함으로 제품을 구입하고자 하는 욕구가 생기는 단계이다.
- M(Memory, 기억) : 소비자의 구매의욕이 최고치에 달하는 시점으로, 제품의 광고나 정보 등을 기억하고 심리적 작용으로 구매를 결정하는 단계이다.
- A(Action, 행위) : 소비자가 직접 구입하는 행동을 취하는 단계이다.

19 안전색 표시사항 중 초록의 일반적인 의미에 해당하는 것은?

① 안전/진행
② 지 시
③ 금 지
④ 경고/주의

해설
안전색채
- 빨강 : 금지, 정지, 소방기구, 고도의 위험, 화약류의 표시
- 주황 : 위험, 항해항공의 보안시설, 구명보트, 구명대
- 노랑 : 경고, 주의, 장애물, 위험물, 감전경고
- 파랑 : 특정 행위의 지시 및 사실의 고지, 의무적 행동, 수리 중, 요주의
- 초록 : 안전, 안내, 유도, 진행, 비상구, 위생, 보호, 피난소, 구급장비
- 보라 : 방사능과 관계된 표지, 방사능 위험물 경고, 작업실이나 저장시설
- 흰색 : 문자, 파란색이나 초록색의 보조색, 통행로, 정돈, 청결, 방향지시
- 검정 : 문자, 빨간색이나 노란색에 대한 보조색

20 색채의 연상에 관한 설명 중 틀린 것은?

① 색채의 연상에는 구체적 연상과 추상적 연상이 있다.
② 색채의 연상은 경험적이기 때문에 기억색과 밀접한 관련을 갖는다.
③ 색채의 연상은 경험과 연령에 따라서 변화하지 않는다.
④ 색채의 연상은 생활양식이나 문화적인 배경, 그리고 지역과 풍토 등에 따라서 개인차가 있다.

해설
색채의 연상은 경험과 연령에 따라서 변화한다.

제2과목 색채디자인

21 환경색채 디자인의 프로세스 중 대상물이 위치한 지역의 이미지를 예측 설정하는 단계는?

① 환경요인 분석
② 색채 이미지 추출
③ 색채계획 목표 설정
④ 배색 설정

해설
환경색채 디자인을 계획할 때는 쾌적하고 활기찬 환경을 만들기 위해 그 지역의 기후, 토양, 문화적 성향을 고려하여 모든 색채요소들이 주변 환경과의 관계성을 잃지 않도록 해야 한다.

17 ② 18 ① 19 ① 20 ③ 21 ② 정답

22 **서로 관련 없는 요소들 간의 결합을 의미하는 그리스어에서 유래한 것으로, 문제를 보는 관점을 완전히 달리하여 여기서 연상되는 점과 관련성을 찾아 아이디어를 발상하는 방법은?**

① 시네틱스(Synectics)법
② 체크리스트(Checklist)법
③ 마인드 맵(Mind Map)법
④ 브레인스토밍(Brainstorming)법

해설
② 체크리스트(Checklist)법 : 해결해야 할 문제에 대하여 여러 가지 방법론을 적어 두고 하나하나 체크해 가면서 새로운 아이디어를 양산하는 방법이다.
③ 마인드 맵(Mind Map)법 : 마음속에 지도를 그리듯이, 생각의 길을 뻗어나가는 방법을 말한다. 생각, 기억, 정서 등을 이미지, 부호, 색깔, 핵심 단어 등으로 치환하여 지도처럼 그리는 사고기법이다.
④ 브레인스토밍(Brainstorming)법 : 일정한 주제에 대하여 회의를 하고, 구성원의 자유발언을 통한 아이디어의 제시를 요구하여 발상을 찾아내는 방법이다. 많은 양의 아이디어를 발산할 수 있고 비판을 하지 않으므로 자유분방하고 엉뚱하면서도 우수한 아이디어를 얻을 수 있는 것이 장점이다.

23 **빅터 파파넥의 복합기능에 대한 설명으로 가장 부적합한 것은?**

① 형태와 기능을 분리시키지 않고 좀 더 포괄적인 의미에서의 기능을 복합기능이라고 규정지었다.
② 복합기능에는 방법(Method), 용도(Use), 필요성(Need)과 같은 합리적 요소들이 포함된다.
③ 복합기능에는 연상(Association), 미학(Aesthetics)과 같은 감성적 요소들은 포함되지 않는다.
④ 특수한 목적을 달성하기 위한 자연과 사회에 대한 의도적인 실용화를 의미하는 것이 텔레시스(Telesis)이다.

해설
형태와 기능적인 면 그리고 미적인 측면을 복합기능(Function Complex)이라는 포괄적인 기능으로 해석하고자 했던 빅터 파파넥은 방법, 용도, 필요성, 텔레시스, 연상, 미학이라는 6가지 요소로 복합기능을 정의하였다. 빅터 파파넥은 디자인에 있어서 가장 중요한 문제는 미(美)를 기능과 어떻게 조화를 이루게 하느냐에 있다고 하면서, 형태와 기능을 따로 떼어내지 않고 두 가지가 복합적으로 상호기능을 하고 있다고 보았다.

24 **우수한 미적 기준을 표준화하여 대량생산하고 질을 향상시켜 디자인의 근대화를 추구한 사조는?**

① 미술공예운동
② 아르누보
③ 독일공작연맹
④ 다다이즘

해설
독일공작연맹은 1907년 헤르만 무테지우스를 주축으로 결성된 단체로 사물의 형태는 그 역할과 기능에 따른다는 기본 개념 아래 세워진 디자인 진흥단체이다. 제품의 질을 높이면서도 규격화와 표준화를 실현하여 대량생산 체제에 한 발짝 다가설 수 있는 계기를 만들었다.

25 **일반적인 디자인 분류 중 2차원 디자인만 나열한 것은?**

① TV 디자인, CF 디자인, 애니메이션 디자인
② 그래픽 디자인, 심벌 디자인, 타이포그래피
③ 액세서리 디자인, 공예 디자인, 인테리어 디자인
④ 익스테리어 디자인, 웹 디자인, 무대 디자인

해설
2차원 디자인은 평면 디자인으로 3차원 공간이 아닌 시각적 평면에서 이루어진다.

26 **몬드리안을 중심으로 한 신조형주의 운동으로 개성을 배제하는 주지주의적 추상미술운동이며, 색채의 선택은 검정, 회색, 하양과 작은 면적의 빨강, 노랑, 파랑의 순수한 원색으로 표현한 디자인 사조는?**

① 큐비즘 ② 데 스테일
③ 바우하우스 ④ 아르데코

해설
데 스테일은 몬드리안을 중심으로 네덜란드에서 일어난 신조형주의 운동으로, 화면을 정확한 수평과 수직으로 분할하고 빨강, 노랑, 파랑의 원색과 무채색을 이용하여 단순하고 차가운 추상주의를 표방하는 디자인 사조이다. 명확함과 질서 있는 시각적인 요소를 보여 주었던 데 스테일은 이후에 바우하우스와 국제주의 양식에 영향을 미쳤다.

정답 22 ① 23 ③ 24 ③ 25 ② 26 ②

27 **합리적인 디자인에 대한 설명 중 틀린 것은?**

① 이상적인 디자인을 추구하되 실현 가능한 것이어야 한다.
② 개인적인 성향에 맞추기 위해 기계적인 생산활동을 추구한다.
③ 미적 조형과 기능, 실용성 사이에서 균형을 이루어야 한다.
④ 소비자의 요구사항과 디자이너로서의 전문적인 의견을 적절히 조율해야 한다.

해설
합리적인 디자인은 개인적인 취향보다는 공동체 의식과 기능성을 중시한 객관적이고 적절한 계획으로 질서와 시각적 편안함을 주는 합리적인 계획이 되어야 한다.

28 **러시아 혁명가의 대표적인 아방가르드 운동의 하나로 현대의 기술적 원리에 따라 실제 생산물을 생산하는 것을 목표로 한 것은?**

① 기능주의 ② 구성주의
③ 미래파 ④ 바우하우스

해설
구성주의(Constructivism)는 제1차 세계대전을 전후하여 러시아에서 일어난 추상주의 예술운동이다. 기계적 또는 기하학적인 형태를 중시하여 역학적인 미를 창조하고 전통적인 미술을 전면 부정하였으며 현대의 기술적 원리에 따라 실제 생산물을 생산하는 것을 목표로 하였다. 대표 작가로는 말레비치, 로드첸코, 엘 리시츠키 등이 있다.

29 **다음 중 아르누보에 대한 설명으로 옳은 것만 고른 것은?**

ⓐ 철이나 콘크리트 재료를 적극적으로 이용했다.
ⓑ 윌리엄 모리스가 대표적 인물이다.
ⓒ 이탈리아 북부의 공업도시 밀라노가 중심이다.
ⓓ 인간성 회복을 위한 노력이었다.
ⓔ 오스트리아에서는 빈 분리파라로 불렸다.

① ⓐ, ⓒ ② ⓐ, ⓔ
③ ⓑ, ⓓ ④ ⓓ, ⓔ

해설
아르누보는 1890년대 프랑스를 중심으로 일어났던 새로운 예술이란 뜻의 예술운동으로 유미주의적인 장식미술을 뜻한다. 특히 오스트리아 출신이면서 유겐트 양식의 대표적인 화가이자 빈 분리파에 참여했던 구스타프 클림트는 독자적이고 고혹적인 양식을 창조하기도 하였다. 종래의 디자인이나 예술과는 다르게 모든 역사적인 양식을 부정하고 자연 형태에서 모티브를 빌려 새로운 표현을 얻고자 했다.
ⓑ 미술공예운동
ⓓ 르네상스

30 **인간생활의 질적 수준을 향상시키기 위하여 형식미와 기능 그 자체와 유기적으로 결합된 형태, 색채, 아름다움을 나타내고자 할 때 필요한 디자인 요건은?**

① 심미성
② 독창성
③ 경제성
④ 문화성

해설
디자인 조건 중 하나인 심미성은 합목적성의 실용성이나 기능성과는 거리가 있는 개념으로 외관상의 아름다움을 말한다.

31 **미용 디자인에서 입술에 사용하는 색의 설명으로 틀린 것은?**

① 메탈릭 페일(Metallic Pale) 색조는 은은하고 섬세하여 로맨틱한 분위기를 연출할 수 있다.
② 의상의 색과 공통된 요소를 지닌 립스틱 색을 사용함으로써 통일감과 조화를 줄 수 있다.
③ 치아가 희지 않을 때는 파스텔 톤 같은 밝은색을 사용하는 것이 좋다.
④ 따뜻한 오렌지나 레드계의 색을 사용하면 명랑하고 활달한 분위기가 연출된다.

해설
메이크업에서 립의 색상은 얼굴의 인상과 분위기를 연출하는 중요한 요소이다. 의상의 색상과 어울리도록 메이크업을 연출하고 립의 색상을 선택한다. 치아가 희지 않을 때는 파스텔 톤 같은 밝은색이나 너무 화려하거나 진한 립스틱의 색은 피하는 것이 좋다.

27 ② 28 ② 29 ② 30 ① 31 ③ 정답

32 **색채 사용에 관한 일반적인 원칙과 효과에 대한 설명이 가장 합리적인 것은?**

① 초등학교 저학년 학생들을 위한 학습공간에는 청색과 같은 한색을 사용하면 차분한 분위기가 연출되어 학습효과를 높일 수 있다.
② 학교의 식당은 복숭아색과 같은 밝은 난색을 사용하면 즐거운 분위기가 연출되어 식욕을 돋궈 준다.
③ 학교의 도서실과 교무실은 노란 느낌의 장미색을 사용하면 두뇌의 활동을 활발하게 만들어 업무의 능률이 올라간다.
④ 학습하는 교실의 정면 벽은 진한(Deep) 색조나 밝은(Light) 색조를 사용하면 색다른 공간감을 연출하여 집중력을 높일 수 있다.

해설
① 초등학교 저학년은 시각적, 감정적 흥미가 눈에 두드러지게 진행되는 연령이므로, 이들을 위한 학습공간은 온색을 중심으로 연노란색, 산호색, 복숭아색 등이 적절하다.
③ 학교의 도서실과 교무실은 충분한 조명과 함께 연녹색이나 물색을 사용하여 집중감을 주는 것이 좋다.
④ 학습하는 교실의 정면 벽은 중간 색조의 짙은 갈색, 골드, 아보카도, 에메랄드 그린이나 청록색, 감청색 등을 적용하면 눈을 편안하게 하고 지루함을 없애 주며, 교사와 교과서 외의 전시된 교육 자료를 잘 보이게 해 준다.

33 **다음 그림과 관련이 있는 것은?**

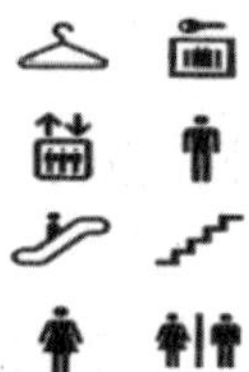

① Symbol
② Pictogram
③ Sign
④ ISOTYPE

해설
② Pictogram : 시각 디자인의 영역에 속하는 분야로 그림처럼 문자와 언어가 다르더라도 단순한 이미지의 직관적 형태와 색채에 의해 순간적 이해가 가능한 상징 체계이다.
① Symbol : 사물을 전달하는 매개적 작용을 하는 것을 통틀어 이르는 말이다.
③ Sign : 상점, 회사, 영업소, 기관 등에서 그 이름, 판매 상품, 영업 종목 등을 써서 사람 눈에 잘 띄도록 걸거나 붙이는 표지를 말한다.
④ ISOTYPE : 일정한 사상을 나타내기 위해 문자와 숫자를 사용하는 대신에 상징적 도형이나 정해진 기호를 조합시켜 보다 시각적, 직접적으로 나타내는 방식을 말한다.

34 **작가와 사상의 연결이 잘못된 것은?**

① 빅토르 바자렐리(V. Vasarely) - 옵아트
② 카사밀 말레비치(K. Malevich) - 구성주의
③ 피에트 몬드리안(P. Mondrian) - 신조형주의
④ 에토레 소트사스(E. J. Sottsass) - 팝아트

해설
팝아트는 1950년대 후반에서 1960년대 초반 미국에서 등장한 사조로 매스미디어와 광고를 미술의 영역으로 승화시키고자 했다. 대표 작가로 앤디 워홀, 리히텐슈타인 등이 있다.

35 **색채심리를 이용한 실내 색채계획의 적용이 적합하지 않은 것은?**

① 남향, 서향 방의 환경색으로 한색 계통의 색을 적용하였다.
② 지나치게 낮은 천장에 밝고 차가운 색을 적용하였다.
③ 천장은 밝게, 바닥은 중간 명도, 벽은 가장 어둡게 적용하여 안정감을 주었다.
④ 북향, 동향 방에 오렌지 계열의 벽지를 적용하였다.

해설
낮은 천장은 밝고 차가운 색을 적용하여 조명 효율을 높이고 공간을 넓어 보이게 할 수 있다. 또한 천장, 벽, 바닥 순으로 명도를 낮추어 조명을 어둡게 적용하여 안정감을 줄 수 있다.

정답 32 ② 33 ② 34 ④ 35 ③

36 일반적인 패션 디자인의 색채계획에 필요한 내용과 거리가 먼 것은?

① 트렌드 분석을 위한 시장조사와 분석
② 상품기획의 콘셉트
③ 유행색과 소비자 반응
④ 개인별 감성과 기호

해설
패션 디자인은 그 시대의 유행과 매우 밀접한 관계가 있으며 대중성과 개인적 취향을 모두 만족시키는 디자인이 되어야 한다. 따라서 소비자의 욕구, 디자이너의 스타일, 시대적 유행 등을 고려하여 디자인을 결정한다.

37 색채계획을 세우기 위한 과정으로서 옳은 것은?

① 색채심리 분석 → 색채환경 분석 → 색채전달 계획 → 디자인 적용
② 색채전달 계획 → 색채환경 분석 → 색채심리 분석 → 디자인 적용
③ 색채환경 분석 → 색채심리 분석 → 색채전달 계획 → 디자인적용
④ 색채환경 분석 → 색채심리 분석 → 색채디자인의 이해 → 디자인 적용

해설
색채계획의 4단계
- 1단계 색채환경 분석 : 고객의 요구 및 시장성 파악
- 2단계 색채심리 분석 : 이미지 콘셉트 설정
- 3단계 색채전달 계획 : 이미지 계획
- 4단계 디자인 적용 : 고객의 공감 획득

38 트렌드 컬러의 조사가 가장 중요하고 민감하며 빠른 변화주기를 보이는 디자인 분야는?

① 포장 디자인 ② 환경 디자인
③ 패션 디자인 ④ 시각 디자인

해설
패션 디자인은 시대적 유행과 시장 상황, 소비자의 욕구, 디자이너의 스타일 모두를 고려하여 디자인을 결정하여야 마케팅적 측면에서 효과를 볼 수 있다.

39 디자인 과정에서, 사용자의 필요성에 의해 디자인을 생각해내고, 재료나 제작방법 등을 생각하여 시각화하는 과정을 무엇이라고 하는가?

① 재료과정 ② 조형과정
③ 분석과정 ④ 기술과정

해설
디자인 과정의 5단계
- 욕구단계(기획단계) : 시장조사, 소비자 조사 실시
- 조형단계(디자인단계) : 색채분석 및 색채계획서를 작성, 재료나 제작방법에 대한 디자인 도면 작성, 렌더링, 목업작업 등 디자인을 시각화하는 과정
- 재료과정 : 소재와 재질을 결정하고 제품 계열별 분류 및 체계화를 실시
- 기술과정(생산단계) : 시제품 제작단계와 함께 평가를 하고 품평회를 실시하여 생산하는 단계
- 홍보단계 : 홍보와 함께 여러 가지 마케팅 믹스를 실시

40 형태의 구성요소와 거리가 먼 것은?

① 점 ② 선
③ 면 ④ 대 비

해설
디자인의 요소는 크게 형태, 색채, 질감으로 나눌 수 있고, 형태의 기본 요소로는 점, 선, 면이 있다.

제3과목 색채관리

41 측정에 사용하는 분광광도계의 조건 중 (　) 안에 들어갈 수치로 옳은 것은?

분광광도계의 측정 정밀도 : 분광반사율 또는 분광투과율의 측정 불확도는 최대치의 (a)% 이내에서, 재현성은 (b)% 이내로 한다.

① a : 0.5, b : 0.2
② a : 0.3, b : 0.1
③ a : 0.1, b : 0.3
④ a : 0.2, b : 0.5

36 ④ 37 ③ 38 ③ 39 ② 40 ④ 41 ① 정답

해설
분광광도계의 측정 정밀도 : 분광반사율 또는 분광투과율의 측정 불확도는 최대치의 0.5% 이내, 재현성은 0.2% 이내로 한다.

42 베지어 곡선을 이용하여 표현한 것으로 이미지가 확대되거나 축소되어도 이미지 정보가 그대로 보존되며 용량도 적은 이미지 표현방식은?

① 벡터 방식 이미지(Vector Image)
② 래스터 방식 이미지(Raster Image)
③ 픽셀 방식 이미지(Pixel Image)
④ 비트맵 방식 이미지(Bitmap Image)

해설
벡터 방식 이미지는 점과 점을 연결하여 선을 만들고 선과 선을 이용하여 표현하는 방식으로 2, 3차원 공간에 선, 네모, 원 등의 그래픽 형상을 수학적 표현을 통해 나타내는 방식이다.

43 천연 염료와 색이 잘못 짝지어진 것은?

① 자초 – 자색
② 치자 – 황색
③ 오배자 – 적색
④ 소목 – 녹색

해설
소목은 목재 안쪽의 빛깔이 짙은 부분인 심재를 사용하는 대표적인 다색성 염료 식물로서 매염제에 따라 황색, 적색, 자주색, 흑색으로 염색된다.

44 색채 측정기의 종류를 크게 두 가지로 나눈다면 어떤 것이 있는가?

① 필터식 색채계와 망점식 색채계
② 분광식 색채계와 렌즈식 색채계
③ 필터식 색채계와 분광식 색채계
④ 음이온 색채계와 분사식 색채계

해설
측색에는 육안측색과 측색계를 이용하여 하는 방법이 있고, 측색계에는 필터식과 분광식이 있다.

45 빛을 전하로 변환하는 스캐너 부속 광학 칩 장비장치는?

① CCD(Charge Coupled Device)
② PPI(Pixel Per Inch)
③ CEPS(Color Electronic Prepress System)
④ OCR(Optical Character Recognition)

해설
CCD는 전하결합소자라 하는데 빛을 전하로 변환하는 광학장비이다. 색채 영상의 입력에 활용되는 기기들의 가장 기본이 되는 요소로 디지털 카메라, 비디오 카메라, 스캐너 등에 사용된다.

46 색온도 보정 필터에 대한 설명 중 틀린 것은?

① 색온도 보정 필터에는 색온도를 내리는 블루계와 색온도를 올리는 엠버계가 있다.
② 필터 중 흐린 날씨용, 응달용을 엠버계라고 한다.
③ 필터 중 아침저녁용, 사진전구용, 섬광전구용을 블루계라고 한다.
④ 필터는 사용하는 필름과 촬영하는 광원의 색온도에 따라 구분해서 사용한다.

해설
색온도 보정 필터에는 색온도를 내리는 엠버계와 색온도를 올리는 블루계가 있다.

47 동일 조건으로 조명할 때, 한정된 동일 입체각 내의 물체에서 반사하는 복사속(광속)과 완전 확산 반사면에서 반사하는 복사속(광속)의 비율은?

① 입체각 휘도율
② 방사 휘도율
③ 방사 반사율
④ 입체각 반사율

해설
입체각 반사율은 동일 조건으로 조명하여 한정된 동일 입체각 내에 물체에서 반사하는 복사속(광속)과 완전 확산 반사면에서 반사하는 복사속(광속)의 비율이다(KS A 0064).

정답 42 ① 43 ④ 44 ③ 45 ① 46 ① 47 ④

48 다음 중 태양광 아래에서 가장 반사율이 높은 경우의 무명은?

① 천연 무명에 전혀 처리를 하지 않은 무명
② 화학적 탈색 처리한 무명
③ 화학적 탈색 후 푸른색 염료로 약간 염색한 무명
④ 화학적 탈색 후 형광성 표백제로 처리한 무명

해설
화학적 탈색 후 형광성 표백제로 처리한 무명은 보기 중 가장 흰색을 띠게 된다. 흰색은 모든 색을 반사해 내기 때문에 가장 반사율이 높다고 할 수 있다.

49 색온도에 관한 설명 중 틀린 것은?

① 광원의 색온도는 시각적으로 같은 색상을 나타내는 이상적인 흑체(Ideal Blackbody Radiator)의 절대온도(K)를 사용한다.
② 모든 광원의 색이 이상적인 흑체의 발광색과 일치하지 않을 수 있으므로 색온도가 정확한 광원색을 나타내지는 못한다.
③ 정확한 색 평가를 위해서는 5,000~6,500K의 광원이 권장된다.
④ 그래픽 인쇄물의 정확한 색 평가를 위해 권장되는 조명의 색온도는 6,500K이다.

해설
그래픽 인쇄물의 정확한 색 평가는 교정작업 중에 이뤄지는데 특별히 색 평가를 위한 색온도가 정해져 있지는 않다.

50 다음 중 안료를 사용하여 발색하는 것이 아닌 것은?

① 플라스틱 ② 유성 페인트
③ 직 물 ④ 고 무

해설
염료는 다른 물질과 흡착 또는 결합하기 쉬워 직물 계통에 많이 사용되며 그 외 피혁, 잉크, 종이, 목재 및 식품 등의 염색에 사용된다.

51 옻, 캐슈계 도료, 유성페인트, 유성에나멜, 주정도료 등이 속하는 것은?

① 천연수지 도료
② 합성수지 도료
③ 수성도료
④ 인쇄잉크

해설
천연수지 도료는 옻, 캐슈계 도료, 유성페인트, 유성에나멜, 주정도료가 대표적이다.

52 디지털 영상장치의 생산업체들이 모여 디지털 영상의 호환성을 확보하기 위하여 표준을 정하는 국제적인 단체는?

① CIE(국제조명위원회)
② ISO(국제표준기구)
③ ICC(국제색채협의회)
④ AIC(국제색채학회)

해설
ICC(국제색채협의회)는 국제산업표준의 디지털 디바이스 프로파일을 규정하고 관리하는 국제기구로 디지털 영상 장치의 생산업체들이 모여 디지털 영상의 호환성을 확보하기 위하여 표준을 정하는 국제적인 단체이며 ICM File이 널리 사용되고 있다.

53 육안으로 색을 비교할 경우 조건등색검사기 등을 이용한 검사를 권장하는 연령의 관찰자는?

① 20대 이상
② 30대 이상
③ 40대 이상
④ 무관함

해설
육안검색 시 관찰자는 젊을수록 좋으며 20대의 젊은 여성이 조색과 검색에 가장 유리하다. 그런 이유에서 조건등색검사기와 같은 장비를 이용하는 연령은 보기 중 가장 연령대가 높은 40대이다.

48 ④ 49 ④ 50 ③ 51 ① 52 ③ 53 ③ 정답

54 다음 ( ) 안에 들어갈 용어는?

> 특정한 색채를 내기 위해서는 물체의 재료에 따라 적합한 ( )를 선택하여야 한다.

① Colorant
② Color Gamut
③ Primary Colors
④ CMS

해설
색을 표현하기 위한 염료나 안료로 특정한 색채를 내기 위해서는 물체의 재료에 따라 적합한 색료(Colorant)를 선택해야 한다.

55 다음 중 프린터에 사용되는 컬러 잉크의 색이름이 아닌 것은?

① Red ② Magenta
③ Cyan ④ Yellow

해설
감법혼색은 색채의 혼합으로 색료의 3원색인 Cyan, Magenta, Yellow를 혼합하기 때문에 혼합할수록 명도와 채도가 떨어져 어두워지고 탁해진다.

56 조명방식에 대한 설명으로 틀린 것은?

① 간접조명은 효율은 나쁘지만 차분한 분위기가 된다.
② 전반확산조명은 확산성 덮개를 사용하여 빛이 확산되도록 하는 방식이다.
③ 반직접조명은 확산성 덮개를 사용하여 광원 빛의 10~40%가 대상체에 직접 조사된다.
④ 직접조명은 빛이 거의 직접 작업면에 조사되는 것으로 반사갓으로 광원의 빛을 모아 비추는 방식이다.

해설
반직접조명은 반투명 유리나 플라스틱을 사용하여 광원 빛의 60~90%가 대상체에 직접 조사되는 방식으로 그림자와 눈부심이 생긴다.

57 일반적으로 이용하는 색 비교용 부스의 내부 색으로 적합한 것은?

① L*가 약 20 이하의 무광택 무채색
② L*가 약 25~35의 무광택 무채색
③ L*가 약 45~55의 무광택 무채색
④ L*가 약 65 이상의 무광택 무채색

해설
표면색의 시감 비교방법(KS A 0065)
일반적으로 이용하는 부스의 내부는 명도 L*가 약 45~55의 무광택의 무채색으로 한다. 색 비교에 적합한 배경시야를 확보하기 위해 부스 내의 작업면은 비교하려는 시료면과 가까운 휘도율을 갖는 무채색으로 한다. 조명의 확산판은 시료색으로부터 반사하는 램프의 결상을 피하기 위해서 항상 사용한다. 조명장치의 분광분포 특성은 그 확산판의 분광투과 특성이 포함된다.

58 색을 지각하는 과정에서 영향을 가장 적게 미치는 요소는?

① 주변 소음
② 광원의 종류
③ 관측자의 건강상태
④ 물체의 표면 특성

해설
색을 지각하기 위한 지각의 3요소로는 광원, 물체, 눈 등이 있다. 주변 소음은 색의 지각과 직접적인 관련이 없다.

59 다음 중 CCM의 이점이 아닌 것은?

① 아이소메트릭 매칭이 가능하다.
② 조색시간이 단축된다.
③ 정교한 조색으로 물량이 많이 소모된다.
④ 초보자라도 쉽게 배우고 조색할 수 있다.

해설
CCM은 조색시간을 단축할 수 있으며, 소재의 변화에 신속히 대응하는 데 도움을 주며, 다품종 소량에 대응해 고객의 신뢰도를 구축하는 컬러런트 구성에 효율적이다.

정답 54 ① 55 ① 56 ③ 57 ③ 58 ① 59 ③

60 KS A 0065(표면색의 시감 비교방법)에 의한 색 비교의 절차 중 일반적인 방법에 대한 설명이 틀린 것은?

① 시료색과 현장 표준색 또는 표준재료로 만든 색과 비교한다.
② 비교하는 색은 인접되지 않도록 유의하고 계단식으로 배열되도록 배치한다.
③ 비교의 정밀도를 향상시키기 위해서 가끔씩 시료색의 위치를 바꿔가며 비교한다.
④ 일반적인 시료색은 북창주광 또는 색 비교용 부스, 어느 쪽에서 관찰해도 된다.

해설
시료색들은 눈에서 약 500mm 떨어뜨린 위치에, 같은 평면상에 인접하여 배치한다(KS A 0065).

제4과목 색채지각의 이해

61 진출색이 지니는 일반적 조건에 관한 설명으로 틀린 것은?

① 유채색이 무채색보다 진출의 느낌이 크다.
② 채도가 낮은 색이 높은 색보다 진출의 느낌이 크다.
③ 따뜻한 색이 차가운 색보다 진출의 느낌이 크다.
④ 밝은색이 어두운색보다 진출의 느낌이 크다.

해설
같은 거리에 위치한 물체는 색에 따라서 거리감이 느껴지기도 하는데, 진출색은 가깝게 보이는 색을 말하며 채도가 높은 색이 낮은 색보다 진출해 보인다.

62 다음 중 선물을 포장하려 할 때, 부피가 크게 보이려면 어떤 색의 포장지가 가장 적합한가?

① 고채도의 보라색
② 고명도의 청록색
③ 고채도의 노란색
④ 저채도의 빨간색

해설
명도가 높을수록 더 팽창해 보이는데, 노란색이 색상환에서 명도와 가시성이 가장 높다. 또한 어느 매질에서든 가장 팽창해 보이는 색이다.

63 색료의 3원색과 색광의 3원색이 옳게 연결된 것은?

① 색료의 3원색 : 빨강, 초록, 파랑
색광의 3원색 : 마젠타, 사이안, 노랑
② 색료의 3원색 : 마젠타, 파랑, 검정
색광의 3원색 : 빨강, 초록, 노랑
③ 색료의 3원색 : 마젠타, 사이안, 초록
색광의 3원색 : 빨강, 노랑, 파랑
④ 색료의 3원색 : 마젠타, 사이안, 노랑
색광의 3원색 : 빨강, 초록, 파랑

해설
색광의 3원색은 빨강(Red), 초록(Green), 파랑(Blue)이며, 색료의 3원색은 사이안(Cyan), 마젠타(Magenta), 노랑(Yellow)이다. 색료의 혼합은 감법혼합으로 혼합할수록 명도가 낮아지고 마지막 단계는 검은색이 된다. 색광의 혼합은 가법혼합이며 혼합할수록 명도는 높아지고 마지막 단계는 백색광이 된다.

64 도로나 공공장소에서 시인성을 높이기 위한 표지판의 배색으로 적합한 것은?

① 파란색 바탕에 흰색
② 초록색 바탕에 흰색
③ 검은색 바탕에 노란색
④ 흰색 바탕에 노란색

해설
시인성은 대상의 식별이 쉬운 성질, 물체의 색이 얼마나 뚜렷이 잘 보이는가의 정도로 명시도, 가시성이라고도 한다. 색의 3속성 중에서 배경과 대상의 명도 차이가 클수록 잘 보이고, 명도차가 있으면서도 색상 차이가 크고 채도 차이가 있으면 시인성이 높다.

60 ② 61 ② 62 ③ 63 ④ 64 ③ 정답

65 다음 중에서 3원색설과 거리가 먼 사람은?

① 토마스 영(Thomas Young)
② 헤링(Edwald Hering)
③ 헬름홀츠(Hermann Von Helmholtz)
④ 맥스웰(James Clerck Maxwell)

해설
헤링은 4원색의 반대색설을 주장하였다. 1872년 독일 심리학자이자 생리학자인 헤링은 망막에 하양–검정 물질, 빨강–초록 물질, 노랑–파랑 물질이라는 세 가지 구성요소가 있다고 가정하고, 각각의 물질은 빛에 따라 동화(재합성)와 이화(분해)라고 하는 대립적인 화학적 변화를 일으킨다고 하였다. 이는 심리적 보색 개념으로 설명된다.

66 카메라의 렌즈에 해당하는 것으로 빛을 망막에 정확하고 깨끗하게 초점을 맺도록 자동적으로 조절하는 역할을 하는 것은?

① 모양체　② 홍 채
③ 수정체　④ 각 막

해설
③ 수정체는 가까운 거리의 물체를 보면 두꺼워져 상의 초점을 만들고, 멀리 있는 물체를 보면 얇게 변하며 망막의 중심에 있는 중심와에 정확히 상이 맺히게 된다.
① 모양체는 평활근과 혈관으로 수정체의 두께를 조절해 주는 근육이다.
② 홍채는 외부에서 들어오는 빛의 양을 조절하는 기능을 한다.
④ 각막은 눈 속으로 빛을 받아들이는 투명한 창문 역할을 한다.

67 심리보색에 대한 설명 중 틀린 것은?

① 인간의 지각과정에서 서로 반대색을 느끼는 것을 말한다.
② 헤링의 반대색설과 연관이 있다.
③ 눈의 잔상현상에 따른 보색이다.
④ 양성잔상과 관련이 있다.

해설
심리보색의 잔상은 망막상에서 남아 있는 잔상 이미지가 원래의 색과 반대의 색으로 나타나는 현상으로 이는 음성잔상(부의 잔상)에 해당된다.

68 병원 수술실에 연한 녹색의 타일을 깔고, 의사도 녹색의 수술복을 입는 것은 무엇을 최소화하기 위한 것인가?

① 면적대비　② 동화현상
③ 정의 잔상　④ 부의 잔상

해설
부의 잔상은 원래의 감각과 반대의 밝기나 색상을 띤 잔상으로 자극이 사라진 뒤에도 광자극의 색상, 명도, 채도가 정반대로 느껴지는 현상이다. 대표적인 예로 수술실의 의사 가운을 들 수 있다. 의사가 수술 중 붉은 피를 집중하여 보면 시각적 피로가 상승되어 수술 행위가 방해받으므로 이를 감소시키기 위해 녹색 수술복 및 바닥 타일을 녹색으로 사용한다.

69 다음 중 면색(Film Color)을 설명하고 있는 것은?

① 순수하게 색만 있는 느낌을 주는 색
② 어느 정도의 용적을 차지하는 투명체의 색
③ 흡수한 빛을 모아 두었다가 천천히 가시광선 영역으로 나타나는 색
④ 나비의 날개, 금속의 마찰면에서 보이는 색

해설
면색은 평면색이라고도 하며, 구체적 표면이 없기 때문에 거리감이나 입체감이 없는 평면적인 것처럼 느껴지는 색으로 순수하게 색만을 느끼는 감각이다.

70 동시대비에 대한 설명으로 옳은 것은?

① 색차가 작을수록 대비현상이 강해진다.
② 자극과 자극 사이의 거리가 멀어질수록 대비현상은 강해진다.
③ 무채색 위의 유채색은 채도가 낮아 보인다.
④ 서로 인접되어 있는 부분에서는 강한 대비효과가 나타난다.

해설
동시대비는 인접해 있는 두 가지 이상의 색을 동시에 볼 때 일어나는 현상으로 서로의 영향으로 인해 색이 다르게 보이는 현상을 말한다.

정답 65 ② 66 ③ 67 ④ 68 ④ 69 ① 70 ④

71 가시광선의 파장과 색과의 관계를 순서대로 배열한 것으로 옳은 것은?(단, 단파장 – 중파장 – 장파장의 순)

① 주황 – 빨강 – 보라
② 빨강 – 노랑 – 보라
③ 노랑 – 보라 – 빨강
④ 보라 – 노랑 – 빨강

해설
단파장은 한색 계열이고 장파장은 난색 계열에 속한다. 단파장 중 파장이 가장 짧은 색은 보라색이고 장파장 중 파장이 가장 긴 색은 빨간색이다.

72 양복과 같은 색실의 직물이나, 망점 인쇄와 같은 혼색에 해당되는 것은?

① 가법혼색
② 감법혼색
③ 중간혼색
④ 병치혼색

해설
병치혼색은 두 개 이상의 색을 병치시켜 일정 거리에서 바라보면 망막 상에서 혼색되어 보이는 것으로 중간혼색의 일종이다. 텔레비전이나 컴퓨터의 컬러 모니터, 모자이크 벽화, 직물에서의 베졸트 효과, 망점에 의한 원색 인쇄 등이 이에 포함된다.

73 검은색과 흰색 바탕 위에 각각 동일한 회색을 놓으면, 검정 바탕 위의 회색이 흰색 바탕 위의 회색에 비해 더 밝게 보이는 것과 관련된 대비는?

① 명도대비
② 색상대비
③ 보색대비
④ 채도대비

해설
명도가 다른 두 색이 서로 대조가 되어 두 색 간의 명도차가 크게 보이는 현상이다. 서로 간의 영향으로 명도가 높은 색은 더욱 밝게, 명도가 낮은 색은 더욱 어둡게 보인다.

74 다음 중 면적대비 현상을 적용한 것은?

① 실내 벽지를 고를 때 샘플을 보고 선정하면 시공 후 다른 느낌을 받는 경우가 많아서 명도, 채도에 주의해야 한다.
② 보색대비가 너무 강하면 두 색 가운데에 무채색의 라인을 넣는다.
③ 교통표지판을 만들 때 눈에 잘 띄도록 명도의 차이를 크게 한다.
④ 음식점의 실내를 따뜻해보이도록 난색 계열로 채색하였다.

해설
① 면적이 크면 명도와 채도가 실제보다 좀 더 밝고 깨끗하게 보이고, 면적이 작으면 명도와 채도가 실제보다 어둡고 탁하게 보인다.
② 보색대비가 너무 강해 두 색 가운데에 무채색의 라인을 넣는 것은 세퍼레이션 효과에 해당된다.
③ 교통표지판을 만들 때 눈에 잘 띄도록 명도의 차이를 크게 하는 것은 시인성을 높이기 위한 것이다.
④ 음식점의 실내를 따뜻해보이도록 난색 계열로 채색한 것은 색채조절과 관련이 있다.

75 감법혼색의 3원색을 모두 혼색한 결과는?

① 하 양 ② 검 정
③ 자 주 ④ 파 랑

해설
감법혼색은 색료의 혼합으로 두 종류 이상의 색을 혼합할 경우 순색의 밝기가 어두워지고, 3원색 모두 혼색하면 검정이 된다.

76 비눗방울 등의 표면에 있는 색으로, 보는 각도에 따라 다르게 보이는 것은 빛의 어떤 원리를 이용한 것인가?

① 간 섭 ② 반 사
③ 굴 절 ④ 흡 수

해설
간섭은 빛의 파동이 잠시 둘로 나누어진 후 다시 결합되는 현상으로 빛이 합쳐지는 동일점에서 빛의 진동이 중복되어 강하게 되거나 약하게 나타나는 현상이다. 비눗방울의 색이 무지개 색으로 빛나고, 은비늘이 보는 각도에 따라 색이 빛나 보이는 것은 막의 표면에서 반사한 빛이 서로 간섭하여 색을 만들기 때문이다.

71 ④ 72 ④ 73 ① 74 ① 75 ② 76 ① 정답

77 **작은 면적의 회색이 채도가 높은 유채색으로 둘러싸일 때 회색이 유채색의 보색 색상을 띠어 보이는 현상은?**

① 허먼 그리드 현상
② 애브니 현상
③ 베졸트-브뤼케 현상
④ 색음현상

해설
④ 색음현상은 '색을 띤 그림자'라는 의미로, 작은 면적의 회색이 채도가 높은 유채색으로 둘러싸일 때 회색이 유채색의 보색 색상을 띠어 보이는 현상이다.
① 허먼 그리드 현상은 사각형의 블록 사이로 교차되는 지점에 회색 잔상이 보이며, 채도가 높은 청색에서도 회색 잔상이 보이는 현상이다.
② 애브니 현상은 색자극의 순도(선명도)가 변하며 같은 파장의 색이라도 그 색상이 다르게 보이는 현상이다.
③ 베졸트-브뤼케 현상은 주파장의 색광이 빛의 강도에 따라 색상이 다르게 보이는 현상이다.

78 **간상체와 추상체에 대한 설명 중 틀린 것은?**

① 눈의 망막 중 중심와에는 간상체만 존재한다.
② 간상체는 추상체에 비하여 해상도가 떨어지지만 빛에는 더 민감하다.
③ 색채시각과 관련된 광수용기는 추상체이다.
④ 스펙트럼 민감도란 광수용기가 상대적으로 어떤 파장에 민감한가를 나타낸 것이다.

해설
간상체는 시세포, 즉 광수용체의 일종으로서 망막상의 주변부에 많이 있다.

79 **하얀 바탕 종이에 빨간색 원을 놓고 얼마 동안 보다가 하얀 바탕 종이를 빨간색 종이로 바꾸어 놓게 되면 빨간색 원은 검은색으로 보이게 되는 것과 관련된 대비는?**

① 색채대비 ② 연변대비
③ 동시대비 ④ 계시대비

해설
계시대비는 어떤 색을 잠시 본 후 시간적인 차이를 두고 다른 색을 보았을 때 먼저 본 색의 영향으로 나중에 본 색이 다르게 보이는 현상이다.

80 **어느 특정한 색채가 주변 색채의 영향을 받아 본래의 색과는 다른 색채로 지각되는 경우는?**

① 혼색효과 ② 강조색 배색
③ 연속 배색 ④ 대비효과

해설
대비효과는 배경과 주위에 있는 색의 영향으로 색의 성질이 변화되어 보이는 현상을 말한다.

제5과목 색채체계의 이해

81 **먼셀의 표기방법에 대한 설명이 옳은 것은?**

① 5G 5/11 – 채도 5, 명도 11을 나타내고 있으며 매우 선명한 녹색이다.
② 7.5Y 9/1 – 명도가 9로서 매우 어두운 단계이며 채도가 1단계로서 매우 탁한 색이다.
③ 2.5PB 9/2 – 선명한 파랑 영역의 색이다.
④ 2.5YR 4/8 – 명도 4, 채도 8을 나타내고 있으며 갈색이다.

해설
먼셀 색체계는 1905년 먼셀이 고안한 색 표시법으로 H V/C로 표시한다. 여기서 H는 색상, V는 명도, C는 채도를 의미한다.

82 **먼셀(Albert H. Munsell)은 색의 밝고 어두운 정도를 무엇이라고 했는가?**

① 광도(Lightness)
② 광량도(Brightness)
③ 밝기(Luminosity)
④ 명암가치(Value)

정답 77 ④ 78 ① 79 ④ 80 ④ 81 ④ 82 ④

해설
먼셀 표색계에서 명도는 색의 밝고 어두운 정도를 표시한다. 명도는 0~10단계까지 총 11단계로 나뉘어 있고, 저명도(N1~N3), 중명도(N4~N6), 고명도(N7~N9)로 구분한다.

83 우리나라의 전통색은 음향오행사상에서 오정색과 다섯 개의 간색인 오간색으로 대변되는 의미론적 상징 색채계에 기반을 두고 있다. 오간색을 바르게 나열한 것은?

① 적색, 청색, 황색, 백색, 흑색
② 녹색, 벽색, 홍색, 유황색, 자색
③ 적색, 청색, 황색, 자색, 흑색
④ 녹색, 벽색, 홍색, 황토색, 주작색

해설
오간색은 홍색, 벽색, 녹색, 유황색, 자색이다.

84 현색계에 대한 설명으로 옳은 것은?

① CIE XYZ 표준 표색계는 대표적인 현색계이다.
② 수치로만 구성되어 색의 감각적 느낌을 나타내지 못한다.
③ 색 지각의 심리적인 3속성에 의해 정량적으로 분류하여 나타낸다.
④ 빛의 혼색실험에 기초를 두고 있으며 정확한 측정을 할 수 있다.

해설
① CIE XYZ 표준 표색계는 혼색계이다.
② 수치로만 구성되어 있고 색의 감각적인 느낌을 나타낼 수 있다.
④ 빛의 혼색실험에 기초를 두고 있으며 정확한 측정을 할 수 있는 것은 혼색계이다.

85 오스트발트 색상환에 대한 설명으로 옳은 것은?

① 영-헬름홀츠의 3원색설을 따른다.
② 전체가 20색상으로 구성되어 있다.
③ 마주보는 색은 서로 심리보색 관계이다.
④ 먼셀 색상환과 일치한다.

해설
① 오스트발트 색상환은 헤링의 4원색설을 따른다.
② 전체가 24색상으로 구성되어 있다.
④ 먼셀 색상환은 기본 5색상을 쓰고 오스트발트 색상환은 기본 4색상을 사용한다.

86 다음 중 동일 색상에서 톤의 차를 강조한 배색에 해당하는 것은?

① 분홍색 + 하늘색
② 분홍색 + 남색
③ 하늘색 + 남색
④ 남색 + 흑갈색

해설
톤온톤 배색은 톤을 겹치게 한다는 의미이며, 동일 색상으로 두 가지 톤의 명도차를 비교적 크게 잡은 배색이다. 하늘색은 연한 파랑이고, 남색은 어두운 파랑으로 톤온톤 배색이다.

87 일본 색채연구소가 1964년에 색채교육을 목적으로 개발한 색체계는?

① PCCS 색체계 ② 먼셀 색체계
③ CIE 색체계 ④ NCS 색체계

해설
1964년 일본 색채연구소에서 색채조화를 목적으로 개발한 색체계는 PCCS 색체계이다. PCCS 색체계는 헤링의 4원색설을 바탕으로 빨강, 노랑, 초록, 파랑의 4색상을 기본색으로 사용하며, 색상은 24색, 명도는 17단계, 채도는 9단계로 구분해서 사용한다.

88 NCS 색체계의 설명으로 틀린 것은?

① 심리적인 비율척도를 사용해 색 지각량을 표로 나타내었다.
② 기본 개념은 영-헬름홀츠의 '색에 대한 감정의 자연적 시스템'을 채택하였다.
③ 흰색성, 검은색성, 노란색성, 빨간색성, 파란색성, 녹색성의 6가지 기본 속성을 가지고 있다.
④ 인테리어나 외부환경 디자인에 적합한 색체계이다.

83 ② 84 ③ 85 ③ 86 ③ 87 ① 88 ② 정답

해설
NCS 색체계는 헤링의 반대색설을 기초로 하였으며, NCS의 의미가 색에 대한 감정의 자연적 시스템이다.

89 계통색이름과 L*a*b* 좌표가 틀린 것은?

① 선명한 빨강 – L* = 40.51, a* = 66.31, b* = 46.13
② 밝은 녹갈색 – L* = 51.04, a* = −10.52, b* = 57.29
③ 어두운 청록 – L* = 20.35, a* = −14.19, b* = −9.74
④ 탁한 자줏빛 분홍 – L* = 30.37, a* = 18.02, b* = −41.95

해설
CIE L*a*b* 색체계에서 L*은 명도, +a*는 빨강, −a*는 초록, +b*는 노랑, −b*는 파랑을 의미한다. L* = 30.37, a* = 18.02, b* = −41.95에서 명도는 낮고 a*는 빨강 방향, −b*는 파랑 방향이다. 색상은 탁한 남색에 가깝다.

90 동일한 톤의 배색은 어떤 효과를 낼 수 있는가?

① 차분하고 정적이며 통일감의 효과를 낸다.
② 동적이고 화려하며 자극적인 효과를 낸다.
③ 안정적이고 온화하며 명료한 느낌을 준다.
④ 통일감과 더불어 변화와 활력 있는 느낌을 준다.

해설
동일한 색조는 차분하고 정적이며 온화한 통일감의 효과를 낸다. 반면 반대 색조의 배색은 화려하고 자극적이며 명료하고 변화와 활력의 느낌을 준다.

91 PCCS 색체계의 기본 색상 수는?

① 8색 ② 12색
③ 24색 ④ 36색

해설
PCCS 색체계는 헤링의 4원색설을 바탕으로 빨강, 노랑, 초록, 파랑의 4색상을 기본색으로 사용하며, 색상은 24색, 명도는 17단계, 채도는 9단계로 구분해서 사용한다.

92 KS A 0011에서 사용하는 유채색의 수식 형용사에 속하지 않는 것은?

① Soft ② Dull
③ Strong ④ Dark

해설
Strong은 강하다는 의미로, 2015년 6월에 개정된 KS A 0011(물체색의 색이름)에서 제외되었다.

93 한국인의 생활색채에 관한 설명으로 틀린 것은?

① 자연과 더불어 담백한 색조가 지배적이었다.
② 단청 건축물은 부의 상징이었으며, 살림집은 신분을 상징하는 색으로 채색되었다.
③ 흑, 백, 적색은 재앙을 막아 주는 주술적인 의미로 색동옷 등에 상징적으로 쓰였다.
④ 비색이라 불리는 청자의 색은 상징적인 색이며, 실제로는 단색으로 표현할 수 없는 회색에 가까운 자연의 색이다.

해설
단청 건축물은 나쁜 기운을 없애고 무병장수를 기원한 것으로 좋은 기운을 받기 위한 것과 관련이 있다.

94 다음 중 관용색명과 이에 대응하는 계통색이름이 바르게 짝지어진 것은?

① 벚꽃색 – 연한 분홍
② 비둘기색 – 회청색
③ 살구색 – 흐린 노란 주황
④ 레몬색 – 밝은 황갈색

해설
① 벚꽃색 : 흰 분홍
③ 살구색 : 연한 노란 분홍
④ 레몬색 : 노랑

정답 89 ④ 90 ① 91 ③ 92 ③ 93 ② 94 ②

95 지각색을 체계화하여 표시하는 방법으로 한국, 일본, 미국 등에서 표준체계로 사용되고 있는 것은?

① 먼셀 색체계
② NCS 색체계
③ PCCS 색체계
④ 오스트발트 색체계

해설
먼셀 표색계는 지각색을 체계화한 현색계로 우리나라 한국공업규격으로는 KS A 0062(색의 3속성에 의한 표시방법)에서 채택하고 있다. 주로 한국, 미국, 일본 등에서 사용되고 있다.

96 슈브럴(M. E. Chevreul)의 조화원리에 해당하지 않는 것은?

① 두 색이 부조화일 때 그 사이에 백색 또는 흑색을 더하여 조화를 이룬다.
② 여러 가지 색들 가운데 한 가지의 색이 주조를 이룰 때 조화된다.
③ 색을 회전 혼색시켰을 때 중성색이 되는 배색은 조화를 이룬다.
④ 같은 색상에서 명도의 차이를 크게 배색하면 조화를 이룬다.

해설
③은 먼셀의 색채조화론에 대한 설명이다.

97 국제적인 표준이 되는 색체계로 묶인 것은?

① Munsell, RAL, L*a*b* System
② L*a*b*, Yxy, NCS System
③ DIC, Yxy, ISCC-NIST System
④ L*a*b*, ISCC-NIST, PANTONE System

해설
CIE 표준 표색계인 L*a*b*, Yxy와 NCS System이 국제적인 표준으로 인정되고 있다.

98 먼셀의 색입체를 수직으로 자른 단면의 설명으로 옳은 것은?

① 대칭인 마름모 모양이다.
② 명도가 높은 어두운색이 상부에 위치한다.
③ 보색관계의 색상면을 볼 수 있다.
④ 등명도면이 나타난다.

해설
먼셀의 색입체를 수직으로 절단하면 동일 색상면이 나타나고, 수평으로 절단하면 동일 명도면이 나타난다. 수직으로 자른 단면에서 동일 색상면이 보이므로 보색관계의 색상면도 볼 수 있게 된다.

99 다음 중 혼색계의 색체계는?

① XYZ 색체계
② NCS 색체계
③ DIN 색체계
④ Munsell 색체계

해설
②, ③, ④는 모두 현색계이다.

100 배색을 할 때 가장 큰 면적을 차지하고 주된 이미지를 나타내는 색은?

① 주조색
② 강조색
③ 보조색
④ 바탕색

해설
색채계획 시 전체적인 느낌을 전달하는 주가 되는 색을 주조색이라고 하는데, 면적의 70% 이상을 차지하는 색으로 전체의 느낌을 전달하고 색채효과를 좌우하게 된다.

95 ① 96 ③ 97 ② 98 ③ 99 ① 100 ① **정답**

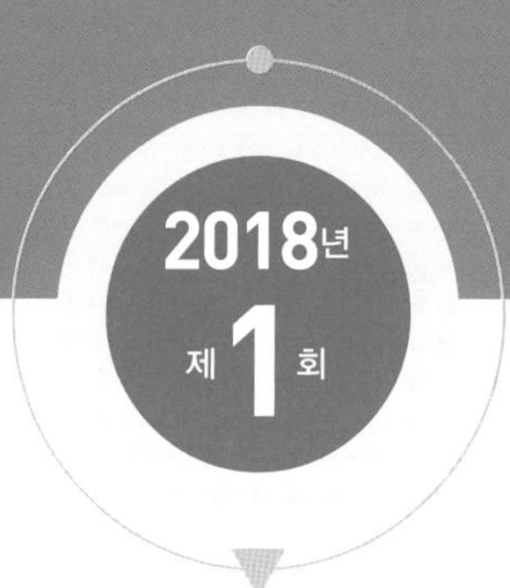

컬러리스트기사

과년도 기출문제

제1과목 색채심리 · 마케팅

01 마케팅의 변천된 개념과 그에 대한 설명이 틀린 것은?

① 제품 지향적 마케팅 – 제품 및 서비스의 생산과 유통을 강조하여 효율성을 개선
② 판매 지향적 마케팅 – 소비자의 구매유도를 통해 판매량을 증가시키기 위한 판매기술의 개선
③ 소비자 지향적 마케팅 – 고객의 요구를 이해하고 이에 부응하는 기업의 활동을 통합하여 고객의 욕구충족
④ 사회 지향적 마케팅 – 기업이 인간 지향적인 사고로 사회적 책임을 다하는 것

해설
제품 지향적 마케팅은 제품의 특성, 성능, 품질 등에 관심을 갖고 제품의 품질 중심으로 마케팅 활동에 주력하는 것이다.

02 제품의 수명주기를 일컫는 용어 중에 2002년 월드컵 기간 동안 빨간색 티셔츠의 유행과 같이 제품에 대한 폭발적 반응이 비교적 짧은 기간에 종료되는 주기를 갖는 것을 무엇이라 하는가?

① 패션(Fashion) ② 트렌드(Trend)
③ 패드(Fad) ④ 플로프(Flop)

해설
시장의 유행성
- 플로프(Flop) : 수용기 없이 도입기에 제품의 수명이 끝나는 유형
- 패드(Fed) : 단시간에 나타났다가 사라지는 유행
- 크레이즈(Craze) : 지속적인 유행
- 트렌드(Trend) : 경향을 말하며 특정 부분의 유행
- 유행(Fashion) : 유행의 양식, ~풍, ~식 등 추세, 유행의 스타일

03 어떤 소리를 듣게 되면 색이나 빛이 눈앞에 떠오르는 현상은?

① 색 광 ② 색 감
③ 색 청 ④ 색 톤

해설
어떤 소리를 듣게 되면 색이나 빛이 눈앞에 떠오르는 현상을 색청이라고 한다.

04 다음 중 색채선호의 원리가 아닌 것은?

① 선호색은 대상이 무엇이든 항상 동일하다.
② 서양의 경우 성인의 파란색에 대한 선호 경향은 매우 뚜렷한 편이다.
③ 노년층의 경우 고채도 난색 계열의 색채에 대한 선호가 높은 편이다.
④ 선호색은 문화권, 성별, 연령 등 개인적 특성에 따른 차이가 있다.

해설
선호색은 연령, 성별, 사회적 성숙, 지적 능력 등의 구체적 대상에 따라 다르다.

05 사용 경험, 사용량, 브랜드 충성도, 가격 민감도 등과 관련이 있는 시장 세분화 방법은?

① 인구학적 세분화
② 행동분식적 세분화
③ 지리적 세분화
④ 사회・문화적 세분화

정답 1 ① 2 ③ 3 ③ 4 ① 5 ②

해설

시장 세분화 방법

- 행동분석적 세분화 : 사용 경험, 사용량, 브랜드 충성도, 가격 민감도 등
- 인구학적 세분화 : 연령, 성별, 결혼 여부, 직업, 거주지역, 학력, 교육수준, 라이프스타일, 소득 등
- 지리적 세분화 : 지역, 도시 크기, 인구밀도, 기후 등
- 사회문화적 세분화 : 문화, 종교, 사회계층 등
- 제품 세분화 : 사용자 유형, 용도, 추구효용, 가격탄력성, 상표인지도, 상표애호도 등
- 심리분석적 세분화 : 전위적, 사교적, 보수적, 야심적과 같은 심리분석적으로 세분화한 여피족, 오렌지족, 386 세대 등

06 라이프스타일에 관한 설명이 틀린 것은?

① 소비자가 어떤 방식으로 시간과 재화를 사용하면서 세상을 살아가는가에 대한 선택의 의미이다.

② 라이프스타일에 따른 소비자 시장의 연구는 소비자가 어떤 활동, 관심, 의견을 가지고 있는가를 중심으로 이루어진다.

③ 라이프스타일은 소득, 직장, 가족 수, 지역, 생활주기 등을 기초로 분석된다.

④ 라이프스타일은 사회의 변화에 관계없이 개인의 가치관에 따라서 변화된다.

해설

라이프스타일(Lifestyle, 생활유형)은 소비자의 가치관을 반영하므로 소비자 행동을 결정하는 중요한 지표가 된다. 그러므로 사회의 변화에 따라 개인의 가치관은 변화된다.

07 다음 중 소비자의 구매심리 과정이 아닌 것은?

① A(Action) ② I(Interest)

③ O(Opportunity) ④ M(Memory)

해설

AIDMA의 법칙

- A(Attention, 주의) : 소비자의 주목을 끌어야 함
- I(Interest, 흥미) : 타제품과의 차별화로 소비자의 흥미유발
- D(Desire, 욕구) : 제품을 구입하고자 하는 욕구가 생기는 단계
- M(Memory, 기억) : 소비자의 구매의욕이 최고치에 달하는 시점
- A(Action, 행위) : 소비자가 직접 구입하는 행동을 취하는 단계

08 다음 중 색의 감정효과에 대한 설명이 옳은 것은?

① 강력한 원색은 피로감이 생기기 쉽고, 자극시간이 길게 느껴진다.

② 한색 계통의 연한 색은 피로감이 생기기 쉽고, 자극시간이 길게 느껴진다.

③ 난색 계통의 저명도 색은 진출되어 보인다.

④ 한색 계통의 저명도 색은 활기차 보인다.

해설

② 한색 계통의 연한 색은 피로감을 줄여 주고, 자극시간이 짧게 느껴진다.

③ 난색 계통의 저명도 색은 후퇴되어 보인다.

④ 한색 계통의 저명도 색은 차분해 보인다.

09 색채시장조사의 과정 중 거시적 환경을 조사할 때 중요한 내용 중의 하나가 유행색에 대한 정보의 수집과 분석이다. 유행색에 대한 설명으로 틀린 것은?

① 유행색은 매 시즌 정기적으로 유행색을 발표하는 색채 전문기관에 의해 예측되는 색이다.

② 색채에 있어 특정 스타일을 동조하고 그것이 보편화되어 새로운 것을 추구하는 유행의 속성이 적용되면 유행색이 된다.

③ 유행색은 어떤 일정 기간 동안 특별히 많은 사람들이 선호하여 사용하는 색이다.

④ 패션산업에서는 실 시즌의 약 1년 전에 유행 예측색이 제안되고 있다.

해설

1963년 설립된 INTER-COLOR(국제유행색협회)에서 매년 1월 말과 7월 말에 협의회를 개최하여 S/S와 F/W 2분기로 나누어 유행 컬러를 분석하고 예측하며 시즌 2년 후의 색채 방향을 제안하고 있다.

6 ④ 7 ③ 8 ① 9 ④ 정답

10 신성하고 성스러운 결혼식을 위한 장신구에 진주, 흰색 리본, 흰색 장갑 등과 같이 흰색을 주로 사용하였다. 이는 다음 중 색채의 어떤 측면과 관련된 행동인가?

① 색채의 공감각
② 색채의 연상, 상징
③ 색채의 파장
④ 안전색채

해설
색채는 다양한 문화권에서 상징적인 의미를 지닌다. 서구 문화권에서 흰색은 순결한 신부를 의미하여 신성하고 성스러운 결혼식을 위한 장신구에 진주, 흰색 리본, 흰색 장갑을 사용하였다.

11 매슬로(Maslow)는 인간의 욕구가 5단계로 구분된다고 설명하였다. 이 욕구단계에 해당하지 않는 것은?

① 생리적 욕구 ② 사회적 욕구
③ 자아실현 욕구 ④ 필요의 욕구

해설
매슬로(Maslow)의 욕구이론
- 1단계 생리적 욕구 : 의식주와 관련한 인간의 가장 원초적인 욕구
- 2단계 안전의 욕구 : 지속적으로 생활 속에서 안전을 추구하는 욕구
- 3단계 사회적 수용 욕구 : 사회구성원으로서의 역할을 통해 인정받고자 하는 욕구
- 4단계 존중의 욕구 : 타인에게 인정받고 싶은 권력에 대한 욕구로 자존심, 인식, 지위 등
- 5단계 자아실현 욕구 : 고차원적인 자기만족의 단계로 자아개발의 실현단계

12 색채시장 조사의 기능이 잘 이루어진 결과와 가장 관련이 없는 것은?

① 판매 촉진의 효과가 크다.
② 사고나 재해를 감소시켜 준다.
③ 의사결정 오류를 감소시킨다.
④ 유통 경제상의 절약효과를 제공한다.

해설
사고나 재해를 감소시켜 주는 것은 색채조절의 기능이다.

13 다음에서 공통적으로 설명하는 것은?

> - 20대 초반 대학생들의 선호색을 고려하여 캐주얼 가방을 파란색으로 계획
> - 1950년대 주방식기 전문업체인 타파웨어(Tupperware)가 가정파티라는 마케팅 전략으로 성공을 거둠

① 기술, 자연적 환경
② 사회, 문화적 환경
③ 심리, 행동적 환경
④ 인구통계, 경제적 환경

해설
인구통계, 경제적 환경은 라이프스타일, 경기 흐름에 따라 제품의 색채를 활용하는 것이다.

14 다음 중 ( )에 적합한 용어는?

> 하늘과 자연광, 습도, 흙과 돌 등에 의해 형성된 자연환경의 색채와 역사, 풍속 등 문화적 특성에 의해 도출된 색채를 합하여 ( )이라고 부른다.

① 선호색 ② 지역색
③ 국가색 ④ 민족색

해설
하늘과 자연광, 습도, 흙과 돌 등에 의해 형성된 자연환경의 색채와 역사, 풍속 등 문화적 특성에 의해 도출된 색채를 합하여 지역색이라고 부른다. 지역색은 한 지역의 정체성을 대변하는 색채로 국가, 지방, 도시 등의 이미지를 부각시키는 역할을 한다.

15 컬러 마케팅의 직접적인 효과로 보기 어려운 것은?

① 브랜드 가치의 업그레이드
② 기업의 아이덴티티 형성
③ 기업의 매출 증대
④ 브랜드 기획력 향상

해설
컬러 마케팅의 효과로는 브랜드와 제품에 특별한 이미지와 아이덴티티를 부여하여 인지도를 높일 수 있다. 아이덴티티를 통해 경쟁 제품과의 차별화를 가질 수 있고, 기업의 판매 촉진과 수익증대를 기대할 수 있다. 브랜드 기획력 향상은 컬러 마케팅의 효과라기보다는 기업 내 조직의 역량 향상이라고 볼 수 있다.

정답 10 ② 11 ④ 12 ② 13 ④ 14 ② 15 ④

16 **마케팅에서 소비자 생활유형을 조사하는 목적이 아닌 것은?**

① 소비자의 선호색 조사
② 소비자의 가치관 조사
③ 소비자의 소비형태 조사
④ 소비자의 행동특성 조사

해설
소비자 생활유형은 소비자의 가치관이 반영되며 소비자 행동을 결정하는 중요한 지표가 된다.

17 **색의 느낌과 형태감을 사람의 행동유발과 관련지은 설명 중 옳은 것은?**

① 노랑 – 공상적, 상상력, 퇴폐적인 행동 유발
② 파랑 – 침착, 정직, 논리적인 행동 유발
③ 보라 – 흥분적, 행동적, 우발적인 행동 유발
④ 빨강 – 안정적, 편안한, 자유로운 행동 유발

해설
① 공상적, 상상력, 퇴폐적인 행동 유발 : 보라
③ 흥분적, 행동적, 우발적인 행동 유발 : 빨강
④ 안정적, 편안한, 자유로운 행동 유발 : 노랑

18 **지역적인 특성에 따른 소비자의 자동차 색채선호 특성을 조사하고자 한다. 가장 적합한 표본추출방법은?**

① 단순무작위추출법
② 체계적표본추출법
③ 층화표본추출법
④ 군집표본추출법

해설
층화표본추출법은 지역적 특성에 따라 소비자의 제품 색채선호 특성 등을 조사할 때 유리하다.

19 **다음 색채의 라이프 단계에 대한 설명 중 틀린 것은?**

① 도입기는 색채 마케팅에 의한 브랜드 색채를 선정하는 시기이다.
② 성장기는 시장이 확대되는 시기로 색채 마케팅을 통해 알리는 시기이다.
③ 성숙기는 안정적인 단계로 포지셔닝을 고려하여 기존의 전략을 유지하는 시기이다.
④ 쇠퇴기는 색채 마케팅의 새로운 이미지나 대처방안이 필요한 시기이다.

해설
성숙기는 수요가 포화상태에 이르는 시기이므로 포지셔닝을 고려하여 리포지셔닝과 브랜드 차별화 전략이 필요하다.

20 **색채를 조절할 때 기능을 최고도로 발휘할 수 있도록 색을 선택, 부여하는 효과와 가장 관련이 없는 것은?**

① 운동감　② 심미성
③ 연색성　④ 대비효과

해설
기능을 최고도로 발휘할 수 있도록 명시성, 작업의욕, 안전성을 위해 운동감, 연색성, 대비효과를 고려한다.

제2과목 색채디자인

21 **다음에서 설명하는 제품의 색채디자인은 제품의 수명주기 중 어느 단계에 해당하는 것인가?**

> A사가 출시한 핑크색 제품으로 인해 기존의 파란색 제품들과 차별화된 빨강, 주황색 제품들이 속속 출시되어 다양한 색채의 제품들로 진열대가 채워지고 있다.

① 도입기　② 성장기
③ 성숙기　④ 쇠퇴기

해설
성장기는 수요가 점차 늘어나며 제품의 인지도, 판매량, 이윤 등이 높아지는 시기이다.

16 ① 17 ② 18 ③ 19 ③ 20 ② 21 ② 정답

22 **바우하우스(Bauhaus)에 지대한 영향을 끼친 20세기 초의 미술운동이 아닌 것은?**

① 초현실주의(Surrealism)
② 구성주의(Constructivism)
③ 표현주의(Expressionism)
④ 데 스테일(De Stijl)

해설
1919년 바우하우스를 설립할 때 발터 그로피우스는 공예와 디자인이라는 테마에서 '기술을 통합한 예술'이라는 근대 디자인의 기본 축인 '모더니즘'을 이끌었다. 이에 구성주의, 데 스테일, 표현주의는 해당하지만 초현실주의는 비현실적인 이미지를 가지고 있으므로 바우하우스와는 특성이 다르다.

23 **형의 개념요소가 아닌 것은?**

① 점 ② 입 체
③ 공 간 ④ 비 례

해설
디자인 조형의 개념요소로는 점, 선, 면, 입체 및 공간, 명암, 색, 질감, 빛 등이 있다. 디자인의 원리요소로는 리듬, 조화, 균형, 비례, 강조 등이 있다.

24 **'디자인(Design)'의 설명 중 틀린 것은?**

① '디자인'이란 용어는 문화권에 따라 그대로 사용되거나 자국어로 번역되어 사용된다.
② 사회적인 가치와 효용적인 가치를 고려해야 하는 사회적인 창조활동이다.
③ 디자인은 산업시대 이후 근대사회가 형성시킨 근대적인 개념이다.
④ 여러 가지 물질문화적인 측면에서 생활의 문제를 해결하는 일을 디자인이라 한다.

해설
일원화된 디자인의 정의는 존재하지 않으며, 디자인이라는 용어는 각기 다른 분야에서 다양한 의미로 해석·응용되고 있다.

25 **유니버설 디자인에 대한 설명으로 옳은 것은?**

① 인본주의적 디자인
② 다국적 언어 디자인
③ 친자연적 디자인
④ 간단한 디자인

해설
유니버설 디자인은 장애 유무나 연령 등에 관계없이 모든 사람들이 제품, 건축, 환경, 서비스 등을 보다 편하고 안전하게 이용할 수 있도록 설계한 디자인이다. 안전과 평등을 우선시함으로써 인본주의적 디자인, 모든 사람을 위한 디자인, 범용 디자인이라고 불린다.

26 **패션 디자인 분야에서 유행색의 설명으로 틀린 것은?**

① 어떤 계절이나 일정 기간 동안 많은 사람들이 선호하여 착용한 색을 말한다.
② 다른 디자인 분야에 비해 변화가 빠르지 않고 색 영역이 단순하다.
③ 계절적인 영향을 많이 받는다.
④ 선호되는 배색은 유행의 추이에 따라 변화한다.

해설
패션 디자인 분야는 다른 디자인 분야에 비해 유행색의 변화가 빠르며 색영역이 다양하다.

27 **로맨틱 패션 이미지 연출과 관련이 없는 것은?**

① 소녀 감성을 지향하고 부드러운 소재가 어울린다.
② 파스텔 톤의 분홍, 보라, 파랑을 주로 사용한다.
③ 리본 장식이나 레이스를 이용하여 사랑스러운 분위기를 연출한다.
④ 화려하고 우아한 이미지를 위해 전체적으로 직선 위주로 연출한다.

해설
로맨틱이란 감미로움, 귀여움, 사랑스러움, 여성스러움을 강조한 이미지이다. 곡선을 중심으로 부드러움, 섬세함, 우아함을 가지기 때문에 직선 위주로 연출하는 것은 로맨틱과는 거리가 멀다.

정답 22 ① 23 ④ 24 ① 25 ① 26 ② 27 ④

28 색채디자인의 매체전략 방법과 거리가 먼 것은?

① 통일성(Identity)
② 근접성(Proximity)
③ 주목성(Attention)
④ 연상(Association)

해설
색채디자인 마케팅을 통하여 기업의 이미지에 일관성(통일성)을 주며, 색채는 기업의 이미지를 대변하기도 한다(연상). 사람들의 시선을 끄는 힘이 강한 정도를 주목성이라 하는데 명시도가 높을수록, 무채색보다는 유채색이, 한색보다 난색이, 저채도보다는 고채도의 주목성이 높으므로 주목성을 높여 연상작용을 극대화한다(주목성).

29 DM의 종류에 대한 설명으로 틀린 것은?

① 팸플릿, 카탈로그, 브로슈어, 서신 등 소구 대상이 명확하다.
② 집중적인 설득을 할 수 있는 광고로 소비자에게 우편이나 이메일로 전달된다.
③ 예상 고객을 수집, 관리하기 어려워 주목성이 떨어질 수 있다.
④ 지역과 소구 대상이 한정되어 있어 광범위한 광고가 어렵다.

해설
DM은 우편과 이메일을 통하여 소비자에게 전달하는 광범위한 프로모션 중 하나이다. 비용과 시간적인 면에서는 효율성이 높은 마케팅 전략이다.

30 사용자와 디지털 디바이스 사이에서 효과적으로 커뮤니케이션할 수 있도록 디자인하는 분야는?

① 애니메이션 디자인
② 모션그래픽 디자인
③ 캐릭터 디자인
④ 사용자 인터페이스 디자인

해설
사용자 인터페이스 디자인은 컴퓨터와 사용자 사이를 연결하는 상호소통 매개체(프로그램 또는 툴)의 모양, 동작의 흐름을 다룬다.

31 영국의 공예가로 예술의 민주화, 예술의 생활화를 주장해 근대 디자인의 이념적 기초를 마련한 사람은?

① 피엣 몬드리안
② 윌리엄 모리스
③ 허버트 맥네어
④ 오브리 비어즐리

해설
윌리엄 모리스는 18세기 무렵 영국을 중심으로 일어났던 미술공예운동의 창시자이다. 예술의 민주화, 예술의 생활화를 주장해 근대 디자인의 이념적 기초를 마련하였다.

32 게슈탈트의 그루핑 법칙에 대한 설명이 틀린 것은?

① 유사성 – 비슷한 모양의 형이나 그룹을 다 함께 하나의 부류로 보는 경향
② 폐쇄성 – 불완전한 형이나 그룹들을 폐쇄하거나 완전한 형이나 그룹으로 완성시키려는 경향
③ 연속성 – 형이나 형의 그룹들이 방향성을 지니고 연속되어 보이는 방식으로 배열되는 경향
④ 근접성 – 익숙하지 않은 형을 이미 아는 익숙한 형과 연관시켜 보려는 경향

해설
게슈탈트 심리학에서 근접성은 서로 가까이 모여 있는 요소들을 연결시켜 집단화하려는 경향으로 시지각에 대한 그루핑 법칙을 말한다.

33 광고 캠페인 전개 초기에 소비자의 호기심을 불러일으키기 위해 메시지 내용을 처음부터 전부 보여주지 않고 조금씩 단계별로 내용을 노출시키는 광고는?

① 팁온(Tip-on)광고
② 티저(Teaser)광고
③ 패러디(Parody)광고
④ 블록(Block)광고

해설
티저광고란 광고 전개 초기에 소비자들의 호기심을 유발시키기 위해 단계별로 조금씩 노출시키는 광고이다.

28 ② 29 ④ 30 ④ 31 ② 32 ④ 33 ② 정답

34 **기능주의에 입각한 모던디자인의 전통에 반대하여 20세기 후반에 일어난 인간의 정서적, 유희적 본성을 중시하는 디자인 사조로서 역사와 전통의 중요성을 재인식하고 적극 도입하여 과거로의 복귀와 디자인에서의 의미를 추구한 경향은?**

① 합리주의 ② 포스트모더니즘
③ 절충주의 ④ 팝아트

해설
포스트모더니즘이란 20세기 후반에 일어난 정서적, 유희적 본성을 중시하는 디자인 사조이다. 근대 디자인의 탈피, 기능주의의 반대와 함께 역사와 전통의 중요성을 재인식하고 적극 도입하여 과거로의 복귀와 디자인에서의 의미를 추구하였다. 포스트모더니즘은 개성이나 자율성을 중시한 문화현상을 의미한다.

35 **대중문화 속에 등장하는 이미지를 미술로 수용하여 낙관적 분위기와 원색적인 색채 사용이 특징인 사조는?**

① 포스트모더니즘 ② 팝아트
③ 옵아트 ④ 유기적 모더니즘

해설
팝아트는 1960대 미국을 중심으로 물질문화를 반영하여 전개된 대중예술이다. 실크 스크린 기법과 원색적 색채를 사용하고, 추상표현주의의 엄숙함을 반하는 것이 특징이다.

36 **(A), (B), (C)에 적합한 용어를 순서대로 옳게 나열한 것은?**

> 디자인의 중요한 과제는 구체적으로 (A)과 (B)을 어떻게 조화시키느냐 하는 것이다. 이런 관점에서 (C)적 형태가 가장 아름답다고 하는 입장이 디자인의 (C)주의이다. '형태는 (C)을 따른다'는 루이스 설리번의 주장은 유명하다.

① 심미성, 경제성, 독창
② 심미성, 실용성, 기능
③ 심미성, 경제성, 조형
④ 심미성, 실용성, 자연

해설
디자인의 기본적인 목적은 미(심미성)과 기능(실용성)의 합일이다. 루이스 설리번은 "형태는 기능을 따른다."라고 언급하면서 기능에 충실하고 기능에 최대한 만족하는 형식을 추구하면 저절로 아름다움이 실현된다는 것을 강조하였다.

37 **색채계획의 목적 및 효과에 대한 설명으로 틀린 것은?**

① 소재감을 강조하거나 완화한다.
② 질서를 부여하고 통합한다.
③ 인상과 개성을 부여하지 않는다.
④ 심리적인 안정을 제공한다.

해설
색채계획의 목적은 목적에 맞는 색채효과를 미리 생각하여 그에 맞게 적절한 색채를 사용하고, 사용 목적에 맞게 인상과 개성을 부여하고 기능을 명확하게 하도록 돕는 것이다.

38 **디자인에 대한 설명 중 틀린 것은?**

① 디자인의 목표는 미적인 것과 기능적인 것을 제품으로 통합하는 것이다.
② 안전하며 사용하기 쉽고 아름답고 쾌적한 생활환경을 창조하는 조형행위이다.
③ 디자인의 공통되는 기본 목표는 미와 기능의 조화이다.
④ 디자인은 자연적인 창작행위로서 기능적 측면보다는 미적 추구를 목적으로 한다.

해설
디자인은 기본 목표는 미와 기능의 합일이다.

39 **도시환경 디자인에서 거리 시설물 디자인 시 고려해야 할 사항으로 가장 거리가 먼 것은?**

① 편리성 ② 경제성
③ 상품성 ④ 안전성

해설
거리 시설물은 공동체 의식과 기능성을 중시하며, 질서와 시각적 편안함을 중시한다. 따라서 편리성, 경제성, 안전성을 고려해야 한다.

정답 34 ② 35 ② 36 ② 37 ③ 38 ④ 39 ③

40 다음 중 운동감과 관련이 없는 것은?

① 색이나 형의 그러데이션
② 일정하지 않은 격자무늬나 사선
③ 선과 면으로만 표현이 가능
④ 움직이지 않는 형태와 역동적인 형태의 배치

해설
운동감은 연속적 배치, 속도감, 힘 등에 의하여 만들어 낼 수 있다. 일정하지 않은 역동적인 표현에 의하여 만들어 낼 수 있기에 변화가 없는 단순한 선과 면으로는 운동감을 표현할 수 없다.

제3과목 색채관리

41 광원의 연색성 평가와 관련한 설명이 틀린 것은?

① 연색 평가수의 계산에 사용하는 기준광원은 시료광원의 색온도가 5,000K 이하일 때 CIE 합성주광을 사용한다.
② 연색 평가지수는 광원의 연색성을 나타내는 것을 목적으로 한 지수이다.
③ 평균연색 평가지수는 규정된 8종류의 시험색에 대한 특수연색 평가지수의 평균값에 해당하는 연색 평가지수이다.
④ 특수연색 평가지수는 규정된 시험색의 각각에 대하여 기준광으로 조명하였을 때와 시료광원으로 조명하였을 때의 색차를 바탕으로 광원의 연색성을 평가한 지수이다.

해설
시료광원의 색온도가 5,000K 이하일 때는 원칙적으로 완전 방사체를 사용한다. 시료광원의 색온도가 5,000K를 초과할 때는 원칙적으로 CIE 합성주광을 사용한다(KS C 0075).

42 회화에서 사용하는 안료 중 자외선에 의한 내광이 약함으로 색채 적용 시 주의해야 할 안료 계열은?

① 광물성 안료 계열
② 카드뮴 안료 계열
③ 코발트 안료 계열
④ 형광안료 계열

해설
형광안료는 일반적으로 유기형광 안료를 말하며, 무기안료에 비해 채도가 높고, 내광성이 나쁘므로 색채 적용 시 주의가 필요하다.

43 색의 측정 시 분광광도계의 조건으로 잘못된 것은?

① 측정하는 파장 범위는 380~780nm로 한다.
② 분광광도계의 파장폭은 3자극치의 계산을 10nm 간격에서 할 때는 (5±1)nm로 한다.
③ 분광반사율의 측정 불확도는 최대치의 0.5% 이내에서 한다.
④ 분광광도계의 파장은 1nm 이내의 정확도를 유지해야 한다.

해설
분광광도계의 슬릿에서 나오는 복사 속의 파장 폭은 3자극치의 계산을 10nm 간격에서 할 때는(10±2)nm, 5nm 간격에서 할 때는 (5±2)nm로 한다(SPS-DTAQ T 0011-7210).

44 CCM의 특징과 가장 거리가 먼 것은?

① 최소비용의 색채처방을 산출할 수 있다.
② 염색배합처방 및 가공비를 정확하게 산출할 수 있다.
③ 아이소메릭 매칭(Isomeric Matching)을 할 수 있다.
④ 색영역 매핑을 통해 입출력 장치들의 색채관리를 주목적으로 한다.

해설
④는 디지털 색채조절에 속한다.
CCM의 장점 : 조색시간 단축, 색채품질 관리, 다품종 소량에 대응, 고객의 신뢰도 구축, 원가 절감, 컬러런트 구성의 효율화 등

정답 40 ③ 41 ① 42 ④ 43 ② 44 ④

45 **형광 물체색의 측정방법에 대한 설명이 틀린 것은?**

① 시료면 조명광에 사용되는 측정용 광원은 그 상대 분광분포가 측색용 광의 상대 분광분포와 어느 정도 근사한 광원으로 한다.

② 측정용 광원은 380~780nm의 파장 전역에는 복사가 없고, 300nm 미만인 파장역에는 복사가 있는 것이 필요하다.

③ 표준백색판은 시료면 조명광으로 조명했을 때 형광을 발하지 않아야 한다.

④ 형광성 물체에서는 전체 분광복사 휘도율 값이 1을 초과하는 수가 많으므로, 분광 측광기는 측광 눈금의 범위가 충분히 넓은 것이어야 한다.

해설

측정용 광원은 380~780nm의 파장 전역에는 복사가 있고, 300nm 미만인 파장역에는 복사가 없는 것이 필요하다.

46 **색채를 발색할 때는 기본이 되는 주색(Primary Color)에 의해서 색역(Color Gamut)이 정해진다. 혼색방법에 따른 색역의 변화에 대한 설명 중 틀린 것은?**

① 조명광 등의 혼색에서 주색은 좁은 파장 영역의 빛만을 발생하는 색채가 가법혼색의 주색이 된다.

② 가법혼색은 각 주색의 파장 영역이 좁으면 좁을수록 색역이 오히려 확장되는 특징이 있다.

③ 백색원단이나 바탕소재에 염료나 안료를 배합할수록 전체적인 밝기가 점점 감소하면서 혼색이 된다.

④ 감법혼색에서 사이안은 파란색 영역의 반사율을, 마젠타는 빨간색 영역의 반사율을, 노랑은 녹색 영역의 반사율을 효과적으로 감소시킨다.

해설

감법혼색에서 사이안은 빨간색 영역의 반사율을, 마젠타는 초록색 영역의 반사율을, 노랑은 파란색 영역의 반사율을 효과적으로 감소시킨다.

47 **표면색의 시감 비교방법에 대한 설명이 틀린 것은?**

① 부스의 내부는 명도 L*가 약 60~70의 무광택의 무채색으로 한다.

② 작업면의 색은 원칙적으로 무광택이며, 명도 L*가 50인 무채색으로 한다.

③ 비교하는 색면의 크기와 관찰거리는 시야각으로 약 2° 또는 10°가 되도록 한다.

④ 색 비교를 위한 작업면의 조도는 1,000~4,000lx 사이로 한다.

해설

부스의 내부는 명도가 L*가 약 45~55의 무광택의 무채색으로 한다(KS A 0064).

48 **광택도에 대한 설명 중 틀린 것은?**

① 변각광도 분포는 기준광원을 45°에 두고 관찰각도를 옮겨서 반사각도를 측정하는 방법이다.

② 광택도는 변각광도 분포, 경면광택도, 선명광택도로 측정한다.

③ 광택도는 100을 기준으로 40~50을 완전무광택으로 분류한다.

④ 광택의 정도는 표면의 매끄러움과 직접적인 관계가 있다.

해설

광택도는 물체 표면의 광택의 정도를 수량화한 지표로 표면의 매끄러움과 직접적인 관계가 있다. 광택도는 100을 완전무광택으로 분류한다.

49 **일정한 두께를 가진 발색층에서 감법혼색을 하는 경우에 성립하는 원리로서 CCM에 사용되는 이론은?**

① 데이비스-깁슨 이론(Davis-Gibson Theory)

② 헌터 이론(Hunter Theory)

③ 쿠벨카 뭉크 이론(Kubelka Munk Theory)

④ 오스트발트 이론(Ostwald Theory)

정답 45 ② 46 ④ 47 ① 48 ③ 49 ③

해설
CCM은 조색시간을 단축할 수 있으며, 소재의 변화에 신속히 대응하는데 도움을 주며, 컬러런트 구성이 효율적이다. 일정한 두께를 가진 발색층에서 감법혼색을 하는 경우에 성립하는 쿠벨카 뭉크 이론이 기본원리로 자동배색장치에 사용된다.

50 시각에 관한 용어의 설명이 틀린 것은?

① 푸르킨예 현상 – 시각이 명소시에서 암소시로 바뀌게 되면 장파장 빛에 대한 효율은 떨어지고 단파장 빛에 대한 효율은 올라가는 현상
② 명소시(Photopic Vision) – 정상의 눈으로 암순응된 시각의 상태
③ 색순응 – 색광에 대하여 눈의 감수성이 순응하는 과정이나 그런 상태
④ 박명시 – 명소시와 암소시의 중간 밝기에서 추상체와 간상체 양쪽이 작용하고 있는 시각의 상태

해설
명소시(주간시)는 정상의 눈으로 명순응된 시각의 상태이다(KS A 0064).

51 해상도(Resolution)에 관한 설명 중 옳은 것은?

① 화면에 디스플레이 된 색채 영상의 선명도는 해상도 및 모니터 크기와는 관계가 없다.
② ppi는 1인치 내에 들어갈 수 있는 픽셀의 수를 말한다.
③ 픽셀의 색상은 빨강, 사이안, 노랑의 3가지 색상의 스펙트럼 요소들로 만들어진다.
④ 1,280 × 1,024의 해상도를 가지고 있는 디스플레이 시스템은 그보다 낮은 해상도를 지원하지 못한다.

해설
해상도는 1인치 × 1인치 안에 들어 있는 픽셀의 수를 말한다. 단위는 ppi를 사용한다.

52 KS A 0064에 의한 색 관련 용어의 정의가 틀린 것은?

① 백색도(Whiteness) – 표면색의 흰 정도를 1차원적으로 나타낸 수치
② 분포온도(Distribution Temperature) – 완전복사체의 색도를 그것의 절대온도로 표시한 것
③ 크로미넌스(Chrominance) – 시료색 자극의 특정 무채색 자극에서의 색도차와 휘도의 곱
④ 밝기(Brightness) – 광원 또는 물체 표면의 명암에 관한 시지(감)각의 속성

해설
분포온도는 완전복사체의 상대 분광분포와 동등하거나 또는 근사적으로 동등한 시료 복사의 상대 분광분포의 1차원적 표시로서 그 시료복사에 상대 분광분포가 가장 근사한 완전복사체의 절대온도로 표시한 것이다. 완전복사체의 색도를 그것의 절대온도로 표시한 것은 색온도이다(KS A 0064).

53 색영역 매핑(Gamut Mapping)에 대하여 옳게 설명한 것은?

① 색역이 일치하지 않는 색채장치 간에 색채의 구현이 효과적으로 이루어지도록 색채표현 방식을 조절하는 기술이다.
② 인간이 느끼는 색채보다도 측색값이 일치하도록 하는 것을 주된 목적으로 실행된다.
③ 색영역 바깥의 모든 색을 색영역 가장자리로 옮기는 것이 색영역 압축방법이다.
④ CMYK 색공간이 RGB 색공간보다 넓기 때문에 CMYK에서 재현된 색을 RGB 공간에서 수용할 수가 없다.

해설
디지털 색채는 사용하기 편리한 반면, 출력을 할 경우 디지털 색채와 실제 출력색이 일치하지 않는 경우가 많다. 색영역이 다른 두 장치 사이의 색채를 효율적으로 대응시켜 색채 구현이 효과적으로 이루어지도록 색채표현 방식을 조절하는 기술을 색영역 매핑이라고 한다.

50 ② 51 ② 52 ② 53 ① 정답

54 다음 중 특수안료가 아닌 것은?

① 형광안료
② 인광안료
③ 천연유기안료
④ 진주광택안료

해설
일반적으로 안료는 무기안료와 유기안료로 나뉘며, 그 외에 특수한 목적으로 사용되는 특수안료가 있다. 선명한 상을 발색할 목적의 형광안료, 가시광선을 방출하는 인광안료, 천연진주, 전복의 껍질과 같은 무지개색을 띠는 특수광택안료와 달리 천연유기안료는 일반적으로 사용되는 안료이다.

55 분광광도계(Spectrophotometer)로 반사 물체 측정 시 기하학적 조건에 대한 설명으로 틀린 것은?

① 8도 : 확산배열, 정반사 성분 제외(8° : de) – 이 배치는 di : 8°와 일치하며 다만 광의 진행이 반대이다.
② 확산 : 0도 배열(d : 0) – 정반사 성분이 완벽히 제거되는 배치이다.
③ 수직/45도 배열(0° : 45°x) – 빛은 수직으로 비춰지고 법선을 기준으로 45° 방향에서 측정한다.
④ 확산/확산 배열(d : d) – 이 배치의 조명은 di : 8°와 일치하며 반사광들은 반사체의 반구면을 따라 모두 모은다.

해설
물체색의 측정방법(KS A 0066)
- 8도 : 확산배열, 정반사 성분 제외(8° : de) : 이 배치는 de : 8°와 일치하며 다만 광의 진행 방향이 반대이다. 시료 개구면은 조사되는 빛보다 커야 한다.
- 확산 : 0도 배열(d : 0) : 정반사 성분이 완벽히 제거되는 배치이다.
- 수직/45도 배열(0° : 45°x) : 공간 조건은 45°x : 0° 배치와 일치하고 빛의 진행은 반대이다. 따라서 빛은 수직으로 비춰지고 법선을 기준으로 45°의 방향에서 측정한다.
- 확산/확산 배열(d : d) : 이 배치의 조명은 di : 8°와 일치하며 반사광들은 반사체의 반구면을 따라 모두 모은다. 이 배치에서 측정 개구면은 조사되는 빛의 크기와 같아야 한다.

56 다음 중 광원과 색온도에 대하여 옳게 설명한 것은?

① 낮은 색온도는 시원한 색에 대응되고, 높은 색온도는 따뜻한 색에 대응된다.
② 백열등은 상관 색온도로 구분하고, 열광원이 아닌 경우는 흑체의 색온도로 구분한다.
③ 흑체는 온도에 의해 분광분포가 결정되므로 광원색을 온도로 수치화할 수 있다.
④ 형광등은 자체가 뜨거워져서 빛을 내는 열광원이다.

해설
① 저온에서는 붉은색을 띠다가 온도가 높아짐에 따라 점차 오렌지색, 노란색, 흰색으로 바뀌게 된다.
② 시험광의 색조정이 흑체 궤적상에 없는 경우, 그 시험광의 빛의 색과 가장 비슷한 흑체의 온도로 표시하는 것을 상관 색온도라 한다. 상관 색온도는 광원색의 3자극치 X, Y, Z에서 구할 수 있다.
④ 형광등은 저압방전등의 일종으로 관 내에서 발생하는 자외선의 자극으로 생기는 형광을 이용하는 등이다. 빛에 푸른기가 돌아 차가운 느낌을 줄 뿐 아니라, 연색성이 낮은 단점을 가진다. 자체가 뜨거워지는 방식은 백열등으로, 전류가 필라멘트를 가열하여 빛이 방출되는 열광원으로 장파장의 붉은색을 띤다.

57 ICC 기반 색채관리시스템에 대한 설명으로 틀린 것은?

① CIEXYZ 또는 CIELAB을 PCS로 사용한다.
② 색채 변환을 위해서 항상 입력과 출력 프로파일이 필요하지는 않다.
③ 운영체제에서 특정 CMM을 선택하는 것은 가능하다.
④ CIELAB의 지각적 불균형 문제를 CMM에서 보완할 수 있다.

해설
ICC 프로파일은 장치의 입출력 컬러에 대한 수치를 저장해 놓은 파일로서 장치 프로파일과 색공간 프로파일로 나뉜다. 모니터와 프린터와 같은 장치의 컬러 특성을 기술한 장치 프로파일, sRGB 또는 AdobeRGB 같은 색공간을 정의한 색공한 프로파일 등이 있다. 모니터 프로파일은 ICC에서 정한 스펙에 맞춰 모니터의 색온도, 감마값, 3원색 색좌표 등의 정보를 기록한 파일을 말하며, ICC 프로파일은 누구나 데이터를 이용할 수 있다. 색채 변환을 위해서 항상 입력과 출력 프로파일이 필요하다.

정답 54 ③ 55 ① 56 ③ 57 ②

58 **제시 조건이나 재질 등의 차이에 따라 변화를 보이는 주관적인 색의 현상은?**

① 컬러 프로파일
② 컬러캐스트
③ 컬러 세퍼레이션
④ 컬러 어피어런스

해설
컬러 어피어런스는 어떤 색채가 매체, 주변색, 광원, 조도 등의 차이에 따라 변화를 보이는 주관적인 색의 변화를 말한다.

59 **컴퓨터 자동배색에 대한 설명이 옳은 것은?**

① 색료 선택, 초기 레시피 예측, 실제작을 통한 레시피 수정의 최소한 세 개의 주요 기능을 포함해야 한다.
② 컴퓨터 알고리즘을 이용하므로 색료 및 소재에 대한 데이터베이스는 필요하지 않다.
③ 레시피 수정 알고리즘을 포함하지 않으므로, 사용자가 직접 측정된 색과 목표색의 차이를 계산하여 레시피 예측 알고리즘의 보정계수를 산출해야 한다.
④ 필터식 색채계와 컴퓨터 소프트웨어를 활용한다.

해설
CCM의 특징
- 소프트웨어와 정밀 측정기기를 사용하여 색을 자동으로 배색하는 장치로, 컴퓨터 알고리즘을 이용하므로 색료 및 소재에 대한 데이터베이스가 필요하다.
- 주로 분광식 색채계를 사용한다.
- 컴퓨터 장치를 이용하여 정밀 측색하여 자동으로 구성된 색료를 정밀한 비율로 자동조절 공급한다.
- 색료 선택, 초기 레시피 예측, 실제작을 통한 레시피 수정의 최소한 세 개의 기능을 포함해야 한다.

60 **색 측정에 대한 설명 중 틀린 것은?**

① 색을 측정하는 방법에는 육안검색 방법과 기기를 이용하는 방법이 있다.
② 기기를 이용하는 경우는 유동체인 빛을 측정하는 것이므로 한 번에 정확하게 측정하여야 한다.
③ 육안으로 검색하는 경우는 컨디션이나 사용 목적에 따라 판단이 달라질 수 있으므로 객관적인 조건이 필요하다.
④ 측색의 목적은 정확하게 색을 파악하고, 색을 전달하고, 재현하는 데 있다.

해설
② 기기를 이용하는 경우 유동체인 빛을 측정하는 것이 아니라 물체색의 반사색을 측정하는 것이므로 여러 번 측색하여야 한다.

제4과목 색채지각론

61 **색의 동화현상에 대한 설명으로 옳은 것은?**

① 두 색이 맞붙어 있을 때 그 경계 주변에서 색상, 명도, 채도대비의 현상이 보다 강하게 일어나는 현상이다.
② 청록색은 흥분을 가라앉히는 색이며, 빨간색은 혈액순환을 자극해 따뜻하게 느껴지는 색이다.
③ 같은 회색 줄무늬라도 파랑 위에 놓인 것은 파랑에 가까워 보이고, 노랑 위에 놓인 것은 노랑에 가까워 보인다.
④ 빨강을 본 후 노랑을 보게 되면, 노랑이 연두색에 가까워 보이는 현상이다.

해설
동화현상은 하나의 색이 다른 색에 둘러싸였을 때, 둘러싸인 색이 주위의 색과 비슷하게 보이는 현상을 말한다. 이 현상은 둘러싸인 색의 면적이 작은 경우 또는 둘러싸인 색이 주위의 색과 유사한 경우 등에 일어나기 쉬우며, 색상대비와는 반대로 색과 색이 똑같이 되려고 하는 것 같이 보인다.

58 ④ 59 ① 60 ② 61 ③ 정답

62 **보색에 대한 설명 중 틀린 것은?**

① 보색에 해당하는 두 색광을 혼합하면 백색광이 된다.
② 보색에 해당하는 두 물감을 혼합하면 검정에 가까운 무채색이 된다.
③ 색상환 속에서 서로 마주 보는 위치에 놓인 색은 모두 보색관계이다.
④ 감법혼합에서 마젠타(Magenta)와 노랑(Yellow)은 보색관계이다.

해설
감법혼합에서 마젠타(Magenta)와 노랑(Yellow)은 보색관계가 아니다. 마젠타는 초록, 노랑은 파랑이 보색이다.
※ 보색 + 보색 = 흰색(색광혼합), 보색 + 보색 = 검정(색료혼합)

63 **인간의 눈 구조에서 시신경 섬유가 나가는 부분으로 광수용기가 없어 대상을 볼 수 없는 곳은?**

① 맹 점　② 중심와
③ 공 막　④ 맥락막

해설
① 맹점은 망막의 시세포가 물리적 정보를 뇌로 전달하기 위해 시신경 다발이 나가는 통로이기에 빛을 구분하는 시세포가 없어 상이 맺히지 않는다.
② 중심와는 망막 중에서도 상이 가장 정확하게 맺히는 부분으로 노란 빛을 띠어 황반이라고도 한다.
③ 공막은 각막을 제외한 눈 전체를 덮고 있다. 눈꺼풀의 안쪽에서 윤곽을 짓는 투명한 막조직이다.
④ 맥락막은 망막과 공막 사이의 중간 막으로 중막이라고도 하며 혈관이 많아 눈에 영양을 공급하는 역할을 한다.

64 **다음 중 회전혼색과 관련이 없는 것은?**

① 혼색에 의해 명도나 채도가 낮아지게 된다.
② 맥스웰은 회전원판을 사용하여 혼색의 원리를 실험하였다.
③ 원판의 물체색이 반사하는 반사광이 혼합되어 혼색되어 보인다.
④ 두 종류 이상의 색자극이 급속히 교대로 입사하여 생기는 계시혼색이다.

해설
회전혼합
• 영국의 물리학자인 제임스 클러크 맥스웰(James Clerk Maxwell)이 발견하였으며, 하나의 면에 두 가지 이상의 색을 붙인 후 빠른 속도로 회전시키면, 그 색들이 혼합되어 보이는 현상이다.
• 회전판의 회전, 혼합되는 색을 명도와 채도가 색과 색 사이의 정도로 보인다. 즉, 혼색 결과는 중간색, 중간 명도, 중간 채도이다.

65 **다음의 ( )에 들어갈 내용으로 순서대로 바르게 짝지어진 것은?**

> 색채의 상호관계에 영향을 미치는 색채대비는 그 생리적 자극의 방법에 따라 크게 두 가지로 분류된다. 두 가지 이상의 색을 한꺼번에 볼 경우 일어나는 대비는 ( )라 하고, 먼저 본 색의 영향으로 나중에 보는 색이 다르게 보이는 경우를 ( )라고 한다.

① 색상대비, 계시대비
② 동시대비, 계시대비
③ 계시대비, 동시대비
④ 색상대비, 동시대비

해설
• 동시대비 : 인접해 있는 두 가지 이상의 색을 동시에 볼 때 일어나는 현상으로 서로의 영향으로 인해 색이 다르게 보이는 현상
• 계시대비 : 어떤 색을 잠시 본 후 시간적인 차이를 두고 다른 색을 보았을 때 먼저 본 색의 영향으로 나중에 본 색이 다르게 보이는 현상

66 **조명조건이나 관찰조건이 변해도 물체의 색을 동일하게 지각하는 현상은?**

① 연색성　② 항상성
③ 색순응　④ 색지각

해설
① 연색성 : 같은 물체색이라도 광원의 분광에 따라 다른 색으로 지각하는 현상이다.
③ 색순응 : 조명에 의해 물체색이 바뀌어도 자신이 알고 있는 고유의 색으로 보이게 되는 현상이다.
④ 색지각 : 빛이 눈에 들어와 시신경을 통해 뇌로 전달되면서 색을 알아차리고 구별하는 것이다.

정답 62 ④ 63 ① 64 ① 65 ② 66 ②

67 다음 중 색의 혼합방법이 나머지와 다른 하나는?

① 무대 조명 ② 네거티브 필름의 제조
③ 모니터 ④ 컬러 슬라이드

해설
컬러 슬라이드는 감법혼색이다. 감법혼색은 색채의 혼합으로 색료의 3원색인 사이안(Cyan), 마젠타(Magenta), 노랑(Yellow)을 혼합하기 때문에 혼합할수록 명도와 채도가 떨어져 어두워지고 탁해진다. 감법혼색은 컬러인쇄, 사진, 색 필터 겹침, 색유리판 겹침, 안료, 물감에 의한 색 재현 등에 사용된다.

68 다음 중 대비현상의 종류가 다른 하나는?

① 밝은 바탕 위의 어두운색은 더욱 어둡게 보인다.
② 회색 바탕 위의 유채색은 더 선명하게 보인다.
③ 허먼(Hermann)의 격자 착시효과에서 나타나는 현상이다.
④ 어두운색과 대비되는 밝은색은 더 밝게 느껴진다.

해설
①, ③, ④는 어두운색과 밝은색의 대비인 명도대비를 나타내고, ②는 채도대비를 설명한다.

69 순색 노랑의 포스터컬러에 회색을 섞었다. 회색의 밝기를 정확히 알지 못한다고 해도 혼합 후에 가장 명확하게 달라진 속성의 변화는?

① 명도가 높아졌다. ② 채도가 낮아졌다.
③ 채도가 높아졌다. ④ 명도가 낮아졌다.

해설
색료의 혼합 시 채도가 낮아진다.

70 작업자들의 피로감을 덜어주는 데 가장 효과적인 실내 색채는?

① 중명도의 고채도 색
② 저명도의 고채도 색
③ 고명도의 저채도 색
④ 저명도의 저채도 색

해설
피로감을 덜어주는 배색으로 명도가 높고 채도가 낮을수록 효과가 있다.

71 다음 중 채도를 가장 강하게 느낄 수 있는 대비는?

① 보색대비 ② 면적대비
③ 명도대비 ④ 계시대비

해설
② 면적대비 : 면적이 크면 명도와 채도가 실제보다 좀 더 밝고 깨끗하게 보이고, 면적이 작으면 명도와 채도가 실제보다 어둡고 탁하게 보인다.
③ 명도대비 : 배경색의 명도가 낮으면 본래의 명도보다 높아 보이고, 배경색의 명도가 높으면 본래의 명도보다 낮아 보인다.
④ 계시대비 : 채도가 매우 높은 빨강 색지를 한참 동안 바라보다가 초록 색지를 보면 그 초록은 보다 선명한 초록으로 보인다.

72 스펙트럼의 파장과 색의 관계를 연결한 것 중에서 틀린 것은?

① 보라 – 380~450nm
② 파랑 – 500~570nm
③ 노랑 – 570~590nm
④ 빨강 – 620~700nm

해설
스펙트럼의 파장 구간
- 보라 : 380~445nm
- 파랑 : 445~480nm
- 초록 : 480~560nm
- 노랑 : 560~590nm
- 주황 : 590~640nm
- 빨강 : 640~780nm

73 추상체에 대한 설명 중 잘못된 것은?

① 간상체에 비하여 해상도가 떨어진다.
② 색채지각과 관련된 광수용기이다.
③ 눈의 망막 중 중심와에 존재하는 광수용기이다.
④ 간상체보다 광량이 풍부한 환경에서 활동하며 색채감각을 일으키는 역할을 한다.

해설
추상체는 해상도가 높고 주로 밝은 곳이나 낮에 작용한다.

67 ④ 68 ② 69 ② 70 ③ 71 ① 72 ② 73 ① 정답

74 **서양미술의 유명 작가와 그의 회화작품들이다. 이 중 병치혼색의 원리를 적극적으로 이용한 작품은?**

① 몬드리안 – 적 · 청 · 황 구성
② 말레비치 – 8개의 정방형
③ 쇠라 – 그랑드 자트 섬의 일요일 오후
④ 피카소 – 아비뇽의 처녀들

해설
병치혼색은 많은 색의 점들을 조밀하게 병치하여 서로 혼합되어 보이도록 하는 방법으로 가법혼합의 일종이다. 쇠라의 '그랑드 자트 섬의 일요일 오후'는 병치혼합 방법으로 그려진 잘 알려진 작품이다.

75 **색과 빛에 대한 설명으로 틀린 것은?**

① 인간이 볼 수 있는 가시광선의 파장은 약 380~780nm이다.
② 빛은 파장에 따라 서로 다른 색감을 일으킨다.
③ 빛은 파장이 다른 전자파의 집합인 것을 처음 발견한 사람은 요하네스 이텐(Johaness Itten)이다.
④ 여러 가지 파장의 빛이 고르게 섞여 있으면 백색으로 지각된다.

해설
빛은 파장이 다른 전자파의 집합인 것을 처음 발견한 사람은 맥스웰이다. 요하네스 이텐은 색채조화론인 색채의 배색방법과 색채의 대비효과에 대해서 연구하였다.

76 **색의 심리에서 진출과 후퇴에 대한 설명이 잘못된 것은?**

① 난색계가 한색계보다 진출해 보인다.
② 채도가 높은 색이 낮은 색보다 진출해 보인다.
③ 유채색이 무채색보다 진출해 보인다.
④ 저명도 색이 고명도 색보다 진출해 보인다.

해설
고명도 색이 저명도 색보다 진출해 보인다.

77 **색채지각 효과 중 주변색의 보색이 중심에 있는 색에 겹쳐져 보이는 것으로 '괴테현상'이라고도 하는 것은?**

① 벤함의 탑(Benham's Top)
② 색음현상(Colored Shadow)
③ 맥콜로 효과(McCollough Effect)
④ 애브니 효과(Abney Effect)

해설
① 벤함의 탑(Benham's Top) : 검은색과 흰색의 원판을 회전시키면 유채색이 아른거리는 현상
③ 맥콜로 효과(McCollough Effect) : 대상의 위치에 따라 눈을 움직이면 잔상이 이동하여 나타나는 현상
④ 애브니 효과(Abney Effect) : 자극의 순도(선명도)가 변하며 같은 파장의 색이라도 그 색상이 다르게 보이는 현상

78 **빨간색광(光)과 초록색광(光)의 혼색 시 나타나는 현상이 아닌 것은?**

① 조도가 높아진다.
② 채도가 높아진다.
③ 노랑(Yellow) 색광이 된다.
④ 사이안(Cyan) 색광이 된다.

해설
사이안(Cyan) 색광은 초록과 파랑의 혼합에서 나오는 색이다.

79 **색채지각설에서 헤링이 제시한 기본색은?**

① 빨강, 녹색, 파랑
② 빨강, 노랑, 파랑
③ 빨강, 노랑, 녹색, 파랑
④ 빨강, 노랑, 녹색, 마젠타

해설
1872년 독일의 심리학자이자 생리학자인 헤링(Ewald Hering)은 색채지각에 관한 연구에서 기본색이 빨강, 노랑, 초록, 파랑의 4색이라고 주장하였다.

정답 74 ③ 75 ③ 76 ④ 77 ② 78 ④ 79 ③

80 다음 중 색채의 온도감과 가장 밀접한 속성은?

① 채 도　② 명 도
③ 색 상　④ 톤

해설
색채의 온도감은 색상과 밀접한 관계가 있다. 색상은 난색과 한색으로 구분하며, 난색은 따뜻함이 느껴지는 빨강 계열, 한색은 차가움이 느껴지는 파랑 계열이다. 온도감이 느껴지지 않는 중성색으로는 초록 계열, 보라 계열이 있다.

제5과목 색채체계론

81 한국산업표준 KS A 0011에서 명명한 색명이 아닌 것은?

① 생활색명　② 일반색명
③ 관용색명　④ 계통색명

해설
KS A 0011(물체색의 색이름)에서는 일반(계통), 관용(고유)색명에 대해 규정하고 있다.

82 그림은 비렌의 색 삼각형이다. 중앙의 검정 부분은?

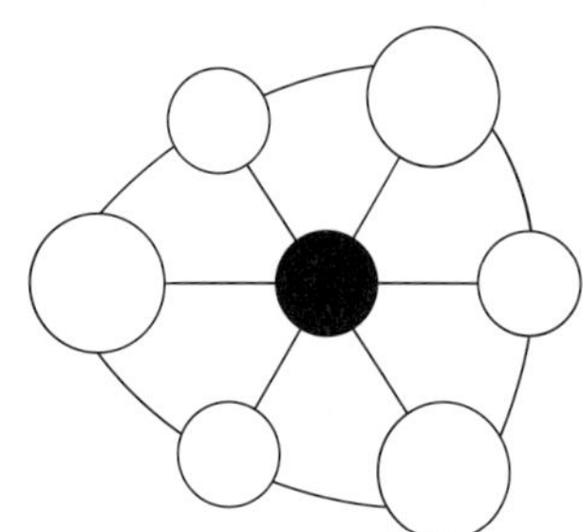

① TONE　② TINT
③ GRAY　④ SHADE

해설
비렌의 색 삼각형
미국의 색채학자 파버 비렌은 "인간은 심리적 반응에 의해 색을 지각한다."고 했다. 그는 오스트발트 색채론을 바탕으로 순색, 하양, 검정을 기본 3색으로 놓고, 4개의 색조를 이용해 하양과 검정이 합쳐진 회색조(Gray), 순색과 하양이 합쳐진 밝은 색조(Tint), 순색과 검정이 합쳐진 어두운 색조(Shade), 순색과 하양 그리고 검정이 합쳐진 톤(Tone) 등 7개의 조화이론을 제시했다.

83 동쪽과 서쪽을 상징하는 오정색의 혼합으로 얻어지는 오간색은?

① 녹 색　② 벽 색
③ 홍 색　④ 자 색

해설
동쪽은 청색, 서쪽은 백색으로 오간색은 벽색이다.

84 오스트발트의 색체계의 표기법 "23 na"에 대하여 다음 표를 보고 옳게 설명한 것은?

기 호	a	n
백색량	89	5.6
흑색량	11	94.4

① 23번 색상, 흑색량 94.4%, 백색량 89%, 순색량 5.6%
② 23번 색상, 백색량 5.6%, 흑색량 11%, 순색량 83.4%
③ 순색량 23%, 백색량 5.6%, 흑색량 11%
④ 순색량 23%, 흑색량 94.4%, 백색량 89%

해설
23 na에서 23은 색상, n은 백색량, a는 흑색량을 나타낸다.

85 다음은 전통색에 대한 설명이다. (A)는 전통색, (B)는 방위일 때 옳은 것으로 짝지어진 것은?

> (A) : 전통적 의미는 땅, (B), 황제이고 사물의 근본적인 것, 핵심적인 것을 상징하였다.

① A : 하양, B : 중앙
② A : 노랑, B : 서쪽
③ A : 노랑, B : 중앙
④ A : 검정, B : 북쪽

해설
전통적으로 비옥한 땅의 의미인 노랑은 황제를 상징하고 사물의 근본인 중앙의 방위를 가지는 색이다.

정답 80 ③ 81 ① 82 ① 83 ② 84 ② 85 ③

86 오스트발트 색체계에 대한 설명으로 옳은 것은?

① 24색상환을 사용하며 색상번호 1은 빨강, 24는 자주이다.
② 색체계의 표기방법은 색상, 흑색량, 백색량 순서이다.
③ 아래쪽에 검정을 배치하고 맨 위쪽에 하양을 둔 원통형의 색입체이다.
④ 엄격한 질서를 가지는 색체계의 구성원리가 조화로운 색채 선택을 가능하게 한다.

해설
① 24색상환을 사용하며 색상번호 1은 노랑, 24는 황록이다.
② 색체계의 표기방법은 순색량, 흑색량, 백색량 순서이다.
③ 아래쪽에 검정을 배치하고 맨 위쪽에 하양을 둔 복원추체(마름모형)의 색입체이다.

87 PCCS 색체계의 특징으로 옳은 것은?

① 근본적으로 조화론을 목적으로 한다.
② yellowish Green은 10 : YG로 표기한다.
③ 지각적으로 등보성이 없다.
④ 모든 색상은 12색상으로 구별되어 있다.

해설
② yellowish Green은 11 : yG로 표시한다.
③ 지각적으로 등보성이 있는 현색계이다.
④ 모든 색상은 24색상으로 구별되어 있다.

88 CIE 색공간에 대한 설명이 틀린 것은?

① L*a*b* 색공간은 색소 산업분야와 페인트, 종이, 플라스틱, 직물 분야에서 색오차와 작은 색차이를 표현하기 위해 만들어졌다.
② 색차를 정량화하기 위해 L*a*b* 색공간과 L*u*v* 공간은 색차 방정식을 제공한다.
③ 독립된 색채공간으로 기후, 환경 등에 영향을 받지 않고 항상 같은 색을 유지할 수 있다.
④ L*C*h 색공간은 L*a*b*와 똑같은 다이어그램을 활용하고, 방향좌표를 사용한다.

해설
④ L*C*h 색공간은 3차원 직교 좌표를 이용하며, L*a*b*는 원기둥형 좌표를 이용해 표시한다.

89 NCS 색체계에 따라 검은색을 표현한 것은?

① S 0500-N ② S 9900-N
③ S 0090-N ④ S 9000-N

해설
NCS 색체계의 표기상 S 9000-N에서 90은 흑색량, 00은 순색량, N은 명도를 의미한다.

90 먼셀 색체계의 색상에 대한 설명 중 옳은 것은?

① 기본 12색상을 정하고 이것을 다시 10등분한다.
② 5R보다 큰 수의 색상(7.5R 등)은 보라 띤 빨강이다.
③ 각 색상의 180° 반대에 있는 색상은 보색관계에 있게 하였다.
④ 한국산업표준 등에서 실용적으로 쓰이는 색상은 50색상의 색상환이다.

해설
① 기본 5색을 정하고 이것을 다시 10등분한다.
② 5R보다 큰 수의 색상(7.5R 등)은 노랑 띤 빨강이다.
④ 한국산업표준 등에서 실용적으로 쓰이는 색상은 40색상의 색상환이다.

91 다음 중 현색계에 해당하는 것은?

① Munsell 색체계
② XYZ 색체계
③ RGB 색체계
④ Maxwell 색체계

해설
현색계
인간의 색 지각을 기초로 심리적 3속성인 색상, 명도, 채도에 의해 물체색을 순차적으로 배열하고 색입체 공간을 체계화시킨 표색계이다. 측색기가 필요하지 않고 사용하기 쉬운 편으로, 먼셀 표색계, NCS, PCCS, DIN 등이 있다.

정답 86 ④ 87 ① 88 ④ 89 ④ 90 ③ 91 ①

92 CIE Yxy 색체계에서 내부의 프랭클린 궤적선은 무엇의 변화를 나타내는가?

① 색온도 ② 스펙트럼
③ 반사율 ④ 무채색도

해설
색도도란 색도 좌표를 그림으로 표시한 것으로 색지도 또는 색좌표도라고 한다. 색도 좌표를 x, y로 표시하였으며 그림 바깥쪽의 곡선은 빛 스펙트럼의 색도점을 연결한 곡선이고, 바깥 굵은 실선은 스펙트럼의 색을 나타내는 스펙트럼 궤적이다. 수치는 파장을 의미하며 단위는 nm로 표시하였다. 내부의 궤적선은 색온도를 나타내고, 보색은 중앙에 위치한 백색점 C를 두고 마주보고 있으며 서로 보색관계에 있는 두 색을 잇는 선분은 백색점을 지나간다.

93 먼셀 기호의 표기법에서 색상은 5G, 명도가 8, 채도가 10인 색의 표기법은?

① 5G : 8V : 10C
② 5G 8/10
③ 5GH8V10C
④ G5V5C10

해설
먼셀 기호의 표기법은 H V/C(색상 명도/채도)이다.

94 슈브뢸(Chevreul)의 색채조화론에 대한 설명으로 옳은 것은?

① 색의 조화와 대비의 법칙을 사용한다.
② 조화는 질서와 같다.
③ 동일 색상이 조화가 좋다.
④ 순색, 흰색, 검정을 결합하여 4종류의 색을 만든다.

해설
근대 색채조화론의 선구자로 평가받는 프랑스의 화학자 슈브뢸은 직접 만든 색의 3속성에 근거를 두고 동시대비의 원리, 도미넌트 컬러, 세퍼레이션 컬러, 보색배색 조화 등의 법칙을 정리하여 독자적 색채체계를 확립했으며, 이는 오늘날 색채조화론의 기초가 되었다.

95 병치혼색과 보색 등의 대비를 통해 그 결과가 혼란된 것이 아닌 주도적인 색으로 보일 때 조화된다는 이론은?

① 파버 비렌의 색채조화론
② 저드의 색채조화론
③ 슈브뢸의 색채조화론
④ 루드의 색채조화론

해설
근대 색채조화론의 선구자로 평가받는 프랑스의 화학자 슈브뢸은 직접 만든 색의 3속성에 근거를 두고 동시대비의 원리, 도미넌트 컬러, 세퍼레이션 컬러, 보색배색 조화 등의 법칙을 정리하여 독자적 색채체계를 확립했으며, 이는 오늘날 색채조화론에 기초가 되었다. 1839년 출간한 「색채조화와 대비의 원리」라는 책에서 유사성과 대비성의 관계에서 색채조화 원리를 규명하였고, 등간격 3색의 인접색의 조화, 반대색의 조화, 근접보색의 조화를 설명했다.

96 NCS 색체계에 대한 설명이 옳은 것은?

① 인간의 색지각에 기초한 색체계이다.
② 색에 대한 통계적, 기계적 시스템이다.
③ NCS 색체계는 유행에 따라 변한다.
④ 빛의 강도를 토대로 색 표기를 한다.

해설
NCS 색체계는 인간의 색지각에 기초한 현색계이다.

97 물체색의 색이름에 관한 설명 중 틀린 것은?

① 관용색이름이란 관용적인 호칭방법으로 표현한 색이름이다.
② 색이름 수식형 중 초록빛, 보랏빛에서의 '빛'은 광선을 의미한다.
③ 조합색이름은 기준색이름 앞에 색이름 수식형을 붙여 만든다.
④ 2개의 기본색이름을 조합하여 조합색이름을 구성한다.

해설
수식형이 없는 2음절 색이름에 붙인 수식형 '빛(초록빛, 보랏빛 등)'은 물체 표면의 색채 특징을 나타내는 관형어이다.

92 ① 93 ② 94 ① 95 ③ 96 ① 97 ② 정답

98 **오늘날 가장 보편화되어 있는 L*a*b* 색채 시스템의 기본이 되는 색채이론가가 아닌 사람은?**

① 헤르만 에빙하우스(Hermann Ebbinghaus)
② 오그덴 루드(Ogden Rood)
③ 에발트 헤링(Ewald Hering)
④ 아이작 시퍼뮐러(Ignaz Schiffermüler)

해설
색채심리학자 오그덴 루드(Ogden Rood)는 물감은 3원색이 섞이면 검은색이 되는 데 비해 빛은 흰색이 된다는 사실을 일깨웠고, 이는 신인상주의 대표작가 쇠라에게 있어 보다 빛나는 색채를 얻기 위해서는 물감을 팔레트에서 섞어서는 안 된다는 의미로 받아들여졌다.

99 **색채 표준화의 대상이 아닌 것은?**

① 광원의 표준화
② 물체 반사율 측정의 표준화
③ 다양한 색체계의 표준화
④ 표준관측자의 3자극 효율함수 표준화

해설
색채의 표준화는 결과의 실용성(재현), 배열의 규칙성(전달), 속성의 명확성(저장)을 목적으로 한다. 광원의 표준화, 물체 반사율 측정의 표준화, 표준관측자의 3자극 효율함수 표준화가 대상이 되지만 다양한 색체계 자체를 표준화하는 것은 아니다.

100 **L*C*h 체계에 대한 설명이 틀린 것은?**

① L*a*b*와 똑같이 L*은 명도를 나타낸다.
② C*값은 중앙에서 멀어질수록 작아진다.
③ h는 +a*축에서 출발하는 것으로 정의하여 그곳을 0°로 한다.
④ 0°는 빨강, 90°는 노랑, 180°는 초록, 270°는 파랑이다.

해설
CIE L*C*h에서 L*은 명도, C*는 채도, h는 색상의 각도를 의미한다. 원기둥형 좌표를 이용해 표시하는데 h = 0°(빨강), h = 90°(노랑), h = 180°(초록), h = 270°(파랑)으로 표시된다. 중앙에서 멀어질수록 채도값은 커진다.

정답 98 ② 99 ③ 100 ②

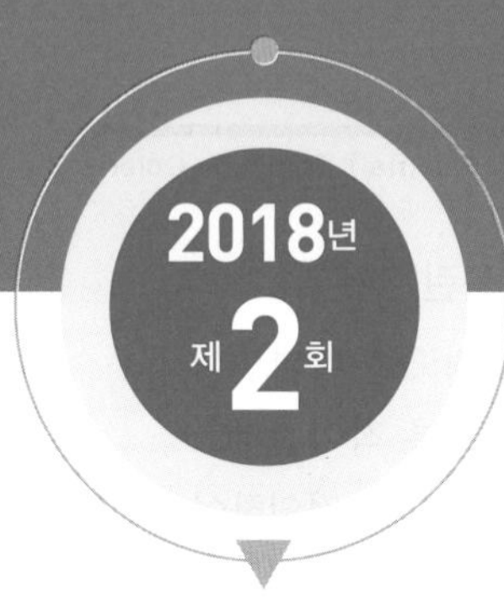

컬러리스트기사

과년도 기출문제

제1과목 색채심리 · 마케팅

01 색채정보 분석방법 중 의미의 요인분석에 해당하는 주요 요인이 아닌 것은?

① 평가차원(Evaluation)
② 역능차원(Potency)
③ 활동차원(Activity)
④ 지각차원(Perception)

해설
오스굿은 요인분석을 통해 3가지 의미공간의 대표적인 구성요인(평가요인, 역능요인, 활동요인)을 밝혀냈다.

02 눈의 긴장과 피로를 줄여주고 사고나 재해를 감소시켜 주는 데 적합한 색은?

① 산호색 ② 감청색
③ 밝은 톤의 노랑 ④ 부드러운 톤의 녹색

해설
④ 눈의 긴장과 피로를 줄여주고 사고나 재해를 감소시켜 주는 데는 초록색 계열인 부드러운 톤의 녹색이 적합하다.
① 산호색은 살굿빛 계열로 따뜻하고, 정, 사랑, 모성애의 포근한 느낌을 준다.
②・③ 선명한 파랑 계열과 밝은 톤의 노랑은 피로감을 줄 수 있다.

03 색채 이미지의 수량적 척도화를 위하여 가장 일반적으로 사용되고 있는 조사방법은?

① 의미분화법(SD법)
② 브레인스토밍법
③ 가치진단법
④ 매트릭스법

해설
의미분화법(SD법)은 평가대상이 가지고 있는 이미지를 수량적 처리에 의해 척도화하여 정량적으로 측정하는 방법이다.

04 제품 포지셔닝에 대한 설명으로 틀린 것은?

① 제품마다 소비자들에게 인지되는 속성의 위치가 존재한다.
② 특정 제품의 확고한 위치는 소비자의 구매 결정을 돕는다.
③ 경쟁 환경의 변화에도 항상 고정된 위치를 유지해야 한다.
④ 세분화된 시장의 요구에 따른 차별적인 위치 설정이 효과적이다.

해설
경쟁 환경의 변화에 따라 위치를 새롭게 전환시켜야 한다.

05 시장 세분화 기준의 분류가 잘못된 것은?

① 지리적 변수 – 지역, 인구밀도
② 심리적 변수 – 생활환경, 종교
③ 인구학적 변수 – 소득, 직업
④ 행동분석적 변수 – 사용 경험, 브랜드 충성도

해설
심리분석적 세분화의 예로 사교적, 보수적, 야심적과 같은 변수로 세분화한 여피족, 오렌지족, 386 세대 등이 있다. 생활환경, 종교는 사회문화적 변수에 해당된다.

1 ④ 2 ④ 3 ① 4 ③ 5 ② 정답

06 다음에서 설명하는 표본추출방법은?

> n개의 샘플링 단위의 가능한 조합의 각각이 뽑힐 확률이 특정값을 갖도록 하는 방법으로 n개의 샘플링 단위의 샘플이 모집단으로부터 취해지도록 하는 방법이다.

① 랜덤 샘플링(Random Sampling)
② 층화 샘플링(Stratified Sampling)
③ 군집 샘플링(Cluster Sampling)
④ 2단계 샘플링(Two-stage Sampling)

해설
① 랜덤 샘플링(Random Sampling)은 각 표본에 일련번호를 부여하여 무작위로 추출하는 조사방법으로 임의추출이라고도 한다.
② 층화 샘플링(Stratified Sampling)은 조사대상을 몇 개의 그룹으로 구분하여 각 그룹에서 표본을 추출하는 방법이다.
③ 군집 샘플링(Cluster Sampling) : 모집단을 소집단(군집)들로 나누고, 일정수의 소집단을 무작위적으로 표본추출한 다음, 추출된 소집단 내의 구성원들을 모두 조사하는 방법이다.
④ 2단계 샘플링(Two-stage Sampling)은 다단추출법으로 전국적인 규모로 조사하여 1차 추출, 다시 그중에서 추출하여 조사하는 방법이다.

07 소비자가 구매 후 자신의 선택에 대하여 불안감을 느끼는 것은?

① 상표 충성도
② 인지 부조화
③ 내적 탐색
④ 외적 탐색

해설
인지 부조화는 개인이 가진 신념, 생각, 태도와 행동 사이의 부조화에서 유발되는 심리적 불편함을 해소하기 위한 태도나 행동의 변화를 말한다. 즉, 자신에 대해 일관된 생각과 느낌, 태도를 가지기를 원하지만, 의사결정이나 행동은 자신의 태도에 대한 일관성을 해치고 부조화를 유발하기도 하므로, 소비자가 구매 후 자신의 선택에 대하여 불안감을 느끼는 것이다.

08 마케팅에 관한 설명 중 옳은 것은?

① 마케팅이란 자기 회사 제품의 실태를 파악하는 것을 말한다.
② 산업 제품이 생산자로부터 소비자까지 전달되는 모든 과정과 관련된다.
③ 시대에 따른 유행이나 스타일과는 관계가 없다.
④ 산업 제품을 대량생산하는 것을 마케팅이라고 한다.

해설
마케팅은 개인이나 조직이 목표를 충족시키기 위한 교환이 이루어지도록 아이디어와 상품 개발, 서비스 정립, 가격을 결정하며, 촉진활동과 유통활동을 계획·실천하는 과정이다. 산업 제품이 생산자로부터 소비자까지 전달되는 모든 과정을 말한다.

09 색채선호와 관련된 일반적인 설명 중 틀린 것은?

① 남성들은 파랑과 같은 특정한 색에 편중된 색채선호를 보이고, 여성들은 비교적 다양한 색채선호를 갖는다.
② 어린 아이들은 빨강과 노랑 등 난색 계열을 선호한다.
③ 여러 국가에서 공통적으로 선호하는 색은 파랑이다.
④ 대부분 아프리카 문화권의 선호색 원리는 서양식의 색채선호 원리와 비슷하다.

해설
아프리카 문화권과 서양 문화권의 선호색은 매우 다른 특징을 가진다. 아프리카 문화권은 검은색, 서양 문화권은 파란색을 선호한다.

10 다음 중 색채와 음악을 연결한 공감각의 특성을 잘 이용하여 브로드웨이 부기우기(Broadway Boogie Woogie)라는 작품을 제작한 작가는?

① 요하네스 이텐(Johaness Itten)
② 몬드리안(Mondrian)
③ 카스텔(Castel)
④ 모리스 데리베레(Maurice Deribere)

정답 6 ① 7 ② 8 ② 9 ④ 10 ②

해설
몬드리안의 '브로드웨이 부기우기'는 뉴욕의 브로드웨이가 전하는 다양한 소리와 역동적인 움직임을 표현하여 시각과 청각의 조화에 의한 색채언어의 가능성을 보여 주었다.

11 다음 중 시장 세분화의 조건으로 옳은 것은?

① 유통 가능성, 접근 가능성, 실질성, 실행 가능성
② 유통 가능성, 안정성, 실질성, 실행 가능성
③ 색채선호성, 계절기후성, 실질성, 실행 가능성
④ 측정 가능성, 접근 가능성, 실질성, 실행 가능성

해설
시장 세분화는 다양한 욕구를 가진 전체 시장을 일정한 기준에 따라 공통된 욕구와 특성을 가진 부분 시장으로 나누는 것을 말한다. 시장 세분화의 조건으로는 측정 가능성, 접근 가능성, 실질성, 실행 가능성이 있다.

12 외부지향적 소비자에게 있어서 가장 중요한 사항은?

① 기능성 ② 경제성
③ 소속감 ④ 심미감

해설
외부지향적 소비자 집단은 시장에서 가장 높은 비중을 차지하고 있는 사람들로 이들은 다른 사람들을 의식해서 구매하는 소비자 집단이다(소속지향형, 경쟁지향형, 성취자형).

13 색채의 공감각에 대한 설명 중 틀린 것은?

① 색의 농담과 색조에서 색의 촉감을 느낄 수 있다.
② 소리의 높고 낮음은 색의 명도, 채도에 의해 잘 표현된다.
③ 좋은 냄새의 색들은 Light Tone의 고명도 색상에서 느껴진다.
④ 쓴맛은 순색과 관계가 있고, 채도가 낮은 색에서 느껴진다.

해설
쓴맛은 한색 계열, 탁한 갈색, 진한 청색, 파랑, 보라, 탁한 녹색의 배색에서 느껴진다.

14 파랑의 문화적 의미에 대한 설명 중 틀린 것은?

① 민주주의를 상징한다.
② 현대 남성복을 대표하는 색이다.
③ 중세시대 권력의 색채이다.
④ 비(非)노동을 상징하는 색채이다.

해설
서구 문화권의 영향을 받은 대부분의 국가에서 성인의 절반 이상이 청색을 가장 많이 선호하는 색으로 꼽는다. 청색은 민주주의 국가의 평화와 안정을 상징하며 중세시대 권력의 색채이다.

15 지역색에 영향을 주는 요소가 아닌 것은?

① 자연환경 ② 토 양
③ 건물색 ④ 유행색

해설
지역색은 그 지역의 자연환경과 자연스럽게 어울리거나 주민들이 선호하며 역사, 풍속, 지형, 기후 등의 지방색으로부터 도출된 색채이다. 국가, 지방, 도시 등의 이미지를 부각시키는 색채로 유행색은 지역색에 영향을 주는 요소가 아니다.

16 사용된 색에 따라 우울해 보이거나 따뜻해 보이거나 고가로 보이는 등의 심리적 효과는?

① 색의 간섭 ② 색의 조화
③ 색의 연상 ④ 색의 유사성

해설
색채연상은 일생을 통해 쌓아가는 일반적인 경험, 어린 시절부터 언어와 사고에 깊이 뿌리 내린 경험의 산물로서 사용된 색에 따라 우울해 보이거나 따뜻해 보이거나 고가로 보이기도 한다.

17 색상과 추상적 연상의 연결이 잘못된 것은?

① 빨강 – 강렬, 위험
② 주황 – 따뜻함, 쾌활
③ 초록 – 희망, 안전
④ 보라 – 진정, 침정

11 ④ 12 ③ 13 ④ 14 ④ 15 ④ 16 ③ 17 ④ 정답

해설
진정, 침정은 청록과 파랑에 해당된다. 침정이란 마음이 차분히 가라앉을 수 있을 만큼 조용함 또는 그런 상태를 의미한다.

18 **색채기호 조사분석에 해당하지 않는 것은?**

① 소비자의 색채 감성을 파악하는 것
② 상품의 이미지에 의한 구매 경향을 조사하는 것
③ 가격에 의한 제품의 구매 특성을 조사하는 것
④ 성별, 연령별, 지역별 색채기호 유형을 조사하는 것

해설
색채기호 조사분석은 소비자의 색채 감성을 파악하여 과학적, 심리적으로 이용하여 구매를 유도하기 위한 과정으로, 가격에 의한 제품의 구매 특성을 조사하는 것과는 관계가 없다.

19 **소비자의 컬러 소비 형태를 조사하고자 한다. 시장 세분화를 위한 생활유형 연구를 중심으로 연구하고자 할 때 적합한 연구방법은?**

① AIO법 ② SWOT법
③ VALS법 ④ AIDMA법

해설
① AIO법 : 판매를 촉진시키는 광고의 효과적 집행을 위해 소비자의 구매심리 과정을 파악할 수 있는 방법으로 활동(Activities), 흥미(Interest), 의견(Opinions) 등을 측정하는 방법이다.
② SWOT법 : 기업의 환경분석을 통해 강점(Strength)과 약점(Weakness), 기회(Opportunity)와 위협(Threat) 요인을 규정하고, 이를 토대로 기업의 색채 마케팅 전략을 수립하는 분석기법이다.
④ AIDMA법 : 1920년대 미국의 경제학자 롤랜드 홀(Rolland Hall)이 발표한 구매행동 마케팅 이론이다. 소비자의 구매심리 과정의 약자를 따서 이름 붙였다.

20 **색채 마케팅의 기능과 가장 거리가 먼 것은?**

① 고객만족과 경쟁력 강화
② 기업과 제품을 인식하여 호감도 증가
③ 소비자의 시각을 자극하여 수요를 창출
④ 소비자의 1차적인 욕구충족을 통한 기업만족

해설
소비자의 1차적인 욕구충족을 통한 기업만족이 아닌 소비자의 만족도를 높일 수 있다.

제2과목 색채디자인

21 **사물을 지각할 때 불완전한 형태나 벌어진 도형들의 집단을 완전한 형태들의 집단으로 지각하려는 경향이 있는 시지각의 원리는?**

① 폐쇄성 ② 근접성
③ 지속성 ④ 연상성

해설
게슈탈트 심리학에서 폐쇄성은 형태의 일부가 연결되거나 완성이 되어 있지 않더라도 완전하게 보려는 시각법칙이다.

22 **광고가 집행되는 과정을 순서대로 바르게 나열한 것은?**

① 상황분석 → 광고기본전략 → 크리에이티브 전략 → 매체전략 → 평가
② 상황분석 → 광고기본전략 → 매체전략 → 크리에이티브 전략 → 평가
③ 상황분석 → 매체전략 → 광고기본전략 → 크리에이티브 전략 → 평가
④ 크리에이티브 전략 → 매체전략 → 상황분석 → 광고기본전략 → 평가

해설
광고 집행의 순서
- 상황분석 : 상황·제품·소비자 분석, 광고규제
- 광고기본전략 : 광고목표, 소비자층, 광고 콘셉트, 광고예산 설정
- 크리에이티브 전략 : 광고 크리에이티브 목표, 크리에이티브 콘셉트, 크리에이티브 전략, 크리에이티브 전술 설정
- 매체전략 : 광고매체 목표·분석·전술 설정
- 평가 : 광고효과 측정, 광고전략 평가, 광고 커뮤니케이션 효과 측정, 광고전략의 기본 자료로 다음 광고에 반영

정답 18 ③ 19 ③ 20 ④ 21 ① 22 ①

23 건축 디자인의 일반적인 프로세스는?

① 기획 → 기본계획 → 기본설계 → 실시설계 → 감리
② 기획 → 기본설계 → 조사 → 실시설계 → 감리
③ 기본계획 → 기획 → 기본설계 → 실시설계 → 감리
④ 조사 → 기획 → 실시설계 → 기본설계 → 감리

해설
건축 디자인의 프로세스 : 기획(목표설정-자료수집, 분석-조건파악) → 계획(기본계획-기본설계-모델화) → 설계(실시설계) → 시공 → 거주 후 평가(감리)

24 수공의 장점을 살리되, 예술작품처럼 한 점만을 제작하는 것이 아니라 어느 정도의 양산(量産)이 가능하도록 설계, 제작하는 생활조형 디자인의 총칭을 의미하는 것은?

① 크래프트 디자인(Craft Design)
② 오가닉 디자인(Organic Design)
③ 어드밴스 디자인(Advanced Design)
④ 미니멀 디자인(Minimal Design)

해설
크래프트 디자인이란 일상생활에서 실용적 목적을 가진 제품을 말한다. 수공예의 장점을 살리며 양산이 가능하도록 설계, 제작하는 생활조형 디자인이다.

25 디자인의 조형예술 측면의 역사적 발전에 관한 설명으로 옳은 것은?

① 구석기 시대에는 주로 디자인의 아름다움과 실용성을 강조하였다.
② 인도에서는 실용성 있는 거대한 토목사업으로 건축예술을 승화시켰다.
③ 르네상스 운동은 갑골문자, 불교의 융성과 함께 문화를 발전시켰다.
④ 유럽 중세문화에서는 종교적 감성을 표현한 건축양식이 발전하였다.

해설
① 구석기 시대에는 주로 종교적이고 주술적인 목적으로 번식과 풍요를 기원하는 의미를 담은 예술품을 남겼다.
② 로마시대에는 실용성 있는 거대한 토목사업으로 건축예술을 승화시켰다.
③ 르네상스 시대에는 그리스 시대의 황금비율이 다시 유행하였으며 인간 중심의 문화를 발전시켰다.

26 다음 중 디자인의 기본 조건이 아닌 것은?

① 합목적성　② 심미성
③ 복합성　④ 경제성

해설
디자인의 기본 조건으로는 합목적성, 심미성, 경제성, 독창성, 질서성, 합리성, 문화성, 친자연성 등이 있다.

27 일상생활 도구로서 실용 목적을 가진 디자인 행위와 관련이 있는 분야는?

① 시각 디자인　② 제품 디자인
③ 환경 디자인　④ 실내 디자인

해설
제품 디자인은 일상생활에서 도구적 장비에 관한 디자인이다. 반드시 실용성, 심미성, 조형성을 모두 갖추어야 한다.

28 다음 (　)에 공통적으로 들어갈 단어는?

> 디자인(Design)이라는 말은 '지시하다', '표시하다'라는 의미의 라틴어 (　)에서 나왔다. 여기서 (　)는(은) 일정한 사물을 정리하여 질서를 유지하기 위한 활동이라는 뜻이다.

① 데생(Dessin)
② 디세뇨(Disegno)
③ 플래닝(Planning)
④ 데시그나레(Designare)

해설
영어의 디자인(Design)은 프랑스어의 데생(Dessin), 이탈리아어의 디세뇨(Disegno), 라틴어의 데시그나레(Designare)로 표현한다.

23 ① 24 ① 25 ④ 26 ③ 27 ② 28 ④ 정답

29 다음 중 색채조절의 사항과 관련이 없는 것은?

① 비렌, 체스킨
② 미적 효과, 감각적 배색
③ 색채관리, 색채조화
④ 안전 확보, 생산효율 증대

해설
색채조절은 색채의 심리학적, 미학적, 생리학적 관점을 이용하는 방법이 있다. 이는 색채계획에 이론을 이용하여 미리 예측하고 응용한 것으로, 과학적, 기능적 배색이라 할 수 있다.

30 다음 중 시각 디자인에 관한 내용으로 틀린 것은?

① 시각 디자인의 역할은 의미 전달보다는 감성적 만족을 주는 것이 가장 중요하다.
② 시각 커뮤니케이션에 있어 색채는 매우 중요한 역할을 하는 디자인 요소이다.
③ 시각 디자인은 일차적으로 시각적 흥미를 불러 일으킬 필요가 있다.
④ 시각 디자인의 매체는 인쇄매체에서 점차 영상매체로 확대되고 있다.

해설
시각 디자인은 커뮤니케이션을 위한 효용성과 심벌과 기호를 통하여 정보를 전달하는 커뮤니케이션 역할을 한다.

31 모형의 종류 중 디자인 과정 초기 개념화 단계에서 형태감과 비례 파악을 위해 만드는 모형은?

① 스터디 모형(Study Model)
② 작동 모형(Working Model)
③ 미니어처 모형(Miniature Model)
④ 실척 모형(Full Scale Model)

해설
스터디 모형이란 형태감과 비례 파악을 위해 만드는 모형으로 설계 단계에서 만드는 연구모형이다.

32 색은 상품 판매 전략을 위한 커뮤니케이션에 있어서 매우 중요한 역할을 하고 있다. 이와 같은 목적으로 활용되는 색채효과와 가장 거리가 먼 것은?

① 기억성 증가
② 시인성 향상
③ 연색성 증가
④ 가독성 향상

해설
색채는 상품 판매 전략 시에 제품의 정보, 통합이미지 등을 보여 준다. 따라서 시인성과 주목성, 가독성을 가져야 한다.

33 환경 디자인의 분류와 그 설명이 틀린 것은?

① 도시계획 – 국토계획뿐만 아니라 농어촌계획, 지역계획까지도 포함한다.
② 조경 디자인 – 건축물의 표면에 그래픽적 의미를 부여하여 도시환경을 개선한다.
③ 건축 디자인 – 주생활 환경을 인간이 조형적으로 종합 구성한 유기체적 조직체이다.
④ 실내 디자인 – 건축물의 내부를 그 쓰임에 따라 아름답게 꾸미는 일이다.

해설
조경 디자인은 아름다운 환경을 만들고 가꾸는 디자인이다. 자연요소와 인공요소를 적절히 구성하여 쾌적하고, 예술적이며, 기술적인 환경 디자인이다.

34 디자인의 조형적 기본 요소가 아닌 것은?

① 형 태 ② 색
③ 질 감 ④ 재 료

해설
디자인의 요소는 형태, 색채, 질감이다.

정답 29 ② 30 ① 31 ① 32 ③ 33 ② 34 ④

35 **색채디자인에 있어서 주조색에 대한 설명으로 옳은 것은?**

① 전체의 30% 미만을 차지하는 색이다.
② 인테리어, 패션, 산업 디자인 등의 주조색은 고채도여야 한다.
③ 주조색을 선정할 때는 재료, 대상, 목적 등을 고려하여야 한다.
④ 주조색은 보조색보다 나중에 결정한다.

해설
주조색은 배색의 기본이며 전체 면적의 60~70%를 차지하는 가장 넓은 면적을 차지하는 색채효과를 좌우할 수 있는 색이다. 주조색 선정 시에는 재료, 대상, 목적 등을 고려하여야 한다.

36 **디자인 매체에 따른 색채전략으로 거리가 먼 것은?**

① 픽토그램 - 단순하고 명료하게 정보를 전달할 수 있어야 한다.
② 실내 디자인 - 각 요소의 형태, 재질과 균형을 맞추어 질서 있게 연출하여야 한다.
③ 슈퍼그래픽 - 제품의 이미지 및 전체 분위기를 잘 나타낼 수 있어야 한다.
④ B.I - 브랜드의 특성을 알려주고 차별적 효과를 전달할 수 있어야 한다.

해설
슈퍼그래픽은 환경 디자인의 유형이며 건물 외벽에 장식, 그래픽 작업 등을 통하여 외벽을 미관상 장식하여 도시 경관을 아름답게 하는 디자인이다.

37 **디자인 사조들이 대표적으로 사용하였던 색채의 경향이 틀린 것은?**

① 옵아트는 색의 원근감, 진출감을 흑과 백 또는 단일 색조를 강조하여 사용한다.
② 미래주의는 기하학적 패턴과 잘 조화되어 단순하면서도 세련된 느낌을 준다.
③ 다다이즘은 화려한 면과 어두운 면을 동시에 갖고 있으면서, 극단적인 원색대비를 사용하기도 한다.
④ 데 스테일은 기본 도형적 요소와 삼원색을 활용하여 평면적 표현을 강조한다.

해설
기하학적 패턴과 잘 조화되어 단순하면서도 세련된 느낌을 주는 예술 사조는 구성주의이다.

38 **절대주의(Suprematism)의 대표적인 러시아 예술가는?**

① 칸딘스키(W. Kandinsky)
② 마티스(Henri Matisse)
③ 몬드리안(P. Mondrian)
④ 말레비치(K. Malevich)

해설
절대주의는 러시아 혁명 이후 구성주의와 함께 일어난 전위 미술의 하나이다. 회화에 있어 재현성을 거부하며 가장 단순한 구성을 위해 순수 감성을 추구하는 기하학적 추상주의라고 할 수 있다. 대표적인 화가로는 말레비치가 있다. 말레비치는 '절대주의는 창작예술에 있어서 순수 감성의 절대적 우위를 말한다.'라고 주장하였다.

39 **디자인의 목적과 관련이 없는 것은?**

① 디자인은 실용적이고 미적인 조형의 형태를 개발하는 것이다.
② 디자인은 아름다움을 추구하기 위하여 즉흥적이고 무의식적인 조형의 방법을 개발하고 연구하는 것이다.
③ 디자인은 사용하기 쉽고, 편리하며, 아름다운 생활환경을 창조하는 조형행위이다.
④ 디자인은 일련의 목적을 마음에 두고, 이의 실천을 위하여 세우는 일련의 행위 개념이다.

해설
디자인의 목적은 실용적이고 미적인 조형의 형태를 개발하는 것이다.

35 ③ 36 ③ 37 ② 38 ④ 39 ② 정답

40 질을 추구하면서도 동시에 대량생산에 대한 양을 긍정하여 근대디자인이 탄생하는 계기가 된 것은?

① 미술공예운동
② 독일공작연맹
③ 런던 만국박람회
④ 시세션

해설
② 독일공작연맹은 1907년 독일의 예술가 헤르만 무테지우스가 제창하여 독일 뮌헨에서 결성되어 활동을 시작한 단체이다. 수공예공업 대신 대량생산의 공예산업 추진과 활성화를 위해서 결성되었다.
① 미술공예운동은 영국에서 일어난 공예운동으로 윌리엄 모리스는 당시 산업사회에서 대량생산되던 조잡한 제품과 차별화되는 수공예의 정수가 되는 작품들을 만들려고 했다.
③ 런던 만국박람회는 무역 촉진에 초점이 맞추어져, 다양한 상품과 서비스가 국가별, 지역별, 특정 산업 종류별로 전시된 수평적 전시회였다.
④ 비엔나 아르누보라고 불리는 시세션(분리파)은 다른 나라에서 일어난 아르누보와는 조금은 다른 형태의 운동이었다.

제3과목 색채관리

41 육안조색과 CCM 장비를 이용한 조색의 관계에 대해 가장 바르게 설명한 것은?

① 육안조색은 CCM을 이용한 조색보다 더 정확하다.
② CCM 장비를 이용한 조색 시스템에서 가장 중요한 요소는 정확한 색료 데이터베이스 구축이다.
③ 육안조색으로도 무조건등색을 실현할 수 있다.
④ CCM 장비는 가법혼합 방식에 기반한 조색에 사용한다.

해설
CCM은 소프트웨어와 정밀 측정기기를 사용하여 색을 자동으로 배색하는 장치로 기준색에 대한 분광반사율 일치가 가능하다. 컴퓨터 장치를 이용해 정밀 측정하여 자동으로 구성된 컬러런트를 정밀한 비율로 자동 조절, 공급함으로써 색을 자동화하여 조색하는 시스템이다. 일정한 품질로 생산할 수 있고, 원가가 절감되며 발색에 소요되는 비용을 정확하게 산출할 수 있어 경제적이다.

42 입력 색역에서 표현된 색이 출력 색역에서 재현 불가할 때 ICC에서 규정한 렌더링 의도에 대한 설명으로 잘못된 것은?

① 지각적(Perceptual) 렌더링은 전체 색 간의 관계는 유지하면서 출력 색역으로 색을 압축한다.
② 채도(Saturation) 렌더링은 입력측의 채도가 높은 색을 출력에서도 채도가 높은 색으로 변환한다.
③ 상대색도(Relative Colorimetric) 렌더링은 입력의 흰색을 출력의 흰색으로 매핑하며, 전체 색 간의 관계를 유지하면서 출력 색역으로 색을 압축한다.
④ 절대색도(Absolute Colorimetric) 렌더링은 입력의 흰색을 출력의 흰색으로 매핑하지 않는다.

해설
상대색도 인텐트(Relative Colorimetric Intent)
가장 기본이 되는 렌더링 인텐트로 하얀색의 강렬한 이미지를 줄여 본연의 색조를 유지하기 위해 사용된다. 따라서 입력의 흰색을 출력의 흰색으로 매핑하여 출력한다.

43 CIE 표준광 및 광원에 대한 설명으로 틀린 것은?

① CIE 표준광은 CIE에서 규정한 측색용 표준광으로 A, D_{65}가 있다.
② CIE C광은 2004년 이후 표준광으로 사용하지 않는다.
③ CIE A광은 색온도 2,700K의 텅스텐램프이다.
④ 표준광 D_{65}는 상관 색온도가 약 6,500K인 CIE 주광이다.

해설
CIE A광은 색온도 2,856K이다.

정답 40 ② 41 ② 42 ③ 43 ③

44 다음의 색온도와 관련된 용어 중 설명이 틀린 것은?

① 색온도 – 완전 복사체의 색도를 그것의 절대 온도로 표시한 것
② 분포온도 – 완전 복사체의 상대 분광분포와 동등하거나 또는 근사적으로 동등한 시료 복사의 상대 분광분포의 1차원적 표시로서, 그 시료 복사에 상대 분광분포가 가장 근사한 완전 복사체의 절대 온도로 표시한 것
③ 상관 색온도 – 완전 복사체의 색도와 근사하는 시료 복사의 색도 표시로, 그 시료 복사에 색도가 가장 가까운 완전 복사체의 절대 온도로 표시한 것. 이때 사용되는 색공간은 CIE 1931 x, y를 적용한다.
④ 역수 상관 색온도 – 상관 색온도의 역수

해설
상관 색온도는 완전 복사체의 색도와 근사하는 시료 복사의 색도 표시로, 그 시료 복사에 색도가 가장 가까운 완전 복사체의 절대온도로 표시한 것이다. 이때 사용하는 색공간은 CIE1960 UCS(u, v)를 적용한다(KS A 0064).

45 단 한 번의 컬러 측정으로 표준광 조건에서의 CIELAB 값을 얻을 수 있는 장비는?

① 분광복사계 ② 조도계
③ 분광광도계 ④ 광택계

해설
분광광도계는 광원에서의 빛을 모노크로미터를 이용해 분광된 단색광을 시료 용액에 투과시켜 투과된 시료광의 흡수 또는 반사된 빛의 양의 강도를 광검출기로 검출하는 장치이다. 고정밀도 측정이 가능하며 주로 연구분야에 많이 사용된다. 삼자극치 XYZ, Munsell, CIELAB, Hunter L*a*b* 등 다양한 데이터로 표시할 수 있다.

46 도료의 전색제 중 합성수지와 가장 거리가 먼 것은?

① 페놀수지 ② 요소수지
③ 셀락수지 ④ 멜라민 수지

해설
페놀수지가 송진 등의 천연수지와 비슷한 성상이 있으므로 합성수지라는 용어가 생겼다고 한다. 현재는 합성수지, 플라스틱, 도료, 접착제 그 외의 주원료를 의미한다. 셀락은 깍지벌레의 분비물 덩어리를 추출 가공한 천연수지이다.

47 표면색의 육안검색 환경과 관련된 설명으로 틀린 것은?

① 일반적인 색 비교를 위해서는 자연주광 또는 인공주광 중 어느 것을 사용해도 된다.
② 자연주광에서의 비교에서는 1,000lx가 적합하다.
③ 어두운색 비교를 위한 작업면의 조도는 4,000lx에 가까운 것이 좋다.
④ 색 비교를 위한 부스의 내부는 먼셀 명도 N4~N5로 한다.

해설
자연주광에서의 비교에서는 2,000lx가 적합하다.

48 육안조색 시 자연주광 조명에 의한 색 비교에 대한 설명으로 잘못된 것은?

① 북반구에서의 주광은 북창을 통해서 확산된 광을 사용한다.
② 붉은 벽돌 벽 또는 초록의 수목과 같은 진한 색의 물체에서 반사하지 않는 확산 주광을 이용해야 한다.
③ 시료면의 범위보다 넓은 범위를 균일하게 조명해야 한다.
④ 적어도 4,000lx의 조도가 되어야 한다.

해설
자연주광 조명에 의한 색 비교(KS A 0065)
북반구에서의 주광은 북창을 통해서 확산된 광으로, 붉은 벽돌 벽 또는 초록의 수목과 같은 진한 색의 물체에서 반사하지 않는 확산주광을 이용해야 한다. 또한 시료면의 범위보다 넓은 범위를 균일하게 조명해야 하며 적어도 2,000lx의 조도가 되어야 한다. 단, 태양의 직사광은 피한다.

44 ③ 45 ③ 46 ③ 47 ② 48 ④ 정답

49 다음 중 광원의 색 특성과 관련된 용어가 아닌 것은?

① 백색도(Whiteness)
② 상관 색온도(Correlated Color Temperature)
③ 연색성(Color Rendering Properties)
④ 완전 복사체(Planckian Radiator)

해설
백색도는 표면색의 흰 정도를 1차원적으로 나타낸 수치로 2004년 CIE에서 표면색 백색도를 평가하기 위한 백색도(W, W10)와 틴트(T, T10)에 대한 공식을 제안했다.
상관 색온도, 연색성, 완전 복사체 등은 표준광원과 관련된 용어들이다.

50 모니터에서 삼원색의 가법혼색으로 만들어지는 모든 색을 포함하는 색공간 내의 재현 영역을 무엇이라고 하는가?

① 색입체(Color Solid)
② 스펙트럼 궤적(Spectrum Locus)
③ 완전 복사체 궤적(Planckian Locus)
④ 색영역(Color Gamut)

해설
색영역(Color Gamut)은 특정 조건에 따라 발색되는 모든 색을 포함하는 색도 좌표도 또는 색공간 내의 영역을 의미한다(KS A 0064).

51 모니터 디스플레이의 해상도에 대한 설명으로 올바른 것은?

① 4K 해상도는 4,096×2,160의 해상도를 의미한다.
② 400ppi의 모니터는 500ppi의 스마트폰보다 해상도가 높다.
③ 동일한 크기의 화면에서 FHD는 UHD보다 해상도가 높다.
④ 동일한 크기의 화면에서 4K 해상도의 화소수는 2K 해상도의 2배이다.

해설
① 4K 해상도(4K Ultra High Definition)는 가로 해상도가 4kP로 차세대 고화질 해상도를 지칭하는 용어이다. 4,096×2,160이나 3,840×2,160 등의 제품이 있다.
② 400ppi의 모니터는 500ppi의 스마트폰보다 해상도가 낮다.
③ 동일한 크기의 화면에서 FHD(1,920×1,080)는 UHD(3,840×2,160)보다 해상도가 낮다.
④ 동일한 크기의 화면에서 4K 해상도의 화소수는 2K(2,048×1,080) 해상도의 4배이다.

52 컬러모델(Color Model)에 대한 설명으로 잘못된 것은?

① 원료의 종류(색료 또는 빛)에 따라 달라진다.
② 재현성(Reproducibility)을 가져야 한다.
③ 원료들을 특정 비율로 섞었을 때 특정 관측환경에서 어떤 컬러로 표현되는가를 예측할 수 있다.
④ 동일한 CIELAB값을 갖는 색을 만들기 위한 원료 구성 비율은 모든 관측환경하에서 동일하다.

해설
컬러모델이란 컴퓨터에서 각 컬러를 규정지어 재현할 수 있는 색 공간을 말한다. 대표적인 색공간에는 RGB와 CMYK 모델이 있으며, 컬러모델은 원료의 종류에 따라 달라질 수 있고 재현성을 가져야 한다. 동일한 CIELAB값을 갖는 색을 만들기 위한 원료 구성 비율은 모든 관측 환경하에서 다를 수 있다.

53 형광 물체색 측정에 필요한 조건으로 틀린 것은?

① 조명 및 수광의 기하학적 조건은 원칙적으로 45° 조명 및 0° 수광 또는 0° 조명 및 45° 수광을 따른다.
② 분광 측색방법에서는 단색광 조명 또는 분광 관측에서 유효 파장폭 및 측정 파장 간격은 원칙적으로 1nm 혹은 2nm로 한다.
③ 측정용 광원은 300nm 미만의 파장역에는 복사가 없는 것이 바람직하다.
④ 표준백색판은 시료면 조명광으로 조명했을 때 형광을 발하지 않아야 한다.

정답 49 ① 50 ④ 51 ① 52 ④ 53 ②

해설
분광 측색방법에서의 단색광 조명 또는 분광 관측에서 유효 파장폭 및 측정 파장 간격은 원칙적으로 5nm 또는 10nm로 한다(KS A 0084).

54 유한한 면적을 갖고 있는 발광면의 밝기를 나타내는 양을 의미하는 용어는?

① 휘 도 ② 비시감도
③ 색자극 ④ 순 도

해설
휘도는 유한한 면적을 갖고 있는 발광면의 밝기를 나타내는 양이다(KS A 0064).

55 다음 중 염료의 설명으로 틀린 것은?

① 투명성이 뛰어나다.
② 유기물이다.
③ 물에 가라앉는다.
④ 물체와의 친화력이 있다.

해설
염료는 물과 기름에 잘 녹아 단분자로 분산하여 물에 가라앉지 않고 섬유 등의 분자와 잘 결합하여 착색하는 색 물질로, 넓은 뜻으로 섬유 등 착색제의 총칭이라고 할 수 있다. 투명성이 뛰어난 염료는 다른 물체와 흡착 또는 결합하기 쉬워 방직 계통에 많이 사용되며, 그 외 피혁, 잉크, 종이, 목재 및 식품 등의 염색에도 사용된다.

56 KS C 0074에서 정의된 측색용 보조 표준광이 아닌 것은?

① D_{50} ② D_{60}
③ D_{75} ④ B

해설
표준광 및 보조 표준광의 종류(KS C 0074)
- 표준광 : 표준광 A, 표준광 D_{65}, 표준광 C
- 보조 표준광 : 보조 표준광 D_{50}, 보조 표준광 D_{55}, 보조 표준광 D_{75}, 보조 표준광 B

57 측색 장비에 대한 설명으로 잘못된 것은?

① 시감 색채계 – 광전 수광기를 사용하여 분광 특성을 측정
② 분광광도계 – 물체의 분광반사율, 분광투과율 등을 파장의 함수로 측정
③ 분광복사계 – 복사의 분광분포를 파장의 함수로 측정
④ 색채계 – 색을 표시하는 수치를 측정

해설
시감 색채계는 인간의 시각적 감각에 의해 CIE 3자극값을 측정하는 데 쓰는 장비이다. 광전 수광기를 사용하여 분광 특성을 측정하는 기계는 광전 색채계이다.

58 다음 중 컬러 잉크젯 프린터의 재현 색상에 영향을 미치는 것과 가장 거리가 먼 것은?

① 용지의 크기
② 프린터 드라이버의 설정
③ 용지의 종류
④ 잉크의 종류

해설
컬러 프린터의 재현 색상에 영향을 주는 것은 프린터 드라이버의 설정과 용지의 종류, 잉크의 양과 검정비율 등이다. 용지의 크기와는 관련 없다.

59 색채 측정기에 관한 설명 중 틀린 것은?

① 측정 시 시료의 오염은 측정값에 오류를 가져올 수 있다.
② 낮아진 계측기의 정확성은 교정을 통하여 확보할 수 있다.
③ 분광광도계의 적분구 내부는 정확도와 무관하다.
④ 계측기는 측정 전 충분히 켜두어 안정성을 확보하는 것이 좋다.

해설
색채 측정기는 눈으로 측색할 경우 생길 수 있는 여러 가지 오차 요인을 줄여 보다 더 정확하고 객관적인 색채값을 얻기 위한 기계장치이다. 적분구는 분광광도계의 정확성에 영향을 준다.

54 ① 55 ③ 56 ② 57 ① 58 ① 59 ③ 정답

60 이미지 센서가 컬러를 나누는 기술로 가장 거리가 먼 것은?

① Bayer Filter Sensor
② Foveon Sensor
③ Flat Panel Sensor
④ 3CCD

해설
이미지 센서는 빛을 전기적 신호로 바꿔주는 반도체로 휴대폰 카메라, 디지털 카메라 등의 주요 부품으로 사용되며, 영상을 디지털 신호로 바꿔주는 광학칩 장치이다. Flat Panel Sensor는 평판 센서로 센서의 평평한 형태를 의미할 뿐 컬러를 나누는 기술에 속하지 않는다.

제4과목 색채지각론

61 컬러인쇄를 자세히 들여다보면 작은 망점으로 이루어진 것이 보인다. 이 망점 인쇄의 원리에 대한 설명 중 옳은 것은?

① 망점의 색은 노랑, 사이안, 빨강으로 되어 있다.
② 색이 겹쳐진 부분은 가법혼색의 원리가 적용된다.
③ 일부 나열된 색에는 병치혼색의 원리가 적용된다.
④ 인쇄된 형태의 어두운 부분을 안정시키기 위하여 빨강, 녹색, 파랑을 사용한다.

해설
컬러인쇄에 사용하는 잉크의 3원색은 Cyan, Magenta, Yellow이며 감법혼색의 원리가 적용된다. 인쇄의 원리로는 점들을 조밀하게 병치하여 서로 혼합되어 보이도록 하는 방법이 사용된다.

62 시각을 일으키는 물리적 자극의 범위에 해당하는 파장으로 옳은 것은?

① 200~700nm
② 200~900nm
③ 380~780nm
④ 380~980nm

해설
파장별 빛의 성질

영 역	파 장	광원색	빛의 성질
장파장	640~780nm	빨 강	굴절률이 작으며 산란이 어려움
	590~640nm	주 황	
중파장	560~590nm	노 랑	가장 밝게 느껴짐
	480~560nm	초 록	
단파장	445~480nm	파 랑	굴절률이 크며 산란이 쉬움
	380~445nm	보 라	

63 색의 온도감에 관한 설명 중 올바른 것은?

① 귤색은 난색에 속한다.
② 연두색은 한색에 속한다.
③ 파란색은 중성색에 속한다.
④ 자주색은 난색에 속한다.

해설
귤색, 빨간색, 노란색은 난색, 연두색과 자주색은 중성색, 파란색은 한색이다.

64 형광작용에 의해 무대나 간판 등의 조명에 주로 활용되는 파장역과 열적 작용으로 온열효과에 이용되는 파장역을 단파장에서 장파장의 순으로 바르게 나열한 것은?

① 자외선 – 가시광선 – X선
② 자외선 – 가시광선 – 적외선
③ 가시광선 – 자외선 – 적외선
④ 적외선 – X선 – 가시광선

해설
감마선 – X선 – 자외선 – 가시광선 – 적외선 – 극초단파 순으로 파장이 길다.

정답 60 ③ 61 ③ 62 ③ 63 ① 64 ②

65 **색채혼합에 관한 설명으로 틀린 것은?**

① 다색실로 직조된 직물의 색은 병치혼색을 한다.
② 색 필터를 통한 혼색실험은 가법혼색을 한다.
③ 컬러인쇄에 사용된 망점의 색점은 병치감법혼색을 한다.
④ 컬러텔레비전은 병치가법혼색을 한다.

해설
색 필터를 겹치거나 그림물감을 덧칠함으로써 색을 혼합하는 방법을 감산혼합 또는 감법혼색이라고 한다.

66 **순응에 대한 설명이 틀린 것은?**

① 순응이란 조명조건이 변화함에 따라 수용기의 민감도가 변화하는 것을 말한다.
② 터널 내 조명설치 간격은 명암순응 현상과 관련이 있다.
③ 조도가 낮아지면 시인도는 장파장인 노랑보다 단파장인 파랑이 높아진다.
④ 박명시는 추상체와 간상체 모두 활동하고 있는 시각상태로 지각적인 정확성이 높다.

해설
박명시는 명소시와 암소시의 중간 정도의 밝기에서 추상체와 간상체가 모두 활동하고 있어 색 구분의 정확성이 떨어지는 시각상태이다.

67 **잔상에 관한 설명으로 틀린 것은?**

① 자극을 제거한 후에 시각적인 상이 나타나는 현상이다.
② 자극의 강도가 클수록 잔상의 출현도 강하게 나타난다.
③ 물체색에 있어서의 잔상은 거의 원래 색상과 보색관계에 있는 보색잔상으로 나타난다.
④ 원래의 자극에 대해 보색으로 나타나는 것은 양성잔상에 해당된다.

해설
원래의 자극에 대해 보색으로 나타나는 것은 음성잔상에 해당된다.

68 **공간색(Volume Color)에 대한 설명으로 옳은 것은?**

① 색의 구체적인 지각 표면이 배제되어 거리감이나 입체감 같은 지각이 거의 이루어지지 않는 색
② 사물의 질감이나 상태를 나타내는 색으로 거의 불투명도를 가진 물체의 표면에서 느낄 수 있는 색
③ 투명한 착색액이 투명 유리에 들어 있는 것을 볼 때처럼 색의 존재감이 그 내부에도 느껴지는 용적색
④ 거울과 같이 광택이 나는 불투명한 물질의 표면에 나타나는 완전반사에 가까운 색

해설
③ 공간색은 3차원 공간의 부피감을 느낄 수 있는 색으로 물체나 면의 성질이 없고 투명감을 동반하여 색 자체에 거리감과 두께감이 있어 용적색이라고도 한다.
① 평면색은 구체적 표면이 없기 때문에 거리감이나 입체감이 없는 것처럼 느껴지는 색으로 순수하게 색만으로 느끼는 감각이다.
② 표면색은 물체의 표면에 속하여 물체 자체를 구성하고 있는 것처럼 지각되는 색이다.
④ 경영색은 완전반사에 가까운 색을 말하며, 거울과 같이 광택이 나는 불투명한 물질 표면에 나타나는 색을 말한다.

69 **교통표지나 광고물 등에 사용될 색을 선정할 때 흰 바탕에서 가장 명시성이 높은 색은?**

① 파 랑
② 초 록
③ 빨 강
④ 주 황

해설
명시성은 두 색을 대비시켰을 때 멀리서 잘 보이는 정도이며 색상차와 명도차가 클수록 명시성이 높다. 즉, 흰색의 고명도에는 명도가 낮을수록 명시성이 높으며 이 문제에서는 초록이 해당된다.

65 ② 66 ④ 67 ④ 68 ③ 69 ② 정답

70 **정의 잔상(양성적 잔상)에 대한 설명으로 옳은 것은?**

① 색자극에 대한 잔상으로 대체로 반대색으로 남는다.
② 어두운 곳에서 빨간 성냥불을 돌리면 길고 선명한 빨간 원이 그려지는 현상이다.
③ 원자극과 같은 정도의 밝기와 반대색의 기미를 지속하는 현상이다.
④ 원자극이 선명한 파랑이면 밝은 주황색의 잔상이 보인다.

해설
정의 잔상은 원래 색의 밝기와 색상이 같아 보이는 잔상이 생기는 것으로 망막의 흥분 상태가 지속되어 생기며, 주로 짧고 강한 자극으로 일어나기 쉽다. ①, ③, ④는 부의 잔상에 대한 설명이다.

71 **채도대비를 활용하여 차분하면서도 선명한 이미지의 패턴을 만들고자 할 때 패턴 컬러인 파랑과 가장 잘 조화되는 배경색은?**

① 빨 강　② 노 랑
③ 초 록　④ 회 색

해설
채도차가 클수록 뚜렷한 대비현상이 나타나고, 채도대비는 유채색과 무채색의 대비에서 가장 뚜렷하게 일어난다.

72 **특정 색을 바라보다가 흰색 도화지를 응시할 경우 잔상이 나타난다. 이때 잔상이 가장 강하게 느껴지는 색은?**

① 5R 4/14
② 5R 8/2
③ 5Y 2/2
④ 5Y 8/10

해설
잔상은 주로 짧고 강한 자극이 주어졌을 때 나타나는 현상으로 시감각에 강한 자극을 주는 계열은 채도가 높은 빨강 계열이다.

73 **차선을 표시하는 노란색을 밝은 회색의 시멘트 도로 위에 도색하면 시인성이 현저히 떨어진다. 이 표시의 시인성을 향상시키기 위한 가장 효과적인 방법은?**

① 차선표시 주변에 같은 채도의 보색으로 파란색을 칠한다.
② 차선표시 주변에 검은색을 칠한다.
③ 노란색 도료에 형광제를 첨가시킨다.
④ 재귀반사율이 높아지도록 작은 유리구슬을 뿌린다.

해설
멀리서도 확실히 잘 보이는 경우 시인성이 높다고 한다. 색의 3속성 중에서 배경과 대상의 명도 차이가 클수록 잘 보이고, 명도차가 있으면서도 색상 차이가 크고 채도 차이가 있으면 시인성이 높다. 노랑은 명도가 가장 높은 계열로 배경색은 명도가 가장 낮은 계열을 사용해야 시인성을 높일 수 있다.

74 **돌터니즘(Daltonism)으로 불리는 색각이상 현상에 대한 설명으로 옳은 것은?**

① M추상체의 결핍으로 나타난다.
② 제3색약이다.
③ 추상체 보조장치로 해결된다.
④ Blue~Green을 보기 어렵다.

해설
돌터니즘(Daltonism)은 제2색맹으로 존 돌턴(John Dalton)이 죽은 뒤 DNA 분석을 통해 그가 제2색맹임이 밝혀짐으로써 명명된 것이다. 제2색맹은 남성에게만 해당되며 M추상체가 결여된 증상이다.

75 **색채학자와 혼색에 관한 다음 설명 중 틀린 것은?**

① 맥스웰은 회전원판 실험을 통해 혼색의 원리를 이론화하였다.
② 오스트발트는 회전원판에 이용한 혼색을 활용하여 색체계를 구성하였다.
③ 베졸트는 색 필터의 중첩에 의한 색자극의 혼합으로 혼색의 원리를 이론화하였다.
④ 시냐크는 점묘법으로 채도를 낮추지 않고 중간색을 만들 수 있는 혼색을 보여 주었다.

정답 70 ② 71 ④ 72 ① 73 ② 74 ① 75 ③

해설
베졸트 효과는 색점을 배열하여 멀리서 보면 이들이 섞여 하나의 색으로 보이는 현상으로 심리지각 현상에 해당된다. 색 필터는 중첩에 의한 색자극 혼합방법으로 물리적인 혼합방법에 해당된다.

76 영-헬름홀츠의 색채지각설에 관한 설명으로 옳은 것은?

① 막에는 3종의 색각세포와 세 가지 종류의 신경선의 흥분과 혼합에 의해 다양한 색이 발생한다는 것이다.
② 4원색을 기본으로 설명하였다.
③ 동시대비, 잔상과 같은 현상을 설명할 때 유용하다.
④ 색의 잔상효과와 베졸트-브뤼케 현상 등을 설명하기에 중요한 근거가 되는 학설이다.

해설
영-헬름홀츠의 3원색설
- 세 가지(R, G, B) 시세포와 세 가지 시신경의 흥분과 혼합에 의해 색이 만들어진다는 것이다.
- 초록과 빨강의 시세포가 흥분하면 노랑, 빨강과 파랑의 시세포가 흥분하면 마젠타, 초록과 파랑의 시세포가 흥분하면 사이안으로 지각된다.
- 이 학설은 빛의 원리에 의해 재현되는 색각현상인 계시대비와 같은 색채대비와 효과는 설명하지만 음성적 잔상과 동시대비 이론은 설명하지 못하는 한계를 가진다.

77 다음 눈의 구조 중 물체의 상이 맺히는 곳은?

① 각막(Cornea)
② 동공(Pupil)
③ 망막(Retina)
④ 수정체(Lens)

해설
③ 망막은 안구벽의 가장 안쪽에 위치한 얇고 투명한 막으로 시신경이 분포되어 있는 조직이며 물체의 상이 맺히는 곳이다.
① 각막은 눈 속으로 빛을 받아들이는 투명한 창문 역할을 한다.
② 동공은 빛의 양이나 거리에 따라 수축과 팽창을 한다.
④ 수정체는 홍채 바로 뒤에 위치한 망막 위에 상을 맺게 하는 렌즈 역할을 한다.

78 보색대비에 관한 설명 중 틀린 것은?

① 색상대비 중에서 서로 보색이 되는 색들끼리 나타나는 대비효과를 보색대비라고 한다.
② 두 색은 서로 영향을 받아 본래의 색보다 채도가 높아지고 선명해진다.
③ 유채색과 무채색이 인접될 때 무채색은 유채색의 보색기미가 있는 듯이 보인다.
④ 서로 보색대비가 되는 색끼리 어울리면 채도가 낮아져 탁하게 보인다.

해설
보색대비는 각각 잔상의 색이 상대편의 색과 같아지기 위해 서로의 채도를 높이게 되어 색상을 강조하게 되면서 나타나는 현상이다.

79 점을 찍어가며 그렸던 인상주의 점묘파 화가들의 그림에 영향을 준 색채연구자는?

① 헬름홀츠　② 맥스웰
③ 슈브럴　④ 저 드

해설
인상주의는 1860년경 프랑스에서 시작된 새로운 미술의 경향으로, 빛과 색에 대한 화가의 순간적이고 주관적인 느낌, 즉 인상(Impression)을 표현하고자 한 회화 중심의 미술운동이다. 19세기 프랑스의 색채학자 슈브럴의 색채이론을 근거로 인상파 화가들은 작품에 점묘화법을 이용하였다.

80 색의 지각과 감정효과에 대한 설명으로 옳은 것은?

① 멀리 보이는 경치는 가까운 경치보다 푸르게 느껴진다.
② 크기와 형태가 같은 물체가 물체색에 따라 진출 또는 후퇴되어 보이는 것에는 채도의 영향이 가장 크다.
③ 주황색 원피스가 청록색 원피스보다 더 날씬해 보인다.
④ 색의 3속성 중 감정효과는 주로 명도의 영향을 가장 많이 받는다.

정답 76 ① 77 ③ 78 ④ 79 ③ 80 ①

해설

② 크기와 형태가 같은 물체가 물체색에 따라 진출 또는 후퇴되어 보이는 것에는 명도의 영향이 가장 크다.
③ 주황색 원피스가 청록색 원피스보다 더 뚱뚱해 보인다. 난색 계열의 색은 더 팽창해 보인다.
④ 색의 3속성 중 감정효과는 주로 색상의 영향을 가장 많이 받는다.

제5과목 색채체계론

81 다음 중 한국의 전통색명인 벽람색(碧藍色)이 해당하는 색은?

① 밝은 남색
② 연한 남색
③ 어두운 남색
④ 진한 남색

해설

벽람색은 밝은 남색에 벽색을 더한 색을 의미한다.

82 그림의 NCS 색 삼각형과 색환에 표기된 내용으로 옳은 것은?

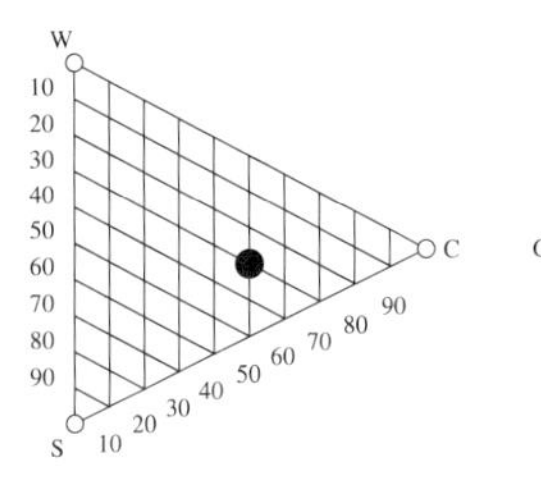

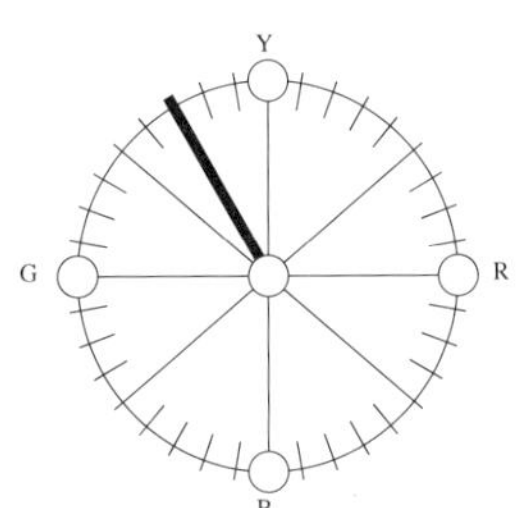

① S3050-G70Y
② S5030-Y30G
③ 유채색도(C)에서 Green이 70%, Yellow는 30%의 비율
④ 검은색도(S) 30%, 하얀색도(W) 50%, 유채색도(C) 70%의 비율

해설

NCS 색 삼각형의 혼합비는 S(흑색량) + W(백색량) + C(유채색량) = 100%로 표시되는데, 혼합비의 3가지 속성 가운데 흑색량과 순색량의 뉘앙스만 표기한다. 즉, S3050-G70Y과 같이 표기한다. 3050은 뉘앙스, G70Y는 G에 70만큼 Y가 섞인 GY를 나타낸다. S는 2판임을 표시한다.

83 CIE Yxy 와 CIE LUV 색체계에서 백색광의 위치는?

① 왼 쪽
② 오른쪽
③ 가운데
④ 상 단

해설

색도도란 색도 좌표를 그림으로 표시한 것으로 색지도 또는 색좌표도라고 한다. 색도 좌표를 x, y로 표시하였으며 그림 바깥쪽의 곡선은 빛 스펙트럼의 색도점을 연결한 곡선이고, 바깥 굵은 실선은 스펙트럼의 색을 나타내는 스펙트럼 궤적이다. 수치는 파장을 의미하며 단위는 nm로 표시하였다. 내부의 궤적선은 색온도를 나타내고, 보색은 중앙에 위치한 백색점 C를 두고 마주보고 있으며 서로 보색관계에 있는 두 색을 잇는 선분은 백색점을 지나간다.

84 한국산업표준(KS A 0062)에서 규정한 색채표준은?

① 색의 3속성 표기
② CIE 표기
③ 계통색 체계
④ 관용색 체계

해설

KS A 0062는 색의 3속성에 의한 표시방법에 대한 색채표준이다.

85 PCCS 색체계의 톤(Tone) 분류 체계의 설명으로 옳은 것은?

① 무채색 고명도 순은 sf(soft) - p(pale) - g(grayish)이다.
② 고채도 순은 v(vivid) - s(strong) - lt(light) - p(pale)이다.
③ 중채도의 톤으로 lt(light), b(bright), s(strong), dp(deep) 등이 있다.
④ 고채도의 v(vivid)톤은 색명에 따른 명도 차이가 거의 없다.

정답 81 ① 82 ① 83 ③ 84 ① 85 ②

해설
① Black – Dark Gray – Medium Gray – Light Gray – White 순으로 고명도이다.
③ 중채도의 톤으로 Very Light, Light, Moderate, Dark, Very Dark 등이 있다.
④ 고채도의 v(vivid)톤은 색명에 따라 고명도, 중명도, 저명도의 차이가 있다.

86 CIEXYZ 체계의 색값으로 가장 밝은색은?

① X = 29.08, Y = 19.77, Z = 12.41
② X = 76.45, Y = 78.66, Z = 80.87
③ X = 55.51, Y = 59.10, Z = 76.28
④ X = 4.70, Y = 6.55, Z = 6.09

해설
CIEXYZ 체계는 1931년 국제조명위원회에서 제정한 표준측색시스템으로 가법혼색(RGB)의 원리를 이용한 것이다. 3원색을 기반으로 빨간색은 X센서, 초록색은 Y센서, 파란색은 Z센서에 감지하여 XYZ 3자극치의 값을 표시한다. 이때 Y값은 명도값을 나타낸다. 보기 중 가장 밝은색으로 Y값이 가장 높은 것이 답이다.

87 배색기법에 관한 설명 중 틀린 것은?

① 연속배색은 리듬감이나 운동감을 주는 배색방법이다.
② 분리배색은 단조로운 배색에 대조되는 색을 배색하여 강조하는 기법이다.
③ 토널배색은 전체적으로 안정되며 편안한 느낌을 연출할 수 있다.
④ 트리콜로 배색은 명쾌한 콘트라스트가 표현되는 것이 특징이다.

해설
단조로운 배색에 대조되는 색을 배색하여 강조하는 기법은 강조배색이다. 분리배색은 말 그대로 색채배색 시 색들을 분리시키는 효과를 말한다.

88 색채표준화의 단계 중 최초의 3원색 지각론으로 체계화를 시도한 인물이 아닌 사람은?

① 토마스 영　② 헬름홀츠
③ 에발트 헤링　④ 맥스웰

해설
③ 헤링은 반대색설인 4원색 지각론을 체계화시켰다.
①・② 영국의 토마스 영과 독일의 헬름홀츠는 빛의 3원색인 R, G, B를 인식하는 색각세포가 있고 색광을 감광하는 시신경 섬유가 망막조직에 있어서 3색의 강도에 따라 색을 인지한다고 주장했다.
④ 회전혼합은 영국의 물리학자 맥스웰에 의해 실험되었는데 이는 가법혼색과 관련이 있다.

89 먼셀 색체계의 색상 중 기본색의 명도가 가장 높은 색상은?

① RED　② YELLOW
③ GREEN　④ PURPLE

해설
먼셀 색체계에서 가장 밝은 명도는 Yellow이며 그 다음 Green, Red, Purple 순이다.

90 L*a*b* 색체계의 설명으로 틀린 것은?

① 물체의 색을 측정할 때 가장 많이 사용되고 있으며, 실제로 모든 분야에서 널리 사용되고 있다.
② L*a*b* 색공간 좌표에서 L*는 명도, a*와 b*는 색방향을 나타낸다.
③ +a*는 빨간색 방향, −a*는 노란색 방향, +b*는 초록 방향, −b*는 파란 방향을 나타낸다.
④ 조색할 색채의 오차를 알기 쉽게 나타내며 색채의 변화방향을 쉽게 짐작할 수 있다.

해설
+a*는 빨강 방향, −a*는 초록 방향, +b*는 노랑 방향, −b*는 파랑 방향을 나타낸다.

86 ② 87 ② 88 ③ 89 ② 90 ③ 정답

91 오스트발트 색체계에 대한 설명으로 틀린 것은?

① 독일의 물리화학자 오스트발트가 연구한 색체계로서 회전혼색기의 색채 분할면적의 비율을 가지고 여러 색을 만들고 있다.
② 페히너의 법칙을 적용하여 동등한 시각 거리들을 표현하는 색 단위를 얻어내려 시도하였다.
③ 어느 한 색상에 포함되는 색은 모두 B(흑) + W(백) + C(순색)의 합이 100이 되는 혼합비를 구성하고 있다.
④ 오스트발트의 색상환은 헤링의 반대색설의 보색대비에 따라 5분할하고 그 중간색을 포함하여 10등분한 색을 기준으로 하고 있다.

해설
오스트발트의 색상환은 헤링의 반대색설의 보색대비에 따라 4분할하고 그 중간색을 포함하여 3등분한 색을 기준으로 하고 있다.

92 오스트발트 색체계의 순색 중 초록색에 대한 설명으로 옳은 것은?

① 장파장 반사율이 0%이고, 단파장 반사율이 100%가 되는 색
② 단파장 반사율이 0%이고, 장파장 반사율이 100%가 되는 색
③ 단파장과 장파장의 반사율이 100%이고, 중파장의 반사율이 0%가 되는 색
④ 단파장과 장파장의 반사율이 0%이고, 중파장의 반사율이 100%가 되는 색

해설
① 파란색
② 빨간색
③ 노란색

93 10R 7/8의 일반색명은?

① 진한 빨강
② 밝은 빨강
③ 갈 색
④ 노란 분홍

해설
물체색의 색이름(KS A 0011)에 따르면 새먼 핑크 – 노란 분홍 – 10R 7/8이다.

94 먼셀의 표색 기호 10Y 8/2에 대한 설명으로 옳은 것은?

① 색상 10Y, 명도 2, 채도 8
② 색상 10Y, 명도 8, 채도 2
③ 명도 10, 색상 Y, 채도 8.2
④ 명도 8.2, 색상 Y, 채도 10

해설
먼셀의 표기법은 H V/C(색상 명도/채도)로 나타낸다. 따라서 10Y 8/2는 색상은 10Y, 명도는 8, 채도는 2라는 것이다.

95 한국의 전통색채에 나타나는 특징이 아닌 것은?

① 음양오행사상에 근거한 색채문화를 지녔다.
② 관념적 색채가 아닌 직접적, 감각적 지각체험을 중시하였다.
③ 색채는 계급표현의 수단이었다.
④ 오방색을 중심으로 한 색채문화를 지녔다.

해설
어떤 민족이 정체성을 나타낼 수 있는 색을 전통색이라 하는데, 예로부터 우리나라의 문화유산 등에 주로 사용되어 온 색은 음양오행설을 바탕으로 동, 서, 남, 북, 중앙을 의미하는 오방정색과 정색 사이의 간색으로 이루어진다. 우리나라의 전통색은 직접적, 감각적 지각체험이 아닌 관념적 색채를 중시하였다.

정답 91 ④ 92 ④ 93 ④ 94 ② 95 ②

96 **미국의 색채학자 저드(Judd)의 색채조화론에 관한 설명으로 틀린 것은?**

① 질서의 원리 - 규칙적으로 선정된 명도, 채도, 색상 등 색채의 요소가 일정하면 조화된다.
② 친근감의 원리 - 자연경관과 같이 사람들에게 잘 알려진 색은 조화된다.
③ 유사성의 원리 - 사용자의 환경에 익숙한 색은 조화된다.
④ 명료성의 원리 - 여러 색의 관계가 애매하지 않고 명쾌하면 조화된다.

해설
사용자의 환경에 익숙한 색은 조화된다는 것은 친근감의 원리에 해당된다. 유사성의 원리는 '색에 공통성이 있을 때 조화롭다'라고 한다.

97 **NCS 색체계의 S2030-Y90R 색상에 대한 옳은 설명은?**

① 90%의 노란색도를 지니고 있는 빨간색
② 노란색도 20%, 빨간색도 30%를 지니고 있는 주황색
③ 90%의 빨간색도를 지니고 있는 노란색
④ 빨간색도 20%, 노란색도 30%를 지니고 있는 주황색

해설
혼합비는 S(흑색량) + W(백색량) + C(유채색량) = 100%로 표시되는데 혼합비의 세 가지 속성 가운데 흑색량과 순색량의 뉘앙스만 표기한다. S2030-Y90R에서 2030은 뉘앙스를, Y90R는 색상을, 20은 검은색도, 30은 유채색도, Y90R는 Y에 90만큼 R이 섞인 YR를 나타낸다. S는 2판임을 표시한다.

98 **다음 각 색체계에 따른 색표기 중에서 가장 어두운색은?**

① N8　　② L* = 10
③ ca　　④ S 4000-N

해설
① N8은 고명도의 색상이다.
② L* = 10은 명도가 비교적 낮은 저명도 색상이다.
③ ca에서 c는 흰색량, a는 흑색량이다. 흑색량 a는 가장 낮은 11이다. 뒤로 갈수록 명도가 높아진다.
④ S 4000-N에서 40은 흑색량, 00은 순색량을 의미한다.
따라서 색표기 중 가장 어두운 색은 ② L* = 10이다.

99 **다음 중 상용색표계로 짝지어진 것은?**

① DIN, PCCS
② MUNSELL, PANTONE
③ DIN, MUNSELL
④ PCCS, PANTONE

해설
상용 실용색표는 기존의 표준색에 회사 또는 나라별로 자신들의 장치나 정서에 맞게 자주 사용되는 색들을 모아 만든 실용적인 색표를 말한다. 예로 PCCS, PANTONE, DIC 색표 등이 있다. 지각적 등보성이 없어서 색채 배열과 구성이 불규칙하고 유행색이나 사용 빈도가 높은 색 위주로 제작되어 있어 호환성이 떨어진다. 또한 다른 나라의 감성을 그대로 받아들여야 하는 단점이 있다.

100 **5R 9/2와 5R 3/8인 색은 명도와 채도 측면에서 볼 때 문-스펜서의 어느 조화원리에 해당하는가?**

① 유사조화(Similarity)
② 동등조화(Identity)
③ 대비조화(Contrast)
④ 제1부조화(1st Ambiguity)

해설
먼셀의 표기법(H V/C)에 따르면, 5R 9/2와 5R 3/8은 둘 다 빨간색으로 명도와 채도의 차이가 많이 나는 대비조화에 속한다.

96 ③ 97 ③ 98 ② 99 ④ 100 ③ 정답

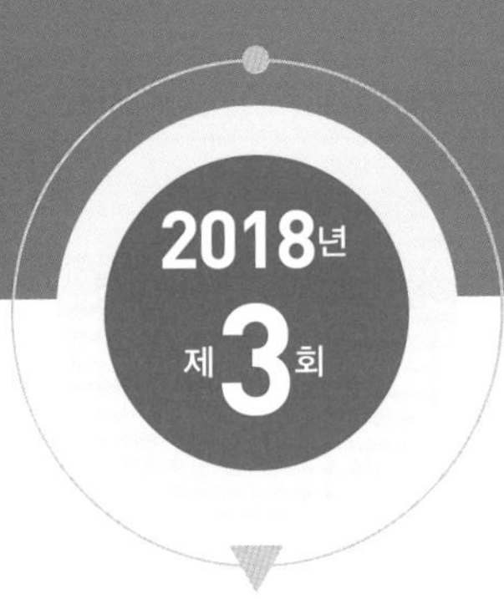

컬러리스트기사

과년도 기출문제

제1과목 색채심리 · 마케팅

01 변수를 사용한 시장 세분화 전략 중 다음의 분류사례는 어떤 세분화 기준에 속하는가?

> 여피족, 오렌지족, 386세대
> 권위적, 사교적, 보수적, 야심적

① 인구통계적 변수
② 지리적 변수
③ 심리분석적 변수
④ 행동분석적 변수

해설
시장 세분화
- 심리분석적 변수 : 전위적, 사교적, 보수적, 야심적과 같은 심리분석적으로 세분화한 여피족, 오렌지족, 386 세대 등
- 인구통계적 변수 : 연령, 성별, 결혼 여부, 직업, 거주지역, 학력, 교육수준, 라이프스타일, 소득별로 세분화
- 지리적 변수 : 지역, 도시크기, 인구밀도, 기후별로 세분화
- 행동분석적 변수 : 제품의 사용빈도, 가격의 민감도, 상표 충성도별로 세분화

02 색채와 감정관계에 관한 설명 중 옳은 것은?

① 녹색, 보라색 등은 따뜻함이나 차가움이 느껴지지 않는 중성색이다.
② 색의 중량감은 색상에 따라 가장 크게 좌우된다.
③ 유아기, 아동기에는 감정에 따른 추상적 연상도 많다.
④ 중명도 이하의 채도가 높은 색은 부드러운 느낌을 준다.

해설
② 색의 중량감은 명도에 따라 크게 좌우된다.
③ 유아기, 아동기는 감정이 아닌 사실적 표현을 시도하게 되는 시기이며 상징적이고 직관적인 형상화로 표현한다.
④ 중명도 이하의 채도가 높은 색은 강하고 딱딱한 느낌을 준다.

03 색채의 공감각 현상에 대한 설명 중 옳은 것은?

① 하나의 자극으로부터 서로 다른 감각이 동시에 현저하게 공통적으로 발생하는 것을 의미한다.
② 색의 상징성이 언어를 대신하는 것이다.
③ 가벼운 색과 무거운 색에서는 공감각 현상을 찾아볼 수 없다.
④ 언어로는 표현하기 어려운 공간감각이나 사회적, 종교적 규범같은 추상적 개념을 표현한다.

해설
색채의 공감각 현상
- 색채가 시각 및 기타 감각기관에 교류되는 현상을 말한다.
- 자극받은 하나의 감각이 다른 감각에 적용되어 반응한다.
- 색채와 관련된 감각기관과의 상호작용을 활용하면 메시지와 의미를 보다 정확하고 강하게 전달할 수 있다.

04 다음 중 ( )에 들어갈 적절한 단어는?

> 모든 제품의 판매 촉진을 위한 마케팅이 가능한 이유는 인간의 ( )이(가) 다양하기 때문이다.

① 상 상 ② 의 견
③ 연 령 ④ 욕 구

해설
소비자의 욕구와 패턴이 변화하기 때문에 기업은 판매 촉진을 위한 표적마케팅을 수행하는 것으로 변화하는 추세이다.

정답 1 ③ 2 ① 3 ① 4 ④

05 다음 중 시장 세분화의 목적이 아닌 것은?

① 기업의 이미지를 통합하여 통일감 부여
② 변화하는 시장수요에 능동적으로 대처
③ 자사 제품의 차별화와 시장 기회를 탐색
④ 자사와 경쟁사의 장단점을 효과적으로 평가

해설
기업의 이미지를 통합하여 통일감을 부여하는 것은 기업 이미지 통합화에 대한 설명이다.

06 컬러 이미지 스케일(Color Image Scale)에 대한 설명 중 틀린 것은?

① 색채 이미지를 어휘로 표현하여 좌표계를 구성한 것이다.
② 유행색 경향 및 선호도 비교분석에 사용된다.
③ 색채의 3속성을 체계적으로 이미지화한 것이다.
④ 색채가 주는 느낌을 대립되는 형용사 평가어로 평가하여 나타낸 것이다.

해설
컬러 이미지 스케일은 감정, 연상, 상징, 공감각 등의 감성적인 느낌을 SD법과 같은 방식으로 체계적인 분석을 통해 객관화시킨 이미지 공간이다.

07 지역색(Local Color)에 대한 설명으로 거리가 먼 것은?

① 특정 지역에서 추출된 색채
② 특정 지역의 하늘과 자연광을 반영하는 색채
③ 특정 지역의 흙, 돌 등에 의해 나타나는 색
④ 특정 지역의 사람들이 선호하는 색

해설
지역색은 특정 지역의 정체성을 나타내는 특정 지역에서 추출된 색이다. 특정 지역의 자연환경과 자연스럽게 어울리고 선호되는 색채로, 국가나 지방의 특성과 이미지를 부각시킨다. 기후적 환경에 의해 자연스럽게 어울리고 선호되는 색이다. 그러나 특정 지역의 사람들이 선호하는 색은 아니다.

08 흐린 날씨의 지역 사람들이 선호하는 색채에 대한 설명 중 틀린 것은?

① 일반적으로 연한 회색을 띤 색채, 약한 한색계를 좋아한다.
② 건물의 외관 색채는 주로 파랑과 연한 초록, 회색 등을 사용한다.
③ 실내 색채는 주로 초록, 청록과 같은 한색계의 색채를 선호한다.
④ 북유럽계의 민족은 한색계에 예민한 감수성을 지니고 있다.

해설
색의 선호도는 일조량에 따라 다른 양상을 보인다. 일조량이 적은 지역은 연한 한색계와 연한 회색을 띠고 채도가 낮은 계열을 선호한다.
③ 실내 색채는 개인 취향에 따라 다르므로 지역 사람들의 선호하는 색채로 일반화할 수는 없다.

09 다음 중 태양빛의 영향으로 강렬한 순색계와 녹색을 선호하는 지역은?

① 뉴질랜드 ② 케 냐
③ 그리스 ④ 일 본

해설
케냐와 같은 아프리카 지역의 사람들은 이슬람 문화권 영향으로 과거 녹색 옷을 입도록 하였고, 신에게 선택되어 부활할 수 있는 낙원을 상징하는 녹색을 매우 신성시한다.

10 마케팅에서 색채의 효과가 아닌 것은?

① 주변 제품과의 색차 정도를 고려하여 대상물의 존재를 두드러지게 함
② 배색이나 브랜드 색채를 통일하여 대상물의 의미와 이미지를 전달함
③ 색채의 변경은 공장의 제조라인 수정에 따른 막대한 경비를 발생시킴
④ 유행색은 그 시대가 선호하는 이미지이므로 소비자의 라이프스타일이나 가치관에 영향을 미침

5 ① 6 ③ 7 ④ 8 ③ 9 ② 10 ③ 정답

해설
색채의 변경은 공장의 제조라인 전체를 수정하는 것이 아니므로 막대한 경비를 발생시키는 것은 아니다. 또한 지속적인 색채관리로 기업의 판매 촉진과 수익 증대를 기대할 수 있다.

11 색채연구에서 자주 활용되는 의미분별법(Semantic Differential Method)에서 사용되는 척도는?

① 비례척도(Ratio Scale)
② 명의척도(Nominal Scale)
③ 서수척도(Ordinal Scale)
④ 거리척도(Interval Scale)

해설
SD법의 의미공간상 두 점 간의 거리는 차이를 가진다. 즉, 측정하고자 하는 대상의 결과를 비교하고 평가하기 위해서 수치로 표시하는 방법의 하나로 거리척도법이 사용된다.

12 제품의 라이프 사이클(Life Cycle) 단계에 따라 홍보 전략이 달라져야 성공적인 색채 마케팅 결과를 얻을 수 있다. 다음 중 성장기에 합당한 홍보 전략은?

① 제품 알리기와 혁신적인 설득
② 브랜드의 우수성을 알리고 대형시장에 침투
③ 제품의 리포지셔닝, 브랜드 차별화
④ 저가격을 통한 축소전환

해설
성장기는 경쟁회사의 유사제품이 나오는 시기이므로, 시장점유율을 극대화하여 브랜드의 우수성을 알리고 대형시장에 침투해야 한다. ①은 도입기, ③, ④는 성숙기에 대한 내용이다.

13 모 카드회사에서 새로 출시하는 카드를 사용하는 소비자의 소비욕구 유형에 맞추어 포인트를 올려준다고 광고를 하고 있다. 이때 적용되는 마케팅은?

① 제품 지향적 마케팅
② 판매 지향적 마케팅
③ 소비자 지향적 마케팅
④ 사회 지향적 마케팅

해설
③ 소비자 지향적 마케팅 : 고객의 요구를 이해하고 고객욕구를 충족하는 마케팅
① 제품 지향적 마케팅 : 제품 및 서비스를 강조하여 그 효율성을 개선하는 마케팅
② 판매 지향적 마케팅 : 소비자의 구매 유도를 통해 판매량을 증가시키기 위한 판매기술을 개선하는 마케팅
④ 사회 지향적 마케팅 : 기업이 인간 지향적인 사고로 사회적 책임을 다하는 마케팅

14 병원 수술실의 벽면 색채로 적합한 것은?

① 크림색
② 노 랑
③ 녹 색
④ 흰 색

해설
색채조절의 효과는 신체적 피로와 눈의 피로 감소, 집중력을 높이고 안전성을 추구하여 사고를 예방하는 데 있다. 즉, 수술실 벽을 녹색으로 조절하는 이유는 눈의 피로와 빨간색과의 보색 등을 고려하여 잔상을 없애는 데 있다.

15 소비자 행동에 영향을 미치는 요인 중 행동양식, 생활습관, 종교, 인종, 지역 등에 영향을 받는 요인은?

① 문화적 요인
② 경제적 요인
③ 심리적 요인
④ 개인적 특성

해설
① 문화적 요인 : 소속되어 있는 문화환경이나 사회계급의 영향을 받는다. 사고방식, 행동양식, 생활관습, 종교 등이 있다.
② 경제적 요인 : 소비자의 소득과 수입이 점진적으로 증가함으로써 소비활동을 하게 된다.
③ 심리적 요인 : 상황에 따른 심리와 지각상태에 영향을 받는다. 동기유발, 지각, 학습, 신념과 태도 등이 있다.
④ 개인적 특성 : 나이와 생활주기, 교육 및 소득, 개성과 자아개념 등을 말한다.

정답 11 ④ 12 ② 13 ③ 14 ③ 15 ①

16 **마케팅에서 색채의 기능에 대한 설명으로 틀린 것은?**

① 홍보 전략을 위해 기업컬러를 적용한 신제품을 출시하였다.
② 컬러 커뮤니케이션은 측색 및 색채관리를 통하여 제품이 가진 이미지나 브랜드의 의미를 전달한다.
③ 상품 자체는 물론이고 브랜드의 광고에 사용된 색채는 소비자의 구매력을 자극한다.
④ 마케팅 목표를 달성하기 위해 색채를 적합하게 구성하고 이를 장기적, 지속적으로 개선해 나간다.

해설
컬러 커뮤니케이션은 측색 및 색채관리와 같은 정량적 측면보다는 브랜드나 기업의 이미지를 전달하는 것이므로 그 특성에 맞는 감성적 측면으로 봐야 한다.

17 **색채와 연상의 연결이 옳은 것은?**

① 빨강 – 정열, 혁명
② 녹색 – 고귀, 권력
③ 노랑 – 위험, 우아
④ 흰색 – 청결, 공포

해설
색채와 연상
• 빨강 : 정열, 혁명, 위험
• 보라 : 권력, 고귀, 우아
• 하양 : 청결
• 검정 : 공포

18 **브랜드별 고유색을 적용한 색채 마케팅 사례가 틀린 것은?**

① 맥도날드 – 빨간 심벌, 노랑 바탕
② 포카리스웨트 – 파랑, 흰색
③ 스타벅스 – 녹색
④ 코카콜라 – 빨강

해설
① 맥도날드는 빨강 바탕, 노랑 심벌
② 포카리스웨이트는 파랑 바탕, 흰색 심벌
③ 스타벅스는 초록 바탕, 흰색 심벌
④ 코카콜라는 빨강 바탕, 흰색 심벌

19 **색의 선호도에 대한 설명이 틀린 것은?**

① 색에 대한 일반적인 선호 경향과 특정 제품에 대한 선호색은 동일하다.
② 선호도의 외적, 환경적인 요인은 문화적, 사회적 요인으로 구분할 수 있다.
③ 선호도의 내적, 심리적 요인으로는 개인적 요인이 중요하게 작용한다.
④ 제품의 특성에 따라서 선호되는 색채는 고정된 것이 아니다.

해설
제품의 색채선호는 신소재, 디자인, 유행에 따라 변한다.

20 **색채조사를 위한 설문지의 응답형식에 대한 설명으로 틀린 것은?**

① 개방형 설문은 응답자가 자유롭게 자신의 생각을 응답하도록 하는 것이다.
② 폐쇄형 설문은 두 개 이상의 응답을 주고 그중에서 하나 이상 선택하도록 하는 것이다.
③ 심층면접법(Depth Interview)으로 설문을 할 때는 개방형 설문이 좋다.
④ 예비적 소규모 조사(Pilot Survey) 시에는 폐쇄형 설문이 좋다.

해설
심층면접법은 1명의 조사자와 일대일 면접을 통해 소비자의 심리를 파악하는 조사법으로, 개방형과 폐쇄형 설문을 모두 활용하여 조사하는 것이 좋다.

16 ② 17 ① 18 ① 19 ① 20 ③ **정답**

제2과목 색채디자인

21 몬드리안을 중심으로 한 신조형주의 운동으로 개성을 배제하고 검정, 흰색, 회색, 빨강, 노랑, 파랑 등의 원색을 주로 사용하여 각 색 면의 비례와 배분을 중요시했던 사조는?

① 데 스테일 ② 큐비즘
③ 다다이즘 ④ 미래주의

해설
데 스테일은 몬드리안을 중심으로 한 신조형주의 운동으로 개성을 배제하고 색면의 위치를 질서 있게 배분하였으며 하양, 회색, 검정, 빨강, 노랑, 파랑 등의 원색을 사용하였다.

22 바우하우스에 관한 설명 중 틀린 것은?

① 뮌헨에 있던 공예학교를 빌려 개교하였다.
② 초대 교장은 건축가인 발터 그로피우스이다.
③ 데사우로 교사를 옮기면서 전성기를 맞이했다.
④ 1933년 나치스에 의해 폐교되었다.

해설
바우하우스는 발터 그로피우스가 독일의 바이마르에 창립한 종합 조형학교이다.

23 색채계획에 이용된 배색방법에 대한 설명 중 거리가 먼 것은?

① 보조색은 전체의 느낌을 전달하며 전체 색채효과를 좌우하게 된다.
② 일반적으로 주조색, 보조색, 강조색으로 구성된다.
③ 보조색은 주조색과 색상이나 톤의 차를 작거나 유사하게 하면 통일감 있는 조화를 이룰 수 있다.
④ 강조색은 대상에 악센트를 주어 신선한 느낌을 만든다.

해설
전체의 느낌을 전달하며 전체 색채효과를 좌우하는 것은 주조색이다.

24 시각의 지각작용으로서의 균형(Balance)에 대한 설명이 틀린 것은?

① 평형상태(Equilibrium)로서 사람에게 가장 안정적이고 강한 시각적 기준이다.
② 서로 반대되는 힘의 평형상태로 시각적 안정감을 갖게 하는 원리이다.
③ 시각적인 수단들의 변화는 구성의 무게, 크기, 위치의 요인들을 포함한다.
④ 그래픽 디자인과 멀티미디어 디자인 영역에만 해당되는 조형원리이다.

해설
④ 2차원과 3차원 공간 내에서 좌우대칭으로 배치되어 중력적인 균형을 이룬다.

25 인간과 환경, 환경과 그 주변의 계(System)가 상호관계 속에서 긍정적인 결과를 도출하는 방향으로 나아가게 하는 디자인 접근방법은?

① 기하학적 접근
② 환경친화적 접근
③ 실용주의적 접근
④ 기능주의적 접근

해설
인간과 환경, 환경과 그 주변의 계가 상호관계 속에서 긍정적인 결과를 도출하는 방법은 환경친화적 접근방법이다.

26 제품 디자인 색채계획에 사용될 다음의 배색 중 배색원리가 다른 하나는?

① 밤색 – 주황
② 분홍 – 빨강
③ 하늘색 – 노랑
④ 파랑 – 청록

해설
③ 대조조화
①·②·④ 유사조화

정답 21 ① 22 ① 23 ① 24 ④ 25 ② 26 ③

27 잡지 매체의 특징이 아닌 것은?

① 매체의 생명이 짧다.
② 주의력 집중이 높다.
③ 표적 독자 선별성이 높다.
④ 회람률이 높다.

해설
잡지광고는 특정 독자층을 대상으로 하여 광고효과가 높은 편이다. 광고매체로서의 수명이 길고 회람률이 높으며, 컬러 인쇄의 질이 높아 호소력 및 주의력 집중이 높다.

28 디자인은 목적이 없거나 무의식적인 활동이 아니라 명백한 목적을 지닌 인간의 행위이다. 디자인을 하는 데 있어서 가장 중요한 두 가지 목적을 연결한 것은?

① 실용성 – 심미성
② 경제성 – 균형성
③ 사회성 – 창조성
④ 편리성 – 전통성

해설
디자인의 목적은 기능(실용성)과 미(심미성)의 합일이다.

29 좋은 디자인의 조건으로 거리가 먼 것은?

① 최소의 경비로 최대의 효과를 얻을 수 있는 디자인
② 창의적이고 독창적인 디자인
③ 최신 유행만을 반영한 디자인
④ 사용자의 편의를 고려한 디자인

해설
좋은 디자인은 기능과 미의 통합을 이루며 조건으로는 합목적성, 경제성, 심미성, 친자연성, 독창성, 기능성, 문화성, 질서성 등이 있다. 유행만을 반영한 디자인은 좋은 디자인이 될 수 없다.

30 게슈탈트의 그루핑 법칙과 관련이 없는 것은?

① 보완성 ② 근접성
③ 유사성 ④ 폐쇄성

해설
게슈탈트 심리학의 4가지 법칙은 근접성, 유사성, 연속성, 폐쇄성이다.

31 다음에서 설명하는 유니버설 디자인의 원칙은?

> 제품과 디자인에 대하여 사람마다 자기 나름대로 사용방법을 선택할 수 있도록 하여 여러 사람들에게 무리 없이 사용될 수 있어야 한다.

① 직관적 사용성
② 공정한 사용성
③ 융통적 사용성
④ 효과적 정보전달

해설
유니버설 디자인은 장애 유무나 연령 등에 관계없이 모든 사람들이 제품, 건축, 환경, 서비스 등을 보다 편하고 안전하게 이용할 수 있도록 설계한 디자인이다. 안전과 평등을 우선시함으로써 인본주의적 디자인, 모든 사람을 위한 디자인, 범용디자인이라고 불린다. 유니버설 디자인의 원칙 중 '사용상의 융통성'은 다양한 생활환경 조건에서도 정확하고 자유롭게 사용 가능한지 확인해야 하며, 각 개인의 선호도와 능력에 부합하도록 하는 것이다.

32 오늘날 모든 디자인 영역에서 친자연성의 중요성은 더욱 더 강조되고 있다. 다음 중 친자연성의 의미를 가장 잘 설명한 것은?

① 디자인에서 생물의 대칭적인 모습을 강조한다.
② 모든 디자인 영역에서 인공색을 주제로 한 디자인을 한다.
③ 디자인 재료의 선택에 있어 주로 인공재료를 사용한다.
④ 디자인의 태도는 자연과의 공생 및 상생의 측면에서 이루어져야 한다.

해설
친자연성은 자연과 인간이 상호 공존하는 관계를 유지시켜 나가는 디자인이다.

27 ① 28 ① 29 ③ 30 ① 31 ③ 32 ④ 정답

33 **19세기의 미술공예운동(Arts and Crafts Movement)이 일어나게 된 근본 원인은?**

① 미술과 공예작품의 가격이 급격하게 하락되었기 때문에
② 기계로 생산된 제품의 질이 현저하게 낮아졌기 때문에
③ 미술작품과 공예작품을 구별하기 위해
④ 미술가와 공예가의 사회적 위상을 제고시키기 위해

해설
미술공예운동은 윌리엄 모리스를 주축으로 형성된 수공예 중심 미술운동이다. 대량생산과 분업화에 따른 생산품의 질적 하락과 예술성 저하를 비판하며 등장한 중세 고딕 양식의 수공예 부활운동이다.

34 **관찰거리 변화에 따라 원경색, 중경색, 근경색, 근접색으로 구분하는 색채계획 분야는?**

① 시각 디자인
② 제품 디자인
③ 환경 디자인
④ 패션 디자인

해설
환경 디자인은 사람들을 둘러싼 모든 공간적 개념이다. 색채계획에서는 환경과 공간의 기능, 사람과의 관계를 고려해야 하며, 미적인 조화를 위해서는 관찰장면과 동선, 관찰거리의 변화 분석이 필요하다.

35 **윌리엄 모리스(William Morris)가 중심이 된 디자인 사조와 관계가 먼 것은?**

① 예술의 민주화·사회화 주창
② 수공예 부흥, 중세 고딕(Gothic) 양식 지향
③ 대량생산 시스템의 거부
④ 기존의 예술에서 분리

해설
미술공예운동은 예술의 민주화와 사회화를 주장하였다. 대량생산과 분업화에 의한 상품성과 예술성의 질적 하락을 비판하며 생긴 중세 고딕 양식의 수공예 부활운동이다.

36 **다음 중 광고의 외적 효과가 아닌 것은?**

① 인지도의 제고 ② 판매 촉진 및 기업홍보
③ 기술혁신 ④ 수요의 자극

해설
광고는 홍보 전략으로 소비자들에게 제품의 지식을 정확하게 전달하여 판매 촉진 및 홍보를 하는 것이다. 기술의 혁신은 광고의 외적 효과가 될 수 없다.

37 **패션 디자인의 원리에 대한 설명 중 틀린 것은?**

① 균형 – 시각의 무게감에 의한 심리적인 요인으로 균형을 보완, 변화시키기 위해 세부장식이나 액세서리를 이용한다.
② 색채 – 사람들이 가장 먼저 지각하고 느낌을 표현할 수 있어 소비자의 구매결정에 큰 영향을 미친다.
③ 리듬 – 규칙적인 반복 또는 점진적인 변화가 있으며 디자인의 요소들의 반복에 의해 표현된다.
④ 강조 – 강조점의 선택은 꼭 필요한 곳에 두며 체형상 가려야 할 부위는 될 수 있는 대로 벗어난 곳에 두는 것이 좋다.

해설
균형, 리듬, 강조는 패션 디자인의 원리이며, 색채는 패션 디자인의 요소이다.

38 **일반적인 색채계획 및 디자인 프로세스를 조사·기획, 색채계획·설계, 색채관리로 분류할 때 색채계획·설계에 해당되지 않는 것은?**

① 체크리스트 작성
② 색채 구성 배색안 작성
③ 시뮬레이션 실시
④ 색견본 승인

해설
색채계획 및 디자인 프로세스는 조사 및 기획 → 색채계획 및 설계 → 색채관리이다. 색견본을 승인하고 생산과 관리를 지시하는 단계는 색채관리 단계이다.

정답 33 ② 34 ③ 35 ④ 36 ③ 37 ② 38 ④

39 불완전한 형이나 그룹들을 완전한 형이나 그룹으로 완성시키려는 경향이 있으며, 익숙한 선과 형태를 불완전한 것보다 완전한 것으로 보이기 쉬운 시각적 원리는?

① 근접성 ② 유사성
③ 폐쇄성 ④ 연속성

해설
형태지각심리의 4법칙은 근접성, 유사성, 연속성, 폐쇄성이다. 이 중 폐쇄성은 형태의 일부가 연결되거나 완성되어 있지 않더라도 완전하게 보려는 시각법칙이다.

40 디자인의 요소에 대한 설명으로 틀린 것은?

① 점이 일정한 방향으로 진행할 때는 직선이 생기며, 점의 방향이 끊임없이 변할 때는 곡선이 생긴다.
② 기하곡선은 이지적 이미지를 상징하고 자유곡선은 분방함과 풍부한 감정을 나타낸다.
③ 소극적인 면은 점의 확대, 선의 이동, 너비의 확대 등에 의해 성립된다.
④ 적극적 입체는 확실히 지각되는 형, 현실적 형을 말한다.

해설
점의 확대, 선의 이동, 너비의 확대를 성립시키는 것은 적극적인 면이다. 소극적인 면은 점의 밀집과 선의 집합에 의해서 만들어진다.

제3과목 색채관리

41 두 개의 물체색이 일광에서는 똑같이 보이던 것이 실내 조명에서는 다르게 보이는 현상은?

① 조건등색
② 분광반사도
③ 색각항상
④ 연색성

해설
조건등색은 특정 조명 아래에서는 동일한 색으로 보이나 조명의 분광분포가 달라지면서 다르게 보이는 것이다.

42 다음 중 무채색 재료의 설명으로 틀린 것은?

① 무채색 안료는 천연과 합성으로 이루어졌으며 모두 무기안료로 구성된다.
② 검은색 안료에는 본 블랙, 카본블랙, 아닐린블랙, 피치블랙, 바인블랙 등이 있다.
③ 백색 안료에는 납성분의 연백, 산화아연, 산화타이타늄, 탄산칼슘 등이 있다.
④ 무채색 안료의 입자 크기에 따라 착색력이 달라지므로 혼색비율을 조절해야 한다.

해설
무채색 안료를 총칭하여 체질안료라 하고 줄여서 체질이라고 한다. 대부분 무기안료이나 일부 유기안료도 있다.

43 조색과 관련한 설명으로 틀린 것은?

① 고명도 색채조색 시 극히 소량으로도 색채에 많은 영향을 줄 수 있으므로 유의하여야 한다.
② 메탈릭이나 펄의 입자가 함유된 조색에는 금속입자나 펄입자에 따라 표면 반사가 일정하지 못하다.
③ 형광성이 있는 색채 조색 시 분광분포가 자연광과 유사한 Xe(제논) 램프로 조명하여 측정한다.
④ 진한 색 다음에는 연한 색이나 보색을 주로 관측한다.

해설
조색을 위한 관측 또는 조색 시에는 밝은색에서 어두운색으로, 연한 색에서 진한 색으로, 즉 채도가 낮은 색에서 높은 색으로 관측하는 것이 좋다.

39 ③ 40 ③ 41 ① 42 ① 43 ④ 정답

44 색료에 관한 설명으로 틀린 것은?

① 안료는 주로 용해되지 않고 사용된다.
② 염료는 색료의 한 종류이다.
③ 도료는 주로 안료를 사용하여 생산된다.
④ 플라스틱은 염료를 사용하여 생산된다.

해설
유기안료는 유기화합물로 착색력이 우수하고 색상이 선명하며, 인쇄잉크, 도료, 섬유, 수지날염, 플라스틱 등의 착색에 사용된다.

45 8비트 이미지 색공간으로 국제적으로 통용되는 기본적인 색공간은?

① AdobeRGB　② sRGB
③ ProPhotoRGB　④ DCI-P3

해설
② sRGB는 모니터나 프린터, 인터넷을 위한 표준 RGB 색공간을 지칭하는 용어이다. 8비트 이미지 색공간으로 국제적으로 통용되는 색공간이다.
① AdobeRGB는 1996년 MS사와 HP사가 협력해 만든 모니터 및 프린터의 표준 RGB 색공간이 좁은 색공간과 Cyan과 Green의 색 손실이 많아 문제가 되자 이를 보완하기 위해 Adobe사에서 개발했다.
③ ProPhotoRGB는 Kodak에서 만든 색공간으로 사람이 볼 수 있는 영역을 기준으로 사진용으로 만들어졌으며 CIE 색도에서 넓은 영역을 포함하고 있다.
④ DCI-P3는 미국의 영화산업에서 디지털 영화의 영사를 위한 일반적인 RGB 색상공간으로 개발되었다.

46 UHD(3,840 × 2,160)급 해상도를 가진 스마트폰의 디스플레이가 이미지와 영상을 500ppi로 재현한다면 디스플레이의 크기는?

① 2.88in × 1.62in
② 1.92in × 1.08in
③ 7.68in × 4.32in
④ 3.84in × 2.16in

해설
1,280 × 720 해상도(약 100만 화소)는 HD급이라 하고 1,920 × 1,080 해상도(약 200만 화소)를 Full HD급이라 한다. 3,840 × 2,160 해상도는 Full HD의 4배에 해당하는 화소를 표시한다. 최근 스마트폰의 픽셀 밀도는 300ppi 이상이다. 해상도가 높아질수록 디스플레이의 크기가 커지게 된다. 따라서 보기 중 가장 큰 7.68 × 4.32in이 답이 된다.

47 인쇄잉크로 사용되는 안료로 가장 거리가 먼 것은?

① 로그우드 마젠타
② 벤지딘 옐로
③ 프탈로사이아닌 블루
④ 카본 블랙

해설
로그우드 마젠타는 인쇄잉크용 안료가 아닌 천연염료로 사용된다.

48 CIELAB 표색계에서 색차식을 나타내는 계산식으로 옳은 것은?

① $\Delta E^*ab = [(\Delta L^*)^2 + (\Delta a^*)^2 + (\Delta b^*)^2]^{\frac{1}{2}}$

② $\Delta E^*ab = [(\Delta L^*)^2 + (\Delta C^*)^2 + (\Delta b^*)^2]^{\frac{1}{2}}$

③ $\Delta E^*ab = [(\Delta a^*)^2 + (\Delta b^*)^2 - (\Delta H^*)^2]^{\frac{1}{2}}$

④ $\Delta E^*ab = [(\Delta a^*)^2 + (\Delta C^*)^2 + (\Delta EH^*)^2]^{\frac{1}{2}}$

해설
(CIE 1976) L*a*b* 색차, CIELAB 색차(KS A 0064)
L*a*b* 색 표시계에서 좌표 L*, a*, b*의 차 ΔL^*, Δa^*, Δb^*에 따라 정의되는 2가지 색 자극 사이의 색차. 양의 기호는 ΔE^*ab로 표시한다.

$$\Delta E^*ab = [(\Delta L^*)^2 + (\Delta a^*)^2 + (\Delta b^*)^2]^{\frac{1}{2}}$$

49 CIE 표준광에 대한 설명으로 가장 거리가 먼 것은?

① CIE 표준광은 CIE에서 규정한 측색용 표준광을 의미한다.
② CIE 표준광은 A, C, D_{65}가 있다.
③ 표준광 D_{65}는 상관 색온도가 약 6,500K인 CIE 주광이다.
④ CIE 광원은 CIE 표준광을 실현하기 위하여 CIE에서 규정한 인공광원이다.

정답 44 ④ 45 ② 46 ③ 47 ① 48 ① 49 ②

해설
1931년 국제조명위원회(CIE)에서 분광에너지 분포가 다른 표준광원 A, B, C로 3종류가 정해졌고, C 광원과 D_{65} 광원이 주로 색채계산용으로 사용된다.

50 색공간의 색역(Color Gamut) 범위가 바르게 연결된 것은?

① Rec.709 > sRGB > Rec.2020
② AdobeRGB > sRGB > DCI-P3
③ Rec.709 > ProPhotoRGB > DCI-P3
④ ProPhotoRGB > AdobeRGB > Rec.709

해설
Rec.709 > sRGB이고 Rec.2020은 AdobeRGB이다. DCI-P3은 광색역 전문가용 모니터이며, ProphotoRGB는 사진용 색공간으로 사용된다. 따라서 ProPhoto RGB > DCI-P3 > AdobeRGB > Rec.709 이다.

51 기기를 이용한 조색에 대한 설명 중 가장 거리가 먼 것은?

① 색료 선택, 초기 레시피 예측, 레시피 수정 기능이 필요하다.
② 원료 조합과 만들어진 색의 관계를 예측하는 컬러 모델이 필요하다.
③ 측색 매칭 알고리즘을 이용하면 목표색과 일치한 스펙트럼을 갖도록 색을 조색한다.
④ 색료 데이터베이스는 각 색료에 대한 흡수, 산란 특성 등 색료의 물리적, 화학적 특징에 대한 정보를 포함한다.

해설
CCM은 소프트웨어와 정밀 측정기기를 사용하여 색을 자동으로 배색하는 장치이다. 측색 매칭 알고리즘을 이용하면 기준색에 대한 분광반사율의 일치가 가능하다.

52 육안 색 비교를 위한 부스 내부의 조건에 대한 설명으로 올바르지 않은 것은?

① 일반적으로 부스의 내부는 명도 L*가 약 45~55의 무광택의 무채색으로 한다.
② 부스 내의 작업면은 비교하려는 시료면과 가까운 휘도율을 갖는 무채색으로 한다.
③ 조명의 확산판은 항상 사용한다.
④ 어두운색을 비교하는 경우의 작업면 조도는 2,000lx에 가까운 것이 좋다.

해설
어두운색을 비교하는 경우 작업면 조도는 4,000lx에 가까운 것이 좋다(KS A 0065).

53 반사 물체의 색 측정에 있어 빛의 입사 및 관측 방향에 대한 기하학적 조건에 관한 설명으로 잘못된 것은?

① di : 8° 배치는 적분구를 사용하여 조명을 조사하고 반사면의 수직에 대하여 8° 방향에서 관측한다.
② d : 0 배치는 정반사 성분이 완벽히 제거되는 배치이다.
③ di : 8°와 8° : di는 배치가 동일하나 광의 진행이 반대이다.
④ di : 8°와 de : 8°의 배치는 동일하나, di : 8°는 정반사 성분을 제외하고 측정한다.

해설
di : 8°와 de : 8°의 배치는 8° 기울여 측정하는 방식으로 동일하나, di : 8°는 정반사 성분을 제외하는 것이 아니라 분산광과 정반사 모두를 포함한다.

50 ④ 51 ③ 52 ④ 53 ④ **정답**

54 **컴퓨터 자동배색의 특징이 아닌 것은?**

① 스펙트럼 데이터를 이용하여 아이소머리즘을 실현할 수 있다.
② 최소 컬러런트 구성과 조합을 찾아 효율성을 높일 수 있다.
③ 작업자의 감정이나 환경에 기인한 측색 오차의 영향을 최소화할 수 있다.
④ 자동배색에 혼입되는 각종 요인에서도 색채가 변하지 않으므로 발색공정 관리가 쉽다.

해설
자동배색에 혼입되는 각종 요인에서 색채가 변할 수 있으므로 발색공정 관리가 어려운 편이다.

55 **유기안료에 대한 설명으로 잘못된 것은?**

① 무기안료에 비해 일반적으로 불투명하고 내광성 및 내열성이 우수하다.
② 유기화합물을 주체로 하는 안료를 총칭한다.
③ 물에 녹지 않는 금속화합물 형태의 레이크 안료와 물에 녹지 않는 염료를 그대로 사용한 색소 안료로 크게 구별된다.
④ 인쇄잉크, 도료, 플라스틱 착색 등의 용도로 사용된다.

해설
불투명하고 내광성 및 내열성이 우수한 것은 유기안료가 아닌 무기안료에 대한 설명이다.

56 **가법혼색만을 이용하여 색을 표현하는 출력영상장비는?**

① LCD 모니터
② 레이저 프린터
③ 디지타이저
④ 스캐너

해설
LCD 모니터는 액정 투과도의 변화를 이용해서 각종 장치에서 발생되는 여러 가지 전기적인 정보를 시각정보로 변환시켜 전달하는 전자소자로 손목시계나 컴퓨터 등에 널리 쓰이고 있는 평판 디스플레이다. 이는 가법혼색의 원리를 이용하는 출력장치이다.

57 **색도 좌표(Chromaticity-Coordinates)를 나타내는 것이 아닌 것은?**

① x, y ② u′, v′
③ u*, v* ④ u, v

해설
색도를 수량적으로 표시한 수치
이론상으로 빨강, 초록, 파랑의 세 단색광을 알맞게 골라 배합하면 어떤 색이라도 만들 수 있기 때문에 이 세 색광의 혼합량 수치에 의해 색상이 좌우된다. 국제조명위원회(CIE)는 3원색의 혼합량, 즉 3자극값을 각각 X, Y, Z로 하면, $x = X/(X+Y+Z)$, $y = Y/(X+Y+Z)$, $z = Z/(X+Y+Z)$로 구한 x, y, z의 값을 색도좌표라고 하였다. 그러나 이 좌표는 시각적 등색 간격과 좌표상의 등색 간격이 균일하지 않은 단점이 존재하였다. 1960년 CIE는 잠정적으로 추천한 uv 직각 좌표계를 제안했고 이후 v축의 스케일을 1.5배 확대하면 시각 특성에 더욱 가까워지므로 CIE 1960 UCS 색도도와 함께 CIE가 채용한 것이다. 현재는 주로 이 좌표계가 널리 이용되고 있다. 이러한 단점을 해결하기 위하여 u′v′ 색도 좌표를 이용한 새로운 화질개선 시스템이 제안되었다.

58 **표면색의 시감 비교 시 비교하는 색면의 크기에 관한 사항으로 올바르지 않은 것은?**

① 비교하는 색면의 크기와 관찰거리는 시야각으로 약 2도 또는 10도가 되도록 한다.
② 2도 시야 300mm 관찰거리에서 관측창 치수는 11×11mm가 권장된다.
③ 10도 시야 500mm 관찰거리에서 관측창 치수는 87×87mm가 권장된다.
④ 2도 시야 700mm 관찰거리에서 관측창 치수는 54×54mm가 권장된다.

정답 54 ④ 55 ① 56 ① 57 ③ 58 ④

해설
관찰거리와 마스크 관측창의 치수(KS A 0065)

2도 시야의 경우		10도 시야의 경우	
관찰거리	관측창 치수	관찰거리	관측창 치수
300mm	11 × 11mm	300mm	54 × 54mm
500mm	18 × 18mm	500mm	87 × 87mm
700mm	25 × 25mm	700mm	123 × 123mm
900mm	32 × 32mm	900mm	158 × 158mm

59 다음 중 색공간 정보와 16비트 심도, 압축 등의 조건을 모두 만족하는 파일 형식은?

① BMP ② PNG
③ JPEG ④ GIF

해설
PNG 포맷은 웹디자인에서 많이 사용되며, 포맷 대체용으로 개발된 저장 방식으로 이미지의 투명성과 관련된 알파 채널에서 향상된 기능을 제공한다. 트루컬러를 지원하고 비손실 압축을 사용하여 이미지 변형 없이 원래 이미지를 웹 환경 그대로 표현할 수 있는 색공간 정보와 16비트 심도, 압축 등의 조건을 모두 만족하는 파일 형식이다.

60 측색 장비에 대한 설명이 틀린 것은?

① 색채계는 등색함수를 컬러 필터를 사용해 구현한다.
② 디스플레이 장치의 색측정은 필터식 색채계로만 가능하다.
③ 분광광도계는 물체 표면에서 반사된 가시 스펙트럼 대역의 파장을 측정한다.
④ 빛 측정에는 분광광도계보다 분광 복사계를 사용한다.

해설
디스플레이 장치는 모니터를 의미한다. 모니터의 색 측정은 필터식 색채계로만 하지 않는다. 분광복사계의 경우 내부에 분광장치가 탑재되어 있어, 광원의 종류와 무관하게 물체 표면에서 반사되므로 가시 스펙트럼 대역의 파장을 측정하고, 이로부터 색 좌표뿐만 아니라 색온도, 연색지수 등 다양한 색 특성 평가를 한꺼번에 수행할 수 있다는 장점이 있다. 디스플레이 장치는 대부분 분광식 색 측정장치를 사용한다. 분광복사계는 복사의 분광분포를 파장의 함수로 측정하는 계측기로 빛 측정에 사용한다.

제4과목 색채지각론

61 직물의 직조 시 하나의 색만을 변화시키거나 더함으로써 전체 색조를 조절할 수 있는 것과 관련이 있는 것은?

① 푸르킨예 현상
② 베졸트 효과
③ 애브니 효과
④ 맥스웰 회전현상

해설
베졸트 효과는 색을 직접 섞지 않고, 색점을 배열하여 전체 색조를 변화시키는 효과이다. 색의 동화효과, 줄눈효과, 전파효과와 같은 의미이며 병치혼합을 베졸트 효과라고도 한다.

62 낮에는 빨간 꽃이 잘 보이다가 밤에는 파란 꽃이 더 잘 보이는 현상과 관계없는 것은?

① 체코의 생리학자인 푸르킨예가 발견하였다.
② 시각기제가 추상체시로부터 간상체시로의 이동이다.
③ 추상체에 의한 순응이 간상체에 의한 순응보다 느리기 때문이다.
④ 간상체 시각과 추상체 시각의 스펙트럼 민감도가 다르기 때문이다.

해설
푸르킨예 현상은 밤에는 추상체가 반응하지 않고 간상체가 반응하면서 생기는 현상으로 순응속도와 관련없다.

63 빨강의 잔상은 녹색이고, 노랑과 파랑 사이에도 상응한 결과가 관찰된다는 것과 빨강을 볼 수 없는 사람은 녹색도 볼 수 없다는 색채지각의 대립과정이론을 제안한 사람은?

① 오스트발트 ② 먼 셀
③ 영-헬름홀츠 ④ 헤 링

59 ② 60 ② 61 ② 62 ③ 63 ④ 정답

해설
헤링은 반대색설 이론에서 노랑–파랑 물질, 빨강–초록 물질은 장파장의 빛이 들어오면 분해작용을 일으켜 노랑이나 빨강으로 지각되며, 단파장의 빛이 들어오면 합성작용을 일으켜 초록색으로 지각되고, 검정–하양 물질은 모든 파장에서 분해작용이 일어난다고 주장하였다.

64 회전혼합에 대한 설명 중 틀린 것은?

① 보색이나 준보색 관계의 색을 회전 혼합시키면 무채색으로 보인다.
② 회전혼합은 평균 혼합으로서 명도와 채도가 평균값으로 지각된다.
③ 색료에 의해서 혼합되는 것이므로 계시가법혼색에 속하지 않는다.
④ 채도가 다르고 같은 명도일 때는 채도가 높은 쪽의 색으로 기울어져 보인다.

해설
회전혼합은 색료에 의한 혼합이 아니므로 계시가법혼색에 속한다. 즉, 혼색 결과는 중간 색상, 중간 명도, 중간 채도이다.

65 다음 가시광선의 범위 중에서 초록 계열 파장의 범위는?

① 590~620nm ② 570~590nm
③ 500~570nm ④ 450~500nm

해설
① 590~620nm : 주황 계열
② 570~590nm : 노랑 계열
④ 450~500nm : 파랑 계열

66 다음 중 빨강과 청록의 체크무늬 스카프에서 볼 수 있는 색의 대비현상과 동일한 것은?

① 남색 치마에 노란색 저고리
② 주황색 셔츠에 초록색 조끼
③ 자주색 치마에 노란색 셔츠
④ 보라색 치마에 귤색 블라우스

해설
① 보색대비
②·③·④ 색상대비

67 색의 3속성과 감정효과에 대한 설명 중 가장 거리가 먼 것은?

① 색의 화려함과 수수함은 채도에 의해 가장 영향을 받는다.
② 명도, 채도가 동일한 경우에 한색계가 난색계보다 화려한 느낌을 준다.
③ 색상이 동일한 경우에 명도가 높을수록 부드럽게 느껴진다.
④ 명도가 동일한 경우에 유채색이 무채색보다 진출해 보인다.

해설
명도와 채도가 동일한 경우에 난색계가 한색계보다 더 화려한 느낌을 준다.

68 무거운 작업도구를 사용하는 작업장에서 심리적으로 가볍게 느끼도록 하는 색으로 가장 효과적인 것은?

① 고명도, 고채도인 한색 계열의 색
② 저명도, 고채도인 난색 계열의 색
③ 저명도, 저채도인 한색 계열의 색
④ 고명도, 저채도인 난색 계열의 색

해설
고명도, 저채도인 난색 계열의 색은 부드러운 색으로 안정감과 가벼운 느낌을 준다.

69 대비효과가 순간적이며 시점을 한 곳에 집중시키려는 색채지각 과정에서 일어나는 색채현상은?

① 동시대비
② 계시대비
③ 병치대비
④ 동화대비

정답 64 ③ 65 ③ 66 ① 67 ② 68 ④ 69 ①

해설
- 동시대비 : 인접해 있는 두 가지 이상의 색을 동시에 볼 때 일어나는 현상으로 서로의 영향으로 인해 색이 다르게 보이는 현상을 말한다.
- 계시대비 : 어떤 색을 잠시 본 후 시간적인 차이를 두고 다른 색을 보았을 때 먼저 본 색의 영향으로 나중에 본 색이 다르게 보이는 현상이다.
- 병치혼합 : 두 개 이상의 색을 병치시켜 일정 거리에서 바라보면 망막상에서 혼합되어 보이는 것으로 중간혼합의 일종이다.
- 동화현상 : 대비현상과는 반대로 인접한 색의 영향을 받아 인접색에 가까운 색으로 보이는 현상이다.

70 색채지각과 감정효과에 대한 설명 중 옳은 것은?

① 좁은 방을 넓어 보이게 하려면 진출색과 팽창색의 원리를 활용한다.
② 같은 색상일 경우 고채도보다는 흰색을 섞은 저채도의 색이 축소되어 보인다.
③ 명도를 이용하여 색의 팽창과 수축의 느낌을 조정할 수 있다.
④ 무채색은 유채색보다 진출, 팽창되어 보인다.

해설
① 진출색과 팽창색은 더 좁아 보일 수 있다.
② 같은 색상일 경우 고채도보다는 흰색을 섞은 저채도의 색이 확대되어 보인다.
④ 무채색은 유채색보다 후퇴, 수축되어 보인다.

71 색채 지각에 대한 설명 중 틀린 것은?

① 명순응의 시간이 암순응의 시간보다 길다.
② 추상체는 100cd/m^2 이상일 때만 활동하며 이를 명소시라고 한다.
③ 1~100cd/m^2 일 때는 추상체와 간상체 모두 활동하는 데 이를 박명시라고 한다.
④ 박명시에는 망막상의 두 감지 세포가 모두 활동하므로 시각적인 정확성을 기대하기 어렵다.

해설
명순응은 1~2초 정도의 시간이 소요되는 반면 암순응은 약 30분 정도 소요된다. 그러므로 명순응의 시간이 암순응의 시간보다 짧다.

72 색채의 온도감에 대한 설명으로 옳은 것은?

① 따뜻한 느낌을 주는 색상은 한색이며, 노랑・주황・빨강 계열을 말한다.
② 물을 연상시키는 파랑 계열을 중립색이라 한다.
③ 색의 온도감은 파장이 긴 쪽이 따뜻하게 느껴지고, 파장이 짧은 쪽이 차갑게 느껴진다.
④ 온도감은 명도 → 색상 → 채도 순으로 영향을 준다.

해설
① 따뜻한 느낌을 주는 색상은 난색이며, 노랑, 주황, 빨강 계열을 말한다.
② 물을 연상시키는 파랑 계열을 한색이라 한다. 중립색은 초록 계열과 보라 계열이 해당된다.
④ 온도감은 색상의 영향을 받으며 난색 계열이 따뜻하게 느껴진다.

73 색 필터로 적색(Red)과 녹색(Green)을 혼합하였을 때 나타나는 색은?

① 청색(Blue)
② 황색(Yellow)
③ 마젠타(Magenta)
④ 백색(White)

해설
가법혼합의 결과
- 빨강(Red) + 초록(Green) = 노랑(Yellow)
- 초록(Green) + 파랑(Blue) = 사이안(Cyan)
- 파랑(Blue) + 빨강(Red) = 마젠타(Magenta)
- 빨강(Red) + 초록(Green) + 파랑(Blue) = 백색(White)

74 혼색과 관계된 원색 및 관계식 중 그 특성이 나머지와 다른 것은?

① Y + C = G = W − B − R
② R + G = Y = W − B
③ B + G = C = W − R
④ B + R = M = W − G

70 ③ 71 ① 72 ③ 73 ② 74 ① 정답

해설

① Y+C=G=W−B−R : 색광혼합의 결과값 G는 W(백색광)에서 B와 R값을 뺀 결과값과 같은 값 표기
② R+G=Y=W−B : 색광혼합의 결과값 Y와 W(백색광)에서 빼는 값 B의 관계는 보색
③ B+G=C=W−R : 색광혼합의 결과값 C와 W(백색광)에서 빼는 값 R의 관계는 보색
④ B+R=M=W−G : 색광혼합의 결과값 M과 W(백색광)에서 빼는 값 G의 관계는 보색

75 다음 중 가법혼색 원리에 의한 것이 아닌 것은?

① 무대 조명
② 컬러인쇄 원색 분해과정
③ 컬러 모니터
④ 컬러 사진

해설

가법혼색은 혼합된 색의 명도가 혼합 이전의 평균의 명도보다 높아지는 색광의 혼색을 말하며 색광의 3원색은 빨강(Red), 초록(Green), 파랑(Blue)이다. 무대 조명, 컬러 모니터, 컬러인쇄의 원색 분해과정이 해당된다.

76 5PB 4/4인 색이 갖는 감정효과와 거리가 먼 것은?

① 후퇴되어 보인다.
② 팽창되어 보인다.
③ 진정효과가 있다.
④ 시간의 경과가 짧게 느껴진다.

해설

먼셀 기호 H V/C에 의하면 5PB 4/4는 남보라색, 중명도/중채도에 속하는 계열이다. 다소 어두운 편이고 중채도여서 후퇴, 진정의 효과로 시간의 경과가 짧게 느껴지는 색이다.

77 수정체 뒤에 있는 젤리 상태의 물질로 안구의 3/5를 차지하며 망막에 광선을 통과시키고 눈의 모양을 유지하며, 망막을 눈의 벽에 밀착시키는 작용을 하는 것은?

① 홍 채　② 유리체
③ 모양체　④ 맥락막

해설

유리체는 수정체와 망막 사이의 공간을 채우고 있는 무색투명한 젤리 모양의 조직으로, 안구의 3/5을 차지한다. 수정체와 망막의 신경층을 단단하게 지지하여 안구의 정상적인 형태를 유지시키고, 광학적으로는 빛을 통과시켜 망막에 물체의 상이 맺힐 수 있게 한다.

78 색에 관한 설명이 틀린 것은?

① 순색은 무채색의 포함량이 가장 적은 색이다.
② 유채색은 빨강, 노랑과 같은 색으로 명도가 없는 색이다.
③ 회색, 검은색은 무채색으로 채도가 없다.
④ 색채는 포화도에 따라 유채색과 무채색으로 구분한다.

해설

유채색은 색상, 명도, 채도 모두 존재한다.

79 인종에 따라 눈의 색깔이 다르게 보이는 것은 눈의 어느 부분 때문인가?

① 각 막
② 수정체
③ 홍 채
④ 망 막

해설

홍채는 눈동자에 색채가 들어 있는 부분으로 외부에서 들어오는 빛의 양을 조절하는 기능을 한다.

80 다음 색채대비 중 스테인드 글라스에 많이 사용되고, 현대 회화에서는 칸딘스키, 피카소 등이 많이 사용한 방법은?

① 채도대비
② 명도대비
③ 색상대비
④ 면적대비

정답 75 ④ 76 ② 77 ② 78 ② 79 ③ 80 ③

해설
색상대비는 색상이 다른 두 색을 동시에 볼 때 각 색상의 차이가 크게 느껴지는 현상이다. 색의 상징을 극대화한 것으로 교회나 성당의 스테인드 글라스에 많이 사용되고 현대 회화에서는 마티스, 피카소 등이 많이 사용하였다.

해설
CIE xy 색도도는 좌표의 간격이 시각적 간격과 일치하지 않는 문제점으로 인해, 녹색은 좌표상에서는 커다란 차이를 나타내지만 실제로 색 차이는 크지 않고, 반대로 빨간색은 좌표상에서는 작은 색 차이를 나타내지만 실제로 색의 차이는 크게 나타난다.

제5과목 색채체계론

81 먼셀 색체계의 활용상 특성으로 옳은 것은?

① 먼셀 색표집의 표준 사용 연한은 5년이다.
② 먼셀 색체계의 검사는 C 광원, 2°시야에서 수행한다.
③ 먼셀 색표집은 기호만으로 전달해도 정확성이 높다.
④ 개구색 조건보다는 일반 시야각의 방법을 권장한다.

해설
② 먼셀 색체계는 현색계로 일반적인 표준광원, 눈의 각도 2° 시야에서 수행한다.
①·③ 먼셀 색표집의 사용 연한은 특별히 정해져 있지 않으며, 기호만으로 전달할 경우 정확성은 떨어진다.

82 CIE Yxy 색체계의 설명으로 틀린 것은?

① 색채는 표준광, 반사율, 표준관측자의 3자극치 값으로 입체적인 색채공간을 형성한다.
② 광원색의 경우 Y값은 좌표로서의 의미를 잃고 색상과 채도만으로 색채를 표시할 수 있다.
③ 초록 계열 색채는 좌표상의 작은 차이가 실제는 아주 다른 색으로 보이고, 빨강 계열 색채는 그 반대이다.
④ 색좌표의 불균일성은 메르카토르(Mercator) 세계지도 도법에 나타난 불균일성과 유사한 예이다.

83 오스트발트 색체계에 대한 일반적 설명으로 옳은 것은?

① 맥스웰의 색채 감지이론으로 설계되었다.
② 색상은 단파장반사, 중파장반사, 장파장반사의 3개 기본색으로 설정되었다.
③ 회전혼색기의 색채 분할면적의 비율을 변화시켜 여러 색을 만들었다.
④ 광학적 광혼합을 전제로 혼합되었다.

해설
오스트발트 색체계의 혼합비는 흑색량(B) + 백색량(W) + 순색량(C) = 100%이며, 어떠한 색이라도 혼합량의 합은 항상 일정하다. B(완전흡수), W(완전반사), C(특정 파장의 빛만 반사)의 혼합하는 색량의 비율대로 회전 혼색기의 색채 분할면적의 비율을 변화시켜 여러 색을 만들었다.

84 요하네스 이텐의 색채조화론에 대한 설명이 틀린 것은?

① 12색상환을 기본으로 2색~6색 조화이론을 발표하였다.
② 2색 조화는 디아드, 다이아드라고 하며 색상환에서 보색의 조화를 일컫는다.
③ 5색 조화는 색상환에서 5등분한 위치의 5색이고, 삼각형 위치에 있는 3색과 하양, 검정을 더한 배색을 말한다.
④ 6색 조화는 색상환에서 정사각형 지점의 색과 근접보색으로 만나는 직사각형 위치의 색은 조화된다.

해설
④는 4색 조화에 대한 설명이다.

81 ② 82 ③ 83 ③ 84 ④ 정답

85 **다음 중 방위 – 오상(五常) – 오음(五音) – 오행(五行)의 연결이 잘못된 것은?**

① 東(동) – 仁(인) – 角(각) – 土(토)
② 西(서) – 義(의) – 商(상) – 金(금)
③ 南(남) – 禮(예) – 徵(치) – 火(화)
④ 北(북) – 智(지) – 羽(우) – 水(수)

해설
① 東(동) – 仁(인) – 角(각) – 木(목)

86 **색채조화를 위한 올바른 계획 방향이 아닌 것은?**

① 색채조화는 주변 요인에 영향을 받으므로 상대적이기보다 절대성, 개방성을 중시해야 한다.
② 공간에서의 색채조화를 위해서는 시간의 흐름에 따른 변화를 고려해야 한다.
③ 자연의 다양한 변화에 따른 색조 개념으로 계획해야 한다.
④ 조화에 영향을 주는 변수와 인간과의 관계를 유기적으로 해석해야 한다.

해설
색채조화는 주변 요인에 영향을 받으므로 상대성과 개방성을 중시해야 한다.

87 **세계 각국의 색채표준화 작업을 통해 제시된 색채체계를 오래된 것으로부터 최근의 순서대로 옳게 나열한 것은?**

① NCS – 오스트발트 – CIE
② 오스트발트 – CIE – NCS
③ CIE – 먼셀 – 오스트발트
④ 오스트발트 – NCS – 먼셀

해설
먼셀 표색계(1905년) – 오스트발트 표색계(1923년) – CIE 색체계(1931년) – NCS(1979년) 순이다.

88 **Pantone 색체계에 대한 설명으로 옳은 것은?**

① 스웨덴, 노르웨이, 스페인의 국가 표준색 제정에 기여한 색체계이다.
② 채도는 절대 채도치를 적용한 지각적 등보성이 없이 절대수치인 9단계로 모든 색을 구성하였다.
③ 색상, 포화도, 암도로 조직화하였으며 색상은 24개로 분할하여 오스트발트 색체계와 유사하다.
④ 실용성과 시대의 필요에 따라 제작되었기 때문에 개개 색편이 색의 기본 속성에 따라 논리적인 순서로 배열되어 있지 않다.

해설
Pantone 색체계는 미국의 펜톤(Pantone)사가 제작한 실용 상용색표로 인쇄잉크를 이용해 일정 비율로 제작되었다.

89 **다음 중 가장 채도가 낮은 색명은?**

① 장미색 ② 와인레드
③ 베이비핑크 ④ 카 민

해설
③ 베이비핑크 : 5R 8/4
① 장미색 : 5R 3/10
② 와인레드 : 5R 2/8
④ 카민 : 5R 4/12

90 **전통색에 대한 설명으로 틀린 것은?**

① 전통색에는 그 민족의 정체성이 담겨 있다.
② 전통색을 통해 그 민족의 문화, 미의식을 알 수 있다.
③ 한국의 전통색은 관념적 색채로 상징적 의미의 표현수단으로 사용되었다.
④ 한국의 전통색체계는 시지각적 인지를 바탕으로 한다.

해설
어떤 민족의 정체성을 나타낼 수 있는 색을 전통색이라 한다. 예로부터 우리나라의 문화유산 등에 사용되어 온 색은 음양오행설을 바탕으로 동, 서, 남, 북, 중앙을 의미하는 오방정색과 정색 사이의 간색이다.

정답 85 ① 86 ① 87 ② 88 ④ 89 ③ 90 ④

91 NCS(Natural Color System) 색체계의 구성 특징으로 옳은 것은?

① NCS 색체계는 빛의 강도를 토대로 색을 표기하였다.
② 모든 색을 색지각량이 일정한 것으로 생각해 그 총량은 100이 된다.
③ 검은 색성과 흰 색성의 합은 항상 100이다.
④ NCS의 표기는 뉘앙스와 명도로 표시한다.

해설
NCS 색삼각의 혼합비는 S(흑색량) + W(백색량) + C(유채색량) = 100%로 표시되는데, 혼합비의 3가지 속성 가운데 흑색량과 순색량의 뉘앙스만 표기한다.

92 먼셀의 색입체를 수직으로 자른 단면의 설명으로 옳은 것은?

① 대칭인 마름모 모양이다.
② 보색관계의 색상면을 볼 수 있다.
③ 명도가 높은 어두운색이 상부에 위치한다.
④ 한 개 색상의 명도와 채도 관계를 볼 수 있다.

해설
① 대칭인 마름모 모양은 오스트발트의 색입체이다.
③ 명도가 높은 밝은색이 상부에 위치한다.
④ 수직으로 잘랐기 때문에 명도의 여러 단계를 볼 수 있다.

93 KS 계통색명의 유채색 수식 형용사 중 고명도에서 저명도의 순으로 옳게 나열된 것은?

① 연한 → 흐린 → 탁한 → 어두운
② 연한 → 흐린 → 어두운 → 탁한
③ 흐린 → 연한 → 탁한 → 어두운
④ 흐린 → 연한 → 어두운 → 탁한

94 저드(D. Judd)에 의해 제시된 색채조화의 원리 중 "색의 체계에서 규칙적으로 선택된 색들의 조합은 대체로 아름답다."라는 성질에 해당하는 것은?

① 친밀성의 원리
② 비모호성의 원리
③ 유사의 원리
④ 질서의 원리

해설
저드의 색채조화론 중 규칙적인 질서를 가지는 배색이 조화된다는 원리는 질서의 원리이다.

95 국제조명위원회에서 개발된 색체계에 대한 설명이 틀린 것은?

① 1931년 감법혼색에 의해 CIE 색체계를 만들었다.
② 물체색뿐만 아니라 빛의 색까지 표기할 수 있다.
③ 광원과 관찰자에 대한 정보를 표준화하고 색을 수치화하였다.
④ 물체색이 광원에 따라 달라지는 것을 보완한 것이다.

해설
1931년 가법혼색에 의해 CIE 색체계를 만들었다.

96 CIE XYZ 색표계 값을 구하기 위해 필요한 값이 아닌 것은?

① 광원의 분광복사분포
② 시료의 분광반사율
③ 색일치 함수
④ 시료에 사용된 염료의 양

해설
CIE XYZ 색표계는 1931년 국제조명위원회에서 제정한 표준측색시스템으로 가법혼색(RGB)의 원리를 이용한 것이다. 3원색을 기반으로 빨간색은 X센서, 초록색은 Y센서, 파란색은 Z센서에 감지하여 XYZ 3자극치의 값을 표시한다. 이때 Y값은 명도값을 나타낸다. 색을 측정하기 위해서는 광원의 분광복사분포와 시료의 분광반사율, 그리고 색일치 함수 등이 필요하지만 시료에 사용된 염료의 양은 필요하지 않다.

91 ② 92 ② 93 ① 94 ④ 95 ① 96 ④ 정답

97 **PCCS 색상 기호 – PCCS 색상명 – 먼셀 색상의 순서대로 바르게 나열된 것은?**

① 2 : R – red – 1R
② 10 : YG – yellow green – 8G
③ 20 : V – violet – 9PB
④ 6 : yO – yellowish orange – 1R

해설
① 2 : R – red – 4R로 5R에 거의 가까운 색이다. 1R은 RP계열에 가깝기 때문에 다소 거리가 있다.
② 10 : YG – yellow green – 3GY로 GY계열의 색이다.
④ 6 : yO – yellowish orange – 8YR로 YR계열의 색이다.

98 **다음 오스트발트 색체계의 표시기호 중 백색량이 가장 많은 것은?**

① 7 ec　② 10 ca
③ 19 le　④ 24 pg

해설
10 ca에서 10은 색상, c는 백색량, a는 흑색량을 나타낸다. 그러므로 보기의 백색량을 살펴보면 7 ec는 35, 10 ca는 56, 19 le는 8.9, 24 pg는 3.5가 된다. 기호마다 수치를 암기하지 않더라도 뒤로 갈수록 백색량은 줄고, 반대로 흑색량은 늘어나는 것을 알 수 있다.

99 **KS 관용색이름인 '벽돌색'에 가장 가까운 NCS 색체계의 색채기호는?**

① S1090 – R80B
② S3020 – R50B
③ S8010 – Y20R
④ S6040 – Y80R

해설
S6040 – Y80R에서 6040은 뉘앙스, Y80R은 색상, 60은 검은색도, 40은 유채색도, Y80R은 Y에 80만큼 R이 섞인 YR을 나타낸다. S는 2판임을 표시한다. 관용색명인 벽돌색은 탁한 적갈색으로 10R 3/6으로 표시된다. 노란 기미가 있는 빨간색으로 저명도에, 중채도 정도로 S6040 – Y80R이 정답이다.

100 **다음 중 먼셀 색체계의 장점은?**

① 색상별로 채도 위치가 동일하여 배색이 용이하다.
② 색상 사이의 완전한 시각적 등간격으로 수치상의 색채와 실제 색감과의 차이가 없다.
③ 정량적인 물리값의 표현이 아니고 인간의 공통된 감각에 따라 설계되어 물체색의 표현에 용이하다.
④ 인접색과의 비교에 의한 상대적 개념으로 확률적인 색을 표현하므로 일반인들이 사용하기 쉽다.

해설
먼셀 색체계는 인간의 색 지각을 기초로 심리적 3속성인 색상, 명도, 채도에 의해 물체색을 순차적으로 배열하고 색입체 공간을 체계화시킨 것이다. 측색기가 필요하지 않으며, 사용하기 쉽고 물체색의 표현에 용이하다.

정답 97 ③ 98 ② 99 ④ 100 ③

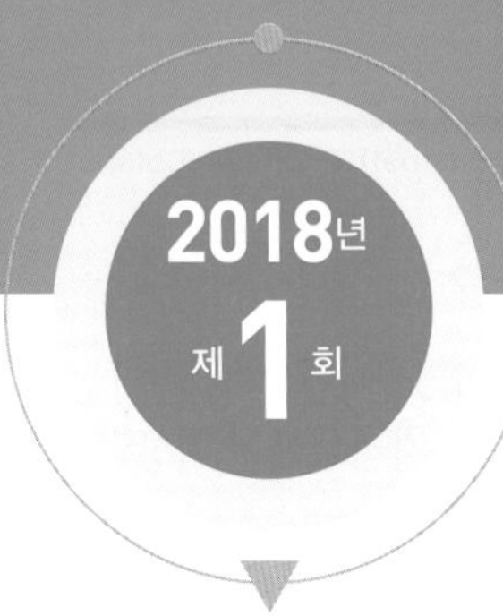

컬러리스트산업기사

과년도 기출문제

제1과목 색채심리

01 색채심리를 이용한 색채요법에 관한 설명 중 틀린 것은?

① Red는 우울증을 치료한다.
② Blue Green은 침착성을 갖게 한다.
③ Blue는 신경 자극용 색채로 사용된다.
④ Purple은 감수성을 조절하고 배고픔을 덜 느끼게 한다.

해설
신경 자극용 색채로는 빨강(Red)이 효과적이다. 또한 신경자극, 혈압상승, 적혈구 강화, 근육긴장 증대, 소심, 우울증, 류머티즘, 관절염, 신경염, 요통, 기관지염(폐렴), 결핵 등의 치료에 이용한다.

02 다음 중 색채와 자연환경에 대한 설명이 틀린 것은?

① 지역색은 국가나 지방, 도시의 특성과 이미지를 부각시킨다.
② 풍토색은 일조량과 기후, 습도, 흙, 돌처럼 한 지역의 자연환경적 요소로 형성된 색을 말한다.
③ 위도를 따라 동일한 색채도 다른 분위기로 지각될 수 있다.
④ 지역색은 한 지역의 인공적 요소로 형성된 색을 말한다.

해설
지역색은 한 지역의 자연적 요소로 형성된 색을 말한다.

03 뉴턴은 색채와 소리의 조화론에서 7가지의 색을 7음계에 연계시켰다. 다음 중 색채가 지닌 공감각적인 특성이 잘못 연결된 것은?

① 노랑 – 음계 미
② 빨강 – 음계 도
③ 파랑 – 음계 솔
④ 녹색 – 음계 시

해설
녹색은 음계 파이고, 음계 시는 보라이다.

04 다음 중 정지, 금지, 위험, 경고의 의미를 전달하는 데 가장 적절한 색채는?

① 흰 색
② 빨 강
③ 파 랑
④ 검 정

해설
안전색채의 의미
- 빨강 : 금지, 정지, 소방기구, 고도의 위험, 화약류의 표시
- 파랑 : 특정 행위의 지시 및 사실의 고지, 의무적 행동, 수리 중, 요주의
- 흰색 : 문자, 파란색이나 녹색의 보조색, 통행로, 정돈, 청결, 방향지시
- 검정 : 문자, 빨간색이나 노란색에 대한 보조색

1 ③ 2 ④ 3 ④ 4 ② 정답

05 안전표지에 관한 설명 중 틀린 것은?

① 금지의 의미가 있는 안전표지는 대각선이 있는 원의 형태이다.
② 지시를 의미하는 안전표지의 안전색은 초록, 대비색은 하양이다.
③ 경고를 의미하는 안전표지의 형태는 정삼각형이다.
④ 소방기기를 의미하는 안전표지의 안전색은 빨강, 대비색은 하양이다.

해설
지시를 의미하는 안전표지의 안전색은 파랑, 대비색은 하양이다. 초록은 안내표지의 안전색이다.

06 예술, 디자인계 사조별 색채 특성에 관한 설명 중 틀린 것은?

① 야수파는 색채의 특성을 이용하여 강렬한 색채를 주제로 사용하였다.
② 바우하우스는 공간적 질서 속에서 색 면의 위치, 배분을 중시하였다.
③ 인상파는 병치혼합 기법을 이용하여 색채를 도구화하였다.
④ 미니멀리즘은 비개성적, 극단적 간결성의 색채를 사용하였다.

해설
공간적 질서 속에서 색 면의 위치, 배분을 중시한 디자인 사조는 데 스테일이다.

07 색채의 상징성을 이용한 색채 사용이 아닌 것은?

① 음양오행에 따른 오방색
② 올림픽 오륜마크
③ 각 국의 국기
④ 교통안내 표지판의 색채

해설
④ 교통안내 표지판은 안전색채에 속한다.
① 중국과 우리나라와 같은 동양권에서는 방위를 표시할 때 음양오행설에 따른 오방색을 사용하였다.
② 오륜기는 흰 바탕에 파랑, 노랑, 검정, 초록, 빨강의 오색 고리가 연결되어 있는 형태로 세계를 뜻하는 World의 이니셜인 W를 시각적으로 형상화하였다.
③ 국기는 상징성이 강하며 같은 색이라도 의미가 다르다.

08 색채의 지역 및 문화적 상징성에 대한 설명이 적합하지 않은 것은?

① 노랑은 힌두교와 불교에서 신성시되는 색이다.
② 중국에서 노랑은 왕권을 대표하는 색이다.
③ 북유럽에서 노랑은 영혼과 자연의 풍요로움을 표시한다.
④ 일반적으로 국기에 사용되는 노랑은 황금, 태양, 사막을 상징한다.

해설
북유럽인들은 일조량이 적은 지역적 특성상 한색계를 선호한다. 노랑은 대지와 태양의 색으로 일조량이 많은 남방계에서 더 선호한다.

09 21세기 디지털 시대를 대표하는 색으로 선정된 것은?

① 노 랑
② 빨 강
③ 파 랑
④ 자 주

해설
서구 문화권의 영향을 받은 대부분의 국가에서 성인의 절반 이상이 청색을 가장 많이 선호하는 색으로 꼽고 있다. 특히 청색은 국제적으로 가장 높은 선호도를 보이는 색으로 청색의 민주화라는 말까지 만들어졌다.

정답 5 ② 6 ② 7 ④ 8 ③ 9 ③

10 **색에서 느껴지는 시간감에 대한 설명 중 틀린 것은?**

① 장파장 계통의 색채는 시간의 경과가 짧게 느껴진다.
② 단파장 계열 색의 장소에서는 시간의 경과가 실제보다 짧게 느껴진다.
③ 속도감을 주는 색채는 빨강, 주황, 노랑 등 시감도가 높은 색들이다.
④ 대합실이나 병원 실내는 한색 계통의 색을 사용하면 효과적이다.

해설
장파장 계통의 색채는 시간의 경과가 길게 느껴진다.

11 **1990년 프랭크 H. 만케가 정의한 색채체험에 영향을 주는 6개의 색경험의 피라미드에 해당하지 않는 것은?**

① 개인적 관계
② 시대사조, 패션스타일의 영향
③ 문화적 영향과 매너리즘
④ 의식적 집단화

해설
프랭크 H. 만케의 색경험 피라미드
- 1단계 : 색자극에 대한 생물학적 반응
- 2단계 : 집단무의식
- 3단계 : 의식적 상징화
- 4단계 : 문화적 영향과 매너리즘
- 5단계 : 시대적 사조와 패션스타일의 영향
- 6단계 : 개인적 관계

12 **톤에 따른 이미지의 연결이 잘못된 것은?**

① Dull Tone – 여성적인 이미지
② Deep Tone – 어른스러운 이미지
③ Light Tone – 어린 이미지
④ Dark Tone – 남성적인 이미지

해설
- Dull Tone : 남성적인 이미지
- Soft Tone, Pale Tone : 여성적인 이미지

13 **색채정보 수집방법 중의 하나로 약 6~10명으로 구성된 소비자와의 지속적인 인터뷰를 통해 색선호도나 문제점 등을 파악하는 것은?**

① 실험연구법 ② 표본조사법
③ 현장관찰법 ④ 포커스 그룹조사

해설
① 실험연구법 : 실험집단과 통제집단을 비교
② 표본조사법 : 모집단을 대표하는 일부 대상을 표본으로 선정
③ 현장관찰법 : 어떤 대상의 특성, 상태, 언어적 행위 등을 관찰을 통해 자료수집

14 **색채를 상징적 요소로 사용한 예로 옳은 것은?**

① 사무실의 실내 색채를 차분하고 집중력을 높일 수 있는 저채도의 파란색으로 계획한다.
② 기업의 아이덴티티를 강조하기 위해 하나의 색채로 이미지를 계획한다.
③ 방사능의 위험표식으로 노랑과 검정을 사용한다.
④ 부드러운 색채환경을 위해 낮은 채도의 색으로 공공 시설물을 계획한다.

해설
① 사무실의 실내 색채를 차분하고 집중력을 높일 수 있는 밝은 톤과 파란색으로 계획하는 것이 효과적이다.
③ 방사능과 관련된 색으로 보라를 사용한다.
④ 부드러운 색채에는 고명도와 중채도의 색을 사용한다.

15 **자동차의 선호색에 대한 일반적 경향을 설명하는 것이 아닌 것은?**

① 일본의 경우 흰색 선호 경향이 압도적이다.
② 한국의 경우 대형차는 어두운색을 선호하고, 소형차는 경쾌한 색을 선호한다.
③ 자동차 선호색은 지역환경과 생활 패턴에 따라 다르다.
④ 여성은 어두운 톤의 색을 선호하는 편이다.

해설
여성은 어두운 톤의 색보다는 밝고 맑은 톤의 색을 선호하는 편이다.

정답: 10 ① 11 ④ 12 ① 13 ④ 14 ② 15 ④

16 **색채의 공감각에 대한 설명이 옳은 것은?**

① 색채의 특성이 다른 감각으로 표현되는 것
② 채도가 높은 색채의 바탕 위에 있는 색이 더 밝아 보이는 것
③ 한 공간에서 다른 색을 같은 이미지로 느끼는 것
④ 색채잔상과 대비효과를 말함

해설
색채의 공감각은 색채의 특성이 다른 감각으로 표현되는 것으로 동시에 다른 감각과 함께 느끼는 것을 의미한다. 색채잔상과 대비효과는 색채의 혼합에 대한 내용이다.

17 **유채색 중 운동량이 활발하고 생명력이 뛰어나 역삼각형이 연상되는 색채는?**

① 빨 강　② 노 랑
③ 파 랑　④ 검 정

해설
색채와 모양
- 빨강 : 정사각형
- 노랑 : 역삼각형
- 파랑 : 원
- 갈색 : 마름모
- 검정 : 사다리꼴
- 주황 : 직사각형
- 녹색 : 육각형
- 보라 : 타 원
- 흰색 : 반달모양
- 회색 : 모래시계

18 **패션 디자인의 유행색에 관한 설명으로 틀린 것은?**

① 국제유행색위원회에서는 선정회의를 통해 3년 후의 유행색을 제시한다.
② 유행색채예측기관은 매년 색채 팔레트의 30%가량을 새롭게 제시한다.
③ 계절적인 영향을 받아 봄・여름에는 밝고 연한 색, 가을・겨울에는 어둡고 짙은 색이 주로 사용된다.
④ 패션 디자인 분야는 타 디자인 분야에 비해 색영역이 다양하며, 유행이 빠르게 변화하는 특징이 있다.

해설
유행색 관련기관에 의해 시즌 2년 전에 제안된다.

19 **색채 관리(Color Management)의 구성요소와 그 내용이 잘못 연결된 것은?**

① 색채 계획화(Planning) - 목표, 방향, 절차 설정
② 색채 조직화(Organizing) - 직무 명확, 적재적소 적량 배치, 인간관계 배려
③ 색채 조정화(Coordinationa) - 이견과 대립 조정, 업무분담, 팀워크 유지
④ 색채 통제화(Controlling) - 의사소통, 경영참여, 인센티브 부여

해설
색채 통제화는 성과의 측정, 비교, 수정 등을 통해 색채관리의 목적이 실제로 얼마나 이루어졌는지를 확인한다. 의사소통, 경영참여, 인센티브 부여는 조직화와 관련이 있다.

20 **색채 마케팅에 있어서 제품의 위치(Positioning)에 대한 설명으로 옳은 것은?**

① 소비자 심리상 제품의 위치
② 제품의 가격에 대한 위치
③ 제품의 성능에 대한 위치
④ 제품의 디자인과 색채에 대한 위치

해설
포지션이란 제품이 소비자들에 의해 지각되고 있는 모습이다.

정답 16 ① 17 ② 18 ① 19 ④ 20 ①

제2과목 색채디자인

21 디자인 아이디어 발상법 중 시네틱스법에 대한 설명으로 옳은 것은?

① 원인과 결과의 관계를 입출력 관계로 규명해 가면서 문제를 해결하는 아이디어 구상법
② 문제에 관련된 항목들을 나열하고 그 항목별로 어떤 특정적 변수에 대해 검토해 봄으로써 아이디어를 구상하는 방법
③ 일정한 테마에 관하여 회의 형식을 채택하고, 구성원의 자유발언을 통한 아이디어의 제시를 요구하여 발상을 찾아내려는 방법
④ 문제를 보는 관점을 완전히 다르게 하여 여기서 연상되는 점과 관련성을 찾아 아이디어를 발상하는 방법

해설
시네틱스(Synectics)는 서로 관련 없어 보이는 것을 결부시킨다는 의미이다. 시네틱스법은 관련 없는 것들을 서로 연관시키며 새로운 아이디어를 이끌어 내는 방법이다.

22 생태학적으로 건강하고 유기적으로 전체에 통합되는 인간환경의 구축을 목표로 설정하는 디자인 요건은?

① 합리성
② 질서성
③ 친환경성
④ 문화성

해설
에코 디자인(Eco Design) 또는 그린 디자인(Green Design)이란 환경과 유기적으로 잘 어울리며 생태학적으로 좋은 환경을 조성하여 인간과 자연이 공생하는 것이다. 이러한 조건을 갖춘 디자인의 요건은 친환경성이다.

23 색채계획의 기대효과로서 틀린 것은?

① 주변 환경과 조화로운 도시경관 창출 및 지역주민의 심리적 쾌적성 증진
② 경관의 질적 향상 및 생활공간의 가치 상승
③ 시각적으로 눈에 띄는 색상으로 이미지를 구성
④ 지역 특성에 맞는 통합 계획으로 이미지 향상 추구

해설
색채계획은 주변 환경과 조화를 이루어야 하며 생활 거주자들의 심리적 쾌적성을 높여야 한다. 또한 지역의 경관의 질적 향상과 생활공간의 이미지 가치 상승을 고려해야 한다.

24 디자인 사조별 색채경향의 연결이 틀린 것은?

① 데 스테일 – 무채색과 빨강, 노랑, 파랑의 3원색
② 아방가르드 – 그 시대의 유행색보다 앞선 색채 사용
③ 큐비즘 – 난색의 강렬한 색채
④ 다다이즘 – 파스텔 계통의 연한 색조

해설
다다이즘이란 전체적으로 어둡고 칙칙한 색조를 사용하였으나, 극단적인 원색대비로 화려하고 어두운 분위기를 동시에 가지고 있는 것이 특징이다.

25 평면 디자인을 위한 시각적 요소에 속하지 않는 것은?

① 형 상
② 색 채
③ 중 력
④ 재질감

해설
평면 디자인의 구성요소에는 점, 선, 면, 입체, 색채, 질감 등이 있다. 중력은 평면 디자인의 시각적 요소에 해당하지 않는다.

21 ④ 22 ③ 23 ③ 24 ④ 25 ③ 정답

26 피부색이 상아색이거나 우윳빛을 띠며 볼에서 산호빛 붉은기를 느낄 수 있고, 볼이 쉽게 빨개지는 얼굴 타입에 어울리는 머리색은?

① 밝은색의 이미지를 주는 금발, 샴페인색, 황금색 띤 갈색, 갈색 등이 잘 어울린다.
② 파랑 띤 검정(블루 블랙), 회색 띤 갈색, 청색 띤 자주의 한색계가 잘 어울린다.
③ 황금블론드, 담갈색, 스트로베리, 붉은색 등 주로 따뜻한 색 계열이 잘 어울린다.
④ 회색 띤 블론드, 쥐색을 띠는 블론드와 갈색, 푸른색을 띠는 회색 등의 차가운 색 계열이 잘 어울린다.

해설
피부색이 상아색이고 산호빛 붉은기가 있으며 볼이 쉽게 빨개지는 얼굴 타입은 봄 유형이다. 밝은 계열의 따뜻한 색이 잘 어울린다.

27 색채계획에 관한 설명 중 틀린 것은?

① 디자인의 목적에 부합하는 이미지에 따라 사용색을 설정한다.
② 배색의 70% 이상 넓은 면적을 차지하는 색을 강조색이라 한다.
③ 색채가 결정되는 과정에서 검토되어야 할 요소를 빠짐없이 검토할 수 있도록 체크리스트를 작성한다.
④ 적용된 색을 감지하는 거리를 고려하여야 한다.

해설
색채계획에서는 목적에 부합하는 이미지에 따라 색을 설정한다. 이때 전체 면적의 70% 이상을 차지하는 색을 주조색, 30% 정도의 색상을 보조색, 10% 미만 소량의 색을 강조색이라고 한다. 색채 결정과정에서 요소를 검토할 수 있도록 체크리스트를 작성하고 적용한 색을 감지하는 거리를 고려하여야 한다.

28 공간별 색채계획에 대한 설명이 적합하지 않은 것은?

① 식육점은 육류를 신선하게 보이려고 붉은 색광의 조명을 사용한다.
② 사무실의 주조색은 안정감 있는 색채를 사용하고 벽면이나 가구의 색채가 휘도대비가 크지 않도록 한다.
③ 병원 수술실의 벽면은 수술 중 잔상을 피하기 위해 BG, G 계열의 색상을 적용한다.
④ 공장의 기계류에는 눈의 피로를 감소시켜 주기 위해 무채색을 사용한다.

해설
색채계획을 할 때 공간의 목적과 기능을 이해하고 그에 적합한 시각적 분위기 연출을 하여야 한다. 공장 내 작업자들의 피로를 줄이기 위해 명도가 높고 채도가 낮은 색을 활용하는 것이 좋다.

29 다음 중 색채를 적용할 대상을 검토할 때 고려해야 할 조건으로 가장 거리가 먼 것은?

① 면적효과(Scale) – 대상이 차지하는 면적
② 거리감(Distance) – 대상과 보는 사람과의 거리
③ 재질감(Texture) – 대상의 표면질
④ 조명조건 – 자연광, 인공조명의 구분 및 그 종류와 조도

해설
색채 적용 시 고려할 조건은 면적효과(Scale), 거리감(Distance), 움직임의 정도(Movement), 시간(Time), 공공성의 정도, 조명 조건 등이 있다.

30 건축물의 색채계획 시 유의할 조건이 아닌 것은?

① 사용 조건에의 적합성
② 광선, 온도, 기후 등의 조건 고려
③ 환경색으로서 배경적인 역할 고려
④ 재료의 바람직한 인위성 및 특수성 고려

정답 26 ① 27 ② 28 ④ 29 ③ 30 ④

해설
건축물의 색채계획에서는 사용 조건에의 적합성과 광선, 온도, 기후 등 고려하며, 주변 경관과 조화를 이룰 수 있는 환경색으로 하는 것이 바람직하다.

31 1960년대에 미국에서 일어난 추상미술의 한 동향으로 색채의 시지각 원리에 근거를 두고 시각적 환영과 지각 등 심리적 효과를 적극적으로 활용한 미술사조는?

① 포스트모던(Post-Modern)
② 팝아트(Pop Art)
③ 옵아트(Op Art)
④ 구성주의(Constructivism)

해설
옵아트는 1960년대에 미국에서 일어난 추상미술로, 시각적 원리에 근거한 생리적 착각의 회화이다.

32 19세기 말에서 20세기 초에 일어났던 양식운동으로서 자연물의 유기적 형태를 빌려 건축의 외관이나 가구, 조명, 실내 장식, 회화, 포스터 등을 장식할 때 사용되었던 양식은?

① 아르누보
② 미술공예운동
③ 데 스테일
④ 모더니즘

해설
아르누보는 새로운 예술을 뜻한다. 자연 식물 문양 혹은 덩굴 문양의 모티브, 구불구불한 선의 특징을 가지고 있으며 꽃 모양을 주로 사용하며, 곡선의 여성미를 가진다.

33 패션 디자인 원리로 가장 거리가 먼 것은?

① 재질(Texture)
② 균형(Balance)
③ 리듬(Rhythm)
④ 강조(Emphasis)

해설
패션 디자인의 원리는 균형, 리듬, 강조, 비례이다. 패션 디자인의 요소로는 선, 색, 재질이 있다.

34 로고, 심벌, 캐릭터뿐만 아니라 명함 등의 서식류와 외부적으로 보이는 사인 시스템에서 기업의 이미지를 일관성 있게 관리하는 것은?

① POP
② BI
③ Super Graphic
④ CIP

해설
CIP(Corporation Identity Program)는 기업의 이미지를 일관성 있게 관리하게 해 준다. 심벌, 로고, 캐릭터, 외부 사인, 유니폼 등에 적용 가능하다.

35 다음 (　) 안의 내용으로 가장 알맞은 것은?

> 디자인의 구체적인 목적은 미와 (　)의 합일이라 할 수 있다. 따라서 디자인의 중요한 과제는 구체적으로 미와 (　)을/를 어떻게 조화시키느냐에 있다.

① 조 형
② 기 능
③ 형 태
④ 도 구

해설
디자인이란 기능성과 미적 아름다움이 조화를 이루는 것이다.

31 ③ 32 ① 33 ① 34 ④ 35 ② 정답

36 **좋은 디자인 제품으로 평가되기 위해서 충족되어야 하는 디자인의 조건에 대한 설명 중 틀린 것은?**

① 합목적성 – 제품 제작에 있어서 실제의 목적에 맞는 디자인을 한다.
② 심미성 – 아름다움을 느끼는 미적 의식으로 주관적, 감성적인 특성을 지닌다.
③ 경제성 – 한정된 경비로 최상의 디자인을 한다.
④ 질서성 – 디자인은 여러 조건을 하나로 통일하여 합리적인 특징을 가진다.

해설
질서성은 각각의 개별적 요소들의 독창성을 인정하면서도 질서 있게 세워 놓고 융합하는 것으로, 합리성을 가지지는 않는다.

37 **다음의 내용에 해당하는 미술사조는?**

- 순수주의 디자인을 거부하는 반모더니즘 디자인
- 물질적 풍요로움 속의 상상적이고 유희적인 표현
- 순수예술과 대중예술이라는 이분법적 위계 구조를 불식시킴
- 기능을 단순화하고 의미를 부여함
- 낙관적 분위기, 속도와 역동성

① 다다이즘　② 추상표현주의
③ 팝아트　④ 옵아트

해설
팝아트는 1960년대 미국을 중심으로 활성화된 추상표현주의에 반하는 반모더니즘 대중예술이다.

38 **모든 사람을 위한 디자인으로서 성별, 연령, 국적, 문화적 배경 등 누구나 손쉽게 사용할 수 있는 제품 및 사용환경을 만드는 디자인 분야는?**

① 컨버전스(Convergence) 디자인
② 유니버설(Universal) 디자인
③ 멀티미디어(Multimedia) 디자인
④ 인터랙션(Interaction) 디자인

해설
유니버설 디자인이란 모든 사람이 장애 유무나 연령에 관계없이 편하고 안전하게 이용할 수 있게 설계하는 디자인이다.

39 **타이포그래피(Typography)에 대한 설명으로 가장 거리가 먼 것은?**

① 활자 또는 활판에 의한 인쇄술을 가리키는 말로 오늘날에는 주로 글자와 관련된 디자인을 말한다.
② 글자체, 글자 크기, 글자 간격, 인쇄 면적, 여백 등을 조절하여 전체적으로 읽기에 편하도록 구성하는 표현기술을 말한다.
③ 미디어의 일종으로 화면과 면적의 상호작용을 구성하는 기술적 요소의 한 가지로 사용된다.
④ 포스터, 아이덴티티 디자인, 편집 디자인, 홈페이지 디자인 등 시각 디자인에 활용된다.

해설
타이포그래피란 문자로 이루어진 모든 디자인의 포괄적 표현이다. 글자체, 글자 크기, 글자 간격, 인쇄 면적, 여백 면적을 고려해야 하며 포스터와 아이덴티티 디자인, 편집 디자인, 홈페이지 디자인 등 시각 디자인에 활용된다.

40 **디자인의 조형요소에 대한 설명으로 옳은 것은?**

① 기하곡선은 분방함과 풍부한 감정을 나타낸다.
② 면은 길이와 너비, 깊이를 표현하게 된다.
③ 소극적인 면(Negative Plane)은 점과 점으로 이어지는 선이다.
④ 적극적인 면(Positive Plane)은 점의 확대, 선의 이동, 너비의 확대 등에 의해 성립된다.

해설
① 기하곡선은 질서, 자유, 확실, 고상함을 나타낸다.
② 면은 공간을 구성하는 단위이다.
③ 소극적인 면은 점의 밀집이나 선의 집합들에 의해 형성된다.

정답 36 ④　37 ③　38 ②　39 ③　40 ④

제3과목 색채관리

41 각 색들의 분광학적인 특성들을 분석하여 입력하고 발색을 원하는 색채샘플의 분광반사율을 입력하여, 그 색채에 대한 처방을 자동으로 산출하는 시스템은?

① 컴퓨터 자동배색(Computer Color Matching)
② 컬러 어피어런스 모델(Color Appearance Model)
③ 베졸트 브뤼케 현상(Bezold-Bruke Phenomenon)
④ ICM 파일(Image Color Matching File)

해설
CCM은 소프트웨어와 정밀 측정기기를 사용하여 색을 자동으로 배색하는 장치로 기준색에 대한 분광반사율의 일치가 가능하다.

42 다음 중 색온도가 가장 높은 것은?

① 태양(정오)
② 태양(일출, 일몰)
③ 맑고 깨끗한 하늘
④ 약간 구름 낀 하늘

해설
③ 맑고 깨끗한 하늘 : 12,000K
① 태양(정오) : 5,800K
② 태양(일출, 일몰) : 1,600~2,300K
④ 약간 구름 낀 하늘 : 8,000K

43 안료의 일반적인 특징에 대한 설명이 옳은 것은?

① 물이나 기름 또는 대부분의 유기용제에 녹지 않는다.
② 표면에 친화성을 갖는 화학적 성질을 가지며 직물 염색용으로 주로 사용된다.
③ 주로 용해된 액체상태로 사용되며 직물, 피혁 등에 착색된다.
④ 염료에 비해 투명하며 은폐력이 작고 직물에는 잘 흡착된다.

해설
안료는 물이나 기름, 용제 등에 녹지 않는 백색 또는 유색의 무기화합물 또는 유기화합물로 미립자 상태의 분말이다. 안료는 착색능력이 없어 바이클(전색제)의 도움으로 물체에 고착되거나 물체 중에 미세하게 분산되어 착색된다. 안료는 착색하고자 하는 매질에 용해되지 않으며, 염료에 비해 은폐력이 크고 안료의 입자 크기에 따라 이중착색도, 불투명도, 점도, 굴절률, 빛의 산란과 흡수 등에 영향을 미친다.

44 쿠벨카 뭉크 이론(Kubelka Munk Theory)이 성립되는 색채 시료를 세 가지 타입으로 분류할 때 1부류에 속하지 않는 것은?

① 열증착식의 연속 톤의 인쇄물
② 인쇄잉크
③ 완전히 불투명하지 않은 페인트
④ 투명한 플라스틱

해설
열증착식의 연속 톤의 인쇄물은 제2부류에 속한다.

45 육안조색 과정에서 고려해야 할 것으로 틀린 것은?

① 형광색은 자외선이 많은 곳에서 형광현상이 일어난다.
② 펄의 입자가 함유된 색상 조색에서는 난반사가 일어난다.
③ 일반적으로 자연광이나 텅스텐 램프를 조명하여 측정한다.
④ 메탈릭 색상은 입자의 크기에 따라 색상감이 다르게 나타난다.

해설
육안조색 시 심리적 영향, 환경적 요인, 관측 조건에 따라 오차가 심하게 날 수 있으며, 정밀도가 떨어지기도 한다. 육안조색 시 일반적으로 자연광보다는 표준광원 C, D를 주로 사용한다. 텅스텐 램프는 광원 A로 표준광원으로 사용하지 않는다.

41 ① 42 ③ 43 ① 44 ① 45 ③ 정답

46 **다음 중 광택이 가장 강한 재질은?**

① 나무판 ② 실크천
③ 무명천 ④ 알루미늄판

해설
금속 소재에는 철, 구리, 스테인리스, 동, 알루미늄 등이 있다. 알루미늄의 경우 다른 금속에 비해 파장에 관계없이 반사율이 높아 거울로 사용할 정도로 광택이 가장 강한 재질이다.

47 **디지털 컬러 프린터에 대한 설명으로 틀린 것은?**

① CMYK를 기준으로 코딩한다.
② 하프토닝 방식으로 인쇄한다.
③ 병치혼색과 감법혼색이 복합적으로 이루어진 인쇄방식이다.
④ 모니터의 색역과 일치한다.

해설
컬러 프린터는 CMYK 색료혼합으로 각 색료마다 좌푯값을 가져 점을 찍는 방식인 하프토닝 방식으로 인쇄된다. 점으로 혼색되는 병치혼합과 CMYK로 코딩되는 감법혼색 방식이다. 색역은 디바이스가 표현 가능한 색의 영역으로, 모니터의 색역이 컬러 프린터의 색역보다 넓다.

48 **인쇄잉크에 대한 설명이 옳은 것은?**

① 래커 성분의 인쇄잉크가 일반적으로 사용된다.
② 잉크 건조시간이 오래 걸리는 히트세트 잉크가 있다.
③ 유성 그라비어 잉크는 환경오염을 줄이기 위해 고안되었다.
④ 안료에 전색제를 섞으면 액체상태의 잉크가 된다.

해설
① 래커 성분은 인쇄잉크가 아니라 합성수지 도료에 속한다.
② 히트세트 잉크는 빠르게 건조된다.
③ 수성 그라비어 잉크가 환경오염을 줄이기 위해 고안되었다.

49 **프린터 이미지의 해상도를 말하는 것으로 600dpi가 의미하는 것은?**

① 인치당 600개의 점
② 인치당 600개의 픽셀
③ 표현 가능한 색상의 수가 600개
④ 이미지의 가로×세로 면적

해설
dpi(dots per inch)는 인쇄와 디스플레이 해상도의 단위로서, 1인치 공간 안의 점이나 화소의 수를 말한다.

50 **시료에 확산광을 비추고 수직 방향으로 반사되는 빛을 검출하는 방식으로, 정반사 성분이 완전히 제거되는 측정방식의 기호는?**

① (d : d) ② (d : 0)
③ (0 : 45a) ④ (45a : 0)

해설
① (d : d) : 배치의 조명은 di : 8°와 일치하며 반사광들은 반사체의 반구면 따라 모두 모은다. 이 배치에서 측정 개구면은 조사되는 빛의 크기와 같아야 한다.
③ (0 : 45a) : 공간조건은 45a : 0° 배치와 일치하고 빛의 진행은 반대이다. 따라서 빛은 수직으로 비추고 법선을 기준으로 45° 원주에서 측정한다.
④ (45a : 0) : 반사체의 표면에 중심을 둔 반각 40°, 50° 두 개의 원추상의 면으로부터 빛이 비추며 여기서 반사된 후 시료 중심에 꼭짓점을 둔 반각 5°의 원추 안을 향하는 빛들을 측정하는 배치이다.
※ 물체색의 측정방법(KS A 0066) 참고

51 **스캐너와 디지털 사진기에서 디지털 이미지를 캡처하기 위해 사용하는 감광성 마이크로칩을 나타내는 용어는?**

① Charge Coupled Device
② Color Control Density
③ Calibration Color Dye
④ Color Control Depth

정답 46 ④ 47 ④ 48 ④ 49 ① 50 ② 51 ①

해설
CCD(Charge Coupled Device)는 전하결합소자라고도 하는데, 빛을 전하로 변환하는 광학장비이다. 색채 영상의 입력에 활용되는 기기들의 가장 기본이 되는 요소로 디지털 카메라, 비디오 카메라, 스캐너 등에 사용된다.

52 실험실에서 색채를 육안에 의해 측정하고자 할 때 주의할 사항으로 거리가 먼 것은?

① 기준광원의 연색성
② 작업면의 조도
③ 관측자의 시각 적응상태
④ 적분구의 오염도

해설
적분구의 오염도는 측색기계와 관련이 있다.

53 분광반사율의 측정에 있어서 측정의 기준으로 사용되는 것은?

① 표준백색판 ② 회색기준물
③ 먼셀 색표집 ④ D_{65} 광원

해설
필터식이나 분광식의 모든 측색기에서 색채 측정의 기준으로 사용되는 교정물을 백색교정물(표준백색판)이라고 한다. 이 백색교정물은 측색기의 측정값을 보증하기 위한 측정기준 인증물질(CRM)로 정기적으로 교정을 받아야 한다.

54 다음 '색, 색채'에 관한 설명 중 ( ) 안에 들어갈 용어는?

색이름 또는 색의 3속성으로 구분 또는 표시되는 ( ) 의 특성

① 시지각 ② 표면색
③ 물체색 ④ 색자극

해설
색이름 또는 색의 3속성으로 구분되거나 표시되는 것은 시지각의 특성을 기본으로 한다.

55 CCM 기기의 주요 기능이 아닌 것은?

① 컬러 스와치 제공
② 초기 레시피 예측 및 추천
③ 레시피 수정 제안
④ 예측 알고리즘의 보정계수 계산

해설
CCM은 소프트웨어와 정밀 측정기기를 사용하여 색을 자동으로 배색하는 장치로 기준색에 대한 분광반사율의 일치가 가능하다. 컴퓨터 장치로 정밀 측정하여 예측 알고리즘의 보정계수를 계산하고, 컬러런트를 정밀한 비율로 자동조절 공급함으로써 초기 레시피 예측 및 추천 또는 수정을 제안할 수 있다. 그러나 컬러 스와치와 같은 팔레트 제시는 기계가 할 수 있는 영역이 아니다.

56 ISO에서 규정한 색채오차의 시각적인 영향의 요소가 아닌 것은?

① 광원에 따른 차이
② 크기에 따른 차이
③ 변색에 따른 차이
④ 방향에 따른 차이

해설
광원이나 크기에 따른 차이, 관찰 방향 등 다양한 조건에 따라 색오차가 발생할 수 있다. 변색은 시간이 지남에 따라 시료가 바뀌기도 하지만 당장의 시각적 색 오차의 영향과는 관련이 없다.

57 ICC 프로파일을 이용해서 어떤 색공간의 색정보를 변환할 때 사용되는 렌더링 인텐트(Rendering Intent)에 대한 설명 중 틀린 것은?

① 서로 다른 색공간 간의 컬러에 대한 번역 스타일이다.
② 렌더링 인텐트에는 4가지가 있다.
③ 정확한 매칭이 필요한 단색(Solid Color) 변환에는 인지적 렌더링 인텐트가 사용된다.
④ 절대색도계 렌더링 인텐트를 사용하면 화이트 포인트 보상이 일어나지 않는다.

52 ④ 53 ① 54 ① 55 ① 56 ③ 57 ③ 정답

해설
정확한 매칭이 필요한 단색 변환에는 인지적 렌더링 인텐트가 아닌 채도 인텐트를 사용한다. 렌더링 인텐트는 서로 다른 색공간의 컬러에 대한 번역 스타일로 4가지가 있으며, 절대색도 인텐트는 하얀색 부분을 보호하기 위한 것으로 화이트 포인트, 즉 입력 시 흰색이 출력의 흰색으로 매핑하지 않는다.

58 다음 중 컬러 인덱스가 제공하지 못하는 정보는?

① 제조회사에 의한 색 차이
② 염료 및 인료의 화학구조
③ 활용방법
④ 견뢰도

해설
컬러 인덱스는 색료의 호환성과 통용성을 확보하기 위한 색료 표시기준으로, 색료를 사용방법에 따라 분류하고 색료에 고유의 번호를 제시하며, 약 9,000개 이상의 염료와 600개의 안료가 수록되어 있다. 제조회사에 의한 색 차이는 제공하지 못한다.

59 반사색의 색역에 가장 큰 영향을 미치는 것은?

① 색 료　② 관찰자
③ 혼색기술　④ 고착제

해설
색역은 물체의 색으로 표현이 가능한 영역을 말한다. 색료혼합에 의한 물체의 절대적인 색소에 의해 제한을 받게 된다.

60 간접조명에 대한 설명으로 옳은 것은?

① 반사갓을 사용하여 광원의 빛을 모아 비추는 방식
② 반투명의 유리나 플라스틱을 사용하여 광원 빛의 60~90%가 대상체에 직접 조사되고 나머지가 천장이나 벽에서 반사되어 조사되는 방식
③ 반투명의 유리나 플라스틱을 사용하여 광원 빛의 10~40%가 대상체에 직접 조사되고 나머지가 천장이나 벽에서 반사되어 조사되는 방식
④ 광원의 빛을 대부분 천장이나 벽에 부딪혀 확산된 반사광으로 비추는 방식

해설
①은 직접조명, ②는 반직접조명, ③은 반간접조명에 대한 설명이다.

제4과목 색채지각의 이해

61 명도대비에 대한 설명 중 틀린 것은?

① 명도의 차이가 클수록 더욱 뚜렷하다.
② 유채색보다 무채색이 더욱 강하게 나타난다.
③ 명도가 다른 두 색을 인접했을 때 밝은색은 더욱 밝아 보인다.
④ 3속성 대비 중에서 명도대비 효과가 가장 작다.

해설
3속성 대비 중에서 명도대비 효과가 가장 높다.

62 순응이란 조명 조건이 변화함에 따라 수용기의 민감도가 변화하는 것을 말한다. 다음 중 순응에 관한 설명이 틀린 것은?

① 추상체에 의한 순응이 간상체에 의한 순응보다 신속하게 발생한다.
② 어두운 상태에서 밝은 상태로 바뀔 때 민감도가 증가하는 것을 암순응이라 한다.
③ 간상체 시각은 약 500nm, 추상체는 약 560nm의 빛에 가장 민감하다.
④ 암순응이 되면 빨간색 꽃보다 파란색 꽃이 더 잘 보이게 된다.

해설
어두운 상태에서 밝은 상태로 바뀔 때 민감도가 증가하는 것을 명순응이라 한다.

정답 58 ① 59 ① 60 ④ 61 ④ 62 ②

63 무거운 도구를 사용하는 사람들에게 심리적으로 피로감을 적게 주려면 도구를 다음의 색 중 어느 것으로 채색하는 것이 좋은가?

① 검 정 ② 어두운 회색
③ 하늘색 ④ 남 색

해설
명도가 높을수록 가벼워 보이며, 명도가 낮을수록 무거워 보인다. 무거운 도구를 사용하는 사람들에게 심리적으로 피로감을 적게 주려면 명도가 높은 하늘색으로 채색을 하는 것이 좋다.

64 계시대비에 대한 설명으로 틀린 것은?

① 시점을 한 곳에 집중시키려는 색채지각 과정에서 일어난다.
② 일정한 색의 자극이 사라진 후에도 지속적으로 색의 자극을 느끼는 현상이다.
③ 두 가지 이상의 색을 연속적으로 보았을 때 나타난다.
④ 음성 잔상과 동일한 맥락으로 풀이될 수 있다.

해설
계시대비는 어떤 색을 잠시 본 후 시간적인 차이를 두고 다른 색을 보았을 때 먼저 본 색의 영향으로 나중에 본 색이 다르게 보이는 현상이다. 시점을 한 곳에 집중시키려는 색채지각 과정은 동시대비에 속한다.

65 다음 혼색에 관한 설명 중 잘못된 것은?

① 병치혼색은 서로 다른 색자극을 공간적으로 접근시켜 혼색의 효과를 얻는 방법이다.
② 영국의 물리학자이며 의사인 토마스 영(Thomas Young)은 스펙트럼의 주된 방사로 빨강, 파랑, 노랑을 제시하였다.
③ 컬러 슬라이드, 컬러 영화필름, 색채사진 등은 감법혼색을 이용하여 색을 재현한다.
④ 회전혼색을 보여 주는 회전원판의 경우, 처음 실험자의 이름을 따서 맥스웰(James C. Maxwell)의 회전판이라고도 한다.

해설
영국의 물리학자이며 의사인 토마스 영(Thomas Young)은 빨강, 노랑, 파랑을 3원색으로 하여 세 종류의 시신경 세포가 이 3개의 기본색에 대응함으로써 색지각이 일어난다고 하였다.

66 색의 동화현상에 대한 설명이 옳은 것은?

① 주위 색의 영향으로 비슷하게 보이는 현상
② 주위의 보색이 중심의 색에 겹쳐져 보이는 현상
③ 보색관계에서 원래의 채도보다 채도가 강해져 보이는 현상
④ 인접한 색상보다 명도가 더 높아 보이는 현상

해설
색의 동화현상은 하나의 색이 다른 색에 둘러싸였을 때, 둘러싸인 색이 주위의 색과 비슷하게 보이는 현상을 말한다.

67 다음의 두 색이 가법혼색으로 혼합되어 만들어내는 ( )의 색은?

파랑(Blue) + 빨강(Red) = ( )

① 사이안(Cyan)
② 마젠타(Magenta)
③ 녹색(Green)
④ 보라(Violet)

해설
가법혼색의 결과
- 빨강(Red) + 초록(Green) = 노랑(Yellow)
- 초록(Green) + 파랑(Blue) = 사이안(Cyan)
- 파랑(Blue) + 빨강(Red) = 마젠타(Magenta)

68 실제보다 날씬해 보이려면 어떤 색의 옷을 입는 것이 좋은가?

① 따뜻한 색
② 밝은색
③ 어두운 무채색
④ 채도가 높은 색

63 ③ 64 ① 65 ② 66 ① 67 ② 68 ③ 정답

해설
색의 팽창과 수축은 주로 명도의 영향을 받는데, 명도가 높을수록 팽창해 보이고 낮을수록 수축해 보인다. 즉, 실제보다 날씬해 보이려면 어두운 무채색이 효과적이다.

69 **다음 색 중 가장 따뜻하게 느껴지는 색은?**

① 5R 4/12 ② 2.5YR 5/2
③ 7.5Y 8/6 ④ 2.5G 5/10

해설
색의 온도감은 색상의 영향을 받으며 난색 계열이 따뜻하게 느껴진다. 난색 계열로 빨강, 주황, 노랑 등이 있으며 그중 가장 따뜻한 색은 빨강이다.
① 5R 4/12 빨강
② 2.5YR 5/2 주황
③ 7.5Y 8/6 노란 연두
④ 2.5G 5/10 초록

70 **색의 현상학적 분류 기법에 대한 연결이 틀린 것은?**

① 표면색 – 물체의 표면에서 빛이 반사되어 나타나는 물체 표면의 색이다.
② 경영색 – 고온으로 가열되어 발광하고 있는 물체의 색이다.
③ 공간색 – 유리컵 속의 물처럼 용적 지각을 수반하는 색이다.
④ 면색 – 물체라는 느낌이 들지 않은 채색만 보이는 상태의 색이다.

해설
경영색은 어떤 물체 위에서 빛이 투과하거나 흡수되지 않고 거의 완전 반사에 가까운 색을 말한다. 고온으로 가열되어 발광하고 있는 물체의 색은 색의 광원적 분류에 해당된다.

71 **거친 표면에 빛이 입사했을 때 여러 방향으로 빛이 분산되어 퍼져 나가는 현상은?**

① 산 란 ② 투 과
③ 굴 절 ④ 반 사

해설
① 산란 : 빛의 파동이 미립자와 충돌하여 빛의 진행 방향이 대기 중에서 여러 방향으로 분산되어 퍼져 나가는 현상이다.
② 투과 : 빛이 어떤 물체에 닿을 때 흡수되거나 반사되지 않고 그 물체를 통과하는 현상이다.
③ 굴절 : 빛이 다른 매질로 들어가면서 빛의 파동이 진행 방향을 바꾸는 현상이다.
④ 반사 : 인간이 지각하는 대부분의 빛은 물체에 의해 반사되는 것이다.

72 **빛의 파장 범위가 620~780nm인 경우 어느 색에 해당되는가?**

① 빨간색 ② 노란색
③ 녹 색 ④ 보라색

해설
가시광선의 범위는 380~780nm으로, 장파장 620~780nm 구간에 속하는 색은 빨간색이다.

73 **직물 제조에서 시작되어 인상파 화가들이 회화기법으로 사용하면서 일반화된 혼합은?**

① 가법혼합 ② 감법혼합
③ 회전혼합 ④ 병치혼합

해설
병치혼합은 많은 색의 점들을 조밀하게 병치하여 서로 혼합되어 보이도록 하는 방법으로 가법혼합의 일종이다. 신인상파의 점묘화, 직물의 무늬 색, 모자이크, 옵아트 등에서 사용되었다.

74 **다음의 (   ) 안에 들어갈 용어가 순서대로 옳게 나열된 것은?**

극장에서 영화가 끝나고 밖으로 나왔을 때 (   )이 일어나며, 이 순간에 활동하는 시세포는 (   )이다.

① 색순응, 추상체
② 분광순응, 간상체
③ 명순응, 추상체
④ 암순응, 간상체

정답 69 ① 70 ② 71 ① 72 ① 73 ④ 74 ③

해설
명순응은 어두운 곳에 있다가 밝은 곳으로 나오면 처음에는 눈이 부시지만 곧 잘 볼 수 있게 되는 현상으로 민감도가 증가하는 것인데, 이는 추상체(원추세포)가 활동하기 때문이다.

③ 동화현상 : 하나의 색이 다른 색에 둘러싸였을 때, 둘러싸인 색이 주위의 색과 비슷하게 보이는 현상이다.
④ 메카로 효과 : 대상의 위치에 따라 눈을 움직이면 잔상이 이동하여 나타나는 현상이다.

75 눈에서 조리개 구실을 하면서 외부에서 들어오는 빛의 양을 조절하는 부분은?

① 각 막
② 수정체
③ 망 막
④ 홍 채

해설
홍채는 외부에서 들어오는 빛의 양을 조절하는 기능을 하며 카메라의 조리개 역할을 한다.

76 다음 중 동일한 크기의 보색끼리 대비를 이루어 발생한 눈부심 효과를 줄이기 위한 방법으로 가장 거리가 먼 것은?

① 두 색 사이에 무채색을 넣는다.
② 두 색의 경계를 애매하게 만든다.
③ 두 색 사이에 테두리를 두른다.
④ 두 색 중 한 색의 크기를 줄인다.

해설
분리배색 기법 : 색상과 톤이 비슷해서 배색이 불분명하고 희미한 인상을 주거나 대비가 강할 때 무채색을 색상 사이에 삽입하여 명쾌함을 주어 리듬과 조화의 효과를 얻을 수 있는 세퍼레이션(Seperation Color) 배색기법이다.

77 순도(채도)가 높아짐에 따라 색상도 함께 변화하는 현상은?

① 베졸트 브뤼케 현상
② 애브니 효과
③ 동화현상
④ 메카로 효과

해설
① 베졸트 브뤼케 현상 : 주파장의 색광이 빛의 강도에 따라 색상이 다르게 보이는 현상이다. 그러나 474nm, 506nm, 571nm의 색상 파장대는 강도가 변화해도 색상이 변화되지 않는 불변의 색상이다.

78 조명의 강도가 바뀌어도 물체의 색을 동일하게 지각하는 현상은?

① 색순응
② 색지각
③ 색의 항상성
④ 색각이상

해설
① 색순응은 조명에 의해 물체색이 바뀌어도 자신이 알고 있는 고유의 색으로 보이게 되는 현상이다.
② 색지각은 색을 알아차리고 구별하는 것, 우리의 눈이 느끼는 시감각을 말한다.
④ 색각이상은 빛의 파장 차이에 의해 색을 분별하는 감각을 말한다.

79 다음 중 색의 온도감에 대한 설명으로 옳은 것은?

① 인간의 경험과 심리에 의존하는 경향이 짙다.
② 색의 3속성 중에서 채도에 주로 영향을 받는다.
③ 색채가 지닌 파장과는 아무 관계가 없다.
④ 따뜻한 색은 차가운 색에 비하여 후퇴되어 보인다.

해설
색의 온도감은 인간의 경험과 심리에 의존하는 경향이 짙다. 색의 3속성 중 색상에 주로 영향을 받으며, 난색 계열인 따뜻한 색은 장파장으로 한색 계열인 차가운 색에 비해 진출되어 보인다.

80 빨간색을 한참 응시한 후 흰 벽을 보았을 때 청록색이 보이는 것처럼 느끼는 현상은?

① 명도대비
② 채도대비
③ 양성잔상
④ 음성잔상

해설
빨간색을 한참 응시한 후 흰 벽을 보았을 때 보색인 청록색이 보이는 현상은 음성잔상이다. 양성 잔상은 망막에 색의 자극이 흥분한 상태로 지속되고 자극이 없어져도 원래의 자극과 동일한 상이 지속적으로 느껴지는 현상을 말한다.

75 ④ 76 ④ 77 ② 78 ③ 79 ① 80 ④ 정답

제5과목 색채체계의 이해

81 색의 일정한 단계 변화를 그러데이션(Gradation)이라고 한다. 그러데이션을 활용한 조화로운 배색구성이 아닌 것은?

① N1 – N3 – N5
② RP 7/10 – P 5/8 – PB 3/6
③ Y 7/10 – GY 6/10 – G 5/10
④ YR 5/5 – B 5/5 – R 5/5

해설
연속적으로 이어지는 느낌으로 배색하는 것을 그러데이션 배색효과라고 한다. YR 5/5 – B 5/5 – R 5/5은 주황 – 파랑 – 빨강 순서로 색상차가 크고 자연스럽게 이어지는 느낌이 나지 않는다.

82 오방정색과 색채상징이 바르게 연결된 것은?

① 흑색 – 서쪽 – 수(水) – 현무
② 청색 – 동쪽 – 목(木) – 청룡
③ 적색 – 북쪽 – 화(火) – 주작
④ 백색 – 남쪽 – 금(金) – 백호

해설
① 흑색 – 북쪽 – 수(水) – 현무
③ 적색 – 남쪽 – 화(火) – 주작
④ 백색 – 서쪽 – 금(金) – 백호

83 색채연구학자와 그 이론이 틀린 것은?

① 헤링 – 심리 4원색설 발표
② 문–스펜서 – 색채조화론 발표
③ 뉴턴 – 스펙트럼 4원색설 발표
④ 헬름홀츠 – 3원색설 발표

해설
뉴턴은 입자설을 주장했다. 빛의 파장에 따라서 굴절하는 각도가 다르다는 성질을 이용하여 태양광선을 빨강, 주황, 노랑, 초록, 파랑, 남색, 보라로 구성된 연속적인 띠로 나누는 분광실험에 성공하고 빛을 입자의 흐름이라 주장했다.

84 NCS 색체계에 대한 설명이 틀린 것은?

① 헤링의 반대색설에 근거한다.
② 독일 색채연구소에서 개발하였다.
③ 모든 색상은 각각 두 개의 속성 비율로 표현된다.
④ 지각되는 색 특성화가 중요한 분야인 인테리어나 외부환경 디자인에 유용하다.

해설
NCS 색체계는 스웨덴 색채연구소에서 개발하였다.

85 ISCC-NIST 색명법의 다음 그림에서 보이는 A, B, C가 의미하는 것은?

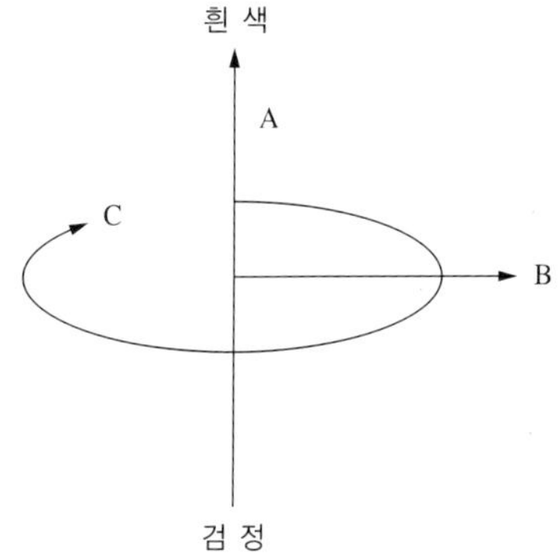

① A : 명도, B : 색상, C : 채도
② A : 명도, B : 채도, C : 색상
③ A : 색상, B : 톤, C : 채도
④ A : 색상, B : 명도, C : 톤

해설
색입체는 색의 3속성, 즉 명도, 채도, 색상에 기반을 두고 색채를 3차원적인 공간에 질서정연하게 계통적으로 배치한 3차원적 표색 구조물이다.

86 최초의 먼셀 색체계와 1943년 수정 먼셀 색체계의 가장 큰 차이점은?

① 명도에 관한 문제
② 색입체의 기준 축
③ 기본 색상 이름의 수
④ 빛에 관한 문제

정답 81 ④ 82 ② 83 ③ 84 ② 85 ② 86 ①

해설
먼셀 표색계는 미국의 미술교사이자 화가인 먼셀에 의해 1905년 처음 개발된 물체색의 표시방법이다. 1927년 처음 발표된 이후 1943년 미국 광학회의 측색위원회에서 감각적인 명도 척도의 불규칙성 등의 단점을 수정, 보완하여 '수정 먼셀 표색계'를 발표했다.

87 다음 색체계에 대한 설명이 틀린 것은?

① NCS - 모든 색은 색 지각량이 일정한 것으로 생각해서 총량을 100으로 한다.
② XYZ - Y는 초록의 자극치로 명도를 나타내고, X는 빨강의 자극값에, Z는 파랑의 자극값에 대체로 일치한다.
③ L*u*v* - 컬러텔레비전과 컬러사진에서의 색과 색 재현의 특성화를 위해 L*a*b* 색공간보다 더 자주 사용되었다.
④ DIN - 포화도의 단계는 0부터 10까지의 수로 표현되는데, 0은 무채색을 말한다.

해설
DIN 색체계에서 포화도의 단계는 0에서 16까지의 수로 표현되는데 0은 무채색을 말한다.

88 먼셀 색표기인 5Y 8.5/14와 관계있는 관용색이름은?

① 우유색
② 개나리색
③ 크림색
④ 금발색

해설
먼셀 표색계의 표기법 H V/C에서 H는 색상, V는 명도, C는 채도를 의미하고, 관용색은 관습적으로 전해 내려오면서 사용하는 색으로 색감의 연상이 즉각적이다.
② 개나리색 : 5Y 8.5/14(노랑)
① 우유색 : 5Y 9/1(노란 하양)
③ 크림색 : 5Y 9/4(흐린 노랑)
④ 금발색 : 2.5Y 7/6(연한 황갈색)
※ 물체색의 색이름(KS A 0011 참고)

89 NCS 색 삼각형에서 W-C축과 평행한 직선상에 놓인 색들이 의미하는 것은?

① 동일 하얀색도
② 동일 검은색도
③ 동일 순색도
④ 동일 뉘앙스

해설
W-C 축과 평행한 직선상에 놓인 색들은 동일 검은색도이다.

90 현색계의 설명으로 틀린 것은?

① 색표에 의해 물체색의 표준을 정한다.
② 물체들의 색들과 비교할 수 있도록 한다.
③ 수치로 표기되어 변색, 탈색 등의 물리적 영향이 없다.
④ 표준색표에 번호나 기호를 붙여 표시한다.

해설
현색계는 번호와 같은 수치로 표기되어 색차를 비교할 수 있으며 변색, 탈색 등의 물리적 영향이 있다.

91 다음 중 한국산업표준(KS)에 유채색의 수식 형용사와 대응 영어가 옳은 것은?

① 초록빛(greenish)
② 빛나는(brilliant)
③ 부드러운(soft)
④ 탁한(dull)

해설
유채색의 수식 형용사(KS A 0011)

수식 형용사	대응 영어	약 호
선명한	vivid	vv
흐 린	soft	sf
탁 한	dull	dl
밝 은	light	lt
어두운	dark	dk
진(한)	deep	dp
연(한)	pale	pl

87 ④ 88 ② 89 ② 90 ③ 91 ④ 정답

92 먼셀이 고안한 색체계의 가장 큰 특징은?

① 시각적 등보성에 따른 감각적인 색체계를 구성하였다.
② 가장 객관적인 체계로 모든 사람의 감성과 일치한다.
③ 색의 순도에 대한 연구로 완전색을 규명하였다.
④ 스펙트럼을 규명하고 이에 따른 원형배열을 하였다.

해설
먼셀 색체계 : 먼셀은 적(R), 황(Y), 녹(G), 청(B), 자(P)의 5원색을 기준으로 한 다음 중간에 주황(YR), 황록(GY), 청록(BG), 청자(PB), 자주(RP)를 넣어 10색으로 나누었다. 명도는 0~10단계까지 총 11단계로 나뉘며 저명도(N1~N3), 중명도(N4~N6), 고명도(N7~N9)로 구분하였다. 먼셀의 채도는 시각적으로 고른 색채단계를 이루며 색상마다 채도의 차이를 보인다는 점이 특징이다.

93 유사색상 배색의 특징은?

① 자극적인 효과를 준다.
② 대비가 강하다.
③ 명쾌하고 동적이다.
④ 무난하고 부드럽다.

해설
①, ②, ③은 반대색상 배색의 특징이다.

94 오스트발트의 색채조화론과 관련이 없는 것은?

① 등간격의 무채색 조화
② 등백계열의 조화
③ 등가색환의 조화
④ 음영계열의 조화

해설
오스트발트 색채조화론
- 무채색의 조화
- 단색상의 조화(등백색 · 등순색 · 등흑색 · 등색상 계열의 조화)
- 등가색환에서의 조화
- 보색 마름모꼴에서의 조화
- 다색조화

95 미국 색채학자인 저드(D.B. Judd)의 색채조화론 원칙이 아닌 것은?

① 질서의 원칙　② 친근성의 원칙
③ 이질성의 원칙　④ 명료성의 원칙

해설
저드는 1955년 색채조화에 관한 이론을 정리하여 4종류의 조화법칙을 발표했다. 그는 "색채조화는 좋아함과 싫어함의 문제이며, 정서반응은 사람에 따라 다르고, 동일인이라도 주어진 환경에 따라 다를 수 있다."라고 하면서 색채조화 4원칙으로 질서의 원리, 비모호성의 원리(명료성의 원리), 동류의 원리, 유사의 원리를 제시했다. 질서를 가질 때, 배색 이유가 명확할 때 비슷하거나 유사한 색상과 색조는 조화를 가진다는 것이다.

96 Yxy 색체계의 색을 표시하는 색도도에 대한 설명으로 틀린 것은?

① Red 부분의 색공간이 가장 크고 동일 색채영역이 넓다.
② 백색광은 색도도의 중앙에 위치한다.
③ 색도도 안의 한 점은 혼합색을 나타낸다.
④ 말발굽형의 바깥 둘레에 나타난 모든 색은 고유 스펙트럼을 가지고 있다.

해설
Red 부분의 색공간이 가장 크고 동일 색채영역이 넓은 영역은 Green 부분이다.

97 다음 중 시인성이 가장 높은 조합은?

① 바탕색 : N5, 그림색 : 5R 5/10
② 바탕색 : N2, 그림색 : 5Y 8/10
③ 바탕색 : N2, 그림색 : 5R 5/10
④ 바탕색 : N5, 그림색 : 5Y 8/10

해설
시인성은 물체의 색이 얼마나 잘 보이는가를 나타내는 정도이다. 명도, 채도, 색상 순으로 시인성에 영향을 주며, 주목성과 달리 두 가지 색의 차이로 가시성이 높아진다. 주목성이 높은 색과 무채색이나 검은 색을 배색할 때 명시도가 가장 높으므로 보기 중 바탕색이 가장 어둡고 그림색은 채도와 명도가 높은색을 선택하면 된다.

정답 92 ① 93 ④ 94 ④ 95 ③ 96 ① 97 ②

98 **PCCS 색체계에 대한 설명으로 틀린 것은?**

① 빨강, 노랑, 녹색, 파랑의 4색상을 색영역의 중심으로 한다.
② 톤(Tone)의 색공간을 설정하고 있는 것이 특징이다.
③ 선명한 톤은 v로, 칙칙한 톤은 sf로 표기한다.
④ 모든 색상의 최고 채도를 모두 9s로 표시한다.

해설
해맑은 톤은 v로, 칙칙한 톤은 d로 표기한다.

99 **오스트발트 색체계의 설명으로 옳은 것은?**

① 오스트발트는 스웨덴의 화학자로서 색채학 강의를 하였으며, 표색체계의 개발로 1909년 노벨상을 수상하였다.
② 물체 투과색의 표본을 체계화한 현색계의 컬러 시스템으로 1917년에 창안하여 발표한 20세기 전반에 대표적 시스템이다.
③ 이 색체계는 회전 혼색기의 색채 분할면적의 비율을 변화시켜 색을 만들고 색표로 나타낸 것이다.
④ 이상적인 백색(W)과 이상적인 흑색(B), 특정 파장의 빛만을 완전히 반사하는 이상적인 중간색을 회색(C)이라 가정하고 투과색을 체계화하였다.

해설
① 오스트발트 색체계는 노벨화학상을 수상한 독일인 오스트발트가 1923년 개발하였다.
② 오스트발트 색체계는 현색계가 아닌 혼색계에 속한다.
④ 이상적인 백색(W)과 이상적인 흑색(B), 특정 파장의 빛만을 완전히 반사하는 이상적인 중간색을 순색(C)으로 가정하였다.

100 **오스트발트 색체계의 색 표기방법인 12pg에 대한 의미가 옳게 나열된 것은?(단, 12-p-g의 순으로 나열)**

① 색상, 흑색량, 백색량
② 순색량, 흑색량, 백색량
③ 색상, 백색량, 흑색량
④ 순색량, 명도, 채도

해설
오스트발트 색체계에서 색 표기는 12pg와 같이 하며, 12 = 색상, p = 백색량, g = 흑색량을 말한다.

98 ③ 99 ③ 100 ③ 정답

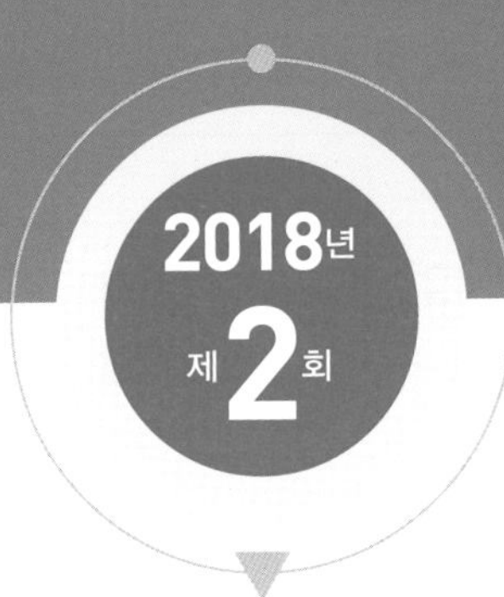

컬러리스트산업기사

과년도 기출문제

2018년 제2회

제1과목 색채심리

01 병원 수술실의 의사 복장이 청록색인 이유로 가장 적합한 것은?

① 위급한 경우 눈에 잘 띄게 하기 위하여
② 잔상현상을 없애기 위해
③ 청결하고 위생적으로 보이기 위해
④ 의사의 개인적 지위를 나타내기 위해

해설
수술실에서는 피의 색인 빨강의 보색으로 청록색이 잔상으로부터 보호할 수 있는 색채이다.

02 형용사의 반대어를 스케일로써 측정하여 색채에 대한 심리적인 측면을 다면적으로 다루는 색채분석 방법은?

① 연상법 ② SD법
③ 순위법 ④ 선호도 추출법

해설
SD법은 미국의 심리학자 오스굿에 의해 개발되었다. 형용사의 반대어를 쌍으로 연결시켜 비교함으로써 색채의 감정적인 면을 다룬다.

03 색채와 문화에 대한 설명 중 틀린 것은?

① 1940년대 초반에는 군복의 영향으로 검정, 카키, 올리브 등이 유행하였다.
② 각 문화권의 특색은 색채의 연상과 상징을 통해 나타난다.
③ 문화 속에서 가장 오래된 색이름은 파랑(Blue)이다.
④ 색이름의 종류는 문화가 발달할수록 세분화되고 풍부해진다.

해설
모든 대륙에서 빨강은(검정과 하양을 제외하고) 고유의 이름을 지니게 된 최초의 색이며 가장 오래된 색이다.

04 색채의 상징적 의미가 사용되는 분야가 아닌 것은?

① 관료의 복장
② 기업의 CIP
③ 안내 픽토그램
④ 오방색의 방위

해설
픽토그램(Pictogram)은 그림을 뜻하는 Picto와 전보를 뜻하는 Telegram의 합성어로, 누가 보더라도 그 의미를 쉽게 알 수 있도록 만들어진 그림문자이다. 픽토그램은 언어가 달라서 소통에 불편함이 있는 외국인들을 위해 사용하는 경우가 많다. 즉, 안내 픽토그램은 색채의 상징적 의미보다는 시각적 형태에서의 상징적 의미라 할 수 있다.

05 색채의 연상형태 및 색채문화에 대한 설명 중 옳지 않은 것은?

① 파버 비렌은 보라색의 연상형태를 타원으로 생각했다.
② 노란색은 배신, 비겁함이라는 부정의 연상언어를 가지고 있다.
③ 초록은 부정적인 연상언어가 없는 안정적이고 편안함의 색이다.
④ 주황은 서양에서 할로윈을 상징하는 색채이기도 하다.

해설
모든 색은 긍정과 부정의 의미를 함께 지니고 있다. 초록은 질투, 미성숙, 독극물 등의 부정의 의미도 있다.

정답 1 ② 2 ② 3 ③ 4 ③ 5 ③

06 다음 색채의 연상을 자유연상법으로 조사한 내용 중 가장 거리가 먼 것은?

① 빨간색을 보면 사과, 태양 등의 구체적인 연상을 한다.
② 검은색과 분홍색은 추상적인 연상의 경향이 강하다.
③ 색채에는 어떤 개념을 끌어내는 힘이 있어 많은 연상이 가능하다.
④ 성인은 추상적인 연상에서 이어지는 구체적인 연상이 많아진다.

해설
색채연상은 구체적인 연상과 추상적인 연상, 부정적인 연상과 긍정적인 연상으로 나뉜다. 성인은 구체적인 연상에서 의미를 부여하는 추상적인 연상이 많아진다.

07 색채조절을 위한 고려사항 중 잘못된 것은?

① 시간, 장소, 경우를 고려한 색채조절
② 사물의 용도를 고려한 색채조절
③ 사용자의 성향을 고려한 색채조절
④ 보편적 색채연상을 벗어난 사용자의 개성을 고려한 색채조절

해설
색 자체가 가지고 있는 생리적, 심리적 성질을 이용하여 안전성, 능률성, 쾌적성 등을 객관적으로 고려해야 한다.

08 색채 감성에 대한 설명 중 옳은 것은?

① 색채 감정은 국가마다 다르다.
② 한국인과 일본인의 색채 감성은 동일하다.
③ 한국인의 색채 감성은 논리적, 수학적, 기하학적이다.
④ 규칙적으로 선정된 명도, 채도, 색상은 색채의 요소가 일정하더라도 조화를 이루지 못한다.

해설
색채 감성은 국가마다 다르게 나타나는데, 국가마다 가지고 있는 환경과 문화가 다양하기 때문이다. 또한 역사와 인문환경의 영향을 받는다.

09 민트(박하) 사탕을 위한 포장지를 선택하려고 할 때 내용물의 이미지를 가장 적절하게 표현할 수 있는 색상의 조화는?

① 노랑과 은색
② 브라운과 녹색
③ 노랑과 검정
④ 녹색과 은색

해설
• 밀크 초콜릿 : 흰색과 초콜릿색의 조합
• 시원한 민트향 : 녹색과 은색의 조합
• 바삭바삭 씹히는 맛 : 밝은 노란색과 초콜릿색의 조합

10 소비자가 개인적인 제품을 구매하고 결정하는 데 가장 영향을 많이 주는 대상은?

① 한 가지 목적을 가지고 모이는 희구집단
② 개인의 취향과 의견에 영향을 주는 대면집단
③ 가정의 경제력을 가진 결정권자
④ 사회계급이 같은 계층의 집단

해설
사회적 요인 : 가족에서부터 회사 등 집단의 영향을 받는다. 특히, 대면집단(Face To Face Group)은 개인의 취향이나 의견에 직접적 영향을 미친다.

11 색채를 효율적으로 활용하기 위해 계획, 조직, 지휘, 조정, 통제하는 활동을 의미하는 것은?

① 색채관리
② 색채정책
③ 색채개발
④ 색채조사

해설
색채관리
• 색채의 계획화 : 목표, 방향, 절차 설정
• 색채의 조직화 : 직무의 명확, 적재적소 적량 배치, 인간관계 배려
• 색채의 지휘화 : 의사소통, 경영 참여, 인센티브 참여
• 색채의 조정화 : 이견의 대립 조정, 업무 분담, 팀워크 유지
• 색채의 통제화 : 계획의 결과 비교와 수정

6 ④ 7 ④ 8 ① 9 ④ 10 ② 11 ① 정답

12 다음 중 식욕을 자극하는 색은?

① 주황색 ② 파란색
③ 보라색 ④ 자주색

해설
파버 비렌은 식욕을 돋우는 대표적인 색은 주황색이라고 하였다.

13 다음 중 비상구 및 피난소, 사람 또는 차량의 통행표지에 쓰이는 안전·보건표지의 색채는?

① 7.5R 4/14
② 5Y 8.5/12
③ 2.5PB 4/10
④ 2.5G 4/10

해설
안전·보건표지의 색채
- 2.5G 4/10(초록) : 안전, 안내, 유도, 진행, 비상구, 위생, 보호, 피난소, 구급장비
- 7.5R 4/14(빨강) : 금지, 정지, 소방기구, 고도의 위험, 화약류의 표시
- 5Y 8.5/12(노랑) : 경고, 주의, 장애물, 위험물, 감전경고
- 2.5PB 4/10(파랑) : 특정 행위의 지시 및 사실의 고지, 의무적 행동, 수리 중, 요주의

14 색채의 기능에 대한 설명으로 틀린 것은?

① 색채에 대한 인간의 의식적 또는 무의식적 반응을 이용하여 색채의 기능적 측면을 활용할 수 있다.
② 안전색은 안전의 의미를 지닌 특별한 성질의 색이다.
③ 색채치료는 색채를 이용하여 건강을 회복시키고 유지하도록 돕는 심리기법 중의 하나이다.
④ 안전색채는 안전표지의 모양에 맞추어서 사용하며, 다른 물체의 색과 유사하게 사용해야 한다.

해설
인간의 의식적 또는 무의식적 반응을 이용하여 색채의 기능적 측면을 활용할 수 있는데 대표적으로 색채조절, 안전색채, 색채치료 등이 있다. 특히, 안전색채는 위험이나 재해를 방지하기 위해 사용하는 색이므로 눈에 잘 띄고 주목성과 명시성이 높은 색을 사용해야 한다.

15 색채에 의한 정서적 반응으로 볼 수 없는 것은?

① 색의 온도감은 색의 속성 중 색상에 주로 영향을 받는다.
② 유채색이 무채색보다 더 진출하는 느낌을 준다.
③ 한색 계열의 저채도 색이 심리적으로 안정된 느낌을 준다.
④ 중량감에 가장 큰 영향을 미치는 것은 채도로, 채도의 차이가 무게감을 좌우한다.

해설
중량감에 가장 큰 영향을 미치는 것은 명도이다.

16 색채와 소리의 관계에 대한 설명으로 틀린 것은?

① 뉴턴은 일곱 가지 색을 칠음계에 연계시켜 색채와 소리의 조화론을 설명하였다.
② 카스텔은 C는 청색, D는 녹색, E는 주황, G는 노랑 등으로 음계와 색을 연결시켰다.
③ 색채와 음계의 관계는 사람마다 다르게 느끼므로 공통된 이론으로 발전되지는 못하였다.
④ 몬드리안의 '브로드웨이 부기우기' 작품은 다양한 소리와 역동적인 움직임을 표현한 것이다.

해설
카스텔은 C는 청색, D는 녹색, E는 노랑, G는 빨강, A는 보라로 음계와 색을 연결시켰다.

17 색채조절에 대한 설명 중 가장 거리가 먼 것은?

① 산업용으로 쓰이는 색은 부드럽고 약간 회색빛을 띤 색이 좋다.
② 비교적 고온의 작업환경 속에서 일하는 경우에는 초록이나 파란색이 좋다.
③ 우중충한 회색빛의 기계류는 중요부분과 작동부분을 담황색으로 강조하는 것이 좋다.
④ 색은 보기에 알맞도록 구성되어야 하는 것이 아니라 참고 견딜 수 있도록 구성되어야 한다.

정답 12 ① 13 ④ 14 ④ 15 ④ 16 ② 17 ④

해설
색채조절은 색 자체가 가지고 있는 생리적, 심리적 성질을 이용하여 안전성, 능률성, 쾌적성 등을 목적으로 사용하는 것이다. 참고 견디는 것은 능률성과 안전성을 떨어뜨리는 행위이다.

18 **색채 마케팅 전략은 (A) → (B) → (C) → (D)의 순으로 발전되어 왔다. 다음 중 각 (　　)에 들어갈 내용이 틀린 것은?**

① A – 매스마케팅
② B – 표적마케팅
③ C – 윈윈마케팅
④ D – 맞춤마케팅

해설
색채 마케팅 전략의 발전과정
매스마케팅 → 표적마케팅 → 틈새마케팅 → 맞춤마케팅

19 **요하네스 이텐의 계절과 연상되는 배색이 아닌 것은?**

① 봄은 밝은 톤으로 구성한다.
② 여름은 원색과 선명한 톤으로 구성한다.
③ 가을은 여름의 색조와 강한 대비를 이루고 탁한 톤으로 구성한다.
④ 겨울은 차고, 후퇴를 나타내는 회색톤으로 구성한다.

해설
요하네스 이텐은 계절색과 신체 색상이 서로 연관이 있다고 보고 사람의 얼굴, 피부색과 일치하는 계절 이미지 색을 비교·분석하였다.
- 봄 : 밝은 톤 구성, 발랄한 이미지
- 여름 : 시원한 느낌과 은은하고 부드러운 톤 또는 원색과 선명한 톤으로 구성
- 가을 : 봄의 색조와 강한 대비, 차분한 느낌, 붉은색으로 구성
- 겨울 : 후퇴를 의미하며 회색톤으로 구성

20 **다음 중 어떤 물체를 보고 연상되어 떠오르는 '기억색'에 대한 설명이 옳은 것은?**

① 붉은색 사과는 실제 측색되는 색보다 더 붉은 빨간색으로 표현한다.
② 이슬람 문화권에서는 전통적으로 녹색과 흰색을 많이 사용하였다.
③ 단맛의 배색을 위해 솜사탕의 이미지를 색채로 표현한다.
④ 신학대학교의 구분과 표시를 위해 보라색을 사용하였다.

해설
기억색은 대상의 표면색에 대한 무의식적 추론에 의해 결정되는 색채이며 의식 속에 자리잡은 고정관념 색을 말한다. 예 사과는 빨갛다.
② 이슬람 문화권에서는 전통적으로 녹색을 신성시하며 선호색으로 많이 사용하였고, 흰색은 순례자에게 죄사함과 성스러움을 표상하기 위한 색이다.
③ 단맛의 배색을 위해 솜사탕의 이미지와 같은 구체적인 연상이 아닌, 난색, 고명도, 고채도의 배색을 한다.
④ 신학대학교에 대한 구체적인 기억색은 없다.

제2과목 색채디자인

21 **광고 캠페인 전개 초기에 소비자의 호기심을 불러일으키기 위해 단계별로 조금씩 노출시키는 광고는?**

① 티저광고
② 팁온광고
③ 패러디 광고
④ 포지셔닝 광고

해설
티저광고란 광고 전개 초기에 소비자들의 호기심을 유발시키기 위해 단계별로 조금씩 노출시키는 광고이다.

18 ③ 19 ③ 20 ① 21 ① 정답

22 **패션 디자인의 원리에 대한 설명 중 틀린 것은?**

① 균형은 디자인 요소의 시각적 무게감에 의하여 이뤄진다.
② 리듬은 디자인의 요소 하나가 크게 강조될 때 느껴진다.
③ 강조는 보는 사람의 시선을 끄는 흥미로운 부분이 있을 때 느껴진다.
④ 비례는 디자인 내에서 부분들 간의 상대적인 크기 관계를 의미한다.

해설
리듬이란 형태 구성에서 반복, 연속을 통해 이미지를 만드는 요소이다. 리듬의 세부 요소로 반복, 점진, 변이, 방사가 있다.

23 **미용 디자인의 특성 중 거리가 먼 것은?**

① 개인의 미적 욕구를 만족시켜야 하므로 개개인의 신체 특성을 고려하여야 한다.
② 아름다움이 중요하므로 시간적 제약의 의미는 크지 않다.
③ 보건위생상 안전해야 한다.
④ 사회활동에 도움이 되어야 한다.

해설
미용 디자인은 개인적인 요구에 적합한 이미지를 추구하면서도 시대의 흐름과 기능성을 고려해 적절한 색채와 형태를 계획해야 한다. 즉 시간, 장소, 경우(T.P.O)를 고려해야 한다.

24 **다음 중 디자인의 요소에 해당되지 않는 것은?**

① 구성, 리듬
② 형, 색
③ 색, 빛
④ 형, 재질감

해설
디자인의 요소에는 형태, 색채, 질감(재질감)이 있다. 구성와 리듬은 디자인의 요소가 아닌 디자인의 원리에 해당한다. 디자인의 원리에는 리듬, 조화, 균형, 비례, 강조 등이 있다.

25 **패션 색채계획을 위한 색채정보 분석의 주된 내용이 아닌 것은?**

① 시장정보
② 소비자 정보
③ 유행정보
④ 가격정보

해설
색채분석을 할 때에는 시장정보, 소비자 정보, 유행정보를 고려해야 한다.

26 **디자인의 목적에 있어 '미'와 '기능'에 대해 빅터 파파넥(Victor Papanek)은 '복합기능(Function Complex)'으로 규정하였다. 그의 주장을 뒷받침하는 포괄적 의미에 해당하지 않는 것은?**

① 방법(Method)
② 필요성(Need)
③ 이미지(Image)
④ 연상(Association)

해설
미와 기능에 대해 빅터 파파넥은 방법, 용도, 필요성, 텔레시스, 연상, 미학의 6가지 요소로 복합기능을 정의하였다.

27 **새로운 형태와 기능을 창조하는 경우로 디자인 개념, 디자이너의 자질과 능력, 시스템, 팀워크 등이 핵심이 되는 신제품 개발의 유형은?**

① 모방 디자인
② 수정 디자인
③ 적응 디자인
④ 혁신 디자인

해설
혁신 디자인이란 기존 디자인과는 확연히 다른 재창조된 신제품 개발유형이다. 디자인 개념과 디자이너의 자질과 능력, 시스템, 팀워크가 필요하다.

정답 22 ② 23 ② 24 ① 25 ④ 26 ③ 27 ④

28 **상품 색채계획 시 고려해야 할 사항이 아닌 것은?**

① 소비자가 그 상품에 대하여 가지는 심리적 기대감의 반영
② 유행정보 등 유행색이 해당 제품에 끼치는 영향
③ 색채와 형태의 이미지 조화
④ 재료 기술, 생산기술 미반영

해설
상품 색채계획 시 사용 목적에 적합한 색채 선택과 재료 기술을 반영하여야 한다. 시대적, 문화적 특징을 반영한 유행색 정보가 필요하며 생산기술을 고려하고 색채와 형태의 이미지가 조화로운 디자인을 하여야 한다.

29 **문제 해결과정으로서의 디자인 과정 단계가 옳게 나열된 것은?**

① 조사 → 계획 → 분석 → 종합 → 평가
② 분석 → 계획 → 조사 → 종합 → 평가
③ 계획 → 조사 → 분석 → 종합 → 평가
④ 계획 → 분석 → 조사 → 종합 → 평가

해설
디자인 과정 단계는 계획 → 조사 → 분석 → 종합 → 평가로 이루어져 있다.

30 **다음 중 '디자인 경영'의 개념에 해당되지 않는 것은?**

① 경영 목표의 달성에 기여함이란 대중의 생활복리를 증진시켜 주는 것이 궁극적인 목적이 될 수 있다.
② 디자인 경영이란 서비스의 질적 수준과 생산성을 제고할 수 있도록 해 주는 지식체계라고도 할 수 있다.
③ 디자인 경영은 '디자인 관리'라고도 부르며, 1990년대에 들어서면서부터 세계적으로 가장 빈번하게 사용되는 디자인 용어 중의 하나이다.
④ '디자인 경영'은 본질적으로 '비지니스 경영'과 동일한 개념이다.

해설
디자인 경영은 상품, 서비스, 조직에 디자인의 개념을 구체화해 기업의 생산성과 경쟁력을 높이는 지식 경영방안이다. 비즈니스 경영과 동일한 개념이 될 수 없다.

31 **사계절의 색채표현법을 도입한 미용 디자인의 퍼스널 컬러 진단법에서 정확한 진단을 위해 지켜야 할 사항이 아닌 것은?**

① 기초 메이크업을 한 상태에서 시작한다.
② 자연광이나 자연광과 비슷한 조명 아래에서 실시한다.
③ 흰 천으로 머리와 의상의 색을 가리고 실시한다.
④ 봄, 여름, 가을, 겨울의 각 계절색상의 천을 대어 보아 얼굴색의 변화를 관찰한다.

해설
메이크업을 하지 않은 상태에서 흰 천으로 머리와 의상색을 가리고 퍼스널 컬러 진단을 시작하여야 한다.

32 **다음 중 색채계획 시 배색방법에서 주조색 – 보조색 – 강조색의 일반적인 범위는?**

① 90% – 7% – 3%
② 70% – 25% – 5%
③ 50% – 40% – 10%
④ 50% – 30% – 20%

해설
색채계획 시 배색방법

주조색	• 전체의 60~70% 이상을 차지하는 색이다. • 가장 넓은 면을 차지하여 전체 색채효과를 좌우하게 되므로 다양한 조건을 가미하여 결정한다.
보조색	• 주조색 다음으로 넓은 공간을 차지하는 색이다. • 통일감 있는 보조색은 변화를 주는 역할을 담당하며 일반적으로 20~25% 정도의 사용을 권장한다.
강조색	• 전체의 5~10% 정도를 차지하며 대상을 변화시키는 데 있어 손쉽게 활용할 수 있다. • 디자인 대상에 악센트를 주어 신선한 느낌을 만든다.

28 ④ 29 ③ 30 ④ 31 ① 32 ② **정답**

33 20세기 초 이탈리아에서 일어난 전위예술운동으로 기존의 낡은 예술을 모두 부정하고 기계 세대에 어울리는 새로운 다이내믹한 미를 창조할 것을 주장하며, 주로 하이테크 소재로 색채를 표현한 예술사조는?

① 아방가르드(Avant-garde)
② 미래주의(Futurism)
③ 옵아트(Op Art)
④ 플럭서스(Fluxus)

해설
미래주의는 20세기 초 이탈리아에서 일어난 전위예술운동이다. 기존의 낡은 예술을 모두 부정하고 기계 세대에 어울리는 새로운 다이내믹한 미를 창조할 것을 주장하며, 주로 하이테크 소재로 색채를 표현하였다. 속도, 기술, 젊음, 폭력, 자동차, 비행기, 산업도시와 같은 물체를 강조하였으며 도시와 기계문명의 역동성과 속도감을 미의 가치로 표현하였다.

34 19세기 미술공예운동(Art and Craft Movement)이 일어나게 된 근본 원인은?

① 미술과 공예작품의 가격이 급격하게 하락되었기 때문
② 기계로 생산된 제품의 질이 현저하게 낮아졌기 때문
③ 미술작품과 공예작품을 구별하기 위해
④ 미술가와 공예가의 사회적 위상을 제고시키기 위해

해설
미술공예운동은 대량생산으로 인한 생산품의 질적 하락과 예술성의 저하를 비판하며 윌리엄 모리스를 주축으로 일어난 수공예 중심의 미술운동이다. 이 운동은 예술의 민주화와 생활화를 주장하여 근대 디자인의 이념적 기초를 마련하였다.

35 바우하우스(Bauhaus)에 대한 설명 중 틀린 것은?

① 독일 바이마르 공화국 시절 설립된 디자인 학교로 오늘날 디자인 교육원리를 확립하였다.
② 마이어는 예술은 집단 사회의 모든 사람이 쉽게 이해할 수 있어야 한다고 주장하였다.
③ 데사우(Dessau) 시의 바우하우스는 수공생산에서 대량생산용의 원형제작이라는 일종의 생산 시험소로 전환되었다.
④ 그로피우스는 디자인을 생활현상이라는 사회적 측면으로 인식하여 건축을 중심으로 재정비하였다.

해설
그로피우스는 사실에 입각한 지식의 과대평가에 대한 위험성을 지적하였으며 모든 교육이 성공적으로 이루어지기 위해서는 사회적 이념이 반드시 수반되어야만 한다고 인식하고 이를 반복하여 주장하였다.

36 그림의 마크를 부여받기 위해 부합되는 기준이 아닌 것은?

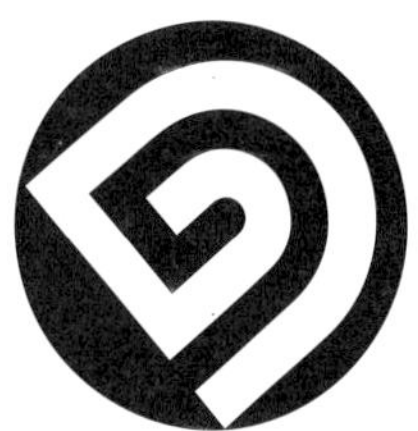

① 기능성 ② 경제성
③ 심미성 ④ 주목성

해설
굿 디자인 마크를 받기 위해서는 합목적성(기능성), 경제성, 심미성, 독창성, 질서성을 고려하여야 한다.

37 디자인이란 용어의 의미와 거리가 먼 것은?

① 지 시 ② 계 획
③ 기 술 ④ 설 계

해설
디자인(Disign)이란 용어는 설계, 계획, 의도, 지시, 목적, 구상 등의 의미를 가지고 있다.

정답 33 ② 34 ② 35 ④ 36 ④ 37 ③

38 모더니즘의 대두와 함께 주목을 받게 된 색은?

① 빨강과 자주색
② 노랑과 청색
③ 흰색과 검은색
④ 베이지색과 카키색

해설
모더니즘의 대표색은 직선적인 형태를 잘 드러내는 흰색과 검은색이다.

39 디자인 과정에서 드로잉의 주요 역할과 거리가 먼 것은?

① 아이디어의 전개
② 형태 연구 및 정리
③ 사용성 검토
④ 프레젠테이션

해설
디자인 과정에서 드로잉의 목적은 아이디어 전개, 형태 연구 및 정리, 프리젠테이션이다.

40 색채계획 및 평가를 위한 설문지 작성 시 유의사항이 아닌 것은?

① 짧고 간결한 문체로 써야 한다.
② 포괄적인 의견이 나올 수 있도록 유도질문을 사용하기도 한다.
③ 응답자의 자존심을 건드리지 않는 용어를 선택해야 한다.
④ 어려운 전문용어는 되도록 쓰지 말고, 써야 할 경우에는 이미지 사진이나 충분한 설명을 덧붙인다.

해설
설문지 작성 시 유도질문을 사용해서는 안 된다.

제3과목 색채관리

41 다음 중 진주광택 안료의 색채 특성을 측정하기 위하여 필요한 방법은?

① 다중각(Multiangle) 측정법
② 필터감소(Filter Reduction)법
③ 이중 모노크로메이터법(Two-monochromator Method)
④ 이중 모드법(Two-mode Method)

해설
진주광택 안료는 진주 표면에서 볼 수 있는 간섭효과를 이용한 안료이며, 보는 각도에 따라 광택과 색조의 변화를 다르게 나타낼 수 있다. 그러므로 색채 특성을 측정하기 위해서는 다중각 측정법을 이용한다. 이는 여러 대의 카메라로 동시에 촬영된 영상을 재생할 때 원격 조정으로 원하는 카메라를 선택할 수 있도록 하는 기능이다.

42 다음 중 색 표시계 $X_{10}Y_{10}Z_{10}$에서 숫자 10이 의미하는 것은?

① 10회 측정 평균치
② 10° 시야 측정치
③ 측정 횟수
④ 표준광원의 종류

해설
XYZ 표색계는 실존하는 모든 광원과 물체색을 표시할 수 있으며 XYZ 측색 시스템이라고도 한다. 1964년 관찰 시야를 10°로 넓혀 새롭게 내놓은 것이다.

43 페인트(도료)의 4대 기본 구성성분과 가장 거리가 먼 것은?

① 안료(Pigment) ② 수지(Resin)
③ 용제(Solvent) ④ 염료(Dye)

해설
도료는 안료, 용제, 건조제, 첨가제, 전색제로 구성되어 있으며 천연수지 도료와 합성수지 도료가 있다.

38 ③ 39 ③ 40 ② 41 ① 42 ② 43 ④ 정답

44 CIE 표준광에 대한 설명으로 옳은 것은?

① A – 색온도 약 2,856K
백열전구로 조명되는 물체색을 표시할 경우에 사용한다.

② B – 색온도 4,874K
형광을 발하는 물체색의 표시에 사용한다.

③ C – 색온도 6,774K
형광을 발하는 물체색의 표시에 사용한다.

④ D – 색온도 6,504K
백열전구로 조명되는 물체색을 표시할 경우에 사용한다.

해설
② B : 색온도 4,874K의 표준광원으로 태양광의 직사광선이다. 형광을 발하는 물체색의 표시는 광원 F를 사용한다.
③ C : 색온도 6,774K의 표준광원으로 북위 40° 흐린날 오후 2시경 북쪽 창문으로 들어오는 빛이다.
④ D : 색온도 6,504K로 측색 또는 색채계산용 표준광원으로 사용된다.

45 반투명 유리나 플라스틱을 사용하여 광원 빛의 60~90%가 대상체에 직접 조사되고 나머지가 천장이나 벽에서 반사되어 조사되는 방식은?

① 반간접조명
② 간접조명
③ 반직접조명
④ 직접조명

해설
① 반간접조명 : 대부분의 조명은 벽이나 천장에 조사되지만, 아래 방향으로 10~40% 정도 조사하는 방식으로 그늘짐이 부드럽고 눈부심도 적다.
② 간접조명 : 90% 이상 빛을 벽이나 천장에 투사하여 조명하는 방식으로 광원에서의 빛의 대부분은 천장이나 벽에 투사하고 여기에서 반사되는 광속을 이용한다.
④ 직접조명 : 빛의 90~100%가 작업 면에 직접 비추는 조명방식으로 조명 효율이 좋은 반면, 눈부심이 일어나고 균일한 조도를 얻을 수 없어 그림자가 강하게 나타난다.

46 구멍을 통하여 보이는 균일한 색으로 깊이감과 공간감을 특정지을 수 없도록 지각되는 색은?

① 개구색
② 북창주광
③ 광원색
④ 원자극의 색

해설
평면색을 면색 또는 개구색이라 하는데 색자극 외에 질감, 반사 그림자의 영향을 받지 않으며 거리감이 불확실하고 입체감이 없는 색이다.

47 모니터의 검은색 조정방법에서 무전압 영역과 비교하기 위한 프로그램의 RGB 수치가 올바르게 표기된 것은?

① R = 0, G = 0, B = 0
② R = 100, G = 100, B = 100
③ R = 255, G = 255, B = 255
④ R = 256, G = 256, B = 256

해설
모니터의 검은색과 흰색은 RGB 각각의 값에 수치를 주어 조정한다. R = 0, G = 0, B = 0은 무전압 상태를 말하므로 전체 화면은 검은색으로 인식된다. R = 255, G = 255, B = 255의 수치를 주면 출력이 최대가 되어 전체 화면이 흰색이 된다.

48 페인트, 잉크, 염료, 플라스틱과 같은 산업분야에서 사용되는 CCM의 도입 목적 및 장점에 해당되지 않는 것은?

① 조색시간 단축
② 소품종 대량생산
③ 색채품질관리
④ 원가절감

해설
컴퓨터 자동배색장치로서 CCM은 다품종 소량생산의 효율을 높이는데 유리하다.

정답 44 ① 45 ③ 46 ① 47 ① 48 ②

49 도료 중에서 가장 종류가 많으며, 일반적으로 내알칼리성으로 콘크리트나 모르타르의 마무리 도료로 쓰이는 것은?

① 천연수지 도료
② 플라스티졸 도료
③ 수성도료
④ 합성수지 도료

해설
① 천연수지 도료 : 용제가 적게 들며, 우아하고 깊이 있는 광택성을 가지는 도료막을 형성한다. 옻, 캐슈계 도료, 유성페인트, 유성에나멜이 대표적이다.
② 플라스티졸 도료 : 가열건조형 도료의 일종에 속하는 비닐졸 도료를 의미한다.
③ 수성도료 : 도료를 쉽게 사용하기 위한 매체로 물을 사용한다.

50 측색 시 조명과 수광의 조건이 아닌 것은?

① (0 : 45a)
② (di : 8)
③ (d : 0)
④ (45 : 45)

해설
① (0 : 45a) : 빛은 수직으로 조사하고 45°에서 관측하는 방식
② (di : 8) : 분산광과 정반사 모두 포함하고 광검출기로 8° 기울여 측정하는 방식
③ (d : 0) : 확산조명을 조사하고 수직 방향에서 관측하는 방식

51 수은램프에 금속할로겐 화합물을 첨가하여 만든 고압수은등으로서 효율과 연색성이 높은 조명은?

① 나트륨등
② 메탈할라이드등
③ 제논램프
④ 발광다이오드

해설
① 나트륨등 : 나트륨의 증기방전을 이용해 빛을 내는 광원으로 황색 빛을 띤다. 안개 속에서도 빛을 잘 투과하여 장애물 발견에 유효하다는 점에서 교량, 고속도로, 일반도로, 터널 내의 조명등에 사용된다.
③ 제논램프 : 제논 기체를 넣은 방전관을 방전하여 흰색 빛을 얻는 등으로 흰색 광원, 사진용 광원, 자외선 광원 등으로 쓰이며 고체 레이저의 들뜬 상태 광원으로도 쓰인다.
④ 발광다이오드 : 흔히 LED라고 한다.

52 CCM과 관련된 용어가 아닌 것은?

① 분광반사율
② 산란계수
③ 흡수계수
④ 연색지수

해설
④ 연색지수(CRI)는 연색성을 평가하는 단위이다.
CCM의 조색비 $K/S = (1 - R)^2/2R$로서 K는 흡수계수, S는 산란계수, R는 분광반사율을 의미한다.

53 분광반사율이 정확하게 일치하는 완전한 물리적인 등색이 의미하는 것은?

① 아이소머리즘
② 상관 색온도
③ 메타머리즘
④ 색변이 지수

해설
아이소머리즘(무조건등색)은 분광반사율이 정확하게 일치하여 어떤 조명 아래, 어떤 관찰자가 보더라도 같은 색으로 보이는 것을 말한다.

54 물체의 분광반사율, 분광투과율 등을 파장의 함수로 측정하는 계측기는?

① 광전 색채계
② 분광광도계
③ 시감 색채계
④ 조도계

해설
분광광도계 : 모노크로미터(단색화 장치)를 이용해 분광된 단색광을 시료 용액에 투과시키고 투과된 시료광의 흡수 또는 반사된 빛의 양의 강도를 광검출기로 검출하는 장치이다.

49 ④ 50 ④ 51 ② 52 ④ 53 ① 54 ② 정답

55 측색기의 측정 결과 다음과 같은 결과를 얻었다면 어떤 색채의 시료였을 것으로 추정되는가?

($L^* = 70,\ a^* = 10,\ b^* = 80$)

① 빨 강　② 청 록
③ 초 록　④ 노 랑

해설
*L은 명도로서 100이면 흰색, 0이면 검은색이다. +a*는 빨강, −a*는 초록, +b*는 노랑, −b*는 파랑 방향이다. a가 10이므로 빨간색, b는 80이므로 노란색을 의미한다. 즉, 빨간 기미가 있는 노란색이다.

56 KS의 색채 품질관리 규정에 의한 백색도에 대한 설명으로 틀린 것은?

① 틴트 지수는 완전한 반사체의 경우 그 값이 100이다.
② 백색도 지수 및 틴트 지수에 의해 표시된다.
③ 완전한 반사체의 백색도 지수는 100이고, 백색도 지수의 값이 클수록 흰 정도가 크다.
④ 백색도 측정 시 표준광원 D_{65}를 사용한다.

해설
백색도 표시방법(KS A 0089)
백색도란 표면색의 흰 정도를 말하며, 백색도 지수와 틴트 지수로 표시한다. 백색도 지수는 국제조명위원회가 2004년에 권장한 백색도를 표시하는 값으로 이 값이 클수록 흰 정도가 크다. 완전한 반사체일 경우 그 값이 100이다. 틴트 지수는 국제조명위원회가 2004년에 권장한 색정도를 표시하는 값으로, 완전한 반사체의 경우 그 값이 0이다. 백색도 측정 시에는 표준광원 D_{65}를 사용한다.

57 두 개의 시료색 자극의 색차를 나타내는 것으로 가장 알맞은 것은?

① Texture
② CIEDE2000
③ Color Appearance
④ Gray Scale

해설
색차식의 종류(KS A 0063)
- $L^*a^*b^*$ 표색계에 따른 색차식
- $L^*u^*v^*$ 표색계에 따른 색차식
- CIE2000 색차식(CIEDE00)
- 애덤스-니컬슨 색차식

58 모니터를 보고 작업할 시 정확한 모니터 컬러를 보기 위한 일반적인 조건이 아닌 것은?

① 모니터 캘리브레이션
② ICC 프로파일 인식 가능한 이미지 프로그램
③ 시간대에 따라 변하지 않는 일정한 조명환경
④ 높은 연색성(CRI)의 표준광원

해설
④ 연색성은 인공광원이 얼마나 기준광과 비슷하게 물체의 색을 보여주는가를 나타내는 값으로 모니터 컬러 색채조절의 조건과 관계가 적다.
모니터의 색채조절을 위해서는 캘리브레이션, 즉 모니터의 색온도, 정확한 감마, 컬러 균형 등을 조절하는 과정을 통해 표준을 만드는 과정을 거쳐야 한다. 그리고 국제색채연맹에서 정한 ICC 프로파일과 시간대에 따라 변하지 않는 일정한 조명환경 등을 고려해야 한다.

59 발광 스펙트럼이 가시 파장역 전체에 걸쳐서 있고, 주된 발광의 반치폭이 대략 50nm를 초과하는 형광램프는?

① 콤팩트형 형광램프
② 협대역 발광형 형광램프
③ 광대역 발광형 형광램프
④ 3파장형 형광램프

해설
① 콤팩트형 형광램프 : 유리관을 구부리거나 접합 등을 하여 콤팩트한 모양으로 다듬질한 한쪽 베이스의 형광램프
② 협대역 발광형 형광램프 : 발광 스펙트럼을 하나 또는 복수의 특정된 좁은 파장대역에 집중시킨 형광램프
④ 3파장형 형광램프 : 발광 스펙트럼을 청, 녹, 적의 3파장역에 집중시킴으로써, 높은 효율 및 연색성이 얻어지고, 조명된 물체색이 선명하게 보이는 것을 특징으로 하는 협대역 발광형 형광램프

정답 55 ④ 56 ① 57 ② 58 ④ 59 ③

60 **디스플레이의 일종으로 자기발광성이 없어 후광이 필요하지만 동작전압이 낮아 소비 전력이 적고 휴대용으로 쓰일 수 있어 손목시계, 컴퓨터 등에 널리 쓰이고 있는 것은?**

① LCD(Liquid Crystal Display)
② CRTD(Cathode-Ray Tube Display)
③ CRT-Trinitron
④ CCD(Charge Coupled Device)

해설
LCD 모니터는 액정의 투과도 변화를 이용해서 각종 장치에서 발생되는 여러 가지 전기적 정보를 시각정보로 변환시켜 전달하는 전자 소자로 손목시계나 노트북 등에서 널리 쓰이고 있는 평판 디스플레이이다.

제4과목 색채지각의 이해

61 **색상대비에 대한 설명으로 틀린 것은?**

① 단계적으로 균일하게 채색되어 있는 색의 경계부분에서 일어나는 대비현상이다.
② 색상이 다른 두 색을 인접해 놓으면 두 색이 서로의 영향으로 인하여 색상차가 크게 나타나는 현상이다.
③ 1차색끼리 잘 일어나며 2차색, 3차색이 될수록 대비효과는 적게 나타난다.
④ 색상환에서 인접한 두 색을 대비시키면 두 색은 각각 더 멀어지려는 현상이 나타난다.

해설
단계적으로 균일하게 채색되어 있는 색의 경계 부분에서 일어나는 대비현상은 연변대비다.

62 **색채지각과 감정효과에 대한 설명이 옳은 것은?**

① 무겁고 커다란 가방이 가벼워 보이도록 높은 명도로 색채계획하였다.
② 부드러워 보여야 하는 유아용품에 한색계의 높은 채도의 색을 사용하였다.
③ 팽창되어 보일 수 있도록 저명도를 사용하여 계획하였다.
④ 검은색과 흰색은 무채색으로 온도감이 없다.

해설
② 부드러워 보여야 하는 유아용품에는 고명도, 저채도, 난색 계열을 사용해야 한다.
③ 팽창되어 보일 수 있도록 고명도, 고채도, 난색 계열을 사용해야 한다.
④ 검은색과 흰색은 무채색이나 온도감이 있다. 무채색인 경우 저명도의 색은 따뜻하게, 고명도의 색은 차갑게 느껴진다.

63 **색의 온도감은 색의 속성 중 어떤 것에 주로 영향을 받는가?**

① 채 도 ② 명 도
③ 색 상 ④ 순 도

해설
색의 온도감은 색상과 관계가 있다. 따뜻하게 느껴지는 색은 난색(Warm Color), 차갑게 느껴지는 색은 한색(Cool Color)이다.

64 **색채지각에 대한 설명이 틀린 것은?**

① 연색성이란 색의 경연감에 관한 것으로 부드러운 느낌의 색을 의미한다.
② 밝은 곳에서 갑자기 어두운 곳으로 들어갔을 때 암순응 현상이 일어난다.
③ 터널의 출입구 부분에서는 명순응, 암순응의 원리가 모두 적용된다.
④ 조명광이나 물체색을 오랫동안 보면 그 색에 순응되어 색의 지각이 약해지는 현상을 색순응이라 한다.

정답 60 ① 61 ① 62 ① 63 ③ 64 ①

해설
연색성은 같은 물체색이라도 광원의 분광에 따라 다른 색으로 지각되는 현상이다.

65 주위 색의 영향으로 인접색에 가깝게 느껴지는 현상은?

① 동화현상 ② 면적효과
③ 대비효과 ④ 착시효과

해설
동화현상은 주위색의 영향을 받아 인접색에 가까운 색으로 보이는 현상이다. 동화현상은 점이나 선의 크기와 밀접한 관계가 있으며 이와 동시에 관찰의 거리에도 영향을 받는다.

66 빛과 색채에 관한 설명 중 틀린 것은?

① 햇빛과 같이 모든 파장이 유사한 강도를 갖는 빛을 백색광이라 한다.
② 빛은 파장에 따라 서로 다른 색감을 일으킨다.
③ 물체의 색은 빛의 반사와 흡수의 특성에 의해 결정된다.
④ 여러 가지 파장이 고르게 반사되는 경우에는 유채색으로 지각된다.

해설
여러 가지 파장이 고르게 반사되면 백색광이 된다. 색은 혼합할수록 탁해지며 무채색화된다.

67 진출색에 대한 설명으로 틀린 것은?

① 유채색이 무채색보다 더 진출하는 느낌을 준다.
② 채도가 낮은 색이 채도가 높은 색보다 더 진출하는 느낌을 준다.
③ 밝은색이 어두운색보다 더 진출하는 느낌을 준다.
④ 따뜻한 색이 차가운 색보다 더 진출하는 느낌을 준다.

해설
채도가 높은 색이 낮은 색보다 더 진출해 보이는 효과가 있다.

68 다음 중 중간 명도의 회색 배경에서 주목성이 가장 높은 색은?

① 노 랑 ② 빨 강
③ 주 황 ④ 파 랑

해설
주목성은 사람들의 시선을 끄는 성질로 시각적으로 잘 띄어 주목이 되는 것을 말한다. 빨강, 주황, 노랑과 같은 고명도, 고채도의 색이 주목성이 높다. 회색은 채도가 낮은 색이며, 특히 중간 명도의 회색 배경은 어두운 정도이므로 보기 중 채도와 명도가 가장 높은 노란색이 주목성이 높다.

69 망막에서 뇌로 들어가는 시신경 다발 때문에 상이 맺히지 않는 부분은?

① 중심와 ② 맹 점
③ 시신경 ④ 광수용기

해설
맹점에는 시세포가 없기 때문에 상이 맺히지 않는다. 우리가 어떤 상황에서 전혀 인지할 수 없는 경우에 '사각지대', '맹점'이라는 표현을 쓰는데 이때 맹점은 인지할 수 없는 조건을 표현한 것이다.

70 다음 중 빛의 전달경로로 옳은 것은?

① 각막 – 수정체 – 홍채 – 망막 – 시신경
② 홍채 – 수정체 – 각막 – 망막 – 시신경
③ 각막 – 망막 – 홍채 – 수정체 – 시신경
④ 각막 – 홍채 – 수정체 – 망막 – 시신경

해설
각막은 눈동자의 가장 바깥쪽에 위치하여 빛을 받아들이는 창문 역할을 한다. 홍채는 그 빛의 양을 조절하는 조리개 역할을 하여 수정체로 빛을 보내면 빛을 통해 상을 망막으로 보내기 위해 초점을 조절한다. 시신경세포가 있는 망막은 이 상을 받아 정체를 구별하여 시신경 통로를 통해 전기신호로 변환하여 대뇌로 보내므로 우리가 상을 인지하게 된다.

정답 65 ① 66 ④ 67 ② 68 ① 69 ② 70 ④

71 원판에 흰색과 검은색을 칠하여 팽이를 만들어 빠르게 회전시켰을 때 유채색이 느껴지는 것을 무엇이라 하는가?

① 푸르킨예 현상
② 메카로 효과
③ 잔상현상
④ 페히너 효과

해설
1838년 독일의 페히너는 원반의 반을 흰색, 검은색으로 칠한 후 고속으로 회전시켜 파스텔 톤의 연한 유채색 영상을 경험하였는데 이를 페히너 효과 혹은 주관색 현상이라고 한다. 즉, 흑백대비가 강한 미세한 패턴에서는 유채색이 보인다.

72 보색은 물리보색과 심리보색으로 분류할 수 있다. 다음 중 보색의 분류 종류가 나머지와 다른 하나는?

① 인간의 색채지각 요소인 망막상의 추상체와 간상체의 특성에 기인한다.
② 헤링의 반대색설과 연관된다.
③ 회전혼색의 결과 무채색이 된다.
④ 잔상현상에 따라 보색이 보인다.

해설
회전혼색은 물리적인 자극을 통해 보이는 현상이므로 물리보색이다. 물리보색은 두 색을 섞었을 때 무채색이 되는 색이다. 심리보색은 눈의 잔상에 따른 보색이다.

73 순색의 빨강을 장시간 바라볼 때 나타나는 현상으로 옳은 것은?

① 순색의 빨강을 장시간 바라보면 양성잔상이 일어난다.
② 눈의 M추상체의 반응이 주로 나타난다.
③ 원래의 자극과 반대인 보색이 지각된다.
④ 눈의 L추상체의 손실이 적어 채도가 높아지게 된다.

해설
순색의 빨강을 장시간 바라보면 원래의 자극과 반대인 보색 초록이 지각되며 이는 부의 잔상(음성잔상)현상이다. 또한 L추상체의 손상으로 M추상체와 S추상체 역할이 강해진다. 양성잔상(정의 잔상)은 주로 짧고 강한 자극에서 일어난다.

74 반대색설에 대한 설명이 옳은 것은?

① 물감의 혼합인 감산혼합의 이론과 일치한다.
② 색채지각의 물리학적인 측면에 중점을 둔다.
③ 하양 – 검정, 빨강 – 초록, 노랑 – 파랑의 짝을 이룬다.
④ 영과 헬름홀츠에 의해 발표된 색지각설이다.

해설
1872년 독일 심리학자이자 생리학자인 헤링은 망막에 하양–검정 물질, 빨강–초록 물질, 노랑–파랑 물질이라는 세 가지 구성요소가 있다고 가정하고, 각각의 물질은 빛에 따라 동화(재합성)와 이화(분해)라고 하는 대립적인 화학적 변화를 일으킨다고 하였다.

75 다음 혼색의 설명 중 잘못된 것은?

① 중간혼색 – 두 색 또는 그 이상의 색이 섞였을 때 평균적인 밝기의 색
② 감법혼색 – 무대 조명의 색
③ 가법혼색 – 모두 혼합하면 백색
④ 병치혼색 – 직조된 천의 색

해설
무대 조명의 색은 혼색할수록 명도가 밝아지는 가법혼색에 속한다. 감법혼색은 혼합된 색의 명도나 채도가 혼합 이전의 평균 명도나 채도보다 낮아지는 색료의 혼색 결과이다. 감법혼색의 예로 색 필터의 혼합, 컬러 슬라이드, 아날로그 영화필름, 컬러사진 등이 있다.

76 색의 3속성에 관한 설명이 틀린 것은?

① 색상은 주파장의 종류에 의해 결정된다.
② 명도는 색의 밝고 어두운 정도를 나타낸다.
③ 무채색이 많이 포함될수록 채도는 높아진다.
④ 유채색은 색상, 명도, 채도의 3속성을 가지고 있다.

71 ④ 72 ③ 73 ③ 74 ③ 75 ② 76 ③ 정답

해설
무채색이든 유채색이든 많이 포함될수록 채도는 낮아진다.

77 가산혼합에 관한 설명 중 틀린 것은?

① 3원색을 모두 합하면 흰색이 된다.
② 혼합할수록 명도와 채도가 높아진다.
③ Red와 Green을 혼합하면 Yellow가 된다.
④ Green과 Blue를 혼합하면 Cyan이 된다.

해설
어떤 혼합방법이든 혼합할수록 채도(순도)는 낮아진다.

78 다음 중 명도대비가 가장 뚜렷한 것은?

① 빨강 순색 배경의 검정
② 파랑 순색 배경의 검정
③ 노랑 순색 배경의 검정
④ 주황 순색 배경의 검정

해설
명도대비는 명도가 다른 두 색이 서로 대조되어 두 색 간의 명도차가 크게 보이는 현상이다. 명도대비는 명도의 차이가 클수록 더욱 뚜렷하며, 유채색보다 무채색에서 더욱 강하게 나타난다.

79 인접한 두 색의 경계면에서 일어나는 대비현상은?

① 보색대비
② 한난대비
③ 계시대비
④ 연변대비

해설
연변대비는 두 색이 인접해 있을 때 서로 인접되는 부분이 경계로부터 멀리 떨어져 있는 부분보다 색상, 명도, 채도의 대비현상이 더욱 강하게 일어나는 현상이다.

80 빛에 대한 설명으로 틀린 것은?

① 빛은 눈에 보이는 전자기파이다.
② 파장이 500nm인 빛은 자주색을 띤다.
③ 가시광선의 파장범위는 380~780nm이다.
④ 흰 빛은 파장이 다른 빛들의 혼합체이다.

해설
파장이 500nm인 빛은 중파장으로 초록색을 띤다.

제5과목 색채체계의 이해

81 먼셀 색입체를 특정 명도단계를 기준으로 수평으로 절단하여 얻은 단면상에서 볼 수 없는 나머지 하나는?

① 5R 6/6
② N6
③ 10GY 7/4
④ 7.5G 6/8

해설
먼셀 색입체를 특정 명도단계를 기준으로 수평으로 절단하면 동일 명도면이 보이게 된다. ①, ②, ④의 명도는 6이고, ③의 명도는 7이다.

82 1931년도 국제조명학회에서 채택한 색체계는?

① 먼셀 색체계
② 오스트발트 색체계
③ NCS 색체계
④ CIE 색체계

해설
빛의 색채표준에 대한 국제적 표준화기구의 필요로 구성된 것이 국제조명위원회(CIE)이다. 1931년 CIE에서 제정한 CIE 표준표색계는 표준광원에서 표준관찰자에 의해 관찰되는 색을 정량화시켜 수치로 만든 것이다.

정답 77 ② 78 ③ 79 ④ 80 ② 81 ③ 82 ④

83 **한국산업표준의 색이름 설명으로 틀린 것은?**

① 관용색이름에는 선홍, 새먼핑크, 군청 등이 있다.
② 계통색이름은 유채색의 계통색이름과 무채색의 계통색이름으로 나뉜다.
③ 무채색의 기본색이름은 하양, 회색, 검정이다.
④ 부사 '아주'를 무채색의 수식 형용사 앞에 붙여 사용할 수 없다.

해설
필요시 2개의 수식 형용사를 결합하거나 부사 '아주'를 수식 형용사 앞에 붙여 사용할 수 있다(KS A 0011).

84 **현색계와 혼색계를 바르게 설명한 것은?**

① 현색계는 실제 눈에 보이는 물체색과 투과색 등이다.
② 현색계는 눈으로 비교, 검색할 수 없다.
③ 혼색계는 수치로 구성되어 색의 감각적 느낌이 강하다.
④ 혼색계에는 NCS 색체계가 대표적이다.

해설
① 현색계는 인간의 색 지각을 기초로 심리적 3속성인 색상, 명도, 채도에 의해 물체색을 순차적으로 배열한 표색계이다.
② 현색계는 눈으로 비교, 검색할 수 있다.
③ 수치로 구성되어 색의 감각적 느낌이 강한 것은 현색계이다.
④ NCS 색체계는 혼색계가 아닌 현색계이다.

85 **색채의 표준화를 연구하여 흑색량(B), 백색량(W), 순색량(C)을 근거로, 모든 색을 B + W + C = 100이라는 혼합비를 통해 체계화한 색체계는?**

① 먼셀 색체계 ② 비렌 색체계
③ 오스트발트 색체계 ④ PCCS 색체계

해설
오스트발트 색체계의 혼합비는 흑색량(B) + 백색량(W) + 순색량(C) = 100%이며, 어떠한 색이라도 혼합량의 합은 항상 일정하다. B(완전흡수), W(완전반사), C(특정 파장의 빛만 반사)의 혼합하는 색량의 비율에 의하여 만들어진 색체계로 같은 계열의 배색을 찾을 때 매우 편리하다.

86 **혼색계(Color Mixing System) 색체계의 특징이 아닌 것은?**

① 정확한 색의 측정이 가능하다.
② 빛의 가산혼합의 원리에 기초하고 있다.
③ 수치로 표시되어 수학적 변환이 쉽다.
④ 숫자의 조합으로 감각적인 색의 연상이 가능하다.

해설
혼색계는 빛의 혼합을 실험하는 데 기초를 둔 것으로 정확한 수치 개념에 입각한다. 하지만 이 점 때문에 색을 감각적으로 가늠하기 힘들고 지각적 등보성이 없다는 단점이 있다.

87 **배색의 구성요소에 대한 설명으로 틀린 것은?**

① 배색 시에는 대상에 동반되는 일정 면적과 용도 등을 고려해야 한다.
② 주조색은 배색에 사용된 색 가운데 가장 출현 빈도가 높거나 넓은 면적을 차지하는 색이다.
③ 강조색은 차지하고 있는 면적으로 보면 가장 작은 면적에 사용되지만, 가장 눈에 띄는 포인트 색이다.
④ 강조색 선택 시 주조색과 유사한 색상과 톤을 선택하면 개성 있는 배색을 할 수 있다.

해설
강조색은 주조색과 반대 색상 또는 색조를 주로 사용하는데, 이를 통해 주조색이 더욱 돋보이게 되고, 개성 있는 배색을 할 수 있다.

88 **오스트발트 색채조화론의 기본 개념은?**

① 조화란 유사한 것을 말한다.
② 조화란 질서가 있을 때 나타난다.
③ 조화는 대비와 같다.
④ 조화란 중심을 향하는 운동이다.

해설
오스트발트는 "조화란 곧 질서와 같다."고 주장했다. 두 개 이상의 색상이 서로 질서를 가질 때 조화롭다는 것으로, 엄격한 질서를 가지는 표색계의 구성원리가 조화로운 색채 선택을 가능하게 한다는 것이다.

83 ④ 84 ① 85 ③ 86 ④ 87 ④ 88 ② 정답

89 비렌의 색채조화론에서 사용하는 용어가 아닌 것은?

① 비렌의 색 삼각형
② 바른 연속의 미
③ Tint, Tone, Shade
④ Scalar Moment

해설
미국의 색채학자 파버 비렌은 "인간은 심리적 반응에 의해 색을 지각한다."고 했다. 그는 오스트발트의 이론을 바탕으로 순색, 흰색, 검은색을 기본 3색으로 놓고 4개의 색조를 이용해 흰색과 검은색이 합쳐진 회색조(Gray), 순색과 흰색이 합쳐진 밝은 색조(Tint), 순색과 검은색이 합쳐진 어두운 색조(Shade), 순색과 흰색, 검은색이 합쳐진 톤(Tone) 등 7개의 조화이론을 제시했다.

90 DIN 색체계는 어느 나라에서 도입한 것인가?

① 영 국 ② 독 일
③ 프랑스 ④ 미 국

해설
DIN 색체계는 1955년 산업발전과 통일된 규격을 위하여 독일의 표준기관인 DIN에서 도입한 색체계이다. 다양한 색채 측정과 밀접하게 연관된 수많은 정량적 측정에 이용할 수 있다.

91 다음 ISCC-NIST의 설명 중 틀린 것은?

① 1955년 ISCC-NBS 색채표준 표기법과 색이름이라는 이름으로 발표되었다.
② ISCC와 NIST는 색채의 전달과 사용상 편의를 목적으로 색이름 사전과 색채의 계통색 분류법을 개발하였다.
③ Light Violet의 먼셀 기호 색상은 1RP이다.
④ 약자 v-Pk는 vivid Pink의 약자이다.

해설
ISCC-NIST에서 Light Violet은 밝은 보라이며 '1RP'는 색상만 표기한 것이므로 옳지 않다. 색조인 Light, 즉 명도와 채도까지 표시해야 한다.

92 슈브럴의 색채조화론에 대한 설명으로 틀린 것은?

① 직물의 직조를 중심으로 색을 연구하여 동시대비의 다양한 원리를 발견하였다.
② 색상환은 빨강, 노랑, 파랑의 3원색에서 파생된 72색상으로 이루어졌는데 그 각각의 색상이 스케일을 구성한다.
③ 색채조화를 유사조화와 대비조화 2종류로 나누었다.
④ 색채의 기하학적 대비와 규칙적인 색상의 배열을 색상의 대비를 통하여 표현하려 했다.

해설
근대 색채조화론의 선구자로 평가받는 프랑스의 화학자 슈브럴은 직접 만든 색의 3속성에 근거를 두고 동시대비의 원리, 도미넌트 컬러, 세퍼레이션 컬러, 보색배색 조화 등의 법칙을 정리하여 독자적 색채체계를 확립했으며, 이는 오늘날 색채조화론의 기초가 되었다.
④는 요하네스 이텐의 색채조화론에 대한 내용이다.

93 먼셀 색입체의 단면에 대한 설명으로 틀린 것은?

① 색입체의 수직단면은 종단면이라고도 하며, 같은 색상이 나타나므로 등색상면이라고도 한다.
② 색입체를 수평으로 자른 횡단면에는 같은 명도의 색이 나타나므로 등명도면이라고도 한다.
③ 수직단면은 유사 색상의 명도, 채도 변화를 한 눈에 볼 수 있으며, 가장 안쪽의 색이 순색이다.
④ 수평단면은 같은 명도에서 채도의 차이와 색상의 차이를 한 눈에 알 수 있다.

해설
수직단면은 유사 색상의 명도, 채도 변화를 한 눈에 볼 수 있으며, 가장 바깥쪽의 색은 순색이다. 먼셀의 색입체를 수직으로 절단하면 동일 색상의 면이 나타나고, 수평으로 절단하면 동일 명도의 면이 나타난다.

정답 89 ④ 90 ② 91 ③ 92 ④ 93 ③

94 색채배색의 분리효과에 대한 설명으로 틀린 것은?

① 색유리와 색유리가 접하는 부분에 납 등의 금속을 끼워 넣음으로써 전체에 명쾌한 느낌을 준다.
② 색상과 톤이 비슷하여 희미하고 애매한 인상을 주는 배색에 세퍼레이션 컬러를 삽입하여 명쾌감을 준다.
③ 무지개의 색, 스펙트럼의 배열, 색상환의 배열에서 그 예를 찾을 수 있다.
④ 대비가 강한 보색배색에 밝은 회색이나 검은색 등 무채색을 삽입하여 배색한다.

해설
③ 무지개의 색, 스펙트럼의 배열, 색상환의 배열은 그러데이션 배색에 속한다.
분리효과(Separation Color)에 의한 배색 : 배색의 관계가 모호하거나 대비가 너무 강한 경우 색과 색 사이에 분리색을 삽입하는 방법이다. 주로 무채색(흰색, 검정, 회색)을 이용하는데, 금속(메탈색)을 쓰는 경우도 있다.

95 NCS 색체계에서 W, S, C에 대한 설명으로 옳은 것은?

① W : 흰색도, S : 검은색도, C : 순색도
② W : 검은색도, S : 순색도, C : 흰색도
③ W : 흰색도, S : 순색도, C : 검은색도
④ W : 검은색도, S : 흰색도, C : 순색도

해설
1995년 스웨덴 색채연구소에서 발표한 2차 NCS 표색계는 새롭게 색채에 대한 표준을 제시하여 관계성, 다양성, 상대성의 특징을 가진다. 혼합비는 S(흑색량) + W(백색량) + C(유채색량) = 100%로 표시되는데, 세 가지 속성 가운데 흑색량과 순색량의 뉘앙스만 표기한다. 헤링의 R(빨강), Y(노랑), G(초록), B(파랑)의 기본색에 W(하양), S(검정)을 추가한 기본 6색을 사용한다.

96 오스트발트 색체계에서 등가색환 계열이란?

① 백색량이 모두 같은 색의 계열이다.
② 등색상 삼각형 W, B와 평행선상에 있는 색의 계열이다.
③ 순색이 모두 같게 보이는 색의 계열이다.
④ 백색량, 흑색량, 순색량이 같은 색의 계열이다.

해설
오스트발트 색입체를 수평으로 잘라 단면을 보면 흑색량, 백색량, 순색량이 같은 28개의 등가색환을 가진다.

97 먼셀(Munsell) 기호의 색 표기법의 순서가 올바른 것은?

① 색상 – 채도 – 명도
② 색상 – 명도 – 채도
③ 채도 – 명도 – 색상
④ 채도 – 색상 – 명도

해설
먼셀의 색 표기법은 H V/C로 나타내며, H는 색상, V는 명도, C는 채도이다.

98 NCS 색입체를 구성하는 기본 6가지 색상은?

① 노랑, 빨강, 파랑, 초록, 흰색, 검정
② 빨강, 파랑, 초록, 보라, 흰색, 검정
③ 노랑, 빨강, 파랑, 보라, 흰색, 검정
④ 빨강, 파랑, 초록, 자주, 흰색, 검정

해설
NCS 색입체를 구성하는 기본 6가지 색상은 헤링의 빨강(R), 노랑(Y), 초록(G), 파랑(B)의 기본색에 하양(W), 검정(S)를 추가한 6색이며, 기본 4색상을 10단계로 구분해 색상을 총 40단계로 구분한다.

94 ③ 95 ① 96 ④ 97 ② 98 ① 정답

99 L*a*b* 색공간에 대한 설명으로 옳은 것은?

① L*a*b* 색공간에서 L*는 채도, a*와 b*는 색도 좌표를 나타낸다.

② +a*는 빨간색 방향, +b*는 파란색 방향이다.

③ 중앙은 무색이다.

④ +a*는 빨간색 방향, −a*는 노란색 방향이다.

해설

③ 중앙은 무색으로 L* = 100은 흰색, L* = 0은 검은색이다.

① L*a*b* 색공간에서 L*는 명도, a*와 b*는 색도좌표를 나타낸다.

② +a*는 빨간색 방향, +b*는 노란색 방향이다.

④ +a*는 빨간색 방향, −a*는 초록색 방향이다.

100 다음 중 관용색명이 아닌 것은?

① 적, 청, 황

② 살구색, 쥐색, 상아색, 팥색

③ 코발트블루, 프러시안블루

④ 밝은 회색, 어두운 초록

해설

밝은 회색, 어두운 초록은 일반(계통)색명이다.

정답 99 ③ 100 ④

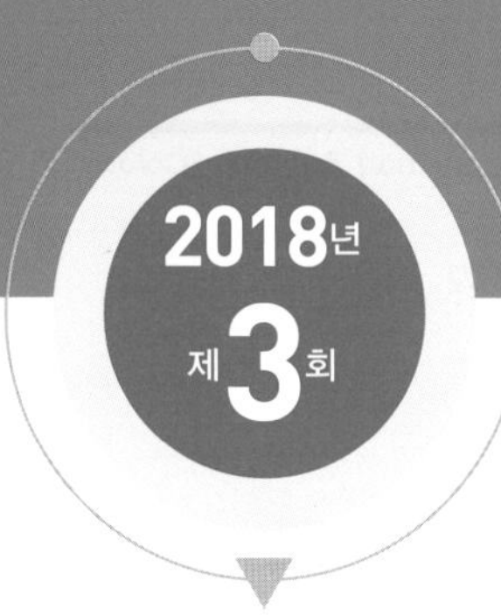

컬러리스트산업기사

과년도 기출문제

제1과목 색채심리

01 제품의 라이프 사이클을 순서대로 나열한 것은?

① 성숙기 → 도입기 → 성장기 → 쇠퇴기
② 도입기 → 성장기 → 성숙기 → 쇠퇴기
③ 쇠퇴기 → 도입기 → 성숙기 → 성장기
④ 도입기 → 성숙기 → 성장기 → 쇠퇴기

해설
제품의 수명주기
- 도입기 : 신제품이 시장에 등장하는 시기
- 성장기 : 수요가 점차 늘어나 시장점유율이 극대화되는 시기
- 경쟁기 : 기업 간의 경쟁이 심화되는 시기로 차별화 전략이 필요한 시기
- 성숙기 : 수요가 포화상태에 이르는 시기로 이익 감소와 매출의 성장세가 정점에 이르는 시기
- 쇠퇴기 : 소비시장의 급격한 감소로 신상품 개발 전략이 필요한 시기

02 색채의 심리적 기능에 대한 설명 중 틀린 것은?

① 명도와 채도가 높은 색은 가깝게 보이지만 크기의 변화는 없어 보인다.
② 진출색과 후퇴색은 색채의 팽창과 수축과도 관계가 있다.
③ 색상은 파장이 짧을수록 멀게 보이고, 파장이 길수록 가까워 보인다.
④ 가까워 보이는 색을 진출색, 멀어 보이는 색을 후퇴색이라고 한다.

해설
명도와 채도가 높은 색은 가깝게 보이며 크기가 더 커 보인다.

03 국기에 대표적으로 사용되는 색채의 의미와 상징에 대한 설명 중 옳은 것은?

① 검정 – 회색, 박애, 사막
② 초록 – 강, 자유, 삼림
③ 노랑 – 국부, 번영, 태양
④ 파랑 – 국토, 희망, 이슬람교

해설
① 검정 : 죽음, 비애, 침묵, 절대적, 절망, 공포 등
② 초록 : 번영, 희망, 안정, 평화, 조화, 지성, 이슬람교
④ 파랑 : 이상, 과학, 명상, 냉정, 영원, 유럽, 천주교

04 다음 중 소리와 색채의 연결이 잘못된 것은?

① 예리한 음 – 순색에 가까운 밝고 선명한 색
② 높은 음 – 탁한 노랑
③ 낮은 음 – 저명도, 저채도의 어두운색
④ 탁음 – 채도가 낮은 무채색

해설
② 높은 음 : 고명도, 고채도, 강한 색상

05 수술 중 잔상을 방지하기 위한 수술실의 벽면 색으로 적합하지 않은 것은?

① W 계열 ② G 계열
③ BG 계열 ④ B 계열

해설
수술실의 특성상 강렬한 빨강의 피를 많이 보게 되어 눈의 피로와 잔상을 갖게 되므로 작업에 방해를 받는다. 이를 보완하기 위해 빨강의 보색인 G(Green, 초록), BG(Blue-green, 청록), B(Blue, 파랑) 계열로 색채조절을 해야 한다. W(White, 하양) 계열인 경우 잔상에 도움이 되므로 오히려 수술작업에 방해를 받게 된다.

1 ② 2 ① 3 ③ 4 ② 5 ① 정답

06 **다음 중 명시도가 높은 색으로서 뾰족하고 날카로운 모양을 연상시키는 색채는?**

① 빨 강　② 노 랑
③ 녹 색　④ 회 색

해설
요하네스 이텐과 함께 칸딘스키, 베버, 페히너, 파버 비렌은 색채와 모양에 대한 공감각적 연구를 통해 색채와 모양의 조화로운 관계성을 추구하였다. 명시도가 높고 뾰족하며 날카로운 역삼각형을 연상시키는 색채는 노랑이다.

07 **다음 각 문화권의 선호색채에 대한 설명 중 옳은 것은?**

① 중국인들은 전통적으로 유교문화의 영향을 받아 흰색과 청색을 중시하였다.
② 이스라엘 사람들은 전통적으로 노란색을 좋아하여 유대인의 별이라는 마크와 이름까지 생겨났다.
③ 이슬람교 문화권에서는 흰색과 녹색을 선호하는 것을 많은 유물에서 볼 수 있다.
④ 힌두교의 카스트 제도에서 빨강은 가장 고귀한 귀족을 의미한다.

해설
① 중국은 행운과 복을 불러온다 하여 붉은색을 선호한다. 반면 청색은 불쾌감, 흰색과 흑색은 죽음으로 불행의 뜻으로 여긴다.
② 이스라엘은 하늘색을 선호한다.
④ 인도에서는 카스트 제도에 따라 최상위 계급인 브라만(성직자) 계급은 흰색, 크샤트리아(왕족, 무사)는 빨강, 상인 바이샤는 노랑, 노예인 수드라는 검정 옷을 입었다.

08 **색채정보 수집방법에서 가장 많이 쓰이는 방법은?**

① 실험연구법
② 표본조사 연구법
③ 현장관찰법
④ 패널조사법

해설
표본조사 연구법은 가장 많이 쓰이는 연구방법으로 모집단을 대표할 수 있는 일부 대상을 표본으로 선정하여 조사하는 방법이다.

09 **다음 중 표적 마케팅의 단계에 해당되지 않는 것은?**

① 시장 세분화
② 시장 표적화
③ 시장의 위치 선정
④ 고객서비스 개발

해설
표적 마케팅은 시장 세분화 → 시장 표적화 → 시장의 위치 선정의 과정으로 이루어진다.

10 **색채의 정서적 반응과 일치하지 않는 설명은?**

① 색채의 시각적 효과는 객관적 해석에 의해 결정된다.
② 색채감각은 물체의 속성이 아니라 인간의 시신경계에서 결정된다.
③ 색채는 대상의 윤곽과 실체를 쉽게 파악하는 데 유용한 정보를 제공한다.
④ 색채에 대한 정서적 경험은 개인의 생활양식, 문화적 배경, 지역과 풍토의 영향을 받는다.

해설
색채의 시각적 효과는 주관적 해석에 따라 달라진다.

11 **다음 (　)에 순서대로 들어갈 적당한 말은?**

> 지하철이나 자동차의 외부에 (　) 계통을 칠하면 눈에 잘 띄고, (　)을 사용하면 반대로 눈에 띄기 어려워 작고 멀리 떨어져 보인다.

① 한색, 난색
② 난색, 한색
③ 고명도 색, 고채도 색
④ 고채도 색, 고명도 색

해설
눈에 잘 띄는 색이란 주목성이 높은 색으로 난색 계열의 고채도 색상을 말한다. 한색 계열은 고채도, 고명도일지라도 난색 계열에 비해 주목성이 다소 떨어지며 멀게 느껴진다.

정답 6 ② 7 ③ 8 ② 9 ④ 10 ① 11 ②

12 색채심리를 이용하여 지각 범위가 좁아진 노인을 위한 공간계획을 할 때 가장 고려되어야 할 것은?

① 색상대비
② 명도대비
③ 채도대비
④ 보색대비

해설
노인들은 시각기관인 수정체의 노화로 명도에 영향을 받는다. 그러므로 공간계획 시 명도대비를 고려해야 한다.

13 다음 중 색채계획 시 유행색에 가장 민감한 품목은?

① 자동차
② 패션용품
③ 사무용품
④ 가전제품

해설
유행색은 일정 기간 동안 사람들이 선호하는 색으로 색채전문가들에 의해 예측되고, 유행색 관련기관에 의해 시즌 2년 전에 먼저 제안된다. 특히 패션산업은 유행색에 매우 민감한 분야이다.

14 특정 국가, 지역의 문화 및 역사에 국한되지 않고 국제언어로 활용되는 색채의 대표적인 예들 중 거리가 먼 것은?

① 노랑 – 장애물 또는 위험물에 대한 경고
② 빨강 – 소방기구, 금지표시
③ 초록 – 구급장비, 상비약, 의약품
④ 파랑 – 종교적 시설, 정숙, 도서관

해설
종교적 시설은 종교, 문화마다 선호하는 색이 다르기 때문에 국제언어의 색채라 할 수 없다. 파랑은 특정 행위의 지시 및 사실의 고지, 의무적 행동, 수리 중, 요주의를 의미한다.

15 바둑알 제작 시 검은색 알을 흰색 알보다 조금 더 크게 만드는 이유와 관련한 색채심리 현상은?

① 대비와 착시 ② 대비와 잔상
③ 조화와 착시 ④ 조화와 잔상

해설
검은색은 흰색에 비해 동일한 크기일지라도 작게 느껴진다. 이러한 검은색과 흰색의 대비와 착시를 이유로 검은색 알을 크게 제작하고 있다.

16 색채 마케팅 프로세스의 순서가 옳은 것은?

① 색채 DB화 → 색채 콘셉트 설정 → 시장, 소비자 조사 → 판매촉진 전략 구축
② 색채 DB화 → 판매촉진 전략 구축 → 색채 콘셉트 설정 → 시장, 소비자 조사
③ 시장, 소비자 조사 → 색채 콘셉트 설정 → 판매촉진 전략 구축 → 색채 DB화
④ 시장, 소비자 조사 → 색채 DB화 → 판매촉진 전략 구축 → 색채 콘셉트 설정

해설
색채 마케팅에서 가장 먼저 할 것은 시장과 소비자에 대한 조사이다. 시장과 소비자의 니즈를 파악한 후 이를 근거로 색채 콘셉트를 설정하고 판매 촉진을 위한 전략을 구축한 자료를 데이터베이스화하여 마케팅을 지속적으로 실행하게 된다.

17 색채의 공감각 중 쓴맛을 느끼는 것과 관련이 없는 것은?

① 회색, 하양, 검정의 배색
② 한약재의 이미지 연상
③ 케일주스의 이미지 연상
④ 올리브그린, 마룬(Maroon)의 배색

해설
색채와 맛에 관한 연구는 물리적, 지역적 특성에 기초를 두어야 한다. 색채가 미각의 감정을 수반한다. 쓴맛은 한색 계열, 탁한 갈색, 진한 청색, 파랑, 보라, 탁한 녹색의 배색에서 느껴진다. 회색은 짠맛이 연상된다.

12 ② 13 ② 14 ④ 15 ① 16 ③ 17 ① 정답

18 항공, 해안 시설물의 안전색으로 가장 적합한 파장 영역은?

① 750nm ② 600nm
③ 480nm ④ 400nm

해설
항공, 해안 시설물의 안전색으로 주목성이 가장 높은 노란색을 골라야 한다. 노랑 계열의 가시광선 영역은 560~590nm이다.

19 안전 · 보건표지에 사용되는 색채 중 그 용도가 '지시'에 해당하는 것은?

① 7.5R 4/14
② 5Y 8.5/12
③ 2.5G 4/10
④ 2.5PB 4/10

해설
안전 · 보건표지의 색채
- 2.5PB 4/10(파랑) : 특정 행위의 지시 및 사실의 고지, 의무적 행동, 수리 중, 요주의
- 7.5R 4/14(빨강) : 금지, 정지, 소방기구, 고도의 위험, 화약류의 표시
- 5Y 8.5/12(노랑) : 경고, 주의, 장애물, 위험물, 감전경고
- 2.5G 4/10(초록) : 안전, 안내, 유도, 진행, 비상구, 위생, 보호, 피난소, 구급장비

20 다음 색채와 연상어의 연결이 틀린 것은?

① 노랑 – 위험, 혁명, 환희
② 초록 – 안정, 평화, 지성
③ 파랑 – 명상, 냉정, 영원
④ 보라 – 창조, 우아, 신비

해설
노랑 : 즐거움, 명랑, 화려, 환희, 번영, 비옥함

제2과목 색채디자인

21 색채계획 과정에서 색채변별 능력, 색채조사 능력은 어느 단계에서 요구되는가?

① 색채환경 분석단계
② 색채심리 분석단계
③ 색채전달 계획단계
④ 디자인에 적용단계

해설
색채계획은 색채환경 분석 → 색채심리 분석 → 색채전달 계획 → 색채디자인 적용단계로 이루어져 있다. 색채변별 능력 및 조사능력, 자료수집 능력은 색채 시장조사 및 환경분석의 단계에 해당한다.

22 다음 ( ) 안에 들어갈 용어는?

환경과 인간활동 간의 조화를 모색함으로써 지속성을 보장하고 지속적인 발전을 유도하는 공간조직과 생활양식을 실현한다는 의미를 내포하며 그러한 사상을 토대로 하여 도출된 것이 ( ) 디자인의 개념이다.

① 생태문화적 ② 환경친화적
③ 기술환경적 ④ 유기체적

해설
환경친화적 디자인은 인간과 자연이 공생할 수 있도록 하는 디자인이다. 지속 가능한 개발과 같이 지속적인 발전을 유도하는 공간조직과 생활양식을 실현한다는 의미를 가진다.

23 윌리엄 모리스가 디자인에 접목시키고자 했던 예술양식은?

① 바로크 ② 로마네스크
③ 고 딕 ④ 로코코

해설
윌리엄 모리스는 주로 고딕 양식을 디자인에 접목하였으며 식물의 문양을 모티브로 유기적이고 선적인 형태를 사용하였다.

정답 18 ② 19 ④ 20 ① 21 ① 22 ② 23 ③

24 환경 디자인에 관한 설명으로 잘못 연결된 것은?

① 스트리트 퍼니처 – 광고탑, 버스정류장, 식수대 등 도시의 표정을 결정하는 중요한 요소이다.
② 옥외광고판 – 기능적인 성격이 강하므로 심미적인 기능보다는 눈에 띄는 것이 가장 중요하다.
③ 슈퍼그래픽 – 짧은 시간 내 적은 비용으로 환경개선이 가능하다.
④ 환경조형물 – 공익 목적으로 설치된 조형물로 주변 환경과의 조화, 이용자의 미적 욕구충족이 요구된다.

해설
환경 디자인은 주변의 맥락을 우선시하면서 공동체 의식과 기능성을 중시하며 편리성, 경제성, 안전성을 추구해야 한다.

25 1960년대 초 미국적 물질주의 문화를 반영하여 전개되었던 대중예술의 한 경향은?

① 포스트모더니즘(Postmodernism)
② 미니멀 아트(Minimal art)
③ 옵아트(Op art)
④ 팝아트(Pop art)

해설
팝아트는 1960년대 미국을 중심으로 물질문화를 반영하여 전개된 대중예술이다. 실크 스크린 기법과 원색적 색채 표현, 추상표현주의의 엄숙함을 반영하는 것이 특징이다.

26 다음 설명과 가장 관계 깊은 디자인은?

한 지역의 지리적, 풍토적 자연환경과 인종적인 배경 아래서 그 지역 사람들의 일상적인 생활습관과 자연스러운 욕구에 의해 이루어진 토속적인 양식은 유기적인 조형과 실용적인 문제 해결이라는 측면에서 오늘날의 디자인에 시사하는 바가 크다.

① 생태학적 디자인(Ecological Design)
② 버네큘러 디자인(Vernacular Design)
③ 그린 디자인(Green Design)
④ 환경적 디자인(Environmental Design)

해설
버네큘러 디자인은 일반 사람들이 자발적으로 만들어 내는 디자인이다. 미적으로 세련미는 떨어지지만 토착민들의 일상적인 생활습관과 자연스러운 욕구에 의해 이루어진 토속적인 양식은 실용적인 문제 해결이라는 측면에서 오늘날의 디자인에 시사하는 바가 크다.

27 다음 디자인 과정의 순서가 옳게 나열된 것은?

ⓐ 조사 ⓑ 분석 ⓒ 계획 ⓓ 평가 ⓔ 종합

① ⓐ → ⓑ → ⓒ → ⓓ → ⓔ
② ⓐ → ⓒ → ⓑ → ⓔ → ⓓ
③ ⓒ → ⓐ → ⓑ → ⓔ → ⓓ
④ ⓒ → ⓐ → ⓑ → ⓓ → ⓔ

해설
디자인 과정은 계획 → 조사 → 분석 → 종합 → 평가로 이루어져 있다.

28 인쇄 시에 점들이 뭉쳐진 형태로 나타나는 스크린 인쇄법에서의 인쇄 실수를 가리키는 용어는?

① 모아레(Moire)
② 앨리어싱(Aliasing)
③ 트랩(Trap)
④ 녹아웃(Knockout)

해설
모아레(Moire)는 규칙적으로 되풀이되는 모양을 반복적으로 합쳤을 때 주기 차이에 따라 시각적으로 만들어지는 줄무늬를 말한다. 인쇄 시 점들이 뭉쳐진 형태로 나타나는 스크린 인쇄법에서의 실수로 생기게 된다.

29 셀 애니메이션에 대한 설명으로 틀린 것은?

① 검은 종이 뒤에 빛을 비추어 절단된 틈으로 새어 나오는 빛을 한 컷씩 촬영하여 만든다.
② 디즈니의 미키마우스, 백설공주, 미야자키 하야오의 토토로 등이 대표적 예이다.
③ 동영상 효과를 내기 위하여 1초에 24장의 서로 다른 그림을 연속시킨 것이다.
④ 셀 애니메이션은 배경그림 위에 투명한 셀로판지에 그려진 그림을 겹쳐 찍는 방법이다.

정답: 24 ② 25 ④ 26 ② 27 ③ 28 ① 29 ①

해설
검은 종이 뒤에 빛을 비추어 절단된 틈으로 새어 나오는 빛을 한 컷씩 촬영하여 만드는 애니메이션은 투광 애니메이션이다.

30 색채계획에 있어서 환경색채에 대한 설명으로 거리가 먼 것은?

① 주변 환경과 다른 색상 설정
② 목적과 기능에 부합되는 색채 사용
③ 지역적 특성을 반영한 색채 구성
④ 4계절 변화에 적합한 색채

해설
환경색채 계획 시에는 건물의 형태, 상징성, 주위 환경, 규모, 위치 등을 고려해야 한다.

31 다음 중 유니버설 디자인의 7원칙과 관련이 없는 것은?

① 대상에 대한 공평성
② 오류에 대한 포용력
③ 복잡하고 감각적인 사용
④ 적은 물리적 노력

해설
유니버설 디자인의 7원칙
- 공평한 사용
- 사용상의 융통성
- 간단하고 직관적인 사용
- 정보 이용의 용이
- 오류에 대한 포용력
- 적은 물리적 노력
- 접근과 사용을 위한 충분한 공간

32 1950년대 미국에서 시작된 색채계획의 시대적 배경에 관한 설명 중 거리가 먼 것은?

① 과학기술의 발전에 따른 생산방식의 공업화
② 색채의 생리적 효과를 활용한 색채조절에 의한 디자인 방식 주목
③ 인공착색 재료와 착색기술의 발달
④ 안전성과 기능성보다는 목적과 대상에 따라 다양성 적용

해설
1950년대 미국에서는 색채의 안정성과 기능적인 면이 미적인 요소보다 강조되어 기능적인 색, 안전색 등 색채조절로 다양한 효과를 주었다.

33 다음 중 색채계획의 결과가 가장 오래 지속되고 사후관리가 가장 중요시되는 영역은?

① 제품 색채계획
② 패션 색채계획
③ 환경 색채계획
④ 미용 색채계획

해설
환경 색채계획은 색채계획을 한 후 그 결과가 가장 오래 지속되어 사후관리가 중요시되는 영역이다.

34 디자인 사조에 대한 설명으로 틀린 것은?

① 중세시대의 색채는 계급, 신분의 위계에 따라 결정되었다.
② 큐비즘의 작가 몬드리안은 원색의 대비와 색면 분할을 통한 비례를 보여 준다.
③ 괴테는 '색채이론'에서 파란색은 검은색이 밝아졌을 때 나타나는 색으로 보았다.
④ 사실주의 화가들의 작품은 어둡고 무거운 톤의 색채가 주를 이룬다.

해설
큐비즘은 피카소를 주축으로 하여 3차원적인 공간과 입체감을 가지고 표현한 조형적 입체주의이다.

35 디자인의 1차적 목적이 되는 것은?

① 생산성　② 기능성
③ 심미성　④ 가변성

해설
디자인의 기본 목표는 미와 기능의 합일이다. 기능성은 디자인의 1차적 목적에 적합하게 작용하기 위한 것이다.

정답 30 ① 31 ③ 32 ④ 33 ③ 34 ② 35 ②

36 (　　)에 가장 적합한 용어는?

디자인의 어원은 '(　　)을 기호로 표시한다.'는 것을 의미하는 라틴어의 'Designare'에서 온 것이다.

① 자 연　② 실 용
③ 조 형　④ 계 획

해설
데시그라네(Designare)의 의미는 '계획을 세우고 수립하다'이다.

37 서로 달라서 관련이 없는 요소를 결합시킨다는 의미로 공통의 유사점, 관련성을 찾아내고 동시에 아주 새로운 사고방법으로 2개의 것을 1개로 조립하는 것을 목표로 하는 이미지 전개방법은?

① 브레인스토밍
② 시네틱스
③ 입출력법
④ 체크리스트법

해설
시네틱스(Synectics)란 서로 관련없어 보이는 것을 결부시킨다는 의미이다. 즉, 주제와 전혀 관련없는 사물이나 생각을 관련시키는 방법이다.

38 색채계획 시 고려해야 할 조건으로 적절하지 않은 것은?

① 대상이 차지하는 면적
② 자연광과 인공조명의 구분
③ 대상과 보는 사람과의 거리
④ 개인 사용과 공동 사용의 통일

해설
색채계획 시 고려해야 할 조건은 대상이 차지하는 면적(주조색, 보조색, 강조색), 대상의 움직임 유무, 자연광과 인공조명의 구분, 개인용과 공동 사용의 구분 정도이다.

39 게슈탈트의 시지각의 원리 중에서 그림 (가)를 보고 그림 (나)와 같이 지각하려는 경향으로 가장 옳은 것은?

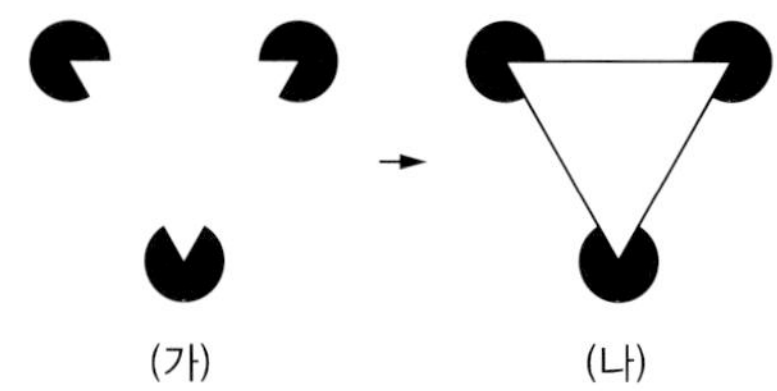

① 유사성의 요인
② 연속성의 요인
③ 폐쇄성의 요인
④ 근접성의 요인

해설
형태지각심리의 4법칙으로 근접성, 유사성, 연속성, 폐쇄성이 있다. 그중 폐쇄성은 형태의 일부가 연결되거나 완성되어 있지 않더라도 완전하게 보려는 시각법칙이다. 따라서 그림에 해당하는 시지각 법칙은 폐쇄성이다.

40 다음 중 개인의 색채가 아닌 것은?

① 의 복　② 메이크업
③ 커 튼　④ 액세서리

해설
개인의 개성을 나타내는 퍼스널 컬러는 의상, 헤어, 액세서리, 메이크업 등에 이용된다.

제3과목 색채관리

41 정확한 컬러 커뮤니케이션을 위해 측색값과 함께 기록되어야 하는 세부사항이 아닌 것은?

① 측정방법의 종류
② 표준광원의 종류
③ 등색함수의 종류
④ 색채재료의 물성

36 ④ 37 ② 38 ④ 39 ③ 40 ③ 41 ④ 정답

해설
정확한 컬러 커뮤니케이션을 위해 측색값과 함께 기록해야 할 세부사항으로는 색채 측정방식, 표준광의 종류, 표준관측자의 시야각, 3자극치의 계산방법, 등색함수의 종류 등이 있다.

42 다음 중 무기안료의 특징이 아닌 것은?

① 불투명하다.
② 천연무기안료와 합성무기안료로 구분된다.
③ 착색력이 우수하여 색상이 선명하다.
④ 내광성과 내열성이 우수하다.

해설
착색력이 우수하여 색상이 선명한 것은 유기안료이다.

43 조명의 연색성에 관한 설명이 옳은 것은?

① 연색 평가수를 산출하는 데 기준이 되는 광원은 시험 광원에 따라 다르다.
② 연색 평가수는 K로 표기한다.
③ 평균 연색 평가수의 계산에 사용하는 시험색은 5종류로 정한다.
④ 연색 평가수 50은 그 광원의 연색성이 기준 광원과 동일한 것을 표시한다.

해설
연색성은 광원의 성질에 따라 물체의 색이 달라 보이는 현상으로 물체색이 보이는 상태에 영향을 준다. 광원에 따라 같은 색이 다르게 보이는 이유는 두 색의 분광반사도의 차이 때문이다.

44 도료를 물체에 칠하여 도막을 만드는 조작은?

① 도 장　　② 마 름
③ 다 짐　　④ 조 색

해설
도료인 페인트를 물체에 칠하여 페인트 도막을 만드는 조작을 도장이라고 한다.

45 구름이 얇고 고르게 낀 상태에서의 한낮의 태양광 색온도는?

① 12,000K
② 9,000K
③ 6,500K
④ 2,000K

해설
색온도
- 1,600~2,300K : 해뜨기 직전, 백열전등, 촛불의 광색
- 2,500~3,000K : 가정용 텅스텐 램프, 온백색 형광등, 고압나트륨 램프
- 3,500~4,500K : 할로겐 램프, 백색 형광등
- 4,000~4,500K : 아침과 저녁의 야외
- 5,800K : 정오의 태양, 냉백색 형광등
- 6,500~6,800K : 구름이 얇고 고르게 낀 상태의 흐린 날
- 8,000K : 약간 구름이 낀 하늘, 주광색 형광등
- 12,000K : 맑은 하늘

46 디지털 컬러와 관련한 설명 중 옳은 것은?

① IT8은 입력, 조정에 관계되는 기준 색표이지만, 출력과정에선 사용할 수 없다.
② IT8의 활용 시 CMY, RGB로 보이는 중간 톤값의 변화는 신경쓸 필요가 없다.
③ White-balance는 백색 기준(절대 백색)을 정하는 것이다.
④ Gamma는 컴퓨터 모니터 또는 이미지 전체의 기준 채도를 말한다.

해설
① IT8은 입력, 조정, 출력에 관계되는 모든 영역에서 사용된다.
② IT8의 활용 시 RGB 색체계를 CIEXYZ 색공간으로 변환시킬 수 있다.
④ Gamma는 컴퓨터 모니터 또는 이미지 전체의 밝고 어두움을 조정하는 기능으로 명도를 말한다.

정답 42 ③ 43 ① 44 ① 45 ③ 46 ③

47 다음 중 CIELAB 색차식을 나타낸 것이 아닌 것은?

① $\Delta E^*ab=[(\Delta L^*)^2+(\Delta a^*)^2+(\Delta b^*)^2]^{\frac{1}{2}}$

② $\Delta E^*ab=[(\Delta L^*)^2-(\Delta a^*)^2-(\Delta b^*)^2]^{\frac{1}{2}}$

③ $\Delta E^*ab=[(L^*1-L^*0)^2+(a^*1-a^*0)^2+(b^*1-b^*0)^2]^{\frac{1}{2}}$

④ $\Delta E^*ab=[(\Delta L^*)^2+(\Delta C^*ab)^2+(\Delta H^*ab)^2]^{\frac{1}{2}}$

해설

KS A 0064에 따르면 CIELAB 색차식은

$\Delta E^*ab=[(\Delta L^*)^2+(\Delta a^*)^2+(\Delta b^*)^2]^{\frac{1}{2}}$ 로 규정할 수 있다.

48 자외선을 흡수하여 일정한 파장의 가시광선을 형광으로 발하는 성질을 이용하여 종이, 합성수지, 펄프, 양모 등의 백색도를 높이기 위하여 사용되는 염료는?

① 합성염료　② 식용염료

③ 천연염료　④ 형광염료

해설

형광염료는 소량만 사용하며, 한도량을 초과하면 도리어 백색도가 줄고 청색이 되므로 주의한다. 주로 종이, 합성섬유, 합성수지, 펄프, 양모를 보다 희게 하기 위해 사용하며 스틸벤, 이미다졸, 쿠마린유도체, 페놀프탈레인 등이 있다.

49 디지털 영상 색채의 호환성을 확보하기 위하여 영상업체들이 모여 구성한 산업표준기구는?

① 국제조명위원회(CIE)

② 국제표준기구(ISO)

③ 국제색채조합(ICC)

④ 국제통신연합(ITU)

해설

ICC(국제색채협의회)는 국제산업표준의 디지털 디바이스 프로파일을 규정하고 관리하는 국제기구이다. 디지털 영상장치의 생산업체들이 모여 디지털 영상의 호환성을 확보하기 위하여 표준을 정하였으며, ICM 파일이 널리 사용되고 있다.

50 육안검색에 대한 설명이 옳은 것은?

① 광원의 종류와 무관하다.

② 육안검색의 측정각은 관찰자와 대상물의 각을 60°로만 한다.

③ 일반적으로 D_{65} 광원을 기준으로 한다.

④ 직사광선 아래에서 검색한다.

해설

① 광원의 종류는 D_{65}, 먼셀 색표와 비교할 때는 광원 C를 사용한다.

② 육안검색의 측정각은 관찰자와 대상물의 각을 45°로 한다.

④ 직사광선 아래에서 검색하는 것은 틀린 설명이다.

51 무기안료를 이용한 색 재료가 아닌 것은?

① 도 료　② 회화용 크레용

③ 진 사　④ 인쇄잉크

해설

진사는 적색 계열의 유기안료이다.

52 모니터 캘리브레이션에 관한 설명으로 틀린 것은?

① 자동밝기 조정기능이 있는 모니터는 해당 기능을 활성화한 후 캘리브레이션을 시행한다.

② 흰색의 색상 목푯값은 색온도 또는 xy로 설정하며, sRGB 색공간의 기준은 x : 0.3127, y : 0.3290이다.

③ 모니터 캘리브레이션은 흰색의 밝기, 흰색의 색상, 톤 재현 특성, 검은색의 밝기를 교정한다.

④ Rec.1886 기준으로 캘리브레이션 시행 시 목표 감마는 2.4로 설정한다.

해설

모니터의 색 관리에서 가장 중요한 것은 얼마나 정확하게 자연과 일치하는 색을 재현할 수 있는가이다(연색성). 색 관리시스템 중 캘리브레이션은 입출력 시스템인 스캐너, 모니터, 프린터와 같은 장치들의 특성과 성질에 따라 색온도, 컬러 균형 및 기타 특성을 조절하여 일정한 표준으로 보이도록 하는 과정을 말한다. 따라서 정확한 컬러를 보기 위해서는 모니터를 캘리브레이션하고, 그 프로파일 정보의 인식이 가능한 이미지 프로그램을 사용해야 한다.

47 ② 48 ④ 49 ③ 50 ③ 51 ③ 52 ① 정답

53 면 광원에 대한 광도를 나타내며, 단위는 cd/m^{2}로 표시하는 것은?

① 휘 도 ② 해상도
③ 조 도 ④ 전광속

해설
② 해상도 : 1인치×1인치 안에 들어 있는 픽셀의 수로 표시하고 단위는 ppi를 사용한다.
③ 조도 : 단위 면적당 주어지는 빛의 양으로 단위는 lx(럭스)이다.
④ 전광속 : 광원이 사방으로 내는 빛의 총에너지로 단위는 lm(루멘)이다.

54 색에 관한 용어(KS A 0064 : 2015)에서 규정한 틴트(Tint)에 대한 설명으로 옳은 것은?

① 색 필터의 중첩에 따라 보이는 유채색의 변화
② 조명이 물체색을 보는 데 미치는 영향
③ 흰색에 유채색이 혼합된 정도
④ 표면색의 흰 정도를 일차원적으로 나타낸 수치

해설
① 감법혼색에 대한 설명이다.
② 연색에 대한 설명이다.
④ 백색도에 대한 설명이다.

55 기기를 이용한 측색의 결과 CIE 표준 데이터가 아닌 것은?

① H V/C ② Yxy
③ L*a*b* ④ L*C*h

해설
H V/C는 현색계인 먼셀 표색계에 대한 표기법이다. 나머지 보기는 혼색계로 CIE 표준 데이터이다.

56 컴퓨터를 이용하여 정확한 측색과 분석을 수행함으로써 조색에 필요한 배합을 자동으로 산출하는 시스템은?

① CMY(Cyan, Magenta, Yellow)
② CCM(Computer Color Matching)
③ CCD(Charge Coupled Device)
④ CMYK(Cyan, Magenta, Yellow, Black)

해설
CCM은 소프트웨어와 정밀 측정기기를 사용하여 자동으로 배색하는 장치로 기준색에 대한 분광반사율 일치가 가능하다. 컴퓨터 장치를 이용해 정밀 측정하고 자동으로 구성된 컬러런트를 정밀한 비율로 조절, 공급함으로써 색을 자동화하여 조색한다.

57 해상도가 1,024×768인 이미지를 해상도가 다른 모니터에서 볼 때 이미지의 크기로 옳은 것은?(단, 업/다운스케일링을 하지 않음)

① 800×600 모니터 – 이미지가 화면 크기보다 작게 보인다.
② 1,920×1,080 모니터 – 이미지가 화면 크기보다 작게 보인다.
③ 1,280×1,024 모니터 – 이미지가 화면 크기보다 크게 보인다.
④ 1,024×720 모니터 – 이미지가 화면 크기와 동일하게 보인다.

해설
해상도가 1,024×768일 때, 1,024는 가로에 나타나는 정보의 양, 768은 세로에 나타나는 정보의 양을 말한다. 1,024×768보다 해상도가 커지면 화면 크기보다 글씨도 작아지고 화면 스크롤도 작아진다.

58 단색광 궤적(스펙트럼 궤적)을 옳게 설명한 것은?

① 가시 스펙트럼 양끝 파장의 단색광 자극의 가법혼색을 나타내는 색도 좌표 위의 선
② 각각의 파장에서 단색광 자극을 나타내는 점을 연결한 색좌표 위의 선
③ 색자극을 복사량의 분광밀도에 따라 파장의 함수로 표시한 좌표 위의 선
④ 시지각 특성에 따라 인식되는 빛 자체를 나타내는 좌표 위의 선

해설
단색광 궤적은 색도 좌표를 말발굽형의 그림으로 표시한 것으로 색지도 또는 색좌표도라고 한다.

정답 53 ① 54 ③ 55 ① 56 ② 57 ② 58 ②

59 측색기 사용 시 정확한 색채 측정을 위해 교정에 이용하는 것은?

① 북창주광 ② 표준관측자
③ 그레이 스케일 ④ 백색교정판

해설
측정 전 먼저 백색기준물을 사용해 측정함으로써 측색기를 교정한다. 이때 필터의 방식이나 분광식 방식의 모든 측색기에 색채 측정의 기준으로 사용되는 교정물을 백색기준물(백색교정판)이라고 한다.

60 분광반사율 자체가 일치하여 어떠한 광원이나 관측자에게도 항상 같은 색으로 보이는 경우는?

① Metamerism
② Color Inconstancy
③ Isomeric Matching
④ Color Appearance

해설
아이소머리즘(Isomerism)은 분광반사율이 일치하여 관찰자가 어떤 조명 아래에서 보더라도 같은 색으로 보이는 것이다.

제4과목 색채지각의 이해

61 헤링의 반대색설에 대한 설명으로 틀린 것은?

① 색의 기본 감각으로 빨강 – 초록, 노랑 – 파랑, 하양 – 검정의 3조로 반대색설을 가정했다.
② 단파장의 빛이 들어오면 노랑 – 파랑, 빨강 – 초록의 물질이 합성작용을 일으켜 초록, 노랑의 색각이 생긴다.
③ 장파장의 빛이 들어오면 노랑 – 파랑, 빨강 – 초록의 물질이 분해작용을 일으켜 노랑, 빨강의 색각이 생긴다.
④ 색채대립세포는 한 가지 색에 대해서는 흥분하고 다른 색에 대해서는 억제반응을 보이는 세포이다.

해설
단파장에서 노랑 – 파랑 물질이 합성작용을 일으켜 파랑으로 지각되고, 빨강 – 초록 물질이 이화와 합성작용을 일으켜 무색이 되고 이 빛은 파랑으로 지각된다.

62 인상주의 점묘파 작품에 나타난 색의 혼합은?

① 병치혼합 ② 계시혼합
③ 감산혼합 ④ 회전혼합

해설
병치혼합은 두 개 이상의 색을 병치시켜 일정 거리에서 바라보면 망막상에서 혼합되어 보이는 것으로 중간혼합의 일종이다. 신인상파의 점묘화, 직물의 무늬 색, 모자이크, 옵아트 등이 해당된다.

63 다음 중 빛에 대한 설명으로 틀린 것은?

① 장파장의 빛은 굴절률이 크고, 단파장의 빛은 굴절률이 작다.
② 물체색은 물체의 표면에서 빛이 반사되어 나타난 색이다.
③ 단색광을 동일한 비율로 50% 정도만을 흡수하는 경우 물체는 중간 밝기의 회색을 띠게 된다.
④ 빛이 물체에 닿았을 때 가시광선의 파장이 분해되어 반사, 흡수, 투과의 현상이 선택적으로 일어난다.

해설
장파장의 빛은 굴절률이 작고, 단파장의 빛은 굴절률이 크다.

64 빛이 뇌에 전달되는 과정에서 상의 초점이 맺히는 부분은?

① 맹 점 ② 중심와
③ 홍 채 ④ 수정체

해설
① 맹점 : 시세포가 없어 상이 맺히지 않는다.
③ 홍채 : 외부에서 들어오는 빛의 양을 조절하는 기능을 한다.
④ 수정체 : 홍채 바로 뒤에 위치하며 렌즈 역할을 한다.

59 ④ 60 ③ 61 ② 62 ① 63 ① 64 ② 정답

65 다음 중 색상대비가 일어나지 않는 경우는?

① 서구의 중세 스테인드 글라스
② 수묵화의 전통적인 기법
③ 우리나라의 전통적인 자수나 의복
④ 야수파 화가 마티스의 작품

해설
수묵화의 전통적인 기법은 번짐효과의 기법이며, 이는 명도대비에 해당된다.

66 빨간 색광에 백색광을 섞을 경우 나타나는 혼합색에 대한 설명 중 틀린 것은?

① 원래 색에 비해 명도가 높고 채도는 낮다.
② 원래 색에 비해 명도, 채도가 낮다.
③ 빨간색을 띤다.
④ 가법혼색의 결과이다.

해설
가법혼색은 혼합할수록 명도가 높아지는 방법이며 채도는 낮아진다.

67 색채지각의 착시현상으로 원반 모양의 흑백그림을 고속으로 회전시켰을 때 흑백이지만 파스텔 톤의 연한 유채색 영상이 보이는 현상과 관련한 용어는?

① 색음현상
② 메카로 효과
③ 애브니 효과
④ 페히너 효과

해설
① 색음현상 : 어떤 빛을 물체에 비추면 그 물체의 그림자가 빛의 반대색상(보색)의 색조로 보이는 현상이다.
② 메카로 효과 : 대상의 위치에 따라 눈을 움직이면 잔상이 이동하여 나타나는 현상이다.
③ 애브니 효과 : 색자극의 순도(선명도)가 변하며 같은 파장의 색이라도 그 색상이 다르게 보이는 현상을 말한다.

68 다음 중 가법혼색의 3원색이 아닌 것은?

① 빨 강 ② 노 랑
③ 녹 색 ④ 파 랑

해설
가법혼색의 3원색은 빨강, 녹색, 파랑이며 혼합할수록 명도가 높아진다. 감법혼색의 3원색은 마젠타, 노랑, 사이안이며 혼합할수록 명도가 낮아진다.

69 물리보색에 대한 설명 중 옳은 것은?

① 먼셀의 색상환에서 빨강의 보색은 녹색이다.
② 두 색광을 혼색했을 때 백색광이 되는 색이다.
③ 회전판 위에 두 보색을 중간혼색하면 검정에 가까운 색이 된다.
④ 감법혼색 시 두 보색은 서로 상쇄되어 자기 나름의 색을 갖게 된다.

해설
물리보색은 서로 마주보는 색상을 혼합하면 무채색이 되는 관계를 말한다.
① 먼셀의 색상환에서 빨강의 보색은 녹색으로, 이는 심리보색이다.
③ 회전판 위에 두 보색을 중간혼색하면 회색에 가까운 색이 된다.

70 추상체 시각의 스펙트럼 민감도가 가장 높은 광원색은?

① 빨 강 ② 초 록
③ 파 랑 ④ 보 라

해설
추상체는 망막의 중심부에 밀집해 있으며 0.1lx 이상의 밝은색을 감지하는 세포로 555nm의 빛에 가장 민감하다. 스펙트럼 중 555nm 구간에 해당되는 색상은 초록 계열이다.

정답 65 ② 66 ② 67 ④ 68 ② 69 ② 70 ②

71 붉은색 물체의 표면에 광택감을 주었을 때 느껴지는 색채 감정의 변화로 옳은 것은?

① 중성색으로 느껴진다.
② 표면이 거칠게 느껴진다.
③ 차갑게 느껴진다.
④ 더욱 따뜻하게 느껴진다.

해설
물체 표면의 물리적 속성으로서, 빛의 반사량이 많고 강할 경우에는 마치 연마된 금속 표면과 같은 광택이 생기므로 차가움이 느껴진다.

72 자극이 이동해도 지속적으로 원자극과 유사한 색상이나 밝기가 나타나는 현상은?

① 대비현상
② 심리보색 현상
③ 음성잔상
④ 양성잔상

해설
양성잔상(정의 잔상)은 색의 자극이 흥분한 상태로 지속되고 자극이 없어져도 원래의 자극과 동일한 상이 지속적으로 느껴지는 현상을 말한다.

73 다음 중 운동선수의 복장이나 경주용 자동차 외부의 색으로 적합한 것은?

① 밝고 채도가 높은 한색
② 밝고 채도가 높은 난색
③ 밝고 채도가 낮은 한색
④ 밝고 채도가 낮은 난색

해설
움직임이 빠른 느낌이 나도록 밝고 채도가 높은 난색으로 배색하는 것이 적합하다.

74 색의 진출, 후퇴효과를 일으키는 색채 특성이 바르게 연결된 것은?

① 진출색 – 난색계, 고명도, 고채도
② 진출색 – 한색계, 저명도, 저채도
③ 후퇴색 – 난색계, 고명도, 고채도
④ 후퇴색 – 한색계, 고명도, 고채도

해설
- 진출색(팽창색) : 고명도, 고채도, 난색 계열
- 후퇴색(수축색) : 저명도, 저채도, 한색 계열

75 같은 색이 주위의 색에 따라 색상, 명도, 채도가 다르게 보이는 현상은?

① 색의 대비
② 색의 분포
③ 색의 강약
④ 색의 조화

해설
색의 대비는 배경과 주위 색의 영향으로 색의 성질이 변화되어 보이는 현상을 말한다.

76 빛의 특성에 대한 설명으로 틀린 것은?

① 파장이 긴 쪽이 붉은색으로 보이고 파장이 짧은 쪽이 푸른색으로 보인다.
② 햇빛과 같이 모든 파장이 유사한 강도를 갖는 빛을 백색광이라 한다.
③ 백열전구(텅스텐 빛)는 장파장에 비하여 단파장이 상대적으로 강하다.
④ 회색으로 보이는 물체는 백색광 전체의 일률적인 빛의 감소에 의해서이다.

해설
백열전구(텅스텐 빛)는 따뜻한 붉은색 계열로 장파장이 상대적으로 강하게 느껴진다.

71 ③ 72 ④ 73 ② 74 ① 75 ① 76 ③ 정답

77 다음 중 가장 화려한 느낌을 주는 색은?

① 고명도의 난색
② 고채도의 한색
③ 고채도의 난색
④ 저명도의 한색

해설
① 고명도의 난색은 부드러운 이미지가 연상된다.
② 고채도의 한색은 차가운 이미지가 연상된다.
④ 저명도의 한색은 차분한 이미지가 연상된다.

78 밝은 곳에서는 빨간 꽃이 잘 보이다가 어두운 곳에서는 파란 꽃이 더 잘 보이게 되는 현상은?

① 베졸트(Bezold) 현상
② 푸르킨예(Purkinje) 현상
③ 프라운호퍼(Fraunhofer) 현상
④ 영-헬름홀츠(Young-Helmholtz) 현상

해설
푸르킨예(Purkinje) 현상
주위의 밝기에 따라 물체색의 명도가 달라 보이는 것으로 밝은 빛에서는 장파장 계열의 색이, 어두운 곳에서는 단파장 계열의 색이 상대적으로 밝게 보인다.

79 색의 동화현상에 대한 설명이 아닌 것은?

① 가늘고 촘촘한 줄무늬에서 쉽게 나타난다.
② 대비현상과는 반대되는 색채이다.
③ 전파효과, 혼색효과, 줄눈효과라고도 부른다.
④ 일정한 자극이 사라진 후에도 지속적으로 자극을 느낀다.

해설
일정한 자극이 사라진 후에도 지속적으로 자극을 느끼는 현상은 잔상효과이다.

80 연변대비에 대한 설명이 틀린 것은?

① 연변대비를 약화시키고자 할 때 두 색 사이의 테두리를 무채색으로 한다.
② 인접한 두 색의 경계 부분에서 눈부심 효과(Glare Effect)가 일어난다.
③ 무채색을 명도단계로 배열할 때 나타난다.
④ 인접색이 저명도인 경계 부분은 더 어두워 보인다.

해설
인접색이 저명도인 경계 부분은 더 밝게 보인다.

제5과목 색채체계의 이해

81 NCS 색상환에 배열된 색상의 수는?

① 10색 ② 20색
③ 24색 ④ 40색

해설
NCS 색상환은 헤링의 R, Y, G, B 기본색을 각 10단계로 나눠 총 40색을 사용한다.

82 다음 중 색채의 배열과 구성에서 지각적 등보성이 없는 것은?

① KS 표준색표
② Munsell Book of Color
③ Pantone Color
④ NCS

해설
Pantone Color는 미국의 펜톤(Pantone)사가 제작한 실용 상용색표로 인쇄잉크를 이용해 일정 비율로 제작된 실용적 표색계이다. 인쇄, 컴퓨터 그래픽, 패션 등 산업 전반에 널리 사용되며, 실용성과 시대의 필요에 따라 제작되었기 때문에 개개 색편이 색의 기본 속성에 따라 논리적인 순서로 배열되어 있지 않아 등보성이 없다.

정답 77 ③ 78 ② 79 ④ 80 ④ 81 ④ 82 ③

83 **오스트발트 색체계에 대한 설명으로 옳은 것은?**

① 1942년 미국 CCA에서 제안한 CHM에는 24개의 기본색 외에 8개의 색을 추가해서 사용한다.
② 이상적으로 표현하고자 하는 모든 색채영역의 재현이 가능하다.
③ 슈브뢸의 영향을 받은 색체계로 오스트발트 조화론으로 발전된다.
④ 베버–페히너의 법칙을 적용하여 동등한 시각거리를 표현하는 색 단위들을 얻어내려 시도하였다.

해설
베버–페히너의 법칙은 자극의 변화를 느끼기 위해서는 처음 자극보다 더 큰 자극을 받아야 한다는 이론이다. 오스트발트는 이 법칙을 적용하여 현실에 존재하지 않는 완전 흡수 검정(B), 완전 반사 흰색(W), 특정한 빛만 완전 반사하는 순색(C)의 3가지 혼색으로 동등한 시각거리를 표현하는 색 단위들을 얻어내려 시도했다.

84 **다음 중 L*a*b* 색체계에서 빨간색의 채도가 가장 높은 색도좌표는?**

① +a* = 40 ② −a* = 20
③ +b* = 20 ④ −b* = 40

해설
L은 명도를 나타내고, 100은 흰색, 0은 검은색이다. +a*는 빨강, −a*는 초록을 나타내며 +b*는 노랑, −b*는 파랑을 의미한다. 그러므로 +a* = 40 빨간색의 채도가 가장 높다.

85 **다음의 NCS 표기 중 빨간색도의 양이 가장 많은 것은?**

① R80B ② R60B
③ R40B ④ R20B

해설
NCS에서는 색을 '흑색량, 순색량 – 색상의 기호'로 표기한다. 예를 들어 S2070–R20B에서 2070은 뉘앙스, R20B는 색상, 20은 검은색도, 70은 유채색도를 각각 의미한다. R20B는 R에 20만큼 B가 섞인 P 색상을 나타내며, S는 2판임을 표시한다. 빨간색도의 양이 가장 많은 것은 보기 중 가장 숫자가 낮은 R20B이다.

86 **PCCS 색체계의 설명으로 틀린 것은?**

① 색상 – 적, 황, 녹, 청 4색상을 중심으로 24색상을 기본으로 한다.
② 명도 – 먼셀 명도를 0.5단계로 세분화하여 17단계로 구분한다.
③ 채도 – 기호는 C를 붙여 9단계로 분할한다.
④ 톤 – 명도와 채도의 복합 개념이라 할 수 있다.

해설
PCCS 색체계는 헤링의 4원색설을 바탕으로 빨강, 노랑, 초록, 파랑의 색상을 기본색으로 한다. 색상은 24색, 명도는 17단계(0.5단계 세분화), 채도는 9단계(지각적 등보성 없이 절대 수치인 9단계로 구분)로 구분해 사용한다. 채도의 기호는 S를 붙여 9단계로 분할한다.

87 **배색의 효과에 대한 설명 중 적절하지 않은 것은?**

① 회색과 흰색의 배색에 선명한 빨간색을 강조색으로 활용하여 경쾌한 느낌을 주었다.
② 회색 띤 파랑, 밝은 파랑, 진한 파랑을 이용하여 점진적이고 연속적인 느낌의 배색을 하였다.
③ 짙은 회색, 은색, 짙은 파란색을 이용하여 도시적이고 사무적인 느낌의 배색을 하였다.
④ 밝은 노란색, 밝은 분홍색, 밝은 자주색을 이용하여 개구쟁이 소년의 활동적인 느낌을 주었다.

해설
밝은 노란색, 밝은 분홍색, 밝은 자주색은 개구쟁이 소년보다는 소녀의 활동적인 느낌을 준다.

88 **저드(Judd)의 색채조화론에 대한 설명이 아닌 것은?**

① 순색, 흰색, 검정, 명색조, 암색조, 톤 등이 기본이 된다.
② 색채조화는 질서 있는 계획에 따라 선택된 색의 배색이 생긴다.
③ 관찰자에게 잘 알려져 있는 배색이 잘 조화된다.
④ 어떤 배색도 어느 정도 공통의 양상과 성질을 가진 것이라면 조화가 된다.

83 ④ 84 ① 85 ④ 86 ③ 87 ④ 88 ① 정답

해설
순색, 흰색, 검정, 명색조, 암색조, 톤 등이 기본이 되는 것은 파버 비렌의 색채조화론이다.

89 다음 중 식물에서 유래된 색명이 아닌 것은?

① 살구색 ② 라벤더
③ 라일락 ④ 세피아

해설
살구색, 라벤더, 라일락은 모두 식물에서 유래한 색이며, 세피아는 오징어 먹물색으로 동물에서 유래한 색이다.

90 CIE 색체계에 대한 설명 중 옳은 것은?

① 기준 관찰자를 두고 5° 시야에서 관찰한다.
② X, L*값은 밝기를 나타내는 기호이다.
③ Cyan, Magenta, Yellow의 3색광을 기준으로 한다.
④ 측정되는 스펙트럼의 400~700nm을 기준으로 한다.

해설
CIE 색체계의 관찰시야 각도는 2°, 10°를 사용하며, XYZ 색체계에서 X는 적색 자극치를 표시한다. R, G, B를 기본 3색광으로 사용하며 측정되는 스펙트럼의 400~700nm를 기준으로 한다.

91 혼색계의 장점이 아닌 것은?

① 정확한 측정이 가능하다.
② 환경을 임의로 설정하여 측정할 수 있다.
③ 수치로 표기되어 변색, 탈색 등의 물리적 영향이 없다.
④ 지각적으로 일정하게 배열되어 있다.

해설
시각적으로 지각되며 일정하게 배열하고 공간을 체계화시킨 것은 현색계이다.

92 다음 중 일반적인 물체색으로 보이는 검정에 대한 설명으로 옳은 것은?

① 오스트발트 색체계 – a
② L*a*b* 색체계 – L*값이 30
③ Munsell 색체계 – N값이 9
④ NCS 색체계 – S9000-N

해설
① 백색량 89, 흑색량 11로 밝은 회색이다.
② 어두운 회색이다.
③ 거의 흰색이다.

93 강조배색에 대한 설명으로 틀린 것은?

① 색상의 자연스러운 이행, 명암의 변화 등에서 그 예를 찾을 수 있다.
② 전체가 어두운 톤인 경우, 대조적인 고명도 색을 소량 첨가하는 배색을 하면 긴장감과 명쾌한 느낌을 줄 수 있다.
③ 무채색이나 저채도의 회색 톤 등의 기조색과 대조관계에 있는 고채도 색상을 악센트 컬러로 배색한다.
④ 악센트 컬러의 선택은 기조색과의 관계를 고려해야 한다.

해설
①은 그러데이션 배색이다.
강조배색은 배색 자체가 변화 없이 지나치게 동일한 느낌이 들 때, 강조색을 사용함으로써 보다 적극적이고 경쾌하고 활기찬 느낌의 배색 효과를 얻을 수 있다.

94 NCS 색체계에서 S4010-Y80R의 백색도는 얼마인가?

① 10 ② 40
③ 50 ④ 80

해설
S4010-Y80R에서 40은 흑색량, 10은 순색량을 표시한다. 항상 순색, 백색, 흑색량의 합은 100의 값을 가진다. 따라서 백색량은 50이 된다.

정답 89 ④ 90 ④ 91 ④ 92 ④ 93 ① 94 ③

95 한국산업표준(KS)의 관용색이름과 색의 3속성에 의한 표시의 연결이 옳은 것은?

① 벚꽃색 – 2.5R 9/2
② 토마토색 – 5R 3/6
③ 우유색 – 5Y 8.5/14
④ 초콜릿색 – 7.5YR 8/4

해설
② 토마토색 : 7.5R 4/12
③ 우유색 : 5Y 9/1
④ 초콜릿색 : 5YR 2/2

96 먼셀 색체계에서 N5와 비교한 N2의 상태는?

① 채도가 높은 상태이다.
② 채도가 낮은 상태이다.
③ 명도가 높은 상태이다.
④ 명도가 낮은 상태이다.

해설
먼셀 색체계에서 명도는 N으로 표시하는데, 수치가 높아질수록 밝아진다. 따라서 N5에 비해 N2는 명도가 낮은 상태이다.

97 관용색명에 관한 설명으로 옳은 것은?

① 색상, 명도, 채도를 표시하는 수식어를 특별히 정하여 표시하는 색명이다.
② 정량적이며 정확성을 가진 색명체계로 색채계획에 유용하다.
③ 계통색명이라고도 한다.
④ 동물, 식물, 광물, 지명, 인명 등의 이름을 따서 붙인다.

해설
관용색명(고유색명)이란 옛날부터 전해 내려와 습관적으로 사용되어 온 색명이다. 주로 광물, 식물, 동물, 지명, 인명 등의 이름을 따서 붙이며 색감의 연상이 즉각적이다.

98 토널배색으로 나타낼 수 있는 배색 이미지는?

① 동적인, 화려한
② 단단한, 선명한
③ 깨끗한, 맑은
④ 절제된, 수수한

해설
토널(Tonal)은 색조, 음조의 뜻을 가지며, 배색의 느낌은 톤인톤 배색과 비슷하지만 중명도, 중채도의 색상으로 배색되므로 안정되고 절제되며 수수하고 편안한 느낌을 준다. 다양한 색상을 사용한다는 점에서 톤인톤 배색과는 차이가 있다.

99 색채조화에 대한 설명으로 틀린 것은?

① 2색 또는 3색 이상의 배색에 질서를 부여하는 것이다.
② 조화로운 배색을 위해서는 여러 가지 배색의 질서를 알아야 한다.
③ 배색의 형식과 그 평가와의 관계를 연구하는 분야이다.
④ 색채조화의 보편적인 원칙에 의존하는 것이 좋은 배색계획이다.

해설
사실 색채조화에는 정답이 없다. 따라서 보편적 원칙에 의존하는 것이 아니라 어떤 이론이나 법칙은 자료로 참고할 뿐 절대적으로 사용하는 것은 좋은 배색계획이라 할 수 없다.

100 빛의 혼색실험을 기초로 한 정량적인 색체계는?

① NCS 색체계
② CIE 색체계
③ DIN 색체계
④ Munsell 색체계

해설
빛의 혼색실험을 기초로 한 정량적인 색체계는 혼색계이다. NCS, DIN, Munsell 색체계 모두 현색계이다.

95 ① 96 ④ 97 ④ 98 ④ 99 ④ 100 ② 정답

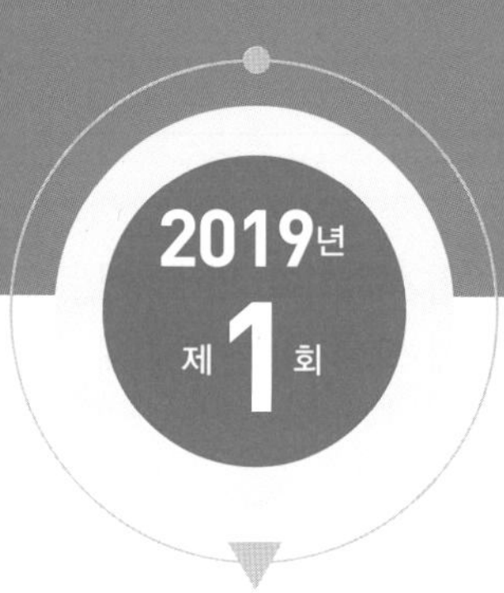

컬러리스트기사

과년도 기출문제

제1과목 색채심리 · 마케팅

01 색채와 자연환경과의 관계에 대한 설명 중 틀린 것은?

① 풍토색은 기후와 토지의 색, 즉 그 지역에 부는 바람, 태양의 빛, 흙의 색과 관련이 있다.
② 제주도의 풍토색은 현무암의 검은색이라고 할 수 있다.
③ 지구의 위도에 따라 일조량이 다르고 자연광의 속성이 변하므로 각각 아름답게 보이는 색에 차이가 있다.
④ 지역색은 우리가 눈으로 보는 건물과 도로 등 사물의 색으로 한정하여 지칭하는 색이다.

해설
지역색은 일반적인 사물의 색이라기보다는 국가, 지방, 도시 등의 이미지를 부각시키는 색으로 그 지역주민들이 선호하는 색채를 말한다.

02 다음 ( ) 안에 들어갈 알맞은 용어는?

( )은(는) 심리학, 생리학, 색채학, 생명과학, 미학 등에 근거를 두고 색을 과학적으로 선택하여 색채를 사용하는 것이므로, 미적 효과나 선전효과를 겨냥하여 감각적으로 배색하는 장식과는 뜻이 다르다.

① 안전색채 ② 색채연상
③ 색채조절 ④ 색채조화

해설
색채조절은 그 색이 가지고 있는 성질을 기능적으로 활용하는 것이며, 1930년 초 미국의 듀퐁(Dupont)사에서 처음 사용하였다. 색 자체가 가지고 있는 생리적, 심리적 성질을 이용하여 안전성, 능률성, 쾌적성 등을 목적으로 사용하는 것이다.

03 기후에 따른 색채선호에 대한 설명으로 틀린 것은?

① 라틴계 민족은 난색 계통을 좋아한다.
② 북구(北歐)계 민족은 연보라, 스카이블루 등의 파스텔풍을 좋아한다.
③ 일조량이 많은 지역 사람들이 선호하는 실내색채는 초록, 청록 등이다.
④ 흐린 날씨의 지역 사람들이 선호하는 건물 외관 색채는 노랑과 분홍 등이다.

해설
일조량이 적고 흐린 날씨의 지역에서는 한색 계열의 색상을 선호한다.

04 경영전략의 하나로, 상표 이미지를 시각적으로 체계화, 단순화하여 소비자에게 인식시키고, 체계적인 관리를 통해 특정 브랜드에 대한 선호를 향상시키는 것은?

① Brand Model
② Brand Royalty
③ Brand Name
④ Brand Identity

해설
브랜드 관리
- Brand Identity : 경영전략의 하나로, 상표 이미지를 시각적으로 체계화, 단순화하여 소비자에게 인식시키고, 체계적인 관리를 통해 특정 브랜드에 대한 선호를 향상시킨다.
- Brand Royalty : 소비자가 특정 브랜드에 대해 가지고 있는 호감 또는 애착의 정도를 의미한다. 소비자는 브랜드 로열티 때문에 습관적으로 특정한 브랜드를 고정적으로 선호하고, 그것을 계속적으로 구입하게 된다.
- Brand Name : 마케팅에서 브랜드 네임은 가치 또는 자산을 가지고 있다. 시장에서 소비자에게 브랜드 네임의 인지도를 확립하고 강화하는 것은 브랜드 자산관리의 가장 중요한 부분이다.

정답 1 ④ 2 ③ 3 ④ 4 ④

05 모더니즘의 대두와 함께 주목을 받게 된 색은?

① 빨강과 자주
② 노랑과 파랑
③ 하양과 검정
④ 주황과 자주

해설
1920년대 예술분야에서 표현주의, 미래주의, 다다이즘, 형식주의(포멀리즘) 등의 감각적, 추상적, 초현실적인 경향이 활발하게 일어나면서 하양과 검정이 주목을 받게 되었다.

06 기업 이미지 구축을 위한 색채계획에서 가장 우선적으로 고려하는 것은?

① 선호색
② 상징성
③ 잔상효과
④ 실용성

해설
기업 이미지(CI ; Corporate Identity)의 통합화 작업으로 기업의 개성과 역할, 비전 등을 명확히 하여 사회문화 창조와 서비스 정신을 조성하며 소비자에게 신뢰를 보증하는 상징으로 부각되어야 한다.

07 마케팅 믹스에 대한 설명으로 옳은 것은?

① 시장을 세분화하는 방법
② 마케팅에서 경쟁 제품과의 위치 선정을 하기 위한 방법
③ 마케팅에서 제품 구매 집단을 선정하는 방법
④ 표적시장에서 원하는 결과를 얻기 위해 가능한 수단을 활용하는 방법

해설
마케팅 4P는 마케팅의 핵심 구성요소로, 기업이 이를 어떻게 잘 혼합하느냐에 따라 마케팅 효과를 극대화할 수 있다고 하였다. 기업은 표적시장을 통해 원하는 결과를 얻기 위해 가능한 수단을 활용해야 한다.

08 색채 마케팅 과정을 색채 정보화, 색채기획, 판매촉진 전략, 정보망 구축으로 분류할 때 색채기획 단계에 해당하지 않는 것은?

① 소비자의 선호색 및 경향조사
② 타깃 설정
③ 색채 콘셉트 및 이미지 설정
④ 색채 포지셔닝 설정

해설
색채기획은 색채의 목표를 달성하기 위해 시장과 고객 심리를 이용해 효과적으로 색채를 적용하기 위한 과정을 말한다.

09 종교와 색채에 대한 설명이 틀린 것은?

① 기독교에서는 그리스도의 흰 옷, 천사의 흰 옷 등을 통해 흰색을 성스러운 이미지로 표현한다.
② 이슬람교에서는 신에게 선택되어 부활할 수 있는 낙원을 상징하는 녹색을 매우 신성시한다.
③ 힌두교에서는 해가 떠오르는 동쪽은 빨강, 해가 지는 서쪽은 검정으로 여긴다.
④ 고대 중국에서는 천상과 지상에서 가장 경이로운 색 중의 하나가 검정이라 하였다.

해설
힌두교에서는 노란색을 선호한다. 이집트에서는 태양을 상징하는 색이 빨강이며, 검정과 녹색을 선호한다.

10 색채계획과 실제 색채조절 시 고려할 색의 심리효과로 거리가 먼 것은?

① 냉난감 ② 가시성
③ 원근감 ④ 상징성

해설
색채조절의 목적은 심신의 안정, 피로회복, 작업능률 향상, 안전 유지, 쾌적성 등을 추구하는 데 있다. 상징성은 빛깔에 대한 연상적 가치가 발전하여 어떤 통념, 기호, 편견 등으로 사용된다.

5 ③ 6 ② 7 ④ 8 ① 9 ③ 10 ④ 정답

11 **제품의 위치(Positioning)는 소비자들이 경쟁 제품과 비교하여 갖게 되는 여러 요소들이 복합적으로 영향을 미쳐 형성된다. 이러한 요소 중 거리가 먼 것은?**

① 날 씨 ② 가 격
③ 인 상 ④ 감 성

해설
포지셔닝이란 제품이 소비자들에 의해 지각되고 있는 모습이다. 소비자들이 원하는 바, 또는 경쟁자의 포지션에 따라 기존 제품의 포지션을 새롭게 전환시키는 전략을 말한다. 제품의 위치는 소비자들이 경쟁 제품과 비교하여 갖게 되는 지각, 인상, 감성, 가격 등이 복합적으로 영향을 미쳐 형성된다.

12 **표본추출에 대한 설명으로 틀린 것은?**

① 표본추출은 편의가 없는 조사를 위해 미리 설정된 집단 내에서 뽑아야 한다.
② 일반적으로 큰 표본이 작은 표본보다 정확도는 더 높은 대신 시간과 비용이 증가된다.
③ 일반적으로 조사대상의 속성은 다원적이고 복잡하기에 모든 특성을 고려하여 표본을 선정하는 것은 불가능하다.
④ 표본의 크기는 대상 변수의 변수도, 연구자가 감내할 수 있는 허용오차의 크기 및 허용오차 범위 내의 오차가 반영된 조사 결과 확률을 고려하여 결정해야 한다.

해설
표본추출 시 편의가 없는 조사를 위해 모집단을 대표할 수 있는 일부 대상을 표본으로 선정하며, 모집단에 대한 정확한 이해가 선행되어야 한다.

13 **소비자의 구매심리 과정이 올바르게 표현된 것은?**

① 흥미 → 주목 → 기억 → 욕망 → 구매
② 주목 → 흥미 → 욕망 → 기억 → 구매
③ 흥미 → 기억 → 주목 → 욕망 → 구매
④ 주목 → 욕망 → 흥미 → 기억 → 구매

해설
소비자의 구매과정(AIDMA의 법칙)
- A(Attention, 주의) : 신제품의 출현으로 소비자의 주목을 끌어야 하는 시기이다.
- I(Interest, 흥미) : 타 제품과의 차별화로 소비자의 흥미 유발이 일어나는 시기이다.
- D(Desire, 욕구) : 제품 구입으로 인해 얻어지는 이익이나 편리함으로 제품을 구입하고자 하는 욕구가 생기는 단계이다.
- M(Memory, 기억) : 색채의 연상이나 기억의 상징 등을 활용한다.
- A(Action, 행위) : 소비자가 직접 구입하는 행동을 취하는 단계이다.

14 **다음 중 색채조절의 효과가 아닌 것은?**

① 신체의 피로를 막는다.
② 안전이 유지되고 사고가 줄어든다.
③ 개인적 취향이 잘 반영된다.
④ 일의 능률이 오른다.

해설
색채조절의 효과
- 신체적 피로와 눈의 피로가 감소된다.
- 산만함을 예방하여 일에 대한 집중력을 높이고 능률성을 향상시킨다.
- 안전성을 추구하여 사고를 예방할 수 있다.

15 **노인, 가을, 흙 등 구체적인 연상에 가장 적합한 톤(Tone)은?**

① Pale
② Light
③ Dull
④ Grayish

해설
① Pale : 흰빛에 가까운 고명도로 여성스러움이 연상되는 톤이다.
② Light : 원색보다 한 단계 밝은 톤으로 활발, 따뜻함, 젊음 등이 연상되는 톤이다.
④ Grayish : 무채색으로 감정이 없고, 도회적, 우유부단, 스님, 안정, 차분함 등이 연상되는 톤이다.

정답 11 ① 12 ① 13 ② 14 ③ 15 ③

16 다음은 마케팅 정보시스템 중 무엇에 관한 설명인가?

> • 기업을 둘러싼 마케팅 환경에서 발생되는 일상적인 정보를 수집하기 위해서 기업이 사용하는 절차와 정보원의 집합을 의미
> • 기업의 의사결정에 영향을 미칠 가능성이 있는 기업 주변의 모든 정보를 수집하는 것

① 내부 정보시스템
② 고객 정보시스템
③ 마케팅 의사결정지원 시스템
④ 마케팅 인텔리전스 시스템

해설
① 내부 정보시스템 : 매출성과와 시장점유율, 가격반응, 기타 촉진활동의 성과에 대한 효과를 파악하고 의사결정에 반영하기 위한 정보를 제공하는 것이 목적이다.
② 고객 정보시스템 : 기존 고객의 충성도 제고와 이탈 방지 그리고 신규 고객을 유치하기 위한 전략을 수립하는 것이 목적이다.
③ 마케팅 의사결정지원 시스템 : 마케팅 환경으로부터 수집된 정보를 해석하고 의사결정의 결과를 예측하기 위해 사용되는 관련 자료, 소프트웨어, 분석도구 등을 통합한 시스템이다.

17 SD법 조사에 대한 설명으로 틀린 것은?

① 찰스 오스굿(Charles Egerton Osgood)이 개발하였다.
② 색채에 대한 심리적인 측면을 다면적으로 다루는 방법이다.
③ 이미지 프로필과 이미지맵으로 결과를 볼 수 있다.
④ 형용사 척도에 대한 답변은 보통 4단계 또는 6단계로 결정된다.

해설
SD법 조사는 형용사의 반대어를 쌍으로 연결시켜 비교함으로써 색채의 감정적인 면을 다루는 방법이다. 의미공간상에서 두 점 간의 거리는 차이를 가진다.

18 마케팅 연구에서 소비시장을 체계적으로 분석하는 것과 관련한 설명 중 틀린 것은?

① 다양한 문화권의 사람들이 공존하는 사회는 종교나 인종에 따라 구성된 하위문화가 존재한다.
② 세대별 문화 특성은 각기 다른 제품과 서비스를 선호하는 소비시장을 형성한다.
③ 소비자의 다양한 욕구와 구매패턴에 대응하기 위해 세분화된 시장을 구축해야 한다.
④ 다품종 대량생산체제로 변화되는 시장 세분화 방법이 시장위치 선정에 유리하다.

해설
다품종 대량생산체제보다는 특정 제품에 대해 소비자들이 경쟁 제품과 비교하여 갖게 되는 지각, 인상, 감정, 가격 등이 복합적으로 영향을 준다.

19 색채의 공감각에 대한 설명 중 틀린 것은?

① 색채와 다른 감각 간의 교류작용으로 생기는 현상이다.
② 몬드리안은 시각과 청각의 조화를 통해 작품을 만들었다.
③ 짠맛은 회색, 흰색이 연상된다.
④ 요하네스 이텐은 색을 7음계에 연계하여 색채와 소리의 조화론을 설명하였다.

해설
요하네스 이텐은 색채와 모양에 대한 공감각적 연구를 통해 색채와 모양의 조화로운 관계성을 추구하였다. 색을 7음계에 연계하여 설명한 사람은 뉴턴이다.

20 색채 마케팅 전략을 수립하는 데 있어서 생활유형(Life Style)이 대두된 이유가 아닌 것은?

① 물적 충실, 경제적 효용의 중시
② 소비자 마케팅에서 생활자 마케팅으로의 전환
③ 기업과 소비자 간의 커뮤니케이션 장애 제거의 필요성
④ 새로운 시장 세분화(Market Segmentation) 기준으로서의 생활유형이 필요

16 ④ 17 ④ 18 ④ 19 ④ 20 ① 정답

제2과목 색채디자인

21 다음 중 디자인 아이디어 발상법이 아닌 것은?

① 글라스 박스(Glass Box)법
② 체크리스트(Checklist)법
③ 마인드 맵(Mind Map)법
④ 입출력(Input-Output)법

해설
아이디어 발상법에는 브레인스토밍, 시네틱스, 마인드 맵, 체크리스트법, 고든법, NM법 등이 있다.

22 디자인의 개념을 설명한 것으로 거리가 먼 것은?

① 디자인은 생활의 예술이다.
② 디자인은 일부 사물과 일정한 범위 안의 시스템과 관계된다.
③ 디자인은 커뮤니케이션의 수단이다.
④ 디자인은 미지의 세계로부터 새로운 가치를 추구하는 것이다.

해설
디자인은 인간 생활의 목적에 맞고 실용적이면서도 미적인 조형활동을 실현하고 창조해 가는 모든 활동을 말한다.

23 1960년대 미국에서 시작된 것으로 캔버스에 그려진 회화 예술이 미술관, 화랑으로부터 규모가 큰 옥외 공간, 거리나 도시의 벽면에 등장한 것은?

① 크래프트 디자인
② 슈퍼그래픽
③ 퓨전 디자인
④ 옵티컬 아트

해설
슈퍼그래픽은 크다는 뜻의 슈퍼와 그림이라는 뜻의 그래픽이 합쳐진 용어이다. 캔버스에 그려진 회화 예술이 미술관, 화랑으로부터 규모가 큰 옥외 공간, 거리나 도시의 벽면에 등장한 것으로 1960년대 미국에서 시작되었다.

24 착시가 잘 나타나는 예로 적합하지 않은 것은?

① 길이의 착시
② 면적과 크기의 착시
③ 방향의 착시
④ 질감의 착시

해설
착시란 실제 대상과 다르게 인지하는 시각적 착각을 말하며, 길이의 착시, 면적의 착시, 방향의 착시, 각도나 방향의 착시, 분할의 착시, 대비의 착시, 기하학적 착시, 원근의 착시, 가현운동 등이 있다.

25 굿 디자인의 4대 조건이 아닌 것은?

① 독창성 ② 합목적성
③ 질서성 ④ 경제성

해설
굿 디자인의 요건으로는 독창성, 경제성, 심미성, 기능성 등이 있다.

26 끊임없는 변화를 뜻하는 국제적인 전위예술운동으로 전반적으로 회색조와 어두운 색조를 주로 사용한 예술 사조는?

① 포스트모더니즘(Post-modernism)
② 키치(Kitsch)
③ 해체주의(Deconstructivism)
④ 플럭서스(Fluxus)

해설
① 포스트모더니즘 : 탈모더니즘이란 뜻으로 근대 디자인의 탈피, 기능주의의 반대와 함께 개성이나 자율성을 중요시한 문화현상을 말한다.
② 키치 : '대상을 모방하다'라는 의미를 갖고 있다. 원래 낡은 가구를 모아 새로운 가구를 만든다는 뜻으로 저속한 모방 예술을 의미하기도 한다. 현재 포스트모더니즘 시대에는 키치가 고급예술과 저급예술의 구분이 모호함을 가리키는 말로 사용된다.
③ 해체주의 : 1980년대에 등장한 해체주의는 프랑스의 비평가 데리다(Derrida)가 모더니즘 건축의 획일적인 기능주의를 비판하면서 사용한 용어로 개성과 자유, 다양성을 중시했던 포스트모더니즘의 면모를 잘 드러낸다. 사각형의 주거 틀에서 벗어나 형태를 변형하거나 다시 중첩시켰을 때 나타나는 역동적인 조형미를 강조한 것이 특징이다.

정답 21 ① 22 ② 23 ② 24 ④ 25 ③ 26 ④

27 검은색과 노란색을 사용하는 교통 표시판은 색채의 어떠한 특성을 이용한 것인가?

① 색채의 연상
② 색채의 명시도
③ 색채의 심리
④ 색채의 이미지

해설
검정과 노랑의 배색은 명시도가 높은 배색이다.

28 룽게(Philipp Otto Runge)의 색채구를 바우하우스에서의 색채교육을 위해 재구성한 사람은?

① 요하네스 이텐
② 요셉 알버스
③ 클 레
④ 칸딘스키

해설
바우하우스 운동에 영향을 준 인물로는 앙리 반데벨데, 모홀리 나기, 요하네스 이텐, 발터 그로피우스, 한네스 마이어, 마르셀 브로이어 등이 있으며, 요하네스 이텐은 1919년 바우하우스에 초대되어 헤르첼의 색채론을 발전, 미술교육의 조직적 방법을 확립했다.

29 게슈탈트(Gestalt)의 원리 중 부분이 연결되지 않아도 완전하게 보려는 시각법칙은?

① 연속성(Continuation)의 요인
② 근접성(Proximity)의 요인
③ 유사성(Similarity)의 요인
④ 폐쇄성(Closure)의 요인

해설
① 연속성 : 배열이나 진행 방향이 같은 것끼리 짝지어져 보이는 시각법칙
② 근접성 : 서로 가까이 모여 있는 요소들을 상호 연결시켜 집단화하려는 법칙
③ 유사성 : 유사한 형태나 색채, 질감 등의 시각적 요소들이 있을 때 공통성이 없는 것들보다 더 눈에 잘 띄는 법칙

30 1차 세계대전 후 전통이나 기존의 예술형식을 부정하고 좀 더 새롭고 파격적인 변화를 추구한 예술운동은?

① 다다이즘 ② 아르누보
③ 팝아트 ④ 미니멀리즘

해설
② 아르누보 : 인상주의의 영향을 받아 1890년대 프랑스를 중심으로 일어났던 새로운 예술 장르로서 양감이나 깊이감보다는 장식과 아름다움에 초점을 둔 유미주의적 성향을 띤다.
③ 팝아트 : 1950년대 후반에서 1960년대 초반, 미국을 중심으로 등장한 팝아트는 대중적 이미지를 차용하여 형태의 복제와 추상표현주의의 엄숙함에 반대하고, 매스미디어와 광고를 미술의 영역으로 승화시키고자 했던 구상미술의 경향을 가리킨다.
④ 미니멀리즘 : 1960년대 후반부터 주관적이고 단순한 미감을 보여준 예술사조로, 예술가의 감정을 고의로 억제하고 색채, 형태, 구성을 극도로 단순화하여 가장 기본적이고 본질적인 요소로까지 환원해 최소한의 예술이라고 한다.

31 기업 이미지 통일화 정책을 의미하며 다른 기업과의 차이점 표출을 통해 지속성과 일관성, 기업 문화 및 경영전략 등을 구성하는 CI의 3대 기본 요소가 아닌 것은?

① VI(Visual Identity)
② BI(Behavior Identity)
③ LI(Language Identity)
④ MI(Mind Identity)

해설
CI의 3대 기본 요소
- VI(Visual Identity) : 시각 이미지 통일
- BI(Behavior Identity) : 행동양식 통일
- MI(Mind Identity) : 심리 통일

32 사용자 인터페이스 디자인(User Interface Design)의 궁극적인 목표는?

① 사용자 편의성의 극대화
② 홍보 효과의 극대화
③ 개발기간의 최소화
④ 새로운 수요의 창출

27 ② 28 ① 29 ④ 30 ① 31 ③ 32 ① 정답

해설
사용자 인터페이스 설계는 사용자의 편의성을 극대화하는 정보 설계, 상호작용성 등 사용자의 경험 측면이 강조된다.

33 기업방침, 상품의 특성을 홍보하고 판매를 높이기 위한 광고매체 선택의 전략적 방향과 거리가 먼 것은?

① 기업 및 상품의 존재를 인지시킨다.
② 현장감과 일치하여 아이덴티티(Identity)를 얻어야 한다.
③ 소비자에게 공감(Consensus)을 얻을 수 있어야 한다.
④ 정보의 DB화로 상품의 가격을 높일 수 있어야 한다.

해설
광고매체를 선택할 때 중요한 것은 기업 및 상품의 존재를 인지시키고 현장감과의 일치를 이뤄 아이덴티티를 얻어내는 전략적 방향을 고려하는 것이다. 또한 소비자와의 의견 일치를 얻을 수 있어야 한다.

34 병원 수술실의 색채계획 시 가장 우선적으로 고려해야 할 색의 지각현상은?

① 동화효과 ② 색음현상
③ 잔상현상 ④ 명소시

해설
수술실의 벽과 수술복 등에 빨간색의 보색인 청록색 계통을 사용하여 붉은 피의 잔상을 완화시키고 눈의 피로를 줄여야 한다.

35 사용자의 경험과 사용자가 선택하는 서비스나 제품과의 상호작용을 디자인의 주요 요소로 고려하는 디자인은?

① 공공 디자인
② 디스플레이 디자인
③ 사용자 경험 디자인
④ 환경 디자인

해설
사용자 경험 디자인(User Experience Design, UX design)은 소비자가 제품이나 서비스 등을 선택하거나 사용할 때 발생하는 제품과의 상호작용을 제품 디자인의 주요소로 고려하는 것이다. 사용자가 제품이나 서비스에 만족 또는 불만족을 느끼는 요소는 무엇이고, 이에 더해 새로 원하는 요구를 반영하는 디자인이다.

36 서로 관련이 없어 보이는 것들을 조합하여 새로운 것을 도출해 내는 집단 아이디어 발상법으로, 문제를 보는 관점을 완전히 다르게 하여 연상되는 점과 관련성을 찾아내는 것은?

① 고든(Gordon Technique)법
② 시네틱스(Synectics)법
③ 브레인스토밍(Brainstorming)법
④ 매트릭스(Matrix)법

해설
① 고든법 : 미국의 고든(Gordon)에 의해서 고안된 아이디어 발상법이다. 문제를 구상화시켜서 무엇이 진정 문제인지를 모른다는 가정에서 구성원들에게 그것에 관한 정보를 탐색하게 하는 것이다.
③ 브레인스토밍 : 일정한 테마에 관한 구성원들의 자유발언을 통해 아이디어를 얻는 방법이다.
④ 매트릭스법 : 가로축과 세로축에 두 가지 변수를 정하고, 변수마다 요소를 추출하여 조합해 현상을 분석하거나, 아이디어를 찾는 방법을 말한다.

37 도형과 바탕의 반전에 관한 설명 중 바탕이 되기 쉬운 영역의 예에 해당하는 것은?

① 기울어진 방향보다 수직, 수평으로 된 영역
② 비대칭 영역보다 대칭형을 가진 영역
③ 위로부터 내려오는 형보다 아래로부터 올라가는 형의 영역
④ 폭이 일정한 영역보다 폭이 불규칙한 영역

해설
도형이란 일반적으로 화면에서 주제가 되는 요소나 그림을 말한다. 도형의 외곽을 차지하는 것을 바탕이라고 할 때 가끔 도형과 바탕의 착시를 일으키는 경우가 발생하는데, 이것을 반전도형이라고 한다. 폭이 일정한 영역보다는 폭이 불규칙한 영역이 반전되기 쉬운 형태에 해당한다.

정답 33 ④ 34 ③ 35 ③ 36 ② 37 ④

38 1960년대 후반부터 미국에서 현저하게 나타난 동향으로 단순한 기하학적 형태를 사용하며 이미지와 조형요소를 최소화하여 기본적인 구조로 환원시키고 단순함을 강조한 것은?

① 팝아트
② 옵아트
③ 미니멀리즘
④ 포스트모더니즘

해설
① 팝아트 : 1950년대 후반에서 1960년대 초반, 미국을 중심으로 등장한 팝아트는 대중적 이미지를 차용하여 형태의 복제와 추상 표현주의의 엄숙함에 반대하고, 매스미디어와 광고를 미술의 영역으로 승화시키고자 했던 구상미술의 경향을 가리킨다.
② 옵아트 : 1960년대 미국을 중심으로 일어났던 추상미술로 줄무늬나 원형의 무늬와 같이 기하학적인 형태와 원색적이고 대비감이 강한 색채의 장력을 이용하여 시각적인 착시효과를 노렸으며 평면에 공간감과 원근감, 입체감이 나타나도록 작품을 제작하여 심리적인 반응을 유도하였다.
④ 포스트모더니즘 : 탈모더니즘이란 뜻으로 근대 디자인의 탈피, 기능주의의 반대와 함께 개성이나 자율성을 중요시한 문화현상을 말한다.

39 산업 디자인에 있어서 생물의 자연적 형태를 모델로 하는 조형이나 시스템을 만드는 경향을 뜻하는 디자인은?

① 버네큘러 디자인(Vernacular Design)
② 리디자인(Redesign)
③ 엔틱 디자인(Antique Design)
④ 오가닉 디자인(Organic Design)

해설
① 버네큘러 디자인 : 디자이너가 디자인하지 않은 디자인으로 전문가의 솜씨는 아니지만 훌륭한 기능성과 아름다운 형태로 미적 감동을 주는 디자인이다.
② 리디자인 : 오랫동안 사용해 온 상표나 제품의 디자인을 소비자의 선호도를 조사하여 새롭게 수정·개량하는 디자인을 말한다.
③ 엔틱 디자인 : 고전적이고 고풍스러우면서 무게감이 있는 디자인을 말한다.

40 색채안전계획이 주는 효과로서 가장 타당한 것은?

① 눈의 긴장과 피로를 증가시킨다.
② 사고나 재해를 감소시킨다.
③ 질병이 치료되고 건강해진다.
④ 작업장을 보다 화려하게 꾸밀 수 있다.

해설
색채안전계획은 사고나 재해를 예방하고 감소시키는 방향으로 계획해야 한다.

제3과목 색채관리

41 다음의 조색 관련 용어에 관한 설명 중 틀린 것은?

① 광원색은 광원에서 나오는 빛의 색을 뜻하며 보통 색자극값으로 표시
② 물체색은 빛을 반사 또는 투과하는 물체의 색을 뜻하며, 보통 특정 표준광에 대한 색도 좌표 및 시감 반사율 등으로 표시
③ 광택도는 물체 표면의 광택의 정도를 일정한 굴절률을 갖는 흰색 유리의 광택값을 기준으로 나타내는 수치
④ 표면색은 빛을 확산 반사하는 불투명 물체의 표면에 속하는 것처럼 지각되는 색

해설
광택도는 물체 표면의 광택의 정도를 일정한 굴절률을 갖는 검은 유리의 광택값을 기준으로 나타내는 수치이다(KS A 0064).

42 반투명의 유리나 플라스틱을 사용하여 광원빛의 60~90%가 대상체에 직접 조사되는 방식으로, 그림자와 눈부심이 생기는 조명방식은?

① 전반확산조명 ② 직접조명
③ 반간접조명 ④ 반직접조명

38 ③ 39 ④ 40 ② 41 ③ 42 ④ 정답

해설
① 전반확산조명 : 간접조명과 직접조명의 중간 방식으로 투명한 확산성 덮개를 사용하여 빛이 확산되도록 하며, 조명기구를 일정한 높이와 간격으로 배치하여 방 전체를 균일하게 조명할 수 있고 눈부심이 거의 없다.
② 직접조명 : 빛을 90~100% 작업면에 직접 비추는 조명방식으로 조명효율이 좋은 반면, 눈부심이 일어나고 균일한 조도를 얻을 수가 없어 그림자가 강하게 나타난다.
③ 반간접조명 : 대부분은 벽이나 천장에 조사되지만, 아래 방향으로 10~40% 정도 조사하는 방식으로 그늘짐이 부드러우며 눈부심도 적다.

43 **광원에 의해 조명되는 물체색의 지각이 규정 조건하에서 기준 광원으로 조명했을 때의 지각과 합치되는 정도를 표시하는 수치는?**

① 색변이 지수(CII ; Color Inconstancy Index)
② 연색지수(CRI ; Color Rendering Index)
③ 허용색차(Color Tolerance)
④ 등색도(Degree of Metamerism)

해설
연색지수 : 연색성을 평가하는 단위로 서로 다른 물체의 색이 어떠한 광원에서 얼마나 같아 보이는가를 표시하며 인공광이 자연광의 분광분포와 일치하는 정도를 말한다.

44 **포르피린과 유사한 구조로 된 유기화합물로 안정성이 높고 색조가 강하여 초록과 청색 계열 안료나 염료에 많이 사용되는 색료는?**

① 헤모글로빈(Hemoglobin)
② 프탈로사이아닌(Phthalocyanine)
③ 플라보노이드(Flavonoid)
④ 안토사이아닌(Anthocyanin)

해설
② 프탈로사이아닌(Phthalocyanine) : 푸른빛의 아조염료가 사용된 착색안료로, 잉크, 도료, 플라스틱의 착색 재료나 컬러 복사의 감광재료로 사용된다. 포르피린과 유사한 구조로 된 유기화합물로 안정성이 높고 색조가 강하여 초록과 청색 계열 안료나 염료에 많이 사용되는 색료이다.
① 헤모글로빈(Hemoglobin) : 척추동물의 적혈구에 존재하는 혈액 내 산소를 운반하는 철 함유 단백질로 붉은색을 띤다.
③ 플라보노이드(Flavonoid) : 식품에 널리 분포하는 노란색 계통의 색소이다.
④ 안토사이아닌(Anthocyanin) : 꽃이나 과실 등에 포함되어 있는 안토사이아닌의 색소배당체로 붉은색(산성), 보라색(중성), 파란색(알칼리성)이 나타난다.

45 **색료 선택 시 고려되어야 할 조건 중 틀린 것은?**

① 특정 광원에서만의 색채 현시(Color Appearance)에 대한 고려
② 착색비용
③ 작업공정의 가능성
④ 착색의 견뢰성

해설
색료 선택 시 고려해야 할 조건
- 착색의 견뢰성
- 착색될 물질의 종류
- 작업공정의 가능성
- 착색비용
- 조색 시 기준광원을 명시해야 하며, 광택이 변하는 조색의 경우 광택기를 사용하고, 결과의 검사는 3인 이상이 같이 하는 것이 좋다.

46 **KS A 0065(표면색의 시감 비교방법)에 따라 인공주광 D_{50}을 이용한 부스에서의 색 비교를 할 때 광원이 만족해야 할 성능에 대한 설명으로 잘못된 것은?**

① 자외부의 복사에 의해 생기는 형광을 포함하지 않는 표면색을 비교하는 경우 상용광원 D_{50}은 형광조건 등색지수 1.5 이내의 성능 수준을 충족시켜야 한다.
② 주광 D_{50}과 상대 분광분포에 근사하는 상용광원 D_{50}을 사용한다.
③ 상용광원 D_{50}은 가시조건 등색지수 B 등급 이상의 성능을 충족시켜야 한다.
④ 상용광원 D_{50}은 특수 연색 평가수 85 이상의 성능을 충족시켜야 한다.

해설
자외부의 복사에 의해 생기는 형광을 포함하지 않는 표면색을 비교하는 경우 상용광원 D_{50}은 형광조건 등색지수의 성능수준(1.5 이내)을 충족시키지 않아도 된다(KS A 0065).

정답 43 ② 44 ② 45 ① 46 ①

47 **색온도의 단위와 표시방법에 대한 설명으로 올바른 것은?**

① 양의 기호 T_D로 표시, 단위는 K
② 양의 기호 T_C^{-1}로 표시, 단위는 K^{-1}
③ 양의 기호 T_C로 표시, 단위는 K
④ 양의 기호 T_{CP}로 표시, 단위는 K

해설
색온도는 광원으로부터 방사하는 빛의 색을 온도로 표시한 것이다. 이는 광원 자체의 온도가 아니라 흑체라는 가상 물체의 온도로, 흑체는 반사가 전혀 이루어지지 않고 오직 에너지만 흡수한다. 에너지를 흡수하면서 온도가 오르게 되는데, 이 온도를 측정한 것이 색온도이다. 절대온도인 273C°와 그 흑체의 섭씨온도를 합친 색광의 절대온도로 표시되는데 단위는 K(Kelvin)을 사용하고 양의 기호는 T_C로 표시한다.

48 **분광 측색장비의 특징으로 잘못 설명된 것은?**

① 서너 개의 필터를 이용해 3자극치 값을 직독한다.
② 시료의 분광반사율을 사용하여 색좌표를 계산한다.
③ 다양한 광원과 시야에서의 색좌표를 산출할 수 있다.
④ 분광식 측색장비는 자동배색장치(Computer Color Matching)의 색측정 장치로 활용된다.

해설
서너 개의 필터를 이용해 3자극치 값을 직독하는 방식은 필터식 측색장비의 특징이다.

49 **KS A 0065(표면색의 시감 비교방법)에서 색 비교를 위한 시환경에 대한 설명이 틀린 것은?**

① 부스의 내부 명도는 L*가 약 50인 광택의 무채색으로 한다.
② 작업면의 조도는 1,000~4,000lx 사이가 적합하다.
③ 작업면의 균제도는 80% 이상이 적합하다.
④ 어두운색을 비교하는 경우 작업면 조도는 4,000lx에 가까운 것이 좋다.

해설
일반적으로 사용하는 부스의 내부 명도는 L*가 약 45~55의 무광택의 무채색으로 한다(KS A 0065).

50 **황색으로 염색되는 직접염료로 9월에 열매를 채취하여 볕에 말려 사용하고, 종이나 직물의 염색 및 식용색소로도 사용되는 천연염료는?**

① 치자염료
② 자초염료
③ 오배자염료
④ 홍화염료

해설
① 치자염료 : 황색, 적홍색으로 염색되는 직접염료로 9월에 열매를 채취하여 볕에 말려 사용하고, 종이나 직물의 염색 및 식용색소로도 사용되는 천연염료이다.
② 자초염료 : 자초를 이용한 염료로 자색을 내는 천연염료이다.
③ 오배자염료 : 적색을 내는 천연염료이다.
④ 홍화염료 : 우리나라에서 전통적으로 사용하는 천연염료로서 방충성이 있고, 피부에 바르면 세포에 산소 공급이 촉진되어 혈액순환을 돕는 치료제로도 사용되었다. 주로 주홍색을 띤다.

51 **x, y 좌표를 기반으로 2차원이나 3차원 공간에서 선, 색, 형태 등을 표현하는 이미지의 형태는?**

① 비트맵 이미지
② 래스터 이미지
③ 벡터 그래픽 이미지
④ 메모리 이미지

해설
벡터 그래픽 : 점과 점을 연결하여 선을 만들고 선과 선을 이용하여 표현하는 방식으로 2·3차원 공간에서 선, 네모, 원 등의 그래픽 형상을 수학적 표현을 통해 나타내는 방식이다.

47 ③ 48 ① 49 ① 50 ① 51 ③ 정답

52 CCM의 특성으로 보기 어려운 것은?

① 스펙트럼 데이터를 이용하므로 아이소머리즘을 실현할 수 있다.
② 컬러런트의 양을 조절하므로 조색에 걸리는 시간을 단축할 수 있다.
③ 최소량의 컬러런트를 사용하여 조색하므로 원가가 절감된다.
④ CCM에서 조색된 처방은 여러 소재에 동일하게 적용할 수 있다.

해설
CCM에서 조색된 처방은 소재에 따라 다르게 적용될 수 있다.

53 다음 조건을 바탕으로 실제 모니터 디스플레이에서 보일 색 수는?(단, 업스케일링을 가정하지 않음)

- 컬러채널당 12비트로 저장된 이미지
- 컬러채널당 10비트로 작동되는 애플리케이션
- 컬러채널당 8비트로 구동되는 그래픽 카드
- 컬러채널당 10비트로 재현되는 모니터

① 4,096 × 4,096 × 4,096
② 2,048 × 2,048 × 2,048
③ 1,024 × 1,024 × 1,024
④ 256 × 256 × 256

해설
모니터 디스플레이의 색의 수는 그래픽 카드의 성능에 따라 달라진다. 조건에서 채널당 8비트이므로 2의 8제곱, 즉 256컬러이다.

54 장치 종속적(Device-dependent) 색공간에 대한 설명으로 틀린 것은?

① RGB, CMYK는 장치 종속적 색공간이다.
② 사람의 눈이 인지하는 색을 수치화하였다.
③ 컬러 프로파일에 기록되는 수치이다.
④ 같은 RGB 수치라도 장치에 따라 다른 색으로 보인다.

해설
디지털 색채 영상을 생성하거나 출력하는 전자장비는 인간의 시각방식과는 전혀 다른 체계로 색을 재현한다. 이러한 현상은 컬러가 디바이스에 의해 수치화되는 과정에서 각각의 디바이스에서만 사용하는 색공간을 사용하는 것으로 RGB 색체계, CMY 색체계, HSV색체계, HLS 색체계 등이 있다.

55 두 물체의 표면색을 측색한 결과 그 값이 다음과 같을 때 옳은 설명은?

㉮ $L^* = 50,\ a^* = 43,\ b^* = 10$
㉯ $L^* = 30,\ a^* = 69,\ b^* = 32$

① ㉮는 ㉯보다 명도는 높고 채도는 낮다.
② ㉮는 ㉯보다 명도는 낮고 채도는 높다.
③ ㉮는 ㉯보다 색상이 선명하고 명도는 낮다.
④ ㉮는 ㉯보다 색상이 흐리고 채도는 높다.

해설
L^*은 명도를 나타낸다. 100은 흰색, 0은 검은색이다. $+a^*$는 빨강, $-a^*$는 초록, $+b^*$는 노랑, $-b^*$는 파랑을 의미한다. 즉, ㉮는 ㉯보다 명도는 높고 채도는 낮다.

56 혼합비율이 동일해도 정확한 중간 색값이 나오지 않고 색도가 한쪽으로 치우쳐 나타나는 원인을 규명하기 위한 안료 검사 항목은?

① 안료 입자 형태와 크기에 의한 착색력
② 안료 입자 형태와 크기에 의한 은폐력
③ 안료 입자 형태와 크기에 의한 흡유(수)력
④ 안료 입자 형태와 크기에 의한 내광성

해설
혼합비율이 동일해도 정확한 중간 색값이 나오지 않고 색도가 한쪽으로 치우쳐 나타나는 원인은 안료 입자 형태와 크기에 의한 착색력의 차이에 의해 나타나게 된다.

정답 52 ④ 53 ④ 54 ② 55 ① 56 ①

57 **일반적인 염료 또는 안료의 설명으로 올바른 것은?**

① 염료는 착색하고자 하는 매질에 용해되지 않는다.
② 염료는 착색되는 표면에 친화성을 가지며 직물, 피혁, 종이, 머리카락 등에 착색된다.
③ 안료는 투명한 성질을 가지며 습기에 노출되면 녹는다.
④ 안료는 1856년 영국의 퍼킨(Perkin)이 모브(Mauve)를 합성시킨 것이 처음이다.

해설
① 안료에 관한 설명이다.
③·④ 염료에 관한 설명이다.

58 **다음 중 16비트 심도, DCI-P3 색공간의 데이터를 저장하기에 가장 부적절한 파일 포맷은?**

① TIFF
② JPEG
③ PNG
④ DNG

해설
② JPEG : DCI-P3은 미국의 영화산업에서 디지털 영화의 영사를 위한 일반적인 RGB 색상공간으로 개발된 색공간으로 손실 압축방법 표준인 JPEG는 DCI-P3을 저장하기 부적절한 파일 포맷이다.
① TIFF : 무손실 압축과 태그를 지원하는 최초의 이미지 포맷이다.
③ PNG : 무손실 압축 포맷으로 256색에 한정되던 GIF의 한계를 극복하여 32비트 트루컬러를 표현하는 포맷 방식이다.
④ DNG : Raw 파일은 사진용 고화질 파일로 손실압축을 하지 않고 가능한 한 모든 정보를 저장하는 파일 포맷이다. 모든 영상기기에 범용적으로 활용할 수 있는 Raw 미디어 포맷이 DNG이다.

59 **광 측정량의 단위에 대한 설명 중 틀린 것은?**

① 광도 – 점광원에서 주어진 방향의 미소 입체각 내로 나오는 광속을 그 입체각으로 나눈 값, 단위는 칸델라(cd)이다.
② 휘도 – 발광면, 수광면 또는 광의 전파 경로의 단면상의 주어진 점, 주어진 방향에 대하여 주어진 식으로 정의되는 양, 단위는 cd/m^2이다.
③ 조도 – 주어진 면상의 점을 포함하는 미소면 요소에 입사하는 광속을 그 미소면 요소의 면적으로 나눈 값, 단위는 럭스(lx)이다.
④ 광속 – 주어진 면상의 점을 포함하는 미소면 요소에서 나오는 광속을 그 미소면 요소의 입체각으로 나눈 값, 단위는 lm/m^2이다.

해설
광속은 단위 시간당 전파되는 가시광선의 양을 표준관측자의 눈에 생기는 시감도에 따라 밝기의 감각에 의해 평가한 것으로 단위는 루멘(lm)을 사용한다.

60 **표면색의 시감 비교시험 결과의 보고에 포함되어야 할 사항으로 가장 올바른 것은?**

① 조명에 이용한 광원의 종류, 표준관측자의 조건, 작업면의 조도, 조명 관찰조건
② 조명에 이용한 광원의 종류, 사용 광원의 성능, 작업면의 조도, 조명 관찰조건
③ 표준광의 종류, 표준관측자의 조건, 작업면의 조도, 조명 관찰조건
④ 표준광의 종류, 사용 광원의 성능, 작업면의 조도, 조명 관찰조건

해설
시험의 보고(KS A 0065)
- 시험에 제공되는 제품을 확인하는 데 필요한 모든 세목
  - 조명에 이용한 광원의 종류
  - 사용 광원의 성능
  - 작업면의 조도
  - 조명 관찰조건 등
- KS A 0065 표준에 관련되는 인용표준
- 부속서 A에 관한 추가 정보의 항목
- 부속서 A에 부수적으로 필요한 항목
- 색 비교에 이용한 조명광원이 북창주광인지 상용광원인지에 관한 항목
- 조건등색도 평가를 포함한 비교시험의 실시상황에 대한 보고 등
- 규정된 시험방법과의 차이
- 시험의 연월일
- 기타 필요한 사항

57 ② 58 ② 59 ④ 60 ② **정답**

제4과목 색채지각론

61 색의 항상성에 대한 설명으로 옳은 것은?

① 명소시의 범위 내에서 휘도를 일정하게 유지해도 색자극의 순도가 달라지면 색의 밝기가 달라지는 것

② 색자극의 밝기가 달라지면 그 색상이 다르게 보이는 것

③ 물체에서 반사광의 분광 특성이 변화되어도 거의 같은 색으로 보이는 것

④ 조명이 강해서 검은 종이가 다른 색으로 느껴지는 것

해설

색의 항상성은 빛 자극의 물리적 특성이 변화하더라도 대상 물체의 색이 그대로 유지된다고 지각하게 되는 현상을 말한다.

① 명소시의 범위 내에서 휘도를 일정하게 유지해도 색자극의 순도가 달라지면 색의 밝기보다 색상이 달라지는 것은 애브니 효과이다.

② 색자극의 밝기가 달라지면 그 색상이 다르게 보이는 것은 색의 연색성이다.

④ 조명이 강해서 검은 종이가 다른 색으로 느껴지는 것은 베졸트 브뤼케 현상이다.

62 빛과 색에 대한 설명 중 틀린 것은?

① 빛은 움직이면서 공간 안에 있는 물체의 표면과 형태를 우리 눈에 인식하게 해 준다.

② 휘도, 대비, 발산은 사물들을 구분하는 시각능력과는 관계없는 요소이다.

③ 빛이 비춰지는 물체의 표면은 그 빛을 반사시키거나 흡수하거나 통과시키게 된다.

④ 시각능력은 사물의 모양, 색상, 질감 등을 구분하면서 사물들을 구분한다.

해설

휘도, 대비, 발산은 사물들을 구분하는 시각능력과 관계있다. 빛이 존재함으로써 사물의 모양, 색상, 질감 등을 구분할 수 있다.

63 다음 3가지 색은 가볍게 느껴지는 색부터 무겁게 느껴지는 색 순서로 배열된 것이다. 잘못 배열된 것은?

① 빨강 – 노랑 – 파랑

② 노랑 – 연두 – 파랑

③ 하양 – 노랑 – 보라

④ 주황 – 빨강 – 검정

해설

고명도 → 저명도, 난색 계열 → 한색 계열 순으로 무겁게 느껴진다. 따라서 빨강에 비해 노랑이 더 가볍게 느껴진다.

64 건축의 내부 벽지색이나 외벽의 타일 색 등을 견본과 함께 실제로 시공한 사례를 비교해 보며 결정하는 것은 색채의 어떤 대비를 고려한 것인가?

① 색상대비 ② 명도대비

③ 면적대비 ④ 채도대비

해설

면적대비는 동일한 색이라도 면적이 크고 작음에 따라서 색이 다르게 보이는 현상이다. 면적이 크면 명도와 채도가 실제보다 좀 더 밝고 깨끗하게 보이고, 면적이 작으면 명도와 채도가 실제보다 어둡고 탁하게 보이는데, 이 원리를 건축의 실내와 외벽에 적용하여 시공한다.

65 시간성과 속도감에 대한 설명이 틀린 것은?

① 고채도의 맑은 색은 속도감이 빠르게, 저채도의 칙칙한 색은 느리게 느껴진다.

② 고명도의 밝은색은 느리게 움직이는 것으로 느껴진다.

③ 주황색 선수 복장은 속도감이 높아져 보여 운동경기 시 상대편을 심리적으로 위축시키는 효과가 있다.

④ 장파장 계열의 색은 시간이 길게 느껴지고, 속도감은 빨리 움직이는 것 같이 지각된다.

해설

- 고명도의 밝은색은 가벼운 느낌이다.
- 고채도의 맑은 색과 같은 계열은 속도감이 빠르게 느껴진다.

정답 61 ③ 62 ② 63 ① 64 ③ 65 ②

66 색음현상에 대한 설명으로 옳은 것은?

① 암순응 시에는 단파장에, 명순응 시에는 장파장에 민감하게 반응하는 현상
② 조명의 강도가 바뀌어도 물체의 색을 동일하게 지각하는 현상
③ 같은 주파장의 색광은 강도를 변화시키면 색상이 약간 다르게 보이는 현상
④ 작은 면적의 회색이 채도가 높은 유채색으로 둘러싸였을 때, 회색이 유채색의 보색의 색조를 띠어 보이는 현상

해설
'색음현상은 색을 띤 그림자'의 의미로 괴테가 발견하여 괴테현상이라고도 한다. 색음현상은 어떤 빛을 물체에 비추면 그 물체의 그림자가 빛의 반대색상(보색)의 색조로 보이는 현상이다.

67 초록 색종이를 수 초간 응시하다가 흰색 벽을 보면 자주색 잔상이 나타나는 이유는?

① L추상체의 감도 증가
② M추상체의 감도 저하
③ S추상체의 감도 증가
④ 간상체의 감도 저하

해설
각각의 추상체는 특징적인 색 감각만을 감지한다. 초록 색종이를 수 초간 응시하다가 흰색 벽을 보았을 때 자주색 잔상이 나타나는 것은 각 추상체가 감지하는 감도가 저하되었기 때문이다.
- L추세포 : 장파장을 감지하는 빨강 감지세포
- M추세포 : 중파장을 감지하는 초록 감지세포
- S추세포 : 단파장을 감지하는 파랑 감지세포

68 무대에서의 조명과 같이 두 개 이상의 빛이 같은 부위에 겹쳐 혼색되는 것은?

① 가법혼색
② 회전혼색
③ 병치중간혼색
④ 감법혼색

해설
빛은 혼합될수록 밝아진다. 두 종류 이상의 색광을 혼합할 경우 빛의 양이 증가하기 때문에 명도가 높아진다는 의미에서 가법혼색, 가산혼합이라고 한다. 가법혼합은 무대 조명과 같이 2개 이상의 스펙트럼을 동시에 겹쳐 합성된 결과를 지각하는 방법으로 색광을 동시에 투사하여 혼색하는 방법이다.

69 빛의 성질에 관한 설명 중 틀린 것은?

① 자연현상에서 나타나는 대표적인 굴절현상은 무지개이다.
② 파란 하늘은 단파장의 빛이 대기 중에서 산란되어 나타나는 현상이다.
③ 빛의 파동이 잠시 둘로 나누어진 후 다시 결합되는 현상이 간섭이다.
④ 비눗방울 표면이 무지개 색으로 보이는 것은 빛이 흡수되어 나타나는 현상이다.

해설
비눗방울 표면이 무지개 색으로 보이는 것은 빛의 간섭현상으로, 둘 또는 그 이상의 파동이 서로 만났을 때 중첩의 원리에 따라서 서로 더해지면서 나타나는 현상이다.

70 ( ) 안에 적합한 내용으로 옳게 짝지어진 것은?

간상체 시각은 (㉠)에 민감하며, 추상체 시각은 약 (㉡)의 빛에 가장 민감하다.

① ㉠ 장파장, ㉡ 555nm
② ㉠ 단파장, ㉡ 555nm
③ ㉠ 장파장, ㉡ 450nm
④ ㉠ 단파장, ㉡ 450nm

해설
주로 명암을 판단하는 세포로 간상체는 단파장에 민감하며, 추상체는 해상도가 높고 주로 밝은 곳이나 낮에 작용한다. 추상체는 망막의 중심부에 밀집해 있으며 0.1lx 이상의 밝은색을 감지하는 세포로 555nm의 빛에 가장 민감하다.

66 ④ 67 ② 68 ① 69 ④ 70 ② 정답

71 다음의 A와 B는 각각 어떤 현상인가?

> A. 영화관 안으로 갑자기 들어가면 처음에 잘 보이지 않다가 점차 보이게 되는 현상
> B. 파란색 선글라스를 끼면 잠시 물체가 푸르게 보이던 것이 익숙해져 본래의 물체색으로 느껴지는 현상

① A : 명순응 B : 색순응
② A : 암순응 B : 색순응
③ A : 명순응 B : 주관색 현상
④ A : 암순응 B : 주관색 현상

해설
- 암순응 : 명소시에서 암소시의 상태로 갑자기 변화하면 잠시 동안은 어두운 곳이 잘 보이지 않지만 시간의 경과와 함께 곧 어두운 빛에 적응하게 되는 시각의 상태를 말한다.
- 색순응 : 조명에 의해 물체색이 바뀌어도 자신이 알고 있는 고유의 색으로 보이게 되는 현상이다.

72 회전혼색에 대한 설명으로 틀린 것은?

① 물체색을 통한 혼색으로 감법혼색이다.
② 병치혼합과 같이 중간혼색 중 하나이다.
③ 계시혼합의 원리에 의해 색이 혼합되어 보이는 것이다.
④ 혼색 전 색의 면적에 영향을 받는다.

해설
회전혼색은 동일 지점에서 두 가지 이상의 색자극으로 반복시키는 계시혼색의 원리에 의해 색이 혼색되어 보이는 것으로 중간혼색의 일종이다. 이는 물체색을 통한 혼색이 아니므로 가법혼색에 속한다.

73 애브니 효과에 대한 설명으로 옳은 것은?

① 파장이 같아도 색의 명도가 변함에 따라 색상이 변화하는 것을 말한다.
② 빛의 강도가 높아질수록 색상이 같아 보이는 위치가 다르다.
③ 애브니 효과 현상이 적용되지 않는 577nm의 불변색상도 있다.
④ 주변색의 보색이 중심에 있는 색에 겹쳐져 보이는 현상이다.

해설
애브니 효과
1910년 애브니에 의해 단색광을 더해 가는 과정에서 이 현상을 발견하게 되었는데, 색자극의 순도(선명도)가 변하면, 같은 파장의 색이라도 그 색상이 다르게 보이는 현상을 말한다. 그러나 가시광선 스펙트럼 중 애브니 효과가 적용되지 않는 불변색상이 있는데, 577nm의 노란색 계열이 바로 그 지점이다.

74 다음 중 채도대비에 대한 설명이 틀린 것은?

① 채도가 다른 두 색을 인접했을 때, 채도가 높은 색의 채도는 더욱 높아져 보인다.
② 채도대비는 유채색과 무채색 사이에서 더욱 뚜렷하게 느낄 수 있다.
③ 동일한 색인 경우 고채도의 바탕에 놓았을 때보다 저채도의 바탕에 놓았을 때의 색이 더 탁해 보인다.
④ 채도대비는 3속성 중에서 대비효과가 가장 약하다.

해설
채도대비는 동일한 색을 채도가 낮은 바탕에 놓았을 때는 선명해 보이고, 채도가 높은 바탕에 놓았을 때는 탁해 보이는 것이다.

75 병치혼합에 관한 설명 중 틀린 것은?

① 감법혼색의 일종이다.
② 점묘법을 이용한 인상파 화가의 그림에서 볼 수 있는 색혼합 방법이다.
③ 비잔틴 미술에서 보이는 모자이크 벽화에서 볼 수 있는 색혼합 방법이다.
④ 두 색의 중간적 색채를 보게 된다.

해설
병치혼합은 많은 색의 점들을 조밀하게 병치하여 서로 혼합되어 보이도록 하는 방법으로 중간혼합의 일종이다.

정답 71 ② 72 ① 73 ③ 74 ③ 75 ①

76 동일 지점에서 두 가지 이상의 색광 또는 반사광이 1초 동안에 40~50회 이상의 속도로 번갈아 발생되면 그 색자극들은 혼색된 상태로 보이게 되는 혼색방법은?

① 동시혼색 ② 계시혼색
③ 병치혼색 ④ 감법혼색

해설
① 동시혼색 : 동시에 두 가지 이상의 스펙트럼이 망막의 동일한 부분에 자극되어 나타내는 색채 지각
③ 병치혼색 : 많은 색의 점들을 조밀하게 병치하여 서로 혼합되어 보이도록 하는 방법으로 가법혼합의 일종
④ 감법혼색 : 혼합된 색의 명도나 채도가 혼합 이전의 평균 명도나 채도보다 낮아지는 색료의 혼합

77 빛의 성질에 대한 설명으로 틀린 것은?

① 흡수 – 빛이 물리적으로 기체나 액체나 고체 내부에 빨려 들어가는 현상
② 굴절 – 파동이 한 매질에서 다른 매질로 향해 이동할 때 경계면에서 일부 파동이 진행 방향을 바꾸어 원래의 매질 안으로 되돌아오는 현상
③ 투과 – 광선이 물질의 내부를 통과하는 현상으로 흡수나 산란 없이 빛의 파장범위가 변하지 않고 매질을 통과함을 의미함
④ 산란 – 거친 표면에 빛이 입사했을 경우 여러 방향으로 빛이 분산되어 퍼져나가는 현상

해설
굴절은 하나의 매질로부터 다른 매질로 진입하는 파동이 그 경계면에서 진행하는 방향을 바꾸는 현상으로, 빛의 파장이 길면 굴절률이 작고, 짧으면 굴절률이 크다.

78 눈에 비쳤던 자극을 치워버려도 그 색의 감각이 소멸되지 않고 잠시 나타나는 현상은?

① 색의 조화 ② 색의 순응
③ 색의 잔상 ④ 색의 동화

해설
③ 색의 잔상은 어떤 자극을 받았을 경우 원자극을 없애도 색의 감각이 계속해서 남아 있거나 반대의 상이 남아 있는 현상을 말한다.
① 색의 조화는 배색이 보는 사람에게 쾌감을 줄 때 어우러진 색의 상태를 말한다.
② 색의 순응은 조명에 의해 물체색이 바뀌어도 자신이 알고 있는 고유의 색으로 보이는 현상이다.
④ 색의 동화는 인접한 색의 영향을 받아 인접색에 가까운 색으로 보이는 현상이다.

79 색의 혼합에 대한 설명으로 옳은 것은?

① 가산혼합은 색료혼합으로, 3원색은 Yellow, Cyan, Magenta이다.
② 색광혼합의 3원색은 혼합할수록 명도가 높아진다.
③ 감산혼합은 원색인쇄의 색분해, 컬러 TV 등에 활용된다.
④ 색료혼합은 색을 혼합할수록 채도가 높아진다.

해설
색의 혼합
- 가산혼합은 색광혼합으로 혼합된 색의 명도가 혼합 이전의 평균의 명도보다 높아지는 현상이다. 색광의 3원색은 빨강(Red), 초록(Green), 파랑(Blue)이다.
- 감산혼합은 색료의 혼합으로 혼합된 색의 명도나 채도가 혼합 이전의 평균 명도나 채도보다 낮아지는 현상이다. 색료의 3원색은 사이안(Cyan), 마젠타(Magenta), 노랑(Yellow)이다. 색료혼합은 색을 혼합할수록 채도와 명도가 낮아지는 현상이다.

80 색채의 심리효과에 대한 설명 중 틀린 것은?

① 어떤 색이 다른 색의 영향을 받아서 본래의 색과는 다른 색으로 보이는 현상을 색채심리효과라 한다.
② 무게감에 가장 큰 영향을 미치는 것은 명도로, 어두운색일수록 무겁게 느껴진다.
③ 겉보기에 강해 보이는 색과 약해 보이는 색은 시각적인 소구력과 관계되며, 주로 채도의 영향을 받는다.
④ 흥분 및 침정의 반응효과에 있어서 명도가 가장 중요한 역할을 하는데, 고명도는 흥분감을 일으키고, 저명도는 침정감의 효과가 나타난다.

76 ② 77 ② 78 ③ 79 ② 80 ④ 정답

해설
흥분과 진정의 감정적인 효과는 주로 색상과 관련이 있다. 난색 계열은 흥분감을 일으키고, 한색 계열은 침정감의 효과를 일으킨다.

제5과목 색채체계론

81 RAL 색체계 표기인 210 80 30에 대한 설명이 옳은 것은?

① 명도, 색상, 채도의 순으로 표기
② 색상, 명도, 채도의 순으로 표기
③ 채도, 색상, 명도의 순으로 표기
④ 색상, 채도, 명도의 순으로 표기

해설
RAL 시스템은 1927년 독일에서 DIN에 의거해 개발된 색체계이다. '210 80 30'과 같이 표기하며 순서에 따라 색상, 명도, 채도를 나타낸다.

82 오방색의 방위와 색의 연결이 옳은 것은?

① 서쪽 – 청색
② 동쪽 – 백색
③ 북쪽 – 적색
④ 중앙 – 황색

해설
오방색의 방위
- 황색 : 중앙
- 청색 : 동쪽
- 적색 : 남쪽
- 백색 : 서쪽
- 흑색 : 북쪽

83 먼셀 색체계의 채도에 대한 설명 중 옳은 것은?

① 그레이 스케일이라고 한다.
② 먼셀 색입체에서 수직축에 해당한다.
③ 채도의 번호가 증가하면 점점 더 선명해진다.
④ Neutral의 약자를 사용하여 N1, N2 등으로 표기한다.

해설
①, ②, ④는 명도에 대한 설명이다.

84 색채관리를 위한 ISO 색채규정에서 다음의 수식은 무엇을 측정하기 위한 정의식인가?

> YI = 100(1−B/G)
>
> B : 시료의 청색 반사율
> G : 시료의 XYZ 색체계에 의한 3자극치의 Y와 같음

① 반사율　　② 황색도
③ 자극순도　　④ 백색도

해설
YI(Yellowness Index)는 황색도 지수를 의미하며,
YI = 100(1−B/G)는 ISO 색채규정에서 황색도를 규정한 식이다.

85 CIE Yxy 색체계로 활용하기 쉬운 것은?

① 도료의 색
② 광원의 색
③ 인쇄의 색
④ 염료의 색

해설
CIE Yxy 색체계는 광원의 색이름을 수량화하여 나타내기 위해 가장 적합한 색체계로, Y는 반사율, x는 색상, y는 채도를 표시한다.

86 오스트발트 색채조화론에 관한 설명 중 옳은 것은?

① 오스트발트는 "조화는 균형이다."라고 정의하였다.
② 오스트발트 색체계에서 무채색의 조화 예로는 a−e−i나 g−l−p이다.
③ 등가치계열 조화는 색입체에서 백색량과 흑색량이 상이한 색으로 조합하는 것이다.
④ 동일 색상에서 등흑계열의 색은 조화하며 예로는 na−ne−ni가 될 수 있다.

정답 81 ② 82 ④ 83 ③ 84 ② 85 ② 86 ②

해설
① 오스트발트는 "조화는 질서다."라고 정의하였다.
③ 등가치계열 조화는 색입체에서 백색량과 흑색량이 유사색으로 조합하는 것이다.
④ na-ne-ni는 등백계열의 조화이다.

87 다음 중 색명법의 분류가 다른 색 하나는?

① 분홍빛 하양
② Yellowish Brown
③ vivid Red
④ 베이지 그레이

해설
④ 고유색명법
①·②·③ 일반색명법

88 다음 중 현색계의 장점이 아닌 것은?

① 사용이 쉬운 편이고, 측색기가 필요치 않다.
② 색편의 배열 및 개수를 용도에 맞게 조정할 수 있다.
③ 조색, 검사 등에 적합한 오차를 적용할 수 있다.
④ 지각적으로 일정하게 배열되어 있다.

해설
조색, 검사 등에 적합한 오차를 적용할 수 있는 것은 측색기를 사용하는 혼색계이다.

89 PCCS 색체계의 색상환에 대한 설명 중 틀린 것은?

① 적, 황, 녹, 청의 4색상을 중심으로 한다.
② 4색상의 심리보색을 색상환의 대립 위치에 놓는다.
③ 색상을 등간격으로 보정하여 36색상환으로 만든다.
④ 색광과 색료의 3원색을 모두 포함한다.

해설
PCCS 색체계
1964년 일본 색채연구소에서 색채조화를 주요 목적으로 개발한 색체계로 톤(Tone)의 개념으로 도입되었고 색조를 색공간에 설정하였다. 헤링의 4원색설을 바탕으로 빨강, 노랑, 초록, 파랑을 기본색으로 하고, 색상은 24색, 명도는 17단계(0.5단계 세분화), 채도는 9단계(지각적 등보성 없이 절대수치인 9단계로 구분)로 구분해 사용한다.

90 슈브릘(M. E. Chevreul)의 색채조화론에 대한 설명이 틀린 것은?

① 색상환에 의한 정성적 색채조화론이다.
② 여러 가지 색들 가운데 한 가지 색이 주조를 이루면 조화된다.
③ 두 색이 부조화일 때 그 사이에 흰색이나 검정을 더하면 조화된다.
④ 명도가 비슷한 인접색상을 동시에 배색하면 조화된다.

해설
① 슈브릘은 정량적 색채조화론을 제시하여 오늘날의 색채조화론의 기초를 마련하였고, 정성적 색채조화론은 저드의 색채조화론과 오스트발트 조화론에 속한다.

91 먼셀 색입체의 특징이 아닌 것은?

① CIE 색체계와의 상호변환이 가능하다.
② 등색상면이 정삼각형의 형태를 갖는다.
③ 명도가 단계별로 되어 있어 감각적인 배열이 가능하다.
④ 3속성을 3차원의 좌표에 배열하여 색감각을 보는 데 용이하다.

해설
등색상면이 정삼각형의 형태를 갖는 것은 NCS 색입체의 특징이다.

87 ④ 88 ③ 89 ③ 90 ① 91 ② 정답

92 다음 중 색체계의 설명이 틀린 것은?

① Pantone – 실용성과 시대의 필요에 따라 제작되었기 때문에 개개 색편이 색의 기본 속성에 따라 논리적인 순서로 배열되어 있지 않다.
② NCS – 스웨덴, 노르웨이, 스페인의 국가 표준색 제정에 기여한 색체계이다.
③ DIN – 색상(T), 포화도(S), 암도(D)로 조직화하였으며 색상은 24개로 분할하여 오스트발트 색체계와 유사하다.
④ PCCS – 채도는 상대 채도치를 적용하여 지각적 등보성이 없이 상대수치인 9단계로 모든 색을 구성하였다.

해설
PCCS 색체계에서 채도는 절대수치인 9단계로 모든 색을 구성하였다.

93 먼셀의 색채조화론과 관련이 있는 이론은?

① 균형이론
② 보색이론
③ 3원색론
④ 4원색론

해설
먼셀의 색채조화론은 균형이론으로 균형의 원리를 조화의 기본으로 생각했으며, 회전혼색법을 사용하여 두 개 이상의 색을 배색했을 때 명도단계 N5의 색들이 가장 안정된 균형과 조화를 이룬다고 주장했다.

94 전통색명 중 적색계가 아닌 것은?

① 적토(赤土)
② 휴색(烋色)
③ 장단(長丹)
④ 치자색(梔子色)

해설
치자색(梔子色)은 황색이다.

95 배색된 색을 면적비에 따라서 회전원판 위에 놓고 회전 혼색할 때 나타나는 색을 밸런스 포인트라고 하고 이 색에 의하여 배색의 심리적 효과가 결정된다고 한 사람은?

① 슈브룉
② 문–스펜서
③ 오스트발트
④ 파버 비렌

해설
문과 스펜서는 먼셀 시스템을 바탕으로 한 색채조화론을 미국 광학회의 학회지에 발표했다. 문과 스펜서의 색채조화론은 수학적 공식을 사용하여 정량적으로 이론화한 것이다. 지각적으로 고른 감도의 오메가 공간을 만들어 먼셀 표색계의 3속성과 같은 개념인 HVC 단위로 설명하였고 조화를 미적 가치를 가지는 것이라 하였으며 부조화는 미적 가치가 없는 것으로 규정했다. 조화는 동등조화, 유사조화, 대비조화로 구분했고 부조화는 제1부조화, 제2부조화, 눈부심으로 구분했다.

96 NCS에서 성립하는 이론으로 옳은 것은?

① W + B + R = 100%
② W + K + S = 100%
③ W + S + C = 100%
④ H + V + C = 100%

해설
NCS 색체계의 혼합비는 S(흑색량) + W(백색량) + C(유채색량) = 100%로 표시되는데 혼합비 3가지 속성 가운데 흑색량과 순색량의 뉘앙스만 표기한다.

97 Pantone 색체계의 설명으로 틀린 것은?

① 미국 Pantone사의 자사 색표집이다.
② 지각적 등보성을 기초로 색표가 구성되었다.
③ 인쇄잉크를 조색하여 일정 비율로 혼합, 제작한 실용적인 색체계이다.
④ 인쇄업계, 컴퓨터 그래픽, 의상 디자인 등 산업 분야에서 널리 사용되고 있다.

정답 92 ④ 93 ① 94 ④ 95 ② 96 ③ 97 ②

해설
Pantone Color : 미국 펜톤(Pantone)사의 자사 색표집으로, 인쇄잉크를 이용해 일정 비율로 제작된 실용적 색표계이다. 인쇄, 컴퓨터 그래픽, 패션 등 산업 전반에 널리 사용되었으며 실용성과 시대의 필요에 따라 제작되었기 때문에 개개 색편이 색의 기본 속성에 따라 논리적 순서로 배열되어 있지 않아 등보성이 없다.

98 CIE Lab 색체계에 대한 설명으로 틀린 것은?

① a*와 b*는 색 방향을 나타낸다.
② L* = 50은 중명도이다.
③ a*는 Red – Green 축에 관계된다.
④ b*는 밝기의 척도이다.

해설
L*은 명도를 나타내며 100은 흰색, 0은 검은색이다. +a*는 빨강, –a*는 초록, +b*는 노랑, –b*는 파랑이다.

99 관용색명과 계통색명의 설명으로 옳은 것은?

① 계통색명은 예부터 전해 내려오거나 동・식・광물, 자연현상, 지명, 인명 등에서 유래한 것을 정리한 것이다.
② 계통색명은 기본색명 앞에 유채색의 명도, 채도에 관한 수식어 또는 무채색의 수식어, 색상에 관한 수식어의 순으로 붙인다.
③ 관용색명은 계통색명의 수식어를 붙일 수 없다.
④ 관용색명은 색의 3속성에 따라 분류, 표현한 것이므로 익히는데 시간이 걸리나 색명의 관계와 위치까지 이해하기에 편리하다.

해설
- 일반색명(계통색명) : 일반적으로 부르는 기본색명에 수식형 형용사를 붙여서 사용한 색명법으로 KS의 일반색명은 ISCC–NIST 색명법에 근거해 개발되었다. 기본색명 앞에 색상을 나타내는 수식어와 톤을 나타내는 수식어를 붙여 표현하는 것이 계통색명이다.
- 관용색명(고유색명) : 옛날부터 관습적으로 전해 내려오면서 광물, 식물, 동물, 지명, 인명 등의 이름으로 사용하는 색으로 색감의 연상이 즉각적이다.

100 NCS 색체계에서 색상은 R30B일 때 그림의 뉘앙스(Nuance)에 표기된 점의 위치에 해당하는 NCS 표기 방법으로 옳은 것은?

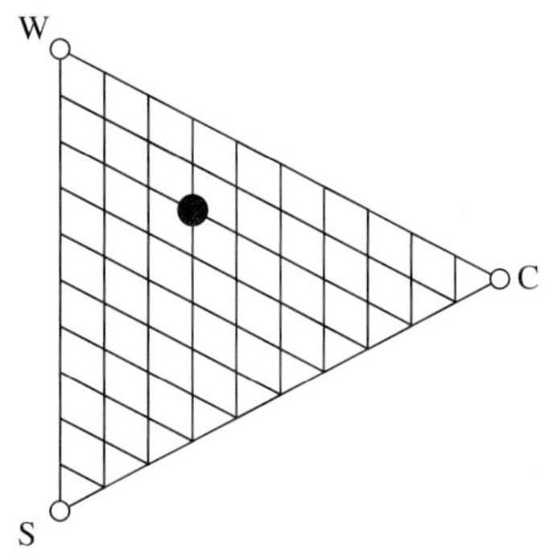

① S 2030 – R30B
② S 3020 – R30B
③ S 8030 – R30B
④ S 3080 – R30B

해설
NCS 색체계의 혼합비는 S(흑색량) + W(백색량) + C(유채색량) = 100%로 표시되는데, 혼합비의 세 가지 속성 가운데 흑색량과 순색량의 뉘앙스만 표기한다. S2030–R30B에서 2030은 뉘앙스, R30B는 색상, 20은 검은색도, 30은 유채색도, R30B는 R에 30만큼 B가 섞인 P를 나타낸다. S는 2판임을 표시한다.

98 ④ 99 ② 100 ① 정답

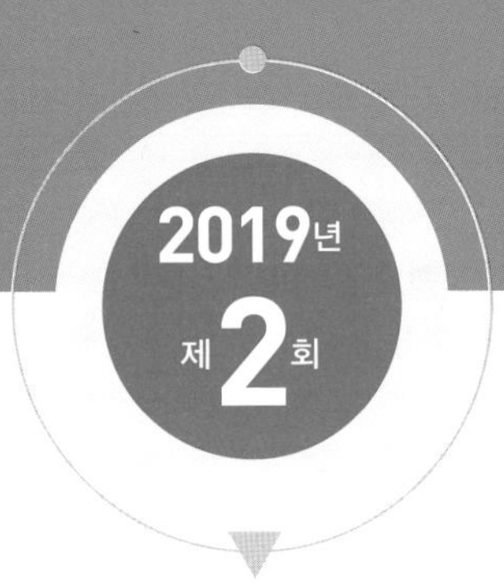

컬러리스트기사

과년도 기출문제

제1과목 색채심리 · 마케팅

01 색채와 공감각에 대한 설명으로 틀린 것은?

① 일반적으로 식욕을 돋우어 주는 색은 파랑, 보라 계열이다.
② 재료 및 표면처리 등에 의해 색채와 촉감의 감성적 메시지가 전달될 수 있다.
③ 색청은 어떤 소리를 듣게 되면 색이나 빛이 눈앞에 떠오르는 현상을 의미한다.
④ 공감각은 하나의 자극으로 인해 서로 다른 감각이 동시에 발생하는 것이다.

해설
파랑, 보라와 같은 단파장 계열은 오히려 식욕을 억제하는 데 도움을 준다.

02 색채심리와 그 사례에 대한 설명으로 틀린 것은?

① 보색대비 – 초록색 상추 위에 붉은 음식을 올리니 음식 색깔이 더 붉고 먹음직하게 보였다.
② 면적효과 – 좁은 거실 벽에 어두운 회색 페인트를 칠하고 어두운 나무색 가구들을 배치했더니 더 넓어 보였다.
③ 중량감 – 크고 무거운 책에 밝고 연한색으로 표지를 적용했더니 가벼워 보였다.
④ 경연감 – 가벼운 플라스틱 의자에 진한 청색을 칠했더니 견고하게 보였다.

해설
좁은 거실 벽은 고명도에 한색 계열의 색상을 사용하면 넓어 보이는 효과가 있다.

03 색채조사에 있어 설문지의 첫머리에는 어떤 내용이 들어가는 것이 좋은가?

① 성명, 주소, 직장
② 조사의 취지
③ 성별, 연령
④ 개인의 소득이나 종교

해설
설문지는 조사를 하거나 통계자료를 수집하기 위한 질문을 기록한 서식이다. 조사의 취지 및 안내글은 설문지의 첫머리에 배치하고 개인의 신분을 나타내는 성별, 연령, 소득 등의 인구사회학적 질문은 끝에 배치한다.

04 소비자 행동 측면에서 살펴볼 때 국내기업이 라이센스 비용을 지불하면서도 외국기업의 유명 브랜드를 들여오는 가장 큰 이유는?

① 일반적으로 소비자들이 유명하지 않은 상표보다는 유명한 상표에 자신의 충성도를 이전시킬 가능성이 높기 때문
② 해외 브랜드는 소비자 마케팅이 수월하기 때문
③ 국내 브랜드에는 라이센스의 다양한 종류가 없기 때문
④ 외국 브랜드 이름에서 오는 이미지로 인해 소비자 행동이 이루어지기 때문

해설
일반적으로 소비자들은 유명한 상표를 더 선호하며 자신의 충성도를 이전시킬 가능성이 높다. 그러므로 국내기업은 라이센스를 지불해 가면서도 외국기업의 유명 브랜드를 들여옴으로서 기업의 이미지와 수입증대의 결과로 이어지는 충성고객을 끌어오려고 하는 것이다.

정답 1 ① 2 ② 3 ② 4 ①

05 색채선호도에 관한 설명 중 틀린 것은?

① 색채선호도는 주로 SD법을 활용하여 조사한다.
② 색채선호도는 개인차가 있다.
③ 색채선호도 조사에서 성별에 따른 차이는 크지 않다.
④ 특정 문화에서 선호되는 색채는 마케팅에 활용될 수 있다.

해설
색채선호도 조사에서 성별, 연령, 지역, 문화에 따른 차이가 크다.

06 제품 수명주기에 따른 제품의 색채계획에 대한 설명이 옳은 것은?

① 도입기에는 시장저항이 강하고 소비자들이 시험적으로 사용하는 시기이므로 제품의 의미론적 해결을 위한 다양한 색채로 호기심을 유도하는 것이 좋다.
② 성장기에는 기술개발이 경쟁적으로 나타나는 시기이므로 기능주의적 성격이 드러나는 무채색을 사용하는 것이 좋다.
③ 성숙기에는 기능주의에서 표현주의로 이동하는 시기이므로 세분화된 시장에 맞는 색채의 세분화와 다양화가 이루어져야 한다.
④ 쇠퇴기는 더 이상 기술개발이 이루어지지 않으므로 화려한 색채를 사용하여 주의를 환기하는 것이 좋다.

해설
① 도입기는 신제품이 시장에 등장하는 시기로, 이익은 낮고 유통경비와 광고 판촉비는 높이는 시기이다. 제품 알리기와 혁신적인 설득이 필요하다.
② 성장기는 경쟁회사의 유사제품이 나오는 시기로, 시장점유율을 극대화하기 위해 브랜드의 우수성을 알리고 대형시장에 침투해야 하므로 색채 마케팅을 통해 시인성을 높여야 한다.
④ 쇠퇴기는 소비시장의 급격한 감소, 대체상품의 출현 등 제품시장이 사라지는 시기로, 신상품 개발 전략이 필요하다.

07 고채도 난색의 특성에 대한 설명으로 틀린 것은?

① 동적임 ② 무거움
③ 가까움 ④ 유목성이 높음

해설
무거움은 저채도, 저명도, 한색계가 해당된다.

08 색채의 기능적 역할과 활용에 대한 설명으로 틀린 것은?

① 물리적, 화학적 온도감을 조절한다.
② 기분이나 감정 상태를 조절하는 데 도움을 준다.
③ 기능이나 목적을 알기 쉽게 한다.
④ 비상구의 표시나 도로의 방향 표시 등 순서, 방향을 효과적으로 유도한다.

해설
색채는 정서적인 온도감을 조절한다.

09 기업이 표적시장을 대상으로 원하는 결과를 얻을 수 있도록 활용하는 총체적인 마케팅 수단은?

① 표적 마케팅 ② 시장 세분화
③ 마케팅 믹스 ④ 제품 포지셔닝

해설
마케팅 믹스는 기업이 표적시장을 통하여 원하는 결과를 얻을 수 있도록 사용하는 통제 가능한 마케팅 변수의 총집합을 말한다.

10 색채와 후각의 관계에 대한 설명이 틀린 것은?

① 가볍고 은은한 느낌의 향기를 경험하기 위한 제품에는 빨강이나 검정 포장을 사용한다.
② 시원한 향, 달콤한 향으로 구분되는 향의 감각은 특정 색채로 연상될 수 있다.
③ 신선한 느낌의 향기는 주로 파랑, 청록, 초록 계열에서 경험할 수 있다.
④ 꽃향기(Floral)는 자주, 빨강, 보라색 계열에서 경험할 수 있다.

5 ③ 6 ③ 7 ② 8 ① 9 ③ 10 ① 정답

해설
가볍고 은은한 느낌의 향기를 경험하기 위한 제품에는 고명도의 색상을 사용하면 효과적이다. 빨강이나 검정은 무겁고 강한 느낌을 들게 한다.

11 **색채 마케팅 중 제품 포지셔닝(Positioning)에 대한 설명 중 틀린 것은?**

① 소비자들은 특정 제품의 포지셔닝을 이해하면 구매를 망설이게 된다.
② 경쟁적인 우위를 확보할 수 있는 적절한 이점을 선정한다.
③ 자사의 포지셔닝 콘셉트를 효과적으로 실행하여야 한다.
④ 모든 잠재적인 경쟁적 이점을 확인한다.

해설
제품 포지셔닝
- 포지셔닝이란 제품이 소비자들에 의해 지각되고 있는 모습이다.
- 소비자들의 원하는 바 또는 경쟁자의 포지셔닝에 따라 기존 제품의 포지션을 새롭게 전환시키는 전략을 말한다.
- 제품의 위치는 소비자들이 경쟁 제품과 비교하여 갖게 되는 지각, 인상, 감성, 가격 등이 복합적으로 영향을 미쳐 형성된다.
- 제품의 포지셔닝을 이해하면 고객의 제품 선택 및 구매에 도움을 준다.
- 세분화된 특성에 따라 어떤 제품은 가격을, 어떤 제품은 성능이나 안정성을 강조하는 식의 마케팅 믹스가 필요하다.

12 **색채의 심리적 의미 대응이 옳은 것은?**

① 난색 – 냉담
② 한색 – 진정
③ 난색 – 침착
④ 한색 – 활동

해설
냉담, 침착은 한색, 활동은 난색에 대응한다.

13 **한 나라를 상징하는 국기는 그 나라의 풍토, 역사, 지리, 문화 등을 반영한다. 다음의 국기에 관한 설명 중 옳은 것은?**

① 태극기의 흰색은 단일민족의 순수함과 깨끗함, 파란색과 빨간색은 분단된 민족의 통일에 대한 염원을 의미한다.
② 각 국의 국기에서 대표적으로 사용되는 색 중 검은색은 고난, 의지, 역사의 암흑시대 등을 의미한다.
③ 독일, 오스트리아, 이탈리아, 프랑스 등은 3가지 색을 가로 또는 세로로 배열해 놓은 비콜로 배색을 국기에 사용한다.
④ 각국의 국기가 상징하는 색 중 빨간색은 독립을 위한 조상의 피, 번영, 국부, 희망, 자유, 아름다움, 정열 등을 의미한다.

해설
① 태극기 중앙의 태극은 해와 달을 뜻하고 4괘는 하늘, 불, 물, 땅을 상징한다.
③ 비콜로(Bicolore) 배색은 하나의 면을 두 가지 색으로 나누는 배색이다. 독일, 이탈리아, 프랑스 국기는 세 가지 색을 사용하며 이는 트리콜로 배색이라고 한다.
④ 국가별로 빨간색을 선호하기도 하고 기피하기도 하기 때문에 그 의미는 각각 다르다.

14 **마케팅의 핵심 개념에 해당하지 않는 것은?**

① 욕 구　　② 시 장
③ 제 품　　④ 지 위

해설
마케팅은 생산자가 상품 혹은 용역을 소비자에게 유통시키는 데 관련된 경영활동을 말한다. 더 정확하게는 개인 및 조직의 목표를 만족시키는 교환의 창출을 위해 아이디어나 상품 및 용역의 개념을 정립하고, 가격을 결정하며, 유통 및 프로모션을 계획하고 실행하는 과정을 말한다.

정답 11 ① 12 ② 13 ② 14 ④

15 다음 중 주로 사용되는 색채조사 방법이 아닌 것은?

① 개별 면접조사
② 전화조사
③ 우편조사
④ 집락표본추출법

해설
집락이란 모집단을 이루는 작은 집단의 낱낱을 이르는 말이다. 집락표본추출법은 무작위로 표본을 추출하는 것이 아니라 모집단에 존재하는 집단(집락)으로부터 표집하는 추출법으로, 만일 집락이 모집단을 대표하지 않는다면 치우친 표본이 될 수도 있기 때문에 잘 사용하지 않는 방법이다.

16 소비자 구매에 대한 설명 중 틀린 것은?

① 구매는 일종의 의사결정 과정이다.
② 구매 의사결정 과정은 누구나 동일하다.
③ 구매 결정과정은 그 합리성 여부에 따라 합리적 과정과 비합리적 과정으로 나뉜다.
④ 구매 결정은 평가의 결과 최선책을 선택하는 것이 일반적이나 반드시 구매와 연관되는 것은 아니다.

해설
구매 의사결정 과정은 소비자의 집단, 생활유형 등에 따라 다르다. 즉, 소비자 행동은 외적 환경적 요인과 내적 심리적 요인에 영향을 받는다. 내적 심리적 요인은 경험(학습), 지식(지각), 개성, 동기 등이 있다.

17 색채 마케팅에 대한 설명으로 옳지 않은 것은?

① 대중이 특정 색채를 좋아하도록 유도하여 브랜드 또는 제품의 가치를 높이는 것
② 색채의 이미지나 연상작용을 브랜드와 결합하여 소비를 유도하는 것
③ 생산단계에서 색채를 핵심 요소로 하여 제품을 개발하는 것
④ 새로운 컬러를 제안하거나 유행색을 창조해 나가는 총체적인 활동

해설
색채를 핵심 요소로 하여 제품을 개발하는 것은 생산단계가 아닌 기획단계에서 이루어지는 과정이다.

18 색채 정보수집 설문지 조사를 위한 조사자 사전교육에 관한 내용과 가장 거리가 먼 것은?

① 조사의 취지와 표본 선정방법에 대한 이해
② 조사자료 분석 연구에 대한 이해
③ 면접과정의 지침
④ 참가자의 응답에 영향을 주지 않도록 중립적이고 객관적인 태도 유지

해설
조사자료 분석 연구에 대한 이해는 연구자 자신에게 해당된다.

19 소비자 행동의 기본원칙에 대한 설명 중 틀린 것은?

① 소비자는 자주적이라 제품이나 서비스도 소비자의 욕구, 라이프스타일과의 관련 정도에 따라 받아들이거나 거부한다.
② 소비자 행동에 영향을 미치는 내적 동기나 사회적 영향 요인 등은 예측할 수가 없다.
③ 소비자의 욕구에 맞추어 제품이나 서비스를 설계하면 소비자 행동에 영향을 줄 수 있다.
④ 기업은 부적절한 방법으로 소비자에 대한 영향력을 행사해서는 안 된다.

해설
소비자 행동에 영향을 미치는 내적 동기나 사회적 영향 요인 등은 다양한 경험의 반복으로 이루어지므로 예측 가능하다.

20 시장 세분화의 기준이 틀린 것은?

① 지리적 속성 – 지역, 인구밀도, 기후
② 심리분석적 속성 – 상표 충성도, 구매동기
③ 인구통계적 속성 – 성별, 연령, 국적
④ 행동분석적 속성 – 사용량, 사용장소, 사용시기

15 ④ 16 ② 17 ③ 18 ② 19 ② 20 ② 정답

해설
상표 충성도, 구매동기는 행동분석적 속성과 관련이 있다. 심리분석적 속성으로는 기호, 개성, 생활양식 등과 관련이 있다.

제2과목 색채디자인

21 빅터 파파넥이 규정지은 복합기능에 속하지 않는 것은?

① 방 법
② 형 태
③ 미 학
④ 용 도

해설
빅터 파파넥의 복합기능(Function Complex) 6가지 요소로는 방법(Method), 용도(Use), 필요성(Need), 텔레시스(Telesis), 연상(Association), 미학(Aesthetics)이 있다.

22 그리스어인 Rheo(흐르다)에서 나온 말로, 유사한 요소가 반복 배열되어 연속할 때 생겨나는 것으로서 음악, 무용, 영화 등의 예술에서도 중요한 원리가 되는 것은?

① 균 형
② 리 듬
③ 강 조
④ 조 화

해설
리듬(Rhythm)이란 흐르다는 뜻의 동사 레오(Rheo)를 어원으로 하는 그리스어 리드모스(Rhythmos)에서 유래한 말이다. 디자인의 원리 중 하나인 리듬은 무엇인가 연속적으로 전개되어 이미지를 만드는 요소와 운동감을 말한다. 즉, 형태 구성의 상호관계에 있어 반복, 연속되어 생명감이나 존재감을 나타낸다. 넓은 뜻에서 리듬은 시간예술, 공간예술을 불문하고 신체적 운동, 심리적·생리적 작용과 연관되어 있다. 특히 음악적 감각인 청각적 원리를 시각화하며 리듬의 세부 요소는 반복, 점진, 변이, 방사로 구별할 수 있다.

23 인터랙티브 아트(Interactive Art)의 특성으로 가장 옳은 것은?

① 정보를 한 방향에서가 아닌 상호작용으로 주고받는 것
② 컴퓨터가 만드는 가상세계 또는 그 기술을 지칭하는 것
③ 문자, 그래픽, 사운드, 애니메이션과 비디오를 결합한 것
④ 그래픽에 시간의 축을 더한 것으로 연속적으로 움직이는 것과 같은 이미지를 제작하는 것

해설
인터랙티브 아트란 매체를 통하여 관람자의 참여를 유도하고 그로 인해 유발된 행위를 통하여 과정과 변화를 담아내는 미술을 말한다. 따라서 정보를 리얼타임으로 주고받는 것을 가장 중요시한다.

24 그림과 관련한 게슈탈트 이론은?

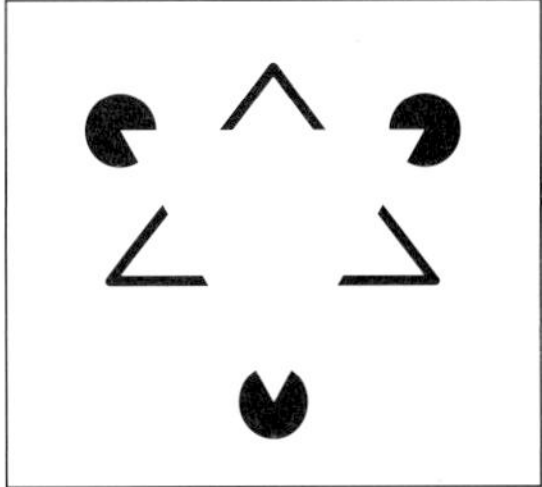

① 근접성(Proximity)
② 유사성(Similarity)
③ 폐쇄성(Enclosure)
④ 연속성(Continuity)

해설
③ 폐쇄성 : 닫혀 있지 않은 도형이 완결되어 보이거나 무리지어서 하나의 형태로 보이는 것을 말한다.
① 근접성 : 서로 가까이 모여 있는 요소들을 상호 연결시켜 집단화하려는 경향을 말한다.
② 유사성 : 유사한 형태나 색채, 질감 등의 시각적 요소들이 있을 때 공통성이 없는 것들보다 더 눈에 잘 띄는 법칙이다.
④ 연속성 : 배열이나 진행 방향이 같은 것끼리 짝지어져 보이는 시각법칙이다.

정답 21 ② 22 ② 23 ① 24 ③

25 다음에서 설명하는 디자인 사조는?

> 인상주의의 영향을 받아 부드러운 색조가 지배적이었으며 원색을 피하고 섬세한 곡선과 유기적인 형태로 장식미를 강조

① 다다이즘
② 아르누보
③ 포스트모더니즘
④ 아르데코

해설
아르누보(Art Nouveau)
인상주의의 영향을 받아 1980년대 프랑스를 중심으로 일어났던 '새로운 예술' 장르로서 양감이나 깊이감보다는 장식과 아름다움에 초점을 둔 유미주의적 성향을 띤다. 환하고 연한 파스텔 계통의 부드러운 색조를 사용하여 섬세한 분위기를 연출하였고, 독일에서는 유겐트 양식, 프랑스에서는 기마르 양식, 이탈리아에서는 리버티 양식으로 불릴 만큼 여러 나라에서 대대적으로 유행하였다.

26 제품의 색채계획 중 기획단계에서 해야 할 것이 아닌 것은?

① 주조색, 보조색 결정
② 시장과 소비자 조사
③ 색채정보 분석
④ 제품기획

해설
주조색, 보조색의 결정은 디자인 단계에서 이루어져야 한다.

27 포스트모더니즘 디자인 양식의 특징이 아닌 것은?

① 이전까지는 금기시한 다양한 사고와 소재를 사용하였다.
② 문화적 다양성의 가치를 인정하였다.
③ 화려한 색상과 장식을 볼 수 있다.
④ 미술과 디자인의 구별을 확실히 하였다.

해설
포스트모더니즘이란 '모더니즘 이후', '탈모더니즘'이란 뜻으로서 근대 디자인의 탈피, 기능주의의 반대와 함께 개성이나 자율성을 중요시한 문화현상을 의미한다. 건축에서 시작하여 문학과 사회 전반에 걸쳐 다양성을 중시하는 사조로 발전하였고, 특히 모더니즘의 보수적 성향과 단순미를 비판하는 경향이 강하게 드러난다. '형태는 재미를 따른다'는 가치 아래 유머와 위트, 장식성을 회복하려 노력하였으며 예술과 공예, 디자인 사이에 존재하던 장르의 벽을 허물었다. 즉, 포스트모더니즘의 특징을 한마디로 말하면 절충주의, 맥락주의, 은유와 상징이다.

28 환경오염문제와 관련하여 생태학적인 건강을 유지하며, 환경에 피해를 주지 않는 디자인을 뜻하는 것은?

① 그린(Green) 디자인
② 퍼블릭(Public) 디자인
③ 유니버설(Universal) 디자인
④ 유비쿼터스(Ubiquitous) 디자인

해설
그린 디자인(Green Design)은 재활용과 재사용이 가능한 환경친화적 디자인을 의미하며, 에코 디자인, 친환경 디자인, 생태 디자인이라고도 한다. 즉, 환경을 배려하는 모든 디자인을 뜻하며 패션에서부터 공공디자인, 서비스에 이르기까지 다양한 형태의 그린 디자인이 존재하고 있다.

29 르 코르뷔지에의 이론과 그의 사상에서 가장 중요시한 것은?

① 미의 추구와 이론의 바탕을 치수에 관한 모듈(Module)에 두었다.
② 근대 기술의 긍정적인 면을 받아들이고, 개성적인 공예가 되어야 한다고 주장하였다.
③ 새로운 건축술의 확립과 교육에 전념하여 근대적인 건축공간의 원리를 세웠다.
④ 사진을 이용한 방법으로 새로운 조형의 표현 수단을 제시하였다.

해설
르 코르뷔지에는 자신의 르 모듈러(Le Modulor) 체계에서 건축적 비례의 척도로 황금비를 사용했다. 그는 이 체계가 레오나르도 다빈치의 '비트루비우스적 인간', 레온 바티스타 알베르티의 작업, 그 외에 인체의 비례를 건축의 외관과 기능을 개선하는 데에 이용한 사람들의 오래된 전통의 연속이라고 보았다.

25 ② 26 ① 27 ④ 28 ① 29 ① 정답

30 시대와 패션 색채의 변천이 바르게 연결된 것은?

① 1900년대는 밝고 선명한 색조의 오렌지, 노랑, 청록이 주조를 이루었다.
② 1910년대는 흑색, 원색과 금속의 광택이 등장하였다.
③ 1920년대는 연한 파스텔 색조가 유행했다.
④ 1930년대 중반부터는 녹청색, 뷰 로즈, 커피색 등이 사용되었다.

해설
① 1900년대 : 연한 파스텔 색조
② 1910년대 : 오리엔탈리즘의 영향으로 밝고 선명한 색조의 오렌지, 노랑, 청록색
③ 1920년대 : 아르데코의 영향으로 원색과 검은색, 금색, 은색의 강렬하고 뚜렷한 색채대비

31 화학실험실에서 사용하는 가스 종류에 따라 용기의 색을 다르게 사용하는 것과 관련된 색채원리는?

① 색의 현시 ② 색의 상징
③ 색의 혼합 ④ 색의 대비

해설
색의 상징이란 눈에 보이지 않는 추상적 개념이나 사상을 형태나 색을 가진 다른 것으로 직감적이고 알기 쉽게 표현한 것을 말한다. 즉, 하나의 색을 보았을 때 특정한 형상 또는 의미가 느껴지는 것이다.

32 1980년대 영국에서 일어난 미술공예운동의 대표인물은?

① 발터 그로피우스
② 헤르만 무지테우스
③ 요하네스 이텐
④ 윌리엄 모리스

해설
1980년대 영국에서 대량생산으로 인한 생산품의 질적 하락과 예술성의 저하로 윌리엄 모리스가 주축이 된 수공예 중심의 미술운동이 등장하였다. 이 운동은 예술의 민주화와 생활화를 주장하여 근대 디자인의 이념적 기초를 마련하였다.

33 두 개체 간의 사용 편이성에 초점을 맞춘 커뮤니케이션에 중요한 역할을 하는 디자인 분야는?

① 어드밴스(Advanced) 디자인
② 오가닉(Organic) 디자인
③ 인터페이스(Interface) 디자인
④ 얼터너티브(Alternative) 디자인

해설
인터페이스 디자인은 사용자를 지원하기 위해 프로그램의 흐름을 계획하는 것과 사용자들이 작업하는 일(이미지, 문서 등의 제작과 작성)을 효과적으로 보조하기 위한 계획이라고 할 수 있다. 크게 컴퓨터와 사용자 사이를 연결하는 상호소통 매개체(프로그램, 툴)의 모양과 동작의 흐름을 다룬다. 프로그램에서 사용자가 얻어갈 정보들의 요소를 빠르고 정확하게 찾을 수 있어야 하므로 효과적인 인터페이스 디자인은 시각적인 결과물에서 시작하는 것이 아니라 사람들을 이해하는 것에서부터 시작한다.

34 미용 디자인과 색채에 대한 설명 중 틀린 것은?

① 미용 디자인은 개인의 미적 요구를 만족시키고, 보건위생상 안전해야 하며 유행을 고려해야 한다.
② 미용 디자인의 범위는 일반적으로 헤어스타일, 메이크업, 네일케어, 스킨케어 등이다.
③ 외적 표현수단으로서의 퍼스널 컬러(Personal Color)는 매우 중요한 미용 디자인의 한 부분이다.
④ 미용 디자인의 소재는 인체 일부분으로 색채효과는 개인차 없이 항상 동일하게 나타난다는 것을 감안해야 한다.

해설
미용 디자인은 인체의 일부분으로 사람마다 각기 다른 색을 가지고 있다는 것을 감안해야 한다.

35 디자인 사조와 관련된 작가 또는 작품과의 연결이 틀린 것은?

① 아르누보 – 빅토르 오르타(Victor Horta)
② 데 스테일 – 적청(Red and Blue) 의자
③ 큐비즘 – 파블로 피카소(Pablo Picasso)
④ 아르데코 – 구겐하임(Guggenhein) 박물관

정답 30 ④ 31 ② 32 ④ 33 ③ 34 ④ 35 ④

해설
아르데코(Art Deco)는 장식미술을 뜻하는 아르 데코라티프(Art Decoratif)를 줄인 말로 기능적이고 단순한 미를 강조하는 미술양식이다. 일명 1925년 양식이라고도 불리는 아르데코는 아르누보와 직선적 모더니즘의 변환기에 있으며, 기하학적인 요소가 주로 사용되었다. 구겐하임 박물관은 포스트모더니즘과 관련되어 있다.

36 TV광고 매체의 특성이 아닌 것은?

① 소구력이 강하며 즉효성이 있으나 오락적으로 흐를 수 있다.
② 화면과 시간상 충분한 설명이 가능하다.
③ 반복효과가 크나 총체적 비용이 많이 든다.
④ 메시지의 반복이나 집중공략이 가능하다.

해설
짧은 시간 안에 소비자를 이해시키고 소비를 유도하기 위해서는 집중할 수 있으며, 이해가 빠르고 가지고 싶은 욕구를 불러일으켜야 한다. TV광고 매체는 정해진 시간이 짧으므로 충분한 설명이 가능하지 않다.

37 그림에서 큰 원에 둘러싸인 중심의 원과 작은 원에 둘러싸인 중심의 원이 동일한 크기이지만 다르게 보이는 이유는?

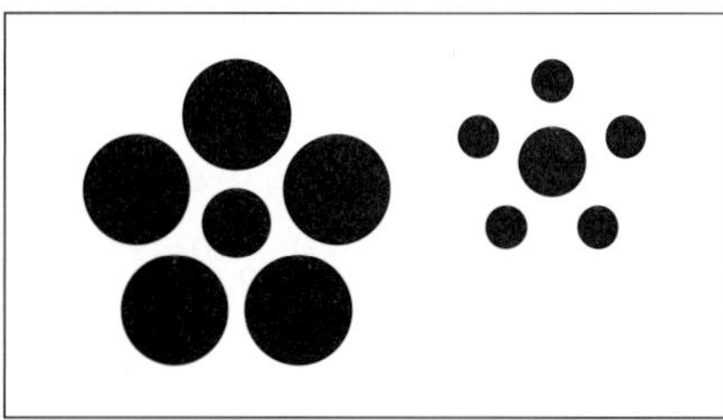

① 길이의 착시
② 형태의 착시
③ 방향의 착시
④ 크기의 착시

해설
뇌는 하나의 대상을 볼 때 그 대상만 보는 것이 아니라 그 대상이 놓인 맥락도 함께 고려한다. 즉, 그림에서 중심 밖의 원의 크기가 다름을 함께 고려하기 때문이다.

38 다음의 두 가지가 대비의 개념을 갖지 않는 것은?

① 직선 - 곡선
② 청색 - 녹색
③ 투명 - 불투명
④ 두꺼움 - 얇음

해설
청색과 녹색은 대비의 개념을 갖지 않고, 동일한 개념을 갖고 있다.

39 디자인에 있어 심미성에 관한 설명으로 옳은 것은?

① 디자인의 목적에 합당한 수단으로 디자인을 성취하였는가에 관한 기준이다.
② 디자인이 사회적 차원에서 이루어질 때 디자인의 개념화와 제작과정 수준을 평가하는 기준이다.
③ 디자인에 기대되는 물리적 기능을 잘 수행하는가를 평가하는 항목이다.
④ 디자인에서 드러나는 스타일(양식), 유행, 민족성, 시대성, 개성 등이 복합적으로 반영된 내용이라고 할 수 있다.

해설
심미성이란 아름다움을 느끼는 미적 의식으로 원칙적으로 합목적성과 대립되는 개념이다. 외형장식(표현장식, 형식미)과 유기적으로 결합된 형태(조형미, 내용미, 기능미)에 아름다움이 나타나야 하며 개인의 기호에 따라 비합리적, 주관적, 감성적 특징을 지니게 된다.

40 다음 중 색채계획에 사용되는 방법이 아닌 것은?

① 소비자 색채 설문조사
② 시네틱스법
③ 소비자 제품 이미지 조사
④ 이미지 스케일

해설
시네틱스법은 서로 관련이 없어 보이는 것들을 조합하여 새로운 것을 도출해 내는 집단 아이디어 발상법으로 2개 이상의 요소를 결합하거나 합성한다는 의미의 그리스어 'Synetcos'에서 유래되었다. 즉, 색채계획과는 거리가 있다.

정답 36 ② 37 ④ 38 ② 39 ④ 40 ②

제3과목 색채관리

41 무기안료의 색별 연결로 잘못 짝지어진 것은?

① 백색 안료 – 산화아연, 산화타이타늄, 연백
② 녹색 안료 – 벵갈라, 버밀리온
③ 청색 안료 – 프러시안블루, 코발트청
④ 황색 안료 – 황연, 황토, 카드뮴옐로

해설
무기안료의 종류
- 백색 안료 : 산화아연, 산화타이타늄, 연백, 산화바륨, 산화납
- 녹색 안료 : 산화크로뮴, 수산화크로뮴
- 청색 안료 : 프러시안블루, 코발트청, 산화철(철단)
- 황색 안료 : 화연, 황토, 카드뮴옐로
- 갈색 안료 : 청분
- 보라색 안료 : 망가니즈

42 다음 중 ICC 컬러 프로파일이 담고 있는 정보로 가장 거리가 먼 것은?

① 다이내믹 레인지 ② 색 역
③ 색 차 ④ 톤응답 특성

해설
ICC 컬러 프로파일은 장치의 입출력 컬러에 대한 수치를 저장해 놓은 파일로서 장치 프로파일과 색공간 프로파일로 나뉜다. 모니터, 프린터와 같은 장치의 컬러 특성을 기술한 장치 프로파일, sRGB 또는 AdobeRGB 같은 색공간(색역)을 정의한 색공간 프로파일 등이 있다. 모니터 프로파일이라고 한다면 ICC에서 정한 스펙에 맞춰 모니터의 색온도, 감마값, 3원색 색좌표, 다이내믹 레인지, 톤응답 특성 등의 정보를 기록한 파일을 말하며 ICC 프로파일은 누구나 데이터를 이용할 수 있다.

43 색채 측정기에 대한 설명으로 옳은 것은?

① 색채계는 분광반사율을 측정하는데 사용한다.
② 분광복사계는 장비 내부에 광원을 포함해야 한다.
③ 분광기는 회절격자, 프리즘, 간섭필터 등을 사용한다.
④ 45° : 0° 방식을 사용하는 색채 측정기는 적분구를 사용한다.

해설
분광복사계는 다양한 광원으로 측정되며 또한 단색화 장치인 분광기는 회절격자, 프리즘, 간섭필터 등을 사용한다. 45° : 0° 방식이 아닌 di : 8° 방식을 사용하는 색채 측정기는 적분구를 사용한다.

44 색료가 선택되면 그 색료를 배합하여 조색할 수 있는 색채의 범위가 정해진다. 색영역은 이론적인 것으로부터 현실적인 단계로 내려올수록 점점 축소되는데, 다음 중 색영역을 축소시키는 것과 가장 관련이 적은 것은?

① 주어진 명도에서 가능한 색영역
② 표면반사에 의한 어두운색의 한계
③ 경제성에 의한 한계
④ 시간경과에 따른 탈색현상

해설
색영역은 태양광 전체 영역인 외곽선에서 각각의 디바이스가 재현할 수 있는 공간영역을 말한다. '시간경과에 따른 탈색현상'은 색을 재현할 수 있는 공간영역과는 상관이 없다.

45 색채관리에 대한 설명으로 틀린 것은?

① 색채관리의 범위는 측정, 표준정량화, 기록, 전달, 보관, 재현, 생산효율화를 목적으로 하는 전 과정이다.
② 기록단계에서는 수치적 적용으로 색채가 감성이 아닌 양적 측정이 되므로 다수의 측정으로 인한 정확성을 기해야 한다.
③ 보관단계는 색채샘플 및 표준품을 보관하는 단계로 실제 제품의 색채를 유지하기 위한 단계이다.
④ 생산단계는 색채를 수치가 아닌 실제 소재를 이용하여 기준색을 조밀하게 조색하는 단계로 색채의 오차측정 허용치 결정 등 다수의 과학적인 과정이 수반된다.

해설
재현단계는 색채를 수치가 아닌 실제 소재를 이용하여 기준색을 조밀하게 조색하는 단계로 색채의 오차측정 허용치 결정 등 다수의 과학적 과정이 수반된다.

정답 41 ② 42 ③ 43 ③ 44 ④ 45 ④

46 인공주광 D_{50}을 이용한 부스에서의 색 비교와 관련한 설명으로 잘못된 것은?

① 인쇄물, 사진 등의 표면색을 비교하는 경우 사용한다.
② 주광 D_{50}과 상대 분광분포에 근사하는 상용광원 D_{50}을 사용한다.
③ 상용광원 D_{50}의 성능평가 시 연색성 평가에는 주광 D_{65}를 사용한다.
④ 자외부의 복사에 의해 생기는 형광을 포함하지 않는 표면색을 비교하는 경우 상용광원 D_{50}은 형광조건 등색지수 MI_{uv}의 성능수준을 충족시키지 않아도 된다.

해설
상용광원의 성능평가 시 연색성 평가에는 주광 D_{50}을 사용한다(KS A 0065).

47 광원색의 측정 시 사용하는 주사형 분광복사계에 대한 설명으로 가장 거리가 먼 것은?

① 분광복사조도, 분광복사선속, 분광복사휘도 등과 같은 분광복사량의 측정을 위해 만들어진 측정기기이다.
② 입력광학계, 주사형 단색화 장치, 광검출기와 신호처리 및 디지털 기록장치 등으로 구성되어 있다.
③ 회절격자를 사용하는 경우 고차회절에 의한 떠돌이광을 제거하기 위해 고차회절광을 차단할 수단이 마련되어 있어야 한다.
④ CCD 이미지 센서, CMOS 이미지 센서를 주요 광검출기로 사용한다.

해설
CCD 이미지 센서, CMOS 이미지 센서는 빛을 전기적 신호로 바꿔 주는 반도체로 휴대폰 카메라, 디지털 카메라 등의 주요 부품으로 사용되며, 영상을 디지털 신호로 바꿔 주는 광학칩 장치이다.

48 다음의 설명에 해당하는 것으로 가장 알맞은 것은?

- 컴퓨터로 색을 섞고 교정하는 과정
- Quality Control 부분과 Formulation 부분으로 구성
- 색체계는 CIELAB 좌표를 이용하는 것이 유리함

① CMM ② QCF
③ CCM ④ LAB

해설
CCM은 컴퓨터 자동배색장치로서 컴퓨터 장치를 이용해 정밀 측정하여 자동으로 구성된 컬러런트를 정밀한 비율로 자동 조절, 공급함으로써 색을 자동화하여 조색하는 시스템이다.

49 다음 중 물체의 색을 가장 정확하게 계산할 수 있는 것은?

① 물체의 시감반사율
② 물체의 분광파장폭
③ 물체의 분광반사율
④ 물체의 시감투과율

해설
물체의 분광반사율은 물체색이 스펙트럼 효과에 의해 빛을 반사하는 각 파장별 세기를 나타내므로 물체의 색을 가장 정확하게 계산할 수 있다.

50 기준색의 CIELAB 좌표가 (58, 30, 0)이고, 샘플색의 좌표는 (50, 20, −10)이다. 샘플색은 기준색에 비하여 어떠한가?

① 기준색보다 약간 밝다.
② 기준색보다 붉은기를 더 띤다.
③ 기준색보다 노란기를 더 띤다.
④ 기준색보다 청록기를 더 띤다.

해설
좌표 (58, 30, 0)은 $L^* = 58$, $a^* = 30$, $b^* = 0$을 의미한다. 샘플색은 L^*가 50이므로 기준색에 비해 어둡고, a^*는 초록기를 더 띠며 b^*는 파란기를 띤다. 따라서 기준색보다 청록기를 더 띠게 된다.

정답 46 ③ 47 ④ 48 ③ 49 ③ 50 ④

51 채널당 10비트 RGB 모니터의 경우 구현할 수 있는 최대색은?

① 256×256×256
② 128×128×128
③ 1,024×1,024×1,024
④ 512×512×512

해설
채널당 10비트, 즉 2^{10}으로 R채널, G채널, B채널 1,024×1,024×1024이다.

52 CCM의 기본 원리에 대하여 옳게 설명한 것은?

① 색소의 단위 농도당 반사율의 변화를 연결짓는 과정에서 Kubelka-Munk 이론을 적용한다.
② 색소가 소재에 비하여 미미한 산란 특성을 갖는 경우(예 섬유나 종이)에는 두 개 상수의 Kubelka-Munk 이론을 사용한다.
③ CCM을 위해서는 각 안료나 염료의 대표적 농도에 대하여 단 한 번의 분광반사율을 측정하는 것으로 충분하다.
④ Kubelka-Munk 이론은 금속과 진주빛 색료 또는 입사광의 편광도를 변화시키는 색소층에도 폭넓게 적용이 가능하다.

해설
② 색소가 소재에 비하여 미미한 산란 특성을 갖는 경우(예 섬유나 종이)에는 한 개 상수의 Kubelka-Munk 이론을 사용한다.
③ CCM을 위해서는 사용되는 K/S(흡수/산란의 비)값의 경향성을 확인하여 각 염료의 단색 농도별로 여러 번 색상 데이터를 사전에 컴퓨터에 인식시킨다.
④ Kubelka-Munk 이론은 금속과 진주빛 색료 또는 입사광의 편광도를 변화시키는 색소층에는 사용되지 않는다.

53 di : 8° 방식의 분광광도계 구조에 포함되지 않는 것은?

① 광 원 ② 분광기
③ 적분구 ④ 컬러필터

해설
분광식 측정기의 구조에는 광원, 단색화 장치, 시료부, 광검출기가 포함된다. 단색화 장치인 모노크로미터는 회절격자, 프리즘, 간섭필터에 의해 임의의 파장 성분에서 단파장대를 분리하는 장치이다. 확산 : 8° 배열, 정반사 성분 포함(di : 8)의 di : 8° 배치는 적분구를 사용하여 조사하며, 측정 개구면이 완전히 덮이도록 비추어야 한다.

54 RGB 이미지를 출력하기 위해 컬러 잉크젯 프린터의 RGB 프로파일을 사용할 때 다음 중 가장 올바른 설명은?

① RGB 이미지는 출력 시 CMYK로 변환되어야 한다.
② RGB 이미지는 정확한 색공간 프로파일이 내장되어야 한다.
③ 포토샵 등의 애플리케이션과 프린터 드라이버에서 각각 프린터 프로파일이 적용되어야 한다.
④ 포토샵에서 '프로파일 할당(Assign Profile)' 기능으로 프린터 프로파일을 적용해야 한다.

해설
RGB 프로파일 : 장치의 입출력 컬러에 대한 수치를 저장해 놓은 파일로서, 컬러 잉크젯 프린터의 RGB 프로파일을 사용할 때 RGB 이미지는 정확한 색공간 프로파일이 내장되어 있어야 한다. CMYK로 변환할 필요는 없다.

55 CII(Color Inconsistency Index)에 대한 설명이 틀린 것은?

① 광원의 변화에 따라 각 색채가 지닌 색차의 정도가 다르다.
② CII가 높을수록 안정성이 없어서 선호도가 낮다.
③ 광원에 따른 색채의 불일치 정도를 나타내는 지수이다.
④ CII에서는 백색의 색차가 가장 크게 느껴진다.

해설
CII(Color Inconsistency Index)는 광원에 대한 색채의 불일치 정도를 나타내는 지수이다. 수치가 높을수록 불일치 정도가 높으며, 광원의 변화에 따라 각 색채가 지닌 색차의 정도가 다르다. CII가 높을수록 안정성이 없어서 선호도가 낮아진다. CII(Color Index International)와는 다른 개념이므로 유의한다.

정답 51 ③ 52 ① 53 ④ 54 ② 55 ④

56 **도료에 사용되는 무기안료가 아닌 것은?**

① Titanium Dioxide
② Phthalocyanine Blue
③ Iron Oxide Yellow
④ Iron Oxide Red

해설

② 프탈로사이아닌 블루(Phthalocyanine Blue)는 프탈로사이아닌 구리의 안료로 선명한 파란색으로 착색력이 강하고, 내광성, 내열성, 내산성, 내알칼리성이 우수하다. 플라스틱, 고무, 섬유 등에 주로 사용된다.
① 이산화타이타늄(Titanium Dioxide)은 산화력이 매우 크고 은폐력이 커서 거의 모든 용매에 녹지 않는 비독성의 매우 안정한 물질이다. 물감, 유약, 잉크, 수정액, 페인트 등 흰색의 도료로서 널리 사용된다.
③ 황색산화철(Iron Oxide Yellow)은 착색력이 약하나 내광성이 좋다. 도료, 그림물감, 착색 시멘트에 사용된다.
④ 적색산화철(Iron Oxide Red)은 천연 무기안료로, 벽화용 천연도료로 사용된다.

57 **색채를 측정할 때 시료를 취급하는 방법으로 잘못된 것은?**

① 시료의 표면구조를 균일하게 하기 위하여 판판하게 문지르고 측정한다.
② 시료의 색소가 완전히 건조하여 안정화된 후에 착색면을 측정한다.
③ 섬유물의 경우 빛이 투과하지 않도록 충분한 두께로 겹쳐서 측정한다.
④ 페인트의 색채를 측정하는 경우 색을 띤 물체의 상태로 만들어야 한다.

해설

시료의 표면구조를 균일하게 하기 위하여 판판하게 문지를 경우 시료의 색채가 손상될 수 있으므로 절대 문지르지 않는다.

58 **KS A 0065 : 2015 표준에 정의된 표면색의 시감 비교를 위한 상용광원 D_{65} 혹은 D_{50}이 충족해야 할 성능으로 틀린 것은?**

① 가시조건 등색지수 1.0 이내
② 형광조건 등색지수 1.5 이내
③ 평균 연색 평가수 95 이상
④ 특수 연색 평가수 85 이상

해설

상용광원 D_{65}, D_{50}의 성능(KS A 0065)
- 가시조건 등색지수 : 0.5 이내(B급 이상)
- 형광조건 등색지수 : 1.5 이내(D급 이상)
- 평균 연색 평가수 : 95 이상
- 특수 연색 평가수 : 85 이상

59 **색료에 대한 설명으로 틀린 것은?**

① 색료는 염료와 안료로 구분된다.
② 염료는 일반적으로 물에 용해된다.
③ 유기안료는 무기안료보다 착색력, 내광성, 내열성이 우수하다.
④ 백색안료에는 산화아연, 산화타이타늄, 연백 등이 있다.

해설

유기안료는 무기안료보다 착색력은 좋으나 내광성, 내열성은 무기안료가 유기안료보다 우수하다.

60 **다음 중 형광을 포함한 분광반사율을 측정하는 방법이 아닌 것은?**

① 형광 증백법
② 필터 감소법
③ 이중 모드법
④ 이중 모노크로메이터법

해설

형광 증백법은 자외복사를 흡수하여 가시복사 단파장역의 푸른 형광을 발하는 형광 증백 물체색의 측정에 주로 적용하는 형광 측색방법이다. 형광을 포함한 분광반사율을 측정하는 방법으로는 필터 감소법, 이중 모드법, 이중 모노크로메이터법 등이 있다.

56 ② 57 ① 58 ① 59 ③ 60 ① 정답

제4과목 색채지각론

61 **감법혼색에 대한 설명으로 옳은 것은?**

① 색광의 혼합으로서, 혼색할수록 점점 밝아진다.
② 안료의 혼합으로서, 혼색할수록 명도는 낮아지나 채도는 유지된다.
③ 무대의 조명에 이 감법혼색의 원리가 적용되고 있다.
④ 페인트의 색을 섞을수록 탁해지는 것은 이 원리 때문이다.

해설
감법혼색은 색료의 혼합으로 3원색인 사이안(Cyan), 마젠타(Magenta), 노랑(Yellow)을 혼합하기 때문에 혼합할수록 명도와 채도가 떨어져 색이 어두워지고 탁해진다. 감법혼색은 컬러인쇄, 사진, 색 필터 겹침, 색유리판 겹침, 안료 물감에 의한 색 재현 등에 사용된다.

62 **밝은 곳에서는 장파장의 감도가 좋다가 어두운 곳으로 바뀌었을 때 단파장의 색에 더 민감하게 반응하는 현상은?**

① 베졸트 현상
② 푸르킨예 현상
③ 색음현상
④ 순응현상

해설
① 베졸트 현상 : 가까이서 보면 여러 가지 색들이 좁은 영역을 나누고 있지만 멀리서 보면 이들이 섞여 하나의 색채로 보이는 혼합이다. 색을 직접 혼합하지 않고 색점을 배열함으로써 전체 색조를 변화시키는 효과이다.
③ 색음현상 : 어떤 빛을 물체에 비췄을 때 빛의 반대 색상이 그림자로 지각되는 것으로 작은 면적의 회색이 채도가 높은 유채색으로 둘러싸일 때 유채색 보색 색상을 띠는 현상이다.
④ 순응현상 : 순응이란 조명조건이 변화함에 따라 수용기의 민감도가 변화하는 것을 말한다. 물체에 빛을 비췄을 때 색이 순간적으로 변해 보이나 곧 원래 색으로 돌아오게 된다.

63 **의사들이 수술실에서 청록색의 가운을 입는 것과 관련한 현상은?**

① 음의 잔상　　② 양의 잔상
③ 동화현상　　④ 푸르킨예 현상

해설
음의 잔상은 부의 잔상, 소극적 잔상이라 하며 원래 감각과 반대되는 밝기나 색상을 띤 잔상을 말한다. 수술실에서 청록색의 가운을 입는 것은 눈의 피로와 빨간색과의 보색 등의 잔상을 없애기 위해서이다.

64 **다음 중 색음현상과 관련이 없는 것은?**

① 주위 색의 보색이 중심에 있는 색에 겹쳐져 보이는 현상으로 괴테현상이라고도 한다.
② 작은 면적의 회색이 고채도의 색으로 둘러싸일 때 회색은 유채색의 보색을 띠는 현상으로 이는 색의 대비로 설명된다.
③ 양초의 빨간 빛에 의해 생기는 그림자가 보색인 청록으로 보이는 현상이다.
④ 같은 명소시라도 빛의 강도가 변화하면 색광의 색상이 다르게 보이는 현상이다.

해설
같은 명소시라도 빛의 강도가 변하면 색광의 색상이 다르게 보이는 현상은 베졸트 브뤼케 현상이다.

65 **다음은 면적대비에 대한 일반적인 설명이다. (　　)에 들어갈 단어가 순서대로 옳게 나열된 것은?**

> 동일한 크기의 면적일 때
> 고명도 색의 면적은 실제보다 (A) 보이고
> 저명도 색의 면적은 실제보다 (B) 보인다.
> 고채도 색의 면적은 실제보다 (C) 보이고,
> 저채도 색의 면적은 실제보다 (D) 보인다.

① A : 크게, B : 작게, C : 크게, D : 작게
② A : 작게, B : 크게, C : 작게, D : 크게
③ A : 작게, B : 크게, C : 크게, D : 작게
④ A : 크게, B : 작게, C : 작게, D : 크게

정답 61 ④ 62 ② 63 ① 64 ④ 65 ①

해설
면적대비
양적대비라고도 하며 차지하고 있는 면적에 따라 색이 다르게 보이는 것으로, 같은 색이라도 면적이 큰 경우 더욱 밝고 선명하게 보인다. 전시야, 매스효과, 소면적 제3색각이상과 관련이 있다. 색견본집을 보고 선정한 결과물이 원하는 색보다 명도와 채도가 높게 나오는 이유이기도 하다.

66 가법혼색의 일반적 원리가 적용된 사례가 아닌 것은?

① 모니터　② 무대조명
③ LED TV　④ 색 필터

해설
가법혼색은 빛의 혼합으로 빛의 3원색인 빨강, 초록, 파랑을 혼합하기 때문에 섞을수록 밝아진다. 컬러 모니터, TV, 무대 조명 등에 사용된다. 색 필터는 감법혼색에 포함된다.

67 보색에 대한 설명이 틀린 것은?

① 모든 2차색은 그 색에 포함되지 않은 원색과 보색 관계이다.
② 감산혼합의 보색은 색상환에서 반대편에 있는 색이다.
③ 인쇄용 원고의 원색분해의 경우 보색 필터를 써서 분해필름을 만든다.
④ 심리보색은 회전혼합에서 무채색이 되는 것이다.

해설
심리보색은 망막에 남아 있는 잔상 이미지가 원래의 색과 반대의 색으로 나타나는 현상을 말한다. 회전혼합에서 무채색이 되는 것은 물리보색에 포함된다.

68 명소시와 암소시 각각의 최대 시감도는?

① 명소시 355nm, 암소시 307nm
② 명소시 455nm, 암소시 407nm
③ 명소시 555nm, 암소시 507nm
④ 명소시 655nm, 암소시 607nm

해설
명소시는 추상체만 활동하는 상태이고 암소시는 간상체만 활동하는 상태이다. 추상체가 가장 민감하게 반응하는 파장은 약 555nm이고 간상체가 가장 민감하게 반응하는 파장은 약 507nm이다.

69 다음 중 가장 눈에 확실하게 보이는 찻잔은?

① 하얀 접시 위의 노란 찻잔
② 검은 접시 위의 노란 찻잔
③ 하얀 접시 위의 녹색 찻잔
④ 검은 접시 위의 파란 찻잔

해설
명시성은 물체의 색이 얼마나 잘 보이는가를 나타내는 정도이다. 주목성과 달리 두 가지 색의 차이로 가시성이 높아지는데, 주목성이 높은 노란색과 무채색인 검은색을 배색할 때 명시도가 가장 높다.

70 여러 가지 색들로 직조된 직물을 멀리서 보면 색들이 혼합되어 하나의 색채로 보이는 혼색방법은?

① 병치혼색　② 가산혼색
③ 감산혼색　④ 보색혼색

해설
병치혼합은 선이나 점이 서로 조밀하게 병치(나란히 놓이거나 동시에 설치)되어 인접색과 혼합하는 방식으로 19세기 신인상파의 점묘법, 모자이크, 직물의 색 등에 사용된다.

71 색의 면적효과(Area Effect)와 관련이 가장 먼 것은?

① 전시야
② 매스효과
③ 소면적 제3색각이상
④ 동화효과

해설
동화효과는 두 색이 맞붙어 있을 때 그 경계 주변에서 색상, 명도, 채도대비의 현상이 보다 강하게 일어나는 것으로, 색들끼리 서로 영향을 주어 인접색에 가깝게 느껴지는 현상이다. 색의 면적효과와는 관련이 없다.

66 ④ 67 ④ 68 ③ 69 ② 70 ① 71 ④ 정답

72 터널의 중심부보다 출입구 부근에 조명이 많이 설치되어 있는 것과 관련된 것은?

① 명순응 ② 암순응
③ 동화현상 ④ 베졸트 효과

해설
암순응은 밝은 곳에서 어두운 곳으로 갑자기 들어갔을 경우 시간이 흘러야 주위의 물체를 식별할 수 있는 현상으로 눈이 어둠에 적응하는 데는 약 30분 정도가 소요된다. 예로 터널의 출입구 부근에 조명이 집중되고 중심부로 갈수록 조명수를 적게 배치하는 것은 암순응을 고려한 설계이다.

73 적벽돌색으로 건물을 지을 경우 벽돌 사이의 줄눈 색상에 의해 색의 변화를 다르게 느낄 수 있는 것과 관련이 있는 것은?

① 연변대비 효과
② 한난대비 효과
③ 베졸트 효과
④ 잔상효과

해설
동화현상은 두 색이 맞붙어 있을 때 그 경계 주변에서 색상, 명도, 채도대비의 현상이 보다 강하게 일어나는 것으로 색들끼리 서로 영향을 주어서 인접색에 가깝게 느껴지는 현상을 말한다. 색의 대비효과와는 반대되는 현상으로 복잡하고 섬세한 무늬에서 많이 나타나는데, 동화를 일으키기 위해서는 색의 영역이 하나로 통합되어야 한다. 색이 다른 색 위에 넓혀가는 것처럼 보이기 때문에 '전파효과' 혹은 '줄눈효과'라고도 한다. 베졸트 효과도 동화현상과 같은 원리이다.

74 S2060-G10Y와 S2060-B50G의 색물감을 사용하여 그린 점묘화를 일정 거리를 두고 보면 혼색된 것처럼 중간색이 보인다. 이때 지각되는 색에 가장 가까운 것은?

① S2060-G30Y
② S2060-B30G
③ S2060-G80Y
④ S2060-B80G

해설
NCS 표색계의 표기법에 따르면 S2060-B80G에서 2060은 뉘앙스, B80G는 색상, 20은 검은색도, 60은 유채색도, B80G는 80%의 G가 가미된 B를, S는 Second Edition을 표시한다. S2060-G10Y와 S2060-B50G의 색물감을 사용하면 명도와 채도는 같고 연두색에 가까운 청록색이 느껴지게 된다.

75 색의 잔상에 대한 설명으로 틀린 것은?

① 앞서 주어진 자극의 색이나 밝기, 공간적 배치에 의해 자극을 제거한 후에도 시각적인 상이 보이는 현상이다.
② 양성잔상은 원래의 자극과 색이나 밝기가 같은 잔상을 말한다.
③ 잔상은 원래 자극의 세기, 관찰시간, 크기에 의존하는데 음성잔상보다 양성잔상을 흔하게 경험하게 된다.
④ 보색잔상은 색이 선명하지 않고 질감도 달라 하늘색과 같은 면색처럼 지각된다.

해설
잔상은 망막이 강한 자극을 받게 되면 시세포의 흥분이 중추에 전해져서 색감각이 생기는 현상으로 자극으로 색각이 생기면 자극을 제거한 후에도 상이 나타나는 것이다. 잔상의 출현은 원래 자극의 세기, 관찰시간, 크기에 의존하는데 특별히 양성잔상만 흔히 경험하는 것은 아니다.

76 모니터의 디스플레이에서 채도가 가장 높은 노란색을 확대하여 보았을 때 나타나는 색은?

① 빨강, 파랑
② 노랑, 흰색
③ 빨강, 초록
④ 노랑, 검정

해설
색광혼합은 빛의 3원색인 빨강(Red), 초록(Green), 파랑(Blue)을 혼합하기 때문에 섞을수록 명도가 높아지는 가법혼색이다. 컬러 모니터, TV, 무대 조명 등에 사용된다.

정답 72 ② 73 ③ 74 ④ 75 ③ 76 ③

77 **다음 중 색의 혼합방법이 다른 하나는?**

① 노랑, 사이안, 마젠타와 검정의 망점들로 인쇄를 하였다.
② 노랑과 사이안의 필터를 겹친 다음 빛을 투과시켜 녹색이 나타나게 하였다.
③ 경사에 파랑, 위사에 검정으로 직조하여 어두운 파란색 직물을 만들었다.
④ 물감을 캔버스에 나란히 찍어가며 배열하여 보다 생생한 색이 나타나게 하였다.

해설
② 가법혼색에 대한 설명이다.
①·③·④ 감법혼색에 대한 설명이다.

78 **색채지각과 감정효과에 관한 설명 중 틀린 것은?**

① 선명한 빨강은 선명한 파랑에 비해 진출해 보인다.
② 선명한 빨강은 연한 파랑에 비해 흥분감을 유도한다.
③ 선명한 빨강은 선명한 파랑에 비해 따뜻한 느낌을 준다.
④ 선명한 빨강은 연한 빨강에 비해 부드러워 보인다.

해설
연한 빨강이 선명한 빨강보다 부드럽게 느껴진다.

79 **빛의 스펙트럼 분포는 다르지만 지각적으로는 동일한 색으로 보이는 자극을 무엇이라고 하는가?**

① 이성체 ② 단성체
③ 보 색 ④ 대립색

해설
이성체는 조건등색을 말한다. 조건등색은 분광반사율이 서로 다른 두 가지 색의 물체가 특정한 조명 아래에서 같은 색으로 보이는 현상이다.

80 **빛에 관한 설명 중 옳은 것은?**

① 뉴턴은 빛의 간섭현상을 이용하여 백색광을 분해하였다.
② 분광되어 나타나는 여러 가지 색의 띠를 스펙트럼이라고 한다.
③ 색광 중 가장 밝게 느껴지는 파장의 영역은 400~450nm이다.
④ 전자기파 중에서 사람의 눈에 보이는 파장의 범위는 780~980nm이다.

해설
① 뉴턴은 빛의 굴절현상을 이용하여 백색광을 분해하였다.
③ 색광 중 가장 밝게 느껴지는 파장의 영역은 노란색의 560~590nm이다.
④ 전자기파 중에서 사람의 눈에 보이는 파장의 범위는 380~780nm이다.

제5과목 색채체계론

81 **한국 전통색명 중 색상 계열이 다른 하나는?**

① 감색(紺色) ② 벽색(碧色)
③ 숙람색(熟藍色) ④ 장단(長丹)

해설
한국 전통색명 중 감색, 벽색, 숙람색은 청록색 계열에 속하지만 장단색은 적색계에 속한다.

82 **DIN 색채체계의 설명으로 틀린 것은?**

① 독일공업규격으로 Deutches Institute fur Normung의 약자이다.
② 색상 T, 포화도 S, 어두움 정도 D의 3가지 속성으로 표시한다.
③ 색상환은 20색을 기본으로 한다.
④ 어두움 정도는 0~10 범위로 표시한다.

77 ② 78 ④ 79 ① 80 ② 81 ④ 82 ③ 정답

해설

DIN은 1955년에 오스트발트 표색계의 결함을 보완, 개량하여 발전시킨 현색계로서 산업의 발전과 규격의 통일을 위해 독일의 공업규격으로 제정된 색체계이다. 색상(T, Bunton)은 오스트발트 색체계와 같이 24가지로 구성되었다. 채도의 개념인 'Sattigung'은 0인 무채색에서 15까지 총 16단계로 나누었다. 명도를 가리키는 'Dunkelstufe'는 어두움의 정도인 암도를 나타내며 0~10까지 총 11단계로 구성된다. 색 표기는 '색상 : 포화도 : 암도'를 나타내는 'T : S : D'의 순서로 한다.

83 먼셀 색입체의 단면도에 대한 설명으로 옳은 것은?

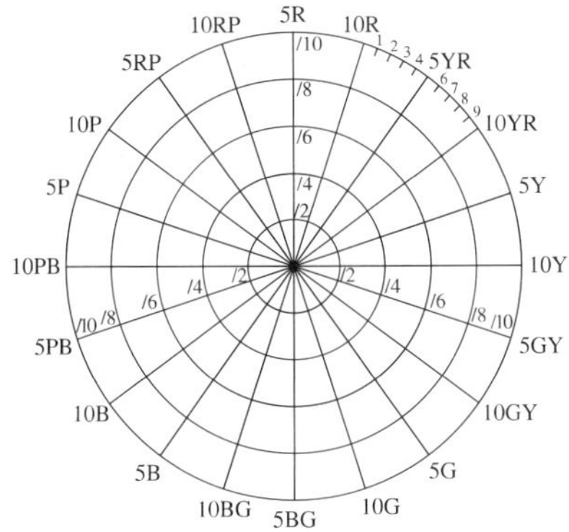

① 기본 5색상은 10R, 10Y, 10G, 10B, 10P로 각 색상의 표준색상이다.

② 등명도로 구성되어 있다.

③ 모든 색의 순색은 채도가 10이다.

④ 색입체를 수직으로 절단한 배열이다.

해설

먼셀 색입체의 단면

- 먼셀 색입체의 수직단면 : 먼셀 색입체를 세로로 절단하게 되면 자른 색상을 기준으로 같은 색상의 단면이라는 뜻의 등색단면을 볼 수 있고, 반대 색상의 흐름도 같이 관찰할 수 있다. 예를 들어, 색입체를 빨간색과 청록색을 기준으로 자르면 빨간색과 청록색의 전체 톤의 뉘앙스와 무채색 10단계를 모두 관찰할 수 있게 된다. 이를 등색상면, 세로단면, 종단면이라고 한다.
- 먼셀 색입체의 수평단면 : 먼셀 색입체를 가로로 절단하게 되면 기준이 된 가로축의 같은 명도단계의 변화와 함께, 모든 색상환의 뉘앙스를 볼 수 있고, 그 명도의 채도단계도 관찰할 수 있다. 이를 등명도면, 가로단면, 횡단면이라고 한다.

84 다음의 ( )에 적합한 내용을 순서대로 쓴 것은?

> 오스트발트 색입체는 (A) 모양이고, 수직으로 단면을 자르면 (B)을 볼 수 있다.

① A : 원뿔형, B : 등색상면

② A : 원뿔형, B : 등명도면

③ A : 복원추체, B : 등색상면

④ A : 복원추체, B : 등명도면

해설

오스트발트는 헤링의 4원색설과 맥스웰의 회전혼색기 원리를 바탕으로 1916년도에 자신의 색체계를 발표하였다. 그의 색채체계의 특징은 현실에는 존재하지 않지만 이상적인 백색, 흑색, 순색을 가정함으로써 색의 원리를 규명하고자 하였다는 점이다. 오스트발트 색입체 모양은 삼각형을 회전시켜 만든 복원추체(마름모형)이다.

85 오스트발트 색체계에 관한 설명이 틀린 것은?

① 오스트발트 색체계는 B, W, C 3요소로 구성된 등색상 삼각형에 의해 구성된다.

② 회전 혼색 원판에 의한 혼색의 색을 표현한 것이다.

③ 오스트발트 색상환은 시각적으로 고른 간격이 유지되는 장점이 있다.

④ 오스트발트 색체계는 먼셀 색체계에 비하여 직관적이지 못하고 이해하기 어려운 단점이 있다.

해설

오스트발트에 따르면 임의의 한 색은 '하양과 검정 그리고 순색의 합이 100이 되는 혼합비'로 이루어지며, 따라서 어떠한 색이라도 혼합량의 합은 항상 일정하게 구성되는 좌표(W + B + C = 100)로 나타낼 수 있다고 하였다. 오스트발트는 위의 3가지 요소의 색 변화를 각각 8단계로 나누어 등색상 삼각형을 형성하였다. 여기서 그는 하양과 검정 사이에 색의 식별역을 이용하여 표면색의 밝기를 반사광의 백분율로 표시함으로써 회색의 단계를 a~z까지 나누었다. 이 과정에서 시각적으로 고른 분포를 나타낸 a, c, e, g, i, l, n, p의 8단계 회색 척도를 얻었는데, a로 갈수록 밝고 p로 갈수록 낮은 명도를 나타내며, 이것을 백색량이라고 하였다. 흑색량은 100에서 백색량을 뺀 나머지 수로 나타낸다.

정답 83 ② 84 ③ 85 ③

86 전통색에 대한 설명이 가장 옳은 것은?

① 어떤 민족의 정체성을 나타낼 수 있는 색이다.
② 특정 지역에서 특정 시기에 두드러지게 나타나는 색이다.
③ 색의 기능을 매우 중요한 속성으로 하는 색이다.
④ 사회의 특정 계층에서 지배적으로 사용하는 색이다.

해설
전통색이란 어떤 민족의 정체성을 나타낼 수 있는 색이며, 전통적인 분위기 또는 그러한 분위기를 느낄 수 있는 색을 말한다.

87 먼셀 색체계의 속성에 관한 설명 중 틀린 것은?

① 명도는 이상적인 흑색을 0, 이상적인 백색을 10으로 하여 구성하였다.
② 채도는 무채색을 0으로 하여 색상의 가장 순수한 채도값이 최대가 된다.
③ 표기방법은 색상, 명도/채도의 순이다.
④ 빨강, 노랑, 파랑, 녹색의 4가지 색상을 기본색으로 한다.

해설
먼셀은 1893년에 분트(Wundt)가 빨강, 주황, 노랑, 연두, 초록, 청록, 파랑, 군청, 보라, 자주 등의 색채 구형을 창안한 것을 받아들여 색상환을 만들었다. 먼셀의 색상환은 의식적으로 만든 빨강, 노랑, 초록, 파랑, 보라를 기본색으로 정하고 그 사이에 물리적 보색인 주황, 연두, 청록, 남색, 자주를 삽입하여 총 10색상을 배열시킨 것이다.
④는 헤링의 반대색설에 대한 설명이다.

88 오스트발트 색체계의 표시인 1ca에 대한 설명으로 가장 옳은 것은?

① 빨간색 계열의 어두운색이다.
② 밝은 명도의 노란색이다.
③ 백색량이 적은 어두운 회색이다.
④ 순색에 가장 가까운 색이다.

해설
오스트발트 색체계
모든 빛을 완전히 흡수하는 이상적인 흑색(Black)과, 모든 빛을 완전히 반사하는 이상적인 백색(White) 그리고 특정 파장의 빛만을 완전 반사하고 나머지 파장은 흡수하는 이상적인 순색(Color)이라는, 현실에는 존재하지 않는 세 가지 요소를 가정하고, 이 요소들의 혼합비에 의해 체계화한 것이 특징이다.

89 CIE LAB 시스템의 색도좌표계에서 다음과 같이 읽은 색은 어떤 색에 가장 가까운가?

$L^* = 45$, $a^* = 47.63$, $b^* = 11.12$

① 노 랑 ② 파 랑
③ 녹 색 ④ 빨 강

해설
CIE LAB에서 색좌표는 L, a, b이며 L^*은 반사율로서 명도를 나타낸다. $+a^*$는 빨강, $-a^*$는 초록, $+b^*$는 노랑, $-b^*$는 파랑을 의미한다.

90 문–스펜서 색채조화론의 M = O/C 공식에서 M이 의미하는 것은?

① 질 서 ② 명 도
③ 복잡성 ④ 미 도

해설

$$\text{미도(M)} = \frac{\text{질서의 원리 (Elementary of Order)}}{\text{복합성의 원리 (Elementary of Complexity)}} = 0.5 < \text{좋은 배색}$$

91 다음의 속성에 해당하는 NCS 색체계의 색상 표기로 옳은 것은?

흰색도 = 10%, 검은색도 = 20% 노란색도 = 40%, 초록색도 = 60%

① 7020 Y40G
② 1020 Y60G
③ 2070 G40Y
④ 2010 G60Y

86 ① 87 ④ 88 ② 89 ④ 90 ④ 91 ③ 정답

해설
NCS 색체계에서는 헤링의 반대색설에 기초한 4가지 기본색(노랑, 파랑, 빨강, 초록)과 함께 하양과 검정을 인간이 구별할 수 있는 가장 기초적인 6가지 기본 색채로 정하였다. 하양, 검정, 순색의 합은 100이 된다. NCS는 검정의 양(S)과 순색의 양(C)으로 색상을 표기하는데, 지문에서 검은색도가 20%이고 순색의 초록색 기미가 60%이므로, S2070 G40Y로 표기한다.

92 ISCC-NIST 색명에 관한 설명이 잘못된 것은?

① ISCC-NIST 색명법은 한국산업표준(KS) 색이름의 토대가 되고 있다.
② 톤의 수식어 중 Light, Dark, Medium은 유채색과 무채색을 수식할 수 있다.
③ 동일 색상면에서 Moderate를 중심으로 명도가 높은 것은 Light, Very Light로 명도가 낮은 것은 Dark, Very Dark로 나누어 표기한다.
④ 명도와 채도가 함께 높은 부분은 Brilliant, 명도는 낮고 채도가 높은 부분은 Deep으로 표기한다.

해설
유채색과 무채색에 공통적으로 사용되는 톤의 수식어는 Light와 Dark이다.

93 먼셀의 20색상환에서 주황의 표기로 가장 가까운 것은?

① 5YR 3/6
② 2.5YR 6/14
③ 10YR 5/10
④ 5YR 8/8

해설
① 5YR 3/6 : 밤색(진한 갈색)
③ 10YR 5/10 : 황갈(노란 갈색)
④ 5YR 8/8 : 살구색(연한 노란 분홍)

94 CIE 색도도에서 나타내고 있는 사항이 아닌 것은?

① 실존하는 모든 색을 나타낸다.
② 백색광은 색도도의 중앙에 위치한다.
③ 색도도 안에 있는 한 점은 순색을 나타낸다.
④ 색도도 내의 임의의 세 점을 잇는 삼각형 속에는 3점에 있는 색을 혼합하여 생기는 모든 색이 들어있다.

해설
CIE LAB 색공간은 1976년 국제조명위원회가 CIE 색도도를 개선하여 지각적으로 균등한 색공간을 가지도록 제안한 색체계이다. 이전 색공간인 Yxy 색도 다이어그램에서는 같은 거리에 있는 색들이 실제 지각되는 색의 차이와 일치하지 않았다. 이를 개선하기 위해 애덤스와 니컬슨의 오차 공식을 먼셀의 3속성의 단계에 기초하여 수정하였고, 최근에는 맥아담의 방정식에 의거하여 인간의 감성에 매우 밀접한 단계를 표현하도록 마련되었다.

95 색채표준에 대한 설명으로 옳은 것은?

① 반드시 3속성으로 표기한다.
② 색채의 속성을 정량적으로 표기한 것이다.
③ 인간의 감성과 관련되므로 주관적일 수 있다.
④ 집단 고유의 표기나 특수문자를 사용할 수 있다.

해설
색의 정확한 측정이나 전달 또는 색채의 관리 및 재현을 위해서는 반드시 객관적인 색채표준화가 필수적이다. 특히, 시대를 초월하여 다양한 색채 시스템을 안다는 것은 색채 업무와 연구에 있어서 보다 적합한 색채계를 선택할 수 있다는 장점이 되기도 한다. 따라서 각 시대마다의 특징 있는 색채표준을 이해함으로써 보다 나은 조화론을 연구할 수 있도록 한다.

96 밝은 주황의 CIE L*a*b* 좌표 (L*, a*, b*)값에 가장 가까운 것은?

① (30, −40, 70)
② (80, −40, 70)
③ (80, 40, 70)
④ (30, 40, 70)

정답 92 ② 93 ② 94 ③ 95 ② 96 ③

해설
CIE LAB(L*a*b*)
- L* : 반사율로서 명도를 나타내며 숫자가 클수록 고명도, 작을수록 저명도이다.
- +a*는 빨간색, -a*는 초록색을 나타낸다.
- +b*는 노란색, -b*는 파란색을 나타낸다.

97 혼색계(Color Mixing System)의 대표적인 색체계는?

① NCS　② DIN
③ CIE 표준　④ 먼 셀

해설
혼색계는 빛의 3원색 혼합관계를 객관화한 시스템으로서 객관적인 측면이 강하다. 대표적인 표색계인 CIE의 경우 심리, 물리적인 빛의 혼합을 실험하는 데 기초를 둔 것으로 정확한 수치 개념에 입각한다.

98 오스트발트의 색채조화론에 관한 설명 중 올바른 것은?

① 조화란 변화와 감성이라고 하였다.
② 등백계열에 속한 색들은 실제 순색의 양은 다르나 시각적으로 순도가 같아 보이는 색들이다.
③ 두 가지 이상 색 사이가 질서적인 관계일 때, 이 색채들을 조화색이라 한다.
④ 마름모꼴 조화는 인접 색상면에서만 성립되며, 등차색환 조화와 사횡단 조화가 나타난다.

해설
오스트발트 조화론의 가장 큰 특징은 바로 '조화는 질서'라는 기본 개념을 가지고 있다는 점이다. 이에 의하면 2가지 이상의 색 사이가 합법적인 관계일 때 조화를 이룬다.
- 등백색 계열의 조화
- 등흑색 계열의 조화
- 등순색 계열의 조화
- 등가치색 계열의 조화, 등가색환의 조화
- 무채색 계열의 조화
- 유채색과 무채색 계열의 조화

99 NCS 색체계 기본색의 표기가 틀린 것은?

① Black → B
② White → W
③ Yellow → Y
④ Green → G

해설
NCS 시스템은 S(검은색), W(흰색), C(색상)이며 C(색상)에는 Y(노랑), B(파랑), R(빨강), G(초록)이 있다.

100 색채의 기하학적 대비와 규칙적인 색상의 배열, 특히 계절감을 색상의 대비를 통하여 표현한 것이 특징인 색채조화론은?

① 비렌의 색채조화론
② 오스트발트의 색채조화론
③ 저드의 색채조화론
④ 이텐의 색채조화론

해설
요하네스 이텐은 스위스의 화가이자 색채이론가로, 모양의 조화로운 관계성을 연구하였다. 그는 계절색과 신체 색상이 서로 연관이 있다고 보고 사람의 얼굴, 피부색과 일치하는 계절 이미지 색을 비교·분석하였다.

97 ③ 98 ③ 99 ① 100 ④ 정답

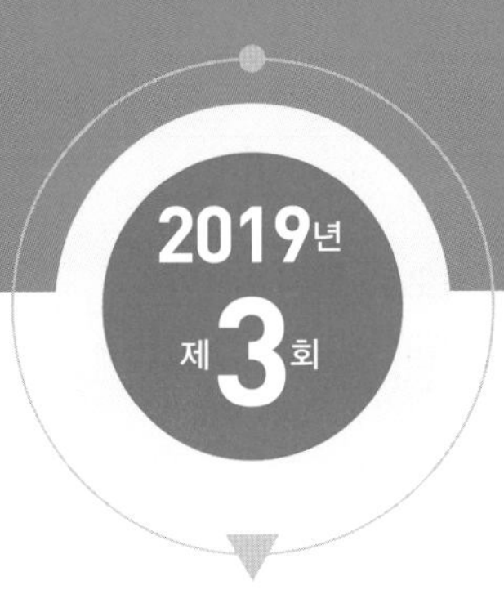

과년도 기출문제

제1과목 색채심리 · 마케팅

01 침정의 효과가 있어 심신의 회복력과 신경계통의 색으로 사용되며, 불면증을 완화시켜 주는 색채와 관련된 형태는?

① 원　② 삼각형
③ 사각형　④ 육각형

해설
침정효과를 주는 색채는 단파장인 파랑 계열로, 이는 파버 비렌의 색채와 형태 중 원에 해당된다.
② 삼각형 : 역삼각형으로 노랑
③ 사각형 : 정사각형은 빨강, 직사각형은 주황
④ 육각형 : 초록

02 색채 마케팅의 기초가 되는 인간의 욕구 중 자존심, 인식, 지위 등과 관련이 있는 매슬로의 욕구단계는?

① 생리적 욕구
② 안전 욕구
③ 사회적 욕구
④ 존경 욕구

해설
매슬로의 욕구단계
- 1단계 생리적 욕구 : 의식주와 관련한 인간의 가장 원초적인 욕구
- 2단계 안전의 욕구 : 지속적으로 생활 속에서 안전을 추구하는 안전 욕구
- 3단계 사회적 수용 욕구 : 사회구성원으로서의 역할을 통해 인정받고자 하는 욕구
- 4단계 존중의 욕구 : 타인에게 인정받고 싶은 권력에 대한 욕구로 개인의 존경, 취득의 욕구, 자존심, 인식, 지위 등
- 5단계 자기실현 욕구 : 고차원적인 자기만족의 단계로 자아개발의 실현단계

03 색채조사를 위한 설문지 작성으로 부적당한 것은?

① 개방형은 응답자가 자신의 생각을 자유롭게 응답하는 것이다.
② 폐쇄형은 두 개 이상의 응답 가운데 하나를 선택하도록 하는 것이다.
③ 정확한 응답을 얻기 위해 전문용어를 활용하는 것이 좋다.
④ 응답의 양과 질을 고려하여 질문의 길이를 결정하여야 한다.

해설
정확한 응답을 얻기 위해 응답자에게 애매모호하거나 어려운 전문용어를 사용하지 않아야 한다.

04 컬러 마케팅을 위한 팀별 목표관리 내용이 잘못 연결된 것은?

① 마케팅팀 – 정보 조사 분석, 포지셔닝, 마케팅의 전략화
② 상품기획팀 – 신소재 개발, 독창적 조화미 추구
③ 생산품질팀 – 우호적이고 강력한 색채 이미지 구축
④ 영업판촉팀 – 판매 촉진의 극대화

해설
생산품질팀의 역할은 생산품에 대한 품질평가, 보증, 재고 및 고객사 품질 대응책 마련 등이 해당된다.
※ 2008년도 이후 11년 만에 출제되었다.

정답 1 ① 2 ④ 3 ③ 4 ③

05 **색채 마케팅에 있어서 색채의 대표적인 역할을 설명한 것 중 틀린 것은?**

① 색채는 주의를 집중시킨다.
② 상품을 인식시킨다.
③ 상품의 이미지를 명료히 한다.
④ 상품의 내용이 무엇인지를 알 수 없게 한다.

해설
색채 마케팅에서 색채는 상품의 이미지를 명료히 하고 소비자에게 그 내용이 무엇인지를 연상시킨다. 또한 색을 과학적, 심리적으로 이용하여 소비자의 상상력 및 호기심을 유발하고 구매를 촉진시킨다.

06 **일반적인 색채와 맛의 연상이 올바르게 연결된 것은?**

① 신맛 – 연두색
② 짠맛 – 빨간색
③ 쓴맛 – 회색
④ 단맛 – 녹색

해설
색채와 미각
- 단맛 : 빨강, 분홍, 주황, 노랑의 배색
- 신맛 : 녹색, 노랑, 연두의 배색
- 쓴맛 : 한색 계열, 탁한 갈색, 진한 청색, 파랑, 보라, 올리브그린의 배색
- 짠맛 : 연한 녹색, 연한 파랑, 회색의 배색

07 **색채조절의 기대효과에 대한 설명으로 거리가 먼 것은?**

① 일의 능률이 오르는 데 도움을 준다.
② 주의력과 집중력을 향상시키는 데 도움을 준다.
③ 사고나 재해를 방지하거나 경감시키는 데 도움을 준다.
④ 기술 수준과 제품의 양적 수준을 향상시킨다.

해설
기술 수준과 제품의 양적 수준과는 관련성이 없다. 색채조절의 3요소는 명시성, 작업의욕, 안전성이다.

08 **시장 세분화 방법에 대한 설명으로 틀린 것은?**

① 인구학적 속성 – 연령, 성별, 소득, 직업 등에 따른 세분화
② 지리적 속성 – 지역, 인구밀도, 도시 규모 등에 따른 세분화
③ 심리적 속성 – 사용 경험, 사용량 등에 따른 세분화
④ 행동분석적 속성 – 구매동기, 가격 민감도, 브랜드 충성도 등에 다른 세분화

해설
심리적 속성은 기호, 생활양식, 개성, 사교적, 보수적 속성 등을 분석하거나 여피족, 오렌지족, 히피족, 힙스터 등으로 구분하기도 한다. 사용 경험이나 사용량 등은 행동분석적 속성에 해당된다.

09 **제품의 라이프스타일에 관한 설명이 틀린 것은?**

① 도입기 – 기업이나 회사에서 신제품을 만들어 관련 시장에 진출하는 시기
② 성장기 – 제품의 인지도, 판매량, 이윤 등이 높아지는 시기
③ 성숙기 – 회사 간에 치열한 경쟁으로 가격, 광고, 유치경쟁이 치열하게 일어나는 시기
④ 쇠퇴기 – 사회성, 지역성, 풍토성과 같은 환경요소를 배제하고, 각 제품의 색에 초점을 맞추는 시기

해설
쇠퇴기는 소비시장의 급격한 감소, 대체상품의 출현 등 제품시장이 사라지는 시기이다. 제품의 색에 초점을 맞추는 시기는 색채계획 단계에서 이루어져야 한다.

10 **다음 (　　)에 들어갈 적합한 용어는?**

색은 심리적인 작용을 지니고 있어서, 보는 사람에게 그 색과 관련 있는 이미지를 떠올리게 하는 것을 (　　) 이라고 한다.

① 연상(聯想)작용　② 체각(體覺)작용
③ 소구(訴求)작용　④ 기호(嗜好)작용

5 ④ 6 ① 7 ④ 8 ③ 9 ④ 10 ① 정답

해설
일반적인 경험, 문화, 언어와 사고에 깊이 새겨져 있는 내적인 감정에 따라 색에 대한 이미지나 의미가 연상된다.
② 체각작용은 오감을 통해 색을 느끼는 것이다.
③ 소구작용은 소비자의 구매욕을 자극시키기 위해 상품이나 서비스의 특성, 우월성을 강조하여 공감을 구하는 방법이다.
④ 기호작용은 도상, 지표, 상징을 통해 색과 연결지어 의미를 전달하는 방법이다.

11 마케팅 믹스의 4가지 요소가 아닌 것은?

① 제품(Product) ② 가격(Price)
③ 구입(Purchase) ④ 촉진(Promotion)

해설
마케팅 믹스 4P의 구성요소에는 제품(Product), 가격(Price), 유통(Place), 촉진(Promotion)이 해당되며, 이를 어떻게 잘 혼합하느냐에 따라 마케팅 효과를 극대화할 수 있다.

12 지역색에 대한 설명으로 틀린 것은?

① 일본의 지역색은 국기에 사용된 강렬한 빨강으로 상징된다.
② 랑클로(Jean-Philippe Lenclos)는 지역색을 기반으로 건축물의 색채계획을 하였다.
③ 건축물에 사용되는 색채는 지리적, 기후적 환경과 관련되어야 한다.
④ 지역색을 통해 국가의 아이덴티티를 구축한다.

해설
일본은 일조량이 많고 사방이 바다인 섬나라의 환경적 특성상 파란색에 대한 선호도가 높다. 또한 조선의 영향으로 흰색을 선호하고, 화산지질 등 자연환경의 영향으로 검은색을 선호하기도 한다.

13 다음 중 유행색에 대한 설명으로 틀린 것은?

① 어떤 계절이나 일정 기간 동안 특별히 많은 사람에 의해 입혀지고 선호도가 높은 색이다.
② 유행 예측색으로 색채전문기관들에 의해 유행할 것으로 예측하는 색이다.
③ 패션 유행색은 국제유행색위원회에서 6개월 전에 위원회 국가의 합의를 통해 결정된다.
④ 유행색은 사회적 상황과 문화, 경제, 정치 등이 반영되어 전반적인 사회흐름을 가늠하게 한다.

해설
국제유행색위원회에서는 시즌 약 2년 전에 유행예측색을 제안하고 있다.

14 기업 이미지 구축을 위해 특정 색을 활용하는 마케팅 전략과 관련이 높은 것은?

① 색채표준
② 선호색
③ 색채연상·상징
④ 색채대비

해설
기업 이미지 통합전략(CIP ; Corporate Image Identity Program)은 기업의 이미지를 연상시키고 기업을 상징하는 색채를 사용해 상표이미지를 시각적으로 체계화, 단순화하여 소비자에게 인식시키는 전략방법이다.

15 SWOT분석은 기업의 환경분석을 통해 요인을 규정하고, 이를 토대로 마케팅 전략을 수립하는 기법이다. 이때 사용되는 4요소의 설명과 그 예가 틀린 것은?

① 강점(Strength) – 경쟁기업과 비교하여 소비자로부터 강점으로 인식되는 것 – 높은 기술력
② 약점(Weakness) – 경쟁기업과 비교하여 소비자로부터 약점으로 인식되는 것 – 높은 가격
③ 기회(Opportunity) – 내부환경에서 유리한 기회요인 – 시장점유율 1위
④ 위협(Threat) – 외부환경에서 불리한 위협요인 – 경쟁사의 빠른 성장

해설
기회(Opportunity) : 내부환경이 아닌 외부환경에서 유리한 기회요인이 무엇인지를 분석한다.

정답 11 ③ 12 ① 13 ③ 14 ③ 15 ③

16 **도시환경과 색채에 대한 설명으로 틀린 것은?**

① 과거에는 자연소재가 지역의 건축 및 생산품의 소재였으므로 주변의 자연환경과 색채가 조화되었다.
② 현대사회의 도시환경은 도시 시설물의 형태와 색채에 따라 좌우된다.
③ 건축물이 지어지는 지역의 지리적, 기후적 환경 및 지역문화는 도시환경 조성과 관계가 없다.
④ 도시환경 속에서 색채의 기능은 단조로운 인공건축물에 활기를 부여한다.

해설
건축물이 지어지는 지역의 지리적, 기후적 환경 및 지역문화는 도시환경 조성과 관계가 있다. 색채연구가인 장 필립 랑클로(Jean-Philippe Lenclos)는 땅의 색을 기반으로 지역색 개념을 제시하여 건축물을 위한 색채팔레트를 연구하였다. 건축색채는 그 지역의 자연환경이나 정체성을 대변하기에 좋은 분야라고 할 수 있다.

17 **색채 이미지와 연상에 대한 설명으로 틀린 것은?**

① 노랑 - 명랑, 활발
② 빨강 - 정열, 위험
③ 초록 - 평화, 생명
④ 파랑 - 도발, 사치

해설
파랑은 평화, 이성, 자유, 신뢰, 냉정, 슬픔을 나타낸다. 도발은 빨강, 사치는 보라에 해당된다.

18 **색채의 지각과 감정효과에 대한 설명 중 틀린 것은?**

① 더운 방의 환경색을 차가운 계통의 색으로 하였다.
② 지나치게 낮은 천장에 밝고 차가운 색을 칠하면 천장이 높아 보인다.
③ 자동차의 외관을 차갑고 부드러운 색 계통으로 칠하면 눈에 잘 띄므로 안전을 기할 수 있다.
④ 실내의 환경색은 천장을 가장 밝게 하고 중간부분을 윗벽보다 어둡게 하며 바닥은 그보다 어둡게 해야 안정감을 느낄 수 있다.

해설
자동차의 외관을 장파장에 채도가 높은 계열의 색으로 선택해야 눈에 잘 띄어 안전을 지킬 수 있다.

19 **색채 이미지를 조사하기 위해 흔히 사용하는 SD법(Semantic Differential Method)의 설명으로 틀린 것은?**

① 측정하려는 개념과 관계있는 형용사 반대어 쌍들로 척도를 구성한다.
② 척도의 단계가 적으면 그 의미의 차이를 알기 어려우므로 8단계 이상의 세분화된 단계를 사용하는 것이 좋다.
③ 직관적 응답을 구해야 하므로 깊이 생각하거나 앞서 기입한 것을 나중에 고쳐 쓰는 것은 바람직하지 않다.
④ 조사를 통해 얻어진 결과는 요인분석을 통해 그 대상의 의미공간을 효과적으로 해석할 수 있다.

해설
SD법에서 척도는 보통 3단계, 5단계, 7단계, 9단계를 많이 사용한다.

20 **마케팅에서 색채의 역할과 사용에 관한 설명으로 가장 거리가 먼 것은?**

① 소비자의 시선을 끌어 대상물의 존재를 두드러지게 한다.
② 기업의 철학이나 주요 이미지를 통합하여 전달하는 CI 컬러를 제품에 사용한다.
③ 생산자의 성향에 맞추어 특정 고객층이 요구하는 이미지 색채를 적용한다.
④ 한 시대가 선호하는 유행색의 상징적 의미는 소비자의 라이프스타일과 가치관에 영향을 준다.

해설
소비자의 라이프스타일에 맞춰 다양한 사회와 문화, 소비자 그룹이 선호하는 색채, 유행성, 경기변동의 흐름 등을 파악해야 한다.

16 ③ 17 ④ 18 ③ 19 ② 20 ③ 정답

제2과목 색채디자인

21 다음 ( )에 알맞은 용어로 나열된 것은?

> 산업디자인은 ( )과 ( )을(를) 통합한 영역으로 인간 생활의 질적 향상을 위한 문화 창조 활동의 일환이다.

① 생산, 유통
② 자연물, 인공물
③ 과학기술, 예술
④ 평면, 입체

해설
산업디자인은 사회학, 최신 기술, 경제학, 환경공학, 미학, 철학, 심리학 및 예술과 밀접하게 연관된 종합학문으로서 인접 학문과의 유기적인 협조에 의한 활동으로 포괄적인 연구를 바탕으로 하는 전문분야이다.

22 형태심리학자들에 의해서 제시된 시지각 법칙이 아닌 것은?

① 근접성의 원리
② 유사성의 원리
③ 연속성의 원리
④ 대조성의 원리

해설
형태지각심리학의 4개 법칙에는 접근성, 유사성, 연속성, 폐쇄성의 원리가 있다.

23 색채디자인에서 조형요소의 전체적인 조화와 아름다움을 추구하는 것은?

① 독창성 ② 심미성
③ 경제성 ④ 문화성

해설
심미성이란 아름다움을 느끼는 미적 의식으로 주관적, 감성적인 특징을 가지고 있다.

24 퍼스널 컬러(Personal Color)의 설명으로 틀린 것은?

① 신체색과 조화를 이루면 활기차 보인다.
② 사계절 컬러는 따뜻한 색과 차가운 색으로 구분된다.
③ 신체 피부색의 비중은 눈동자, 머리카락, 얼굴 피부색의 순이다.
④ 사계절 컬러 유형에 따라 베스트 컬러, 베이직 컬러, 워스트 컬러로 구분한다.

해설
성공적인 미용 디자인의 연출을 위해서는 개인이 가진 피부, 모발, 눈동자 등의 고유 신체색을 파악하고 이와 잘 조화되는 색을 사용해야 한다. 이때 개인의 개성을 부각시키고 이미지를 창출해 내는 역할을 하는 것이 바로 퍼스널 컬러로, 1984년 캐롤 잭슨(Carole Jackson)이 퍼스널 팔레트를 발표한 후 세계 여러 곳에서 많은 연구가 진행 중이다.

25 토속적, 민속적 디자인의 의미로 근대의 주류 디자인적 관점에서 무시되어 왔으나 20세기 중반 이후 건축가, 인류학자, 미술사가 등에 의해 그 가치가 새롭게 주목받게 된 디자인은?

① 반디자인(Anti-design)
② 아르데코(Art Deco)
③ 스칸디나비아 디자인(Scandinavian Design)
④ 버네큘러 디자인(Vernacular Design)

해설
버네큘러 디자인 : 디자이너가 디자인하지 않은 디자인으로, 전문가의 솜씨는 아니지만 훌륭한 기능성과 아름다운 형태로 미적 감동을 주는 디자인이다. 지역 고유의 자연환경과 인종적인 배경 아래 토착민들의 일상적인 생활습관과 자연스러운 욕구에 의해 이루어진 토속 양식은 유기적인 조형과 실용적인 문제 해결이라는 측면에서 오늘날의 디자인에 시사하는 바가 크다. 건축에서의 비판적인 지역주의, 패션과 인테리어에서의 에스닉 스타일, 우리나라의 흙 건축물 등과 관계가 깊다.

정답 21 ③ 22 ④ 23 ② 24 ③ 25 ④

26 **색채디자인 과정에서 주조색, 보조색, 강조색의 비율이나 어울림을 결정하는 것과 거리가 먼 것은?**

① 배 색 ② 색채조화
③ 색채균형 ④ 색채연상

해설
색채연상은 어떤 한 가지 색을 보고 무엇인가를 느끼거나 이미지를 떠올려 느끼게 되는 고유의 감정적 효과를 말한다. 이는 개개인의 주관적 감정, 문화, 환경, 정서, 사상, 경험 등에 따라 영향을 받게 된다. 색채연상은 크게 추상적 연상과 구체적 연상으로 나뉘는데, 추상적 연상은 색의 상징적인 의미가 많으며, 구체적 연상은 일반적 사물이나 구체적 사물과 연관지어 떠올리게 된다.

27 **시각 디자인의 기능과 그 예시가 옳은 것은?**

① 기록적 기능 – 신호, 활자, 문자, 지도
② 설득적 기능 – 포스터, 신문광고, 디스플레이
③ 지시적 기능 – 신문광고, 포스터, 일러스트레이션
④ 상징적 기능 – 영화, 인터넷, 심벌

해설
시각 디자인의 기능
• 지시적 기능 : 신호, 활자, 문자, 지도, 타이포그래피 등
• 설득적 기능 : 신문광고, 잡지광고, 포스터, 애니메이션 등
• 기록적 기능 : 사진, 영화, 인터넷 등
• 상징적 기능 : 심벌마크, 패턴, 일러스트레이션 등

28 **색채의 성격을 이용한 야수파의 대표적인 화가는?**

① 클로드 모네
② 구스타프 쿠르베
③ 조르주 쇠라
④ 앙리 마티스

해설
19세기 후반에서 20세기 초반 인상주의의 타성적인 화풍에 반기를 든 작가들이 원색의 굵은 필촉을 사용하여 대담하고 강렬하게 표현하면서 새로운 화풍이 형성되었다. 기존의 아카데믹한 화풍과 다르게 순수한 색채를 추구하고 필치가 자유롭다는 게 특징적이다. 대표 화가로는 앙리 마티스(Henri Matisse), 조르주 루오(Georges Henri Rouault), 모리스 드 블라맹크(Maurice de Vlaminck) 등이 있다.

29 **제품의 단점을 열거함으로써 단점을 개선할 수 있는 아이디어를 얻는 방법은?**

① 카탈로그법 ② 문제분석법
③ 희망점열거법 ④ 결점열거법

해설
결점열거법 : 대상의 단점을 열거하여 제거함으로써 개선방법을 찾아내는 브레인스토밍의 한 기법이다. 가령 볼펜을 예로 들면, 사용하면 잉크가 닳아진다, 볼펜을 떨어뜨려 볼이 상하면 사용할 수가 없다, 거꾸로 기울여서는 글씨를 쓸 수 없다, 등을 열거한 후 이들의 결점을 없애기 위한 개선점을 제시하는 것이다. 결점열거법은 해결책을 손쉽게 찾아내는 방법이긴 하지만, 현상에 압도되어 혁신적인 해결책을 생각하기 어려울 수 있다는 단점이 있다.

30 **색채계획에서 기업색채의 선택 시 고려할 사항과 거리가 먼 것은?**

① 기업 이념과 실체에 맞는 이상적 이미지를 나타내는 색
② 타사와의 차별성을 두지 않는 색
③ 다양한 소재에 적용이 용이하고 관리하기 쉬운 색
④ 사람에게 불쾌감을 주지 않고, 주위와 조화되는 색

해설
기업 통합 이미지 정책을 뜻하는 CIP(Corporation Identity Program)의 색채계획은 기업의 이미지에 일관성을 주고 이미지를 향상시켜 판매를 촉진하는 데 목적이 있다. BI(Brand Identity)는 보다 작은 개념이며 상품 이미지를 평가하는 데 핵심이 된다. 색채는 기업의 이미지를 대변하기도 하므로 기업이 지향하는 이미지를 대표할 수 있는 색채를 신중하게 선택해야 한다. CI의 3대 기본 요소는 심리 통일과 시각 이미지 통일, 행동 양식 통일로 정리할 수 있다.

31 **1919년에 발터 그로피우스를 중심으로 독일의 바이마르에 설립된 조형학교는?**

① 독일공작연맹 ② 데 스테일
③ 바우하우스 ④ 아르데코

해설
독일공작연맹의 이념을 계승하여 발터 그로피우스(Walter Gropius)가 1919년 독일의 바이마르에 미술공예학교를 세움으로써 시작된 바우하우스는 대학의 이름이자 예술사조이기도 하다.

26 ④ 27 ② 28 ④ 29 ④ 30 ② 31 ③ 정답

32 **디자인에 사용되는 비언어적 기호의 3가지 유형에 속하지 않는 것은?**

① 자연적 표현　② 사물적 표현
③ 추상적 표현　④ 추상적 상징

해설
디자인에 사용되는 비언어적 기호 3가지 유형은 사물적 표현과 추상적 표현, 추상적 상징이다.

33 **노인들을 위한 환경의 색채계획에 대한 설명이 틀린 것은?**

① 회색 계열보다 노랑 계열의 벽이 노인들에게 쉽게 인식될 수 있다.
② 색의 대비는 환자의 감각을 풍요롭게 하므로 효과적이다.
③ 건강 관련 시설에서의 무채색은 환자의 건강 회복에 도움이 되지 않는다.
④ 사람들은 색에 대해 동일한 의미와 감정으로 반응한다.

해설
색채계획이란, 실용성과 심미성을 기본으로 디자인 요소를 고려하여 아름다운 배색효과를 얻을 수 있도록 계획하는 것이다. 색채조절보다 진보된 개념으로 미적인 동시에 다양한 기능성을 부여한다는 차원에서 예술적 감각이 중요시된다. 또한 색의 이미지, 연상, 상징, 기능성 및 안전성을 고려하여 계획하는 것을 말한다.

34 **매체에 대한 설명 중 틀린 것은?**

① 매체 선정 시에는 매체 종류와 특성, 비용, 소비자 라이프스타일, 구매패턴, 판매현황, 경쟁사의 노출패턴 연구 등을 고려한다.
② 라디오 광고는 청각에만 의존하기 때문에 의미전달이 제대로 되지 않을 수가 있다.
③ POP 광고는 현장에서 직접 소비자를 유도하여 판매를 촉진시킬 수 있다.
④ 신문은 잡지에 비해 한정된 타깃에게 메시지를 집중 전달할 수 있다는 것이 큰 장점이다.

해설
신문은 발행 부수, 주요 구독층, 배포 지역, 광고물의 크기 및 위치별 비용, 광고 색상 시현 정도 등을 고려하여 사용한다. 신문은 매일 발간되고 광고 집행 절차가 간단하기 때문에 즉각적인 광고가 가능하며, 여론 형성에 미치는 영향이 크기 때문에 신뢰도가 높다. 하지만 특정한 사회적 특성을 지닌 표적 소비자에게만 광고를 도달시키는 선별적 능력이 약하다.

35 **산업화 과정의 부산물로 생태계 파괴가 인류를 위협하는 상황에서 현대 디자인이 염두에 두어야 할 요건은?**

① 통일성
② 다양성
③ 친자연성
④ 보편성

해설
친자연성
- 생태학적으로 건강하고 유기적으로 전체에 통합되는 인공환경의 구축을 목표로 삼아야 한다.
- 최근 환경에 대한 관심과 자연보호에 대한 인식이 높아지면서 자연을 대표하는 색으로 초록색을 많이 활용하고 있다.
- 환경친화적인 디자인의 개념, 그린 디자인(Green Design), 생태학적 디자인(Eco-design) 등이 이에 해당한다.

36 **디자인의 조형활동을 평가하기 위한 요건과 거리가 가장 먼 것은?**

① 디자인의 유기성
② 디자인의 경제성
③ 디자인의 합리성
④ 디자인의 질서성

해설
디자인의 요건
- 경제성 : 최소의 비용을 들여 최대의 효과를 얻을 수 있는 디자인적 조건
- 합리성 : 지적 요소로 합목적성과 경제성을 고려한 디자인의 조건
- 질서성 : 디자인의 조건들의 관계를 유지시키며 조직을 세우고 하나로 통합하는 것
- 그 외 합목적성, 심미성, 독창성, 친자연성, 문화성, 유니버설 등이 있다.

정답 32 ① 33 ④ 34 ④ 35 ③ 36 ①

37 균형에 대한 설명이 틀린 것은?

① 단조롭고 정지된 느낌을 깨뜨리기 위하여 의도적으로 불균형을 구성할 때도 있다.
② 대칭은 엄격하고 딱딱한 느낌을 줄 수 있다.
③ 비대칭은 형태상으로 불균형이지만 시각상의 힘은 정돈에 의해 균형잡힌 것이다.
④ 역대칭은 한 개의 점을 중심으로 하여 주위에 방사선으로 퍼져 나가는 것이다.

해설
균형은 모든 디자인에서 대칭, 비대칭, 비례의 개념을 이용하여 시각적으로 안정감을 주기 위한 원리로 사용된다.

38 다음 (   )에 적합한 용어를 순서대로 나열한 것은?

루이스 설리번은 디자인의 목표를 설명할 때 "(1)은(는) (2)을(를) 따른다"고 하였다.

① (1) 합목적성, (2) 형태
② (1) 형태, (2) 기능
③ (1) 기능, (2) 형태
④ (1) 형태, (2) 기억

해설
루이스 설리번은 "형태는 기능을 따른다."라고 언급하면서 기능에 충실하고 기능에 최대한 만족하는 형식을 추구하면 저절로 아름다움이 실현된다는 것을 강조하였다. 즉, 우선되어야 하는 것은 기능이며, 건축의 미는 이러한 모든 기능이 만족스럽게 해결되었을 때 자연스럽게 수반되는 것이라고 여겼다. 이는 불필요한 형태, 형태를 위한 형태를 배제하자는 사고가 바탕이 된다.

39 일반적인 색채계획 및 디자인 프로세스를 [사전조사 및 기획 → 색채계획 및 설계 → 색채관리]의 3단계로 분류할 때 색채계획 및 설계에 해당되지 않는 것은?

① 체크리스트 작성
② 색채구성・배색안 작성
③ 시뮬레이션을 통한 검토・결정
④ 색견본 승인

해설
색채계획을 [사전조사 및 기획 → 색채계획 및 설계 → 색채관리]의 3단계로 분류할 때, '사전조사 및 기획단계'에서는 계획하고자 하는 대상의 형태나 재료, 작업 일정 등의 조건을 확인하고, 현황조사 및 분석을 시행하며, 이것을 바탕으로 콘셉트를 잡고 이미지의 키워드 등을 추출한다. '색채계획 및 설계단계'에서는 계획하고자 하는 구간의 조건이나, 주변과의 조화 등의 여부를 체크리스트를 작성하여 조사하고, 실물 색견본을 수집하거나 배색안을 작성한다. '색채관리 단계'에서는 현장에 적용할 색견본을 승인하고 생산과 관리를 지시할 시공사 등을 선정하여 시공감리 및 색채관리를 하게 된다.

40 바우하우스에서 사진과 영화예술을 새로운 시각예술로 발전시킨 사람은?

① 발터 그로피우스
② 모홀리 나기
③ 한네스 마이어
④ 마르셀 브로이어

해설
모홀리 나기(Moholy Nagy)는 헝가리의 화가로, 1923년부터 1928년까지 바우하우스에서 연구와 교육에 종사하였다. 그는 새로운 소재에 대하여 끝없는 욕망을 일으켜, 타블로 회화에 만족하지 않고 금속을 사용한 조형적인 실험을 시도하는가 하면, 그 성과를 새로운 사진의 수법과 결합하여 선전미술과 인쇄에 응용하는 등 장르를 초월하여 새로운 표현영역을 확대하였다.

제3과목 색채관리

41 플라스틱 소재의 장점이 아닌 것은?

① 착색과 가공이 용이하다.
② 다른 재료에 비해 가볍다.
③ 자외선에 강하다.
④ 전기절연성이 우수하다.

해설
플라스틱의 특징
• 가공이 용이하고 다양한 재질감을 낼 수 있다.
• 가볍고 강도가 높다.
• 전기절연성이 우수하고 열팽창계수가 크다.
• 내수성이 좋아 녹이나 부식이 없다.
• 타 재료와의 친화력이 좋다.

37 ④ 38 ② 39 ④ 40 ② 41 ③ 정답

42 '관측자의 색채적응 조건이나 조명, 배경색의 영향에 따라 변화하는 색이 보이는 결과'는 어떤 용어를 설명한 것인가?

① 색 맞춤 ② 색 재현
③ 색의 현시 ④ 크로미넌스

해설
색에 관한 용어(KS A 0064)
- 색의 현시 : 관측자의 색채적응 조건이나 조명이나 배경색의 영향에 따라 변화하는 색이 보이는 결과
- 색 맞춤 : 반사, 투과, 발광 등에 따른 물체의 색을 목적하는 색에 맞추는 것
- 색 재현 : 다색인쇄, 컬러사진, 컬러 텔레비전 등에서 원래의 색을 재현하는 것
- 크로미넌스 : 시료색 자극의 특정 무채색 자극(백색 자극)에서의 색도차와 휘도의 곱으로, 주로 컬러 TV에 쓰인다.

43 표준광 A에 대한 설명으로 틀린 것은?

① 백열전구로 조명되는 물체색을 표시할 경우에 사용한다.
② 표준광 A의 분포온도는 약 2,856K이다.
③ 분포온도가 다른 백열전구로 조명되는 물체색을 표시할 필요가 있을 경우 완전 방사체 광을 보조 표준광으로 사용할 수 있다.
④ 주광으로 조명되는 물체색을 표시할 경우에 사용한다.

해설
표준광 A는 상대 분광분포를 가진 광이며 백열전구로 조명되는 물체색을 표시할 경우에 사용한다(KS C 0074).

44 CIE 주광에 대한 설명으로 가장 거리가 먼 것은?

① 많은 자연주광의 분광 측정값을 바탕으로 했다.
② CIE 표준광을 실현하기 위하여 CIE에서 규정한 인공광원이다.
③ 통계적 기법에 따라 각각의 상관 색온도에 대해서 CIE가 정한 분광분포를 갖는 광이다.
④ D_{50}, D_{55}, D_{75}가 있다.

해설
빛의 성질에 의해서 여러 가지 색으로 관찰되기 때문에 표준의 색을 측정하기 위해 1931년 국제조명위원회(CIE)는 분광에너지 분포가 다른 표준광원 A, B, C의 3종류를 정했다. 인공광원뿐만 아니라 자연광원까지도 주광으로 사용한다.

45 목푯값과 시료값이 다음과 같이 나왔을 경우 시료값의 보정방법으로 옳은 것은?

구 분	목푯값	시료값
L*	15	45
a*	−10	−10
b*	15	5

① 녹색 도료를 이용하여 색상을 보정하고, 검은색을 이용하여 밝기를 조정한다.
② 노란색 도료를 이용하여 색상을 보정하고, 검은색을 이용하여 밝기를 조정한다.
③ 빨간색 도료를 이용하여 색상을 보정하고, 검은색을 이용하여 밝기를 조정한다.
④ 녹색 도료를 이용하여 색상을 보정하고, 흰색을 이용하여 밝기를 조정한다.

해설
L*은 명도를 나타내며, 100은 흰색, 0은 검은색이다. +a*는 빨강, −a*는 초록, +b*는 노랑, −b*는 파랑을 의미한다. 이때 시료값이 목푯값에 비해 밝으므로 검은색을 이용하여 조정하고, b*는 노란색 방향으로 당기면 된다.

46 다음 중 3자극치 직독방법을 이용한 측정장비를 이용하여 물체색을 측정한 후 기록하여야 할 내용과 상관이 없는 것은?

① 조명 및 수광의 기하학적 조건
② 파장폭 및 계산방법
③ 측정에 사용한 기기명
④ 물체색의 3자극치

정답 42 ③ 43 ④ 44 ② 45 ② 46 ②

해설
측정치의 부기사항(KS A 0066)
- 측정방법의 종류
- 등색함수의 종류
- 표준광의 종류
- 조명 및 수광의 기하학적 조건
- 3자극치의 계산방법

47 조색 시 기기 기반의 컬러 매칭 시스템 도입에 따른 장점으로 옳지 않은 것은?

① 숙련되지 않은 컬러리스트도 쉽게 조색을 할 수 있다.
② 발색에 소요되는 비용 산출을 통해 가장 경제적인 처방을 찾아낼 수 있다.
③ 광원 변화에 따른 색 변화를 최소화할 수 있다.
④ 색채선호도 계산이 가능하다.

해설
CCM은 컴퓨터 자동조색장치로서 조색시간을 단축할 수 있으며, 소재의 변화에 신속히 대응하는 데 도움을 주고, 컬러런트 구성이 효율적이다. 초보자라도 쉽게 배워 사용할 수 있고 분광반사율을 기준색과 일치시키므로 정확한 아이소머리즘을 실현할 수 있다. 따라서 육안조색보다 감정이나 환경의 지배를 덜 받는다.

48 육안조색을 통한 색채조절 시 주의할 점이 아닌 것은?

① 어두운색을 비교하는 경우 작업면의 조도는 4,000lx에 가까운 것이 좋다.
② 일반적으로 이용하는 부스의 내부는 명도 L*가 약 45~55의 무광택의 무채색으로 한다.
③ 색채관측에 있어서 조명환경과 빛의 방향, 조명의 세기 등의 사전 검토가 필요하다.
④ 눈의 피로에서 오는 영향을 막기 위해 진한색 다음에는 파스텔색이나 보색을 비교한다.

해설
무채색에서 유채색으로, 밝은색에서 어두운색으로 비교한다. 파스텔색 다음에 진한 색과 보색 순으로 비교하는 것이 좋다.

49 염료에 대한 설명으로 옳은 것은?

① 인디고는 가장 최근의 염료 중 하나로, 인디고를 인공합성하게 되면서 청바지의 색을 내는 데에 이용하게 되었다.
② 염료를 이용하여 염색하는 구체적인 방법은 피염제의 종류, 흡착력 등에 의해 정해지는 것은 아니다.
③ 직물섬유의 염색법과 종이, 피혁, 털, 금속 표면에 대한 염색법은 동일하다.
④ 효율적인 염색을 위해서는 염료가 잘 용해되어야 하고, 분말의 염료에 먼지가 없어야 한다.

해설
① 인디고는 천연염료이다.
② 염료를 이용하여 염색하는 구체적인 방법은 피염제의 종류, 흡착력 등에 의해 영향을 받는다.
③ 직물섬유의 염색법과 종이, 피혁, 털, 금속 표면에 대한 염색법은 다르다. 금속 표면의 경우 안료를 사용한다.

50 다음 중 가장 넓은 색역을 가진 색공간은?

① Rec. 2020
② sRGB
③ AdobeRGB
④ DCI-P3

해설
가장 넓은 색역을 가진 색공간은 Rec. 2020이다.

51 쿠벨카 뭉크 이론을 적용해 혼색을 예측하기에 적합하지 않은 표본의 특성은?

① 반투명 소재
② 불투명 받침 위의 투명 필름
③ 투명 소재
④ 불투명 소재

47 ④ 48 ④ 49 ④ 50 ① 51 ③ 정답

해설
쿠벨카 뭉크 이론은 1931년 독일의 과학자 쿠벨카 뭉크가 '페인트 광학에 대한 기여'라는 논문을 통해 발표한 이론으로, 재질의 두께를 이용하여 반사도와 투과도를 구할 수 있다. 그러나 재질과 대기 사이의 상대굴절률을 고려하지 않아 사물 표면의 반사효과를 제대로 표현할 수 없었는데, 따라서 이 이론에 적용 가능한 표본은 불투명 또는 반투명해야 한다.

52 염료와 안료를 설명한 것으로 틀린 것은?

① 염료는 물과 용제에 대체적으로 용해가 되고, 안료는 용해가 되지 않는다.
② 안료는 유기안료와 무기안료로 구분되며 천연과 합성으로 나뉜다.
③ 유기안료는 염료를 체질안료에 침착하여 안료로 만들어진다.
④ 합성유기안료는 천연에서 얻은 염료를 인공적으로 합성한 것이다.

해설
합성유기안료는 천연에서 얻은 염료가 아니라 유기합성 화학의 발달로 나타난 것이다.

53 색 재현에 관한 설명 중 틀린 것은?

① 목표색의 색 재현을 위해서는 원색들의 조합 비율 예측이 필요하다.
② 모니터를 이용한 색 재현은 가법혼합, 포스터컬러를 이용한 색 재현은 감법혼합에 해당한다.
③ 쿠벨카 뭉크 모델은 단순 감법혼색을 가장 잘 설명하는 모델이다.
④ 물체색의 경우 목표색과 재현색의 분광반사율을 알면 조건등색도 측정이 가능하다.

해설
자동배색장치의 기본원리가 되는 것이 쿠벨카 뭉크 이론이다. 일정한 두께를 가진 발색층에서 감법혼색을 하는 경우에 성립하는 이론으로, 단순 감법혼색을 설명하는 모델이 아니다.

54 분광광도계의 설명으로 옳은 것은?

① 색 필터와 광측정기로 이루어지는 세 개의 광검출기로 3자극치값을 직접 측정한다.
② KS 기준 분광광도계의 파장은 불확도 10nm 이내의 정확도를 유지해야 한다.
③ 표준백색판은 KS 기준 0.8 이상의 분광반사율 기준을 만족하여야 한다.
④ 분광반사율 또는 분광투과율의 측정 불확도는 최대치의 0.5% 이내로 한다.

해설
① 분광 측색방법은 분광광도계를 사용하여 분광반사율 또는 분광투과율을 측정하고 3자극치 X, Y, Z 또는 X_{10}, Y_{10}, Z_{10} 및 색도 좌표 x, y 또는 x_{10}, y_{10}을 구한다.
② 분광광도계 파장은 불확도 1nm 이내의 정확도를 유지해야 한다.
③ 교정용 표준백색판은 분광반사율이 0.9 이상이어야 한다.

55 색채를 효과적으로 재현하기 위하여 가장 우선적으로 해야 할 것은?

① 소재의 특성 파악
② 색료의 영역 파악
③ 표준 샘플의 측색
④ 베이스의 종류 확인

해설
효과적인 색채 재현을 위해서는 표준 샘플의 정확한 측색이 가장 우선되어야 한다.

56 외부에서 입사하는 빛을 선택적으로 흡수하여 고유의 색을 띠게 하는 빛은?

① 감마선
② 자외선
③ 적외선
④ 가시광선

해설
사람의 눈에 보이는 전자기파의 영역으로 외부에서 입사하는 빛을 선택적으로 흡수하여 고유의 색을 띠게 하는 빛을 가시광선이라 하며, 가시광선의 파장범위는 380~780nm 사이이다.

정답 52 ④ 53 ③ 54 ④ 55 ③ 56 ④

57 ICC 프로파일 사양에서 정의된 렌더링 의도(Rendering Intent)의 특성에 관한 설명 중 틀린 것은?

① 상대색도(Relative Colorimetric) 렌더링은 입력의 흰색을 출력의 흰색으로 매핑하여 출력한다.
② 절대색도(Absolute Colorimetric) 렌더링은 입력의 흰색을 출력의 흰색으로 매핑하지 않는다.
③ 채도(Saturation) 렌더링은 입력측의 채도가 높은 색을 출력에서도 채도가 높은 색으로 변환한다.
④ 지각적(Perceptual) 렌더링은 입력 색상공간의 모든 색상을 유지시켜 전체색을 입력색으로 보전한다.

해설
지각적 렌더링은 색역이 이동될 때 전체가 비례 축소되어 색의 수치는 변하게 되고 색상공간의 모든 색상을 변화시키게 된다. 그러나 인간의 눈에는 자연스럽게 인식된다.

58 가법 혹은 감법혼색을 기반으로 하는 컬러 이미징 장비의 색 재현 특성에 대한 설명으로 옳은 것은?

① 명도가 높은 원색을 사용해야 색역(Color Gamut)이 넓어진다.
② 감법혼색의 경우 마젠타, 그린, 블루를 사용함으로써 넓은 색역을 구축한다.
③ 감법혼색에서 원색은 특정한 파장을 효율적으로 흡수하는 특성을 가진 색료가 된다.
④ 가법혼색의 경우 주색의 파장 영역이 좁으면 좁을수록 색역도 같이 줄어든다.

해설
① 색역은 명도와는 관련이 적고 색상과 관련이 있다.
② 감법혼색의 경우 마젠타, 그린, 블루를 사용함으로써 좁은 색역을 구축한다.
④ 가법혼색의 경우 감법혼색과 달리 파장 영역이 좁아도 색역이 줄어들지 않는다.

59 다음 중 보조 표준광이 아닌 것은?

① 보조 표준광 B
② 보조 표준광 D_{50}
③ 보조 표준광 D_{65}
④ 보조 표준광 D_{75}

해설
표준광 및 보조 표준광의 종류(KS C 0074)
- 표준광 : 표준광 A, 표준광 D_{65}, 표준광 C
- 보조 표준광 : 보조 표준광 D_{50}, 보조 표준광 D_{55}, 보조 표준광 D_{75}, 보조 표준광 B

60 측광과 관련한 단위로 잘못 연결된 것은?

① 광도 – cd
② 휘도 – cd/m^2
③ 광속 – lm/m^2
④ 조도 – lx

해설
광속의 단위는 lm(루멘)을 사용한다.

제4과목 색채지각론

61 추상체와 간상체에 대한 설명이 틀린 것은?

① 간상체와 추상체는 둘 다 빛에너지를 전기에너지로 변환시킨다.
② 간상체는 추상체보다 빛에 민감하므로 어두운 곳에서 주로 기능한다.
③ 간상체에 의한 순응이 추상체에 의한 순응보다 신속하게 발생한다.
④ 간상체와 추상체는 스펙트럼 민감도가 서로 다르다.

해설
암순응은 30분, 명순응은 1~2초 정도로 추상체의 순응이 간상체보다 신속하게 발생한다.

57 ④ 58 ③ 59 ③ 60 ③ 61 ③ 정답

62 **빛의 특성과 작용에 대한 설명이 틀린 것은?**

① 적색광인 장파장은 침투력이 강해서 인체에 닿았을 때 깊은 곳까지 열로서 전달되게 된다.
② 백열물질에서 방출되는 에너지의 양과 분포는 물체의 온도에 따라 달라진다.
③ 물체색은 빛의 반사량과 흡수량에 의해 결정되어 모두 흡수하면 검정, 모두 반사하면 흰색으로 보인다.
④ 하늘의 청색빛은 대기 중의 분자나 미립자에 의하여 태양광선이 간섭된 것이다.

해설
하늘의 청색빛은 대기 중의 분자나 미립자에 의하여 태양광선이 산란된 것이다.

63 **영-헬름홀츠의 3원색설에서 노랑의 색각을 느끼는 원인은?**

① Red, Blue, Green을 느끼는 시세포가 동시에 흥분
② Red, Blue를 느끼는 시세포가 동시에 흥분
③ Blue, Green을 느끼는 시세포가 동시에 흥분
④ Red, Green을 느끼는 시세포가 동시에 흥분

해설
영-헬름홀츠의 3원색을 기본으로 하는 색광혼합은 빛의 혼합으로, 빛의 3원색인 빨강, 초록, 파랑을 혼합하기 때문에 섞을수록 밝아진다. 즉, 빨강과 초록이 동시에 흥분하면 노랑의 색각이 느껴지게 된다.

64 **다음 색채 중 가장 팽창되어 보이는 색은?**

① N5
② S1080-Y10R
③ L* = 65의 브라운 색
④ 5B 6/9

해설
팽창색은 실제보다 크게 보이는 것으로 고명도, 고채도, 난색 계열의 색이다.

65 **회색 바탕에 검정 선을 그리면 바탕의 회색이 더 어둡게 보이고 하얀 선을 그리면 바탕의 회색이 더 밝아 보이는 효과는?**

① 맥스웰 효과
② 베졸트 효과
③ 푸르킨예 효과
④ 헬름홀츠 효과

해설
베졸트 효과 : 가까이에서 보면 여러 가지 색들이 좁은 영역을 나누고 있지만, 멀리서 보면 이들이 하나의 색채로 보이는 것이다. 즉, 색을 섞지 않고 색점을 배열함으로써 전체 색조를 변화시킨다. 문양이나 선의 색이 배경색에 영향을 주어 원래의 색과 다르게 보인다.

66 **다음 중 색채의 잔상효과와 관련이 없는 것은?**

① 맥콜로 효과(McCollough Effect)
② 페히너의 색(Fechner's Comma)
③ 허먼 그리드 현상(Hermann Grid Illusion)
④ 베졸트 브뤼케 현상(Bezold-Bruke Phenomenon)

해설
④ 베졸트 브뤼케 현상은 빛의 강도가 변화하면 색광이 다르게 보이는 것으로, 색의 감정적 효과와 관련이 있다.
① 맥콜로 효과는 대상의 위치에 따라 눈을 움직이면 잔상이 이동하여 나타나는 현상이다.
② 페히너 효과는 원판에 흰색과 검은색을 칠하여 팽이를 만들어 빠르게 회전시켰을 때 유채색이 느껴지는 것을 말한다.
③ 허먼 그리드 현상은 검은색과 흰색 선이 교차되는 지점에 회색 점이 보이는 현상이다.

67 **물체색에 있어서 음의 잔상은 원래 색상과 어떤 관계의 색으로 나타나는가?**

① 인접색 ② 동일색
③ 보 색 ④ 동화색

해설
부의 잔상은 원래 감각과 반대되는 밝기나 색상을 띤 잔상으로 음의 잔상, 소극적 잔상이라고도 한다. 수술 도중 청록색이 아른거리는 것은 망막에 주어진 색이 원래 색상과의 보색관계로 나타난 것이다.

정답 62 ④ 63 ④ 64 ② 65 ② 66 ④ 67 ③

68 인간의 눈에서 색을 식별하는 추상체가 밀집되어 있는 부분은?

① 중심와 ② 맹 점
③ 시신경 ④ 광수용기

해설
중심와(황반)는 시세포가 밀집해 있어 가장 선명한 상이 맺히는 부분이다. 추상체는 망막의 중심와에 밀집되어 있으며, 밝은 부분과 색상을 인식한다.

69 어떤 물건의 무게가 가볍게 보이도록 색을 조정하려 할 때 가장 적합한 방법은?

① 채도를 높인다.
② 진출색을 사용한다.
③ 명도를 높인다.
④ 채도를 낮춘다.

해설
색의 중량감과 무게감은 명도의 영향이 가장 크다. 고명도는 가벼운 느낌이 들고 저명도는 무거운 느낌이 든다.

70 헤링의 색채지각설에서 제시하는 기본색은?

① 빨강, 남색, 노랑, 청록의 4원색
② 빨강, 초록, 파랑의 3원색
③ 빨강, 초록, 노랑, 파랑의 4원색
④ 빨강, 노랑, 파랑의 3원색

해설
헤링은 망막에 하양-검정 물질, 빨강-초록 물질, 노랑-파랑 물질이라는 세 가지 구성요소가 있다고 가정하였다. 각각의 물질은 빛에 따라 동화(합성)와 이화(분해)라고 하는 반대 대응이 동시에 일어나 비율에 따라서 여러 가지 색이 지각된다고 주장하였다. 이는 심리적 보색 개념으로 반대색설이라고도 한다.

71 빛의 3원색에 대한 설명으로 옳은 것은?

① 마젠타, 파랑, 노랑
② 빨강, 노랑, 녹색
③ 3원색을 혼합했을 때 흰색이 됨
④ 섞을수록 채도가 높아짐

해설
가법혼색은 빛의 혼합으로 빛의 3원색인 빨강, 초록, 파랑을 혼합하기 때문에 섞으면 섞을수록 밝아진다.

72 자극의 세기와 시감각의 관계에서 자극이 강할수록 시감각의 반응도 크고 빠르므로 장파장이 단파장보다 빠르게 반응한다는 현상(효과)은?

① 색음(色陰)현상
② 푸르킨예 현상
③ 브로커 슐처 현상
④ 헌트효과

해설
③ 브로커 슐처 현상 : 자극이 강할수록 시감각의 반응도 크고 빨라지는 현상을 말한다.
① 색음현상 : 어떤 빛을 물체에 비췄을 때 빛의 반대 색상이 그림자로 지각되는 현상으로 작은 면적의 회색이 채도가 높은 유채색으로 둘러싸일 때 유채색인 보색 색상을 띠는 현상이다.
② 푸르킨예 현상 : 명소시에서 암소시로 갑자기 이동할 때 빨간색은 어둡게, 파란색은 밝게 보이는 것을 말한다.
④ 헌트효과 : 밝기가 높을수록 색의 포화도(채도)가 증가하는 현상을 말한다.

73 다음 설명과 관련이 없는 것은?

흑과 백의 병치가법혼색에서는 흑과 백의 평균된 회색으로 보이지만, 흑백이지만 연한 유채색이 보이는 현상

① 페히너의 색(Fechner's Comma)
② 주관색(Subjective Colors)
③ 벤함의 탑(Benham's Top)
④ 리프만 효과(Liebmann's Effect)

해설
리프만 효과는 색상 차이가 커도 명도 차이가 작으면 두 색의 경계가 모호해져 명시성이 떨어져 보이는 현상을 말한다. 문제의 설명은 주관색에 대한 것으로 객관적으로는 무채색이나, 시간이나 빛의 세기에 의해 유채색으로 느껴지는 것을 말한다. 페히너의 벤함효과라고도 하는데, 검은색과 흰색의 원판을 회전시키면 유채색이 아른거리는 현상으로 색채지각의 착시에서 오는 심리작용이다. 흑백으로 그려진 팽이를 돌리거나 방송 주파수가 없는 TV 채널에서 연한 유채색의 색상이 보이는 것처럼 느껴지는 현상이다.

68 ① 69 ③ 70 ③ 71 ③ 72 ③ 73 ④ 정답

74 노란색 물체를 바라본 후 흰색의 벽을 보았을 때 남색으로 물체를 인지하게 된다. 이러한 현상을 최소화하기 위한 예로 옳은 것은?

① 노란색의 방향 유도등
② 청록색의 의사 수술복
③ 초록색의 비상계단 픽토그램
④ 빨간색과 청록색의 체크무늬 셔츠

해설
부의 잔상은 원래 감각과 반대되는 밝기나 색상을 띤 잔상으로 음성잔상, 소극적 잔상이라고도 한다. 수술 도중 청록색이 아른거리는 것도 이 때문인데, 청록과 노랑의 보색인 빨강과 파랑이 아른거리게 되는 것이다.

75 두 색의 조합 중 본래의 색보다 채도가 높아 보이는 경우는?

① 5R 5/2 – 5R 5/12
② 5BG 5/8 – 5R 5/12
③ 5Y 5/6 – 5YR 5/6
④ 5Y 7/2 – 5Y 2/2

해설
먼셀의 표기법 H V/C에서 H는 색상, V는 명도, C는 채도를 의미한다. 채도가 높아 보이는 경우는 채도차가 많이 나거나 색상차가 많이 나는 경우이다.
② 보색인 경우 채도차가 가장 많이 난다.

76 색의 중량감과 가장 관계가 깊은 것은?

① 색 상
② 명 도
③ 채 도
④ 순 도

해설
중량감에 가장 큰 영향을 미치는 것은 명도이다.

77 경영색에 대한 설명으로 옳은 것은?

① 거울과 같이 불투명한 물질의 광택면에 비친 대상물의 색
② 부드럽고 미적인 상태를 나타내는 색
③ 투명하거나 반투명 상태의 색
④ 여러 조명기구의 광원에서 보이는 색

해설
경영색은 거울면이 가진 고유의 색이 지각되고 거울면에 비친 대상물이 그 거울면에서 지각되는 경우, 색 거울과 같은 불투명한 물질의 광면에 비친 대상물의 색으로 물체의 표면에 나타나는 완전 반사에 가까운 색을 말한다.

78 보색에 관한 설명 중 틀린 것은?

① 색상환에서 가장 거리가 먼 색은 보색관계에 있다.
② 서로 혼합하여 무채색이 되는 2가지 색채는 보색관계에 있다.
③ 색료 3원색의 2차색은 그 색에 포함되지 않은 원색과 보색관계에 색이 있다.
④ 감산혼합에서 보색인 두 색을 혼합하면 백색이 된다.

해설
감산혼합에서 보색인 두 색을 혼합하면 흑색이 된다.

79 연극무대 색채디자인 시 가장 원근감을 줄 수 있는 배경색/물체색은?

① 녹색/연파랑
② 마젠타/연분홍
③ 회남색/노랑
④ 검정/보라

해설
원근감을 주기 위해서는 색상, 명도, 채도의 대비를 크게 주면 된다. ①, ②는 유사색상이며 ④는 명도가 비슷하다.

정답 74 ② 75 ② 76 ② 77 ① 78 ④ 79 ③

80 **빨강, 노랑, 초록, 파랑의 원색을 4등분하여 회전판 위에 배열시킨 뒤 1분에 3천회 이상의 속도로 회전시켰을 때 나타나는 현상과 관련이 없는 것은?**

① 회전속도가 빠를수록 무채색처럼 보인다.
② 눈의 망막에서 일어나는 생리적인 혼색방법이다.
③ 혼색된 색의 밝기는 4원색의 평균값으로 나타난다.
④ 색자극들이 교체되면서 혼합되어 계시감법혼색이라 한다.

해설
④ 색자극들이 교체되면서 혼합되어 동시가법혼색이라 한다.
회전혼합은 두 가지 색의 색표를 회전원판 위에 적당한 비례의 넓이로 붙여 빠른 속도로 회전시키면 원판 면이 혼색되어 보이는 혼합을 말한다. 혼색된 결과는 밝기와 색에 있어서 원래 각 색 지각의 평균값이 된다.

제5과목 색채체계론

81 **CIE(국제조명위원회)에 의해 개발된 XYZ 색표계에 관한 설명으로 틀린 것은?**

① CIE에서는 색채를 X, Y, Z의 세 가지 자극치의 값으로 나타냈다.
② XYZ 3자극치 값의 개념은 색 시각의 3원색이론(3 Component Theory)을 기본으로 한다.
③ XYZ 색표계는 측색에서 가장 기본적인 표색계로 3자극값 XYZ에서 다른 표색계로 수치계산에 의해 변환할 수 있다.
④ X는 녹색의 자극치로 명도값을 나타내고, Y는 빨간색의 자극치, Z는 파란색의 자극치를 나타낸다.

해설
CIE XYZ란 빛의 조합으로 만들어지는 모든 색과 눈에서 감지되는 색이 동일해지는 지점을 등색함수로 수치화시킨 자극값을 말한다. 이 3자극치 개념은 색 시각의 3원색 이론을 기본으로 한다. 3자극치는 색채학에서 가상으로 설정된 색이지만, 주로 X는 빨강과 관련된 양, Y는 초록과 관련된 양, Z는 파랑과 관련된 양이다.

82 **색의 잔상들이 색의 실제 이미지를 더 뚜렷하고 선명하게 보이게 하는 배색방법은?**

① 보색에 의한 배색
② 톤에 의한 배색
③ 명도에 의한 배색
④ 유사색상에 의한 배색

해설
- 보색대비에 따른 조화 : 색상환에서 거리가 먼 보색끼리의 조합에서 생기는 조화를 말한다.
- 인접 보색대비에 따른 조화 : 어떤 색을 기준으로 그 색과 보색인 색의 이웃해 있는 색을 배색했을 때 얻게 되는 조화로, 보다 격조있는 효과를 얻을 수 있다.

83 **NCS 색체계의 설명 중 틀린 것은?**

① NCS 색체계의 기본 개념은 헤링(Edwald Hering)의 색에 대한 감정의 자연적 시스템에 연유한다.
② NCS 색체계의 창시자는 하드(Anders Hard)이고, 법적 권한은 스웨덴 표준연구소에 있다.
③ NCS 색체계는 흰색, 검은색, 노랑, 빨강, 파랑, 녹색의 6가지 기본색을 기초로 한다.
④ NCS 색체계는 보편적인 자연색이 아니고, 유행색이 변하는 Trend Color에 중점을 둔다.

해설
NCS 색체계는 스웨덴의 국가규격으로서, 기본 개념은 1874년 독일의 생리학자인 헤링(Ewald Hering)이 저술한 '색에 대한 감정의 자연적 시스템'을 채택하였다. 그동안 많은 건축가와 디자이너들이 색채 사용방법과 전달방법을 발전시켰는데, 현재의 NCS 시스템은 1946년 창립된 색채연구소에서 사용 중인 NCS 시스템의 권한을 가지고 있고, 유럽을 비롯한 세계의 여러 나라에서 사용되고 있다. 오늘날 먼셀과 더불어 색을 표시하는 데 가장 많이 사용하는 표색계 중 하나로, 오스트발트 색체계와 기초 이론은 같으나 오스트발트가 회전표색에 기반을 둔 반면, NCS는 안료, 도료의 혼합을 기반으로 하고 있다.

80 ④ 81 ④ 82 ① 83 ④ 정답

84 12색상환을 기본으로 2색, 3색, 4색, 5색, 6색 조화를 주장한 사람은?

① 문-스펜서 ② 요하네스 이텐
③ 오스트발트 ④ 먼 셀

해설
요하네스 이텐(Johannes Itten)은 12색상환을 기본으로 등거리 2색, 3색, 4색, 5색, 6색 조화의 이론을 발표하였다.

85 국제조명위원회의 CIE 표준 색체계의 설명으로 틀린 것은?

① 표준관측자의 시감함수를 바탕으로 한다.
② 색을 과학적으로 객관성 있게 지시하려는 경우 정확하고 적절하다.
③ 감법혼색의 원리를 적용하므로 주파장을 가지는 색만 표시할 수 있다.
④ CIE 색도도 내의 임의의 세 점을 잇는 삼각형 속에는 세 점의 색을 혼합하여 생기는 모든 색이 들어 있다.

해설
국제조명위원회는 빛에 관한 표준과 규정에 대한 지침을 목적으로 하는 국제기관으로서, 현재 오스트리아 비엔나에 본부를 두고 있다. CIE 색체계는 감각적이고 추상적인 빛의 속성을 객관적으로 표준화한 시스템으로, XYZ 또는 3자극치를 이용한다. 이는 맥스웰의 빛의 3원색인 RGB를 이용하여 가상의 색과 똑같은 색이 되는 지점에서 나타나는 출력량의 등색함수를 계산한 수치이다. 표준광원 A, C, D_{65} 아래에서 2° 시야를 기준으로 한 RGB, XYZ, Yxy 색체계가 있고, 10° 시야를 적용한 CIE LUV, CIE LAB 등이 있다. 이 색체계들은 색채를 설계하고 관리할 수 있다는 장점을 지닌다.

86 KS A 0011(물체색의 색이름)의 유채색의 기본색이름 - 대응 영어 - 약호의 연결이 틀린 것은?

① 주황 – Orange – O
② 연두 – Green Yellow – GY
③ 남색(남) – Purple Blue – PB
④ 자주(자) – Red Purple – RP

해설
① 주황 – Yellow Red – YR

87 다음 중 색채표준 방법이 나머지와 다른 것은?

① RGB 색체계
② XYZ 색체계
③ CIE L*a*b* 색체계
④ NCS 색체계

해설
NCS에서는 색을 '흑색량, 순색량 - 색상의 기호'로 표기한다.

88 오방색의 연결이 틀린 것은?

① 동쪽 – 청
② 남쪽 – 백
③ 북쪽 – 흑
④ 중앙 – 황

해설
남쪽은 적색이다.

89 파버 비렌의 색채조화론에 대한 설명이 틀린 것은?

① 색채의 미적 효과를 나타나는 데 톤(Tone), 하양, 검정, 회색, 순색, 틴트(Tint), 셰이드(Shade)의 용어를 사용한다.
② 비렌은 다빈치, 렘브란트 등 화가의 훌륭한 배색 원리를 찾아 자신의 색 삼각형에서 보여 주었다.
③ 헤링의 이론을 기초로 제작되었으며, 이들 형태에 쉽게 접근하기 위해 창안된 것이 ISCC-NIST 시스템이다.
④ 색채조화의 원리가 색 삼각형 내에 있음을 보여 주고 그 원리를 항상 '직선관계는 조화한다'고 하였다.

정답 84 ② 85 ③ 86 ① 87 ④ 88 ② 89 ③

해설
파버 비렌은 오스트발트 색체계를 수용하여 1940년부터 1970년대까지 색채에 관한 많은 이론과 자료를 발표하였다. 특히 그는 색채는 기계와는 달리 심리적, 정신적 반응에 지배된다는 이론을 바탕으로 색 삼각형(Color Triangle)을 작도하였다. 파버 비렌의 색 삼각형은 순색, 하양, 검정의 기본 3색을 결합한 4개의 색조군인데, 그는 이를 통해 하양과 검정이 합쳐진 회색조(Gray), 순색과 하양이 합쳐진 밝은 명색조(Tint), 순색과 검정이 합쳐진 어두운 암색조(Shade), 순색과 하양 그리고 검정이 합쳐진 톤(Tone) 등 7개 범주에 의한 조화이론을 제시하였다.

90 L*C*h 색공간에 대한 설명이 틀린 것은?

① L*은 L*a*b*와 마찬가지로 명도를 나타낸다.
② C*는 크로마이고, h는 색상각이다.
③ C*값은 중앙에서 0이고 중앙에서 멀어질수록 커진다.
④ h는 +b*축에서 출발하는 것으로 정의하여 그곳을 0°로 정한다.

해설
h는 +b*축에서 출발하는 것으로 정의하여 그곳을 90°로 정한다.

91 먼셀의 색채조화 원리에 대한 설명이 틀린 것은?

① 중간 채도(/5)의 반대색끼리는 같은 면적으로 배색하면 조화롭다.
② 중간 명도(5/)의 채도가 다른 반대색끼리는 고채도는 좁게, 저채도는 넓게 배색하면 조화롭다.
③ 채도가 같고 명도가 다른 반대색끼리는 명도의 단계를 일정하게 조절하면 조화롭다.
④ 명도, 채도가 모두 다른 반대색끼리는 고명도・고채도는 넓게, 저명도・저채도는 좁게 구성한 배색은 조화롭다.

해설
먼셀의 조화이론
- 일정한 간격으로 선택된 무채색 계열은 조화되고, 특히 기조 또는 중심점으로서의 N5의 균형 포인트를 가지는 색들은 조화된다.
- 동일 색상에서 명도와 채도의 간격이 고른 색들의 조합은 조화되며 특히 그 균형점으로 N5가 바람직하다.
- 채도가 동일하고 색상이 반대색일 경우에는 N5에 연속성이 있고 이 경우 같은 면적으로 배색하면 조화롭다.
- 명도가 같고 채도가 다른 반대색인 경우 저채도의 색은 넓은 면적으로, 고채도의 색은 좁은 면적으로 배색하면 조화롭다. 예를 들어 Y 3/10과 PB 3/2의 경우 면적을 1 : 2로 하면 조화롭다.

92 먼셀 표기인 "10YR 8/12"의 색에 대한 설명으로 옳은 것은?

① 명도가 12를 나타낸다.
② 명도가 10보다 밝은색이다.
③ 채도가 10인 색보다 색의 순도가 높은 색이다.
④ 채도는 10이다.

해설
먼셀의 색 표기는 '색상 명도/채도'의 순서를 나타내는 H V/C로 한다.

93 로맨틱(Romantic)한 이미지를 표현하기에 적합한 배색은?

① 중성화된 다양한 갈색 계열에 무채색으로 변화를 준다.
② 어둡고 무거운 색조와 화려한 색조의 다양한 색조들로 보색대비를 한다.
③ 차분한 색조의 주조색과 약간 어두운색의 보조색을 사용한다.
④ 밝은 색조를 주조색으로 하고, 차분한 색조를 보조색으로 한다.

해설
로맨틱한 이미지를 표현하기 위해서는 색상보다는 명도에 유의하여야 한다. 로맨틱한 이미지는 고명도일 때 효과적으로 드러나며, 저채도인 경우가 좋다. 배색을 할 때는 반대 색조보다는 톤온톤 배색이나 톤인톤 배색이 좋고, 차분한 색조를 보조색과 주조색으로 사용하는 것이 로맨틱한 느낌을 연출하기에 좋다.

90 ④ 91 ④ 92 ③ 93 ④ 정답

94 관용색이름, 계통색이름, 색의 3속성에 의한 표시가 틀린 것은?

① 벚꽃색 – 흰 분홍 – 2.5R 9/2
② 대추색 – 빨간 갈색 – 10R 3/10
③ 커피색 – 탁한 갈색 – 7.5YR 3/4
④ 청포도색 – 흐린 초록 – 7.5G 8/6

해설
청포도색은 연두색이며 5GY 7/10이다.

95 먼셀 색체계의 설명으로 옳은 것은?

① 무채색은 H V/C의 순서로 표기한다.
② 헤링의 반대색설에 따라 색상환을 구성하였다.
③ 색의 3속성에 의한 표시방법으로 한국산업표준(KS A 0062)에 채택되었다.
④ 흰색, 검은색과 순색의 혼합에 의해 물체색을 체계화하였다.

해설
먼셀 색체계는 미국의 화가이자 색채연구가였던 먼셀에 의해 1905년 창안되었다. 그 후 1940년 미국 광학회에서 먼셀 색체계를 수정하여 발표하였는데, 현재 수성 먼셀 색체계는 국제적으로 널리 이용되며 한국 KS에서도 채택하여 사용되고 있다.

96 다음 중 혼색계에 대한 설명으로 틀린 것은?

① 색편 사이의 간격이 넓어 정밀한 색좌표를 구하기가 어렵다.
② 수학, 광학, 반사, 광택 등 산업규격에 의하여야 하는 단점이 있다.
③ 수치적인 데이터 값을 보존하기 때문에 변색 및 탈색 등의 물리적인 영향이 없다.
④ 수치로 구성되는 기기가 반드시 있어야 한다.

해설
혼색계는 빛의 3원색 혼합관계를 객관화한 시스템으로서 객관적인 측면이 강하다. 대표적인 표색계인 CIE의 경우 심리, 물리적인 빛의 혼합실험에 기초를 둔 것으로 정확한 수치 개념에 입각한다. 하지만 이 점 때문에 색을 감각적으로 가늠하기 힘들고 지각적 등보성이 없다는 단점이 있다. 반면, 빛의 자극치를 수치화시켜 표현하므로 색편 사이의 간격이 현색계 시스템보다 조밀하여 보다 정확한 색좌표를 구할 수 있다. 이러한 장점 때문에 측색학의 영역에서 조색 및 검사 중에 적합한 오차를 적용할 수 있어 중시된다.

97 DIN 색체계에서 어두움의 정도에 해당하는 것은?

① T
② S
③ D
④ R

해설
DIN 색체계는 1955년에 오스트발트 색체계의 결함을 보완, 개량하여 발전시킨 현색계로서 산업의 발전과 규격의 통일을 위해 독일의 공업규격으로 제정된 색체계이다. 이상적인 흰색을 D = 0으로, 이상적인 검정을 D = 10으로 하여 색표에서는 1~8까지 재현한다.

98 다음 오스트발트 색표배열은 어떤 조화의 유형인가?

c – gc – ic, ec – ic – nc

① 유채색과 무채색의 조화
② 순색과 백색의 조화
③ 등흑계열의 조화
④ 순색과 흑색의 조화

해설
등흑계열의 조화로, 단일 색상면에서 동일한 흑색량의 색채를 일정한 간격으로 나열한 형태이다.

정답 94 ④ 95 ③ 96 ① 97 ③ 98 ③

99 그림의 NCS 색 삼각형의 사선이 의미하는 것은?

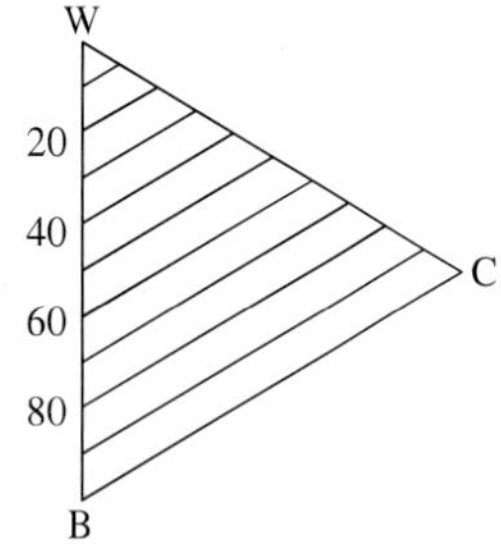

① 동일하얀색도
② 동일검은색도
③ 동일유채색도
④ 동일반사율

해설

NCS 색 삼각형에서 세로축은 W(하양)에서 B(검정)까지의 흑색의 양으로 총 10단계로 나누어진 회색 척도(Gray Scale)를 나타내고, 이것과 수직을 이루고 있는 평행선상에는 순색의 양이 10단계로 분할되어 있어 먼셀 표색계와 같이 순색의 정도를 나타내는 채도의 흐름이 위치한다. 따라서 삼각형의 오른쪽 꼭짓점에는 최고 채도를 나타내는 순색이 존재한다. 색 삼각형의 특징적인 점은 명도와 채도를 통합한 톤의 개념, 즉 뉘앙스(Nuance)로 색을 표시한다는 것이다.

100 "인접하는 색상의 배색은 자연계의 법칙에 합치하며 인간이 자연스럽게 느끼므로 가장 친숙한 색채조화를 이룬다."와 관련된 것은?

① 루드의 색채조화론
② 저드의 색채조화론
③ 비렌의 색채조화론
④ 슈브럴의 색채조화론

해설

루드는 자연 관찰에서 일정한 법칙을 찾아내어 황색에 가까운 것은 밝고, 먼 것은 어둡다는 색상의 자연연쇄(Natural Sequence of Hues)를 주장하였다. 즉, 같은 색이라도 빛을 받은 부분은 따뜻한 난색의 느낌으로 나타내고, 그늘진 부분은 차가운 한색의 느낌으로 색을 표현하면 조화로움이 생긴다는 원리이다. 이 이론은 후대에 저드의 조화이론에서 친근성의 원칙으로 정리되기도 하였다.

99 ① 100 ① 정답

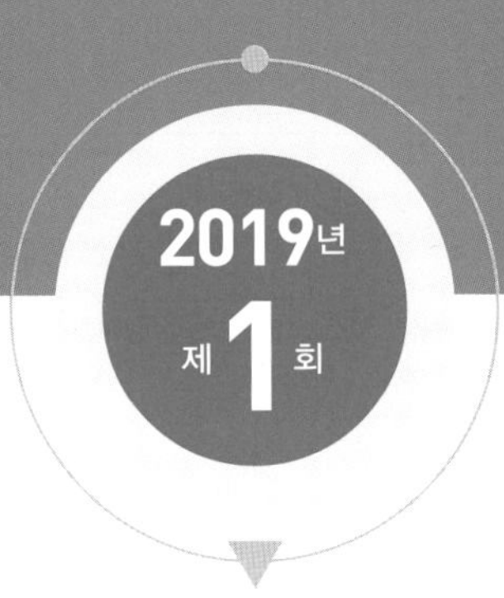

컬러리스트산업기사

과년도 기출문제

제1과목 색채심리

01 에바 헬러의 색채 이미지 연상 중 폭력, 자유분방함, 예술가, 페미니즘, 동성애의 이미지를 갖는 색채는?

① 2.5Y 5/4　② 2.5G 4/10
③ 2.5PB 4/10　④ 5P 3/10

해설
심리학자 에바 헬러의 연구 결과에 따르면, 색과 감정의 관계는 우연이나 개인적인 취향의 문제가 아니라 일생을 통해 쌓아 가는 일반적인 경험, 어린 시절부터 언어와 사고에 깊이 뿌리내린 경험의 산물이며, 색과 감정의 관계는 심리학적인 상징과 역사적인 전통에 근거를 둔다고 하였다. 폭력, 자유분방함, 예술가, 페미니즘, 동성애의 이미지를 갖는 색채는 Purple이며, 보기 중 5P 3/10이 가장 적합하다.

02 색채의 주관적 경험을 보여주는 것이 아닌 것은?

① 페히너 효과　② 기억색
③ 항상성　④ 지역색

해설
지역색은 그 지역의 특색을 말하므로 색채의 경험과는 거리가 멀다.

03 색채조절의 효과가 아닌 것은?

① 자연스럽게 일할 기분이 생긴다.
② 정리정돈과 청소가 잘된다.
③ 일의 능률이 오른다.
④ 개인적 취향을 만족시킨다.

해설
색채조절의 효과는 신체적 피로와 눈의 피로 감소, 집중력을 높이고 안전성을 추구하여 사고를 예방하는 데 있다.

04 불특정 다수의 사람들이 거주하는 생활공간인 사무실, 도서관과 같은 건축공간의 색채조절로 부적합한 것은?

① 친숙한 색채환경을 만들어 이용자가 편안하게 한다.
② 근무자의 작업 능률을 증진시킬 수 있는 색채로 조절한다.
③ 시야 내에는 색채 자극을 최소화하도록 색채 사용을 제한한다.
④ 조도와 온도감, 습도, 방의 크기 같은 물리적 환경 조건의 단점을 보완한다.

해설
색채조절은 건물이나 설비 등의 색채를 통하여 마음의 안정을 찾고 눈이나 정신의 피로를 회복시키며, 일의 능률을 향상시키고자 하는 목적을 가지고 있다. 그러나 조도와 온도감, 습도 등의 물리적 환경조건의 단점을 보완하기는 어렵다.

05 색채선호에 대한 설명 중 틀린 것은?

① 색에 대한 일반적인 선호 경향과 특정 제품에 대한 선호색은 다르다.
② 일본의 경우 자동차는 흰색을 선호하는 경향이 크다.
③ 색에 대한 일반적인 선호 경향은 성별, 연령별에 따라 다른 특성을 보인다.
④ 제품의 특성에 따라 선호되는 색채는 고정되어 있다.

해설
제품의 신소재, 디자인, 유행에 따라 선호되는 색채는 변한다.

정답 1 ④ 2 ④ 3 ④ 4 ③ 5 ④

06 색채와 소리의 조화론을 처음으로 설명한 사람은?

① 칸 트　　② 뉴 턴
③ 아인슈타인　　④ 몬드리안

해설
색을 7음계에 연계하여 설명한 사람은 뉴턴이다. 뉴턴은 분광실험을 통해 발견한 7개 영역의 색과 7음계를 빨강-도, 주황-레, 노랑-미, 녹색-파, 파랑-솔, 남색-라, 보라-시와 같이 연결시켰다.

07 다음 중 소비자가 소비행동을 할 때 제품 및 색채의 선택에 가장 많은 영향을 주는 요인은?

① 준거집단
② 대면집단
③ 트렌드세터(Trend Setter)
④ 매스미디어(Mass Media)

해설
대면집단은 개인의 취향이나 의견에 직접적 영향을 미친다.

08 색채와 촉감의 연결이 옳은 것은?

① 건조한 느낌 - 난색 계열
② 촉촉한 느낌 - 밝은 노랑, 밝은 하늘색
③ 강하고 딱딱한 느낌 - 고명도, 고채도의 색채
④ 부드러운 감촉 - 저명도, 저채도의 색채

해설
난색 계열은 햇빛을 연상하는 따뜻한 색을 의미하므로 건조한 느낌을 연상시킨다.

09 국제언어로서 활용되는 교통 및 공공시설물에 사용되는 안전을 위한 표준색으로 구급장비, 상비약, 의약품에 사용되는 상징색은?

① 빨 강　　② 노 랑
③ 파 랑　　④ 초 록

해설
④ 초록 : 안전, 안내, 유도, 진행, 비상구, 위생, 보호, 피난소, 구급장비
① 빨강 : 금지, 정지, 소방기구, 고도의 위험, 화약류의 표시
② 노랑 : 경고, 주의, 장애물, 위험물, 감전경고
③ 파랑 : 특정 행위의 지시 및 사실의 고지, 의무적 행동, 수리 중, 요주의

10 색채의 구체적 연상과 추상적 연상이 잘못 연결된 것은?

① 초록 - 풀, 초원, 산 - 안정, 평화, 청초
② 파랑 - 바다, 음료, 청순 - 즐거움, 원숙함, 사랑
③ 노랑 - 개나리, 병아리, 나비 - 명랑, 화려, 환희
④ 빨강 - 피, 불, 태양 - 정열, 공포, 흥분

해설
색체의 연상

색 명	대응 종교 및 나라	구체적 연상	추상적 연상
빨 강	기독교(헌신), 중국, 미국	우체국, 피, 불, 태양, 적기	승리, 애정, 정열, 공포, 흥분
노 랑	불교, 인도	개나리, 병아리, 나비, 레몬	즐거움, 명랑, 화려, 환희
초 록	이슬람교, 아프리카, 호주	풀, 초원, 산, 자연, 개구리	번영, 희망, 안정, 평화, 조화, 지성
파 랑	천주교(신뢰), 유럽	아침, 청량음료, 바다, 하늘	이상, 과학, 명상, 냉정, 영원

11 젊음과 희망을 상징하고 첨단기술의 이미지를 연상시키는 색채는?

① 5YR 5/6
② 2.5BG 5/10
③ 2.5PB 4/10
④ 5RP 5/6

해설
남색은 차갑고 모던하면서 첨단기술의 이미지를 연상시킨다. 색채기호로는 PB에 해당한다.

6 ② 7 ② 8 ① 9 ④ 10 ② 11 ③ **정답**

12 매슬로(Maslow)의 인간의 욕구단계에 관한 설명으로 틀린 것은?

① 자아실현 욕구 – 자아개발의 실현
② 생리적 욕구 – 배고픔, 갈증
③ 사회적 욕구 – 자존심, 인식, 지위
④ 안전 욕구 – 안전, 보호

해설
- 사회적 욕구 : 사회구성원으로서의 역할을 통해 인정받고자 하는 욕구이다.
- 존경취득 욕구 : 타인에게 인정받고 싶은 권력에 대한 욕구로 자존심, 인식, 지위 등과 관련이 있다.

13 색채와 다른 감각 간의 교류현상 중 틀린 것은?

① 색채와 음악을 일치시키기 위한 노력은 있었으나 공통의 이론으로는 발전되지 못했다.
② 색채의 촉각적 특성은 표면색채의 질감, 마감처리에 의해 그 특성이 강조 또는 반감된다.
③ 색채는 시각현상이며 색에 기반한 감각의 공유현상이다.
④ 색채와 맛에 관한 연구는 문화적·지역적 특성보다는 보편성에 기초를 두어야 한다.

해설
색채와 맛에 관한 연구는 물리적, 지역적 특성에 기초를 두어야 한다. 색채는 미각의 감정을 수반한다.

14 노란색과 철분이 많이 섞인 붉은색 암석이 성곽을 이루고 있는 곳에 위치한 리조트의 외관을 토양과 같은 YR 계열로 색채디자인을 하였다. 이때 디자이너가 가장 중점적으로 고려한 것은?

① 시인성 ② 다양성과 개성
③ 주거자의 특성 ④ 지역색

해설
지역색은 그 지역의 역사, 풍속, 지형, 기후 등의 지방색으로부터 도출된 색채이다.

15 일반적으로 차분함을 선호하는 남성용 제품에 활용하기 좋은 색은?

① 밝은 노랑
② 선명한 빨강
③ 어두운 청색
④ 파스텔 톤의 분홍색

해설
색채선호
- 남성 : 어두운 톤의 청색, 회색
- 여성 : 밝고 연한 파스텔톤
- 소아 : 노랑 – 하양 – 빨강 – 주황 – 파랑 – 녹색 – 보라 순

16 불교에서 신성시되는 종교색은?

① 빨 강 ② 파 랑
③ 노 랑 ④ 검 정

해설
- 이슬람교 : 초록색
- 불교, 힌두교 : 노란색
- 기독교 : 빨간색과 흰색
- 천주교 : 파란색
- 아프리카 국가 : 검은색

17 표본조사의 방법 중 조사대상 전체를 조사하는 대신 일부분을 조사함으로써 전체를 추측하는 조사방법은?

① 다단추출법
② 계통추출법
③ 무작위추출법
④ 등간격추출법

해설
색채 시장조사 방법
- 다단추출법 : 전국적인 규모로 조사하여 1차 추출한 후, 다시 그중에서 추출하여 조사하는 방법이다.
- 계통추출법(등간격추출법) : 지그재그 추출법이라고도 한다. 일정 간격으로 10명 또는 5명마다 조사하는 방법이다.
- 국화추출법 : 상이한 그룹으로 구성되어 있는 경우, 몇 그룹으로 분할한 후 그룹별로 추출률을 정해 조사하는 방법이다. 지역적 특성에 따라 소비자의 제품 색채선호 특성 등을 조사할 때 유리하다.

정답 12 ③ 13 ④ 14 ④ 15 ③ 16 ③ 17 ③

18 **브랜드 관리과정이 옳게 나열된 것은?**

① 브랜드 설정 → 브랜드 파워 → 브랜드 이미지 구축 → 브랜드 충성도 확립
② 브랜드 설정 → 브랜드 이미지 구축 → 브랜드 충성도 확립 → 브랜드 파워
③ 브랜드 이미지 구축 → 브랜드 파워 → 브랜드 설정 → 브랜드 충성도 확립
④ 브랜드 이미지 구축 → 브랜드 충성도 확립 → 브랜드 파워 → 브랜드 설정

해설
브랜드 관리과정 : 브랜드 설정 → 브랜드 이미지 구축 → 브랜드 충성도 확립 → 브랜드 파워

19 **색채의 사용에 있어서 색채의 기능성과 관련되어 적용된 경우는?**

① 우리나라 국기의 검은색
② 공장 내부의 연한 파란색
③ 커피 전문점의 초록색
④ 공군 비행사의 빨간 목도리

해설
색채의 기능성은 생활이나 작업의 능률이 향상되어 생산력을 높이는 것이다. 즉, 공장 내부의 연한 파란색은 공간의 쾌적함과 안정감으로 작업의 능률 향상에 도움을 준다. 그 외 보기는 색채의 상징에 해당된다.

20 **색채치료에 대한 설명 중 틀린 것은?**

① 빨강은 감각신경을 자극하여 시각, 후각, 청각, 미각, 촉각 등에 도움을 주고 혈액순환을 촉진시키고 뇌척수액을 자극하여 교감신경계를 활성화한다.
② 주황은 갑상선 기능을 자극하고 부갑상선 기능을 저하시키며 폐를 확장시키며 근육의 경련을 진정시키는 데 효과가 있다.
③ 초록은 방부제 성질을 갖고 근육과 혈관을 축소하며, 긴장감을 주는 균형과 조화의 색이다.
④ 보라는 정신질환의 증상을 완화시킬 뿐만 아니라 감수성을 조절하고 배고픔을 덜 느끼게 해 준다.

해설
초록은 피로 치유, 고통 및 긴장완화, 정신질환 및 불면증 치료에 효과적이다. 근육과 혈관을 축소하며 긴장감을 주는 것은 빨강, 균형과 조화의 색은 파랑에 대한 설명이다.

제2과목 색채디자인

21 **건축가 르 코르뷔지에(Le Corbusier)와 루이스 설리번(Louis Sullivan)이 강조한 현대 디자인의 사상적 배경에 해당하는 것은?**

① 심미주의 ② 절충주의
③ 기능주의 ④ 복합표현주의

해설
기능주의 : 건축이나 공예에 있어서 그 용도 및 목적에 적합한 디자인을 취한다면 그 조형의 미는 스스로 갖추어진다는 사고방식을 의미한다. 기능주의 개념의 모태를 이루는 실용성 또는 합목적성의 개념은 19세기 초반의 고전주의 건축가 싱켈(Schinkel) 등의 사상에서 싹트기 시작했다.

22 **산업 디자인에 있어서 기능성의 4가지 조건이 아닌 것은?**

① 물리적 기능 ② 생리적 기능
③ 심리적 기능 ④ 심미적 기능

해설
산업 디자인의 기능성으로 물리적 기능, 생리적 기능, 심리적 기능이 있으며, 심미적 기능은 거리가 멀다.

23 **디자인의 라틴어 어원인 데시그나레(Designare)의 의미와 관련이 없는 것은?**

① 지시한다. ② 계획을 세운다.
③ 스케치한다. ④ 본을 뜨다.

18 ② 19 ② 20 ③ 21 ③ 22 ④ 23 ④ 정답

해설
디자인(Design)의 어원인 라틴어 데시그나레(Designare)는 지시하다, 계획하다, 스케치하다의 의미를 가지고 있다.

24 다음에서 설명하는 디자인 사조는?

> 대중문화 속에 등장하는 이미지를 미술로 수용한 사조로, 대중예술 매개체의 유행에 대하여 새로운 태도로 언급된 명칭이다. 미국적 물질주의 문화의 반영이며, 그 근본적 태도에 있어서 당시의 물질문명에 대한 낙관적 분위기와 깊이 연결되어 있다.

① 옵티컬 아트 ② 팝아트
③ 아르데코 ④ 데 스테일

해설
팝아트는 파퓰러 아트(Popular Art, 대중예술)를 줄인 말로서, 1960년대 뉴욕을 중심으로 일어난 미술의 한 경향을 가리킨다. 그 발단은 매스미디어에 주목한 1950년 초 리차드 해밀턴 등의 영국 작가였으나, 반예술적인 지향 아래 신문의 만화, 상업 디자인, 영화의 스틸(Still), TV 등 대중사회에 있어서 매스미디어의 이미지를 적극적으로 주제로 삼은 것은 뉴욕의 팝 아티스트들이다.

25 주위를 환기시킬 때, 단조로움을 덜거나 규칙성을 깨뜨릴 때, 관심의 초점을 만들거나 움직이는 효과와 흥분을 만들 때 이용하면 효과적인 디자인 요소는?

① 강 조 ② 반 복
③ 리 듬 ④ 대 비

해설
강조는 주위를 환기시키고, 단조로움을 덜며, 규칙성을 깨뜨릴 때, 관심의 초점을 만들 때 사용하면 좋은 디자인 요소이다.

26 기계, 기술의 발달을 비판한 미술공예운동을 주장한 사람은?

① 헤르만 무테지우스(Hermann Muthesius)
② 윌리엄 모리스(William Morris)
③ 앙리 반데벨데(Henry van de velde)
④ 구텐베르크(Johannes Gutenberg)

해설
윌리엄 모리스(William Morris)는 디자인이라는 분야의 기초를 다진 인물로, 산업혁명 이후 기계로 생산하는 제품들이 늘어나자 1861년 모든 생활용품을 예술가의 손으로 아름답게 만들어 저렴하게 판매하겠다는 취지로 미술공예운동을 이끌었다.

27 기업의 이미지를 극대화하기 위한 CI(Corporate Identity) 색채계획 시 필수적 고려사항이 아닌 것은?

① 기업의 이념
② 이미지의 일관성
③ 소재 적용의 용이성
④ 유사 기업과의 동질성

해설
CI(Corporate Identity)는 기업 이미지 통합, 기업분화 등을 말하는데, CI는 기업의 사회에 대한 사명, 역할, 비전 등을 명확히 하여 기업 이미지나 행동을 하나로 통일시키는 역할을 한다. 사외적으로는 동일 회사의 것인가 아닌가를 상대에게 식별시키고 사내적으로는 기업의 존재 의의를 인식시키는 것이 목적이다. 그러므로 주조색 선정 시 현재의 기업 이미지를 탈피하여(기존에 사용되었던 색은 고려하지 않음) 기업만의 이상적 이미지 확립을 위해 고도의 전략적(색채재현이 특별한 색을 선정) 판단을 해야 한다.

28 굿 디자인(Good Design) 운동의 근본적 배경을 "제품의 선택이 곧 생활양식의 선택"이라고 주장한 사람은?

① 루이지 콜라니(Luigi Colani)
② 그레고르 파울손(Gregor Paulsson)
③ 윌리엄 고든(William J. Gordon)
④ A. F. 오스본(A. F. Osborn)

해설
굿 디자인 운동의 근본적 배경을 '제품의 선택이 곧 생활양식의 선택'이라고 주장한 사람은 그레고르 파울손이다. 그는 저서 '보다 아름다운 일상용품'에서 산업 디자인의 방향을 제시하였다. 굿 디자인의 기준은 시대에 따라 다소 다르며 초기의 무장식, 심플한 것부터 따뜻한 인간적 감촉을 주는 것에 이르기까지 폭이 넓어지고 있다.
① 루이지 콜라니 : 바이오 디자인(Bio Design)으로 평가받는 사람으로, 인간과 기계의 이상적인 합일을 추구한다.
③ 윌리엄 고든 : 창조적 아이디어 발상법인 시네틱스법을 고안하였다.
④ A. F. 오스본 미국 광고 경영자이자 브레인스토밍이라는 창의성 기술의 저자이다.

정답 24 ② 25 ① 26 ② 27 ④ 28 ②

29 다음 중 마른 체형을 보완하기 위한 가장 효과적인 색채는?

① 5Y 7/3
② 5B 5/4
③ 5PB 4/5
④ 5P 3/6

해설
마른 체형을 보완하기 위해 팽창되어 보이는 색을 입어야 한다. 명도가 높거나 채도가 높은 색, 한색보다는 난색이 팽창되어 보인다. 5Y 7/3의 5Y는 노랑을 의미하며 명도가 7이므로 밝은색을 의미한다.

30 컬러 플래닝 프로세스가 옳게 나열된 것은?

① 기획 - 색채설계 - 색채관리 - 색채계획
② 기획 - 색채계획 - 색채설계 - 색채관리
③ 기획 - 색채관리 - 색채계획 - 색채설계
④ 기획 - 색채설계 - 색채계획 - 색채관리

해설
색채계획 프로세스는 일반적으로 조사 및 기획 → 색채계획 및 설계 → 색채관리의 3단계로 진행된다.

31 다음의 ( )에 공통적으로 들어갈 내용은?

휴대전화를 중심으로 새로 등장한 기술 현상이 ( )이다. 여러 가지 디지털 기술이 하나의 제품 안에 통합되는 현상을 ( )라고 한다.

① 쌍방향 커뮤니케이션(Two-way Communication)
② 인터랙션 디자인(Interaction Design)
③ 디지털 컨버전스(Digital Convergence)
④ 위지윅(WYSIWYG)

해설
휴대전화를 중심으로 새로 등장한 기술 현상이 디지털 컨버전스(Digital Convergence)이다. 디지털 컨버전스는 디지털 융합이라는 뜻으로, 하나의 기기와 서비스에 모든 정보통신기술을 묶은 새로운 형태의 융합 상품을 말한다.

32 굿 디자인(Good Design)의 조건으로 반드시 필요하다고 볼 수 없는 것은?

① 경제성과 독창성
② 주목성과 일관성
③ 심미성과 질서성
④ 합목적성과 효율성

해설
굿 디자인 : 사용하기 쉽고 아름다운 제품의 디자인으로, 조건은 시대에 따라 다소 다르며 초기의 무장식, 심플한 것부터 따뜻한 인간적 감촉을 주는 것에 이르기까지 폭이 넓어지고 있다. 조건으로는 심미성, 합목적성, 경제성 등이 있다.

33 각 요소들이 같은 방향으로 운동을 계속하는 경향과 관련한 게슈탈트 그루핑 법칙은?

① 근접성
② 유사성
③ 연속성
④ 폐쇄성

해설
게슈탈트 형태 지각심리
- 연속성 : 유사한 배열이 하나의 묶음으로 시각적 이미지의 연속장면처럼 보이는 착시현상
- 접근성 : 근접한 것끼리 짝지어져 보이는 착시현상
- 유사성 : 형태, 규모, 색, 질감 등에 있어서 유사한 시각적 요소들이 연관되어 보이는 착시현상
- 폐쇄성 : 시각적 요소들이 어떤 형상으로 허용되어 보이는 착시현상

34 색채계획 과정에서 컬러 이미지의 계획능력, 컬러 컨설턴트의 능력은 어느 단계에서 요구되는가?

① 색채환경 분석
② 색채심리 분석
③ 색채전달 계획
④ 디자인에 적용

해설
색채계획은 색채환경 분석 → 색채심리 분석 → 색채전달 계획 → 색채디자인 적용단계로 이루어져 있다. 컬러 이미지의 계획능력, 컬러 컨설턴트의 능력은 색채전달 계획단계에서 요구된다.

정답: 29 ① 30 ② 31 ③ 32 ② 33 ③ 34 ③

35 **실내 디자인 색채계획 시 검토대상에 해당되지 않는 것은?**

① 적합한 조도
② 색 면의 비례
③ 인간의 심리상태
④ 소재의 다양성

해설
색채계획 시 검토대상은 적합한 조도, 색 면의 비례, 인간의 심리상태 등이다.

36 **다음 ( )에 가장 적절한 말은?**

> 디자인은 언제나 디자이너의 창의적인 디자인 감각에 의하여 새롭게 탄생하는 ( )을 생명으로 새로운 가치를 추구하는 것이어야 한다.

① 예술성 ② 목적성
③ 창조성 ④ 사회성

해설
창조성은 생명으로 새로운 가치를 추구하는 디자인 활동을 말하며, 디자이너의 창조성은 주어진 정보와 새로운 지식과 경험을 바탕으로 상상력을 결합시켜 새로운 디자인을 개발하는 것이다.

37 **최소한의 예술이라고 하는 미니멀리즘의 색채 경향이 아닌 것은?**

① 개성적 성격, 극단적 간결성, 기계적 엄밀성을 표현
② 통합되고 단순한 색채 사용
③ 시각적 원근감을 도입한 일루전(Illusion) 효과 강조
④ 순수한 색조대비와 비교적 개성 없는 색채 도입

해설
미니멀리즘은 최소한의 요소를 사용하여 대상의 본질을 표현하는 문화사조이다. 최소한도의, 최소의, 극미의라는 뜻의 미니멀(Minimal)과 주의라는 뜻의 이즘(Ism)을 결합한 미니멀리즘(Minimalism)이라는 용어는 1960년대부터 쓰이기 시작했다.

38 **컬러 플래닝의 계획단계에서 조사항목이 아닌 것은?**

① 문헌조사 ② 앙케이트 조사
③ 측색조사 ④ 컬러 조색

해설
컬러 플래닝 계획단계의 조사항목은 문헌조사, 앙케이트 조사, 측색조사 등이다.

39 **품평할 목적으로 제작되는 것으로, 완성 예상 실물과 흡사하게 만드는 데 중점을 두는 모델은?**

① 아이소타입 모델
② 프로토타입 모델
③ 프레젠테이션 모델
④ 러프 모델

해설
고객과 단계별로 디자이너의 의도를 전달하기 위해 프레젠테이션 과정을 거쳐야 한다. 고객의 이해를 돕기 위하여 언어, 시각적 방법이 함께 이루어지는데, 시각적 방법으로 프레젠테이션 모델이 있다.

40 **비례에 대한 설명으로 틀린 것은?**

① 비례를 구성에 이용하여 훌륭한 형태를 만든 예로는 밀로의 비너스, 파르테논 신전 등이 있다.
② 황금비는 어떤 선을 2등분하여 작은 부분과 큰 부분의 비를, 큰 부분과 전체의 비와 같게 한 분할이다.
③ 비례는 기능과도 밀접하여, 자연 가운데 훌륭한 기능을 가지고 있는 것의 형태는 좋은 비례양식을 가진다.
④ 등차수열은 1 : 2 : 4 : 8 : 16 : … 과 같이 이웃하는 두 항의 비가 일정한 수열에 의한 비례이다.

해설
비례는 두 양이 서로 일정 비율로 증가하거나 감소하는 관계이다. 이상적인 비례인 황금비율(Golden Ratio)은 고대 그리스인에 의하여 발견되었으며, 이후 유럽에서 가장 조화적이며 아름다운 비례(Proportion)로 간주되었다. 신전과 예술품을 만들 때 황금분할을 적용하여 조화와 안정감을 나타내기도 했다.

정답 35 ④ 36 ③ 37 ③ 38 ④ 39 ③ 40 ④

제3과목 색채관리

41 파장의 단위가 아닌 것은?

① nm ② mk
③ Å ④ μm

해설
② mk : 열전도율의 SI 단위는 W/(m · K)이다.
① nm : 미터의 십억분의 일에 해당하는 길이의 단위이다.
③ Å : 옹스트롬은 길이의 단위로 10^{-10}m 또는 0.1nm를 나타낸다.
④ μm : 마이크로미터는 미터의 백만분의 일에 해당하는 길이의 단위이다.

42 다음 중 색온도에 대한 설명이 옳은 것은?

① 색온도는 광원의 실제 온도이다.
② 높은 색온도는 붉은색 계열의 따뜻한 색에 대응된다.
③ 백열등은 6,000K 정도의 색온도를 지녔다.
④ 백열등과 같은 열광원은 흑체의 색온도로 구분한다.

해설
① 색온도는 광원 자체의 온도가 아니고, 흑체라는 가상 물체의 온도로 표시한 것이다.
② 높은 색온도는 푸른색 계열로 따뜻한 색에 대응된다.
③ 백열등은 3,200K의 색온도를 가지고 있다.

43 한국산업표준(KS)에 정의된 색에 관한 용어에 대한 설명이 틀린 것은?

① 색순응 – 명순응 상태에서 시각계가 시야의 색에 적응하는 과정 및 상태
② 휘도순응 – 시각계가 시야의 휘도에 순응하는 과정 또는 순응한 상태
③ 암순응 – 밝은 곳에서 어두운 곳으로 이동 시, 어두움에 적응하는 과정 및 상태
④ 명소시 – 정상의 눈으로 100cd/m^2의 상태에서 간상체가 활동하는 시야

해설
명소시는 정상의 눈으로 명순응된 시각의 상태이다. 몇 cd · m^{-2} 이상의 밝기 레벨에 순응할 때의 시각이다. 명순응 상태에서는 대략 추상체만이 활성화된다(KS A 0064).

44 모니터의 색채조절(Monitor Color Calibration)에 대한 설명으로 틀린 것은?

① 자연에 가까운 색채를 구현하기 위해서는 색온도를 6,500K로 설정하는 것이 바람직하다.
② 감마 조절을 통해 톤 재현 특성을 교정한다.
③ 흰색의 밝기를 조절한다.
④ 색역 매핑(Color Gamut Mapping)을 실시한다.

해설
다른 색역을 매칭시키는 일을 색역 매핑이라 한다. 예를 들어 모니터 RGB 이미지 → 종이 CMYK 출력물 또한 색역 매핑의 일종이라 할 수 있다. 컬러를 다루는 장비는 각각 고유의 색역을 가지는데 이 색역의 형태와 크기가 서로 다르기 때문에 같은 색값을 다른 기기에서 표현하게 되면 달라질 수 있다. 단순히 모니터만의 색채 조절이 아니라 모니터와 프린터 등 다른 영역끼리의 색조절을 말한다.

45 다음 중 색온도(Color Temperature)가 가장 높은 것은?

① 촛 불 ② 백열등(200W)
③ 주광색 형광등 ④ 백색 형광등

해설
색온도
- 1,600~2,300K : 해뜨기 직전, 백열전등, 촛불의 광색
- 2,500~3,000K : 가정용 텅스텐 램프
- 3,500~4,500K : 할로겐 램프, 백색 형광등
- 5,800K : 정오의 태양, 냉백색 형광등
- 6,500~6,800K : 구름이 얇고 고르게 낀 상태의 흐린 날
- 8,000K : 약간 구름이 낀 하늘, 주광색 형광등

46 다음 중 CCM과 관련이 없는 것은?

① 감법혼색
② 측정반사각
③ 흡수계수와 산란계수
④ 쿠벨카 뭉크 이론

41 ② 42 ④ 43 ④ 44 ④ 45 ③ 46 ② 정답

해설
CCM(Computer Color Matching)
CCM은 소프트웨어와 정밀 측정기기를 사용하여 색을 자동으로 배색하는 장치로 기준색에 대한 분광반사율 일치가 가능하다. 일정한 두께를 가진 발색층에서 감법혼색을 하는 경우에 성립하는 쿠벨카 뭉크 이론(Kubelka–Munk Theory)이 기본 원리로 자동배색장치에 사용된다. CCM 조색비는 $K/S = (1-R)^2/2R$[K–흡수계수, S–산란계수, R–분광반사율]이다.

47 인쇄의 종류에 대한 설명 중 틀린 것은?

① 평판인쇄는 잉크가 묻는 부분과 묻지 않는 부분이 같은 평판에 있으며 오프셋(Offset)인쇄라고도 한다.
② 등사판인쇄, 실크스크린 등은 오목판인쇄에 해당된다.
③ 볼록판인쇄는 잉크가 묻어야 할 부분이 위로 돌출되어 인쇄하는 방식으로 활판, 연판, 볼록판이 여기에 해당된다.
④ 공판인쇄는 판의 구멍을 통하여 종이, 섬유, 플라스틱 등의 표면에 인쇄잉크나 안료로 찍어내는 방법이다.

해설
실크스크린은 실크스크린 인쇄의 한 종류이고 등사판은 동판 인쇄의 일종이다.

48 반사율이 파장에 관계없이 높기 때문에 거울로 사용하기에 적합한 금속은?

① 금
② 구 리
③ 알루미늄
④ 은

해설
알루미늄은 반사율이 높아 예전부터 거울 소재로 사용되었다.

49 색 비교를 위한 시환경에 대한 내용 중 일반적으로 이용하는 부스의 내부 색 명도로 옳은 것은?

① L* = 25의 무광택 검은색
② L* = 50의 무광택 무채색
③ L* = 65의 무광택 무채색
④ L* = 80의 무광택 무채색

해설
표면색의 시감 비교방법(KS A 0065)
일반적으로 이용하는 부스의 내부는 명도 L*가 약 45~55의 무광택의 무채색으로 한다. 색 비교에 적합한 배경시야를 확보하기 위해 부스 내의 작업면은 비교하려는 시료면과 가까운 휘도율을 갖는 무채색으로 한다. 조명의 확산판은 시료색으로부터 반사하는 램프의 결상을 피하기 위해서 항상 사용한다. 조명장치의 분광분포 특성은 그 확산판의 분광투과 특성이 포함된다.

50 LCD 모니터에서 노란색(Yellow)을 표현하기 위해 모니터 삼원색 중 사용되어야 하는 색으로 옳은 것은?

① Green + Blue　② Yellow
③ Red + Green　④ Cyan + Magenta

해설
텔레비전 모니터나 조명 등에서 다른 색의 불빛을 겹쳐 새로운 색을 만드는 가산혼합의 3원색은 빨강, 초록, 파랑이다.
• 빨강 + 초록 = 노랑
• 초록 + 파랑 = 사이안
• 파랑 + 빨강 = 마젠타
• 빨강 + 초록 + 파랑 = 하양

51 측색의 궁극적인 목적과 거리가 먼 것은?

① 색을 정확하게 재현하기 위해
② 일정한 색 체계로 해석하여 전달하기 위해
③ 색을 정확하게 파악하기 위해
④ 색의 선호도를 나타내기 위해

해설
측색은 정확한 색의 파악, 색의 전달, 색의 재연, 색채값의 지정과 관리 측면에 중요한 역할을 한다.

정답 47 ② 48 ③ 49 ② 50 ③ 51 ④

52 **물체색은 광원과 조명방식에 따라 변한다. 이와 관련한 설명이 옳은 것은?**

① 동일 물체가 광원에 따라 각기 다른 색으로 보이는 것을 광원의 연색성이라 한다.
② 모든 광원에서 항상 같은 색으로 보이는 현상을 메타머리즘이라고 한다.
③ 백열등 아래에서는 한색 계열 색채가 돋보인다.
④ 형광등 아래에서는 난색 계열 색채가 돋보인다.

해설
② 모든 광원에서 항상 같은 색으로 보이는 현상은 항상성이다.
③ 백열등 아래에서는 난색 계열 색채가 돋보인다.
④ 형광등 아래에서는 한색 계열의 색을 띠므로 난색 계열 색채가 탁해 보인다.

53 **국제조명위원회(CIE)의 업적에 관한 설명으로 틀린 것은?**

① 평균적인 사람의 색 인식을 기술하는 표준관찰자(Standard Observer) 정립
② 이론적, 경험적으로 완벽한 균등 색공간(Uniform Color Space) 정립
③ 사람의 시각 시스템이 특정 색에 반응하는가를 기술한 3자극치(Tristimulus Values) 계산법 정립
④ 색 비교와 연구를 위한 표준광(Standard Illuminant) 데이터 정립

해설
빛의 색채표준에 대해 국제적 표준화기구가 필요하여 구성된 것이 국제조명위원회(CIE)이다. 이는 표준광원에서 표준관찰자에 의해 관찰되는 색을 정량화시켜 수치로 만든 표색계이다.

54 **CCM(Computer Color Matching)의 장점은?**

① 분광반사율을 기준색과 일치시키므로 아이소머리즘을 실현할 수 있다.
② 기본 색료가 변할 때마다 필요한 데이터를 입력하지 않아도 된다.
③ 착색 대상 소재의 특성 변화에 대한 데이터베이스를 만들지 않아도 된다.
④ 다양한 조건에서 발생되는 메타머리즘을 실현할 수 있다.

해설
CCM은 소프트웨어와 정밀 측정기기를 사용하여 색을 자동으로 배색하는 장치로 기준색에 대한 분광반사율 일치가 가능하다. 분광반사율을 기준색과 일치시키므로 정확한 아이소머리즘을 실현할 수 있다.

55 **정량적이지 않고 주관적인 색채검사는?**

① 육안검색　② 색차계
③ 분광측색　④ 분광광도계

해설
육안검색은 색채의 일치를 확인하기 위해 색채 관측상자를 이용해 눈으로 색을 검색하는 것을 말한다. 육안검색은 측색기를 사용하는 것보다 정확하지 않고 편차가 큰 주관적인 색채검사법이다.

56 **다음 중 합성염료는?**

① 산화철　② 산화망가니즈
③ 목 탄　④ 모베인

해설
산화철, 산화망가니즈, 목탄은 무기안료이다.

57 **다음 중 출력기기가 아닌 것은?**

① 모니터　② 스캐너
③ 잉크젯 프린터　④ 플로터

해설
스캐너는 입력장치이다.

52 ① 53 ② 54 ① 55 ① 56 ④ 57 ② **정답**

58 다음 중 색차식의 종류로 거리가 먼 것은?

① L*u*v* 표색계에 따른 색차식
② 애덤스 니컬슨 색차식
③ CIE 2000 색차식
④ ISCC 색차식

해설
④ ISCC는 색차식이 아닌 색명법과 관련된다.
색차식의 종류(KS A 0063)
- L*a*b* 표색계에 따른 색차식
- L*u*v* 표색계에 따른 색차식
- CIE2000 색차식(CIEDE00)
- 애덤스 니컬슨 색차식

59 염료의 일반적인 특징으로 옳은 것은?

① 불투명하다.
② 무기물이다.
③ 물에 녹지 않는다.
④ 표면에 친화력이 있다.

해설
①, ②, ③은 안료에 대한 설명이다.

60 다음 중 색채오차의 시각적인 영향력이 가장 큰 것은?

① 광원에 따른 차이
② 질감에 따른 차이
③ 대상의 표면 상태에 따른 차이
④ 대상의 형태에 따른 차이

해설
색채오차의 시각적인 영향은 광원에 따른 차이가 가장 크다.

제4과목 색채지각의 이해

61 햇살이 밝은 운동장에서 어두운 실내로 이동할 때, 빨간색은 점점 사라져 보이고 청색이 밝게 보이는 시각현상은?

① 메타머리즘 ② 항시성
③ 보색잔상 ④ 푸르킨예 현상

해설
푸르킨예 현상은 명소시에서 암소시로 이동할 때 빨간색은 어둡게, 파란색은 밝게 보이는 현상이다. 간상체와 추상체 시각의 스펙트럼 민감도가 서로 다르기 때문에 나타난다.

62 색채를 강하게 보이기 위해 디자인에서 악센트로 자주 사용하는 색은?

① 채도가 높은 색
② 채도가 낮은 색
③ 명도가 높은 색
④ 명도가 낮은 색

해설
채도가 높을수록 색채가 강하게 보이며, 이를 위해 디자인에서는 악센트로 고채도를 활용한다.

63 다음 빈칸에 들어갈 말이 순서대로 옳은 것은?

같은 거리에 있는 색채 자극은 그 색채에 따라 가깝게, 또는 멀게 느껴지게 된다. 실제보다 가깝게 보이는 색을 ( ), 멀어져 보이는 색을 ( )이라 한다.

① 팽창색, 수축색
② 흥분색, 진정색
③ 진출색, 후퇴색
④ 강한색, 약한색

해설
진출색은 진출되어 보이는 색으로 난색, 고명도, 고채도, 유채색 등이 해당되고, 후퇴색은 후퇴되어 보이는 색으로 한색, 저명도, 저채도, 무채색 등이 해당된다.

정답 58 ④ 59 ④ 60 ① 61 ④ 62 ① 63 ③

64 인쇄과정 중에 원색분판 제판과정에서 사이안(Cyan) 분해 네거티브 필름을 만들기 위해 사용하는 색 필터는?

① 사이안색 필터 ② 빨간색 필터
③ 녹색 필터 ④ 파란색 필터

해설
빨간색 필터는 사이안, 녹색 필터는 마젠타, 파란색 필터는 노랑 분해 네거티브 필름을 만들게 된다.

65 대비현상에 대한 설명으로 옳은 것은?

① 명도대비란 밝은색은 어두워 보이고, 어두운색은 밝아 보이는 현상이다.
② 유채색과 무채색 사이에서는 채도대비를 느낄 수 없다.
③ 생리적 자극방법에 따라 동시대비와 계시대비로 나눌 수 있다.
④ 색상대비가 잘 일어나는 순서는 3차색 > 2차색 > 1차색의 순이다.

해설
① 명도대비란 밝은색은 더욱 밝아 보이고 어두운색은 더욱 어두워 보이는 현상이다.
② 유채색과 무채색 사이에서는 유채색이 있으므로 채도대비를 느낄 수 있다.
④ 색상대비는 1차색끼리 잘 일어나며 2차색, 3차색이 될수록 대비효과는 떨어진다.

66 파장이 동일해도 색의 채도가 높아짐에 따라 색이 달라 보이는 현상(또는 효과)은?

① 색음현상
② 애브니 효과
③ 리프만 효과
④ 베졸트 브뤼케 현상

해설
애브니 효과 : 파장(색상)이 같아도 색자극의 순도가 변하면 색상이 다르게 보이는 현상을 말한다.

67 색각이론에 관한 설명으로 틀린 것은?

① 헤링은 반대색설을 주장하였다.
② 영-헬름홀츠는 3원색설을 주장하였다.
③ 헤링 이론의 기본색은 빨강, 주황, 녹색, 파랑이다.
④ 영-헬름홀츠 이론의 기본색은 빨강, 녹색, 파랑이다.

해설
③ 헤링의 4원색설의 기본색은 빨강, 노랑, 초록, 파랑이다.

68 다음 중 흥분감을 가장 잘 나타낼 수 있는 파장은?

① 730nm ② 600nm
③ 530nm ④ 420nm

해설
흥분감이 연상되는 색상은 빨강이며 파장 영역은 640~780nm이다.

69 다음 중 교통사고율이 가장 높은 자동차의 색상은?

① 파 랑 ② 흰 색
③ 빨 강 ④ 노 랑

해설
한색 계열은 실제보다 멀리 보이는 색(후퇴색)으로 교통사고율이 높은 색이다.

70 어느 특정한 색채가 주변 색채의 영향을 받아 본래의 색과는 다른 색채로 지각되는 경우는?

① 색채의 지각효과
② 색채의 대비효과
③ 색채의 자극효과
④ 색채의 혼합효과

해설
색의 대비란 서로 다른 두 색이 주변 색이나 서로의 영향으로 실제와 다르게 보이는 것으로, 잔상의 일종이다.

64 ② 65 ③ 66 ② 67 ③ 68 ① 69 ① 70 ② 정답

71 여러 가지 파장의 빛이 고르게 섞여 있을 때 지각되는 색은?

① 녹 색 ② 파 랑
③ 검 정 ④ 백 색

해설
색광혼합은 빛의 혼합으로 빛의 3원색인 빨강, 초록, 파랑을 혼합하기 때문에 섞을수록 밝아진다. 가법혼색은 컬러 모니터, TV, 무대 조명 등에 사용된다.

72 색의 동화효과를 바르게 설명한 것은?

① 일정한 자극이 사라진 후에도 지속적으로 자극을 느끼는 현상이다.
② 대비효과의 일종으로서 음성적 잔상으로 지각된다.
③ 색의 경연감에 영향을 주는 지각효과이다.
④ 색의 전파효과 또는 혼색효과라고 한다.

해설
동화현상은 두 색이 맞붙어 있을 때 그 경계 주변에서 색상, 명도, 채도대비의 현상이 보다 강하게 일어나는 것으로, 색들끼리 서로 영향을 주어서 인접색에 가깝게 느껴지는 현상을 말한다. 색이 다른 색 위를 넓혀가는 것처럼 보이기 때문에 이를 전파효과 또는 줄눈효과라고 한다.

73 시세포에 관한 설명으로 틀린 것은?

① 추상체는 장파장, 중파장, 단파장의 동일한 비율로 색을 인지한다.
② 인간은 추상체와 간상체의 비율로 볼 때 색상과 채도의 구별보다 명도의 구별에 더 민감하다.
③ 추상체는 망막의 중심부인 중심와에 존재한다.
④ 간상체는 단일세포로 구성되어 빛의 양을 흡수하는 정도에 따라 빛을 감지한다.

해설
추상체는 600~700만 개가 존재하는데, 빛에 따라 다른 비율에 반응을 보이는 3가지의 추상체인 장파장(L), 중파장(M), 단파장(S)으로 구분된다.

74 빛의 특성에 관한 설명 중 틀린 것은?

① 파장이 짧을수록 빛의 산란도 심해지므로 청색광이 많이 산란하여 청색으로 보인다.
② 대기 중의 입자가 크거나 밀도가 높은 경우 모든 빛을 균일하게 산란시켜 거의 백색으로 보인다.
③ 깊은 물이 푸르게 보이는 것은 물은 빨강을 약간 흡수하고 파랑을 반사하기 때문이다.
④ 저녁노을이 좀 더 보랏빛으로 보이는 이유는 빨강과 파랑을 흡수하기 때문이다.

해설
저녁노을이 좀 더 보랏빛으로 보이는 이유는 빨강과 파랑을 산란하기 때문이다.

75 가법혼색과 감법혼색의 설명으로 틀린 것은?

① 가법혼색은 네거티브 필름 제조, 젤라틴 필터를 이용한 빛의 예술 등에 활용된다.
② 색 필터는 겹치면 겹칠수록 빛의 양은 더해지고, 명도가 높아지기 때문에 가법혼색이라 부른다.
③ 감법혼색의 삼원색은 Yellow, Magenta, Cyan이다.
④ 감법혼색은 컬러 슬라이드, 컬러 영화필름, 색채사진 등에 이용되어 색을 재현시키고 있다.

해설
② 색 필터는 감법혼색에 속한다.

76 다음 ( )에 들어갈 내용으로 적합한 것은?

> 연령에 따른 색채지각은 수정체의 변화와 관련 있다. 세포가 노화되는 고령자는 ( )의 색 인식이 크게 퇴화된다.

① 청색 계열
② 적색 계열
③ 황색 계열
④ 녹색 계열

정답 71 ④ 72 ④ 73 ① 74 ④ 75 ② 76 ①

해설
연령의 증가에 따라 수정체의 조절능력이 약해지고 근거리의 물체를 잘 구별하지 못하게 된다. 시신경의 기능이 저하되면서 백내장, 녹내장과 같은 질환도 많이 발생하고, 수정체가 노란색으로 변하는 황화현상으로 인해 파랑, 남색, 보라색의 청색 계열을 구분하는 데 어려움이 생긴다.

77 면적대비에 대한 설명 중 옳은 것은?

① 동일한 색이라도 면적이 커지면 명도와 채도가 감소해 보인다.
② 큰 면적의 강한 색과 작은 면적의 약한 색은 조화된다.
③ 강렬한 색채가 큰 면적을 차지하면 눈이 피로해지므로 채도가 낮은 색을 사용하여 눈을 보호한다.
④ 큰 면적보다 작은 면적 쪽의 색채가 훨씬 강렬하게 보인다.

해설
① 동일한 색이라도 면적이 커지면 명도와 채도가 증가해 보인다.
② 큰 면적의 강한 색과 작은 면적의 약한 색은 대비되어 보인다.
④ 작은 면적보다 큰 면적 쪽의 색채가 훨씬 강렬하게 보인다.

78 안구 내에서 빛의 반사를 방지하며, 눈에 영양을 보급하는 역할을 하는 것은?

① 맥락막
② 공 막
③ 각 막
④ 망 막

해설
맥락막은 공막과 망막 사이에 위치한 안구벽으로 빛의 반사를 방지하며, 눈에 영양을 보급하는 역할을 한다.

79 보색에 대한 설명 중에서 틀린 것은?

① 모든 2차색은 그 색에 포함되지 않은 원색과 보색관계에 있다.
② 보색 중에서 회전혼색의 결과 무채색이 되는 보색을 특히 심리보색이라 한다.
③ 보색관계에 있는 두 색광의 혼합 결과는 백색광이 된다.
④ 색상환에서 보색이 되는 두 색을 이웃하여 놓았을 때 보색대비 효과가 나타난다.

해설
보색 중에서 회전혼색의 결과 무채색에 되는 보색을 물리보색이라 한다. 심리보색은 망막상에 남아 있는 잔상 이미지가 원래의 색과 반대의 색으로 나타나는 현상을 말한다.

80 중간혼색에 대한 설명으로 틀린 것은?

① 중간혼색은 가법혼색과 감법혼색의 중간에 해당된다.
② 중간혼색의 대표적 사례는 직물의 디자인이다.
③ 중간혼색은 물체의 혼색이 아니다.
④ 컬러 텔레비전은 중간혼색에 해당된다.

해설
원반 위에 부채 모양으로 두 가지 색을 나누어 칠하고, 1초 사이에 30회 이상의 속도로 회전시키면 혼색되어 보이는 것을 중간혼색이라 한다.

제5과목 색채체계의 이해

81 먼셀 색표집에서 소재나 재현의 발달에 따라 표현의 범위가 달라질 수 있는 속성은?

① 색 상 ② 흑색량
③ 명 도 ④ 채 도

해설
먼셀 색표집에서 소재나 재현의 발달에 따라 표현의 범위가 달라질 수 있는 속성은 채도이다.

77 ③ 78 ① 79 ② 80 ① 81 ④ 정답

82 한국산업표준(KS) 중의 관용색명에 관한 설명으로 옳은 것은?

① 관용색명은 주로 사물의 명칭에서 유래한 것으로, 색의 3속성에 의한 표시기호가 병기되어 있다.
② 새먼핑크, 올리브색, 에메랄드 그린 등의 색명은 사용할 수 없다.
③ 한국산업표준(KS) 관용색명은 독일공업규격 색표에 준하여 만든 것이다.
④ 색상은 40색상으로 분류되고 뉘앙스를 나타내는 수식어와 함께 쓰인다.

해설
관용색명은 예부터 습관적으로 사용하는 색명을 말한다. 하나하나의 고유색명을 지닌 것으로 동물, 식물, 자연현상 등의 이름에서 유래된 명칭이 대부분이며 현재 약 164개가 있다.

83 다음 ( )에 들어갈 오방색으로 옳은 것은?

광명과 부활을 상징하는 중앙의 색은 (A)이고 결백과 진실을 상징하는 서쪽의 색은 (B)이다.

① A – 황색, B – 백색
② A – 청색, B – 황색
③ A – 백색, B – 황색
④ A – 황색, B – 홍색

해설
- A : 황색 – 중앙, 토(土), 황룡
- B : 백색 – 서쪽, 금(金), 백호

84 NCS 색체계에서 검정을 표기한 것은?

① 0500–N ② 3000–N
③ 5000–N ④ 9000–N

해설
NCS 색체계에서 혼합비는 S(흑색량) + W(백색량) + C(유채색량) = 100%로 표시되는데, 혼합비의 세 가지 속성 가운데 흑색량과 순색량의 뉘앙스만 표기한다. 무채색의 표기법은 흰색은 0500–N, 검은색은 9000–N이다.

85 고채도의 반대색상 배색에서 느낄 수 있는 이미지는?

① 협조적, 온화함, 상냥함
② 차분함, 일관됨, 시원시원함
③ 강함, 생생함, 화려함
④ 정적임, 간결함, 건전함

해설
반대색상 배색은 색상차가 큰 반대색을 이용하는 배색방법이다. 반대색상의 배색은 강렬한 이미지를 주며, 색상차가 크기 때문에 톤 차를 적게 주어 배색한다. 빨강과 청록의 조합 등 색상환에서 정반대의 위치에 있는 색들의 배색으로, 화려하고 개성적이며 대담한 이미지를 전달한다. 강함, 예리함, 동적임, 화려함 등이 연상된다.

86 PCCS 색체계에 관한 설명으로 틀린 것은?

① 명도와 채도를 톤(Tone)이라는 개념으로 정리하였다.
② 명도를 0.5단계로 세분화하여, 총 17단계로 구분한다.
③ 1964년에 일본 색채연구소가 발표한 컬러 시스템이다.
④ 색상, 포화도, 암도의 순서로 색을 표시한다.

해설
색상번호는 색상 기호 – 명도 – 채도로 표기한다.

87 먼셀 색입체의 수직 단면도에서 볼 수 없는 것은?

① 다양한 색상환
② 다양한 명도
③ 다양한 채도
④ 보색 색상면

해설
먼셀 색입체를 수직으로 절단한 단면도에서는 동일한 색상의 명도단계와 채도단계의 차이를 한 눈에 볼 수 있다. 등색상면이라고도 한다.

정답 82 ① 83 ① 84 ④ 85 ③ 86 ④ 87 ①

88 채도와 관련된 용어가 아닌 것은?

① 선명도　　② 색온도
③ 포화도　　④ 지각 크로마

해설
채도는 색의 순수한 정도, 색의 강약, 포화도를 나타내는 성질이다. 유채색의 순수한 정도를 뜻하므로 순도라고도 한다. 선명도와 포화도, 지각 크로마는 채도와 밀접관 관계가 있지만, 색온도는 채도와 거리가 멀다.

89 그림은 한국 전통색과 톤의 서술어의 개념을 나타낸 것이다. A, B, C 전통색 톤을 순서대로 옳게 나열한 것은?

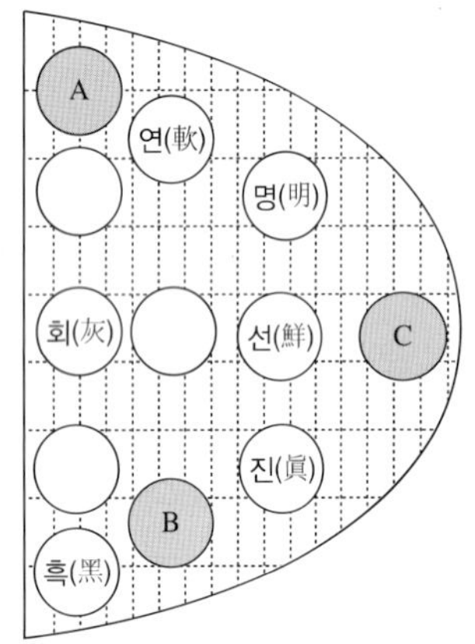

① 담(淡), 숙(熟), 순(純)
② 숙(熟), 순(純), 담(淡)
③ 농(濃), 담(淡), 순(純)
④ 숙(熟), 순(純), 농(濃)

해설
한국 전통색과 톤의 개념
- 순(純) : 해맑은
- 명(明) : 밝은
- 진(眞) : 짙은
- 연(軟) : 연한
- 담(淡) : 매우 연한
- 회(灰) : 칙칙한
- 숙(熟) : 어두운
- 흑(黑) : 아주 어두운
- 선(鮮) : 원색(기본색)

90 문-스펜서 색채조화론에 대한 설명이 틀린 것은?

① 균형 있게 선택된 무채색의 배색은 유채색의 배색에 못지않은 아름다움을 나타낸다.
② 동일색상의 조화는 매우 바람직하다.
③ 작은 면적의 강한 색과 큰 면적의 약한 색은 조화된다.
④ 색상과 채도를 일정하게 하고 명도만을 변화시킨 단순한 배색은 여러 가지 색상을 사용한 복잡한 배색보다는 미도가 낮다.

해설
문-스펜서는 색채조화의 원칙으로 두 가지 가정을 내세우고 이를 바탕으로 이론을 진전시켰다. 즉, 조화를 이루는 배색은 동일조화, 유사조화, 대비조화의 세 가지로 인접한 두 색 사이의 3속성에 의한 차이가 애매하지 않으며 쾌감을 주는 것이라고 하였고, 부조화를 일으키는 배색은 색의 3속성에 의한 차이가 애매하며 불쾌감을 주는 것으로 제1부조화, 제2부조화, 눈부심으로 나누었다.
④ 색상과 채도를 일정하게 하고 명도만을 변화시킨 단순한 배색은 여러 가지 색상을 사용한 복잡한 배색보다는 미도가 높다.

91 오스트발트 색체계의 특징이 아닌 것은?

① 표시된 기호로 색의 직관적 연상이 가능하다.
② 지각적 등간격성이 확립되어 있지 않아 측색을 위한 척도로 삼기에는 불충분하다.
③ 안료 제조 시 정량조제에 응용이 가능하다.
④ 색배열의 위치로 조화되는 색을 찾기 쉬워 디자인 색채계획에 활용하기 적합하다.

해설
오스트발트의 색상은 Y(Yellow, 노랑), R(Red, 빨강), UB(Ultramarine Blue, 파랑), SG(Sea Green, 녹색)와 각각의 사이에 O(Orange, 주황), P(Purple, 보라), T(Turquoise, 청록), LG(Leaf Green, 연두)를 더하여 8가지 색상을 기본으로 하였다. 이 8가지 색상은 각각 3단계로 분할하여 1R, 2R, 3R과 같이 각 색상의 단계별로 1, 2, 3의 숫자를 붙이고 이 중 2번이 중심 색상이 되도록 하였다. 또 각각의 색상에는 1~24의 고유 번호를 붙였다.

88 ② 89 ① 90 ④ 91 ① 정답

92 먼셀 색체계의 7.5RP 5/8에 대한 설명으로 옳은 것은?

① 명도 7.5, 색상 5RP, 채도 8
② 색상 7.5RP, 명도 5, 채도 8
③ 채도 7.5, 색상 5RP, 명도 8
④ 색상 7.5RP, 채도 5, 명도 8

해설
3속성에 의한 먼셀 색 표기법은 색상 기호, 명도단계, 채도단계의 순으로 H V/C로 기록한다. 예를 들어 색상이 자주(Red Puple)이고 명도가 5이며, 채도가 8일 경우 7.5RP 5/8로 표기하고 이를 읽을 때는 7.5RP 5의 8로 읽는다.

93 CIE 색체계에 대한 설명 중 틀린 것은?

① CIE LAB과 CIE LUV는 CIE의 1931년 XYZ체계에서 변형된 색공간체계이다.
② 색채공간을 수학적인 논리에 의하여 구성한 것이다.
③ XYZ체계는 삼원색 RGB 3자극치의 등색함수를 수학적으로 변환하는 체계이다.
④ 지각적 등간격성에 근거하여 색입체로 체계화한 것이다.

해설
CIE 1931 XYZ 색공간(혹은 CIE 1931 색공간)은 인간의 색채 인지에 대한 연구를 바탕으로 수학적으로 정의된 최초의 색공간 가운데 하나이며, 국제조명위원회(CIE)가 1931년 제정하였다. 1920년대 데이비드 라이트와 존 길드의 연구에 기반하여 CIE RGB 색공간이 만들어졌고, 그에 기반하여 다시 CIE XYZ 색공간이 만들어졌다.

94 색의 표준화를 통해 얻을 수 있는 효과와 거리가 먼 것은?

① 색채정보의 보관
② 색채정보의 재생
③ 색채정보의 전달
④ 색채정보의 창조

해설
색의 표준화를 통해 얻을 수 있는 효과로 색채정보의 보관, 색채정보의 재생, 색채정보의 전달이 있다.

95 L*a*b* 측색값에 대한 설명 중 옳은 것은?

① L*값이 클수록 명도가 높고, a*와 b*의 절댓값이 클수록 채도가 높다.
② L*값이 클수록 명도가 낮고, a*가 작아지면 빨간색을 띤다.
③ L*값이 클수록 명도가 높고, a*와 b*가 0일 때 채도가 가장 높다.
④ L*값이 클수록 명도가 낮고, b*가 작아지면 파란색을 띤다.

해설
공식 명칭은 CIE 1976 L*a*b* 지각색 공간(CIE 1976 L*a*b* Color Space)이다. 1976년에 CIE에서 정해진 균등 지각색 공간(또는 ULCS 표색계)의 일종이다. L* = 0이면 검은색이며, L* = 100이면 흰색을 나타내므로, 이는 명도를 나타내며, a*가 음수이면 초록으로, 양수이면 빨강으로 치우친다. b*는 음수이면 파랑으로, 양수이면 노랑으로 치우친다.

96 요하네스 이텐의 색채조화론과 거리가 먼 것은?

① 2색 조화　② 4색 조화
③ 6색 조화　④ 8색 조화

해설
독일의 예술가이자 바우하우스 교사이기도 했던 요하네스 이텐은 색채의 배색방법과 색채의 대비효과에 대해서 연구하였다. 그는 색채의 기하학적 대비와 규칙적인 색상의 배열 그리고 계절감의 색상의 대비를 통하여 색채조화를 설명하였다. 요하네스 이텐의 색채조화론은 2색 배색, 분열 보색, 3색 배색, 4색 배색, 5색 배색, 6색 배색으로 나뉜다.

97 단조로운 배색에 대조되는 색을 배색했을 때 나타나는 배색효과는?

① 반복배색 효과　② 강조배색 효과
③ 톤배색 효과　④ 연속배색 효과

해설
단조로운 배색에 대조색을 소량 덧붙임으로서 전체 상태를 돋보이도록 하는 배색을 강조배색이라 한다. 강조배색은 대조한 배색에 대해 큰 변화를 준다든가, 부분을 한층 강하게 하여 시선을 집중시킬 수 있는 효과를 얻을 수 있다.

정답 92 ② 93 ④ 94 ④ 95 ① 96 ④ 97 ②

98 현색계와 혼색계에 대한 설명 중 옳은 것은?

① 혼색계는 사용하기 쉽고, 측색기를 필요로 하지 않는다.
② 대표적인 혼색계로는 먼셀, NCS, DIN 등이다.
③ 현색계는 좌표 또는 수치를 이용하여 표현하는 체계이다.
④ 현색계는 조건등색과 광원의 영향을 많이 받는다.

해설
혼색계는 물리적인 병치혼색실험에 기초를 두는 것으로, 좌표 또는 수치를 이용하여 표현하며 대표적으로 XYZ 표색계가 있다. 현색계는 색채를 표시하는 색표로 물체표준을 정하여 시료물체와 비교하는 것으로 조명과 같은 환경영향을 많이 받는다.

99 오스트발트 색체계와 관련이 없는 것은?

① 등순색 계열
② 등흑색 계열
③ 등혼색 계열
④ 등백색 계열

해설
오스트발트 색체계는 색의 3속성과는 달리, 흰색 W, 검은색 B, 순색 C를 3가지 기본 색채로 하고, 기본색의 혼합 색량의 비율에 따라 물체의 표면색을 정량적으로 표시하는 방법이다.

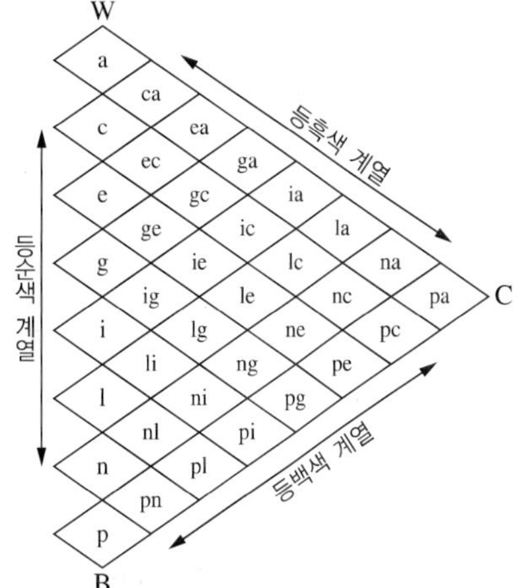

100 톤온톤(Tone On Tone) 배색 유형과 관계있는 배색은?

① 명도의 그러데이션 배색
② 세퍼레이션 배색
③ 색상의 그러데이션 배색
④ 이미지 배색

해설
톤온톤(Tone On Tone)이란 톤을 겹친다는 의미로, 동일 색상 내에서 명도차를 비교적 크게 두어 배색하는 방법이다. 동일 색상의 농담 배색이라고 불리는 배색으로, 밝은 베이지 + 어두운 브라운, 밝은 물색 + 감색 등이 그 전형적인 예이다.

98 ④ 99 ③ 100 ① 정답

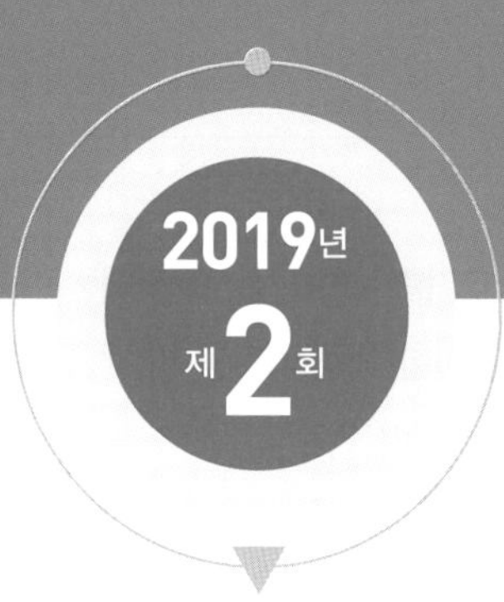

컬러리스트산업기사

과년도 기출문제

제1과목 색채심리

01 카스텔(Castel)은 색채/음악의 척도를 연구하고 각 음계와 색을 연결하였다. 다음 중 그 연결이 틀린 것은?

① A – 보라 ② C – 파랑
③ D – 초록 ④ E – 빨강

해설
카스텔은 색채와 음악, 음계와 색을 연결하였다. C는 청색, D는 녹색, E는 노랑, G는 빨강, A는 보라를 나타낸다.

02 제품의 색채계획이 필요한 이유와 가장 거리가 먼 것은?

① 제품 차별화를 위해
② 제품 정보 요소 제공을 위해
③ 기능의 효과적인 구분을 위해
④ 지역색의 적용을 위해

해설
특별한 이벤트나 이슈가 있지 않는 한 지역색은 제품의 색채계획과 관련성이 없다.

03 색채의 심리적 기능에 대한 설명 중 틀린 것은?

① 외관상의 판단에 미치는 심리적 기능은 색채의 영향과 색채의 미적 효과의 두 가지로 대별된다.
② 온도감, 크기, 거리 등의 판단에 영향을 미치는 것은 색채의 미적 효과 때문이다.
③ 색채는 인종과 언어, 시대를 초월하는 전달수단이 된다.
④ 색채의 기능은 문자나 픽토그램 같은 표기 이상으로 직접 감각에 호소하기 때문에 효과가 빠르다.

해설
온도감, 크기, 거리 등의 판단에 영향을 미치는 것은 색채의 공감각적 효과 때문이다.

04 색채를 적용할 대상을 검토할 때 고려해야 할 조건이 아닌 것은?

① 면적효과 – 대상이 차지하는 면적
② 거리감 – 대상과 보는 사람과의 거리
③ 공공성의 정도 – 개인용, 공동사용의 구분
④ 안전규칙 – 색채 선택의 안정성 검토

해설
안전규칙은 일반적으로 약속된 기호의 색상을 사용해야 하므로 고려해야 할 조건에 해당되지 않는다. 이는 한국산업규격에 의거한 안전색채를 사용해야 한다.

05 일반적으로 국기에 사용되는 색과 상징하는 의미가 잘못 연결된 것은?

① 빨강 – 혁명, 유혈, 용기
② 파랑 – 결백, 순결, 평등
③ 노랑 – 광물, 금, 비옥
④ 검정 – 주권, 대지, 근면

해설
파랑은 정직함과 평화를 상징하며 결백, 순결은 흰색과 관련있다.

정답 1 ④ 2 ④ 3 ② 4 ④ 5 ②

06 패션 디자인 분야에 활용되는 유행 예측색은 실 시즌보다 어느 정도 앞서 제안되는가?

① 6개월
② 12개월
③ 18개월
④ 24개월

해설
패션 디자인 분야에 활용되는 유행 예측색은 유행색 관련기관에 의해 시즌 2년(24개월) 전에 제안된다.

07 국제적으로 사용되는 안전을 위한 표준색 중 구급장비, 상비약, 의약품 등에 사용되는 안전색은?

① 빨 강 ② 노 랑
③ 초 록 ④ 파 랑

해설
③ 초록 : 안전, 안내, 유도, 진행, 비상구, 위생, 보호, 피난소, 구급장비
① 빨강 : 금지, 정지, 소방기구, 고도의 위험, 화약류의 표시
② 노랑 : 경고, 주의, 장애물, 위험물, 감전경고
④ 파랑 : 특정 행위의 지시 및 사실의 고지, 의무적 행동, 수리 중, 요주의

08 색채의 연상과 상징에 대한 설명이 틀린 것은?

① 연상은 개인의 지식이나 경험 등 내면적인 요인에 기초한다.
② 연상조사 결과를 보면 조사 대상자의 소속집단 성향이 표현되거나 구체적인 연상이 시대의 추이를 반영한다.
③ 상징은 추상적인 개념이나 사상을 형태나 색으로 쉽게 표현한 것이다.
④ 고채도 색보다 저채도 색이 연상어의 의미가 크고, 이미지를 구체적으로 상징할 수 있다.

해설
연상어의 의미가 크고, 이미지를 구체적으로 상징할 수 있는 것은 색상의 영향을 받는다.

09 빨간색을 보았을 때 구체적으로 '붉은 장미'를, 추상적으로 '사랑'을 떠올리는 것과 관련한 색채심리 용어는?

① 색채환상 ② 색채기억
③ 색채연상 ④ 색채복사

해설
심리학자 에바 헬러는 색채연상은 우연이나 개인적인 취향의 문제가 아니라 일생을 통해 쌓아가는 일반적인 경험, 어린 시절부터 언어와 사고에 깊이 뿌리내린 경험의 산물이라고 하였다.

10 색채 마케팅 전략의 개발에 영향을 미치는 요인으로 가장 거리가 먼 것은?

① 라이프스타일과 문화의 변화
② 환경문제와 환경운동의 영향
③ 인구통계적 요인
④ 정치와 법규의 규제 요인

해설
정치와 법규의 규제는 극소수 및 일부에 해당되는 요인으로 색채 마케팅 전략에 영향을 미치지 않는다.

11 색채선호와 상징에 대한 설명 중 틀린 것은?

① 연령별로 선호하는 색은 국가들마다 뚜렷한 차이를 보인다.
② 일조량이 많은 지역에서는 일반적으로 장파장의 색을 선호한다.
③ 국가와 문화가 다르면 같은 색이라도 상징하는 내용이 다를 수 있다.
④ 교육 정도가 높을수록 저채도를 좋아하는 경향이 있다.

해설
일반적으로 공통된 감성은 문화적, 지역적, 연령별 차이가 있을 뿐 국가마다 뚜렷한 차이가 있는 것은 아니다.

6 ④ 7 ③ 8 ④ 9 ③ 10 ④ 11 ① 정답

12 종교와 문화권의 상징색에 대한 설명이 틀린 것은?

① 색채는 모든 문화권에서 종교, 전통의식, 예술 등의 분야에 걸쳐 상징과 은유적 역할을 담당해 왔다.
② 힌두교와 불교에서는 노란색을 신성시 여겨 왔다.
③ 서양 문화권에서 하양은 죽음의 색으로서 장례식을 대표하는 색이다.
④ 기독교와 천주교에서는 하느님과 성모마리아를 고귀한 청색으로 연상해 왔다.

해설
흰색은 서양 문화권에서는 순결한 신부, 동양 문화권에서는 죽음(소복)을 의미한다.

13 착시에 대한 설명 중 틀린 것은?

① 망막에 미치는 빛자극에 대한 주관적 해석
② 기억의 무의식적 추론에 의해 나타나는 현상
③ 대상을 물리적 실제와 다르게 지각하는 현상
④ 색채잔상과 대비현상이 대표적인 예

해설
기억의 무의식적 추론에 의해 나타나는 현상은 기억색이다.

14 다음 중 연상에 관한 설명으로 옳은 것은?

① 파란색 바탕의 노란색은 노란색 바탕의 파란색보다 더 크게 지각된다.
② '금색 – 사치', '분홍 – 사랑'과 같이 색과 감정이 관련하여 떠오른다.
③ 사과의 색을 빨간색이라고 기억한다.
④ 조명조건이 바뀌어도 일정한 색채감각을 유지한다.

해설
색채연상은 색채를 자극함으로써 생기는 감정의 일종으로 경험과 연령에 따라 변하며 특정 색을 보았을 때 떠올리는 색채를 말한다. ①은 색상대비, ③은 기억색, ④는 색의 항상성이다.

15 제품 디자인을 위한 색채기호 조사에 관한 설명이 틀린 것은?

① 문화적인 요인과 인성적인 요인이 혼합되어 나타난다.
② 기업이 시장의 요구에 응하기 위해서는 색채의 선택 범위를 다양화하는 것이 좋다.
③ 현대에 오면서 색채에 대한 요구나 만족도는 일정한 방향으로 흐른다.
④ 자신의 감성을 억제하는 사람은 청색, 녹색을 좋아하고 적색을 싫어하는 경향이 있다.

해설
현대에 오면서 색채에 대한 요구나 만족도는 여러 문화나 사회적인 경험 및 각종 매체를 통한 정보 공유를 통해 다양한 방향으로 흐른다.

16 색채 마케팅과 관련된 내용으로 가장 거리가 먼 것은?

① 세분화된 시장의 소비자 그룹이 선호하는 색채를 파악하면 마케팅에 도움이 된다.
② 경기변동의 흐름을 읽고, 경기가 둔화되면 오래 지속될 수 있는 경제적이고 효과적인 색채 마케팅을 강조한다.
③ 21세기 디지털 사회는 디지털을 대표하는 청색을 중심으로, 포스터모더니즘의 다양성과 복합성을 수용한다.
④ 환경주의 및 자연을 중시하는 디자인에서는 많은 수의 색채를 사용한다.

해설
디자인에서 많은 수의 색채 사용은 오히려 의미 전달에 방해가 된다. 특히, 환경주의 및 자연을 중시하는 디자인은 제한된 수의 색채를 사용해야 한다.

정답 12 ③ 13 ② 14 ② 15 ③ 16 ④

17 **높은 음을 색채로 표현할 때 어두운색보다 밝고 강한 채도의 색을 사용하는 것이 효과적인 것과 관련한 현상은?**

① 공감각 ② 연 상
③ 경연감 ④ 무게감

해설
색채와 관련된 공감각기관과의 상호작용을 활용하면 메시지와 의미를 보다 정확하고 강하게 전달할 수 있다. 색채감각은 미각, 후각, 청각, 촉감 등과 함께 뇌에서 인식된다.

18 **지역색과 풍토색에 대한 설명 중 틀린 것은?**

① 풍토색은 특정 지역의 기후와 토지의 색 및 바람과 태양의 색을 의미한다.
② 지리적으로 근접하거나 기후가 유사한 국가나 민족이라도 풍토색은 현저한 차이가 있다.
③ 지역색은 각 지역을 대표하는 특정 지역에서 추출된 색채이다.
④ 색채연구가인 장 필립 랑클로(Jean-Philippe Lenclos)는 땅의 색을 기반으로 건축물을 위한 색채팔레트를 연구하였다.

해설
지리적으로 근접하거나 기후가 유사한 국가나 민족의 풍토색은 유사하게 나타난다.

19 **안전표지에 관한 일반적 의미로 잘못 연결된 것은?(의미 – 안전색, 대비색, 그림 표지의 색)**

① 금지 – 빨강, 하양, 검정
② 지시 – 파랑, 하양, 하양
③ 경고 – 노랑, 하양, 검정
④ 안전 – 초록, 하양, 하양

해설
③ 경고 : 노랑, 검정, 노랑

20 **색채선호에 영향을 미치는 요인으로 가장 거리가 먼 것은?**

① 지 능
② 연 령
③ 기 후
④ 소 득

해설
색채선호
- 일반적으로 공통된 감성이 있으나 문화적, 지역적, 연령별 차이가 있다.
- 서구 문화권의 영향을 받은 대부분의 국가에서 성인의 절반 이상이 청색을 가장 선호하는 색으로 꼽고 있다.
- 개인적, 환경적, 성별 선호도 차이를 보인다.
- 지형, 기후, 빛, 사회문화적 관습, 지역 전통 등 각 나라와 지방의 풍경마다 서로 다른 선호도를 보인다.
- 신소재, 디자인, 유행에 따라 변화한다.

제2과목 색채디자인

21 **빅터 파파넥의 복합기능 중 보편적인 것이며 인간의 마음속 깊이 자리 잡고 있는 충동과 욕망에 관계되는 것은?**

① 방법(Method)
② 필요성(Need)
③ 텔레시스(Telesis)
④ 연상(Association)

해설
① 방법(Method) : 재료와 도구, 공정의 상호과정을 말하며 이들을 유효적절하게 사용하는 것을 의미한다.
② 필요성(Need) : 일시적 유행과는 거리가 있고, 경제적, 심리적, 정신적, 기술적, 지적 요구가 복합된 디자인이 필요하다.
③ 텔레시스(Telesis) : 특수한 목적을 달성하기 위해 자연과 사회의 변천작용에 대해 계획적이고 의도적으로 실용화하는 것을 말한다.

17 ① 18 ② 19 ③ 20 ① 21 ④ **정답**

22 **디자인 조형요소에서 선에 대한 설명으로 틀린 것은?**

① 점의 속도, 강약, 방향 등은 선의 동적 특성에 영향을 끼친다.
② 직선이 가늘면 예리하고 가벼운 표정을 가진다.
③ 직선은 단순, 남성적 성격, 정적인 느낌이다.
④ 쌍곡선은 속도감을 주고, 포물선은 균형미를 연출한다.

해설
- 쌍곡선은 균형적인 아름다움을 주고, 포물선은 부드럽고 유연한 느낌을 준다.
- 수평선은 안정, 평화, 휴식의 느낌을 주며, 수직선은 엄숙함, 엄격함, 사선은 움직임, 운동감, 방향감을 준다.
- 자유곡선은 질서 있는 부드러운 느낌이며, 기하곡선은 자유롭지만, 단조로운 부드러움을 느끼게 한다.

23 **그림은 프랑스 클로드 로랭의 '항구'라는 작품이다. 이 그림에서 설명할 수 있는 디자인의 조형원리는?**

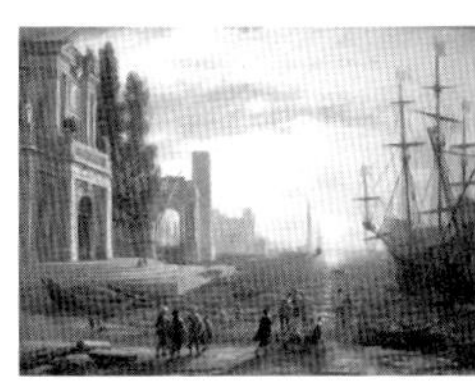
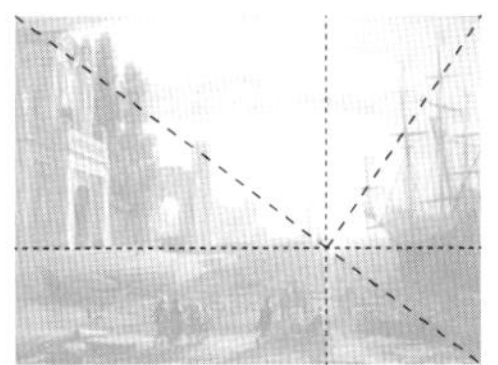

① 통일(Unity)
② 강조(Emphasis)
③ 균형(Balance)
④ 비례(Proportion)

해설
프랑스 클로드 로랭의 '항구'에 사용된 조형원리는 비례(Proportion)이다. 비례란 전체와 부분, 부분과 부분 사이의 크기 비율을 말한다.

24 **1950년대 중후반 미국을 중심으로 이미지의 대중화, 형상의 복제, 표현기법의 보편화에 의해 예술을 개인적인 것에서 대중적인 것으로 개방시킨 사조는?**

① 팝아트 ② 다다이즘
③ 초현실주의 ④ 옵아트

해설
팝아트는 물리적 단순 기능주의의 획일성에서 탈피하려 했으며, 누구나 일상생활에서 쉽게 접할 수 있는 대중적인 것에서 소재를 찾고 단순화된 형태를 이용, 과감한 다색 배합과 유희성(풍자성)을 바탕으로 낙천적이고 자유분방한 실험적 디자인을 채택했다.

25 **디자인의 조건 중 일정한 목적에 도달하는데 적합한 실용성과 요구되는 기능 충족을 말하는 것은?**

① 경제성
② 심미성
③ 합목적성
④ 독창성

해설
합목적성이란 디자인의 목적 자체가 합리적으로 설정되어야 하고 그 목적, 즉 실용성과 요구되는 기능성을 충족시켜야 한다는 것을 말한다.

26 **디자인의 개념에 대한 설명 중 틀린 것은?**

① 디자인은 특정한 대상인들을 위한 행위예술이다.
② 소비자에겐 생활문화의 창출과 기업에겐 생존·성장의 기회를 주는 매개체이다.
③ 산업사회에 필요한 제품을 개발·유통시켜 국가 산업발전에 기여하는 마케팅적 조형과학이다.
④ 물질은 물론 정신세계까지도 욕구를 충족시키고 창출하려는 기획이자 실천이다.

해설
디자인은 특정한 대상인들을 위한 행위예술이 아니며, 주어진 목적을 조형적으로 실체화하는 것으로, 의장이나 도안을 말한다. 디자인은 관념적인 것이 아니고 실체이기 때문에 어떠한 종류의 디자인이든지 실체를 떠나서 생각할 수 없다. 디자인은 주어진 목적을 달성하기 위하여 여러 조형요소 가운데 의도적으로 선택한 것들의 구성으로, 합리적이며 유기적인 통일을 얻기 위한 창조적 활동이며 미적, 실용적 가치를 계획하고 표현한 것이다.

정답 22 ④ 23 ④ 24 ① 25 ③ 26 ①

27 색채계획 시 색채가 주는 정서적 느낌을 언어로 표현한 좌표계로 구성하여 디자인 방법론으로 활용하기 위해 개발된 것은?

① 그레이 스케일(Gray Scale)
② 이미지 스케일(Image Scale)
③ 이미지 맵(Image Map)
④ 이미지 시뮬레이션(Image Simulation)

해설
언어 이미지 스케일은 미국의 심리학자 오스굿(Charles Egerton Osgood)에 의해 개발되었다. 형용사의 반대어를 쌍으로 연결시켜 비교함으로써 색채의 감정적인 면을 다룬다. 색채 감성의 객관적 척도로, 평가대상이 가지고 있는 이미지를 수량적 처리에 의해 척도화하여 정량적으로 측정하는 방법이다.

28 아르누보에 대한 설명으로 틀린 것은?

① 아르누보는 미술상 사뮤엘 빙(S. Bing)이 연 파리의 가게 명칭에서 유래한다.
② 전통적인 유럽의 역사 양식에서 이탈되어 유동적인 곡선표현을 특징으로 하고 있다.
③ 기능주의적 사상이나 합리성 추구 경향이 적었기에 근대 디자인으로 이행하지 못했다.
④ 곡선적 아르누보는 오스트리아 빈을 중심으로 발전하였다.

해설
아르누보는 벨기에에서 시작되어 프랑스를 비롯한 범유럽적인 예술운동으로 전개되었다.

29 디자인 조건에 대한 설명 중 틀린 것은?

① 경제성 – 각 원리의 모든 조건을 하나의 통일체로 하는 것
② 문화성 – 오랜 세월에 걸쳐 형태와 사용상의 개선이 이루어짐
③ 합목적성 – 실용성, 효용성이라고도 함
④ 심미성 – 형태, 색채, 재질의 아름다움

해설
디자인 조건 중 경제성은 한정된 경비로 최상의 디자인을 하는 것을 말한다.

30 국제적인 행사 등에서의 사용을 목적으로 제작된 그림문자로서, 언어를 초월해서 직감으로 이해할 수 있도록 한 그래픽 심벌은?

① 다이어그램(Diagram)
② 로고타입(Logotype)
③ 레터링(Lettering)
④ 픽토그램(Pictogram)

해설
픽토그램(Pictogram)은 그림을 뜻하는 Picto와 전보를 뜻하는 Telegram의 합성어로, 누가 보더라도 그 의미를 쉽게 알 수 있도록 만들어진 그림문자이다. 픽토그램은 언어가 달라서 소통에 불편함이 있는 외국인들을 위해 사용하는 경우가 많다.

31 다음 중 재질감에 대한 설명이 틀린 것은?

① 자연적 질감은 사진의 망점이나 인쇄상의 스크린 톤 등에서 찾을 수 있다.
② 재료, 조직의 정밀도, 질량도, 건습도, 빛의 반사도 등에 따라 시각적 감지효과가 달라진다.
③ 손으로 그리거나 우연적인 형은 자연적인 질감이 된다.
④ 촉각적 질감은 눈으로 볼 수 있고 손으로 만져서 느낄 수도 있다.

해설
① 사진의 망점이나 인쇄상의 스크린톤의 질감은 기계적 질감이다.
질감이란 어떤 물체가 가진 표면상의 특징으로 손으로 만지거나 눈으로 보았을 때 느껴지는 시각적인 재질감을 말한다.
- 시각적인 질감 : 눈에 보이는 질감
  예 장식적 질감, 자연적 질감, 기계적 질감
- 촉각적인 질감 : 눈으로도 볼 수 있고 손으로 만져서도 느낄 수 있는 질감

정답 27 ② 28 ④ 29 ① 30 ④ 31 ①

32 색채조절의 효과로 볼 수 없는 것은?

① 안전색채를 사용하면 사고가 줄어든다.
② 자연환경 색채를 사용하면 밝고 맑은 자연의 기운을 느낀다.
③ 산만하고 일에 대한 집중력이 떨어진다.
④ 신체의 피로와 눈의 피로를 줄여 준다.

해설
색채조절의 효과
- 신체적 피로와 눈의 피로가 감소된다.
- 산만함을 예방하여 일에 대한 집중력을 높이고, 능률성과 안전성을 향상시킨다.
- 청결한 환경을 제공하므로 정리정돈 및 청소가 수월하다.
- 건물을 보호하고 유지하는 데 효과적이다.
- 작업환경에 따라 조명의 효율성을 높인다.

33 패션 디자인의 색채계획 중 색채정보 분석단계에 해당되지 않는 것은?

① 유행정보 분석
② 이미지 맵 작성
③ 소비자 정보 분석
④ 색채계획서 작성

해설
색채정보 분석단계에는 유행정보 분석, 소비자 정보 분석, 색채계획서 작성은 해당되지만, 이미지 맵 작성은 분석단계에 해당하지 않는다.

34 독일공작연맹에 대한 설명이 틀린 것은?

① 헤르만 무지테우스의 제창으로 건축가, 공업가, 공예가들이 모여 결성된 디자인 진흥단체이다.
② 우수한 미적 기준을 표준화하여 대량생산하고, 수출을 통해 독일의 국부 증대를 목표로 하였다.
③ 질을 추구하면서도 동시에 대량생산에 의한 양을 긍정하여 모던 디자인이 탄생하는 길을 열었다.
④ 조형의 추상성과 기하학적 간결한 형태의 경제성에 입각한 디자인을 추구하였다.

해설
1907년 뮌헨에서 탄생한 독일공작연맹은 헤르만 무테지우스의 주도하에 결성되었다. 독일공작연맹에서는 '산업'이 중요한 위상을 갖는 것은 물론, 예술 수공예운동의 가치를 계승한 19세기 후반의 '아르누보(Art Nouveau)' 건축가들 역시 산업 재료와 기술을 수용하기 시작하였다. 그러나 독일공작연맹의 경우 산업은 기술을 상징하는 주축이 되며, 공작연맹의 존재 이유에 있어 핵심적 가치가 된다.

35 기존의 낡은 예술을 모두 부정하고 기계세대에 어울리는 새롭고 다이내믹한 미의 창조를 주장한 사조는?

① 아방가르드 ② 다다이즘
③ 해체주의 ④ 미래주의

해설
미래주의는 1910년 무렵 이탈리아에서 일어난 전위예술운동을 말한다. 전통적인 예술을 부정하면서 도시와 기계 문명의 역동성 및 속도감을 새로운 미의 가치로 표현하려고 했다. 미래파라고도 한다.

36 색채계획 프로세스 중 이미지의 방향을 설정하고 주조색, 보조색, 강조색을 결정하고 소재 및 재질 결정, 제품 계열별 분류 및 체계화를 하는 단계는?

① 디자인 단계 ② 기획단계
③ 생산단계 ④ 체크리스트

해설
디자인 단계는 이미지의 방향을 설정하고 주조색, 보조색, 강조색을 결정하고 소재 및 재질 결정, 제품 계열별 분류 및 체계화를 하는 단계이다.

37 산, 고층 빌딩, 타워, 기념물, 역사 건조물 등 멀리서도 위치를 알 수 있는 그 지역의 상징물을 의미하는 디자인 용어는?

① 슈퍼그래픽(Super Graphic)
② 타운스케이프(Townscape)
③ 파사드(Facade)
④ 랜드마크(Land Mark)

정답 32 ③ 33 ② 34 ④ 35 ④ 36 ① 37 ④

해설
랜드마크(Land Mark)는 어떤 지역을 식별하는 데 목표물로서 적당한 사물로, 주위의 경관 중에서 두드러지게 눈에 띄기 쉬운 것이라야 하는데, 서울타워나 역사성이 있는 숭례문 등이 해당된다.

38 디자인의 일반적인 정의로 ( ) 속에 가장 적절한 용어는?

디자인이란 인간생활의 목적에 알맞고 ( )적이며 미적인 조형을 계획하고 그를 실현한 과정과 그에 따른 결과로 정의될 수 있다.

① 자 연
② 실 용
③ 생 산
④ 경 제

해설
디자인은 회화나 조각과 달리 아무리 발버둥을 쳐도 실용적인 쓰임으로부터 벗어날 수 없다. 만약 실용성을 저버린다면, 그 순간 그것은 디자인이 아닌 것이다. 디자인이란 인간 생활의 목적에 알맞고 실용적이며, 미적인 조형을 계획하고 그를 실현한 과정과 그에 따른 결과로 정의될 수 있다.

39 다음에서 설명하는 색채디자인의 프로세스 과정은?

생산을 위한 재질의 검토와 단가, 재료의 특성을 시험하고 적용하는 과학적이고 합리적인 단계

① 욕구과정
② 조형과정
③ 재료과정
④ 기술과정

해설
생산을 위한 재질의 검토와 단가, 재료의 특성을 시험하고 적용하는 과학적이고 합리적인 단계를 재료과정이라고 한다.

40 '아름답게 쓰다'라는 사전적 의미를 가진 표현기법으로 가독성뿐만 아니라 손 글씨의 자연스러운 조형미를 효과적으로 나타내는 것은?

① 캘리그래피(Calligraphy)
② 일러스트레이션(Illustration)
③ 편집 디자인(Editorial Design)
④ 아이콘(Icon)

해설
캘리그래피(Calligraphy)는 필기체・필적・서법 등의 뜻으로, 좁게는 서예를 가리키고 넓게는 활자 이외의 서체를 뜻하는 말이다. 원래의 의미는 손으로 그린 그림문자이나, 넓은 의미로는 글자 형태의 독특한 방향이나 획, 선, 여백의 균형미 등 순수조형의 관점에서 보는 것을 뜻한다.

제3과목 색채관리

41 다음 중 반사율이 파장에 관계없이 높은 금속은?

① 알루미늄　② 금
③ 구 리　④ 철

해설
알루미늄의 경우 다른 금속에 비해 파장에 관계없이 반사율이 높아 거울로 사용하기에 적합하다.

42 다른 물질과 흡착 또는 결합하기 쉬워, 방직(紡織) 계통에 많이 사용되며 그 외 피혁, 잉크, 종이, 목재 및 식품 등의 염색에 사용되는 색소는?

① 안 료　② 염 료
③ 도 료　④ 광물색소

해설
염료는 물과 기름에 잘 녹고 단분자로 분산하여 섬유 등의 분자와 잘 결합하여 착색하는 색물질이다.

38 ② 39 ③ 40 ① 41 ① 42 ② 정답

43 **물체색의 측정방법 관련 용어의 설명으로 틀린 것은?**

① 표준백색판 – 분광반사율의 측정에 있어서, 표준으로 쓰이는 분광입체각 반사율을 미리 알고 있는 내구성 있는 백색판이다.
② 등색함수 종류 – 측정의 계산에 사용하는 종류는 XYZ 색 표시계 또는 LUV 색 표시계가 있다.
③ 시료면 개구 – 분광광도계에서 표준백색판 또는 시료를 놓는 개구이다.
④ 기준면 개구 – 2광로의 분광광도계에서 기준 백색판을 놓는 개구이다.

해설
물체색의 측정방법(KS A 0066)에서는 등색함수의 종류와 관련해 측정 또는 측정치의 계산에 사용한 XYZ 색 표시계 또는 $X_{10}Y_{10}Z_{10}$ 색 표시계의 등색함수의 구별을 명기한다고 규정하고 있다.

44 **다음 중 균등 색공간의 정의는?**

① 특정 색 표시계에 따른 색공간에서 표면색이 점유하는 영역
② 색의 상관성 표시에 이용하는 3차원 공간
③ 분광분포가 다른 색자극이 특정 관측 조건에서 동등한 색으로 보이는 것
④ 동일한 크기로 지각되는 색차가 공간 내의 동일한 거리와 대응하도록 의도한 색공간

해설
① 색입체에 대한 정의이다.
② 색공간에 대한 정의이다.
③ 조건등색에 대한 정의이다.

45 **분광복사계를 이용하여 모니터의 휘도를 측정하였다. 측정된 데이터의 단위로 옳은 것은?**

① cd/m^2 ② 단위 없음
③ lux ④ Watt

해설
휘도는 일반적으로 면광원의 광도, 즉 발광면의 밝기를 나타내는 양을 말한다. 단위면적당 1칸델라(cd : 촛불 하나의 광량)의 광도가 측정된 경우를 $1cd/m^2$라 한다.

46 **관측자의 색채 적응조건이나 조명이나 배경색의 영향에 따라 변화하는 색이 보이는 결과를 뜻하는 것은?**

① 컬러풀니스(Colorfulness)
② 컬러 어피어런스(Color Appearance)
③ 컬러 세퍼레이션(Color Separation)
④ 컬러 프로파일(Color Profile)

해설
컬러 어피어런스는 어떤 색채가 매체, 주변색, 광원, 조도 등이 다른 환경에서 다르게 보이는 것이다.

47 **디지털 장비의 종속적 색체계에 해당하지 않는 것은?**

① RGB 색체계
② NCS 색체계
③ HSB 색체계
④ CMY 색체계

해설
디지털 색채 영상을 생성하거나 출력하는 전자장비들은 인간의 시각 방식과 전혀 다른 체계로 색을 재현한다. 이러한 현상은 컬러가 디바이스에 의해 수치화되는 과정에서 각각의 디바이스에서만 사용되는 색공간을 사용하는 것으로 RGB 색체계, CMY 색체계, HSB 색체계, HLS 색체계, YCbCr 등이 있다.

48 **목표색의 값이 L* = 30, a* = 32, b* = 72이며, 시료색의 값이 L* = 30, a* = 32, b* = 20일 때 어떤 색을 추가하여 조색하여야 하는가?**

① 노 랑
② 녹 색
③ 빨 강
④ 파 랑

해설
L*은 명도로 100은 흰색, 0은 검은색이다. +a*는 빨강, –a*는 초록을 나타내며 +b*는 노랑, –b*는 파랑을 의미한다. 문제에서 b*값만 차이가 나는데 72의 방향, 즉 노란색 방향으로 가야 하므로 노랑을 추가해야 한다.

정답 43 ② 44 ④ 45 ① 46 ② 47 ② 48 ①

49 다음 중 8비트를 한 묶음으로 표시하는 단위는?

① byte　② pixel
③ digit　④ dot

해설
byte(바이트) : 컴퓨터에서 문자를 나타내는 가장 작은 단위로 8개 혹은 9개의 bit를 묶어서 표현하는 컴퓨터가 처리하는 정보의 기본단위를 말한다. 하나의 문자를 표현하지만, 한글과 같은 동양권의 문자는 2개의 바이트로 표현하기도 한다.

50 색료의 일반적인 성질에 대한 설명으로 옳은 것은?

① 안료는 착색하고자 하는 매질에 용해된다.
② 염료는 표면에 친화성을 갖는 화학성질을 가지고 있다.
③ 안료는 염료에 비해서 투명하고 은폐력이 약하다.
④ 도료는 인쇄에만 사용되는 유색의 액체이다.

해설
① 안료는 착색하고자 하는 매질에 용해되지 않는다.
③ 안료는 염료에 비해서 은폐력이 크다.
④ 도료는 페인트나 에나멜 같이 고체 물질의 표면에 칠하는 유동성의 물질이다. 인쇄에 쓰이기는 부적합하다.

51 짧은 파장의 빛이 입사하여 긴 파장의 빛을 복사하는 형광현상이 있는 시료의 색채 측정에 적합한 장비는?

① 후방분광방식의 분광색채계
② 전방분광방식의 분광색채계
③ D_{65} 광원의 필터식 색채계
④ 이중분광방식의 분광광도계

해설
짧은 파장의 빛이 입사하여 긴 파장의 빛을 복사하는 형광현상이 있는 시료의 측정에 적합한 분광식 색채계는 후방방식의 분광식 색채계이다. 그 외 나머지는 전방방식의 분광식 색채계를 사용한다.

52 표면색의 시감비교에 쓰이는 자연의 주광은?

① 표준광원 C　② 중심시
③ 북창주광　④ 자극역

해설
두 가지의 시료색 또는 시료색과 현장 표준색 등을 북창주광 아래에서 또는 색 비교용 부스의 상용광원 아래에서 비교한다(KS A 0065).

53 다음 중 RGB 색공간에 기반하여 장치의 컬러를 재현하지 않는 것은?

① LCD 모니터
② 옵셋 인쇄기
③ 디지털 카메라
④ 스캐너

해설
옵셋 인쇄기는 가법혼색인 RGB 색공간이 아닌 감법혼색을 기반으로 컬러를 재현한다.

54 조건등색(Metamerism)에 대한 설명 중 옳은 것은?

① 조명에 따라 두 견본이 같게도 다르게도 보인다.
② 모니터에서 색 재현과는 관계없다.
③ 사람의 시감 특성과는 관련없다.
④ 분광반사율이 같은 두 견본도 다르게 보일 수 있다.

해설
분광반사율이 서로 다른 두 가지 색의 물체가 특정 조명 아래에서 같은 색으로 보이는 현상을 조건등색이라 한다.

55 육안측색을 통한 시료색의 일반적인 색 비교 절차로 틀린 것은?

① 시료색과 현장 표준색 또는 표준재료로 만든 색과 비교한다.
② 비교의 정밀도를 향상시키기 위해서 시료색의 위치를 바꾸지 않는다.
③ 메탈릭 마감과 같은 특별한 표면의 관찰은 당사자 간의 협정에 따른다.
④ 시료색들은 눈에서 약 500mm 떨어뜨린 위치에, 같은 평면상에 인접하여 배치한다.

49 ① 50 ② 51 ① 52 ③ 53 ② 54 ① 55 ② 정답

해설
비교의 정밀도를 향상시키기 위해서 가끔씩 시료색의 위치를 바꿔가며 비교한다(KS A 0065).

56 다음은 어떤 종류의 조명에 대한 설명인가?

> 적외선 영역에 가까운 가시광선의 분광분포로 따뜻한 느낌을 주며 유리구의 색과 디자인에 따라 주광색 전구, 색전구 등이 있으며 수명이 짧고 전력효율이 낮은 단점이 있다.

① 형광등 ② 백열등
③ 할로겐등 ④ 메탈할라이드등

해설
백열등 : 전류가 필라멘트를 가열하여 빛이 방출되는 열광원으로 장파장의 붉은색을 띤다. 일반적으로 적외선 영역에 가까운 가시광선의 분광분포 특성을 보이며 백열전구 아래에서의 난색 계열은 보다 생생하게 보인다. 장파장의 빛이 주로 방출되어 따뜻한 느낌을 주지만 전력 소모량에 비해 빛이 약하고 수명도 짧은 단점이 있다.

57 다음 중 디지털 컬러 이미지의 저장 시 손실 압축방법으로 파일을 저장하는 포맷은?

① JPEG ② GIF
③ BMP ④ RAW

해설
JPEG는 정지 화상을 위해서 만들어진 손실 압축방법 표준이다. GIF에 비해 데이터의 압축 효율이 좋으며 GIF는 256색을 표시할 수 있지만 JPEG는 1,600만 색상을 표시할 수 있어 고해상도 표시장치에 적합하다. 손실 압축 형식이지만 파일 크기가 작기 때문에 웹에서 널리 쓰인다. 압축률을 높이면 파일 크기는 작아지고 이미지 품질은 더욱 떨어진다.

58 CCM이란 무슨 뜻인가?

① 색좌표 중의 하나
② 컴퓨터 자동배색
③ 컬러차트 분석
④ 안료품질관리

해설
CCM은 컴퓨터 자동배색장치로 조색시간을 단축할 수 있으며, 소재의 변화에 신속히 대응하는 데 도움을 주며, 다품종 소량에 대응하고, 고객의 신뢰도를 구축하며, 컬러런트의 구성이 효율적이다.

59 국제조명위원회(CIE)의 색채 관련 정의에 대한 설명으로 잘못된 것은?

① CIE 표준광 – CIE에서 규정한 측색용 표준광으로 A, C, D_{65}가 있다.
② 주광 궤적 – 여러 가지 상관 색온도에서 CIE 주광의 색도를 나타내는 점을 연결한 색도 좌표도 위의 선을 뜻한다.
③ CIE 주광 – 많은 자연 주광의 분광 측정값을 바탕으로 CIE가 정한 분광분포를 갖는 광을 뜻한다.
④ CIE 주광 – CIE 주광에는 D_{50}, D_{55}, D_{75}가 있다.

해설
CIE에서 규정한 표준광원 A, C, D_{65}는 측색용 표준광원이 아니다. 측색용은 C 광원과 D_{65}이다.

60 우리나라에서 전통적으로 사용하는 천연염료의 하나로, 방충성이 있으며, 이 즙을 피부에 칠하면 세포에 산소 공급이 촉진되어 혈액의 순환을 좋게 하는 치료제로 알려진 것은?

① 자초염료
② 소목염료
③ 치자염료
④ 홍화염료

해설
홍화염료 : 우리나라에서 전통적으로 사용하는 천연염료로서 방충성이 있고, 피부에 바르면 세포에 산소 공급이 촉진되어 혈액순환을 돕는 치료제로도 사용되었다. 주로 주홍색을 띤다.

정답 56 ② 57 ① 58 ② 59 ① 60 ④

제4과목 색채지각의 이해

61 다음에서 설명하는 현상은?

> • 순도(채도)를 높이면 같은 파장의 색상이 다르게 보인다.
> • 같은 파장의 녹색 중 하나는 순도를 높이고, 다른 하나는 그대로 둔다면 순도를 높인 색은 연두색으로 보인다.

① 베졸트 브뤼케 현상
② 메카로 현상
③ 애브니 효과
④ 허먼 그리드 효과

해설
③ 애브니 효과 : 파장(색상)이 같아도 색자극의 순도가 변하면 색상이 다르게 보이는 현상을 말한다.
① 베졸트 브뤼케 현상 : 동일한 주파장의 색광이라도 강도를 변화시키면 색상이 다르게 보이거나 유사한 색광도 강도에 따라서 동일하게 보이는 현상을 말한다.
② 메카로 현상 : 보색잔상이 이동하는 경우의 효과로 대뇌에서 인지한 사물의 방향에서 일어나는 현상이다.
④ 허먼 그리드 효과 : 검은색과 흰색 선이 교차되는 지점에 허먼 도트라는 회색 점이 보이는 현상이다.

62 다음 중 채도대비가 가장 뚜렷하게 나타나는 경우는?

① 유채색과 무채색
② 유채색과 유채색
③ 무채색과 무채색
④ 저채도 색과 고채도 색

해설
채도대비는 채도가 서로 다른 두 가지 색이 배색되어 있을 때 생기는 대비로 채도가 높은 색채는 더욱 선명해 보이고, 채도가 낮은 색채는 더욱 흐리게 보이는 현상이다. 보기에서 유채색과 무채색일 경우 채도 차이가 가장 뚜렷하게 나타난다.

63 더 이상 분해할 수 없는 색으로, 어떠한 혼합으로도 만들어낼 수 없는 독립적인 색은?

① 순 색　　② 원 색
③ 명 색　　④ 혼 색

해설
원색은 어떠한 혼합으로도 만들어 낼 수 없는 각기 독립적인 색 또는 더 이상 분해할 수 없는 원초적인 색을 말한다.

64 회전혼합에 대한 설명과 거리가 먼 것은?

① 영국의 물리학자 맥스웰에 의해 실험되었다.
② 다양한 색점들을 이웃되게 배열하여 거리를 두고 관찰할 때 혼색되어 중간색으로 지각된다.
③ 혼색된 결과는 원래 각 색지각의 평균 밝기와 색으로 나타난다.
④ 색팽이를 통해 쉽게 실험해 볼 수 있다.

해설
회전혼합은 영국의 물리학자 맥스웰에 의해 실험되었다. 두 가지 색의 색표를 회전원판 위에 적당한 비례의 넓이로 붙여 빠른 속도로 회전시키면 원판 면이 혼색되어 보이는 혼합을 말한다. 혼색된 결과는 색의 명도는 각 색지각의 평균값이 되며, 보색관계의 색상혼합은 중간 명도의 회색이 된다.

65 눈의 구조와 기능에 대한 설명으로 틀린 것은?

① 각막과 수정체는 빛을 굴절시킨다.
② 홍채는 눈으로 들어오는 빛의 양을 조절한다.
③ 망막은 수정체를 통해 들어온 상이 맺히는 곳이다.
④ 망막에서 상의 초점이 맺히는 부분을 맹점이라 한다.

해설
망막에서 상의 초점이 맺히는 부분을 중심와라 한다. 맹점은 빛을 구분하는 시세포가 없으며, 망막에서 뇌로 들어가는 시신경 다발 때문에 어느 지점의 거리에서 색이나 형태, 상이 맺히지 않는 부분으로 시신경의 통로 역할을 한다.

61 ③ 62 ① 63 ② 64 ② 65 ④ 정답

66 가법혼색의 3원색으로 옳은 것은?

① 마젠타, 노랑, 녹색
② 빨강, 노랑, 파랑
③ 빨강, 녹색, 파랑
④ 노랑, 녹색, 사이안

해설
가법혼색은 빛의 혼합으로 빛의 3원색인 빨강, 초록, 파랑을 혼합하기 때문에 섞을수록 밝아지며 컬러 모니터, TV, 무대 조명 등에 사용된다.

67 명확하게 눈에 잘 들어오는 성질로, 배색을 통해 먼 거리에서도 식별이 쉬운 특성은?

① 유목성 ② 진출성
③ 시인성 ④ 대비성

해설
시인성 또는 명시성은 물체의 색이 얼마나 잘 보이는가를 나타내는 정도이다. 명시성에 영향을 주는 순서는 명도, 채도, 색상 순이며 주목성과 달리 두 가지 색의 차이로 가시성이 높아진다. 주로 주목성이 높은 색과 무채색이나 검은색을 배색할 때 가장 명시도가 높다.

68 다음 (   ) 안에 순서대로 적합한 단어는?

> 빨간 십자가를 15초 동안 응시하고 흰 벽을 쳐다보면 빨간색 십자가는 사라지고 (A) 십자가를 보게 되는 것과 관련한 현상을 (B)이라고 한다.

① 노란색, 유사잔상
② 청록색, 음성잔상
③ 파란색, 양성잔상
④ 회색, 중성잔상

해설
음성잔상은 원래 감각과 반대되는 밝기나 색상을 띤 잔상으로 일반적으로 느끼는 잔상을 말한다. 수술 도중 청록색이 아른거리는 이유도 여기에 있으며, 소극적 잔상이라고도 하는 이 잔상은 거의 원래 색상과의 보색으로 나타난다.

69 어두운 곳에서 명시도를 높이기 위해서 초록색을 비상표시에 사용하는 이유와 관련있는 현상은?

① 명순응 현상
② 푸르킨예 현상
③ 주관색 현상
④ 베졸트 효과

해설
푸르킨예 현상은 명소시에서 암소시로 갑자기 이동할 때 빨간색은 어둡게, 파란색은 밝게 보이는 현상이다.

70 양성적 잔상에 대한 설명으로 틀린 것은?

① 본래의 자극광과 동일한 밝기와 색을 그대로 느끼는 현상이다.
② 영화, TV, 애니메이션 등에서 볼 수 있다.
③ 음성적 잔상에 비해 자극이 오랫동안 지속된다.
④ 5초 이상 노출되어야 잔상이 지속된다.

해설
정의 잔상은 원래 감각과 같은 정도의 밝기나 색상을 띤 잔상이다. 부의 잔상보다 오래 지속되며 TV 또는 영화에서 주로 볼 수 있고 양성잔상, 긍정적 잔상, 적극적 잔상, 등색잔상이라 한다. 반드시 5초 이상이어야 하는 것은 아니며, 순간적 노출로도 잔상은 일어 날 수 있다.

71 흑체에 대한 설명으로 틀린 것은?

① 400℃ 이하의 온도에서는 주로 장파장을 내놓는다.
② 흑체는 이상화된 가상물질로 에너지를 완전히 흡수하고 방출하는 물질이다.
③ 온도가 올라갈수록 방출되는 에너지의 양과 평균 세기가 커진다.
④ 모든 범위에서의 전자기파를 반사하고 방출하는 것이다.

해설
흑체는 반사가 전혀 이루어지지 않고 오직 에너지만 흡수한다. 흑체가 에너지를 흡수하면 온도가 오르게 되는데, 이 온도를 측정한 것이 색온도이다.

정답 66 ③ 67 ③ 68 ② 69 ② 70 ④ 71 ④

72 인간의 망막에 있는 광수용기는?

① 간상체, 수정체
② 간상체, 유리체
③ 간상체, 추상체
④ 수정체, 유리체

해설
망막에 있는 광수용기에는 간상체와 추상체가 있다. 간상체는 중심와로부터 20° 정도에 위치하고, 40° 정도를 벗어나면 추상체는 거의 존재하지 않아 밝기만 감지하게 된다. 추상체는 망막의 중심와에 밀집되어 있으며, 밝은 부분과 색을 인식한다.

73 색채대비 현상에 관한 설명으로 옳은 것은?

① 색상대비는 1차색끼리 잘 일어나며 2차색, 3차색이 될수록 대비효과가 감소한다.
② 계속해서 한 곳을 보게 되면 대비효과는 더욱 커진다.
③ 일정한 자극이 사라진 후에도 지속적으로 자극을 느끼는 현상을 연변대비라 한다.
④ 대비현상은 생리적 자극방법에 따라 동시대비와 동화현상으로 나눌 수 있다.

해설
② 계속 한 곳을 보면 눈의 피로로 인해 대비효과는 감소된다.
③ 일정한 자극이 사라진 후에도 지속적으로 자극을 느끼는 현상은 잔상효과이다.
④ 대비현상은 생리적 자극방법에 따라 동시대비와 계시대비로 나눌 수 있다.

74 색의 3속성에 대한 설명이 옳은 것은?

① 색상은 빛의 밝고 어두운 정도를 나타낸다.
② 명도는 색파장의 길고 짧음을 나타낸다.
③ 채도는 색파장의 순수한 정도를 나타낸다.
④ 명도는 빛의 파장 자체를 나타낸다.

해설
① 명도는 빛의 밝고 어두운 정도를 나타낸다.
② 색상은 색파장의 길고 짧음을 나타낸다.
④ 명도는 빛의 반사율, 즉 밝기를 나타낸다.

75 인간은 조명이나 관측조건이 달라져도 자신이 지각한 색으로 물체의 색을 지각하려는 경향이 있다. 이는 무엇과 관련이 있는가?

① 연속대비
② 색각 항상
③ 잔상효과
④ 색 상징주의

해설
색각 항상, 즉 색채의 항상성은 빛의 밝기나 광원의 변화에도 색이 변하지 않는 것으로, 조명의 강도가 바뀌어도 물체의 색을 동일하게 지각하는 현상을 말한다. 즉, 빛의 물리적 특성이 변화하더라도 물체의 색채가 변하지 않고 그대로 유지되는 색채감각을 말한다.

76 색채의 감정효과에 관한 설명 중 옳은 것은?

① 녹색, 보라 등은 따뜻함이나 차가움이 느껴지지 않는 중성색이다.
② 채도가 높은 색은 부드러운 느낌을 준다.
③ 색에 의한 흥분, 진정효과는 명도에 가장 크게 좌우된다.
④ 색의 중량감은 색상에 가장 크게 좌우된다.

해설
① 난색과 한색 외에 따뜻함이나 차가움이 느껴지지 않는 중성색이 있는데 녹색, 보라 등이다.
② 채도가 높은 색은 강한 느낌을 준다.
③ 색에 의한 흥분, 진정효과는 색상에 가장 크게 좌우된다.
④ 색의 중량감은 명도에 의해 가장 크게 좌우된다.

77 다음 중 베졸트(Bezold) 효과와 관련이 없는 것은?

① 동화효과 ② 전파효과
③ 대비효과 ④ 줄눈효과

해설
중간혼색은 가법혼색의 일종으로 색이 실제로 섞이는 것이 아니라, 착시에 의해 색이 혼합된 것처럼 보이는 심리적인 혼색으로 컬러인쇄와 같은 중간혼색의 방법 또는 베졸트(Bezold) 효과 등에서 볼 수 있다. 동화효과, 전파효과, 줄눈효과, 병치혼합 등이 해당된다.

정답: 72 ③ 73 ① 74 ③ 75 ② 76 ① 77 ③

78 색의 팽창, 수축에 관한 설명으로 옳은 것은?

① 어두운 난색보다 밝은 난색이 더 팽창해 보인다.
② 선명한 난색보다 선명한 한색이 더 팽창해 보인다.
③ 한색계의 색은 외부로 확산하려는 성질이 있다.
④ 무채색이 유채색보다 더 팽창해 보인다.

해설
② 선명한 난색보다 선명한 한색이 더 수축해 보인다.
③ 난색계의 색이 외부로 확산하려는 팽창의 성질이 있다.
④ 무채색이 유채색보다 더 수축해 보인다.

79 다음 중 가장 수축되어 보이는 색은?

① 5B 3/4
② 10YR 8/6
③ 5R 7/2
④ 7.5P 6/10

해설
수축색에는 한색 계열, 저명도, 저채도, 무채색이 속한다. 먼셀 표색계의 표기법에 따르면 색상 명도/채도이므로, 가장 수축되어 보이는 것은 5B 3/4이다.

80 한낮의 하늘이 푸르게 보이는 것은 빛의 어떤 현상에 의한 것인가?

① 빛의 간섭
② 빛의 굴절
③ 빛의 산란
④ 빛의 편광

해설
① 빛의 간섭 : 둘 이상의 파동이 서로 만났을 때 백색광이 얇은 막에서 확산 또는 반사되어 일으키는 간섭무늬 현상이다. 예로 진주 조개, 전복 껍데기와 비눗방울에 생기는 무지개 현상을 들 수 있다.
② 빛의 굴절 : 하나의 매질로부터 다른 매질로 진입하는 파동이 그 경계면에서 진행하는 방향을 바꾸는 현상으로 빛의 파장이 길면 굴절률이 약하고, 파장이 짧으면 굴절률이 크다.
④ 빛의 편광 : 진행 방향에 수직한 임의의 평면에서 전기장의 방향이 일정한 빛을 편광이라 한다.

제5과목 색채체계의 이해

81 Yxy 표색계의 중앙에 위치하는 색은?

① 빨 강　② 보 라
③ 백 색　④ 녹 색

해설
CIE Yxy 표색계는 말발굽형 모양의 색도도로 표시하며, 바깥 둘레에 나타난 색은 고유 스펙트럼을 가지고 있어 모든 색을 표현할 수 있다. 내부의 궤적선은 색온도를 나타내고, 보색은 중앙에 위치한 백색점 C를 두고 마주보고 있다. 서로 보색관계에 있는 두 색을 잇는 선분은 백색점을 지난다.

82 연속배색에 대한 설명 중 옳은 것은?

① 애매한 색과 색 사이에 뚜렷한 한 가지 색을 삽입하는 배색
② 색상이나 명도, 채도, 톤 등이 단계적으로 변화되는 배색
③ 2색 이상을 사용하여 되풀이하고 반복함으로써 융화성을 높이는 배색
④ 단조로운 배색에 대조색을 추가함으로써 전체의 상태를 돋보이게 하는 배색

해설
연속배색은 색의 3속성 중 하나 이상의 속성이 일정한 간격을 갖고 자연스럽게 변화하도록 배색하는 것을 말한다. 색상이나 명도, 채도, 톤 등이 단계적으로 변화되는 배색을 연속배색이라 한다.

83 예로부터 전해 내려온 우리말로 된 고유색명이 아닌 것은?

① 추향색　② 감 색
③ 곤 색　④ 치 색

해설
쪽빛은 쪽남으로 짙게 물들여 검은빛을 띤 어두운 남색이다. 산뜻한 쪽빛은 감청(紺靑) 또는 아청(雅靑)이라 해서 제일 좋은 것으로 여겼으며, 짙은 남색은 숙람색(熟藍色), 가지색, 군청색(群靑色), 암청색(暗靑色), 농람(濃藍), 남전(藍靛)이라 하고, 누런빛을 띤 남색은 제남색(霽藍色)이라 한다. 한때 일본식 발음을 따라 곤색이라 하였다.

정답 78 ① 79 ① 80 ③ 81 ③ 82 ② 83 ③

84 색의 3속성에 의한 먼셀 색체계의 설명으로 틀린 것은?

① R, Y, G, B, P를 기본색상으로 한다.
② 명도 번호가 클수록 명도가 높고, 작을수록 명도가 낮다.
③ 색상별 채도의 단계는 차이가 있다.
④ 무채색의 밝고 어두운 축을 Gray Scale이라고 하며, 약자인 G로 표기한다.

해설
무채색의 밝고 어두운 축을 Value라고 하고, 약자로 V로 표시한다.

85 한국의 전통색채 및 색채의식에 관한 설명이 아닌 것은?

① 음양오행사상을 표현하는 상징적 의미의 표현수단으로서 이용되어 왔다.
② 계급서열과 관계없이 서민들에게도 모든 색채 사용이 허용되었다.
③ 한국의 전통색채 차원은 오정색과 오간색의 구조로 이루어진다.
④ 색채의 기능적 실용성보다는 상징성에 더 큰 의미를 두었다.

해설
황색은 중앙을 상징하며, 중국 황제가 황색의 복색을 착용하였으므로 조정의 신하들은 황색의 옷을 착용하지 못하였다. 조선에서도 황색 금지령은 복색 금지령 중에서 가장 높은 빈도를 나타내고 있는데, 특히 태종~세종 대에 많이 나타난다. 그러나 송화색이나 치자색의 옷은 색이 주는 안정감으로 인해 부녀자들이 즐겨 입었다.

86 현색계에 대한 설명으로 옳은 것은?

① 빛의 색을 표기하는데 가장 적합한 색체계이다.
② 색 지각에 기반을 두고 색을 나타내는 색체계이다.
③ 한국산업표준의 XYZ 색체계를 대표적으로 들 수 있다.
④ 데이터 정량화 중심으로 변색 및 탈색의 염려가 없다.

해설
현색계는 인간의 색 지각에 기초하여 심리적 3속성인 색상, 명도, 채도에 의해 물체색을 순차적으로 배열하고 색입체 공간을 체계화한 것이다.

87 배색효과에 관한 설명이 틀린 것은?

① 고명도 배색이 저명도 배색보다 가볍고 부드러운 느낌을 준다.
② 명도차가 큰 배색은 명쾌하고 역동감을 준다.
③ 동일 채도의 배색은 통일감을 준다.
④ 고채도가 저채도보다 더 후퇴하는 느낌이다.

해설
채도가 높을수록 진출하는 느낌이 더 강하다.

88 다음 중 노랑에 가장 가까운 색은?(단, CIE 색공간 표기임)

① $a^* = -40$, $b^* = 15$
② $h = 180°$
③ $h = 90°$
④ $a^* = 40$, $b^* = -15$

해설
CIE L^*c^*h에서 L^*은 명도, c^*는 채도, h는 색상의 각도를 의미한다. h = 0°(빨강), h = 90°(노랑), h = 180°(초록), h = 270°(파랑)으로 표시된다.

89 다음 중 다양한 색 표지의 책을 진열하기 위한 책장의 색으로 가장 적합한 것은?

① 흰 색 ② 노란색
③ 연두색 ④ 녹 색

해설
다양한 색 표지의 책을 진열하기 위해 책장의 색은 무채색이 가장 적합하다. 책장의 색에 따라 잘 보일 수도 있고, 보이지 않을 수도 있기 때문에 무채색인 흰색이 가장 적합하다.

정답 84 ④ 85 ② 86 ② 87 ④ 88 ③ 89 ①

90 비렌의 색 삼각형에서 ①~④의 번호에 들어갈 용어가 순서대로 바르게 배열된 것은?

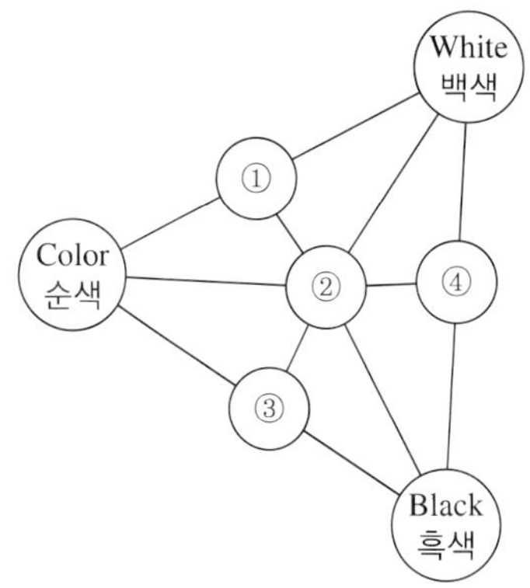

① Tint – Tone – Shade – Gray
② Tone – Tint – Gray – Shade
③ Tint – Gray – Shade – Tone
④ Tone – Gray – Shade – Tint

해설
백색과 순색이 만나면 밝은 색조(Tint)가 되고 백색과 흑색이 만나면 회색조(Gray)가 된다. 순색과 흑색이 만나면 어두운 색조(Shade)가 되고 밝은 색조와 어두운 색조, 회색조가 만나면 중간 색조(Tone)가 된다.

91 NCS 색 삼각형에 대한 설명으로 옳은 것은?

① W-S, W-B, S-B의 기본 척도를 가진다.
② 대상색의 하얀색도, 검은색도, 유채색도 사이의 관계를 설명한다.
③ Y-R, R-B, B-G, G-Y의 기본 척도를 가진다.
④ 24색상환으로 되어 있으며, 색상·명도·채도(H V/C)의 순서로 표기한다.

해설
NCS 색 삼각형은 색 공간을 수직으로 자른 등색상면을 말한다. 색 삼각형의 위에서 아래로 하양(W)과 검정(S)의 그레이 스케일을 나타내고, 삼각형의 오른쪽 꼭짓점에 최고 채도(C)를 표기한다.

92 오스트발트 색체계와 관련이 없는 것은?

① 등백계열
② 등흑계열
③ 등순계열
④ 등비계열

해설
오스트발트의 색채조화론
오스트발트의 색채체계는 매우 조직적이기 때문에 배색의 방법이 명쾌하다. 오스트발트는 조화란 질서와 같다고 언급하면서 매우 명쾌하고 조직적인 조화론을 펼쳤다. 오스트발트의 등색상 삼각형은 정삼각형의 구조와 등간격으로 이루어져 동색조(등백계열, 등흑계열, 등순계열)의 색을 선택하기 편리하다.

93 다음 설명과 관련있는 색채조화론 학자는?

- 색의 3속성에 근거하여 유사성과 대비성의 관계에서 색채조화 원리를 찾았다.
- 계속대비 및 동시대비의 효과에 대한 그의 그림도판은 나중에 비구상화가에 영향을 끼쳤다.
- 병치혼합에 대한 그의 연구는 인상주의, 신인상주의에 영향을 끼쳤다.

① 슈브럴(M. E. Chevreul)
② 루드(O. N. Rood)
③ 저드(D. B. Judd)
④ 비렌(Faber Birren)

해설
프랑스의 화학자 슈브럴(Chevreul)은 고블랭의 직물 제작소에서 연구하던 중 색의 조화와 대비의 법칙을 발견하였다. 그의 조화론은 당시의 화가들에게 큰 영향을 주었다. 도미넌트 컬러는 전체를 주도하는 색이 있음으로 조화되고, 세퍼레이션 컬러는 선명한 윤곽이 있음으로 조화된다. 보색배색은 두 색을 원색의 강한 대비로 성격을 강하게 표현하면 조화된다.

정답 90 ① 91 ② 92 ④ 93 ①

94 PCCS의 톤 분류가 아닌 것은?

① Strong ② Dark
③ Tint ④ Grayish

해설
PCCS의 톤과 명칭
• 유채색의 톤
해맑은(v ; vivid), 밝은(b ; bright), 강한(s ; strong), 짙은(dp ; deep), 연한(lt ; light), 부드러운(sf ; soft), 칙칙한(d ; dull), 어두운(dk ; dark), 엷은(p ; pale), 밝은 회색을 띤(ltg ; light grayish), 회색 띤(g ; grayish), 어두운 회색을 띤(dkg ; dark grayish)
• 무채색의 톤
검정(BK), 어두운 회색(dkGy), 회색(mGy), 밝은 회색(ltGy), 하양(W)

95 NCS 색체계의 설명으로 옳은 것은?

① 오스트발트 시스템에서 영향을 받아 24개의 기본 색상과 채도, 어두움의 정도로 표기한다.
② 시대에 따른 트렌드 컬러를 중심으로 하여 업계간 컬러 커뮤니케이션을 원활하게 하기 위해 만들어진 색체계이다.
③ 스웨덴 색채연구소에서 발표한 색체계로 심리보색의 개념을 바탕으로 한 색체계이다.
④ 색체계의 형태는 원기둥이며 공간상의 좌표를 이용하여 색의 표시와 측정을 한다.

해설
NCS 색체계는 스웨덴공업규격(SIS)으로 제정된 것으로 물체의 표면색을 체계화하는 시스템이다. 헤링의 반대색설에 기초하여 색의 자연스러운 체계를 표색계로 체계화하였다.

96 혼색계의 특징으로 옳은 것은?

① 물체색을 수치로 표기하여 변색, 탈색 등의 물리적 영향이 없다.
② 측색기 등 전문기기를 필요로 하지 않는다.
③ 지각적으로 일정하게 배열되어 있다.
④ 먼셀, NCS, DIN 색체계가 혼색계에 해당된다.

해설
혼색계는 색광을 표시하는 표색계로 심리, 물리적인 빛의 혼색실험에 기초를 두며 영-헬름홀츠에 의한 RGB 등의 3원색 이론에서 출발한 CIE(국제조명위원회) 표준 표색계가 가장 대표적인 예이다. CIE에서는 어떤 빛에 의해서 일어나는 시신경의 흥분과 같은 양의 흥분을 일으킬 수 있는 3원색을 정하고, 그 혼합 비율에 의해 모든 색채를 표시한다.

97 1931년에 CIE에서 발표한 색체계의 설명으로 옳은 것은?

① 눈의 시감을 통해 지각하기 쉽도록 표준색표를 만들었다.
② 표준관찰자를 전제로 표준이 되는 기준을 발표하였다.
③ CIE XYZ, CIE LAB, CIE RGB 체계를 완성하였다.
④ 10° 시야를 이용하여 기준 관찰자를 정의하였다.

해설
눈의 원추세포는 균일하게 분포되어 있지 않기 때문에, 3색 자극값은 관찰자의 시야에 따라 조금씩 달라진다. 이 차이를 없애기 위해 CIE는 표준 색 관찰자를 정의하였다. 이것은 평균적인 시각을 가진 사람의 시야각 2° 이내에 몰려 있는 원추세포의 반응을 가리킨다. 따라서 CIE 1931 표준관찰자는 CIE 1931 2° 표준관찰자라고도 불린다.

98 먼셀 색체계에 대한 설명으로 옳은 것은?

① 색상, 명도, 뉘앙스의 3속성으로 표현된다.
② 우리나라 한국산업표준으로 사용된다.
③ 헤링의 반대색설을 기초로 한다.
④ 8색상을 기본으로 각각 3등분한 24색상환을 취한다.

해설
먼셀 색체계는 현재 우리나라의 공업규격에서 색의 3속성에 의한 표기방법으로 제정되었고, 교육용 20색상환으로 채택되었다. 또한 표색방법이 합리적이기 때문에 현재 국제적으로 가장 널리 사용되고 있는 색체계이다.

정답 94 ③ 95 ③ 96 ① 97 ② 98 ②

99 다음 중 오스트발트 색체계의 1ca 표기와 관련이 있는 것은?

① 연한 빨강
② 연한 노랑
③ 진한 빨강
④ 진한 노랑

해설
오스트발트는 백색량 W, 검은색량 B, 순색량 C의 합을 100%로 하였기 때문에 어떠한 색이라도 혼합량의 합은 항상 일정하다. 가령 순색량이 없는 무채색이라면 W + B = 100%가 되고, 순색량이 있는 유채색은 W + B + C = 100%가 된다. 예를 들면 ca는 흰색 함유량이 56, 검은색 함유량이 11로 순색의 함유량은 100 – 56 – 11 = 33이 되는 것이다.

100 한국의 오방색은?

① 적(赤), 청(靑), 황(黃), 백(白), 흑(黑)
② 적(赤), 녹(綠), 청(靑), 황(黃), 옥(玉)
③ 백(白), 흑(黑), 양록(洋綠), 장단(長丹), 삼청(三靑)
④ 녹(綠), 벽(碧), 홍(紅), 유황(騮黃), 자(紫)

해설
오방색은 동쪽은 청(靑), 서쪽은 백(白), 중앙은 황(黃), 남쪽은 적(赤), 북쪽은 흑(黑)으로 구성되었다.

정답 99 ② 100 ①

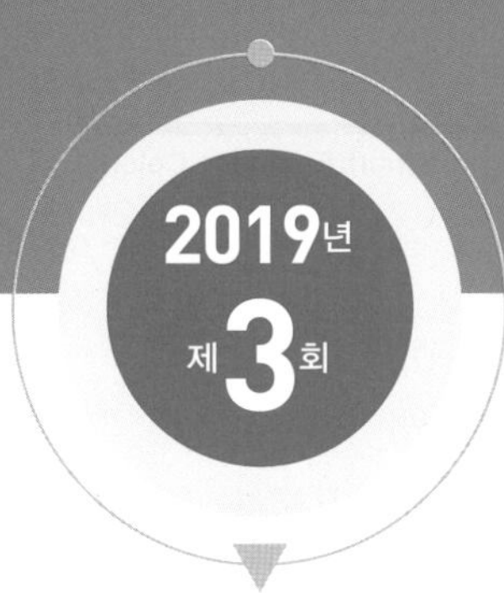

컬러리스트산업기사

과년도 기출문제

제1과목 색채심리

01 색채의 연상효과와 관련이 없는 것은?

① 제품 정보로서의 색
② 사회·문화 정보로서의 색
③ 국제언어로서의 색
④ 색채 표시기호로서의 색

해설
색채 표시기호로서의 색은 제품의 색채를 관리하기 위하여 상품을 제공하는 생산자나 소매업 등에 있어서 색의 정보관리, 상품색 관리, 기호색 관리 등을 계통적 또는 계속적으로 행하고 보다 정확한 상품색을 시장으로 제공하기 위한 산업체 간의 약속이다.

02 색채 마케팅에 관한 설명 중 가장 옳은 것은?

① 색을 과학적, 심리적으로 이용하여 구매를 유도하는 기업 경영전략이다.
② 제품 판매를 위한 판매전략이므로 CIP는 색채 마케팅이라고 할 수 없다.
③ 색채 마케팅은 궁극적으로 경쟁 제품의 가격을 낮추는 효과를 낸다.
④ 심미적인 역할을 강조하는 것이므로 품질 향상 효과와는 관련이 없다.

해설
② CIP는 기업 이미지 통합전략(Corporate Image Identity Program)으로 색채 마케팅이다.
③ 색채 마케팅은 궁극적으로 타사 제품과의 차별화로 자사 제품의 판매 촉진을 목표를 두며, 경쟁 제품 가격을 낮추는 데 목표를 두지 않는다.
④ 심미적인 역할을 강조하는 것이므로 품질 향상과 정서 순화에 영향을 미친다.

03 긍정적 연상으로는 성숙, 신중, 겸손의 의미를 가지나 부정적 연상으로 무기력, 무관심, 후회의 연상 이미지를 가지는 색은?

① 보 라
② 검 정
③ 회 색
④ 흰 색

해설
① 보라 : 긍정 – 화려함, 고급, 낭만 / 부정 – 우울, 사치, 불행, 비현실적
② 검정 : 긍정 – 고급, 권력, 절제 / 부정 – 죽음, 공포, 절망, 침묵
④ 흰색 : 긍정 – 밝음, 순수, 청결, 정직 / 부정 – 죽음, 장례, 차가움, 공허함

04 정보로서의 색의 역할에 대한 설명이 틀린 것은?

① 제품의 차별화와 색채연상 효과를 높이기 위해 민트향이 첨가된 초콜릿 제품의 포장을 노랑과 초콜릿색의 조합으로 하였다.
② 시원한 청량음료 캔에 청색, 녹색 그리고 흰색의 조합으로 디자인하였다.
③ 기독교와 천주교에서는 하느님과 성모마리아를 고귀한 청색으로 연상하였다.
④ 스포츠 경기에 참가한 한 팀을 쉽게 구별할 수 있도록 운동복 색채를 선정함으로 경기의 효율성과 관람자의 관전이 쉽도록 돕는다.

해설
제품의 차별화와 색채연상 효과를 높이기 위해 민트향이 첨가된 초콜릿 제품의 포장색으로 녹색과 은색의 조합이 효과적이다. 노랑과 초콜릿색의 조합은 바삭바삭 씹히는 맛에 어울린다.

1 ④ 2 ① 3 ③ 4 ① 정답

05 자동차에 대한 국내 소비자의 선호색을 알아보고자 할 때 고려할 사항으로 가장 거리가 먼 것은?

① 출신국가 ② 연 령
③ 성 별 ④ 교육수준

해설
자동차 선호색은 각 지역의 자연환경, 온도 및 습도, 생활패턴 등에 따라 차이가 있다. 성별 및 연령, 교육수준에 따라 선호색상이 다르다.

06 사고 예방, 방화, 보건위험정보 그리고 비상 탈출을 목적으로 주의를 끌고 메시지를 빠르게 이해시키기 위한 특별한 성질의 색을 뜻하는 것은?

① 주목색 ② 경고색
③ 주의색 ④ 안전색

해설
안전색채는 위험이나 재해를 방지하기 위해 사용하는 색이며 국제언어이다. 일반적으로 눈에 잘 띄는 주목성이 높은 색을 사용한다.

07 서양 문화권에서 색채가 상징하는 역할이 잘못 연결된 것은?

① 왕권 – 노랑 ② 생명 – 초록
③ 순결 – 흰색 ④ 평화 – 파랑

해설
왕권을 상징하는 노랑은 동양권(중국)에 해당된다.

08 색의 연상에 관한 설명 중 옳은 것은?

① 무채색은 구체적인 연상이 나타나기 쉽다.
② 색의 연상은 개인적인 경험, 기억, 사상 등에 직접적인 연관성이 없다.
③ 연령이 높아질수록 추상적인 연상의 범위가 좁아진다.
④ 색의 연상은 특정한 인상을 기억하고 관련된 분위기와 이미지를 생각해 낸다.

해설
심리학자 에바 헬러는 색과 감정의 관계는 우연이나 개인적인 취향의 문제가 아니라 일생을 통해 쌓아가는 일반적인 경험, 어린 시절부터 언어와 사고에 깊이 뿌리내린 경험의 산물이라고 하였다. 개인적인 경험, 기억, 사상 등에 의해 무채색보다 유채색에서 구체적인 연상이 나타나며 연령이 높아질수록 의미를 부여하는 추상적인 연상의 범위가 넓어진다.

09 도시의 색채계획으로 틀린 것은?

① 언덕이 많은 항구도시는 밝은색을 주조로 한다.
② 같은 항구도시라도 청명일수에 따라 건물과 간판, 버스의 색에 차이를 준다.
③ 제주도는 지역에서 생산되는 건축 재료인 현무암과 붉은 화산석의 색채를 반영한다.
④ 지역과 상관없이 기업의 고유색을 도시에 적용하여 통일감을 준다.

해설
도시 색채는 그 지역의 정체성을 대변하는 색채이므로 기업의 고유색채와 상관없이 자연환경과 자연스럽게 어울리거나 주민들이 선호하는 색채로 선정해야 한다.

10 오감을 통한 공감각현상으로 소리의 높고 낮음으로 연상되는 색을 설명한 카스텔(Castel)의 연구로 옳은 것은?

① D는 빨강 ② G는 녹색
③ E는 노랑 ④ C는 검은색

해설
카스텔은 색채와 음악, 음계와 색을 연결하였다.
예 C – 청색, D – 초록, E – 노랑, G – 빨강, A – 보라

11 기업색채를 가장 옳게 설명한 것은?

① 기업의 빌딩 외관에 사용한 색채
② 기업 내부의 실내 색채
③ 기업의 이미지를 시각적으로 상징화한 색채
④ 기업에서 생산된 제품의 색채

정답 5 ① 6 ④ 7 ① 8 ④ 9 ④ 10 ③ 11 ③

해설
기업색채는 CIP, 즉 기업 이미지 통합전략(Corporate Image Identity Program)을 사용한다. 이러한 기업의 상징적 색채로 빌딩 외관과 내부의 실내 색채 및 기업에서 생산된 제품의 색채가 나오는 것이다.

12 색의 촉감에서 분홍색, 계란색, 연두색 등에 다음 중 어떤 색이 가미되면 부드럽고 평온하며 유연한 기분을 자아내게 하는가?

① 파란색　② 흰 색
③ 빨간색　④ 검은색

해설
흰색이 가미되면 부드럽고 평온하며 유연한 느낌을 자아낸다.

13 연령이 낮을수록 원색 계열과 밝은 톤을 선호하다가 성인이 되면서 단파장의 파랑, 녹색을 점차 좋아하게 되는 색채선호도 변화의 이유는?

① 자연환경의 차이
② 기술 습득의 증가
③ 인문환경의 영향
④ 사회적 일치감 증대

해설
단파장의 긍정적인 의미로 이성, 성장, 신뢰 등이 있다. 이에 성인이 되면서 이성과 신뢰를 중요하게 여겨 의식적인 행동을 함으로써 사회적 일치감이 증대되고 사회적 성숙 및 지적능력이 향상되어 단파장 계열을 선호하게 되는 것이다.

14 착시에 관한 설명으로 옳은 것은?

① 노란색 바탕의 회색이 파란색 바탕의 회색보다 노랗게 보인다.
② 빛 자극이 변화하더라도 물체의 색채가 그대로 유지되는 색채감각이다.
③ 착시의 예로 대비현상과 잔상현상이 있다.
④ 파란색 바탕의 노란색이 노란색 바탕의 파란색보다 더 작게 지각된다.

해설
① 노란색 바탕의 회색은 파랗게 보이고 파란색 바탕의 회색은 노랗게 보이는 것이 착시이다.
② 빛 자극이 변화하더라도 물체의 색채가 그대로 유지되는 색채감각은 항상성이다. 빛 자극이 변화하면 물체의 색채도 변해 보이는 현상이 착시이다.
④ 파란색 바탕의 노란색이 노란색 바탕의 파란색보다 더 크게 지각된다.

15 안전색채에 대한 설명으로 틀린 것은?

① 빨강 – 금연, 수영금지, 화기엄금
② 주황 – 위험경고, 주의표지, 기계 방호물
③ 파랑 – 보안경 착용, 안전복 착용
④ 초록 – 의무실, 비상구, 대피소

해설
주황은 위험, 항해항공의 보안시설, 구명보트, 구명대에 표시한다. 위험경고, 주의표지, 기계 방호물에는 노랑으로 표시한다.

16 색채의 기능적 측면을 활용한 색채조절의 효과로 거리가 먼 것은?

① 일에 집중이 되고 실패가 줄어든다.
② 신체의 피로, 특히 눈의 피로를 막는다.
③ 안전이 유지되고 사고가 줄어든다.
④ 건물을 보호, 유지하기가 어렵다.

해설
색채조절은 건물을 보호, 유지하는 데 효과적이다. 이는 색채조절을 통해 청결한 환경 제공과 정리정돈 및 청소를 통해 보호·유지하고자 하는 심리가 작용하여 영향을 받는 것이다.

17 색채 마케팅에 영향을 주는 인구통계학적 요인으로 거리가 먼 것은?

① 거주 지역
② 신체치수
③ 연령 및 성별
④ 라이프스타일

12 ② 13 ④ 14 ③ 15 ② 16 ④ 17 ② 정답

해설
인구통계학적 요인으로 거주 지역, 연령 및 성별, 라이프스타일, 가족구성원의 특성, 보건, 위생적 환경에 따라 마케팅 전략을 구성한다.

18 다음의 괄호 안에 알맞은 말은?

> 색채 마케팅에서는 색상과 ( )의 두 요소를 이용하여 체계화된 색채 시스템과 변화되는 시장의 색채를 분석, 종합하는 방법을 대표적으로 사용한다.

① 명 도 ② 채 도
③ 이미지 ④ 톤

해설
색채 마케팅에서는 소비자의 감성에 영향을 주는 색상과 톤의 두 요소를 이용하여 체계화된 색채 시스템과 변화되는 시장에 색채를 분석 및 종합하는 방법을 대표적으로 사용한다.

19 기후에 다른 색채선호에 대한 설명 중 틀린 것은?

① 피부가 희고 금발인 북구계 민족은 한색 계통을 선호한다.
② 우리나라는 4계절이 뚜렷해 자연환경적인 색채가 정신 및 생활문화에 많은 영향을 미친다.
③ 피부가 거무스름하고 흑갈색 머리칼인 라틴계는 선명한 난색 계통을 즐겨 사용한다.
④ 일조량이 적은 지역에서는 장파장 색을 선호하여 채도가 높은 색을 좋아한다.

해설
일조량이 적은 지역에서는 단파장 색인 연한 한색계와 연한 회색, 채도가 낮은 계열을 선호한다.

20 다음 중 색자극에 대한 일반적인 반응으로 틀린 것은?

① 색에 따라 기쁨, 공포, 슬픔, 쾌·불쾌 등의 특유한 감정이 느껴진다.
② 색자극에 의해 혈압, 맥박수와 같은 자율신경활동이나 호흡활동 등 신체반응이 나타난다.
③ 빨간색은 따뜻하고 활동적이며 자극적인 특성을 가지고 있다.
④ 색은 자극의 강도가 증가할수록 반응의 강도는 감소한다.

해설
색은 자극의 강도가 증가할수록 반응의 강도 역시 증가하는 일반적 반응을 보인다.

제2과목 색채디자인

21 기존 제품의 재료나 기능 또는 형태를 개량하고 개선하는 것을 무엇이라 하는가?

① 리디자인(Re-design)
② 리스타일(Re-style)
③ 이미지 디자인(Image Design)
④ 유니버설 디자인(Universal Design)

해설
리디자인은 오랫동안 사용해 온 상표나 제품의 디자인을 소비자의 선호도를 조사하여 새롭게 수정 개량하는 디자인을 말한다.

22 다음의 특징을 고려하여 색채계획을 해야 할 디자인 분야는?

> • 생산과 소비를 직접 연결해 주는 매개체의 역할
> • 안전하게 운반, 보관할 수 있는 보호의 기능
> • 시선을 사로잡을 수 있는 시각적 충동을 느낄 수 있는 디자인

① 헤어 디자인
② 제품 디자인
③ 포장 디자인
④ 패션 디자인

해설
포장 디자인은 소비자에게 제품을 알리고 구매의욕을 증가시키며, 상품을 안전하게 보호하고 운반할 수 있는 입체 디자인이다.

정답 18 ④ 19 ④ 20 ④ 21 ① 22 ③

23 색채계획 시 배색방법에 대한 설명으로 옳은 것은?

① 주조색은 보조색 다음으로 넓은 공간을 차지하며 40% 정도의 면적을 차지한다.
② 주조색은 전체적인 느낌을 전달하는 색으로 전체의 70% 정도의 면적을 차지한다.
③ 강조색은 보조요소들을 배합색으로 취급함으로써 변화를 주며 전체의 40% 정도의 면적을 차지한다.
④ 강조색은 주조색 다음으로 넓은 공간을 차지하며 포인트 역할을 하는 색으로 전체의 70% 정도를 차지한다.

해설
면적의 비율에서 주조색은 전체 디자인 중 가장 많은 비율인 약 60~70%를 차지하며 전체 이미지를 이끌고 나가는 색을 말한다. 주조색과 강조색을 연결해 주는 보조색은 전체 면적에서 약 20~30%의 면적으로 사용된다. 강조색은 전체 면적에서 약 5~10%의 작은 비율로 활용되어 배색에 활력을 주고, 힘의 강약 조절, 정리 등의 역할을 하여 포인트나 악센트의 효과를 준다.

24 그린 디자인(Green Design)의 원리에 대한 설명과 가장 거리가 먼 것은?

① 디자이너는 사용자의 건강에 피해를 주지 않도록 환경적 위험을 최소화한다.
② 서로 다른 종류의 여러 가지 재료에 의한 혼합재료를 사용한다.
③ 재활용 부품과 재활용품이 아닌 부품이 분리되기 쉽도록 한다.
④ 에너지와 자원의 효율성을 높인다.

해설
그린 디자인이란 생태학적으로 건강하고 유기적으로 전체에 통합되는 인공환경의 구축으로 인간과 자연이 상생하는 측면에서 디자인하는 것으로 에코 디자인이라고도 한다. 따라서 그린 디자인의 개념과 원칙에 연관된 키워드로는 재사용, 재생, 절약, 환경친화적, 지속 가능한 개발 같은 단어가 해당된다.

25 빅터 파파넥(Victor Papanek)이 말한 디자인 목적의 복합기능(Function Complex) 요소에 해당하지 않는 것은?

① 방 법
② 미 학
③ 주목성
④ 필요성

해설
좋은 디자인의 개념에서 형태와 기능적인 면, 또 미적인 측면을 '복합기능'이라는 포괄적인 기능으로 해석하고자 했던 빅터 파파넥은 방법, 용도, 필요성, 텔레시스, 연상, 미학이라는 6가지 요소로 복합기능을 정의하였다.

26 디자인이라는 말이 의식적으로 사용되기 시작한 현대 디자인의 성립 시기는?

① 18세기 초
② 19세기 초
③ 20세기 초
④ 21세기 초

해설
디자인은 인간의 생활에서 실용적이고 미적인 것, 그것을 계획하고 실현하는 것을 말한다. 프랑스의 데생(Dessein), 이탈리아어의 디세뇨(Desegno), 라틴어의 데시그라네(Desingnare)가 어원이다. 이는 오래전부터 사용되어 온 용어가 '목적', '계획'의 의미로 변하였고, '지시하다', '계획을 세우다', '스케치하다'라는 의미로 발전한 것이다.

27 상품의 외관, 기능, 재료, 경제성 등을 종합적으로 심사하여 디자인의 우수성이 인증된 상품에 부여하는 마크는?

① KS Mark
② GD Mark
③ Green Mark
④ Symbol Mark

해설
좋은 디자인(Good Design)이란 합목적성, 경제성, 심미성, 독창성, 질서성을 만족시켜 외적인 독창성과 편리함을 갖춘 디자인을 말한다. 2차 세계대전 후 대량생산 제품의 품질 향상을 목적으로 만들어진 개념으로, 매년 굿 디자인을 선정하여 GD 마크를 부여한다. 국가마다 굿 디자인의 기준이 다르며, 기능성, 심미성, 경제성, 사회성, 독창성, 창조성, 환경친화성 등의 요건이 있다.

23 ② 24 ② 25 ③ 26 ③ 27 ② 정답

28 주택의 색채계획 시 색채 선택을 위한 사전작업으로 거리가 먼 것은?

① 공간의 여건 분석 – 공간의 용도, 공간의 크기와 형태, 공간의 위치 검토
② 거주자의 특성 파악 – 거주자의 직업, 지위, 연령, 기호색, 분위기, 라이프스타일 등 파악
③ 주변 환경분석 – 토지의 넓이, 시세, 교통, 편리성 등 확인
④ 실내용품에 대한 고려 – 이미 소장하고 있거나 구매하고 싶은 가구, 그림 등 파악

해설
건축물은 한 번 지어지면 적게는 몇십 년, 많게는 몇백 년의 세월을 같은 장소에 존재하게 된다. 즉, 환경으로서 배경적 역할을 하여 상징적인 랜드마크나 도시의 경관을 만드는 데 일조를 하게 된다. 따라서 그 건축만 강조되거나 튀지 않도록 주의해야 하고, 재료에 있어서는 자연색을 살리는 것이 무엇보다 중요하다.

29 게슈탈트(Gestalt)의 그루핑 법칙과 거리가 먼 것은?

① 근접성 ② 폐쇄성
③ 유사성 ④ 상관성

해설
게슈탈트란 전체가 부분들의 단순한 합 이상의 특성들로 구성되어 있고 물리적, 생물학적 또는 심리학적 현상들이 통합되어 있다는 이론이다. 형태주의 심리학이라고 하는 게슈탈트 이론에는 근접성의 원리, 유사성의 원리, 연속성의 원리, 폐쇄성의 원리의 4가지 그루핑 법칙이 있다.

30 분방함과 풍부한 감정을 나타내기에 적합한 곡선은?

① 기하곡선 ② 포물선
③ 쌍곡선 ④ 자유곡선

해설
기하곡선은 이지적 이미지를 상징하고 자유곡선은 분방함과 풍부한 감정을 나타낸다.

31 언어를 초월하여 직감으로 이해할 수 있도록 의미하는 내용의 형태를 상징적으로 시각화한 것은?

① 심 벌 ② 픽토그램
③ 사 인 ④ 로 고

해설
픽토그램은 그래픽 심벌의 하나로서 교육이나 학습 없이도 누구나 이해할 수 있는 그림문자이다. 이것은 언어를 뛰어넘은 시각적 기호로서 문자와 숫자를 사용하는 대신 사물, 시설, 행위, 개념 등을 상징화된 그림문자로 나타내 불특정 다수의 사람들이 빠르고 쉽게 공감할 수 있도록 한다. 알기 쉬우며 국제성이 높기 때문에 세계 공통으로 사용되는 안전색채를 사용해야 하고 명시성과 가독성도 높아야 한다.

32 다음 중 색채계획에 있어서 주변 환경과의 조화가 가장 중요한 분야는?

① 패션 디자인 ② 환경 디자인
③ 포장 디자인 ④ 제품 디자인

해설
환경 디자인이란 인간을 둘러싼 모든 공간적 개념으로서 좁게는 실내 인테리어부터 넓게는 우주의 모든 공간까지 포괄하는 개념이다. 환경 디자인은 개인적인 취향보다는 주변과의 맥락을 우선적으로 고려하면서 공동체 의식과 기능성을 중시한 적절한 계획으로 질서와 시각적 편안함을 주는 합리적인 계획이 되어야 하는 것이 다른 일반적인 디자인과 구별되는 가장 큰 특징이다.

33 테마공원, 버스 정류장 등에 도시민의 편의와 휴식을 위해 만들어진 시설물의 명칭은?

① 로드사인
② 인테리어
③ 익스테리어
④ 스트리트 퍼니처

해설
환경 디자인의 한 종류인 스트리트 퍼니처(Street Furniture)는 거리의 가구라는 뜻이다. 도시민의 편의와 휴식을 위해 테마공원, 버스정류장 등에 만들어진 시설물로 정류장, 가판대, 보도블록, 진입로, 차양, 공중화장실, 우체통, 맨홀 뚜껑 등이 있다.

정답 28 ③ 29 ④ 30 ④ 31 ② 32 ② 33 ④

34 아르누보(Art Nouveau)에 관한 설명 중 틀린 것은?

① 식물의 곡선 모티브를 특징으로 한 장식양식이다.
② 공예, 장식미술, 건축분야에서 활발히 전개되었다.
③ 형태적 특성은 비대칭, 곡선, 연속성이다.
④ 대량생산 또는 복수생산을 전제로 한다.

해설
아르누보는 인상주의의 영향을 받아 1980년 프랑스를 중심으로 일어났던 '새로운 예술' 장르로서 양감이나 질감보다는 장식과 아름다움에 초점을 둔 유미주의적 성향을 띤다. 이들은 종래의 디자인이나 예술과는 다르게 모든 역사적인 양식을 부정하고 자연 형태에서 모티브를 빌려 새로운 표현을 얻고자 했다. 특히 덩굴이나 담쟁이 등 식물의 형태를 연상하게 하는 유연하고 유동적인 선과 파상무늬, 당초무늬, 화염무늬 등 특이한 장식성을 자랑했고, 유기적인 움직임이 있는 모티브를 즐겨 좌우대칭이나 직선적 구성을 고의로 피했다.

35 패션 색채계획 프로세스 중 색채정보 분석단계에 해당하지 않는 것은?

① 이미지 맵 제작
② 색채계획서 작성
③ 유행정보 분석
④ 시장정보 분석

해설
이미지 맵 제작은 색채디자인 단계이다.

36 균형감을 표현하는 방법 중의 하나로 도형을 한 점 위에서 일정한 각도로 회전시켰을 때 생기는 균형의 종류는?

① 루트비 균형
② 확대대칭 균형
③ 좌우대칭 균형
④ 방사형 대칭 균형

해설
방사는 중심점을 기준으로 밖으로 갈수록 퍼져나가는 율동을 느끼게 한다.

37 디자인 운동과 그 설명이 옳은 것은?

① 멤피스 – 콜라주나 다른 요소들의 조합 또는 현대생활에서 경험되는 단편적인 경험의 조각이나 가치에 관한 것들에 대해 관심을 가졌다.
② 미니멀리즘 – 극도의 미학적 축소화에 의해 특징지어지며 주관적이며 풍부한 개인적 감성과 감정의 표현을 추구한다.
③ 아방가르드 – 하이스타일(Highstyle)과 테크놀로지(Technology)의 합성어로 콘크리트, 철, 알루미늄, 유리 같은 차가운 재료들을 사용하여 현대사회에 대한 반감을 표현하는 데에 이용하였다.
④ 데 스테일 – 색채의 선택은 주로 검정, 회색, 흰색이나 단색을 주로 사용하였고 최소한의 장식과 미학으로 간결하게 표현하였다.

해설
② 미니멀리즘 : 1960년대 후반부터 주관적이고 단순한 미의식을 보여 준 예술사조로, 예술가의 감정을 고의로 억제하고 색채, 형태, 구성을 극도로 단순화하여 가장 기본적이고 본질적인 요소로까지 환원해 최소한의 예술이라고 한다.
③ 아방가르드 : 급격한 진보적 성향을 일컫는 말로서 시대사조이자 예술 행위의 한 형태라고 할 수 있다. 아방가르드라는 말은 이상적인 사회 개혁을 위해 쓰이기 시작한 이후 양식이라기보다는 예술에 있어서 창작의 자유에 대한 규범을 제시하는 용어가 되었다.
④ 데 스테일 : 네덜란드어로 양식이라는 뜻을 가지고 있으며 입체파와 추상주의 미술을 주축으로 구성된 예술단체의 명칭이었다. 모든 구성적인 요소를 버리고 순수한 형태미를 추구하며 신조형주의라고도 불린다. 이들은 화면을 정확한 수평과 수직으로 분할하고 3원색과 무채색을 이용하여 단순하고 차가운 추상주의를 표방하였다.

38 디자인 과정에서 드로잉의 주요 역할과 거리가 먼 것은?

① 아이디어 전개
② 형태 정리
③ 사용성 검토
④ 프레젠테이션

34 ④ 35 ① 36 ④ 37 ① 38 ③ 정답

해설
디자인 과정에서 드로잉의 역할은 아이디어 전개, 형태 정리, 프레젠테이션의 역할을 한다.

39 색채계획(Color Planning)에 관한 설명으로 틀린 것은?

① 색채의 목표를 달성하기 위해 제품의 특성 및 판매자의 심리를 이용해 효과적으로 색채를 적용하는 과정이다.
② 제품의 차별화, 환경 조성, 업무의 향상, 피로의 경감 등의 효과를 위해 절대적으로 필요하다.
③ 색채 목적을 정확히 인식하고 시장조사와 색채심리, 색채전달 계획을 세워 디자인을 적용해야 한다.
④ 시장정보를 충분히 조사하고 분석한 후에 시장 포지셔닝에 의한 색채조절로 고객에게 우호적이고 강력하게 인상을 심어 주어야 한다.

해설
색채계획에서 무엇보다 중요한 것은 사용 목적에 부합하는 색채의 선택과 적용이다.

40 영국 산업혁명의 반작용으로 19세기에 출발한 미술공예운동의 창시자는?

① 무테지우스
② 윌리엄 모리스
③ 허버트 리드
④ 웨지우드

해설
미술공예운동은 19세기 영국의 윌리엄 모리스(William Morris)가 주축이 된 수공예 중심의 미술운동이다. 윌리엄 모리스는 산업혁명에 따른 대량생산으로 인한 생산품의 질적 하락과 예술성의 저하에 반대하며 과거 수공예와 같은 예술성을 부활시키고자 하였다. 이 운동은 예술의 민주화와 생활화를 주장하여 근대 디자인의 이념적 기초를 마련하였다.

제3과목 색채관리

41 유기안료에 대한 설명으로 틀린 것은?

① 유기안료는 무기안료에 비해서 빛깔이 선명하고 착색력이 크다.
② 인디언 옐로(Indian Yellow), 세피아(Sepia)는 동물성 유기안료이다.
③ 식물성 안료는 빛에 의해 탈색되는 단점이 있다.
④ 합성유기안료에는 코발트계(Cobalt)와 카드뮴계(Cadmium) 등이 있다.

해설
코발트와 카드뮴 등은 무기안료이다.

42 다음 중 산성염료로 염색할 수 없는 직물은?

① 견 ② 면
③ 모 ④ 나일론

해설
산성염료는 염료 속에서 음이온이 되고, 양모, 견, 나일론 등의 섬유와 이온결합하여 염착하는데, 면에는 염착되지 않는다.

43 색채 측정에서 측정조건이 (8° : de)로 표기되었을 때 그 의미는?

① 빛을 시료의 수직 방향으로부터 8° 기울여 입사시킨 후 산란된 빛을 측정한다. 정반사 성분은 제외한다.
② 빛을 시료의 수직 방향으로부터 8° 기울여 입사시킨 산란된 빛을 측정한다. 정반사 성분을 포함한다.
③ 빛을 모든 각도에서 시료의 표면에 입사시킨 후 광검출기를 시료의 수직으로부터 8° 기울여 측정한다. 정반사 성분은 제외한다.
④ 빛을 모든 각도에서 시료의 표면에 입사시킨 후 광검출기를 시료의 수직으로부터 8° 기울여 측정한다. 정반사 성분을 포함한다.

정답 39 ① 40 ② 41 ④ 42 ② 43 ①

해설
8° : de의 배치는 de : 8°와 일치한다. 다만, 광의 진행이 반대이다. 8°로 기울여 빛을 조사하고, 분산광과 정반사를 제외하고 관찰하는 방식을 의미한다.

44 표면색의 시감 비교방법으로 옳은 것은?

① 색 비교를 위한 작업면의 조도는 5,000lx 이상으로 한다.
② 밝은색을 시감 비교할 때 부스의 내부 색은 명도 L*가 약 65 이상의 무채색으로 한다.
③ 어두운색을 비교하는 경우 명도 L*가 약 15의 무광택 검은색으로 한다.
④ 외광의 영향이 있는 경우 반투명천으로 작업면 주위를 둘러막은 조명 부스를 사용한다.

해설
표면색의 시감 비교방법(KS A 0065)
색 비교를 위한 작업면의 조도는 1,000~4,000lx 사이로 하고 균제도는 80% 이상이 적합하다. 단지, 어두운색을 비교하는 경우의 작업면 조도는 4,000lx에 가까운 것이 좋다. 밝은색을 시감 비교할 때 휘도대비를 최소화하기 위해 부스의 내부 색은 명도 L*가 약 65 이상의 무채색으로 한다. 또한 어두운색을 비교하는 경우는 명도 L*가 약 25의 광택 없는 검은색으로 하며, 작업면은 4,000lx에 가까운 조도가 적합하다.

45 분광식 계측기와 관련된 설명으로 옳은 것은?

① 백열전구와 필터를 함께 사용하여 표준광원의 조건이 되도록 한다.
② 시료에서 반사된 빛은 세 개의 색 필터를 통과한 후 광검출기에서 검출한다.
③ 삼자극치 값을 직접 측정한다.
④ 시료의 분광반사율을 측정하여 색채를 계산한다.

해설
분광(계측기)광도계는 모노크로미터(단색화 장치)를 이용해 분광된 단색광을 시료 용액에 투과시켜 투과된 시료광의 흡수 또는 반사된 빛의 강도를 광검출기로 검출하는 장치이다. 분광식 측색계는 다양한 광원과 시야에서의 색채값을 동시에 산출해 낼 수 있다.

46 색상(Hue)에 관한 설명으로 올바른 것은?

① 관측자의 색채 적응조건의 영향에 따라 변화하는 색이 보이는 결과이다.
② 색상의 강도를 동일한 명도의 무채색으로부터의 거리로 나타낸 시지각 속성이다.
③ 상대적인 명암에 관한 색의 속성이다.
④ 빨강, 노랑, 파랑과 같은 색지각의 성질을 특징 짓는 색의 속성이다.

해설
색상(Hue, 주파장)은 장파장의 차이에 따라 변하는 색채의 위치로서, 색을 감각으로 구별하는 색의 속성 또는 색의 명칭을 말한다.

47 색료의 호환성과 통용성을 확보하기 위한 색료 표시 기준은?

① 연색지수 ② 색변이 지수
③ 컬러 인덱스 ④ 컬러 어피어런스

해설
컬러 인덱스 : 색료의 호환성과 통용성을 확보하기 위한 색료 표시기준으로 색료를 사용방법에 따라 분류하고 색료에 고유의 번호를 표시한 것이다. 약 9,000개 이상의 염료와 약 600개의 안료가 수록되어 있다. 컬러 인덱스에서 제공하는 정보에는 색료의 생산 회사, 색료의 화학적 구조, 색료의 활용방법, 염료와 안료의 활용방법과 견뢰성, 색공간에서 디지털 기기들 간의 색차 계산법 등이 있다.

48 입출력장치의 RGB 또는 CMYK 원색이 어떻게 재현될지 CIE 모델을 사용하여 예측 가능하게 해 주는 시스템은?

① CMS ② CCM
③ CII ④ CCD

해설
CMS(Color Management System) : 각종 입출력 디바이스 간의 색상을 일치시켜 주는 하드웨어와 소프트웨어를 말한다. RGB 데이터를 CMYK 색공간으로 변환할 때 색영역이 좁아져 색상 손실이 있게 된다. 같은 컬러모드(RGB와 RGB) 사이에서만이 아니라 RGB와 CMYK 등 다양한 모드에서 변환이 가능하다.

정답 44 ② 45 ④ 46 ④ 47 ③ 48 ①

49 **색역은 디바이스가 표현 가능한 색의 영역을 말한다. 색역에 대한 설명 중 틀린 것은?**

① RGB를 원색으로 사용하는 모니터의 색역은 xy색도도상에서 삼각형을 이룬다.
② 프린터의 색역이 모니터의 색역보다 넓을 수 있다.
③ 모니터의 톤재현 특성은 색역과는 무관하다.
④ 디스플레이가 표현 가능한 색의 수와 색역의 넓이는 정비례한다.

해설
디스플레이가 표현 가능한 색의 수와 색역의 넓이는 정비례하지 않는다.

50 **색온도에 관한 설명으로 옳은 것은?**

① 완전 복사체의 색도를 그것의 절대온도로 표시한 것이다.
② 색온도의 단위는 흑체의 섭씨온도(℃)로 표시한다.
③ 시료 복사의 색도가 완전 복사체 궤적 위에 없을 때에는 절대 색온도를 사용한다.
④ 색온도가 낮아질수록 푸른빛을 나타낸다.

해설
흑체(Black body)란 외부에서 주어진 빛을 완전히 흡수했다가 재방출하는 물체를 뜻한다. 흑체는 반사가 전혀 이루어지지 않고 오직 에너지만 흡수하는데, 에너지를 흡수하면서 온도가 오르게 되고 이 온도를 측정한 것이 색온도이다. 절대온도인 273℃와 그 흑체의 섭씨온도를 합친 색광의 절대온도의 표시 단위로 K(Kelvin)을 사용한다. 흑체의 온도가 오르면 붉은색, 오렌지색, 노란색, 흰색, 파란색 순으로 색이 변하게 된다.

51 **빛의 스펙트럼은 방사에너지의 상태에 따라 여러 가지로 구분된다. 그 연결 관계가 틀린 것은?**

① 태양 – 연속 스펙트럼
② 수은등 – 선 스펙트럼
③ 형광등 – 띠 모양 스펙트럼
④ 백열전구 – 선 스펙트럼

해설
백열전구 : 연속 스펙트럼을 가진 광선을 물질 속을 통과시켜 분광기로 분광할 때 물질의 화학구조에 따라 특정 파장의 빛을 강하게 흡수해 생기는 빛의 양을 파장별 함수로 나타내는 것이다. 흡수 스펙트럼을 조사하면 물질의 원소구성이나 화학구조를 추측할 수 있다.

52 **다음 중 안료가 아닌 것은?**

① 코치닐(Cochineal)
② 한자 옐로(Hanja Yellow)
③ 석 록
④ 구 리

해설
코치닐은 동물염료로 연지벌레에서 얻는데, 적색과 적갈색을 띤다.

53 **사진 촬영, 스캐닝 등의 작업에서 컬러 프로파일링을 할 수 있는 컬러차트(Color Chart)는?**

① Gray Scale
② IT8
③ EPS5
④ RGB

해설
IT8은 스캐너와 디지털 카메라의 특성화 과정에서 기본적으로 사용되는 샘플 컬러패치 과정이다. 입력, 조정, 출력 시 서로 기준을 조정해 주는 샘플 컬러패치로서 국제표준기구인 ISO가 ISO 12641로 국제표준으로 지정한 것이다.

54 **다음은 완전 확산 반사면의 용어에 대한 설명이다. (　　)에 적합한 수치는?**

입사한 복사를 모든 방향에 동일한 복사 휘도로 반사하고, 또 분광반사율이 (　　)인 이상적인 면

① 9　　② 5
③ 3　　④ 1

해설
완전 확산 반사면은 입사한 복사를 모든 방향에 동일한 복사 휘도로 반사하고, 또 분광반사율이 1인 이상적인 면이다(KS A 0064).

정답 49 ④ 50 ① 51 ④ 52 ① 53 ② 54 ④

55 CIE 표준광 A의 색 온도는?

① 6,774K
② 6,504K
③ 4,874K
④ 2,856K

해설
CIE 표준량
• 광원 A : 색온도 2,856K에서 나오는 완전복사체의 빛(백열등, 텅스텐 램프)
• 광원 B : 색온도 4,874K의 표준광원으로 태양광의 직사광선(보통 측색에는 사용하지 않음)
• 광원 C : 색온도 6,774K의 표준광원으로 북위 40° 지점에서 흐린 날 오후 2시경 북쪽 창문으로 들어오는 빛

56 디지털 색채 시스템 중 RGB 컬러 값이 (255, 250, 0)로 주어질 때의 색채는?

① White
② Yellow
③ Cyan
④ Magenta

해설
디지털 색채 시스템 중 RGB 컬러 값(255, 255, 0)은 (Red, Green, Blue)를 표시하는 것으로 빨강과 초록의 혼합은 노랑이 된다.

57 스캐너, 디지털 카메라 등의 입력장치에서 빛의 파장을 전기적 신호로 변환시키는 구성요소는?

① 이미지 센서
② 래스터 영상
③ 이미지 시그널 프로세서
④ 벡터 그래픽 영상

해설
이미지 센서는 빛을 전기적 신호로 바꿔 주는 반도체로 휴대폰, 카메라, 디지털 카메라 등의 주요 부품으로 사용되며 영상을 디지털 신호로 바꿔주는 광학칩 장치이다.

58 광택(Gloss)에 대한 설명이 틀린 것은?

① 물체 표면의 물리적 속성으로서 반사하는 광선에 의한 감각이다.
② 표면 정반사 성분은 투과하는 빛의 굴절각이 클수록 작아진다.
③ 대비광택도는 두 개의 다른 조건에서 측정한 반사광속의 비(比)로 나타내는 방법이다.
④ 광택은 보는 방향에 따라 질감의 차이를 표현할 수 있다.

해설
광택도는 물체 표면의 광택 정도를 일정한 굴절률을 갖는 블랙 글라스의 광택값을 기준으로 1차원적으로 나타낸 수치이다. 종이, 유리, 플라스틱과 같은 물질들은 재질과 특성에 따라 광택도가 서로 다르며, 보는 방향에 따라 질감의 차이가 난다. 광택도의 종류는 변각광도분포, 선명도, 광택도, 경면광택도, 대비광택도로 나누며, 표면 정반사 성분은 투과하는 빛의 굴절각이 클수록 커진다.

59 분광광도계를 사용하여 컬러를 측정하려는 경우 만족해야 하는 조건으로 틀린 것은?

① 파장의 범위를 380~780nm로 한다.
② 분광반사율 또는 분광투과율의 측정 불확도는 최대치의 0.5% 이내로 한다.
③ 분광반사율 또는 분광투과율의 재현성을 0.2% 이내로 한다.
④ 분광광도계의 파장은 불확도 10nm 이내의 정확도를 유지한다.

해설
분광광도계의 파장은 불확도 1nm 이내의 정확도를 유지한다.

55 ④ 56 ② 57 ① 58 ② 59 ④ 정답

60 무조건등색(Isomerism)의 설명으로 옳은 것은?

① 어떠한 광원 아래에서도 등색이 성립한다.
② 보는 사람에 따라 다른 색으로 보이는 경우도 있다.
③ 분광반사율이 달라도 같은 색자극을 일으키는 현상이다.
④ 육안으로 조색하는 경우에 성립하게 된다.

해설
아이소머리즘(무조건등색)은 분광반사율이 정확하게 일치하여 어떤 조명 아래에서 어떤 관찰자가 보더라도 같은 색으로 보이는 것을 말한다.

제4과목 색채지각의 이해

61 빨강 바탕 위의 주황은 노란빛을 띤 주황으로, 노랑 바탕 위의 주황은 빨간빛을 띤 주황으로 보이는 현상은?

① 연변대비
② 색상대비
③ 명도대비
④ 채도대비

해설
① 연변대비 : 경계면, 즉 색과 색이 접해 있는 부분의 대비가 가장 활발하게 일어나는 현상이다.
③ 명도대비 : 명도가 다른 색끼리 영향을 주어서 생기는 대비로 밝은색은 더 밝게, 어두운색은 더욱 어둡게 보이는 현상이다. 색채는 검정 바탕에서 가장 밝게 보이고, 흰색 바탕에서 가장 어둡게 보인다.
④ 채도대비 : 채도가 다른 두 색이 배색되어 있을 때 채도가 높은 색채는 더욱 선명해 보이고, 채도가 낮은 색채는 더욱 흐리게 보이는 현상이다.

62 색의 물리적 분류에 따른 설명이 옳은 것은?

① 간섭색 – 투명한 색 중에도 유리병 속의 액체나 얼음 덩어리처럼 3차원 공간의 투명한 부피를 느끼는 색
② 조명색 – 형광물질이 많이 사용되어 나타나는 색
③ 광원색 – 자연광과 조명기구에서 나오는 빛의 색
④ 개구색 – 물체의 표면에서 반사하는 빛이 나타내는 색

해설
① 유리병 속의 액체나 얼음 덩어리처럼 3차원 공간의 투명함을 느끼는 색은 공간색(용적색)이다.
④ 개구색(평면색, 면색)은 색자극 외에 질감, 반사, 그림자의 영향을 받지 않고 거리감이 불확실하며 입체감이 없는 색으로, 미적으로 본다면 부드럽고 쾌감이 있는 색이다.

63 그러데이션으로 배치된 색의 경계 부분에서 나타나는 대비현상과 관련이 없는 것은?

① 경계대비 ② 연변대비
③ 계시대비 ④ 마하의 띠

해설
계시대비는 시간차를 두고 일어나는 배색으로 인접되는 색과 관계가 없다. 경계 부분에서 나타나는 대비현상은 연변대비 또는 경계대비이며 마하의 띠라고도 한다.

64 보색에 대한 설명으로 옳은 것은?

① 보색이 인접하면 채도가 서로 낮아 보인다.
② 보색을 혼합하면 회색이나 검정이 된다.
③ 빨강의 보색은 보라이다.
④ 보색잔상은 인접한 두 보색을 동시에 볼 때 생긴다.

해설
② 보색을 혼합하면 색료혼합일 경우 회색이나 검정이 된다.
① 보색끼리 인접하면 채도가 높아 보인다.
③ 빨강의 보색은 초록이다.
④ 보색잔상은 부의 잔상으로, 한 가지 색을 볼 때 나타난다.

정답 60 ① 61 ② 62 ③ 63 ③ 64 ②

65 색채의 지각과 감정효과의 설명 중 틀린 것은?

① 일반적으로 채도가 높은 색은 채도가 낮은 색보다 진출의 느낌이 크다.
② 일반적으로 팽창색은 후퇴색과 연관이 있다.
③ 색의 온도감은 주로 색상에서 영향을 받는다.
④ 중량감에 영향을 미치는 것은 명도의 차이이다.

해설
일반적으로 팽창색은 진출색과 연관이 있다.

66 동시대비에 대한 설명으로 거리가 먼 것은?

① 자극과 자극 사이의 거리가 멀어질수록 대비효과는 약해진다.
② 색차가 클수록 대비효과는 강해진다.
③ 두 개의 다른 자극이 연속해서 나타날수록 대비효과는 강해진다.
④ 동시대비 효과는 순간적으로 일어나므로 장시간 두고 보면 대비효과는 약해진다.

해설
② 두 개의 다른 자극이 연속해서 나타나는 것은 계시대비이다. 계시대비는 어떤 색을 잠시 본 후 시간적인 차이를 두고 다른 색을 보았을 때 먼저 본 색의 영향으로 나중에 본 색이 다르게 보이는 현상이다.
동시대비는 인접한 두 가지 이상의 색을 동시에 볼 때 일어나는 현상으로 서로의 영향으로 인해 색이 다르게 보인다. 순간적이며 시점을 한 곳에 집중시키려는 색채지각 과정에서 일어나는 현상이다.

67 색의 진출과 후퇴, 팽창과 수축에 대한 설명으로 틀린 것은?

① 따뜻한 색이 차가운 색보다 더 진출해 보인다.
② Dull Tone의 색이 Pale Tone보다 더 후퇴되어 보인다.
③ 저채도, 저명도 색이 고채도, 고명도의 색보다 더 진출되어 보인다.
④ 일반적으로 진출색은 팽창색이 되고, 후퇴색은 수축색이 된다.

해설
- 진출색 : 진출되어 보이는 색으로 난색, 고명도, 고채도, 유채색 등
- 후퇴색 : 후퇴되어 보이는 색으로 한색, 저명도, 저채도, 무채색 등
- 팽창색 : 팽창되어 실제보다 크게 보이는 색으로 난색, 고명도, 고채도, 유채색 등
- 수축색 : 수축되어 작게 보이는 색으로 한색, 저명도, 저채도, 무채색 등

68 4가지의 기본적인 유채색인 빨강 – 초록, 파랑 – 노랑이 대립적으로 부호화된다는 색채지각의 대립과정이론을 제안한 사람은?

① 오스트발트
② 맥스웰
③ 헤 링
④ 헬름홀츠

해설
헤링은 망막에 하양–검정 물질, 빨강–초록 물질, 노랑–파랑 물질이라는 세 가지 구성요소가 있다고 가정하였다. 각각의 물질은 빛에 따라 동화(합성)와 이화(분해)라고 하는 반대 대응이 동시에 일어나 비율에 따라서 여러 가지 색이 지각된다고 주장하였다. 이를 헤링의 4원색설이라 하는데, 심리적 보색 개념으로 반대색설이라고도 한다. 헬름홀츠의 3원색설에 대비되는 학설로 순응, 대비, 잔상 등을 설명할 수 있다.

69 영–헬름홀츠의 3원색설에 대한 설명이 틀린 것은?

① 3원색설의 기본색은 빛의 혼합인 3원색과 동일하다.
② 색의 잔상효과와 대비이론의 근거가 되는 학설이다.
③ 노랑은 빨강과 초록의 수용기가 동등하게 자극되었을 때 지각된다는 학설이다.
④ 3종류의 시신경세포가 혼합되어 색채지각을 할 수 있다는 학설이다.

해설
영–헬름홀츠 3원색설에서는 잔상효과에 대한 설명은 하지 못했다.

정답 65 ② 66 ③ 67 ③ 68 ③ 69 ②

70 다음의 (　)에 적합한 용어로 옳은 것은?

> 빛은 각막에서 (A)까지 광학적인 처리가 일어나며, 실제로 빛에너지가 전기화학적인 에너지로 변환되는 부분은 (A)이다. 좀 더 자세히 설명하면 (A)에 있는 (B)에서 신경정보로 전환된다.

① A : 맥락막, B : 시각신경
② A : 망막, B : 시각신경
③ A : 망막, B : 광수용기
④ A : 맥락막, B : 광수용기

해설
눈은 빛의 강약 또는 파장을 광수용기에 받아들여 뇌에 감각을 전달하는 감각기관으로 인간의 눈은 카메라의 구조와 그 기능이 비슷하여, 각막 → 홍채 → 수정체 → 망막 → 시신경 → 뇌로 전달되어 사물 또는 색을 지각하게 된다.

71 병원이나 역 대합실의 배색 중 지루함을 줄일 수 있는 색 계열은?

① 빨강 계열　② 청색 계열
③ 회색 계열　④ 흰색 계열

해설
병원이나 역 대합실의 배색 중 지루함을 줄일 수 있는 색으로 시간이 빠르게 흐르는 것처럼 느껴지는 청색 계열의 색을 사용하는 것이 좋다.

72 하나의 매질로부터 다른 매질로 진입하는 파동이 경계면에서 나가는 방향을 바꾸는 현상은?

① 반 사　② 산 란
③ 간 섭　④ 굴 절

해설
① 반사 : 빛이 물체에 닿아 반사되는 성질로 반사는 물체의 색을 결정하는 중요한 요소이다. 사과가 빨간 이유는 빨간색 빛만 반사하고 다른 색은 흡수하기 때문이다.
② 산란 : 빛이 거친 표면에 입사했을 경우 여러 방향으로 빛이 분산되어 퍼져나가는 현상으로 대낮에 하늘이 파랗게 보이고 석양이 붉게 보이는 이유가 이 때문이다.
③ 간섭 : 간섭은 둘 이상의 파동이 서로 만났을 때 백색광(여러 빛이 혼합된 빛)이 얇은 막에서 확산 또는 반사되어 만나 일으키는 간섭무늬 현상이다.

73 색의 항상성에 관한 설명으로 틀린 것은?

① 자연광 아래에서의 백색 종이는 백열등 아래에서는 붉은빛의 종이로 보인다.
② 자극시간이 짧으면 색채의 항상성은 작지만, 완전히 항상성을 잃지는 않는다.
③ 분광분포도 또는 눈의 순응상태가 바뀌어도 지각되는 색은 변하지 않는다.
④ 조명이 강해도 검은 종이는 검은색 그대로 느껴진다.

해설
색의 항상성이란 빛의 밝기나 광원의 변화에도 색이 변하지 않는 것으로 조명의 강도가 바뀌어도 물체의 색을 동일하게 지각하는 것이다.

74 가법혼색의 혼합 결과가 틀린 것은?

① 빨강 + 녹색 = 노랑
② 빨강 + 파랑 = 마젠타
③ 녹색 + 파랑 = 사이안
④ 빨강 + 녹색 + 파랑 = 검정

해설
가법혼합은 빛의 혼합으로 빛의 3원색인 빨강, 초록, 파랑을 혼합하기 때문에 섞을수록 밝아진다. 가법혼색은 컬러 모니터, TV, 무대 조명 등에 사용된다.

75 작은 방을 길게 보이고 싶어 한쪽 벽면을 칠한다면 다음 중 어느 색으로 칠하면 좋을까?

① 인디고블루(2.5PB 2/4)
② 계란색(7.5YR 8/4)
③ 귤색(7.5YR 7/14)
④ 대나무색(7.5GY 4/6)

해설
한쪽 벽면을 어둡고 채도를 낮게 하면 대비에 의해 실제보다 길어 보이게 할 수 있다. 따라서 보기 중 가장 어둡고 채도가 낮은 인디고블루(2.5PB 2/4)를 배색하는 것이 가장 효과적이며, 난색보다는 한색이 좀 더 길게 보이는 효과가 있다.

정답 70 ③　71 ②　72 ④　73 ①　74 ④　75 ①

76 빛과 색에 대한 설명 중 틀린 것은?

① 단파장은 굴절률이 작고 산란하기 어렵다.
② 색은 빛이 물체에 반사되어서 나타난다.
③ 동물은 인간이 반응하지 않는 파장에 반응하는 시각세포를 가진 것도 있다.
④ 색은 밝고 어둠에 따라 달라져 보일 수 있다.

해설
단파장은 굴절률이 크다.

77 일정한 밝기에서 채도가 높아질수록 더 밝아 보인다는 시지각적 효과는?

① 헬름홀츠-콜라우슈 효과
② 배너리 효과
③ 애브니 효과
④ 스티븐스 효과

해설
① 헬름홀츠-콜라우슈 효과 : 일정한 밝기에서 채도가 높아질수록 더 밝아 보이는 현상으로 표면색과 광원색 모두에서 지각된다.
② 배너리 효과 : 흰색 배경에서 검정 십자형의 안쪽에 회색 삼각형을 배치하면 그 회색이 보다 밝게 보이고, 십자형의 바깥쪽에 배치하면 보다 어둡게 보이는 현상을 말한다.
③ 애브니 효과 : 색자극의 순도가 변하면 색상이 다르게 보이는 것이다.
④ 스티븐스 효과 : 백색 조명광 아래에서 무채색 샘플을 관찰할 때 조명광의 조도를 점차 증가시키면 흰색 샘플은 보다 희게 지각되고 검정 샘플은 보다 검게 지각된다. 회색 샘플의 지각에는 거의 변화가 없다.

78 때때로 색들끼리 서로 영향을 주어서 인접색에 가깝게 보이는 효과는?

① 동화효과 ② 대비효과
③ 혼색효과 ④ 감정효과

해설
동화현상은 두 색이 맞붙어 있을 때 그 경계 주변에서 색상, 명도, 채도대비가 보다 강하게 일어나는 것으로, 색들끼리 서로 영향을 주어 인접색에 가깝게 느껴지는 현상을 말한다. 색의 대비효과와는 반대되는 현상으로 복잡하고 섬세한 무늬에서 많이 나타나며, 동화를 일으키기 위해서는 색영역이 하나로 통합되어야 한다.

79 중간혼합에 대한 설명으로 틀린 것은?

① 점묘파 화가 쇠라의 작품은 병치혼합의 방법이 활용된 것이다.
② 병치혼합은 일종의 가법혼색이다.
③ 회전혼합은 직물이나 컬러 TV의 화면, 인쇄의 망점 등에 활용되고 있다.
④ 회전혼합은 색을 칠한 팽이에서 찾아볼 수 있다.

해설
컬러 TV의 화면은 가산혼합, 인쇄의 망점은 감산혼합에 포함된다.

80 색유리판을 여러 장 겹치는 방법의 혼색에 관한 설명 중 옳은 것은?

① 인쇄잉크의 혼색과 같은 원리이다.
② 컬러 모니터의 색과 같은 원리이다.
③ 병치가법혼색과 유사하다.
④ 무대 조명에 의한 혼색과 같다.

해설
색유리판을 여러 장 겹치는 방법은 감산혼합으로, 인쇄잉크의 혼색과 같은 원리이다.

제5과목 색채체계의 이해

81 색이름 수식형별 기준색이름의 표기가 틀린 것은?

① 자줏빛 분홍
② 초록빛 연두
③ 빨간 노랑
④ 파란 검정

해설
색이름 수식형별 기준색이름에서 '빨간(적)' 뒤에 올 수 있는 것은 자주, 주황, 갈색, 회색, 검정이며 노랑은 올 수 없다.
※ 물체색의 색이름(KS A 0011) 참고

76 ① 77 ① 78 ① 79 ③ 80 ① 81 ③ 정답

82 한국 전통색에 대한 설명으로 틀린 것은?

① 유황색은 황색과 흑색의 혼합으로 얻어지는 간색이다.
② 녹색은 청색과 황색의 혼합으로 얻어지는 간색이다.
③ 자색은 적색과 백색의 혼합으로 얻어지는 간색이다.
④ 벽색은 청색과 백색의 혼합으로 얻어지는 간색이다.

해설
자색은 흑색과 적색의 혼합으로 얻어지는 간색이다.

83 Yxy 색표계의 설명으로 옳은 것은?

① 1931년 CIE가 새로운 가상의 색공간을 규정하고, 실제로 사람이 느끼는 빛의 색과 등색이 되는 실험을 시도하여 정의하였다.
② 색지각의 3속성에 따라 정성적으로 분류하여 기호나 번호로 색을 표기했다.
③ 인간의 감성에 접근하기 위해 헤링의 대응색설에 기초하여 CIE에서 정의한 색공간이다.
④ XYZ 색표계가 양적인 표시로 색채느낌을 알기 어렵고, 밝기의 정도를 판단할 수 없어 수식을 변환하여 얻은 색표계이다.

해설
Yxy 색표계는 양(+)적인 표시만 가능한 XYZ 표색계로는 색채의 느낌을 정확히 알 수 없고 밝기의 정도도 판단할 수 없어서 XYZ 표색계의 수식을 변환하여 얻은 표색계이다. 광원의 색이름을 수량화하여 나타내기 위해 가장 적합한 색체계로서 Yxy 표색계에서 Y는 반사율, x는 색상, y는 채도를 나타낸다.

84 실생활에서 상징적 색채로 사용되었던 오방색 중 남(南)쪽을 의미하고 예(禮)를 상징하는 색상은?

① 파 랑
② 검 정
③ 노 랑
④ 빨 강

해설
적(赤) : 남(南) – 예(禮) – 화(火) – 주작

85 먼셀 색상환의 기본 구성요소가 아닌 것은?

① 색상(H)
② 명도(V)
③ 채도(C)
④ 암도(D)

해설
먼셀 색상환의 기본 구성요소는 색상(H), 명도(V), 채도(C)이며, 암도(D)는 DIN 표색계의 구성요소이다.

86 연속(Gradation)배색에 대한 설명이 틀린 것은?

① 조화를 기본으로 하며 리듬감이나 운동감을 주는 배색방법이다.
② 질서정연한 느낌으로 자연스럽게 배열한 정리 배색이다.
③ 체크문양, 타일문양, 바둑판 문양에서 많이 볼 수 있다.
④ 색상, 명도, 채도, 톤의 단계적인 변화를 이용할 수 있다.

해설
체크문양, 타일문양, 바둑판 문양에서 많이 볼 수 있는 것은 반복효과의 배색이다. 연속효과의 배색은 색을 연속으로 이어지는 느낌으로 배색하는 것을 말하며 그러데이션 배색효과라고도 한다.

정답 82 ③ 83 ④ 84 ④ 85 ④ 86 ③

87 NCS 색 삼각형에서 W–S축과 평행한 직선상에 놓인 색들이 의미하는 것은?

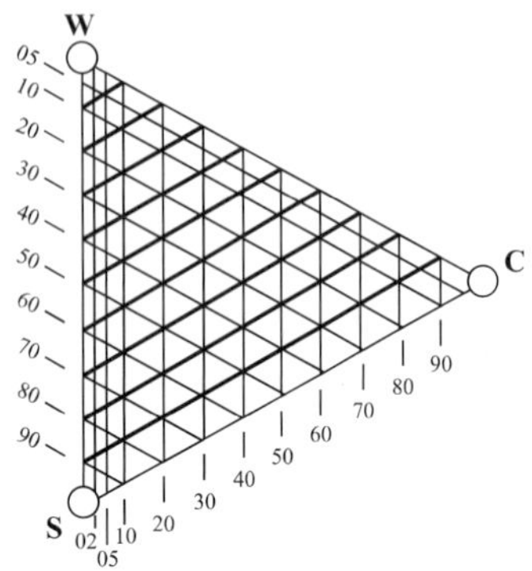

① 동일하얀색도(Same Whiteness)
② 동일검은색도(Same Blackness)
③ 동일순색도(Same Chromaticness)
④ 동일뉘앙스(Same Nuance)

해설
W–S는 동일순색도, W–C는 동일검은색도, C–S는 동일하얀색도이다.

88 오스트발트 색채체계의 단일 색상면 삼각형 내에서 동일한 양의 백색을 가지는 색채를 일정한 간격으로 선택하여 배색함으로써 얻을 수 있는 색채조화는?

① 등백색 조화
② 등순색 조화
③ 등흑색 조화
④ 등가색환 조화

해설
② 등순색 조화 : 단일 색상면 삼각형 내에서 동일한 양의 순색을 가지는 색채를 일정한 간격으로 선택하여 배색하면 조화를 이룬다.
③ 등흑색 조화 : 단일 색상면 삼각형 내에서 동일한 양의 흑색을 가지는 색채를 일정한 간격으로 선택하여 배색하면 조화를 이룬다.
④ 등가색환 조화 : 오스트발트 색입체를 수평으로 잘라 단면을 보면 흑색량, 백색량, 순색량이 같은 28개의 등가색환을 가지는데, 선택된 색채가 등가색환 위에서의 거리가 4 이하이면 유사색 조화, 6~8 이상이면 이색 조화, 색환의 반대 위치에 있으면 반대색 조화를 느끼게 된다.

89 먼셀 기호로 표시할 때 5Y 8/10의 설명으로 올바른 것은?

① 색상 5Y, 명도 8, 채도 10
② 색상 Y8, 명도 10, 채도 5
③ 명도 5, 색상 Y8, 채도 10
④ 색상 5Y, 채도 8, 명도 10

해설
먼셀 표색계는 H V/C로 표시하는데 H는 색상, V는 명도, C는 채도를 의미한다.

90 NCS 색 표기 S7020–R20B의 설명으로 틀린 것은?

① S7020에서 70은 흑색도를 나타낸다.
② S7020에서 20은 백색도를 나타낸다.
③ R20B는 빨강 80%를 의미한다.
④ R20B는 파랑 20%를 의미한다.

해설
색표기 S7020–R20B에서 7020은 뉘앙스를 의미하고 R20B는 색상을 의미하며, 70은 검은색도, 20은 유채색도, R20B는 R에 20만큼 B가 섞인 P를 나타낸다. S는 2판임을 표시한다.

91 먼셀 색체계에 대한 설명으로 옳은 것은?

① 먼셀 밸류라고 불리는 명도(V)축은 번호가 증가하면 물리적 밝기가 감소하여 검정이 된다.
② Gray Scale은 명도단계를 뜻하며, 자연색이라는 영문의 앞자를 따서 M1, M2, M3…로 표시한다.
③ 무채색의 가장 밝은 흰색과 가장 어두운 검정 사이에는 14단계의 유채색이 존재한다.
④ V 번호가 같은 유채색과 무채색은 서로 명도가 동일하다.

해설
④ 먼셀 표기에서 V는 명도를 의미한다.
① 명도(V)축은 번호가 증가하면 물리적 밝기가 증가하여 흰색이 된다.
② 자연색이라는 영문의 앞자를 따서 N1, N2, N3…으로 표시한다.
③ 무채색의 가장 밝은 흰색과 가장 어두운 검정 사이에는 11단계의 무채색이 존재한다.

87 ③ 88 ① 89 ① 90 ② 91 ④ 정답

92 **문-스펜서의 색채조화론에 대한 설명 중 틀린 것은?**

① 오메가 공간은 색의 3속성에 대해 지각적으로 등간격이 되도록 한 독자적인 색공간이다.
② 대표적인 정성적 조화이론으로 1944년도에 발표되었다.
③ 복잡성의 요소(C)와 질서성의 요소(O)로 미도(M)를 구하는 공식을 제안했다.
④ 배색의 심리적 효과는 균형점에 의해 결정된다.

해설
문-스펜서의 색채조화론은 대표적인 정량적 조화이론이다.

93 **오스트발트 색체계에서 사용되는 색채 표시방법은?**

① 15 : BG
② 17lc
③ S4010-Y60R
④ 5Y 8/10

해설
①은 PCCS 표색계, ③은 NCS 표색계, ④는 먼셀 표색계 표시이다.

94 **분리효과에 의한 배색에서 분리색으로 주로 사용되는 색은?**

① 무채색
② 두 색의 중간색
③ 명도가 강한 색
④ 채도가 강한 색

해설
분리효과란 말 그대로 색채배색 시 색들을 분리시키는 효과를 말한다. 즉, 색의 대비가 심하거나 비슷하여 애매한 인상을 줄 때 세퍼레이션 컬러를 삽입하여 명쾌한 느낌을 줄 수 있다. 분리색으로는 주로 무채색을 사용한다.

95 **CIE LCH 색공간에서 색상각(h)이 90°에 해당하는 색은?**

① Red ② Yellow
③ Green ④ Blue

해설
CIE L*c*h에서 L*은 명도, c*는 채도, h는 색상의 각도를 의미한다. 원기둥형 좌표를 이용해 표시하는데 h = 0°(빨강), h = 90°(노랑), h = 180°(초록), h = 270°(파랑)로 표시된다.

96 **오스트발트 색체계에 대한 설명이 틀린 것은?**

① 규칙적이고 합리적이어서 수치상으로 완벽하게 구성되어 있다.
② 색분량은 순색량, 백색량, 흑색량을 10단계로 나누었다.
③ 색상은 헤링의 4원색을 기본으로, 중간에 O, P, T, SG를 더해 8색상으로 한다.
④ 현대에 와서는 색채조화의 원리와 회전혼색을 이용한 색채혼합의 기초원리에 영향을 준 것으로 평가된다.

해설
오스트발트 색체계에서는 헤링의 4원색설에 근거하여 색상의 기본색을 노랑, 빨강, 파랑, 초록이라 하였다. 이 기본색 중간에 주황, 자주, 청록, 황록을 추가한 8색상을 다시 3등분해서 총 24색상을 만들어 사용한다.

97 **현재 우리나라에서 채택하고 있는 한국산업표준 표기법은?**

① 먼셀 표색계
② 오스트발트 표색계
③ 문-스펜서 표색계
④ 게리트슨 시스템

해설
먼셀 표색계는 한국공업규격으로 색의 3속성에 의한 표시방법(KS A 0062)에서 채택하고 있고, 교육용으로는 교육부 고시 제312호로 지정하는데, 주로 한국, 미국, 일본 등에서 사용되고 있다.

정답 92 ② 93 ② 94 ① 95 ② 96 ③ 97 ①

98 **색채표준에 대한 설명으로 틀린 것은?**

① 색채표준이란 색을 일정하고 정확하게 측정, 기록, 전달, 관리하기 위한 수단이다.
② 색채를 정량화하여 국가 간 공통 표기와 단위를 통해 표준화할 수 있다.
③ 현색계에는 한국산업표준과 미국의 먼셀, 스웨덴의 NCS 색체계 등이 있다.
④ 현색계는 색을 측색기로 측정하여 어떤 파장의 빛을 반사하는가에 따라 정확한 수치의 개념으로 색을 표현하는 체계이다.

해설
현색계는 측색기가 필요하지 않은 색채표준이다.

99 **PCCS 색체계에 관한 설명으로 틀린 것은?**

① 톤의 개념을 이해하는 데 적합한 구조로 구성되어 있다.
② 색채관리 및 조색, 색좌표의 전달에 적합한 색체계이다.
③ 색상은 헤링의 지각원리와 유사하게 구성되어 있다.
④ 무채색인 경우 하양은 W, 검정은 Bk로 표시한다.

해설
PCCS는 현색계이다. 색채관리 및 조색, 색좌표의 전달에 적합한 색체계는 혼색계이다.

100 **동일색상배색이 주는 느낌으로 옳은 것은?**

① 안정적이며 통일감이 높다.
② 유쾌하고 역동적이다.
③ 화려하며 자극적이다.
④ 차분하고 엄숙하다.

해설
②・③ 반대색상 배색
④ 유사색상 배색

98 ④ 99 ② 100 ① 정답

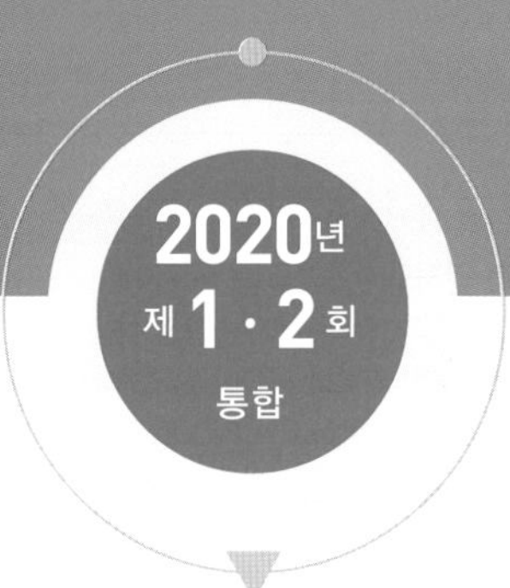

과년도 기출문제

제1과목 색채심리 · 마케팅

01 브랜드의 기능에 대한 설명으로 옳지 않은 것은?

① 자기만족과 과시심리를 차단하는 기능
② 한 기업의 제품이나 서비스를 구별되게 하는 기능
③ 속성, 편익, 가치, 문화 등을 통해 어떤 의미를 전달하는 기능
④ 브랜드를 통해 용도나 사용층의 범위를 나타내는 기능

해설
브랜드의 기능
• 출처기능 : 생산자나 가공자, 회사 등의 신분이나 지역 등을 밝혀 자신의 브랜드라는 것을 표시하는 기능이다.
• 구별기능 : 한 기업의 제품이나 서비스를 구별하여 타 브랜드와의 혼동을 막는 기능이다.
• 소비자 신용기능 : 제조업자의 신용을 나타내는 기능이다.
• 자산적 가치로서의 기능 : 브랜드를 편익, 가치, 문화 등 경제적 척도로 평가하는 재무적 가치로서의 기능이다.

02 최신 트렌드 컬러의 반영이 가장 효과적인 상품군은?

① 개성을 표현하는 인테리어나 의복과 같은 상품군
② 많은 사람들의 공감이 필요한 공공 상품군
③ 첨단의 기술이 필요한 정보통신 상품군
④ 어린이들의 호기심을 유발할 필요가 있는 유아 관련 상품군

해설
인테리어나 의복과 같은 상품군은 다른 분야의 디자인에 비해 트렌드 컬러조사가 가장 중요하고 민감하기 때문에 빠른 변화주기를 보인다. 그렇기 때문에 최신 트렌드 컬러의 반영이 가장 효과적이고 중요하다.

03 색채정보 수집방법의 설명으로 틀린 것은?

① 색채정보를 수집하기 위해 표본조사 방법이 가장 흔히 적용된다.
② 표본추출은 편의(Bias)가 없는 조사를 위해 무작위로 뽑아야 한다.
③ 층화표본추출은 상위집단으로 분류한 뒤 상위집단별로 비례적으로 표본을 선정한다.
④ 집락표본추출은 모집단을 모두 포괄하는 목록을 가지고 체계적으로 표본을 선정하는 방법이다.

해설
층화표본추출은 표본을 선정하기 전에 하위집단으로 분류한 뒤 하위집단별로 비례적으로 표본을 선정한다.

04 색채 시장조사 방법 중 설문지 작성에 관한 내용으로 잘못된 것은?

① 설문지 문항 중 개방형 문항은 응답자가 자신의 생각을 자유롭게 응답하는 것이다.
② 설문지 문항 중 폐쇄형은 두 개 이상의 응답 가운데 하나를 선택하도록 하는 것이다.
③ 쉽게 응답할 수 있는 질문을 먼저 구성한다.
④ 각 질문에 여러 개의 내용을 복합적으로 구성한다.

해설
각 질문은 여러 개의 내용을 복합적으로 구성하는 것이 아니라 한 가지 내용을 정확하게 서술하여 작성자 입장에서 헷갈리지 않게끔 한다.

정답 1 ① 2 ① 3 ③ 4 ④

05 **파버 비렌(Faber Birren)이 연구한 색채와 형태의 연상이 바르게 연결된 것은?**

① 파랑 – 원
② 초록 – 삼각형
③ 주황 – 정사각형
④ 노랑 – 육각형

해설
파버 비렌의 색채와 형태

빨 강	정사각형	보 라	타원형
주 황	직사각형	갈 색	마름모
노 랑	역삼각형	흰 색	반원형
녹 색	육각형	회 색	모래시계형
파 랑	원	검 정	사다리꼴형

06 **제품의 라이프스타일과 색채계획을 고려한 성장기에 대한 설명으로 옳은 것은?**

① 디자인보다는 기능과 편리성이 중시되므로 대부분 소재가 갖고 있는 색을 그대로 활용하여 무채색이 주로 활용된다.
② 경쟁 제품과 차별화하고 소비자의 감성을 만족시켜 주기 위하여 색채를 적극적으로 활용하여 제품의 존재를 강하게 드러내는 원색을 주로 사용하게 된다.
③ 기능과 기본적인 품질이 거의 만족되고 기술 개발이 포화되면 이미지 콘셉트에 따라 배색과 소재가 조정되어 고객은 자신이 원하는 이미지의 제품을 선택하게 된다.
④ 색의 선택에 있어 사회성, 지역성, 풍토성과 같은 환경요소가 개입되기 시작하고 개개의 색보다 주위와의 조화가 중시된다.

해설
색채의 라이프 단계

- 도입기 : 시장을 새롭게 만들어가는 주기이다. 경쟁 상품이 없고 독점과 같은 상태이며 색채 마케팅에 의한 브랜드 색채를 선정하는 시기이다.
- 성장기 : 소비자들에게 제품에 대한 인지도가 형성되는 시기이다. 그로 인해 매출이 상승하고 시장이 확대된다. 이 시기에는 경쟁 상품들이 등장하기 때문에 타 경쟁자들을 대비한 차별화 전략이 필요하다.
- 성숙기 : 더욱 많은 경쟁자가 생기면서 동종 업계에서는 각 제품들의 판매량 및 인지도의 순위가 결정된다. 이 시기에는 고객이 진정으로 원하는 바가 무엇인지, 새롭게 변화하기 위해 어떤 것이 필요한지를 체크할 수 있어야 한다. 또한 제품의 약점을 보완하여 브랜드의 확장까지도 생각해 보아야 한다.
- 쇠퇴기 : 기술적인 노화와 함께 구매도 서서히 줄어들게 되고 수요의 감소 및 가격이 하락할 수 있다. 이 시기에는 색채 마케팅의 새로운 이미지나 대처방안이 필요하다.

07 **색채와 연관된 인간의 반응을 연구하는 한 분야로, 생리학, 예술, 디자인, 건축 등과 관계된 항목은?**

① 색채과학
② 색채심리학
③ 색채경제학
④ 색채지리학

해설
색채심리학은 색채와 관련해서 인간이 심리적으로 어떤 반응과 행동을 하는지를 연구하는 학문이다. 인간이 색을 어떻게 지각하는지의 문제부터 색의 인상, 조화감 등에 이르는 여러 문제를 연구하며 생리학, 예술, 디자인, 건축 등 다양한 분야와 관계를 가진다.

08 **마케팅의 기본 요소인 4P가 아닌 것은?**

① 소비자 행동　② 가 격
③ 판매 촉진　④ 제 품

해설
4P는 제품(Product), 유통/장소(Place), 촉진(Promotion), 가격(Price)을 의미한다.

09 **소비자 구매심리 과정 중 신제품, 특정 상품 등이 시장에 출현하게 되면 디자인과 색채에 시선이 끌리면서 관찰하게 되는 시기는?**

① Attention　② Interest
③ Desire　④ Action

5 ① 6 ② 7 ② 8 ① 9 ① 정답

해설

소비자 구매과정(AIDMA 법칙)은 1920년대 미국의 경제학자 롤랜드 홀(Rolland Hall)이 발표한 구매행동 마케팅 이론이다.

- A(Attention, 인지) : 주의를 끎
- I(Interest, 관심) : 흥미 유발
- D(Desire, 욕구) : 가지고 싶은 욕망 발생
- M(Memory, 기억) : 제품을 기억, 광고효과가 가장 큼
- A(Action, 수용) : 구매(행동)

10 컬러 마케팅의 역할이 가장 돋보일 수 있는 마케팅 전략은?

① 제품 중심의 마케팅
② 제조자 중심의 마케팅
③ 고객 지향적 마케팅
④ 감성소비시대의 마케팅

해설

감성소비시대의 마케팅은 제품의 구매동기나 사용 시 느꼈던 주변의 분위기, 추억 등을 중요시한다. 그렇기 때문에 소비자가 원하는 디자인이나 개인의 주관적 가치, 미적 욕구를 충족시켜야 한다.

11 제품의 색채선호에 대한 설명 중 틀린 것은?

① 자동차는 지역환경, 빛의 강약, 자연환경, 생활패턴 등에 따라 선호 경향이 다르게 나타난다.
② 제품 고유의 특성 때문에 제품의 선호색은 유행을 따르지 않는다.
③ 동일한 제품도 성별에 따라 선호색이 다르다.
④ 선호색채는 사용자의 라이프스타일을 반영한다.

해설

색채선호는 특정 색을 좋아하는 경향을 말한다. 색채의 선호는 개인, 성별, 연령, 문화, 생활환경, 사회적 집단 또는 구체적인 대상에 따라서 차이가 있다.

12 소비자의 의미에 대한 설명으로 옳지 않은 것은?

① 잠재적 소비자(Prospects) – 제품이나 서비스를 구매할 가능성이 있는 집단
② 소비자(Consumer) – 브랜드나 서비스를 구입한 경험이 없는 집단
③ 고객(Customer) – 특정 브랜드를 반복적으로 구매하는 사람
④ 충성도 있는 고객(Loyal Customer) – 특정 브랜드에 대해 신뢰를 가지고 구매 의사결정에 직접적인 영향을 주는 구매자

해설

소비자는 브랜드에서 제공하는 서비스나 상품을 구입하거나 사용한 경험이 있는 집단이다.

13 마케팅 전략에 활용할 수 있는 소비자 행동요인과 가장 거리가 먼 것은?

① 준거집단
② 주거지역
③ 수익성
④ 소득수준

해설

소비자 행동요인

- 사회적 요인 : 집단과 사회의 관계망, 여론주도자
- 개인적 요인 : 연령과 생애주기 단계, 직업, 경제적 상황, 생활방식, 성격과 자아 개념
- 심리적 요인 : 동기, 지각, 학습, 신념과 태도
- 문화적 요인 : 행동양식, 생활습관, 종교, 인종, 지역

14 색의 심리적 효과에 대한 설명으로 옳은 것은?

① 고명도의 색은 가볍게 느껴진다.
② 빨간 조명 아래에서는 시간이 실제보다 짧게 느껴진다.
③ 난색계의 밝고 선명한 색은 진정감을 준다.
④ 한색계의 어둡고 탁한 색은 흥분감을 준다.

정답 10 ④ 11 ② 12 ② 13 ③ 14 ①

해설
색의 심리적 효과
- 중량감 : 명도의 영향이 크며 무겁고 가벼운 느낌을 말한다. 고명도의 색은 가벼운 느낌이 들고, 저명도의 색은 무거운 느낌이 든다.
- 시간의 장단 : 붉은 계열에서는 시간이 길게 느껴지고, 푸른 계열에서는 시간이 짧게 느껴진다.
- 흥분과 진정 : 난색계는 교감신경을 자극하여 생리적인 촉진작용을 일으켜 흥분색이라고도 하고, 한색계는 혈압을 낮추는 효과를 주어 진정색이라고도 한다. 붉은 계열은 흥분의 느낌을 주고, 푸른 계열은 진정의 느낌을 준다.

15 국제적 언어로 인지되는 색채와 기호의 사례가 틀린 것은?

① 빨간색 소방차
② 녹색 십자가의 구급약품 보관함
③ 노랑 바탕에 검은색 추락위험 표시
④ 마실 수 있는 물의 파란색 포장

해설
안전색채는 특정 국가나 지역의 문화, 역사를 넘어 활용되고 있는 국제적 언어이다. 일반적으로 눈에 잘 띄는 주목성이 높은 색을 사용한다.
안전색채의 용도
- 빨강 : 고도위험, 긴급표시, 금지, 정지, 소방기구
- 주황 : 조심, 위험, 구명보트
- 노랑 : 경고, 주의, 장애물, 위험물, 감전경고
- 초록 : 안전, 안내, 비상구, 위생, 구급장비
- 파랑 : 지시, 의무적 행동
- 보라 : 방사능, 작업실이나 저장시설
- 백색 : 통행로, 정돈, 청결, 방향지시

16 시장 세분화의 목적에 대한 설명으로 틀린 것은?

① 시장기회의 탐색을 위해
② 변화하는 시장 수요에 수동적으로 대처하기 위해
③ 소비자의 욕구를 정확하게 충족시키기 위해
④ 자사와 경쟁사의 강점과 약점을 효과적으로 평가하기 위해

해설
시장 세분화의 목적 중 하나는 변화하는 시장 수요에 능동적으로 대처하기 위해서이다.

17 포커에서 사용하는 '칩' 중에서 고득점의 것을 가리키며, 매우 뛰어나거나 매우 질이 좋다는 의미의 형용사로도 사용되는 컬러는?

① 골 드
② 레 드
③ 블 루
④ 화이트

해설
파랑(Blue)은 부정적 의미와 긍정적 의미를 동시에 가지며, 특히 블루오션, 블루슈머, 첨단, 혁신, 신뢰감 등의 미래지향적 컬러를 연상하는 색상으로 많이 활용되고 있다.

18 색채치료에 대한 설명으로 틀린 것은?

① 인간의 신진대사 작용에 영향을 주거나 그것을 평가하는 데 색을 이용하는 의료방법이다.
② 색채치료에서 색채는 고유한 파장과 진동수를 갖는 에너지의 한 형태로 인식한다.
③ 현대의학에서의 색채치료 사례로 적외선 치료법이 있다.
④ 일반적으로 파랑은 혈압을 높이고 근육긴장을 증대하는 색채치료 효과가 있다.

해설
④ 파랑은 호흡수와 혈압을 안정시키며, 근육의 긴장 감소와 집중력을 증대시킨다.
색채치료는 색채를 이용하여 신체적, 정신적인 질병들을 치료할 목적으로 사용되는 요법이다. 과학적인 현대의학의 장점을 살리면서 자연적인 면역력을 증강시키며 고유한 파장과 진동수를 가지고 있는 에너지의 색채 처방과 반응을 연구하는 분야이다.

19 색채의 지각과 감정효과에 대한 설명 중 틀린 것은?

① 낮은 천장에 밝고 차가운 색을 칠하면 천장이 높아 보인다.
② 자동차의 겉 부분에 난색 계통을 칠하면 눈에 잘 띈다.
③ 좁은 방 벽에 난색 계통을 칠하면 넓어 보이게 할 수 있다.
④ 욕실과 화장실은 청결하고 편안한 느낌의 한색 계통을 적용하는 것이 일반적이다.

15 ④ 16 ② 17 ③ 18 ④ 19 ③ 정답

해설
좁은 방 벽에는 한색 계통을 칠해야 넓어 보인다. 그리고 좁은 면적을 시원하고 넓어 보이게 하기 위해 밝은색을 적용해야 한다.

20 색채가 가지고 있는 이미지의 질적인 면을 수량적, 정량적으로 수치화하여 감성을 구분하는 기준으로 활용하기에 적합한 색채조사 기법은?

① SD법 ② KJ법
③ TRIZ법 ④ ASIT법

해설
의미척도법(SD ; Semantic Differential Method)은 1959년 미국의 심리학자 오스굿(C. E. Osgoods)에 의해 고안된 색채 이미지에 관한 연구법이다. 조사 대상자의 주관적인 의미를 객관적으로 평가하여 정성적 색채 이미지를 정량적이며 객관적으로 측정하는 방법이다.

제2과목 색채디자인

21 2차원에서 모든 방향으로 펼쳐진 무한히 넓은 영역을 의미하며 형태를 생성하는 요소로서의 기능을 가진 것은?

① 점 ② 선
③ 면 ④ 공 간

해설
디자인의 형태
- 점 : 기하학적인 정의로 보면 위치를 나타내며 형태를 지각하는 최소의 단위이다. 점이 확대되면 면으로 이동되고, 원형이나 정다각형을 축소하면 점이 된다.
- 선 : 기하학적인 정의에 의하면 무수히 많은 점들의 집합체이며, 점의 이동 흔적이다. 점의 운동에 따라 여러 가지 성격의 선이 만들어지며, 선은 구성이 어떠한 대상이든 가장 큰 영향력을 가지는 형의 대표이다.
- 면 : 기하학적 정의에 의하면 선의 이동 흔적으로 공간을 구성하는 단위이면서 공간효과를 나타내는 중요한 요소이다. 이동하는 선의 흔적이 2차원 면을 이루며 이미 주어진 면의 특정 부분을 자르면 또 다른 면이 생긴다.

22 근대 디자인의 역사에 지대한 영향을 끼친 바우하우스 디자인학교의 설립 연도와 설립자는?

① 1909년 발터 그로피우스
② 1919년 발터 그로피우스
③ 1925년 한네스 마이어
④ 1937년 한네스 마이어

해설
1919년 발터 그로피우스(Walter Gropius)는 바이마르 공예학교 교장이었던 헨리 반데벨데(Henry van de Velde)로부터 미술 아카데미와 공예학교의 운영을 위임받고, 두 학교를 통합해 1919년 국립종합조형학교인 '바이마르 국립바우하우스'를 설립하였다.

23 오스트리아에서 전개된 아르누보의 명칭은?

① 유겐트 스틸(Jugend Stil)
② 스틸 리버티(Stile Liberty)
③ 아르테 호벤(Arte Joven)
④ 빈 분리파(Wien Secession)

해설
'탈퇴, 분리하다'란 뜻을 가진 시세션(Secession)은 오스트리아에서 일어난 신예술조형운동이다. 권위적이면서 세속적인 과거의 모든 양식으로부터 분리를 주장하고 자신들의 작품에 고유 이름을 새겨 생산된 제품의 품질과 디자인에 신뢰성을 부여하였다. 시세션 운동의 중심 인물로 오토 바그너(Otto Wagner)와 그의 제자 조셉 호프만(Josef Hoffman) 등이 있다.

24 디자인의 조건에 해당되지 않는 것은?

① 합목적성 ② 심미성
③ 통일성 ④ 경제성

해설
디자인의 4대 조건
- 경제성 : '한정된 최소의 비용과 노력으로 최대의 이익'을 발생시키기 위한 경제활동의 가장 기본이 되는 원칙이다.
- 합목적성 : '목적에 얼마나 적합한가?' 또는 '목적과 얼마나 일치하는가?'를 의미한다. 즉, 목적을 실현하는 데에 적합한 성질을 말한다.
- 심미성 : 맹목적인 미를 추구하는 것이 아니라 기능과 유기적으로 결합된 조형미나 내용미, 기능미, 색채 그리고 재질의 아름다움을 모두 고려한 미를 추구하는 것을 의미한다.
- 독창성 : 디자인에서 기능 및 미와는 구별되는 가장 중요한 조건 중 하나로 다른 말로는 창의성이라고 한다.

정답 20 ① 21 ③ 22 ② 23 ④ 24 ③

25 멀티미디어 디자인의 특징과 거리가 가장 먼 것은?

① One-way Communication
② Usability
③ Information Architecture
④ Interactivity

해설
멀티미디어의 특징
- Usability : 유용하고 편리함
- Information Architecture : 자료의 구성
- Interactivity : 상호작용
- User-centered Design : 사용자 중심의 디자인
- User Interface : 사용자 인터페이스
- Navigation : 항해

26 색채디자인의 목적과 거리가 가장 먼 것은?

① 최대한 다양한 색상조합을 연출하여 시선을 자극한다.
② 색채의 체계적 계획을 통한 색채 상품으로서의 고부가가치를 창출한다.
③ 기업의 상품 가능성을 높여 전략적 마케팅을 성공적으로 이끈다.
④ 원초적인 심리와 감성적 소구를 끌어내어 소비자의 구매 욕구를 자극한다.

해설
색채디자인은 사용할 목적에 맞는 색을 선택하여 조화로운 색상 조합을 연출한다.

27 바우하우스의 기별 교장과 특징이 옳게 나열된 것은?

① 1기 - 그로피우스, 근대 디자인 경향
② 2기 - 그로피우스, 사회주의적 경향
③ 3기 - 한네스 마이어, 표현주의적 경향
④ 4기 - 미스 반데어로에, 나치의 탄압

해설
바우하우스의 기별 교장
- 1기 : 국립 디자인학교이며 교장은 발터 그로피우스(Walter Gropius)였다. 그리고 바이마르 바우하우스의 중심적 교육 인물은 요하네스 이텐(Johannes Itten)이었다.
- 2기 : 교장은 발터 그로피우스이고, 시립 디자인학교이며, 조형대학으로서 디자이너를 양성하는 데 힘을 기울였다.
- 3기 : 한네스 마이어(Hannes Meyer) 시대로서 건축 전문 공과대학이 되었다.
- 4기 : 사립 디자인학교로서 미스 반데어로에(Mies van der Rohe)가 교장을 맡으며 1933년 나치에 의해 폐교되었다.

28 디자인(Design)의 목적과 관련이 적은 것은?

① 인위적이고 합목적성을 지닌 창작행위이다.
② 디자인은 심미성을 1차 목적으로 한다.
③ 기본 목표는 미와 기능의 합일이다.
④ 형태는 기능에 따른다.

해설
디자인의 조건 중 가장 중요한 것은 '목적에 얼마나 적합한가?', '목적과 얼마나 일치하는가?'를 나타내는 합목적성이다. 즉, 미(美)만을 추구하는 것이 아니라 '얼마나 목적에 맞도록 디자인을 했는가?'가 가장 중요한 내용이 된다.

29 디자인의 개발에서 산업 생산과 기업의 정책에 영향을 끼치지 않는 시장 상황은?

① 포화되지 않은 시장
② 포화된 시장
③ 완료된 시장
④ 지리적 시장

해설
디자인의 개발에서 산업 생산과 기업의 정책에 영향을 끼치지 않는 시장은 지리적 시장이다.

정답 25 ① 26 ① 27 ④ 28 ② 29 ④

30 디자인 원리 중 비례의 개념과 거리가 먼 것은?

① 객관적 질서와 과학적 근거를 명확하게 드러내는 구성형식이다.
② 기능과는 무관하나 미와 관련이 있어 자연에서 훌륭한 미를 가지는 형태는 좋은 비례양식을 가지고 있다.
③ 회화, 조각, 공예, 디자인, 건축 등에서 구성하는 모든 단위의 크기와 각 단위의 상호관계를 결정한다.
④ 구체적인 구성형식이며, 보는 사람의 감정에 직접적으로 호소하는 힘을 가지고 있다.

해설
비례는 두 양 사이의 수량적인 관계이며 객관적 질서와 과학적 근거를 명확하게 드러내는 구성형식이다. 보는 사람의 감정에 직접적으로 호소하는 힘이 있고, 회화, 조각, 공예, 디자인 등에서 구성하는 모든 단위의 크기와 각 단위의 상호관계를 결정한다.

31 상업용 공간의 파사드(Facade) 디자인은 어떤 분야에 속하는가?

① Exterior Design
② Multiful Design
③ Illustration Design
④ Industrial Design

해설
파사드(Facade)는 건축물의 주된 출입구가 있는 정면부이다. 내부의 공간 구성을 표현하는 것과 내부와는 관계없이 독자적으로 구성을 취하는 것 등이 있다. 보통 장식적으로 다루어질 때가 많다. 실외환경디자인(Exterior Design)은 환경과 경관을 대상으로 해서 그곳에서 일어나는 변화, 경험 등의 현상을 다루는 분야이다. 목표는 편리성, 안정성, 경제성과 더불어 건강하고 아름다운 환경을 창조하는 데 필요한 실무지식과 기술을 개발해서 사회적 수요에 적합한 환경을 만드는 데 있다. 밀접한 분야로는 조경학이 있다.

32 패션 디자인의 색채계획에서 세련되고 도시적인 느낌의 포멀(Formal)웨어 디자인에 주로 이용되는 색조는?

① Pale 톤 ② Vivid 톤
③ Dark 톤 ④ Dull 톤

해설
Dull 톤은 중명도, 저채도의 '탁한' 톤으로 성숙하고, 차분하고, 고급스러운 느낌을 주기 때문에 세련되고 도시적인 느낌의 포멀웨어 디자인과 잘 어우러진다.

33 제품 색채기획 단계에 해당되지 않는 것은?

① 시장조사
② 색채분석
③ 소재 및 재질 결정
④ 색채계획서 작성

해설
제품 색채기획 단계 : 시장조사 및 분석 → 소비자 조사 → 자사 제품 및 타사 제품 분석 → 기업 색채분석 → 제품의 상징색 조사 → 색채계획서 작성 → 색채 이미지 추출 및 적용 → 제품 콘셉트 도출 → 제품 적용

34 디자인에 있어 미적 유용성 효과(Aesthetic Usability Effect)의 설명 중 틀린 것은?

① 디자인이 아름다운 것은 사용하기 좋다고 인지된다.
② 디자인이 아름다운 것은 창조적 사고와 문제 해결을 촉진한다.
③ 디자인이 아름다운 것은 비교적 오랫동안 사용된다.
④ 디자인이 아름다운 것은 지각반응을 감퇴시킨다.

해설
미적 유용성 효과는 아름다운 디자인의 사용이 더 편하고, 효과적이라고 받아들이는 현상이다. 디자인이 아름다운 것은 지각반응을 더욱 자극시킨다.

정답 30 ② 31 ① 32 ④ 33 ③ 34 ④

35 색채계획에 관한 설명 중 틀린 것은?

① 국제유행색위원회에서는 매년 색채 팔레트의 50% 정도만을 새롭게 제시하고 있다.
② 공공성, 경관의 특징 등을 고려한 계획이 요구되는 것은 도시공간 색채이다.
③ 일시적이며 유행에 민감하며 수명이 짧은 것은 개인색채이다.
④ 색채계획이란 색채디자인의 목표를 달성하기 위해 시장과 고객 분석을 통해 색채를 적용하는 과정이다.

해설
국제유행색위원회는 1963년 발족된 기관으로 본부는 파리에 있으며, 각 20여 개국의 전문위원이 참여하여 연 2회 컬러 회의를 진행한다. 이 회의를 통해서 각국의 주제 컬러를 제시받아 데이터를 수집하여 유행색을 결정한다. 보통 그 해의 유행색은 한 가지로 나오지만 메인 유행색에 따라 세부적으로 2~3가지의 콘셉트 컬러가 추가적으로 나오게 된다.

36 색채디자인 평가에서 검토 대상과 내용이 잘못 연결된 것은?

① 면적효과 – 대상이 차지하는 면적
② 거리감 – 대상과 보는 사람과의 심리적 거리
③ 선호색 – 공공성의 정도
④ 조명 – 조명의 구분 및 종류와 조도

해설
선호색은 여러 가지 색 중에서 특별히 좋아하는 색을 말한다.

37 실내 색채계획으로 거리가 가장 먼 것은?

① 작은 규모의 현관은 진한 색을 사용하는 것이 바람직하다.
② 천장은 아주 연한색이나 흰색이 좋다.
③ 거실은 밝고 안정감 있는 고명도, 저채도의 중성색을 사용한다.
④ 벽은 온화하고 밝은 한색계가 눈을 편하게 한다.

해설
좁은 면적을 시원하고 넓게 보이게 하기 위해 밝은색이나 한색을 적용해야 한다.

38 기업의 이미지 통합 계획으로 기업의 이미지를 시각적으로 인지하고 기억하도록 하는 시각 디자인의 분야는?

① 일러스트레이션(Illustration)
② CIP(Corporation Identity Program)
③ 슈퍼그래픽 디자인(Super Graphic Design)
④ BI(Brand Identity)

해설
CIP(Corporation Identity Program)는 CI라고도 하며 기업, 공공단체가 지니고 있는 이미지를 시각적으로 체계화하거나 단일화하는 작업을 말한다. 사회문화 창조와 함께 서비스 정신을 조성하면서 소비자에게 신뢰를 보증하는 상징으로 사용된다. 타 기업과의 차별화나 경영전략의 일환으로 사용되며 기업만의 이상적 이미지 확립을 목적으로 한다.

39 디자인의 요소가 아닌 것은?

① 구 성 ② 색
③ 재질감 ④ 형 태

해설
디자인의 요소
- 개념요소 : 점, 선, 면, 입체
- 시각요소 : 형태, 방향, 명암, 색, 크기, 운동감
- 상관요소 : 면적, 무게(서로의 관계에 따라 달라 보이는 것)
- 실제요소 : 목적성

40 다음 설명은 형태와 기능에 대한 포괄적 개념으로서의 복합기능(Fuction Complex) 중 어디에 해당되는가?

보석세공용 망치와 철공소용 망치는 다르다.

① 방 법 ② 필 요
③ 용 도 ④ 연 상

35 ① 36 ③ 37 ① 38 ② 39 ① 40 ③ 정답

해설
망치의 정해진 기능을 가지고 있긴 하지만 보석세공용 망치와 철공소용 망치는 용도, 쓰이는 곳에 따라서 기능이 달라진다.

제3과목 색채관리

41 다음의 ( )에 적합한 용어는?

> 색채관리는 색채에 대한 종합적인 계획이나 관리, 목적에 맞는 색채의 ( ), ( ), ( ) 규정 등을 총괄하는 의미이다.

① 기능, 조명, 개발
② 개발, 측색, 조색
③ 조색, 안료, 염료
④ 측색, 착색, 검사

해설
색채관리는 제품의 색채에 관한 품질관리라고도 한다. 상품기획에 있어서도 중요한 시스템이고, 색채 재료의 선정, 시험, 측색, 완성된 색채의 양부 판정, 통계 정리 등을 하는 것을 말한다.

42 어떤 색채가 매체, 주변색, 광원, 조도 등이 다른 환경에서 관찰될 때 다르게 보이는 현상은?

① 컬러 어피어런스(Color Appearance)
② 컬러 매핑(Color Mapping)
③ 컬러 변환(Color Transformation)
④ 컬러 특성화(Color Characterization)

해설
컬러 어피어런스는 색 제시조건이나 조명조건 등의 차이에 따라서 변화를 보이는 주관적인 색의 변화이다.

43 백화점에서 산 흰색 도자기가 집에서 보면 청색 기운을 띤 것처럼 달라 보이는 이유는?

① 조건등색 ② 광원의 연색성
③ 명순응 ④ 잔상현상

해설
물체색은 그 물체에서 눈에 들어오는 빛의 분광 에너지 조성과 그것을 관찰하는 눈의 상태에 의해서 결정된다. 물체에서 눈에 들어오게 되는 분광 에너지 조성은 물체를 조명하는 광원의 분광 에너지 조성과 물체의 분광반사율로 결정된다. 그렇기 때문에 조명광원의 분광 에너지 조성이 변하게 되면 물체에서 눈에 들어오는 빛의 분광 에너지 조성도 변화되고, 다시 새로운 광원에 빛에 대한 눈의 순응이 작용해서 다른 색으로 느끼게 되는 것이다.

44 컬러 시스템(Color System)에 대한 설명 중 틀린 것은?

① RGB 형식은 컴퓨터 모니터와 스크린 같이 빛의 원리로 색채를 구현하는 장치에서 사용된다.
② 컴퓨터 그래픽스 작업이 프린트로 출력되는 방식은 CMYK 색조합에 의한 결과물이다.
③ HSB 시스템에서의 색상은 일반적 색체계에서 360° 단계로 표현된다.
④ Lab 시스템은 물감의 여러 색을 혼합하고 다시 여기에 흰색이나 검은색을 섞어 색을 만드는 전통적 혼합방식과 유사하다.

해설
Lab 시스템은 다른 환경에서도 L(명도), a(빨강/초록), b(노랑/파랑)로 최대한 색상을 유지시켜 주기 위한 디지털 색채체계이다.

45 광원에 따라 색채의 느낌을 다르게 보이는 현상 이외에 광원에 따라 색차가 변하는 현상은?

① 맥콜로 효과
② 메타머리즘
③ 허먼 그리드
④ 폰-베졸트

해설
메타머리즘은 조건등색이라고도 하며 빛의 스펙트럼 상태를 말한다. 특정한 조명 아래에서는 동일한 색으로 보이는데, 조명의 분광분포가 달라지면 다르게 보인다.

정답 41 ② 42 ① 43 ② 44 ④ 45 ②

46 한국산업표준(KS) 인용규격에서 표준번호와 표준명의 표기가 틀린 것은?

① KS A 0011 물체색의 색이름
② KS B 0062 색의 3속성에 의한 표시방법
③ KS C 0075 광원의 연색성 평가방법
④ KS C 0074 측색용 표준광 및 표준광원

해설
색의 3속성에 의한 표시방법은 KS A 0062이다.

47 디지털 영상출력장치의 성능을 표시하는 600dpi란?

① 1inch당 600개의 화점이 표시되는 인쇄영상의 분해능을 나타내는 수치
② 1시간당 최대 인쇄매수로 나타낸 프린터의 출력 속도를 표시한 수치
③ 1cm당 600개의 화소가 표시되는 모니터 영상의 분해능을 나타낸 수치
④ 1분당 표시되는 화면수를 나타낸 모니터의 응답 속도를 표시한 수치

해설
dpi(Dot Per Inch)는 프린터와 스캐너의 해상도를 나타내는 지표이다. 1inch에 대한 도트수를 나타내며, 수치가 클수록 해상도가 높아진다.

48 일정한 두께를 가진 발색층에서 감법혼색을 하는 경우에 성립하고 색료의 흡수, 산란을 설명하는 원리는?

① 데이비스-깁슨 이론(Davis Gibson Theory)
② 헌터 이론(Hunter Theory)
③ 쿠벨카 뭉크 이론(Kubelka Munk Theory)
④ 오스트발트 이론(Ostwald Theory)

해설
쿠벨카 뭉크 이론은 일정한 두께를 가진 발색층에서 감법혼색을 하는 경우에 성립하는 이론이다. 자동배색장치의 기본원리이기도 하다.

49 회화나무의 꽃봉오리로 황색염료가 되며 매염제에 따라서 황색, 회녹색 등으로 다양하게 염색되는 것은?

① 황벽(黃蘗)
② 소방목(蘇方木)
③ 괴화(槐花)
④ 울금(鬱金)

해설
괴화(槐花) : 괴화는 회화나무(콩과의 낙엽교목)의 열매에서 얻는 다색성 염료로서 매염제에 따라 연둣빛 노랑에서 짙은 카키색까지 얻을 수 있다. 황벽과 치자에 비해 일광견뢰도가 우수하다.

50 색채 측정기 중 정확도 급수가 가장 높은 기기는?

① 스펙트로포토미터
② 크로마미터
③ 덴시토미터
④ 컬러리미터

해설
스펙트로포토미터는 분광식 측색계, 분광광도계라고도 한다. 단색화장치(모노크로미터)를 이용해 분광된 단색광을 시료 용액에 투과시켜 투과된 시료광의 흡수 또는 반사된 빛의 양의 강도를 광검출기로 검출하는 장치이다.

51 맥아담의 편차 타원을 정량화하기 위해서 프릴레, 맥아담, 치커링에 의해 만들어진 색차는?

① CMC(2 : 1)
② FMC-2
③ BFD(1 : c)
④ CIE94

해설
ISO-CIE 색채품질관리 규정에 따르면 FMC-2는 맥아담의 편차 타원을 정량화하기 위해서 프릴레, 맥아담, 치커링에 의해 만들어졌다.

46 ② 47 ① 48 ③ 49 ③ 50 ① 51 ② 정답

52 **CCM 소프트웨어에 대한 설명 중 옳은 것은?**

① 배합 비율은 도료와 염료에 기본적으로 똑같이 적용된다.
② 빛의 흡수계수와 산란계수를 이용하여 배합비를 계산한다.
③ Formulation 부분에서 측색과 오차 판정을 한다.
④ Quality Control 부분에서 정확한 컬러런트 양을 배분한다.

해설
CCM 소프트웨어는 컴퓨터 장치를 이용하여 자동으로 구성된 컬러런트를 정밀한 비율로 자동조절 공급하여 색을 자동화하고 조색하는 시스템으로 일정한 품질을 생산할 수 있다. CCM 소프트웨어는 품질관리(Quality Control) 부분과 공식화(Formulation) 부분으로 구성되어 있다. 품질관리 부분은 색을 측색하고 색소를 입력하고 색을 교정한다. 공식화 부분은 측색된 색을 만들기 위해 이미 입력된 원색 색소를 구성하여 양을 계산하고, 성분을 결정하는 베이스에 정량을 투입할 수 있도록 각각의 원색의 양을 정한다.

53 **다음 중 육안검색 시 사용하는 주광원이나 보조광원이 아닌 것은?**

① 광원 C ② 광원 D_{50}
③ 광원 A ④ 광원 F_8

해설
육안검색 시 광원 C는 먼셀 색표와 비교할 때 사용한다.

54 **인쇄에 관한 설명 중 틀린 것은?**

① 인쇄잉크의 기본 4원색은 C(Cyan), M(Magenta), Y(Yellow), K(Black)이다.
② 인쇄용지에 따라 망점 선수를 달리하며 선수가 많을수록 인쇄의 품질이 높아진다.
③ 오프셋(Offset) 인쇄는 직접 종이에 인쇄하지 않고 중간 고무판을 거쳐 잉크가 묻도록 되어 있다.
④ 볼록판 인쇄는 농담 조절이 가능하여 풍부한 색을 낼 수 있고 에칭 그라비어 인쇄가 여기에 속한다.

해설
볼록판 인쇄는 도장을 찍듯이 양각으로 조각된 글자에 잉크를 묻혀 눌러 찍어내는 인쇄방법이다. 판의 재질과 찍을 대상에 따라서 다양한 재료의 조합은 가능하지만 농담 조절이나 풍부한 색을 내는 것은 불가능하다. 에칭 그라비어 인쇄는 금속 실린더에 새겨진 요점에 잉크가 묻어나고 금속 실린더가 회전하며 필름 표면에 잉크가 묻어나도록 하는 사진제판법에 의한 오목판 인쇄이다. 그라비어 인쇄는 색의 농도가 셀의 깊이에 따라 결정되고, 색의 종류는 공정에 사용되는 실린더의 개수에 따라 달라진다.

55 **다음 중 담황색을 내기 위한 색소는?**

① 안토사이안 ② 루 틴
③ 플라보노이드 ④ 루테올린

해설
플라보노이드는 담황색, 노랑~주황, 하양, 파랑을 내기 위해 필요한 식물색소이다.

56 **저드(D. B. Judd)의 UCS 색도그림에서 완전 방사체 궤적에 직교하는 직선 또는 이것을 다른 적당한 색도도상에 변환시킨 것은?**

① 방사 휘도율
② 입체각 반사율
③ 등색온도선
④ V(λ) 곡선

해설
등색온도선은 저드(D. B. Judd)의 UCS 색도그림에서 완전 방사체 궤적에 직교하는 직선 또는 이것을 다른 적당한 색도도상에 변환시킨 것이다.

57 **다음 중 안료를 사용하지 않는 것은?**

① 플라스틱 염색
② 인쇄잉크
③ 회화용 크레용
④ 옷 감

정답 52 ② 53 ① 54 ④ 55 ③ 56 ③ 57 ④

해설
염료는 물, 기름에 녹아서 섬유 물질이나 가죽 등을 염색하는 데 주로 쓰이는 색소를 말하고, 안료는 물이나 기름 등에 녹지 않는 분말 형태의 착색제를 말한다. 염료는 의류 등 섬유 물질에 주로 색을 입힐 때 쓰이고, 안료의 경우 안료 그대로의 상태로는 섬유 등에 흡수되는 성능이 없지만 전색제의 도움에 의해 물체에 색이 도포되거나 또는 물체 중에 미세하게 분산되어 착색된다. 프린터용 토너, 페인트 등에 사용된다.

58 모니터의 색온도에 대한 내용으로 틀린 것은?

① 6,500K와 9,300K의 두 종류 중에서 사용자가 임의로 색온도를 설정할 수 있다.
② 색온도의 단위는 K(Kelvin)를 사용한다.
③ 자연에 가까운 색을 구현하기 위해서는 색온도를 6,500K로 설정하는 것이 바람직하다.
④ 색온도가 9,300K로 설정된 모니터의 화면에서는 적색조를 띠게 된다.

해설
자연광의 색온도는 5,400~5,800K인데, 스마트폰이나 모니터 LED 등의 색온도는 7,000~8,000K에 가깝다. 색온도가 높아질수록 사물의 색상이 왜곡되어 보이면서 차가운 느낌을 준다. 그렇기 때문에 9,000K로 설정된 모니터의 화면에서는 적색조를 띠지 않는다.

59 색채를 16진수로 표기할 때 바르게 연결된 것은?

① 녹색 – FF0000
② 마젠타 – FF00FF
③ 빨강 – 00FF00
④ 노랑 – 0000FF

해설
① 녹색 : 00FF00
③ 빨강 : FF0000
④ 노랑 : FFFF00

60 트롤랜드(Troland, 단위 기호 Td)는 다음의 보기 중 어느 것의 단위인가?

① 역 치 ② 광 택
③ 망막조도 ④ 휘 도

해설
트롤랜드는 망막조도의 단위이고, 광원의 휘도와 눈의 동공의 면적에 비례한다.

제4과목 색채지각론

61 2가지 이상의 색을 시간적인 차이를 두고서 차례로 볼 때 주로 일어나는 색채대비는?

① 동시대비 ② 계시대비
③ 병치대비 ④ 동화대비

해설
계시대비는 2가지 이상의 색을 시간적인 차이를 두고 차례로 볼 때 주로 일어나는 대비이다. 어떤 색을 보다가 다른 색을 보면 먼저 본 색의 영향으로 다음에 보는 색이 다르게 보인다.

62 색을 혼합할수록 명도가 높아지는 3원색은?

① Red, Yellow, Blue
② Cyan, Magenta, Yellow
③ Red, Blue, Green
④ Red, Blue, Magenta

해설
가법혼색은 빛의 혼합이다. 빛의 3원색인 빨강(Red), 초록(Green), 파랑(Blue)을 혼합하기 때문에 섞으면 섞을수록 명도가 높아진다.

63 색료의 3원색 중 Yellow와 Magenta를 혼합했을 때의 색은?

① Green ② Orange
③ Red ④ Brown

58 ④ 59 ② 60 ③ 61 ② 62 ③ 63 ③ 정답

해설
감법혼색은 색채의 혼합이다. 색료의 3원색인 사이안(Cyan), 마젠타(Magenta), 노랑(Yellow)을 혼합하기 때문에 섞을수록 명도와 채도가 어두워지고 탁해진다.
색료의 3원색의 혼색
- 사이안(Cyan) + 마젠타(Magenta) + 노랑(Yellow) = 검정(Black)
- 사이안(Cyan) + 마젠타(Magenta) = 파랑(Blue)
- 마젠타(Magenta) + 노랑(Yellow) = 빨강(Red)
- 노랑(Yellow) + 사이안(Cyan) = 초록(Green)

64 환경색채를 계획하면서 좀 더 부드러운 분위기가 연출되도록 색을 조정하려고 할 때 가장 적합한 방법은?

① 한색 계열의 색을 사용한다.
② 채도를 낮춘다.
③ 주목성이 높은 색을 사용한다.
④ 명도를 낮춘다.

해설
한색 계열의 색은 후퇴되어 보이는 느낌을 주고, 주목성이 높은 색은 난색, 고명도, 고채도의 색들이기 때문에 부드러운 분위기를 연출하기가 어렵다. 그리고 명도를 낮추면 무거운 느낌이 들기 때문에 부드러운 분위기와는 관련이 없다.

65 색의 혼합에 대한 설명 중 틀린 것은?

① 2장 이상의 색 필터를 겹친 후 뒤에서 빛을 비추었을 때의 혼색을 감법혼색이라 한다.
② 여러 종류의 색자극이 눈의 망막에서 겹쳐져 혼색되는 것을 가법혼색이라 한다.
③ 색자극의 단계에서 여러 종류의 색자극을 혼색하여 그 합성된 색자극을 하나의 색으로 지각하는 것을 생리적 혼색이라 한다.
④ 가법혼색은 컬러인쇄의 색분해에 의한 네거티브 필름의 제조와 무대 조명 등에 활용된다.

해설
혼색은 물리적 혼색(가산혼합, 감산혼합)과 생리적 혼색(가산혼합, 중간혼합)으로 분류된다. 생리적 혼색은 여러 종류의 색자극이 눈에 들어와 망막에서 중첩되어 혼색이 되는 것이다.

66 회전원판을 2등분하여 S1070-R10B와 S1070-Y50R의 색을 칠한 다음 빠르게 돌렸을 때 지각되는 색에 가장 가까운 것은?

① S1070-Y30R
② S1070-Y80R
③ S1070-R30B
④ S1070-R80B

해설
NCS 색상환에서 R10B와 Y50R 사이에 있는 색은 Y80R이다.
- S1070-R10B에서 1070은 뉘앙스를 의미하고, R10B는 색상을 의미하여(R에 10만큼 B가 섞인 RB), 10은 검은색도, 70은 유채색도를 의미한다.
- S1070-Y50R에서 1070은 뉘앙스를 의미하고, Y50R은 색상을 의미하여(Y에 50만큼 R이 섞인 YR), 10은 검은색도, 70은 유채색도를 의미한다.

67 진출하는 느낌을 가장 적게 주는 색의 경우는?

① 따뜻한 색보다 차가운 색
② 어두운색보다 밝은색
③ 채도가 낮은 색보다 채도가 높은 색
④ 저명도 무채색보다 고명도 유채색

해설
진출색은 난색, 고명도, 고채도, 유채색 등이 있고, 후퇴색은 한색, 저명도, 저채도, 무채색 등이 있다.

68 최소한의 색으로 더 이상 쪼갤 수 없거나 다른 색을 섞어서 나올 수 없는 색은?

① 광원색
② 원 색
③ 순 색
④ 유채색

해설
원색은 하나의 색을 더 이상 쪼갤 수 없는 기본색으로 다른 색을 섞어서 나올 수 없는 독립적인 색이다.

정답 64 ② 65 ③ 66 ② 67 ① 68 ②

69 다음 중 공간색이란?

① 맑고 푸른 하늘과 같이 끝없이 들어갈 수 있게 보이는 색
② 유리나 물의 색 등 일정한 부피가 쌓였을 때 보이는 색
③ 전구나 불꽃처럼 발광을 통해 보이는 색
④ 반사물체의 표면에 보이는 색

해설
공간색은 유리나 물의 색 등 일정한 부피가 있는 공간에 부피가 쌓였을 때 부피감이 보이고 색의 존재감이 느껴지는 색이다.

70 색채지각 중 눈의 망막에서 일어나는 착시적 혼합이 아닌 것은?

① 감법혼색
② 병치혼색
③ 회전혼색
④ 계시혼색

해설
병치혼색, 회전혼색, 계시혼색은 색이 실제로 섞이는 것이 아니라 착시현상으로 인하여 혼합된 것처럼 보이는 심리적인 혼색이다. 감법혼색은 색채의 혼합이며 색료의 3원색인 사이안(Cyan), 마젠타(Magenta), 노랑(Yellow)을 혼합하기 때문에 섞을수록 명도와 채도가 어두워지고 탁해진다.

71 다음 중 가장 부드럽게 보이는 색은?

① 5R 3/10
② 5YR 8/2
③ 5B 3/6
④ N4

해설
부드러워 보이려면 채도가 낮고, 난색이어야 한다. 그렇기 때문에 가장 부드러운 색은 5YR 8/2이다.

72 잔상(After Image)에 대한 설명으로 틀린 것은?

① 잔상의 출현은 원래 자극의 세기, 관찰시간, 크기에 의존한다.
② 원래의 자극과 색이나 밝기가 반대로 나타나는 것은 음성잔상이다.
③ 보색잔상은 색이 선명하지 않고 질감도 달라 면색(面色)처럼 지각된다.
④ 잔상현상 중 보색잔상에 의해 보게 되는 보색을 물리보색이라고 한다.

해설
보색의 종류는 크게 물리보색, 심리보색의 2가지로 나뉜다. 물리보색에는 중간혼색, 병치혼색이 있으며, 이는 색상환에서 반대에 위치해 보색관계에 있는 두 색을 서로 혼합하면 무채색이 되는 색이다. 심리보색은 인간의 지각과정에서 서로 반대색으로 느끼는 것으로, 잔상과 계시대비가 속한다.

73 간상체와 추상체의 시각은 각각 어떤 파장에 가장 민감한가?

① 약 300nm, 약 460nm
② 약 400nm, 약 460nm
③ 약 500nm, 약 560nm
④ 약 600nm, 약 560nm

해설
간상체가 가장 민감하게 반응하는 파장은 약 500nm이며, 추상체가 가장 민감하게 반응하는 파장은 약 560nm이다.

74 색의 속성 중 우리 눈에 가장 민감한 속성은?

① 색 상 ② 명 도
③ 채 도 ④ 색 조

해설
색의 3속성(색상, 명도, 채도) 중 눈에 가장 민감한 속성은 명도이다. 명도는 밝고 어두운 정도를 말한다.

69 ② 70 ① 71 ② 72 ④ 73 ③ 74 ② 정답

75 눈의 구조에서 빛이 망막에 상이 맺힐 때 가장 많이 굴절되는 부분은?

① 망 막　② 각 막
③ 공 막　④ 동 공

해설
각막은 안구 가장 바깥 표면으로 눈에서 제일 먼저 빛이 통과하는 부분이다. 망막에 상이 맺힐 때 빛이 가장 많이 굴절되는 부분이며 만약 각막에 혈관이 있다면 혈관에 의해서 빛이 가려져 망막에 도달하지 못하게 된다.

76 색상, 명도, 채도 모두에서 나타나는 것으로 특히 프린트 디자인이나 벽지와 같은 평면 디자인 시 배경과 그림의 관계를 고려해야 하는 현상은?

① 동화현상
② 대비현상
③ 색의 순응
④ 면적효과

해설
동화현상은 두 색이 맞붙어 있을 때 그 경계 주변에서 색상, 명도, 채도대비의 현상이 강하게 일어나는 것으로, 색들끼리 영향을 주어서 인접색에 가깝게 느껴지는 현상이다.

77 복도를 길어 보이게 할 때, 사용할 적합한 색은?

① 따뜻한 색
② 차가운 색
③ 명도가 높은 색
④ 채도가 높은 색

해설
복도가 길어 보이려면 후퇴색을 사용하여 뒤로 물러나 보이도록 한다. 후퇴색은 차가운 색, 어두운색, 무채색이 해당된다. 즉, 저명도, 저채도, 한색이 후퇴되는 느낌을 준다.

78 빛의 특성과 작용에 대한 설명 중 간섭에 대한 예시로 옳은 것은?

① 아지랑이
② 비눗방울
③ 저녁노을
④ 파란 하늘

해설
빛의 간섭은 빛의 파동이 잠시 둘로 나누어진 후 다시 결합되는 현상으로, 빛이 합쳐지는 동일점에서 빛의 진동이 중복되어 강하게 되거나 약하게 나타나는 현상이다. 비눗방울의 색이 무지개 색으로 빛나고, 은비늘 색이 보는 각도에 따라 빛나 보이는 것은 빛의 일부가 막의 표면에서 반사한 빛이 서로 간섭하여 색을 만들기 때문이다.

79 명소시와 암소시의 중간 정도의 밝기에서 추상체와 간상체 모두 활동하고 있는 시각 상태는?

① 잔상시　② 유도시
③ 중간시　④ 박명시

해설
박명시는 밝음에 적응하는 시점인 명소시와 어두움에 적응하는 시점인 암소시의 중간 밝기에서 추상체과 간상체가 동시에 작용하여 시야가 흐려지는 현상이다.

80 동일한 크기의 두 색이 보색대비되었을 때 강한 대비효과를 줄이는 방법이 아닌 것은?

① 두 색 사이를 벌린다.
② 두 색의 경계를 애매하게 만든다.
③ 두 색 사이에 무채색의 테두리를 넣는다.
④ 두 색 중 한 색의 크기를 줄인다.

해설
보색대비는 보색관계에 있는 두 가지 색이 배색되었을 때 생기는 대비이다. 보색이 되는 두 색이 영향을 받아 본래의 색보다 채도가 높아지고 선명해진다. 그렇기 때문에 두 색 중 한 색의 크기를 줄인다고 해서 강한 대비효과가 줄어드는 것은 아니다.

정답　75 ②　76 ①　77 ②　78 ②　79 ④　80 ④

제5과목 색채체계론

81 다음의 명도 표기 중 가장 밝은 색채는?

① 먼셀 N = 7
② CIE L* = 65
③ CIE Y = 9.5
④ DIN D = 2

해설
- 먼셀 색체계에서는 명도를 0~10까지 총 11단계로 나누었다. N의 단계에 따라 저명도(N1~N3), 중명도(N4~N6), 고명도(N7~N9)로 구분한다. 즉, 숫자가 커질수록 밝아진다.
- CIE L*a*b* 색체계에서 L*은 명도를 나타내며 100은 흰색, 0은 검은색을 나타낸다. 숫자가 커지면 커질수록 밝아지는 것이다.
- CIE Yxy 표색계에서 Y는 반사율로 색의 밝기의 양을 나타낸다.
- DIN 색체계는 명도가 0~10까지 11단계로 나뉘며 숫자가 낮을수록 밝아진다. 그렇기 때문에 'DIN D = 2'는 매우 밝은 색채이다.

82 다음 중 시감반사율 Y값 20과 가장 유사한 먼셀 기호는?

① N1 ② N3
③ N5 ④ N7

해설
먼셀 색체계의 색상(H), 명도(V), 채도(C)와 CIE XYZ 색체계의 시감반사율(Y) 및 색도좌표(x, y)와의 대응관계가 확립되어 있기 때문에 3자극치와의 상호 변환이 가능하다. 먼셀 색체계에서 N은 명도를 나타내며 저명도(N1~N3), 중명도(N4~N6), 고명도(N7~N9)로 구분한다. 시감반사율 Y값이 20이라면 N5와 가장 유사하다.

83 5YR 4/8에 가장 가까운 ISCC-NIST 색기호는?

① s-Br
② v-OY
③ v-Y
④ v-rO

해설
5YR 4/8은 색상은 5YR, 명도는 4, 채도는 8이라는 의미를 가진 갈색이다. 이에 가까운 ISCC-NIST 색기호는 Brown 컬러인 's-Br'이다.

84 L*C*h 체계에 대한 설명이 틀린 것은?

① L*a*b*와 똑같이 L*은 명도를 나타낸다.
② C*값은 중앙에서 멀어질수록 작아진다.
③ h는 +a* 축에서 출발하는 것으로 정의하여 그곳을 0°로 한다.
④ 0°는 빨강, 90°는 노랑, 180°는 초록, 270°는 파랑이다.

해설
L*C*h에서 L*은 명도, C*는 채도, h는 색상의 각도를 말한다. C*의 값은 중앙에서 0°이며, 중앙에서 멀어질수록 커진다.

85 일반적으로 색을 표시하거나 전달하는 방법에 관한 설명 중 틀린 것은?

① 개나리색, 베이지, 쑥색 등과 같은 계통색이름으로 표시할 수 있다.
② 기본색이름이나 조합색이름 앞에 수식 형용사를 붙여서 아주 밝은 노란 주황, 어두운 초록 등으로 표시한다.
③ NCS 색체계는 S5020-B40G로 색을 표기한다.
④ 색채표준이란 색을 일정하고 정확하게 측정, 기록, 전달, 관리하기 위한 수단이다.

해설
관용색명은 예로부터 습관적으로 사용한 색명을 말한다. 식물, 동물, 광물 등의 이름을 따서 붙인 것과 시대, 장소, 유행에서 유래된 것들이 있다. 개나리색, 베이지, 쑥색은 대표적인 관용색명이다.

86 먼셀 색체계에 관한 설명으로 틀린 것은?

① 현재 우리나라 산업표준으로 제정되어 사용하고 있다.
② 5R 4/10의 표기에서 명도가 4, 채도가 10이다.
③ 기본 색상은 Red, Yellow, Green, Blue, Purple이다.
④ 색입체를 수평으로 절단한 면은 등색상면의 배열이다.

정답: 81 ④ 82 ③ 83 ① 84 ② 85 ① 86 ④

해설
색입체를 수평으로 절단한 면은 등명도면의 배열이고, 색입체를 위에서 아래로 수직으로 절단한 면은 등색상면의 배열이다.

87 **오스트발트 색채조화 원리 중 ec – ic – nc는 어떤 조화인가?**

① 등순색 계열
② 등백색 계열
③ 등흑색 계열
④ 무채색의 조화

해설
오스트발트 색체계의 기호 표시법에서 '20 lc'는 20 = 색상, l = 백색량, c = 흑색량을 말한다. 오스트발트 색채조화 원리 중 등흑색 계열의 조화는 단일 색상면 삼각형 내에서 동일한 양의 흑색을 가지는 색채를 일정한 간격으로 선택하면 조화를 이룬다는 원리이다.

88 **오스트발트의 색체계에서 등색상 삼각형의 수직축과 평행선상의 색의 조화는?**

① 등백색 계열
② 등순색 계열
③ 등가색환 계열
④ 등흑색 계열

해설
오스트발트 색채조화 원리 중 등순색 계열의 조화는 단일 색상면 삼각형 내에서 동일한 양의 순색을 가지는 색채를 일정한 간격으로 선택하여서 배색하며 조화를 이루는 것이다.

89 **Magenta, Lemon, Ultramarine Blue, Emerald Green 등은 어떤 색명인가?**

① ISCC-NBS 일반색명
② 관용색명
③ 표준색명
④ 계통색명

해설
관용색명은 옛날부터 관습적으로 전해 내려오는 광물, 식물, 동물, 지명, 인명 등의 이름으로 사용하는 색이다. Magenta는 지명, Lemon은 식물, Ultramarine Blue와 Emerald Green은 광물에서 유래된 색명이다.

90 **색체계의 설명으로 옳은 것은?**

① 현색계는 1931년에 국제조명위원회에서 정한 X, Y, Z계의 3자극값을 기본으로 한다.
② 현색계는 물리적 측정방법에 기초하여 표시하는 방법으로 XYZ 표색계라고도 한다.
③ 혼색계는 Color Order System이라고도 하는데, 인간의 색 지각에 기초하여 물체색을 순차적으로 보기 좋게 배열하고 색입체 공간을 체계화한 것이다.
④ 혼색계는 변색, 탈색 등의 물리적 영향이 없다.

해설
- 현색계는 인간의 색 지각을 기초로 한 심리적 3속성인 색상, 명도, 채도에 의해 물체색을 순차적으로 배열하고 색입체 공간을 체계화시킨 표색계이다. 인간의 시감에 의존하므로 관측하는 사람에 따라 주관적으로 값이 정해져 정밀한 색좌표를 구하기가 어렵다.
- 혼색계는 3개의 R, G, B 원자극의 가법혼색에 입각하여 물체색을 측색기로 측색하고 어느 파장 영역의 빛을 반사하는가에 따라서 각 색의 특징을 표시하는 체계이며, 물리적인 빛의 혼색실험에 기초를 둔 표색계이다. 현색계는 조건등색 및 광원의 영향을 많이 받으며, 색편의 변색 및 오염으로 색차가 발생할 수 있지만, 혼색계는 물리적 영향이 없다.

91 **먼셀 색체계에서 P의 보색은?**

① Y ② GY
③ BG ④ G

해설
먼셀 색체계에서의 보색관계는 R–BG, YR–B, Y–PB, GY–P, G–RP이다.

정답 87 ③ 88 ② 89 ② 90 ④ 91 ②

92 문-스펜서의 조화론에 대한 설명으로 틀린 것은?

① 배색의 아름다움을 계산으로 구하고 그 수치에 의하여 조화의 정도를 비교하는 방법이다.
② M은 미도, O는 질서성의 요소, C는 복잡성의 요소를 의미한다.
③ 조화이론을 정량적으로 다룸에 있어 색채연상, 색채기호, 색채의 적합성은 고려하지 않았다.
④ 제2부조화와 같이 아주 유사한 색의 배색은 배색의 의도가 좋지 못한 결과로 판단되기 쉽다.

해설
문-스펜서는 조화를 이루는 배색은 동일조화, 유사조화, 대비조화의 3가지로 인접한 두 색 사이의 3속성에 의한 차이가 애매하지 않으면 쾌감을 주는 것이라고 하였다. 또한 부조화를 일으키는 배색은 색의 3속성에 의한 차이가 애매해서 불쾌감을 주는 것으로 제1부조화, 제2부조화, 눈부심으로 나누었다.

93 한국 전통색명 중 소색(素色)에 대한 설명이 옳은 것은?

① 눈이나 우유의 빛깔과 같이 밝고 선명한 색
② 거친 삼베색
③ 무색의 상징색으로 전혀 가공하지 않은 소재의 색
④ 전통한지의 색으로 누렇게 바랜 책에서 느낄 수 있는 색

해설
소색은 현대인의 눈으로 미색 또는 베이지색에 가까운 색이다.

94 KS 기본색이름과 조합색이름을 수식하는 방법에 대한 설명이 틀린 것은?

① 조합색이름은 기준색이름 앞에 색이름 수식형을 붙여 만든다.
② 색이름 수식형 중 '자줏빛'은 기준색이름인 분홍에만 사용할 수 있다.
③ '밝고 연한'의 예와 같이 2개의 수식 형용사를 결합하여 사용할 수 있다.
④ 부사 '매우'를 무채색의 수식 형용사 앞에 붙여 사용할 수 있다.

해설
KS 기본색이름은 유채색과 무채색으로 구분할 수 있다. 유채색의 기본색명은 빨강, 주황, 노랑, 연두, 초록, 청록, 파랑, 남색, 보라, 자주, 분홍, 갈색이며, 무채색의 기본색명은 하양, 회색, 검정이다. 기본색의 경우에는 수식어를 쓰지 않고, 기본색이름이나 조합색이름만으로 나타낸다. 즉, 부사 '매우'를 무채색의 수식 형용사 앞에 붙여 사용할 수 없다.

95 오스트발트 색입체의 설명으로 틀린 것은?

① 일그러진 비대칭 형태이다.
② 정삼각 구도의 사선배치로 이루어진다.
③ 쌍원추체 혹은 복원추체이다.
④ 보색을 중심으로 배치하였기 때문에 색상이 등간격으로 분포하지는 않는다.

해설
오스트발트 색입체 모양은 삼각형을 회전시켜 만든 복원추체(마름모형)이다.

96 NCS 체계를 구성하고 있는 기초적인 6가지 색은?

① 흰색(W), 검정(S), 노랑(Y), 주황(O), 빨강(R), 파랑(B)
② 노랑(Y), 빨강(R), 녹색(G), 파랑(B), 보라(P), 흰색(W)
③ 사이안(C), 마젠타(M), 노랑(Y), 검정(K), 흰색(W), 녹색(G)
④ 빨강(R), 파랑(B), 녹색(G), 노랑(Y), 흰색(W), 검정(S)

해설
NCS 색체계는 빨강(R), 파랑(B), 녹색(G), 노랑(Y)의 기본색에 흰색(W), 검정(S)을 추가하여 기본 6색을 사용한다.

정답 92 ④ 93 ③ 94 ④ 95 ① 96 ④

97 NCS 색체계에서 S6030-Y40R이 의미하는 것이 옳은 것은?

① 검은색도(Blackness)가 30%의 비율
② 하얀색도(Whiteness)가 10%의 비율
③ 빨강(Red)이 60%의 비율
④ 순색도(Chromaticness)가 60%의 비율

해설
S6030-Y40R에서 6030은 뉘앙스를 의미하고, Y40R은 색상을 의미한다. 60은 검은색도, 30은 유채색도, Y40R은 Y에 40만큼 R이 섞인 YR을 나타낸다.

98 여러 가지 색체계의 표기 중 밑줄의 성격이 다른 것은?

① S<u>20</u>30-Y10R
② <u>L* = 20.5</u>, a* = 15.3, b* = -12
③ <u>Y</u>xy
④ <u>T</u> : S : D

해설
④ T : S : D은 DIN 색체계 표기법이며, T는 색상을 표시한다.
① S2030-Y10R은 NCS 표기법이며, 20은 검은색도를 표현한다.
② CIE L*a*b*에서 L*은 명도를 의미한다.
③ Yxy는 CIE 표색계로 Y는 밝기를 표시하는 반사율을 의미한다.

99 한국 전통색에 대한 설명으로 틀린 것은?

① 음양오행사상을 표현하는 상징적 의미의 표현수단이다.
② 오정색은 음에 해당하며 오간색은 양에 해당된다.
③ 오정색은 각각 방향을 의미하고 있어 오방색이라고도 한다.
④ 오간색은 오방색을 합쳐 생겨난 중간색이다.

해설
오간색은 음에 해당하며, 오정색은 양에 해당한다.

100 파버 비렌(Faber Birren)의 색채조화 원리 중 색채의 깊이와 풍부함이 있어 렘브란트가 작품에 시도한 조화는?

① WHITE - GRAY - BLACK
② COLOR - SHADE - BLACK
③ TINT - TONE- SHADE
④ COLOR - WHITE - BLACK

해설
COLOR - SHADE - BLACK은 렘브란트의 그림과 같은 색채의 깊이와 풍부함에 관련된 배색조화이다.

정답 97 ② 98 ④ 99 ② 100 ②

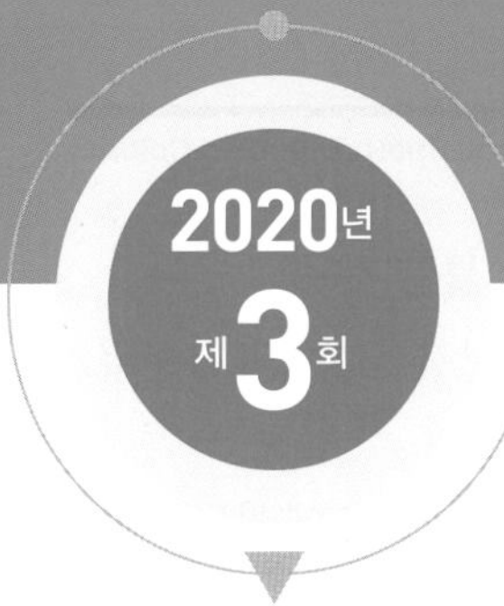

컬러리스트기사

과년도 기출문제

제1과목 색채심리 · 마케팅

01 브랜드 색채전략 중 관리과정 설명으로 틀린 것은?

① 브랜드 설정, 인지도 향상 – 브랜드 차별화
② 브랜드 의사결정 – 브랜드명 결정
③ 브랜드 로열티 확립 – 상표 충성도
④ 브랜드 파워 – 매출과 이익의 증대

해설
브랜드 색채전략 관리과정
브랜드 설정 → 브랜드 이미지 구축 → 브랜드 충성도(로열티) 확립 → 브랜드 파워

02 연령에 따른 색채선호에 관한 연구조사 결과 설명으로 틀린 것은?

① 연령별 색채선호는 색상에서 가장 뚜렷한 차이를 보인다.
② 아동기에는 장파장인 붉은색 계열의 선호가 높으나 어른이 되면서 단파장의 파란색 계열로 선호가 변화하는 경우가 많다.
③ 유아는 가장 최근에 인지한 색을 선호하는 경향이 높다.
④ 유아기에는 선호하는 색채가 소수의 색채에 집중되나 연령이 증가하면서 다양한 색채로 선호색채가 변화한다.

해설
색채선호는 개인, 연령, 문화, 환경, 구체적인 대상에 따라 차이가 있다. 보통은 '청색 – 적색 – 녹색 – 자색 – 등색 – 황색' 순으로 선호도를 보인다. 연령이 낮을수록 장파장의 원색 계열과 밝은 톤을 선호하고, 성인이 되면서 단파장의 파랑, 초록을 선호하게 된다. 노년기에는 차분하고 약한 색을 선호하기도 하고 빨강, 초록과 같은 원색을 좋아하기도 한다.

03 컬러 마케팅의 직접적인 효과로 보기 어려운 것은?

① 브랜드 가치의 업그레이드
② 기업의 아이덴티티 형성
③ 기업의 매출 증대
④ 브랜드 기획력 향상

해설
컬러 마케팅은 브랜드에 특별한 이미지와 아이덴티티를 부여하여 인지도를 높일 수 있으며 그 아이덴티티를 통해 경쟁 제품과의 차별화를 지닐 수 있다. 또, 기업의 판매 촉진과 수익 증대를 기대할 수 있다. 그러므로 브랜드 기획력 향상을 컬러 마케팅의 직접적인 효과로 보기는 어렵다.

04 어떤 소리를 듣게 되면 색이나 빛이 눈앞에 떠오르는 현상은?

① 색 광　② 색 감
③ 색 청　④ 색 톤

해설
색청 : 어떤 소리를 들을 때 본래의 청각 외에 특정한 색채 감각이 일어나는 현상이다. 대표적으로 높은 음은 밝고 강한 고채도의 색, 낮은 음은 저명도, 저채도의 어두운색으로 느껴진다.

1 ② 2 ① 3 ④ 4 ③ 정답

05 색의 감정효과에 대한 설명이 옳은 것은?

① 강력한 원색은 피로감이 생기기 쉽고, 자극시간이 길게 느껴진다.
② 한색 계통의 연한 색은 피로감이 생기기 쉽고, 자극시간이 길게 느껴진다.
③ 난색 계통의 저명도 색은 진출되어 보인다.
④ 한색 계통의 저명도 색은 활기차 보인다.

해설
② 한색 계통의 연한 색은 편안한 느낌을 주고, 자극시간이 짧게 느껴진다.
③ 난색 계통의 고명도 색은 진출되어 보인다.
④ 한색 계통의 저명도 색은 후퇴되어 보인다.

06 시장 세분화(Market Segmentation)의 조건으로 옳은 것은?

① 유통가능성, 접근가능성, 실질성, 실행가능성
② 유통가능성, 안정성, 실질성, 실행가능성
③ 색채선호성, 계절기후성, 실질성, 실행가능성
④ 측정가능성, 접근가능성, 실질성, 실행가능성

해설
효율적인 시장 세분화를 위한 조건은 측정가능성, 접근가능성, 실행가능성, 실질성이다.

07 색채의 상징에 대한 설명이 틀린 것은?

① 국기에서의 빨강은 정열, 혁명을 상징한다.
② 각 도시에서도 상징적인 색채를 대표색으로 사용할 수 있다.
③ 차크라(Chakra)에서 초록은 사랑과 "파" 음을 상징한다.
④ 국기가 국가의 상징이 된 것은 1차 세계대전 이후이다.

해설
국기가 국가의 상징이 된 것은 프랑스 혁명 때 쓰인 삼색기가 처음이다.

08 표본조사 방법에 관한 설명 중 틀린 것은?

① 표본은 편의(Bias)가 없는 조사를 위해 무작위로 추출된다.
② 집락표본추출은 모든 표본단위를 포괄하는 대형 모집단을 이용한다.
③ 표본에 관련된 오차는 모집단의 크기에 좌우되는 것이 아니라 표본의 크기에 따른다.
④ 조사방법에는 직접 방문의 개별면접 조사와 전화 등의 매체를 통한 조사가 있다.

해설
집락표본추출은 표본추출을 무작위로 하는 것이 아니라 모집단에 존재하는 집락(집단)으로부터 표집하는 표본추출방법이다.

09 형광등 또는 백열등과 같은 다양한 조명 아래에서도 사과의 빨간색이 달리 지각되지 않는 현상은?

① 착 시
② 색채의 주관성
③ 페히너 효과
④ 색채 항상성

해설
색채 항상성은 지각되는 색이 색을 관찰하는 조건이 변화해도 변동하지 않는 것이다.

10 다음이 설명하는 색채 마케팅 전략의 요인은?

> 21세기 디지털 사회는 디지털 패러다임을 대표하는 청색을 중심으로 포스트모더니즘의 다양한 복합성을 수용함으로써 테크노 색채와 자연주의 색채를 혼합시킨 색채 마케팅을 강조하고 있다.

① 인구통계적 환경
② 기술적 환경
③ 경제적 환경
④ 역사적 환경

정답 5 ① 6 ④ 7 ④ 8 ② 9 ④ 10 ②

해설
색채연구가들은 21세기의 대표적 색채로 청색을 꼽았고, 청색은 투명하고 깊이가 있는 디지털 패러다임의 대표색이 되었다. 이후에는 청색을 중심으로 포스트모더니즘의 다양한 복합성을 수용함으로써 테크노 색채와 자연주의 색채를 혼합시킨 색채 마케팅을 강조하고 있다.

11 **색채 시장조사 기법 중 서베이(Survey) 조사에 대한 설명으로 틀린 것은?**

① 일반 소비자들의 제품 구매 및 이용 상황에 대한 정보를 수집하고 분석하는 방법이다.
② 설문지를 이용하여 표본으로 선정된 조사대상자들을 대상으로 자료를 수집하는 방법이다.
③ 특정 상황에서 직접적으로 관찰하여 자료를 수집하는 방법이다.
④ 기업의 전반적 마케팅 전략 수립의 기본 자료를 수집하기 위한 조사로 활용된다.

해설
서베이 조사
- 마케팅 조사 중 가장 널리 이용되는 방법으로 일반 소비자들의 제품 구매 및 이용 상황에 대한 정보를 수집하고 분석하는 방법이다.
- 기업의 전반적인 마케팅 전략 수립의 기본 자료를 수집하기 위한 조사이다.
- 조사원과 응답자 사이의 질의응답 형식과 가정방문을 통한 설문조사 형식이 있다.

12 **매슬로(A. H. Maslow)의 마케팅 욕구에 해당하지 않는 요인은?**

① 자아실현
② 소속감
③ 안전과 보호
④ 미술 감상

해설
매슬로는 인간의 욕구를 생리적 욕구, 안전의 욕구, 사회적 수용욕구, 존경취득 욕구, 자아실현 욕구 등 5단계로 구분하였다.

13 **색채 시장조사 방법에 대한 설명 중 틀린 것은?**

① 회사의 내부 자료와 타기관의 외부 자료를 1차 자료로 이용하는 것이 좋다.
② 설문지 조사는 정확성, 신뢰도의 측면은 장점이지만 비용, 시간, 인력이 많이 드는 단점이 있다.
③ 스트리트 패션의 색채조사는 일종의 관찰법이다.
④ 설문에 답하도록 하는 질문지법에는 색명이나 색견본을 제시하는 것이 좋다.

해설
연구에 사용된 자료의 품질에 따라 연구 결과가 달라진다. 자료에는 1차 자료, 2차 자료가 있는데, 1차 자료는 기존에 있던 2차 자료로부터 정보를 얻을 수 없어 직접 조사하여 수집한 자료를 말한다. 2차 자료는 과거 다른 목적으로 조사되어 수집된 자료로써 현재 연구에 활용 가능한 자료를 말한다. 자료를 수집할 때는 먼저 2차 자료를 활용할 수 있는지를 파악한 후 부족한 부분은 1차 자료에서 수집하여 활용하는 것이 유리하다. 하지만 2차 자료는 1차 자료에 비해 정확성이 떨어지며 현재 필요한 자료를 제공받지 못하므로 적합성을 평가하여서 연구에 활용해야 한다.

14 **색채치료에 관한 설명 중 틀린 것은?**

① 색채를 이용하여 인간의 오감을 자극하여 정신적 스트레스와 심리증세를 치유하는 방법이다.
② 인도의 전통적인 치유방법에서는 인체를 7개의 차크라(Chakra)로 나누고 각 차크라에는 고유의 색이 있다.
③ 색채치료의 일반적 경향에서 주황은 신경계를 강화시키며 근육에너지를 생성시키고 소화기관의 활력을 준다.
④ 빛은 인간에게 중요한 에너지 근원이 되고 시각을 통해 몸속에서 호르몬 생성을 촉진시킨다.

해설
색채치료의 일반적 경향에서 주황색은 갑상선 기능을 자극하고, 부갑상선 기능을 저하시키며 폐를 확장시키기도 하고, 근육경련을 안정시킨다.

11 ③ 12 ④ 13 ① 14 ③ 정답

15 **마케팅에서 시장 세분화의 기준 중 인구통계학적 속성과 관련이 없는 것은?**

① 소비자 계층을 묘사하는 데 효과적인 정보 제공
② 시장을 세분화할 수 있는 정보 제공
③ 물가지수 정보 제공
④ 소비자 라이프스타일 정보 제공

해설
인구통계학적 속성에 따라 연령, 성별, 결혼 여부, 수입, 직업, 거주지역, 학력, 교육수준, 라이프스타일, 소득 등으로 구분할 수 있다.

16 **인도의 과거 신분제도에서 가장 높은 위치의 계급을 상징하는 색부터 차례대로 나열한 것은?**

① 빨강 → 노랑 → 하양 → 검정
② 검정 → 빨강 → 노랑 → 하양
③ 하양 → 노랑 → 빨강 → 검정
④ 하양 → 빨강 → 노랑 → 검정

해설
인도의 카스트 제도는 인도 문화권에 보편적으로 존재하는 전통적인 신분제도이다.
- 하양(백색) : 승려계급의 브라만
- 빨강(적색) : 군인, 통치계급의 크샤트리아
- 노랑(황색) : 농민, 상인계급의 바이샤
- 검정(흑색) : 천민계급의 수드라

17 **소비자의 구매심리 과정을 바르게 나열한 것은?**

① 주의 → 흥미 → 욕망 → 기억 → 행동
② 흥미 → 주의 → 욕망 → 기억 → 행동
③ 주의 → 흥미 → 기억 → 욕망 → 행동
④ 흥미 → 주의 → 욕망 → 행동 → 기억

해설
소비자 구매과정(AIDMA 법칙)
A(Attention, 인지) → I(Interest, 관심) → D(Desire, 욕구) → M(Memory, 기억) → A(Action, 행동)

18 **색채조사를 실시하는 목적과 방법에 대한 설명 중 틀린 것은?**

① 현대사회 트렌드가 빠르게 변화되어 색채선호도 조사 실시주기가 짧아지고 있다.
② 선호색에 대한 조사 시 색채 견본은 최대한 많이 제시하여 정확성을 높인다.
③ SD법으로 색채조사를 실시할 경우 색채를 평가하는 반대되는 의미를 갖는 형용사 쌍으로 조사한다.
④ 요인분석을 통한 색채조사는 색의 3속성이 어떤 감성요인과 관련이 높은지 분석하기 적절한 방법이다.

해설
색채선호도 조사 시 색채 견본을 많이 제시하는 것은 정확도를 높이는 방법이 아니다. 일정 점수를 지니는 척도를 주어 각각의 형용사에 해당하는 점수를 부여하는 방식인 SD법이나 조사대상을 감성지수별로 통계분석한 후 데이터베이스를 작성하는 감성 데이터베이스 조사법 또는 조사하고자 하는 색채선호도를 몇 가지 준비하여 자기가 좋아하는 차례로 순위를 매겨 조사하는 순위법을 사용하여 선호도를 조사하는 것이 좋다.

19 **제품의 라이프 사이클 단계로 ( )에 들어갈 알맞은 것은?**

도입기 → 성장기 → ( ) → 쇠퇴기

① 정체기　② 상승기
③ 성숙기　④ 정리기

해설
제품의 수명주기
- 도입기 : 신제품이 시장에 도입되는 시기
- 성장기 : 광고와 홍보를 통해 제품의 판매와 이윤이 급격히 상승하는 시기
- 성숙기 : 가장 오래 지속되며 수익과 마케팅에 문제가 나타나며 가격, 광고 등 치열한 경쟁의 증가로 총이익은 하강하기 시작하는 시기
- 쇠퇴기 : 판매량 감소, 매출감소, 소비시장의 위축으로 제품이 사라지는 시기

정답 15 ③ 16 ④ 17 ① 18 ② 19 ③

20 소비자 의사결정 과정에 해당하지 않는 것은?

① 정보탐색
② 대안평가
③ 흥미욕구
④ 구매결정

해설
소비자 의사결정 단계는 문제인식 → 정보탐색 → 대안평가 → 의사결정 → 구매결정 → 구매 후 평가로 총 6단계로 구성된다.

제2과목 색채디자인

21 인간의 건강을 증진시키기 위한 액티브 디자인 가이드라인이 개발된 도시는?

① 런 던
② 파 리
③ 뉴 욕
④ 시카고

해설
의학이나 정책이 아닌 디자인으로 시민들의 신체활동과 건강을 증진시킬 수 있다는 것이 핵심인 '액티브 디자인 가이드라인'은 뉴욕에서 개발되었다.

22 사용자와 디지털 디바이스 사이에서 효과적으로 커뮤니케이션할 수 있도록 디자인하는 분야는?

① 애니메이션 디자인
② 모션그래픽 디자인
③ 캐릭터 디자인
④ 인터페이스 디자인

해설
인터페이스 디자인은 사람들이 컴퓨터와 상호작용하기 위해 화상, 문자, 소리, 정보와 같은 프로그램을 조작하기 위한 시스템이다.

23 다음에서 설명하는 미술사조는?

> 나는 창조적인 활동을 자유로운 표현이라고 생각한다. 그리고 자유로운 표현이란 어떠한 물음도 제기되지 않는 활동을 말한다. - 세잔 -

① 구성주의 ② 바우하우스
③ 큐비즘 ④ 데 스테일

해설
구성주의는 기계적, 기하학적인 형태를 중시하고 역학적인 미를 강조하였으며 포스트모더니즘의 근원이 되었다. 금속, 유리, 근대 공업적 새로운 재료를 과감하게 받아들여 자유롭게 쓰지만 자기 표출로서의 예술보다는 공간구성 또는 환경 형성을 지향하였다.

24 디자인 요소에 대한 설명으로 틀린 것은?

① 형(Shape)은 단순히 우리 눈에 비쳐지는 모양이다.
② 현실적인 형태에는 이념적 형태와 자연적 형태가 있다.
③ 면의 특징은 선과 점 자체로는 표현될 수 없는 원근감과 질감을 표현할 수 있다.
④ 디자인의 실제적 선은 길이, 방향, 형태 외에 표현상의 폭도 가진다.

해설
디자인의 형태는 크게 현실적 형태와 이념적 형태로 나눌 수 있다. 현실적 형태(인위형태, 자연형태)는 인간의 눈으로 보이거나 만질 수 있는 형태를 말하고, 이념적 형태(순수형태, 추상형태)는 실제적 감각으로 지각할 수 없고 보이지 않는 형태를 말한다.

25 설계도 보완을 위해 작업순서 방법, 마감 정도, 제품규격, 품질 등을 명시하는 것은?

① 견적서
② 평면도
③ 시방서
④ 설명도

정답 20 ③ 21 ③ 22 ④ 23 ① 24 ② 25 ③

해설

③ 시방서 : 공사 시 일정한 순서를 적은 문서이다. 제품이나 공사에 필요한 재료의 종류, 품질, 사용처, 시공방법, 준공기일 등 설계도면에서 나타내기 어려운 사항들을 명확하게 기록하여야 한다.
① 견적서 : 어떤 일을 하는 데 필요한 비용 등을 계산하여 구체적으로 적은 서류이다.
② 평면도 : 투영법에 의하여 입체를 수평면상에 투영하여 그린 도형을 말한다.
④ 설명도 : 제작물의 구조, 기능 따위를 설명하기 위한 도면으로, 필요한 부분을 굵은선으로 두드러지게 그린다.

26 1919년 독일 바이마르에서 창립된 바우하우스와 관련이 없는 것은?

① 설립자는 건축가 발터 그로피우스이다.
② 교과는 크게 공작교육과 형태교육으로 나누어져 있었다.
③ 1923년 이후는 기계공업과 연계를 통한 예술과의 통합이 강조되었다.
④ 대칭형의 기계적 추상형태와 기하학적 직선을 지향하였다.

해설

바우하우스는 예술과 기계적인 기술의 통합으로 새로운 조형 이념을 다루었다. 예술, 문화에 걸쳐 혁신적이고 독창적인 새로운 조형예술을 실현하고자 했던 최초의 디자인학교이다.

27 생태학적 디자인의 지속 가능한 개발(Sustainable Development)이 의미하는 것은?

① 기술을 지속적으로 사용하여 자연을 보존한다.
② 자연이 먼저 보존되고 인간과 환경이 조화되는 개발을 한다.
③ 기술을 지속적으로 발전시켜 인간사회를 개발시킨다.
④ 인간, 기술, 자연을 지속적으로 개발한다.

해설

지속 가능한 디자인 : 자연이 먼저 보존되고 인간과 환경이 조화되는 개발을 의미하는 것이다. 인간 문명이 자연계의 구성요소라는 인식과 인류가 영원하기 위해서는 자연이 훼손되지 않고 안정적으로 함께 발전되어 가야 한다는 개념이 내재되어 있다.

28 그림과 같이 동일 면적의 도형이라도 배열에 따라 크기가 달라 보이는 현상은?

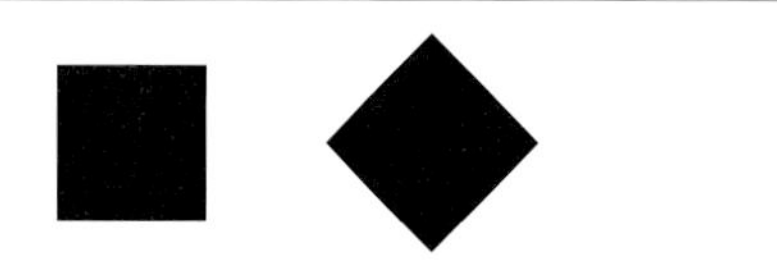

① 이미지
② 형태지각
③ 착 시
④ 잔 상

해설

착시현상은 사물의 크기, 형태, 빛깔 등의 객관적인 성질과 눈으로 본 성질 사이에 차이가 발생하는 경우를 말한다.

29 다음의 ( )에 알맞은 말은?

> 인류의 역사는 창조력에 의해 인간이 만든 도구의 역사와 맥을 같이 하며, 자연에 대응하기 위한 도구적 장비에 관한 것이 곧 ( ) 디자인의 영역에 해당된다.

① 시 각
② 환 경
③ 제 품
④ 멀티미디어

해설

도구의 제작과정에서 이미지를 실체화하는 행위 또는 목적을 가지고 인간에 의해 만들어진 모든 실체를 제품 디자인이라고 한다.

30 근대디자인사에서 가장 먼저 일어난 운동으로 예술의 민주화를 주장한 수공예 부흥운동은?

① 아르누보
② 미술공예운동
③ 데 스테일
④ 바우하우스

정답 26 ④ 27 ② 28 ③ 29 ③ 30 ②

해설
미술공예운동은 19세기 영국의 윌리엄 모리스(William Morris)가 주축이 된 수공예 중심의 미술운동이다. 윌리엄 모리스는 산업혁명에 따른 대량생산으로 인한 생산품의 질적 하락과 예술성의 저하에 반대하며 과거 수공예와 같은 예술성을 부활시키고자 하였다. 이 운동은 예술의 민주화와 생활화를 주장하여 근대 디자인의 이념적 기초를 마련하였다.

31 디자인에 있어 색채계획(Color Planning)의 정의로 가장 적합한 것은?

① 색현상을 과학적으로 연구하여 빛과 도료의 원리를 밝혀내는 것이다.
② 색채 적용에 디자이너 개인의 기호를 최대한 반영하기 위한 설득과정이다.
③ 디자인의 적용 상황을 연구하여 그것을 구체화하기 위한 색채를 선정하고 적용하는 과정을 말한다.
④ 모든 건물이나 설비 등에서 색채를 통한 안정을 찾고 눈이나 정신의 피로를 회복시키고 일의 능률을 향상시키는 목적을 갖는 활동이다.

해설
색채계획은 사용할 목적에 맞는 색을 선택하고, 자료수집과 전반적인 환경분석을 통해서 효율적이고 아름다운 배색효과를 얻기 위해 진행하는 전반적인 계획 행위이다. 즉, 디자인의 적용 상황을 연구하여 그것을 구체화하기 위한 색채를 선정하고 적용하는 과정을 말한다.

32 감성공학에 대한 설명으로 옳은 것은?

① 일본의 소니(Sony)사에서 처음으로 감성공학을 제품에 적용하였다.
② 인간의 감성을 정량적으로 분석, 평가하는 기술이다.
③ 감성공학의 최종적인 목표는 제품 생산자의 정서적 안정을 위한 것이다.
④ 감성공학과 제품의 구매력과는 상관관계가 없다.

해설
감성공학이란 인간의 생활을 보다 쾌적하고 안락하게 유지하도록 하는 인간 중심의 설계이며, 제품 설계에 인간의 특성과 감성을 최대한 반영하는 공학기술이다. 인간의 감성을 정량적으로 분석·평가하고 외부의 물리적 자극에 대한 불편함, 쾌적함, 안락함 등을 측정하여 인간에 있어 가장 편리하게 개발하려는 분야이다.

33 건물공간에 따른 색의 선택에 관한 설명 중 가장 적합하지 않은 것은?

① 사무실은 30%의 반사율을 가진 온회색(Warm Gray)이 적당하다.
② 상점에서 상품 자체가 밝은 색채를 가진 경우 일반적으로 그 상품을 부드럽게 보이기 위해 같은 색채를 배경으로 한다.
③ 병원 수술실은 연한 청록색을 사용한다.
④ 학교 색채에 있어 밝은 연녹색, 물색의 벽은 집중력을 높여 준다.

해설
상품 자체가 밝은 색채를 가진 경우에는 그 상품을 더 돋보이게 하기 위해 어두운 색채를 배경으로 해야 한다.

34 색조에 의한 패션 디자인 계획 중 Deep, Dark, Dark Grayish와 관련이 없는 것은?

① 전체적으로 화려함이 없고 단단하며 격조 있는 느낌
② 안정되면서도 무거운 남성적 감정을 느끼게 함
③ 복고풍의 패션 트렌드와 어울리는 색조
④ 주로 스포츠웨어나 테마의상 제작에 사용

해설
스포츠웨어나 테마의상 제작에는 주로 Vivid, Strong이 사용된다.

31 ③ 32 ② 33 ② 34 ④ 정답

35 굿 디자인의 조건에 대한 설명 중 틀린 것은?

① 합목적성 – 디자인의 지성적 요소를 결정하며 개인 성향이 강하게 나타난다.
② 심미성 – 디자인의 감정적 요소를 결정하며 국가, 집단별로 다르게 나타난다.
③ 독창성 – 리디자인도 창조에 속한다.
④ 경제성 – 최소의 투자로 최대의 효과를 얻는다.

해설
합목적성은 디자인 조건 중 가장 중요한 조건으로, '목적에 얼마나 적합한가? 얼마나 일치하는가?'를 의미한다. 즉, 목적을 실현하는 데 적합한 성질을 말한다.

36 멀티미디어의 가장 큰 특징은?

① 매체의 쌍방향적(Two-way Communication)
② 정보 발신자의 의견만을 전달
③ 소수의 미디어 정보를 동시에 포함
④ 디자인의 모든 가치기준과 방향이 미디어 중심으로 변화

해설
멀티미디어의 특징
- Usability : 유용하고 편리함(사용성)
- Information Architecture : 자료의 구성
- Interactivity : 상호작용
- User-centered Design : 사용자 중심의 디자인
- User Interface : 사용자 인터페이스
- Navigation : 항해

37 상업 색채계획의 기초 기준이 되는 색의 속성으로 묶은 것은?

① 색의 시인성 – 색의 친근성
② 색의 연상성 – 색의 상징성
③ 색의 대비성 – 색의 관리성
④ 색의 연상성 – 색의 대비성

해설
상업 색채계획에서 기초 기준이 되는 색의 속성으로 색의 시인성, 접근성, 친근성 등이 있다.

38 컬러 이미지 스케일 사용의 장점을 가장 옳게 설명한 것은?

① 색채의 이성적 분류가 가능
② 감성을 객관적이고 논리적으로 판단
③ 유행색 유추가 용이
④ 다양한 색명의 사용이 가능

해설
컬러 이미지 스케일은 색채가 가지고 있는 이미지에서 느껴지는 심리를 바탕으로 감성적 분류를 통해 만든 객관적인 통계이다. 가장 큰 장점은 감성을 객관적이고 논리적으로 판단하여 측정할 수 있다는 것이다.

39 기능적 디자인에서 탈피, 모조 대리석과 같은 채색 라미네이트를 사용, 장식적이며 풍요롭고 진보적인 디자인을 추구한 것은?

① 반디자인
② 극소주의
③ 국제주의 양식
④ 멤피스 디자인 그룹

해설
멤피스 디자인 그룹은 인위적이고 획일적인 표현, 모더니즘과 상업주의적인 디자인에 대한 반발과 저항으로 1970년대 말 이탈리아 산업 디자이너들에 의해 결성된 디자인 그룹이다.

40 그리스인들이 신전과 예술품에서 아름다움과 시각적 질서를 얻기 위한 수단으로 사용한 비례법으로 조직적 구조를 말하는 체계는?

① 조 화
② 황금분할
③ 산술적 비례
④ 기하학적 비례

해설
황금분할은 오늘날 가장 널리 사용되는 비례체계로, 아름다움과 시각적 질서를 얻기 위한 수단으로 사용한 비례법이다. 그 비는 황금비라고 하며 황금비율은 1 : 1.618이다.

정답 35 ① 36 ① 37 ① 38 ② 39 ④ 40 ②

제3과목 색채관리

41 특정 조건에 따라 발색되는 모든 색을 포함하는 색도 그림 또는 색공간 내의 영역은?

① Color Gamut
② Color Equation
③ Color Matching
④ Color Locus

해설
컬러장치에서 색료로 발색 가능한 색의 전 범위를 색역(Color Gamut)이라고 한다. 색역은 같은 기종의 기계라 하더라도 각각의 매체마다 구현해 내는 영역에 차이를 보이는 특성을 가진다. 이에 색역이 일치하지 않는 색채장치 간에 색채의 구현이 효과적으로 이루어지도록 색채 표현방식을 조절하는 기술을 색영역 매핑이라고 한다.

42 육안조색의 방법 중 틀린 것은?

① 시편의 색채를 D_{65} 광원을 기준으로 조색한다.
② 샘플색이 시편의 색보다 노란색을 띨 경우, b*값이 낮은 도료나 안료를 섞는다.
③ 샘플색이 시편의 색보다 붉은색을 띨 경우, a*값이 낮은 도료나 안료를 섞는다.
④ 조색 작업면은 검은색으로 도색된 환경에서 2,000lx 조도의 밝기를 갖추도록 한다.

해설
육안조색은 육안으로 색을 측색하고 조절하는 것이다. 육안조색을 할 때 조명의 종류와 환경, 빛의 조사 방향, 조명 강도, 빛이 어떤 각도에서 측색되는지 등은 매우 중요한 조건이다. 대부분 육안조색 시에는 표준광원 D_{65}를 이용하는 것이 좋다. 또한 인간의 원추세포는 100cd/m^2 이상이 되어야 활동할 수 있으므로 조색 작업면이 검은색으로 도색되었다면 2,000lx보다 더 밝게 갖추어야 한다.

43 모니터나 프린터, 인터넷을 위한 표준 RGB 색공간을 지칭하는 용어는?

① BT.709 ② NTSC
③ sRGB ④ RAL

해설
sRGB는 모니터나 프린터, 인터넷 등에 사용하기 위해 MS사와 HP사가 서로 협력해 만든 표준 색공간이다. 컴퓨터, 프린터, 디지털 카메라, 스캐너 역시 sRGB를 기본 색공간으로 사용한다.

44 사물이나 이미지를 디지털 정보로 바꿔 주는 입력장치가 아닌 것은?

① 디지털 캠코더
② 디지털 카메라
③ LED 모니터
④ 스캐너

해설
③ LED 모니터는 디지털로 변환된 이미지나 영상물을 다양한 매체로 출력하여 표현하는 출력장치이다.
입력장치란 컴퓨터와 전자장비들 간에 정보를 입력할 수 있도록 도와주는 디바이스를 말한다. A/D 컨버터, 디지털 카메라, 디지털 캠코더, 스캐너 등은 대표적인 색채영상 입력장치이다.

45 CIE에서 지정한 표준 반사색 측정방식이 아닌 것은?

① D/0
② 0/45
③ 0/D
④ 45/D

해설
CIE에서는 정확하게 물체의 색을 측정하고 관리하기 위해 빛의 조건과 측색 조건을 규정하여 발표했다. 이것은 색채 측정 결과에 반드시 첨부해야 하는 필수조건이며, '빛의 각도 / 관찰 각도' 순으로 표기한다. '0'으로 표기되는 것은 직각 90°로 환산하고, 'D'는 분산조명을 말한다.
표준 반사색 측정방식
- D/0 : 사방에서 분산된 빛을 조사시키고, 수직으로 반사된 빛을 관찰한다.
- 0/45 : 빛의 각도를 수직으로 입사시키고, 45° 각도에서 관찰한다.
- 0/D : 빛의 각도를 90°로 입사시키고, 모든 분산광을 평균값으로 관측한다.
- 45/0 : 빛의 각도를 45°로 입사시키고, 90°에서 수직으로 관찰한다.

정답 41 ① 42 ④ 43 ③ 44 ③ 45 ④

46 전기분해의 원리를 이용하여 물체의 표면을 다른 금속의 얇은 막으로 덮어씌우는 방법은?

① 용융도금 ② 무전해도금
③ 화학증착 ④ 전기도금

해설
④ 전기도금(Electro-deposition) : 전기에너지를 이용하여 전극 표면에 특정 물질을 코팅하는 과정을 말한다. 전기도금을 통해서 전극의 표면을 매끄럽게 처리하여 쉽게 닳거나 부식되지 않도록 할 수 있다.
① 용융도금 : 다른 종류의 금속, 합금의 층을 만드는 도금으로, 도금하고자 하는 금속 용융액 속에 금속제품을 담가 표면에 용융액을 부착하게 한 후 꺼냄으로써 만든다.
② 무전해도금 : 외부로부터 전기에너지를 공급받지 않고 금속염 수용액 중의 금속이온을 환원제의 힘에 의해 자기촉매적으로 환원시켜 피처리물의 표면 위에 금속을 석출시키는 방법이다.
③ 화학증착 : 원료가 되는 가스(한 종류 또는 두 종류 이상)를 반응관에 흐르게 하여 열적 또는 전기적으로 여기(플라스마)하여 분해, 화학결합 등의 반응을 일으켜, 반응 생성물을 기판상에 퇴적하여 박막을 형성한다.

47 광원의 변화에 따라 색이 다르게 보이는 정도를 나타내는 것은?

① CII ② CIE
③ MI ④ YI

해설
광원에 따른 색채의 불일치 정도를 나타내는 지수를 CII(Color Inconsistency Index, 색변이 지수)라고 한다. CII가 높을수록 안전성이 없어지고 선호도가 낮아진다.

48 CCM(Computer Color Matching)에 대한 설명으로 틀린 것은?

① CCM의 특징은 분광반사율을 기준색에 맞추어 일치시키는 것이다.
② 분광반사율을 이용한 것으로 광원에 따라 색채가 일치하기도 하고 달라지기도 한다.
③ 사용되는 색료의 양을 정확하게 지정하여 발색에 소요되는 비용을 정확히 산출할 수 있다.
④ 수십 년의 경험과 기술을 필요로 하지 않으며 정보의 공유가 가능하다.

해설
CCM은 컴퓨터 장치를 이용해 자동으로 구성된 컬러런트를 정밀한 비율로 자동조절 공급함으로써 색을 자동화하여 조색하는 시스템이다. 소프트웨어와 정밀 측정기기를 사용하여 색을 자동배색하므로 기준색에 대한 분광반사율 일치가 가능하다. 정확한 색을 만들기 위한 조색시간을 단축할 수 있으며, 소재의 변화에도 신속히 대응하여 경제적이며 다품종 소량생산이 가능하다. 또한 비숙련자도 장비를 다룰 줄 안다면 쉽게 조색이 가능하다.

49 RGB 색공간의 톤 재현 특성 관련 설명으로 가장 거리가 먼 것은?

① Rec.709(HDTV) 영상을 시청하기 위한 기준 디스플레이는 감마 2.4를 톤 재현 특성으로 사용한다.
② DCI-P3는 감마 2.6을 기준 톤 재현 특성으로 사용한다.
③ ProPhotoRGB 색공간은 감마 1.8을 기준 톤 재현 특성으로 사용한다.
④ sRGB 색공간은 감마 2.0을 기준 톤 재현 특성으로 사용한다.

해설
④ sRGB 색공간은 인터넷과 웹 콘텐츠에서 사용되는 표준 색공간으로, 1996년 마이크로소프트와 HP에 의해 만들어진 것으로 감마값은 2.2이다.
감마는 디스플레이에 입력되는 신호의 밝기(Gray Level)와 화면상에 나타나는 영상의 휘도 간 상관관계를 결정하는 수치이다. 감마값에 따라 같은 화면이라도 표현되는 밝기 톤의 차이가 느껴지는데, 감마값이 1인 경우는 입력과 출력의 밝기가 같지만 1보다 크면 중・저계조 영역에서 화면이 좀 더 어둡게 표현이 되고, 반대로 1보다 작으면 밝게 표현이 된다.

50 효과적인 색채 연출을 위한 광원이 틀린 것은?

① 적색 광원 – 육류, 소시지
② 주광색 광원 – 옷, 신발, 안경
③ 온백색 광원 – 매장, 전시장, 학교강당
④ 전구색 광원 – 보석, 꽃

해설
보석, 꽃과 같은 제품은 인테리어나 각종 전시물 등에 많이 쓰이는 할로겐등이 좋다. 이는 백색광에 속한다.

정답 46 ④ 47 ① 48 ② 49 ④ 50 ④

51 CIE Colorimetry 기술문서에 정의된 특별 메타머리즘 지수(Special Metamerism Index)에 관한 설명으로 틀린 것은?

> 기준 조명 및 기준 관찰자하에서 동일한 3자극치값을 갖는 두 개의 시료 반사스펙트럼이 서로 다를 경우 메타머리즘 현상이 발생한다.

① 조명 변화에 따른 메타머리즘 지수가 있다.
② 시료 크기 변화에 따른 메타머리즘 지수가 있다.
③ 관찰자 변화에 따른 메타머리즘 지수가 있다.
④ CIELAB 색차값을 메타머리즘 지수로 사용한다.

해설
② 메타머리즘 지수와 시료 크기는 상관이 없다.

52 CRI(Color Rendering Index)에 관한 설명으로 틀린 것은?

① 정확한 색 평가를 위해서는 CRI 90 이상의 조명이 권장된다.
② CCT 5,000K 이하의 광원은 같은 색온도의 이상적인 흑체(Ideal Blackbody Radiator)와 비교하여 CRI 값을 얻는다.
③ 높은 CRI 값이 반드시 좋은 색 재현을 의미하지 않을 수 있다.
④ 백열등(Incandescent Lamp)은 낮은 CRI를 가지므로 정확한 색 평가를 위한 조명으로 사용되지 않는다.

해설
색온도가 광원의 색을 나타내는 데 비해, 연색지수(CRI)는 시험광원이 얼마나 기준광과 비슷하게 조사되는가를 나타내는 지수이다. 시험광원의 연색성이 좋을수록 연색지수가 높으며 100에 가까워진다.

53 색채 소재의 분류에 있어 각 소재별 사례가 잘못된 것은?

① 천연수지 도료 – 옻, 유성페인트, 유성에나멜
② 합성수지 도료 – 주정도료, 캐슈계 도료, 래커
③ 천연염료 – 동물염료, 광물염료, 식물염료
④ 무기안료 – 아연, 철, 구리 등 금속화합물

해설
합성수지 도료는 비닐이나 아크릴, 우레탄, 실리콘, 고무 등의 성분으로 구성된 도료이다. 종류로 에멀션 수지도료, 알키드 수지 도료, 불소수지(플루오린 수지) 도료가 있다. 주정도료, 캐슈계 도료는 천연수지 도료이다.

54 측색 결과 기록 시 포함해야 할 필수적인 사항에 해당되지 않는 것은?

① 측정시간
② 색채 측정방식
③ 표준광의 종류
④ 표준관측자

해설
측색 결과 기록 시 필수적으로 포함해야 하는 사항
- 광원의 종류
- 광원이 재현하는 색온도
- 광원의 조도
- 조명환경
- 색채 측정방식
- 표준관측자

55 RGB 잉크젯 프린터 프로파일링의 유의사항으로 잘못된 것은?

① 프린터 드라이버의 소프트웨어 설정에서 이미지의 컬러를 임의로 변경하는 옵션을 모두 활성화해야 한다.
② 잉크젯 프린팅 시에는 프로파일 타깃의 측정 전 고착시간이 필요하다.
③ 프린터 드라이버의 매체 설정은 사용하는 잉크의 양, 검정 비율 등에 영향을 준다.
④ 프로파일 생성 시 사용한 드라이버의 설정은 이후 출력 시 동일한 설정으로 유지해야 한다.

51 ② 52 ④ 53 ② 54 ① 55 ① 정답

해설
프린터 드라이버의 소프트웨어 설정에서 이미지의 컬러를 임의로 변경하는 옵션을 모두 활성화하면 출력될 프린트의 컬러를 예측하기가 힘들다. 예측 가능하고 일관된 컬러 출력을 필요로 하는 경우에는 프린터 드라이버의 컬러제어 효과기능을 활성화하지 않는 것이 좋다.

56 육안조색을 할 때 색채관측 시 발생하는 이상현상과 가장 관련있는 것은?

① 연색현상
② 착시현상
③ 잔상, 조건등색 현상
④ 무조건등색 현상

해설
육안으로 색을 측색하고 조절하는 것이 육안조색이다. 육안조색을 할 때 발생하는 이상현상으로 잔상과 조건등색과 같은 현상들이 있다.

57 CIE 3자극값의 Y값과 CIELAB의 L*값과의 관계를 가장 잘 설명한 것은?

① 둘 다 밝기를 나타내는 좌푯값으로 서로 비례한다.
② 둘 다 밝기를 나타내는 값이지만, L*값은 Y의 제곱에 비례한다.
③ 둘 다 밝기를 나타내는 값이지만, L*값은 Y의 세제곱에 비례한다.
④ 둘 다 밝기를 나타내는 값이지만, Y값은 L*의 세제곱에 비례한다.

해설
CIELAB와 CIE의 밝기 상관관계는 상대 휘도의 3차 루트(√)를 사용하여 계산된다. L*을 Y값을 이용해 계산하면,
$L^* = 116(Y/Y_n)^{1/3} - 16$ 다만, $Y/Y_n > (24/116)^3$이 된다.
※ 색차 표시방법(KS A 0063) 참고

58 다음 ( ) 안에 들어갈 적합한 것은?

육안조색 시 색채관측을 위한 (㉠) 광원과 (㉡)lx 조도의 환경에서 작업을 하면 좋다.

① ㉠ D_{65}, ㉡ 1,000
② ㉠ D_{65}, ㉡ 200
③ ㉠ D_{35}, ㉡ 1,500
④ ㉠ D_{15}, ㉡ 100

해설
육안조색 시에는 표준광원 D_{65}를 이용하는 것이 좋다. 조도는 1,000lx 이상으로 설정한 후 N5 정도의 명도에서 관찰하도록 되어 있다. 먼셀 명도 3 이하의 어두운색을 비교할 경우에는 좀 더 밝은 2,000lx를 사용하도록 한다. 관찰자와 대상물의 각도를 약 45°로 유지하고, 결과를 검사할 때는 3인 이상으로 하는 것이 좋다.

59 유기안료의 일반적인 특징이 아닌 것은?

① 유기안료는 인쇄잉크, 도료 등에 사용된다.
② 무기안료에 비해 빛깔이 선명하고 착색력이 크다.
③ 무기안료에 비해 내광성과 내열성이 크다.
④ 유기용제에 녹아 색의 번짐이 나타나기도 한다.

해설
유기안료는 탄소를 포함하는 안료이다. 유기물이란 분자의 구조에서 탄소가 중심 원소이거나 탄소가 많이 들어간 분자들을 총칭하는 것으로 불에 태웠을 때 타는 물질이다. 색채가 선명하고 착색력이 높으나, 무기안료보다 투명하고 내광성과 내열성이 떨어진다. 인쇄, 잉크, 도료, 섬유나 수지의 날염, 플라스틱 착색에 사용된다. 유기용제에 녹아 색의 번짐이 나타나기도 한다.

60 측정하고자 하는 시료의 가시광선 분광반사율을 측정하고 인간의 3자극 효율함수와 기준광원의 분광광도 분포를 사용하여 색채값을 산출하는 색채계는?

① 분광식 색채계
② 필터식 색채계
③ 여과식 색채계
④ 휘도 색채계

정답 56 ③ 57 ④ 58 ① 59 ③ 60 ①

해설
분광식의 경우 여러 가지 광원으로 측색할 수 있으므로 광원의 변화에 따른 등색성 문제나 색료 변화에 따른 색 재현의 문제 등에 대처할 수 있다.

제4과목 색채지각론

61 인간의 색지각 능력을 고려할 때 가장 분별하기 어려운 것은?

① 색상의 차이
② 채도의 차이
③ 명도의 차이
④ 동일함

해설
색지각의 3요소는 빛, 빛을 반사 및 투과할 수 있는 물체, 관찰자의 눈이다. 외부의 빛이 인간의 눈에 입사되었을 때 물체의 모양과 색의 정보가 망막에 상으로 맺히게 된다. 다음 망막에 인식된 물체의 모양, 색, 명암에 대한 정보가 시신경을 거쳐 대뇌로 전달된다. 눈은 명도에 가장 민감하게 반응하며, 그 다음 색상에 민감하다. 채도는 색의 강약과 맑고 탁한 정도인데, 인간의 색지각에서 가장 분별하기 어려운 부분이다.

62 색의 심리적 기능에 대한 설명이 틀린 것은?

① 밝은 회색은 실제 무게보다 가벼워 보인다.
② 어두운 파란색은 실제 무게보다 가벼워 보인다.
③ 선명한 파란색은 차가운 느낌을 준다.
④ 선명한 빨간색은 따뜻한 느낌을 준다.

해설
명도가 높은 색은 가벼워 보이고, 명도가 낮은 색은 무겁게 느껴진다. 어두운 파란색은 명도가 어둡기 때문에 실제보다 무겁게 보인다.

63 색의 혼합에 관한 설명 중 틀린 것은?

① 감산혼합의 2차색은 가산혼합의 1차색과 같은 색상이다.
② 가산혼합의 2차색은 감산혼합의 1차색과 같은 색상이다.
③ 감산혼합의 2차색은 가산혼합의 1차색보다 순도가 높다.
④ 가산혼합의 2차색은 1차색보다 밝아진다.

해설
감산혼합이란 혼합색이 원래의 색보다 명도가 낮아지도록 색을 혼합하는 방법이다. 감법혼색이라고도 한다. 그러므로 감산혼합의 2차색은 가산혼합의 1차색보다 순도가 낮다.

64 연령이 높아질수록 가장 약하게 인지되는 파장은?

① 400nm
② 500nm
③ 600nm
④ 700nm

해설
인간의 시각은 나이가 들수록 노화된다. 이것을 수정체의 황화현상이라고 한다. 이 황화현상으로 인해 단파장의 보라색, 남색, 파란색 계열의 인지가 약해진다. 보기 중 400nm이 가장 단파장이므로 답이 된다.

65 정의 잔상(양성적 잔상)에 대한 설명으로 옳은 것은?

① 색자극에 대한 잔상으로 대체로 반대색으로 남는다.
② 어두운 곳에서 빨간 성냥불을 돌리면 길고 선명한 빨간 원이 그려지는 현상이다.
③ 원 자극과 같은 정도의 밝기와 반대색의 기미를 지속하는 현상이다.
④ 원 자극이 선명한 파랑이면 밝은 주황색의 잔상이 보인다.

61 ② 62 ② 63 ③ 64 ① 65 ② 정답

해설
정의 잔상(양성적 잔상)이란 자극이 사라진 뒤에도 망막의 흥분 상태가 계속적으로 남아 본래의 자극과 동일한 밝기나 색상을 그대로 느끼는 경우를 말한다. 어두운 곳에서 빨간 성냥불이나 횃불을 돌리면 길고 선명한 빨간 원이 그려지는 현상, 영화나 TV의 영상, 애니메이션 장면과 장면이 연결되어 움직이는 것처럼 느끼게 되는 것이 대표적인 예이다.

66 색의 물리적 분류가 잘못 연결된 것은?

① 광원색 – 전구나 불꽃처럼 발광을 통해 보이는 색이다.
② 경영색 – 거울처럼 완전반사를 통하여 표면에 비치는 색이다.
③ 공간색 – 맑고 푸른 하늘과 같이 순수하게 색만이 있는 느낌으로서 깊이감이 있다.
④ 표면색 – 반사물체의 표면에서 보이는 색으로 불투명감, 재질감 등이 있다.

해설
색의 물리적 분류로는 광원색, 물체색, 투과색, 면색, 표면색 등이 있다.
공간색 : 유리컵 속의 물처럼 일정한 부피가 쌓였을 때 색의 존재감으로, 내부에서도 느낄 수 있는 색을 말하며 용적색이라고도 한다. 예를 들면 잔에 담긴 와인 색이나, 수영장 속의 물색 등을 예로 들 수 있다.

67 가시광선의 파장영역 중 단파장영역에 대한 설명으로 틀린 것은?

① 굴절률이 작다.
② 회절하기 어렵다.
③ 산란하기 쉽다.
④ 광원색은 파랑, 보라이다.

해설
우리 눈에 보이는 영역인 가시광선 영역은 약 380nm에서 780nm까지이며 380nm보다 짧은 파장은 자외선, 780nm보다 긴 파장은 적외선으로 우리 눈에 보이지 않는다. 가시광선 중 단파장(파랑, 보라 계열)은 굴절률이 크며, 회절이 어렵고, 산란하기 쉽다.

68 전자기파의 존재를 이론적으로 유도하여 그 속도가 광속도와 일치한다는 사실을 발견하면서 빛의 전자기파설을 확립한 학자는?

① 맥스웰(James Clerk Maxwell)
② 아인슈타인(Albert Einstein)
③ 맥니콜(Edward F. McNichol)
④ 뉴턴(Isaac Newton)

해설
1865년 맥스웰(James Clerk Maxwell)은 전기장과 자기장이 진동적으로 변할 때 사방으로 전해지는 파동을 전자기파라고 하여 그 존재를 이론적으로 증명하였고, 빛 역시 전자기파의 일종이라는 설을 확립했다.

69 작업자들의 피로감을 덜어주는 데 가장 효과적인 실내 색채는?

① 중명도의 고채도 색
② 저명도의 고채도 색
③ 고명도의 저채도 색
④ 저명도의 저채도 색

해설
눈의 피로도는 채도가 강할수록, 명도는 어두울수록 증가하므로 고명도의 저책도의 색이 작업자들의 피로감을 덜어준다.

70 직물의 혼색에 관한 설명으로 틀린 것은?

① 염료를 혼색하여 착색된 섬유에는 가법혼색의 원리가 나타난다.
② 여러 색의 실로 직조된 직물에서는 병치혼색의 원리가 나타난다.
③ 염료의 색은 섬유에 침투하여 착색되므로 염색 후의 색과 일치하지 않을 수 있다.
④ 베졸트는 하나의 실 색을 변화시켜 직물 전체의 색조를 변화시킬 수 있다고 하였다.

정답 66 ③ 67 ① 68 ① 69 ③ 70 ①

해설
① 염료를 혼색하여 착색된 섬유에는 감법혼색의 원리가 나타난다. 가법혼색은 색을 혼합할 때 혼합한 색이 원래의 색보다 명도가 높아지는 혼합이며, 흔히 빛을 가하여 색을 혼합하는 경우로, 붉은빛과 초록빛을 스크린에 비추어 본래의 두 빛보다 밝은 노란빛이 되는 경우이다. 하지만 염료의 혼색은 색을 혼합할 때 혼합한 색이 본래의 색보다 어두워지는 혼합이며, 물감을 섞거나 필터를 겹쳐 사용하는 경우로, 빨강・노랑・파랑이 기본 3원색이며, 컬러 사진이나 수채화 따위에 이용된다.

71 교통표지나 광고물 등에 사용될 색을 선정할 때 흰 바탕에서 가장 명시성이 높은 색은?

① 파 랑
② 초 록
③ 빨 강
④ 주 황

해설
안전색채에 관한 문제이다. 안전색채로는 빨강, 주황, 노랑, 초록, 파랑, 보라, 흰색, 검정 8가지가 사용되며 색채별 표시사항과 장소가 다르다. 교통표지판이나 광고물에는 흰색 바탕에 초록을 사용하여 나타낸다.

72 붉은 사과를 보았을 때 지각되는 빛의 파장에 가장 근접한 것은?

① 300~400nm
② 400~500nm
③ 500~600nm
④ 600~700nm

해설
가시광선 영역은 약 380nm에서 780nm까지의 범위이다. 붉은빛을 내는 사과는 빨강의 파장 620~780nm에 근접한다.
① 300~400nm : 자외선
② 400~500nm : 보라, 파랑 계열
③ 500~600nm : 노랑, 초록 계열

73 색순응에 대한 설명이 옳은 것은?

① 밝은 곳에서 갑자기 어두운 곳으로 들어갔을 때 시간이 경과하면 어둠에 순응하게 된다.
② 조명에 의해 물체색이 바뀌어도 자신이 알고 있는 고유의 색으로 보인다.
③ 어두운 곳에서 밝은 곳으로 나오면 눈이 부시지만 잠시 후 정상적으로 보이게 된다.
④ 중간 밝기에서 추상체와 간상체 양쪽이 작용하고 있는 시각의 상태이다.

해설
색순응이란 주어진 환경이 변하여도 3종류의 추상체의 감도를 스스로 보정하는 작용을 말한다. 즉, 조명에 의해 물체색이 바뀌어도 자신이 알고 있는 고유의 색으로 보이게 되는 현상이다. 예를 들면 선글라스를 끼고 있는 동안 선글라스의 색이 느껴지지 않는 것이다.
①은 암순응, ③은 명순응, ④는 박명시를 설명한 것이다.

74 빨간색의 사각형을 주시하다가 노랑 배경을 보면 순간적으로 보이는 색은?

① 연두 띤 노랑
② 주황 띤 노랑
③ 검정 띤 노랑
④ 보라 띤 노랑

해설
빨간색의 사각형을 주시하다가 노랑 배경을 보면 순간적으로 빨간색의 잔상인 청록색이 보이며 노랑과 가법혼색된다. 이것을 계시대비라고 한다. 그래서 연두 띤 노랑(황록)으로 보인다.

75 헤링(Hering)의 반대색설에 대한 설명에 등장하는 반대색의 짝이 아닌 것은?

① 흰색 – 검정
② 초록 – 빨강
③ 빨강 – 파랑
④ 파랑 – 노랑

정답 71 ② 72 ④ 73 ② 74 ① 75 ③

해설
헤링은 오스트리아의 생리학자이자 심리학자로서 '빛의 감성적인 이론에 대하여'라는 저서를 통해 인간의 지각심리에 관한 연구를 진행했다. 헤링은 빨강-초록, 노랑-파랑, 하양-검정의 세 쌍의 반대색설을 색의 기본 감각으로 가정하고 있다.

76 채도를 가장 강하게 느낄 수 있는 대비는?

① 보색대비 ② 면적대비
③ 명도대비 ④ 계시대비

해설
보색대비는 서로 반대되는 색상끼리 느낄 수 있는 대비감이다. 색상대비 중 가장 강한 대비감을 가진다.

77 채도대비를 활용하여 차분하면서도 선명한 이미지의 패턴을 만들고자 할 때 패턴 컬러인 파랑과 가장 잘 조화되는 배경색은?

① 빨 강 ② 노 랑
③ 초 록 ④ 회 색

해설
채도대비란 채도가 다른 두 색을 인접시켰을 때 서로의 영향으로 채도가 높거나 낮아 보이는 현상이다. 채도 차이가 클수록 강한 대비효과를 준다. 채도대비는 유채색과 무채색 사이에서 제일 크게 나타난다. 그러므로 보기 중 무채색인 회색을 배경으로 하면 차분하면서 선명한 이미지를 만들 수 있다.

78 색채혼합에 대한 설명 중 틀린 것은?

① 컬러 텔레비전은 병치혼색의 원리가 적용된다.
② 감법혼합은 색을 혼합할수록 명도와 채도가 낮아진다.
③ 회전혼합은 명도와 채도가 두 색의 중간 정도로 보이며 각 색의 면적에 영향을 받는다.
④ 직조 시의 병치혼색 효과는 일종의 감법혼합이다.

해설
색채혼합은 혼합하려는 색료를 작은 색 면이나 작은 점들로 연달아 그리거나 찍은 후 일정 거리를 두고 바라볼 때 생기는 시각현상을 말한다. 병치혼합은 물체색의 반사된 반사광이 혼합되는 것으로 일종의 가법혼색이라 할 수 있다. 모자이크, 직물, 컬러 텔레비전, 점묘화 등을 예시로 들 수 있다.

79 가산혼합에 대한 설명 중 틀린 것은?

① 혼합하면 원래의 색보다 명도가 높아진다.
② 3원색은 황색(Y), 적색(R), 청색(B)이다.
③ 모든 색을 같은 양으로 혼합하면 흰색이 된다.
④ 색광혼합을 가산혼합이라고도 한다.

해설
가산혼합은 빛을 가하여 혼합할 때, 혼합한 색이 원래의 색보다 밝아지는 혼합이다. 가산혼합의 3원색은 Red, Green, Blue이다.

80 색과 색채지각 및 감정효과에 관한 연결이 옳은 것은?

① 난색 – 진출색, 팽창색, 흥분색
② 난색 – 진출색, 수축색, 진정색
③ 한색 – 후퇴색, 수축색, 흥분색
④ 한색 – 후퇴색, 팽창색, 진정색

해설
난색은 파장이 긴 빨강, 주황, 노랑과 같이 심리적으로 따뜻한 색을 말한다. 난색은 진출색, 팽창색, 흥분색이라고도 한다. 반면 한색은 파장이 짧은 파랑, 남색, 청록과 같이 심리적으로 차갑게 느껴지는 색을 말한다. 한색은 후퇴색, 수축색, 진정색이라고 한다.

정답 76 ① 77 ④ 78 ④ 79 ② 80 ①

제5과목 색채체계론

81 먼셀 표기법에 따른 설명이 옳은 것은?

① 10R 3/6 - 탁한 적갈색, 명도 6, 채도 3
② 7.5YR 7/14 - 노란 주황, 명도 7, 채도 14
③ 10GY 8/6 - 탁한 초록, 명도 8, 채도 6
④ 2.5PB 9/2 - 남색, 명도 9, 채도 2

해설
먼셀의 색 표기는 색상 명도/채도의 순서를 나타내는 H V/C이다. 예를 들어, 선명한 빨강은 5R 4/14라 표기하고 오알 사의 십사라고 읽는다.

82 슈브뢸(M. E. Chevreul)의 색채조화론 중 "전체적으로 하나의 주된 색을 이루는 배색은 조화한다."라는 것으로, 색이 가지는 여러 속성 중 공통된 요소를 갖추어 전체 통일감을 부여하는 배색은?

① 도미넌트(Dominant)
② 세퍼레이션(Separation)
③ 톤인톤(Tone in Tone)
④ 톤온톤(Tone on Tone)

해설
① 도미넌트(Dominant) : 도미넌트 배색이란 색이 가지는 여러 속성 중 공통된 요소를 갖추어 전체 통일감을 부여하는 배색이다. 특히 여러 색을 배색할 경우 통일감이나 융합된 느낌을 표출할 때 중요한 기본원리이다.
② 세퍼레이션(Separation) : 두 가지 색 또는 많은 색의 배색관계가 애매하거나 대비가 너무 강한 경우, 접하게 되는 색과 색 사이에 다른 한 색을 분리색으로 삽입하여 배색효과를 분명하게 하는 배색 기법이다.
③ 톤인톤(Tone in Tone) : 색상은 다르지만 톤은 통일되게 배색하는 기법이다.
④ 톤온톤(Tone on Tone) : '톤을 겹치다'라는 의미로 동일 색상에서 명도 차이를 크게 하는 배색이다.

83 색채조화에 대한 설명으로 틀린 것은?

① 색채조화는 상대적인 색을 바르게 선택하여, 더욱 좋은 효과를 얻는 것을 의미한다.
② 색채조화는 주관적인 판단이나 일시적인 평가를 얻기 위한 것이다.
③ 색채조화는 조화로운 균형을 의미한다.
④ 색채조화는 두 색 또는 그 이상의 색채 연관효과에 대한 가치평가로 말한다.

해설
색채조화란 두 색 또는 그 이상의 색채 연관효과에 대한 가치평가를 말한다. 쾌적한 생활을 만드는 것을 목적으로 하며 색상, 명도, 채도의 3속성의 대비는 조화의 기초이다. 이는 사회적, 문화적 요소에 따라 다르게 표현되며 주관적인 판단보다는 객관적인 판단과 지속적인 평가를 얻기 위한 것이다.

84 CIE 색체계의 설명이 틀린 것은?

① 국제조명위원회에서 1931년 총회 때에 정한 표색법이다.
② 모든 색을 XYZ라는 세 가지 양으로 표시할 수 있다.
③ Y는 색의 순도의 양을 나타낸다.
④ x와 y는 3자극치 XYZ에서 계산된 색도를 나타내는 좌표이다.

해설
CIE 국제조명위원회는 빛에 관한 표준과 규정에 대한 지침을 목적으로 하는 국제기관이다. CIE XYZ는 1931년 CIE가 새로운 색공간인 XYZ를 규정하고 실제로 사람이 느끼는 빛의 색과 등색이 되는 3원색 실험을 시도하여 XYZ라는 3개의 자극치를 정의하였다. 주로 X는 빨강과 관련된 양, Y는 초록과 관련된 양, Z는 파랑과 관련된 양이다. 또한 CIE Yxy는 XYZ 색체계를 보완한 색체계이다. Yxy 색표계에서 광원색을 나타내는 Y값은 좌표로서의 의미를 잃고 x와 y좌표로만 색채를 표시할 수 있다.

81 ② 82 ① 83 ② 84 ③ 정답

85 혼색계의 특징이 아닌 것은?

① 물리적 영향을 받지 않아 정확한 색의 측정이 가능하다.
② 빛의 가산혼합의 원리에 기초하고 있다.
③ 수치로 구성되어 감각적인 색의 연상이 가능하다.
④ 수치로 표시되어 변색, 탈색의 물리적 영향이 없다.

해설
혼색계는 빛의 3원색과 그들의 혼합관계를 객관화한 시스템으로 객관적인 측면이 강하다. 물리적 영향을 받지 않아 정확한 색의 측정이 가능하며 현색계 시스템보다 조밀하여 보다 정확한 색좌표를 구할 수 있다. 빛의 혼합을 실험하는 데 기초를 둔 것으로 정확한 수치 개념에 입각한다. 하지만 이 점 때문에 색을 감각적으로 가늠하기 힘들고 지각적 등보성이 없다는 단점이 있다.

86 오스트발트 색체계와 관련이 깊은 이론은?

① 문-스펜서 조화론
② 뉴턴의 광학
③ 헤링의 반대색설
④ 영-헬름홀츠 이론

해설
독일의 물리학자 빌헬름 오스트발트는 1916년 헤링의 반대색설을 바탕으로 한 '색채의 초보'라는 저서에서 '인간의 시감각의 성분 또는 요소가 바로 색채'라는 생각을 바탕으로 오스트발트 표색계의 개념을 창안, 발표하였다.

87 NCS 색체계의 표기법에서 6가지 기본 색의 기호가 아닌 것은?

① W ② S
③ P ④ B

해설
NCS(Natural Color System) 색체계는 헤링이 저술한 '색에 관한 인간 감정의 자연적 시스템'에 기초하여 1979년 스웨덴 색채연구소에서 하드(Hard), 시비크(Sivik), 톤퀴스트(Tornquist)와 같은 유명한 색채 연구가들이 오랜 기간 연구를 거듭한 결과 완성한 표색계이다. NCS의 기본 6색은 W(하양), S(검정), Y(노랑), R(빨강), B(파랑), G(초록)이다.

88 색채 표준화의 대상이 아닌 것은?

① 광원의 표준화
② 물체 반사율 측정의 표준화
③ 색의 허용차의 표준화
④ 표준관측자의 3자극 효율함수 표준화

해설
색채 표준화란 색채를 정확히 측정, 관리하고 표시하기 위해 색의 근거나 기준을 확립시키는 일이다.

89 L*a*b* 색공간 읽는 법에 대한 설명으로 옳은 것은?

① L* : 명도, a* : 빨간색과 녹색 방향, b* : 노란색과 파란색 방향
② L* : 명도, a* : 빨간색과 파란색 방향, b* : 노란색과 녹색 방향
③ L* : R(빨간색), a* : G(녹색), b* : B(파란색)
④ L* : R(빨간색), a* : Y(노란색), b* : B(파란색)

해설
CIE LAB(L*a*b*)은 산업 분야에서 널리 사용되고 있는 색공간으로, 주로 색차를 구하기 위한 목적으로 사용된다. L*은 반사율로 명도를 나타낸다. +a*는 빨강, −a*는 초록을 나타내며 +b*는 노랑, −b*는 파랑을 의미한다.

90 먼셀 기호 2.5PB 2/4와 가장 근접한 관용색명은?

① 라벤더
② 비둘기색
③ 인디고블루
④ 포도색

해설
관용색명은 옛날부터 전해 내려와 습관적으로 사용되어 온 색명이다. 2.5PB 2/4는 검정에 가까운 어두운 파랑으로 볼 수 있다.
① 라벤더 : 7.5PB 7/6(연한 보라)
② 비둘기색 : 5PB 6/2(회청색)
④ 포도색 : 5P 3/6(탁한 보라)

정답 85 ③ 86 ③ 87 ③ 88 ③ 89 ① 90 ③

91 음양오행사상에 오방색과 방위가 잘못 연결된 것은?

① 동쪽 – 청색
② 중앙 – 백색
③ 북쪽 – 흑색
④ 남쪽 – 적색

해설

음양오행사상과 오방색

- 청 – 동쪽, 목(木), 청룡, 인(仁), 봄, 각(角)
- 백 – 서쪽, 금(金), 백호, 의(義), 가을, 상(商)
- 적 – 남쪽, 화(火), 주작, 예,(禮), 여름, 치(緻)
- 흑 – 북쪽, 수(水), 현무, 지(智), 겨울, 우(羽)
- 황 – 중앙, 토(土), 황룡, 신(信), 궁(宮)

92 오스트발트 색채조화론의 설명 중 틀린 것은?

① 무채색의 조화 – 무채색 단계 속에서 같은 간격의 순서로 나열하거나 일정한 규칙에 따라 변화된 간격으로 나열하면 조화됨
② 등백색 계열의 조화 – 두 알파벳 기호 중 뒤의 기호가 같으면 하양의 양이 같다는 공통 요소를 지니므로 질서가 일어남
③ 등순색 계열의 조화 – 등색상 삼각형의 수직선 위에서 일정한 간격의 순서로 나열된 색들은 순색도가 같으므로 질서가 일어나 조화됨
④ 등가색환에서의 조화 – 색상은 달라도 백색량과 흑색량이 같음으로 일어나는 조화원리임

해설

등백색 계열의 조화는 단일 색상면 삼각형 내에서 동일한 양의 백색을 가지는 색채를 일정한 간격으로 선택하여 조화를 이룬다. 예를 들면 pl–pg–pc로 볼 수 있다.

93 배색된 채색들이 서로 공용되는 상태와 속성을 가지는 색채조화 원리는?

① 대비의 원리 ② 유사의 원리
③ 질서의 원리 ④ 명료의 원리

해설

배색된 채색들이 서로 공용되는 상태와 속성을 가진 색채조화 원리는 유사의 원리이다. 유사의 원리는 어떠한 색채라도 공통성이 있으면 조화된다는 것이다.

- 질서의 원리 : 규칙적으로 선택된 색채의 요소가 일정하면 조화된다.
- 명료의 원리, 대비의 원리 : 여러 색채의 관계가 모호하지 않고 명쾌하면 조화된다.

94 Yxy 색체계에서 중심 부분의 색은?

① 백 색 ② 흑 색
③ 회 색 ④ 원 색

해설

Yxy 색체계는 XYZ 색표계가 양적인 표시체계여서 색채 느낌을 알기 어렵고 밝기의 정도를 판단할 수 없다는 점을 보완하기 위해 만든 색표계이며, 말발굽처럼 생긴 다이어그램 모양을 하고 있다. 광원색을 나타내는 Y값은 좌표로서의 의미를 잃고 색상과 채도를 x와 y로만 색채를 표시할 수 있어서 변환식은 2차원으로 표시된다. Yxy의 중심부(C, 백색점)는 백색광을 의미하는 무채색 공간이다.

95 관용색명에 대한 설명으로 틀린 것은?

① 시대, 장소, 유행 등에서 이름을 딴 것과 이미지의 연상어에 기본적인 색명을 붙여서 만든 것은 관용색명에서 제외된다.
② 계통색 이름을 따르기 어려운 경우는 관용색 이름을 사용해도 된다.
③ 습관상으로 오래전부터 사용하는 색 하나하나의 고유색명과 현대에 와서 사용하게 된 현대색명으로 나눈다.
④ 자연현상에서 유래된 색명에는 하늘색, 땅색, 바다색, 무지개색 등이 있다.

해설

관용색명은 예로부터 습관적으로 사용한 색명을 말한다. 동식물, 광물, 자연현상, 지명 등에서 유래한 것이 대부분이다. 관용색명은 문화나 시대, 장소, 유행 등에 따라 차이를 보이기 때문에 특정 지명이나 사물에 대한 이해가 수반되지 않을 때 이해하기 어려울 수도 있다.

91 ② 92 ② 93 ② 94 ① 95 ① 정답

96 **오스트발트의 색입체를 명도 축의 수직으로 자르면 나타나는 형태는?**

① 직사각형　② 마름모형
③ 타원형　④ 사다리형

해설
오스트발트의 색입체에서 세로 선상의 위쪽에는 이상적인 백색이, 하단에는 이상적인 흑색이 놓이고 그 사이에는 a, c, e, g, i, l, n, p라는 8단계의 척도로 나뉘어 구성된다. 오스트발트의 색입체를 세로 축을 중심으로 자르면 위아래가 뾰족한 모양의 복원추체(마름모)형이 된다.

97 **먼셀 색체계에 관한 설명으로 옳은 것은?**

① 색의 3속성에 따른 지각적인 등보도성을 가진 체계적인 배열
② 심리・물리적인 빛의 혼색실험에 기초를 둔 표색
③ 표준 3원색인 적, 녹, 청의 조합에 의한 가법혼색의 원리 적용
④ 혼합하는 색량의 비율에 의하여 만들어진 체계

해설
먼셀 색체계는 인간이 물체색을 보고 인지하는 지각체계를 색의 3가지 속성인 색상, 명도, 채도로 지각적 등보성을 가지고 체계화시킨 것으로 지금까지 발표된 색채체계 가운데에서 가장 훌륭한 현색계 체계로 알려져 있다.
②는 혼색계, ③은 영-헬름홀츠의 3원색설, ④는 오스트발트 색체계에 대한 설명이다.

98 **NCS의 색체계에 대한 설명으로 틀린 것은?**

① NCS는 스웨덴 색채연구소가 연구하고 발표하여 스웨덴과 노르웨이 등의 국가 표준색 제정에 기여하였다.
② 뉘앙스라는 개념을 사용하며 검은색도, 순색도로 표시한다.
③ 헤링의 4원색 이론에 기초한다.
④ 국제표준으로서 KS에도 등록되었다.

해설
NCS(Natural Color System) 색체계는 1979년 스웨덴 색채연구소에서 발표한 표색계로 NCS의 기본 6색은 W(하양), S(검정), Y(노랑), R(빨강), B(파랑), G(초록)이다. 명도와 채도를 통합한 톤의 개념인 뉘앙스(Nuance)를 사용하며 검은색도, 순색도로 표시한다. 노르웨이, 스페인, 스웨덴의 국가 표준색을 제정하는 데 사용되었고, 우리나라 인천공항의 색채 지정에도 사용되었지만 KS에 등록되지는 않았다.

99 **한국산업표준에서 유채색의 수식 형용사로 틀린 것은?**

① 선명한(Vivid)　② 해맑은(Pale)
③ 탁한(Dull)　④ 어두운(Dark)

해설
유채색의 수식 형용사(KS A 0011)

수식 형용사	대응 영어	약 호
선명한	vivid	vv
흐 린	soft	sf
탁 한	dull	dl
밝 은	light	lt
어두운	dark	dk
진(한)	deep	dp
연(한)	pale	pl

100 **상용 실용색표의 설명으로 옳은 것은?**

① 색채의 구성이 지각적 등보성에 따라 이루어져 있다.
② 어느 나라의 색채감각과도 호환이 가능하다.
③ CIE 국제조명위원회에서 표준으로 인정되었다.
④ 유행색, 사용빈도가 높은 색 등에 집중되어 있다.

해설
상용 실용색표는 미국 팬톤(Pantone)사와 같은 제작사에서 고객들을 위해 만든 실용적인 색표이다. 색의 배열이 불규칙하며 지각적 등보성이 없고 다른 나라와 색채감각 호환이 어려워 CIE 국제조명위원회에서 표준으로 인정받지 못하였지만 회사의 인지도가 높아 세계적으로 사용되고 있다. 색표는 유행색이나 사용 빈도가 높은 색에 집중되어 있다.

정답 96 ② 97 ① 98 ④ 99 ② 100 ④

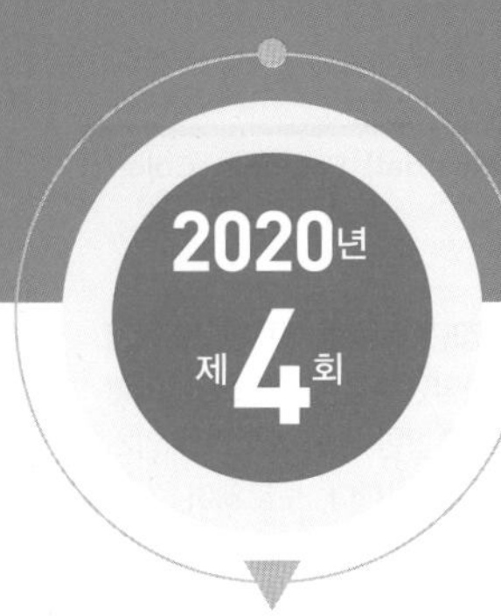

컬러리스트기사

과년도 기출문제

제1과목 색채심리 · 마케팅

01 일반적인 색채의 지각과 감정효과에 대한 설명으로 틀린 것은?

① 난색 계열은 따뜻해 보인다.
② 한색 계열은 수축되어 보인다.
③ 중성색은 면적감에 가장 많은 영향을 미친다.
④ 명도가 낮은 색은 무거워 보인다.

해설
면적감이 넓어 보이려면 난색, 고명도, 고채도, 유채색을 사용하여야 하고, 좁아 보이려면 한색, 저명도, 저채도, 무채색을 사용하여야 한다.

02 색채 마케팅 전략의 영향 요인 중 비교적 관계가 가장 적은 것은?

① 인구통계적, 경제적 환경
② 잠재의식, 심리적 환경
③ 기술적, 자연적 환경
④ 사회, 문화적 환경

해설
색채 마케팅 전략에 영향을 미치는 환경요인으로 인구통계적 환경, 기술적 환경, 사회문화적 환경, 경제적 환경, 자연적 환경이 있다.

03 연령에 따른 색채기호를 설명한 것으로 가장 거리가 먼 것은?

① 색채선호는 인종, 국가를 초월하여 거의 비슷한 경향을 보인다.
② 노화된 연령층의 경우 저채도 한색 계열의 색채를 더 잘 식별할 수 있고 선호도도 높다.
③ 지식과 전문성이 쌓여가는 성인이 되면서 점차 단파장의 색채를 선호하게 된다.
④ 고령자들은 빨강이나 노랑과 같은 장파장 영역의 색채에 대한 선호도가 높아진다.

해설
노화된 연령층의 경우에는 차분하고 약한 색을 선호하기도 하고, 빨강, 초록과 같은 원색을 좋아하기도 한다.

04 기억색을 설명하는 것으로 옳은 것은?

① 대상의 표면색에 대한 무의식적인 추론에 의해 결정되는 색채
② 물체의 색채가 변하지 않고 그대로 유지된다고 지각하는 것
③ 조명에 의해 물체색이 다르게 보이는 것
④ 착시현상에 의해 일어나는 색 경험

해설
기억색은 살아온 환경과 문화, 기타 환경적인 요인에 의해 의식 속에 상징적으로 자리 잡은 상징색 또는 고정관념을 말한다. 대상의 표면색에 대한 무의식적 추론에 의해 결정되는 색채이며 대뇌에서 일어나는 주관적 경험을 의미한다.

1 ③ 2 ② 3 ② 4 ① 정답

05 생후 6개월이 지난 유아가 대체적으로 선호하는 색채는?

① 고명도의 한색 계열
② 저채도의 난색 계열
③ 고채도의 난색 계열
④ 저명도의 난색 계열

해설
유아는 무채색보다는 유채색, 저명도보다는 고명도를 선호하며 분홍, 노랑, 흰색, 주황, 빨강 등에 높은 선호도를 나타낸다.

06 소비자의 구매행동 중 소비자에게 가장 폭넓게 영향을 미치는 요인은?

① 사회적 요인 ② 심리적 요인
③ 문화적 요인 ④ 개인적 요인

해설
소비자 구매행동에 영향을 미치는 요인으로 사회적 요인, 개인적 요인, 심리적 요인, 문화적 요인이 있다. 그중 행동양식, 생활습관, 종교, 인종, 지역이 포함되는 문화적 요인은 소비자에게 가장 폭넓게 영향을 미친다.

07 색채 마케팅을 위한 마케팅의 기초이론에 대한 설명 중 틀린 것은?

① 마케팅이란 개인이나 집단이 상호 제품과 가치를 창출하고 교환하여 그들의 욕구를 충족시키는 사회적 관리의 과정이다.
② 마케팅의 기초는 인간의 욕구에서 출발하는데 욕구는 필요, 수요, 제품, 교환, 거래, 시장 등의 순환고리를 만든다.
③ 인간의 욕구는 매우 다양하므로 제품에 따라 1차적 욕구와 2차적 욕구를 분리시켜 제품과 서비스를 창출하는 것이 좋다.
④ 마케팅의 가장 기초는 인간의 욕구(Needs)로, 매슬로는 인간의 욕구가 다섯 계층으로 구분된다고 설명하였다.

해설
인간은 1차적인 욕구가 충족되었을 때 2차적인 욕구를 채우고자 한다. 그렇기 때문에 분리시켜서 제품과 서비스를 창출하는 것보다는 순차적으로 충족시켜 나가는 것이 좋다.

08 비렌(Faber Birren)의 색채 공감각에서 식당 내부의 가구 등에 식욕이 왕성하도록 유도하기 위한 색채는?

① 초록색
② 노란색
③ 주황색
④ 파란색

해설
주황색, 빨간색, 맑은 황색 계통의 색들은 강한 식욕감을 들게 한다. 미국의 색채학자 파버 비렌은 주황색이 식욕을 왕성하도록 유도한다고 주장했다.

09 색채 심리효과를 고려하여 색채계획을 진행하고자 할 때 옳은 것은?

① 면적이 작은 방의 한쪽 벽면을 한색으로 처리하여 진출감을 준다.
② 효과적이고 실용적인 배색으로 건물을 보호, 유지하는 데 도움을 준다.
③ 아파트 외벽 색채계획 시 4cm×4cm의 샘플을 이용하여 계획하면 실제 계획한 색상을 얻을 수 있다.
④ 노인들을 위한 제품의 색채계획 시 흰색, 청색 등의 색상차가 많이 나는 배색을 실시하여 신체적 특징을 배려한다.

해설
① 면적이 작은 방의 한쪽 벽면을 한색으로 처리하면 후퇴되어 보인다. 진출감을 주기 위해서는 난색을 사용해야 한다.
③ 아파트 외벽 색채계획 시 실제 대상보다 작은 샘플을 이용하면 실제 계획한 색상과는 다른 색상을 얻게 된다.
④ 노인들을 위한 제품 색채계획 시에는 차분하고 약한 색을 사용하여 단순한 배색을 실시하는 것이 좋다.

정답 5 ③ 6 ③ 7 ③ 8 ③ 9 ②

10 운송수단의 색채 설계에 관한 배색조건과 가장 거리가 먼 것은?

① 항상성과 안전성
② 계절의 조화
③ 쾌적함과 안정감
④ 환경의 조화

해설
운송수단의 색채 설계에 관한 배색조건은 항상성, 안전성, 쾌적함, 안정감, 환경의 조화이다.

11 유행색의 심리적 발생요인이 아닌 것은?

① 안전욕구
② 변화욕구
③ 동조화 욕구
④ 개별화 욕구

해설
유행색의 심리적 발생요인으로 변화욕구, 동조화 욕구, 개별화 욕구 등이 있다.

12 소비자에 대한 심리접근법의 하나인 AIO법으로 측정할 수 없는 것은?

① 의 견
② 관 심
③ 심 리
④ 활 동

해설
AIO법은 판매를 촉진시키는 광고의 효과적 집행을 위하여 소비자의 구매심리 과정을 파악할 수 있는 과정이며 의견, 관심(흥미), 활동 등을 측정한다.

13 풍토색에 대한 설명으로 틀린 것은?

① 특정 지역의 기후와 토지의 색을 의미한다.
② 그 지역에 부는 바람과 내리쬐는 태양의 빛과 흙의 색을 뜻한다.
③ 지리적으로 근접하거나 기후가 유사한 국가나 민족의 색채 특징은 유사하다.
④ 도로환경, 옥외광고물, 수목이나 산 등 그 지역의 특성을 전달하는 색채이다.

해설
풍토색은 특정 지역의 기후와 토지의 색으로, 기후와 습도, 바람, 태양빛, 흙의 색, 돌 등 지방의 풍토를 두드러지게 드러내는 특징색을 말한다.

14 색채 마케팅에서 시장 세분화 전략으로 이용되며 인구 통계적 특성, 라이프스타일, 특정 조건 등을 만족하는 집단을 대상으로 하는 마케팅은?

① 대중 마케팅
② 표적 마케팅
③ 포지셔닝 마케팅
④ 확대 마케팅

해설
표적 마케팅은 세분화된 시장에서 표적시장을 선택하여 이에 알맞은 제품을 제공하는 마케팅 기법이다. 시장 세분화 → 시장 표적화 → 시장의 위치 선정의 과정으로 이루어진다.

15 SD법의 첫 고안자인 오스굿이 요인분석을 통해 밝혀낸 3가지 의미공간의 대표적인 구성요인에 해당되지 않는 것은?

① 평가요인 ② 역능요인
③ 활동요인 ④ 심리요인

해설
SD법에서 대표적인 의미공간의 구성요인은 평가요인, 역능요인, 활동요인이다.

10 ② 11 ① 12 ③ 13 ④ 14 ② 15 ④ 정답

16 **시장 세분화(Market Segmentation)에 대한 설명이 틀린 것은?**

① 시장 세분화란 다양한 욕구를 가진 전체 시장을 일정한 기준하에 공통된 욕구와 특성을 가진 부분 시장으로 나누는 것을 말한다.
② 기업이 구체적인 마케팅 활동을 하는 세분시장을 표적시장(Target Market)이라 한다.
③ 치약은 시장 세분화의 기준 중 행동분석적 속성인 가격 민감도에 따라 세분화하는 것이 좋다.
④ 자가용 승용차 시장은 인구통계학적 속성 중 소득에 따라 세분화하는 것이 좋다.

해설
치약은 시장 세분화의 기준 중 가격 민감도보다는 브랜드 충성도나 제품의 사용 경험에 따라 세분화하는 것이 좋다.

17 **AIDMA 단계에서 광고효과가 가장 크게 나타나는 단계는?**

① 행 동 ② 기 억
③ 욕 구 ④ 흥 미

해설
소비자 구매과정은 AIDMA 법칙이라고도 한다. 소비자가 상품에 대한 정보와 광고를 접한 후 어떤 단계에 걸쳐 상품을 구입하는지를 설명한 소비자의 구매심리 과정이다.
- A(Attention, 인지) : 주의를 끎
- I(Interest, 관심) : 흥미 유발
- D(Desire, 욕구) : 가지고 싶은 욕망 발생
- M(Memory, 기억) : 제품을 기억, 광고효과가 가장 큼
- A(Action, 수용) : 구매(행동)

18 **색채 라이프 사이클 중 회사 간의 치열한 경쟁으로 가격, 광고, 유치경쟁이 일어나는 시기는?**

① 도입기
② 성장기
③ 성숙기
④ 쇠퇴기

해설
제품의 수명주기
- 도입기 : 신제품이 시장에 도입되는 시기
- 성장기 : 광고와 홍보를 통해 제품의 판매와 이윤이 급격히 상승하는 시기
- 성숙기 : 가장 오래 지속되며 수익과 마케팅에 문제가 나타나며 가격, 광고 등 치열한 경쟁의 증가로 총이익은 하강하기 시작하는 시기
- 쇠퇴기 : 판매량 감소, 매출감소, 소비시장의 위축으로 제품이 사라지는 시기

19 **소비자 행동에 영향을 미치는 사회적 요인 중 하나로 개인의 태도나 의견, 가치관에 영향을 미치는 집단은?**

① 거주집단
② 준거집단
③ 동료집단
④ 희구집단

해설
준거집단 : 소비자의 제품 및 색채 선택에 가장 많은 영향을 주는 집단을 말한다. 즉, 소비자의 행동에 직접 영향을 미치는 사회적 요인 중 하나로 개인의 태도나 의견, 가치관에 영향을 미치는 집단을 의미한다.

20 **색채조사 자료의 분석을 위한 기술 통계분석 설명으로 틀린 것은?**

① 특징화시키거나 요약시키는 지수를 추출하기 위한 가장 단순한 방법은 빈도분포, 집중경향치, 퍼센트 등이 있다.
② 모집단에 어떤 인자들이 있는지 추출하는 방법을 요인분석이라 한다.
③ 어떤 집단의 요소를 다차원 공간에서 요소의 분포로부터 유사한 것을 모아 군으로 정리하는 것을 군집분석이라 한다.
④ 인자들의 숫자를 줄여 단순화하는 것을 판별분석이라 한다.

정답 16 ③ 17 ② 18 ③ 19 ② 20 ④

해설
판별분석은 2개 이상의 모집단으로부터의 표본이 있을 때 각각의 사례에 대하여 어느 모집단에 속해 있는가를 판별하기 위해 판별작업을 실시하는 것이다.

해설
디자인의 조건에는 경제성, 합목적성, 심미성, 독창성이 있다. 그중 독창성은 디자인에서 기능 및 미와는 구별되는 가장 중요한 조건 중 하나로 다른 말로는 창의성이라고 한다. 디자인의 가장 중요한 활동 중 하나가 창의, 즉 새로운 것을 만들어내는 것이기 때문에 현대 디자인의 근본은 독창성이라 말할 수 있다.

제2과목 색채디자인

21 디자인 사조들이 대표적으로 사용하였던 색채의 경향이 틀린 것은?

① 옵아트는 색의 원근감, 진출감을 흑과 백 또는 단일 색조를 강조하여 사용한다.
② 미래주의는 기하학적 패턴과 잘 조화되어 단순하면서도 세련된 느낌을 준다.
③ 다다이즘은 화려한 면과 어두운 면을 동시에 갖고 있으면서, 극단적인 원색대비를 사용하기도 한다.
④ 데 스테일은 기본 도형적 요소와 삼원색을 활용하여 평면적 표현을 강조한다.

해설
미래주의는 스피드감과 운동감을 표현하기 위해 시간 요소를 도입한 예술운동으로, 주로 하이테크 소재로 색채를 표현하였다.

22 디자인의 조건 중 독창성에 대한 설명으로 틀린 것은?

① 디자이너의 창의적인 감각에 의하여 새롭게 탄생한다.
② 부분적으로 이미 존재하는 디자인을 수정 또는 모방하여 사용한다.
③ 대중성이나 기능보다는 차별화에 중점을 두어야 한다.
④ 시대양식에서 새로운 정신을 찾아 창의력을 발휘한다.

23 전통적 4대 매체에 해당되지 않는 것은?

① 신 문 ② 라디오
③ 잡 지 ④ 인터넷

해설
전통적 4대 매체는 TV, 신문, 라디오, 잡지다.

24 윌리엄 모리스(William Morris)가 중심이 된 디자인 사조와 관계가 먼 것은?

① 예술의 민주화·사회화 주창
② 수공예 부흥, 중세 고딕 양식 지향
③ 대량생산 시스템의 거부
④ 기존의 예술에서 분리

해설
윌리엄 모리스가 중심이 된 디자인 사조는 미술공예운동이다. 대량생산과 분업화에 따른 생산품의 질적 하락과 예술성 저하를 비판하며 등장한 중세 고딕 양식의 수공예 부활운동이다.

25 감정적이고 역동적인 스타일을 강조하고, 건축에서의 거대한 양식, 곡선의 활동, 자유롭고 유연한 접합 부분 등의 특색을 나타낸 시기는?

① 르네상스 시기
② 중세 말기
③ 바로크 시기
④ 산업혁명 초기

해설
바로크의 예술적 표현 양식은 르네상스 양식에 비해 파격적이고, 감각적 효과를 노린 동적 표현과 외적 형태의 중시, 감정의 극적 표현, 풍만한 감각, 곡선의 활동, 화려한 색채 등이 특징이다.

정답: 21 ② 22 ② 23 ④ 24 ④ 25 ③

26 **도구의 개념으로 물건을 창조 및 디자인하는 분야는?**

① 시각 디자인
② 제품 디자인
③ 환경 디자인
④ 건축 디자인

해설
도구의 제작과정에서 이미지를 실체화하는 행위 또는 목적을 가지고 인간에 의해 만들어진 모든 실체를 제품 디자인이라고 한다.

27 **인테리어 색채계획에 관한 내용으로 가장 관계가 없는 것은?**

① 적용될 대상의 기능과 목적에 부합하여야 한다.
② 유사색 배색계획은 다채롭고 인위적으로 보이기 쉽다.
③ 전체적인 이미지를 선정한 후 사용색을 추출하는 방법도 있다.
④ 사용색의 소재별(재료적) 특성을 고려할 필요가 있다.

해설
인테리어 색채계획 시 유사색 배색계획은 다채로워 보이면서도 질서를 만든다.

28 **색채계획에 앞서 색채를 적용할 대상을 검토할 때, 고려해야 할 조건에 대한 설명으로 틀린 것은?**

① 거리감 – 대상과 사물의 거리
② 면적효과 – 대상이 차지하는 면적
③ 조명조건 – 광원의 종류 및 조도
④ 공공성의 정도 – 개인용, 공동사용의 구분

해설
거리감은 대상과 보는 사람과의 거리이다.

29 **어떤 목표에 도달하기 위해서 자연과 사회의 과정을 의도적으로 목적에 맞게 실용화하는 것은?**

① 방법(Method)
② 평가(Evaluation)
③ 목적지향성(Telesis)
④ 연상(Association)

해설
목적지향성은 어떤 목표에 도달하기 위해 자연과 사회의 과정을 의도적으로 목적에 맞게 실용화하는 것이다.

30 **21세기 정보화 및 다양한 미디어가 확산됨에 따라 멀티미디어 디자이너에게 요구되는 자질로 가장 거리가 먼 것은?**

① 청각 정보의 시각화 능력
② 시청각 정보의 통합능력
③ 추상적 개념의 구체화 능력
④ 특정한 제품의 기술적 능력

해설
멀티미디어 디자이너에게 요구되는 자질은 청각 정보의 시각화 능력, 시청각 정보의 통합능력, 추상적 개념의 구체화 능력이다.

31 **실내 디자인에 대한 설명으로 틀린 것은?**

① 건물의 내부에서 사람과 물체와 공간의 관계를 다루는 디자인이다.
② 인간 기본생활에 밀접한 부분인 만큼 휴먼 스케일로 취급되어야 한다.
③ 선박, 자동차, 기차, 여객기 등의 운송기기 내부를 다루는 특별한 영역도 포함된다.
④ 20세기에 들어서면서 건축물의 실내를 구조의 주체와 분리하여 내장한다는 의미를 지닌다.

해설
④ 20세기에 들어서면서 인테리어는 건축물의 실내를 구조의 주체와 일치시켜 내장한다는 의미를 가지게 되었다.

정답 26 ② 27 ② 28 ① 29 ③ 30 ④ 31 ④

32 **디자인의 속성에 대한 설명 중 틀린 것은?**

① 기능이란 사물이 작용할 수 있는 능력이며 디자인의 가치 면에서 보면 효용 또는 실용이라 해석할 수 있다.
② 디자인은 기능성과 심미성의 이원적 개념이 대립하거나 융합하면서 발전한다.
③ 심미성이란 아름다움과 추함을 구별하여 아름다움의 본질을 찾아내는 것이다.
④ 기능성과 심미성 중 하나를 선택해야 한다.

해설
디자인의 속성 중에서 기능성과 심미성 중 하나를 선택해야 하는 것은 올바르지 않다. 심미성이란 맹목적인 미를 추구하는 것이 아니라 기능과 유기적으로 결합된 조형미나 내용미, 기능미 등과 색채, 재질의 아름다움을 모두 고려한 미를 추구하는 것을 의미하기 때문이다.

33 **멀티미디어의 조건으로 적절하지 않은 것은?**

① 상호작용적이어야 한다.
② 디지털과 아날로그 형태로 생성, 저장, 처리된다.
③ 다수의 미디어를 동시에 표현한다.
④ 영상회의, 가상현실, 전자출판 등과 관련이 있다.

해설
멀티미디어는 디지털 형태로 생성, 저장, 처리된다.

34 **일정한 목적에 도달하는 데 적합한 대상 또는 행위의 성질을 말하며, 원하는 작품의 제작에 있어서 실제의 목적에 알맞도록 하는 것은?**

① 합목적성 ② 경제성
③ 독창성 ④ 질서성

해설
디자인의 4대 조건
- 경제성 : 한정된 최소의 비용과 노력으로 최대의 이익을 발생시키기 위한 경제활동의 가장 기본이 되는 원칙이다.
- 합목적성 : 목적을 실현하는 데에 적합한 성질을 말한다.
- 심미성 : 기능과 유기적으로 결합된 조형미나 내용미, 기능미, 색채, 재질의 아름다움 등을 모두 고려한 미를 추구하는 것을 의미한다.
- 독창성 : 디자인에서 기능 및 미와는 구별되는 가장 중요한 조건 중 하나로 다른 말로는 창의성이라고 한다.

35 **게슈탈트의 그루핑 법칙과 관련이 없는 것은?**

① 보완성 ② 근접성
③ 유사성 ④ 폐쇄성

해설
게슈탈트의 그루핑 법칙
- 유사성 : 유사한 형태나 색채, 질감 등의 시각적 요소들이 있을 때 공통성이 없는 것들보다 더 눈에 잘 띄는 법칙
- 근접성 : 서로 가까이 모여 있는 요소들을 상호 연결시켜 집단화하려는 경향
- 폐쇄성 : 형태의 일부가 연결되거나 완성되어 있지 않아도 완전하게 보려는 시각법칙
- 연속성 : 배열이나 진행 방향이 같은 것끼리 짝지어져 보이는 시각법칙

36 **독일공작연맹, 바우하우스를 중심으로 한 모던 디자인의 경향으로 옳은 것은?**

① 유기적 곡선형태를 추구한다.
② 영국의 미술공예운동에 기초를 둔다.
③ 사물의 형태는 그 역할과 기능에 따른다.
④ 표준화보다는 다양성에 기초를 두었다.

해설
독일공작연맹은 기능주의에 이바지하였고, 이것은 바우하우스 창립에 영향을 주었다. 기능주의는 디자인에서 기능을 우선시하는 경향이었다. 미국 건축의 개척자인 루이스 설리번은 "형태는 기능을 따른다."라고 주장하며 디자인의 목적 자체가 합리적으로 설명되어야 하며, 기능적인 형태야말로 가장 아름답다고 했다.

37 **"형태는 기능을 따른다."라는 말을 한 사람은?**

① 루이스 설리번
② 빅터 파파넥
③ 윌리엄 모리스
④ 모홀리 나기

해설
미국 건축의 개척자인 루이스 설리번은 "형태는 기능을 따른다."라고 주장하였다. 그는 기능에 충실하고 기능에 최대한 만족하는 형식을 추구하면 저절로 아름다움이 실현된다는 것을 강조하였다.

32 ④ 33 ② 34 ① 35 ① 36 ③ 37 ① 정답

38 바우하우스 교육기관의 마지막 학장은?

① 한네스 마이어(Hannes Meyer)
② 발터 그로피우스(Walter Gropius)
③ 미스 반데어로에(Mies van der Rohe)
④ 요셉 앨버스(Joseph Albers)

해설
바우하우스 교육기관은 미스 반데어로에를 마지막 학장으로 1933년 나치에 의해 폐교되었다.

39 타이포그래피(Typography)를 가장 잘 설명한 것은?

① 그림 형태로 이루어진 글자의 조형적 표현
② 광고에 나오는 그림의 조형적 표현
③ 글자에 의한 모든 커뮤니케이션의 조형적 표현
④ 상징에 의한 커뮤니케이션의 조형적 표현

해설
타이포그래피란 글자나 문자로 이루어진 모든 조형적 표현으로 캘리그래피와 서체, 자간, 굵기 등을 포괄한다.

40 생태학적 디자인 원리와 거리가 먼 것은?

① 환경친화적인 디자인
② 리사이클링 디자인
③ 에너지 절약형 디자인
④ 생물학적 단일성을 강조하는 디자인

해설
'생물학적 단일성을 강조하는 디자인'은 오직 인간만을 중요시하는 사상이다. 이를 중시하면 환경 파괴나 이기적인 개발 등이 일어날 수 있기 때문에 생태학적인 디자인과는 거리가 있다.
생태학적 디자인 : 자연에 더 이상 피해를 주지 않으면서 자연의 순화과정에 순응할 수 있도록 디자인하는 것을 말한다. 좁게는 재활용률을 높이고 쓰레기 배출량을 줄이는 디자인 아이디어에서, 넓게는 소재의 순수성을 높이는 디자인과 분해를 위한 디자인, 생산성 중심의 디자인이라 할 수 있다.

제3과목 색채관리

41 고체 성분의 안료를 도장면에 밀착시켜 피막 형성을 용이하게 해 주는 액체 성분의 물질은?

① 호 분
② 염 료
③ 전색제
④ 카티온

해설
전색제는 고체 성분인 안료나 도료를 도장면에 밀착시켜 도막을 형성하게 하는 액체 성분을 말한다.

42 다음 중 보조 표준광의 종류가 아닌 것은?

① D_{50}
② D_{55}
③ D_{65}
④ B

해설
표준광 및 보조 표준광의 종류(KS C 0074)
• 표준광 : 표준광 A, 표준광 D_{65}, 표준광 C
• 보조 표준광 : 보조 표준광 D_{50}, 보조 표준광 D_{55}, 보조 표준광 D_{75}, 보조 표준광 B

43 프린터를 이용해 출력한 영상물의 색 표현에 영향을 주는 것으로 가장 거리가 먼 것은?

① 잉크 종류
② 종이 종류
③ 관측 조명
④ 영상 파일 포맷

해설
영상 파일 포맷은 프린터를 이용해 출력한 영상물의 색 표현에 영향을 주지 않는다.

정답 38 ③ 39 ③ 40 ④ 41 ③ 42 ③ 43 ④

44 **CCM(Computer Color Matching) 조색의 특징이 아닌 것은?**

① 광원이 바뀌어도 색채가 일치하는 무조건등색을 할 수 있다.
② 발색에 소요되는 비용을 정확히 산출할 수 있으며 경제적이다.
③ 재질과는 무관하므로 기본 재질이 변해도 데이터를 새로 입력할 필요가 없다.
④ 자동배색 시 각종 요인들에 의하여 색채가 변할 수 있으므로 발색공정에 대한 정확한 파악과 철저한 관리가 선행되어야 한다.

해설
CCM은 기본 재질이 변하면 데이터를 새로 입력해야 하며, 소재의 변화에 신속히 대응하는 데 도움을 준다.

45 **디지털 색채변환 방법 중 회색요소교체라고 하며, 회색 부분 인쇄 시 CMY 잉크를 사용하지 않고 검정 잉크로 표현하여 잉크를 절약하는 방법은?**

① 포토샵을 이용한 컬러 변환
② CMYK 프로세스 색상 분리
③ UCR
④ GCR

해설
GCR(Gray Component Removal)은 원색 잉크의 농도가 자동적으로 조절되는 방법이다.

46 **표준백색판에 대한 설명으로 틀린 것은?**

① 충격, 마찰, 광조사, 온도, 습도 등의 영향을 받지 않고, 표면이 오염된 경우에도 세척, 재연마 등의 방법으로 오염들을 제거하고 원래의 값을 재현시킬 수 있는 것으로 한다.
② 분광반사율이 거의 0.7 이상으로, 파장 380~700nm에 걸쳐 거의 일정해야 한다.
③ 균등확산 반사면에 가까운 확산반사 특성이 있고, 전면에 걸쳐 일정해야 한다.
④ 표준백색판은 절대분광 확산반사율을 측정할 수 있는 국가교정기관을 통하여 국제표준으로의 소급성이 유지되는 교정값을 갖고 있어야 한다.

해설
표준백색판은 분광반사율이 거의 0.9 이상으로, 파장 380~780nm에 걸쳐 반사율이 80% 이상으로 거의 일정해야 한다.

47 **컬러 비트 심도에 대한 설명으로 틀린 것은?**

① 10비트는 1,024개의 톤 레벨을 만들 수 있다.
② 비트 심도의 수가 클수록 표현할 수 있는 색의 수가 많아진다.
③ 스캐너는 보통 10비트, 12비트, 14비트의 톤 레벨을 갖는다.
④ RGB 영상에서 채널별 8비트로 재현된 색의 수는 사람이 인지할 수 있는 색상의 수보다 적다.

해설
RGB 영상에서 채널별 8비트로 재현된 색의 수는 최대 범위의 색상인 16,777,216값을 가지게 된다.

48 **LCD와 OLED 디스플레이의 컬러 특성에 대한 설명으로 틀린 것은?**

① LCD 디스플레이 고유의 화이트 포인트는 백라이트의 색온도에 좌우된다.
② OLED 디스플레이가 LCD보다 더 어두운 블랙 표현이 가능하다.
③ LCD 디스플레이의 재현 색역은 백라이트 특성에 영향을 받는다.
④ OLED 디스플레이의 밝기는 백라이트의 특성에 영향을 받는다.

해설
OLED는 스스로 빛을 낼 수 있지만 LCD는 백라이트의 특성에 영향을 받는다.

44 ③ 45 ④ 46 ② 47 ④ 48 ④ 정답

49 **다음 설명에 가장 적합한 염료는?**

> 일명 카티온 염료(Cation Dye)라고도 하며 색이 선명하고 착색력이 좋으나, 알칼리 세탁이나 햇빛에 약한 단점이 있다.

① 반응성 염료
② 산성염료
③ 안료수지 염료
④ 염기성 염료

해설
염기성 염료는 염료가 수용액으로 되어 있기 때문에 카티온 염료라고도 하며, 색이 선명하고 물에 잘 용해되어 착색력이 좋다. 그러나 햇빛, 산, 알칼리에 약하다는 단점이 있다.

50 **표면색의 시감비교 시 관찰자에 대한 설명이 틀린 것은?**

① 관찰자는 미묘한 색의 차이를 판단하는 능력을 필요로 한다.
② 관찰자가 시력보정용 안경을 사용하는 경우에는 안경렌즈가 가시 스펙트럼 영역에서 균일한 분광 투과율을 가져야 한다.
③ 눈의 피로에서 오는 영향을 막기 위해서는 진한 색 다음에는 바로 파스텔 색을 보는 것이 효율적이다.
④ 밝고 선명한 색을 비교할 때 신속하게 비교 결과가 판단되지 않으면 관찰자는 수 초간 주변 시야의 무채색을 보고 눈을 순응시킨다.

해설
관찰자는 낮은 채도에서 높은 채도의 순서로 검사하고, 비교하는 색은 동일 평면으로 배열되도록 배치하는 것이 좋다.

51 **다음 색차식 중 가장 최근에 표준 색차식으로 지정된 것은?**

① ΔE_{00}　　② ΔE^*_{ab}
③ CMC(l : c)　　④ CIEDE94

해설
가장 최근에 표준 색차식으로 지정된 것은 ΔE_{00} 이다.

52 **KS A 0065 기준에 따르는 표면색의 시감비교 환경에서 육안조색을 진행할 때에 관한 설명으로 옳은 것은?**

① 인간의 눈을 기준으로 조색하는 방법이므로 CCM 결과보다 항상 오차가 심하고 정밀도가 떨어진다.
② 숙련된 컬러리스트의 경우 육안조색을 통해 조명 변화에 따른 메타머리즘을 제거할 수 있다.
③ 상황에 따라서는 자연주광 조건에서 육안조색을 해도 된다.
④ 현장 표준색보다 2배 이상 크게 시료를 제작하여 비교하여야 정확한 색 차이를 알 수 있다.

해설
육안조색은 인간의 눈으로 조색하는 것이다. 심리적·환경적 요인, 관측조건에 따라 오차가 심하게 나면서 정밀도가 떨어지기도 한다. 잔상이나 메타머리즘 등 이상현상이 발생할 수 있으며 시료는 현장 표준색과 비슷하게 제작하여 비교하여야 정확한 색 차이를 알 수 있다.

53 **다음 설명에 해당하는 장비의 명칭은?**

> 물체의 분광반사율, 분광투과율 등을 파장의 함수로 측정하는 계측기

① 색채계(Colorimeter)
② 분광광도계(Spectrophotometer)
③ 분광복사계(Spectroradiometer)
④ 광전 색채계(Photoelectric Colorimeter)

정답 49 ④ 50 ③ 51 ① 52 ③ 53 ②

해설
분광광도계는 물체의 분광반사율, 분광투과율 등을 파장의 함수로 측정하는 계측기이다. 다양한 광원과 시야에서의 색채값을 동시에 산출할 수 있으며 조색 공정에 곧바로 사용할 수 있다.

54 다음 설명에 해당하는 조명방식은?

광원 빛의 10~40%가 대상체에 직접 조사되고, 나머지가 천장이나 벽에서 반사되어 조사되는 방식으로 그늘짐이 부드러우며 눈부심이 적은 편이다.

① 반직접조명
② 반간접조명
③ 국부조명
④ 전반확산조명

해설
대부분의 조명은 벽이나 천장에 조사되지만 반간접조명은 아래 방향으로 10~40% 정도 조사하는 방식이며, 그늘짐이 부드럽고, 눈부심이 적다.

55 혼색에 대한 설명으로 틀린 것은?

① 2종류 이상의 색자극이 망막의 동일 지점에 동시에 혹은 급속히 번갈아 투사하여 생기는 색자극의 혼합을 가법혼색이라 한다.
② 감법혼색에 의해 유채색을 만들어 낼 수 있는 2가지 흡수 매질의 색을 감법혼색의 보색이라 한다.
③ 색 필터 또는 기타 흡수 매질의 중첩에 따라 다른 색이 생기는 것을 감법혼색이라 한다.
④ 가법혼색에 의해 특정 무채색 자극을 만들어 낼 수 있는 2가지 색자극을 가법혼색의 보색이라 한다.

해설
감법혼색의 보색은 혼합하면 무채색이 만들어지는 두 개의 색을 말한다. 검정에 가까운 무채색으로 혼합이 가능하다.

56 다음 중 RGB 컬러 프로파일과 무관한 장치는?

① 디지털 카메라
② LCD 모니터
③ CRT 모니터
④ 옵셋 인쇄기

해설
디지털 카메라, 컬러 모니터, 무대 조명 등은 RGB 시스템이고, 옵셋 인쇄기 등 컬러인쇄는 CMYK 시스템이다.

57 색채의 소재에 관한 설명이 틀린 것은?

① 색소는 고유의 특징적인 색을 지닌다.
② 안료는 착색하고자 하는 소재와 작용하여 착색된다.
③ 염료는 용해된 액체 상태에서 소재에 직접 착색된다.
④ 색소는 사용되는 방법과 물질의 상태에 따라 크게 염료와 안료로 구분한다.

해설
안료는 착색하고자 하는 매질에 용해되지 않으며 염료에 비해 은폐력이 크다.

58 색에 관한 용어 중 표면색에 대한 설명이 옳은 것은?

① 광원에서 나오는 빛의 색
② 빛을 반사 또는 투과하는 물체의 색
③ 빛을 확산 반사하는 불투명 물체의 표면에 속하는 것처럼 지각되는 색
④ 깊이감과 공간감을 특정지을 수 없도록 지각되는 색

해설
표면색은 스스로 빛을 내는 것이 아니라 물체의 표면에서 빛이 반사되어 나타나는 물체 표면의 색이다. 빛을 확산, 반사하는 불투명 물체의 표면에 속하는 것처럼 지각되며 보통 색상, 명도, 채도 등으로 표시한다.

54 ② 55 ② 56 ④ 57 ② 58 ③ 정답

59 컬러 측정장비를 이용해 테스트 컬러의 CIELAB값을 계산하고자 할 때 반드시 필요한 값은?

① 조명의 조도
② 조명의 색온도
③ 배경색의 삼자극치
④ 기준 백색의 삼자극치

해설
필터식 측색계는 색 필터와 광측정기로 이루어지는 세 개의 광검출기로 삼자극치(CIE XYZ)값을 직접 측정하는 방식이다. 인간의 눈에 대응할 분광 감도와 거의 비슷한 감도를 가진 3가지 센서(X, Y, Z)에서 기료를 직접 측정하는 삼자극치 수광방식이다.

60 플라스틱 소재의 특성 중 틀린 것은?

① 반영구적인 내구력 때문에 환경오염을 일으킬 수 있다.
② 옥외에서 사용되는 경우 변색이나 퇴색될 수 있다.
③ 방수성, 비오염성이 뛰어나고 다른 재료와의 친화력이 좋다.
④ 가벼우면서 낮은 강도로 가공과 성형이 용이하다.

해설
플라스틱 소재는 다른 재료에 비해 가볍고 광택이 좋고 고운 색채를 낼 수 있으며, 투명도가 높아 유리와 같은 용도로 사용할 수 있다. 플라스틱 착색에는 유기안료를 주로 사용하며 착색과 가공이 용이하다.

제4과목 색채지각론

61 전자기파에 대한 설명 중 옳은 것은?

① X선은 감마선보다 짧다.
② 자외선의 파장은 적외선보다 짧다.
③ 라디오 전파는 적외선보다 짧다.
④ 가시광선은 레이더보다 길다.

해설
빛의 파장 범위는 감마선 – X선 – 자외선 – 가시광선 – 적외선 – 극초단파 순으로 길다.

62 빛에 대한 눈의 작용에 관한 설명 중 틀린 것은?

① 밝은 상태에서 어두운 상태로 바뀔 때 민감도가 증가하는 것을 명순응이라 하고, 그 반대 경우를 암순응이라 한다.
② 밝았던 조명이 어둡게 바뀌면 처음에는 아무것도 보이지 않다가 시간이 지나면서 대상을 지각할 수 있게 되는데 이는 어둠 속에서 보내는 시간이 길어지면서 민감도가 증가하기 때문이다.
③ 간상체와 추상체는 빛의 강도가 서로 다른 조건에서 활동한다.
④ 간상체 시각은 약 507nm의 빛에 가장 민감하며, 추상체 시각은 약 555nm의 빛에 가장 민감하다.

해설
밝은 상태에서 어두운 상태로 바뀔 때 민감도가 증가하는 것을 암순응이라고 하고, 그 반대 경우를 명순응이라고 한다.

63 색조의 감정효과에 관한 설명 중 틀린 것은?

① pale 색조의 파랑은 팽창되어 보인다.
② grayish 색조의 파랑은 진정효과가 있다.
③ deep 색조의 파랑은 부드러워 보인다.
④ dark 색조의 파랑은 무겁게 느껴진다.

해설
deep 색조의 파랑은 깊어 보인다.

64 헤링이 주장한 4원색설 색각이론 중에서 망막의 광화학 물질 존재를 가정한 내용과 관련이 없는 것은?

① 노랑–파랑 물질
② 빨강–초록 물질
③ 파랑–초록 물질
④ 검정–흰색 물질

정답 59 ④ 60 ④ 61 ② 62 ① 63 ③ 64 ③

해설
헤링은 망막에 하양-검정 물질, 빨강-초록 물질, 노랑-파랑 물질이라는 서로 대립하는 3종류의 광화학 물질이 존재한다고 가정하였다. 망막에 빛이 들어오면 분해와 합성이라고 하는 반대반응이 동시에 일어나 반응의 비율에 따라서 여러 가지 색이 지각된다고 주장하였다.

65 가시광선 중에서 가장 시감도가 높은 단색광의 색상은?

① 연 두 ② 파 랑
③ 빨 강 ④ 주 황

해설
시감도란 가시광선이 주는 밝기의 감각이 파장에 따라 달라지는 정도를 나타내는 것으로 스펙트럼의 발광효과를 말한다. 가시광선의 파장 범위는 380~780nm이고, 가시광선 파장 중 우리 눈에 가장 시감도가 높은 파장 범위는 555nm이다.

66 병치혼색과 가장 거리가 먼 것은?

① 직물의 무늬
② 모니터의 색재현 방법
③ 컬러인쇄의 망점
④ 맥스웰의 색 회전판

해설
맥스웰의 색 회전판 : 두 가지 색의 색표를 회전원판 위에 적당한 비례의 넓이로 붙여 빠른 속도로 회전시키면 원판의 물체색들이 반사하는 반사광이 원판면에 혼색되어 보이는 혼합을 말한다. 이는 회전혼합에 해당한다.

67 다음 중 심리적으로 흥분감을 가장 많이 유도하는 색은?

① 난색 계열의 저명도
② 한색 계열의 고명도
③ 난색 계열의 고채도
④ 한색 계열의 저채도

해설
난색 계열의 고채도는 심리적으로 흥분감을 가장 많이 유도하고, 한색 계열의 저채도는 진정감을 유도한다.

68 색팽이를 회전시켜 무채색으로 보이게 하려 한다. 색면을 2등분하여 한쪽에 5Y 8/12의 색을 칠했을 때 다른 한 면에 가장 적합한 색은?

① 5R 5/14
② 5YR 8/12
③ 5PB 5/10
④ 5RP 8/8

해설
무채색으로 보이기 위해서는 보색을 사용해야 한다. 5Y의 보색은 5PB이다.

69 혼색의 원리와 활용 사례 연결이 옳은 것은?

① 물리적 혼색 – 점묘화법, 컬러사진
② 물리적 혼색 – 무대 조명, 모자이크
③ 생리적 혼색 – 점묘화법, 레코드판
④ 생리적 혼색 – 무대 조명, 컬러사진

해설
혼합의 원리
- 물리적 혼색 : 여러 종류의 색자극을 혼색하여 스펙트럼이나 색료를 동일한 곳에 합성하는 혼색이며 무대 조명, 스튜디오 조명, 컬러인쇄, 컬러사진 등에 활용된다.
- 생리적 혼색 : 서로 다른 색자극을 공간적으로 인접시켜 혼색되어 보이는 방법이며 점묘화법, 레코드판, 색팽이 등에 활용된다.

70 먼저 본 색의 영향으로 나중에 보는 색이 다르게 보이는 대비는?

① 동시대비
② 계시대비
③ 한난대비
④ 연변대비

해설
계시대비 : 시간적인 차이를 두고 두 가지 이상의 색을 차례로 볼 때 주로 일어나는 대비이다. 어떤 색을 보다가 다른 색을 보는 경우 먼저 본 색의 영향으로 다음에 보는 색이 다르게 보인다.

65 ① 66 ④ 67 ③ 68 ③ 69 ③ 70 ② 정답

71 색채에 대한 설명으로 틀린 것은?

① 색채는 감각기관인 눈을 통해서 지각된다.
② 색채는 물체라는 개념이 따라다니기 때문에 지각적 요소가 포함되어 있다.
③ 색채는 빛 자체를 심리적으로만 표시하는 색자극이다.
④ 색채는 색을 경험하는 것으로 생겨난다.

해설
색채는 빛과 물리적, 생리적 현상과 심리적인 것이 합쳐서 표시되는 것이다.

72 혼색에 대한 설명으로 옳은 것은?

① 병치혼색의 경우 혼색의 명도는 최대 면적의 명도와 일치한다.
② 컬러인쇄의 경우 일부분을 확대하여 보면 점의 색은 빨강, 녹색, 파랑으로 되어 있다.
③ 색유리의 혼합에서는 감법혼색이 나타난다.
④ 중간혼색은 감법혼색의 영역에 속한다.

해설
③ 감법혼색은 색료의 3원색인 사이안, 마젠타, 노랑을 혼합하기 때문에 섞을수록 명도와 채도가 떨어져 어두워지고 탁해지는 혼합이다. 컬러인쇄, 사진, 색유리판, 안료, 물감에 의한 색 재현 등에 사용된다.
④ 중간혼색은 가법혼색의 영역에 속하며 병치혼색, 회전혼색 등이 있다.

73 색자극의 순도가 변하면 색상이 다르게 보이는 색채지각 효과는?

① 맥콜로 효과
② 애브니 효과
③ 리프만 효과
④ 베졸트-브뤼케 효과

해설
애브니 효과는 색상(파장)이 같아도 색의 채도(순도)가 변함에 따라 색상도 다르게 보이는 색채지각 효과이다. 즉, 같은 색상이라도 채도 차이에 따라 다른 색으로 지각되는 것이다.

74 잔상과 관련된 다음 예시 중 성격이 다른 것은?

① 수술복
② 영 화
③ 모니터
④ 애니메이션

해설
수술복은 부의 잔상에 속하며 영화, 모니터, 애니메이션은 정의 잔상에 속한다.

75 RGB 시스템을 사용하지 않는 디지털 디바이스는?

① Laser Printer
② LCD Monitor
③ OLED Monitor
④ Digital Camera

해설
컬러 모니터, 빔 프로젝터 등은 RGB 시스템을 사용하고, Laser Printer는 CMYK 시스템을 사용한다.

76 다음 중 흑체복사에 속하는 것은?

① 태양광
② 인 광
③ 레이저
④ 케미컬라이트

해설
태양광은 흑체복사에 속한다.

77 색채의 감정적인 효과에서 온도감에 주로 영향을 받는 요소는?

① 색 상
② 채 도
③ 명 도
④ 면 적

정답 71 ③ 72 ③ 73 ② 74 ① 75 ① 76 ① 77 ①

해설
색상은 주로 온도감에 영향을 받는다. 난색은 따뜻한 느낌의 색으로 장파장의 색인 빨강, 주황, 노랑이 있다. 한색은 차가운 느낌의 색으로 단파장의 색인 파랑 계열이 있다. 중성색은 색의 온도가 느껴지지 않는 중간 느낌의 색으로 연두, 녹색, 자주, 보라 등이 있다.

78 양성적 잔상에 대한 설명으로 옳은 것은?

① 원래의 자극과 같은 색으로 느껴지기는 하나 밝기는 다소 감소되는 경우를 '푸르킨예의 잔상'이라 한다.
② 원래의 자극과 밝기는 같으나 색상은 보색으로, 채도는 감소되는 경우를 '헤링의 잔상'이라 한다.
③ 원래의 자극과 같은 정도의 밝기이나 색상의 변화를 느끼는 경우를 '코프카의 전시야'라 한다.
④ 원래의 자극과 같은 정도의 자극이 지속적으로 느껴지는 경우를 '스윈들의 유령'이라 한다.

해설
① 원래의 자극과 같은 색으로 느껴지기는 하나 밝기는 다소 감소되는 경우를 헤링의 잔상이라고 한다.
② 원래의 자극과 밝기는 같으나 색상은 보색으로, 채도는 감소되는 경우를 푸르킨예의 잔상이라고 한다.

79 보색에 관한 설명 중 옳은 것은?

① 혼색했을 때 무채색이 되는 두 색을 말한다.
② 두 개의 원색을 혼색했을 때 나타나는 색을 말한다.
③ 색상환에서 비교적 가까운 색 간의 관계를 말한다.
④ 혼색했을 때 원색이 되는 두 색을 말한다.

해설
보색은 서로 반대색이며 혼색했을 때 무채색이 된다.

80 다음 중 주목성과 시인성이 가장 높은 색은?

① 주황색　② 초록색
③ 파란색　④ 보라색

해설
- 주목성은 사람의 시선을 끄는 힘으로 한 가지 색이며 눈에 잘 띄는 색을 말한다. 난색, 고명도, 고채도가 주목성이 높다.
- 시인성(명시성)은 '물체의 색이 얼마나 잘 보이는가'를 나타내는 정도이다.

제5과목 색채체계론

81 먼셀 표기법 10YR 7/4에 대한 설명으로 옳은 것은?

① 녹색 계열의 색상이란 것을 알 수 있다.
② 숫자 7은 명도의 정도를 말하며, 명도 범위는 색상에 따라 범위가 다르게 나타난다.
③ 숫자 4는 채도의 정도를 말하며, 일반적인 단계로 1.5~9.5단계까지 있다.
④ 숫자 10은 색상의 위치 정도를 표기하고 있으며, 반드시 기본색 표기인 알파벳 대문자 앞에 표기되어야 한다.

해설
먼셀 표기법은 H V/C로 표시하며 H는 색상, V는 명도, C는 채도를 의미한다. 10YR은 색상, 7은 명도, 4는 채도라는 표시이다.

82 전통색 이름과 설명이 옳은 것은?

① 지황색(芝黃色) – 종이의 백색
② 담주색(淡朱色) – 홍색과 주색의 중간색
③ 감색(紺色) – 아주 연한 붉은색
④ 치색(緇色) – 스님의 옷색

해설
지황색은 누런 황색, 담주색은 연한 주황색, 감색은 검은빛을 띤 어두운 남색이다.

78 ④　79 ①　80 ①　81 ④　82 ④　정답

83 NCS 색체계에 대한 설명으로 옳은 것은?

① 색상체계는 W-S, W-C, S-C의 기본 척도로 나누어진다.
② 파버 비렌과 같이 7개의 뉘앙스를 사용한다.
③ 기본 척도 내의 한 지점은 속성 간의 관계성에 의해 색상이 결정된다.
④ 하얀색도, 검은색도, 유채색도를 표준 표기로 한다.

해설
NCS 색체계는 헤링의 반대색설을 기초로, 헤링의 R(빨강), Y(노랑), G(초록), B(파랑)의 기본색에 W(흰색), S(검정)을 추가해 기본 6색을 사용한다. 그리고 기본 4색상을 10단계로 구분해 색상은 40단계로 구분한다. 혼합비는 S(흑색량) + W(백색량) + C(순색량) = 100%로 표시되며, 세 가지 속성 가운데 흑색량과 순색량의 뉘앙스만 표기한다.

84 DIN 색체계의 설명으로 옳은 것은?

① 색상(T), 포화도(S), 암도(D)로 표현한다.
② 1930~1940년대 덴마크 표준화협회가 제안한 색체계이다.
③ 어두움의 정도(D)는 0부터 14까지 숫자들로 주어진다.
④ 등색상면은 흑색점을 정점으로 하는 정삼각형이다.

해설
DIN 색체계 : 1955년 산업발전과 통일된 규격을 위하여 독일의 표준기관인 DIN에서 도입한 색체계이다. 명도는 0~10까지 11단계로 나뉘어져 있으며 숫자가 낮을수록 밝다. 채도는 0~15까지 총 16단계로 나뉘어 있다.

85 문-스펜서가 미국 광학회 학회지에 발표한 색채조화론과 관련이 없는 것은?

① 고전적 색채조화론의 기하학적 형식
② 색채조화에 있어서의 면적
③ 색채조화에 있어서의 미도 측정
④ 색채조화에 따른 배색기법

해설
문-스펜서가 미국 광학회 학회지에 발표한 색채조화론과 관련이 있는 것은 고전적 색채조화론의 기하학적 형식, 색채조화에 있어서의 면적과 미도 측정이다.

86 다음이 설명하는 배색방법은?

같은 톤을 이용하여 색상을 다르게 하는 배색기법을 말한다.

① 톤온톤(Tone on Tone) 배색
② 톤인톤(Tone in Tone) 배색
③ 카마이외(Camaieu) 배색
④ 트리콜로(Tricolore) 배색

해설
톤인톤 배색은 유사색상의 배색처럼 톤과 명도의 느낌은 그대로 유지하면서 색상을 다르게 배색하는 방법이다.

87 먼셀 색체계에서 7.5YR의 보색은?

① 7.5BG ② 7.5B
③ 2.5B ④ 2.5PB

해설
먼셀 색체계에서의 보색관계는 'R-BG / YR-B / Y-PB / GY-P / G-RP'이다.

88 한국산업표준(KS)에서 규정하고 있는 계통색명에 대한 설명으로 옳은 것은?

① 색이름 수식형은 빨간, 노란, 파란 등의 3종류로 제한한다.
② 필요시 2개의 수식형용사를 결합하거나 부사 '아주'를 수식형용사 앞에 붙여 사용할 수 있다.
③ 기본색이름 뒤에 색의 3속성에 따른 수식어를 이어 붙여 표현한다.
④ 유채색의 기본색이름은 빨강, 노랑, 녹색, 파랑, 보라 5색이다.

정답 83 ③ 84 ① 85 ④ 86 ② 87 ② 88 ②

해설
① 2개의 기본색이름을 조합하여 조합색이름을 구성하는데, 조합색이름 앞에 붙는 색이름을 색이름 수식형이라 하고, 수식어는 빨간(적), 노란(황), 초록빛(녹), 파란(청), 보랏빛, 자줏빛(자), 분홍빛, 갈, 흰, 회, 검은(흑) 등으로 표현할 수 있다.
③ 기본색이름이나 조합색이름 앞에 수식 형용사를 붙여 색채를 세분하여 표현할 수 있다.
④ 유채색의 기본색이름은 빨강(적), 주황, 노랑(황), 연두, 초록(녹), 청록, 파랑(청), 남색(남), 보라, 자주(자), 분홍, 갈색(갈)이다.
※ 물체색의 색이름(KS A 0011) 참고

89 다음 중 채도에 대한 설명이 틀린 것은?
① 톤을 말한다.
② 분광곡선으로 계산될 수 있다.
③ 최고 주파수와 최저 주파수의 차이 정도를 말한다.
④ 물리적인 측면에서 특정 주파수대의 빛에 대하여 반사 또는 흡수하는 정도를 말한다.

해설
톤은 색조를 이야기하며 명도와 채도의 복합기능을 말한다. 채도는 색의 맑고 탁한 정도를 나타낸다.

90 다음 중 JIS 표준색표에 관한 설명이 아닌 것은?
① 색채규격은 미국의 먼셀 표색계를 사용하고 있다.
② 색상은 40색상으로 분류되고 각 색상을 한 장으로 수록한 형식이다.
③ 1972년 스웨덴 색채연구소에서 개발한 색표이다.
④ 한 장의 등색상면은 명도와 채도별로 배열되어 있다.

해설
JIS 표준색표는 1964년 일본공업규격으로 개발된 것이다.

91 CIE LAB 색체계에 대한 설명으로 틀린 것은?
① a*와 b*값은 중앙에서 바깥으로 갈수록 채도가 감소한다.
② a*는 red – green, b*는 yellow – blue 축에 관계된다.
③ a*b*의 수치는 색도 좌표를 나타낸다.
④ L* = 50은 gray이다.

해설
a*와 b*값은 중앙에서 바깥으로 갈수록 채도가 높아진다.

92 슈브럴(M. E. Chevreul)의 색채조화론이 아닌 것은?
① 동시대비의 원리
② 도미넌트 컬러
③ 세퍼레이션 컬러
④ 오메가 공간

해설
슈브럴(M. E. Chevreul)의 색채조화론은 동시대비의 원리, 도미넌트 컬러 조화, 세퍼레이션 컬러 조화, 보색배색의 조화가 있다.

93 혼색계(Color Mixing System)에 대한 설명이 틀린 것은?
① 정량적 측정을 바탕으로 한 색체계이다.
② 시지각적으로 색표를 만들기 위한 색체계이다.
③ 물리적인 빛의 혼색실험을 기초로 한다.
④ CIE 색체계가 대표적이다.

해설
혼색계는 3개의 R, G, B 원자극의 가법혼색에 입각하여 물체색을 측색기로 측색하고 어느 파장 영역의 빛을 반사하는가에 따라 각 색의 특징을 표시하는 체계이다.

89 ① 90 ③ 91 ① 92 ④ 93 ② 정답

94 **오스트발트(W. Ostwald) 색체계의 특징이 아닌 것은?**

① 색체계가 대칭인 것은 '조화는 질서와 같다'는 전제에서 생겨났기 때문이다.
② 같은 계열을 이용하여 배색할 때 편리하다.
③ 혼합하는 색량의 비율에 의하여 만들어진 체계이다.
④ 지각적인 등보도성을 지니는 장점이 있다.

해설
지각적인 등보도성을 지닌 것은 먼셀 표색계이다.

95 **한국인과 백색에 관한 설명으로 옳은 것은?**

① 조작하지 않은 있는 그대로의 색이라는 의미이다.
② 소복으로만 입었다.
③ 위엄을 표하는 관료들의 복식 색이었다.
④ 유백, 난백, 회백 등은 전통개념의 백색에 포함되지 않는다.

해설
한국인에게 백색은 순백, 선백과 같이 다른 색과 혼색하지 않으면서도 희게 하거나 조작하지 않은 자연 그대로의 멋스러운 색채로서 깨끗함과 맑음, 티 없음을 상징한다.

96 **CIE 색도도에 대한 설명으로 틀린 것은?**

① 색도도 내의 두 점을 잇는 선 위에는 포화도에 의한 색 변화가 늘어서 있다.
② 색도도 바깥 둘레의 한 점과 중앙의 백색점을 잇는 선 위에는 포화도의 변화만으로 된 색 변화가 늘어서 있다.
③ 어떤 한 점의 색에 대한 보색은 중앙의 백색점을 연장한 색도도 바깥 둘레에 있다.
④ 색도도 내의 임의의 세 점을 잇는 삼각형 속에는 세 점의 혼합에 의한 모든 색이 들어 있다.

해설
색도도 내의 두 점을 잇는 선 위에는 혼합하여 생기는 색의 변화가 늘어서 있으며 포화도에 의한 색 변화는 색도도 바깥 둘레의 한 점과 중앙의 백색점을 잇는 선 위에 늘어서 있다.

97 **ISCC-NIST 색명법의 톤 기호의 약호와 풀이가 틀린 것은?**

① vp – very pale
② m – moderate
③ v – vivid
④ d – deep

해설
ISCC-NIST 색명법에서 deep은 dp로 표시된다.

98 **NCS 색체계 색 삼각형과 색상환에서 표시하고 있는 색에 대한 설명으로 옳은 것은?**

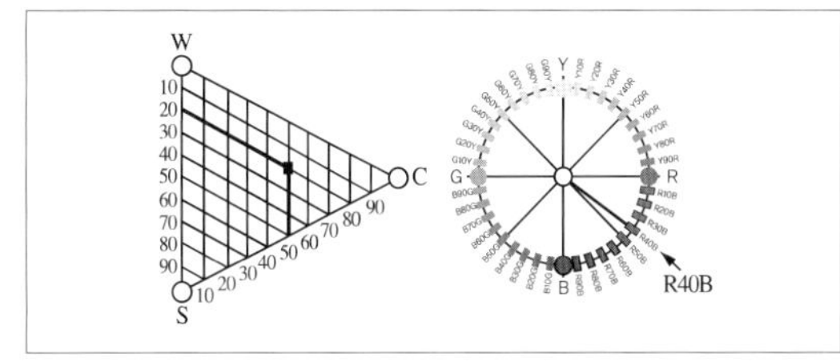

① 유채색도 50% 중 Blue는 40%의 비율이다.
② 흰색도는 20%의 비율이다.
③ 뉘앙스는 5020으로 표기한다.
④ 검은색도는 50%의 비율이다.

해설
NCS 색체계 색 삼각형과 색상환에서 표시하고 있는 색은 S2050-R40B이다. 2050은 뉘앙스를 의미하고, R40B는 색상을 의미한다. 20은 검은색도, 50은 유채색도, R40B는 R에 40만큼 B가 섞인 RB를 나타낸다.

정답 94 ④ 95 ① 96 ① 97 ④ 98 ①

99 CIE 표준 색체계의 설명으로 틀린 것은?

① XYZ 색체계가 대표가 된다.
② CIE는 R, G, B의 3원색을 기본으로 한다.
③ 감법원리와 관계가 깊다.
④ CIE Yxy 색도도 중심은 백색이다.

해설
CIE 표준 색체계는 가법원리와 관계가 깊다.

100 먼셀 색체계의 색상환에서 서로 마주보고 있는 색으로 배색했을 때 나타나는 효과는?

① 명도대비
② 채도대비
③ 보색대비
④ 색조대비

해설
보색대비는 보색관계에 있는 두 가지 색이 배색되었을 때 생기는 대비로, 서로의 영향으로 색상이 달라 보이는 현상이다. 보색이 되는 두 색은 본래의 색보다 채도가 높아지고 선명해진다.

99 ③ 100 ③ 정답

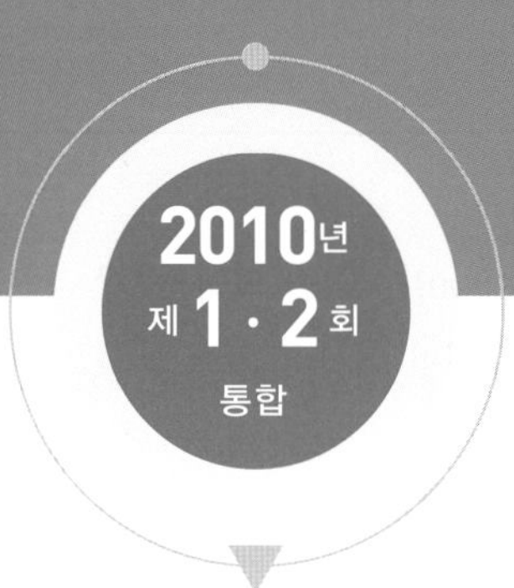

컬러리스트산업기사

과년도 기출문제

제1과목 색채심리

01 색채 마케팅 전략에 직접적으로 영향을 미치는 환경요인으로 가장 거리가 먼 것은?

① 경제적 환경
② 기술적 환경
③ 사회문화적 환경
④ 정치적 환경

해설
색채 마케팅 전략에 영향을 미치는 환경요인으로 인구통계적 환경, 기술적 환경, 사회문화적 환경, 경제적 환경, 자연적 환경이 있다.

02 색채와 연상언어의 연결이 틀린 것은?

① 빨강 – 위험, 사과, 에너지
② 검정 – 부정, 죽음, 연탄
③ 노랑 – 인내, 겸손, 창조
④ 흰색 – 결백, 백합, 소박

해설
인내, 겸손, 창조는 보라의 연상언어이다. 노랑의 연상언어는 유쾌함, 희망, 팽창 등이다.

03 의미척도법(SD ; Semantic Differential Method)의 설명으로 틀린 것은?

① 미국의 색채 전문가 파버 비렌(Faber Birren)이 고안하였다.
② 반대 의미를 갖는 형용사 쌍을 카테고리 척도에 의해 평가한다.
③ 제품, 색, 음향, 감촉 등 다양한 대상의 인상을 파악하는 방법으로 많이 사용되고 있다.
④ 의미공간을 효율적으로 정의하기 위해서는 그 공간을 대표하는 차원의 수를 최소로 결정할 필요가 있다.

해설
의미척도법(SD ; Semantic Differential Method)은 1959년 미국의 심리학자 오스굿(C. E. Osgoods)에 의해 고안된 색채 이미지에 관한 연구법이다.

04 대기시간이 긴 공항 대합실의 기능적 면을 고려할 때 가장 적합한 색은?

① 파란색 계열
② 노란색 계열
③ 주황 계열
④ 빨간색 계열

해설
파란색 계열의 색은 지루함을 줄일 수 있다.

05 색채연구가인 프랑스의 장 필립 랑클로(Jean Philippe Lenclos)가 프랑스와 일본 등에서 조사·분석하여 국가 전체의 아이덴티티를 구축한 연구는?

① 지역색 ② 공공의 색
③ 유행색 ④ 패션색

해설
지역색은 한 지역의 정체성을 대변하는 색채이고 특정 지역의 자연환경과 자연스럽게 어울리며 선호되는 색채로, 국가나 지방의 특성과 이미지를 부각시킨다.

정답 1 ④ 2 ③ 3 ① 4 ① 5 ①

06 **인체의 차크라(Chakra) 영역으로 심장부를 나타내며 사랑을 의미하는 색은?**

① 빨 강 ② 주 황
③ 초 록 ④ 보 라

해설
초록은 사랑, 평화, 고요함, 성실 등을 의미한다.

07 **동서양의 문화에 따른 색채 정보의 활용이 바르게 연결된 것은?**

① 동양 문화권에서 신성시되는 종교색 – 노랑
② 중국의 왕권을 대표하는 색 – 빨강
③ 봄과 생명의 탄생 – 파랑
④ 평화, 진실, 협동 – 초록

해설
중국의 왕권을 대표하는 색은 노랑이고, 봄과 생명의 탄생을 표현하는 색은 초록이다. 평화, 진실, 협동을 대표하는 색은 파랑이다.

08 **초록색의 일반적인 색채치료 효과로 가장 적합한 것은?**

① 불면증에 효과가 있다.
② 혈압을 높인다.
③ 근육긴장을 증대한다.
④ 무기력을 완화시킨다.

해설
초록색은 천식, 심장계 질환, 불면증 등의 개선에 효과가 있다.

09 **색채와 모양에 대한 공감각적 연구를 통해 색채와 모양의 조화로운 관계성을 추출한 사람은?**

① 요하네스 이텐 ② 뉴 턴
③ 카스텔 ④ 로버트 플러드

해설
색채와 모양의 추상적 관련성은 요하네스 이텐, 파버 비렌, 칸딘스키, 베버와 페히너에 의해 연구되었다. 이텐은 색채와 모양에 대한 공감각적 연구를 통해 색채와 모양의 조화로운 관계성을 추구하였다.

10 **청색의 민주화(Blue Civilization)는 어떤 의미인가?**

① 서구 문화권 국가의 성인 절반 이상이 청색을 매우 선호한다.
② 성인이 되면 색채선호도가 변화한다.
③ 성별 구분 없이 청색을 선호한다.
④ 지역적인 색채선호도의 차이가 있다.

해설
서구 문화권의 영향을 받은 대부분의 국가에서는 성인의 절반 이상이 청색을 가장 많이 선호한다. 청색은 국제적으로 가장 높은 선호도를 보이는 색으로, 이를 청색의 민주화라고 한다.

11 **몬드리안(Mondrian)의 '부기우기'라는 작품에서 드러난 대표적인 색채현상은?**

① 착 시
② 음성잔상
③ 항상성
④ 색채와 소리의 공감각

해설
몬드리안의 '브로드웨이 부기우기'라는 작품은 색채와 음악을 연결한 공감각의 특성을 이용해 브로드웨이의 다양한 소리와 역동적인 움직임을 표현했다.

12 **바닷가 도시, 분지에 위치한 도시의 주거공간의 외벽 색채계획 시 고려사항이 아닌 것은?**

① 기후적, 지리적 환경
② 건설사의 기업색채
③ 건축물의 형태와 기능
④ 주변 건물과 도로의 색

해설
주거공간의 색채를 계획할 때 고려할 사항은 '어느 지역에 위치하는가', '주변의 경관이나 조건들과 어떻게 조화를 이룰 것인가'이다. 건설사의 기업색채는 소비자에게 기업의 이미지를 전달하는 상징적인 색이기 때문에 주거공간 외벽 색채계획 시 고려해야 할 사항과는 거리가 멀다.

6 ③ 7 ① 8 ① 9 ① 10 ① 11 ④ 12 ② 정답

13 **한국의 전통적인 오방위와 색표시가 잘못된 것은?**

① 동쪽 – 청색
② 남쪽 – 황색
③ 북쪽 – 흑색
④ 서쪽 – 백색

해설
동쪽은 청색, 서쪽은 백색, 남쪽은 적색, 북쪽은 흑색, 중앙은 황색이다.

14 **파버 비렌(Faber Birren)의 색과 연상 형태가 틀린 것은?**

① 빨강 – 정사각형
② 노랑 – 역삼각형
③ 초록 – 원
④ 보라 – 타원

해설
파버 비렌의 색채와 형태

빨 강	정사각형	보 라	타원형
주 황	직사각형	갈 색	마름모
노 랑	역삼각형	흰 색	반원형
녹 색	육각형	회 색	모래시계형
파 랑	원	검 정	사다리꼴형

15 **색채조절을 통해 이루어지는 효과가 아닌 것은?**

① 신체의 피로, 특히 눈의 피로를 막는다.
② 안전이 유지되며 사고가 줄어든다.
③ 색채의 적용으로 주위가 산만해질 수 있다.
④ 정리정돈과 질서 있는 분위기가 연출된다.

해설
색채조절의 효과
- 기분이 좋아진다.
- 판단이 보다 빨라진다.
- 사고나 재해가 감소된다.
- 능률이 향상되어 생산력이 높아진다.
- 유지 및 관리가 경제적이면서 쉬워진다.

16 **일조량과 습도, 기후, 흙, 돌처럼 한 지역의 자연환경적 요소로 형성된 색을 의미하는 것은?**

① 등갈색 ② 풍토색
③ 문화색 ④ 선호색

해설
풍토색은 특정 지역의 기후와 토지의 색으로 기후와 습도, 바람, 태양빛, 흙의 색, 돌 등 지리적으로 서로 다른 환경적 특색을 지녀 지방의 풍토를 두드러지게 드러내는 특징색을 말한다.

17 **색채의 심리적 기능 중 맞는 것은?**

① 색채의 기능은 문자나 픽토그램 같은 표기 이상으로 직접 감각에 호소하기 때문에 효과가 빠르다.
② 색채는 인종과 언어, 시대를 초월하는 전달수단은 아니다.
③ 색채를 분류하거나 조사하고 기획하는 단계에서 무게감을 최우선으로 한다.
④ 무게에 가장 큰 영향을 주는 색의 속성은 채도이다.

해설
② 색채의 기능은 문자나 픽토그램 같은 표기 이상으로 직접 감각에 호소하기 때문에 효과가 빠르며 인종과 언어, 시대를 초월하는 전달수단이다.
③ 색채를 분류하거나 조사하고 기획하는 단계에서는 대상의 현황을 파악하고, 분석 대상의 이미지를 분석하여 콘셉트를 정해야 한다.
④ 무게감에 가장 큰 영향을 주는 색의 속성은 명도이다.

18 **표본의 크기에 대한 설명 중 틀린 것은?**

① 표본의 오차는 표본을 뽑게 되는 모집단의 크기에 따라 크게 달라진다.
② 표본의 사례수(크기)는 오차와 관련되어 있다.
③ 적정 표본 크기는 허용오차 범위에 의해 달라진다.
④ 전문성이 부족한 연구자들은 선행연구의 표본 크기를 고려하여 사례수를 결정한다.

정답 13 ② 14 ③ 15 ③ 16 ② 17 ① 18 ①

해설
모집단의 크기가 커지면 커질수록 오차가 커지는 정비례의 법칙은 성립되지 않는다. 그런데 표본의 크기는 오차와 관련되어 있으므로 동질성이나 유사성 등을 살펴보고 표준편차를 계산하여 중간점수를 결정한다.

19 비슷한 구조의 부엌 디자인을 차별화시킬 수 있는 방법으로 틀린 것은?

① 새로운 색채 팔레트의 제안
② 소비자 선호색의 반영
③ 다른 재료와 색채의 적용
④ 일반적인 색채에 의한 계획

해설
비슷한 구조의 부엌 디자인을 차별화시킬 수 있는 방법 중 하나는 소비자의 라이프스타일과 성향을 반영하여 색채와 재료를 변화시키는 방법이다. 이때 색채계획은 일반적인 색채로 진행하지 않고, 다양한 색채에 의한 계획을 세워야 한다.

20 백화점 출구에서 20대를 대상으로 하는 새로운 화장품 개발을 위한 조사를 하려고 할 때 가장 적합한 표본집단 선정법은?

① 무작위추출법
② 다단추출법
③ 국화추출법
④ 계통추출법

해설
표본집단 선정법
- 계통추출법 : 모집단에 있는 모든 추출 단위에 일련번호를 부여하고 이를 동일한 간격으로 나눈 다음, 첫 구간에서 무작위로 하나의 번호를 선정한 후 동일한 간격으로 계속해서 표본을 추출하는 방법
- 무작위추출법 : 각 표본에 일련번호를 부여하고 무작위로 추출하는 방법(임의추출 또는 랜덤 샘플링)
- 다단추출법 : 모집단 추출 시 1차로 표본을 추출하고 다시 그중에서 표본을 추출하면서 접근하는 방법
- 국화추출법 : 모집단을 소그룹으로 분할한 후 그룹별로 비율을 정해서 조사하는 방법

제2과목 색채디자인

21 디자인의 원리 중 반복된 형태나 구조, 선의 연속과 단절에 의한 간격의 변화로 일어나는 시각적 운동을 말하는 것은?

① 조 화　② 균 형
③ 율 동　④ 비 례

해설
율동은 공통 요소가 연속적으로 되풀이되는 억양의 톤, 즉 시각적인 무브먼트이다. 유사한 요소가 반복, 배열되어 가독성이 높아지면서 보는 사람에게 경쾌한 느낌을 준다.

22 일반적인 주거공간 색채계획의 목적에 적절하지 않은 것은?

① 거실 인테리어 소품은 악센트 컬러를 사용해도 좋다.
② 천장, 벽, 마루 등은 심리적인 자극이 적은 색채를 계획한다.
③ 전체적인 조화보다는 부분 부분의 색채를 계획하는 것이 중요하다.
④ 식탁 주변과 거실은 특수한 색채를 피하여 안정감을 주는 것이 좋다.

해설
주거공간 색채는 공간의 기능과 거주자의 취향 등을 고려하여 쾌적한 환경이 되도록 전체적으로 조화롭게 색채계획을 해야 한다.

23 게슈탈트(Gestalt) 형태심리 법칙으로 틀린 것은?

① 유사성　② 근접성
③ 폐쇄성　④ 독립성

해설
게슈탈트 형태지각의 4가지 법칙으로 근접성의 법칙, 유사성의 법칙, 연속성의 법칙, 폐쇄성의 법칙이 있다.

19 ④ 20 ④ 21 ③ 22 ③ 23 ④ 정답

24 생태학적 디자인 원리로 틀린 것은?

① 환경친화적인 디자인
② 리사이클링 디자인
③ 에너지 절약형 디자인
④ 생물학적 단일성을 강조하는 디자인

해설
생물학적 단일성을 강조하는 디자인은 오직 인간만을 중요시하는 사상이다. 이를 중시하면 환경 파괴나 이기적인 개발 등이 일어날 수 있기 때문에 생태학적인 디자인과는 거리가 있다.

25 환경색채 디자인의 프로세스 중 대상물이 위치한 지역의 이미지를 예측 설정하는 단계는?

① 환경요인 분석
② 색채 이미지 추출
③ 색채계획 목표 설정
④ 배색 설정

해설
환경색채 디자인의 프로세스 중 대상물이 위치한 지역의 이미지를 예측 설정하는 단계는 '색채 이미지 추출단계'이다. 주위 환경과 조화되고 여러 요소들이 질서를 가지는 색채를 추출하고 선택하는 것이 좋다.

26 색채계획 설계단계에 해당되는 것은?

① 콘셉트 이미지 작성
② 현장 적용색 검토, 승인
③ 체크리스트 작성
④ 대상의 형태, 재료 등 조건과 특성 파악

해설
색채계획 및 디자인 프로세스는 일반적으로 조사 및 기획 → 색채계획 및 설계 → 색채관리의 3단계로 분류할 수 있다. 두 번째 단계에 해당하는 '색채계획 및 설계단계'에서는 계획하고자 하는 구간의 조건이나 조명 조건, 주변과의 조화 등의 여부를 체크리스트를 작성하여 조사하고, 실물의 색견본을 수집하거나 배색안을 작성한다. 그리고 CG나 모형, 그래픽을 이용한 시뮬레이션을 실시하여 계획안을 결정한다.

27 디자인의 목적에 해당되지 않는 것은?

① 디자인은 보다 사용하기 쉽고, 편리하며, 아름다운 생활환경을 창조하는 조형행위이다.
② 디자인은 실용적이고 미적인 조형의 형태를 개발하는 것이다.
③ 디자인은 아름다움을 추구하기 위하여 즉시적이고 무의식적인 조형의 방법을 개발하고 연구하는 것이다.
④ 디자인은 특정 문제에 대한 목적을 마음에 두고, 이의 실천을 위하여 세우는 일련의 행위 개념이다.

해설
디자인은 인간 생활의 목적에 맞고 실용적이면서도 미적인 조형활동을 실현하고 창조해 가는 과정을 말한다. 그리고 국민생활에 기여하며, 수요의 창출과 산업경제의 활성화는 물론 생활문화의 창조 및 생산과 소비의 가치 부여뿐만 아니라 커뮤니케이션의 수단으로 사용되어 인간의 삶을 보다 풍요롭게 만드는 것에 목적이 있다.

28 디자인의 조건 중 경제성을 잘 나타낸 설명은?

① 저렴한 제품이 가장 좋은 제품이다.
② 최소의 비용으로 최대의 효과를 낼 수 있는 것이다.
③ 많은 시간을 들여 공들인 제품이 경제성이 뛰어나다.
④ 제품의 퀄리티(Quality)가 높으면서 사용 목적에 맞아야 한다.

해설
디자인의 4대 조건
- 경제성 : '한정된 최소의 비용과 노력으로 최대의 이익'을 발생시키기 위한 경제활동의 가장 기본이 되는 원칙이다.
- 합목적성 : '목적에 얼마나 적합한가?' 또는 '목적과 얼마나 일치하는가?'를 의미한다. 즉, 목적을 실현하는 데에 적합한 성질을 말한다.
- 심미성 : 맹목적인 미를 추구하는 것이 아니라 기능과 유기적으로 결합된 조형미나 내용미, 기능미, 색채 그리고 재질의 아름다움을 모두 고려한 미를 추구하는 것을 의미한다.
- 독창성 : 디자인에서 기능 및 미와는 구별되는 가장 중요한 조건 중 하나로 다른 말로는 창의성이라고 한다. 디자인의 가장 중요한 활동 중 하나가 창의, 즉 새로운 것을 만들어내는 것이기 때문에 현대 디자인의 근본은 독창성이라 말할 수 있다.

정답 24 ④ 25 ② 26 ③ 27 ③ 28 ②

29 **디자인 사조와 색채의 특징이 틀린 것은?**

① 큐비즘의 대표적인 작가인 파블로 피카소는 색상의 대비를 적극적으로 사용하였다.
② 플럭서스(Fluxus)에서는 회색조가 전반을 이루고 색이 있는 경우에는 어두운 색조가 주가 되었다.
③ 팝아트는 부드러운 색조의 그러데이션(Gradation)이 특징이다.
④ 다다이즘에서는 일반적으로 어둡고 칙칙한 색조가 사용되었다.

해설
팝아트(Pop Art)는 파퓰러 아트(Popular Art)의 약자이다. 1960년대 엘리트 문화에 반대한 유희적, 소비적 경향의 디자인으로, 뉴욕에서 일어난 순수주의 디자인을 거부하는 반모더니즘 디자인 경향이다. 팝아트는 낙관적인 분위기, 속도와 역동성, 개방과 비개성으로 특징지어지며, 간결하고 평면화된 색면과 화려하고 강한 대비의 원색을 사용하였다.

30 **디자이너가 가져야 하는 중요한 자질이며 창조적이고 과거의 양식을 그대로 모방하지 않고 시대에 알맞은 디자인을 뜻하는 디자인 조건은?**

① 경제성
② 심미성
③ 독창성
④ 합목적성

해설
독창성은 디자인에서 기능 및 미와는 구별되는 가장 중요한 조건 중 하나로 다른 말로는 창의성이라고 한다. 디자인의 가장 중요한 활동 중 하나가 창의, 즉 새로운 것을 만들어내는 것이기 때문에 현대 디자인의 근본은 독창성이라 말할 수 있다.

31 **디스플레이 디자인(Display Design)에 대한 설명 중 틀린 것은?**

① 물건을 공간에 배치, 구성, 연출하여 사람의 시선을 유도하는 강력한 이미지 표현이다.
② 디스플레이의 구성요소는 상품, 고객, 장소, 시간이다.
③ POP(Point of Purchase)는 비상업적 디스플레이에 활용된다.
④ 시각전달 수단으로서의 디스플레이는 사람, 물체, 환경을 상호 연결시킨다.

해설
디스플레이 디자인은 상업적 디스플레이와 비상업적 디스플레이로 분류할 수 있다. 상업적 디스플레이는 점포, 백화점, 쇼핑센터 등에 상품을 진열하여 판매 촉진을 목적으로 하는 것이고, 비상업적 디스플레이는 전시 디스플레이처럼 판매를 목적으로 하지 않고 문화적 사고 개발, 교육적, 사회적 정보 전달을 목적으로 하는 것이다. POP(Point of Purchase)는 매장을 찾아온 손님에게 즉석에서 호소하는 구매시점 광고로, 소매점 주위에 설치하는 일체의 광고나 포스터, 상품 설명 안내판, 가격표 등이 속한다. 그렇기 때문에 POP는 상업적 디스플레이에 활용된다.

32 **그림과 가장 관련이 있는 현대 디자인 사조는?**

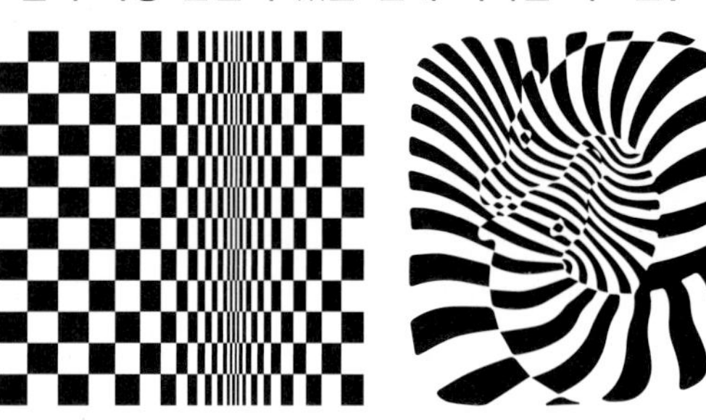

① 다다이즘　② 팝아트
③ 옵아트　④ 포스트모더니즘

해설
옵아트(Op Art)는 '시각적 미술'이란 뜻으로 1960년대의 상업주의나 상징성에 반동하여 미국에서 일어난 추상주의 미술운동이다. 색채의 시지각 원리에 근거를 두고 시각적 환영과 착시 등 심리적 효과를 적극적으로 활용하였다. 옵아트는 원근감, 진출감 또는 흑과 백의 단일 색조를 강조하기 위하여 전체적으로 어두운 색조를 강조하여 사용하였다.

정답 29 ③ 30 ③ 31 ③ 32 ③

33 렌더링에 의해 디자인을 검토한 후 상세한 디자인 도면을 그리고 그것에 따라 완성 제품과 똑같이 만드는 모형은?

① 목업(Mock-up)
② 러프 스케치(Rough Sketch)
③ 스탬핑(Stamping)
④ 엔지니어링(Engineering)

해설
목업(Mock-up)은 장치의 제작에 앞서 나무나 이와 비슷한 것으로 모형을 만드는 것이다. 실물 크기의 디테일한 외장 부분을 설계하는 단계이다.

34 타이포그래피(Typography)를 가장 잘 설명한 것은?

① 일러스트 형태로 이루어진 글자의 조형적 표현
② 광고에 나오는 그림의 조형적 표현
③ 글자에 의한 모든 커뮤니케이션의 조형적 표현
④ 조합에 의한 커뮤니케이션의 조형적 표현

해설
타이포그래피란 글자나 문자로 이루어진 모든 조형적 표현으로 캘리그래피와 서체, 자간, 굵기 등을 포괄한다.

35 주거공간의 색채계획 순서를 옳게 나열한 것은?

① 주거자 요구 및 시장성 파악 → 고객의 공감 획득 → 이미지 콘셉트 설정 → 색채 이미지 계획
② 고객의 공감 획득 → 주거자 요구 및 시장성 파악 → 이미지 콘셉트 설정 → 색채 이미지 계획
③ 주거자 요구 및 시장성 파악 → 이미지 콘셉트 설정 → 색채 이미지 계획 → 고객의 공감 획득
④ 이미지 콘셉트 설정 → 주거자 요구 및 시장성 파악 → 고객의 공감 획득 → 색채 이미지 계획

해설
주거공간 및 실내 디자인의 색채계획 순서는 주거자 요구 및 시장성 파악 → 이미지 콘셉트 설정 → 색채 이미지 계획 → 고객의 공감 획득이다.

36 다음에서 설명하는 아이디어 발상법은?

- 많은 양의 아이디어를 요구
- 비판을 하지 않음
- 이미 제출된 아이디어를 조합하여 활용하고 개선

① 심벌(Symbol) 유추법
② 브레인스토밍
③ 속성열거법
④ 고-스톱(Go-Stop)법

해설
브레인스토밍(Brainstorming)은 1941년 미국의 광고회사 부사장 알렉스 오스번(Alex. F. Osborn)에 의해 만들어진 것으로 구성원들의 자유발언을 통해 아이디어를 얻는 방법이다. 많은 아이디어를 얻을 수 있고, 비판을 하지 않으므로 자유분방하고 우수한 아이디어를 얻을 수 있다는 장점이 있다. 제시된 아이디어나 의견에 대해 평가해서는 안 되고, 사고를 구조화하려 하지 말고 자유롭게 해야 한다.

37 원래는 그림을 그리기 위해 스케치한 한 컷을 의미했지만 오늘날에는 만화적인 그림에 유머나 아이디어를 넣어 완성한 그림을 지칭하는 것은?

① 카툰(Cartoon)
② 캐릭터(Character)
③ 일러스트레이션(Illustration)
④ 애니메이션(Animation)

해설
카툰은 원래 완성된 그림을 위한 밑그림, 보조그림이라는 의미를 지니고 있지만, 경우에 따라서 그 자체로 하나의 독립적인 예술작품이 될 수 있다.

38 인류의 모든 가능성을 발휘하여 미래지향적인 새로운 개념의 자동차를 창조하려는 자세에서 나타난 디자인으로, 인류의 끝없는 꿈을 자동차 디자인을 통해 실현하고자 하는 디자인은?

① 반 디자인(Anti-design)
② 모던 디자인(Modern Design)
③ 어드밴스 디자인(Advanced Design)
④ 바이오 디자인(Bio Design)

정답 33 ① 34 ③ 35 ③ 36 ② 37 ① 38 ③

해설
어드밴스 디자인(Advanced Design)은 선행 디자인이라고도 하며, 미래지향적인 새로운 개념의 자동차를 창조하려는 자세에서 나타난 디자인이다.

39 모던 디자인의 특징으로 옳은 것은?

① 유기적 곡선 형태를 추구한다.
② 영국의 미술공예운동에 기초를 둔다.
③ 사물의 형태는 그 역할과 기능에 따른다.
④ 1880년부터 1차 세계대전까지의 디자인 사조이다.

해설
모던 디자인은 부드러움이나 장식성을 배제하여 차갑고 간결한 미를 추구하며, 현대적이고 도시적인 감각이 돋보인다. 근대에 전개된 기능주의적인 디자인 경향을 지니고 있으며, 제2차 세계대전 후의 디자인 경향을 말한다.

40 기능에 충실한 형태가 아름답다는 의미로 "형태는 기능을 따른다."라는 말을 한 사람은?

① 프랭크 로이드 라이트(Frank Lloyd Wright)
② 루이스 설리번(Louis Sullivan)
③ 빅터 파파넥(Victor Papanek)
④ 윌리엄 모리스(William Morris)

해설
미국 건축의 개척자인 루이스 설리번(Louis Sullivan)은 "형태는 기능을 따른다."라고 주장하며 디자인의 목적 자체가 합리적으로 설명되어야 하며, 기능적 형태야말로 가장 아름답다고 하였다.

제3과목 색채관리

41 물체색을 가장 정확하게 측정할 수 있는 장비는?

① 색차계(Colorimeter)
② 분광광도계(Spectrophotometer)
③ 분광복사계(Spectroradiometer)
④ 표준광원(Standard Illuminant)

해설
분광광도계는 모노크로미터(단색화 장치)를 이용해 분광된 단색광을 시료 용액에 투과시켜 투과된 시료광의 흡수 또는 반사된 빛의 양의 강도를 광검출기로 검출하는 장치이다. 고정밀도 측정이 가능하여 주로 연구 분야에 많이 사용된다.

42 다음 중 컬러 인덱스(Color Index)에 대한 설명으로 옳은 것은?

① 안료 회사에서 원산지를 표기한 데이터베이스
② 화학구조에 따라 염료와 안료로 구분하고 응용방법, 견뢰도(Fastness) 데이터, 제조업체명, 제품명을 기록한 데이터베이스
③ 안료를 판매할 가격에 따라 분류한 데이터베이스
④ 안료를 생산한 국적에 따라 분류한 데이터베이스

해설
컬러 인덱스(Color Index) : 색료의 호환성과 통용성을 확보하기 위한 색료 표시기준으로, 색료를 사용방법에 따라 분류하고 색료에 고유의 번호를 표시하는 것이다. 약 9,000개 이상의 염료와 약 600개 이상의 안료가 수록되어 있다. 컬러 인덱스에서 제공하는 정보는 색료의 생산 회사, 색료의 화학적 구조, 색료의 활용방법, 염료와 안료의 활용방법, 견뢰성 등이다.

43 백색도에 대한 설명으로 틀린 것은?

① 백색도는 물체의 흰 정도를 나타낸다.
② 완전한 반사체의 경우 그 값이 100이다.
③ 밝기를 측정하기 위한 수치이다.
④ 표준광 D_{65}에서의 표면색에 의해 정의되고 있다.

39 ③ 40 ② 41 ② 42 ② 43 ③ 정답

해설
백색도는 표면색의 흰 정도를 1차원적으로 나타내는 수치이다.

44 흑체에 대한 설명으로 틀린 것은?

① 흑체란 외부의 에너지를 모두 반사하는 이론적인 물체이다.
② 반사가 전혀 일어나지 않으므로 이를 상징하여 흑체라고 한다.
③ 흑체가 에너지를 흡수하면 물체는 뜨거워진다.
④ 흑체는 비교적 저온에서는 붉은색을 띤다.

해설
흑체는 반사가 전혀 이루어지지 않고 오직 에너지만 흡수한다. 흑체의 온도가 오르면 '붉은색 – 오렌지색 – 노란색 – 흰색 – 파란색' 순으로 변한다.

45 다음의 컬러 인덱스 구조에 대한 설명으로 옳은 것은?

C.I. Vat Blue 14, C.I. 69810
↑ ↑
ⓐ ⓑ

① ⓐ : 색료 사용 용도에 따른 분류
ⓑ : 화학적인 구조가 주어지는 물질번호
② ⓐ : 색료 사용 용도에 따른 분류
ⓑ : 제조사 등록번호
③ ⓐ : 색역에 따른 분류
ⓑ : 판매업체 분류번호
④ ⓐ : 착색의 견뢰성에 따른 분류
ⓑ : 광원에서의 색채 현시 분류번호

해설
컬러 인덱스는 컬러 인덱스 분류명(Color Index Generic Name ; C.I. Generic Name)과 합성염료나 안료를 화학구조별로 종속과 색상으로 분류한 컬러 인덱스 번호(Color Index Number ; C.I. Number)로 표시한다.

46 사진, 그림 등의 이미지나 인쇄물 등에서 밝은 부분과 어두운 부분의 중간 계조 회색 부분으로 적당한 크기와 농도의 작은 점들로 명암의 미묘한 변화가 만들어지는 표현방법은?

① 영상 처리(Image Processing)
② 컬러 매칭(Color Matching)
③ 캘리브레이션(Calibration)
④ 하프톤(Halftone)

해설
하프톤(Halftone)은 그림이나 사진 등에서 화면의 밝기가 중간 정도인 색조를 말한다.

47 색채 측정기의 종류를 크게 두 가지로 나눈다면 어떤 것이 있는가?

① 필터식 색채계와 망점식 색채계
② 분광식 색채계와 렌즈식 색채계
③ 필터식 색채계와 분광식 색채계
④ 음이온 색채계와 분사식 색채계

해설
색채 측정기
- 필터식 색채계는 인간의 눈에 대응하는 분광 감도와 거의 비슷한 감도를 가진 3가지 센서(X, Y, Z)에서 시료를 직접 측정하는 3자극치 수광방식이다. 구성요소가 비교적 간단하며 저렴한 장비들로 현장에서 색채를 관리하기 쉬운 휴대용 이동용 측색계이다.
- 분광식 색채계는 단색화 장치를 이용해 분광된 단색광을 시료 용액에 투과시켜서 투과된 시료광의 흡수 또는 반사된 빛의 양의 강도를 광검출기로 검출하는 장치이다.

48 자외선에 의해 황변현상이 가장 심한 섬유소재는?

① 면 ② 마
③ 레이온 ④ 견

해설
견은 실크라고도 하며, 누에고치로부터 얻는 것이다. 누에고치의 종류에 따라 가정에서 생산하는 가잠견과 야생 누에고치에서 얻는 야잠견이 있다. 견은 자외선에 의해 황변현상이 가장 심한 섬유소재이다.

정답 44 ① 45 ① 46 ④ 47 ③ 48 ④

49 **조명방식 중 광원의 90% 이상을 천장이나 벽에 부딪혀 확산된 반사광으로 비추는 방식으로 눈부심이 없고 조도분포가 균일한 형태의 조명 형태는?**

① 직접조명
② 간접조명
③ 반직접조명
④ 반간접조명

해설
간접조명은 90% 이상 빛을 벽이나 천장에 투사하여 조명하는 방식이다. 효율은 떨어지지만 바닥을 고르게 비출 수 있으며 빛이 물체에 가려도 그림자가 생기지 않는다. 빛이 부드럽고 눈부심이 적어서 온화하고 차분한 느낌을 준다.

50 **HSB 디지털 색채 시스템에 관한 설명으로 틀린 것은?**

① H 모드는 색상으로 0°에서 360°까지의 각도로 이루어져 있다.
② B 모드는 밝기로 0%에서 100%로 구성되어 있다.
③ S 모드는 채도로 0°에서 360°까지의 각도로 이루어져 있다.
④ B값이 100%일 경우 반드시 흰색이 아니라 고순도의 원색일 수도 있다.

해설
HSB 디지털 색채 시스템은 먼셀의 색채 개념인 색상, 명도, 채도를 중심으로 선택하도록 되어 있다. H는 0~360°의 각도로 색상을 표현하였고, S는 채도로 0%(회색)에서 100%(완전한 색상)로 되어 있다. B는 밝기로 0~100%로 구성되어 있다.

51 **태양광 아래에서 가장 반사율이 높은 경우의 무명천은?**

① 천연 무명천에 전혀 처리를 하지 않은 무명천
② 화학적 탈색처리한 무명천
③ 화학적 탈색처리 후 푸른색 염료로 약간 염색한 무명천
④ 화학적 탈색처리 후 형광성 표백제로 처리한 무명천

해설
형광성 표백제는 자외선 부근에 흡수대를 가지고 자청-자색계의 형광을 발하기 때문에 태양광 아래에서 가장 반사율이 높다.

52 **매우 미량의 색료만 첨가되어도 색소효과가 뛰어나야 하며, 특히 유독성이 없어야 하는 색소는?**

① 형광색소 ② 금속색소
③ 섬유색소 ④ 식용색소

해설
식용색소는 식품, 의약품, 화장품의 착색에 사용되는 염료로 독성이 없어야 한다. 법률에 의해 사용할 수 있는 염료가 정해져 있다.

53 **CIE LAB 좌표로 L* = 65, a* = 30, b* = −20으로 측정된 색채에 대한 설명으로 틀린 것은?**

① L*값이 높은 편이므로 비교적 밝은색이다.
② a*값이 양(+)의 값을 갖고 있으므로 빨강이 많이 포함된 색이다.
③ b*값이 음(−)의 값을 갖고 있으므로 파랑이 많이 포함된 색이다.
④ (a*, b*) 좌표가 원점과 가까우므로 채도가 높은 색이다.

해설
L*은 명도를 나타내고, 수치가 0에 가까울수록 저명도의 어두운색을 의미하고, 100에 가까울수록 고명도의 밝은색을 말한다. a*, b*는 색상과 채도를 표현한다. a*가 +일 경우에는 빨강이 많이 포함된 색이고, −일 경우에는 초록이 많이 포함된 색이다. b*는 +일 경우에는 노랑, −일 경우에는 파랑이 많이 포함된 색이다. 그리고 (a*, b*) 좌표가 원점과 가까울수록 채도가 낮다.

54 **모든 분야에서 물체색의 색채 3속성을 가장 일반적으로 나타내는 데 사용되는 표색계는?**

① L*a*b* 표색계
② Hunter Lab 표색계
③ (x, y) 색도계
④ XYZ 표색계

49 ② 50 ③ 51 ④ 52 ④ 53 ④ 54 ① 정답

해설
L*a*b* 표색계는 산업분야에서 널리 사용되는 색공간으로 주로 색차를 구하기 위해 사용된다. 지각적으로 균등한 간격을 가진 색공간 표색방법으로 색채를 설계하며 관리할 수 있다. 명도가 단계별로 되어 있어 감각적인 배열이 가능하고, 3속성을 3차원의 좌표에 배열하여 색감각을 확인하는 데 용이하다.

55 디지털 카메라, 스캐너와 같은 입력장치가 사용하는 기본색은?

① 빨강(R), 파랑(B), 옐로(Y)
② 마젠타(M), 옐로(Y), 녹색(G)
③ 빨강(R), 녹색(G), 파랑(B)
④ 마젠타(M), 옐로(Y), 사이안(C)

해설
가법혼색은 빛의 혼합으로, 빛의 3원색인 빨강(R), 녹색(G), 파랑(B)을 혼합하기 때문에 섞을수록 밝아진다. 가법혼색은 컬러 모니터, 빔 프로젝터, 무대 조명 등 빛의 예술 등에 사용되며 디지털 카메라, 스캐너와 같은 입력장치에 사용되기도 한다.

56 연색지수에 대한 설명으로 틀린 것은?

① 연색지수는 기준광과 시험광원을 비교하여 색온도를 재현하는 정도를 나타내는 지수이다.
② 연색지수는 인공광원이 얼마나 기준광과 비슷하게 물체의 색을 보여 주는가를 나타낸다.
③ 연색지수 100에 가까울수록 연색성이 좋으며 자연광에 가깝다.
④ 연색지수를 산출하는 데 기준이 되는 광원은 시험광원에 따라 다르다.

해설
연색지수는 색 재현을 표시하는 지수이다. 광원에 의해서 조명된 물체색의 느낌이 특정 광원에 의해 조명된 경우(시험광원)와 기준이 되는 광원에 의해 조명된 경우(기준광)를 비교하여 색감이 어느 정도 유사한가를 나타내는 것이다. 즉, 시험광원이 얼마나 기준광과 비슷하게 물체의 색을 보여 주는가를 나타내는 지수이다.

57 최초의 합성염료로서 아닐린 설페이트를 산화시켜서 얻어내며 보라색 염료로 쓰이는 것은?

① 산화철 ② 모베인(모브)
③ 산화망가니즈 ④ 옥소크로뮴

해설
최초의 합성염료이며 보라색을 지닌 모베인(모브)은 1856년 영국의 W. H. 퍼킨에 의해 개발되었다.

58 PNG 파일 포맷에 대한 설명으로 옳은 것은?

① 압축률은 떨어지지만 전송속도가 빠르고 이미지의 손상은 작으며 간단한 애니메이션 효과를 낼 수 있다.
② 알파채널, 트루컬러 지원, 비손실 압축을 사용하여 이미지 변형 없이 웹상에 그대로 표현이 가능하다.
③ 매킨토시의 표준파일 포맷방식으로 비트맵, 벡터 이미지를 동시에 다룰 수 있다.
④ 1,600만 색상을 표시할 수 있고 손실압축 방식으로 파일의 크기가 작기 때문에 웹에서 널리 사용된다.

해설
PNG 파일 포맷은 웹디자인에서 많이 사용되며 포맷 대체용으로 개발되었다. 알파채널에서 향상된 기능을 제공하고, 트루컬러를 지원하며, 비손실 압축을 사용하여 이미지 변형 없이 원래 이미지를 웹에서 그대로 표현 가능한 저장방식이다.

59 육안검색에 의한 색채 판별조건에 대한 설명으로 옳은 것은?

① 관찰자와 대상물의 각도는 30°로 한다.
② 비교하는 색은 인접하여 배열하고 동일 평면으로 배열되도록 배치한다.
③ 관측조도는 300lx 이상으로 한다.
④ 대상물의 색상과 비슷한 색상을 바탕면색으로 하여 관측한다.

정답 55 ③ 56 ① 57 ② 58 ② 59 ②

해설
육안검색 시 관찰자와 대상물의 각도는 45°, 측정광원의 조도는 1,000lx가 적합하다. 관측면 바닥의 검색대는 무채색 N5이고 주위 환경은 N7일 때 정확한 검색이 가능하다.

60 디지털 컴퓨터 시스템에 의한 색채의 혼합 중 가법혼색에 의한 채널의 값(R, G, B)이 옳은 것은?

① 사이안(255, 255, 0)
② 마젠타(255, 0, 255)
③ 노랑(0, 255, 255)
④ 초록(0, 0, 255)

해설
빛의 3원색의 혼색
- 빨강(Red) + 초록(Green) + 파랑(Blue) = 하양(White)
- 빨강(Red) + 초록(Green) = 노랑(Yellow)
- 초록(Green) + 파랑(Blue) = 사이안(Cyan)
- 파랑(Blue) + 빨강(Red) = 마젠타(Magenta)

제4과목 색채지각의 이해

61 보색관계인 두 색을 인접시켰을 때 서로의 영향으로 본래의 색보다 강조되며 상승효과를 가져오는 특성은?

① 명 도 ② 채 도
③ 조 도 ④ 미 도

해설
보색대비는 보색관계에 있는 두 가지 색이 배색되었을 때 서로의 영향으로 색상이 달라 보이는 현상이다. 보색이 되는 두 색은 서로 영향을 받아 본래의 색보다 채도가 높아지고 선명해진다.

62 컬러 프린트에 사용되는 잉크 중 감법혼색의 원색이 아닌 것은?

① 검 정 ② 마젠타
③ 사이안 ④ 노 랑

해설
색료의 3원색의 혼색
- 사이안(Cyan) + 마젠타(Magenta) + 노랑(Yellow) = 검정(Black)
- 사이안(Cyan) + 마젠타(Magenta) = 파랑(Blue)
- 마젠타(Magenta) + 노랑(Yellow) = 빨강(Red)
- 노랑(Yellow) + 사이안(Cyan) = 초록(Green)

63 잔상에 대한 설명으로 틀린 것은?

① 잔상이 원래의 감각과 같은 질의 밝기나 색상을 가질 때, 이를 양성잔상이라 한다.
② 잔상이 원래의 감각과 반대의 밝기 또는 색상을 가질 때, 이를 음성잔상이라 한다.
③ 물체색에 있어서의 잔상은 거의 원래 색상과 보색관계에 있는 보색잔상으로 나타난다.
④ 음성잔상은 동화현상과 관련이 있다.

해설
망막이 강한 자극을 받게 되면 시세포의 흥분이 중추에 전해져서 색감각이 생기는데, 일단 자극으로 색각이 생기면 자극을 제거한 후에도 상이 나타난다. 이것을 색의 잔상이라고 한다. 양성잔상(정의 잔상)은 원래 감각과 같은 정도의 밝기나 색상을 띤 잔상이다. 음성잔상보다 오래 지속되며, TV 또는 영화에서 주로 볼 수 있다. 음성잔상(부의 잔상)은 원래 감각과 반대되는 밝기나 색상을 띤 잔상이다. 음성잔상은 대부분이 원래 색상과의 보색관계로 나타나는 심리보색이다.

64 선물을 포장하려 할 때, 부피가 크게 보이려면 어떤 색의 포장지가 가장 적합한가?

① 고채도의 보라색
② 고명도의 청록색
③ 고채도의 노란색
④ 저채도의 빨간색

해설
부피가 크게 보이려면 팽창되어 보여야 한다. 팽창색은 팽창되어 크기가 실제보다 크게 보이는 색을 말하며 난색, 고명도, 고채도, 유채색 등이 있다.

60 ② 61 ② 62 ① 63 ④ 64 ③ 정답

65 색료혼합의 보색관계에 대한 설명으로 옳은 것은?

① 혼합하였을 때, 유채색이 되는 두 색
② 혼합하였을 때, 무채색이 되는 두 색
③ 혼합하였을 때, 청(淸)색이 되는 두 색
④ 혼합하였을 때, 명(明)색이 되는 두 색

해설
두 가지 색을 혼합하였을 때 무채색이 되는 색을 보색관계에 있다고 한다.

66 망막상에서 상의 초점이 맺히는 부분은?

① 중심와 ② 맹 점
③ 시신경 ④ 광수용기

해설
망막은 빛에너지가 전기화학적 에너지로 변환되는 곳이다. 망막의 가장 중심부에 작은 굴곡을 이루며 위치한 중심와는 시세포가 밀집되어 있어 가장 선명한 상이 맺히는 부분이다.

67 비눗방울 등의 표면에 있는 색으로, 보는 각도에 따라 다르게 보이는 것은 빛의 어떤 원리를 이용한 것인가?

① 간 섭 ② 반 사
③ 굴 절 ④ 흡 수

해설
빛의 간섭은 빛의 파동이 잠시 둘로 나누어진 후 다시 결합되는 현상으로, 빛이 합쳐지는 동일점에서 빛의 진동이 중복되어 강하게 되거나 약하게 나타나는 현상이다. 비눗방울의 색이 무지개 색으로 빛나고, 은비늘이 보는 각도에 따라 색이 빛나 보이는 것은 막의 표면에서 반사한 빛이 서로 간섭하여 색을 만들기 때문이다.

68 심리적으로 가장 큰 흥분감을 유도하는 색에 대한 설명으로 옳은 것은?

① 단파장의 영역에 속한다.
② 자외선의 영역에 속한다.
③ 장파장의 영역에 속한다.
④ 적외선의 영역에 속한다.

해설
장파장은 가시광선 영역에서 붉은빛을 내는 약 590~780nm 영역대의 파장이다. 붉은색 계열은 교감신경을 자극하여 생리적인 촉진작용을 일으켜 흥분색이라 불린다.

69 장파장 계열의 빛을 방출하여 레스토랑 인테리어에 활용하기 적당한 광원은?

① 백열등 ② 나트륨램프
③ 형광등 ④ 태양광선

해설
백열등은 장파장의 붉은색을 띠며 전류가 필라멘트를 가열하여 빛이 방출되는 열광원이다. 백열전구 아래에서의 난색 계열은 보다 생생히 보이고, 장파장의 빛이 주로 방출되어 따뜻한 느낌을 준다.

70 어떤 두 색이 서로 가까이 있을 때 그 경계의 부분에서 강한 색채대비가 일어나는 현상은?

① 계시대비 ② 보색대비
③ 착시대비 ④ 연변대비

해설
연변대비는 색과 색이 접해 있는 경계면의 대비가 가장 활발하게 일어나는 현상이다. 두 색이 서로 접해 있는 부분이 경계로부터 멀리 떨어져 있는 부분보다 색의 3속성별 대비의 현상이 더욱 강하게 일어난다. 이 효과를 마하밴드(Mach Band)라고도 한다.

71 색상대비에 대한 설명이 옳은 것은?

① 빨강 위의 주황색은 노란색에 가까워 보인다.
② 색상대비가 일어나면 배경색의 유사색으로 보인다.
③ 어두운 부분의 경계는 더 어둡게, 밝은 부분의 경계는 더 밝게 보인다.
④ 검은색 위의 노랑은 명도가 더 높아 보인다.

해설
색상대비는 서로 다른 두 색을 인접시켜 놓은 경우 서로의 영향으로 인해서 색상차가 크게 나는 것이다. 이는 빨강, 노랑, 녹색, 파랑 등의 1차색끼리 조합되었을 경우 뚜렷하게 나타나며 2차색, 3차색이 될수록 대비효과는 떨어진다.

정답 65 ② 66 ① 67 ① 68 ③ 69 ① 70 ④ 71 ①

72 빛의 이론에 대한 설명으로 옳은 것은?

① 전자기파설 – 빛의 파동을 전하는 매질로서 에터(에테르)의 물질을 가상적으로 생각하는 학설이다.
② 파동설 – 영국의 물리학자 맥스웰이 제창한 학설이다.
③ 입자설 – 빛은 원자 차원에서 광자라는 입자의 성격을 가진 에너지의 알맹이이다.
④ 광양자설 – 빛은 연속적으로 파동하고, 공간에 퍼지는 것이 아니라 광전자로서 불연속적으로 진행한다.

해설
빛의 이론
- 전자기파설 : 맥스웰은 빛은 전자기파의 일종으로 전자기파의 존재를 이론적으로 유도하여 그 속도가 빛의 속도와 일치한다는 사실을 발견하였다.
- 파동설 : 17세기 하위헌스(호이겐스)에 의해 기초가 처음 잡혔고, 19세기 들어와서 토마스 영과 프레넬에 의해 파동설이 확립되었다. 빛은 특정한 매질을 통해 전파되는 파동이라고 주장하였다.
- 입자설 : 뉴턴은 빛은 입자의 흐름이라 주장하였는데, 빛의 성질인 직진, 반사, 굴절 등은 설명할 수 있었으나 파동의 대표적인 성질인 간섭과 회절은 설명하지 못했다.
- 광양자설 : 아인슈타인은 빛은 광전자의 불연속성 흐름이며 빛은 일정한 에너지를 갖도록 양자로 되어 있다고 주장하였다.

73 색의 속성 중 색의 온도감을 좌우하는 것은?

① Value ② Hue
③ Chroma ④ Saturation

해설
색의 속성
- 색상(Hue)은 광파장의 차이에 따라 변하는 색채의 위치로서 색을 감각으로 구별하는 색의 속성 또는 명칭을 말하고, 온도감을 좌우한다.
- 명도(Value)는 밝고 어두운 정도를 말한다.
- 채도(Chroma, Saturation)는 순도를 의미한다. 즉, 색의 선명함, 흐리고 탁한 정도를 나타낸다.

74 면색(Film Color)을 설명하고 있는 것은?

① 순수하게 색만 있는 느낌을 주는 색
② 어느 정도의 용적을 차지하는 투명체의 색
③ 흡수한 빛을 모아 두었다가 천천히 가시광선 영역으로 나타나는 색
④ 나비의 날개, 금속의 마찰면에서 보이는 색

해설
면색은 평면색, 개구색이라고도 하며, 색자극 외에 질감, 반사, 그림자의 영향을 받지 않고 거리감이 불확실하며 입체감이 없는 색을 말한다. 미적으로 본다면 부드럽고 쾌감이 있는 색이다. 거리감이나 물체감 또는 입체감은 거의 지각되지 않아서 어떤 사물의 상태와는 거의 무관하므로 순수색의 감각을 가능케 한다.

75 카메라의 렌즈에 해당하는 것으로 빛을 망막에 정확하고 깨끗하게 초점을 맺도록 자동적으로 조절하는 역할을 하는 것은?

① 모양체 ② 홍 채
③ 수정체 ④ 각 막

해설
수정체는 빛을 굴절시킴으로써 망막에 선명하고 정확한 상이 맺히도록 한다.

76 둘러싸고 있는 색이 주위의 색에 닮아 보이는 것은?

① 색지각
② 매스효과
③ 색각항상
④ 동화효과

해설
동화효과
두 색이 맞붙어 있을 때 그 경계 주변에서 색상, 명도, 채도대비 현상이 보다 강하게 일어나는데, 색들끼리 영향을 주어서 둘러싸고 있는 인접색에 가깝게 느껴지는 현상을 말한다.

72 ④ 73 ② 74 ① 75 ③ 76 ④ 정답

77 **빛이 밝아지면 명도대비가 더욱 강하게 느껴지는 시지각적 효과는?**

① 애브니(Abney) 효과
② 베너리(Benery) 효과
③ 스티븐스(Stevens) 효과
④ 리프만(Liebmann) 효과

해설
- 애브니 효과 : 색자극의 순도가 변하면 색상이 다르게 보이는 현상이다.
- 베너리 효과 : 흰색 배경에서 검정 십자형의 안쪽에 회색 삼각형을 배치하면 그 회색이 보다 밝게 보이고, 십자형의 바깥쪽에 배치하면 더 어둡게 보이는 현상이다.
- 스티븐스 효과 : 백색 조명광 아래에서 흰색, 회색, 검은색의 무채색 샘플을 관찰할 때 조명광의 조도를 점점 증가시키면 흰색 샘플은 더 하얗게, 검은색 샘플은 보다 검게 지각되는 것이다. 한편 회색 샘플의 지각에는 거의 변화가 없는 현상을 말한다.
- 리프만 효과 : 색상 차이가 커도 명도가 비슷하다면 두 색의 경계가 모호해져 명시성이 떨어져 보이는 현상이다.

78 **푸르킨예 현상을 바르게 설명한 것은?**

① 직물을 색조 디자인할 때 직조 시 하나의 색만을 변화시키거나 더함으로써 전체 색조를 조절할 수 있는 것
② 하얀 바탕종이에 빨간색 원을 놓고 얼마간 보다가 하얀 바탕종이를 빨간 종이로 바꾸어 놓았을 때 빨간색이 검은색으로 보이는 현상
③ 색상환의 기본색인 빨강, 노랑, 녹색, 파랑 등의 색이 조합되었을 때 그 대비가 뚜렷이 나타나는 것
④ 암순응되기 전에는 빨간색 꽃이 잘 보이다가 암순응이 되면 파란색 꽃이 더 잘 보이게 되는 것으로 광자극에 따라 활동하는 시각기제가 바뀌는 것

해설
푸르킨예 현상은 체코의 생리학자인 푸르킨예가 발견한 것으로, 명소시에서 암소시로 갑자기 이동할 때 빨간색은 어둡게, 파란색은 밝게 보이는 현상이다. 이는 추상체가 반응하지 않고 간상체가 반응하면서 생기는 현상이다.

79 **물리적 혼합이 아닌 눈의 망막에서 일어나는 착시적 혼합은?**

① 가산혼합 ② 감산혼합
③ 중간혼합 ④ 디지털혼합

해설
중간혼합은 가법혼색의 일종으로 색이 실제로 섞이는 것이 아니라, 착시현상으로 인하여 혼합된 것처럼 보이는 심리적인 혼색이다.

80 **견본을 보고 벽 도색을 위한 색채를 선정할 때, 고려해야 할 대비현상과 결과는?**

① 면적대비 효과 – 면적이 커지면 명도와 채도가 견본보다 낮아진다.
② 면적대비 효과 – 면적이 커지면 명도와 채도가 견본보다 높아진다.
③ 채도대비 효과 – 면적이 커져도 견본과 동일하다.
④ 면적대비 효과 – 면적이 커져도 견본과 동일하다.

해설
면적대비는 양적대비라고도 하며 차지하고 있는 면적에 따라 색이 다르게 보이는 현상을 말한다. 같은 색이라도 면적이 큰 경우에 더욱 밝고, 선명하게 보인다.

제5과목 색채체계의 이해

81 **먼셀 색체계의 색상에 관한 설명으로 틀린 것은?**

① R, Y, G, B, P의 기본색을 등간격으로 배치한 후 중간색을 넣어 10개의 색상을 만들었다.
② 10색상의 사이를 각각 10등분하여 100색상을 만들었다.
③ 각 색상은 1에서 10까지의 숫자를 붙였다.
④ 색상의 기본색은 10이 된다.

해설
먼셀 색체계의 색상은 지각적 등보간격을 2.5단계로 나누었으며 기본색상을 적(R), 황(Y), 녹(G), 청(B), 자(P)의 5원색으로 하였다.

정답 77 ③ 78 ④ 79 ③ 80 ② 81 ④

82 색이름에 대한 설명으로 틀린 것은?

① 생활환경과 색명의 발달은 밀접한 관계가 있다.
② 같은 색이라도 문화에 따라 다른 색명으로 부르기도 한다.
③ 문화의 발달 정도와 색명의 발달은 비례한다.
④ 일정한 규칙을 정해 색을 표현하는 것은 관용색명이다.

해설
관용색명(고유색명)은 옛날부터 관습적으로 전해 내려오면서 광물, 동물, 식물, 지명, 인명 등의 이름으로 사용하는 색이다. 색감의 연상이 즉각적인 편이다.

83 회전혼색 원판에 의한 혼색을 표현하며 모든 색을 B + W + C = 100이라는 혼합비를 통해 체계화한 색체계는?

① 먼셀 색체계
② 비렌 색체계
③ 오스트발트 색체계
④ PCCS 색체계

해설
오스트발트 색체계는 B(완전흡수), W(완전반사), C(특정 파장의 빛만 반사)의 혼합하는 색량의 비율에 의해서 만들어진 색체계로 같은 계열의 배색을 찾을 때 몹시 편리하다. 혼합비를 흑색량(B) + 백색량(W) + 순색량(C) = 100%로 하며, 어떠한 색이라도 혼합량의 합은 항상 일정하다고 하였다.

84 먼셀 색체계는 H V/C로 표시한다. 다음 중 V에 대한 설명으로 옳은 것은?

① CIE L*u*v*에서 L*로 표현될 수 있다.
② CIE L*c*h에서 c*로 표현될 수 있다.
③ CIE L*a*b*에서 a*b*로 표현될 수 있다.
④ CIE Yxy에서 y로 표현될 수 있다.

해설
먼셀 색체계 H V/C에서는 H는 색상(Hue), V는 명도(Value), C는 채도(Chroma)를 의미한다. CIE L*u*v*에서 L*은 명도를 의미한다.

85 다음 중 DIN 색체계의 표기방법은?

① S3010-R90B
② 13 : 5 : 3
③ 10ie
④ 16 : gB

해설
DIN 색체계는 1955년 오스트발트를 기본으로 산업발전과 통일된 규격을 위하여 독일의 표준기관인 DIN에서 도입한 색체계이다. 오스트발트 표색계와 마찬가지로 24색으로 구성되어 있고 색상을 주파장으로 정의한다. 표기는 13 : 5 : 3와 같이 하는데, 13은 색상, 5는 포화도, 3은 암도를 나타낸다.

86 색채가 가지고 있는 이미지가 전달하려는 심리를 바탕으로 감성을 구분하는 기준이며, 단색 혹은 배색의 심리적 감성을 언어로 분류한 것은?

① 이미지 스케일
② 이미지 매핑
③ 컬러 팔레트
④ 세그먼트 맵

해설
이미지 스케일은 색채가 가지고 있는 이미지가 전달하고자 하는 심리를 바탕으로 감성을 구분하는 기준을 만든 객관적인 통계이다. 디자인 등에 총체적인 의미를 부여한 시스템이며 감각과 과학을 결합시킨 방법이다.

87 L*c*h 색공간에서 색상각 90°에 해당하는 색은?

① 빨 강
② 노 랑
③ 초 록
④ 파 랑

해설
CIE L*c*h에서 L*은 명도, c*는 채도, h는 색상의 각도를 의미한다. 원기둥형 좌표를 이용해 표시하는데 색상은 h = 0°(빨강), h = 90°(노랑), h = 180°(초록), h = 270°(파랑)으로 표시된다.

82 ④ 83 ③ 84 ① 85 ② 86 ① 87 ② 정답

88 NCS 색체계의 표기방법인 S4030-B20G에 대한 설명으로 옳은 것은?

① 40%의 하얀색도
② 30%의 검은색도
③ 20%의 초록을 함유한 파란색
④ 20%의 파랑을 함유한 초록색

해설
S4030-B20G에서 4030은 뉘앙스를 의미하고, B20G는 색상을 의미한다. B20G는 B에 20%만큼 G가 섞인 BG를 나타낸다.

89 오스트발트 색체계의 색상환에서 기본색이 아닌 것은?

① Yellow ② Ultramarine Blue
③ Green ④ Purple

해설
오스트발트 색상환은 헤링의 반대색설을 기본으로 한 Yellow, Red, Ultramarine Blue, Sea Green의 4원색을 중심으로 Orange, Purple, Turquoise, Leaf Green을 중간색으로 배열하여 8개의 색상으로 구성하였다. 그리고 이 8가지 색을 3등분하여 총 24색상으로 구성하였다.

90 한국산업표준 KS A 0011의 유채색의 수식 형용사와 대응 영어의 연결이 잘못된 것은?

① 선명한 – vivid
② 진한 – deep
③ 탁한 – dull
④ 연한 – light

해설
유채색의 수식 형용사(KS A 0011)

수식 형용사	대응 영어	수식 형용사	대응 영어
선명한	vivid	연(한)	pale
흐 린	soft	밝 은	light
탁 한	dull	어두운	dark
진(한)	deep		

91 문-스펜서의 색채조화론에서 조화의 배색이 아닌 것은?

① 동일조화
② 다색조화
③ 유사조화
④ 대비조화

해설
문-스펜서의 색채조화론에서 조화는 미적 가치를 가지는 것이라 하였고, 부조화는 미적 가치가 없는 것으로 규정하였다. 조화를 이루는 배색은 동일조화, 유사조화, 대비조화의 3가지로 인접한 두 색 사이에 3속성에 의한 차이가 애매하지 않으며 쾌감을 주는 것이라고 하였다. 부조화는 제1부조화, 제2부조화, 눈부심으로 구분하였다.

92 ISCC-NIST 색명법에 있으나, KS 계통색명에 없는 수식 형용사는?

① vivid
② pale
③ deep
④ brilliant

해설
ISCC-NIST 색명법

톤 기호	약 호	톤 기호	약 호
very pale	vp	very deep	vdp
pale	p	dark	d
very light	vl	very dark	vd
light	l	moderate	m
brilliant	bt	light grayish	lgy
strong	s	grayish	gy
vivid	v	dark grayish	dgy
deep	dp	blackish	bk

정답 88 ③ 89 ③ 90 ④ 91 ② 92 ④

93 한국의 전통색명에 대한 설명으로 옳은 것은?

① 지황색(芝黃色) – 종이의 백색
② 휴색(烋色) – 옻으로 물들인 색
③ 감색(紺色) – 아주 연한 붉은색
④ 치색(緇色) – 비둘기의 깃털색

해설
① 지황색(芝黃色)은 누런 황색, 영지(버섯)의 색을 말한다.
③ 감색(紺色)은 쪽남으로 짙게 물들여 검은빛을 띤 어두운 남색이다.
④ 치색(緇色)은 스님의 옷 색이다.

94 색에 대한 의사소통이 간편하도록 계통색이름을 표준화한 색체계는?

① Munsell System ② NCS
③ ISCC-NIST ④ CIE XYZ

해설
ISCC-NIST는 1939년 전미국색채협의회(ISCC)와 미국국가표준(NIST)에 의해 제정된 색명법이다. 감성 전달의 정확성이 높고, 의사소통이 간편하도록 색이름을 표준화한 것으로, 세계 여러 나라의 계통색명 기준이 되고 한국산업규격의 색이름도 이를 토대로 하고 있다.

95 밝은 베이지 블라우스와 어두운 브라운 바지를 입은 경우는 어떤 배색이라고 볼 수 있는가?

① 반대색상 배색
② 톤온톤 배색
③ 톤인톤 배색
④ 세퍼레이션 배색

해설
- 반대색상 배색 : 화려하고 자극이 강해 동적이며 생생한 느낌의 액티브 웨어에 많이 활용된다.
- 톤온톤 배색 : 톤을 겹치게 한다는 의미다. 동일 색상으로 두 가지 톤의 명도차를 비교적 크게 잡은 배색이다.
- 톤인톤 배색 : 유사색상의 배색처럼 톤과 명도의 느낌을 그대로 유지하면서 색상을 다르게 배색하는 방법이다. 톤은 같지만 색상이 다른 배색이다.
- 세퍼레이션 배색 : 색을 분리시켜 배색하는 것이다. 색의 대비가 심하거나 비슷하여 애매한 인상을 줄 때 세퍼레이션 배색을 사용하면 명쾌한 느낌을 줄 수 있다.

96 일본 색채연구소가 1964년에 색채교육을 목적으로 개발한 색체계는?

① PCCS 색체계
② 먼셀 색체계
③ CIE 색체계
④ NCS 색체계

해설
PCCS 색체계 : 1964년 일본 색채연구소에서 색채조화를 주요 목적으로 개발한 것이다. 톤 분류법에 의해서 색이름을 붙이면 색채를 쉽게 기억할 수 있으며 일상적인 감각과 어울려 이미지 반영이 용이하다.

97 혼색계에 대한 설명으로 틀린 것은?

① 환경을 임의로 설정하여 정확한 측정을 할 수 있다.
② 수치로 표기되어 변색, 탈색 등 물리적 영향이 없다.
③ CIE의 L*a*b*, CIE의 L*u*v*, CIE의 XYZ, Hunter Lab 등의 체계가 있다.
④ 측색기 등의 측정 기계를 필요로 하지 않는다.

해설
혼색계는 R, G, B 원자극의 가법혼색에 의하여 물체색을 측색기로 측색하고 어느 파장 영역의 빛을 반사하는가에 따라서 각 색의 특징을 표시하는 체계이다.

98 집중력을 요구하며, 밝고 쾌적한 연구실 공간을 위한 주조색으로 가장 적합한 색은?

① 2.5YR 5/2
② 5B 8/1
③ N5
④ 7.5G 4/8

해설
파란색은 집중력 증대, 호흡수와 혈압 안정, 심신의 안정을 취해야 할 때 사용되는 색이다. 그렇기 때문에 집중력을 요구하며, 밝고 쾌적한 환경을 만들기 위해서는 파란색인 5B 8/1이 주조색으로 가장 적합하다.

정답 93 ② 94 ③ 95 ② 96 ① 97 ④ 98 ②

99 색의 속성을 표현하기 위한 다양한 용어들 중에서 '명암'과 관계된 용어로 옳은 것은?

① Hue, Value, Chroma

② Value, Neutral, Gray Scale

③ Hue, Value, Gray Scale

④ Value, Neutral, Chroma

해설

- Value는 물체의 색이나 빛의 색이 지니는 밝기의 정도, 즉 명도를 말한다.
- 먼셀은 명도단계를 11단계로 구분하여 흰색을 10, 검정을 0으로 하였다. 그런데 완전한 흰색과 검정은 존재하지 않기 때문에 실제로 지각되는 명도는 1.5~9.5 사이이다. 명도는 무채색을 나타내는 Neutral에 숫자를 붙여 N1, N2, N3…와 같이 표시한다.
- Gray Scale은 흰색에서 검은색 사이의 회색의 점진적인 단계 범위이다. 즉, 명도차의 척도라고 할 수 있다.

100 PCCS 색체계의 기본 색상수는?

① 8색 ② 12색

③ 24색 ④ 36색

해설

PCCS 색체계는 헤링의 4원색설을 바탕으로 빨강, 노랑, 초록, 파랑 4색상을 기본색으로 하였다. 사용 색상은 24색, 명도는 17단계, 채도는 9단계로 구분된다.

정답 99 ② 100 ③

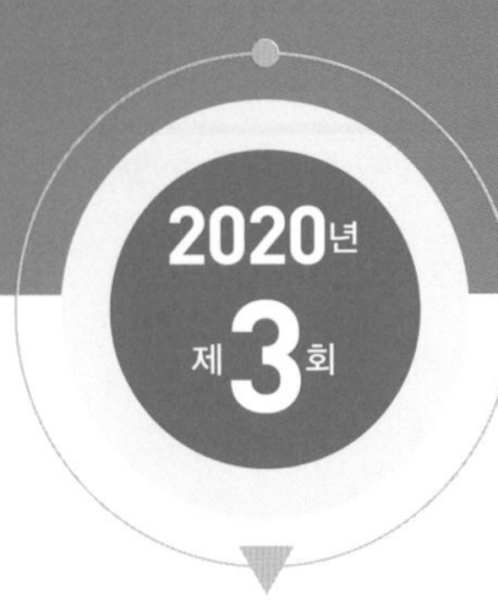

컬러리스트산업기사

과년도 기출문제

제1과목 색채심리

01 사회문화정보로서 색이 활용된 예로 프로야구단의 상징색은 다음 중 어떤 역할에 가장 크게 기여하였는가?

① 국제적 표준색의 기능
② 사용자의 편의성
③ 유대감의 형성과 감정의 고조
④ 차별적인 연상효과

해설
색은 제품 정보, 기능 정보, 사회・문화 정보로의 역할, 언어적 기능, 국제언어로서의 기능 등을 한다. 프로야구단을 상징하는 것은 유대감 형성과 감정 고조의 역할을 한다.

02 색채조절에 대한 내용으로 적합하지 않은 것은?

① 색채의 심리적 효과에 활용된다.
② 색채의 생리적 효과에 활용된다.
③ 개인적인 선호에 의해 건물, 설비, 집기 등에 색을 사용한다.
④ 안전하고 효율적인 작업환경과 쾌적한 생활환경의 조성을 목적으로 한다.

해설
③ 개인적인 선호가 아닌 기능적인 측면을 활용한 것이다.
색채조절이란 색채의 기능을 활용하며, 색을 단순히 개인적인 기호에 의해 사용하는 것이 아니라 색이 가지고 있는 심리적, 생리적, 물리적 성질을 근거로 과학적으로 색을 선택하는 객관적인 방법이다.

03 지역과 일반적인 지역색의 연결이 틀린 것은?

① 베니스는 태양광선이 많은 곳으로 밝고 다채로운 색채의 건물이 많다.
② 토론토는 호숫가의 도시이므로 고명도의 건물이 많다.
③ 도쿄는 차분하고 정적인 무채색의 건물이 많다.
④ 뉴욕의 마천루는 고명도의 가벼운 색채 건물이 많다.

해설
마천루란 과밀한 도시에서 토지의 고도 이용이라는 뜻이며, 사무실용의 고층 건물들을 말한다. 이러한 고층 건물들의 색은 고명도의 가벼운 색채가 아닌 콘크리트와 회색 빛의 중명도, 저채도의 색들이 많다.

04 색채와 자연환경과의 관계에 대한 설명으로 틀린 것은?

① 지역색은 한 지역의 정체성을 대변하는 색채로 볼 수 있다.
② 지역성을 중시하여 소재와 색채를 장식적인 것으로 한다.
③ 특정 지역의 기후, 풍토에 맞는 자연소재가 사용되어야 한다.
④ 기온과 일조량의 차이에 따라 톤의 이미지가 변하므로 나라마다 선호하는 색이 다르다.

해설
지역성을 중시하는 것에 소재와 색채는 크게 관련이 없다. 소재와 색채는 신분 및 계급의 상징에 사용된다고 볼 수 있다.

1 ③ 2 ③ 3 ④ 4 ② 정답

05 색채와 다른 감각과의 교류현상은?

① 색채의 공감각
② 색채의 항상성
③ 색채의 연상
④ 시각적 언어

해설
색채의 공감각이란 색채의 특성이 다른 감각으로 표현되는 것으로 동시에 다른 감각을 느끼는 것을 의미한다.

06 문화의 발달 순서로 볼 때 가장 늦게 형성된 색명은?

① 흰 색 ② 파 랑
③ 주 황 ④ 초 록

해설
베를린(Brent Berlin)과 카이(Paul Kay)가 연구한 기본색명의 진화과정에 따르면 문화권마다 사용하는 색채의 언어는 다르다. 그리고 색이름의 종류는 문화가 발달할수록 세분화되고 풍부해진다. 색명의 발달 순서는 흰색 → 초록 → 파랑 → 주황 순이다.

07 모든 색채 중에서 촉진작용이 가장 활발하여 시감도와 명시도가 높아 기억이 잘되는 색채는?

① 파 랑 ② 노 랑
③ 빨 강 ④ 초 록

해설
명시성은 '물체의 색이 얼마나 잘 보이는가?'를 나타내는 정도이다. 명시성이 가장 높은 색은 노랑이다.

08 색채의 연상과 관련한 설명으로 틀린 것은?

① 연상은 개인적인 경험, 기억, 사상, 의견 등이 색으로 투영되는 것이다.
② 원색보다는 연한 톤이 될수록 부드럽고 순수한 이미지를 갖는다.
③ 제품의 색 선정 시 정착된 연상으로 특징적 의미를 고려하면 좋다.
④ 무채색은 구체적 연상이 나타나기 쉽다.

해설
색의 연상은 색채 자극으로 생기는 감정의 일종으로 경험과 연령에 따라 변하며 특정 색을 보았을 때 떠올리는 느낌을 말한다. 무채색은 색조가 없는 색으로, 구체적인 연상을 위해서는 유채색을 활용한다.

09 색채계획 시 면적대비 효과를 가장 최우선으로 고려해야 하는 경우는?

① 전통놀이마당 광고 포스터
② 가전제품 중 냉장고
③ 여성의 수영복
④ 올림픽 스타디움 외관

해설
①, ②, ③은 제작물의 크기나 차지하는 비율이 크지 않다. 반면 올림픽 스타디움 외관은 굉장히 크고 면적이 넓기 때문에 색채계획을 잘못한다면 주변 환경에 많은 영향을 미칠 수 있어 색채계획 시 면적대비 효과를 가장 고려해야 한다.

10 색채정보를 수집하기 위한 일반적인 방법이 아닌 것은?

① 패널조사법
② 실험연구법
③ 조사연구법
④ DM 발송법

해설
색채조사를 수집하기 위해서는 다수의 정보가 필요하기 때문에 개개인에게 DM을 발송하여 수집하는 것은 일반적인 방법이 아니다.
① 패널조사법 : 종단적 조사방법의 하나로 동일한 조사대상(패널)으로부터 복수의 시점에서 정보를 얻는 조사법을 말한다. 신제품의 출시 전에 실시하는 것이 효과적이다.
② 실험연구법 : 비교를 통해 정확한 정보를 얻고자 할 때 사용하는 방법으로, 실험집단과 통계집단의 비교를 통해서 측정하는 방법이다.
③ 조사연구법 : 마케팅 조사 중 가장 널리 이용되는 방법으로 일반 소비자들의 제품 구매 및 이용 상황에 대한 정보를 수집하고 분석하는 방법이다.

정답 5 ① 6 ③ 7 ② 8 ④ 9 ④ 10 ④

11 **우리나라 국기인 태극기에 색채의 의미와 상징이 아닌 것은?**

① 빨강 – 존귀와 양
② 파랑 – 희망과 음
③ 흰색 – 평화와 순수
④ 검정 – 방위

해설
태극기에 사용된 검은색은 건, 곤, 감, 리로 나뉘는데 건, 곤은 우리나라의 국운이 천지와 함께한다는 뜻이고 감, 리는 우리나라가 해와 달과 같이 빛나라는 광명의 뜻을 담고 있다. 즉, 평화, 지혜, 생명력 등을 상징한다.

12 **노랑이 장애물이나 위험물의 경고에 많이 사용되는 이유가 아닌 것은?**

① 국제적으로 쉽게 이해된다.
② 명시도가 높다.
③ 사용자의 편의성을 높인다.
④ 메시지 전달이 용이하다.

해설
노랑은 명시도가 높아 검정 바탕에 노란색을 활용하여 안전색채로 사용된다. 또한 국제적으로 쉽게 이해되며 메시지 전달에 용이하다.

13 **회사 간의 경쟁으로 인해 가격, 광고, 유치경쟁이 치열하게 일어나는 제품 수명주기단계는?**

① 도입기 ② 성장기
③ 성숙기 ④ 쇠퇴기

해설
제품의 수명주기는 '도입기 → 성장기 → 성숙기 → 쇠퇴기'이다. 도입기는 제품이 출시되는 시기, 성장기는 매출이 급성장하는 시기, 성숙기는 시장 성장이 한계에 도달하는 시기, 쇠퇴기는 매출이 감소하는 시기이다. 회사 간의 경쟁으로 인해 가격, 광고, 유치경쟁이 치열하게 일어나는 단계는 이미 비슷한 타사의 제품들이 많은 상태이며, 시장이 한계치에 도달한 것으로 성숙기로 볼 수 있다.

14 **각 지역의 색채기호에 관한 내용 중 옳은 것은?**

① 중국에서는 청색이 행운과 행복, 존엄을 의미한다.
② 이슬람교도들은 초록을 종교적인 색채로 좋아한다.
③ 아프리카 토착민들은 강렬한 난색만을 좋아한다.
④ 북유럽에서는 난색계의 연한 색상을 좋아한다.

해설
① 중국에서는 붉은색이 행운과 행복, 존엄을 의미하며, 청색과 흑색은 불행의 뜻으로 생각한다.
③ 아프리카 토착민들은 강렬한 난색보다 강한 햇볕과 모래바람으로부터 보호하기 위해 검은색에 대한 선호도가 높다.
④ 북유럽은 북방 인종에 속하고, 피부가 희고 금발인 북극계 인종이 많기 때문에 한색을 선호한다.

15 **마케팅 개념의 변천단계로 옳은 것은?**

① 제품지향 → 생산지향 → 판매지향 → 소비자지향 → 사회지향
② 제품지향 → 판매지향 → 생산지향 → 소비자지향 → 사회지향
③ 생산지향 → 제품지향 → 판매지향 → 소비자지향 → 사회지향
④ 판매지향 → 생산지향 → 제품지향 → 소비자지향 → 사회지향

해설
마케팅이란 제품이나 서비스를 많이 그리고 효율적으로 판매하기 위해 소비자의 심리를 분석하거나 판촉활동을 펼치는 일련의 활동이다. 전통적인 고전 마케팅은 기업의 이윤추구, 대량판매 등을 목적으로 했지만 현대의 마케팅은 소비자(구매자) 중심의 시장, 품질 서비스 중시, 기업의 윤리적인 측면 도입 등 사회지향적으로 변화하였다.

11 ④ 12 ③ 13 ③ 14 ② 15 ③ 정답

16 다음 ( )에 해당하는 적합한 색채는?

> A대학 미식축구팀 B코치는 홈게임은 한 번도 져 본 적이 없다. 그의 성공에 대해 그는 홈팀과 방문팀의 라커룸 컬러 덕분이라고 주장했다. A대학팀의 라커룸은 청색이고, 방문팀의 라커룸은 ( )으로, ( )은 육체적 힘을 약화시키는 결과를 가져오며, 신체와 뇌의 내부에서 노르에피네프린(Norepinephrine)을 분비한다. 이 호르몬은 공격적 행동을 유발하는 특정 호르몬을 억제시키는 화학물질이므로, B코치의 컬러 작전은 상대편 선수들의 공격성과 힘을 약화시키는 결과를 가져왔다.

① 분홍색
② 파란색
③ 초록색
④ 연두색

해설
분홍색은 육체적 힘을 약화시키는 결과를 가져오며, 신체와 뇌의 내부에서 노르에피네프린(Norepinephrine)을 분비하게 한다. 노르에피네프린은 기본적으로 교감신경계를 자극하므로 이것이 분비되면 집중력이 증가하며, 공격적 행동을 유발하는 특정 호르몬을 억제시키는 기능이 있다. 1950년대 미국에서 교도소 내부와 취조실에 분홍색 인테리어를 한 결과 재소자들의 성격이 부드러워지고 사고 발생률도 낮아졌다.

17 문화와 국기의 상징 색채로 올바르게 짝지어진 것은?

① 일본 – 주황색
② 중국 – 노란색
③ 네덜란드 – 파란색
④ 영국 – 군청색

해설
민족과 국기의 색채로 인지되는 색채이자 국제언어로 인지되는 상징 색채로는 영국 – 군청색, 네덜란드 – 주황색, 일본 – 빨간색, 프랑스 – 파란색 등이 있다.

18 마케팅의 구성요소 중 4C 개념으로 알맞지 않은 것은?

① 색채(Color)
② 소비자(Consumer)
③ 편의성(Convenience)
④ 의사소통(Communication)

해설
4C는 고객 또는 고객가치(Customer Value), 고객이 쓰는 비용(Customer Cost), 고객 편리성(Convenience), 고객과의 대화(Communication)이다.

19 색과 형태의 연구에서 원을 의미하는 설명으로 옳은 것은?

① 우리나라 방위의 표시로 남쪽을 상징하는 색이다.
② 4, 5세의 여자아이들이 선호하는 색채이다.
③ 충동적인 감정을 일으키는 색채이다.
④ 이상, 진리, 젊음, 냉정 등의 연상언어를 가진다.

해설
색과 형태에서 원은 파랑을 나타낸다. 파랑은 차가움, 바다, 냉정, 진리, 이성, 젊음 등을 나타내는 색이다.
① 우리나라 방위의 표시로 남쪽을 상징하는 색은 빨강이다.
② 4, 5세의 여자아이들이 선호하는 색채는 분홍색이다.
③ 충동적인 감정을 일으키는 색채는 난색 계열인 빨강이다.

20 색채와 신체기능의 치료에 대한 설명이 틀린 것은?

① 류머티즘은 노란색을 통하여 효과를 볼 수 있다.
② 파란색은 호흡수를 감소시켜 주며 근육긴장을 이완시켜 준다.
③ 파란색은 진정효과가 있다.
④ 노란색은 스트레스를 완화시켜 준다.

해설
노란색은 명도와 채도가 강하고, 명시성이 높아 오히려 눈에 자극을 주며, 스트레스를 강화시킨다. 스트레스를 완화시키는 색은 자연친화적인 초록이다.

정답 16 ① 17 ④ 18 ① 19 ④ 20 ④

제2과목 색채디자인

21 인간의 시지각 원리에 근거를 둔 추상적, 기계적인 형태의 반복과 연속 등을 통한 시각적 환영, 지각 그리고 색채의 물리적 및 심리적 효과와 관련된 디자인 사조는?

① 미니멀 아트(Minimal Art)
② 팝아트(Pop Art)
③ 옵아트(Op Art)
④ 포스트모더니즘(Postmodernism)

해설
옵아트(Op Art)는 '시각적 미술'이란 뜻으로 1960년대의 상업주의, 상징성에 반동하여 미국에서 일어난 추상주의 미술운동이다. 색채의 시지각 원리로 환영, 착시 등 심리적 효과를 적극적으로 활용하였다.

22 디자인 편집의 레이아웃(Layout)에 대한 설명 중 틀린 것은?

① 사진과 그림이 문자보다 강조되어야 한다.
② 시각적 소재를 효과적으로 구성, 배치하는 것이다.
③ 전체적으로 통일과 조화를 고려해야 한다.
④ 가독성이 있어야 한다.

해설
레이아웃(Layout)이란 신문, 잡지, 서적 등 출판물의 지면을 시각적으로 구성하는 것 또는 그 시각적 표현기술을 말한다. 사진, 활자, 일러스트레이션 등을 시각적으로 보기 좋게 배치하며 출판물을 조형적으로 꾸미는 그래픽 디자인의 일종이다. 가독성이 있어야 하며 그림, 글자, 사진 등이 서로 통일과 조화가 이루어져야 한다.

23 아르누보 양식에서 가장 독창적이고 화려한 장식을 사용한 스페인의 건축가는?

① 미스 반데어로에(Mies van der Rohe)
② 안토니 가우디(Antoni Gaudi)
③ 루이스 칸(Louis Isadore Kahn)
④ 프랭크 로이드 라이트(Frank Lloyd Wright)

해설
아르누보란 1900년대 전후 프랑스 파리를 중심으로 일어났던 '신예술운동'을 말한다. 아르누보 양식에서 독창적이고 화려한 장식을 사용한 스페인의 건축가로 사그라다 파밀리아 성당을 건축한 안토니오 가우디(Antoni Gaudi)가 있다.

24 제품 디자인 과정이 바르게 나열된 것은?

① 계획 → 조사 → 종합 → 분석 → 평가
② 조사 → 계획 → 분석 → 종합 → 평가
③ 계획 → 조사 → 분석 → 평가 → 종합
④ 계획 → 조사 → 분석 → 종합 → 평가

해설
제품 디자인의 과정은 일반적으로 계획 → 조사 → 분석 → 종합 → 평가의 순으로 이루어진다. 하지만 디자인의 분야와 규모, 환경 등에 따라 순서나 방법이 달라지기도 한다.

25 디자인 역사에 대한 설명 중 옳은 것은?

① 구석기 시대에는 대개 주술적 또는 종교적 목적의 디자인이라 아름다움과 실용성을 더욱 강조했다.
② 18세기 영국에서 일어난 산업혁명은 예술혁명이자 공예혁명인 동시에 디자인혁명이었다.
③ 중세 말 아시아에서 도시경제가 번영하게 되자 자연과 인간에 대한 사고방식이 바뀌었는데, 이를 고전문예의 부흥이라는 의미에서 르네상스라 불렀다.
④ 크리스트교를 중심으로 한 중세 유럽문화는 인간성에 대한 이해나 개성의 창조력은 뒤떨어졌다.

해설
④ 중세시대에는 기독교 중심의 세계관을 바탕으로 사실적인 재현을 배제하였고 인간성에 대한 이해나 개성의 창조력은 뒤떨어졌다.
① 구석기 시대에는 주로 종교적이고 주술적인 목적으로 번식과 풍요를 기원하는 의미를 담은 예술품을 남겼다.
② 18세기에 영국에서 일어난 산업혁명은 대량생산과 분업화에 따른 생산방식이다. 예술혁명이자 공예혁명은 미술공예운동을 말한다.
③ 르네상스 시대에는 인간성의 회복과 자연주의적 세계관이 다시 부활하였다. 색채가 풍부해지면서 사실적 명암법인 스푸마토 기법이 주로 사용되었다.

정답 21 ③ 22 ① 23 ② 24 ④ 25 ④

26 **우수한 미적 기준을 표준화하여 대량생산하고 질을 향상시켜 디자인의 근대화를 추구한 사조는?**

① 미술공예운동
② 아르누보
③ 독일공작연맹
④ 다다이즘

해설
1907년 헤르만 무테지우스가 주축이 되어 결성한 독일공작연맹은 사물의 형태는 그 역할과 기능에 따른다는 기본 이념 아래 예술가를 비롯하여 디자이너나 상업, 공업에 종사하는 다양한 직업군의 사람들이 모여 이루어진 디자인 진흥단체이다. 제품의 질을 높이면서도 규격화와 표준화를 실현하여 대량생산 체제에 한 발짝 다가설 수 있게 하였다.

27 **지나치게 활동적이고 산만한 어린이를 보다 침착한 성격으로 고쳐주고자 할 때 중심이 되는 색상으로 적합한 것은?**

① 파 랑 ② 빨 강
③ 갈 색 ④ 검 정

해설
파랑은 색채치료의 효과로서 근육의 긴장 감소, 냉정, 침착, 진정효과가 있다.

28 **디자인의 조건 중 시대와 유행에 따라 다르며 국가와 민족, 사회, 개성과 관련된 것은?**

① 합목적성 ② 경제성
③ 심미성 ④ 질서성

해설
심미성은 사회나 문화에 따라 평가가 달라지며 시대성, 사회성, 민족성과 관련되어 주관적인 개성을 나타낸다.

29 **감성 디자인 적용 예시로 가장 적절하지 않은 것은?**

① 원목을 전자기기에 적용한 스피커 디자인
② 1인 여성가구의 취향을 고려한 핑크색 세탁기
③ 사용한 현수막을 재활용하여 만든 숄더백 디자인
④ 시간에 따라 낮과 밤을 이미지로 보여 주는 손목시계

해설
③은 리디자인이다.
감성 디자인 : 인간의 감성을 정량적으로 측정하여 평가하고 공학적으로 분석하여 이것을 제품 개발이나 환경 설계에 적용함으로써 더욱 쾌적한 인간의 삶을 도모하는 기술이다. 1988년 시드니 국제인간공학학회에서 '감성공학'으로 명명되었다. 냉장고, 세탁기, 에어컨 등 전자제품이나 색상, 소재, 모양에서도 인간의 생체적, 심리적 적합성을 고려하여 제품을 생산한다.

30 **분야별 디자인에 관한 설명으로 틀린 것은?**

① 스트리트 퍼니처 디자인 – 버스정류장, 식수대 등 도시의 표정을 결정하는 중요한 역할을 한다.
② 옥외광고 디자인 – 기능적인 성격이 강하므로 심미적인 기능보다는 눈에 띄는 것이 가장 중요하다.
③ 슈퍼그래픽 디자인 – 통상적인 개념을 벗어난 매우 커다란 크기와 다양한 형태의 조형예술로, 비교적 단기간 내에 환경 개선이 가능하다.
④ 환경조형물 디자인 – 공익 목적으로 설치된 조형물로 주변 환경과의 조화, 이용자의 미적 욕구충족이 요구된다.

해설
옥외광고 디자인은 도시 주변 경관 조성과 정보 전달, 안내 역할을 하며 지역의 특징을 보여 준다. 네온사인, 애드벌룬, 광고 자동차 등을 예로 들 수 있다.

정답 26 ③ 27 ① 28 ③ 29 ③ 30 ②

31 색채계획 과정에서 제품 개발의 스케치, 목업(Mock-up)과 같이 디자인 의도가 제시되는 단계는?

① 환경분석
② 프레젠테이션
③ 도면 제작
④ 이미지 콘셉트 설정

해설
목업(Mock-up)이란 제품 디자인 평가를 위하여 만들어진 실물 크기의 정적 모형이다. 프레젠테이션 또한 디자인 제출, 진단을 위해 외관상 실제 제품에 가깝도록 만드는 단계의 모델을 말하기 때문에 목업(Mock-up)과 같이 디자인 의도가 제시된 단계이다.

32 사용자의 필요성에 의해 디자인을 생각해 내고, 재료나 제작방법 등을 생각하여 시각화하는 과정은?

① 재료과정
② 조형과정
③ 분석과정
④ 기술과정

해설
조형이란 여러 가지 재료를 이용하여 구체적인 형태나 형상을 시각적으로 만드는 것이다.

33 식욕을 촉진하는 음식점 색채계획으로 가장 적합한 것은?

① 회색 계열
② 주황색 계열
③ 파란색 계열
④ 초록색 계열

해설
식욕을 자극하는 단맛, 매운맛은 빨강, 주황 계열을 많이 사용하여 식욕을 촉진시키는 효과가 있다. 회색, 파랑 계열은 짠맛을 많이 느끼게 하고, 초록 계열은 쓴맛의 이미지가 나타나기 때문에 음식점에 가장 적합한 색은 주황색 계열이다.

34 상품을 선전하고 판매하기 위해 판매현장에서 사용되는 디자인 형태는?

① POP 디자인
② 픽토그램
③ 에디토리얼 디자인
④ DM 디자인

해설
POP 디자인(Point of Purchase Material Design)은 소비자로 하여금 특정 제품을 구매함에 있어 구매에 직접적으로 연결시킬 수 있는 여러 장치들을 말한다.

35 기능에 최대한 충실했을 때 디자인 형태가 가장 아름다워진다는 사상은?

① 경험주의
② 자연주의
③ 기능주의
④ 심미주의

해설
기능주의 : 디자인에 있어 구체적인 목표는 다르지만 공통되는 기본 목표는 미와 기능의 합일이다. 미국의 건축가 루이스 설리번은 "형태는 기능을 따른다."라고 언급하면서 기능에 충실하고 기능에 최대한 만족하는 형식을 추구하면 저절로 아름다움이 실현된다는 것을 강조했다.

36 일반적인 색채계획의 과정으로 옳은 것은?

① 색채환경 분석 → 색채의 목적 → 색채심리조사 분석 → 색채전달 계획 작성 → 디자인 적용
② 색채심리조사 분석 → 색채의 목적 → 색채환경 분석 → 색채전달 계획 작성 → 디자인 적용
③ 색채의 목적 → 색채환경 분석 → 색채심리조사 분석 → 색채전달 계획 작성 → 디자인 적용
④ 색채환경 분석 → 색채심리조사 분석 → 색채의 목적 → 색채전달 계획 작성 → 디자인 적용

31 ② 32 ② 33 ② 34 ① 35 ③ 36 ③ 정답

해설
색채계획은 환경, 시각, 제품, 패션, 미용, 공공 디자인에 이르기까지 다양한 분야에 걸쳐 있다. 무엇보다 중요한 것은 목적에 맞는 색채의 선택과 적용이다. 그다음 색채의 환경을 분석하여 작업 일정 등의 조건을 확인하고, 색채심리조사로 소비자 조사와 시장조사, 콘셉트를 정한다. 다음 색채계획 및 설계로 주변과의 조화, 계획하는 곳의 조건을 조사하고, 그래픽을 이용한 시뮬레이션을 실시하여 계획안을 수립한다. 마지막으로 현장에서 적용할 색견본을 승인하고, 시공사 선정 등을 진행한다.

37 도시환경 디자인에서 거리시설물(Street Furniture)에 해당되지 않는 것은?

① 교통표지판
② 공중전화
③ 쓰레기통
④ 주 택

해설
④ 주택은 건축물에 해당되며, 외관도 중요하지만 실내 디자인도 중요하다.
스트리트 퍼니처(Street Furniture)라고도 하는 거리시설물은 '거리 가구'라는 뜻이다. 광장, 길거리, 버스정류장, 가판대, 쓰레기통, 교통표지판, 공중전화 등이 공공시설물에 해당한다. 스트리트 퍼니처는 편리성, 쾌적성, 심미성, 안전성 등을 고려하며 지역의 특색을 살려야 한다.

38 디자인의 조형요소 중 형태의 분류와 거리가 먼 것은?

① 유동적 형태
② 이념적 형태
③ 자연적 형태
④ 인공적 형태

해설
조형의 요소 중 형태는 대상의 시각적 경험을 형성하는 요소이다. 자연적인가 혹은 인공적인가에 따라 순수 기하학적 형태, 자연적 형태, 인위적 형태로 나눌 수 있다. 그리고 이념적 형태와 현실적 형태로 구분할 수도 있는데, 이념적 형태는 점, 선, 면, 입체 등의 추상적이고 기하학적인 형태, 현실적 형태는 구체적인 형태를 말한다.

39 제품 디자인을 공예 디자인과 구분 짓는 가장 중요한 요인으로 옳은 것은?

① 복합재료의 사용
② 대량생산
③ 판매가격
④ 제작기간

해설
제품 디자인은 우리가 일상에 쓰는 제품들을 디자인하고 설계하여 대량생산한 것으로 자동차, 전자제품 등이 있다. 반면 공예 디자인은 생활에 필요한 물건들에 아름다운 장식적인 가치를 부가한 제품이다. 공예 제품들은 대량생산에 적합하지 않다.

40 CIP의 기본 시스템(Basic System) 요소로 틀린 것은?

① 심벌마크(Symbol Mark)
② 로고타입(Logotype)
③ 시그니처(Signature)
④ 패키지(Package)

해설
기업 통합 이미지 정책을 뜻하는 CIP(Corporation Identity Program)는 기업의 이미지에 일관성을 주고 이미지를 향상시켜 판매를 촉진하는 데 목적이 있다. 구성요소로는 심벌마크(Symbol Mark), 로고타입(Logotype), 시그니처(Signature)가 있다.

제3과목 색채관리

41 염료에 대한 설명으로 옳은 것은?

① 가는 분말형태로 매질에 고착된다.
② 페인트, 잉크, 플라스틱 등에 섞어 사용한다.
③ 불투명한 색상을 띤다.
④ 물에 녹는 수용성이거나 액체와 같은 형태이다.

정답 37 ④ 38 ① 39 ② 40 ④ 41 ④

해설
①, ②, ③은 안료에 대한 설명이다.
염료는 물과 기름에 잘 녹아 단분자로 분산하여 섬유 등의 분자와 결합해 착색하는 색 물질이다. 방직 계통에 많이 사용되며, 그 외 피혁, 잉크, 종이, 목재 및 식품 등의 염색에 사용되는 색소이다.

42 측색에 관한 용어의 설명으로 틀린 것은?

① 시감에 의해 색자극값을 측정하는 색채계를 시감색채계(Visual Colorimeter)라 한다.
② 분광복사계(Spectroradiometer)는 복사의 분광분포를 파장의 함수로 측정하는 계측기이다.
③ 색을 표시하는 수치를 측정하는 계측기를 색채계(Colorimeter)라 한다.
④ 분광광도계(Spectrophotometer)는 광전수광기를 사용하여 종합 분광 특성을 적절하게 조정한 색채계이다.

해설
④ 광전수광기 방식은 필터식 색채계이다.
분광광도계는 광원에서 모노크로미터를 이용해 분광된 단색광을 시료 용액에 투과시켜 투과된 시료광의 흡수 또는 반사된 빛의 양의 강도를 광검출기로 검출하는 장치이다.

43 조색에 대한 설명으로 틀린 것은?

① 효과적인 재현을 위해서는 표준 표본을 3회 이상 반복 측색하여 정확하게 파악해야 한다.
② 재현하려는 소재의 특성을 파악해야 한다.
③ 베이스의 종류 및 성분은 색채재현에 영향을 미치지 않는다.
④ 염료의 경우에는 염료만으로 색채를 평가할 수 없고 직물에 염색된 상태로 평가한다.

해설
조색 시 베이스의 종류 및 성분이 색채재현에 많은 영향을 미친다.

44 디지털 색채에서 하나의 픽셀(pixel)을 24bit로 표현할 때 재현 가능한 색의 총수는?

① 256색
② 65,536색
③ 16,777,216색
④ 4,294,967,296색

해설
비트(bit)는 binary digit의 약칭으로 컴퓨터의 신호를 2진수로 고쳐서 기억한다. 즉, 2진수에서 0, 1과 같이 신호를 나타내는 최소 단위를 말한다.
- 1bit = 0 또는 1의 검정이나 흰색
- 4bit = 2^4 = 16색
- 8bit = 2^8 = 256색
- 16bit = 2^{16} = 65,536색
- 24bit = 2^{24} = 16,777,216색

45 물체 측정 시 표준백색판에 대한 설명으로 틀린 것은?

① 균등 확산 반사면에 가까운 확산반사 특성이 있고 전면에 걸쳐 일정한 것을 말한다.
② 세척, 재연마 등의 방법으로 오염들을 제거하고 원래의 값을 재현시킬 수 있는 것으로 한다.
③ 분광반사율이 거의 0.1 이하로 파장 380~780nm에 걸쳐 거의 일정한 것으로 한다.
④ 절대 분광 확산반사율을 측정할 수 있는 국가교정기관을 통하여 국제표준의 소급성이 유지되는 교정값이 있어야 한다.

해설
물체색의 측정방법(KS A 0066)
표준백색판은 다음을 만족하여야 한다.
- 충격, 마찰, 광조사, 온도, 습도 등의 영향을 받지 않고, 표면이 오염된 경우에도 제거하기 쉽고, 세척, 재연마 등의 방법으로 오염들을 제거하고 원래의 값을 재현시킬 수 있는 것으로 한다.
- 균등 확산 반사면에 가까운 확산반사 특성이 있고, 전면에 걸쳐 일정해야 한다.
- 분광반사율이 거의 0.9 이상으로, 파장 380~780nm에 걸쳐 거의 일정해야 한다.
- 표준백색판은 절대 분광 확산반사율을 측정할 수 있는 국가교정기관을 통하여 국제표준으로의 소급성이 유지되는 교정값을 갖고 있어야 하며, 이러한 표준 소급성은 정해진 일정한 간격으로 교정을 시행하여야 유효하다.

42 ④ 43 ③ 44 ③ 45 ③ 정답

46 광원의 연색성에 관한 설명으로 틀린 것은?

① 연색 평가수란 광원에 의해 조명되는 물체색의 지각이, 규정 조건하에서 기준광원으로 조명했을 때의 지각과 합치되는 정도를 뜻한다.

② 평균 연색 평가수란 규정된 8종류의 시험색을 기준광원으로 조명하였을 때와 시료광원으로 조명하였을 때의 CIE-UCS 색도상 변화의 평균치에서 구하는 값을 뜻한다.

③ 특수 연색 평가수란 개개의 시험색을 기준광원으로 조명하였을 때와 시료광원으로 조명하였을 때의 CIE-UCS 색도 변화의 평균치에서 구하는 값을 뜻한다.

④ 기준광원이란 연색평가에 있어서 비교 기준으로 사용하는 광원을 의미한다.

해설

조명을 받은 물체의 색 인식을 '연색'이라고 하고, 그 물체의 색 인식에 영향을 준 광원의 특성을 '연색성'이라고 한다. 특수 연색 평가수란 개개의 시험색을 기준광원으로 조명하였을 때와 시료광원으로 조명하였을 때의 UVW계에 있어서 좌표의 변화로부터 구하는 연색 평가수이다.

47 다음 설명과 관련한 KS(한국산업표준)에서 규정하는 색에 관한 용어는?

관측자의 색채 적응조건이나 조명, 배경색의 영향에 따라 변화하는 색이 보이는 결과

① 포화도

② 명 도

③ 선명도

④ 컬러 어피어런스

해설

색에 관한 용어(KS A 0064)

- 포화도 : 그 자신의 밝기와의 비로 판단되는 컬러풀니스. 채도에 대한 종래의 정의와는 상당히 다른 개념으로 명소시에 일정한 관측조건에서는 일정한 색도의 표면은 휘도(표면색인 경우에는 휘도율 및 조도)가 다르다고 해도 거의 일정하게 지각되는 것
- 명도 : 물체 표면의 상대적인 명암에 관한 색의 속성
- 선명도 : 시료면이 유채색을 포함한 것으로 보이는 정도에 관련된 시감각의 속성. 일정한 유채색을 일정 조명광에 의해 명소시의 조건으로 조명을 변경시켜 조명하는 경우, 저휘도로부터 눈부심을 느끼지 않는 정도의 고휘도가 됨에 따라 점차로 증가하는 것

48 시온안료의 설명으로 옳은 것은?

① 온도에 따라 색상이 변하는 안료로 가역성, 비가역성으로 분류한다.

② 진주광택, 무지개 채색 또는 금속성의 느낌을 주기 위해 사용된다.

③ 조명을 가하면 자외선을 흡수, 장파장 색광으로 변하여 재방사하는 성질을 가지고 있다.

④ 흡수한 자외선을 천천히 장시간에 걸쳐 색광으로 방사를 계속하는 광휘성 효과가 높은 안료이다.

해설

시온안료는 일정한 온도에서 색이 변하는 안료이다. 온도에 따라 분자의 구조나 배열방법이 바뀌는 특징을 가진다.
②는 진주광택 안료, ③은 형광염료, ④는 인광안료이다.

49 광원과 색온도에 대한 설명 중 옳은 것은?

① 색온도가 변화해도 광원의 색상은 일정하게 유지된다.

② 색온도는 광원의 실제 온도를 표시하며 3,000K 이하의 값은 자외선보다 높은 에너지를 갖는다.

③ 낮은 색온도는 노랑, 주황 계열의 컬러를 나타내고 높은 색온도는 파랑, 보라 계열의 컬러를 나타낸다.

④ 일반적으로 연색지수가 90을 넘는 광원은 연색성이 상대적으로 낮다고 할 수 있다.

해설

색온도는 빛의 특성을 나타내는 수단으로 단위는 켈빈(K)을 사용한다. 색온도가 낮을 때에는 붉은색을 띠다가 색온도가 높아짐에 따라 푸른빛이 도는 흰색이 된다. 광원의 연색지수는 연색성이 좋을수록 100에 가까워진다.

정답 46 ③ 47 ④ 48 ① 49 ③

50 CCM 조색의 K/S값에 대한 설명이 틀린 것은?

① K는 빛의 흡수계수, S는 빛의 산란계수이다.
② K/S값은 염색 분야에서의 기준의 측정, 농도의 변화, 염색 정도 등 다양한 측정과 평가에 이용된다.
③ 폴 쿠벨카와 프란츠 뭉크가 제창했다.
④ 흡수하는 영역의 색이 물체색이 되고, 산란하는 부분이 보색의 관계가 된다.

해설
CCM의 기본원리는 쿠벨카-뭉크 이론이다. 광선이 발색층에서 확산・투과・흡수될 때, 일정한 두께를 가진 발색층에서 감법혼색을 하는 경우에 쿠벨카-뭉크 이론이 성립된다. K는 빛의 흡수계수이고, S는 빛의 산란계수이다.

51 다음 중 동물염료가 아닌 것은?

① 패 류　　② 꼭두서니
③ 코치닐　　④ 커머즈

해설
② 꼭두서니는 천연염료이며, 식물성 염료이다.

52 컴퓨터의 컬러 정보를 디스플레이에 재현 시 컬러 프로파일이 적용되는 장치는?

① A-D변환기
② 광센서(Optical Sensor)
③ 전하결합소자(CCD)
④ 그래픽카드

해설
① A-D변환기 : 아날로그 원고를 비트맵화된 디지털 이미지로 전환하는 도구이다.
② 광센서(Optical Sensor) : 물질에 빛을 대면 물질이 빛의 에너지를 흡수하여 자유 전자를 방출하는 광전효과를 이용해 광 에너지를 전기적 에너지로 변환하는 소자이다.
③ 전하결합소자(CCD) : 디지털 카메라나 스캐너 등 디지털 입력장치의 이미지 센서로 사용되는 반도체 소자이다.

53 디지털 컴퓨터 시스템에 의한 색채의 혼합에서, 디바이스 종속 CMY 색체계 공간의 마젠타는 (0, 1, 0), 사이안은 (1, 0, 0), 노랑은 (0, 0, 1)이라고 할 때, (0, 1, 1)이 나타내는 색은?

① 빨 강
② 파 랑
③ 녹 색
④ 검 정

해설
CMY 색체계는 감법혼색의 원리로 정육면체 공간 내에서 모든 색채들을 정의하는 체계이다. 마젠타는 (0, 1, 0), 사이안은 (1, 0, 0), 노랑은 (0, 0, 1), 검정은 (1, 1, 1)로 출력된다. (0, 1, 1)은 마젠타와 노랑의 혼합으로 빨강이다.

54 자외선에 민감한 문화재나 예술작품, 열조사를 꺼리는 물건의 조명에 적합한 것은?

① 형광램프
② 할로겐 램프
③ 메탈할라이드 램프
④ LED 램프

해설
④ LED 램프 : 발광다이오드로 만든 절전형 형광등으로 에너지 효율이 높고 수명이 매우 길 뿐만 아니라 오염물질도 방출하지 않는다. 열 발생이 적다.
① 형광램프 : 저압수은증기의 방전에 의해 발생하는 자외선을 유리관 내부에 칠해진 형광체에 반응시켜 빛을 내도록 만들어진 전등이다.
② 할로겐 램프 : 백열전구의 일종으로 유리 전구 안에 질소와 같은 불활성 가스와 할로겐 물질을 넣어 전류를 흐르게 하여 빛을 낸다. 효율이 높고 연색성이 좋아 각종 전시물의 조명과 인테리어 조명 등으로 적합하다.
③ 메탈할라이드 램프 : 고압수은 램프에 금속과 금속 할로겐 화합물 등을 첨가하여 전류를 흐르게 하여 빛을 내는 것으로 고휘도에 속한다. 수명이 길고 연색성이 높아 공장이나 주차장 등 빌딩 내외의 조명으로 사용한다.

정답 50 ④ 51 ② 52 ④ 53 ① 54 ④

55 **안료에 대한 설명으로 틀린 것은?**

① 일반적으로 투명하다.
② 다른 화합물을 이용하여 표면에 부착시킨다.
③ 무기물이나 유기안료도 있다.
④ 착색하고자 하는 매질에 용해되지 않는다.

해설
①은 염료에 대한 설명이다.
안료는 크게 무기안료와 유기안료로 구분된다. 색재가 안료로서 역할을 하려면 일반적으로 알갱이나 분말의 상태로 물이나 기름 또는 일반 용제에 녹지 않고 전색제 등과 섞여 물질의 표면에 고착된 형태로 색을 내야 한다. 또한 안료는 접착제나 경화제를 사용하여 흡착하는 특성을 지닌다.

56 **감법혼색의 원리가 적용되는 장치가 아닌 것은?**

① 레이저 프린터
② 오프셋 인쇄기
③ OLED 디스플레이
④ 잉크젯 프린터

해설
OLED란 형광성 유기화합물을 기반으로 한 발광 소자의 일종으로, 액정과 달리 자체적으로 빛을 발산할 수 있다. OLED 디스플레이는 가법혼색 원리가 적용된다.

57 **색을 측정하는 목적에 대한 설명이 틀린 것은?**

① 감각적이고 개성적인 육안평가를 한다.
② 색을 정확하게 인식하는 것이다.
③ 일정한 색체계로 해석하여 전달한다.
④ 색을 정확하게 재현한다.

해설
측색의 목적은 정확하게 색채를 측정하여 색을 관리하고, 소통하는 것에 있다. 색을 정확하게 알고, 전달하고, 재현하기 위해 측색을 하는 것이다.

58 **완전 복사체 각각의 온도에 있어서 색도를 나타내는 점을 연결한 색도 좌표도 위의 선은?**

① 주광 궤적
② 완전 복사체 궤적
③ 색온도
④ 스펙트럼 궤적

해설
① 주광 궤적 : 여러 가지 상관색 온도에서 CIE 주광의 색도를 나타내는 점을 연결한 색도 그림 위의 선이다.
③ 색온도 : 색을 나타내는 한 가지 방식으로, 흑체복사에서 나오는 빛의 색이 온도에 따라 다르게 보이는 것에 착안하여 온도로 색을 나타낸 것이다. 대개 온도의 표준단위인 K(켈빈)을 쓴다.
④ 스펙트럼 궤적 : 스펙트럼 자극의 각 파장에서의 색도를 나타내는 점을 연결한 말굽 모양의 곡선 부분으로, 각 파장에서 단색광 자극을 나타내는 점을 연결한 색도 그림 위의 선이다.

59 **MI(Metamerism Index)를 평가하기에 적합한 광원으로 묶인 것은?**

① 표준광 A, 표준광 D_{65}
② 표준광 D_{65}, 보조표준광 D_{45}
③ 표준광 C, CWF-2
④ 표준광 B, FMC Ⅱ

해설
MI(Metamerism Index)이란 색채의 분광반사율 스펙트럼이 서로 다른 두 시료가 특정 광원 아래에서 같은 색으로 보이는 경우를 말한다. 평가하기에 적합한 광원은 표준광 A, 표준광 D_{65}, 표준광 C이다.

60 **다음의 혼합 중 색상이 변하지 않는 경우는?**

① 파랑 + 노랑
② 빨강 + 주황
③ 빨강 + 노랑
④ 파랑 + 검정

해설
① 파랑 + 노랑 = 초록
② 빨강 + 주황 = 주홍
③ 빨강 + 노랑 = 주황

정답 55 ① 56 ③ 57 ① 58 ② 59 ① 60 ④

제4과목 색채지각의 이해

61 대비현상과 설명이 바르게 연결된 것은?

① 면적대비 – 동일한 색이라도 면적이 커지게 되면 명도가 높아지고 채도가 낮아 보이는 현상
② 보색대비 – 보색이 되는 두 색이 서로 영향을 받아 본래의 색보다 채도가 높아지고 선명해지는 현상
③ 명도대비 – 명도가 다른 두 색을 인접시켰을 때 서로의 영향을 받아 명도에 관계없이 모두 밝아 보이는 현상
④ 채도대비 – 어느 색을 검은 바탕에 놓았을 때 밝게 보이고, 흰 바탕에 놓았을 때 어둡게 보이는 현상

해설
① 면적대비 : 동일한 색이라도 면적이 크면 명도와 채도가 높아지고 반대로 면적이 작아지면 명도와 채도가 낮아 보이는 현상이다.
③ 명도대비 : 명도 차이가 나는 두 색을 서로 대비했을 때 서로의 영향으로 더욱 어둡게 또는 더욱 밝게 보이는 현상이다.
④ 채도대비 : 채도가 다른 두 색을 인접시켰을 때 서로의 영향으로 채도가 높거나 낮아 보이는 현상으로 채도 차이가 클수록 강한 대비효과를 준다.

62 양복과 같은 색실의 직물이나, 망점 인쇄와 같은 혼색에 가장 알맞은 것은?

① 가법혼색
② 감법혼색
③ 중간혼색
④ 병치혼색

해설
병치혼색은 일종의 가법혼색으로, 흰색과 검은색을 교차시켜 바둑무늬로 칠한 후 멀리 떨어져서 보면 회색을 칠한 것처럼 보이는 경우이다. 양복과 망점 인쇄, 점묘화, 모자이크, 직물 등에서 병치혼색을 활용한다.

63 색채의 자극과 반응에 대한 설명 중 옳은 것은?

① 명순응 상태에서 파랑이 가장 시인성이 높다.
② 조도가 낮아지면 시인도는 노랑보다 파랑이 높아진다.
③ 색의 식별력에 대한 시각적 성질을 기억색이라 한다.
④ 기억색은 광원에 따라 다르게 느껴진다.

해설
②는 푸르킨예 현상을 말한다. 낮에는 빨간 꽃이 잘 보이다가 밤이 되면 파란 꽃이 더 잘 보이는 현상이나 저녁에 실내가 어두워지면 파란색이 보다 밝게 느껴지는 이유를 예로 들 수 있다.

64 시점을 한 곳으로 집중시키려는 색채지각 현상으로 순간적으로 일어나며 계속하여 한 곳을 보게 되면 눈의 피로도가 발생하여 효과가 작아지는 색채심리는?

① 계시대비
② 계속대비
③ 동시대비
④ 동화효과

해설
- 계시대비(계속대비) : 둘 이상의 색을 시간적인 차이를 두고서 차례로 볼 때는 일어나는 색채대비 현상으로 먼저 본 색의 영향으로 나중에 보는 색이 다르게 보이는 현상이다.
- 동화효과 : 대비현상과는 반대로 인접한 색끼리 서로 영향을 주어서 인접한 색에 가까운 것으로 느껴지는 효과를 말한다.

65 색자극의 채도가 달라지면 색상이 다르게 보이지만 채도가 달라져도 변하지 않는 색상은?

① 빨 강
② 노 랑
③ 파 랑
④ 보 라

해설
애브니 효과는 빛의 파장이 동일해도 채도가 변함에 따라 색상이 달라 보이는 색채지각 효과이다. 그러나 애브니 효과 현상이 적용되지 않는 577nm의 불변 색상(노랑)도 있다.

61 ② 62 ④ 63 ② 64 ③ 65 ② 정답

66 빨간색 사과를 계속 보고 있다가 흰색 벽을 보았을 때 청록색 사과의 잔상이 떠오르는 것을 설명할 수 있는 원리는?

① 색의 감속현상
② 망막의 흥분현상
③ 푸르킨예 현상
④ 반사광선의 자극현상

해설
부의 잔상(음의 잔상)은 예를 들어 빨간색의 사과로 인해 망막이 자극을 받고 자극이 사라진 뒤에 청록색의 사과 잔상이 떠오르는 것처럼, 원래의 색과 정반대의 색이 느껴지는 현상이다. 이 현상은 망막의 흥분현상으로 볼 수 있다.

67 연색성에 관한 설명으로 옳은 것은?

① 박명시에 일어나는 지각현상으로 단파장이 더 밝아 보이는 현상
② 광원에 따라 물체의 색이 다르게 보이는 현상
③ 다른 색을 지닌 물체가 특정 조명 아래에서 같아 보이는 현상
④ 주변 환경이 변해도 주관적 색채지각으로는 물체색의 변화를 느끼지 못하는 현상

해설
연색성이란 광원에 따라 물체의 색이 다르게 보이는 현상을 말한다.

68 색지각의 4가지 조건이 아닌 것은?

① 크 기
② 대 비
③ 눈
④ 노출시간

해설
- 색지각의 3요소 : 광원, 물체, 관찰자의 눈
- 색지각의 4가지 조건 : 빛의 밝기, 사물의 크기, 인접색과의 대비, 색의 노출시간

69 초저녁에 파란색이 빨간색보다 밝게 보이는 현상에 대한 설명으로 옳은 것은?

① 명순응 시기로 색상이 다르게 보인다.
② 사람이 가장 밝게 인지하는 주파수대는 504nm 이다.
③ 눈의 순응작용으로 채도가 높아 보이기도 한다.
④ 박명시의 시기로 추상체, 간상체가 활발하게 활동하지 못한다.

해설
푸르킨예 현상은 사람이 밝게 인지하는 555nm의 빛에 민감한 추상체가 암소시로 바뀌는 과정에서 어두운 507nm의 빛에 민감한 반응을 나타내는 것이다. 초저녁은 완전히 어두운 밤은 아니므로 명소시와 암소시의 중간 정도 되는 밝기인 박명시 상태이며 추상체와 간상체의 활동이 줄어든다.

70 두 색의 셀로판지를 겹치고 빛을 통과시켰을 때 나타나는 색을 관찰한 결과로 옳은 것은?

① Cyan + Yellow = Blue
② Magenta + Yellow = Red
③ Red + Green = Magenta
④ Green + Blue = Yellow

해설
① Cyan + Yellow = Green
③ Red + Green = Yellow
④ Green + Blue = Cyan

71 사람의 눈으로 보는 색감의 차이는 빛의 어떤 특성에 따라 나타나는가?

① 빛의 편광 ② 빛의 세기
③ 빛의 파장 ④ 빛의 위상

해설
빛은 사물에 반사되어 우리의 눈이 색을 지각하게 하는 일종의 전자기파이다. 파장의 길이에 따라 적외선, 가시광선, 자외선으로 구분되며 이 중 우리 눈에 보이는 영역인 가시광선은 약 380nm에서 780nm 범위에 해당한다. 380nm보다 짧은 파장의 영역이 자외선, 780nm보다 긴 파장의 영역이 적외선으로 우리 눈에 보이지 않는다.

정답 66 ② 67 ② 68 ③ 69 ④ 70 ② 71 ③

72 색채현상에 대한 설명으로 틀린 것은?

① 인간은 이론적으로 약 1,600만 가지의 색을 변별할 수 있다.
② 색의 밝기를 명도라 한다.
③ 여러 가지 파장이 고르게 반사되는 경우에는 무채색으로 지각된다.
④ 색의 순도를 채도라 하며, 무채색이 많이 포함될수록 채도는 낮아진다.

해설
인간의 눈은 200(가시 스펙트럼색) × 500(명도) × 20(채도) = 200만 가지의 색을 변별할 수 있다.

73 파란 바탕 위의 노란색 글씨가 더 잘 보이게 하기 위한 방법으로 틀린 것은?

① 바탕색의 채도를 낮춘다.
② 글씨색의 채도를 높인다.
③ 바탕색과 글씨색의 명도차를 줄인다.
④ 바탕색의 명도를 낮춘다.

해설
바탕색과 글씨색의 명도차를 줄이면 경계가 뚜렷하지 않아 흐리게 보인다. 바탕색과 글씨의 명도와 채도 차이가 클수록 눈에 띄며 명시성이 좋다.

74 색채의 지각과 감정효과에 관한 내용으로 틀린 것은?

① 난색은 한색보다 진출해 보인다.
② 고채도의 색이 저채도의 색보다 주목성이 낮다.
③ 난색이 한색보다 팽창해 보인다.
④ 고명도의 색이 저명도의 색보다 가벼워 보인다.

해설
주목성은 눈에 잘 띄어 사람들의 시선을 끄는 것을 말한다. 일반적으로는 무채색보다는 유채색이, 한색보다는 난색이, 저채도보다는 고채도의 색이 주목성에 유리하다.

75 형광현상에 대한 설명으로 옳은 것은?

① 에너지 보전 법칙으로는 설명되지 않는 현상이다.
② 긴 파장의 빛이 들어가서 그보다 짧은 파장의 빛이 나오는 현상이다.
③ 형광염료의 발전으로 색료의 채도 범위가 증가하게 되었다.
④ 형광현상은 어두운 곳에서만 일어난다.

해설
① 형광은 발광의 한 형태이며 빛을 흡수하여 들뜬 물질이 다시 빛을 방출하는 광발광에 속한다. 즉 에너지 보존 법칙이 관련되어 있다.
② 자외선 같은 짧은 파장의 빛을 흡수하고 긴 파장의 빛을 복사하는 특징을 가진다.
④ 형광현상은 어두운 곳에서만 일어나지 않는다.

76 음성잔상에 대한 설명으로 옳은 것은?

① 양성잔상에 비해 경험하기 어렵다.
② 불꽃놀이의 불꽃을 볼 때 관찰된다.
③ 밝은 자극에 대해 어두운 잔상이 나타난다.
④ 보색의 잔상은 색이 선명하다.

해설
음성잔상은 원래의 색과 정반대로 느껴지는 현상으로 보색잔상, 소극적 잔상이라고도 한다. 수술실의 벽과 수술복 등에 빨간색의 보색인 청록색 계통을 사용하여 붉은 피의 잔상을 완화시키고 눈의 피로를 줄이는 것을 예로 들 수 있다.

77 보색관계에 있는 두 색광을 혼합했을 때 나타나는 색은?

① 흰 색
② 검정에 가까운 색
③ 회 색
④ 색상환의 두 색 위치의 중간색

해설
보색관계에 있는 두 색광을 혼합하면 흰색이 된다. 만약 색광이 아닌 물감을 섞었다면 검정에 가까운 색이 된다.

72 ① 73 ③ 74 ② 75 ③ 76 ③ 77 ① 정답

78 명시성에 대한 설명으로 틀린 것은?

① 명도가 같을 때 채도가 높은 쪽이 쉽게 식별된다.
② 주위의 색과 얼마나 구별이 잘되는지에 따라 다르다.
③ 바탕색과의 관계에서 명도의 차이가 클 때 높다.
④ 바탕색과의 관계에서 채도의 차이가 작을 때 높다.

해설
명시성(시인성)이란 물체의 색이 얼마나 뚜렷하게 잘 보이는지를 나타내는 정도이다. 배경과 대상의 명도차가 클수록 잘 보이고, 명도차가 있으면서도 색상 차이가 크고 채도 차이가 있으면 명시성이 높다.

79 보색에 대한 설명으로 틀린 것은?

① 물리보색과 심리보색은 항상 일치하지는 않는다.
② 색료의 1차색은 색광의 2차색과 보색관계이다.
③ 혼합하여 무채색이 되는 색들은 보색관계이다.
④ 보색이 아닌 색을 혼합하면 중간색이 나온다.

해설
② 색료의 1차색은 마젠타(Magenta), 사이안(Cyan), 옐로(Yellow)이며, 색광의 2차색과 일치한다.
① 물리보색은 색상환에서 서로 반대에 위치해 있는 두 색을 말하고, 심리보색은 망막상에 남아 있는 잔상 이미지가 원래의 색과 반대의 색으로 나타나는 현상이다. 심리보색은 물리보색과는 반대로 인간의 지각심리와 관계있다.
③·④ 보색은 색상대비를 이루는 한 쌍의 색상을 말한다. 보색끼리는 혼합하였을 때 무채색이 되며 보색이 아닌 색을 혼합하면 중간색이 된다.

80 분광반사율이 다른 두 가지의 색이 특수 조명 아래서 같은 색으로 느끼는 현상은?

① 색순응
② 항상성
③ 연색성
④ 조건등색

해설
조건등색은 분광반사율 분포가 서로 다른 두 개의 색자극이 광원의 종류와 관찰자 등의 관찰 조건을 일정하게 할 때에 같은 색으로 보이는 경우를 말한다. 메타머리즘이라고도 한다.

제5과목 색채체계의 이해

81 동화효과에 대한 설명으로 틀린 것은?

① 두 개 이상의 색이 서로 영향을 주어 가까운 것으로 느껴지는 경우이다.
② 전파효과 또는 혼색효과, 줄눈효과라고 부른다.
③ 대비현상의 일종으로 심리적인 측면보다는 물리적인 이유가 강하다.
④ 반복되는 패턴이 작을수록 더 잘 느껴진다.

해설
③ 색의 대비효과에 대한 설명이다.
색의 동화현상이란 대비현상과는 반대로 두 개 이상의 색이 서로 영향을 주어 인접한 색들끼리 가까운 것으로 느껴지는 효과이다. 색의 전파효과, 혼색효과, 줄눈효과라고도 하며 반복되는 패턴이 작을수록 더 잘 느껴진다.

82 이상적인 흑(B), 이상적인 백(W), 이상적인 순색(C)의 요소를 가정하고 3색 혼합의 물체색을 체계화하여 노벨 화학상을 수상한 물리학자는?

① 헤 링
② 피 셔
③ 폴란스키
④ 오스트발트

해설
독일의 물리학자인 빌헬름 오스트발트는 1916년 헤링의 반대색설을 바탕으로 한 '색채의 초보'라는 저서에서 '인간의 시감각의 성분 또는 요소가 바로 색채'라는 생각을 바탕으로 오스트발트 표색계의 개념을 창안, 발표하였다. 그에 따르면 물체색은 '하양과 검정 그리고 순색의 합이 100이 되는 혼합비'로 이루어지며, 어떠한 색이라도 좌표 W+B+C=100으로 나타낼 수 있다고 하였다.

정답 78 ④ 79 ② 80 ④ 81 ③ 82 ④

83 **혼색계(Color Mixing System)의 특징으로 틀린 것은?**

① 정확한 색의 측정이 가능하다.
② 빛의 가산혼합 원리에 기초하고 있다.
③ 수치로 표시되어 수학적 변환이 쉽다.
④ 숫자의 조합으로 감각적인 색의 연상이 가능하다.

해설
혼색계는 빛의 3원색 혼합관계를 객관화한 시스템으로서 객관적인 측면이 강하다. 대표적인 표색계인 CIE는 심리·물리적인 빛의 혼합을 실험하는 데 기초를 둔 것으로 정확한 수치 개념에 입각한다. 빛의 자극치를 수치화시켜 현색계 시스템보다 조밀하고 정확한 색좌표를 구할 수 있다. 하지만 색을 감각적으로 가늠하기 힘들고 지각적 등보성이 없다는 단점이 있다.

84 **배색에 대한 설명으로 틀린 것은?**

① 목적과 기능에 맞는 미적 효과를 얻기 위하여 복수의 색채를 계획하고 배열하는 것이다.
② 효과적인 배색을 위해서는 색채이론에 기초하여 응용한다.
③ 배색을 고려할 때는 가능한 많은 색을 효과적으로 사용해야 소구력이 있다.
④ 효과적인 배색 이미지 표현을 위해 색채심리를 고려한다.

해설
배색이란 두 가지 이상의 색이 서로 잘 어울리도록 배치하는 것을 말한다. 배색에 무조건 많은 색을 사용하는 것은 좋지 않으며, 목적과 기능에 맞게 배치해야 효과적이다.

85 **NCS 색체계의 표기방법으로 옳은 것은?**

① 2RP 3/6
② S2050-Y30R
③ T = 13, S = 2, D = 6
④ 8ie

해설
NCS에서는 색을 '흑색량, 순색량 – 색상의 기호'로 표기한다. 예를 들어 S2050-Y30R은 20%의 검은색도와 50%의 순색도를 나타낸다. Y30R은 Red가 30% 가미된 Yellow를 뜻한다.

86 **CIE 용어의 의미는?**

① 국제조명위원회
② 유럽색채협회
③ 국제색채위원회
④ 독일색채시스템

해설
국제조명위원회(Commission Internationale de l'Eclairage)는 빛에 관한 표준과 규정에 대한 지침을 목적으로 하는 국제기관으로, 1913년 베를린에서 처음 창립된 이래 현재에는 오스트리아 비엔나에 본부를 두고 있다. CIE 색체계는 빛의 속성을 정량적으로 정함으로써 감각적이고 추상적인 빛의 속성을 객관적으로 표준화한 시스템이다.

87 **색의 3속성에 기반을 두고 여러 가지 색채를 질서정연하게 배치한 3차원의 표색 구조물의 명칭으로 옳은 것은?**

① 색입체
② 색상환
③ 등색상 삼각형
④ 회전원판

해설
색입체는 색의 3속성에 기반을 두고 여러 가지 색채를 질서정연하게 배치한 3차원의 표색 구조물이다. 1905년 새롭게 창안된 먼셀 표색계는 물체색의 색 감각을 색상, 명도, 채도의 3속성을 기준으로 3차원 공간의 지각적으로 고른 단계의 색표로 배열하였다.

88 **먼셀(Munsell) 색체계에서 균형 있는 색채조화를 위한 기준값은?**

① N3　② N5
③ 5R　④ 2.5R

정답 83 ④ 84 ③ 85 ② 86 ① 87 ① 88 ②

해설
먼셀 표색계에서 가장 중요한 조화 원리는 균형이론이다. 이것은 1905년에 발표한 '색채표시'에서도 색채의 조화가 중요하게 언급되어 있고, 또 회전혼색에서 회색을 얻는 균형이 중요하다고 설명했다. 먼셀은 평균 명도가 N5일 때 가장 균형 있는 조화가 생긴다고 주장하였고, 이는 문-스펜서의 조화이론에도 영향을 주었다.

89 **오스트발트(Ostwald) 색체계의 단점에 관한 설명 중 옳은 것은?**

① 각 색상들이 규칙적인 틀을 가지지 못해 배색이 용이하지 않다.
② 초록 계통의 표현은 섬세하지만 빨강 계통은 섬세하지 못하다.
③ 색상별로 채도 위치가 달라 배색에 어려움이 있다.
④ 표시된 색명을 이해하기 쉽다.

해설
오스트발트 색체계는 모든 색을 질서 있게 위치시켜 동색조의 색을 선택할 때 매우 편리하다. 그러나 비슷하게 선명한 색이라도 현실에서 관찰하면 명도차와 채도차가 크게 날 수 있다. 예를 들어 빨강이나 노랑 계통은 초록이나 파랑보다 훨씬 선명하기 때문에 먼셀 표색계에서는 이런 특징들을 잘 살려냈지만 오스트발트 표색계에는 반영이 되지 않았다. 즉, 초록 계통의 표현은 섬세하지만 빨강 계통은 섬세하지 못하다. 또한 표시된 기호의 직관적 연상이 어렵고, 물체색 가운데에는 오스트발트 색입체 내에 해당되지 않는 색이 있을 수 있다는 단점이 있다.

90 **먼셀(Munsell) 색입체를 수평으로 절단할 경우 관찰되는 속성으로 옳은 것은?**

① 유채색 축을 중심으로 한 그레이 스케일
② 동일한 명도의 색상환
③ 동일한 색상의 명도와 채도단계
④ 보색관계에 있는 두 가지 색의 채도단계

해설
먼셀 색입체를 수평으로 절단한 단면을 수평단면이라고 하는데, 이 횡단면을 통해 같은 명도의 여러 색상과 채도를 모두 관찰할 수 있다. 수직으로 절단한 단면은 수직단면이라고 하는데, 보색끼리 마주보는 등색상 단면도가 나타난다.

91 **색채배색에 대한 방법으로 적절하지 못한 것은?**

① 보색의 충돌이 강한 배색은 색조를 낮추어 배색하면 조화시킬 수 있다.
② 노랑과 검정은 강한 대비효과를 준다.
③ 주조색과 보조색은 면적비를 고려하여야 한다.
④ 강조색은 되도록 큰 면적비를 차지하도록 계획한다.

해설
강조색은 전체 이미지에 소량 사용하여 포인트나 생명력을 주는 역할을 한다. 전체 면적의 5~10% 정도를 차지한다.

92 **KS A 0011(물체색의 색이름)의 색이름 수식형인 '자줏빛(자)'을 붙일 수 있는 기준색이름은?**

① 보 라
② 분 홍
③ 파 랑
④ 검 정

해설
색이름 수식형별 기준색이름(KS A 0011)

색이름 수식형	기준색이름
빨간(적)	자주(자), 주황, 갈색(갈), 회색(회), 검정(흑)
노란(황)	분홍, 주황, 연두, 갈색(갈), 하양, 회색(회)
초록빛(녹)	연두, 갈색(갈), 하양, 회색(회), 검정(흑)
파란(청)	하양, 회색(회), 검정(흑)
보랏빛	하양, 회색, 검정
자줏빛(자)	분홍
분홍빛	하양, 회색
갈	회색(회), 검정(흑)
흰	노랑, 연두, 초록, 청록, 파랑, 보라, 분홍
회	빨강(적), 노랑(황), 연두, 초록(녹), 청록, 파랑(청), 남색, 보라, 자주(자), 분홍, 갈색(갈)
검은(흑)	빨강(적), 초록(녹), 청록, 파랑(청), 남색, 보라, 자주(자), 갈색(갈)

정답 89 ② 90 ② 91 ④ 92 ②

93 DIN을 표기하는 '2 : 6 : 1'이 나타내는 속성에 대한 해석으로 옳은 것은?

① 2번 색상, 어두운 정도 6, 포화도 1
② 2번 색상, 포화도 6, 어두운 정도 1
③ 포화도 2, 어두운 정도 6, 1번 색상
④ 어두운 정도 2, 포화도 6, 1번 색상

해설
DIN은 1955년 오스트발트 표색계의 결함을 보완, 개량하여 발전시킨 현색계이며 독일공업규격으로 제정된 색체계이다. 색상은 오스트발트 색체계와 같이 24가지로 구성되어 있으며, 채도의 개념인 Sattigung은 0~15까지 총 16단계로 나누었다. 명도인 Dunkelstufe는 어두움의 정도인 암도를 나타내며 0~10까지 총 11단계로 구성된다. 색 표기는 '색상 : 포화도 : 암도'를 나타내는 T : S : D의 순서로 한다.

94 먼셀의 색채조화론에 대한 설명으로 틀린 것은?

① 회전혼색법을 사용하여 두 개 이상의 색을 혼합했을 때 그 결과가 N5인 것이 가장 조화되고 안정적이다.
② 인접색은 명도에 대해 정연한 단계를 가져야 하며 N5에서 그 연속을 찾아야 한다.
③ 명도는 같으나 채도가 다른 반대색끼리는 약한 채도에 작은 면적을 주고, 강한 채도에 큰 면적을 주면 조화롭다.
④ 명도와 채도가 모두 다른 반대색들은 회색척도에 준하여 정연한 간격으로 하면 조화된다.

해설
③ 명도가 같고 채도가 다른 반대색인 경우 저채도의 색은 넓은 면적으로, 고채도의 색은 작은 면적으로 배색하면 조화롭다.

95 기본색이름에 대한 설명으로 틀린 것은?

① '남색'은 기본색이름이다.
② '빨간'은 색이름 수식형이다.
③ '노란 주황'에서 색이름 수식형은 '노란'이다.
④ '초록빛 연두'에서 기준색이름은 '초록'이다.

해설
'초록빛 연두'에서 기준색이름은 '연두'이다.

96 파버 비렌(Faber Birren)의 색 삼각형 White – Tone – Shade 조화관계를 나타낸 것은?

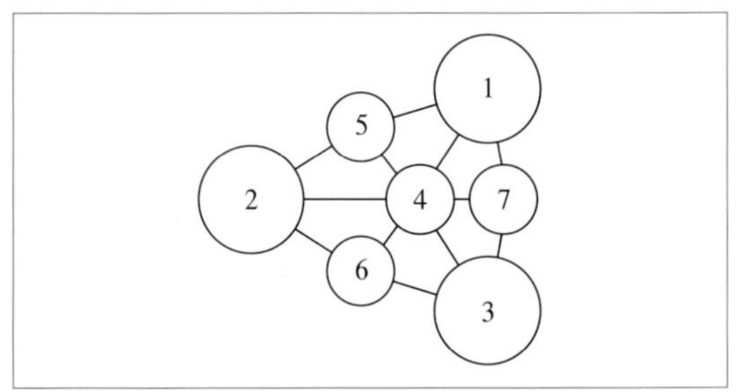

① 1 – 2 – 3
② 2 – 4 – 7
③ 1 – 4 – 6
④ 2 – 6 – 3

해설
파버 비렌의 색 삼각형

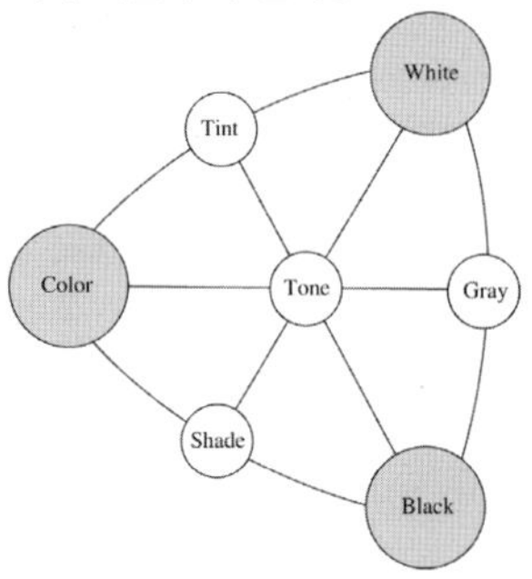

97 CIE 색체계에 관한 설명 중 틀린 것은?

① 스펙트럼의 4가지 기본색을 사용한다.
② 3원색광으로 모든 색을 표시한다.
③ XYZ 색체계라고도 불린다.
④ 말발굽 모양의 색도도로 표시된다.

93 ② 94 ③ 95 ④ 96 ③ 97 ① 정답

해설

CIE 색체계는 국제조명위원회에서 제정한 색채 표준으로, 분광광도계를 사용해 측정한 값을 기초로 하여 색을 계량적으로 표현한 색체계이다. 3원색을 기반으로 빨간색은 X센서, 초록색은 Y센서, 파란색은 Z센서에 감지하여 XYZ 3자극치의 값을 표시한다. XYZ 색체계는 색채의 느낌을 정확히 알거나 밝기의 정도를 판단하는 데 한계가 있어, 이를 보완하기 위해 만든 표색계가 CIEYxy이다. CIEYxy 공간에서 x, y를 직각 좌표로 잡고 Y가 일정한 평면을 그림으로 나타내어 사용한다. 말굽 모양의 곡선을 특징으로 하고 있다.

98 음양오행사상에 기반하는 오간색으로 옳은 것은?

① 적색, 청색, 황색, 백색, 흑색
② 녹색, 벽색, 홍색, 유황색, 자색
③ 적색, 청색, 황색, 자색, 흑색
④ 녹색, 벽색, 홍색, 황토색, 주작색

해설

오간색은 오정색을 섞어서 만든 중간색을 말한다.
• 동쪽의 녹색 : 청색 + 황색
• 서쪽의 벽색 : 청색 + 흰색
• 남쪽의 홍색 : 적색 + 백색
• 중앙의 유황색 : 흑색 + 황색
• 북쪽의 자색 : 흑색 + 적색

99 연속배색을 색 속성별로 4가지로 분류할 때, 해당되지 않는 그러데이션(Gradation)은?

① 색 상
② 톤
③ 명 도
④ 보 색

해설

④ 보색은 색상환에서 서로 마주보는 두 색을 말하며 반대되는 색상을 말한다. 통일감보다는 강조와 대비가 되는 배색이다. 콘트라스트 배색에 해당된다.

연속배색이란 점점 명도가 낮아지거나 순차적으로 색상이 변하는 등의 연속적인 변화의 방법으로 배색하는 것을 말한다. 그러데이션은 단계적인 변화, 즉 서서히 변화하는 것을 말하는데 색상, 명도, 채도, 톤의 변화를 살린 배색이다. 리듬감이 있고 움직임의 효과를 낸다.

100 독일에서 체계화된 색체계가 아닌 것은?

① 오스트발트
② NCS
③ DIN
④ RAL

해설

② NCS : 스웨덴 색채연구소에서 오랜 기간 동안 연구를 하여 만든 표색계이다.
① 오스트발트 : 독일의 물리학자 빌헬름 오스트발트가 창안, 발표했다.
③ DIN : 1955년 오스트발트 표색계의 결함을 보완, 개량하여 발전시킨 현색계로 독일공업규격으로 제정된 색체계이다.
④ RAL : 독일에서 DIN에 의거해 실용 색지로 개발된 체계이다.

정답 98 ② 99 ④ 100 ②

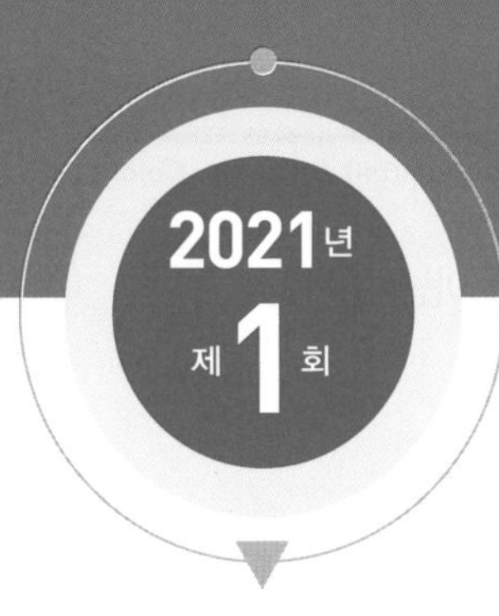

컬러리스트기사

과년도 기출문제

제1과목 색채심리 · 마케팅

01 색채 시장조사의 자료수집 방법 중 관찰법에 대한 설명으로 틀린 것은?

① 조사의 신뢰도를 높이기 위해 소비자의 행동을 직접적으로 관찰하는 방법이다.
② 특정 지역의 유동인구를 분석하거나 시청률이나 시간, 집중도 등을 조사하는 데 적절하다.
③ 특정 효과를 얻거나 비교를 통해 정확한 정보를 얻고자 할 때 사용하는 방법이다.
④ 특정 색채의 기호도를 조사하는 데 적절하다.

해설
③은 설문조사 시 사용하는 시장조사법이다.

02 색채의 공감각적 특징을 옳게 연결한 것은?

① 비렌 – 빨강 – 육각형
② 카스텔 – 노랑 – E 음계
③ 뉴턴 – 주황 – 라 음계
④ 모리스 데리베레 – 보라 – 머스크향

해설
① 비렌 – 빨강 – 정사각형(육각형은 초록)
③ 뉴턴 – 주황 – 레 음계(라 음계는 남색)
④ 모리스 데리베레 – 보라 – 라일락향(머스크향은 Red Brown, Gold Yellow)

03 색채와 문화에 대한 설명 중 틀린 것은?

① 북구계 민족들은 연보라, 스카이블루, 에메랄드 그린 등 한색 계열의 색을 선호한다.
② 흐린 날씨의 지역 사람들은 약한 난색계를 좋아한다.
③ 에스키모인은 녹색 계열과 한색 계열 색을 선호한다.
④ 라틴계 민족은 난색계의 색을 선호한다.

해설
② 흐린 날씨의 지역 사람들은 자연환경에 익숙한 약한 한색계와 약한 회색, 채도가 낮은 계열을 선호한다.

04 제품 라이프스타일 종류의 사이클 설명 중 옳은 것은?

① 패션(Fashion)은 주기적으로 몇 차례 등장하여 인기를 얻다가 관심이 낮아지는 파형의 사이클을 나타낸다.
② 스타일(Style)은 천천히 시작되어 점점 인기를 얻어 유지하다가 다시 천천히 쇠퇴하는 형상의 사이클을 나타낸다.
③ 패드(Fad)는 급격히 열광적으로 시장에서 받아들여지다가 곧바로 쇠퇴하는 사이클을 나타낸다.
④ 클래식(Classic)은 일부 계층에서만 받아들여져 유행하다 사라지는 형상의 사이클을 나타낸다.

해설
① 패션(Fashion)은 완만하게 확산되어 한동안 인기를 얻다가 서서히 사라지는 사이클을 나타낸다.
② 스타일(Style)은 기간 경과에 따라 관심이 고조되었다가 낮아지는 양상의 사이클을 나타낸다.
④ 클래식(Classic)은 약간의 변화는 있어도 기본 형태는 단순함 그대로이며 오래 유행이 지속되므로 사이클에 크게 영향을 받지 않는다.

1 ③ 2 ② 3 ② 4 ③ 정답

05 SD법(Semantic Differential Method)에서 사용되는 형용사 배열의 올바른 예시는?

① 크다 - 작다
② 아름다운 - 시원한
③ 커다란 - 슬픈
④ 맑은 - 늙은

해설
SD법은 형용사의 반대어를 쌍으로 연결시켜 비교하는 시장조사 방법이다.
예 아름다움 - 추함 / 시원한 - 더운 / 커다란 - 작은 / 슬픈 - 기쁜 / 맑은 - 탁한 / 늙은 - 젊은

06 심리학자들에 의한 색채와 음향에 관한 연구 결과를 설명한 것 중 틀린 것은?

① 낮은 소리는 어두운색을 연상시킨다.
② 예리한 소리는 순색에 가까운 밝고 선명한 색을 연상시킨다.
③ 플루트(Flute)의 음색에 대한 연상 색상은 다양하게 나타났지만 라이트 톤에 집중되는 경향이 있다.
④ 느린 음은 대체로 노랑을, 높은 음은 낮은 채도의 색을 연상시킨다.

해설
느린 음은 차분한 느낌의 채도가 낮은 한색 계열의 색을 연상시키며, 높은 음은 뇌를 자극시키고 감정을 고조시키는 고채도 및 강한 색상을 연상시킨다.

07 문화에 따른 색의 상징성이 틀린 것은?

① 불교에서 노랑은 신성시되는 종교색이다.
② 동양 문화권에서는 노랑을 겁쟁이 또는 배신자를 상징하는 색으로 연상한다.
③ 가톨릭 성화 속 성모마리아의 청색 망토로 파랑을 고귀한 색으로 연상한다.
④ 북유럽에서는 초록인간(Green Man) 신화로 초록을 영혼과 자연의 풍요로움으로 상징한다.

해설
② 동양 문화권에서 노랑은 신성한 색, 왕권을 상징하며, 서양 문화권에서는 겁쟁이 또는 배신자를 상징하는 색으로 연상한다.

08 기업의 경영마케팅 전략 중 기업에 대한 이미지를 구체적으로 기억하게 해 주는 대표적인 수단은?

① 기업의 CI(Corporate Identity)
② 기업의 외관 색채
③ 기업의 인테리어 컬러
④ 기업의 광고 색채

해설
① 기업의 CI(Corporate Identity)는 경영전략의 하나로, 한 기업을 상징하는 대표적 수단이다.

09 프랭크 H. 만케의 색경험 피라미드 반응 단계 중 유행색을 설명하기 위한 배경으로 적절한 단계와 인간의 반응은?

① 2단계 - 집단무의식
② 3단계 - 의식적 상징화, 연상
③ 4단계 - 문화적 영향과 매너리즘
④ 5단계 - 시대사조, 패션, 스타일의 영향

해설
유행색은 그 시대의 흐름을 반영하며 의도적으로 제안되는 색이다. 만케의 5단계는 능동적이고 의도적인 단계로 유행색에 영향을 미친다.

10 중국에서 하늘에 제사를 지낼 때 황제가 입었던 옷의 색이며, 갈리아에서는 노예들이 입었던 옷의 색은?

① 하 양 ② 노 랑
③ 파 랑 ④ 검 정

해설
- 중국에서는 흰색, 검정, 파랑을 죽음의 색으로 여겼는데 특히 흰색과 검은색은 귀신을 불러들인다고 하여 파란색을 입었다.
- 기원전 1세기 카이사르에게 정복당한 갈리아인은 로마로 끌려가 3분의 1이 노예가 되었고 그 시기에 천한 색, 이 세상에 존재하지 않는 색으로 여겼던 파란색 옷을 입혔다.

정답 5 ① 6 ④ 7 ② 8 ① 9 ④ 10 ③

11 시장 세분화를 위한 생활유형 연구를 중심으로 소비자의 컬러 소비 형태를 연구하고자 할 때 적합한 연구방법은?

① AIO ② SWOT
③ VALS ④ AIDMA

해설
① AIO는 소비자 생활유형 측정법이다.
② SWOT은 기업의 색채 마케팅 전략을 수립하는 분석기법이다.
④ AIDMA는 소비자의 구매 시 욕구단계를 연구한 구매행동 마케팅 이론이다.

12 색채치료에 관한 사항 중 틀린 것은?

① 색채를 이용하여 물리적, 정신적인 영향으로 환자의 상태를 호전시키는 치료방법이다.
② 남색은 심신의 완화, 안정에 효과적이다.
③ 보라색은 정신적 자극, 높은 창조성을 제공한다.
④ 색의 고유한 파장과 진동은 인간의 신체조직에 영향을 미친다.

해설
남색은 산만하거나 정신집중이 필요한 상황에 효과적이다. 단지, 침잠과 우울함을 느낄 수도 있으니 적은 범위로 사용해야 한다.

13 색채의 사회적 역할에 관한 설명 중 틀린 것은?

① 특정한 사회에서 통용되는 색에 대한 고정관념은 다를 수 있다.
② 사회가 고정되고 개인의 독립성이 뒤쳐진 사회에서는 색채가 다양하고 화려해지는 경향이 있다.
③ 사회의 관습이나 권력에서 탈피하면 부수적으로 관련된 색채연상이나 색채금기로부터 자유로워질 수 있다.
④ 사회 안에서 선택되는 색채의 선호도는 성별에 따른 차이뿐만 아니라 연령별로 다르게 나타난다.

해설
사회가 고정되고 개인의 독립성이 뒤쳐진 사회에서는 오히려 색채가 단순하게 사용되는 경향이 있다.

14 색채 마케팅 전략 중 표적시장 선택의 시장공략 설명으로 틀린 것은?

① 무차별적 마케팅 – 세분시장 사이의 차이를 무시하고 한 개의 제품으로 전체 시장을 공략
② 차별적 마케팅 – 표적시장을 선정하고 적합한 제품을 생산하여 판매
③ 집중 마케팅 – 소수의 세분시장에서 시장점유율을 높이기 위한 전략
④ 브랜드 마케팅 – 브랜드 이미지 통합 전략

해설
④ 소비자에게 브랜드의 정체성을 알리고 좋은 인상을 심어 주기 위해 광고나 홍보를 적극 활용하는 기획활동이다.

15 표적 마케팅의 3단계 순서가 옳은 것은?

① 시장 표적화 → 시장 세분화 → 시장의 위치 선정
② 시장 세분화 → 시장 표적화 → 시장의 위치 선정
③ 시장의 위치 선정 → 시장 표적화 → 시장 세분화
④ 틈새 시장분석 → 시장 세분화 → 시장의 위치 선정

해설
표적 마케팅은 고객의 요구가 비슷한 그룹으로 묶어 STP 마케팅 전략을 사용한다. STP에는 Segmenting(시장 세분화) → Targeting(시장 소비자 타깃) → Positioning(시장 제품 위치 선정)이 있다.

16 시장 세분화(Market Segmentation)의 기준이 될 수 없는 요인은?

① 인구통계적 특성
② 지리적 특성
③ 역사적 특성
④ 심리적 특성

해설
시장 세분화 기준은 사용자의 행동분석적, 지리적, 인구학적, 사회문화적, 제품, 심리분석적 세분화로 분류된다.

11 ③ 12 ② 13 ② 14 ④ 15 ② 16 ③ 정답

17 매슬로(Maslow)의 욕구단계 중 다음에 해당되는 것은?

식자재 구매에 있어서 원산지를 확인하는 행위

① 생리적 욕구
② 안전욕구
③ 사회적 욕구
④ 자아실현의 욕구

해설
식자재 선택 시 원산지 확인의 행위는 인간의 지속적인 안전을 추구하고자 하는 안전의 욕구에서 비롯된 것이다.

18 색채 마케팅 전략을 수립하기 위한 마케팅 믹스의 기본 요소에 속하지 않는 것은?

① 제품(Product)
② 위치(Position)
③ 촉진(Promotion)
④ 가격(Price)

해설
마케팅 믹스 4P의 기본 요소에는 제품(Product), 유통(Place), 촉진(Promotion), 가격(Price)이 있다.

19 색채 시장조사의 과정에서 컬러 코드(Color Code)가 설정되는 단계는?

① 콘셉트 확인단계
② 조사방침 결정단계
③ 정보 수집단계
④ 정보 분류·분석단계

해설
색채 시장조사
대상 선정 → 조사내용 설정 → 조사방침 결정(컬러 코드, 조사분야) → 조사방침에 따른 자료준비 → 정보분석 → 분석결과 적용

20 마케팅 전략 수립 절차에서 다음에 해당하는 영역은?

시장의 수요 측정, 기존 전략의 평가, 새로운 목표에 대한 평가

① 상황 분석 ② 목표 설정
③ 전략 수립 ④ 실행 계획

해설
목표 설정 단계에서 시장의 성장률 및 수요 측정, 기업과 브랜드의 적합성을 재검토 및 재평가하여 포지셔닝을 설정한 후 마케팅 전략을 수립해야 한다.

제2과목 색채디자인

21 입체에 대한 설명으로 틀린 것은?

① 입체의 유형 중 적극적 입체는 확실하게 지각되는 형, 현실적인 형을 말한다.
② 순수입체는 모든 입체들의 기본 요소가 되는 구, 원통 육면체 등 단순한 형이다.
③ 두 면과 각도를 가진 방향으로 이동하거나 면의 회전에 의해서 생긴다.
④ 넓이는 있지만 두께는 없고, 원근감과 질감을 표현할 수 있다.

해설
입체는 넓이, 길이와 폭, 두께, 즉 부피가 있는 도형이다.

22 에스니컬 디자인(Ethnical Design), 버네큘러(Vernacular Design)의 개념은 어떤 디자인의 조건을 충족시키기 위한 것으로 설명되는가?

① 합목적성 ② 독창성
③ 질서성 ④ 문화성

정답 17 ② 18 ② 19 ② 20 ② 21 ④ 22 ④

해설
에스니컬 디자인은 인종이나 민속을 의미하며 이국적이고 자연적인 스타일을 말한다. 버네큘러 디자인은 문화적 사물(Cultural Object)에 나타난 그 지역의 민속적 특성을 일컫는 표현의 디자인을 말한다. 이 모두는 문화성을 충족시키기 위한 설명이다.

23 주조색과 강조색에 관한 설명 중 틀린 것은?

① 주조색이란 전체의 70% 이상을 차지하는 것으로 전체 색채효과를 좌우하는 역할을 한다.
② 주조색은 분야별로 선정방법이 동일하지 않고 다를 수 있다.
③ 강조색이란 전체의 30% 이상을 차지하는 것으로 디자인 대상에 변화를 주는 역할을 한다.
④ 강조색은 시각적인 강조나 면의 미적인 효과를 위해 사용한다.

해설
강조색은 전체 이미지의 5~10%의 소량을 사용한다.

24 근대 디자인의 역사에 대한 설명 중 틀린 것은?

① 독일공작연맹은 규격화를 통해 생산의 양 증대를 긍정하면서 동시에 질 향상을 지향하였다.
② 미술공예운동은 수공예 부흥운동, 대량생산 시스템의 거부라는 시대 역행적 성격이 강하다.
③ 곡선적 아르누보는 오스트리아 빈을 중심으로 발전하였다.
④ 아르데코는 복고적 장식과 단순한 현대적 양식을 결합하여 대중화를 시도하였다.

해설
아르누보는 1900년대 전후 프랑스 파리를 중심으로 발전하였다.

25 디자인 요소인 색의 세 가지 속성을 설명 순서대로 바르게 나열한 것은?

㉠ 색의 이름
㉡ 색의 맑고 탁함
㉢ 색의 밝고 어두움

① ㉠ 색조, ㉡ 명도, ㉢ 채도
② ㉠ 색상, ㉡ 채도, ㉢ 명도
③ ㉠ 배색, ㉡ 채도, ㉢ 명도
④ ㉠ 단색, ㉡ 명도, ㉢ 채도

해설
㉠ 색의 이름 : 색상
㉡ 색의 맑고 탁함 : 채도
㉢ 색의 밝고 어두움 : 명도

26 디자인 사조(思潮)에 대한 설명이 옳은 것은?

① 미술공예운동은 윌리엄 모리스의 노력에 힘입어 19세기 후반 예술성을 지향하는 몇몇 길드(Guild)와 새로운 세대의 건축가, 공예 디자이너에 의해 성장하였다.
② 플럭서스(Fluxus)란 원래 낡은 가구를 주워 모아 새로운 가구를 만든다는 뜻으로 저속한 모방예술을 의미한다.
③ 바우하우스(Bauhaus)는 신조형주의 운동으로서 개성을 배제하는 주지주의적 추상미술운동이다.
④ 다다이즘(Dadaism)의 화가들은 자연적 형태는 기하학적인 동일체의 방향으로 단순화시키거나 세련되게 할 수도 있다고 하였다.

해설
② 키치(Kitsch)에 대한 설명이다. 플럭서스는 '삶과 예술의 조화'를 가치로 내걸고 출발했으며 부르주아적 성향(게릴라 극장, 거리공연, 전자 음악회 등)을 혐오하고 아방가르드적 문화를 추구하는 예술이다.
③ 데 스테일에 대한 설명이다. 바우하우스는 과거 문화에 연루되지 않고 색채와 같은 어떠한 것에도 제한이 없는 예술이다.
④ 미니멀아트에 대한 설명이다. 다다이즘은 일반적으로 어둡고 칙칙한 색조가 사용되었고, 색채는 화려한 면과 어두운 면의 성격을 모두 가졌다.

23 ③ 24 ③ 25 ② 26 ① 정답

27 **메이크업(Make-up)을 하기 위한 가장 중요한 3대 관찰 요소는?**

① 이목구비의 비율, 얼굴형, 얼굴의 입체 정도
② 시대 유행, 의상과의 연관성, 헤어스타일과의 조화
③ 비용, 고객의 미적 욕구, 보건 및 위생 상태
④ 색의 균형, 피부의 질감, 얼굴의 형태

해설
미용 디자인은 인간의 신체 일부를 대상으로 하는 디자인이므로 개인적인 요구에 적합한 이미지를 추구하면서 시대의 흐름과 기능성을 고려해야 한다. 그중 메이크업은 얼굴의 비율, 형태, 입체 정도를 관찰해야 한다.

28 **그린 디자인의 디자인 방법이 아닌 것은?**

① 재료의 순수성 및 호환성을 고려하여 디자인한다.
② 각각의 조립과 분해가 쉽도록 디자인한다.
③ 재활용을 고려한 디자인으로 많은 노동력과 복잡한 공정이 요구된다.
④ 폐기 시 재활용률이 높도록 표면처리 방법을 고안한다.

해설
그린 디자인은 생태적이고 친환경적인 방식의 디자인 활동을 말한다. 자연에서 얻은 에너지를 생활의 에너지로 바꿔 사용하는 것도 그린 디자인의 활동으로, 많은 노동력이나 복잡한 공정을 요구하는 것은 아니다.

29 **산업이나 공예, 예술, 상업이 잘 협동하여 디자인의 규격화와 표준화를 실천한 디자인 사조는?**

① 구성주의 ② 독일공작연맹
③ 미술공예운동 ④ 사실주의

해설
① 구성주의는 기계적 또는 기하학적인 형태를 중시하여 역학적인 미를 창조하고자 하였다.
③ 미술공예운동은 윌리엄 모리스(William Morris)가 주축이 된 수공예 중심의 미술운동으로 주로 고딕양식을 추구하였고 식물 문양을 응용한 유기적인 선의 형태가 사용되었다.
④ 사실주의는 실증주의를 바탕으로 사실적 묘사를 통해 대상을 있는 그대로 표현하고자 하였다.

30 **색채디자인의 매체전략 방법과 거리가 먼 것은?**

① 통일성(Identity)
② 근접성(Proximity)
③ 주목성(Attention)
④ 연상(Association)

해설
매체전략은 시각적 주목가치, 기억, 심리적 만족과 브랜드의 인식, 투자 효율의 가치 결정에 대한 영향을 미친다. 이는 동질성, 주체성, 정체성의 정의가 결합된 것으로 통일성, 주목성, 연상이 색채디자인의 매체에서 요구되는 항목이다.

31 **시대별 디자인의 방향에 대한 설명으로 거리가 먼 것은?**

① 1830년대 – 부가 장식으로서의 디자인
② 1930년대 – 사회적 기술로서의 디자인
③ 1980년대 – 경영전략과 비즈니스로서의 디자인
④ 1910년대 – 기능적 표준 형태로서의 디자인

해설
사회적 기술 디자인은 산업혁명의 영향으로 19세기 말에 빠르게 확산되었다.

32 **디자인의 특성에 따른 색채에 관한 설명 중 틀린 것은?**

① 패션 디자인에서 유행색은 사회, 경제, 문화적 요인을 고려한 유행 예측색과 일정 기간 동안 많은 사람들이 선호하는 색으로 나눌 수 있다.
② 포장 디자인에서의 색채는 제품의 이미지 및 전체 분위기를 나타내는 중요한 역할을 한다.
③ 제품 디자인은 다양한 소재의 집합체이며 그 다양한 소재는 같은 색채로 적용되는 것이 가장 효과적이다.
④ 광고 디자인은 상품의 특성을 분명히 해 주고 구매충동을 유발하는 색채의 적용이 필요하다.

해설
다양한 소재는 그 고유의 표면 특성을 적극 활용하여 색채에 적용해야 한다.

정답 27 ① 28 ③ 29 ② 30 ② 31 ② 32 ③

33 **처음 점이 움직임을 시작한 위치에서 끝나는 위치까지의 거리를 가진 점의 궤적은?**

① 점 증 ② 선
③ 면 ④ 입 체

해설
① 점증은 점진적으로 커지거나 증가하는 것을 의미한다.
③ 면은 점과 선이 여러 개 모여 이루는 표면을 말한다.
④ 입체는 면이 이동한 자취이며 길이, 너비, 깊이, 형태와 공간, 표면, 방위, 위치 등의 특징을 가진다.

34 **색채계획 시 고려할 조건 중 거리가 먼 것은?**

① 기능성 ② 심미성
③ 공공성 ④ 형평성

해설
색채는 환경, 시각, 제품, 패션, 미용, 공공 디자인 등 다양한 분야에 걸쳐 있으므로 색채계획 시 실용성과 심미성을 기본으로 색의 이미지, 연상, 상징, 기능성 및 안전성을 고려해야 한다.

35 **자극의 크기나 강도를 일정 방향으로 조금씩 변화시켜 나가면서 그 각각 자극에 대하여 '크다/작다, 보인다/보이지 않는다' 등의 판단을 하는 색채디자인 평가방법은?**

① 조정법 ② 극한법
③ 항상법 ④ 선택법

해설
① 조정법 : 지정된 성질을 가진 자극(판별역)을 연속적으로 변화를 주면서 탐색하고 평가하는 방법이다.
③ 항상법 : 어떤 감각이 생기는 비율(자극역) 또는 표준 자극보다 강하다고 판단되는 비율(등가자극과 판별역의 경우)을 미리 정해 놓은 여러 종류의 자극에서 찾아, 통계적 처리에 의해 50%의 확률을 가진 판단이 생기는 값을 산출한다.
④ 선택법 : 가장 기본적이며 널리 사용되는 평가방법으로 다수의 평가대상을 일정한 평가 기준으로 가장 선호하는 것을 선발한다.

36 **다음 ( )에 가장 적합한 말은?**

> 디자인이란 인간생활의 목적에 알맞고 ( )적이고 미적인 조형을 계획하고 그를 실현한 과정과 그에 따른 결과로 정의될 수 있다.

① 자 연 ② 실 용
③ 환 상 ④ 상 징

해설
디자인이란 '계획하다, 설계하다'의 의미를 가졌으며 인간생활의 목적에 알맞게 실용적이면서 미적인 조형활동을 실현하고 창조해 가는 과정을 말한다.

37 **흐름, 끊임없는 변화, 움직임을 뜻하는 라틴어로 1960년대에서 1970년대에 걸쳐 주로 독일의 여러 도시를 중심으로 일어난 국제적 전위예술운동은?**

① 플럭서스
② 해체주의
③ 페미니즘
④ 포토리얼리즘

해설
플럭서스는 '삶과 예술의 조화'를 가치로 부르주아적 성향을 혐오하고 아방가르드적 문화를 추구하였다.

38 **개인의 개성과 호감이 가장 중요시되는 분야는?**

① 화장품의 색채디자인
② 주거공간의 색채디자인
③ CIP의 색채디자인
④ 교통표지판의 색채디자인

해설
주거공간이나 교통표지판과 같은 공공성을 띠는 대상일수록 일반적이고 보편적인 색채계획의 수립이 필요하다.

정답 33 ② 34 ④ 35 ② 36 ② 37 ① 38 ①

39 건축양식, 기둥 형태 등의 뜻 혹은 제품 디자인의 외관 형성에 채용하는 것으로 시대와 지역에 따라 유행하는 특정한 양식으로 말하기도 하는 용어는?

① Trend ② Style
③ Fashion ④ Design

해설
① Trend : '방향, 경향, 동향, 추세, 유행' 등의 뜻이다. 패션 용어로서는 다음에 오는 패션의 경향을 말한다.
③ Fashion : 유행, 풍조, 양식을 일컫는 말이다. 어원은 라틴어의 팍티오(Factio)이며, 만드는 일, 행위, 활동 등을 뜻한다. 주로 의복 또는 복식품의 유행을 가리켜서 말할 때 사용된다.
④ Design : 어떤 일정한 용도의 것을 만들고자 할 경우, 그 용도에 따라서 가장 아름다운 형태를 갖도록 계획 및 설계하고 조형적으로 실체화하는 것이다.

40 시각 디자인의 커뮤니케이션 기능과 종류가 잘못 연결된 것은?

① 지시적 기능 - 화살표, 교통표지
② 설득적 기능 - 잡지광고, 포스터
③ 상징적 기능 - 일러스트레이션, 패턴
④ 기록적 기능 - 영화, 심벌마크

해설
기록적 기능으로 사진, 영화, 인터넷 등이 있으며, 심벌마크는 상징적 기능에 해당된다.

제3과목 색채관리

41 제시 조건이나 재질 등의 차이에 따라 변화를 보이는 주관적인 색의 현상은?

① 컬러 프로파일
② 컬러 캐스트
③ 컬러 세퍼레이션
④ 컬러 어피어런스

해설
① 컬러 프로파일은 사용 가능한 색상의 범위를 묶어 다른 환경에서 이미지를 다룰 때 색의 변화를 억제하는 기능을 말한다.
② 컬러 캐스트는 색깔(빛깔)의 조화를 의미한다.
③ 컬러 세퍼레이션은 배색의 관계가 모호하거나 대비가 너무 강한 경우 색과 색의 사이를 분리하여 조화롭게 하는 배색기법이다.

42 분광반사율에 대한 설명으로 옳은 것은?

① 동일 조건으로 조명하여 한정된 동일 입체각 내의 물체에서 반사하는 복사속과 완전 확산 반사면에서 반사하는 복사속의 비율
② 동일 조건으로 조명 및 관측한 물체의 파장에 있어서 분광 복사 휘도와 완전 확산 반사면의 비율
③ 물체에서 반사하는 파장의 분광 복사속과 물체에 입사하는 파장의 분광 복사속의 비율
④ 입사한 복사를 모든 방향에 동일한 복사 휘도로 반사한 비율

해설
분광반사율의 척도는 입사한 빛의 전부를 반사하는 물체의 절대반사율 100%를 기준으로 한다.
※ 색에 관한 용어(KS A 0064) 참고

43 색채를 효과적으로 재현하기 위해 다른 과정보다 우선되어야 하는 것은?

① 재현하려는 표준 표본의 색채 소재(도료, 염료 등) 특성 파악
② 재현하려는 표준 표본의 측색을 바탕으로 한 색채 정량화
③ 색채 재현을 위한 원색의 조합비율 구성
④ 색채 재현을 위해 사용하는 컬러런트의 성분 파악

해설
색채 재현은 본래의 피사체나 원화, 즉 표본색 그대로 표현하는 것으로 측색에 의한 색채의 정량화가 우선시되어야 한다.

정답 39 ② 40 ④ 41 ④ 42 ③ 43 ②

44 조건등색지수(MI)를 구하려 한다. 2개의 시료가 기준광으로 조명되었을 때 완전히 같은 색이 아닐 경우의 보정방법은?

① 기준광으로 조명되었을 EO의 삼자극치(Xr1, Yr1, Zr1)를 보정한다.
② 시험광(t)으로 조명되었을 때의 삼자극치(Xt2, Yt2, Zt2)를 보정한다.
③ 기준광(r)과 시험광(t)으로 조명되었을 때의 각각의 삼자극치를 모두 보정한다.
④ 보정은 필요 없고, MI만 기록한다.

해설
조건등색은 각각 다른 색의 두 물체가 특정 광원 아래에서 같은 색으로 보이는 현상이므로 원래의 색이 다르게 보이는 시험광(t)에서의 삼자극치를 보정해야 한다.

45 천연수지 도료에 대한 설명 중 틀린 것은?

① 캐슈계 도료는 비교적 저렴하다.
② 주정 에나멜은 수지를 알코올에 용해하여 안료를 가한다.
③ 셀락 니스와 속건 니스는 도막이 매우 강하다.
④ 유성 에나멜은 보일유를 전색제로 하는 도료이다.

해설
천연수지는 주로 식물에서 추출하는 도료이다. 그중 셀락 니스와 속건 니스는 휘발성 용제로 건조와 광택, 경도가 양호하지만 도막이 약하다.

46 안료의 특징으로 옳은 것은?

① 채색 후에 물이나 습기에 노출되면 색이 보존되지 않는다.
② 물이나 착색과정의 용제(溶劑)에 의해 단일분자로 녹는다.
③ 착색하고자 하는 매질에 용해되지 않는다.
④ 피염제의 종류, 색료의 종류, 흡착력 등에 따라 착색방법이 달라진다.

해설
안료는 착색력과 선명도가 우수한 성질로 염료에 비해 은폐력이 크다. 물이나 용제 등에 용해되지 않아 자동차 내·외장, 금속 표면, 수·유성 페인트 등의 잉크 재료로 사용되는 색소이다. 피염제에는 염료를 사용한다.

47 광원에 대한 측정은 인간의 눈을 기준으로 이루어지는 것을 광측정이라 한다. 4가지 측정량에 해당되는 것은?

① 전광속, 선명도, 휘도, 광도
② 전광속, 색도, 휘도, 광도
③ 전광속, 광택도, 휘도, 광도
④ 전광속, 조도, 휘도, 광도

해설
광측정의 4가지 측정량에는 조도, 휘도, 광도, 전광속 등이 있다.

48 ISO 3664 컬러 관측 기준에 대한 설명으로 틀린 것은?

① 분광분포는 CIE 표준광 D_{50}을 기준으로 한다.
② 반사물에 대한 균일도는 60% 이상, 1,200lx 이상이어야 한다.
③ 투사체에 대한 균일도는 75% 이상, 1,270cd/m^2 이상이어야 한다.
④ 10%에서 60% 사이의 반사율을 가진 무채색 유광 배경이 요구된다.

해설
④ 10%에서 60% 사이의 반사율을 가진 무광 배경이 요구된다.

49 먼셀의 색채 개념인 색상, 명도, 채도와 유사한 구조의 디지털 색채 시스템은?

① CMYK ② HSL
③ RGB ④ LAB

해설
② HSL(HSB의 색상, 채도, 밝기의 구성과 같은 시스템)은 색상, 채도, 밝기로 먼셀의 색채 시스템과 유사하다.

44 ② 45 ③ 46 ③ 47 ④ 48 ④ 49 ② 정답

50 디지털 프린터의 디더링 기법에 대한 설명으로 틀린 것은?

① AM 스크리닝은 닷의 위치는 그대로 두고 크기를 변화시킨다.
② FM 스크리닝은 닷 배치는 불규칙적으로 보이도록 이루어진다.
③ 스토캐스틱 스크리닝은 AM 스크리닝 기법이다.
④ 에러 디퓨전은 FM 스크리닝 기법이다.

해설
- 디더링이란 제한된 색들을 활용하여 다양하고 새로운 색들을 만들어 내는 기법으로, 매끄럽지 않은 부분을 눈에 띄지 않게 변환시켜 주는 기법이다.
- 스토캐스틱 스크리닝은 매끄럽지 못하거나 애매한 부분을 눈에 잘 띄도록 변환시켜 주는 기법이다.

51 입력 색역에서 표현된 색이 출력 색역에서 재현 불가할 때 ICC에서 규정한 렌더링 의도에 대한 설명으로 잘못된 것은?

① 지각적(Perceptual) 렌더링은 전체 색 간의 관계는 유지하면서 출력 색역으로 색을 압축한다.
② 채도(Saturation) 렌더링은 입력 측의 채도가 높은 색을 출력에서도 채도가 높은 색으로 변환한다.
③ 상대색도(Relative Colorimetric) 렌더링은 입력의 흰색을 출력의 흰색으로 매핑하며, 전체 색 간의 관계를 유지하면서 출력 색역으로 색을 압축한다.
④ 절대색도(Absolute Colorimetric) 렌더링은 입력의 흰색을 출력의 흰색으로 매핑하지 않는다.

해설
상대색도 인텐트(Relative Colorimetric Intent)
가장 기본이 되는 렌더링 인텐트로 하얀색의 강렬한 이미지를 줄여 본연의 색조를 유지하기 위해 사용된다. 따라서 입력의 흰색을 출력의 흰색으로 매핑하여 출력한다.

52 색채계에 대한 설명으로 틀린 것은?

① 색채계란 색을 표시하는 수치를 측정하는 계측기를 뜻한다.
② 광전 수광기를 사용하여 종합 분광 특성을 적절하게 조정한 색채계는 광전 색채계이다.
③ 복사의 분광분포를 파장의 함수로 측정하는 계측기는 분광광도계이다.
④ 시감에 의해 색 자극값을 측정하는 색채계를 시감 색채계라 한다.

해설
분광광도계는 모노크로미터를 이용해 분광된 단색광을 시료 용액에 투과시켜 투과된 시료광의 흡수 또는 반사된 빛의 양의 강도를 광검출기로 검출하는 장치이다.

53 표면색의 시감 비교방법으로 틀린 것은?

① KS A 0065로 정의되어 있다.
② 정상 색각인 관찰자를 필요로 한다.
③ 자연주광 혹은 인공광원에서 비교를 실시한다.
④ 인공의 평균 주광으로 D_{50}은 사용할 수 없다.

해설
④ 인공의 평균 주광은 CIE 표준광 D_{65}에 상응한다. 필요에 따라서 당사자 간에 협정하여 주광 D_{50}을 사용해도 된다(KS A 0065).

54 메타머리즘에 관한 설명으로 틀린 것은?

① 메타머리즘이 나타나는 경우 광원이 바뀌면서 색채가 얼마나 차이가 나는지 알려주는 지수를 메타머리즘 지수라고 한다.
② CCM을 하는 경우에는 아이소메릭 매칭을 한다.
③ 육안으로 조색하는 경우 메타메릭 매칭을 한다.
④ 분광반사율 자체를 일치하게 하여도 관측자에 따라 메타머리즘 현상이 일어나는 경우가 있다.

해설
메타머리즘은 분광반사율의 분포가 서로 다른 두 개의 색자극이 광원의 종류와 관찰자 등의 관찰 조건을 일정하게 할 때에만 같은 색으로 보이는 경우를 말한다.

정답 50 ③ 51 ③ 52 ③ 53 ④ 54 ④

55 자연주광 조명에서의 색 비교에 대한 설명으로 잘못된 것은?

① 북반구에서의 주광은 북창을 통해서 확산된 광을 사용한다.
② 진한 색의 물체로부터 반사하지 않는 확산주광을 이용해야 한다.
③ 시료면의 범위보다 넓은 범위를 균일하게 조명해야 한다.
④ 적어도 1,000lx의 조도가 되어야 한다.

해설
자연주광 조명에서의 색 비교 시 적어도 2,000lx의 조도가 되어야 한다. 단, 태양과 같은 직사광은 피해야 한다.

56 ICC 기반 색채관리시스템에 대한 설명으로 틀린 것은?

① CIEXYZ 또는 CIELAB을 PCS로 사용한다.
② 색채 변환을 위해서 항상 입력과 출력 프로파일이 필요하지는 않다.
③ 운영체제에서 특정 CMM을 선택하는 것은 가능하다.
④ CIELAB의 지각적 불균형 문제를 CMM에서 보완할 수 있다.

해설
② 색채 변환을 위해서 항상 입력과 출력 프로파일이 필요하다.

57 염료와 안료에 대한 설명으로 틀린 것은?

① 일반적으로 염료는 수용성, 안료는 비수용성이다.
② 일반적으로 염료는 유기성, 안료는 무기성이다.
③ 불투명한 채색을 얻고자 하는 경우 안료를 사용하고, 투명도를 원할 때는 염료를 사용한다.
④ 불투명하게 플라스틱을 채색하고자 할 때는 안료와 플라스틱 사이의 굴절률 차이를 작게 해야 한다.

해설
안료의 굴절률이 클수록 입자 표면에서 반사되는 광이 많아지게 되어 은폐력이 커진다. 즉, 불투명하게 플라스틱을 채색하고자 할 때는 굴절률 차이를 크게 해야 한다.

58 가소성 물질이며, 광택이 좋고 다양한 색채를 낼 수 있도록 착색이 가능하며 투명도가 높고 굴절률은 유리보다 낮은 소재는?

① 플라스틱 ② 금 속
③ 천연섬유 ④ 알루미늄

해설
플라스틱 소재의 장점은 전기절연성, 열가소성, 표면광택, 단열성, 빛투과성, 탄성, 충격흡수, 보온효과 등이 있다. 그러나 열에 약하다.

59 시각에 관한 용어와 설명이 바르게 연결된 것은?

① 가독성 – 대상물의 존재 또는 모양의 보기 쉬움 정도
② 박명시 – 명소시와 암소시의 중간 밝기에서 추상체와 간상체 양쪽이 움직이고 있는 시각의 상태
③ 자극역 – 2가지 자극이 구별되어 지각되기 위하여 필요한 자극 척도상의 최소의 차이
④ 동시대비 – 시간적으로 근접하여 나타나는 2가지 색을 차례로 볼 때에 일어나는 색 대비

해설
① 가독성 : 문자, 기호 또는 도형이 얼마나 크게 읽히는가 하는 능률의 정도를 말한다.
③ 자극역 : 생체에 반응을 일으키는 최소한의 자극을 말한다.
④ 동시대비 : 두 가지 이상의 색을 이웃하여 놓고 동시에 볼 때 일어나는 대비현상을 말한다.

60 대상에 따라 구분해서 사용하는 경면 광택도 측정에 대한 설명이 틀린 것은?

① 85° 경면 광택도 – 종이, 섬유 등 광택이 거의 없는 대상에 적용
② 75° 경면 광택도 – 도장면, 타일, 법랑 등 일반적 대상물의 측정
③ 60° 경면 광택도 – 광택 범위가 넓은 범위를 측정하는 경우에 적용
④ 20° 경면 광택도 – 비교적 광택도가 높은 도장면이나 금속면끼리의 비교

정답 55 ④ 56 ② 57 ④ 58 ① 59 ② 60 ②

해설
②의 설명은 60° 경면 광택도에 해당된다. 경면 광택도는 거울면 반사광의 기준면에서 같은 조건에서의 반사광에 대한 백분율이며 필요에 따라 20°, 45°, 60°, 85°의 입사각을 사용한다.

제4과목 색채지각론

61 작은 면적의 회색이 채도가 높은 유채색으로 둘러싸일 때 회색이 유채색의 보색 색상을 띠어 보이는 것은?

① 색음현상 ② 애브니 효과
③ 피프만 효과 ④ 기능적 색채

해설
색음현상은 '색을 띤 그림자'라는 의미로 어떤 빛을 비추면 그 물체의 그림자가 빛의 반대색상(보색)으로 보이는 현상을 말한다. 괴테가 발견하여 괴테현상이라고도 한다.

62 색채의 감정효과 중 리프만 효과(Liebmann's Effect)와 관련이 높은 것은?

① 경연감 ② 온도감
③ 명시성 ④ 주목성

해설
리프만 효과는 보색관계처럼 색상의 차이가 커도 명도 차이가 작으면 색의 차이가 쉽게 인식되지 않는 현상을 말한다.

63 도로 안내 표지를 디자인할 때 가장 중점을 두어야 하는 것은?

① 배경색과 글씨의 보색대비 효과를 고려한다.
② 배경색과 글씨의 명도차를 고려한다.
③ 배경색과 글씨의 색상차를 고려한다.
④ 배경색과 글씨의 채도차를 고려한다.

해설
도로 안내 표지는 안전이나 경고의 메시지를 전달해야 하기 때문에 명도차를 고려하여 디자인해야 한다.

64 다음 중 병치혼색이 아닌 것은?

① 인상파 화가의 점묘화
② 컬러 인쇄의 망점
③ 직물에서의 베졸트 효과
④ 빠르게 도는 색팽이의 색

해설
빠르게 도는 색팽이의 색은 회전혼색에 속하며, 팽이에 두 가지 이상의 색을 붙인 후 빠르게 회전시키면 그 색들이 혼합되어 보인다.

65 두 개 이상의 색 필터 또는 색광을 혼합하여 다른 색채감각을 일으키는 것은?

① 색의 지각
② 색의 혼합
③ 색의 순응
④ 색의 파장

해설
색의 혼합은 두 개 이상의 색 필터 또는 색광을 혼합하여 다른 색채감각을 일으키는 것으로 가법혼색, 감법혼색, 중간혼색 등이 있다.

66 감법혼색을 응용하는 것이 아닌 것은?

① 컬러 TV
② 컬러 슬라이드
③ 컬러 영화필름
④ 컬러 인화사진

해설
감법혼색은 혼합할수록 명도가 낮아지는 현상으로 색 필터, 컬러 슬라이드, 영화필름, 색채사진 등이 이에 속한다.

정답 61 ① 62 ③ 63 ② 64 ④ 65 ② 66 ①

67 다음 곡선 중에서 양배추의 분광반사율을 나타내는 것은?

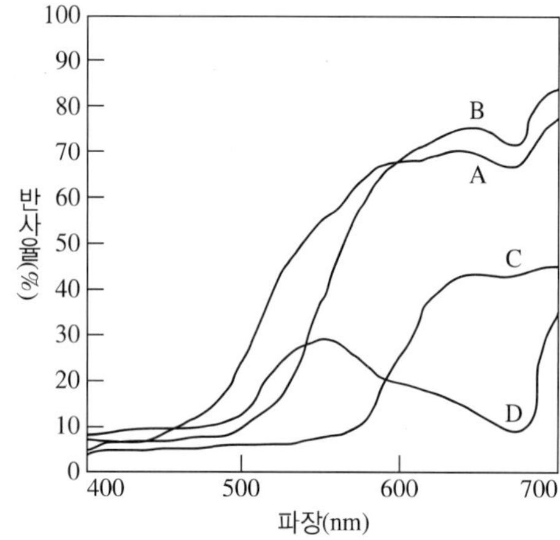

① A ② B
③ C ④ D

해설
양배추의 색은 밝고 연한 초록, 즉 연두색으로 중파장인 480~560nm 구간에 속하고 단파장과 장파장은 약간만 반사하므로 D 곡선이 양배추의 분광반사율과 가깝다.

68 조명광의 혼색이나 텔레비전 또는 컴퓨터 모니터의 혼색에 해당되는 것은?

① 가법혼색 ② 감법혼색
③ 중간혼색 ④ 회전혼색

해설
광원이나 텔레비전 및 모니터의 색상은 가법혼색의 효과로 빛의 밝기 및 세기로 나타낸다.

69 저녁노을이 붉게 보이는 것은 빛의 어떤 현상 때문인가?

① 반 사 ② 굴 절
③ 간 섭 ④ 산 란

해설
산란은 태양 빛이 대기 중의 미립자와 충돌하여 여러 방향으로 퍼져 나가는 현상으로, 붉은 저녁노을과 같이 대기 변화를 느낄 수 있는 것은 바로 빛의 산란 때문이다.

70 푸르킨예 현상에 대한 설명 중 옳은 것은?

① 조명이 점차 어두워지면 빨간색이 다른 색보다 먼저 영향을 받는다.
② 암소시에서 명소시로 이동할 때 생기는 지각현상을 말한다.
③ 낮에는 빨간 사과가 밤이 되면 밝은 회색으로 보인다.
④ 어두운 곳에서의 명시도를 높이기 위해서는 초록색보다 주황색이 유리하다.

해설
② 푸르킨예 현상은 명소시(주간시)에서 암소시(야간시)로 이동할 때 생기는 것으로, 광수용기의 민감도에 따라 낮에는 빨간색이 잘 보이다가 밤에는 파란색이 더 잘 보이는 현상을 말한다.
③ 빨간 사과는 밤이 되면 회색이라기보다는 어둡게 보이게 된다.
④ 어두운 곳에서 초록색으로 디자인하는 것이 적합하다.

71 유채색 지각과 관련된 광수용기는?

① 간상체 ② 추상체
③ 중심와 ④ 맹 점

해설
추상체는 색상 인식을 담당하고, 간상체는 명암(밝기)을 담당한다.

72 노트르담 대성당의 스테인드 글라스 제작기법에서, 원색으로 이루어진 바탕 그림 사이에 검은색 띠를 두른 것을 발견하게 되는데 이는 어떤 대비를 약화시키려는 시각적 보정작업인가?

① 색상대비 ② 연변대비
③ 명도대비 ④ 한난대비

해설
연변대비는 두 색이 인접해 있을 때 서로 인접되는 부분이 경계로부터 멀리 떨어져 있는 부분보다 색상, 명도, 채도의 대비현상이 더욱 강하게 일어나는 현상이다. 연변대비를 약화시키고자 할 때는 두 색 사이를 무채색 테두리로 구분해 준다.

67 ④ 68 ① 69 ④ 70 ① 71 ② 72 ② 정답

73 베졸트(Bezold) 효과에 대한 설명으로 틀린 것은?

① 배경에 비해 줄무늬가 가늘고, 그 간격이 좁을수록 효과적이다.

② 어느 영역의 색이 그 주위 색의 영향을 받아 주위 색에 근접하게 변화하는 효과이다.

③ 배경색과 도형색의 명도와 색상 차이가 작을수록 효과가 뚜렷하다.

④ 음성적 잔상의 원리를 적용한 효과이다.

해설
베졸트 효과는 하나의 색 변화로 전체 색조를 변화시키는 현상이며, 동화현상이라고도 한다.
④ 음성적 잔상은 원래의 감각과 반대의 밝기나 색상을 띤 부의 잔상을 말한다.

74 다음 ( )에 들어갈 내용으로 알맞게 짝지어진 것은?

> 간상체 시각은 약 ( )nm의 빛에 가장 민감하며, 추상체 시각은 약 ( )nm의 빛에 가장 민감하다.

① 400, 450

② 500, 560

③ 400, 550

④ 500, 660

해설
간상체는 507nm의 빛에 가장 민감하고, 추상체는 555nm의 빛에 가장 민감하다.

75 물체에 적용 시 가장 작아 보이는 색은?

① 채도가 높은 주황색

② 밝은 노란색

③ 명도가 낮은 파란색

④ 채도가 높은 연두색

해설
- 팽창(진출)색 : 난색계, 고명도, 고채도
- 수축(후퇴)색 : 한색계, 저명도, 저채도

76 색채의 경연감에 관한 설명이 틀린 것은?

① 밝고 채도가 낮은 난색은 부드러운 느낌을 준다.

② 색채의 경연감은 주로 명도와 관련이 있다.

③ 채도가 높은 한색은 딱딱한 느낌을 준다.

④ 어두운 한색은 딱딱한 느낌을 준다.

해설
② 색채의 경연감은 주로 채도에 의해 좌우된다. 명도는 주로 색채의 중량감에 영향을 준다.

77 색의 3속성 중 대상물과 바탕색과의 관계에서 시인성에 영향을 주는 순서를 바르게 나열한 것은?

① 채도차 → 색상차 → 명도차

② 색상차 → 채도차 → 명도차

③ 채도차 → 명도차 → 색상차

④ 명도차 → 채도차 → 색상차

해설
명도차가 클수록 잘 보이고 채도와 색상 차이가 같이 있으면 시인성이 높다.

78 색채에 대한 느낌을 가장 옳게 설명한 것은?

① 빨강, 주황, 노랑 등의 색상은 경쾌하고 시원함을 느끼게 한다.

② 장파장 계통의 색은 시간의 경과가 느리게 느껴지고, 단파장 계통의 색은 시간의 경과가 빠르게 느껴진다.

③ 한색 계열의 저채도 색은 심리적으로 마음이 가라앉는 느낌을 준다.

④ 색의 중량감은 주로 채도에 의하여 좌우된다.

해설
① 빨강, 주황, 노랑 등의 색상은 난색 계열로 경쾌하고 따뜻한 느낌이다.
② 시간의 경과가 느리게 느껴지는 것은 단파장 계통의 색이고, 시간의 경과가 빠르게 느껴지는 것은 장파장 계통의 색이다.
④ 색의 중량감은 주로 명도에 의하여 좌우된다.

정답 73 ④ 74 ② 75 ③ 76 ② 77 ④ 78 ③

79 **인쇄에서의 혼색에 대한 설명으로 틀린 것은?**

① 망점 인쇄에서는 잉크가 중복 인쇄로서 필요에 따라 겹쳐지기 때문에 감법혼색의 상태를 나타낸다.
② 잉크양을 절약하기 위해 백색 잉크를 사용해 4원색을 원색으로서 중복 인쇄한다.
③ 각 잉크의 망점 크기나 위치가 엇갈리므로 병치가법의 혼색 상태도 나타난다.
④ 망점 인쇄에서는 감법혼색과 병치가법혼색이 혼재된 혼색이다.

해설
3원색의 잉크를 각각의 판을 만들어 중복 인쇄한다.

80 **정육점에서 사용된 붉은색 조명이 고기를 신선하게 보이도록 하는 현상은?**

① 분광반사 ② 연색성
③ 조건등색 ④ 스펙트럼

해설
연색성은 광원이 물체의 색상에 영향을 미치는 현상으로, 붉은색 조명은 고기를 더욱 신선하게 보이게 하는 성질이 있다.

제5과목 색채체계론

81 **슈브뢸(M. E. Chevreul)의 색채조화론에 대한 설명으로 옳은 것은?**

① 색의 조화와 대비의 법칙을 사용한다.
② 조화는 질서와 같다.
③ 동일 색상이 조화가 좋다.
④ 순색, 흰색, 검정을 결합하여 4종류의 색을 만든다.

해설
② 오스트발트의 색채조화론
③ 문-스펜서의 색채조화론
④ 조화론과는 관련이 없다.

82 **우리의 음양오행사상에 의한 색체계는 오방정색과 오방간색으로 분류하는데 다음 중 오방간색이 아닌 것은?**

① 청 색 ② 홍 색
③ 유황색 ④ 자 색

해설
청색은 오방정색에 해당된다. 오방정색은 적, 청, 황, 흑, 백이고, 오방간색은 녹, 벽, 홍, 유황, 자색이 해당된다.

83 **PCCS 색체계에 대한 설명으로 옳은 것은?**

① 일반교육 및 미술교육 등 색채교육용 표준체계로 색채관리 및 조색을 과학적으로 정확히 전달하기에 적합한 색체계이다.
② R, Y, G, B, P의 5색상을 색영역의 중심으로 하고, 각 색의 심리보색을 대응시켜 10색상을 기본색상으로 한다.
③ 명도의 표준은 흰색과 검은색 사이를 정량적으로 분할한다.
④ 채도의 기준은 지각적 등보성이 없이 절대수치인 9단계로 모든 색을 구성하였다.

해설
① 먼셀의 표색계에 대한 설명이다.
② R, Y, G, B, P의 5색상환의 사이에 중간색을 배치하여 10색상환을 이룬 시스템은 먼셀의 표색계이며, 각 색의 심리보색을 반대편에 대응시켜 총 24색상환을 구분한 것은 PCCS 표색계이다.
③ 모든 색체계에 해당되는 내용이다.

84 **CIE 색체계의 특성이 아닌 것은?**

① 동일 색상을 찾기 쉬워 색채계획 시 유용하다.
② 인쇄로 표현할 수 있는 색의 범위가 한정적이다.
③ 색을 과학적이고 객관성 있게 지시할 수 있다.
④ 최종 좌푯값들의 활용에 있어 인간의 색채시감과 거리가 있다.

해설
CIE 색체계는 혼색계로 지각적 등보성이 없어 색상을 찾기 위해서는 측색기가 필요하다.

정답 79 ② 80 ② 81 ① 82 ① 83 ④ 84 ①

85 문-스펜서(Moon & Spencer)의 색채조화론 중 색상이나 명도, 채도의 차이가 아주 가까운 애매한 배색으로 불쾌감을 주는 범위는?

① 유사조화 ② 눈부심
③ 제1부조화 ④ 제2부조화

해설
제1부조화는 아주 가까운 유사색의 부조화를 의미한다.

86 CIE L*u*v* 색좌표에 대한 설명이 틀린 것은?

① L*은 명도 차원이다.
② u*와 v*는 색상 축을 표현한다.
③ u*는 노랑-파랑 축이다.
④ v*는 빨강-초록 축이다.

해설
② u*와 v*는 두 개의 채도 축을 표현한다.

87 먼셀 색체계의 색채 표기법으로 옳은 것은?

① 19 : pB ② 2.5PB 4/10
③ Y90R ④ 2eg

해설
먼셀 색체계의 색채 표기법은 H V/C로 나타내며, H는 색상, V는 명도, C는 채도를 의미한다.

88 먼셀 색체계를 규정한 한국산업표준은?

① KS A 0011
② KS A 0062
③ KS A 0074
④ KS A 0084

해설
- KS A 0011 물체색의 색이름
- KS A 0062 색의 3속성에 의한 표시방법
- KS C 0074 측색용 표준광 및 표준광원
- KS A 0084 형광 물체색의 측정방법

89 CIE 색체계의 색공간 읽는 법에 대한 설명이 틀린 것은?

① Yxy에서 Y는 색의 밝기를 의미한다.
② L*a*b*에서 L*는 인간의 시감과 같은 명도를 의미한다.
③ L*C*h에서 C*는 색상의 종류, 즉 Color를 의미한다.
④ L*u*v*에서 u*와 v*는 두 개의 채도 축을 표현한다.

해설
③ L*C*h에서 L*은 명도, C*는 채도, h는 색상의 각도를 의미한다.

90 관용색명과 일반색명의 설명으로 틀린 것은?

① 관용색명은 옛날부터 전해 내려오는 습관상으로 사용하는 색 하나하나의 고유색명이라 정의할 수 있다.
② 관용색명에는 동물 및 식물, 광물 등의 이름에서 따온 것들이 있다.
③ 일반색명은 계통색명이라고 하며, 감성적인 표현의 방법이라 할 수 있다.
④ ISCC-NIST 색명법은 미국에서 공동으로 제정한 색명법으로 일반색명이라 할 수 있다.

해설
감성적인 표현은 색명이 모호하므로, 관용색명이나 일반색명과 같은 명확한 색 표기법을 사용하여 정량적으로 표시하고 있다.

91 혼색계 시스템의 이론에 기초를 둔 연구를 한 학자들로 나열된 것은?

① 토마스 영, 헤링, 괴테
② 토마스 영, 헬름홀츠, 맥스웰
③ 슈브럴, 헬름홀츠, 맥스웰
④ 토마스 영, 슈브럴, 비렌

정답 85 ③ 86 ② 87 ② 88 ② 89 ③ 90 ③ 91 ②

해설
혼색계는 빛의 3원색의 혼합관계를 객관화한 시스템이다. 빛에 대한 학설을 주장한 학자로 호이겐스, 뉴턴, 맥스웰, 토마스 영, 헬름홀츠, 맥스웰, 아인슈타인이 대표적이다.
• 헤링 : 순응, 대비, 잔상의 반대색설, 대응색설
• 슈브럴 : 색의 조화와 대비의 법칙, 4가지 조화의 법칙
• 비렌 : 시각과 심리학적 조화이론

92 DIN 색체계와 가장 유사한 색상구조를 갖는 색체계는?

① Munsell ② NCS
③ Yxy ④ Ostwald

해설
DIN 색체계는 오스트발트를 기본으로 총 24색으로 구성되어 있다. 1955년 독일의 표준기관인 DIN에서 도입한 색체계로 다양한 색채 측정과 연관된 수많은 정량적 측정에 이용할 수 있는 색체계이다.

93 오스트발트 색입체의 특징으로 틀린 것은?

① 시지각적으로 색상이 등간격으로 분포하지 않는다.
② 순색의 백색량, 순색량은 색상마다 같다.
③ 모든 색상의 순색은 색입체상에서 동일한 위치에 있다.
④ 등순계열의 색은 흑색량과 순색량이 같다.

해설
등순계열은 순색량이 같은 조화이다. 등백계열은 백색량이 같은 조화, 등흑계열은 흑색량이 같은 조화이다.

94 NCS 색체계의 설명 중 틀린 것은?

① NCS 표기법으로 모든 가능한 물체의 표면색을 표시할 수 있다.
② 색상 삼각형의 한 색상은 섬세한 차이의 다른 검은색도와 유채색도에 의해서 변화된다.
③ 노르웨이, 스페인, 스웨덴의 국가 표준색을 제정하는 데 기여하였다.
④ 업계 간 원활한 컬러 커뮤니케이션을 위해 Trend Color를 포함한다.

해설
NCS 색체계는 유행색이 아닌 보편적인 자연색을 기본으로 한 표색계이다.
④ 업체 간 원활한 컬러 커뮤니케이션을 위해 Trend Color를 포함한 색체계로는 먼셀의 표색계가 유용하게 쓰이며, 현대에는 팬톤사에서 개발한 컬러칩을 기반으로 업계 간 유용하게 활용하고 있다.

95 ISCC-NIST의 색기호에서 색상과 약호의 연결이 틀린 것은?

① RED - R
② OLIVE - O
③ BROWN - BR
④ PURPLE - P

해설
OLIVE - OL, ORANGE - O

96 NCS 색체계의 S2030-Y90R 색상에 대한 옳은 설명은?

① 90%의 노란색도를 지니고 있는 빨간색
② 노란색도 20%, 빨간색도 30%를 지니고 있는 주황색
③ 90%의 빨간색도를 지니고 있는 노란색
④ 빨간색도 20%, 노란색도 30%를 지니고 있는 주황색

해설
NCS는 S(검정량) + W(흰색량) + C(유채색량) = 100%로 표시되며 이 세 가지 속성 가운데 검정량과 순색량의 뉘앙스만 표시한다. 즉 S1230 중 앞자리 12는 검은색도이고 뒤의 30은 순색량이다. 위의 지문에서 S2030-Y90R은 검은색도 20에 순색도 30을 지니고 있으며 순색의 30 중 90%의 빨간색도를 지닌 다홍색이며 노란 기미를 띠고 있다.

92 ④ 93 ④ 94 ④ 95 ② 96 ③ 정답

97 다음 중 국제표준 색체계가 아닌 것은?

① Munsell ② CIE
③ NCS ④ PCCS

해설
PCCS는 1964년 일본 색채연구소에서 색채조화를 주요 목적으로 개발되었으며 국제표준 색체계는 아니다.

98 다음 그림의 오스트발트 색채체계에서 보이는 조화로 맞는 것은?

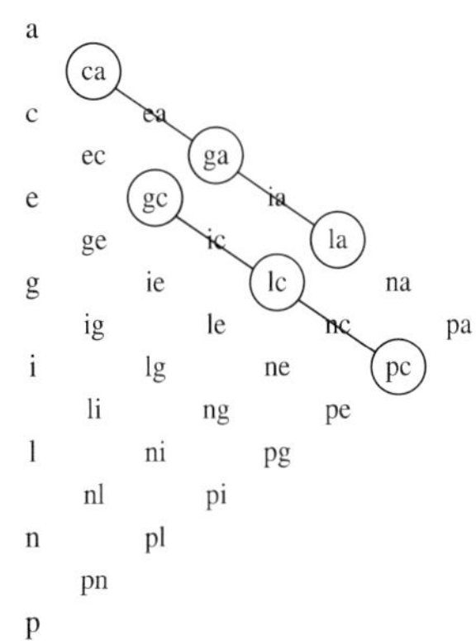

① 등백계열의 조화
② 등흑계열의 조화
③ 등순계열의 조화
④ 등가색환 계열의 조화

해설
오스트발트 등색상 삼각형의 표색기호

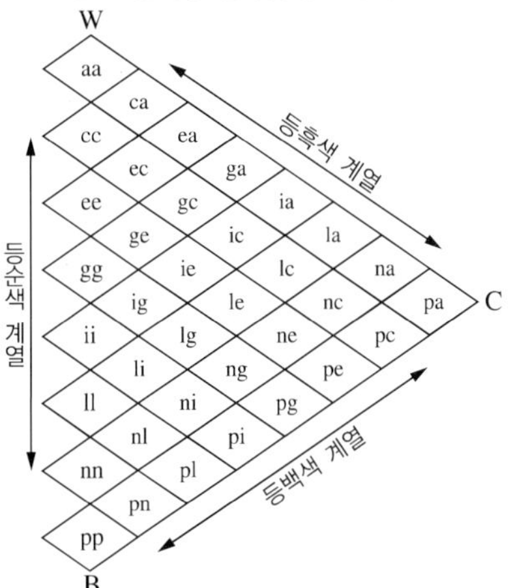

99 다음 중 한국의 전통색명인 벽람색(碧藍色)이 해당하는 색은?

① 밝은 남색
② 연한 남색
③ 어두운 남색
④ 진한 남색

해설
벽람색은 밝은 남색에 벽색을 더한 색을 의미한다.

100 먼셀 색체계의 기본 5색상이 아닌 것은?

① 연 두 ② 보 라
③ 파 랑 ④ 노 랑

해설
① 연두는 중간색에 속하는 색상이다.
먼셀의 색상환은 빨강(Red), 노랑(Yellow), 초록(Green), 파랑(Blue), 보라(Purple)를 색상환의 5등분이 되도록 배열하였다. 다시 각 색의 중간색은 주황(Yellow Red), 연두(Green Yellow), 청록(Blue Green), 남색(Purple Blue), 자주(Red Purple)를 배치하여 총 10색상이 기본색을 이루도록 하였다.

정답 97 ④ 98 ② 99 ① 100 ①

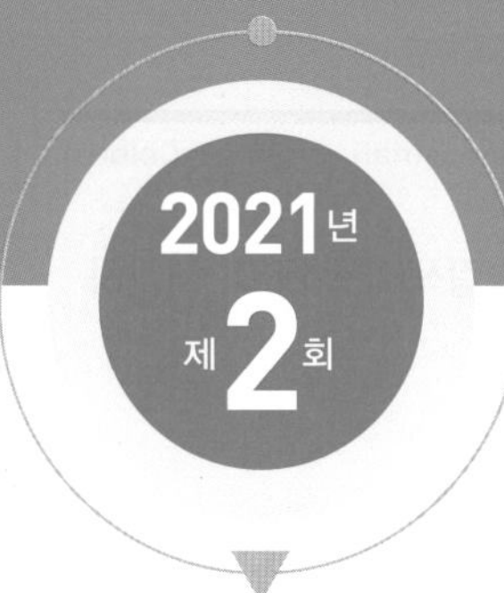

컬러리스트기사

과년도 기출문제

제1과목 색채심리 · 마케팅

01 소비자의 욕구와 구매 패턴에 대응하기 위한 마케팅 전략의 단계가 옳은 것은?

① 다양화 마케팅 → 대량 마케팅 → 표적 마케팅
② 대량 마케팅 → 다양화 마케팅 → 표적 마케팅
③ 표적 마케팅 → 대량 마케팅 → 다양화 마케팅
④ 다양화 마케팅 → 표적 마케팅 → 대량 마케팅

해설
기업은 표적시장을 선정하기 위해 시장의 규모, 성장률, 경쟁사 등을 평가 분석하여 마케팅 전략을 세우게 된다. 그 단계에 따라 대량 마케팅 → 다양화 마케팅 → 표적 마케팅으로 접근할 수 있다.

02 인간의 선행경험에 따라 다른 감각과 교류되는 색채감각을 경험하게 된다. 이에 대한 설명 중 틀린 것은?

① 뉴턴은 분광실험을 통해 발견한 7개 영역의 색과 7음계를 연결시켰으며, 이 중 C음은 청색을 나타낸다.
② 색채와 모양의 추상적 관련성은 요하네스 이텐, 파버 비렌, 칸딘스키, 베버와 페흐너에 의해 연구되었다.
③ '브로드웨이 부기우기'라는 작품은 시각과 청각의 공감각을 활용하였으며, 색채언어의 가능성을 보여주었다.
④ 20대 여성을 겨냥한 핑크색 스마트 기기의 시각적 촉감은 부드러움이 연상되며, 이와 같이 색채와 관련된 공감각을 활용하면 메시지와 의미를 보다 정확하게 전달할 수 있다.

해설
- 뉴턴의 7음계 : 빨강-도, 주황-레, 노랑-미, 초록-파, 파랑-솔, 남색-라, 보라-시
- 카스텔의 음계와 색 : C-청색, D-초록, E-노랑, G-빨강, A-보라

03 프랑스의 색채학자 필립 랑클로(Jean-Philippe Lenclos)와 관련이 가장 높은 학문은?

① 색채지리학
② 색채인문학
③ 색채지역학
④ 색채종교학

해설
장 필립 랑클로(Jean-Philippe Lenclos)는 땅의 색을 기반으로 지역색의 개념을 제시하였으며 이는 색채지리학에 대한 학문이다.

04 일반적으로 '사과는 무슨 색?' 하고 묻는 질문에 '빨간색'이라고 답하는 경우처럼, 물체의 표면색에 대해 무의식적으로 결정해서 말하게 되는 색은?

① 항상색
② 무의식색
③ 기억색
④ 추측색

해설
기억색은 대상의 표면색에 대한 무의식적 추론에 의해 결정되는 색채이다.

1 ② 2 ① 3 ① 4 ③ 정답

05 색채 마케팅에 대한 설명으로 옳지 않은 것은?

① 대중이 특정 색채를 좋아하도록 유도하여 브랜드 또는 제품의 가치를 높이는 것
② 색채의 이미지나 연상작용을 브랜드와 결합하여 소비를 유도하는 것
③ 생산단계에서 색채를 핵심 요소로 하여 제품을 개발하는 것
④ 새로운 컬러를 제안하거나 유행색을 창조해 나가는 총체적인 활동

해설
③ 제품 개발은 기획단계에서 이루어진다. 생산단계는 시제품 제작과 함께 품평회를 실시하여 생산하는 단계이다.

06 색채 마케팅 전략을 수립하는 데 있어서 생활유형(Life Style)이 대두된 이유가 아닌 것은?

① 물적 충실, 경제적 효용의 중시
② 소비자 마케팅에서 생활자 마케팅으로의 전환
③ 기업과 소비자 간의 커뮤니케이션 장애 제거의 필요성
④ 새로운 시장 세분화(Market Segmentation) 기준으로서의 생활유형이 필요

해설
경제 발전으로 사회구조, 소비자의 가치관은 변화하고 있다.

07 색채조사를 위한 표본추출방법으로 틀린 것은?

① 대규모 집단에서 소규모 집단을 뽑는다.
② 무작위로 표본추출한다.
③ 편차가 가능한 많이 나는 방식으로 한다.
④ 모집단에 대한 정확한 이해가 선행되어야 한다.

해설
표본의 사례수는 오차와 관련이 있다. 적정 표본 크기는 허용 오차범위에 의해 달라지므로 편차를 최대한 줄여야 한다.

08 일반적인 포장지 색채로 올바르지 않은 것은?

① 민트(Mint)향 초콜릿 – 녹색과 은색의 포장
② 섬세하고 에로틱한 향수 – 난색 계열, 흰색, 금색의 포장용기
③ 밀크 초콜릿 – 흰색과 초콜릿색의 포장
④ 바삭바삭 씹히는 맛의 초콜릿 – 밝은 핑크와 초콜릿색의 포장

해설
바삭바삭 씹히는 맛의 초콜릿은 밝은 노란색과 초콜릿색의 포장이 효과적이다.

09 사회·문화 정보의 색으로서 색채정보의 활용 사례가 잘못 연결된 것은?

① 동양 : 신성시되는 종교색 – 노랑
② 중국 : 왕권을 대표하는 색 – 노랑
③ 북유럽 : 영혼과 자연의 풍요로움 – 녹색
④ 서양 : 평화, 진실, 협동 – 하양

해설
서양에서 하양(흰색)은 순결, 순수, 선량함과 평화를 상징한다.
④ 평화, 진실, 협동은 파랑의 상징이며 서양에서 파랑은 공포, 불안을 의미한다.

10 색채 시장조사의 자료수집방법으로 적합하지 않은 것은?

① 조사연구법
② 패널조사법
③ 현장관찰법
④ 체크리스트법

해설
자료수집방법에는 실험연구법, 현장관찰법, 패널조사법, 표본조사법, 다차원척도법 등이 있다.

정답 5 ③ 6 ① 7 ③ 8 ④ 9 ④ 10 ④

11 제품 포지셔닝(Positioning)에 대한 설명으로 옳은 것은?

① 제품의 품질, 스타일, 성능을 제품의 가격보다도 우선적으로 고려해야 된다.
② 제품이나 브랜드를 고객의 마음속에 경쟁제품보다 유리한 위치를 점하도록 하는 노력이다.
③ 경쟁사의 브랜드가 현재 어떻게 포지셔닝되어 있는지를 파악할 필요는 없다.
④ 제품의 속성보다는 제품의 이미지를 더 강조해야 유리하다.

해설
제품의 특성에 따라 어떤 제품은 가격을, 어떤 제품은 성능이나 안정성을 고려하는 식의 마케팅 믹스가 필요하며, 경쟁제품과 비교하여 갖게 되는 지각, 인상, 가격 등이 영향을 미쳐 포지셔닝이 형성되므로 시장에서의 성공요인을 찾아내 경쟁력을 분석할 필요가 있다.

12 제품 수명주기 중 성장기의 설명으로 틀린 것은?

① 색채 마케팅에 의한 브랜드 이미지 상승
② 시장 점유의 극대화에 노력해야 하는 시기
③ 새롭고 차별화된 마케팅 및 광고전략 필요
④ 유사제품이 등장하면서 시장이 확대되는 시기

해설
새롭고 차별화된 마케팅 및 광고전략이 필요한 시기는 경쟁기에 해당된다.

13 색채의 공감각에 대한 설명 중 틀린 것은?

① 색의 농담과 색조에서 색의 촉감을 느낄 수 있다.
② 소리의 높고 낮음은 색의 명도, 채도에 의해 잘 표현된다.
③ 좋은 냄새의 색들은 Light Tone의 고명도 색상에서 느껴진다.
④ 쓴맛은 순색과 관계가 있고, 채도가 낮은 색에서 느껴진다.

해설
쓴맛은 주로 한색 계열, 탁한 갈색, 올리브그린 등에서 느껴진다.

14 기업의 마케팅 전략을 수립하는 SWOT 분석과정에 해당되지 않는 것은?

① 기 회 ② 위 협
③ 약 점 ④ 경 쟁

해설
SWOT 분석
강점(Strength), 약점(Weakness), 기회(Opportunity), 위협(Threat) 요인으로 규정한다. 마케팅을 기획하고 수행하는 조직의 장단점, 잠재 고객의 기회 혹은 문제가 기업의 기회와 위협요인에 속하게 된다.

15 색채별 치료효과에서 대머리, 히스테리, 신경질, 불면증, 홍역, 간질, 쇼크, 이질, 심장 두근거림 등을 치료할 때 효과적인 색채는?

① 파 랑 ② 노 랑
③ 보 라 ④ 주 황

해설
파랑은 안정, 긴장완화, 이완의 작용에 효과적인 색채이다.

16 군집(Cluster)표본추출 과정에 대한 설명이 아닌 것은?

① 모집단을 모두 포괄하는 목록을 가지고 체계적으로 선정해야 한다.
② 모집단을 하위집단으로 구획하여 하위집단을 뽑는다.
③ 잠정적 소비계층을 찾기 위해서는 전국적인 소비자 모두가 모집단이 된다.
④ 편의가 없는 조사가 되기 위해서는 표본을 무작위로 뽑아야 한다.

해설
개체 중 유사한 속성을 지닌 집단이 대상이 되므로 전국적인 소비자 모두가 모집단이 될 수 없다.

11 ② 12 ③ 13 ④ 14 ④ 15 ① 16 ③ 정답

17 구매 의사결정의 설명으로 틀린 것은?

① 소비자의 구매 의사결정 과정은 욕구의 인식, 정보의 탐색, 대안의 평가, 구매의 결정, 구매, 그리고 구매 후 행동의 6단계로 구성된다.
② 구매 결정에 필요한 정보는 우선 내적으로 탐색한 후 부족하다고 판단되면 외적으로 추가 탐색한다.
③ 특정 상품 구매는 다른 요인에 의해서도 영향을 받지만 점포의 특징과도 밀접한 관계가 있다.
④ 소비자는 구매 후 다른 행동을 옮길 수 있지만 인지 부조화를 느낄 수가 없다.

해설
소비자는 구매 후 자신의 선택에 대하여 불안감을 느끼게 되는 인지 부조화 현상이 일어날 수 있다.

18 다음은 마케팅 정보시스템 중 무엇에 관한 설명인가?

> • 기업을 둘러싼 마케팅 환경에서 발생되는 일상적인 정보를 수집하기 위해서 기업이 사용하는 절차와 정보원의 집합을 의미
> • 기업의 의사결정에 영향을 미칠 가능성이 있는 기업 주변의 모든 정보를 수집하는 것

① 내부 정보시스템
② 고객 정보시스템
③ 마케팅 의사결정지원 시스템
④ 마케팅 인텔리전스 시스템

해설
① 내부 정보시스템 : 매출성과와 시장점유율, 가격반응, 기타 촉진활동의 성과에 대한 효과를 파악하고 의사결정에 반영하기 위한 정보를 제공하는 것이 목적이다.
② 고객 정보시스템 : 기존 고객의 충성도 제고와 이탈 방지 그리고 신규 고객을 유치하기 위한 전략을 수립하는 것이 목적이다.
③ 마케팅 의사결정지원 시스템 : 마케팅 환경으로부터 수집된 정보를 해석하고 의사결정의 결과를 예측하기 위해 사용되는 관련 자료, 소프트웨어, 분석도구 등을 통합한 시스템이다.

19 시장 세분화 기준 설정방법이 아닌 것은?

① 지리적 세분화
② 인구통계학적 세분화
③ 심리분석적 세분화
④ 조직특성 세분화

해설
시장 세분화 기준에는 지리적, 인구통계학적, 심리분석적, 행동분석적, 사회문화적, 제품 세분화가 있다.

20 마케팅의 변천된 개념에 대한 설명이 틀린 것은?

① 제품 지향적 마케팅 – 제품 및 서비스의 생산과 유통을 강조하여 효율성을 개선
② 판매 지향적 마케팅 – 소비자의 구매유도를 통해 판매량을 증가시키기 위한 판매기술의 개선
③ 소비자 지향적 마케팅 – 고객의 요구를 이해하고 이에 부응하는 기업의 활동을 통합하여 고객의 욕구충족
④ 사회 지향적 마케팅 – 기업이 인간 지향적인 사고로 사회적 책임을 다하는 것

해설
① 최고의 품질이나 혁신적인 기능의 제품을 제공하는 것이다.

제2과목 색채디자인

21 인간의 피부색을 결정하는 피부 색소가 아닌 것은?

① 붉은색 – 헤모글로빈(Hemoglobin)
② 황색 – 카로틴(Carotene)
③ 갈색 – 멜라닌(Melanin)
④ 흰색 – 케라틴(Keratin)

해설
케라틴은 단백질로 이루어져 있으며 모발의 구조에 속한다.

정답 17 ④ 18 ④ 19 ④ 20 ① 21 ④

22 **제품을 도면에 옮기는 크기와 실제 크기와의 비율은?**

① 원 도　② 척 도
③ 사 도　④ 사진도

해설
척도는 스케일(Scale)로 가구, 실내, 건축물 등 물체와 인체와의 관계 및 물체 상호 간의 관계를 말한다.

23 **세계화와 지역화가 동시적 가치인식이 되는 시대에서 디자인이 경쟁력을 갖기 위한 방법으로 거리가 먼 것은?**

① 지역적 특수가치 개발
② 유기적이고 자생적인 토속적 양식
③ 친자연성
④ 전통을 배제한 정보시대에 적합한 기술 개발

해설
세계화와 지역화가 동시적 가치인식이 되는 시대에서 전통을 배제하고 경쟁력을 갖기 어렵다.

24 **환경이나 건축 분야에서 토착성을 나타내며, 환경 특성인 지리, 지세, 기후 조건 등에 의해 시간적으로 축적되어 형성된 자연의 색을 뜻하는 것은?**

① 관용색　② 풍토색
③ 안전색　④ 정돈색

해설
풍토색은 자연과 인간의 생활이 어우러져 형성된 특유한 토지의 성질을 말한다.

25 **미국을 중심으로 발전된 사조로 묶인 것은?**

① 팝아트, 구성주의
② 키치, 다다이즘
③ 키치, 아르데코
④ 옵아트, 팝아트

해설
• 다다이즘 – 프랑스
• 키치 – 유럽 전역
• 아르데코 – 프랑스 파리
• 구성주의 – 러시아

26 **디자인의 기본 원리 중 조화(Harmony)의 특징에 해당하는 것은?**

① 점 이　② 균 일
③ 반 복　④ 주 도

해설
디자인의 기본 원리에는 통일성, 균형(조화), 리듬, 긴장감, 비율, 대비, 질감, 방향성 등이 있다.

27 **상품을 선전하고 판매하기 위해 판매 현장에서 사용되는 디자인 형태는?**

① POP(Point Of Purchase) 디자인
② PG(Pictography) 디자인
③ HG(Holography) 디자인
④ TG(Typography) 디자인

해설
POP는 '구매 시점의 광고', '구매하는 장소에서의 광고'라고도 한다.
② PG(Pictography) 디자인 : 사물의 형태를 본떠 만든 그림문자
③ HG(Holography) 디자인 : 3차원으로 표현되는 이미지
④ TG(Typography) 디자인 : 활판수, 활자 서체의 배열(특히 문자 또는 활판적 기호를 중심으로 한 2차원적 표현)

28 **유행색의 색채계획에 대한 설명으로 틀린 것은?**

① 과거에서 현재까지의 유행색 사이클을 조사한다.
② 현재 시장에서 주요 군을 이루고 있는 색과 각 색의 분포도를 조사한다.
③ 전문기관의 데이터베이스를 중심으로 임의의 색을 설정하여 색의 경향을 결정한다.
④ 컬러 코디네이션(Color Coordination)을 통해 결정된 색과 함께 색의 이미지를 통일화시킨다.

해설
전문기관의 데이터베이스를 중심으로 일정 기간 동안 사람들이 많이 선호하거나, 주기적으로 반복되는 색, 또는 사회적·경제적인 사건 등에 따라 결정하게 된다.

22 ② 23 ④ 24 ② 25 ④ 26 ② 27 ① 28 ③ 정답

29 다음 중 비례에 대한 설명으로 틀린 것은?

① 좋은 비례의 구성은 즐거운 감정을 느끼게 한다.
② 스케일과 비례 모두 상대적인 크기와 양의 개념을 표현한다.
③ 주관적 질서와 실험적 근거가 명확하다.
④ 파르테논 신전 등은 비례를 이용한 형태이다.

해설
비례는 수량적 관계와 대비관계를 일정한 비율로 나타내므로 객관적 질서가 명확해야 한다.

30 색의 심리적 효과 중 한색과 난색의 조절을 통해 주로 느낄 수 있는 것은?

① 개 성
② 시각적 온도감
③ 능률성
④ 영역성

해설
한색은 차가움, 난색은 따뜻함이 느껴지는 계열이므로 온도감을 시각화할 때 조절한다.

31 다음 색채디자인은 제품의 수명주기 중 어느 단계에 해당되는가?

> A사가 출시한 핑크색 제품으로 인해 기존의 파란색 제품들과 차별화된 빨강, 주황색 제품들이 속속 출시되어 다양한 색채의 제품들로 진열대가 채워지고 있다.

① 도입기 ② 성장기
③ 성숙기 ④ 쇠퇴기

해설
제품들이 속속 출시되어 진열대에 채워지고 있다는 것은 수요가 늘어나 제품의 판매량과 인지도가 급격히 상승하고 있는 시기로 보이므로, 성장기에 해당된다.

32 러시아 구성주의자인 엘 리시츠키의 작품을 일컫는 대표적인 조형언어는?

① 팩투라(Factura)
② 아키텍톤(Architecton)
③ 프라운(Proun)
④ 릴리프(Relief)

해설
프라운(Proun)은 '새로운 예술을 위하여'라는 뜻으로 엘 리시츠키의 작품을 일컫는 대표적인 조형언어이다.

33 바우하우스(Bauhaus) 교수들이 미국으로 건너와 뉴 바우하우스를 설립한 동기는?

① 학교와 교수들 간의 이견
② 미국의 경제성장을 동경
③ 입학생의 감소로 운영의 어려움
④ 나치의 탄압과 재정난

해설
1932년 나치의 탄압이 1933년 완전한 폐쇄로 이어지면서 미국으로 망명한 교수 중 그로피우스에 힘입어 뉴 바우하우스를 설립하게 되었고 바우하우스의 이념이 독일보다 미국에서 오히려 더 꽃을 피우게 된다.

34 패션 색채계획에 활용할 '소피스티케이티드(Sophisticated)' 이미지에 대한 설명이 옳은 것은?

① 고급스럽고 우아하며 품위가 넘치는 클래식한 이미지와 완숙한 여성의 아름다움을 추구
② 현대적인 샤프함과 합리적이면서도 개성이 넘치는 이미지로 다소 차가운 느낌
③ 어른스럽고 도시적이며 세련된 감각을 중요시여기며 지성과 교양을 겸비한 전문직 여성의 패션스타일을 대표하는 이미지
④ 남성정장 이미지를 여성 패션에 접목시켜 격조와 품위를 유지하면서도 자립심이 강한 패션 이미지를 추구

정답 29 ③ 30 ② 31 ② 32 ③ 33 ④ 34 ③

해설
①은 엘리건스(Elegance), ②는 모던(Mordern), ④는 매니시(Mannish)에 대한 설명이다.

35 형태구성 부분 간의 상호관계에 있어 반복, 점증, 강조 등의 요소를 사용하여 생명감과 존재감을 나타내는 디자인 원리는?

① 조 화
② 균 형
③ 비 례
④ 리 듬

해설
① 조화는 둘 이상의 요소가 한 공간 내에서 결합될 때 발생하는 상호관계에 대한 미적 현상을 말한다.
② 균형은 2차원이나 3차원 등의 공간 내에서 좌우대칭으로 배치되어 생기는 중력적인 대칭을 말하며 편안함, 침착함, 안정감, 온화함의 느낌을 준다.
③ 비례는 수량적 관계, 면적과 길이의 대비관계를 일정한 비율로 나타낸 것을 말한다.

36 색채관리의 순서가 옳은 것은?

① 색의 설정 → 발색 및 착색 → 배색 → 검사
② 배색 → 색의 설정 → 발색 및 착색 → 판매
③ 색의 설정 → 발색 및 착색 → 검사 → 판매
④ 색의 설정 → 검사 → 발색 및 착색 → 판매

해설
색채관리는 색채의 종합적인 활용방법으로 전문적인 색채 담당자에 의해 이루어지는데, 색의 설정 → 발색 및 착색 → 검사 → 판매의 순서로 진행된다.

37 디자인 사조에 대한 설명 중 틀린 것은?

① 몬드리안을 중심으로 한 데 스테일은 빨강, 초록, 노랑으로 근대적인 추상 이미지를 실현하고자 하였다.
② 피카소를 중심으로 한 큐비스트들은 인상파와 야수파의 영향을 받아 색의 대비를 적극적으로 활용하였다.
③ 구성주의는 기계 예찬으로 시작하여 미술의 민주화를 주장, 기능적인 것, 실생활에 유용한 것을 요구했다.
④ 팝아트는 미국적 물질주의 문화의 반영이며, 근본적 태도에 있어서 당시의 물질문명에 대한 분위기와 연결되어 있다.

해설
몬드리안은 신조형주의의 네덜란드 추상화가이며 탈자연을 실현하고자 하였다.

38 빅터 파파넥(Victor Papanek)의 복합기능(Function Complex) 중 특수한 목적을 달성하기 위한 자연과 사회의 변천작용에 대한 계획적이고 의도적인 실용화를 의미하는 것은?

① 텔레시스(Telesis)
② 미학(Aesthetics)
③ 용도(Use)
④ 연상(Association)

해설
빅터 파파넥의 복합기능 6가지 요소는 방법, 용도, 필요성, 텔레시스, 연상, 미학이다.
② 미학(Aesthetics) : 형태나 색의 아름다움의 실체화
③ 용도(Use) : 도구를 용도에 적합하게 사용하는 것
④ 연상(Association) : 인간이 지닌 보편적인 것이며 인간의 욕망과 관계되어 있음

39 르 코르뷔지에의 이론과 그의 사상에서 가장 중요시한 것은?

① 미의 추구와 이론의 바탕을 치수에 관한 모듈(Module)에 두었다.
② 근대 기술의 긍정적인 면을 받아들이고, 개성적인 공예가 되어야 한다고 주장하였다.
③ 새로운 건축술의 확립과 교육에 전념하여 근대적인 건축공간의 원리를 세웠다.
④ 사진을 이용한 방법으로 새로운 조형의 표현 수단을 제시하였다.

35 ④ 36 ③ 37 ① 38 ① 39 ① 정답

해설
르 코르뷔지에는 자신의 모듈러(Modulor) 체계에서 건축적 비례의 척도로 황금비를 사용했다. 그는 이 체계가 레오나르도 다빈치의 '비트루비우스적 인간', 레온 바티스타 알베르티의 작업, 그 외에 인체의 비례를 건축의 외관과 기능을 개선하는 데 이용한 사람들의 오래된 전통의 연속이라고 보았다.

40 신문 매체를 활용하는 데 있어서의 장점이 아닌 것은?

① 대량의 도달 범위
② 높은 CPM
③ 즉시성
④ 지역성

해설
신문 매체를 활용하는 데 있어 장점 중 하나는 비용이 낮은 CPM이다.

제3과목 색채관리

41 색채를 발색할 때는 기본이 되는 주색(Primary Color)에 의해서 색역(Color Gamut)이 정해진다. 혼색방법에 따른 색역의 변화에 대한 설명 중 틀린 것은?

① 조명광 등의 혼색에서 주색은 좁은 파장 영역의 빛만을 발생하는 색채가 가법혼색의 주색이 된다.
② 가법혼색은 각 주색의 파장 영역이 좁으면 좁을수록 색역이 오히려 확장되는 특징이 있다.
③ 백색 원단이나 바탕 소재에 염료나 안료를 배합할수록 전체적인 밝기가 점점 감소하면서 혼색이 된다.
④ 감법혼색에서 사이안은 파란색 영역의 반사율을, 마젠타는 빨간색 영역의 반사율을, 노랑은 녹색 영역의 반사율을 효과적으로 감소시킨다.

해설
감법혼색에서 사이안은 빨간색 영역의 반사율을, 마젠타는 초록색 영역의 반사율을, 노랑은 파란색 영역의 반사율을 효과적으로 감소시킨다.

42 감법혼색의 경우 가장 넓은 색채영역을 구축할 수 있는 기본색은?

① 녹색, 빨강, 파랑
② 마젠타, 사이안, 노랑
③ 녹색, 사이안, 노랑
④ 마젠타, 파랑, 녹색

해설
감법혼색은 색료의 혼합으로 3원색은 사이안, 마젠타, 노랑이며 이들을 혼합하면 할수록 명도와 채도가 떨어져 어두워지고 탁해진다.

43 디지털 컬러사진에 대한 설명으로 틀린 것은?

① 이미지 센서의 원본 컬러는 RAW 파일로 저장할 수 있다.
② RAW 이미지는 ISP 처리를 거쳐 저장된다.
③ RAW 이미지의 컬러는 10~14비트 수준의 고비트로 저장된다.
④ RAW 이미지의 색역은 가시영역의 크기와 같다.

해설
RAW 파일은 가공되지 않은 원래의 이미지 파일이다.

44 천연 진주 또는 진주층과 닮은 외관을 부여하기 위해 사용하는 진주광택 색료에 대한 설명 중 틀린 것은?

① 진주광택 색료는 투명한 얇은 판의 위와 아래 표면에서의 광선의 간섭에 의하여 색을 드러낸다.
② 물고기의 비늘은 진주광택 색료와 유사한 유기화합물 간섭 안료의 예이다.
③ 진주광택 색료는 굴절률이 낮은 물질을 사용하여야 그 효과를 크게 할 수 있다.
④ 진주광택 색료는 조명의 기하조건에 따라 색이 변한다.

해설
진주광택 색료는 천연 진주나 전복 껍데기 등 무지개 빛깔을 띤 부드럽고 깊이감이 느껴지는 대표적인 광택안료이다.

정답 40 ② 41 ④ 42 ② 43 ② 44 ③

45 **육안조색과 CCM 장비를 이용한 조색의 관계에 대한 설명으로 옳은 것은?**

① 육안조색은 CCM을 이용한 조색보다 더 정확하다.
② CCM 장비를 이용한 조색시스템에서 가장 중요한 요소는 정확한 색료 데이터베이스 구축이다.
③ 육안조색으로도 무조건등색을 실현할 수 있다.
④ CCM 장비는 가법혼합 방식에 기반한 조색에 사용한다.

해설
CCM은 소프트웨어와 정밀 측정기기를 사용하여 색을 자동으로 배색하는 장치로 기준색에 대한 분광반사율 일치가 가능하다. 즉, 컴퓨터 장치를 이용해 정밀 측정하여 자동으로 구성된 컬러런트를 정밀한 비율로 자동 조절, 공급함으로써 색을 자동화하여 조색하는 시스템이다. 일정한 품질로 생산할 수 있고, 원가가 절감되며 발색에 소요되는 비용을 정확하게 산출할 수 있어 경제적이다.

46 **KS A 0064(색에 관한 용어)에 따른 용어의 설명이 틀린 것은?**

① 광원색 – 광원에서 나오는 빛의 색, 광원색은 보통 색자극값으로 표시한다.
② 색역 – 특정 조건에 따라 발색되는 모든 색을 포함하는 색도 좌표도 또는 색공간 내의 영역
③ 연색성 – 색 필터 또는 기타 흡수 매질의 중첩에 따라 다른 색이 생기는 것
④ 색온도 – 완전복사체의 색도와 일치하는 시료복사의 색도표시로, 그 완전복사체의 절대온도로 표시한 것

해설
색 필터 또는 기타 흡수 매질의 중첩에 따라 다른 색이 생기는 것은 감법혼색이다. 연색성은 광원에 고유한 연색에 대한 특성이다(KS A 0064).

47 **채널당 10비트 RGB 모니터의 경우 구현할 수 있는 최대색은?**

① 256 × 256 × 256
② 128 × 128 × 128
③ 1,024 × 1,024 × 1,024
④ 512 × 512 × 512

해설
채널당 10비트, 즉 2^{10}으로 R채널, G채널, B채널 1,024 × 1,024 × 1,024이다.

48 **광원에 대한 설명으로 틀린 것은?**

① 동일한 물체색이 광원에 따라 색이 달라지는 효과를 메타머리즘이라고 한다.
② 광원의 연색성을 이용하면 보다 효과적인 색채 연출이 가능하다.
③ 어떤 색채가 매체, 주변색, 광원, 조도 등이 다른 환경에서 관찰될 때 다르게 보이는 현상을 컬러 어피어런스라고 한다.
④ 광원은 각각 고유의 분광특성을 가지고 있어 복사하는 광선이 물체에 닿게 되면 광원에 따라 파장별 분광곡선이 다르게 나타난다.

해설
메타머리즘(Metamerism)은 일상생활에서 두 종류의 서로 다른 색채가 어떤 관찰 조건하에서는 동일하게 보이는 현상이다.

49 **표면색의 시감 비교방법에 대한 설명으로 틀린 것은?**

① 일반적인 색 비교를 위해 자연주광 또는 인공주광 어느 것을 사용해도 된다.
② 관찰자는 무채색 계열의 의복을 착용해야 한다.
③ 관찰자의 시야 내에는 시험할 시료의 색 외에 진한 표면색이 있어서는 안 된다.
④ 인공주광 D_{65}를 이용한 비교 시 특수 연색 평가수는 95 이상이어야 한다.

해설
비교 시 상대 분광분포에 근사한 광원을 사용해야 한다.

45 ② 46 ③ 47 ③ 48 ① 49 ④ 정답

50 **디지털 색채 시스템에 대한 설명으로 옳은 것은?**

① RGB – 빛을 더할수록 밝아지는 감법혼색 체계이다.

② HSB – 색상은 0°에서 360° 단계의 각도값에 의해 표현된다.

③ CMYK – 각 색상은 0에서 255까지 256단계로 표현된다.

④ Indexed Color – 일반적인 컬러 색상을 픽셀 밝기 정보만 가지고 이미지를 구현한다.

해설

① RGB는 빛을 더할수록 밝아지는 가법혼색 체계이다.
③ 각 색상이 0에서 255까지 256단계로 표현되는 것은 RGB 모드이다.
④ Indexed는 24비트 컬러 중에서 정해진 256컬러를 사용하는 컬러 시스템이다.

51 **연색성에 관한 설명 중 옳은 것은?**

① 연색성이란 인공의 빛에서 측정한 값을 말한다.

② 연색지수 90 이하인 광원은 연색성이 좋다.

③ A광원의 경우 연색성 지수가 높아도 색역이 좁다.

④ 형광등인 B광원은 연색성은 낮아도 색역을 넓게 표현한다.

해설

연색성은 조명이 물체의 색감에 영향을 미치는 현상을 말한다. 연색지수가 100에 가까울수록 자연광에 유사한 자연스러운 빛을 낸다.

52 **'R(λ)=S(λ)×B(λ)×W(λ)'는 절대분광반사율의 계산식이다. 각각의 의미가 틀린 것은?**

① R(λ)=시료의 절대분광반사율

② S(λ)=시료의 측정 시그널

③ B(λ)=흑색 표준의 절대분광반사율값

④ W(λ)=백색 표준의 절대분광반사율값

해설

③ B(λ) = 표준광원의 절대분광반사율값

53 **ICC 프로파일에 포함되어야 할 필수 태그로 틀린 것은?**

① copyrightTag

② MatrixColumnTag

③ profileDescriptionTag

④ mediaWhitePointTag

해설

ICC 프로파일 입출력 장치에 포함되어야 할 태그는 다음과 같다.

스캐너, 카메라, 모니터	프린터
Profile Description Tag Media White Point Tag Copymatic Adaptation Tag Chromatic Adaptation Tag	Profile Description Tag Gamut Tag Media White Point Tag Copyright Tag Chromatic Adaptation Tag

54 **ICC 기반 색상관리시스템의 구성요소로 틀린 것은?**

① Profile Connection Space

② Color Gamut

③ Color Management Module

④ Rendering Intent

해설

색상관리시스템은 프로파일 정보를 담는 프로파일 헤더와 태그로 나뉘며 프로파일 헤더에는 프로파일 연결 색공간(PCS), 프로파일 생성 프로그램, CMM(Color Management Module)의 종류, 렌더링 의도(Rendering Intent), 장치의 종류와 속성, 파일의 크기 등이 포함되어 있다.

55 **Isomerism에 대한 설명으로 가장 옳은 것은?**

① 어떤 특정 조건의 광원이나 관측자의 시감에 따라 색이 일치하는 것을 말한다.

② 특정한 광원 아래에서는 동일한 색으로 보이나 광원의 분광분포가 달라지면 다르게 보인다.

③ 표준광원 A, 표준광원 D 등으로 분광분포가 서로 다른 광원을 이용하여 평가한다.

④ 이론적으로 분광반사율이 정확하게 일치하는 완전한 물리적 등색을 말한다.

정답 50 ② 51 ③ 52 ③ 53 ② 54 ② 55 ④

해설
아이소머리즘은 분광반사율이 일치하여 어떤 조명 아래에서나 어느 관찰자가 보더라도 같은 색으로 보이는 현상이다.

56 **일반적인 안료와 염료에 대한 설명으로 틀린 것은?**

① 안료는 물이나 유지에 용해되지 않는 성질이 있는데 비하여 염료는 물에 용해된다.
② 무기안료와 유기안료의 분류 기준은 발색 성분에 따른다.
③ 유기안료는 무기안료에 비해서 내광성과 내열성이 우수한 장점이 있다.
④ 염료는 물 및 대부분의 유기용제에 녹아 섬유에 침투하여 착색되는 유색물질을 일컫는다.

해설
유기안료는 내광성과 내열성이 떨어진다.

57 **모니터에서 삼원색의 가법혼색으로 만들어지는 모든 색을 포함하는 색공간 내의 재현 영역을 무엇이라고 하는가?**

① 색입체(Color Solid)
② 스펙트럼 궤적(Spectrum Locus)
③ 완전 복사체 궤적(Planckian Locus)
④ 색영역(Color Gamut)

해설
색영역(Color Gamut)은 특정 조건에 따라 발색되는 모든 색을 포함하는 색도 좌표도 또는 색공간 내의 영역을 의미한다(KS A 0064).

58 **국제조명위원회(CIE) 및 국제도량형위원회(CIPM)에서 채택하였으며, 밝은 시감에 대한 함수를 V(λ)로 표시하는 것은?**

① 분광 시감 효율
② 표준 분광 시감 효율 함수
③ 시감반사율
④ 시감투과율

해설
① 분광 시감 효율 : 특정 광 측정 조건에서 파장에서의 복사 휘도와 그와 동등한 밝기로 보이는 파장에서의 복사 휘도의 비
③ 시감반사율 : 물체에서 반사하는 광속과 물체에 입사하는 광속의 비
④ 시감투과율 : 물체를 투과하는 광속과 물체에 입사하는 광속의 비
※ 색에 관한 용어(KS A 0064) 참고

59 **물체의 분광반사율, 분광투과율 등을 파장의 함수로 측정하는 계측기는?**

① 분광복사계
② 시감색채계
③ 광전색채계
④ 분광광도계

해설
분광광도계는 물체의 분광반사율 또는 분광투과율 등을 파장의 함수로 측정하는 계측기이다.

60 **색채영역과 혼색방법에 관한 설명이 틀린 것은?**

① 모니터 화면의 형광체들은 가법혼색의 주색 특징에 따라 선별된 형광체를 사용한다.
② 감법혼색은 각 주색의 파장 영역이 좁을수록 색역이 확장된다.
③ 컬러 프린터의 발색은 병치혼색과 감법혼색을 같이 활용한 것이다.
④ 감법혼색에서 사이안(Cyan)은 600nm 이후의 빨간색 영역의 반사율을 효과적으로 감소시킨다.

해설
② 각 주색의 파장 영역이 좁으면 좁을수록 색역이 오히려 확장되는 것은 가법혼색의 특징이다.

56 ③ 57 ④ 58 ② 59 ④ 60 ② 정답

제4과목 색채지각론

61 카메라에 쓰는 UV 필터와 관련이 있는 파장은?

① 적외선 ② X-선
③ 자외선 ④ 감마선

해설
UV 필터는 자외선이나 일광에 존재하는 푸른색, 또는 대기 중의 먼지 등에 의해 발생하는 광선의 분산현상을 막아주기 위해 사용하는 필터로 카메라 렌즈를 보호하기 위해 장착하여 사용한다.

62 색 필터를 통한 혼색실험에 관한 설명 중 틀린 것은?

① 노랑과 마젠타의 이중필터를 통과한 빛은 빨간색으로 보인다.
② 감법혼색과 가법혼색의 연관된 관계를 이해하는 데 도움이 된다.
③ 필터의 색이 진해지거나 필터의 수가 증가할수록 명도가 낮아진다.
④ 노랑 필터는 장파장의 빛을 흡수하고 사이안 필터는 단파장의 빛을 흡수한다.

해설
- 노랑 필터는 장파장의 빨강과 중파장의 초록은 통과시키고, 단파장의 파랑은 흡수한다.
- 사이안 필터는 중파장의 초록과 단파장의 파랑은 통과시키고, 장파장의 빨강은 흡수한다.

63 가법혼합의 결과에 관한 설명 중 틀린 것은?

① 파랑과 녹색의 혼합 결과는 사이안(C)이다.
② 녹색과 빨강의 혼합 결과는 노랑(Y)이다.
③ 파랑과 빨강의 혼합 결과는 마젠타(M)이다.
④ 파랑과 녹색과 노랑의 혼합 결과는 백색(W)이다.

해설
- 빛의 3원색은 빨강, 녹색, 파랑이며 이 세 가지 색상을 모두 혼합하면 백색(W)이다.
- 색료의 3원색은 사이안, 마젠타, 노랑이며 이 세 가지 색상을 모두 혼합하면 검정(B)이 된다.

64 다음 ( )에 들어갈 색의 속성을 순서대로 옳게 나열한 것은?

> 색 면적이 극도로 작을 경우는 ( )과(와)의 관계가 중요하고, 색 면적이 클 경우는 ( )과(와)의 관계가 중요하다.

① 명도, 색상 ② 색상, 채도
③ 채도, 색상 ④ 명도, 채도

해설
면적이 극도로 작은 경우는 같은 색일지라도 명도를 높이면 보완할 수 있다. 색 면적이 클 경우는 한색 계열을 사용하는 게 더 효과적이다. 이는 팽창색과 수축색의 원리이다.

65 동일 지점에서 두 가지 이상의 색광 또는 반사광이 1초 동안에 40~50회 이상의 속도로 번갈아 발생되면 그 색자극들은 혼색된 상태로 보이게 되는 혼색방법은?

① 동시혼색 ② 계시혼색
③ 병치혼색 ④ 감법혼색

해설
① 동시혼색 : 동시에 두 가지 이상의 스펙트럼이 망막의 동일한 부분에 자극되어 나타내는 색채지각
③ 병치혼색 : 많은 색의 점들을 조밀하게 병치하여 서로 혼합되어 보이도록 하는 방법으로, 가법혼합의 일종
④ 감법혼색 : 혼합된 색의 명도나 채도가 혼합 이전의 평균 명도나 채도보다 낮아지는 색료의 혼합

66 눈에 대한 설명 중 틀린 것은?

① 외부에서 들어오는 빛의 양을 조절하는 구실을 하는 것은 홍채이다.
② 수정체는 빛을 굴절시킴으로써 망막에 선명한 상이 맺도록 한다.
③ 망막의 중심부에는 간상체만 있다.
④ 빛에 대한 감각은 광수용기 세포의 반응에서 시작된다.

해설
망막의 중심부에는 추상체가 모여 있어 색상을 구별한다.

정답 61 ③ 62 ④ 63 ④ 64 ① 65 ② 66 ③

67 색채의 운동성에 관한 설명으로 옳은 것은?

① 진출색은 수축색이 되고, 후퇴색은 팽창색이 된다.
② 차가운 색이 따뜻한 색보다 더 진출하는 느낌을 준다.
③ 어두운색이 밝은색보다 더 진출하는 느낌을 준다.
④ 채도가 높은 색이 무채색보다 더 진출하는 느낌을 준다.

해설
• 팽창(진출)색 : 난색계, 고명도, 고채도
• 수축(후퇴)색 : 한색계, 저명도, 저채도

68 색광의 가법혼색에 적용되는 그라스만(H. Grassmann)의 법칙이 아닌 것은?

① 빨강과 초록을 똑같은 색광으로 혼합하면 양쪽의 빛을 함유한 노란색광이 된다.
② 백색광이나 동일한 색의 빛이 증가하면 명도가 증가하는 현상이다.
③ 광량에 대한 채도의 증가를 식으로 나타낸 법칙이다.
④ 색광의 가법혼색, 즉 동시·계시·병치혼색의 어느 경우이든 같은 법칙이 적용된다.

해설
그라스만(H. Grassmann)은 색의 3속성 개념을 도입하였고 가법혼색의 기본법칙을 제창하였다.

69 무거운 작업도구를 사용하는 작업장에서 심리적으로 가볍게 느끼도록 하는 색으로 가장 효과적인 것은?

① 고명도, 고채도인 한색 계열의 색
② 저명도, 고채도인 난색 계열의 색
③ 저명도, 저채도인 한색 계열의 색
④ 고명도, 저채도인 난색 계열의 색

해설
무겁고 가벼운 느낌의 중량감은 명도에 큰 영향을 받으며 명도가 높을수록 가볍게 느껴지고 명도가 낮을수록 무겁게 느껴진다. 색상에서는 난색 계열이 가볍게 느껴지고 한색 계열이 무겁게 느껴진다.

70 색을 지각하는 요소들의 변화에 의해 지각되는 색도 변하게 된다. 다음 중 변화요인과 관련이 없는 것은?

① 광원의 종류
② 물체의 분광반사율
③ 사람의 시감도
④ 물체의 물성

해설
색지각의 3요소는 광원, 물체, 눈이다.
④ 물성은 빛의 반사 및 흡수 등에 의해 지각된다.

71 백화점에서 각기 다른 브랜드의 윗옷과 바지를 골랐다. 매장의 조명 아래에서는 두 색이 일치하여 구매를 하였으나, 백화점 밖에서는 두 색이 매우 틀려 보이는 현상은?

① 조건등색
② 항색성
③ 무조건등색
④ 색일치

해설
조건등색은 다른 두 가지 색이 특정한 광원 아래에서는 같은 색으로 보이는 현상이다. 문제에서 백화점의 광원이 특정 광원이었기 때문에 실제 자연광이 비춰지는 밖에서는 서로 다른 색이었던 것이다.

72 색의 느낌을 설명한 것으로 틀린 것은?

① 대부분의 사람들이 자연과 연결되어 색을 느낀다.
② 색은 그 밝기와 선명도에 따라 느낌이 달라진다.
③ 명도와 채도를 조화시켰을 때 아름답고 편안하다.
④ 색은 언제나 아름답고 스트레스를 푸는 데 효과적이다.

해설
색채 감정에 대한 문제로, ④는 색채 심리에 더 가깝다.

67 ④ 68 ③ 69 ④ 70 ④ 71 ① 72 ④ 정답

73 색의 잔상에 대한 설명으로 틀린 것은?

① 앞서 주어진 자극의 색이나 밝기, 공간적 배치에 의해 자극을 제거한 후에도 시각적인 상이 보이는 현상이다.
② 양성잔상은 원래의 자극과 색이나 밝기가 같은 잔상을 말한다.
③ 잔상은 원래 자극의 세기, 관찰시간, 크기에 의존하는데 음성잔상보다 양성잔상을 흔하게 경험하게 된다.
④ 보색잔상은 색이 선명하지 않고 질감도 달라 하늘색과 같은 면색처럼 지각된다.

해설
잔상은 어떠한 자극을 제거한 후에도 상이 나타나는 것이다. 잔상의 출현은 원래 자극의 세기, 관찰시간, 크기에 의존하는데 꼭 양성잔상을 흔히 경험하는 것은 아니다.

74 색의 지각과 감정효과에 대한 설명으로 옳은 것은?

① 멀리 보이는 경치는 가까운 경치보다 푸르게 느껴진다.
② 크기와 형태가 같은 물체가 물체색에 따라 진출 또는 후퇴되어 보이는 것에는 채도의 영향이 가장 크다.
③ 주황색 원피스가 청록색 원피스보다 더 날씬해 보인다.
④ 색의 삼속성 중 감정효과는 주로 명도의 영향을 가장 많이 받는다.

해설
② 명도의 영향이 가장 크다.
③ 더 뚱뚱해 보인다. 난색 계열은 한색 계열보다 더 팽창해 보인다.
④ 주로 색상의 영향을 가장 많이 받는다.

75 색채의 지각적 특성이 다른 하나는?

① 빨간 망에 들어 있는 귤은 원래보다 빨갛게 보인다.
② 회색 블라우스에 검정 줄무늬가 있으면 블라우스 색이 어둡게 보인다.
③ 파란 원피스에 보라색 리본이 달려 있으면 리본은 원래보다 붉게 보인다.
④ 붉은 벽돌을 쌓은 벽은 회색의 시멘트에 의해 탁하게 보인다.

해설
③은 애브니 현상에 대한 설명이다.
①, ②, ④는 베졸트 현상이다. 이는 색을 직접 섞지 않고도 전체 색조를 변화시키는 효과이다.

76 병치혼색과 관련이 있는 색채지각 특성은?

① 보색대비
② 연변대비
③ 동화현상
④ 음의 잔상

해설
병치혼색은 많은 색의 점들을 조밀하게 병치시켜 서로 혼합되어 보이도록 하는 기법으로, 가법혼합의 일종이며 동화현상이 이에 속한다.

77 색채대비 및 감정효과에 대한 설명 중에서 틀린 것은?

① 인접한 두 색이 서로 영향을 미쳐서, 채도가 높은 색은 더욱 높아지고 채도가 낮은 색은 더욱 낮아 보이는 현상을 채도대비라 한다.
② 면적대비에서 면적이 작아질수록 색상이 뚜렷하게 나타나게 된다.
③ 색채의 온도감은 장파장의 색에서 따뜻함을, 단파장의 색에서 차가움을 느끼게 한다.
④ 명도대비는 명도의 차이가 클수록 더욱 뚜렷이 나타나며, 무채색과 유채색에서 모두 나타난다.

해설
② 면적이 작아질수록 명도, 채도가 실제보다 어둡고 탁하게 보인다.

정답 73 ③ 74 ① 75 ③ 76 ③ 77 ②

78 **애브니 효과에 대한 설명으로 옳은 것은?**

① 파장이 같아도 색의 명도가 변함에 따라 색상이 변화하는 것을 말한다.
② 빛의 강도가 높아질수록 색상이 같아 보이는 위치가 다르다.
③ 애브니 효과 현상이 적용되지 않는 577nm의 불변색상도 있다.
④ 주변색의 보색이 중심에 있는 색에 겹쳐져 보이는 현상이다.

해설
애브니 효과 : 1910년 애브니에 의해 단색광을 더해 가는 과정에서 이 현상을 발견하게 되었는데, 색자극의 순도(선명도)가 변하면, 같은 파장의 색이라도 그 색상이 다르게 보이는 현상을 말한다. 그러나 가시광선 스펙트럼 중 애브니 효과가 적용되지 않는 불변색상이 있는데, 577nm의 노란색 계열이 바로 그 지점이다.

79 **동시대비에 대한 설명 중 틀린 것은?**

① 색차가 클수록 대비현상은 강해진다.
② 자극과 자극 사이의 거리가 가까울수록 대비현상은 약해진다.
③ 자극을 부여하는 크기 작을수록 대비의 효과가 커진다.
④ 시점을 한 곳에 집중시키려는 색채 지각과정에서 일어난다.

해설
동시대비는 색과 색 사이의 거리가 멀어질수록 대비현상이 약해진다.

80 **다음 중 색에 관한 설명이 틀린 것은?**

① 순색은 무채색의 포함량이 가장 적은 색이다.
② 유채색은 빨강, 노랑과 같은 색으로 명도가 없는 색이다.
③ 회색, 검은색은 무채색으로 채도가 없다.
④ 색채는 포화도에 따라 유채색과 무채색으로 구분한다.

해설
유채색은 색상, 명도, 채도가 모두 존재한다.

제5과목 색채체계론

81 **먼셀 색입체의 특성으로 틀린 것은?**

① 색지각의 3속성으로 구별하였다.
② 색상은 둥근 모양의 색상환으로 배치하였다.
③ 세로축에는 채도를 둔다.
④ 색입체가 되도록 3차원으로 만들어져 있다.

해설
세로축에 명도를, 가로축에 채도를 둔다.

82 **NCS 색 삼각형에서 S-C축과 평행한 직선상에 놓인 색들이 의미하는 것은?**

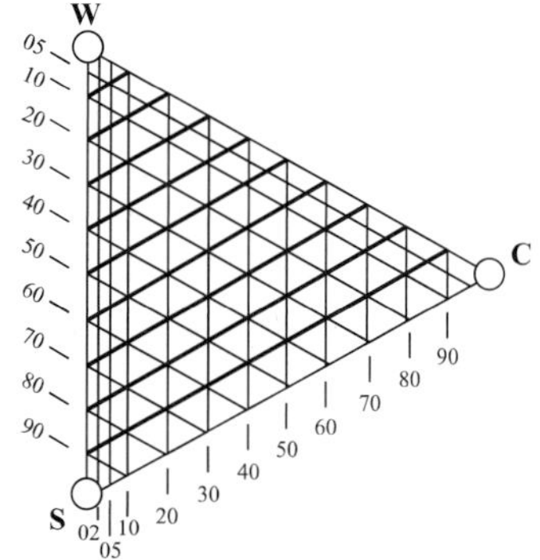

① 동일 하얀색도(Same Whiteness)
② 동일 검은색도(Same Blackness)
③ 동일 명도(Same Lightness)
④ 동일 뉘앙스(Same Nuance)

해설
S-C축과 평행한 직선상에 놓인 색들이 의미하는 것은 동일 하얀색도(Same Whiteness)이다.

83 **1916년에 발표된 오스트발트 색체계의 바탕이 된 색지각설은?**

① 하트리지(H. Hartridge)의 다색설
② 영-헬름홀츠(Young・Helmholtz)의 3원색설
③ 헤링(E. Hering)의 반대색설
④ 돈더스(F. Donders)의 단계설

78 ③ 79 ② 80 ② 81 ③ 82 ① 83 ③ 정답

해설
오스트발트 색상환(24색상)은 헤링(Hering)의 반대색설(4원색설)의 보색대비에 따라 4분할하고 그 중간색을 포함하여 3등분한 색을 기준으로 하고 있다.

84 파버 비렌(Faber Birren)의 색채조화론에 대한 설명으로 옳은 것은?

① 총 9개의 톤으로 이루어져 있다.
② 각 기준이 되는 톤을 직선으로 연결하면 조화롭다.
③ 색상의 변화에 대해서는 다루고 있지 않다.
④ 실질적인 업무보다는 이론과 설문조사를 위한 것이다.

해설
파버 비렌의 색채조화론은 총 7개의 톤으로 이루어졌고, 그 7개의 톤에 따라 색상의 변화와 조화됨을 이론화하였다. 또한 비렌은 제품의 색채, 비즈니스의 색채, 환경의 색채 등 색채의 응용 분야에 뛰어난 이론가이기도 하다.

85 색상을 기준으로 등거리 2색, 3색, 4색, 5색, 6색 등으로 분할하여 배색하는 기법을 설명한 색채학자는?

① 문-스펜서 ② 오그덴 루드
③ 요하네스 이텐 ④ 저 드

해설
요한네스 이텐은 대비현상에서 2색 또는 그 이상의 색을 혼합하여 결과값이 무채색이면 그 색은 서로 조화롭다고 하였다. 이어 2색, 3색, 4색, 5색, 6색 조화를 통해 조화론을 이론화하였다.

86 한국산업표준(KS A 0011)에서 사용하는 '색이름 수식형 – 기준색이름'의 연결이 옳은 것은?

① 빨간 – 자주, 주황, 보라
② 초록빛 – 연두, 갈색, 파랑
③ 파란 – 연두, 초록, 청록
④ 보랏빛 – 하양, 회색, 검정

해설
① 빨간 : 자주, 주황, 갈색, 회색, 검정
② 초록빛 : 연두, 갈색, 하양, 회색, 검정
③ 파란 : 하양, 회색, 검정

87 혼색계의 설명으로 옳은 것은?

① 대표적으로 먼셀 색체계가 있다.
② 현색계는 색을, 혼색계는 색채를 표시하는 색체계이다.
③ 심리, 물리적인 빛의 혼합을 실험하는 것에 기초를 둔 것으로 CIE 표준 색체계가 있다.
④ 색표에 의해서 물체색의 표준을 정하고 표준색표에 번호나 기호를 붙여서 표시한 체계이다.

해설
혼색계는 빛의 3원색과 그들의 혼합관계를 객관화한 시스템이다. 물체색을 측색기로 측색하고 어느 파장 영역의 빛을 반사하는가에 따라서 각 색의 특징을 수치로 판별하는 체계이다.
①, ④는 현색계에 대한 설명이며, ②는 반대의 설명이다.

88 CIE L*a*b* 색좌표계에 색을 표기할 때 가장 밝은 노란색에 해당되는 것은?

① L*=0, a*=0, b*=0
② L*=80, a*=0, b*=−40
③ L*=80, a*=+40, b*=0
④ L*=80, a*=0, b*=+40

해설
CIE L*a*b* 색좌표에서 L*은 명도를 나타내고, 100은 흰색, 0은 검은색을 의미한다. +a*는 빨강, −a*는 초록을 나타내며 +b*는 노랑, −b*는 파랑을 의미한다. 즉, 가장 밝은 명도는 +80이고 노란색은 b*가 +인 L*=+80, a*=0, b*=+40이다.

89 CIE XYZ 삼자극치의 개념의 기반이 된 색시각의 3원색이 아닌 것은?

① Red ② Green
③ Blue ④ Yellow

해설
CIE는 표준 측색시스템으로, 가법혼색인 Red, Green, Blue의 원리를 이용해 3원색을 기반으로 Red는 X센서, Green은 Y센서, Blue는 Z센서에 감지하여 값을 표시한다.

정답 84 ② 85 ③ 86 ④ 87 ③ 88 ④ 89 ④

90 한국산업표준(KS A 0011)에 의한 물체색의 색이름 중 기본색명으로만 나열된 것은?

① 빨강, 파랑, 밤색, 남색, 갈색, 분홍
② 노랑, 연두, 갈색, 초록, 검정, 하양
③ 회색, 청록, 초록, 감색, 빨강, 노랑
④ 빨강, 파랑, 노랑, 주황, 녹색, 연지

해설
한국산업표준(KS A 0011)에 규정되어 있는 기본색명은 빨강, 주황, 노랑, 연두, 초록, 청록, 파랑, 남색, 보라, 자주, 분홍, 갈색이다.

91 Yxy 색체계에서 사람의 시감 차이와 실제 색표계의 차이가 가장 많이 나는 색상은?

① Red ② Yellow
③ Green ④ Blue

해설
사람의 시감 차이와 실제 색표계의 차이가 가장 많이 나는 색상은 색도도의 크기가 가장 큰 초록 계열이다.

92 문–스펜서(P. Moon & D. E. Spencer)의 색채조화론의 설명으로 틀린 것은?

① 균형 있게 선택된 무채색의 배색은 아름다움을 나타낸다.
② 작은 면적의 강한 색과 큰 면적의 약한 색은 조화롭다.
③ 조화에는 동일조화, 유사조화, 면적조화가 있다.
④ 색상, 채도를 일정하게 하고 명도만 변화시키는 경우 많은 색상 사용 시보다 미도가 높다.

해설
문–스펜서는 조화를 동등조화, 유사조화, 대비조화로 구분했고 부조화는 제1부조화, 제2부조화, 눈부심으로 구분하였다.

93 DIN 색체계에 대한 설명으로 틀린 것은?

① 24가지 색상으로 구성되어 있다.
② 채도는 0~15까지로 0은 무채색이다.
③ 16 : 6 : 4와 같이 표기하고, 순서대로 Hue, Darkness, Saturation을 의미한다.
④ 등색상면은 흑색점을 정점으로 하는 부채형으로서 한 변은 백색에 가까운 무채색이고, 다른 끝은 순색이다.

해설
DIN 색체계의 표기법은 '색상(T) : 포화도(S) : 암도(D)'이다.

94 먼셀 기호 5YR 8.5/13에 대한 설명이 옳은 것은?

① 명도는 8.5이다.
② 색상을 붉은 기미의 보라이다.
③ 채도는 5/13이다.
④ 색상은 YR 8.5이다.

해설
5YR 8.5/13은 붉은 기미의 노랑이며 채도는 13, 색상은 5YR이다.

95 저드(D. B. Judd)가 요약한 색채조화론의 일반적 공통원리에 포함되지 않는 것은?

① 질서의 원리
② 독창성의 원리
③ 유사성의 원리
④ 명료성의 원리

해설
저드의 색채조화론
- 질서의 원리 : 규칙적으로 선택된 색은 조화롭다.
- 친숙함의 원리 : 사람들에게 잘 알려진 색은 조화롭다.
- 유사성의 원리 : 어떤 색이라도 공통성이 있으면 조화롭다.
- 명료성의 원리 : 여러 색의 관계가 애매하지 않고 명쾌한 것이면 조화롭다.

정답 90 ② 91 ③ 92 ③ 93 ③ 94 ① 95 ②

96 NCS 색체계의 색표기 중 동일한 채도선의 m(Constant Saturation)값이 나머지와 다른 하나는?

① S6010-R90B
② S2040-R90B
③ S4030-R90B
④ S6020-R90B

해설
NCS 뉘앙스는 명도와 채도의 비율이 달라 다른 톤을 보이는 것을 말한다. 보기의 색상은 모두 남색에 해당되며, 다른 색과는 달리 S6010-R90B의 경우 저채도의 색에 속한다.

97 PCCS의 특징으로 옳은 것은?

① 최고 채도치가 색상마다 각각 다르다.
② 각 색상 최고 채도치의 명도는 다르다.
③ 색상은 영-헬름홀츠의 지각원리와 유사하게 구성되어 있다.
④ 유채색은 7개의 톤으로 구성된다.

해설
PCCS 색체계는 1964년 일본 색채연구소에서 색채조화를 주요 목적으로 개발되었다. 톤(Tone)의 개념으로 도입되었고 색조를 색공간에 설정하였다. 톤 분류법에 의하면 색채를 쉽게 기억할 수 있고 우리의 일상적인 감각과 어울려 이미지 반영이 용이하다는 장점이 있다. 헤링의 4원색설을 바탕으로 빨강, 노랑, 초록, 파랑의 4색상을 기본색으로 사용하여 색상은 24색, 명도는 17단계(0.5단계 세분화), 채도는 9단계(지각적 등보성 없이 절대수치인 9단계로 구분)로 구분해 사용한다.

98 먼셀의 색입체를 수직으로 자른 단면의 설명으로 옳은 것은?

① 대칭인 마름모 모양이다.
② 보색관계의 색상면을 볼 수 있다.
③ 명도가 높은 어두운색이 상부에 위치한다.
④ 한 개 색상의 명도와 채도관계를 볼 수 있다.

해설
① 오스트발트의 색입체에 대한 설명이다.
③ 명도가 높은 밝은색이 상부에 위치한다.
④ 수직으로 잘랐기 때문에 명도의 여러 단계를 볼 수 있다.

99 다음 중 청록색 계열의 전통색은?

① 훈색(熏色)
② 치자색(梔子色)
③ 양람색(洋藍色)
④ 육색(肉色)

해설
① 훈색(熏色) : 보라색 계열
② 치자색(梔子色) : 노란색 계열
④ 육색(肉色) : 빨간색 계열

100 세계 각국의 색채 표준화 작업을 통해 제시된 색체계와 그 특성을 바르게 연결한 것은?

① 혼색계 : CIE의 XYZ 색체계 - 색자극의 표시
② 현색계 : 오스트발트 색체계 - 관용색명 표시
③ 혼색계 : 먼셀 색체계 - 색채교육
④ 현색계 : NCS 색체계 - 조화색의 선택

해설
CIE, CIE의 XYZ, Hunter LAB 혼색계는 색광을 표시하는 가법혼합의 표색계로 빛의 체계를 등색수치나 감각으로 표현한 체계이다.
• 현색계 : 먼셀, NCS, DIN
• 혼색계 : 오스트발트 색표계, CIE 표색계

정답 96 ① 97 ② 98 ② 99 ③ 100 ①

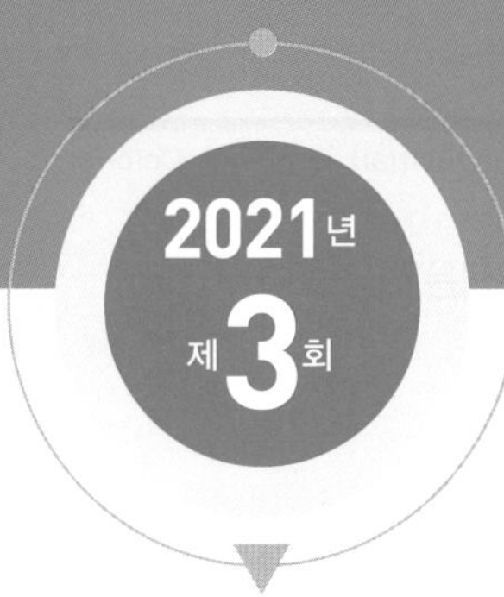

컬러리스트기사

과년도 기출문제

제1과목 색채심리 · 마케팅

01 색채와 촉감 간의 상관관계가 잘못된 것은?

① 부드러움 – 밝은 난색계
② 거칠음 – 진한 난색계
③ 딱딱함 – 진한 한색계
④ 단단함 – 한색 계열

해설
거칠음에 해당되는 계열은 어두운 회색 계열이다.

02 색채와 음악을 연결한 공감각의 특성을 잘 이용하여 브로드웨이 부기우기(Broadway Boogie Woogie)라는 작품을 제작한 작가는?

① 요하네스 이텐(Johaness Itten)
② 몬드리안(Mondrian)
③ 카스텔(Castel)
④ 모리스 데리베레(Maurice Deribere)

해설
② 브로드웨이 부기우기(Broadway Boogie Woogie)라는 작품을 제작한 작가는 몬드리안이다.
요하네스 이텐(Johaness Itten)은 색채와 형태, 카스텔(Castel)은 색채와 음악, 모리스 데리베레(Maurice Deribere)는 색채와 향기에 대해 연구하였다.

03 효과적인 컬러 마케팅 전략수립 과정의 순서가 옳은 것은?

a. 전략 수립
b. 일정 계획
c. 상황 분석 및 목표 설정
d. 실 행

① a → c → b → d
② c → b → a → d
③ c → a → b → d
④ a → c → d → b

해설
마케팅 전략수립 과정 : 상황 분석 및 목표 설정 → 전략 수립 → 일정 계획 → 실행

04 외부 지향적 소비자 가치관에 있어서 가장 중요한 사항은?

① 기능성 ② 경제성
③ 소속감 ④ 심미감

해설
외부 지향적 소비자 집단은 시장에서 가장 높은 비중을 차지하고 있으며 소속, 경쟁, 성취감을 중요하게 여긴다.

1 ② 2 ② 3 ③ 4 ③ 정답

05 **색채조절 효과에 대한 설명으로 옳은 것은?**

① 바닥면에 고명도의 색을 사용하여 안정감을 높인다.
② 빨강과 주황은 활동성을 높이고 마음을 진정시키는 역할을 한다.
③ 회복기 환자에게는 어두운 조명과 따뜻한 색채가 적합하다.
④ 주의집중을 위한 작업현장은 한색 계열의 차분한 색조로 배색한다.

해설
① 바닥면은 벽이나 천장보다 명도가 높은 색을 사용하면 안정감이 떨어진다.
② 마음을 진정시키는 색으로 빨강과 주황보다는 초록과 파랑이 효과적이다.
③ 회복기 환자에게는 밝고 따뜻한 조명의 색채가 적합하다.

06 **색채조사를 위한 표본추출방법에서 군집(집락, Cluster) 표본추출을 설명한 것으로 옳은 것은?**

① 표본을 선정하기 전에 여러 하위집단으로 분류하고 각 하위집단별로 비례적으로 표본을 선정한다.
② 모집단의 개체를 구획하는 구조를 활용하여 표본추출 대상 개체의 집합으로 이용하면 표본추출의 대상 명부가 단순해지며 표본추출도 단순해진다.
③ 조사 결과에 크게 영향을 미치는 변수를 기준으로 하위 모집단을 구분하는 것이 좋다.
④ 지역적인 특성에 따른 소비자의 자동차 색채선호 특성 등을 조사할 때 유리하다.

해설
①·④ 국화추출법(층화추출법)에 대한 설명이다.
③ 조사 결과에 크게 영향을 미치는 변수 기준보다 모집단의 개체로 활용하는 구조로 표본추출 대상 개체를 구분해야 한다.

07 **SD(Semantic Differential)법에 관한 설명 중 틀린 것은?**

① 이미지의 심층면접법과 언어연상법이다.
② 이미지의 수량적 척도화의 방법이다.
③ 형용사 반대어 쌍으로 척도를 만들어 피험자에게 평가하게 한다.
④ 특정 개념이나 기호가 지니는 정성적 의미를 객관적, 정량적으로 측정하는 방법이다.

해설
의미분화법(SD법)은 평가대상이 가지고 있는 이미지를 수량적 처리에 의해 척도화하여 정량적으로 측정하는 방법이다.

08 **시장 세분화의 변수가 아닌 것은?**

① 지리적 변수
② 인구통계적 변수
③ 사회, 문화적 변수
④ 상징적 변수

해설
시장 세분화의 기준은 행동분석적, 지리적, 인구통계학적, 사회문화적, 제품, 심리분석적 세분화로 분류된다.

09 **색채정보 분석방법 중 의미의 요인분석에 해당되지 않는 것은?**

① 평가차원(Evaluation)
② 역능차원(Potency)
③ 활동차원(Activity)
④ 지각차원(Perception)

해설
미국의 심리학자 찰스 오스굿은 요인분석을 통해 3가지 의미공간의 대표적인 구성요인인 평가요인, 역능요인, 활동요인을 밝혀냈다.

정답 5 ④ 6 ② 7 ① 8 ④ 9 ④

10 문화에 따른 색채 발달의 순서로 옳은 것은?

① 하양 → 초록 → 회색 → 파랑
② 하양 → 노랑 → 갈색 → 파랑
③ 검정 → 빨강 → 노랑 → 갈색
④ 검정 → 파랑 → 주황 → 갈색

해설
인류학적으로 색채 발달 순서는 하양 → 검정 → 빨강 → 초록 → 노랑 → 파랑 → 갈색 → 보라 → 분홍 → 주황 → 회색 순이다.

11 환경문제를 생각하는 소비자를 위해서 천연재료의 특성을 부각시키거나 제품이 갖는 환경보호의 이미지를 부각시키는 '그린 마케팅'과 관련한 색채 마케팅 전략은?

① 보편적 색채전략
② 혁신적 색채전략
③ 의미론적 색채전략
④ 보수적 색채전략

해설
환경보호에 의미를 두는 마케팅이기 때문에 의미론적 색채전략에 해당된다.

12 마케팅에서 소비자 생활유형을 조사하는 목적이 아닌 것은?

① 소비자의 선호색을 조사하기 위해
② 소비자의 가치관을 조사하기 위해
③ 소비자의 소비 형태를 조사하기 위해
④ 소비자의 행동 특성을 조사하기 위해

해설
소비자 생활유형은 소비자의 가치관이 반영되며 소비자 행동을 결정하는 중요한 지표가 된다.

13 색채정보 수집에서 가장 많이 사용되는 방법은?

① 패널조사법
② 현장관찰법
③ 실험연구법
④ 표본조사법

해설
표본조사법은 색채정보 수집방법 중 가장 많이 사용되는 방법이며, 모집단을 대표할 수 있는 일부 대상을 표본으로 선정하여 조사하는 방법이다.

14 색채선호의 원리에 대한 내용으로 틀린 것은?

① 선호색은 대상이 무엇이든 항상 동일하다.
② 서양의 경우 성인의 파란색에 대한 선호 경향은 매우 뚜렷한 편이다.
③ 노년층의 경우 고채도 난색 계열의 색채에 대한 선호가 높은 편이다.
④ 선호색은 문화권, 성별, 연령 등 개인적 특성에 따라 차이가 있다.

해설
선호색은 어떤 대상이냐에 따라 차이가 있으며 고정된 것이 아니다.

15 제시된 색과 연상의 구분이 다른 것은?

① 빨강 – 사과
② 노랑 – 병아리
③ 파랑 – 바다
④ 보라 – 화려함

해설
①, ②, ③은 구체적 연상, ④는 추상적 연상에 해당된다.

10 ③ 11 ③ 12 ① 13 ④ 14 ① 15 ④ **정답**

16 **개인과 색채의 관계에 대한 용어의 설명이 틀린 것은?**

① 개인이 소비하는 색과 디자인의 선택을 파퓰러 유즈(Popular Use)라고 한다.
② 개인의 기호에 따른 색이나 디자인 선택을 컨슈머 유즈(Consumer Use)라고 한다.
③ 개인의 일시적 호감에 따라 변하는 색채를 템퍼러리 플레저 컬러(Temporary Pleasure Colors)라고 한다.
④ 유행색은 주기를 갖고 계속 변화하는 색으로 트렌드 컬러(Trend Color)라고 한다.

해설
파퓰러 유즈는 집단이 선호하는 색에 따라 구매활동을 하는 소비자를 말한다.

17 **라이프스타일의 분석방법인 사이코그래픽스(Psycho-graphics)에 대한 설명으로 옳은 것은?**

① 라이프스타일을 측정하기 위해 일반적으로 사용하는 방법으로 심리적 특성과 사회적 특성을 혼합한 것이다.
② 사이코그래픽스 조사는 활동, 관심, 의견의 세 가지 변수에 의해 측정된다.
③ 조사대상자에 대해 동일한 조사항목과 그와 관련한 질문에 대한 답으로 평가한다.
④ 어떤 특정 제품이나 상표에 대한 소비자들의 태도나 행동과 같은 구체적인 라이프스타일은 알 수 없다.

해설
사이코그래픽스(Psychographics)
소비자의 심리나 정신을 나타내는 '사이코(Psycho)'와 윤곽, 도식, 묘사를 나타내는 '그래픽(Graphic)'을 합친 개념으로 이 용어는 소비자 활동(Activity), 관심(Interest), 의견(Opinion) 등의 라이프스타일을 분석함으로써 소비자의 생활양식을 평가하기 위해 사용된다.

18 **마케팅 믹스에 대한 설명으로 옳은 것은?**

① 시장을 세분화하는 방법
② 마케팅에서 경쟁제품과의 위치선정을 하기 위한 방법
③ 마케팅에서 제품 구매집단을 선정하는 방법
④ 표적시장에서 원하는 결과를 얻기 위해 가능한 수단을 활용하는 방법

해설
마케팅의 핵심 구성요소는 4P이며, 기업이 이를 어떻게 잘 혼합하느냐에 따라 마케팅 효과를 극대화할 수 있다. 기업은 표적시장에서 원하는 결과를 얻기 위해 가능한 수단을 활용해야 한다.

19 **색채 시장조사 방법 중 개별 면접조사에 대한 설명으로 틀린 것은?**

① 개별 면접조사는 심층적이고 복잡한 정보의 수집이 가능하다.
② 개별 면접조사는 조사자와 참여자 간의 관계 형성이 쉽다.
③ 개별 면접조사가 전화 면접조사보다 신뢰성이 높다.
④ 개별 면접조사는 조사비용과 시간이 적게 들고 조사원의 선발에 대한 부담이 없다.

해설
개별 면접조사는 조사비용과 시간이 많이 들고 전문지식을 갖춘 조사원의 역량이 중요하므로 선발에 대한 부담이 크다.

20 **환경주의적 색채 마케팅에 대한 설명으로 거리가 먼 것은?**

① 재활용된 재료의 활용을 색채 마케팅으로 극대화한다.
② 대표적인 색채는 노랑이다.
③ 경제적이고 효과적인 색채 마케팅을 강조한다.
④ 많은 수의 색채를 쓰기보다 환경적으로 선별된 색채를 선호한다.

해설
환경이라는 키워드를 대표할 수 있는 색채는 초록이다.

정답 16 ① 17 ② 18 ④ 19 ④ 20 ②

제2과목 색채디자인

21 병원 색채계획 시 고려사항으로 거리가 먼 것은?

① 병실은 안방과 같은 온화한 분위기
② 수술실은 정밀한 작업을 위한 환경 조성
③ 일반 사무실은 업무 효율성과 조도 고려
④ 대기실은 화려한 색채적용과 동선체계 고려

해설
대기실은 대기자의 초조함이 감도는 공간이기에 심신을 안정시킬 수 있는 한색 계열 및 수수한 색채배색을 적용해야 한다.

22 저속한 모방예술이라는 뜻의 독일어에서 유래한 것은?

① 하이테크
② 키치 디자인
③ 생활미술운동
④ 포스트모더니즘

해설
키치는 19세기 후반 저질 미술품이나 싸구려 대량 복제품이라는 뜻으로 색상과 채도의 대비를 강하게 사용하여 예술의 극치를 드러내는 표현방식이다.

23 시각 디자인에서 메시지의 전달을 위해 회화적 조형표현을 이용하는 영역은?

① 포스터
② 신문광고
③ 문자 디자인
④ 일러스트레이션

해설
시각 디자인은 하나의 광고매체로서 다양한 창작물을 창조하기 위해 회화적 표현 수단이나 문자 또는 일러스트레이션을 사용한다.

24 네덜란드에서 일어난 신조형주의 운동으로, 화면을 수평, 수직으로 분할하고 삼원색과 무채색으로 이용한 구성이 특징인 디자인 사조는?

① 큐비즘
② 데 스테일
③ 바우하우스
④ 아르데코

해설
데 스테일은 입체파와 추상주의 미술을 주축으로 구성된 예술단체의 명칭이며, 모든 구성적인 요소를 버리고 순수한 형태미를 추구한 신조형주의 예술이다.

25 디자인 대상 제품이 시장 전체에서 가격, 색채 등이 어느 위치에 있는지를 확인하는 방법은?

① 타기팅(Targeting)
② 시뮬레이션(Simulation)
③ 프레젠테이션(Presentation)
④ 포지셔닝(Positioning)

해설
제품의 위치(포지셔닝)는 소비자들의 경쟁 제품과 비교하여 갖게 되는 지각, 인상, 감성, 가격 등이 복합적으로 영향을 미쳐 형성된다.

26 수공의 장점을 살리되, 예술작품처럼 한 점만을 제작하는 것이 아니라 어느 정도의 양산(量産)이 가능하도록 설계, 제작하는 생활조형 디자인의 총칭을 의미하는 것은?

① 크래프트 디자인(Craft Design)
② 오가닉 디자인(Organic Design)
③ 어드밴스 디자인(Advanced Design)
④ 미니멀 디자인(Minimal Design)

해설
크래프트 디자인은 트렌드를 반영하면서 수공의 장점을 살리고 어느 정도의 양산이 가능하도록 설계, 제작하는 디자인이다.

21 ④ 22 ② 23 ④ 24 ② 25 ④ 26 ① 정답

27 독일의 베르트하이머(Wertheimer)가 중심이 된 게슈탈트(Gestalt) 학파가 제창한 그루핑 법칙이 아닌 것은?

① 근접요인
② 폐쇄요인
③ 유사요인
④ 비대칭요인

해설
게슈탈트 심리학의 '그루핑의 법칙(Rules Of Grouping)'은 시각 대상의 유사성에 주목한다. 우리의 뇌가 모양이나 크기, 방향, 거리, 색깔, 위치 등이 비슷하면 한 그룹으로 보려고 하는 시지각적 논리가 핵심이다. 유사성(Similarity), 근접성(Proximity), 폐쇄성(Closure), 연속성(Continuation) 등으로 빠르고 정확한 커뮤니케이션에서 그 효용성이 크다.

28 Good Design 조건에 대한 설명 중 틀린 것은?

① 독창성 – 항상 창조적이며 이상을 추구하는 디자인
② 경제성 – 최소의 인적, 물적, 금융, 정보를 투자하여 최대의 효과를 가져올 수 있는 디자인
③ 심미성 – 아름다움을 느끼는 미적 의식으로 주관적, 감성적인 디자인
④ 합목적성 – 디자인 원리에서 가리키는 모든 조건이 하나의 통일체로 질서를 유지하는 디자인

해설
굿 디자인의 4대 조건에는 독창성, 경제성, 심미성, 합목적성이 있으며 이 4대 조건은 서로 관계를 맺고 있다고 보고 합리성과 비합리성이 밀착되도록 통일시키는 것이 디자인에서 질서성의 원리인 것이다. 즉, ④의 설명은 질서성에 해당되는 내용이다.

29 디자인 사조와 색채와의 연결이 틀린 것은?

① 아르누보 – 밝고 연한 파스텔 색조
② 큐비즘 – 난색의 따뜻하고 강렬한 색
③ 데 스테일 – 빨강, 노랑, 파랑
④ 팝아트 – 흰색, 회색, 검은색

해설
팝아트는 원색이나 선명한 색채 경향을 보인다.

30 기계가 지닌 차갑고 역동적 아름다움을 조형예술의 주제로 사용하고, 스피드 감이나 운동을 표현하기 위해 시간의 요소를 도입하려고 시도한 예술운동은?

① 구성주의
② 옵아트
③ 미니멀리즘
④ 미래주의

해설
미래주의는 이탈리아에서 등장한 모더니즘으로 속도와 역동성, 신기술 및 기계주의 등 산업혁명의 상징이라고 할 수 있는 새로운 도상들을 작품에 담았다.

31 색채계획에 따른 주조색, 보조색, 강조색의 배색에 대한 설명이 틀린 것은?

① 주조색 – 전체의 70% 이상을 차지하는 색이다.
② 주조색 – 전체적인 이미지를 좌우하게 된다.
③ 보조색 – 색채계획 시 주조색을 보완해 주는 역할을 한다.
④ 강조색 – 전체의 30% 정도이므로 디자인 대상을 변화시키기 어렵다.

해설
강조색은 전체 면적의 5~10%를 사용하며 전체의 기조를 해치지 않는 범위에서 포인트를 주어 전체 분위기에 생명력을 심어 주고 힘의 강약을 조절하는 역할을 한다.

32 환경적 요소뿐만 아니라 사회·윤리적 이슈를 함께 실현하는 미래 지향적 디자인은?

① 범용 디자인
② 지속 가능 디자인
③ 유니버설 디자인
④ UX 디자인

해설
지속 가능 디자인은 인간과 자연 간의 상호작용을 생각하며 환경적인 요소를 염두에 두고 디자인하는 것이다.

정답 27 ④ 28 ④ 29 ④ 30 ④ 31 ④ 32 ②

33 **아이디어 발상에 많이 활용되는 창조기법으로 디자인 문제를 탐구하고 변형시키기 위해 두뇌와 신경조직의 무의식적인 활동을 조장하는 것은?**

① 시네틱스(Synectics)
② 투입-산출 분석(Input-Output Analysis)
③ 형태분석법(Morphological Analysis)
④ 브레인스토밍(Brainstorming)

해설
시네틱스는 서로 관련 없는 요소들 간의 결합을 의미하며, 문제를 보는 관점을 완전히 달리하여 여기서 연상되는 점과 관련성을 찾아 아이디어를 발상하는 방법이다.

34 **건물의 외벽 등을 장식하는 그래픽 이미지 작업은?**

① 사인보드
② 화공기술
③ 슈퍼그래픽
④ POP 광고

해설
슈퍼그래픽(Super Graphic)은 '크다'는 뜻의 슈퍼(Super)와 '그림'을 의미하는 그래픽(Graphic)이 합쳐진 용어이다. 옥외 공간이나 건물 벽면 등을 장식하는 거대 규모의 그래픽 이미지를 말한다.

35 **단시간 내에 급속도로 생겼다가 사라지는 유행을 의미하는 것은?**

① 트렌드(Trend)
② 포드(Ford)
③ 클래식(Classic)
④ 패드(Fad)

해설
패드(Fad)는 단시간에 나타났다가 사라지는 유행을 의미한다.

36 **시각적 질감을 자연 질감과 기계 질감으로 분류할 때 '자연 질감'에 속하지 않는 것은?**

① 나무결 무늬
② 동물 털
③ 물고기 비늘
④ 사진의 망점

해설
망점은 사물의 이미지를 점으로 표현한 인공적 특성을 의미하므로 자연 질감에 속하지 않는다.

37 **윌리엄 모리스가 미술공예운동에서 주로 추구한 수공예의 양식은?**

① 바로크
② 로마네스크
③ 고 딕
④ 로코코

해설
19세기 미술공예운동을 전개한 윌리엄 모리스는 중세 역사와 고딕 건축에 대한 관심이 높았고, 이러한 관심은 자신의 신혼집인 레드하우스 건축과 디자인 회사 모리스 마셜포크너사의 설립으로 이어졌다. 중세 고딕풍의 건축물인 레드하우스는 근대 건축의 출발점이자 미술공예운동의 요람이 되었다.

38 **옥외광고, 전단 등 제품의 판매 촉진을 위한 광고 홍보 활동을 뜻하는 것은?**

① POP(Point Of Purchase) 광고
② SP(Sales Promotion) 광고
③ Spot 광고
④ Local 광고

해설
SP(Sales Promotion) 광고는 옥외광고, 전단 등 제품의 판매 촉진을 위한 홍보활동이다.

33 ① 34 ③ 35 ④ 36 ④ 37 ③ 38 ② **정답**

39 **인간이 사용하기에 원활해야 하고, 디자인 기능과 관련된 인간의 신체적 조건, 치수에 관한 학문은?**

① 산업공학 ② 인간공학
③ 치수공학 ④ 계측제어공학

해설
인간공학은 인간과 기계와의 관계를 연구하는 학문으로 인간의 행동, 능력, 한계, 특성 등에 관한 정보를 발견하여 이를 도구, 기계, 시스템, 직무, 환경을 설계하는 데 응용함으로써 인간이 생산적이고 안전하며 쾌적한 환경에서 작업을 하고 물건을 효과적으로 이용할 수 있도록 하는 것이다.

40 **바우하우스의 교육 이념이 아닌 것은?**

① 인간이 기계에 의해서 노예화가 되는 것을 방지한다.
② 인간에 의한 규격화된 합리적인 양식을 추구한다.
③ 기계의 이점은 유지하면서 결점만 제거한다.
④ 일시적인 것이 아닌 우수한 표준을 창조한다.

해설
바우하우스는 독일공작연맹의 이념을 바탕으로 하여 예술과 기계적인 기술의 통합을 목적으로 새로운 조형 이념을 다루었다. 또한 문제해결 능력과 창의적인 디자인 능력을 향상시켜 빠르게 변하는 산업화 사회에 큰 영향을 주었다.

제3과목 색채관리

41 **조건등색(Metamerism)에 대한 설명 중 틀린 것은?**

① 조명에 따라 두 견본이 같게도 다르게도 보인다.
② 모니터에서 색 재현은 조건등색에 해당한다.
③ 사람의 시감 특성과는 관련이 없다.
④ 분광반사율이 달라도 같은 색 자극을 일으킬 수 있다.

해설
분광반사율이 서로 다른 두 가지 색의 물체가 특정 조명 아래에서 같은 색으로 보이는 현상을 조건등색이라 한다.

42 **프로파일로 변환(Convert to Profile) 기능에 대한 설명으로 틀린 것은?**

① 목적지 프로파일로 변환 시 절대색도계 렌더링 인텐트를 사용하면 CIE LAB 절대수치에 따른 변환을 수행한다.
② sRGB 이미지를 AdobeRGB 프로파일로 변환하면 이미지의 색영역이 확장되어 채도가 증가한다.
③ 변환 시 실제로 계산을 담당하는 부분을 CMM이라고 한다.
④ 프로파일로 변환에는 소스와 목적지에 해당하는 두 개의 프로파일이 필요하다.

해설
Convert to Profile 기능은 원본의 색상을 최대한 유지시켜 주면서 프로파일을 변환하여 주기에 육안에서의 차이를 최소화한다.

43 **CCM(Computer Color Matching)의 장점이 아닌 것은?**

① 정확한 아이소머리즘을 실현할 수 있다.
② 위지위그(WYSIWYG)를 구현할 수 있으며 측정 장비가 간단하다.
③ 육안조색보다 감정이나 환경의 지배를 받지 않는다.
④ 로트별 색채의 일관성을 갖는다.

해설
위지위그(WYSIWYG)는 맥용 웹사이트 편집기 단순 프로그램이다.

44 **반투명의 유리나 플라스틱을 사용하여 광원 빛의 60~90%가 대상체에 직접 조사되는 방식으로, 그림자와 눈부심이 생기는 조명방식은?**

① 전반확산조명
② 직접조명
③ 반간접조명
④ 반직접조명

정답 39 ② 40 ② 41 ③ 42 ② 43 ② 44 ④

해설

① 전반확산조명 : 간접조명과 직접조명의 중간 방식으로 투명한 확산성 덮개를 사용하여 빛이 확산되도록 하며, 조명기구를 일정한 높이와 간격으로 배치하여 방 전체를 균일하게 조명할 수 있고 눈부심이 거의 없다.
② 직접조명 : 빛을 90~100% 작업면에 직접 비추는 조명방식으로 조명효율이 좋은 반면, 눈부심이 일어나고 균일한 조도를 얻을 수가 없어 그림자가 강하게 나타난다.
③ 반간접조명 : 대부분은 벽이나 천장에 조사되지만, 아래 방향으로 10~40% 정도 조사하는 방식으로 그늘짐이 부드러우며 눈부심도 적다.

45 색채의 소재에 대한 설명 중 틀린 것은?

① 음료, 소시지, 과자류 등에 주로 사용되는 색료는 유독성이 없어야 한다.
② 유기물질로 이루어진 종이의 경우 가시광선뿐만 아니라 푸른색에 해당되는 빛을 거의 다 흡수한다.
③ 직물 섬유나 플라스틱의 최종 처리 단계에서 형광성 표백제를 첨가하는 것을 내구성을 갖게 하기 위해서이다.
④ 형광성 표백제는 태양광의 자외선을 흡수하여 푸른빛 영역의 에너지를 가진 빛을 다시 방출하는 성질을 이용한다.

해설

직물 섬유나 플라스틱의 최종 처리 단계에서 형광성 표백제를 첨가하는 것은 표백을 위해 사용하는 것으로 백색도를 높이는 과정이다.

46 디지털 입력시스템에 관한 설명으로 옳은 것은?

① PMT(광전배증관 드럼스캐닝)는 유연한 원본들을 스캔할 수 있다.
② A/D 컨버터는 디지털 전압을 아날로그 전압으로 전환시킨다.
③ 불투명도(Opacity)는 투과도(T)와 반비례하고 반사도(R)와는 비례한다.
④ CCD 센서들은 녹색, 파란색, 빨간색에 대하여 균등한 민감도를 가진다.

해설

② 아날로그 전압을 디지털 전압으로 전환시킨다.
③ 불투명도(Opacity)는 투과도(T)와 상호보완 관계이며 모든 복사물을 반사시킨다.
④ CCD는 빛을 디지털 신호로 바꿔주는 장치로 이미지를 이루는 점(픽셀)을 표현하는 화소가 한 범위에 몇 개가 들어 있느냐에 따라 성능이 구별된다. 영상의 빛은 R, G, B 색 필터에 의해 각기 다른 색으로 나타낼 뿐이다.

47 평판 인쇄용 잉크로 틀린 것은?

① 낱장평판 잉크
② 오프셋윤전 잉크
③ 그라비어 잉크
④ 평판신문 잉크

해설

그라비어 잉크는 오목판 인쇄용에 해당된다.

48 CIE LAB 색체계에서 색차식을 나타내는 계산식으로 옳은 것은?

① $\Delta E^*ab = [(\Delta L^*)^2 + (\Delta a^*)^2 + (\Delta b^*)^2]^{\frac{1}{2}}$
② $\Delta E^*ab = [(\Delta L^*)^2 + (\Delta C^*)^2 + (\Delta b^*)^2]^{\frac{1}{2}}$
③ $\Delta E^*ab = [(\Delta a^*)^2 + (\Delta b^*)^2 - (\Delta H^*)^2]^{\frac{1}{2}}$
④ $\Delta E^*ab = [(\Delta a^*)^2 + (\Delta C^*)^2 + (\Delta H^*)^2]^{\frac{1}{2}}$

해설

KS A 0064에 따르면 CIE LAB 색차식은
$\Delta E^*ab = [(\Delta L^*)^2 + (\Delta a^*)^2 + (\Delta b^*)^2]^{\frac{1}{2}}$ 로 규정하고 있다.

45 ③ 46 ① 47 ③ 48 ① 정답

49 **색채 측정기에 대한 설명으로 옳은 것은?**

① 색채계는 분광반사율을 측정하는 데 사용한다.
② 분광복사계는 장비 내부에 광원을 포함해야 한다.
③ 분광기는 회절격자, 프리즘, 간섭필터 등을 사용한다.
④ 45° : 0° 방식을 사용하는 색채 측정기는 적분구를 사용한다.

해설
분광복사계는 다양한 광원으로 측정되며 또한 단색화 장치인 분광기는 회절격자, 프리즘, 간섭필터 등을 사용한다. 45° : 0° 가 아닌 di : 8° 방식을 사용하는 색채 측정기는 적분구를 사용한다.

50 **진공으로 된 유리관에 수은과 아르곤 가스를 넣고 안쪽 벽에 형광 도료를 칠하여, 수은의 방전으로 생긴 자외선을 가시광선으로 바꾸어 조명하는 등은?**

① 백열등 ② 수은등
③ 형광등 ④ 나트륨등

해설
전구란 진공 또는 소량의 질소나 아르곤 가스를 봉입한 유리구 내 필라멘트라는 저항선을 넣고 전류를 흘려 가열하여 2,000℃ 이상의 고온에서 온도방사를 일으켜 발광하는 것이다. 백열등은 텅스텐이라는 필라멘트를 사용하고, 수은등은 발광관을 큰 유리관으로 감싼 형태로 유리관 내부는 보온을 위한 질소가스로 가득 채워졌으며, 나트륨등은 나트륨 증기 방전으로 인해 발생되는 황색의 단색광을 이용한 방전 램프이다.

51 **프린터의 색채 구성에 관한 설명으로 틀린 것은?**

① 프린터의 해상도는 dpi라는 단위로 측정된다.
② 모니터와 컬러 프린터는 색영역의 크기가 같다.
③ 컬러 프린터는 CMYK의 조합으로 출력된다.
④ 색영역(Color Gamut)은 해상도와 다르다.

해설
모니터의 색영역은 RGB의 픽셀로 가법혼색의 원리이고, 컬러 프린터의 색영역은 CMYK의 원리를 사용하므로 근본적으로 다르다.

52 **도장면, 타일, 법랑 등 광택 범위가 넓은 범위를 측정하고, 일반적 대상물에 적용하는 경면광택도 측정에 적합한 것은?**

① 85° 경면광택도 [Gs(85)]
② 60° 경면광택도 [Gs(60)]
③ 20° 경면광택도 [Gs(20)]
④ 10° 경면광택도 [Gs(10)]

해설
경면광택도는 필요에 따라 20°, 45°, 60°, 85°의 입사각을 사용한다.
- 85° 경면광택도 : 종이, 섬유 등 광택이 거의 없는 대상에 적용
- 60° 경면광택도 : 도장면, 타일, 법랑 등 일반적 대상물의 측정, 광택 범위가 넓은 범위를 측정하는 경우에 적용
- 20° 경면광택도 : 비교적 광택도가 높은 도장면이나 금속면끼리의 비교

53 **컬러에 관련한 용어 설명으로 틀린 것은?**

① Chrominance – 시료색 자극의 특정 무채색 자극에서 색도차와 휘도의 곱
② Color Gamut – 특정 조건에 따라 발색되는 모든 색을 포함하는 색도 좌표도 또는 색공간 내의 영역
③ Lightness – 광원 또는 물체 표면의 명암에 관한 시지각의 속성
④ Luminance – 유한한 면적을 갖고 있는 발광면의 밝기를 나타내는 양

해설
광원 또는 물체 표면의 명암에 관한 시지각의 속성은 밝기(시명도)에 대한 설명이고, 명도(Lightness)는 물체 표면의 상대적인 명암에 관한 색의 속성으로 정의된다(KS A 0064).

정답 49 ③ 50 ③ 51 ② 52 ② 53 ③

54 색 비교를 위한 작업면의 조도에 대한 설명으로 틀린 것은?

① 자연주광을 이용하는 경우 적어도 2,000lx의 조도를 필요로 한다.
② 색 비교를 위한 작업면의 조도는 1,000~4,000lx 사이로 한다.
③ 어두운색을 비교하는 경우의 작업면의 조도는 2,000lx 이하가 적합하다.
④ 균제도는 80% 이상이 적합하다.

해설
어두운색을 비교하는 경우 명도 L*가 약 25의 광택 없는 검은색으로 한다. 작업면은 4,000lx에 가까운 조도가 적합하다(KS A 0065).

55 정확한 색채 측정에 대한 설명이 틀린 것은?

① SCI 방식은 광택 성분을 포함하여 측정하는 방식이다.
② 백색기준물을 먼저 측정하여 기기를 교정시킨 후 측정한다.
③ 측정용 표준광은 CIE A 표준광과 CIE D_{65} 표준광이다.
④ 기준물의 분광반사율은 측정방식(Geometry)과 무관한 일정한 값을 갖는다.

해설
④ 기준물의 분광반사율은 측정방식(Geometry)이 다양하다.

56 육안조색 시 자연주광 조명에 의한 색 비교에 대한 설명으로 틀린 것은?

① 북반구에서의 주광은 북창을 통해서 확산된 광을 사용한다.
② 붉은 벽돌 벽 또는 초록의 수목과 같은 진한 색의 물체에서 반사하지 않는 확산 주광을 이용해야 한다.
③ 시료면의 범위보다 넓은 범위를 균일하게 조명해야 한다.
④ 적어도 4,000lx의 조도가 되어야 한다.

해설
육안조색 시 태양의 직사광은 피하되, 적어도 2,000lx의 조도가 되어야 한다.

57 육안검색에 대한 설명으로 틀린 것은?

① 시료면, 표준면 및 배경은 동일 평면상에 있는 것이 바람직하다.
② 자연광은 주로 남쪽 하늘 주광을 사용한다.
③ 육안 비교방법은 표면색 비교에 이용된다.
④ 시료면 및 표준면의 모양이나 크기를 조정할 필요가 있는 경우에는 마스크를 사용한다.

해설
자연광에서의 측정은 해가 뜬 후 3시간부터 해가 지기 전 3시간 안에 검사해야 한다.

58 색영역 매핑(Color Gamut Mapping)을 설명한 것은?

① 디지털 기기 내의 색체계 RGB를 L*a*b*로 바꾸는 것
② 디지털 기기 내의 색체계 CMYK를 L*a*b*로 바꾸는 것
③ 매체의 색영역과 디지털 기기의 색영역 차이를 조정하여 맞추려는 것
④ 색공간에서 디지털 기기들 간의 색차를 계산하는 것

해설
색영역이 다른 두 장치 사이의 색채를 효율적으로 대응시켜 색채 구현이 효과적으로 이루어지도록 색채 표현방식을 조절하는 기술을 색영역 매핑이라고 한다.

59 색료에 관한 설명으로 틀린 것은?

① 안료는 주로 용해되지 않고 사용된다.
② 염료는 색료의 한 종류이다.
③ 도료는 주로 안료를 사용하여 생산된다.
④ 플라스틱은 염료를 사용하여 생산된다.

54 ③ 55 ④ 56 ④ 57 ② 58 ③ 59 ④ 정답

해설
유기안료는 유기화합물로 착색력이 우수하고 색상이 선명하며, 인쇄 잉크, 도료, 섬유, 수지날염, 플라스틱 등의 착색에 사용된다.

60 조명의 CIE 상관색온도(Correlated Color Temperature)는 특정 색공간에서 조명의 색좌표와 가장 가까운 거리에 있는 완전 복사체(Planckian Radiator)의 색온도값으로 정의된다. 이때 상관색온도를 계산하기 위해 사용되는 색좌표로 옳은 것은?

① x, y 좌표
② u', v' 좌표
③ u', 2/3v' 좌표
④ 2/3x, y 좌표

해설
표준광원 A는 약 2,856K인 완전복사체의 빛으로 가스봉입형 텅스텐 코일의 백열전구이다. 1976년 정의된 CIE 색좌표계 위치로 u', 2/3v'에 해당된다.

제4과목 색채지각론

61 초록 바탕의 그림에 색상 차이에 의한 강조색으로 사용하기 좋은 색은?

① 흰 색
② 빨간색
③ 파란색
④ 주황색

해설
강조하기 위해 색상차가 큰 반대색을 사용하며, 초록색의 가장 큰 반대색(보색)은 빨간색이다.

62 달토니즘(Daltonism)으로 불리는 색각이상 현상에 대한 설명으로 옳은 것은?

① M추상체의 결핍으로 나타난다.
② 제3색약이라고도 한다.
③ 추상체 보조장치로 해결된다.
④ Blue~Green을 보기 어렵다.

해설
달토니즘(Daltonism)은 제2색맹으로 남성에게서만 나타나며 M추상체가 결여되어 나타나는 증상이다.

63 색에 관한 설명 중 틀린 것은?

① 회색은 명도의 속성만 가지고 있다.
② 검은색을 많이 섞을수록 채도는 낮아진다.
③ 빨간색은 색상, 명도와 채도의 3속성을 모두 가지고 있다.
④ 흰색을 많이 섞을수록 채도가 높아진다.

해설
채도는 순도(포화도)를 의미하며, 어떤 색이든(흰색 포함) 섞을수록 채도는 낮아지게 된다.

64 회전원판을 이용한 혼색과 연관성이 전혀 없는 것은?

① 오스트발트 색체계
② 중간혼색
③ 맥스웰
④ 리프만 효과

해설
리프만 효과는 색상 차이가 커도 명도 차이가 작으면 두 색 사이의 경계가 모호하고 불분명하게 나타나는 현상이다.

정답 60 ③ 61 ② 62 ① 63 ④ 64 ④

65 색채의 무게감은 상품의 가치를 인상적으로 느끼게 하는 데 이용된다. 다음 중 가장 무거워 보이는 색은?

① 흰 색 ② 빨간색
③ 남 색 ④ 검은색

해설
무게는 명도에 영향을 받는다. 고명도일수록 가볍고, 저명도일수록 무겁게 느껴진다. 가벼운 순서는 흰색 - 빨간색 - 남색 - 검은색 순이다.

66 색의 온도감에 대한 설명이 틀린 것은?

① 색의 온도감은 색의 3속성 중 색상에 가장 큰 영향을 받는다.
② 중성색은 연두, 녹색, 보라, 자주 등이다.
③ 한색은 가깝게 보이고 난색은 멀어져 보인다.
④ 교감신경을 자극하여 흥분작용을 일으키는 색은 난색이다.

해설
색의 온도감은 색상에 의해 영향을 받는다. 따뜻한 색은 난색 계열, 차가운 색은 한색 계열이며 중성색은 온도감을 느끼지 못한다. 난색 계열일수록 가깝게 느껴지고, 속도감이 빨리 느껴져 교감신경을 자극해 흥분작용을 일으킨다. 한색 계열일수록 멀게 느껴지고, 속도감이 느긋하게 느껴져 심신의 안정을 느끼게 해 준다.

67 간상체와 추상체에 관한 설명 중 옳은 것은?

① 간상체에 의한 순응이 추상체에 의한 순응보다 신속하게 발생한다.
② 간상체와 추상체는 빛의 강도가 동일한 조건에서 가장 잘 활동한다.
③ 간상체는 그 흡수 스펙트럼에 따라 세 가지로 구분되며, 각각은 419nm, 531nm, 558nm의 파장을 가진 빛에 가장 잘 반응한다.
④ 간상체 시각은 약 500nm의 빛에, 추상체 시각은 약 560nm의 빛에 가장 민감하다.

해설
간상체는 밝기를, 추상체는 색상을 담당하는 시세포로 추상체가 순응도가 빠르다.
③은 추상체에 해당되는 설명이다.

68 다음 중 채도대비에 대한 설명이 틀린 것은?

① 채도가 다른 두 색을 인접했을 때, 채도가 높은 색의 채도는 더욱 높아져 보인다.
② 채도대비는 유채색과 무채색 사이에서 더욱 뚜렷하게 느낄 수 있다.
③ 저채도 바탕 위에 놓인 색은 고채도 바탕에 놓인 동일 색보다 더 탁해 보인다.
④ 채도대비는 3속성 중에서 대비효과가 가장 약하다.

해설
채도대비는 동일한 색을 채도가 낮은 바탕에 놓았을 때는 선명해 보이고, 채도가 높은 바탕에 놓았을 때는 탁해 보이는 것이다.

69 색의 감정효과에 대한 설명으로 옳은 것은?

① 고채도의 색은 강한 느낌을 주고 저채도의 색은 부드러운 느낌을 준다.
② 고명도, 저채도의 색은 화려하다.
③ 고명도, 고채도의 색은 안정감이 있다.
④ 고명도의 색은 안정감이 있고 저명도의 색은 불안정하다.

해설
②는 차분하게 느껴지며, ③은 화려하게 느껴진다.
④ 저명도의 색은 불안정한 느낌보다는 어둡고 무거운 느낌이다.

70 푸르킨예 현상과 관련이 없는 것은?

① 간상체 시각과 추상체 시각의 스펙트럼 민감도가 서로 다르기 때문이다.
② 어두운 곳에서 명시도를 높이려면 녹색이나 파랑을 사용하는 것이 좋다.
③ 어두운 곳에서는 추상체가 반응하지 않고, 간상체가 반응하면서 생기는 현상이다.
④ 망막의 위치마다 추상체 시각의 민감도가 다르기 때문에 생기는 현상이다.

해설
푸르킨예 현상은 간상체 시각과 추상체 시각의 민감도가 다르기 때문에 생기는 현상이다.

65 ④ 66 ③ 67 ④ 68 ③ 69 ① 70 ④ 정답

71 주위 조명에 따라 색이 바뀌어도 본래의 색으로 보려는 우리 눈의 성질은?

① 순응성 ② 항상성
③ 동화성 ④ 균색성

해설
물리적 조건이 바뀌어도 원래 인지하고 있던 색으로 보려는 지각현상을 항상성이라고 한다.

72 빨간 빛에 의한 그림자가 보색의 청록색으로 보이는 현상은?

① 색음현상 ② 애브니 효과
③ 폰 베졸트 효과 ④ 색의 동화

해설
'색을 띤 그림자'라고 하며 어떤 빛을 물체에 비추면 그 물체의 그림자가 빛의 반대 색상(보색)으로 보이는 현상을 색음현상이라고 한다.

73 컬러 인쇄 3색 분해 시, 컬러필름의 색들을 3색 필터를 이용하여 색 분해하는 원리는?

① 회전혼색 ② 감법혼색
③ 보 색 ④ 병치혼색

해설
컬러필름의 색들을 3색 필터를 이용하여 색 분해하는 기본적인 원리는 보색의 원리이다.

74 색채 자극에 따른 인간의 반응에 관한 용어 설명이 틀린 것은?

① 순응 – 조명조건이 변해도 광수용기의 민감도는 그대로 유지되는 상태
② 명순응 – 어두운 곳에서 갑자기 밝은 곳으로 이동 시 밝기에 적응하기까지 상태
③ 박명시 – 명·암소시의 중간 밝기에서 추상체와 간상체 양쪽이 작용하고 있는 시각 상태
④ 색순응 – 색광에 대하여 눈의 감수성이 순응하는 과정

해설
순응은 색에 있어서 감수성의 변화를 말하며, 조명의 조건에 따라 광수용기의 민감도가 변화하는 것이다.

75 연극무대에서 주인공을 향해 파랑과 녹색 조명을 각각 다른 방향에서 비출 때 주인공에게 비춰지는 조명색은?

① Cyan ② Yellow
③ Magenta ④ Gray

해설
조명은 가법혼합 원리로, 파랑과 녹색 조명이 동시에 비추면 Cyan으로 혼색되어 비춰진다.

76 디지털 컬러 프린팅 시스템에서 Cyan, Magenta, Yellow의 감법혼색 중 3가지 모두를 혼합했을 때 얻을 수 있는 컬러 코드 값은?

① (0, 0, 0) ② (255, 255, 0)
③ (255, 0, 255) ④ (255, 255, 255)

해설
3가지를 모두 혼합하면 검은색이 되고 디지털 컬러코드 값은 (255, 255, 255)이다.
※ (0, 0, 0)는 흰색(White), (255, 255, 0)는 파랑(Blue), (255, 0, 255)는 녹색(Green), (0, 255, 255)는 빨강(Red)이다.

77 색채의 성질에 대한 설명으로 틀린 것은?

① 색채가 밝을수록 그 색채의 면적은 더욱 크게 보인다.
② 난색계는 형상을 애매하게 하고, 한색계는 형상을 명확히 한다.
③ 무채색에서는 흰색이 시인성이 가장 높고, 검은색은 시인성이 가장 낮다.
④ 명도대비는 색상대비보다 훨씬 빠르게 느껴진다.

해설
형상을 애매하게 하거나 명확히 한다는 것은 색채의 성질보다는 배색에서 다뤄져야 할 설명이다.

정답 71 ② 72 ① 73 ③ 74 ① 75 ① 76 ④ 77 ②

78 다음 중 진출색의 조건으로 틀린 것은?

① 차가운 색이 따듯한 색보다 진출되어 보인다.
② 밝은색이 어두운색보다 진출되어 보인다.
③ 채도가 높은 색이 채도가 낮은 색보다 진출되어 보인다.
④ 유채색이 무채색보다 더 진출하는 느낌을 준다.

해설
난색 계열, 고명도, 고채도, 유채색이 더 진출되어 보인다.

79 의류 직물은 몇 가지 색실로 다양한 색상을 만들어 내고 있다. 이와 관련된 혼색방법이 아닌 것은?

① 가법혼색
② 감법혼색
③ 병치혼색
④ 중간혼색

해설
의류 직물과 같은 직조물은 병치혼합의 일종이며 색료를 직접 혼합하는 것이 아니므로 감법혼색의 성질은 아니다.

80 의사들이 수술실에서 청록색의 가운을 입는 것과 관련한 색의 현상은?

① 음성잔상
② 양성잔상
③ 동화현상
④ 헬슨-저드 효과

해설
수술장에서 청록색 가운을 입는 이유는 붉은 피를 장시간 보게 되면 눈의 피로가 증가되어 수술에 방해가 되므로 이를 방지하기 위해 음성잔상을 없애는 보색의 청록색 수술복을 사용하는 것이다. 이처럼 보색으로 보이는 잔상현상을 음성잔상이라고 한다.

제5과목 색채체계론

81 CIE Yxy 색체계에서 순수파장의 색이 위치하는 곳은?

① 불규칙적인 곳에 위치한다.
② 중심의 백색광 주변에 위치한다.
③ 말발굽형의 바깥 둘레에 위치한다.
④ 원형의 형태로 백색광 주변에 위치한다.

해설
CIE 색도도에서 말발굽형의 바깥 둘레는 순수파장(주파장)이고 중심부는 백색광이 위치한다.

82 광물에서 유래한 색명이 아닌 것은?

① Chrome Yellow
② Emerald Green
③ Prussian Blue
④ Cobalt Blue

해설
Prussian Blue는 헥사시아노철(II)산칼륨이 주성분인 청색 안료이다.

83 먼셀 색체계의 명도 속성에 대한 설명으로 옳은 것은?

① 명도의 중심인 N5는 시감반사율이 약 18%이다.
② 실제 표준 색표집은 N0~N10까지 11단계로 구성되어 있다.
③ 가장 높은 명도의 색상은 PB를 띤다.
④ 가장 높은 명도를 황산바륨으로 측정하였다.

해설
먼셀 색체계에서 명도는 0~10단계까지 총 11단계로 나누고 있다. 명도는 1단위로 구분하였으나 정밀한 비료를 감안하여 0.5단위로 나눈 것도 있다. 명도는 N단계에 따라 저명도(N1~N3), 중명도(N4~N6), 고명도(N7~N9)로 구분한다. 명도의 중심인 N5는 시감반사율이 약 18%로 정해져 있다.

78 ① 79 ② 80 ① 81 ③ 82 ③ 83 ① 정답

84 먼셀 색체계의 활용상 특성으로 옳은 것은?

① 먼셀 색표집의 표준 사용 연한은 5년이다.
② 먼셀 색체계의 검사는 C 광원, 2° 시야에서 수행한다.
③ 먼셀 색표집은 기호만으로 전달해도 정확성이 높다.
④ 개구색 조건보다는 일반 시야각의 방법을 권장한다.

해설
먼셀 색체계는 정량적인 물리값의 표현이 아니고 인간의 공통된 감각에 따라 설계된 물체색의 표현에 용이하므로, 어느 조건이냐에 따라 활용성이 다르다.
① 먼셀 색표집의 사용 연한은 특별히 정해져 있지 않다.
③ 기호만으로 전달할 경우 정확성이 떨어지게 된다.

85 색채조화를 위한 올바른 계획 방향이 아닌 것은?

① 색채조화는 주변 요인에 영향을 받으므로 상대적이기보다 절대성, 폐쇄성을 중시해야 한다.
② 공간에서의 색채조화를 위해서는 시간의 흐름에 따른 변화를 고려해야 한다.
③ 자연의 다양한 변화에 따른 색조 개념으로 계획해야 한다.
④ 조화에 영향을 주는 변수와 인간과의 관계를 유기적으로 해석해야 한다.

해설
색채조화는 주변 요인에 영향을 받으므로 상대성과 개방성을 중시해야 한다.

86 문–스펜서(P. Moon & D. E. Spencer) 색채조화론의 미도계산 공식은?

① $M = O/C$
② $W + B + C = 100$
③ $(Y/Yn) > 0.5$
④ $\Delta E^{*}uv = \sqrt{(\Delta L^{*})^2 + (\Delta u^{*})^2 + (\Delta v^{*})^2}$

해설
버크 호프(Birkoff, G. D.)는 미도를 M = O/C라는 식을 이용하여 구할 수 있다고 하였는데, 여기에서 O는 질서성, C는 복잡성을 나타내는 요소를 의미한다. 문–스펜서는 이와 같은 버크 호프의 공식을 색채조화에 있어서 미도를 계산하기 위해 도입하였다.

87 반대색조의 배색에 대한 설명으로 옳은 것은?

① 톤의 이미지가 대조적이기 때문에 색상을 동일하거나 유사하게 배색하면 통일감을 나타낼 수 있다.
② 뚜렷하지 않고 애매한 배색으로 톤인톤 배색의 종류이며 단색화법이라고도 한다.
③ 색의 명료성이 높으며 고채도의 화려한 느낌과 저채도의 안정된 느낌이 명쾌하고 활기찬 느낌을 준다.
④ 명도차가 커질수록 색의 경계가 명료해지고 명쾌하며 확실한 배색이 된다.

해설
반대색조는 명도와 채도를 기준으로 나눌 수 있으며 서로 반대되는 명도와 채도로 배색하는 기법이다. 이 기법은 강조하거나 명확하게 표현할 때 활용하며 명쾌한 느낌이 들기도 한다. 색상 면에서 명도가 높은 노란 색상이 있고 명도가 낮은 보라 색상이 있다.

88 DIN 색체계의 설명으로 옳은 것은?

① 5 : 3 : 2로 표기하며 5는 색상 T, 3은 명도 S, 2는 포화도 D를 의미한다.
② 색상을 주파장으로 정의하고 24개로 구분한다.
③ 먼셀의 심리보색설을 발전시킨 색체계이다.
④ 혼색계 색체계로 다양한 색채를 표현할 수 있다.

해설
DIN 색체계는 1955년 오스트발트 표색계의 결함을 보완하여 발전시킨 현색계이다. 색 표기는 T : S : D와 같이 하며 이때 T는 색상, S는 채도, D는 어두운 정도를 의미한다.

정답 84 ② 85 ① 86 ① 87 ① 88 ②

89 단청의 색에서 활기찬 주황빛의 붉은색으로 생동감이 넘치는 색의 이름은?

① 석간주 ② 뇌 록
③ 육 색 ④ 장 단

해설
① 석간주 : 적색 계열
② 뇌록 : 초록 계열
③ 육색 : 적색 계열

90 관용색명에 대한 설명 중 틀린 것은?

① 식물에서 색명 유래
② 광물에서 색명 유래
③ 지명에서 유래한 색명 유래
④ 형용사 조합에서 유래

해설
관용색명은 주로 동식물, 광물, 자연현상, 지명 등의 이름에서 유래한 것이 대부분이다.

91 문-스펜서(P. Moon & D. E. Spener) 조화의 분류가 아닌 것은?

① 눈부심
② 오메가 공간
③ 분리효과
④ 면적효과

해설
문-스펜서의 조화론
• 문-스펜서(P. Moon & D. E. Spener)는 혁신적인 논문 3편을 발표하였다. 그중 색지각상 등보도를 표시하는 색공간을 만들어 오메가 공간을 설정하였는데, 이를 기하학적 거리로 대응시켜 어떤 방향의 거리도 색의 등지각 보도에 일치하도록 구성하였다.
• 조화, 부조화의 종류에는 쾌적한 범위와 불쾌한 범위가 있는데 불쾌한 범위는 제1부조화, 제2부조화, 눈부심으로 구분하였다.
• 눈부심은 극단적 차이로 두 개 사이에서 색을 느끼기 어려운 현상을 의미한다. 그러나 배색에 있어 색의 면적을 조정함으로써 불쾌한 느낌의 배색도 명쾌한 느낌의 배색으로 만들 수 있다고 주장하였다. 또한 배색된 색에 의해 배색의 심리적 효과가 결정된다고 하였다.

92 CIE 1931 색채 측정 체계가 표준이 된 후 맥아담이 색자극들이 통일되지 않은 채 분산되어 있던 CIE 1931 xy 색도 다이어그램을 개선한 색체계는?

① CIE XYZ
② CIE L*u*v*
③ CIE Yxy
④ CIE L*a*b*

해설
③ XYZ 표색계를 보완하기 위해 수식을 변환하여 만든 색체계로, 맥아담에 의해 개선된 색체계이다.

93 현색계에 대한 설명 중 옳은 것은?

① 색편의 배열 및 색채수를 용도에 맞게 조정할 수 있다.
② 산업규격 기준에 CIE 삼자극치(XYZ 또는 L*a*b*)가 주어져 있다.
③ 눈으로 표본을 보면서 재현할 수 없다.
④ 현색계 색채체계의 색역(Color Gamut)을 벗어나는 표본이 존재할 수 있다.

해설
③ 현색계는 눈으로 표본을 보면서 재현할 수 있다.

94 CIE Yxy 색체계에서 내부의 프랭클린 궤적선의 변화를 나타내는 것은?

① 색온도
② 스펙트럼
③ 반사율
④ 무채색도

해설
프랭클린 궤적선은 완전 복사체 각각의 온도에 있어 색도를 나타내는 점을 연결한 색도 그림 위의 선으로, 색온도의 변화를 나타낸다.

89 ④ 90 ④ 91 ③ 92 ③ 93 ①, ②, ④ 94 ① 정답

95 우리나라 옛 사람들의 백색의 개념을 생활 속에서 나타내는 색 이름은?

① 구 색 ② 설백색
③ 지백색 ④ 소 색

해설
소색은 자연이 만든 순수한 색으로 인공이 배제된 가공하지 않은 순수한 바탕의 색이다. 우리나라 선조들은 탄생부터 죽음까지 소색 옷을 즐겨 입었다.

96 NCS의 색표기 S7020-R30B에서 70, 20, 30의 숫자가 의미하는 속성이 옳게 나열된 것은?

① 순색도 - 검은색도 - 빨간색도
② 순색도 - 검은색도 - 파란색도
③ 검은색도 - 순색도 - 빨간색도
④ 검은색도 - 순색도 - 파란색도

해설
NCS의 색표기는 S의 검정 양과 C의 순색량을 표기한 형식이다. S7020-R30B에서 앞 표기의 S7020은 검은색도가 70%이고 순색도는 20%라는 의미이다. 뒤의 R30B는 30%의 Blue가 가미된 Red라는 의미이다. 이 순서대로 나열하면 검은색도 - 순색도 - Blue 파란색도가 된다.

97 오스트발트(W. Ostwald) 색체계에 대한 설명으로 옳은 것은?

① 24색상환을 사용하며 색상번호 1은 빨강, 24는 자주이다.
② 색체계의 표기방법은 색상, 흑색량, 백색량 순서이다.
③ 아래쪽에 검정을 배치하고 맨 위쪽에 하양을 둔 원통형의 색입체이다.
④ 엄격한 질서를 가지는 색체계의 구성원리가 조화로운 색채 선택을 가능하게 한다.

해설
① 1은 노랑, 24는 황록이다.
② 색상, 백색량, 흑색량 순서이다.
③ 마름모 형태의 색입체이다.

98 중명도, 중채도인 탁한(Dull) 톤을 사용한 배색방법은?

① 카마이외(Camaieu)
② 토널(Tonal)
③ 포카마이외(Faux Camaieu)
④ 비콜로(Bicolore)

해설
① 카마이외(Camaieu) : 거의 같은 색, 언뜻 보면 한 가지의 색으로 보일 정도로 미묘하게 배색하는 기법이다.
③ 포카마이외(Faux Camaieu) : 카마이외 배색에서 색상이나 톤에 약간의 변화를 준 배색기법이다.
④ 비콜로(Bicolore) : 하나의 면을 두 가지 색으로 나누는 배색으로, 분명하고 강한 배색에 사용한다.

99 NCS 색체계에 대한 설명이 옳은 것은?

① 하양, 검정, 노랑, 빨강, 파랑, 초록을 기본색으로 정하였다.
② 일본의 색채 교육용으로 넓게 채택하여 사용되고 있다.
③ 1931년에 CIE에 의해 채택되었다.
④ 각 색상마다 12톤으로 분류시켰다.

해설
NCS 색체계는 스웨덴 색채연구소에서 발표하였고, 노르웨이, 스페인, 스웨덴의 국가 표준색을 제정하는 데 크게 기여하였으며 유럽 전역에서 사용되고 있다. NCS의 기본색은 헤링의 반대색설에 기초한 4가지 기본색 노랑, 파랑, 빨강, 초록과 함께 하양과 검정을 인간이 구별할 수 있는 가장 기초적인 6가지 기본 색채로 정하였다.

100 먼셀 색체계의 색표시 방법에 따라 제시한 유채색들이다. 이 중 가장 비슷한 색의 쌍은?

① 2.5R 5/10, 10R 5/10
② 10YR 5/10, 2.5Y 5/10
③ 10R 5/10, 2.5G 5/10
④ 5Y 5/10, 5PB 5/10

해설
② 먼셀의 색상환에서 10YR 다음으로 2.5Y가 오는 만큼 바로 옆에 위치해 있는 색상으로 가장 비슷한 색의 쌍이 된다.

정답 95 ④ 96 ④ 97 ④ 98 ② 99 ① 100 ②

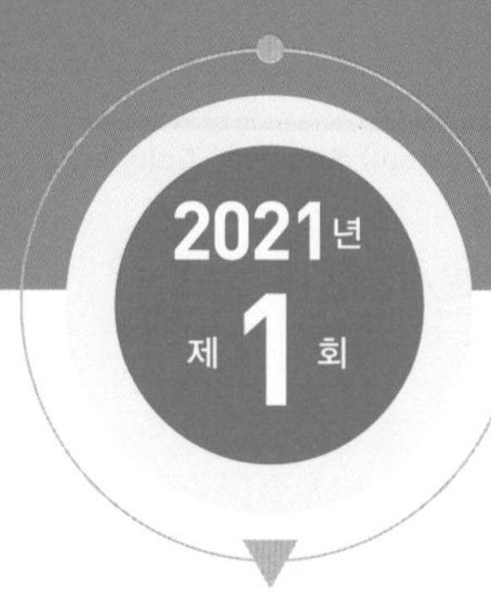

컬러리스트산업기사

과년도 기출복원문제

※ 산업기사의 경우 2021년부터 CBT(컴퓨터 기반 시험)로 진행되어 수험자의 기억에 의해 문제를 복원하였습니다. 실제 시행문제와 일부 상이할 수 있음을 알려드립니다.

제1과목 색채심리

01 색채배색의 세퍼레이션(Separation) 효과에 대한 설명이 맞는 것은?

① 정리된 배색효과를 얻을 수 있다.
② 색상이 연속적으로 길게 분포되어 있다.
③ 명도를 고-저-고로 변화시켜 깊고 정리된 이미지를 얻을 수 있다.
④ 어두운 두 색의 사이에 밝은 회색 톤을 삽입하면 경쾌한 이미지가 살아난다.

해설
세퍼레이션 효과는 배색에서 접하게 되는 두 색 사이에 다른 한 색을 분리색으로 삽입하여 색 관계를 변화시킴으로써 배색효과를 분명하게 하는 기법이다.

02 색채 시장조사의 자료수집 방법 중 현장관찰법의 설명으로 옳은 것은?

① 특정한 효과나 정확한 정보를 얻고자 할 때 색채 실험을 하거나 실험집단과 통제집단의 비교를 통해 측정
② 조사의 신뢰도를 높이기 위해 소비자의 반응을 보거나 대화나 불만사항 등을 들음으로써 정보를 수집
③ 신제품 출시 전 광고나 제품의 방향성을 수립하기 위해 표적집단을 조사하는 방법
④ 약 6~10명으로 구성된 소비자와의 지속적인 인터뷰를 통해 색선호도나 문제점 등을 조사

해설
현장관찰법 : 어떤 대상의 특성, 상태, 언어적 행위 등을 관찰을 통해 조사하는 방법이다.

03 SD법에 대한 설명으로 잘못된 것은?

① 주로 반대어를 사용하여 감정을 다루는 것이다.
② Semantic Differential Method의 약자이다.
③ 두 개의 색채를 사용하여 선호도를 조사하는 것이다.
④ 이미지 맵과 이미지 프로필로 결과를 볼 수 있다.

해설
SD법은 '좋다 – 싫다, 화려하다 – 수수하다'와 같은 언어를 사용하여 선호도를 조사하는 것이며, 형용사의 반대어를 쌍으로 연결시켜 비교함으로써 색채의 감정적인 면을 다룬다.

04 색채선호의 원리에 대한 설명으로 옳은 것은?

① 제품의 선호색은 고정되어 유행에 따라 변화하지 아니 한다.
② 세계적으로 공통된 선호색의 1위는 빨간색이다.
③ 일반적으로 선호 경향과 제품 특징에 대한 선호색은 고정되어 있지 않다.
④ 남성과 여성의 선호색은 비슷한 편이다.

해설
색채선호는 유행에 따라 변화하며 지역, 환경, 연령, 민족, 성별 등 여러 가지 요인에 영향을 받는다.

1 ④ 2 ② 3 ③ 4 ③ 정답

05 우리의 전통색은 음양오행사상에 바탕을 두고 있다. 다음 중 서쪽을 지칭하며 가을을 뜻하고 오른쪽을 나타내는 색은?

① 흑 ② 청
③ 백 ④ 적

해설
① 흑 : 북쪽, 겨울
② 청 : 동쪽, 봄
④ 적 : 남쪽, 여름

06 다음 중 여러 나라의 전통색채에 대한 설명으로 잘못된 것은?

① 라틴 아메리카는 저채도의 색채를 선호한다.
② 중국에서는 빨강에 대한 선호도가 크다.
③ 이슬람 문화권에서는 녹색을 신성시한다.
④ 북유럽의 선호색채는 한색계이다.

해설
라틴 아메리카는 태양이 강렬한 지역적 특징으로 선명하고 강한 고채도의 난색 계통을 선호한다.

07 색채 경험에 대한 설명 중 틀린 것은?

① 빛의 특성이 같더라도 사람의 경험에 따라 다르게 지각된다.
② 일상생활에서 정서적 경험은 색채 경험에 영향을 미친다.
③ 문화적 배경은 중요한 요인으로 작용하지 않는다.
④ 대뇌에서 일어나는 주관적 경험이다.

해설
개인의 심리상태, 경험, 문화적 배경, 지역과 풍토의 영향을 받는다.

08 환경색의 개념이 잘못 연결된 것은?

① 녹색 – 번영의 색 – 이슬람 문화권의 색
② 황색 – 대지와 태양의 색 – 아시아의 색
③ 청색 – 하늘과 바다의 색 – 실크로드 문화의 색
④ 검정 – 고귀함, 신비의 색 – 고원과 분지의 색

해설
④는 보라에 대한 개념이다. 검정은 부활과 애도의 색이며 권력과 지배의 색이다.

09 공장의 색채조절에 관한 내용으로 틀린 것은?

① 마음을 들뜨게 하거나 눈에 피로를 주는 강렬한 대비색은 피하는 것이 좋다.
② 위험한 부분은 주위를 집중시키고 식별이 잘되는 색으로 한다.
③ 바닥을 밝게 하여 실내를 안정되게 보이도록 한다.
④ 좁은 면적을 시원하고 넓게 보이게 하려면 밝은 색을 적용해 준다.

해설
색채조절의 목적은 신체와 눈의 피로를 감소시키고 안전성 추구, 사고 예방, 청결한 환경을 제공함으로써 작업환경의 효율성을 높이는 데 있다.
③ 바닥은 벽이나 천장보다는 명도와 채도를 낮게 계획하는 것이 훨씬 안정되어 보인다.

10 다음 색채와 연상어의 연결이 틀린 것은?

① 노란색 – 위험, 혁명, 환희
② 녹색 – 안정, 평화, 지성
③ 파란색 – 명상, 냉정, 영원
④ 보라색 – 창조, 우아, 신비

해설
혁명은 빨강에서 연상되는 언어이다.

정답 5 ③ 6 ① 7 ③ 8 ④ 9 ③ 10 ①

11 다음 중 육각형의 형태가 연상되는 색채와 관련이 있는 것은?

① 위험, 혁명
② 희망, 명랑
③ 안정, 평화
④ 냉정, 심원

해설
육각형은 초록색이며 안정, 평화, 자연, 건강, 관용 등이 연상된다.
① 위험, 혁명 : 정사각형, 빨강
② 희망, 명랑 : 직사각형, 주황
④ 냉정, 심원 : 원, 파랑

12 기억색의 설명으로 가장 옳은 것은?

① 대상에 대한 무의식적인 추론에 의해 결정되는 색
② 대상 물체의 색채가 변하지 않고 그대로 유지된다고 지각하는 것
③ 색채의 시각적 효과
④ 착시현상에 의해 일어나는 색경험

해설
기억색은 대상의 표면색에 대한 무의식적인 추론에 의해 결정되는 색으로, 잠재적으로 기억하는 색을 말한다.

13 프랭크 H. 만케의 색경험 피라미드에서 '의식적 상징화 – 연상'과 관계가 있는 것은?

① 능동적으로 의도된 단계이다.
② 생물학적 반응의 단계이다.
③ 일부 학습적인 면이 있다.
④ 지역적 특성이 강하고 체험을 통해서 이루어진다.

해설
① 5단계와 6단계에 속하며 '시대사조, 패션, 스타일의 영향'과 '개인적 관계'에 해당된다.
② 1단계로, '색자극에 대한 생물학적 반응'에 해당된다.
④ 2단계로, '집단무의식'에 해당된다.

14 표본 확률적으로 추출하는 색채 표본조사 방법은?

① 임의추출법 ② 유의추출법
③ 특수조사법 ④ 편의적 추출법

해설
② 유의추출법 : 랜덤 선출이 아닌 주관적 방법에 의해 표본을 추출하는 방법이다(조사자에 따라 결과가 다르게 나올 수 있음).
③ 특수조사법 : 특수 사정이나 목적을 위해 1회씩 실시하는 방법이다.
④ 편의적 추출법 : 표본을 선정할 때 조사자 임의대로 사례를 추출하는 방법으로, 조사자의 주관과 편견에 의한 정밀도가 우려된다.

15 다음 중 마케팅 믹스를 위한 4P가 아닌 것은?

① Price ② Place
③ Prime ④ Product

해설
마케팅의 4대 구성요소인 4P에는 Product(제품), Price(가격), Place(유통), Promotion(촉진)이 있다.

16 '산이나 바다와 같은 지형적 요소, 태양의 조사 시간이나 청명일수, 토양의 색' 등 지리적, 기후적 환경에 의해 자연스럽게 어울리고 선호되는 색채는?

① 지역색 ② 민족색
③ 인류색 ④ 종교색

해설
지역색은 특정 지역의 습도, 하늘과 자연광, 산이나 바다, 흙, 돌 등에 자연스럽게 어울리고 선호되는 색으로 각 지역을 대표하는 특정 지역에서 추출된 색채이다.

17 색채의 공감각이란?

① 색채의 특성이 다른 감각으로 표현되는 것
② 채도가 높은 색채의 바탕 위에 있는 색이 더 밝게 보이는 것
③ 한 공간에서 다른 색을 같은 이미지로 느끼는 것
④ 혼색에 의한 결과 색을 예측할 수 있는 것

해설
색채 공감각이란 색채의 특성이 다른 감각으로 표현되는 것으로, 색채가 시각 및 기타 감각기관에 교류되는 현상을 말한다.

정답: 11 ③ 12 ① 13 ③ 14 ① 15 ③ 16 ① 17 ①

18 노란색이나 레몬색을 보면 과일 냄새를 느끼는 색의 감각효과는?

① 공감각 ② 시감각
③ 상징성 ④ 연상성

해설
색채 공감각은 미각, 촉각, 후각, 청각 등 뇌에서 인식되는 감각이다.

19 다음 중 배색에 따른 강조색의 사용이 바르지 않은 것은?

① 어두운 톤끼리 배색되어 있을 때 고명도의 선을 삽입하여 긴장감을 주었다.
② 주조색과 보색관계에 있는 색을 강조색으로 사용하였다.
③ 보색관계에 있는 색들 사이에 무채색을 넣어 이미지를 강화시켰다.
④ 무채색과 저채도의 색이 배색되어 있을 때 고채도의 선을 넣었다.

해설
악센트 컬러(Accent Color)라고도 하는 강조색은 배색을 보다 돋보이게 하기 위한 의미로 사용되며, 주조색과 대조되는 색(보색관계)을 배색 사이에 사용하여 주목성을 부여한다.
③ 분리배색의 효과에 대한 설명이다.

20 색채 마케팅과 관련된 내용으로 가장 거리가 먼 것은?

① 세분화된 시장의 소비자 그룹이 선호하는 색채를 파악하면 마케팅에 도움이 된다.
② 경기 변동의 흐름을 읽고 경기가 둔화되면 오래 지속될 수 있는 경제적인 색채를 활용한다.
③ 21세기라는 시대적인 흐름을 파악하여 테크놀로지(공학기술)와 연관된 색채를 선정하면 마케팅에 도움이 된다.
④ 환경주의 및 자연을 중시하는 디자인에서는 레드 마케팅을 확실하게 부각시키면 효과적이다.

해설
환경주의 및 자연을 중시하는 디자인에서는 그린 마케팅이 효과적이다. 환경이나 자연의 대표색은 초록이다.

제2과목 색채디자인

21 대중예술에서 유래된 말로, 1960년대에 뉴욕을 중심으로 전개되었던 미술의 한 경향을 가리키는 것은?

① 입체파(Cubism)
② 미래파(Futurism)
③ 팝아트(Pop Art)
④ 구성주의(Constructivism)

해설
1960년대 초반, 미국 뉴욕을 중심으로 등장한 팝아트는 영국의 비평가 로런스 앨러웨이(Lawrence Alloway)가 1954년 광고문화가 창조한 대중예술이란 의미로 사용하면서 처음 대두되었다.

22 식물의 모티브를 이용하여 장식적, 상징적 효과를 높인 사조는?

① 아르누보
② 모더니즘
③ 기능주의
④ 기계미학

해설
아르누보는 새로움이라는 개념으로 해석되었으며 주로 곡선을 사용하여 식물을 모방한 까닭에 꽃의 양식, 물결의 양식, 당초양식 등으로 불리고 있다.

23 다음 중 CIP의 기본 시스템(Basic System) 요소가 아닌 것은?

① 심벌마크(Symbol Mark)
② 로고타입(Logotype)
③ 시그니처(Signature)
④ 패키지(Package)

해설
CIP(Corporation Identity Program)는 기업 이미지 통합계획을 말하며 그 구성요소에는 심벌마크, 로고타입, 시그니처 등이 있다.

정답 18 ① 19 ③ 20 ④ 21 ③ 22 ① 23 ④

24 디자인의 심미성에 대한 설명으로 옳은 것은?

① 디자이너의 주관적 판단에 의해 결정되어야 한다.
② 기능적인 디자인에는 심미성이 결여될 수밖에 없다.
③ 소비 대중이 공감할 필요는 없다.
④ 사회, 문화적으로 평가가 달라질 수 있다.

해설
심미성은 색채나 재질 등 외관상의 아름다움을 기준으로 한다. 아름다움에 대한 평가는 주관적 판단이므로 개인마다 다를 수 있고, 사회나 문화에 따라 평가가 달라질 수도 있다.

25 다음 유행색에 대한 설명 중 잘못된 것은?

① 어떤 계절이나 일정 기간 동안 특별히 많은 사람에 의해 입혀지고, 선호도가 높은 색이다.
② 유행예측 색으로 색채전문기관들에 의해 유행할 것으로 예측하는 색이다.
③ 패션산업에서는 실 시즌의 약 2년 전에 유행예측색이 제안되고 있다.
④ 1992년 설립된 한국유행색협회가 있지만 국제유행색협회와는 무관하게 국내활동에 국한되어 있다.

해설
④ 국제유행색위원회에서 매 시즌 약 2년 전에 미리 유행색을 제안해 오고 있어서 매우 밀접한 관계가 있다.

26 다음 중 색채조절에 관한 설명 중 가장 올바른 것은?

① 시각작업을 할 때 그 명시도를 높이는 말이다.
② 색채를 적절히 혼합하는 것이다.
③ 디자인 제품 제작에 쓰이는 말이다.
④ 작업 능률을 높이기 위하여 색채계획을 세우는 것이다.

해설
색채조절 : 색채가 인간의 심리나 생리에 미치는 영향을 적극적으로 이용하여 주위의 색채를 조절하는 작업으로 주로 피로 방지, 작업능률 향상, 재해 예방 등의 목적을 위하여 건물이나 설비에 적합한 색채를 쓰는 것을 이른다.

27 빅터 파파넥(Victor Papanek)은 형태와 기능을 포괄적 의미로서 복합기능이라고 규정지었다. 다음 중 그가 규정한 복합기능의 구성요인에 해당하지 않는 것은?

① 방법(Method)
② 용도(Use)
③ 가치(Value)
④ 연상(Association)

해설
빅터 파파넥의 대표적 디자인 개념은 굿 디자인의 개념에서 형태, 기능, 미적 측면을 '복합기능'의 6가지 요소(방법, 용도, 필요성, 텔레시스, 연상, 미학)로 정의한 것이다.

28 디자인에서 다양한 형태를 만들어내는 모든 조형의 기본 요소가 아닌 것은?

① 점 ② 선
③ 면 ④ 입 체

해설
일반적인 조형요소는 점, 선, 면, 형(형태), 색, 질감, 양감, 원근, 명암, 공간의 10가지 요소를 의미한다.

29 다음 중 마케팅의 핵심 개념과 순환고리가 바르게 나열된 것은?

① 필요 → 욕구 → 제품 → 수요 → 거래 → 교환 → 시장 → 필요
② 욕구 → 필요 → 수요 → 제품 → 교환 → 거래 → 시장 → 욕구
③ 욕구 → 필요 → 거래 → 교환 → 수요 → 제품 → 시장 → 욕구
④ 필요 → 욕구 → 거래 → 수요 → 제품 → 교환 → 시장 → 필요

해설
마케팅은 조직이나 개인이 자신의 목적을 달성시키기 위한 교환 수단으로 시장을 형성하고 관리하며, 그 안에서 활동하는 과정이다. 마케팅의 순환고리는 욕구 → 필요 → 수요 → 제품 → 교환 → 거래 → 시장 → 욕구로 나열한다.

24 ④ 25 ④ 26 ④ 27 ③ 28 ④ 29 ② **정답**

30 아이디어 발상기법 중 브레인스토밍의 원칙에 어긋나는 것은?

① 아이디어에 대한 비판 금지
② 자유로운 발언 추구
③ 타 아이디어와의 결합, 개선
④ 아이디어의 양보다 질을 추구

해설
브레인스토밍(Brainstorming)법
일정한 주제에 대하여 회의를 하고, 구성원의 자유발언을 통한 아이디어의 제시를 요구하여 발상을 찾아내는 방법이다. 브레인스토밍을 위해 가장 중요한 것은 반드시 자유로운 분위기를 유지해야 한다는 것이며, 질보다 양을 중요시한다. 가능한 많은 아이디어를 낼수록 좋은 아이디어가 나올 가능성이 높다.

31 체계적인 디자인 교육의 시조라고 할 수 있으며 발터 그로피우스에 의해 시작된 디자인 학교는?

① 바우하우스
② 왕립 미술학교
③ 울름 조형대학
④ 작센 대공립 미술학교

해설
바우하우스는 독일 바이마르에 있던 조형학교이다. 1919년 건축가 발터 그로피우스(Walter Gropius)가 미술학교와 공예학교를 병합하여 설립하였다.

32 그리스어인 '흐르다(Rheo)'에서 나온 말이며, 유사한 요소가 반복, 배열됨으로서 시각적 인상이 강화되는 미적 형식 원리는?

① 리 듬 ② 균 형
③ 강 조 ④ 조 화

해설
리듬은 '흐름'이나 '움직임'을 뜻하는 그리스어로 무엇인가 연속적으로 전개되어 이미지를 만드는 요소와 운동감을 말한다.

33 로고, 심벌, 캐릭터뿐 아니라 명함 등의 서식류와 외부적으로 보이는 사인 시스템에서 기업의 이미지를 일관성 있게 보여주고 관리하는 시각 디자인의 방법은?

① POP ② BI
③ Super Graphic ④ CIP

해설
CIP(Corporation Identity Program)는 기업 로고, 심벌, 캐릭터뿐만 아니라 명함 서식류를 비롯한 차량, 외부 사인, 유니폼 등 기업의 이미지를 일관성 있게 보여주고 기억하도록 인식시키는 역할을 한다.

34 모든 제품 디자인에 있어서 유행은 매우 중요한 요인으로 특히 새로운 것을 추구하는 유행의 속성이 적용되고 보편화될 때 유행색이 정착하게 된다. 이러한 유행색의 속성에 대한 설명으로 맞는 것은?

① 일정 계절이나 기간 동안 특별히 많은 사람들이 선호하여 착용하는 색
② 특정한 사회적, 경제적인 사건에는 많은 영향을 받지 않는 색
③ 일정 기간만 나타나고 주기를 갖지 않는 색
④ 패션, 자동차, 인테리어 분야에 동일하게 모두 적용되는 색

해설
유행색은 특정한 사회적, 경제적 사건이 있을 시 예외적인 색이 유행하기도 한다. 유행색은 관련 기관에 의해 시즌 2년 전에 제안되며, 패션산업이 유행색에 가장 민감한 분야이다.

35 산업 디자인의 분류 중 2차원 디자인이 아닌 것은?

① 편집 디자인
② 일러스트레이션
③ POP 디자인
④ 지도 및 통계도표

해설
POP 디자인은 소비자로 하여금 특정 제품을 구매함에 있어 구매에 직접적으로 연결시킬 수 있는 여러 장치들을 말한다.

정답 30 ④ 31 ① 32 ① 33 ④ 34 ① 35 ③

36 **슈퍼그래픽의 기능과 비교적 거리가 먼 것은?**

① 지표물의 기능
② 공간조절의 기능
③ 실용적 기능
④ 소비의 기능

해설
슈퍼그래픽은 환경 디자인의 유형이며 장식, 그래픽 작업 등으로 건물 외벽을 미관상 장식하여 도시 경관을 아름답게 하는 디자인이다. 슈퍼그래픽은 지표물의 기능, 공간조절의 기능, 실용적 기능을 가진다.

37 **다음 중 유행색에 가장 민감하게 색채계획을 해야 하는 것은?**

① 주방용품
② 가전제품
③ 사무용품
④ 화장품

해설
유행색에 가장 민감한 분야에는 패션 분야이고 그 다음이 화장품 분야이다. 특히 립스틱 컬러와 아이섀도 컬러는 유행에 민감한 부문이다.

38 **색채 마케팅 전략의 영향 요인과 관련한 내용 연결이 틀린 것은?**

① 인구통계적 환경 - 환경주의적 색채 마케팅
② 사회, 문화적 환경 - 소비자의 라이프스타일
③ 기술적 환경 - 디지털 패러다임
④ 경제적 환경 - 총체적 경기 흐름에 따른 제품의 색채

해설
인구통계적 환경은 거주 지역, 연령 및 성별, 라이프스타일 등에 따라 제품의 색채를 활용하는 것이다.

39 **디자인의 조건을 하나의 집합체로 각 원리에서 가리키는 모든 조건을 하나의 통일체로 하는 것은?**

① 합리성　　② 질서성
③ 경제성　　④ 심미성

해설
질서성은 디자인의 4대 조건인 합목적성, 심미성, 독창성, 경제성 등이 서로 조화를 이루도록 유지하는 것을 말한다.

40 **세계적으로 널리 사용하는 아이디어 발상법 중 하나이며 A. F. 오스본의 저서를 통해 발표된 발상기법은?**

① 연상법
② 입출력법
③ 브레인스토밍
④ 케이제이법

해설
브레인스토밍(Brainstorming)은 1941년 미국의 광고회사 부사장 알렉스 오스번(A. F. Osborn)에 의해 만들어진 것으로, 구성원들의 자유 발언을 통해 아이디어를 얻는 방법이다.

제3과목 색채관리

41 **육안검색 측정 환경이 잘못된 것은?**

① 자연광은 좋지 못하다.
② 환경색에 영향을 받지 않아야 한다.
③ 직사광선을 피한다.
④ 유리창, 커튼 등의 투과광선을 피한다.

해설
자연광을 이용하는 경우, 일출 3시간 후~일몰 3시간 전까지의 주광이 적합하다. 직사광선은 피해야 한다.

36 ④ 37 ④ 38 ① 39 ② 40 ③ 41 ① 정답

42 먼셀의 색채 개념인 색상, 명도, 채도를 중심으로 선택하도록 되어 있는 디지털 색채 시스템은?

① HSB 시스템
② LAB 시스템
③ RGB 시스템
④ CMYK 시스템

해설
② LAB 시스템은 L*(명도), a*(빨강/초록), b*(노랑/파랑) 방식이다.
③ RGB 시스템은 빛의 원리로 빨강(Red), 초록(Green), 파랑(Blue)을 혼합하여 컬러를 재생하는 시스템이다.
④ CMYK 시스템은 색료혼합 방식으로 인쇄물 등 출력 시 사용되는 시스템이다.

43 다음은 쿠벨카 뭉크 이론이 성립하는 색채시료이다. 틀린 것은?

① 투명한 발색층이 투명한 기판 위에 있을 때
② 인쇄잉크
③ 완전히 불투명하지 않은 페인트
④ 투명한 플라스틱

해설
쿠벨카 뭉크 이론은 컴퓨터 자동배색 CCM 기본원리로 감법혼색 원리이다. 발색층에 따라 제1부류와 제2부류로 분류하는데 ②, ③, ④는 제1부류에 속한다.

44 가시광선에 대한 설명으로 틀린 것은?

① 눈으로 볼 수 있는 빛의 범위를 말한다.
② 파장의 길이에 따라 보라색에서 붉은색의 빛깔을 띤다.
③ 가시광선 중 780nm 부근은 보라색을 띤다.
④ 적외선은 가시광선보다 파장이 길다.

해설
파장의 길이가 길수록 장파장인 빨간색을 띠며, 파장의 길이가 짧을수록 단파장인 보라색을 띤다. 이때 장파장은 가시광선 영역에서 붉은빛을 내는 약 590~780nm 영역대의 파장이다.

45 빛을 전하로 변환하는 스캐너 부속 광학 칩 장비 장치는 무엇인가?

① CEPS ② CCD
③ LPI ④ PPI

해설
CCD는 전하결합소자로, 빛을 전하로 변환하는 광학장비이다. 색채 영상의 입력에 활용되는 기기들의 가장 기본이 되는 요소로 디지털 카메라, 비디오 카메라, 스캐너 등에 사용된다.

46 안료에 대한 설명으로 틀린 것은?

① 일반적으로 투명하다.
② 다른 화합물을 이용하여 표면에 부착시킨다.
③ 무기물이나 유기안료도 있다.
④ 착색하고자 하는 매질에 용해되지 않는다.

해설
일반적으로 안료는 분말 형태를 띠며 불투명하다.

47 같은 물체색이라도 조명에 따라 색이 달라져 보이는 성질은?

① 연색성
② 플리커
③ 조건등색
④ 푸르킨예 현상

해설
② 플리커 : 광선 또는 조명의 밝기가 급격히 변동하는 현상이다.
③ 조건등색 : 분광반사율이 서로 다른 두 가지의 색이 특정한 조명 아래 같은 색으로 보이는 현상이다.
④ 푸르킨예 현상 : 명소시(주간시)에서 암소시(야간시)로 이동할 때 생기는 것으로 광수용기의 민감도에 따라 낮에는 빨간색이 잘 보이다가 밤에는 파란색이 더 잘 보이는 현상이다.

정답 42 ① 43 ① 44 ③ 45 ② 46 ① 47 ①

48 디지털 색채영상 장비의 색채 구현 성능과 방법들이 다양해짐에 따라 색채 구현의 혼선을 조정하기 위하여 영상장비 생산업체들이 모여서 구성된 표준화 단체의 이름은?

① 국제조명위원회(CIE)
② 국제표준기구(ISO)
③ 국제색채조합(ICC)
④ 국제통신연합(ITU)

해설
① 빛에 관한 표준과 규정에 대한 지침을 목적으로 하는 국제기관
② 모든 나라의 공업규격을 표준화, 규격화하기 위해 설립된 국제기구
④ 정보통신기술에 관한 국제연합 특별기구

49 컬러 인덱스(CII ; Color Index International)란 무엇인가?

① 안료회사에서 안료의 원산지를 표기한 데이터
② 안료를 각각 생산 국적에 따라 분류한 데이터
③ 안료를 판매할 가격에 따라 분류한 데이터
④ 안료의 사용방법에 따라 분류, 고유번호를 표기한 것

해설
컬러 인덱스는 색료의 호환성과 통용성을 확보하기 위한 색료 표시기준으로 색료를 사용방법에 따라 분류하고 색료에 고유의 번호를 표시한 것이다.

50 육안검색 시 유의사항 중 틀린 것은?

① 높은 채도에서 낮은 채도의 순서로 검사한다.
② 비교하는 색은 동일 평면으로 배열되도록 한다.
③ 관찰자는 연령이 젊어야 좋다.
④ 표면색 비교에 이용된다.

해설
관찰자는 선명한 색, 즉 고채도를 피해야 한다.

51 다음 중 육안조색과 가장 관계가 없는 것은?

① 인간의 눈을 기준으로 조색하므로 오차가 심하고 정밀도도 떨어진다.
② 메타머리즘이 발생할 수 있다.
③ 기기의 도움 없이 소재의 제약을 받지 않고 조색할 수 있다.
④ 정확한 양으로 조색하고 최소의 컬러런트로 조색하여 원가가 절감된다.

해설
④는 CCM(Computer Color Matching)에 대한 설명이다.

52 소량만 사용해야 되며, 어느 한도량을 넘으면 도리어 백색도가 줄고 청색이 되어 버리는 염료는?

① 식용염료
② 합성염료
③ 천연염료
④ 형광염료

해설
형광염료는 흰 천이나 종이의 표백을 위해 사용하는 것으로 일정량 이상을 사용하면 푸른빛을 띠게 된다.

53 모니터의 검은색 조정방법에서 무전압 영역과 비교하기 위한 프로그램의 RGB 수치가 올바르게 표기된 것은?

① R = 0, G = 0, B = 0
② R = 100, G = 100, B = 100
③ R = 255, G = 255, B = 255
④ R = 256, G = 256, B = 256

해설
모니터의 검은색과 흰색은 RGB 각각의 값에 수치를 주어 조정한다. R = 0, G = 0, B = 0은 무전압 상태를 말하므로 전체 화면은 검은색으로 인식된다. R = 255, G = 255, B = 255의 수치를 주면 출력이 최대가 되어 전체 화면이 흰색이 된다.

48 ③ 49 ④ 50 ① 51 ④ 52 ④ 53 ① 정답

54 고진공전자관으로서 음극선, 즉 진공 속의 음극에서 방출되는 전자를 이용해서 가시상을 만드는 표시장치를 무엇이라 하는가?

① CCD(Charge Coupled Device)
② CRT(Cathode-Ray Tube)
③ LCD(Liquid Crystal Display)
④ CGM(Color Graphic Management)

해설
1897년 독일의 K. F. 브라운은 진공 상태에서 음극선에서 나오는 전자가 화면에 발라진 형광체에 부딪혔을 때 빛이 나오는 현상을 발견하였고, 이를 통해 시각정보를 표현하는 디스플레이를 발명하였는데 발명자의 이름을 따서 브라운관, 즉 CRT로 불렀다.

55 다음 중 광원의 색 특성이 나타내는 것은?

① 색온도와 연색성
② 색좌표와 조도
③ 복사 강도와 방향성
④ 색채도와 확산성

해설
색온도는 광원의 '따뜻함'과 '차가움'의 정도를 나타내는 측정 단위이고, 연색성은 물체색의 보이는 방법을 결정하는 광원의 성질을 말한다.

56 안료 입자의 크기에 대한 설명이다. 틀린 것은?

① 안료 입자의 크기에 따라 굴절률이 변한다.
② 안료 입자의 크기가 클수록 전체 표면적이 작아지는 반면 빛은 더 잘 반사한다.
③ 안료 입자의 크기는 도료의 점도에 영향을 미친다.
④ 안료 입자의 크기는 도료의 불투명도에 영향을 미친다.

해설
안료 입자의 크기가 클수록 도막이 거칠어져 빛을 반사하지 못해 광택이 감소하게 된다. 이와 같이 지나치게 큰 입자를 조립자라고 한다.

57 디지털 색채에 대한 설명 중 옳은 것은?

① 디지털 색채의 기본색은 사이안(Cyan), 마젠타(Magenta), 블랙(Black)이다.
② 디지털 색채 영상을 구성하는 최소 단위는 픽처(Picture)이다.
③ 해상도는 모니터의 크기가 커질수록 선명도가 떨어진다.
④ 24비트로 된 한 화소가 나타낼 수 있는 색상의 종류는 1,572,864이다.

해설
디지털 색채의 기본색은 Red, Green, Blue이다. 최소의 단위는 비트(Bit)이며, 24비트 화소의 색상의 종류는 16,777,216(256×256×256)가지이다.

58 다음은 색채 측정기에 대해 설명한 것이다. 옳은 것은?

① 색채 측정기에는 필터식, 분광식, 필터분광식, 스펙트럼식 4종류가 있다.
② 필터식 색채 측정기는 일반적으로 고가이며, 다루기 힘들다.
③ 분광식 색채 측정기는 다양한 광원과 시야에서의 색채값을 측정할 수 있다.
④ 분광식 색채 측정기보다 필터식 색채 측정기를 자동배색장치로 많이 사용한다.

해설
색채 측정기에는 필터식 색채계와 분광식 색채계의 두 가지가 있다. 필터식 색채 측정기는 저렴한 장비들로 현장에서 관리하기 쉬운 휴대용 이동용 측정기이며, 3가지 센서(X, Y, Z)에서 시료를 직접 측정하는 3자극치 수광방식이다.

59 모니터에서 디지털 색채 영상을 구성하는 최소 단위는?

① 벡 터 ② 바이트
③ 비 트 ④ 픽 셀

해설
모니터에서 디지털 색상 영상을 구성하는 최소의 단위는 픽셀이다. 픽셀의 수는 이미지의 선명도와 질을 좌우한다.

정답 54 ② 55 ① 56 ② 57 ③ 58 ③ 59 ④

60 색채 측정 결과에 반드시 첨부하지 않아도 되는 사항은?

① 표준광의 종류
② 색채 측정방식
③ 측정 횟수
④ 표준관측자

해설
측정 결과 기록 시 필수적으로 포함해야 하는 사항에는 광원의 종류, 광원이 재현하는 색온도, 광원의 조도, 조명환경, 색채 측정방식, 표준관측자 등이 있다.

제4과목 색채지각의 이해

61 다음의 배열 중 심리적으로 가장 침정되는 느낌을 주는 색 특성을 모은 것은?

① 난색 계열의 고채도
② 난색 계열의 저채도
③ 한색 계열의 고채도
④ 한색 계열의 저채도

해설
색의 3가지 속성 중 색상에 의하여 주로 감정적인 영향을 받는다. 침정이란 심리적으로 마음이 가라앉는다는 뜻으로, 한색의 저채도인 경우 침정되는 느낌을 받는다. 반대로 난색의 고채도의 경우 흥분되는 느낌을 받는다.

62 우리 눈에서 색을 식별하는 시세포는?

① 추상체
② 수정체
③ 중심와
④ 망 막

해설
추상체는 주로 낮에 밝은 곳에서 광량이 풍부한 경우 활동하며, 해상도가 뛰어난 것이 특징이다. 빛의 파장에 따라 감도의 차이를 보인다.

63 가법혼색의 3원색으로 맞는 것은?

① 빨강, 노랑, 녹색
② 빨강, 노랑, 파랑
③ 빨강, 녹색, 파랑
④ 노랑, 녹색, 파랑

해설
가법혼색(조명, 색 필터 등의 혼색)
빨강(Red) + 초록(Green) + 파랑(Blue) = 흰색(White)

64 작은 견본을 보고 옷감을 골랐더니 완성된 옷의 색상이 견본색보다 강하게 느껴졌다. 이는 색채의 어떤 효과로 인한 것인가?

① 색상대비
② 면적대비
③ 채도대비
④ 명도대비

해설
면적대비란 색이 면적에 따라 다르게 지각되는 현상으로 면적이 클수록 실제보다 밝고, 선명해 보인다. 이로 인하여 작은 견본으로 색을 고를 경우에는 면적의 효과를 충분히 고려하여 선택하여야 한다.

65 다음 중 가시광선의 파장 범위 안에 속하는 것은?

① 200~400nm
② 500~700nm
③ 700~900nm
④ 400~900nm

해설
인간의 눈으로 식별 가능한 광선을 가시광선이라 하며, 이는 약 380~780nm의 파장 범위에 속한다.

60 ③ 61 ④ 62 ① 63 ③ 64 ② 65 ② 정답

66 보색에 대한 설명 중 틀린 것은?

① 모든 2차색은 그 색에 포함되지 않은 원색과 보색 관계에 있다.
② 보색 중에서 회전혼색의 결과 무채색이 되는 보색을 특히 심리보색이라 한다.
③ 보색관계에 있는 두 색광의 혼합 결과는 백색광이 된다.
④ 색상환에서 보색이 되는 두 색을 이웃하여 놓았을 때 보색대비 효과가 나타난다.

해설
심리보색은 망막상에 남아 있는 잔상 이미지가 원래의 색과 반대의 색으로 나타나는 현상을 말한다.

67 컬러 모니터에서 색이 만들어지는 원리가 아닌 것은?

① 병치혼합
② 가법혼합
③ 색광혼합
④ 감법혼합

해설
감법혼합은 색료의 혼합방법으로, 물감, 페인트, 인쇄잉크 등이 속한다.

68 중간혼합에 대한 설명으로 잘못된 것은?

① 점묘파 화가 쇠라의 작품은 병치혼합의 방법이 활용된 것이다.
② 병치혼합은 일종의 가법혼색이다.
③ 회전혼합은 직물이나 컬러인쇄에 활용되고 있다.
④ 회전혼합은 색을 칠한 팽이에서 찾아볼 수 있다.

해설
중간혼합은 가법혼합 방법이고 직물이 이에 해당된다.
③ 컬러인쇄는 감법혼합에 해당된다.

69 흥분, 침정과 같은 색채의 감정적인 효과는 다음 중 주로 어떤 속성과 관계되는가?

① 색 상
② 명 도
③ 채 도
④ 온도감

해설
색채의 감정적인 효과는 '색상'과 주로 관련이 있으며 흥분은 난색, 침정은 한색을 활용하는 경우가 많다.

70 색을 감지하는 세포에 관한 설명 중 맞는 것은?

① 막대세포(간상체)는 밝은 곳에서 활동이 활발하다.
② 막대세포(간상체)는 빛의 밝고 어둠만 감지한다.
③ 원뿔세포(추상체)는 5종류가 있다.
④ 원뿔세포(추상체)는 어두운 곳에서 활동이 활발하다.

해설
- 추상체(Corn, 원뿔세포, 원추세포)는 주로 낮에 밝은 곳에서 활동하며, 자세한 모양과 색을 인식한다.
- 간상체(Red, 막대세포, 간상세포)는 주로 밤에 어두운 곳에서 활동하며 명암을 판단한다.

71 어두운 바탕 위에 있는 밝은 색이 원래의 색보다 더욱 밝게 느껴지는 것은 어느 대비현상과 관련이 있는가?

① 색상대비
② 명도대비
③ 채도대비
④ 연변대비

해설
밝기가 다른 두 색이 서로의 영향을 받아서 밝은 색은 더 밝게, 어두운 색은 더 어둡게 보이는 현상을 명도대비라 한다.

정답 66 ② 67 ④ 68 ③ 69 ① 70 ② 71 ②

72 다음 중 헤링의 반대색설에 대한 설명으로 틀린 것은?

① 색의 기본 감각으로 빨간색 – 녹색, 노란색 – 파란색, 백색 – 검은색의 3조로 반대색설을 가정했다.
② 단파장의 빛이 들어오면 Y–B, R–G의 물질이 합성작용을 일으켜 초록, 황색의 색각이 생긴다.
③ 장파장의 빛이 들어오면 Y–B, R–G의 물질이 분해작용을 일으켜 황색, 적색의 색각이 생긴다.
④ 색채대립세포는 한 가지 색에 대해서는 흥분하고 다른 색에 대해서는 억제반응을 보이는 세포이다.

해설
헤링의 반대색설(대립과정이론)
독일의 생리학자 헤링은 인간의 눈에는 노랑–파랑 물질, 빨강–초록 물질, 검정–흰색 물질의 3종의 시세포가 있고, 이들의 분해, 합성작용에 의해 색을 지각할 수 있다는 반대색설을 주장하였다. 장파장의 빛이 들어오면 노랑과 파랑 물질 또는 빨강과 초록 물질이 분해작용을 일으켜 노랑이나 빨강의 색각이 생기며, 단파장은 합성작용을 일으켜 초록과 파랑의 색각이 생긴다. 중파장은 빨강과 초록 물질의 합성작용으로 황록색의 색각이 생긴다.

73 주목성에 대한 설명 중 잘못된 것은?

① 주로 위험표지나 공사장 표시 등에 쓰인다.
② 파스텔 톤의 색은 명도가 높으므로 주목성이 높다.
③ 색 자체가 주목성이 높더라도 배경색에 따라 눈에 띄지 않을 수도 있다.
④ 일반적으로 난색이 한색보다 주목성이 높다.

해설
일반적으로 무채색보다는 유채색이, 한색보다는 난색이, 저채도보다는 고채도의 색이 주목성이 높다. 하지만 이는 배경에 의해 달라지기도 한다.
② 파스텔 톤은 명도는 높으나 채도가 낮아 주목성이 낮다.

74 다음 중 팽창색과 수축색에 대한 설명으로 틀린 것은?

① 따뜻한 색은 외부로 확산하려는 팽창색이다.
② 명도가 높은 색은 내부로 위축되려는 수축색이다.
③ 차가운 색은 내부로 위축되려는 수축색이다.
④ 색채가 실제의 면적보다 작게 느껴질 때 수축색이다.

해설
• 팽창색 : 고명도, 고채도, 난색 계열
• 수축색 : 저명도, 저채도, 한색 계열

75 원색에 무채색을 혼합하면 색의 순도가 떨어지게 되는데 색의 이러한 속성은?

① 명 도 ② 채 도
③ 색 상 ④ 색 감

해설
원색에 어떤 색을 혼합하든지 색의 순도(채도)는 떨어진다. 채도는 색의 순도, 맑고 탁한 정도를 뜻한다.

76 낮에는 빨갛게 보이는 사과가 어두워지면 검게 보이는 것과 관계되는 현상은?

① 푸르킨예 현상
② 명암순응 현상
③ 잔 상
④ 색순응 현상

해설
푸르킨예 현상은 밝은 곳에서 어두운 곳으로 갈수록 단파장(청록, 파랑 등)의 감도가 좋아진다. 밤에 빨간색은 낮보다 어둡게 보이는 반면 파란색은 낮보다 밝게 보인다.

72 ② 73 ② 74 ② 75 ② 76 ① 정답

77 다음 중 명암대비가 가장 뚜렷한 배색은?

① 빨강 순색 배경의 검은색
② 파랑 순색 배경의 검은색
③ 노랑 순색 배경의 검은색
④ 주황 순색 배경의 검은색

해설
검정과의 명도차가 가장 큰 노랑이 배색 시 가장 뚜렷해 보인다.

78 사람이 느낄 수 있는 새벽빛, 낮의 태양광선, 흰 구름, 먹구름, 저녁노을 등 하늘의 대기 변화는 빛의 어떤 특성과 관련이 있는가?

① 흡 수
② 반 사
③ 산 란
④ 굴 절

해설
빛의 산란
빛의 파동이 미립자와 충돌하여 빛의 진행 방향이 대기 중에서 여러 방향으로 분산되어 퍼져나가는 현상으로 빛이 매질에 닿아 불규칙하게 흩어져 버리는 현상이다. 새벽빛의 느낌, 낮의 태양광선, 구름, 저녁노을, 파란 하늘 등 하루의 대기 변화를 느낄 수 있는 것과 관계가 있다.

79 색상에 의하여 망막이 자극을 받게 되면 시세포 흥분이 중추에 전해져 자극이 끝난 후에도 계속해서 생기는 시감각 현상은?

① 항상성
② 융 합
③ 조 화
④ 잔 상

해설
잔상은 빛의 자극이 사라진 뒤 잠시 동안 시각작용이 남는 현상을 말한다. 자극한 빛의 밝기와 색도, 시간, 눈의 상태 등에 따라 잔상이 나타나는 시간이 다르다.

80 문양이나 선의 색이 배경색에 영향을 주어 원래의 색과 다르게 보이는 현상은?

① 베졸트 ② 잔 상
③ 푸르킨예 ④ 헐레이션

해설
베졸트 효과
대비와 반대되는 효과로 문양이나 선의 색이 배경색에 혼합되어 보이는 것으로, 회색 배경 위에 검정의 문양을 그리면 회색 배경은 실제보다 더 검게 보인다. 흰 줄무늬의 경우는 배경색이 더 밝아 보인다. 이것은 명도대비와 반대되는 효과로, 동화현상 혹은 베졸트 효과라고 한다.

제5과목 색채체계의 이해

81 먼셀 표색계의 구조에 대한 설명으로 맞는 것은?

① 10색상을 기본으로 한다.
② 명도는 14단계로 구분한다.
③ 채도는 11단계로 구분한다.
④ 먼셀 기호의 표기법은 H C/V이다.

해설
먼셀 표색계는 10가지 색상을 기본으로 하며, 명도는 11단계, 채도는 14단계로 나뉜다. 먼셀 기호의 표기법은 색상 명도/채도의 순서로 H V/C로 표기한다.

82 먼셀의 색채조화론에 관한 설명 중 잘못된 것은?

① 균형의 원리가 색채조화의 기본이라 하였다.
② 다양한 무채색의 평균 명도가 N7일 때 조화롭다.
③ 명도와 채도가 다르지만 순차적으로 변화하는 색들은 조화롭다.
④ 색상이 다른 색채를 배색할 경우 명도, 채도를 같게 하면 조화롭다.

해설
먼셀의 조화원리는 '균형의 원리'가 기본이다. 중간 명도의 회색 N5가 색들을 균형 있게 해 주기 때문에 각 색의 평균 명도가 N5가 될 때 색들이 조화를 이룬다.

정답 77 ③ 78 ③ 79 ④ 80 ① 81 ① 82 ②

83 관용색명에 대한 설명이 잘못된 것은?

① 옛날부터 사용해 온 고유색명이다.
② 광물의 이름에서 유래된 색명이다.
③ 인명, 지명에서 유래된 색명이다.
④ 해맑은 파랑, 칙칙한 보라 등이 있다.

해설
관용색명은 옛날부터 사용해 온 고유색명으로, 식물, 동물, 광물 및 원료 등의 이름이나 인명, 시대, 장소(지명), 자연현상, 유행 등으로부터 이미지의 연상어에 기본적인 색명을 붙여 만들어진다.

84 다음 중 오스트발트 표색계에 관한 설명 중 틀린 것은?

① 오스트발트 표색계는 흑색량, 백색량, 순색의 혼합 비율에 의해 물체색을 체계화한 것이다.
② B는 모든 빛을 완전하게 흡수하는 이상적인 흑색을 의미한다.
③ 어느 한 색상에 포함되는 색은 모두 W+B+C=100이 되는 혼합비에 의해 구성된다.
④ W-B, W-C, C-B 각 변은 모두 12단계를 이루며 등색상 삼각형을 형성한다.

해설
오스트발트에 따르면 임의의 한 색은 '하양과 검정 그리고 순색의 합이 100이 되는 혼합비'로 이루어지며, 따라서 어떠한 색이라도 혼합량의 합은 항상 일정하게 구성되는 좌표(W + B + C = 100)로 나타낼 수 있다고 하였다. 오스트발트는 위의 3가지 요소의 색 변화를 각각 8단계로 나누어 등색상 삼각형을 형성하였다.

85 문과 스펜서의 조화이론에 들지 않는 것은?

① 동등의 조화
② 유사의 조화
③ 불명료의 조화
④ 대비의 조화

해설
문과 스펜서는 조화이론을 동등조화, 유사조화, 대비조화의 조화 범위로 분류하고, 제1부조화와 제2부조화 및 눈부심의 부조화 범위로 분류하였다.

86 여러 가지 색체계 중 감성 전달의 정확성이 가장 높은 것은?

① CIE LAB
② 먼셀 색체계
③ ISCC-NIST 색명체계
④ 오스트발트 색체계

해설
ISCC-NIST 색명체계는 감성 전달의 정확성이 높고, 의사소통이 간편하도록 색이름을 표준화한 것이다.

87 한국산업표준(KS)의 색이름 방법은 다음 중 어느 계통색 방법을 기본으로 하는가?

① Munsell
② DIN
③ ISCC-NIST
④ Ostwald

해설
ISCC-NIST는 1955년에 전미국색채협의회와 미국국가표준이 공동으로 연구하여 발표한 계통색명법(ISCC-NBS 색명법)으로, 한국산업규격(KS)의 색명은 ISCC-NIST 색명법을 기준으로 한다.

88 다음 중 CIE 표색계의 설명이 아닌 것은?

① 이 표색계는 광원색을 포함하는 모든 색을 나타낸다.
② 적당한 번호나 기호를 붙여서 물체의 색채를 표시하는 체계이다.
③ 인간의 감각에 의존하지 않는 과학적인 표색법이다.
④ 분광광도계에 의한 측정값을 기초로 하고 있다.

해설
CIE 색체계는 빛의 속성을 정량적으로 정하여 모든 빛의 색을 표시하도록 한 체계이다. 다시 말해, 시료의 반사비율인 시감반사율을 측정하여 색도 좌표상에 수치를 나타내도록 한 것이다.

83 ④ 84 ④ 85 ③ 86 ③ 87 ③ 88 ② 정답

89 저드(D. B. Judd)가 요약한 색채조화론의 일반적 공통 원리에 포함되지 않는 것은?

① 유사의 원리
② 질서의 원리
③ 명료성의 원리
④ 독창성의 원리

해설
저드의 색채조화론의 원리에는 질서의 원리, 친근성(유사)의 원리, 공통성(동류성)의 원리, 명백성의 원리가 있다.

90 NCS 색 삼각형에서 W-C축과 평행한 직선상에 놓인 색들이 의미하는 것은?

① 동일 하얀색도
② 동일 검은색도
③ 동일 순색도
④ 동일 뉘앙스

해설
NCS 색 삼각형에서 W-C축과 평행한 직선상에 놓인 색들은 오스트발트 색체계와 동일하게 쓰이는데, 오스트발트 색체계에서 W-C는 등흑색 계열을 의미한다.

91 파버 비렌(F. Birren)의 조화이론에서 제시된 1차 요소인 순색, 흰색, 검정을 합쳐 나타나게 되는 2차 요소의 연결로 적합한 것은?

① 순색 + 흰색 = 톤(Tone)
② 흰색 + 검정 = 명색조(Tint)
③ 순색 + 검정 = 암색조(Shade)
④ 순색 + 흰색 + 검정 = 회색(Gray)

해설
① Tint, ② Gray, ④ Tone

92 다음 중 오방색이 나타내는 방향과 오방신이 잘못 짝지어진 것은?

① 백색 - 서 - 백호
② 흑색 - 북 - 현무
③ 황색 - 동 - 황룡
④ 적색 - 남 - 주작

해설
동쪽은 청색(용)이며 황색은 중앙에 위치한다.

93 현색계와 혼색계에 대한 설명 중 옳은 것은?

① 혼색계는 사용하기 쉽고, 측색기를 필요로 하지 않는다.
② 대표적인 혼색계는 먼셀, NCS, DIN 등이다.
③ 현색계는 좌표 또는 수치를 이용하여 표현하는 체계이다.
④ 현색계는 조건등색과 광원의 영향을 많이 받는다.

해설
혼색계는 물리적인 병치혼색실험에 기초를 두는 것으로, 좌표 또는 수치를 이용하여 표현하며 대표적으로 XYZ 표색계가 있다. 현색계는 색채를 표시하는 색표로 물체표준을 정하여 시료물체와 비교하는 것으로 조명과 같은 환경영향을 많이 받는다.

94 PCCS에 대한 설명으로 옳지 않은 것은?

① 20가지의 명도 단계로 이루어져 있다.
② 색조로 색공간을 설정하고 있다.
③ 일본 색채연구소가 1964년에 발표한 색체계이다.
④ 8:Y-8.5-7s와 같은 형식으로 표기한다.

해설
PCCS 색체계는 헤링의 4원색설을 바탕으로 빨강, 노랑, 초록, 파랑 4색상을 기본색으로 하였다. 사용 색상은 24색, 명도는 17단계, 채도는 9단계로 구분된다.

정답 89 ④ 90 ② 91 ③ 92 ③ 93 ④ 94 ①

95 먼셀의 표기방법에 대한 설명이 옳은 것은?

① 5G 5/11 – 채도, 명도 11을 나타내고 있으며 매우 선명한 녹색임을 알 수 있다.
② 7.5Y 9/1 – 명도가 9로서 매우 어두운 단계이며 채도가 1단계로서 매우 탁함을 알 수 있다.
③ 2.5PB 9/2 – 연하고 선명한 파랑 영역을 나타내고 있음을 알 수 있다.
④ 2.5GY 4/8 – 명도 4, 채도 8을 나타내고 있으며 대략적으로 올리브 색상임을 알 수 있다.

해설
먼셀의 표기방법은 색상 명도/채도, H V/C로 표기한다. 명도는 숫자가 클수록 밝고, 채도는 숫자가 클수록 선명하다.

96 다음 중 한국산업표준의 기본색명끼리 짝지어지지 않은 것은?

① 분홍, 초록, 하양
② 남색, 보라, 자주
③ 갈색, 주황, 검정
④ 청록, 회색, 홍색

해설
홍색은 분홍색의 기미가 있는 붉은색으로 오간색의 하나이며 전통색의 색이름이다.

97 1931년 국제조명위원회(CIE)에서 제안한 CIE 표준 표색계의 설명으로 옳은 것은?

① 헤링(Herring)의 반대색설을 바탕으로 한다.
② 가법혼색의 원리를 적용하고 있다.
③ 지각색을 바탕으로 한 현색계의 시스템이다.
④ 빨강, 노랑, 파랑의 3색을 기본 자극으로 한다.

해설
CIE 표준 표색계는 먼셀의 색체계를 바탕으로 하며 빛의 자극치를 수치화시켜 표현한 혼색계 시스템이다. 색체계로는 XYZ 또는 3자극치를 이용하는데, 이는 맥스웰의 빛의 3원색인 RGB를 이용한 것이다.

98 색명에 대한 설명 중 옳은 것은?

① 색명은 광물에서는 따오지 않는다.
② 색명은 나라별로 다른 경우가 있다.
③ 색명은 표색계보다 부르기 어렵다.
④ 색명은 최근에 개발되기 시작하였다.

해설
관용색명은 예부터 전해 내려와 습관적으로 사용되어 온 것으로 자연현상, 광물, 지명 등의 이름에서 유래되어 감성 전달이 가장 우수하며 부르기 쉽다.

99 다음 중 KS A 0011의 유채색의 수식 형용사와 대응 영어의 연결이 잘못된 것은?

① 선명한 – vivid
② 진한 – deep
③ 탁한 – dull
④ 연한 – light

해설
④ 연한 – pale, light – 밝은

100 Yxy 표색계의 중앙에 위치하는 색은?

① 빨 강 ② 보 라
③ 백 색 ④ 녹 색

해설
Yxy 표색계의 중앙에는 백색이 위치한다.

정답 95 ④ 96 ④ 97 ② 98 ② 99 ④ 100 ③

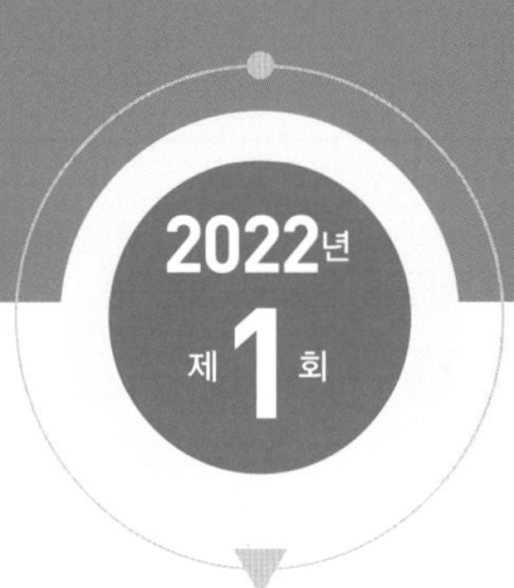

컬러리스트기사

최근 기출문제

제1과목 색채심리 · 마케팅

01 분산의 제곱근으로 분산의 특성을 모두 가지고 있을 뿐만 아니라, 관찰값이나 대푯값과 동일한 단위로 사용할 수 있어 일반적인 분산도의 척도로 널리 사용되고 있는 것은?

① 평균편차 ② 중간편차
③ 표준편차 ④ 정량편차

해설
분산은 편차를 제곱한 값이기 때문에 관찰된 자료의 단위와 다르게 된다. 따라서 자료의 단위와 같게 해주기 위해서 분산에 제곱근을 취한 값을 고려하는데, 이를 표준편차라 한다.

02 다음 중 소비자의 구매심리 과정이 아닌 것은?

① A(Action) ② I(Interest)
③ O(Opportunity) ④ M(Memory)

해설
소비자 구매과정(AIDMA 법칙) : A(Attention, 주의) → I(Interest, 관심) → D(Desire, 욕구) → M(Memory, 기억) → A(Action, 행동)

03 사람마다 동일한 대상의 색채를 다르게 지각할 수 있다. 이러한 개인별 차이를 갖게 하는 요인이 아닌 것은?

① 물체에서 나오는 빛의 특성
② 생활습관과 행동 양식
③ 지역의 문화적인 배경
④ 지역의 풍토적 특성

해설
"물체에서 나오는 빛의 특성"은 색의 물리적인 특성에 해당된다.

04 최근 전통적인 의미의 소비자 심리 과정에서 벗어나 정보 검색을 통해 제품을 탐색하고, 구매 후에는 공유의 과정을 거치는 소비자 구매 패턴 모델은?

① AIDMA
② EKB
③ AIO
④ AISAS

해설
소비자 구매행동 단계로 AISAS 방식, 즉 주의(Attention) – 관심(Interest) – 검색(Search) – 구매(Action) – 공유(Share) 순으로 변하고 있다.
※ 과거에는 AIDMA 패턴이었으나 최근에는 정보 검색과 공유에 더 집중되고 있다.

05 다음 ( ) 안에 들어갈 단어를 순서대로 옳게 나열한 것은?

> 색채조절이란 색채의 사용을 (A) · 합리적으로 활용해서 (B)의 향상이나 (C)의 확보, (D)의 경감 등을 주어 사람에게 건전하고 쾌적한 환경을 만들어 나가는 것을 목적으로 하고 있다.

① 기능적, 작업능률, 안전성, 피로감
② 기능적, 경제성, 안전성, 오락성
③ 경제적, 작업능률, 명쾌성, 피로감
④ 개성적, 경제성, 안전성, 피로감

해설
색채조절의 3요소는 명시성, 작업의욕, 안전성이다. 미적 효과를 더한 색채조절의 4대 요건으로 능률성, 안전성, 쾌적성, 심미성 향상이 있다.

정답 1 ③ 2 ③ 3 ① 4 ④ 5 ①

06 **사용된 색에 따라 우울해 보이거나 따뜻해 보이거나 고가로 보이는 등의 심리적 효과는?**

① 색의 간섭
② 색의 조화
③ 색의 연상
④ 색의 유사성

해설
색의 연상은 경험적인 기억에 영향을 받으며 감정이나 인상의 정도에 따라 개인차가 나타날 수 있다. 이는 심리적 효과에 해당된다.

07 **시장의 유행성 중 수용기 없이 도입기에 제품의 수명이 끝나는 유형으로 옳은 것은?**

① 플로프(Flop)
② 패드(Fad)
③ 크레이즈(Craze)
④ 트렌드(Trend)

해설
② 패드(Fad) : 단시간에 나타났다가 사라지는 짧은 유행
③ 크레이즈(Craze) : 지속적인 유행
④ 트렌드(Trend) : 전반적 유행의 동향, 추세, 흐름 등

08 **환경색채에 대한 설명으로 옳은 것은?**

① 경관에 영향을 주는 인공설치물은 환경색채에 포함되지 않는다.
② 인공환경에 가장 많은 영향을 받는다.
③ 자연기후나 자연지형에 영향을 많이 받는다.
④ 자연환경인 기후와 일광에 영향을 준다.

해설
환경색채는 나라마다의 자연, 문화, 사상 등의 영향으로 고유 색채를 가진다.

09 **마케팅 기법 중 시장을 상이한 제품을 필요로 하는 독특한 구매집단으로 분할하는 방법은?**

① 시장 표적화
② 시장 세분화
③ 대량 마케팅
④ 마케팅 믹스

해설
시장 세분화는 다양한 욕구를 가진 소비자를 대상으로 어떤 기준 변수를 사용해서 동일한 욕구를 가진 집단으로 세분화하여 공략하는 마케팅 기법이다.

10 **지역적인 특성에 따른 소비자의 자동차 색채선호 특성을 조사하고자 한다. 가장 적합한 표본추출 방법은?**

① 단순무작위추출법
② 체계적표본추출법
③ 층화표본추출법
④ 군집표본추출법

해설
층화표본추출법은 모집단을 특정 기준에 따라 서로 상이한 소집단으로 나누고, 이들을 각 소집단으로부터 빈도에 따라 적정 일정 수의 표본을 무작위로 추출하는 방법이다.

6 ③ 7 ① 8 ③ 9 ② 10 ③ 정답

11 색채와 제품의 라이프스타일 단계별 특성을 가장 옳게 설명한 것은?

① 쇠퇴기에는 고객의 요구를 반영하지 않고 럭셔리, 내추럴과 같은 이미지 표현이 요구된다.
② 성숙기에는 기능과 기본 품질이 거의 만족되어 원색을 선호하게 된다.
③ 성장기에는 다른 제품과의 차이가 느껴지지 않도록 경쟁사와 유사한 색상을 추구한다.
④ 도입기에는 디자인보다는 기능이 중시되므로 소재의 색을 그대로 활용한 무채색이 주를 이룬다.

해설
도입기는 새로운 시장이 창출되는 시기로 디자인보다는 기능성을 중시하고 제품에 대한 인지도를 높이는 게 중요하다.
① 쇠퇴기에는 경쟁시장에서 철수하여 대체품 개발에 주력해야 한다.
② 성숙기에는 최저 가격으로 시장점유율을 유지하여 판매 촉진을 강화해야 한다.
③ 성장기에는 경쟁사와의 차별화로 시장점유율을 확대해야 한다.

12 마케팅에서 색채의 기능에 대한 설명으로 틀린 것은?

① 홍보 전략을 위해 기업 컬러를 적용한 신제품을 출시하였다.
② 색채 커뮤니케이션은 측색 및 색채관리를 통하여 제품이 가진 이미지나 브랜드의 의미를 전달한다.
③ 상품 자체는 물론이고 브랜드의 광고에 사용된 색채는 소비자의 구매력을 자극한다.
④ 마케팅 목표를 달성하기 위해 색채를 적합하게 구성하고 이를 장기적, 지속적으로 개선해 나간다.

해설
색채 커뮤니케이션은 측색 및 색채관리와 같은 정량적 측면보다는 브랜드나 기업의 이미지를 전달하는 것이므로 그 특성에 맞는 감성적 측면으로 봐야 한다.

13 색채마케팅 전략 수립 단계 중 자료의 수집에 관한 설명이 옳은 것은?

① 1단계로 먼저 경쟁관계에 있는 브랜드의 매출, 제품디자인, 마케팅 전략의 변화 추이를 파악하여 포지셔닝을 분석한다.
② 2단계로 자사 브랜드를 중심으로 사회, 문화, 소비자의 라이프스타일 등의 동향을 파악하고 키워드를 도출하고 이미지 맵핑을 한다.
③ 3단계로 과거 몇 시즌 동안 나타났던 디자인 트렌드의 변화 추이를 분석하여 미래에 나타나게 될 트렌드를 예측한다.
④ 4단계로 글로벌 마켓에 출시하게 될 상품인 경우 전 세계 공통적 색채 환경을 사전 조사한다.

해설
색채마케팅 전략은 자료수집 시 과거 시즌 동안 나타났던 트렌드와 시장조사, 소비자의 라이프스타일의 변화 등을 분석할 수 있어야 트렌드의 변화 추이를 분석하고 예측할 수 있다.

14 모더니즘의 등장과 함께 주목을 받게 된 색은?

① 빨강과 자주
② 노랑과 파랑
③ 하양과 검정
④ 주황과 자주

해설
모더니즘의 대표색은 직선적인 형태를 잘 드러내는 흰색과 검은색이다.

정답 11 ④ 12 ② 13 ③ 14 ③

15 **소비자 의사결정 과정에서 대안평가 시 평가기준의 특성에 대한 설명으로 틀린 것은?**

① 평가기준은 제품유형과 소비자가 처한 상황에 따라 달라진다.
② 평가기준은 객관적일 수도 있고 주관적일 수도 있다.
③ 평가기준의 수는 관여도와 상관없이 일정하게 정해져 있다.
④ 평가기준은 제품 구매동기에 따라 다르게 작용한다.

해설
관여도에 따라 소비자의 구매유형이 달라지며 평가기준의 수는 제품이나 상표, 구매빈도 등과 연관되어 있다.

16 **색의 선호도에 대한 설명이 틀린 것은?**

① 색에 대한 일반적인 선호 경향과 특정 제품에 대한 선호색은 동일하다.
② 선호도의 외적, 환경적인 요인은 문화적, 사회적 요인으로 구분할 수 있다.
③ 선호도의 내적, 심리적 요인으로는 개인적 요인이 중요하게 작용한다.
④ 제품의 특성에 따라서 선호되는 색채는 고정된 것이 아니다.

해설
제품의 색채선호는 신소재, 디자인, 유행 등에 따라 변한다.

17 **색채와 시간에 대한 속도감에 영향을 미치는 것이 아닌 것은?**

① 난색 계열의 색은 속도감이 빠르고, 시간은 길게 느껴진다.
② 단파장은 속도감이 느리고, 시간은 짧게 느껴진다.
③ 속도감은 색상과 명도의 영향이 크다.
④ 한색 계열의 색은 대합실이나 병원 등 오래 기다리는 장소에 적합하다.

해설
③ 명도는 속도감보다는 무게감이나 공간에 영향을 미친다.

18 **제품 수명주기에 따른 제품의 색채계획에 대한 설명이 옳은 것은?**

① 도입기에는 시장저항이 강하고 소비자들이 시험적으로 사용하는 시기이므로 제품의 의미론적 해결을 위한 다양한 색채로 호기심을 유도하는 것이 좋다.
② 성장기에는 기술개발이 경쟁적으로 나타나는 시기이므로 기능주의적 성격이 드러나는 무채색을 사용하는 것이 좋다.
③ 성숙기에는 기능주의에서 표현주의로 이동하는 시기이므로 세분화된 시장에 맞는 색채의 세분화와 다양화가 이루어져야 한다.
④ 쇠퇴기에는 더 이상 기술개발이 이루어지지 않으므로 화려한 색채를 사용하여 주의를 환기하는 것이 좋다.

해설
① 도입기는 신제품이 시장에 등장하는 시기로, 제품 알리기와 혁신적인 설득이 필요한 시기이다.
② 성장기는 경쟁회사의 유사제품이 나오는 시기로, 시장점유율을 극대화하기 위해 브랜드의 우수성을 알려야 하는 시기이다.
④ 쇠퇴기는 소비시장이 급격히 감소하는 시기로, 신상품 개발 전략이 필요하다.

15 ③ 16 ① 17 ③ 18 ③ 정답

19 **색채마케팅의 과정으로 순서가 바른 것은?**

① 색채정보화 → 판매촉진 전략 → 색채기획 → 정보망 구축
② 색채정보화 → 색채기획 → 판매촉진 전략 → 정보망 구축
③ 색채기획 → 정보망 구축 → 판매촉진 전략 → 색채정보화
④ 색채기획 → 색채정보화 → 정보망 구축 → 판매촉진 전략

해설
색채마케팅은 지속적인 색채관리로 마케팅 문제점을 해결해야 한다. 색채정보화 → 트렌드 파악 → 소비자의 라이프스타일 분석 → 유행색 예측 → 색채기획 → 판매적용(촉진) → 색채마케팅 전략(정보망 구축) 순으로 구체적인 실행과정이 필요하다.

20 **시장세분화의 기준 중 행동분석적 속성의 변수는?**

① 사회계층
② 라이프스타일
③ 상표충성도
④ 개 성

해설
① 사회문화적 속성
② 인구학적 속성
④ 심리분석적 속성

제2과목 색채디자인

21 **화학실험실에서 사용하는 가스 종류에 따라 용기의 색을 다르게 사용하는 것과 관련된 색채원리는?**

① 색의 현시
② 색의 상징
③ 색의 혼합
④ 색의 대비

해설
색의 상징이란 하나의 색을 보았을 때 특정한 형상 또는 의미가 느껴지는 것이다.

22 **인터랙티브 아트(Interactive Art)의 설명으로 가장 적합한 것은?**

① 정보를 한 방향이 아닌 상호작용으로 주고받는 것
② 컴퓨터가 만드는 가상세계 또는 그 기술을 지칭하는 것
③ 문자, 그래픽, 사운드, 애니메이션과 비디오를 결합한 것
④ 그래픽과 시간의 축을 더한 것으로 연속적으로 움직이는 것과 같은 이미지를 제작하는 것

해설
인터랙티브 아트란 과학 기술을 활용해 관객을 참여시킨 상호작용이 작품의 완성에 주요한 요소가 되는 예술 형태를 말한다.

23 **질감을 선택할 때 고려해야 할 점으로 비교적 거리가 먼 것은?**

① 촉 감　　② 빛의 반사・흡수
③ 색 조　　④ 형 태

해설
디자인 요소는 크게 색채, 형태, 질감으로 나눌 수 있다. 형태의 구성요소에는 점, 선, 면, 입체 등이 있고, 질감은 어떤 물체가 가진 표면상의 특징으로서 손으로 만지거나 눈으로 보았을 때 느껴지는 시각적인 재질감을 말한다.

정답 19 ② 20 ③ 21 ② 22 ① 23 ④

24 색채계획의 목적과 거리가 먼 것은?

① 질서를 부여하고 통합한다.
② 개성보다는 통일성을 부여한다.
③ 인상을 부여한다.
④ 영역을 구분한다.

해설
색채계획이란 색채조절보다 진보된 개념으로 미적인 동시에 다양한 기능성을 부여한다는 차원에서 예술적 감각이 중요시된다. 개성보다 통일성을 부여하면 미적인 요소가 떨어질 수 있다.

25 17~18세기 유럽에서 유행한 예술양식으로서 프랑스의 베르사유 궁전 같은 건축물을 대표적으로 들 수 있는 양식은?

① 르네상스
② 바로크
③ 로코코
④ 신고전주의

해설
바로크 양식은 감정적이고 역동적인 스타일로, 화려하고 과장된 표면 장식이 표현된 프랑스 베르사유 궁전이 대표적인 건축물이다.

26 환경 디자인의 영역과 거리가 먼 것은?

① 자연보호 포스터
② 도시계획
③ 조경 디자인
④ 실내 디자인

해설
환경 디자인이란 생활 주변의 조경, 도시 계획 등 환경을 쾌적하고 아름답게 꾸미는 영역을 말한다. 이때 디자인을 위해 약간의 훼손이 발생할 수 있다. 그러나 자연보호 포스터는 자연보호를 촉구하기 위한 대중전달 매체로 자연 훼손을 막자는 취지의 홍보활동이다.

27 디자인의 원리인 조화에 대한 설명 중 틀린 것은?

① 디자인의 조화는 2개 이상의 요소 또는 부분의 상호관계가 서로 분리되거나 배척하지 않는 상태를 말한다.
② 유사조화는 변화의 다른 형식으로 서로 다른 부분의 조합에 의해서 생긴다.
③ 디자인의 조화는 여러 요소들의 통일과 변화의 정확한 배합과 균형에서 온다.
④ 조화는 크게 유사조화와 대비조화로 나눌 수 있다.

해설
②는 대비조화에 대한 설명이다. 유사조화는 같은 성질을 조화시키는 원리이다.

28 인쇄물에서 핀트가 잘 맞지 않았을 때 일어나는 눈의 아른거림 현상은?

① 실루엣(Silhouette)
② 무아레(Moire)
③ 패턴(Pattern)
④ 착시(Optical Illusion)

해설
무아레(모아레, Moire)는 '물결무늬'라는 프랑스어에서 유래된 용어로, 두 겹에 겹쳐져서 생기는 일종의 강도 간섭의 효과를 말한다.

24 ② 25 ② 26 ① 27 ② 28 ② 정답

29 **색채계획에 사용되는 방법이 아닌 것은?**

① 소비자 색채 설문조사
② 시네틱스법
③ 소비자 제품 이미지 조사
④ 이미지 스케일

해설
시네틱스란 서로 관련이 없는 요소들의 결합을 의미하는 히랍어이다. 색채계획은 상징성, 안정성, 기능성을 고려해야 하는 작업이다.

30 **예술 사조와 주로 표현된 색채의 연결이 틀린 것은?**

① 플럭서스 - 부드럽고 유연한 느낌의 따뜻한 색조 사용
② 아르누보 - 파스텔 계통의 부드러운 색조 사용
③ 데스틸 - 무채색과 빨강, 노랑, 파랑의 순수한 원색 사용
④ 팝아트 - 어두운 톤 위에 혼란한 강조색 사용

해설
플럭서스는 회색조가 전반을 이루고, 색이 있는 경우에도 어두운 색조가 주가 된다.

31 **빅터 파파넥이 규정지은 복합기능에 속하지 않는 것은?**

① 방 법
② 형 태
③ 미 학
④ 용 도

해설
빅터 파파넥의 복합기능(Function Complex) 6가지 요소로는 방법(Method), 용도(Use), 필요성(Need), 텔레시스(Telesis), 연상(Association), 미학(Aesthetics)이 있다.

32 **아르누보에 대한 설명 중 틀린 것은?**

① 담쟁이덩굴, 수선화 등의 장식문양을 즐겨 이용했다.
② 철, 유리 등의 새로운 재료를 사용한 것도 특색이었다.
③ 역사적 양식에서 탈피해 새로운 조형미 창조에 도전하였다.
④ 영국에서 시작되었으며 프랑스에서는 유겐트 스틸이라 칭하였다.

해설
아르누보는 신예술(New Art)이란 뜻으로, 영국에서는 '모던 스타일', 독일에서는 '유겐트 스타일', 프랑스에서는 '기마르 양식', 이탈리아에서는 '리버티 양식'으로 불릴 만큼 여러 나라에서 대대적으로 유행하였다.

33 **병치혼색 현상을 이용한 점묘화법을 이용하여 색채를 새롭게 도구화한 예술은?**

① 큐비즘
② 사실주의
③ 야수파
④ 인상파

해설
인상파 화가 쇠라는 작은 색 점을 찍어서 그림을 그리는 기법을 사용하였는데, 이러한 방식의 색 혼합방법을 병치혼합이라고 한다.

정답 29 ② 30 ① 31 ② 32 ④ 33 ④

34 **환경 디자인을 실행함에 있어서 유의할 점과 거리가 먼 것은?**

① 사회성, 공통성, 공익성 함유 여부
② 환경색으로 배경적인 역할의 고려
③ 사용조건의 적합성
④ 재료의 자연색 배제

해설
환경 디자인은 주변과의 맥락을 우선적으로 고려해야 한다. 즉 자연색을 배제한다는 것은 환경 디자인을 고려하지 않는다는 의미이다.

35 **현대 디자인사에서 형태와 기능의 관계에 대해 '형태는 기능에 따른다.'라고 말한 사람은?**

① 발터 그로피우스
② 루이스 설리번
③ 필립 존슨
④ 프랑크 라이트

해설
미국 건축의 개척자인 루이스 설리번(Louis Sullivan)은 "형태는 기능을 따른다."라고 주장했는데 디자인의 목적 자체가 합리적으로 설명되어야 하며, 기능적 형태야말로 가장 아름다운 것이라고 하였다.

36 **인간의 생명과 건강에 밀접하게 관계된 특징으로 근대 이후 많은 재해를 통하여 부상된 조건 중의 하나는?**

① 안전성
② 독창성
③ 합목적성
④ 사용성

해설
재해는 자연현상이나 인위적인 원인으로 인해 사회적·경제적인 피해뿐만 아니라 사람의 생명과 건강에도 위협을 받게 되는 사건으로 안전성에 대해 경각심이 강해지는 중요한 계기가 된다.

37 **다음 ( ) 안에 들어갈 말로 옳은 것은?**

일방통행로에서 반대 방향에서 오는 차는 금방 눈에 띈다. 같은 방향의 차는 ( )에 의하여 지각된다.

① 폐쇄성
② 근접성
③ 지속성
④ 유사성

해설
비슷한 성질을 가진 요소는 비록 떨어져 있어도 무리지어 보인다. 이를 유사성의 원리라고 하며 같은 방향의 차는 비슷한 성질의 방향의 원리이다.

38 **실내 공간의 색채계획에 대한 설명 중 틀린 것은?**

① 작은 방은 고명도의 유사색을 사용하면 더 커 보이게 만들 수 있다.
② 어린이 방은 주조색을 중간 색조로 하고 강조색을 원색으로 사용하면 흥미를 유발할 수 있다.
③ 작은 방은 강한 색 대조를 사용하면 공간을 극적으로 커 보이게 하는 경향이 있다.
④ 사무실은 고명도, 저채도의 중성색을 사용하면 안정감을 준다.

해설
작은 공간일수록 강한 색 대조는 공간을 더욱 작아 보이게 한다. 고명도에 유사색조를 사용하여 공간이 커 보이도록 계획해야 한다.

34 ④ 35 ② 36 ① 37 ④ 38 ③ 정답

39 **미용 색채계획 과정에서 가장 중요하며 처음으로 실시되는 단계는?**

① 주조색, 보조색, 강조색의 결정
② 대상의 위생검증
③ 이미지맵 작성
④ 대상의 특징 분석

해설
가장 먼저 대상의 특징을 분석하고 이미지의 컨셉을 결정한 뒤 이미지맵이나 주조색, 보조색, 강조색 등을 결정하는 프로세스가 효과적이다.

40 **디자인에 대한 설명 중 틀린 것은?**

① 디자인의 목표는 미적인 것과 기능적인 것을 제품으로 통합하는 것이다.
② 안전하며 사용하기 쉽고 아름답고 쾌적한 생활환경을 창조하는 조형행위이다.
③ 디자인은 인간의 삶을 풍요롭게 하는 영역이며 오늘날 다양한 매체에 이르기까지 발전을 거듭하고 있다.
④ 디자인은 자연적인 창작행위로서 기능적 측면보다는 미적 추구를 목적으로 한다.

해설
디자인의 기본 목표는 미와 기능의 합일이다.

제3과목 색채관리

41 **다음 중 특수안료가 아닌 것은?**

① 형광안료 ② 인광안료
③ 천연유기안료 ④ 진주광택안료

해설
특수안료는 특수 목적으로 사용하는 것으로, 형광안료, 인광안료, 천연진주안료, 특수광택안료 등이 있다. 천연유기안료는 일반안료이다.

42 **육안조색과 비교할 때 CCM 조색에 대한 설명으로 틀린 것은?**

① 조색정보 공유가 용이하다.
② 메타머리즘 예측이 가능하다.
③ 색채 품질관리가 용이하다.
④ 조색 시 광원이 중요하다.

해설
CCM(Computer Color Matching)은 소프트웨어와 정밀 측정기기를 사용하여 색을 자동으로 배색하는 장치로 광원의 영향을 받지 않는다.

43 **정확한 색채 측정을 위한 조건을 설명하는 것으로 적합하지 않은 것은?**

① 필터식 방식이나 분광식 방식의 모든 색채계에 기준이 되는 백색기준물(White Reference)의 철저한 관리는 필수적이다.
② 필터식 색채계의 경우는 백색기준물의 색좌표를 기준으로 색채를 측정한다.
③ 분광식 색채계의 경우는 분광반사율을 측정하므로 백색기준물의 분광반사율을 기준으로 한다.
④ CIE에서는 빛의 입사 방향과 관측 방향을 동일하게 일치하도록 규정하고 있다.

해설
CIE에서는 정확하게 물체의 색을 측정하고 관리하기 위해 빛의 조건과 측색 조건을 규정화하였다. '0'으로 표기되는 것은 직각 90°로 환산하고, 'D'는 분산조명이다. 즉, 각도에 따라 관측 방향이 다르다.

정답 39 ④ 40 ④ 41 ③ 42 ④ 43 ④

44 색온도와 자연광원 및 인공광원에 관한 설명으로 잘못된 것은?

① 색온도는 광원의 실제 온도이다.
② 흑체는 온도에 따라 정해진 색의 빛을 내므로, 광원이 흑체와 같은 색의 빛을 내는 경우 이때의 흑체의 온도를 그 광원의 색온도로 정의하고 절대온도 K로 표시한다.
③ 낮은 색온도는 따뜻한 색에 대응되고 높은 색온도는 차가운 색에 대응된다.
④ 흑체는 외부에너지를 모두 흡수하는 이론적 물체로서 온도가 낮은 때는 눈에 안 보이는 적외선을 띄다가 온도가 높아지면서 붉은색, 오렌지색, 노란색, 흰색으로 바뀌다가 마침내는 푸른빛이 도는 흰색을 띠게 된다.

해설
흑체는 빛의 반사가 일어나지 않고 표면에 도달하는 모든 빛을 흡수하는 물체이다. 색온도는 흑체의 온도와 흑체의 섭씨온도를 합친 색광의 절대온도로 색온도가 낮을수록 붉은색을 띠고 높을수록 파란색 빛을 띠게 된다.

45 3자극치 직독식 광원색채계를 이용하여 광원색을 측정하는 경우에 대한 설명으로 틀린 것은?

① 계기의 지시로부터 3자극치 X, Y, Z 혹은 X_{10}, Y_{10}, Z_{10} 또는 이들의 상대치를 구한다.
② 직독식 색채계는 루터(Luther) 조건을 되도록 만족시켜야 한다.
③ 측정의 기하학적 조건 ϕ 및 조건 L의 경우, 적분구나 결상광학계 등의 입력광학계의 분광분포 전달 특성을 제외하고 루터 조건을 만족할 필요가 있다.
④ 표준광원 및 측정대상 광원을 동일한 기하학적인 조건으로 점등하고, 각각에 대한 직독식 색채계의 3자극치 지시값을 읽는다.

해설
기준 시료의 측정치는 분광 측색방법에 따라서 색채계에 사용하는 조명 및 수광의 기하학적 조건과 같은 조건으로 측정할 필요가 있다(KS A 0066).

46 염료의 특성에 대한 설명이 틀린 것은?

① 황화염료 – 알칼리성에 강한 셀룰로스 섬유의 염색에 사용하고 견뢰도가 약한 것이 단점이다.
② 반응성염료 – 염료분자와 섬유분자의 화학적 결합으로 염색되므로 색상이 선명하고 견뢰도가 강하다.
③ 염기성염료 – 색이 선명하고 착색력이 우수하지만 견뢰도가 약하다.
④ 배트염료 – 소금이나 황산소다를 첨가하여 염착시키고 무명, 마 등의 식물성 섬유의 염색에 좋다.

해설
알칼리성에 강한 셀룰로스 섬유의 염색에 사용하는 것은 반응성 염료이다. 황화염료는 유기화합물과 황을 가열하여 얻어낸 염료로 견뢰도가 좋고 값이 싸서 무명의 염색에 널리 사용되고 있다.

47 조색과 관련한 설명으로 틀린 것은?

① 고명도 색채 조색 시 극히 소량으로도 색채에 많은 영향을 줄 수 있으므로 유의하여야 한다.
② 메탈릭이나 펄의 입자가 함유된 조색에는 금속입자나 펄입자에 따라 표면반사가 일정하지 못하다.
③ 형광색이 있는 색채 조색 시 분광분포가 자연광과 유사한 Xe(제논) 램프로 조명하여 측정한다.
④ 진한 색 다음에는 연한 색이나 보색을 주로 관측한다.

해설
조색을 위한 관측 또는 조색 시에는 밝은 색에서 어두운 색으로, 연한 색에서 진한 색으로, 즉 채도가 낮은 색에서 높은 색으로 관측하는 것이 좋다.

44 ① 45 ③ 46 ① 47 ④ 정답

48 KS A 0065(표면색의 시감비교)에 대한 설명이 틀린 것은?

① 색 비교를 위한 작업면의 조도는 1,000~4,000lx 사이로 한다.
② 작업면은 명도 L*가 30인 무채색으로 한다.
③ 색감각은 연령에 따라 변화하기 때문에 40세 이상의 관찰자는 조건등색검사기 등을 이용하여 검사한다.
④ 비교하는 색면의 크기와 관찰거리는 시야각으로 약 2도 또는 10도가 되도록 한다.

해설
일반적으로 부스의 내부는 명도 L*가 약 45~55의 무광택의 무채색으로 한다.

49 디지털 컬러에서 OLED 디스플레이에 사용되는 3원색은?

① Red, Blue, Yellow
② Yellow, Cyan, Red
③ Blue, Green, Magenta
④ Red, Green, Blue

해설
OLED 디스플레이는 가법혼색 원리가 적용되는 방식이며 가법혼색 3원색은 RGB이다.

50 조명 및 관측조건(Geometry)에 대한 설명으로 옳은 것은?

① CIE에서 추천한 조명 및 관측조건은 광택이 포함되지 않도록 하는 방법만을 추천하였다.
② 광택이 있고 표면이 매끄러운 재질의 경우는 조명/관측조건에 따른 색채값의 변화가 크다.
③ CIE에서 추천한 조명 및 관측조건(Geometry)은 45/0, d/0의 두 가지 방법이다.
④ 조명 및 관측조건은 분광식 색채계에만 적용되도록 제한되어 있다.

해설
① CIE에서 광택을 포함하여 추천하였다.
③ CIE에서 추천한 조명 및 관측조건(Geometry)은 45/0, 0/45, d/0, 0/d의 4가지 방법이다.
④ 조명 및 관측조건은 모든 측색기와 육안조색에 적용된다.

51 도료의 도장 방식에 대한 설명이 틀린 것은?

① 에나멜 페인트 위에 우레탄 페인트를 칠하면 더 견고하고 강한 도막이 형성된다.
② 붓으로 칠하는 도장은 일반적으로 손쉽게 할 수 있으나 도막이 약하다.
③ 소부도장은 스프레이로 도장한 후 열을 가열하여 굳히는 도장으로 도막이 견고하다.
④ 분체도장은 고착제가 포함된 분말을 전극을 통해 도장하는 방식으로 도막이 견고하다.

해설
에나멜 페인트 위에 에나멜로 도색해야 한다. 우레탄 페인트를 칠하면 칠이 녹아 버린다.

정답 48 ② 49 ④ 50 ② 51 ①

52 PCS(Profile Connection Space)에 대한 설명으로 옳은 것은?

① PCS의 체계는 sRGB와 CMYK 체계를 사용한다.
② PCS의 체계는 CIE XYZ와 CIE LAB를 사용한다.
③ PCS의 체계는 디바이스 종속 체계이다.
④ ICC에서 입력의 색공간과 출력의 색공간은 일치한다.

해설
PCS는 컬러장치 사이의 색정보 전달을 위한 디바이스 독립 색공간으로 CMS에서 장치 간의 색을 연결해 주고 중심이 되는 색공간의 역할을 한다.

53 색채 측정 결과에 반드시 기록해야 할 필요가 없는 것은?

① 측정방법의 종류
② 3자극치 직독 시 파장폭 및 계산방법
③ 조명 및 수광의 기하학적 조건
④ 표준광의 종류

해설
- 측정 결과 기록 시 필수적으로 포함해야 하는 사항에는 광원의 종류, 광원이 재현하는 색온도, 광원의 조도, 조명환경, 색채 측정방식, 표준 관측자 등이 있다.
- 측색값의 정확성을 기하기 위해 3회 이상 측정하여 그 평균값을 산출해 기록해야 한다.

54 16,777,216 컬러와 알파 채널을 사용하는 픽셀당 비트 수는?

① 8비트
② 16비트
③ 24비트
④ 32비트

해설
1비트는 2^1 단위로 색상은 2색이다. 32비트는 2^{32}로 16,777,216색(2^{24}비트 컬러)과 8비트 알파 채널을 사용하는 HDR 이미지라고도 한다.

55 조색을 하거나 색채의 오차를 알기 쉬우며 색채의 변환 방향을 쉽게 짐작할 수 있어서 세계적으로 널리 통용되는 색체계는?

① L*a*b*
② XYZ
③ RGB
④ Yxy

해설
L*a*b* 색체계는 CIE 규정 색체계로 산업현장의 제품 색을 규정하는 데 가장 많이 사용되고 있다. 또한 색채의 변환 방향을 쉽게 짐작할 수 있다.

56 광원의 분광복사강도분포에 대한 설명 중 옳은 것은?

① 백열전구는 단파장보다 장파장의 복사분포가 매우 적다.
② 백열전구 아래에서의 난색 계열은 보다 생생히 보인다.
③ 형광등 아래에서는 단파장보다 장파장의 반사율이 높다.
④ 형광등 아래에서의 한색 계열은 색채가 탁하게 보인다.

해설
①, ③, ④ 모두 반대의 설명이다.

52 ② 53 ② 54 ④ 55 ① 56 ② 정답

57 육안조색에 필요한 도구로 가장 거리가 먼 것은?

① 은폐율지
② 건조기
③ 디스펜서
④ 어플리케이터

해설
육안조색에 필요한 도구로 측색기, 표준광원, 어플리케이터, 믹서, 스포이드, 측정지, 은폐율지가 있다.

58 색료의 색채는 그것을 구성하는 분자의 특성에 의하여 색채가 결정된다. 이와 관련한 설명으로 틀린 것은?

① 적색 포도주의 붉은색은 플라빌리움이라고 불리는 양이온에 의한 것이다.
② 노란색의 나리꽃은 플라본 분자에 옥소크롬이 첨가되어 나타나는 것이다.
③ 검은색 머리카락은 멜라닌 분자에 의한 것이다.
④ 포유동물의 피의 붉은색은 구리 포피린에 의한 것이다.

해설
포유류의 피가 붉은 이유는 적혈구 속에 헤모글로빈이라는 철 성분이 함유되어 있기 때문이다.

59 표면색의 백색도(Whiteness)를 평가하기 위한 CIE 백색도 W에 관한 설명으로 잘못된 것은?

① 백색도 W의 최솟값은 0, 최댓값은 100이다.
② 백색도 W는 삼자극치 Y값과 x, y 색도값을 이용해 계산한다.
③ 완전 확산 반사면의 W값은 100이다.
④ W값은 D_{65} 광원에서 측정된 표면색의 삼자극치 값을 사용해 계산한다.

해설
백색도는 표면색의 흰 정도를 1차원적으로 나타낸 수치이다. CIE에서는 2004년 표면색 백색도를 평가하기 위한 백색도(W, W10)에 대한 공식을 추천하였다. 기준광은 CIE 표준광 D_{65}를 사용한다.

60 다음 중 16비트 심도, DCI-P3 색공간의 데이터를 저장하기에 가장 부적절한 파일 포맷은?

① TIFF
② JPEG
③ PNG
④ DNG

해설
DCI-P3는 기존 sRGB보다 25% 더 넓은 색영역을 표현할 수 있고 적색 부분이 특히 더 넓다는 것이 주요 특징이며 색영역을 거의 100%에 가깝게 커버한다.
※ JPEG 포맷은 이미지 파일을 압축하는 기술의 표준이다. 이미지를 만드는 사람이 이미지의 화질과 파일의 크기를 조절할 수 있다.

정답 57 ③ 58 ④ 59 ① 60 ②

제4과목 색채지각론

61 잔상의 크기는 투사면까지 거리에 영향을 받게 되며 거리에 정비례하여 증감하거나 감소하는 것은?

① 엠베르트 법칙의 잔상
② 푸르킨예의 잔상
③ 헤링의 잔상
④ 비드웰의 잔상

해설
잔상의 크기는 투사면까지의 거리에 영향을 받게 되며, 거리에 정비례하여 증감하거나 감소하는 것을 '엠베르트 현상' 또는 '엠베르트 법칙의 잔상'이라고 한다. 이는 부의 잔상의 한 종류로, 일반적으로 가장 많이 느끼는 잔상인데 자극이 사라진 뒤에 광자극의 색상, 명도, 채도가 정반대로 느껴지는 현상이다.

62 회색 바탕 안 중앙에 위치한 빨강이 더욱 선명하게 보이는 현상은?

① 색상대비
② 명도대비
③ 채도대비
④ 연변대비

해설
채도대비는 같은 색이라도 무채색과 함께 대비될 경우 채도가 더 높고 선명하게 보인다.

63 지하철 안내 표지판 색채 디자인 시 중점적으로 고려해야 할 색채의 감정효과와 거리가 먼 것은?

① 주목성
② 명시성
③ 전통색
④ 진출・후퇴의 색

해설
지하철의 안내 표지판은 눈에 잘 띄어야 하므로 주목성, 명시성이 좋아야 하며 지하철의 특성상 진출・후퇴의 색 조절도 고려해야 한다. 전통색은 색채가 강해 적합하지 않다.

64 눈으로 들어오는 빛의 양을 조절하는 기능을 수행하는 곳은?

① 각 막
② 수정체
③ 수양액
④ 홍 채

해설
① 각막 : 눈의 표면을 덮고 있는 얇은 막으로 눈 속으로 빛을 받아들이는 투명한 창문 역할을 한다.
② 수정체 : 빛을 굴절시켜 망막에 상이 맺히는 곳이다.
③ 수양액 : 눈의 앞쪽 공간을 채우는 맑은 용액으로 각막과 수정체, 홍채 사이를 채우고 있다.

65 눈의 세포인 추상체와 간상체에 대한 설명 중 옳은 것은?

① 간상체에 의한 순응이 추상체에 의한 순응보다 신속하게 발생한다.
② 간상체는 빛의 자극에 의해 빨강, 노랑, 녹색을 느낀다.
③ 어두운 곳에서 추상체가 활동하는 밝기의 순응을 암순응이라고 한다.
④ 간상체는 약 500nm의 빛에 가장 민감하며, 추상체 시각은 약 560nm의 빛에 가장 민감하다.

해설
간상체는 명암에 민감하여 주로 밤에 활동하고 추상체는 빛의 자극에 의해 색상을 느끼며 낮에 활동한다. 추상체가 간상체에 비해 순응도가 빠르다.

정답 61 ① 62 ③ 63 ③ 64 ④ 65 ④

66 **색의 명시성에 대한 설명으로 틀린 것은?**

① 색채 간의 명도 차이나 채도 차이가 클 때 색이 잘 식별된다.
② 조명의 밝기 정도, 즉 조도에 따라 명시의 순응에 변화가 있다.
③ 명도가 같을 때는 채도가 높은 쪽의 명시성이 높다.
④ 명시성이 높은 색은 대체로 주목성도 높다.

해설
명시성은 대상의 식별이 쉬운 성질, 물체의 색이 얼마나 뚜렷이 잘 보이는가의 정도로, 명도 차이가 클수록 잘 보인다.

67 **다음 중에서 가장 후퇴해 보이는 색은?**

① 고명도의 난색
② 저명도의 난색
③ 고명도의 한색
④ 저명도의 한색

해설
한색이 난색보다, 어두운 색이 밝은 색보다, 채도가 낮은 색이 높은 색보다, 무채색이 유채색보다 더 후퇴해 보인다. 후퇴되어 보이는 순서를 나열하면 ④ – ② – ③ – ①이다.

68 **빛의 굴절(Refraction) 현상을 볼 수 있는 것이 아닌 것은?**

① 아지랑이
② 무지개
③ 별의 반짝임
④ 노 을

해설
노을은 빛의 산란에 의해 나타난 현상이다.

69 **백색광 아래에서 노란색으로 보이는 물체를 청록색 광원 아래로 옮기면 지각되는 색은?**

① 청록색
② 흰 색
③ 빨간색
④ 녹 색

해설
백색광 아래에서는 순수색으로 보인다. 노란색의 물체를 청록색 광원 아래로 옮기면 노란색 물체에 청록색 기미가 혼합되어 녹색으로 지각된다.

70 **빛의 파장에 대한 설명으로 옳은 것은?**

① 약 450~500nm의 파장은 파란색으로 보이게 된다.
② 여러 가지 파장의 빛이 고르게 섞여 있으면 검은색으로 지각된다.
③ 약 380~450nm의 파장은 녹색으로 보이게 된다.
④ 약 500~570nm의 파장은 노란색으로 보이게 된다.

해설
우리가 볼 수 있는 빛의 파장(가시광선)은 380~780nm 구간으로 단파장인 380nm은 보라색이고 780nm은 장파장인 빨강의 영역이다.
※ 빛은 가법혼색으로 여러 파장의 빛이 고르게 섞이면 하얀색으로 지각된다.

정답 66 ② 67 ④ 68 ④ 69 ④ 70 ①

71 중간혼색에 대한 설명으로 틀린 것은?

① 중간혼색의 대표적 사례는 직물의 디자인에서 발견된다.
② 중간혼색은 가법혼색과 감법혼색의 중간과정에서 추출된다.
③ 회전혼색의 결과는 밝기와 색에 있어서 원래 각 색지각의 중간 값으로 나타난다.
④ 컬러TV의 경우 중간혼색에 해당된다.

해설
중간혼색은 실제 물리적 혼합이 아니라 눈의 망막에서 일어나는 착시적 혼합을 말한다.

72 물리적, 생리적 원인에 따른 색채 지각변화에 대한 설명 중 옳은 것은?

① 망막의 지체현상은 약한 빛 아래서 운전하는 사람의 반응시간을 짧게 만든다.
② 망막 수용기에 의해 지각된 색은 지배적 주변 상황에서 오는 변수에 따른 반응이 사람마다 동일하다.
③ 빛 강도가 해질녘의 경우처럼 약할 때는 망막의 화학적 변화가 급속히 일어나 시자극을 빠르게 받아들인다.
④ 빛의 강도가 주어진 최소 수준 아래로 떨어질 경우 스펙트럼의 단파장과 중파장에 민감한 간상체가 작용하기 시작한다.

해설
① 약한 빛이 아닌 강한 빛 아래서 반응시간을 짧게 만든다.
② 사람마다 다르게 반응한다.
③ 느리게 받아들이게 된다.

73 먼셀의 10색상환에서 두 색이 보색 관계에 있지 않은 것은?

① 5R – 5BG ② 5YR – 5B
③ 5Y – 5PB ④ 5GY – 5RP

해설
5GY의 보색 관계에 5P가 있다.

74 계시대비와 관계가 가장 깊은 것은?

① 두 색을 인접시켰을 때 나타나는 현상이다.
② 빨간색과 초록색 조명으로 노란색을 만드는 방법이다.
③ 육안검색 시 각 측정 사이에 무채색에 눈을 순응시켜야 한다.
④ 비교하는 색과 바탕색의 자극량에 따라 대비효과가 결정된다.

해설
계시대비는 어떤 하나의 색을 보고난 뒤에 시간적인 차이를 두고 다른 색을 차례로 볼 때 일어나는 현상이다. 이 경우 먼저 본 색의 영향으로 나중에 본 색이 다르게 보이는 잔상현상이 나타날 수 있으므로 육안검색 시에는 무채색에 눈을 순응시켜야 한다.

75 혼색에 관한 설명 중 옳은 것은?

① 혼색은 색자극이 변하면 색채감각도 변하게 된다는 대응관계에 근거한다.
② 가법혼색은 빛의 색을 서로 더해서 점점 어두워지는 것을 말한다.
③ 인쇄잉크 색채의 기본색은 가법혼색의 삼원색과 검정으로 표시한다.
④ 감법혼색이라도 순색에 고명도의 회색을 혼합하면 맑아진다.

해설
② 점점 밝아진다.
③ 인쇄잉크 색채의 기본색은 감법혼색이다.
④ 감법혼색은 어떤 색이든 혼합할수록 탁해진다.

정답 71 ② 72 ④ 73 ④ 74 ③ 75 ①

76 쇠라(Seurat)와 시냑(Signac)에 의한 색의 혼합방법과 다른 것은?

① 채도를 낮추지 않고 중간색을 만든다.
② 작은 점의 근접 배치로 색을 혼합한다.
③ 색 필터의 겹침 실험에 의한 혼색방법이다.
④ 눈의 망막에서 일어나는 착시적인 혼합이다.

해설
쇠라(Seurat)와 시냑(Signac)의 기법은 점묘화법(중간혼색)이며 가법 혼합에 속한다.
③ 색 필터는 감법혼색 기법이다.

77 백색광을 프리즘에 투과시켜 분광시킨 후 이 빛들을 다시 프리즘에 입사시키면 나타나는 현상은?

① 다시 백색광을 만들 수 있다.
② 장파장의 빛을 얻을 수 있다.
③ 단파장의 빛을 얻을 수 있다.
④ 모든 파장의 빛이 산란된다.

해설
빛이 다 모이면 백색광이 된다. 빛을 분광시키면 각각의 파장의 색으로 지각된다.

78 동일한 양의 두 색을 혼합하여 만들어지는 새로운 색은?

① 인접색
② 반대색
③ 일차색
④ 중간색

해설
① 인접색 : 색상환에서 가까이에 있는 색
② 반대색 : 색상환에서 반대편에 있는 색
③ 일차색 : 색을 분해할 수도, 다른 색을 혼합해서 만들 수도 없는 고유의 색

79 2색각 색맹에서 제1색맹에 결여된 시세포는?

① S추상체
② L추상체
③ M추상체
④ 간상체

해설
① S추상체 : 제3색맹에 결여된 시세포
③ M추상체 : 제2색맹에 결여된 시세포
④ 간상체 : 간상체 전체에 결여된 시세포

80 색의 온도감에 대한 설명 중 틀린 것은?

① 온도감은 인간의 경험과 심리에 의존하는 경향이 짙다.
② 온도감은 색의 세 가지 속성 중에서 채도에 주로 영향을 받는다.
③ 중성색은 때로는 차갑게, 때로는 따뜻하게 느껴지는 색이다.
④ 따뜻한 색은 차가운 색에 비하여 진출되어 보인다.

해설
온도감은 색상에 영향을 받는다.

정답 76 ③ 77 ① 78 ④ 79 ② 80 ②

제5과목 색채체계론

81 세계 각국의 색채표준화 작업을 통해 제시된 색체계를 오래된 것으로부터 최근의 순서대로 옳게 나열한 것은?

① NCS - 오스트발트 - CIE
② 오스트발트 - CIE - NCS
③ CIE - 먼셀 - 오스트발트
④ 오스트발트 - NCS - 먼셀

해설
먼셀(1905년) - 오스트발트(1923년) - CIE(1931년) - NCS(1979년) 순이다.

82 오스트발트(W. Ostwald)의 색채조화론의 등가색환의 조화 중 색상 간격이 6~8 이내의 범위에 있는 2색의 배색은?

① 등색상 조화
② 이색 조화
③ 유사색 조화
④ 보색 조화

해설
등가색환에서의 조화는 오스트발트 색입체를 수평으로 잘라 단면을 보면 흑색량, 백색량, 순색량이 같은 28개의 등가색환을 가진다. 등가색환 위에서의 거리가 4 이하이면 유사색 조화가 되고, 거리가 6~8 사이이면 이색조화를 느끼게 된다. 그리고 색환의 반대 위치에 있으면 반대색 조화를 느끼게 된다.

83 NCS에서 성립하는 이론으로 옳은 것은?

① W + B + R = 100%
② W + K + S = 100%
③ W + S + C = 100%
④ H + V + C = 100%

해설
NCS 색체계의 혼합비는 S(흑색량) + W(백색량) + C(유채색량) = 100%로 표시되는데 혼합비 3가지 속성 가운데 흑색량과 순색량의 뉘앙스만 표기한다.

84 PCCS 색체계 톤 분류 명칭의 연결이 틀린 것은?

① 밝은 - bright
② 엷은 - pale
③ 해맑은 - vivid
④ 어두운 - dull

해설
④ dull톤은 칙칙한 톤이고 dark톤이 어두운 톤이다.

85 KS 계통색명의 유채색 수식 형용사 중 고명도에서 저명도의 순으로 옳게 나열된 것은?

① 연한 → 흐린 → 탁한 → 어두운
② 연한 → 흐린 → 어두운 → 탁한
③ 흐린 → 연한 → 탁한 → 어두운
④ 흐린 → 연한 → 어두운 → 탁한

해설
'연한 → 흐린 → 탁한 → 어두운'의 순이다.

81 ② 82 ② 83 ③ 84 ④ 85 ① 정답

86 색채관리를 위한 ISO 색채규정에서 다음의 수식은 무엇을 측정하기 위한 정의식인가?

YI = 100(1−B/G)
B : 시료의 청색 반사율
G : 시료의 XYZ 색체계에 의한 삼자극치의 Y와 같음

① 반사율
② 황색도
③ 자극순도
④ 백색도

해설
YI(Yellowness Index)는 황색도 지수를 의미하며,
YI = 100(1−B/G)는 ISO 색채규정에서 황색도를 규정한 식이다.

87 광원이나 빛의 색을 수치적으로 정량화하여 표시하는 색체계는?

① RAL
② NCS
③ DIN
④ CIE XYZ

해설
CIE는 국제조명위원회(CIE)에서 제정한 색채 표준으로, 분광광도계(Spectrophotometer)를 사용해 측정한 값을 기초로 하여 색을 계량적으로 표현한 색체계이다. CIE XYZ는 가산혼합의 원리를 이용해 3원색을 X센서(빨강), Y센서(초록), Z센서(파랑)에서 감지한 후, 세 자극치의 값을 표시한 것이다.

88 오간색의 내용 중 다섯 가지 방위에 대한 설명으로 틀린 것은?

① 동방 청색과 중앙 황색의 간색 – 녹색
② 동방 청색과 서방 백색의 간색 – 벽색
③ 남방 적색과 서방 백색의 간색 – 유황색
④ 북방 흑색과 남방 적색과의 간색 – 자색

해설
남방 적색과 서방 백색의 간색은 홍색이다.

89 오스트발트(W. Ostwald) 색체계의 설명으로 옳은 것은?

① 오스트발트는 스웨덴의 화학자이며 안료의 개발로 1909년 노벨상을 수상하였다.
② 물체 투과색의 표본을 체계화한 현색계의 컬러 시스템으로 1917년에 창안하여 발표한 20세기 전반의 대표적 시스템이다.
③ 회전 혼색기의 색채 분할면적의 비율을 변화시켜 색을 만들고 색표로 나타낸 것이다.
④ 이상적인 하양(W)과 이상적인 검정(B), 특정 파장의 빛만을 완전히 반사하는 이상적인 중간색을 회색(N)이라 가정하고 체계화하였다.

해설
오스트발트는 독일의 물리화학자로 1916년에 오스트발트 색체계 개념을 창안·발표하였다. 오스트발트 색체계에서 이상적인 백색(White)과 이상적인 흑색(Black) 그리고 이상적인 순색(Color)이라는 현실에는 존재하지 않는 세 가지 요소를 가정하고, 이 요소들의 혼합비에 의해 체계화한 것이 특징이다.

90 먼셀의 색체계에 대한 설명으로 틀린 것은?

① 모든 색을 채도, 명도, 색상의 세 가지 특징으로 나누어 분류한다.
② 전체 색상을 빨강(R), 파랑(B), 노랑(Y), 초록(G)의 네 가지 기본 원색으로 나누고 이를 다시 100개로 세분하여 분류한다.
③ 기계적 측정에 의한 것이 아니라 사람의 시각적 판단을 바탕으로 하였으므로 색표 간의 시감적 간격이 거의 균등하다.
④ 먼셀의 'Munsell Book of Color'를 미국광학회가 측정, 검토, 수정하여 공식적으로 먼셀 색체계로 발표하였다.

해설
먼셀은 5가지 기본 색상인 빨강(R), 노랑(Y), 초록(G), 파랑(B), 보라(P)와 각각의 사이에 중간 색상을 두어 10가지 색상을 기본으로 하였다.

정답 86 ② 87 ④ 88 ③ 89 ③ 90 ②

91 **도미넌트 컬러와 선명한 색의 윤곽이 있으면 조화된다는 세퍼레이션 컬러, 두 색을 원색의 강한 대비로 표현하면 조화된다는 보색배색의 조화를 말한 이론은?**

① 파버 비렌(Faber Birren)의 색채조화론
② 저드(Judd, Deane Brewster)의 색채조화론
③ 슈브럴(M. E. Chevreul)의 색채조화론
④ 루드(Nicholas O. Rood)의 색채조화론

해설
슈브럴은 "색채조화는 유사성의 조화와 대조에서 이루어진다."라고 주장하였다. 첫째, 두 색의 대비적인 조화는 두 색의 대립색상에 의해서 얻을 수 있다고 하였다. 둘째, 색의 3원색에서 2색의 배색은 중간색의 배색보다 더 잘 조화된다고 하였다. 셋째, 서로 맞지 않는 배색은 그 사이에 흰색이나 검은색을 사용하면 조화를 이룰 수 있다고 하였다.

92 **관용색명 중 동물의 이름과 관련된 색명이 아닌 것은?**

① 베이지(Beige)
② 오커(Ochre)
③ 세피아(Sepia)
④ 피콕 블루(Peacock Blue)

해설
② 오커(Ochre) : 호주의 오커 핏츠라는 지역의 지각층에서 채취한 색
① 베이지(Beige) : 프랑스어로 천연 양모를 뜻함
③ 세피아(Sepia) : 오징어의 먹물에서 뽑은 불변색의 암갈색 물감
④ 피콕 블루(Peacock Blue) : 공작새의 깃털

93 **RAL 색표에 대한 설명으로 옳은 것은?**

① 독일의 중공업계에서 주로 사용하는 색표집이다.
② 1927년 독일에서 먼셀 색체계에 의거하여 만든 실용 색표집이다.
③ 체계적인 배열방법에 따라 고안된 것으로 사용하기가 편리하다.
④ 색편에 일련번호를 주어 패션 색채에도 많이 사용되고 있다.

해설
RAL 색표는 독일의 DIN에 의거하여 개발된 색으로 건축, 차량용, 기계도장에 많이 쓰인다. 표기법으로는 RAL이라는 접두어에 색상코드 4자리의 아라비아 숫자로 구성하고 색상번호 뒤에 HR(반광판)과 GL(유광판)을 붙여 사용하고 있으나, 여러 산업계에서 사용하고 있지는 않다.
예 RAL 1005-HR

94 **KS A 0011의 물체색의 색이름의 분류기준으로 올바른 것은?**

① 고유색, 계통색, 관용색
② 기본색, 계통색, 관용색
③ 현상색, 기본색, 일반색
④ 고유색, 현상색, 기본색

해설
물체색의 색이름(KS A 0011) 규정은 기본색명, 관용색명, 계통색명으로 나누어 색을 먼셀 기호와 함께 표기함으로써 색의 정확한 사용과 색의 원활한 의사소통을 도모하도록 발간되었다.

91 ③ 92 ② 93 ① 94 ② 정답

95 다음 ( ) 안에 들어갈 내용으로 옳게 짝지어진 것은?

> 음양오행이론에서의 음과 양은 우주의 질서이자 원리로, 색으로는 음양을 대표하는 ( )과 ( )으로 나타난다. 오방정색은 음양에서 추출한 오행을 담고 있는 다섯 가지 상징색으로 청색, 적색, 황색, 백색, 흑색을 말한다.

① 황색, 적색
② 황색, 청색
③ 흑색, 백색
④ 적색, 청색

해설
우주의 원리로 움직임의 시작을 양이라고 하고, 움직임의 마무리를 음이라고 하여 양은 낮(백색), 음은 밤(흑색)을 뜻한다.

96 CIE LAB(L*a*b*) 색체계의 설명으로 틀린 것은?

① 물체의 색을 측정할 때 가장 많이 사용되고 있으며, 실제로 모든 분야에서 널리 사용되고 있다.
② L*a*b* 색공간 좌표에서 L* 는 명도, a*와 b*는 색 방향을 나타낸다.
③ +a*는 빨간색 방향, −a*는 노란색 방향, +b*는 초록색 방향, −b*는 파란색 방향을 나타낸다.
④ 조색할 색채의 오차를 알기 쉽게 나타내며 색채의 변화 방향을 쉽게 짐작할 수 있다.

해설
+a*는 빨간색 방향, −a*는 초록색 방향, +b*는 노란색 방향, −b*는 파란색 방향을 나타낸다.

97 색채를 원추세포의 3가지 자극량으로 계량화하여 수치화한 체계는?

① Munsell
② DIN
③ CIE
④ NCS

해설
CIE(국제조명위원회)에서는 사람의 표준시감을 표준화하기 위해 색채 계측의 근간인 CIE 삼자극치를 채택하였다.

98 미국의 색채학자 저드(Judd)의 색채조화론에 관한 설명으로 틀린 것은?

① 질서의 원리 – 규칙적으로 선정된 명도, 채도, 색상 등 색채의 요소가 일정하면 조화된다.
② 친근감의 원리 – 자연경관과 같이 사람들에게 잘 알려진 색은 조화된다.
③ 유사성의 원리 – 사용자의 환경에 익숙한 색은 조화된다.
④ 명료성의 원리 – 여러 색의 관계가 애매하지 않고 명쾌하면 조화된다.

해설
저드의 색채조화론
- 질서의 원리 : 규칙적으로 선택된 색은 조화롭다.
- 친숙함의 원리 : 사람들에게 잘 알려진 색은 조화롭다.
- 유사성의 원리 : 어떤 색이라도 공통성이 있으면 조화롭다.
- 명료성의 원리 : 여러 색의 관계가 애매하지 않고 명쾌한 것이면 조화롭다.

정답 95 ③ 96 ③ 97 ③ 98 ③

99 그림의 NCS 색삼각형과 색환에 표기된 내용으로 옳은 것은?

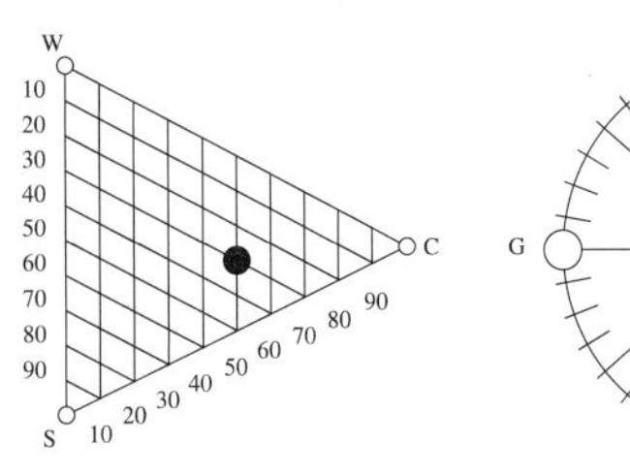

① S3050-G70Y
② S5030-Y30G
③ 순색도(c)에서 Green이 70%, Yellow는 30%의 비율
④ 검정색도(s) 30%, 하양색도(w) 50%, 순색도(c) 70%의 비율

해설
색삼각형에서 S과 W 사이에 검정색량이 30%, W와 C사이에 순색량이 50%에 위치해 있다. 색환에서는 G와 Y 사이에서 Y쪽으로 많이 기울어져 있어 색삼각형에서 S와 C 사이에 순색량 70% 위치해 있는 걸 확인할 수 있다. 이를 'S30(검정색량)50(순색량)-G70(노랑기미량)Y'로 표기한다.

100 NCS 표기법에서 S1500-N의 해석으로 옳은 것은?

① 검정색도는 85%의 비율이다.
② 하양색도는 15%의 비율이다.
③ 유채색도는 0%의 비율이다.
④ N은 뉘앙스(Nuance)를 의미한다.

해설
S1500-N에서 1500은 뉘앙스, N은 무채색, 즉 유채색도가 0임을 의미한다.

99 ① 100 ③ 정답

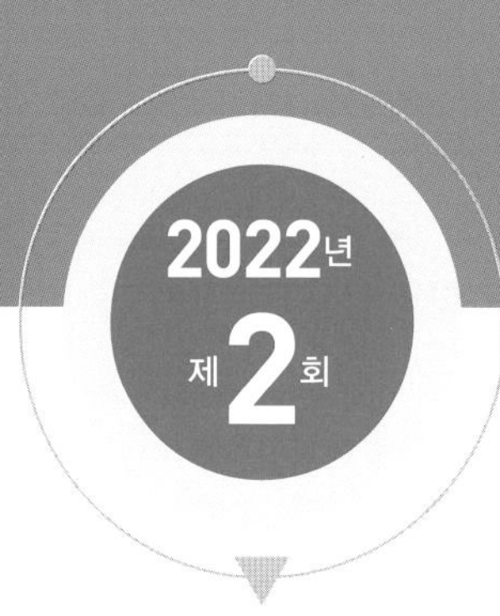

컬러리스트기사

최근 기출문제

제1과목 색채심리 · 마케팅

01 색채마케팅 과정을 색채정보화, 색채기획, 판매촉진전략, 정보망 구축으로 분류할 때 색채기획 단계에 해당하지 않는 것은?

① 소비자의 선호색 및 경향조사
② 타깃 설정
③ 색채 콘셉트 및 이미지 설정
④ 색채 포지셔닝 설정

해설
색채기획은 색채의 목표를 달성하기 위해 시장과 고객 심리를 이용해 효과적으로 색채를 적용하기 위한 과정을 말한다.

02 다음 중 주로 사용되는 색채 설문조사 방법이 아닌 것은?

① 개별 면접조사
② 전화조사
③ 우편조사
④ 집락(군집) 표본추출법

해설
집락(군집) 표본추출법은 무작위로 표본을 추출하는 것이 아니라 모집단에 존재하는 집단(집락)으로부터 표집하는 추출법으로, 만일 집락이 모집단을 대표하지 않는다면 치우친 표본이 될 수도 있기 때문에 잘 사용하지 않는 방법이다.

03 색채조사 분석 중 의미 미분법(Semantic Differential Method)에 관한 설명으로 틀린 것은?

① 경관이나 제품, 색, 음향, 감촉 등 여러 가지 대상의 인상을 파악하는 방법으로 많이 사용된다.
② 분석으로 만들어지는 이미지 프로필은 각 평가대상마다 각각의 평정척도에 대한 평가평균값을 구해 그 값을 선으로 연결한 것이다.
③ 정량적 색채이미지를 정성적, 심미적으로 측정하는 방법이다.
④ 설문대상의 수를 증가시킴에 따라 정확도를 더할 수 있으며 그 값은 수치적 데이터로 나오게 된다.

해설
SD법은 평가 대상이 가지고 있는 이미지를 수량적 처리에 의해 척도화하여 정량적으로 측정하는 방법이다.

04 경영 초점의 변화에 따른 마케팅 개념의 성격으로 틀린 것은?

① 1900년~1920년 – 생산 중심, 제품 및 서비스를 분배하는 수준
② 1920년~1940년 – 판매기법, 고객을 판매의 대상으로만 인식
③ 1940년~1960년 – 효율추구, 제품의 질보다는 제조과정의 편의추구, 유통비용 감소
④ 1960년~1980년 – 사회의식, 환경문제 등 기업문화 창출을 통한 사회와의 융합

해설
사회의식, 환경문제 등 기업문화 창출을 통한 사회와의 융합은 1990년대 이후의 경영 초점 변화에 따른 마케팅이다.

정답 1 ① 2 ④ 3 ③ 4 ④

05 일반적인 색채선호에서 연령별 선호 경향으로 잘못된 것은?

① 어린이가 좋아하는 색은 빨강과 노랑이다.
② 색채선호의 연령 차이는 인종, 국가를 초월하여 거의 비슷한 경향을 보인다.
③ 연령이 낮을수록 원색 계열과 밝은 톤을 선호한다.
④ 성인이 되면서 주로 장파장 색을 선호하게 된다.

해설
성인이 되면서 주로 단파장 색을 선호하게 된다.

06 종교와 색채에 대한 설명이 틀린 것은?

① 기독교에서는 그리스도의 흰 옷, 천사의 흰 옷 등을 통해 흰색을 성스러운 이미지로 표현한다.
② 이슬람교에서는 신에게 선택되어 부활할 수 있는 낙원을 상징하는 초록을 매우 신성시한다.
③ 힌두교에서는 해가 떠오르는 동쪽은 빨강, 해가 지는 서쪽은 검정으로 여긴다.
④ 고대 중국에서는 천상과 지상에서 가장 경이로운 색 중의 하나가 검정이라 하였다.

해설
힌두교에서는 노란색을 선호한다. 이집트에서는 태양을 상징하는 색이 빨강이며, 검정과 녹색을 선호한다.

07 색채와 형태의 연구에서 정사각형을 상징하는 색에 대한 설명으로 옳은 것은?

① 두뇌의 신경계, 신진대사의 균형과 불면증 치료에 사용하는 색이다.
② 당뇨와 습진 치료에 사용하며 염증 완화와 소화계통 질병에 효과적인 색이다.
③ 심장기관에 도움을 주며 심신의 안정을 위해 사용하는 색이다.
④ 빈혈, 결핵 등의 치료에 효과적인 색이며 혈압을 상승시켜 준다.

해설
정사각형은 빨강으로 빈혈, 결핵 등의 치료에 효과적인 색이다.

08 구매시점에 강력한 자극을 주어 판매에 연결될 수 있도록 하며, 적은 비용으로 최대의 효과를 내는 광고는?

① POP 광고　② 포지션 광고
③ 다이렉트 광고　④ 옥외광고

해설
POP 광고는 상품을 판매하는 장소에서 판매원의 안내가 없더라도 시각화된 문자 광고를 통해 직접 구매에 이르게 하는 방법으로, 시각화된 그래픽 요소로 인해 매장이나 행사장 등에서는 인테리어 효과까지 기대할 수 있다.
※ 참고로 요즘은 '퍼가기' 식의 바이럴 광고가 적은 비용으로 가장 큰 효과를 내고 있다.

09 색채치료 중 염증 완화와 소화계에 도움을 주며, 당뇨와 우울증을 개선하는 색과 관련된 형태는?

① 원　② 역삼각형
③ 정사각형　④ 육각형

해설
역삼각형은 노란색에 해당되며 염증 완화와 소화계에 도움을 주며, 당뇨와 우울증을 개선하는 데 도움을 준다.

5 ④ 6 ③ 7 ④ 8 ① 9 ② 정답

10 **학문을 상징하는 색채는 종종 대학의 졸업식에서 활용되기도 한다. 학문의 분류와 색채의 조합이 올바른 것은?**

① 인문학 – 밝은 회색
② 신학 – 노란색
③ 법학 – 보라
④ 의학 – 파랑

해설
색채는 신분, 방위, 학문, 기업, 국가를 상징하는 일종의 언어 기능을 갖는다. 분홍은 음악, 적색 띤 주황은 신학, 주황은 공학, 황금색은 이학, 녹색은 의학, 파랑은 철학, 자색은 법학, 흰색은 문학, 갈색은 미술을 상징한다.

11 **컴퓨터에 의한 컬러 마케팅의 기능을 효율적으로 전개한 결과, 파악할 수 있는 내용과 관계가 없는 것은?**

① 제품의 표준화, 보편화, 일반화
② 기업정책과 고객의 Identity
③ 상품 이미지와 인간의 Needs
④ 자사와 경쟁사의 제품 차별화를 통한 마케팅

해설
컬러 마케팅은 감성 마케팅으로 소비자의 심리를 읽고 이를 제품에 반영한다. 기업 이미지인 아이덴티티를 통해 경쟁 제품과의 차별화 전략으로 색채를 마케팅 수단으로 하여 효과적인 제품 판매 경쟁을 하게 된다.

12 **색채정보를 수집하기 위한 층화표본추출에 대한 설명으로 틀린 것은?**

① 모집단을 모두 포괄하는 목록이 있어야 한다.
② 조사분석을 위한 하위집단을 분류한다.
③ 하위집단별로 비례표본을 선정한다.
④ 조사 결과에 영향을 미치는 변수를 기준으로 하위모집단을 구분한다.

해설
국화추출법(층화추출법) : 상이한 그룹으로 구성되어 있는 경우, 몇 그룹으로 분할한 후 그룹별로 추출률을 정해 조사하는 방법이다.

13 **처음 색을 보았을 때보다 시간이 지나면서 그 특성이 약해지는 현상은?**

① 잔상색
② 보 색
③ 기억색
④ 순응색

해설
처음 색을 보았을 때보다 시간이 지나면서 그 특성이 약해지는 것은 눈의 자동조절 반응으로, 그 색에 순응되어 색의 지각이 약해지는 현상이며 자신이 알고 있는 고유의 색으로 보이게 된다.

14 **소비자 행동 측면에서 살펴볼 때 국내 기업이 라이센스 비용을 지불하면서도 외국 기업의 유명 브랜드를 들여오는 가장 큰 이유는?**

① 일반적으로 소비자들이 유명하지 않은 상표보다는 유명한 상표에 자신의 충성도를 이전시킬 가능성이 높기 때문
② 해외 브랜드는 소비자 마케팅이 수월하기 때문
③ 국내 브랜드에는 라이센스의 다양한 종류가 없기 때문
④ 국내 소비자들이 외국 브랜드를 우선 선택하기 때문

해설
일반적으로 소비자들은 유명한 상표를 더 선호하며 자신의 충성도를 이전시킬 가능성이 높다. 그러므로 국내 기업은 라이센스를 지불해 가면서도 외국 기업의 유명 브랜드를 들여와 기업의 이미지와 수입 증대의 결과로 이어지는 충성고객을 끌어오려고 하는 것이다.

정답 10 ③ 11 ① 12 ① 13 ④ 14 ①

15 국가나 도시의 특성과 이미지를 부각시키는 데 중요한 역할을 하면서 고유의 정체성을 대변하는 색은?

① 국민색
② 전통색
③ 국기색
④ 지역색

해설
지역색은 그 지역의 역사, 풍속, 지형, 기후 등의 지방색으로부터 도출된 색채이다.

16 구매의사 결정에 영향을 미치는 요인 중 소속집단과 가장 관련된 것은?

① 사회적 요인
② 문화적 요인
③ 개인적 요인
④ 심리적 요인

해설
사회적 요인에는 가족과 같은 1차적 집단, 2차적 집단 등이 있는데 이들의 의견에 의해 영향을 받을 수 있다.

17 제품의 라이프사이클(Life Cycle) 단계에 따라 홍보전략이 달라져야 성공적인 색채마케팅 결과를 얻을 수 있다. 다음 중 성장기에 합당한 홍보 전략은?

① 제품 알리기와 혁신적인 설득
② 브랜드의 우수성을 알리고 대형시장에 침투
③ 제품의 리포지셔닝, 브랜드 차별화
④ 저가격을 통한 축소 전환

해설
성장기는 소비자들에게 제품에 대한 인지도가 형성되는 시기로 브랜드의 우수성을 알리고 대형시장에 침투해 경쟁자들을 대비한 차별화 전략이 필요한 시기이다.

18 다음에서 설명하는 개념은?

- 색채조절보다 진보된 개념
- 색채를 통해 설계자의 의도와 미적인 계획, 다양한 기능성 부여
- 예술적 감각이 중시
- 색의 이미지, 연상, 상징, 기능성, 안전색 등 복합적인 분야 적용

① 색채계획
② 색채심리
③ 색채과학
④ 환경색채

해설
색채계획은 사용할 목적에 맞는 색을 선택하고, 자료수집과 전반적인 환경분석을 통해서 효율적이고 아름다운 배색효과를 얻기 위해 진행하는 전반적인 계획 행위이다.

15 ④ 16 ① 17 ② 18 ① 정답

19 **색채 시장조사의 과정에서 소비자의 욕구를 파악하는 방법으로 가장 적절한 것은?**

① 현재 시장에서 사회·문화·기술적 환경의 변화를 종합적으로 파악한다.
② 시나리오 기법으로 예측한다.
③ 현재 시장에서 변화의 의미를 자사의 관점에서 파악한다.
④ 끊임없는 미래의 추세에 대한 새로운 가능성을 시도한다.

해설
소비자의 욕구를 파악하기 위해 시장 세분화로 사회·문화·기술적 환경의 변화를 종합적으로 파악해야 한다.

20 **전통적 마케팅의 개념에서 중요하게 다루어지지 않았던 것은?**

① 대량판매
② 이윤추구
③ 고객만족
④ 판매촉진

해설
전통적 마케팅의 개념에서 기업은 제품을 실시간으로 구매하고 있는 소비자와 거의 또는 전혀 상호작용을 하지 않는다. 즉 고객만족에 대해 중요하게 다루어지지 않았다.

제2과목 색채디자인

21 **디자인에 사용되는 비언어적 기호의 3가지 유형에 속하지 않는 것은?**

① 자연적 표현
② 사물적 표현
③ 추상적 표현
④ 추상적 상징

해설
디자인에 사용되는 비언어적 기호 3가지 유형은 사물적 표현과 추상적 표현, 추상적 상징이다.

22 **시각적 구성에서 통일성을 취하려는 지각심리로 스토리가 끝나기 전에 마음속으로 결정하는 심리용어는?**

① 균 형
② 완 결
③ 비 례
④ 상 징

해설
완결은 완전히 끝맺음하는 행위로 마음속으로 결정하는 지각심리이다.

23 **환경 디자인의 경관에 대한 설명 중 틀린 것은?**

① 경관은 원경 – 중경 – 근경으로 나누어진다.
② 경관 디자인에 있어서 전체보다는 각 부분별 특성을 살리는 것이 중요하다.
③ 경관은 시간적, 공간적 연속성으로 파악해야 한다.
④ 경관 디자인을 통해 지역적 특성을 살릴 수 있다.

해설
환경 디자인은 경관 디자인에 있어 전체적인 특성을 살리는 것이 중요하다.

정답 19 ① 20 ③ 21 ① 22 ② 23 ②

24 **색채계획에 있어 디자이너가 갖추어야 하는 가장 중요한 요소는?**

① 색채처리에 대한 감성적 사고
② 기능적 색채처리를 위한 이성적 사고
③ 개성적인 색채훈련
④ 일관된 색을 재현해낼 수 있는 배색 훈련

해설
색채계획이란 색채조절보다 진보된 개념으로 미적인 동시에 다양한 기능성을 부여한다는 차원에서 예술적 감각이 중요시된다.

25 **팝아트에 관한 설명 중 옳은 것은?**

① 인간의 시지각 원리에 근거한 것이다.
② 1960년대에 뉴욕을 중심으로 전개된 대중예술이다.
③ 여성의 주체성을 찾고자 한 운동이다.
④ 분해, 풀어헤침 등 파괴를 지칭하는 행위이다.

해설
① 인간의 시지각 원리에 근거한 것은 옵아트이다.
③ 여성의 주체성을 찾고자 한 운동은 페미니즘이다.
④ 분해, 풀어헤침 등 파괴를 지칭하는 행위는 해체주의이다.

26 **디자인의 개념을 설명한 것으로 거리가 먼 것은?**

① 디자인은 생활의 예술이다.
② 디자인은 장식과 심미성에만 치중되는 사회적 과정이다.
③ 디자인은 커뮤니케이션의 수단이다.
④ 디자인은 미지의 세계로부터 새로운 가치를 추구하는 것이다.

해설
디자인은 주어진 목적을 달성하기 위하여 여러 조형요소 가운데 의도적으로 택한 것들의 구성으로, 합리적이며 유기적인 통일을 얻기 위한 창조적 활동이며 그 결과의 실현이다. 그러므로 일부 사물이 아닌 우리가 머릿속에서 무엇인가를 기획하고 구상하는 정신적인 행위까지 디자인이라고 볼 수 있다.

27 **디자인에 관한 전반적인 설명 중 적합하지 않은 것은?**

① 인간생활의 목적에 맞고 실용적이며 미적인 조형을 계획하고 그를 실현하는 과정과 그에 따른 결과이다.
② 라틴어의 Designare가 그 어원이며 이는 모든 조형활동에 대한 계획을 의미한다.
③ 기능에 충실한 효율적 형태가 가장 아름다운 것이며 기능을 최대로 만족시키는 형식을 추구함이 목표이다.
④ 지적 수준을 가지고 표현된 내용을 구체화시키기 위한 의식적이고 지적인 구성요소들의 조작이다.

해설
디자인은 심미적인 측면과 실용적인 기능의 합일을 추구하는 것이 가장 중요하다. 따라서 기능적인 개념만 강조할 수 없다.

28 **산업 디자인에 있어서 생물의 자연적 형태를 모델로 하는 조형이나 시스템을 만드는 경향을 뜻하는 디자인은?**

① 버네큘러 디자인(Vernacular Design)
② 리디자인(Redesign)
③ 엔틱 디자인(Antique Design)
④ 오가닉 디자인(Organic Design)

해설
① 버네큘러 디자인은 '디자이너가 디자인하지 않은 디자인'으로 전문가의 솜씨는 아니지만 훌륭한 기능성과 아름다운 형태로 미적 감동을 주는 디자인이다.
② 리디자인은 오랫동안 사용해 온 상표나 제품의 디자인을 소비자의 선호도를 조사하여 새롭게 수정・개량하는 디자인을 말한다.
③ 엔틱 디자인은 고전적이고 고풍스러우면서 무게감이 있는 디자인을 말한다.

24 ② 25 ② 26 ② 27 ③ 28 ④ 정답

29 **색채조절의 효과가 아닌 것은?**

① 시각적인 즐거움을 준다.
② 작업능률이 향상된다.
③ 안전이 유지되고 사고가 줄어든다.
④ 작업기계의 성능이 좋아진다.

해설
④ 작업기계의 성능은 색채조절의 효과와 관련이 없다.

30 **자연계의 생물들이 지니는 운동 매커니즘을 모방하고 곡선을 기조로 인위적 환경 형성에 이용하는 바이오 디자인(Bio Design)의 선구자는?**

① 모홀리 나기(Laszlo Moholy-Nagy)
② 윌리엄 모리스(William Morris)
③ 빅터 파파넥(Victor Papanek)
④ 루이지 콜라니(Luigi Colani)

해설
루이지 콜라니(Luigi Colani, 1928~2019)는 독일 베를린 태생의 스위스 국적을 가진 산업디자이너이다. 자연에서 영감을 얻은 곡선이 녹아들어가 있는 바이오 디자인(Bio Design)이 그의 디자인의 특징이다.

31 **디자인 원리에 관한 설명으로 틀린 것은?**

① 시각적 통일성을 얻으려면 전체와 부분이 조화로워야 한다.
② 시각적 리듬감은 강한 좌우대칭의 구도에서 쉽게 찾아진다.
③ 부분과 부분 혹은 부분과 전체 사이에 안정적인 연관성이 보일 때 조화가 이루어진다.
④ 종속은 주도적인 것을 끌어당기는 상대적인 힘이 되어 전체에 조화를 가져온다.

해설
디자인의 원리로 조화, 균형, 강조, 통일, 리듬 등이 있다. 디자인에서의 리듬은 시각적인 율동이며 선, 형태, 문양 등의 요소를 배치할 때 사용 가능한 원리로서 반복, 점이와 점진, 교대, 방사, 강조, 변칙이 요소라 할 수 있다.

32 **신문광고에 대한 설명으로 틀린 것은?**

① 전국 또는 특정 지역을 구분하여 사용할 수 있다.
② 다른 대중매체에 비해 신뢰도가 높다.
③ 전파매체에 비해 보존성이 우수하다.
④ 표적 소비자를 대상으로 선별적 광고가 가능하다.

해설
신문은 발행 부수, 주요 구독층, 배포 지역, 광고물의 크기 및 위치별 비용, 광고 색상 시현 정도 등을 고려하여 사용한다. 신문은 매일 발간되고 광고 집행 절차가 간단하기 때문에 즉각적인 광고가 가능하며, 여론 형성에 미치는 영향이 크기 때문에 신뢰도가 높다. 하지만 특정한 사회적 특성을 지닌 표적 소비자에게만 광고를 도달시키는 선별적 능력이 약하다.

33 **주어진 형태와 여백을 나누는 분할방법에 대한 설명이다. 삼각형 밑변의 1/2을 가진 평행사변형이 삼각형과 같은 높이로 있을 때, 삼각형과 평행사변형의 면적이 같아지게 되는 분할은?**

① 등량분할
② 등형분할
③ 닮은형분할
④ 타일식분할

해설
등량분할은 같은 면적으로 나누는 것, 등형분할은 같은 형태로 나누는 것이다.

정답 29 ④ 30 ④ 31 ② 32 ④ 33 ①

34 **바우하우스의 교육이념과 철학에 대한 설명이 틀린 것은?**

① 예술가의 가치 있는 도구로서 기계를 적극적으로 활용하였다.
② 공방교육을 통해 미적조형과 제작기술을 동시에 가르쳤다.
③ 제품의 대량생산을 위해 굿디자인(Good Design)의 개념을 설정하였다.
④ 디자인과 미술을 분리하기 위해 교육자로서의 예술가들을 배제하였다.

해설
바우하우스는 독일공작연맹의 이념을 바탕으로 예술과 기계적인 기술의 통합을 목적으로 새로운 조형 이념을 다루었다.

35 **미국에서 시작된 것으로 캔버스에 그려진 회화 예술이 미술관, 화랑으로부터 규모가 큰 옥외 공간, 거리나 도시의 벽면에 등장한 것은?**

① 크래프트 디자인
② 슈퍼그래픽
③ 퓨전 디자인
④ 옵티컬아트

해설
슈퍼그래픽은 크다는 뜻의 슈퍼와 그림이라는 뜻의 그래픽이 합쳐진 용어이다. 캔버스에 그려진 회화 예술이 미술관, 화랑으로부터 규모가 큰 옥외 공간, 거리나 도시의 벽면에 등장한 것으로 1960년대 미국에서 시작되었다.

36 **슈퍼그래픽, 미디어 아트 등은 공공매체 디자인 중 어디에 속하는가?**

① 옥외광고 매체
② 환경연출 매체
③ 행정기능 매체
④ 지시/유도기능 매체

해설
슈퍼그래픽, 미디어 아트 등은 하나의 대중매체 예술로서 환경 디자인 요소로 등장하였다.

37 **몬드리안을 중심으로 한 신조형주의 운동은?**

① 큐비즘
② 구성주의
③ 아르누보
④ 데 스틸

해설
데 스틸(데 스테일)은 네덜란드에서 일어난 신조형주의 운동으로, 화면을 수평, 수직으로 분할하고 삼원색과 무채색으로 이용한 구성이 특징인 디자인 사조이다.

38 **색채 안전계획이 주는 효과로서 가장 적합한 것은?**

① 눈의 긴장과 피로를 증가시킨다.
② 사고나 재해를 감소시킨다.
③ 질병이 치료되고 건강해진다.
④ 작업장을 보다 화려하게 꾸밀 수 있다.

해설
색채 안전계획의 목적
• 눈의 긴장감과 피로감 감소
• 일의 능률 및 생산성 향상
• 심리적으로 쾌적한 실내 분위기 조성
• 사고나 재해 감소
• 생활의 의욕을 고취해 명랑한 활동 가능

34 ④ 35 ② 36 ② 37 ④ 38 ② 정답

39 **다음 중 광고의 외적 효과가 아닌 것은?**

① 인지도의 제고

② 판매촉진 및 기업홍보

③ 기술혁신

④ 수요의 자극

해설
광고의 궁극적 목적은 이윤 창출이다.

40 **단순한 선과 면, 색, 기호 등을 사용하여 어떤 특정 정보를 쉽게 이해할 수 있도록 구체화하여 설명하는 그림은?**

① 캘리그래피

② 다이어그램

③ 일러스트레이션

④ 타이포그래피

해설
① 캘리그래피 : '손으로 그린 그림문자'라는 뜻으로, 문자의 선, 번짐, 균형미 등의 조형적 요소도 포함한 의미이다.
③ 일러스트레이션 : 회화, 사진, 도표, 도형 등 문자 이외의 그림요소이다.
④ 타이포그래피 : 글자나 문자로 이루어진 모든 조형적 표현으로 캘리그래피(Calligraphy)와 서체, 자간, 굵기 등을 모두 포괄한다.

제3과목 색채관리

41 **분광반사율 측정 시 사용하는 표준백색판에 대한 기준으로 틀린 것은?**

① 균등 확산 반사면에 가까운 확산반사 특성이 있고, 전면에 걸쳐 일정해야 한다.

② 분광반사율이 거의 0.9 이상이어야 한다.

③ 분광반사율이 파장 380~700nm에 걸쳐 일정해야 한다.

④ 국가 교정기관을 통해 국제표준으로의 소급성이 유지되는 교정값을 갖고 있어야 한다.

해설
③ 분광반사율이 파장 380~780nm에 걸쳐 거의 일정해야 한다.

42 **다음 중 고압방전등에 해당되는 것은?**

① 메탈할라이드등　　② 백열등

③ 할로겐등　　④ 형광등

해설
메탈할라이드등은 수은등의 효율 및 연색성 개선을 목적으로 개발된 고압 방전램프로 연색성이 우수하고 효율이 좋다.

43 **조건등색에 대한 설명으로 틀린 것은?**

① 분광분포가 다른 2가지 색 자극이 특정 관측조건에서 동등한 색으로 보이는 것을 말한다.

② 특정 관측조건이란 관측자나 시야, 물체색인 경우에는 조명광의 분광분포를 의미한다.

③ 조건등색이 성립하는 2가지 색 자극을 조건등색쌍이라 한다.

④ 어떠한 광원, 관측자에게도 같은 색으로 보이는 것을 메타머(Metamer)라 한다.

해설
관찰조건을 일정하게 할 때에만 같은 색으로 보이는 경우를 메타머라 한다.

정답 39 ③ 40 ② 41 ③ 42 ① 43 ④

44 다음 표와 같이 목표 값과 시편 값이 나왔을 경우 시편 값의 보정방법은?

구 분	목표 값	시편 값
L*	25	20
a*	10	5
b*	−5	−5

① 빨간색 도료를 이용하여 색상을 보정하고 흰색을 이용하여 밝기를 조정한다.
② 노란색 도료를 이용하여 색상을 보정하고 검은색을 이용하여 밝기를 조정한다.
③ 녹색 도료를 이용하여 색상을 보정하고 검은색을 이용하여 밝기를 조정한다.
④ 파란색 도료를 이용하여 색상을 보정하고 흰색을 이용하여 밝기를 조정한다.

해설
a*의 +a은 빨간색 보정, −a는 녹색 보정으로 목표 값이 10이면 시편 값에서 +a쪽인 빨간색 도료를 이용해 보정해야 한다. L*은 밝기로 목표 값이 25이면 시편 값에서 밝기를 더 올려 보정해야 한다.

45 반사 물체의 색 측정에 있어 빛의 입사 및 관측 방향에 대한 기하학적 조건에 관한 설명으로 틀린 것은?

① di:8° 배치는 적분구를 사용하여 조명을 조사하고 반사면의 수직에 대하여 8° 방향에서 관측한다.
② d:0 배치는 정반사 성분이 완벽히 제거되는 배치이다.
③ di:8°와 8°:di는 배치가 동일하나 광의 진행이 반대이다.
④ di:8°와 de:8°의 배치는 동일하나, di:8°는 정반사 성분을 제외하고 측정한다.

해설
물체색의 측정방법(KS A 0066)
- 8도 : 확산배열, 정반사 성분 제외(8° : de) : 이 배치는 de : 8°와 일치하며 다만 광의 진행 방향이 반대이다. 시료 개구면은 조사되는 빛보다 커야 한다.
- 확산 : 0도 배열(d : 0) : 정반사 성분이 완벽히 제거되는 배치이다.
- 수직/45도 배열(0° : 45°x) : 공간 조건은 45°x : 0° 배치와 일치하고 빛의 진행은 반대이다. 따라서 빛은 수직으로 비춰지고 법선을 기준으로 45°의 방향에서 측정한다.
- 확산/확산 배열(d : d) : 이 배치의 조명은 di : 8°와 일치하며 반사광들은 반사체의 반구면을 따라 모두 모은다. 이 배치에서 측정 개구면은 조사되는 빛의 크기와 같아야 한다.

46 디바이스 종속 색체계(Device Dependent Color System)에 해당되는 것은?

① CIE XYZ, LUV, CMYK
② LUV, CIE XYZ, ISO
③ RGB, HSV, HSL
④ CIE RGB, CIE XYZ, CIE LAB

해설
디지털 영상 전자장비들은 디바이스에 의해 수치화되는데, 디바이스에서 사용하는 색체계에는 RGB, CMYK, HSV, HSL 등이 있다.

47 디스플레이 컬러에 대한 설명으로 틀린 것은?

① LCD 디스플레이는 고정된 색온도의 백라이트를 사용한다.
② OLED 디스플레이는 자체 발광을 통해 컬러를 구현한다.
③ LCD 디스플레이는 OLED 디스플레이에 비해 상대적으로 명암비가 낮다.
④ OLED 디스플레이는 LCD 디스플레이에 비해 상대적으로 균일도가 높다.

해설
OLED 디스플레이는 자체 발광 유기물질을 사용하는 방식으로 낮은 전압에서 구동이 가능하고 얇은 박형으로 만들 수 있어 LCD 디스플레이에 비해 단순한 제조 공정으로 가격 경쟁에서 유리하다.

정답 44 ① 45 ④ 46 ③ 47 ④

48 금속 소재에 대한 설명 중 틀린 것은?

① 대부분의 금속에서 보이는 광택은 빛의 파장에 관계없이 전자가 여기되고 다시 기저상태로 되돌아가기 때문이다.
② 구리에서 보이는 붉은색은 짧은 파장영역에서 빛의 반사율이 떨어지기 때문이다.
③ 금에서 보이는 노란색은 긴 파장영역에서 빛의 반사율이 떨어지기 때문이다.
④ 알루미늄은 반사율이 파장에 관계없이 높기 때문에 거울로 사용하기에 적합하다.

해설
금에서 보이는 노란색은 긴 파장영역에서 빛의 반사율이 높다.

49 표면색의 시감 비교를 통한 조건등색도의 평가 시 사용하는 광원에 대한 설명으로 틀린 것은?

① 기준이 되는 광 아래에서의 등색 정도를 조사하기 위해서 일반적으로 상용광원 D_{65}를 이용한다.
② 등색에서 벗어나는 정도를 조사하기 위해서 표준광원 A를 이용한다.
③ KS A 0114에서 규정하는 값에 근사하는 상대분광분포를 갖는 형광램프를 비교광원으로 이용할 수 있다.
④ 조건등색도의 수치적 기술이 필요한 경우 KS A 3325에 따른다.

해설
조건등색도의 수치적 기술이 필요한 경우 KS A 0068에 따른다.

50 색채 소재에 대한 설명 중 틀린 것은?

① 염료를 사용할수록 가시광선의 흡수율은 떨어진다.
② 염료로서의 역할을 하기 위해서는 외부의 빛에 안정되어야 한다.
③ 가공하지 않은 상태에서의 무명천은 소색(브라운빛의 노란색)을 띤다.
④ 합성안료로 색을 낼 때는 입자의 크기가 중요하므로 크기를 조절한다.

해설
염료를 사용할수록 물체와의 친화력으로 가시광선의 흡수율이 높다.

51 전체 RGB값을 가지고 있지 않은 ICC 프로파일이 한정적으로 가지고 있는 몇 개의 색좌표를 사용하여 CMM에서 다른 색좌표를 계산하는 방법은?

① 보간법
② 점증법
③ 외삽법
④ 대입법

해설
보간법은 알고 있는 데이터 값들을 이용하여 모르는 값을 추정하는 방법의 한 종류이다.

52 불투명 반사물체의 색을 측정하는 조명 및 관측조건 중 틀린 것은?

① 45/0
② 0/45
③ d/0
④ 0/c

해설
0/c는 해당 사항이 없다.

정답 48 ③ 49 ④ 50 ① 51 ① 52 ④

53 **다음 ( ) 안에 알맞은 HUNTER의 색차 그림은?**

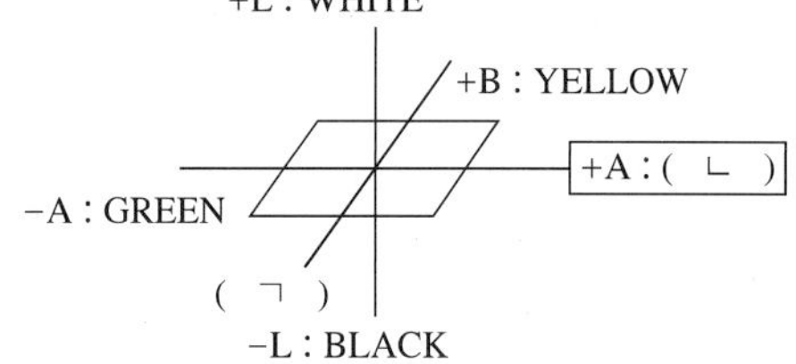

① ㄱ : (−B : BLUE), ㄴ : (RED)
② ㄱ : (+B : BLUE), ㄴ : (RED)
③ ㄱ : (−B : YELLOW), ㄴ : (GREEN)
④ ㄱ : (+B : GREEN), ㄴ : (BLUE)

해설
a*은 빨강과 초록, b*은 노랑과 파랑이다.

54 **다음 중 적색 안료가 아닌 것은?**

① 버밀리온
② 카드뮴레드
③ 실리카백
④ 벵갈라

해설
실리카백은 투명성 백색 안료이다.

55 **광원과 관측자에 대한 메타머리즘 영향을 받지 않는 색채관리를 위하여 가장 적합한 측색방법은?**

① 필터식 색채계를 사용한 측색
② 분광식 색채계를 사용한 측색
③ Gloss Meter(광택계)를 사용한 측정
④ 변각식 분광광도계를 사용한 측정

해설
메타머리즘은 분광반사율이 서로 다른 두 가지의 색이 특정한 조명아래 같은 색으로 보이는 현상을 말한다. 메타머리즘의 영향을 받지 않는 색채관리를 위한 가장 적합한 측색방법은 분광식 색채계를 사용하는 것이다.

56 **KS A 0064에 의한 색 관련 용어에 대한 정의가 틀린 것은?**

① 백색도(Whiteness) − 표면색의 흰 정도를 1차원적으로 나타낸 수치
② 분포온도(Distribution Temperature) − 완전복사체의 색도를 그것의 절대온도로 표시한 것
③ 크로미넌스(Chrominance) − 시료색 자극의 특정 무채색 자극에서의 색도차와 휘도의 곱
④ 밝기(Brightness) − 광원 또는 물체 표면의 명암에 관한 시지(감)각의 속성

해설
분포온도는 완전복사체의 상대 분광분포와 동등하거나 또는 근사적으로 동등한 시료 복사의 상대 분광분포의 1차원적 표시로서 그 시료복사에 상대 분광분포가 가장 근사한 완전복사체의 절대온도로 표시한 것이다. 완전복사체의 색도를 그것의 절대온도로 표시한 것은 색온도이다(KS A 0064).

57 **CIE 주광에 대한 설명으로 옳은 것은?**

① 많은 자연주광의 분광 측정값을 바탕으로 통계적 기법에 따라 각각의 상관색온도에 대해 CIE가 정한 분광분포를 갖는 광
② 분광밀도가 가시 파장역에 걸쳐서 일정하게 되는 색 자극
③ 파장의 함수로서 표시한 각 단색광의 3자극값 기여 효율을 나타낸 광
④ 상관색 온도가 약 6,774K의 주광에 근사하는 주광

해설
빛의 성질에 의해서 여러 가지 색으로 관찰되기 때문에 표준의 색을 측정하기 위해 1931년 국제조명위원회(CIE)는 분광에너지 분포가 다른 표준광원 A, B, C의 3종류를 정했다. 인공광원뿐만 아니라 자연광원까지도 주광으로 사용한다.

53 ① 54 ③ 55 ② 56 ② 57 ① **정답**

58 색료 재료의 구성성분 중 색채표현 재료의 분류 기준으로 옳은 것은?

① 전색제
② 표면의 질감 종류
③ 안료와 염료
④ 색채의 발색도

해설
색료(Colorants)는 색소를 포함하고 있는 색을 나타내는 재료 또는 색을 느낄 수 있게 하는 재료이다. 안료와 염료로 나뉜다.

59 KS A 0064 표준 용어에 속하지 않는 것은?

① 측광에 관한 용어
② 측색에 관한 용어
③ 시각에 관한 용어
④ 색료에 관한 용어

해설
KS A 0064는 색에 관한 용어이다.

60 올바른 색채관리를 위한 모니터의 설명 중 옳은 것은?

① 정확한 컬러 매칭을 위해서는 가능한 밝고 콘트라스트가 높은 모니터가 필요하다.
② 정확한 컬러 조절을 위하여 모니터는 자연광이 잘 들어오는 곳에 배치하여야 한다.
③ 정확한 컬러를 보기 위해서 모니터의 휘도는 주변광과 관계없이 항상 일정해야 한다.
④ 정확한 컬러를 보기 위해서는 모니터 프로파일을 사용하고, 프로파일을 인식하는 프로그램을 사용하여야 한다.

해설
모니터 프로파일은 ICC에서 정한 스펙에 맞춰 모니터의 색온도, 감마값, 3원색 색좌표 등의 정보를 기록한 파일을 말한다.

제4과목 색채지각론

61 물체색의 반사율에 관한 설명 중 틀린 것은?

① 전 파장에 걸쳐 고른 반사율을 가질 때 하양으로 보인다.
② 450nm에서 높은 반사율을 가질 때 파랑으로 보인다.
③ 700nm에서 높은 반사율을 가질 때 빨강으로 보인다.
④ 600nm에서 높은 반사율을 가질 때 초록으로 보인다.

해설
600nm에서 높은 반사율을 가질 때 주황으로 보인다.

62 5YR 7/14의 글씨를 채도대비와 명도대비를 동시에 주어 눈에 띄게 할 때 가장 적합한 바탕색은?

① 5R 4/2
② 5B 5/4
③ N7
④ N2

해설
고채도의 주황에 대비를 크게 주기 위해서는 검정이나 저명도 색상이어야 한다. 보기 중 N2가 검정에 가까운 저명도이므로 가장 적합하다.

정답 58 ③ 59 ④ 60 ④ 61 ④ 62 ④

63 시세포에 대한 설명으로 옳은 것은?

① L추상체는 Lightness로써 밝기 정보를 수용한다.
② 추상체는 망막에 고루 분포하여 우수한 해상도를 갖게 한다.
③ 추상체는 555nm, 간상체는 507nm 빛에 대해 가장 민감하다.
④ 동일한 색 자극일 경우, 추상체와 간상체의 빛 수용량은 같다.

해설

① L추세포는 장파장을 감지하는 빨강 감지세포이다.
② 추상체는 망막의 중심부인 중심와에 존재해 밝은 색을 감지한다.
④ 동일한 색 자극일 경우 추상체가 밝은 빛을 감지하며, 간상체는 어둠 속에서도 물체를 쉽게 감지한다.

64 다음 중 혼색방법이 다른 하나는?

① TV 브라운관에서 보이는 혼합색
② 연극무대의 조명에서 보이는 혼합색
③ 직물의 짜임에서 보이는 혼합색
④ 페인트의 혼합색

해설

페인트는 감법혼색의 원리이고 나머지는 가법혼색의 원리이다.

65 빛에 관한 설명 중 옳은 것은?

① 뉴턴은 빛의 간섭현상을 이용하여 백색광을 분해하였다.
② 분광되어 나타나는 여러 가지 색의 띠를 스펙트럼이라고 한다.
③ 색광 중 가장 밝게 느껴지는 파장의 영역은 400~450nm이다.
④ 전자기파 중에서 사람의 눈에 보이는 파장의 범위는 780~980nm이다.

해설

① 뉴턴은 프리즘을 통해 백색광을 분해하였다.
③ 가장 밝게 느껴지는 파장의 영역은 555nm의 녹색 빛이다.
④ 사람이 볼 수 있는 전자기파의 범위는 380~780nm이다.

66 색채지각설에서 헤링이 제시한 기본색은?

① 빨강, 초록, 파랑
② 빨강, 노랑, 파랑
③ 빨강, 노랑, 초록, 파랑
④ 빨강, 노랑, 초록, 마젠타

해설

헤링의 기본 4원색은 빨강과 초록, 노랑과 파랑이다.

67 임의의 2가지 색광을 어떤 비율로 혼색하면 백색광을 얻을 수 있다. 다음 중 이 혼합에 해당되지 않는 것은?

① Red + Cyan
② Magenta + Green
③ Yellow + Blue
④ Red + Blue

해설

Red와 Blue의 혼합은 Magenta 컬러가 나온다.

63 ③ 64 ④ 65 ② 66 ③ 67 ④ 정답

68 **색이 진출되어 보이는 감정효과에 해당되지 않는 것은?**

① 유채색이 무채색보다 진출의 느낌이 크다.
② 밝은 색이 어두운 색보다 진출의 느낌이 크다.
③ 따뜻한 색이 차가운 색보다 진출의 느낌이 크다.
④ 채도가 낮은 색이 높은 색보다 진출의 느낌이 크다.

해설
• 진출색, 팽창색 : 고명도, 고채도, 난색 계열
• 후퇴색, 수축색 : 저명도, 저채도, 한색 계열

69 **색체계별 색의 속성 중 온도감과 가장 관련이 높은 것은?**

① 먼셀 색체계 – V
② NCS 색체계 – Y, R, B, G
③ L*a*b* 색체계 – L*
④ Yxy 색체계 – Y

해설
온도감은 색상에 영향을 받는다. ①, ③, ④는 모두 명도에 해당된다.

70 **컴퓨터 모니터에 적용된 혼합원리에 대한 설명으로 틀린 것은?**

① R, G, B를 혼합하여 인간이 볼 수 있는 모든 컬러를 나타내는 것이다.
② 2차색은 감법혼합의 원리에 따라 원색보다 밝아진다.
③ 두 개 이상의 색을 육안으로 구분할 수 없을 정도로 작은 점으로 인접시켜 혼합한다.
④ 하양은 모니터의 원색을 모두 혼합하여 나타낸다.

해설
모니터는 가법혼합의 원리로 2차색은 원색보다 밝아진다.

71 **영–헬름홀츠의 3원색설에서 노랑의 색각을 느끼는 원인은?**

① Red, Blue, Green을 느끼는 시세포가 동시에 흥분
② Red, Blue를 느끼는 시세포가 동시에 흥분
③ Blue, Green을 느끼는 시세포가 동시에 흥분
④ Red, Green을 느끼는 시세포가 동시에 흥분

해설
영–헬름홀츠의 3원색설은 R, G, B 3원색을 인식하는 시세포와 세 가지 시신경의 흥분과 혼합에 의해 색이 만들어진다는 것이다. 초록(Green)과 빨강(Red)의 시세포가 흥분하면 노랑(Yellow), 빨강(Red)과 파랑(Blue)의 시세포가 흥분하면 마젠타(Magenta), 초록(Green)과 파랑(Blue)의 시세포가 흥분하면 사이안(Cyan)으로 지각된다.

72 **중간혼색에 대한 설명이 틀린 것은?**

① 빛이 눈의 망막에서 해석되는 과정에서 혼색효과를 준다.
② 중간혼색의 결과로 보이는 색의 밝기는 혼합된 색들의 평균적인 밝기이다.
③ 병치혼색의 예시로, 점묘파 화가들은 물감을 캔버스 위에 혼합되지 않은 채로 찍어서 그림을 그렸다.
④ 회색이 되는 보색관계의 회전혼색은 물체색을 통한 혼색으로 감법혼색에 속한다.

해설
중간혼색은 가법혼색에 속한다.

정답 68 ④ 69 ② 70 ② 71 ④ 72 ④

73 **색채와 감정효과에 대한 연결이 옳은 것은?**

① 한색 계열 – 저채도 – 흥분
② 난색 계열 – 저채도 – 흥분
③ 난색 계열 – 고채도 – 흥분
④ 한색 계열 – 고채도 – 진정

해설
• 흥분색 : 난색 계열, 고채도(빨강, 주황, 다홍 등)
• 진정색 : 한색 계열, 저채도(파랑, 청록, 남색 등)

74 **영–헬름홀츠의 색지각설에 대한 설명 중 틀린 것은?**

① 우리 눈의 망막 조직에는 빨강, 초록, 파랑의 색지각 세포가 있다.
② 가법혼색의 삼원색 기초가 된다.
③ 빨강과 파랑의 시세포가 동시에 흥분하면 마젠타의 색각이 지각된다.
④ 잉크젯 프린터의 혼색원리이다.

해설
영–헬름홀츠의 색지각설은 빨강, 녹색, 파랑을 느끼는 색각세포의 혼합으로 모든 색을 감지할 수 있다는 것이다. 이때 RGB는 가법혼색의 원리이며, 잉크젯 프린터는 감법혼색의 원리이다.

75 **다음 중 사과의 색을 가장 붉게 보이게 할 수 있는 광원은?**

① 온백색 형광등
② 주광색 형광등
③ 백색 형광등
④ 표준광원 D_{65}

해설
온백색 형광등은 연황백색으로 붉은색을 더욱 붉게 보이게 하는 광원이다.

76 **사람의 관심을 끌어야 하는 직업을 가진 사람의 의상색을 정할 때 특히 고려해야 할 점은?**

① 색의 항상성
② 색의 운동감
③ 색의 상징성
④ 색의 주목성

해설
관심을 끄는 데는 주목성과 명시성이 높아야 한다.

77 **색의 혼합에 대한 설명으로 틀린 것은?**

① 두 개 이상의 색 필터를 혼합하여 다른 색채감각을 일으키는 것
② 인간의 외부에서 독립된 색들이 혼합된 것처럼 보이는 것
③ 두 개 이상의 색광을 혼합하여 다른 색채감각을 일으키는 것
④ 색 자극이 변하면 색채감각도 변하게 된다는 대응관계에 근거하는 것

해설
색의 혼합이란 둘 이상의 색광이나 색료, 잉크 등이 합쳐져서 다른 색으로 보이는 것이다.

78 **시인성에 대한 설명 중 옳은 것은?**

① 흰색이 바탕색일 경우 검정, 보라, 빨강, 청록, 파랑, 노랑 순으로 명시도가 높다.
② 검은색이 바탕색일 경우 노랑, 주황, 녹색, 빨강, 파랑 순으로 명시도가 높다.
③ 검은색 바탕보다 흰색 바탕인 경우 명시도가 더 높다.
④ 시인성은 색상, 명도, 채도 중 배경과의 명도 차이에 가장 민감하다.

해설
색의 3속성 중에서 배경과 대상의 명도차가 클수록 잘 보이고, 명도차가 있으면서도 색상 차이가 크고 채도 차이가 있으면 시인성이 높다.

73 ③ 74 ④ 75 ① 76 ④ 77 ② 78 ④ **정답**

79 색채의 심리효과에 대한 설명 중 틀린 것은?

① 어떤 색이 다른 색의 영향을 받아서 본래의 색과는 다른 색으로 보이는 현상을 색채심리 효과라 한다.

② 무게감에 가장 큰 영향을 미치는 것은 명도로, 어두운 색일수록 무겁게 느껴진다.

③ 겉보기에 강해 보이는 색과 약해 보이는 색은 시각적인 소구력과 관계되며, 주로 채도의 영향을 받는다.

④ 흥분 및 침정의 반응효과에 있어서 명도가 가장 중요한 역할을 하는데, 고명도는 흥분감을 일으키고, 저명도는 침정감의 효과가 나타난다.

해설

흥분과 진정의 감정적인 효과는 주로 색상과 관련이 있다. 난색 계열은 흥분감을 일으키고, 한색 계열은 침정감의 효과를 일으킨다.

80 빛의 스펙트럼 분포는 다르지만 지각적으로는 동일한 색으로 보이는 자극은?

① 이성체

② 단성체

③ 보 색

④ 대립색

해설

이성체는 같은 원자 번호와 질량수를 가지면서 반감기(半減期), 에너지 상태, 방사능의 성질이 다른 원자핵으로 지각적으로는 동일한 색으로 보이는 자극체이다.

제5과목 색채체계론

81 CIE에서 규정한 측색용 기준광이 아닌 것은?

① 표준광 D_{55}

② 표준광 D_{65}

③ 표준광 D_{75}

④ 표준광 D_{85}

해설

- 표준광원 : A, D_{65}, C
- 보조표준광 : D_{50}, D_{55}, D_{75}, B

82 다음 중 먼셀 색체계의 장점으로 옳은 것은?

① 색상별로 채도 위치가 동일하여 배색이 용이하다.

② 색상 사이의 완전한 시각적 등간격으로 수치상의 색채와 실제 색감과의 차이가 없다.

③ 정량적인 물리값의 표현이 아니고 인간의 공통된 감각에 따라 설계되어 물체색의 표현에 용이하다.

④ 인접색과의 비교에 의한 상대적 개념으로 확률적인 색을 표현하므로 일반인들이 사용하기 쉽다.

해설

① 모든 색상의 채도 위치가 달라 배색 체계의 어려움이 있다.

② 먼셀 색입체는 울퉁불퉁한 나무와 같은 형태로 이루어져 있어 시각적 심리 등간격으로 실제 색감과는 차이가 있다.

④ 나무와 같은 3차원적인 공간적 표색 구조물로 표현해 일반인들이 사용하기 쉽다.

정답 79 ④ 80 ① 81 ④ 82 ③

83 **혼색계에 대한 설명으로 틀린 것은?**

① 사람의 눈이 부정확할 수 있고 감정, 건강상태에 따라 다를 수 있으므로 객관적인 자료를 위해 사용한다.
② 색이 우리 눈에 보이지 않아도 수치로 표기되어 변색, 탈색 등의 물리적 영향이 없다.
③ 오스트발트 색체계와 CIE의 L*a*b*, CIE의 L*u*v*, CIE의 XYZ, Hunter Lab 등의 체계가 있다.
④ 지각적으로 일정하게 배열되어(지각적 등보성) 색편의 배열 및 개수를 조정할 수 있다.

해설
④는 현색계에 대한 설명이다.

84 **음양오행 사상에 따른 색채체계에서 다음 중 오정색(五正色)에 해당하지 않는 것은?**

① 적 색 ② 황 색
③ 자 색 ④ 백 색

해설
자색은 남방의 적색과 북방의 흑색 사이의 오간색에 해당된다.

85 **파버 비렌의 조화론에서 색채의 깊이감과 풍부함을 느끼게 하는 조화의 유형은?**

① White – Tint – Color
② White – Tone – Shade
③ Color – Shade – Black
④ Color – Tint – White

해설
①, ④ 깨끗함
② 부드러움

86 **음양오행설에 있어서 양의 색은?**

① 벽 색
② 유황색
③ 녹 색
④ 적 색

해설
음양오행설에 따르면 청색과 적색이 양(陽)에 해당된다.

87 **NCS 색체계에 대한 설명 중 옳은 것은?**

① 대표적인 혼색계 중의 하나이다.
② 오스트발트의 반대색 이론을 바탕으로 하고 있다.
③ 이론적으로 완전한 W, S, R, B, G, Y의 6가지를 기준으로 이 색상들의 혼합비로 표현한다.
④ 색상은 표준 색표집을 기준으로 총 48개의 색상으로 구성되어 있다.

해설
①, ② NCS 색체계는 현색계의 하나로 헤링의 반대색설 이론을 바탕으로 하고 있다.
④ 기본 4색상을 10단계로 구분해 색상은 40단계로 표기한다.

83 ④ 84 ③ 85 ③ 86 ④ 87 ③ 정답

88 패션 색채의 배색에 관한 설명으로 옳은 것은?

① 동일색상, 유사색조 배색은 스포티한 인상을 준다.
② 반대색상의 배색은 무난한 인상을 준다.
③ 고채도의 배색은 화려한 인상을 준다.
④ 채도의 차가 큰 배색은 고상한 인상을 준다.

해설
①의 배색이 무난한 인상과 고상한 인상을 주고, ②의 배색이 스포티한 인상을 준다. ④는 강한 인상을 준다.

89 다음 각 색체계에 따른 색 표기 중에서 가장 어두운 색은?

① N8
② L* = 10
③ ca
④ S 4000-N

해설
①, ② N은 10단계로 숫자가 높을수록 밝고, CIE의 L*은 100단계로 숫자가 높을수록 밝다.
③ ca에서 c는 흰색량, a는 흑색량이다. 흑색량 a는 가장 낮은 11이다. 뒤로 갈수록 명도가 높아진다.
④ S 4000-N은 검정색도가 40%를 차지하는 단계이다.

90 문-스펜서 색채조화론의 미도를 계산하기 위해 필요한 값이 아닌 것은?

① 밸런스 포인트
② 미적계수
③ 질서의 요소
④ 복잡성의 요소

해설
미도(美度, Aesthetic Measure)란 미적인 계수를 의미하는데, 질서성의 요소를 복잡성의 요소로 나누어 구한다.

91 CIE 색체계의 색공간 읽는 법에서 제시된 색은?

Y 30.9, x 0.49, y 0.29

① 주황색
② 노란색
③ 초록색
④ 보라색

해설
Yxy 표색계는 가법혼색 원리로 Y는 밝기, x는 빨간색만 가지고 밝기는 가지지 않는다. y는 초록색과 밝기를 가진다. 즉, 밝은 초록기미가 약간 있는 빨간색에 가까운 밝은 색은 주황색인 것이다.

92 NCS 색체계에서 각 색상마다 그림의 위치(검은 점)가 같을 때 일치하지 않는 것은?

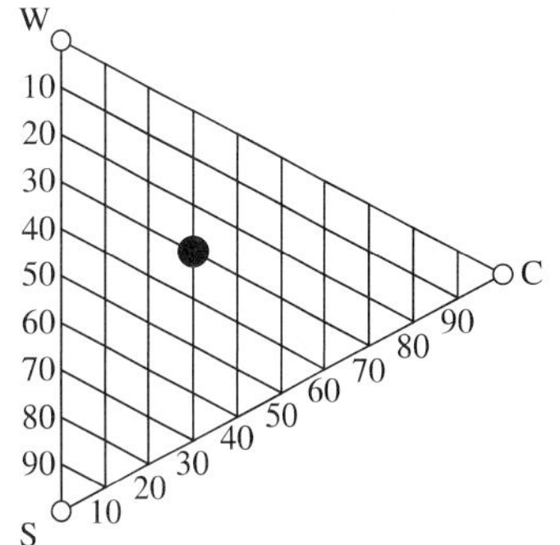

① 하양색도(Whiteness)
② 검정색도(Blackness)
③ 유채색도(Chromaticness)
④ 색상(Hue)

해설
NCS에서 톤의 개념은 백색도(W), 흑색도(S), 포화도(C)를 포함하는 개념인 뉘앙스로 표현할 수 있는데, 위의 3가지를 정삼각형의 정점에 표기하여 각각의 속성을 그림과 같이 10개의 단위로 나누어 표기한다.

정답 88 ③ 89 ② 90 ① 91 ① 92 ④

93 **한국산업표준 KS A 0011에서 명명한 색명이 아닌 것은?**

① 생활색명
② 기본색명
③ 관용색명
④ 계통색명

해설
물체색의 색이름(KS A 0011) 규정은 기본색명, 관용색명, 계통색명으로 나누어 색을 먼셀 기호와 함께 표기함으로써 색의 정확한 사용과 색의 원활한 의사소통을 도모하도록 발간되었다.

94 **오스트발트 색체계의 장점으로 옳은 것은?**

① 색상 표기가 색상들 사이의 관계성을 명료하게 나타내므로 실용적이다.
② 대칭구조로 각 색이 규칙적인 틀을 가지므로 동색조의 색을 선택할 때 편리하다.
③ 인접색과의 관계를 절대적 개념으로 표현하여 일반인들이 사용하기 쉽다.
④ 색상, 명도, 채도로 나누어 설명하므로 물체색 관리에 유용하다.

해설
오스트발트 색체계는 표기방법이 실용적이지 못해 일반인들이 사용하기 어렵고 백색량과 흑색량으로 표기하여 색표집이 항상 필요하다.

95 **일본 색채연구소가 발표한 색채 시스템으로 주로 패션 등에 사용되는 체계는?**

① RAL
② PCCS
③ JIS
④ DIN

해설
② PCCS는 1964년에 일본 색채연구소가 발표한 배색 색체계이다.
① RAL는 독일의 DIN을 기본으로 개발되었다.
③ JIS는 일본의 공업규격 시스템이다.
④ DIN는 1955년 독일에서 오스트발트 표색계의 결함을 보완·개량하여 발전시킨 것이다.

96 **"인접하는 색상의 배색은 자연계의 법칙에 합치하며 인간이 자연스럽게 느끼므로 가장 친숙한 색채조화를 이룬다."와 관련된 것은?**

① 루드의 색채조화론
② 저드의 색채조화론
③ 비렌의 색채조화론
④ 슈브럴의 색채조화론

해설
루드는 자연 관찰에서 일정한 법칙을 찾아내어 황색에 가까운 것은 밝고, 먼 것은 어둡다는 색상의 자연연쇄(Natural Sequence of Hues)를 주장하였다. 즉, 같은 색이라도 빛을 받은 부분은 따뜻한 난색의 느낌으로 나타내고, 그늘진 부분은 차가운 한색의 느낌으로 색을 표현하면 조화로움이 생긴다는 원리이다. 이 이론은 후대에 저드의 조화이론에서 친근성의 원칙으로 정리되기도 하였다.

93 ① 94 ② 95 ② 96 ① 정답

97 다음 중 동물에서 따온 관용색명은?

① Peacock Green
② Emerald Green
③ Prussian Blue
④ Maroon

해설
② Emerald Green : 아세트산구리와 아비산구리의 겹염으로 이루어진 아름다운 녹색 안료
③ Prussian Blue : 헥사시아노철(II)산철(III)칼륨이 주성분인 청색 안료
④ Maroon : 마로니에 나무의 열매색

98 다음 제시된 색상 중 먼셀 색체계에서 상대적으로 가장 높은 채도단계를 가진 색상은?

① 5RP
② 5BG
③ 5YR
④ 5GY

해설
5YR이 상대적으로 명도와 채도단계가 가장 높게 보인다.

99 수정 먼셀 색체계의 표준색표 구성에 대한 설명으로 옳은 것은?

① 명도 0과 명도 10에 해당하는 검정과 하양은 실재하는 색으로 N0에서 N10까지의 명도단계를 가진다.
② 채도는 /1, /2, /3, /4, /5, /6, /7, …, /14 등과 같이 1단위로 되어 있다.
③ 100색상환으로 구성되어 있으며, R의 경우 1R이 순색의 빨강에 해당된다.
④ 40색상에 대한 명도별, 채도별로 배열한 등색상면을 1장으로 하여 40장의 등색상면으로 구성되어 있다.

해설
① 명도는 이상적인 흑색을 0, 이상적인 백색을 10으로 표시한다. 그러나 완전한 검은색과 흰색은 현실적으로는 얻을 수 없기 때문에 가장 어두운 회색을 1, 가장 밝은 단계를 9.5로 사용한다.
② 먼셀 채도의 단계는 2단계씩 변화하도록 구성되었다.
③ 먼셀의 색상환은 10색상환이다.

100 색채 표준체계를 위해 설정된 관찰자와 관찰광원의 조합으로 적합하지 않은 것은?

① 관찰자 = 2° 시야, 관찰광원 = A
② 관찰자 = 10° 시야, 관찰광원 = D_{65}
③ 관찰자 = 2° 시야, 관찰광원 = C
④ 관찰자 = 10° 시야, 관찰광원 = F_2

해설
관찰자는 반드시 표준광원에서 비교해야 한다. 관찰광원 F_2는 표준광원이나 보조광원 기준 이상의 범위이다.

정답 97 ① 98 ③ 99 ④ 100 ④

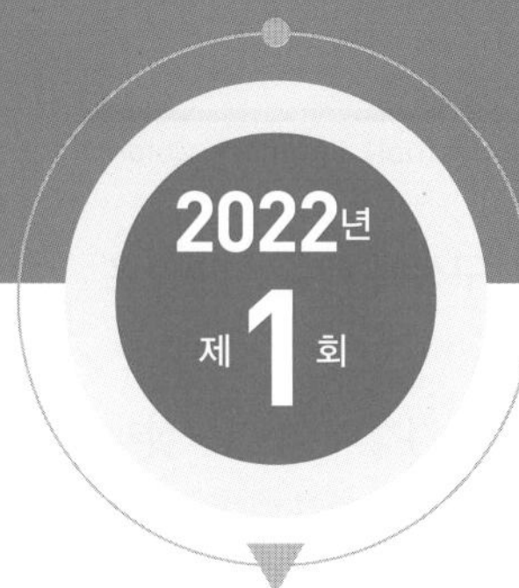

컬러리스트산업기사

최근 기출복원문제

제1과목 색채심리

01 색채정보 수집에 가장 많이 사용되는 것은?

① 실험연구법 ② 심층면접법
③ 표본조사법 ④ 현장관찰법

해설
표본조사법이 색채정보 자료수집에 가장 많이 사용된다.

02 다음 중 아일랜드, 브라질, 미국 등의 나라에서 혐오색으로 인식되는 색은?

① 청 색 ② 자 색
③ 황 색 ④ 백 색

해설
황색(노란색)은 서양 문화권에서는 겁쟁이, 배신자를 의미하기 때문에 혐오색으로 인식된다.

03 색채조절의 목적이 아닌 것은?

① 사회적 부를 과시할 수 있다.
② 사고 재해를 감소시킬 수 있다.
③ 생활에 활력소를 줄 수 있다.
④ 능률성과 생산성을 높일 수 있다.

해설
색채조절의 목적은 안전 유지와 사고 예방에 있다. 사회적 부를 과시하는 것은 관계없다.

04 각 민족색채의 상징적 특징을 대변해 주는 상징색에 해당되는 것은?

① 자동차 색
② 국기의 색
③ 공공건물의 색
④ 유행색

해설
국기의 색은 한 나라의 민족적, 문화적 특징을 대변해 주는 상징적 색채로 구성된다.

05 바닷가 도시, 분지에 위치한 도시의 집합주거 외벽의 색채계획 시 고려사항이 아닌 것은?

① 기후적, 지리적 환경
② 건설사의 기업색채
③ 건축물의 형태와 기능
④ 주변 건물과 도로의 색

해설
지역마다 자연환경에 따라 선호하는 색이 있기 때문에 지형, 기후, 빛, 사회문화적 관습, 지역 전통, 건축기술과 같은 여러 요소들을 고려해야 한다.

1 ③ 2 ③ 3 ① 4 ② 5 ② 정답

06 의미척도법(SD ; Semantic Differential Method)의 설명으로 틀린 것은?

① 미국의 색채전문가 파버 비렌이 고안하였다.
② 반대 의미를 갖는 형용사 쌍을 카테고리 척도에 의해 평가한다.
③ 제품, 색, 음향, 감촉 등 다양한 대상의 인상을 파악하는 방법으로 많이 사용되고 있다.
④ 의미공간을 효율적으로 정의하기 위해서는 그 공간을 대표하는 차원의 수를 최소로 결정할 필요가 있다.

해설
SD법은 미국의 심리학자 오스굿(Charles Egerton Osgood)에 의해 개발되었다. 형용사의 반대어를 쌍으로 연결시켜 비교함으로써 색채의 감정적인 면을 다룬다.

07 색채계획 및 디자인 프로세스를 조사 · 기획 → 색채계획 · 설계 → 색채관리의 3단계로 분류 시, 조사 · 기획 단계에 해당하는 것은?

① 시장현황 조사, 콘셉트 설정
② 색채배색안 작성, 색견본 승인
③ 시뮬레이션 실시, 색채관리
④ 모형 제작, 색채 구성

해설
색채계획 시 조사 및 기획단계에서는 대상의 형태나 재료, 작업 일정 등의 조건을 확인하고, 현황조사 및 분석을 시행하며, 이것을 바탕으로 콘셉트를 잡고 이미지의 키워드 등을 추출한다.

08 백화점 출구에서 20대를 대상으로 하는 새로운 화장품 개발을 위한 조사 시 가장 적합한 표본집단 선정법은?

① 무작위추출법
② 다단추출법
③ 국화추출법
④ 계통추출법

해설
계통추출법은 일정 간격으로 10명마다 또는 5명마다 조사하는 방법이다.

09 위험신호, 소방차 등에 사용된 색은 다음 중 어떠한 효과에 의한 것인가?

① 잔상효과
② 대비효과
③ 연상효과
④ 동화효과

해설
연상효과는 색채를 자극함으로써 생기는 감정의 일종으로, 특히 빨강과 같은 색채를 자극했을 때 위험신호나 소방차를 연상하게 된다.

10 모리스 데리베레(Maurice Deribere)가 주장한 맛을 대표하는 색채로 틀린 것은?

① 단맛 – Pink
② 짠맛 – Red
③ 신맛 – Yellow
④ 쓴맛 – Brown–maroon

해설
짠맛은 연한 녹색, 연한 파랑, 회색의 배색이다.

정답 6 ① 7 ① 8 ④ 9 ③ 10 ②

11 유행색에 대한 설명으로 틀린 것은?

① 특정 지역의 하늘, 자연광, 습도, 흙과 돌 등에 의하여 자연스럽게 어울리고 선호되는 색채들로 구성된다.
② 어떤 계절이나 일정 기간 동안 특별히 많은 사람들이 선호하여 착용하는 색이다.
③ 일정한 기간을 가지고 주기적으로 반복되는 특성을 가지고 있다.
④ 특정한 사회적, 경제적 사건이 있을 경우에는 예외적인 색이 유행할 수도 있다.

해설
①은 자연환경에 따른 선호색에 대한 설명이다.

12 다음 중 마케팅 믹스 4P, 4C가 아닌 조합은?

① Product, Customer Value
② Period, Convenience
③ Promotion, Communication
④ Price, Cost to the Customer

해설
- 마케팅의 4P : 제품(Product), 가격(Price), 유통(Place), 촉진(Promotion)
- 마케팅의 4C
  - Customer(Customer Value, Customer Solution) : 고객 또는 고객가치
  - Cost(Cost to the Customer) : 고객이 지불하는 비용
  - Convenience : 접근 및 활용 등의 편의성
  - Communication : 의사소통

13 올림픽 오륜마크의 색채에 사용되는 색채심리는?

① 기억색
② 지역색
③ 상징색
④ 고유색

해설
근대 올림픽을 상징하는 오륜기는 1913년 쿠베르탱(Pierre de Coubertin) 남작에 의해 만들어졌다. 오륜기는 흰 바탕에 파랑, 노랑, 검정, 초록, 빨강의 오색 고리가 연결되어 있는 형태로 이는 곧 5대륙을 상징한다.

14 색채치료 요법에 관한 설명으로 틀린 것은?

① 특정 색의 보석을 지니거나 의복을 착용하여 치료하는 방법이 있다.
② 파란색을 잘못 사용하면 눈에 충격을 주어 피로를 일으키고, 초조를 유발할 수 있다.
③ 색이 가진 고유한 파장과 진동수를 이용한 치료 방법이다.
④ 색채치료는 질병, 신체의 회복과 성장, 삶의 질에 영향을 미친다.

해설
파란색은 안정감과 균형 및 진정작용에 효과가 있다.

15 마케팅에서 사용되는 색채의 역할과 관련이 적은 것은?

① 상품의 차별화
② 기업의 이미지 통합
③ 상품의 소비 유도
④ 색채순응의 효과

해설
색채순응은 마케팅에서 사용되는 색채의 역할과 관련이 적다.

11 ① 12 ② 13 ③ 14 ② 15 ④ 정답

16 **색채와 문화의 관계가 적절하지 않은 것은?**

① 서양 문화권에서 파랑은 노동자 계급을 의미한다.
② 동양 문화권에서 흰색은 죽음을 의미한다.
③ 서양 문화권에서 노랑은 왕권, 부귀를 의미한다.
④ 북유럽에서 녹색은 영혼과 자연의 풍요로움을 의미한다.

해설
서양 문화권에서 노랑은 배반, 겁쟁이를 의미한다. 그러나 동양 문화권에서는 황제의 색이며 신성한 종교의 색이다.

17 **건축이나 환경의 색채에 대한 심미적 기능이 아닌 것은?**

① 공간의 분위기를 창출한다.
② 재료의 성격(질감)을 표현한다.
③ 형태의 비례에 영향을 준다.
④ 온도감에 영향을 준다.

해설
온도감은 정서적·심리적인 기능에 영향을 미친다.

18 **회사 간의 경쟁으로 인해 가격, 광고, 유치경쟁이 치열하게 일어나는 제품 수명주기 단계는?**

① 도입기
② 성장기
③ 성숙기
④ 쇠퇴기

해설
성숙기는 수요가 포화 상태이며, 이익 감소와 매출의 성장세가 정점에 이르는 시기로 제품의 리포지셔닝과 브랜드 차별화 전략이 필요하다.

19 **국기가 3가지 색으로 구성되어 있지 않은 나라는?**

① 독 일
② 덴마크
③ 알제리
④ 이탈리아

해설
덴마크의 국기는 빨강 배경에 흰색 십자가로, 두 가지 색으로 구성되어 있다. 이는 덴마크의 지배적인 종교인 기독교를 의미한다.

20 **색채의 연상형태 및 색채문화에 대한 설명 중 옳지 않은 것은?**

① 파버 비렌은 보라색의 연상형태를 타원으로 생각했다.
② 노란색은 배신, 비겁함이라는 부정의 연상언어를 가지고 있다.
③ 초록은 부정적인 연상언어가 없는 안정적이고 편안함의 색이다.
④ 주황은 서양에서 할로윈을 상징하는 색채이기도 하다.

해설
모든 색은 긍정과 부정의 의미를 함께 지니고 있다. 초록은 질투, 미성숙, 독극물 등의 부정의 의미도 있다.

정답 16 ③ 17 ④ 18 ③ 19 ② 20 ③

제2과목 색채디자인

21 일반적으로 어떤 대상을 보고 느끼는 감각적 자극의 순서를 큰 것부터 바르게 나열한 것은?

① 색채 - 형태 - 질감
② 형태 - 색채 - 질감
③ 질감 - 색채 - 형태
④ 형태 - 질감 - 색채

해설
보통 사람이 감각기관을 통해서 획득하는 정보의 80% 이상이 시각을 통해서 얻어진다.

22 낡은 가구를 모아 새로운 가구를 만든다는 뜻으로 저속한 모방 예술을 의미하는 디자인 사조는?

① 포스트모더니즘 ② 키 치
③ 다다이즘 ④ 아르데코

해설
키치는 '낡은 가구를 주워 모아 새로운 가구를 만든다'는 뜻으로 저속한 모방 예술을 의미한다.

23 미용 디자인에 관한 기술과 관계가 먼 것은?

① 모든 사람에게 동일한 색재료를 사용해야 색채효과가 동일하고 일관된 결과가 나타난다.
② 개인의 미적 요구를 만족시키고, 보건위생상 안전해야 하며 유행성도 고려한다.
③ 미용 디자인의 범위는 헤어스타일, 메이크업, 퍼스널컬러, 네일케어 등이다.
④ 미용 디자인의 과정은 디자인할 소재의 특성을 먼저 파악한 후, 미용의 목적, 선호하는 유행과 색채 등에 대해 고려해야 한다.

해설
개인마다 고유의 신체적 색채가 다르기 때문에 개인마다 조화되는 색재료나 색채를 사용해야 한다.

24 그리스인들이 그들의 신전과 예술품에서 아름다움과 시각적 질서를 얻기 위한 수단으로 사용한 비례법으로 조직적 구조를 말하는 것은?

① 조 화
② 황금비
③ 산술적 비례
④ 기하학적 비례

해설
황금비는 어느 장방형에 있어서 두 변의 길이에 대한 비율로 그리스 신전이나 예술품에서 아름다움의 시각적 질서를 얻기 위해 사용한 비례법이며 황금비의 값은 1:1.168이다.

25 디자인의 국제주의(Internationalism)가 지향해 온 일반적인 특성으로 틀린 것은?

① 이상주의
② 모더니즘 디자인
③ 보편성
④ 표현성

해설
국제주의 건축양식은 1925년부터 1960년까지를 지배하는 건축계의 통합적 움직임이라고 볼 수 있다. 유럽 및 미국에서 1920년대 초기에 나왔고 1930년까지 몇몇 지도자들에 의해 고전적 표현으로 발달하다가 그 후 차츰 전후 세계의 시대적 상황과 맞아 널리 퍼뜨려진 건축양식이다.

21 ① 22 ② 23 ① 24 ② 25 ④ 정답

26 **다음 사조와 관련된 대표적인 작가의 연결이 틀린 것은?**

① 데 스테일 – 피에트 몬드리안, 테오 반데스부르크
② 미래파 – 필리포 토마소 마리네티, 카를로 카라
③ 분리파 – 구스타프 클림트, 요셉 호프만
④ 큐비즘 – 파블로 피카소, 앙리 마티스

해설
큐비즘은 1909년 피카소(Picasso)와 브라크(Braque)에 의해 주도되었다.

27 **면에 대한 설명으로 틀린 것은?**

① 미술, 건축, 디자인에서 면은 형태를 생성하는 중요한 요소이다.
② 면은 공간을 구성하는 단위이며, 공간효과를 나타낸다.
③ 길이와 너비의 2차원적 개념으로 정의될 수 있다.
④ 면은 움직이는 점에 의해 만들어진다.

해설
면은 선이 여러 개 겹쳐서 모여서 이루는 표면, 선으로 둘러싸인 경계선 내부의 편평한 표면이라고 정의할 수 있다.

28 **영국의 공예가로 예술의 민주화, 예술의 생활화를 주장해 근대 디자인의 이념적 기초를 마련한 사람은?**

① 찰스 레니 매킨토시
② 윌리엄 모리스
③ 허버트 맥네어
④ 오브리 비어즐리

해설
윌리엄 모리스(William Morris)는 최초의 공예 운동가이자 디자인이라는 분야의 기초를 다진 인물로, 19세기에 일상과 함께 하는 공예를 주창하며 미술공예운동을 주도하였다. 성직자가 되기 위해 옥스퍼드 대학에 입학하였으나, 중세 고딕 양식에 영향을 받고 예술에 매료되어 예술가가 되기로 결심하였다.

29 **산업디자인진흥법에 의거하여 상품의 외관, 기능, 재료, 경제성 등을 종합적으로 심사하여 디자인의 우수성이 인정된 상품에 부여하는 마크는?**

① KS Mark
② GD Mark
③ Green Mark
④ Symbol Mark

해설
우수산업디자인상품 인증인 GD Mark란 상품의 디자인, 기능, 안정성, 품질 등을 종합적으로 심사하여 우수성이 인정된 상품에 우수상품 상표를 붙여 팔도록 하는 제도이며, 우리나라에서는 처음으로 48개 상품에 대해 1985년 10월부터 시행되었다.

30 **디자인에 대한 설명 중 틀린 것은?**

① 디자인의 목표는 미적인 것과 기능적인 것을 제품으로 통합하는 것이다.
② 안전하며 사용하기 쉽고 아름답고 쾌적한 생활환경을 창조하는 조형행위이다.
③ 디자인은 인간의 삶을 풍요롭게 하는 영역이며 오늘날 다양한 매체에 이르기까지 발전을 거듭하고 있다.
④ 디자인은 자연적인 창작행위로서 기능적 측면보다는 미적 추구를 목적으로 한다.

해설
디자인의 기본 목표는 미와 기능의 합일이다.

정답 26 ④ 27 ④ 28 ② 29 ② 30 ④

31 **디자인사에 관한 설명으로 틀린 것은?**

① 중세 고딕 양식에서는 수직적 상승감이 두드러진다.
② 르네상스 양식에서는 수평적 안정감이 두드러진다.
③ 19세기 영국에서 윌리엄 모리스가 미술공예운동을 주도하였다.
④ 20세기 독일에서 피에트 몬드리안이 바우하우스 운동을 주도하였다.

해설
바우하우스는 미술, 건축, 디자인, 공예, 사진까지 아우르며 예술과 기술, 공예의 결합을 추구했던 독일의 종합예술학교로, 1919년 독일공작연맹의 회원이었던 발터 그로피우스(Walter Gropius)에 의해 설립되었다.

32 **절대주의(Superematism)의 대표적인 러시아 예술가는?**

① 칸딘스키(Wassily Kandinsky)
② 타틀린(V. Tatlin)
③ 로도첸코(Aleksandr M. Rodchenko)
④ 말레비치(K. Malevich)

해설
절대주의는 러시아혁명 이후 구성주의와 함께 일어난 전위미술 중 하나이다. 러시아의 화가 말레비치(Kasimir Malevich)에 의해 시작된 기하학적 추상주의의 한 흐름으로, 원래는 입체주의의 미학에서 파생한 것이다.

33 **디자인 형식원리의 하나로서, 부분과 부분 또는 부분과 전체와의 수량적 관계, 즉 면적과 길이의 대비 관계를 말하는 것은?**

① 균형(Balance)
② 모듈(Module)
③ 구성(Composition)
④ 비례(Proportion)

해설
비례는 디자인 형식원리의 하나로서, 부분과 부분 또는 부분과 전체와의 수량적 관계, 즉 면적과 길이의 대비관계를 말한다.

34 **시대적 디자인의 변화된 의미 중 1960년대에 해당하는 것은?**

① 부가장식으로서의 디자인
② 기능적 표준 형태로서의 디자인
③ 양식으로서의 디자인
④ 사회적 기술로서의 디자인

해설
①, ②, ③은 1960년대 이전 디자인에 대한 내용이다.

35 **게슈탈트 심리학자들에 의해서 제시된 시지각 법칙이 아닌 것은?**

① 근접성의 원리
② 유사성의 원리
③ 연속성의 원리
④ 대조성의 원리

해설
게슈탈트의 형태지각의 4가지 법칙에는 근접성, 유사성, 연속성, 폐쇄성의 법칙이 있다.

31 ④ 32 ④ 33 ④ 34 ④ 35 ④ 정답

36 **디자인의 역할 중에서 커뮤니케이션이 중심이 되고, 심벌과 기호를 통해 정보를 전달하는 분야는?**

① 제품 디자인
② 시각 디자인
③ 평면 디자인
④ 환경 디자인

해설
시각 디자인의 기능
• 기록적 기능 : 신문광고, 영화, 인터넷
• 설득적 기능 : 포스터, 신문광고, 디스플레이
• 지시적 기능 : 신호, 활자, 문자, 지도, 타이포그래피
• 상징적 기능 : 심벌, 일러스트레이션, 패턴

37 **제품의 색채를 통일시켜 대량생산하는 것과 가장 관계가 깊은 디자인 조건은?**

① 심미성
② 경제성
③ 독창성
④ 합목적성

해설
경제성은 최소의 경비와 노력으로 최대의 효과를 얻고자 하는 것이다. 특히 제품이 대량생산될 경우에는 손쉽게 재료를 구할 수 있는지부터 가공, 조립 방법 등 미세한 곳까지 경제성을 검토해야 한다.

38 **디자인의 목적에 있어 '미'와 '기능'에 대해 빅터 파파넥(Victor Papanek)은 '복합기능(Function Complex)'으로 규정하였다. 그의 주장을 뒷받침하는 포괄적 의미에 해당하지 않는 것은?**

① 방법(Method)
② 필요성(Need)
③ 이미지(Image)
④ 연상(Association)

해설
미와 기능에 대해 빅터 파파넥은 방법, 용도, 필요성, 텔레시스, 연상, 미학의 6가지 요소로 복합기능을 정의하였다.

39 **19세기 미술공예운동(Art and Craft Movement)이 일어나게 된 근본 원인은?**

① 미술과 공예작품의 가격이 급격하게 하락되었기 때문
② 기계로 생산된 제품의 질이 현저하게 낮아졌기 때문
③ 미술작품과 공예작품을 구별하기 위해
④ 미술가와 공예가의 사회적 위상을 제고시키기 위해

해설
미술공예운동은 대량생산으로 인한 생산품의 질적 하락과 예술성의 저하를 비판하며 윌리엄 모리스를 주축으로 일어난 수공예 중심의 미술운동이다. 이 운동은 예술의 민주화와 생활화를 주장하여 근대 디자인의 이념적 기초를 마련하였다.

40 **색채계획 및 평가를 위한 설문지 작성 시 유의사항이 아닌 것은?**

① 짧고 간결한 문체로 써야 한다.
② 포괄적인 의견이 나올 수 있도록 유도질문을 사용하기도 한다.
③ 응답자의 자존심을 건드리지 않는 용어를 선택해야 한다.
④ 어려운 전문용어는 되도록 쓰지 말고, 써야 할 경우에는 이미지 사진이나 충분한 설명을 덧붙인다.

해설
설문지 작성 시 유도질문을 사용해서는 안 된다.

정답 36 ② 37 ② 38 ③ 39 ② 40 ②

제3과목 색채관리

41 다음 중 천연염료로만 구성된 것은?

① 식물염료, 형광염료, 식용염료
② 광물염료, 합성염료, 식용염료
③ 동물염료, 광물염료, 식물염료
④ 홍화염료, 치자염료, 반응성 염료

해설
천연염료는 자연의 소재를 약간의 가공에 의해 사용하는 것으로 식물염료, 동물염료, 광물염료가 있다.

42 픽셀로 이루어진 디지털화된 그림의 유형을 무엇이라고 하는가?

① 바이트(Byte)
② 벡터 그래픽(Vector Graphic)
③ 비트맵(Bitmap)
④ 엘리멘트(Element)

해설
비트맵(Bitmap) 방식은 픽셀들이 모여 만들어진 사진이나 그림으로, 화면상 그림을 확대하면 경계선 부분이 계단으로 보인다.

43 도료에 사용되는 무기안료가 아닌 것은?

① Iron Oxide Red
② Iron Oxide Yellow
③ Titanium Dioxide
④ Phthalocyanine Blue

해설
Phthalocyanine Blue는 유기안료에 해당된다.

44 음식색소(식용색소)에 대한 설명이 틀린 것은?

① 천연색소, 인공색소가 모두 사용될 수 있다.
② 식용색소에서 가장 중요한 조건은 유독성이 없어야 한다.
③ 미량의 색료만 첨가하는 것이 보통이며 무게비율로 0.05%에서 0.1% 정도이다.
④ 현재 우리나라는 과일주스, 고춧가루, 마가린에는 사용이 금지되어 있다.

해설
식용색소는 사람이 섭취하는 식품의 착색을 목적으로 쓰이는 색소로 0.1g/kg, 0.15g/kg 비율이다.

45 연색성과 관련된 설명이 틀린 것은?

① 광원의 분광분포가 고르게 연결된 정도를 말한다.
② 흑체복사를 기준으로 할 때 형광등이 백열등보다 연색성이 떨어진다.
③ 연색평가지수로 CRI가 사용된다.
④ 연색지수의 수치가 0에 가까울수록 기준광과 비슷하게 물체의 색을 보여준다.

해설
연색성은 광원의 성질에 따라 물체의 색이 달라 보이는 현상으로 물체색이 보이는 상태에 영향을 준다. 연색성은 100에 가까울수록 물체색이 자연광에 가깝게 보인다.

41 ③ 42 ③ 43 ④ 44 ③ 45 ④ **정답**

46 **해상도에 대한 설명이 옳은 것은?**

① 픽셀 수가 동일한 경우 이미지가 클수록 해상도가 높다.
② 픽셀 수는 이미지의 선명도와 질을 좌우한다.
③ 비트 수는 각 픽셀에 저장되는 컬러 정보의 양과 관련이 없다.
④ 사진의 이미지를 확대해 보면 거칠어지는데 이는 해상도가 높아졌기 때문이다.

해설
모니터에서 디지털 색상 영상을 구성하는 최소의 단위를 픽셀이라고 한다. 픽셀의 수는 이미지의 선명도와 질을 좌우하는데 일반적으로 모니터가 고해상도일수록 선명한 색채 영상을 제공한다.

47 **다음 중 평판인쇄용 잉크는?**

① 오프셋윤전잉크
② 플렉소인쇄잉크
③ 등사판잉크
④ 레지스터잉크

해설
① 오프셋윤전잉크 : 평판인쇄용
② 플렉소인쇄잉크 : 볼록판인쇄용
③ 등사판잉크 : 공판인쇄용
④ 레지스터잉크 : 전자인쇄용

48 **PNG 파일 포맷에 대한 설명으로 옳은 것은?**

① 압축률은 떨어지지만 전송속도가 빠르고 이미지의 손상은 적으며 간단한 애니메이션효과를 낼 수 있다.
② 알파채널, 트루컬러 지원, 비손실 압축을 사용하여 이미지 변형 없이 웹상에 그대로 표현이 가능하다.
③ 매킨토시의 표준파일 포맷방식으로 비트맵·벡터 이미지를 동시에 다룰 수 있다.
④ 1,600만 색상을 표시할 수 있고 손실압축방식으로 파일의 크기가 작기 때문에 웹에서 널리 사용된다.

해설
① GIF 파일 포맷방식
③ PICT 파일 포맷방식
④ JPEG 파일 포맷방식

49 **분광복사계(Spectroradiometer)를 이용하여 모니터의 휘도를 측정하였다. 측정된 데이터의 단위로 옳은 것은?**

① cd/m^2　② 단위 없음
③ lx　④ Watt

해설
휘도란 일반적으로 면광원의 광도, 즉 발광면의 밝기를 나타내는 양을 말한다. 단위는 칸델라(cd)를 사용한다.

50 **기기 종속적(Device-dependent)인 색공간 즉, 영상장치에 따라 눈에 인지되는 색이 변화하는 색공간이 아닌 것은?**

① CIELAB　② RGB
③ YCbCr　④ HSV

해설
디지털 색채 영상을 생성하거나 출력하는 전자장비들은 인간의 시각방식과는 전혀 다른 체계로 색을 재현한다. RGB 색체계, CMY 색체계, HSV 색체계, HLS 색체계, YCbCr 등이 있다.

정답 46 ② 47 ① 48 ② 49 ① 50 ①

51 **도료에 대한 설명이 틀린 것은?**

① 유성페인트, 유성에나멜, 주정도료는 대표적인 천연수지 도료이다.
② 합성수지 도료는 화기에 민감하고 광택을 얻기 힘든 결점이 있다.
③ 에멀션 도료와 수용성 베이킹수지 도료는 대표적인 수성도료이다.
④ 플라스티졸 도료는 가소제에 희석제를 혼합한 것을 뜻한다.

해설
플라스티졸 도료는 가열 건조형 도료의 일종인 비닐졸 도료이다.

52 **다음 중 염료의 종류와 설명이 틀린 것은?**

① 형광염료 – 화학적 성분은 스틸벤, 이미다졸, 쿠마린 유도체 등이며, 소량만 사용해야 하는 염료
② 합성염료 – 명칭은 일반적으로 제조회사에 의한 종별 관칭, 색상, 부호의 세 부분으로 이루어짐
③ 식용염료 – 식료, 의약품, 화장품의 착색에 사용되는 것
④ 천연염료 – 어떠한 가공도 없이 천연물 그대로만을 염료로 사용하는 것

해설
식물염료는 식물체 내에서 염료로 되어 있는 것을 채취하기 때문에 그대로 사용할 수 있는 것과 가공해야만 실용화되는 것이 있다. 그러므로 천연물 그대로만을 염료로 사용하지는 않는다.

53 **CCM(Computer Color Matching)의 특징으로 거리가 먼 것은?**

① 소재의 변화에 신속히 대응하는 데 도움을 준다.
② 조색시간을 단축할 수 있다.
③ 다품종 소량생산의 효율을 높이는 데는 불리하다.
④ CCM 소프트웨어는 Quality Control 부분과 Formulation 부분으로 구성되어 있다.

해설
CCM은 다품종 소량생산 체제 및 고객의 신뢰도 구축, 컬러런트 구성에 효율적이다.

54 **국제조명위원회(CIE)에 의해 규정된 표준광(Standard Illuminant)에 대한 설명 중 틀린 것은?**

① 표준광은 실재하는 광원과 일치하지 않을 수 있다.
② 표준광은 CIE에 의해 규정된 조명의 이론적 스펙트럼 데이터를 말한다.
③ 표준광 D_{65}는 상관 색온도가 약 6,500K인 CIE 주광이다.
④ D_{65}는 인쇄물의 색 평가용으로 ISO 3664에 채용되어 있다.

해설
표면색의 시감 비교방법(KS A 0065)
인쇄물, 사진 등의 표면색을 비교하는 경우 필요에 따라 KS C 0074에서 규정하는 주광 D_{50}을 사용한다.

51 ④ 52 ④ 53 ③ 54 ④ 정답

55 장치의존적(Device-dependent) 색체계에 관한 설명 중 틀린 것은?

① RGB, CMYK 모드의 컬러가 여기에 해당된다.
② 장치의존적 컬러 데이터 자체에는 정확한 색이 규정되어 있지 않다.
③ 장치의존적 색체계는 장치독립적 색체계와 함께 ICC 컬러 프로파일에 사용된다.
④ LAB나 XYZ는 계측장치로 얻어진 값으로 장치의존적 색체계이다.

해설
장치의존적 색공간은 정확한 색이 규정되어 있지 않고 장치마다 다르게 정의된 색공간이다. RGB나 CMYK값이 여기에 해당한다. LAB 컬러는 장치와 무관하게 정의된 독립적인 색체계로서, 서로 달리 표현할 수 있는 장치들 간에 색을 맞추기 위한 기준색 역할을 한다.

56 물체색의 측정 시 사용하는 표준백색판의 기준으로 거리가 먼 것은?

① 충격, 마찰, 광조사, 온도, 습도 등의 영향을 받지 않을 것
② 균등 확산 흡수면에 가까운 확산 흡수 특성이 있고, 전면에 걸쳐 일정할 것
③ 표면이 오염된 경우에도 세척, 재연마 등의 방법으로 오염들을 제거하고 원래의 값을 재현시킬 수 있는 것
④ 분광반사율이 거의 0.9 이상으로, 파장 380~780nm에 걸쳐 거의 일정할 것

해설
② 균등 확산 흡수면이 아니라 균등 확산 반사면이다.

57 육안검색과 측색기 측정에 대한 설명으로 틀린 것은?

① 육안검색 시 감성적인 판단이 이루어질 수 있다.
② 측색기는 동일 샘플에 대해 거의 일정한 측색값을 낸다.
③ 육안검색은 관찰자의 차이가 없다.
④ 필터식 색채계와 분광계의 측색값은 서로 다를 수 있다.

해설
육안검색이란 조색 후 정확하게 조색이 되었는지를 육안으로 검색하는 것을 말한다. 육안검색은 측색기 측정과 달리 정확하지 않기 때문에 관찰자에 따라 차이가 있다.

58 연색지수에 대한 설명으로 틀린 것은?

① 연색지수는 기준광과 시험광원을 비교하여 색온도를 재현하는 정도를 나타내는 지수이다.
② 연색지수를 구하기 위해 사용되는 시험색은 스펙트럼 반사율을 아는 물체색이다.
③ 연색지수 100은 시험광원이 기준광하에서 동일한 물체색을 재현하는 것을 의미한다.
④ 광원의 연색성을 나타내는 것을 목적으로 한 지수이다.

해설
연색성을 평가하는 단위를 연색지수라고 한다. 연색지수는 서로 다른 물체의 색이 어떠한 광원에서 얼마나 같아 보이는가를 표시한다. 색온도를 재현하는 정도가 아니다.

정답 55 ④ 56 ② 57 ③ 58 ①

59 컬러런트(Colorant) 선택 시 고려되어야 할 조건과 가장 거리가 먼 것은?

① 착색비용
② 다양한 광원에서 색채현시에 대한 고려
③ 착색의 견뢰성
④ 기준광원 설정

해설
색료 선택 시 고려해야 할 사항으로 착색비용, 다양한 광원에서 색채현상에 대한 고려, 착색의 견뢰성 등이 있다.

60 CIE 표준광에 대한 설명으로 옳은 것은?

① A : 색온도 약 2,856K – 백열전구로 조명되는 물체색을 표시할 경우에 사용한다.
② B : 색온도 4,874K – 형광을 발하는 물체색의 표시에 사용한다.
③ C : 색온도 6,774K – 형광을 발하는 물체색의 표시에 사용한다.
④ D : 색온도 6,504K – 백열전구로 조명되는 물체색을 표시할 경우에 사용한다.

해설
② B : 색온도 4,874K의 표준광원으로 태양광의 직사광선이다. 형광을 발하는 물체색의 표시는 광원 F를 사용한다.
③ C : 색온도 6,774K의 표준광원으로 북위 40° 흐린날 오후 2시경 북쪽 창문으로 들어오는 빛이다.
④ D : 색온도 6,504K로 측색 또는 색채계산용 표준광원으로 사용된다.

제4과목 색채지각의 이해

61 조명색이 바뀌어도 물체색을 동일하게 지각하는 현상은?

① 색순응
② 색지각
③ 색의 항상성
④ 색각이상

해설
조명의 조건이 바뀌어도 항상 동일한 색으로 지각되는 현상을 색의 항상성이라고 한다.

62 색료혼합의 3원색에 해당하지 않는 것은?

① Magenta
② Cyan
③ Yellow
④ Blue

해설
색료의 3원색은 Cyan, Magenta, Yellow이다.

63 다음 중 베졸트 효과를 바르게 설명한 것은?

① 감법회전혼색의 결과이다.
② 가법병치혼색의 결과이다.
③ 감법병치혼색의 결과이다.
④ 가법회전혼색의 결과이다.

해설
베졸트 효과는 색을 직접 섞지 않고 색점을 인접하게 교차시켜 혼합된 색으로 보이게 하는 착시적인 효과이다. 동화현상, 동시현상이라고도 한다.

59 ④ 60 ① 61 ③ 62 ④ 63 ② 정답

64 다음 중 중간혼합이 아닌 것은?

① 색팽이의 혼합
② 회전혼합
③ 병치혼합
④ 색유리의 혼합

해설
중간혼합은 가법혼합에 속하며 색유리의 혼합은 감법혼합에 속한다.

65 눈의 구조와 기능에 관한 설명이 틀린 것은?

① 빛은 각막, 동공, 수정체, 유리체를 통해 망막에 상을 맺게 된다.
② 홍채는 눈으로 들어오는 빛의 양을 조절한다.
③ 각막과 수정체는 빛을 굴절시킴으로써 망막에 선명한 상이 맺히도록 한다.
④ 눈에서 시신경 섬유가 나가는 부분을 중심와라고 한다.

해설
눈에서 시신경 섬유가 나가는 부분은 망막이며, 중심와는 망막 중에서도 상이 가장 정확하게 맺히는 부분으로 노란 빛을 띠어 황반(Macula)이라고도 한다.

66 일반적으로 동시대비가 지각되는 조건과 거리가 먼 것은?

① 자극과 자극 사이의 거리가 멀어질수록 대비효과는 약해진다.
② 색차가 클수록 대비현상은 강해진다.
③ 자극을 부여하는 크기가 작을수록 대비효과가 작아진다.
④ 동시대비 효과는 순간적으로 일어나므로 장시간 두고 보면 대비효과는 작아진다.

해설
동시대비는 인접해 있는 두 가지 이상의 색을 동시에 볼 때 일어나는 현상으로 서로의 영향으로 인해 색이 다르게 보이는 현상이다. 색차가 클수록 대비현상이 강해지고, 색과 색의 거리가 멀어질수록 대비현상은 약해진다.

67 색의 용어 설명이 틀린 것은?

① 무채색이란 색 기미가 없는 계열의 색이다.
② 명도는 색의 밝고 어두운 정도를 말한다.
③ 채도는 색의 맑고 탁한 정도를 말한다.
④ 색상환에서 정반대 쪽의 색을 순색이라 한다.

해설
색상환에서 정반대 쪽의 색은 보색이다. 순색은 그 어떤 색상과도 혼합될 수 없는 고유의 색을 말한다.

68 물리보색에 대한 설명 중 옳은 것은?

① 먼셀의 색상환에서 빨강의 보색은 녹색이다.
② 두 색광을 혼색했을 때 백색광이 되는 색이다.
③ 회전판 위에 두 보색을 중간혼색하면 검정에 가까운 색이 된다.
④ 감법혼색 시 두 보색은 서로 상쇄되어 자기 나름의 색을 갖게 된다.

해설
물리보색은 서로 마주보는 색상을 혼합하면 무채색이 되는 관계를 말한다.
① 먼셀의 색상환에서 빨강의 보색은 녹색으로, 이는 심리보색이다.
③ 회전판 위에 두 보색을 중간혼색하면 회색에 가까운 색이 된다.

정답 64 ④ 65 ④ 66 ③ 67 ④ 68 ②

69 **시세포 중 물체의 밝고 어두운 정도를 구별하는 것은?**

① 추상체
② 간상체
③ 홍 채
④ 수정체

해설
간상체는 망막에 약 1억 2,000만 개 정도가 존재하며 0.1lx 이하의 어두운 빛을 감지하는 세포로 '막대세포'라고도 한다. 주로 명암을 판단하는 세포이다.

70 **인간이 외부환경으로부터 얻는 여러 가지 정보 중에서 색채를 파악하는 것은?**

① 색채순응
② 색채지각
③ 색채조절
④ 색각이상

해설
색채지각은 단순히 빛의 작용과 망막의 자극으로 인해 생겨나는 물리적인 차원에만 국한되지 않으며 심리적, 생리적으로 받아들이는 과정도 모두 해당된다.

71 **회전혼합에 대한 설명으로 틀린 것은?**

① 혼합된 색의 명도는 혼합하려는 색들의 중간 명도가 된다.
② 혼합된 색상은 중간 색상이 되며, 면적에 따라 다르다.
③ 보색관계 색상의 혼합은 중간 명도의 회색이 된다.
④ 혼합된 색의 채도는 원래의 채도보다 높아진다.

해설
회전혼합은 명도와 채도가 평균값으로 지각되고 색료에 의해서 혼합된 것이 아니라 망막상 계시가법혼색에 속한다. 즉, 혼색 결과는 중간색, 중간 명도, 중간 채도이다.

72 **가법혼색의 설명으로 틀린 것은?**

① 병치혼합, 회전혼합도 일종의 가법혼색이다.
② 빛의 혼합과 같이 빛에 빛을 더하여 얻어지는 원리에 의한 것이다.
③ 인상파 화가 쇠라의 점묘법에 의한 그림도 일종의 가법혼색에 의한 것이다.
④ 가법혼색은 혼색할수록 점점 어두운색이 된다.

해설
가법혼색은 두 종류 이상의 색광을 혼합할 경우 빛의 양이 증가하기 때문에 명도가 높아진다.

73 **흰색, 회색 그리고 검은색의 공통점이나 차이점에 대한 설명 중 잘못된 것은?**

① 명도가 다르다.
② 무채색이다.
③ 색상이 없다.
④ 채도가 다르다.

해설
흰색, 회색 그리고 검은색의 공통점은 무채색이라는 것이다. 무채색에는 색상과 채도가 없고 명도만 존재한다.

69 ② 70 ② 71 ④ 72 ④ 73 ④ 정답

74 **색들끼리 서로 영향을 주어서 인접색에 가까운 것으로 느껴지게 하는 현상(효과)은?**

① 맥콜로 효과
② 푸르킨예 현상
③ 애브니 효과
④ 전파효과

해설
전파효과는 동화현상으로 인접한 색의 영향을 받아 인접색에 가까운 색으로 보이는 현상이다.

75 **자외선(UV ; Ultra Violet)에 대한 설명이 아닌 것은?**

① 화학작용에 의해 나타나므로 화학선이라 하기도 한다.
② 강한 열작용을 가지고 있는 것이 특징이다.
③ 형광물질에 닿으면 형광현상을 일으킨다.
④ 살균작용, 비타민 D 생성을 한다.

해설
자외선은 가시광선보다 짧은 파장으로 눈에 보이지 않는 빛이다. 사람의 피부를 태우거나 살균작용을 하며, 과도하게 노출될 경우 피부암에 걸릴 수도 있다. 적외선을 열선이라고 하는 데 대응하여 자외선은 화학작용이 강하므로 화학선이라고도 한다. 즉, 강한 열작용을 가지고 있는 것은 적외선을 말한다.

76 **영–헬름홀츠의 색각이론에 관한 설명 중 옳은 것은?**

① 흰색, 검정, 노랑, 파랑, 빨강, 녹색의 반대되는 3대 반응과정을 일으키는 수용기가 존재한다는 이론이다.
② 빨강, 노랑, 녹색, 파랑의 4색을 포함하기 때문에 4원색설이라고 한다.
③ 흰색, 회색, 검정 또는 흰색, 노랑, 검정을 근원적인 색으로 한다.
④ 빨강, 녹색, 파랑을 느끼는 색각세포의 혼합으로 모든 색을 감지할 수 있다는 3원색설이다.

해설
영–헬름홀츠의 3원색설은 세 가지(R, G, B) 시세포와 세 가지 시신경의 흥분과 혼합에 의해 색이 만들어진다는 것이다.

77 **작은 면적의 회색을 채도가 높은 유채색으로 둘러쌀 때, 회색이 유채색의 보색 색조를 띠어 보이는 현상은?**

① 푸르킨예 현상
② 저드효과
③ 색음현상
④ 브뤼케 현상

해설
작은 면적의 회색을 채도가 높은 유채색으로 둘러쌀 때, 회색이 유채색의 보색 색조를 띠어 보이는 현상을 색음현상 또는 괴테현상이라고도 한다.

78 **색상대비에 대한 설명이 옳은 것은?**

① 빨강 위의 주황색은 노란색에 가까워 보인다.
② 색상대비가 일어나면 배경색의 유사색으로 보인다.
③ 어두운 부분의 경계는 더 어둡게, 밝은 부분의 경계는 더 밝게 보인다.
④ 검은색 위의 노랑은 명도가 더 높아 보인다.

해설
색상대비는 색상이 다른 두 색을 동시에 볼 때 각 색상의 차이가 크게 느껴지는 현상이다. 색상대비는 일차색끼리 잘 일어나며, 이차색, 삼차색이 될수록 그 대비효과는 작아진다. 예를 들어 빨간색 바탕 위의 주황색은 노란색 기미를 띠고 노란색 바탕 위의 주황색은 빨간색 기미를 띤다.

정답 74 ④ 75 ② 76 ④ 77 ③ 78 ①

79 다음 중 심리적으로 가장 침정되는 느낌을 주는 색의 특성을 모은 것은?

① 난색 계열의 고채도
② 난색 계열의 저채도
③ 한색 계열의 고채도
④ 한색 계열의 저채도

해설
심리적으로 가장 침정되는 느낌을 주는 색은 한색 계열의 저채도이다.

80 빛과 색채에 관한 설명 중 틀린 것은?

① 햇빛과 같이 모든 파장이 유사한 강도를 갖는 빛을 백색광이라 한다.
② 빛은 파장에 따라 서로 다른 색감을 일으킨다.
③ 물체의 색은 빛의 반사와 흡수의 특성에 의해 결정된다.
④ 여러 가지 파장이 고르게 반사되는 경우에는 유채색으로 지각된다.

해설
여러 가지 파장이 고르게 반사되면 백색광이 된다. 색은 혼합할수록 탁해지며 무채색화된다.

제5과목 색채체계의 이해

81 먼셀 색체계의 설명으로 틀린 것은?

① 먼셀의 색입체는 불규칙한 나무 형태이다.
② 먼셀은 색상환은 심리보색의 개념을 바탕으로 한 색체계이다.
③ 1905년 먼셀에 의해 창안된 표색계이다.
④ 먼셀 표색계의 기본색은 빨강, 노랑, 초록, 파랑, 보라이다.

해설
먼셀의 색상환은 색이 지닌 삼속성의 지각적 등보성에 따른 감각적인 색체계이다.

82 3자극치 XYZ 표색계가 속하는 것은?

① 먼셀 색체계
② 오스트발트 색체계
③ NCS 색체계
④ CIE 색체계

해설
CIE는 1931년 CIE(국제조명위원회)가 제정한 색채 표준으로, 색을 정량화한 수치로 만들었으며, CIE XYZ, CIE Yxy, CIE L*a*b* 등의 3자극치의 값으로 표현한 색체계이다.

83 NCS 표기법에서 S1500-N의 해석으로 옳은 것은?

① 검은색도는 85%를 차지한다.
② 유채색도는 0%이다.
③ 하얀색도는 15%이다.
④ N은 뉘앙스(Nuance)를 의미한다.

해설
S1500-N은 검은색도는 15%, 순색도(유채색도)는 0%, 나머지 85%가 하얀색도라는 의미이다.

79 ④ 80 ④ 81 ② 82 ④ 83 ② 정답

84 **색채조화의 기초적인 사항이 아닌 것은?**

① 색상, 명도, 채도의 차이가 기초가 된다.
② 대립감이 조화의 원리가 되기도 한다.
③ 유사의 원리는 색상, 명도, 채도 차이가 작을 때 일어난다.
④ 유사한 색으로 배색하여야만 조화가 된다.

해설
유사한 색으로 배색하여야'만' 조화가 된다는 식의 문장은 대부분 정답이 아니다. 디자인에서 꼭 해야 하는 정해진 것은 없다.

85 **오스트발트 색체계의 설명으로 틀린 것은?**

① 헤링의 4원색설을 기본으로 채택하였다.
② 수직축은 채도를 나타낸다.
③ ga, le, pi는 등순색 계열의 색이다.
④ ea, ga, ia는 등흑색 계열의 색이다.

해설
오스트발트의 색체계에서 수직축은 명도를 나타낸다.

86 **1931년에 CIE에서 발표한 색체계의 설명으로 옳은 것은?**

① 눈의 시감을 통해 지각하기 쉽도록 표준색표를 만들었다.
② 표준관찰자를 전제로 표준이 되는 기준을 발표하였다.
③ CIEXYZ, CIELAB, CIERGB 체계를 완성하였다.
④ 10° 시야를 이용하여 기준 관찰자를 정의하였다.

해설
빛의 색채표준에 대해 국제적인 표준화기구가 필요하게 되어 구성된 것이 국제조명위원회(CIE)이다. 표준광원에서 표준관찰자에 의해 관찰되는 색을 정량화시켜 수치로 만든 표색계이다.

87 **밝은 베이지, 어두운 브라운의 배색방법은?**

① 도미넌트 톤 배색
② 톤온톤 배색
③ 유사톤 배색
④ 대조톤 배색

해설
밝은 베이지, 어두운 브라운은 동일 색상 노란색이면서 반대 색조의 배색방법이다. 색상은 같은데 색조가 다른 배색방법을 톤온톤 배색이라고 한다.

88 **NCS 색체계에 대한 설명으로 틀린 것은?**

① NCS 색 삼각형은 오스트발트 시스템과 같이 사선 배치 모양으로 구성되어 있다.
② Y, R, B, G을 기본으로 40색상환을 구성한다.
③ 명도와 채도를 통합한 Tone의 개념, 즉 뉘앙스(Nuance)로 색을 표시한다.
④ 하양의 표기방법은 9000-N으로, 하얀색도 90%, 순색도 0%이다.

해설
9000-N은 검은색도 90%, 순색도 0%로 검은색에 가까운 명도를 나타낸다.

정답 84 ④ 85 ② 86 ② 87 ② 88 ④

89 **오스트발트 색체계 기호표시인 '17 nc'의 설명으로 옳은 것은?**

① 17은 색상, n은 명도, c는 채도
② 17은 백색량, n은 흑색량, c는 순색량
③ 17은 색상, n은 백색량, c는 흑색량
④ 17은 색상, n은 흑색량, c는 백색량

해설
17 nc 표기법의 의미는 17 = 색상, n = 백색량, c = 흑색량을 말한다.

90 **먼셀의 균형이론에 영향을 받은 색채조화론은?**

① 슈브뢸의 조화론
② 문-스펜서 조화론
③ 파버 비렌의 조화론
④ 저드의 조화론

해설
문과 스펜서는 먼셀 시스템을 바탕으로 한 색채조화론을 미국 광학회의 학회지에 발표했다. 문과 스펜서의 색채조화론은 수학적 공식을 사용하여 정량적으로 이론화한 것이다.

91 **관용색이름에 대한 설명이 틀린 것은?**

① 옛날부터 사용해 온 고유색이름명이다.
② 광물의 이름에서 유래된 것도 있다.
③ 인명, 지명에서 유래된 것도 있다.
④ 연한 파랑, 밝은 남색 등이 있다.

해설
연한 파랑, 밝은 남색의 표시는 일반색명(계통색명)법이다.

92 **CIE LCH 색공간에 대한 설명이 틀린 것은?**

① L*은 명도를 나타낸다.
② C*는 채도이고, h는 색상각이다.
③ C*값은 중앙에서 0°이고, 중앙에서 멀어질수록 커진다.
④ h의 0°는 +a*(노랑), 90°는 +b*(빨강), 180°는 −a*(파랑), 270°는 −b*(초록)이 된다.

해설
CIE L*c*h* 색공간에서 L*은 명도, C*는 채도, h는 색상의 각도를 의미한다. 원기둥형 좌표를 이용해 표시하는데 h = 0°(빨강), h =90°(노랑), h = 180°(초록), h = 270°(파랑)으로 표시된다.

93 **연속배색을 색 속성별로 4가지로 분류할 때, 해당되지 않는 것은?**

① 색상의 그러데이션
② 톤의 그러데이션
③ 명도의 그러데이션
④ 보색의 그러데이션

해설
보색관계에서는 그러데이션 배색을 표현하기 어렵다.

89 ③ 90 ② 91 ④ 92 ④ 93 ④ 정답

94 **헤링의 4원색설에서 4원색이 아닌 것은?**

① 빨 강
② 노 랑
③ 초 록
④ 보 라

해설
헤링의 4원색설에서는 빨강, 초록, 노랑, 파랑의 4색이 기본이 되는 색으로, 빨강-초록, 파랑-노랑, 검정-하양이 서로 대립하는 반대색(보색)의 관계에 있으므로 반대색설이라고도 한다.

95 **DIN 색체계에 대한 설명 중 옳은 것은?**

① 색상을 주파장으로 정의하고 10색상으로 분할한 것이 먼셀 색체계와 유사하다.
② 등색상면은 백색점을 정점으로 하는 부채형으로, 한 변은 흑색에 가까운 무채색이고, 다른 끝색은 순색이 된다.
③ 2 : 6 : 1은 T = 2, S = 6, D = 1로 표시 가능하고, 저채도의 빨간색이다.
④ 어두운 정도를 유채색과 연계시키기 위해 유채색 만큼의 같은 색도를 갖는 적정색들의 분광반사율 대신 시감반사율이 채택되었다.

해설
① DIN 색체계는 오스트발트 색체계와 유사하다.
② 등색상면은 흑색점을 정점으로 하는 부채형이다.
③ 2 : 6 : 1은 T = 2, S = 6, D = 1로 표시 가능하고, 노란색을 나타낸다.

96 **Yxy 색체계에 대한 설명이 옳은 것은?**

① 빛에 의해 일어나는 3원색(R, G, B)을 정하고, 그 혼색비율에 의한 색체계이다.
② 수학적 변환에 의해 도입된 가상적 원자극을 이용해서 표색을 하고 있다.
③ 색도도의 중심점은 백색점을 표시하고, Y는 명도이고, x, y는 색도를 나타낸다.
④ 감법혼색의 실험결과로 만들어진 국제표준체계이다.

해설
Yxy 색체계는 국제조명위원회에서 제정한 표준 측색시스템으로 가법혼색의 원리로, 양(+)적인 표시만 가능한 XYZ 표색계로는 색채의 느낌을 정확히 알 수 없고 밝기의 정도도 판단할 수 없으므로 XYZ의 표색계의 수식을 변환하여 얻은 표색계이다.

97 **한국인의 백색에 관한 설명으로 옳은 것은?**

① 순백, 수백, 선백 등 혼색이 전혀 없는, 조작하지 않은 있는 그대로의 색이라는 의미이다.
② 백색은 소복에만 사용하였다.
③ 위엄을 표하는 관료들의 복식색이었다.
④ 유백, 난백, 회백 등은 전통개념의 백색에 포함되지 않는다.

해설
② 백색은 의복에 다양하게 사용되었다.
③ 위엄을 표하는 관료의 복식색으로 홍색, 파랑, 초록색을 사용했다.
④ 유백, 난백, 회백 등은 그 이름에서 알 수 있듯 전통개념의 백색에 포함된다.

정답 94 ④ 95 ④ 96 ③ 97 ①

98 한국산업표준(KS)에 규정된 유채색의 기본색이름 전부의 약호가 옳게 나열된 것은?

① R, YR, Y, GY, G, BG, B, PB, P, RP, Pk, Br
② R, O, Y, YG, G, BG, B, bV, P, rP, Pk, Br
③ R, yR, Y, gY, G, bG, B, pB, P, rP
④ R, Y, G, B, P

해설
유채색의 기본색이름은 빨강(R), 주황(YR), 노랑(Y), 연두(GY), 초록(G), 청록(BG), 파랑(B), 남색(PB), 보라(P), 자주(RP), 분홍(Pk), 갈색(Br)이다(KS A 0011).

99 현색계와 혼색계를 바르게 설명한 것은?

① 현색계는 실제 눈에 보이는 물체색과 투과색 등이다.
② 현색계는 눈으로 비교, 검색할 수 없다.
③ 혼색계는 수치로 구성되어 색의 감각적 느낌이 강하다.
④ 혼색계에는 NCS 색체계가 대표적이다.

해설
현색계는 인간의 색 지각을 기초로 심리적 3속성인 색상, 명도, 채도에 의해 물체색을 순차적으로 배열한 표색계이다.

100 다음 ISCC-NIST의 설명 중 틀린 것은?

① 1955년 ISCC-NBS 색채표준 표기법과 색이름이라는 이름으로 발표되었다.
② ISCC와 NIST는 색채의 전달과 사용상 편의를 목적으로 색이름 사전과 색채의 계통색 분류법을 개발하였다.
③ Light Violet의 먼셀 기호 색상은 1RP이다.
④ 약자 v-Pk는 vivid Pink의 약자이다.

해설
ISCC-NIST에서 Light Violet은 밝은 보라이며 '1RP'는 색상만 표기한 것이므로 옳지 않다. 색조인 Light, 즉 명도와 채도까지 표시해야 한다.

98 ① 99 ① 100 ③ 정답

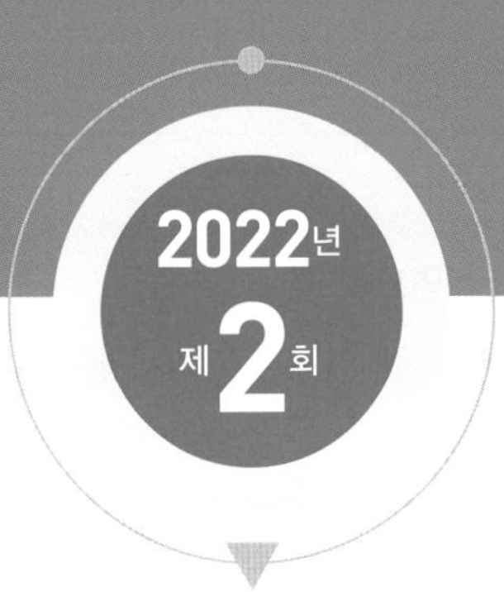

컬러리스트산업기사

최근 기출복원문제

제1과목 색채심리

01 혈압을 내려주고 긴장을 이완시켜 불면증에 효과가 있다고 알려진 색채는?

① 연 두
② 노 랑
③ 하 양
④ 파 랑

해설
파랑 : 안정감, 균형, 진정작용, 갑상선, 인후 부위, 폐, 두뇌, 운동신경의 흥분지정, 맥박저하, 염증 치유, 호흡수와 혈압안정, 근육긴장 감소

02 도시와 그 지역의 자연 환경색채가 옳게 연결된 것은?

① 그리스 산토리니 – 자연친화적 살구색
② 스위스 알프스 – 고유 석재의 회색
③ 일본 동경 – 일본 상징의 쪽색
④ 독일 라인강변 – 지붕의 붉은색

해설
지형, 기후, 빛, 사회문화적 관습, 지역 전통, 건축기술과 같은 여러 요소들이 각 나라와 지방의 서로 다른 건축적 개성과 특징적인 색채를 부여한다.

03 다음 중 가장 낮은 채도를 사용하는 것이 합리적인 색채계획의 사례는?

① 전통놀이마당 광고 포스터
② 작업장 내 동선 안내 스티커
③ 여성의 수영복
④ 올림픽 스타디움 외관

해설
낮은 채도는 주변 환경과 잘 조화되며 편안하고 안정감을 느끼게 한다. 특히 건축물의 색채는 주변과의 조화로움을 고려해야 한다.

04 기업색채를 가장 옳게 설명한 것은?

① 기업의 빌딩 외관에 사용한 색채
② 기업 내부의 실내 색채
③ 기업의 이미지를 시각적으로 상징화한 색채
④ 기업에서 생산된 제품의 색채

해설
기업색채는 기업 경영전략의 하나로서 상표 이미지를 시각적으로 단순화하고, 체계화·차별화하여 기업 이미지를 높이고 소비자에게 강하게 인식시키는 데 영향을 미친다.

05 색채선호의 원리에 대한 설명 중 틀린 것은?

① 남성과 여성의 선호색이 다른 경우가 많다.
② 색채선호도는 세월에 따라 변화한다.
③ 제품의 종류에 관계없이 선호색은 적용된다.
④ 색채선호도는 연령에 따라 다르게 나타난다.

해설
제품의 색채선호는 신소재, 디자인, 유행에 따라 변화한다.

정답 1 ④ 2 ④ 3 ④ 4 ③ 5 ③

06 색채 마케팅 전략의 개발에 영향을 미치는 요인으로 가장 거리가 먼 것은?

① 라이프스타일과 문화의 변화
② 환경문제와 환경운동의 영향
③ 인구통계적 요인
④ 정치와 법규의 규제 요인

해설
색채 마케팅은 소비자의 행동 유형에 따라 전략을 수립한다. 소비자는 사회문화적 요인, 개인적인 라이프스타일 등에 의해 구매 욕구에 변화가 있다.

07 중국 시장을 위한 휴대폰을 빨간색으로 선정한 것은 색채기획의 방법 중 어떤 점을 고려한 것인가?

① 문화권별 색채기호를 고려한 기획
② 개인적인 색채선호를 고려한 기획
③ 풍토색을 고려한 기획
④ 사용 연령대의 선호색채를 고려한 기획

해설
황하 유역의 흙이 붉은색을 띠고 있어 중국을 적현이라고 한다. 붉은색은 모든 악귀를 물리치는 행운, 복, 돈을 불러온다 하여 중국인들이 가장 선호한다.

08 색채선호 원리에 대한 설명으로 틀린 것은?

① 색의 선호도는 피부색과 눈동자와 연관성이 없다.
② 색의 선호도는 태양광의 양에 따라 다른 양상을 보인다.
③ 색의 선호도는 교양과 소득에 따라 다르며, 연령에 따라서도 변화한다.
④ 색의 선호도는 성별, 민족, 지역에 따라 다르다.

해설
색의 선호도는 피부색과 눈동자와 연관성이 있다. 색채는 다양한 문화권에서 상징적인 의미를 지닌다. 라틴계 민족은 난색계, 북극계 민족은 한색계를 선호한다.

09 색채와 소리의 관계에 대한 설명으로 틀린 것은?

① 뉴턴은 일곱 가지 색을 칠음계에 연계시켜 색채와 소리의 조화론을 설명하였다.
② 카스텔은 C는 청색, D는 녹색, E는 주황, G는 노랑 등으로 음계와 색을 연결시켰다.
③ 색채와 음계의 관계는 사람마다 다르게 느끼므로 공통된 이론으로 발전되지는 못하였다.
④ 몬드리안의 '브로드웨이 부기우기' 작품은 다양한 소리와 역동적인 움직임을 표현한 것이다.

해설
카스텔은 C는 청색, D는 녹색, E는 노랑, G는 빨강, A는 보라로 음계와 색을 연결시켰다.

10 색채조절에 대한 설명 중 가장 거리가 먼 것은?

① 산업용으로 쓰이는 색은 부드럽고 약간 회색빛을 띤 색이 좋다.
② 비교적 고온의 작업환경 속에서 일하는 경우에는 초록이나 파란색이 좋다.
③ 우중충한 회색빛의 기계류는 중요 부분과 작동 부분을 담황색으로 강조하는 것이 좋다.
④ 색은 보기에 알맞도록 구성되어야 하는 것이 아니라 참고 견딜 수 있도록 구성되어야 한다.

해설
색채조절은 색 자체가 가지고 있는 생리적, 심리적 성질을 이용하여 안전성, 능률성, 쾌적성 등을 목적으로 사용하는 것이다. 참고 견디는 것은 능률성과 안전성을 떨어뜨리는 행위이다.

6 ④ 7 ① 8 ① 9 ② 10 ④ 정답

11 색채와 공감각에 대한 설명 중 틀린 것은?

① 너무 밝은 명도의 색은 식욕을 일으키지 않는다.
② 좋은 냄새는 맑고 순수한 고명도색, 나쁜 냄새는 어둡고 흐린 난색계를 연상하게 한다.
③ 소리를 색채와 함께 공감각적으로 인식하면 낮은 음은 밝고 강한 채도의 색을 느끼게 한다.
④ 공감각 특성을 이용하면 보다 정확하고 강하게 메시지와 의미를 전할 수 있다.

해설
③ 낮은 음은 저명도, 저채도의 색을 느끼게 한다.

12 색채정보 수집방법으로 가장 용이한 표본조사법의 표본 추출방법이 틀린 것은?

① 표본은 특정 조건에 맞추어 추출한다.
② 표본의 선정은 올바르고 정확하며 편차가 없는 방식으로 한다.
③ 표본 선정은 연구자가 대규모의 모집단에서 소규모의 표본을 뽑아야 한다.
④ 표본은 모집단을 모두 포괄할 목록을 반드시 가지고 있어야 한다.

해설
표본은 특정 조건보다는 모집단을 대표할 수 있는 일부 대상을 표본으로 선정해야 한다.

13 표본의 크기에 대한 설명 중 틀린 것은?

① 표본의 오차는 표본을 뽑게 되는 모집단의 크기에 따라 크게 달라진다.
② 표본의 사례수(크기)는 오차와 관련되어 있다.
③ 적정 표본 크기는 허용오차 범위에 의해 달라진다.
④ 전문성이 부족한 연구자들은 선행연구의 표본 크기를 고려하여 사례수를 결정한다.

해설
색채 마케팅 표본조사 시 표본의 사례수(크기)는 오차와 관련이 있으며, 적정 표본 크기는 허용오차 범위에 의해 달라진다.

14 다음 중 소비자의 일반적 구매행동에 영향을 미치는 요인이 아닌 것은?

① 개인적 요인
② 심리적 요인
③ 지식적 요인
④ 문화적 요인

해설
소비자의 일반적 구매행동에 영향을 미치는 요인으로 문화적 요인, 사회적 요인, 개인적 요인, 심리적 요인이 있다.

15 색채조절을 위한 고려사항 중 잘못된 것은?

① 시간, 장소, 경우를 고려한 색채조절
② 사물의 용도를 고려한 색채조절
③ 사용자의 성향을 고려한 색채조절
④ 보편적 색채연상을 벗어난 사용자의 개성을 고려한 색채조절

해설
색 자체가 가지고 있는 생리적, 심리적 성질을 이용하여 안전성, 능률성, 쾌적성 등을 객관적으로 고려해야 한다.

정답 11 ③ 12 ① 13 ① 14 ③ 15 ④

16 소비자가 개인적인 제품을 구매하고 결정하는 데 가장 영향을 많이 주는 대상은?

① 한 가지 목적을 가지고 모이는 희구집단
② 개인의 취향과 의견에 영향을 주는 대면집단
③ 가정의 경제력을 가진 결정권자
④ 사회계급이 같은 계층의 집단

해설
사회적 요인 : 가족에서부터 회사 등 집단의 영향을 받는다. 특히, 대면집단(Face To Face Group)은 개인의 취향이나 의견에 직접적 영향을 미친다.

17 다음 중 표적 마케팅의 단계에 해당되지 않는 것은?

① 시장 세분화
② 시장 표적화
③ 시장의 위치 선정
④ 고객서비스 개발

해설
표적 마케팅은 시장 세분화 → 시장 표적화 → 시장의 위치 선정의 과정으로 이루어진다.

18 색채 마케팅 프로세스의 순서가 옳은 것은?

① 색채 DB화 → 색채 콘셉트 설정 → 시장, 소비자 조사 → 판매촉진 전략 구축
② 색채 DB화 → 판매촉진 전략 구축 → 색채 콘셉트 설정 → 시장, 소비자 조사
③ 시장, 소비자 조사 → 색채 콘셉트 설정 → 판매촉진 전략 구축 → 색채 DB화
④ 시장, 소비자 조사 → 색채 DB화 → 판매촉진 전략 구축 → 색채 콘셉트 설정

해설
색채 마케팅에서 가장 먼저 할 것은 시장과 소비자에 대한 조사이다. 시장과 소비자의 니즈를 파악한 후 이를 근거로 색채 콘셉트를 설정하고 판매 촉진을 위한 전략을 구축한 자료를 데이터베이스화하여 마케팅을 지속적으로 실행하게 된다.

19 석유나 가스의 저장탱크를 흰색이나 은색으로 칠하는 이유는?

① 흡수율이 높은 색이므로
② 팽창성이 높은 색이므로
③ 반사율이 높은 색이므로
④ 수축성이 높은 색이므로

해설
흰색은 빛 반사율이 높은 색으로 석유나 가스와 같은 열에 위험한 저장탱크 등에 사용하면 효과적이다.

20 정보로서의 색의 역할에 대한 설명이 틀린 것은?

① 제품의 차별화와 색채연상 효과를 높이기 위해 민트향이 첨가된 초콜릿 제품의 포장을 노랑과 초콜릿색의 조합으로 하였다.
② 서양 문화권에서 흰색은 순결한 신부를 상징하지만, 동양에서는 죽음의 색으로서 장례식을 대표하는 색이다.
③ 국제적 언어로서 파랑은 장비의 수리 및 조절 등 주의신호에 쓰인다.
④ 스포츠 경기에 참가한 한 팀을 쉽게 구별할 수 있도록 운동복 색채를 선정함으로 경기의 효율성과 관람자의 관전이 쉽도록 돕는다.

해설
민트향이 첨가된 초콜릿 제품의 포장은 녹색과 은색의 조합으로 하는 것이 좋다.

16 ② 17 ④ 18 ③ 19 ③ 20 ① 정답

제2과목 색채디자인

21 디자인이 수공예 중심의 귀족 전유물에서 대중화, 대량 생산화로 전환된 시기는?

① 독일공작연맹 이후 ② 산업혁명 이후
③ 아르데코 이후 ④ 아르누보 이후

해설
산업혁명은 18세기 영국에서 일어난 혁명으로 기계혁명이자 생산혁명의 개혁으로 대중화, 대량 생산이 가능해진 시기이다.

22 색채계획 시 디자인 대상에 악센트를 주어 신선한 느낌을 만드는 포인트 같은 역할을 하는 색은?

① 주조색 ② 보조색
③ 강조색 ④ 유행색

해설
일반적으로 주조색, 보조색, 강조색을 고려하여 색채계획을 세우는데, 주조색은 전체의 70% 이상을 차지하는 색으로 전체의 느낌을 전달하기 위한 색이다. 보조색은 주조색을 보조하는 역할로 25% 정도 사용하는 색상이다. 디자인 대상에 악센트를 주어 포인트 역할을 하는 강조색은 5% 정도로 사용된다.

23 다음 중에서 디자인의 목적에 해당되지 않는 것은?

① 디자인은 보다 사용하기 쉽고, 편리하며, 아름다운 생활환경을 창조하는 조형행위이다.
② 디자인은 실용적이고 미적인 조형의 형태를 개발하는 것이다.
③ 디자인은 아름다움을 추구하기 위하여 즉시적이고 무의식적인 조형의 방법을 개발하고 연구하는 것이다.
④ 디자인은 특정 문제에 대한 목적을 마음에 두고, 이의 실천을 위하여 세우는 일련의 행위 개념이다.

해설
디자인의 목적은 더욱 사용하기 쉽고, 편리하며, 아름답고, 실용적인 조형을 창조하는 것이다. 특정 문제에 대한 목적을 마음에 두고, 이의 실천을 위하여 세우는 일련의 행위개념이므로 아름다움만을 위해 무의식적인 조형의 방법을 개발하는 것은 디자인의 목적에 맞지 않다.

24 디자인 프로세스와 색채계획에 대한 설명 중 틀린 것은?

① 제품 디자인은 시장상황 분석을 통한 조사의 결과를 바탕으로 전개되며 이 단계에서 경쟁사의 색채분석 및 자사의 기존 제품 색채에 관한 생산과정과 색채분석이 실행된다.
② 제품 디자인은 실용성과 심미적 감성 그리고 조형적인 요소를 모두 갖도록 설계되며 제품 색채계획은 이들 중 특히 심미성과 조형성에 관계된다.
③ 제품에 사용된 다양한 소재에 맞추어 주조색을 정하고 그 성격에 맞춘 여러 색을 배색하는 색채디자인 단계에서 디자이너의 개인적 감성과 배색능력이 매우 중요시된다.
④ 색채의 시제품 평가단계에서는 색채의 재현과 평가환경 등 여러 사항을 고려하여 제품의 기획단계와 일체성을 평가한다.

해설
제품 디자인의 프로세스는 전체적인 이미지 방향을 설정하고, 주조색을 결정한 다음, 시장의 경향이나 소비자의 선호를 고려하여 배색하는 것이 합리적이다. 기획단계에서 시장조사, 소비자 조사, 색채분석을 한 후, 디자인 단계에서 주조색, 보조색, 강조색을 정하여 소재 및 재질을 결정하게 된다.

25 '집은 살기 위한 기계이다'라고 말한 사람은?

① 발터 그로피우스(Walter Gropius)
② 르 코르뷔지에(Le Corbusier)
③ 안토니 가우디(Anthony Gaudi)
④ 프랭크 로이드 라이트(Frank Lloyd Wright)

해설
근대 건축의 거장인 르 코르뷔지에는 "집은 삶을 위한 기계"라는 명언을 남겼다. 기존의 건축 관념을 깨고, 오늘날 현대 건축에 적용되는 많은 이론을 만들어낸 건축 이론의 선구자이기도 하다.

정답 21 ② 22 ③ 23 ③ 24 ③ 25 ②

26 제품을 넣는 용기의 기능적, 미적 향상을 목적으로 하는 시각 디자인 분야는?

① 포스터 디자인
② 신문광고 디자인
③ 패키지 디자인
④ 일러스트레이션

해설
패키지 디자인은 제품을 보호할 수 있고, 제품의 정보나 성격을 정확히 전달하며, 경쟁 상품과 차별을 둬야 한다. 유통 시 취급과 보관의 용이함을 신경써야 하며, 심미적으로 구매 의욕을 높여야 한다.

27 다음 중 제품 수명주기가 가장 짧은 품목은?

① 자동차
② 셔 츠
③ 볼 펜
④ 냉장고

해설
패션이란 일정 기간 동안 사회 다수의 사람들에게 일시적으로 수용되는 의복 스타일을 말한다. 셔츠는 패션 디자인의 영역으로 자동차나 인테리어 등 다른 디자인 분야의 제품에 비해 비교적 빠르게 유행이 변화해 제품의 주기가 짧은 경향이 있다.

28 다음 중 디자인의 개념과 가장 거리가 먼 것은?

① 디자인은 생활의 예술이다.
② 디자인은 사회적 과정이다.
③ 디자인은 항상 어떤 가능성을 전제로 시작한다.
④ 디자인은 신비한 능력이다.

해설
디자인은 인간 생활의 목적에 맞고 실용적이면서도 미적인 조형활동을 실현하고 창조해 가는 모든 활동을 말한다.
④ 신비한 능력은 실용적인 디자인보다는 추상적인 예술에 가깝다.

29 디자인 사조에 관한 설명이 틀린 것은?

① 미니멀리즘 – 순수한 색조대비와 강철 등의 공업재료의 사용
② 해체주의 – 분석적 형태의 강조를 위한 분리채색
③ 포토리얼리즘 – 원색적이고 자극적인 색, 사진과 같은 극명한 화면구성
④ 큐비즘 – 기능과 관계없는 장식 배제

해설
큐비즘(Cubism)은 20세기 초 회화를 비롯해 건축, 조각, 공예 등 국제적으로 퍼져 전파된 미술운동이다. 세잔(Paul Cezanne)의 3차원적 시각을 통해 표면에 입체적으로 재현하는 것을 목표로 삼고 있는 것이 특징이며, 종래 원근법칙의 기본 원리는 포기하면서 동일한 사물의 서로 다른 측면을 보여준다.

30 컬러 플래닝 프로세스를 옳게 나열한 것은?

① 기획 → 색채설계 → 색채관리 → 색채계획
② 기획 → 색채계획 → 색채설계 → 색채관리
③ 기획 → 색채관리 → 색채계획 → 색채설계
④ 기획 → 색채설계 → 색채계획 → 색채관리

해설
색채계획 프로세스는 일반적으로 조사 및 기획 → 색채계획 및 설계 → 색채관리의 단계로 진행된다.

26 ③ 27 ② 28 ④ 29 ④ 30 ② 정답

31 **미용 디자인의 특성 중 거리가 먼 것은?**

① 개인의 미적 욕구를 만족시켜야 하므로 개개인의 신체 특성을 고려하여야 한다.
② 아름다움이 중요하므로 시간적 제약의 의미는 크지 않다.
③ 보건위생상 안전해야 한다.
④ 사회활동에 도움이 되어야 한다.

해설
미용 디자인은 개인적인 요구에 적합한 이미지를 추구하면서도 시대의 흐름과 기능성을 고려해 적절한 색채와 형태를 계획해야 한다. 즉 시간, 장소, 경우(T.P.O)를 고려해야 한다.

32 **모더니즘의 대두와 함께 주목을 받게 된 색은?**

① 빨강과 자주색
② 노랑과 청색
③ 흰색과 검은색
④ 베이지색과 카키색

해설
모더니즘의 대표색은 직선적인 형태를 잘 드러내는 흰색과 검은색이다.

33 **1950년대 미국에서 시작된 색채계획의 시대적 배경에 관한 설명 중 거리가 먼 것은?**

① 과학기술의 발전에 따른 생산방식의 공업화
② 색채의 생리적 효과를 활용한 색채조절에 의한 디자인 방식 주목
③ 인공착색 재료와 착색기술의 발달
④ 안전성과 기능성보다는 목적과 대상에 따라 다양성 적용

해설
1950년대 미국에서는 색채의 안전성과 기능적인 면이 미적인 요소보다 강조되어 기능적인 색, 안전색 등 색채조절로 다양한 효과를 주었다.

34 **사계절의 색채표현법을 도입한 미용 디자인의 퍼스널 컬러 진단법에서 정확한 진단을 위해 지켜야 할 사항이 아닌 것은?**

① 기초 메이크업을 한 상태에서 시작한다.
② 자연광이나 자연광과 비슷한 조명 아래에서 실시한다.
③ 흰 천으로 머리와 의상의 색을 가리고 실시한다.
④ 봄, 여름, 가을, 겨울의 각 계절색상의 천을 대어 보아 얼굴색의 변화를 관찰한다.

해설
메이크업을 하지 않은 상태에서 흰 천으로 머리와 의상색을 가리고 퍼스널 컬러 진단을 시작하여야 한다.

35 **패션 색채디자인의 방법으로 틀린 것은?**

① 경우에 따라 보색 색상의 배색을 사용하기도 한다.
② 타 브랜드의 색채 경향을 분석해 본다.
③ 색조배색은 되도록 배제하며 색상배색을 위주로 한다.
④ 실제 소비자의 착용실태를 조사하여 유행색 예측 자료로 활용한다.

해설
패션 색채디자인은 다른 디자인에 비해 유행에 더욱 민감하다. 색조배색과 색상배색은 더욱 다양하게 활용되어야 한다.

정답 31 ② 32 ③ 33 ④ 34 ① 35 ③

36 환경파괴를 최소화하는 것을 '에코디자인'이라 정의할 때 그 디자인의 원칙과 거리가 가장 먼 것은?

① 지속 가능한 디자인을 선택한다.
② 생태적 측면이 중요하며 문화적 측면은 고려 대상이 아니다.
③ 자연을 가장 우선으로 살리는 디자인이어야 한다.
④ 자연의 섭리에 따르는 디자인이어야 한다.

해설
② 생태적 측면뿐만 아니라 문화적 측면도 고려해야 한다.

37 디자인의 합목적성에 관한 내용으로 관계가 가장 적은 것은?

① 실용상의 목적을 가리키는 것이다.
② 객관적, 합리적인 접근이 요구된다.
③ 과학적, 공학적 기초가 필요하다.
④ 토속적, 관습적 접근이 필요하다.

해설
디자인의 합목적성은 기능성과 실용성을 겸비해야 한다는 것이다. 합목적성은 디자인 제작 시 가장 기본적인 기능과 실용성, 효용성을 말하며, 이성적, 합리적, 객관적인 특징을 가지는 디자인의 1차 조건이다.

38 디자인(Design)의 어원으로 거리가 먼 것은?

① 데셍(Dessein)
② 디스크라이브(Describe)
③ 디세뇨(Disegno)
④ 데시그나레(Designare)

해설
디자인의 어원은 프랑스어의 데셍(Dessein), 이탈리아어의 디세뇨(Disegno), 라틴어의 데시그나레(Designare)이며 '계획을 세우고 수립하다'라는 의미를 가지고 있다.

39 윌리엄 모리스가 디자인에 접목시키고자 했던 예술양식은?

① 바로크
② 로마네스크
③ 고 딕
④ 로코코

해설
윌리엄 모리스는 주로 고딕 양식을 디자인에 접목하였으며 식물의 문양을 모티브로 유기적이고 선적인 형태를 사용하였다.

40 서로 달라서 관련이 없는 요소를 결합시킨다는 의미로 공통의 유사점, 관련성을 찾아내고 동시에 아주 새로운 사고방법으로 2개의 것을 1개로 조립하는 것을 목표로 하는 이미지 전개방법은?

① 브레인스토밍
② 시네틱스
③ 입출력법
④ 체크리스트법

해설
시네틱스(Synectics)란 서로 관련없어 보이는 것을 결부시킨다는 의미이다. 즉, 주제와 전혀 관련없는 사물이나 생각을 관련시키는 방법이다.

정답 36 ② 37 ④ 38 ② 39 ③ 40 ②

제3과목 색채관리

41 자동배색장치의 기본원리로, 일정한 두께를 가진 발색층에서 감법혼색을 하는 경우에 성립하고 색료의 흡수, 산란을 설명하는 원리는?

① 데이비스-깁슨 이론(Davis Gibson Theory)
② 헌터 이론(Hunter Theory)
③ 쿠벨카 뭉크 이론(Kubelka Munk Theory)
④ 오스트발트 이론(Ostwald Theory)

해설
쿠벨카 뭉크 이론은 일정한 두께를 가진 발색층에서 감법혼색을 하는 경우에 성립하는 이론이다. 자동배색장치의 기본원리이기도 하다.

42 다음 중 색을 측정하는 목적이 아닌 것은?

① 정확한 색의 파악을 위해
② 정확한 색의 재현을 위해
③ 정확한 색의 전달을 위해
④ 주관적인 색의 표현을 위해

해설
색을 측정하는 목적은 정확하고 객관적인 색의 재현을 통해 전달하기 위해서이다.

43 인류에게 알려진 오래된 염료 중의 하나로 벵갈, 자바 등 아시아 여러 곳에서 자라는 토종식물에서 얻어지며, 우리에게 청바지의 색깔로 잘 알려져 있는 천연염료는?

① 인디고
② 플라본
③ 모 브
④ 모베인

해설
인디고는 인류에게 알려진 오래된 천연염료이다.

44 도료의 기본 구성요소 중 다양한 색채를 표현할 수 있는 성분은?

① 안료(Pigment)
② 수지(Resin)
③ 용제(Solvent)
④ 첨가제(Additives)

해설
도료는 수지, 안료, 용제, 첨가제로 구성되어 있다. 안료는 다양한 색채를 표현하고, 용제는 도막의 부성분으로 도료의 점도를 조절하여 유동성을 준다. 첨가제인 건조제는 빨리 건조하도록 돕는 재료이다.

45 염색물의 일광견뢰도란?

① 염색물이 태양광선 아래에서 얼마나 습도에 견디는지를 그래프로 나타낸 것
② 염색물이 자연광 아래에서 얼마나 변색되는가를 나타내는 척도
③ 염색물이 세탁에 의하여 얼마나 탈색되는가를 나타내는 정도
④ 염색물이 습기와 온도에 의하여 얼마나 변색되는가를 평가하는 척도

해설
일광견뢰도는 물리환경적인 조건에서 빛에 견디는 성질을 말한다.

정답 41 ③ 42 ④ 43 ① 44 ① 45 ②

46 자연에서 대부분의 검은색 또는 브라운색을 나타내는 색소는?

① 멜라닌
② 플라보노이드
③ 안토사이아니딘
④ 포피린

해설
② 플라보노이드는 노란색 계통의 식물색소이다.
③ 안토사이아니딘은 안토사이안이라 하며 빨강(산성), 보라(중성), 파랑(알칼리성)의 색을 나타내는 식물색소이다.
④ 포피린은 헤모글로빈의 금속을 제거한 화합물이다.

47 최초의 합성염료로서 아닐린 설페이트를 산화시켜서 얻어내며, 보라색 염료로 쓰이는 것은?

① 산화철
② 모베인(모브)
③ 산화망가니즈
④ 옥소크로뮴

해설
1856년 영국의 화학자 윌리엄 퍼킨이 최초의 염기성 염료인 모베인(Mauveine)을 인공 합성하였다.

48 다음 중 진주광택 안료의 색채 특성을 측정하기 위하여 필요한 방법은?

① 다중각(Multiangle) 측정법
② 필터감소(Filter Reduction)법
③ 이중 모노크로메이터법(Two-monochromator Method)
④ 이중 모드법(Two-mode Method)

해설
진주광택 안료는 진주 표면에서 볼 수 있는 간섭효과를 이용한 안료이며, 보는 각도에 따라 광택과 색조의 변화를 다르게 나타낼 수 있다. 그러므로 색채 특성을 측정하기 위해서는 다중각 측정법을 이용한다. 이는 여러 대의 카메라로 동시에 촬영된 영상을 재생할 때 원격 조정으로 원하는 카메라를 선택할 수 있도록 하는 기능이다.

49 정확한 컬러 커뮤니케이션을 위해 측색값과 함께 기록되어야 하는 세부사항이 아닌 것은?

① 측정방법의 종류
② 표준광원의 종류
③ 등색함수의 종류
④ 색채재료의 물성

해설
정확한 컬러 커뮤니케이션을 위해 측색값과 함께 기록해야 할 세부사항으로는 색채 측정방식, 표준광의 종류, 표준관측자의 시야각, 3자극치의 계산방법, 등색함수의 종류 등이 있다.

50 CCM과 관련된 용어가 아닌 것은?

① 분광반사율
② 산란계수
③ 흡수계수
④ 연색지수

해설
④ 연색지수(CRI)는 연색성을 평가하는 단위이다.
CCM의 조색비 $K/S = (1 - R)^2/2R$로서 K는 흡수계수, S는 산란계수, R은 분광반사율을 의미한다.

46 ① 47 ② 48 ① 49 ④ 50 ④ 정답

51 **모니터를 보고 작업할 시 정확한 모니터 컬러를 보기 위한 일반적인 조건이 아닌 것은?**

① 모니터 캘리브레이션
② ICC 프로파일 인식 가능한 이미지 프로그램
③ 시간대에 따라 변하지 않는 일정한 조명환경
④ 높은 연색성(CRI)의 표준광원

해설
연색성은 인공광원이 얼마나 기준광과 비슷하게 물체의 색을 보여주는가를 나타내는 값으로 모니터 컬러 색채조절의 조건과 관계가 적다. 모니터의 색채조절을 위해서는 캘리브레이션, 즉 모니터의 색온도, 정확한 감마, 컬러 균형 등을 조절하는 과정을 통해 표준을 만드는 과정을 거쳐야 한다.

52 **한국산업규격(KS)에서 채용하고 있는 색채표시 체계가 아닌 것은?**

① 먼셀 색체계
② CIE XYZ
③ CIE LAB
④ NCS, PCCS

해설
한국산업규격(KS)에서 채용하고 있는 색채표시 체계는 먼셀, CIE 색체계이다.

53 **조명의 연색성에 관한 설명이 옳은 것은?**

① 연색 평가수를 산출하는 데 기준이 되는 광원은 시험 광원에 따라 다르다.
② 연색 평가수는 K로 표기한다.
③ 평균 연색 평가수의 계산에 사용하는 시험색은 5종류로 정한다.
④ 연색 평가수 50은 그 광원의 연색성이 기준 광원과 동일한 것을 표시한다.

해설
연색성은 광원의 성질에 따라 물체의 색이 달라 보이는 현상으로 물체색이 보이는 상태에 영향을 준다. 광원에 따라 같은 색이 다르게 보이는 이유는 두 색의 분광반사도의 차이 때문이다.

54 **육안조색 시 광원을 가장 중요시해야 하는 이유는?**

① 동화효과
② 연색성
③ 색순응
④ 메타머리즘

해설
메타머리즘(조건등색)은 분광반사율의 분포가 서로 다른 두 개의 색자극이 광원의 종류와 관찰자 등의 관찰조건을 일정하게 할 때에만 같은 색으로 보이는 현상을 말한다.

55 **다음 중 조건등색에 관한 설명으로 옳지 않은 것은?**

① 컴퓨터 자동조색은 아이소메트릭 매칭이 가능하다.
② 서로 다른 스펙트럼을 가진 물체는 조건등색이 일어나지 않는다.
③ 메타머리즘 지수는 광원에 따라 색이 얼마나 바뀌는지 수치적으로 나타낼 수 있다.
④ 색채 불일치는 광원에 따라 색이 다르게 보이는 현상이다.

해설
조건등색은 분광반사율이 서로 다른 두 가지색이 특정한 조명 아래 같은 색으로 보이는 현상을 말한다. 즉, 분광반사율이 다르지만 같은 색자극을 일으키는 현상이다.

정답 51 ④ 52 ④ 53 ① 54 ④ 55 ②

56 **육안검색 시 측정 환경에 대한 설명으로 틀린 것은?**

① 유리창, 커튼 등의 투과광선을 피한다.
② 환경색에 영향을 받지 않도록 한다.
③ 자연광일 경우 해가 지기 직전에 측정하는 것이 좋다.
④ 직사광선을 피한다.

해설
자연광은 해가 뜬 후 3시간부터 해가 지기 전 3시간까지의 자연광을 이용하고, 정한 시간 외에는 인공광원을 사용한다.

57 **CCM의 활용 효과가 아닌 것은?**

① 색채의 균일성
② 비용 절감
③ 작업속도 향상
④ 주변색의 색채변화 예측

해설
CCM은 조색시간을 단축할 수 있으며, 소재의 변화에 신속히 대응하는데 도움을 주며, 다품종 소량생산에 대응, 고객의 신뢰도를 구축, 컬러런트 구성이 효율적이다. 분광반사율을 기준색과 일치시키므로 정확한 아이소머리즘을 실현할 수 있다.

58 **북위 40도 지점에서 흐린 날 오후 2시경 북쪽 창문을 통하여 들어오는 빛이 속하는 CIE 표준광은?**

① CIE C 표준광
② CIE A 표준광
③ D_{65} 표준광
④ D_{50} 표준광

해설
북위 40도 지점에서 흐린 날 오후 2시경 북쪽 창문을 통하여 들어오는 빛은 6,774K 정도의 빛으로 표준광원 C에 속한다.

59 **디스플레이 모니터 해상도(Resolution)에 대한 설명이 틀린 것은?**

① 화소의 색채는 C, M, Y 스펙트럼 요소들이 섞여서 만들어진다.
② 디스플레이 모니터 내에 포함되어 있는 화소의 개수를 의미한다.
③ ppi(pixels per inch)로 표기하며, 이는 1인치 내에 들어갈 수 있는 화소의 수를 의미한다.
④ 동일한 해상도에서 모니터의 크기가 작아질수록 영상은 선명해진다.

해설
모니터 화소의 색채는 색광혼합 방식으로 R, G, B 요소들이 섞여서 만들어진다.

60 **자외선을 흡수하여 일정한 파장의 가시광선을 형광으로 발하는 성질을 이용하여 종이, 합성수지, 펄프, 양모 등의 백색도를 높이기 위하여 사용되는 염료는?**

① 합성염료
② 식용염료
③ 천연염료
④ 형광염료

해설
형광염료는 소량만 사용하며, 한도량을 초과하면 도리어 백색도가 줄고 청색이 되므로 주의한다. 주로 종이, 합성섬유, 합성수지, 펄프, 양모를 보다 희게 하기 위해 사용하며 스틸벤, 이미다졸, 쿠마린유도체, 페놀프탈레인 등이 있다.

56 ③ 57 ④ 58 ① 59 ① 60 ④ 정답

제4과목 색채지각의 이해

61 눈의 망막에 위치하는 광수용기 중 밤이나 어두운 곳에서 주로 동작하는 것은?

① 추상체 ② 양극세포
③ 파보세포 ④ 간상체

해설
간상체는 어두운 곳에서 더욱 활발하게 활동한다. 반면 추상체는 밝은 곳에서 활발해진다.

62 태양광선을 프리즘에 통과시키면 장파장에서 단파장까지 색이 구분된다. 다음 중 장파장에 해당되며 가장 적게 굴절되는 색은?

① 빨 강 ② 노 랑
③ 파 랑 ④ 보 라

해설
태양광선을 프리즘에 통과시키면 일반적인 삼각프리즘은 백색의 빛을 스펙트럼으로 분리할 수 있다. 백색을 구성하는 파장은 서로 다르게 굴절한다. 스펙트럼의 단파장(보라색)이 가장 많이 굴절하며 장파장(붉은색)은 가장 적게 굴절한다.

63 푸르킨예 현상에 대한 설명으로 틀린 것은?

① 간상체 시각은 단파장에 민감하다.
② 암순응이 되기 전에는 빨간색이 파란색에 비해 잘 보인다.
③ 추상체 시각은 장파장에 민감하다.
④ 암순응이 되면 상대적으로 빨간색이 더 잘 보인다.

해설
푸르킨예 현상은 간상체와 추상체 지각의 스펙트럼 민감도가 달라 일어나는 현상이다. 명소시(주간시)에서 암소시(야간시)로 이동할 때 생기는 것으로 광수용기의 민감도에 따라 낮에는 빨간색이 잘 보이다가 밤에는 파란색이 더 잘 보이는 현상이다.

64 파란색 선글라스를 끼고 보면 잠시 물체가 푸르게 보이던 것이 곧 익숙해져 본래의 물체색으로 보이는 것과 관련한 것은?

① 명암순응
② 색순응
③ 연색성
④ 항상성

해설
색순응은 조명에 의해 물체색이 바뀌어도 자신이 알고 있는 고유의 색으로 보이게 되는 현상이다. 즉, 한 곳을 오랫동안 계속 쳐다보고 있으면 그 색에 순응되어 색의 지각이 약해지는 것이다.

65 색채지각에 대한 설명이 틀린 것은?

① 연색성이란 색의 경연감에 관한 것으로 부드러운 느낌의 색을 의미한다.
② 밝은 곳에서 갑자기 어두운 곳으로 들어갔을 때 암순응 현상이 일어난다.
③ 터널의 출입구 부분에서는 명순응, 암순응의 원리가 모두 적용된다.
④ 조명광이나 물체색을 오랫동안 보면 그 색에 순응되어 색의 지각이 약해지는 현상을 색순응이라 한다.

해설
연색성은 같은 물체색이라도 광원의 분광에 따라 다른 색으로 지각되는 현상이다.

정답 61 ④ 62 ① 63 ④ 64 ② 65 ①

66 원판에 흰색과 검은색을 칠하여 팽이를 만들어 빠르게 회전시켰을 때 유채색이 느껴지는 것을 무엇이라 하는가?

① 푸르킨예 현상
② 메카로 효과
③ 잔상현상
④ 페히너 효과

해설
1838년 독일의 페히너는 원반의 반을 흰색, 검은색으로 칠한 후 고속으로 회전시켜 파스텔 톤의 연한 유채색 영상을 경험하였는데 이를 페히너 효과 혹은 주관색 현상이라고 한다. 즉, 흑백대비가 강한 미세한 패턴에서는 유채색이 보인다.

67 주목성의 강약 관계로 틀린 것은?

① 저채도의 노란색 < 고채도의 빨간색
② 따뜻한 느낌의 주황색 < 시원한 느낌의 파란색
③ 고채도의 파란색 < 고채도의 빨간색
④ 어두운 회색 < 선명한 초록색

해설
장파장의 난색 계열이 자극적이며 강한 느낌으로 주목성이 높다. 그러므로 따뜻한 느낌의 주황색 > 시원한 느낌의 파란색으로 고쳐야 한다.

68 색의 조화와 대비의 법칙을 발표하여 동시대비의 원리를 발견한 사람은?

① 문-스펜서(Moon & Spencer)
② 오스트발트(Friedrich Wilhelm Ostwald)
③ 파버 비렌(Faber Biren)
④ 슈브릴(M. E Chevreul)

해설
슈브릴은 프랑스의 화학자로 고블랭 직물제작소에서 염색과 직물을 연구하던 중 색채조화에 대한 몇 가지 중요한 사실을 발견하였고 가느다란 배색은 가까이 보면 분별할 수 있어도 일정 이상의 거리를 두면 병치혼색으로 하나의 색이 보인다고 하였다.

69 계시대비에 대한 설명이 틀린 것은?

① 계시대비는 먼저 본 색의 영향으로 다음에 본 색이 다르게 보이는 것을 말한다.
② 인접되는 색의 차이가 클수록 강해진다.
③ 잔상과 구별하기 힘들다.
④ 순간 다른 색상으로 보였다고 할지라도 일시적인 것이므로 시간이 지나면 원래 색으로 보인다.

해설
② 인접되는 색의 차이가 클수록 강해지는 것은 동시대비이다.
계시대비 : 어떤 색을 잠시 본 후 시간적인 차이를 두고 다른 색을 보았을 때 먼저 본 색의 영향으로 나중에 본 색이 다르게 보이는 현상이다.

70 감법혼합에 대한 설명 중 틀린 것은?

① 물감, 안료의 혼합이다.
② 사이안과 노랑을 혼합하면 녹색이 된다.
③ 혼합색이 원래의 색보다 명도는 낮고, 채도는 변하지 않는다.
④ 감법혼합의 3원색은 Cyan, Magenta, Yellow이다.

해설
감법혼합은 원래의 색보다 명도가 낮아지고 채도가 변하여 탁해진다.

66 ④ 67 ② 68 ④ 69 ② 70 ③ 정답

71 **두 색 이상의 색을 보게 될 때 때로는 색들끼리 서로 영향을 주어 인접색에 가까운 것으로 느껴지는 경우와 관련이 없는 것은?**

① 매스효과
② 전파효과
③ 줄눈효과
④ 동화효과

해설
매스효과는 면적대비 또는 양적대비에 속하며 색이 차지하고 있는 면적에 따라 색이 다르게 보이는 것으로 같은 색이라도 면적이 큰 경우 더욱 밝고 선명하게 보이는 현상이다. 같은 예로, 전시야, 소면적 제3색각이상이 있다.

72 **무대조명과 같이 두 개 이상의 스펙트럼을 동시에 겹쳐 합성된 결과의 혼색방법은?**

① 동시가법
② 동시감법
③ 병치혼색
④ 계시혼색

해설
무대조명은 가법혼색 방법이며 두 개 이상의 빛을 동시에 겹쳐 합성하는 동시가법혼색이다.

73 **병치혼색의 예로 옳은 것은?**

① 날실과 씨실로 짜여진 직물
② 무대 조명
③ 팽이와 같은 회전원판
④ 물감의 혼합

해설
병치혼색은 두 개 이상의 색을 병치시켜 일정 거리에서 바라보면 망막상에서 혼합되어 보이는 것으로 중간혼합의 일종이며 가법혼합에 속한다. 신인상파의 점묘화, 직물의 무늬색, 모자이크, 옵아트 등이 병치혼색 방법의 예이다. 무대 조명은 동시가법, 팽이와 같은 회전원판은 회전혼합, 물감의 혼합은 혼합할수록 명도가 낮아지는 감법혼합이다.

74 **회색의 배경색 위에 검은 선의 패턴을 그리면 배경색의 회색은 어두워 보이고, 흰 선의 패턴을 그리면 배경색이 하얀색 기미를 띠어 보이는 것과 관련된 현상(대비)은?**

① 동화현상
② 병치현상
③ 계시대비
④ 면적대비

해설
동화현상은 인접한 색의 영향을 받아 인접색에 가까운 색으로 보이는 현상이다.

75 **가산혼합에 관한 설명 중 틀린 것은?**

① 3원색을 모두 합하면 흰색이 된다.
② 혼합할수록 명도와 채도가 높아진다.
③ Red와 Green을 혼합하면 Yellow가 된다.
④ Green과 Blue를 혼합하면 Cyan이 된다.

해설
어떤 혼합방법이든 혼합할수록 채도(순도)는 낮아진다.

정답 71 ① 72 ① 73 ① 74 ① 75 ②

76 빛의 특성에 대한 설명으로 틀린 것은?

① 파장이 긴 쪽이 붉은색으로 보이고 파장이 짧은 쪽이 푸른색으로 보인다.
② 햇빛과 같이 모든 파장이 유사한 강도를 갖는 빛을 백색광이라 한다.
③ 백열전구(텅스텐 빛)는 장파장에 비하여 단파장이 상대적으로 강하다.
④ 회색으로 보이는 물체는 백색광 전체의 일률적인 빛의 감소에 의해서이다.

해설
백열전구(텅스텐 빛)는 따뜻한 붉은색 계열로 장파장이 상대적으로 강하게 느껴진다.

77 물체의 색이 결정되는 요인이 아닌 것은?

① 물체 표면에 떨어진 빛의 흡수율에 의해서
② 물체 표면에 떨어진 빛의 반사율에 의해서
③ 물체 표면에 떨어진 빛의 굴절률에 의해서
④ 물체 표면에 떨어진 빛의 투과율에 의해서

해설
굴절률은 빛이 다른 매질로 들어가면서 빛의 파동이 진행 방향을 바꾸는 것으로 무지개, 아지랑이, 별의 반짝임 등이 빛의 굴절에 의해 관찰된다.

78 빛에 대한 설명 중 옳은 것은?

① 분색된 단색광을 다시 프리즘을 통과시키면 다시 한번 분광된다.
② 자외선은 파장이 짧아 열선으로 사용된다.
③ 가시광선은 인간을 기준으로 한 것이므로 일부 다른 동물은 이 외의 것을 감지할 수도 있다.
④ 적외선은 자외선보다 파장이 짧지만 높은 에너지를 방출한다.

해설
① 분색된 단색광을 다시 프리즘을 통과시키면 백색광으로 모여진다.
②·④ 자외선은 파장이 짧아 사람의 피부를 태우거나 살균작용을 하며, 과도하게 노출될 경우 피부암을 유발할 수 있다. 열선(적외선)은 가시광선이나 자외선에 비해 강한 열작용을 가지고 있는 것이 특징이다.

79 색채의 공감각에서 미각의 설명 중 틀린 것은?

① 음식의 색상에 따라 식욕이 증진되기도 하고 감퇴되기도 한다.
② 빨간색은 강한 매운맛이 나는 색이다.
③ 파란색은 식욕을 감퇴시키는 색이다.
④ 보라색은 식욕을 증진시키는 색이다.

해설
파랑, 보라와 같은 단파장 계열은 오히려 식욕을 억제하는 데 도움을 준다.

80 자극이 이동해도 지속적으로 원자극과 유사한 색상이나 밝기가 나타나는 현상은?

① 대비현상
② 심리보색 현상
③ 음성잔상
④ 양성잔상

해설
양성잔상(정의 잔상)은 색의 자극이 흥분한 상태로 지속되고 자극이 없어져도 원래의 자극과 동일한 상이 지속적으로 느껴지는 현상을 말한다.

정답: 76 ③ 77 ③ 78 ③ 79 ④ 80 ④

제5과목 색채체계의 이해

81 한국의 전통색에서 오방색 사용의 예가 아닌 것은?

① 사찰과 궁궐의 단청
② 설날의 떡국
③ 백의민족
④ 혼례복의 색동저고리

해설
③ 한을 담아 흰 옷을 입은 한민족을 뜻하며 오방색과는 관련이 없다.

82 다음의 ( ) 안에 들어갈 내용이 순서대로 옳게 나열된 것은?

원거리에서도 식별이 쉬운 대상물의 존재 또는 모양을 (A)이 높다고 한다. (A)이 가장 높은 배색은 (B)이다.

① A : 유목성, B : 빨강 – 파랑
② A : 시인성, B : 노랑 – 검정
③ A : 유목성, B : 노랑 – 검정
④ A : 시인성, B : 빨강 – 파랑

해설
시인성은 원거리에서도 대상의 식별이 쉬운 성질, 물체의 색이 얼마나 뚜렷이 잘 보이는가의 정도로 명시성, 가시성이라고도 한다. 색의 3속성 중에서 배경과 대상의 명도 차이가 클수록 잘 보이고, 명도차가 있으면서도 색상 차이가 크고 채도 차이가 있으면 시인성이 높다. 따라서 이 조건을 다 갖춘 노랑과 검정의 배색이 시인성이 가장 높다.

83 오스트발트 색체계를 기초로 실용화된 독일공업규격은?

① JIS
② RAL
③ PCCS
④ DIN

해설
DIN : 오스트발트 색체계를 기본으로 산업발전과 통일된 규격을 위하여 독일의 표준기관인 DIN에서 도입한 색체계이다. 다양한 색채측정과 밀접하게 연관된 수많은 정량적 측정에 이용할 수 있다.

84 다음 중 관용색명이 아닌 것은?

① Prussian Blue
② Peacock Blue
③ Grayish Blue
④ Beige

해설
Grayish Blue는 일반색명(계통색명)법이다.

85 전통색이름과 설명이 옳은 것은?

① 지황색 – 종이의 백색
② 담자색 – 홍색과 주색의 중간색
③ 치색 – 스님의 옷색
④ 감색 – 아주 연한 붉은색

해설
① 지황색 : 누런 황색, 영지를 말한다.
② 담자색 : 밝은 회색이 섞인 연한 보라색이다.
④ 감색 : 쪽남으로 짙게 물들여 검은빛을 띤 어두운 남색이다.

정답 81 ③ 82 ② 83 ④ 84 ③ 85 ③

86 DIN 색체계에 대한 설명으로 틀린 것은?

① 색상 : 암도 : 포화도의 순으로 표기한다.
② 색상을 24색으로 분할하였다.
③ 암도의 표기는 D(Dunkelstufe)로 한다.
④ 포화도는 S로 표기하며 0~15까지의 수로 표현된다.

해설
DIN 색체계의 표기법은 색상 : 포화도 : 암도이다.

87 색채조화의 공통된 원리로서 가장 가까운 색채끼리의 배색으로 친근감과 조화를 느끼게 하는 조화원리는?

① 동류의 원리
② 질서의 원리
③ 명료성의 원리
④ 대비의 원리

해설
저드의 색채조화론에는 질서의 원리, 비모호성의 원리, 동류의 원리, 유사의 원리가 있다. 친근감과 조화를 이루는 원리는 동류의 원리이다.

88 NCS 색체계에 대한 설명으로 옳은 것은?

① 뉘앙스는 색채 서술에 관한 용어이다.
② 색채 표기는 검은색도 – 유채색도 – 색상의 순으로 한다.
③ 색체계의 기본은 영–헬름홀츠의 원색설에서 출발한다.
④ 색채 표기에서 "S"는 Saturation(채도)을 나타낸다.

해설
NCS 색체계는 헤링의 4원색을 기본으로 사용하며, 혼합비는 S(흑색량) + W(백색량) + C(유채색량) = 100%로 표시되는데 혼합비의 세 가지 속성 가운데 흑색량과 순색량의 뉘앙스만 표기한다.

89 현색계에 대한 설명이 틀린 것은?

① 색지각에 따라 분류되는 체계를 말한다.
② 조색, 검사 등에 적합한 오차를 적용할 수 있다.
③ 조건등색과 광원의 영향을 많이 받는다.
④ 형광색이나 고채도 염료의 경우 판단이 어렵다.

해설
현색계는 인간의 시점에 의존하므로 관측하는 사람에 따라 주관적으로 값이 정해져 정밀한 색 좌표를 구하기 어렵다. 그래서 조색, 검사 등에 적합한 오차를 적용하기 어렵다.

90 혼색계의 장점이 아닌 것은?

① 정확한 측정이 가능하다.
② 환경을 임의로 설정하여 측정할 수 있다.
③ 수치로 표기되어 변색, 탈색 등의 물리적 영향이 없다.
④ 지각적으로 일정하게 배열되어 있다.

해설
시각적으로 지각되며 일정하게 배열하고 공간을 체계화시킨 것은 현색계이다.

86 ① 87 ① 88 ② 89 ② 90 ④ 정답

91 색채조화에 대한 설명으로 틀린 것은?

① 2색 또는 3색 이상의 배색에 질서를 부여하는 것이다.
② 조화로운 배색을 위해서는 여러 가지 배색의 질서를 알아야 한다.
③ 배색의 형식과 그 평가와의 관계를 연구하는 분야이다.
④ 색채조화의 보편적인 원칙에 의존하는 것이 좋은 배색계획이다.

해설
사실 색채조화에는 정답이 없다. 따라서 보편적 원칙에 의존하는 것이 아니라 어떤 이론이나 법칙은 자료로 참고할 뿐 절대적으로 사용하는 것은 좋은 배색계획이라 할 수 없다.

92 ISCC-NIST 색명법의 표기방법 중 영역 부분에 대한 설명으로 틀린 것은?

① 명도가 높은 것은 Light, Very Light로 구분한다.
② 채도가 높은 것은 Strong, Vivid로 구분한다.
③ 명도와 채도가 함께 높은 부분을 Brilliant로 구분한다.
④ 명도는 낮고, 채도가 높은 부분을 Dark로 구분한다.

해설
명도와 채도가 낮은 색조를 Dark로 구분한다.

93 CIE LAB 색공간에서 밝기를 나타내는 L값과 같은 의미를 지니고 있는 CIE XYZ 색공간에서의 값은?

① X
② Y
③ Z
④ X + Y + Z

해설
CIE XYZ 색체계는 1931년 국제조명위원회에서 제정한 표준 측색시스템으로 가법혼색(RGB)의 원리를 이용해 빨간색은 X센서, 초록색은 Y센서, 파란색은 Z센서에서 감지하여 XYZ 3자극치의 값을 표시하는 것이다. Y값은 초록색의 자극치로 명도값을 나타낸다. X는 빨간색, Z는 파란색이 자극치에 일치한다.

94 CIE L*a*b*의 색값으로 맞는 것은?

① −a*, +b*의 값은 연두색(GY)이다.
② +a*, +b*의 값은 보라색(RB)이다.
③ −a*, −b*의 값은 주황색(YR)이다.
④ +a*, −b*의 값은 청록색(BG)이다.

해설
+a*는 빨강, −a*는 초록, +b*는 노랑, −b*는 파랑이다.

95 '색의 3속성에 의한 표시방법'이란 제목으로 한국산업규격(KS)에서 채택하고 있는 표준 색체계는?

① 오스트발트 표색계
② NCS 표색계
③ DIN 표색계
④ 먼셀 표색계

해설
먼셀 표색계는 지각색을 체계화한 현색계로 우리나라 한국공업규격으로는 KS A 0062(색의 3속성에 의한 표시방법)에서 채택하고 있다. 주로 한국, 미국, 일본 등에서 사용되고 있다.

정답 91 ④ 92 ④ 93 ② 94 ① 95 ④

96 **색채배색에 대한 설명으로 틀린 것은?**

① 동일한 화면 내에 소구력이 같은 대비색이 두 쌍이면 혼란을 초래한다.
② 고명도의 색은 전체적으로 경쾌한 인상을 준다.
③ 채도대비, 명도대비, 보색대비 순서로 강한 주목성을 지닌다.
④ 난색의 넓은 면적은 따뜻한 인상을 준다.

해설
채도대비는 채도가 서로 다른 두 가지 색이 배색되어 있을 때 생기는 대비로 채도가 높은 색채는 더욱 선명해 보이고, 채도가 낮은 색채는 더욱 흐리게 보이는 현상이다. 3속성 대비 중 대비효과가 가장 약하다.

97 **PCCS 색체계의 구성 특징에 대한 설명으로 가장 올바른 것은?**

① 명도 기호는 먼셀 색체계의 명도에 맞추어 백색은 9.5, 흑색은 1.5로 하여 총 10단계로 구성
② 물체색을 대상으로 함으로써 색료의 3원색을 기본으로 하여 색상환을 구성
③ 채도는 9단계가 되도록 하여 모든 색상의 최고 채도를 9s로 표시
④ R, Y, G, B, P의 5색상과 각 색의 심리보색을 대응시켜 10색상을 기본 색상으로 구성

해설
PCCS 색체계는 1964년 일본 색채연구소에서 색채조화를 주요 목적으로 개발하였다. Tone의 개념으로 도입되었고 색조를 색공간에 설정하였다. 채도는 9단계로 구분해 사용한다.

98 **먼셀의 균형이론 관점에서 볼 때 가장 이상적인 조화로 묶인 것은?**

① 5Y 8/3, 5R 3/7
② 7.5G 6/4, 2.5P 6/4
③ 2.5R 2/2, 5B 5/5
④ 5R 7/5, 5BG 3/5

해설
먼셀의 색채조화론은 균형의 원리를 조화의 기본으로 하였다. 회전혼색법을 사용하여 두 개 이상의 색을 배색했을 때 명도단계가 N5인 경우 색들이 가장 안정된 조화를 이룬다고 주장했다.

99 **다음 오방색 – 색채 상징(오행, 계절, 방위)의 연결이 틀린 것은?**

① 청 – 나무, 봄, 동쪽
② 백 – 쇠, 가을, 서쪽
③ 황 – 불, 여름, 남쪽
④ 흑 – 물, 겨울, 북쪽

해설
황색은 토(土), 토용(土用), 중앙을 상징하며, 불・여름・남쪽을 상징하는 것은 적색이다.

100 **비렌의 색채조화론에서 사용하는 용어가 아닌 것은?**

① 비렌의 색 삼각형
② 바른 연속의 미
③ Tint, Tone, Shade
④ Scalar Moment

해설
Scalar Moment는 문–스펜서의 면적비례에 적용되는 용어이다.

96 ③ 97 ③ 98 ④ 99 ③ 100 ④ 정답

참 / 고 / 문 / 헌

[도 서]

- 강수경, 선혜경, 은광희, 이수경(2020). **컬러리스트기사·산업기사 필기 한권으로 끝내기**. (주)시대고시기획.
- 강현주(2004). **열두 줄의 20세기 디자인사**. 디자인하우스.
- 곽호완(2008). **실험심리학 용어사전**. 시그마프레스(주).
- 권명광(1995). **근대디자인사 : 산업혁명에서 바우하우스까지**. 미진사.
- 김민기, 김유선(2016). **NEW 출제경향대비 컬러리스트 필기시험 이론편**. 미진사.
- 김진한(2008). **색채의 원리**. (주)시공사.
- 김태호(2002). **21세기 현대 디자인 사전**. 조형사.
- 문은배(2005). **색채의 이해와 활용**. 안그라픽스.
- 문은배(2011). **색채디자인 교과서**. 안그라픽스.
- 문은배(2012). **한국의 전통색**. 안그라픽스.
- 박연선(2007). **색채용어사전**. 도서출판 예림.
- 박연실(2014). **현대디자인의 역사**. 이담books.
- 배용진, 이정은, 김남일(2014). **컬러리스트 이론편**. 지구문화사.
- 복전방부(2016). **색채조화론**. 계명대학교출판부.
- 사단법인 한국색채학회(2002). **컬러리스트 이론편**. 도서출판 국제.
- 에바 헬러 저/문은배 감수/이영희 역(2003). **색의 유혹**. 예담.
- 요하네스 이텐 저/김수석 역(2008). **색채의 예술**. 지구문화사.
- 유한나(2010). **색채와 디자인**. 백산출판사.
- 이재만(2011). **한국의 전통색**. 일진사.
- 조영우(2016). **컬러리스트기사·산업기사 필기 이론편**. 예문사.
- 주리애(2017). **색즉소울**. 학지사.
- 칸딘스키 저/권영필 역(2010). **예술에서의 정신적인 것에 대하여**. 열화당미술책방.
- 파버 비렌 저/김진한 역(2008). **색채의 영향**. (주)시공사.
- 파버 비렌 저/김화중 역(2012). **색채 심리**. 동국출판사.
- 필립 코틀러 저/이진원 역(2007). **퍼블릭 마케팅**. 위즈덤하우스.
- 한국색채연구소(2006). **아동색채교육**. 미진사.
- Birren, Faber(1987). **Principles of color : a review of past traditions and modern theories of color harmony**. Schifferbk.
- E. Bruce Goldstein 저/김정오, 곽호완, 남종호, 도경수, 박권생, 박창호, 정상철 역(2010). **감각과 지각**. 센게이지러닝토리아(주).
- Ferebee, Ann 저/유근준 역(1983). **디자인 역사**. 청우.

[논 문]

- 관월(2018). 문-스펜서 색채이론에 기반한 패션 트렌드 배색의 정량적 미적 가치와 인간 감성의 관련성. 연세대학교 학위논문.
- 김동호, 차희철(2005). 컬러 커뮤니케이션 기술 동향. *Fiber Technology and Industry, 9*(4), 327-340.
- 김미경(1997). 먼셀 色體系를 기본으로 한 色彩調和論에 대한 연구. 먼셀 색체계를 기본으로 한 색채조화론(19), 19-22.

- 김정호, 이선영, 윤용한(2013). 도시지역 내 하천경관이 대학생의 기분 개선에 미치는 영향. 서울도시연구, 14(1).
- 박혜정(2003). 자연색채체계(Natural Color System)에 근거한 색채교육방법. 자연색체계(NCS : Natural Color System)(15), 15-28.
- 산업통상자원부(2015). 공공디자인 현황분석 및 개선방안연구.
- 송민기, 정진우(2018). 미도를 이용한 정량적 색채 배색에 관한 실험 연구. 한국기초조형학회, 329-343, 전북대학교 학위논문.
- 윤성혁(2018). 테스트 패턴 형태에 따른 색차의 시각적 평가. 한국산업기술대학교 일반대학원 전자공학과 석사학위논문.
- 윤현덕(2003). KS A 0011 "물체색의 색이름"을 활용한 표색체계 학습의 프로그램 개발연구. 표색체계(25), 26-63.
- 이대일(2006). 근대 디자인사에서 바우하우스의 의미에 대한 연구. 한국미술교육학회, 2-26.
- 이성규(2010). PCCS(Practical Color Co-ordinate System) 색체계를 활용한 색채 배색 교육연구. 국민대학교 교육대학원 석사학위논문.
- 이정현(2007). Ostwald 색채 조화론을 이용한 조화색 추천. 감성과학, 10(1).
- 주대원(2018). Hue & Tone 130색 RGB의 먼셀 HVC 분석. 한국색채학회, 77-88.
- 채승진, 신현봉(2004). 디자인사 연구의 역사 : 대표적인 디자인 역사 저술을 중심으로. 한국디자인학회, 4-7.
- 허태욱, 김진서, 보맹섭(2002). 컬러 어피어런스 모델의 구조 및 특성. *Electronics and Telecommunications Trends, 17*(6), 173-181.
- Sharma, G. Wu, W. Dalal, E. N. (2005). The CIEDE2000 color-difference formula: Implementation notes, supplementary test data, and mathematical observations. *Color research and application, 30*(1), 21-30.

[웹사이트]

- (사)한국심리학회_www.koreanpsychology.or.kr
- 경영인사이트_https://blog.naver.com/csh2375/221165758894
- 국가법령정보센터_www.law.go.kr
- 국가표준인증 통합정보시스템_https://standard.go.kr/KSCI/portalindex.do
- 네이버 지식백과(호이겐스의 원리는 무엇인가?)_https://terms.naver.com/entry.nhn?docId=3551880&cid=60337&categoryId=60337
- 대한민국 과학기술대전_www.scienceall.com
- 두산백과_https://www.doopedia.co.kr
- 안전보건공단_www.kosha.or.kr
- 위키백과_https://ko.wikipedia.org/wiki
- 재독한국과학기술자협회_www.vekni.org

[그림 출처]

- **페루 전통의상**_https://myperutrip2016.weebly.com/uploads/4/5/4/9/45495183/4712361_orig.jpg
- **원통형 궁륭**_https://upload.wikimedia.org/wikipedia/commons/2/2f/Barrel_Vault.jpg
- **교차 궁륭**_https://upload.wikimedia.org/wikipedia/commons/1/17/Porticoguardiagrele.jpg
- **샤르트르 대성당**_https://t1.daumcdn.net/cfile/tistory/262F3D385210293E1A
- **로코코 시대 실내 장식**_https://pbs.twimg.com/media/CaCKD1MUcAANCxQ.jpg:large
- **빈 우체국 저축은행(오토 바그너)**_https://encrypted-tbn0.gstatic.com/images?q=tbn:ANd9GcSg01kjHX2WMJTdf-anDYvu02dxEBfs1cjF6YjP4e9rzgalMlwa&s
  http://mblogthumb2.phinf.naver.net/20121207_13/myspace04_13548704406742rvk9_PNG/%BF%EC%C3%BC%B1%B9%C6%F2%B8%E9.PNG?type=w2

- 도시 기차역 칼스플라츠(오토 바그너)_https://encrypted-tbn0.gstatic.com/images
- 베르크분트 극장(앙리 반데벨데)_https://www.elespace.io/wiki/page/e/file/thumbnail/view/1164/e_meta
- 독일공작연맹(피터 베렌스)_http://ksdpr.or.kr/file/webzine/3/wz_3_5_4_1537196452.jpg
- 아르누보 스타일_https://encrypted-tbn0.gstatic.com/images?q=tbn:ANd9GcRKhiS9oZxd4ktVnyV9BLmFoCpd2uU43Q1_K6UWiehOFrQ2RzWG&s
https://encrypted-tbn0.gstatic.com/images?q=tbn:ANd9GcRvCPlYn-1ZWw-DZxFbXIwvge2thbH8Y3QPO_nr6CjAhrXffqs6Kg&s
- 붉은 방(앙리 마티스)_https://guri.hyumc.com/upload/ckfinder/images/Magazine/05/%EC%95%99%EB%A6%AC%20%EB%A7%88%ED%8B%B0%EC%8A%A4_%EB%B6%89%EC%9D%80%20%EB%B0%A9.jpg
- 베로니카(조르주 루오)_http://cfile232.uf.daum.net/image/2161CD3C578E0FF334D21B
- 아비뇽의 처녀들(파블로 피카소)_https://img1.daumcdn.net/thumb/R800x0/?scode=mtistory2&fname=https%3A%2F%2Ft1.daumcdn.net%2Fcfile%2Ftistory%2F261DFB505947E6BB25
- 르 코르뷔지에의 모더니즘 양식_http://www.kyosu.net/news/photo/200606/5000/4928_3f03eac5.jpg
- 데 스테일_http://cfile213.uf.daum.net/image/2151243554C1FD0B323638
- 샘(마르셀 뒤샹)_http://mblogthumb4.phinf.naver.net/20160222_119/uidesignmage_14561376053849vEKO_JPEG/sgsgsegs.jpg?type=w2
- 기억의 지속(살바도르 달리)_https://t1.daumcdn.net/cfile/tistory/2365CC4854AB4C3724
- 데칼코마니(르네 마그리트)_https://greencurator.co.kr/shop/item.php?it_id=GC17-A502-RM14MOT
- 블라드미르 쿠쉬_http://cfile202.uf.daum.net/image/2211F54554B49AAD048F58
- 게하르트 리히터_http://www.artkoreatv.com/news/photo/201804/50687_133286_2541.jpg
- 미니멀 아트(도널드 저드)_https://scontent-yyz1-1.cdninstagram.com/vp/142e02c042792a6ad4a6374e009482ec/5E2428A7/t51.2885-15/sh0.08/e35/c0.117.937.937a/s640x640/46261738_111964279846126_1262378523342241121_n.jpg
- 마릴린 먼로_http://artkoreashop.speedgabia.com/shoppingmall/02-fullimage-common/06-popart/1-w/002.jpg
- 행복한 눈물(리히텐슈타인)_http://www.schoolprint.co.kr/schoolprintcokr/down/item/%EB%A6%AC%ED%9E%88%ED%85%90%EC%8A%88%ED%83%80%EC%9D%B8-%ED%96%89%EB%B3%B5%ED%95%9C%EB%88%88%EB%AC%BC.gif
- 옵아트(바자렐리)_http://cfile212.uf.daum.net/image/11619C36514C128209FF2D
- 포스트모더니즘_https://i1.wp.com/www.hisour.com/wp-content/uploads/2018/03/Post-postmodernism.jpg
http://sekainomuseum.com/wp-content/uploads/2017/04/article-0-003C1EA5000004B0-429_634x441.jpg
- 베르나르 추미_http://www.ecola.co.kr/goGallery/attach/800px-paris_parc_de_la_villette_cite_des_sciences_la_geode_folie_200501_tjdgus2009.jpg
- 풍선개(제프쿤스)_https://img1.daumcdn.net/thumb/R800x0/
- 매달린 마음(제프쿤스)_http://image.chosun.com/sitedata/image/201107/15/2011071501005_2.jpg
- 먼셀 색표집_http://www.pantone.kr/product/detail.html?product_no=133&cate_no=80&display_group=1
- NCS_http://ncscolor.kr/ncs_color_system.html
- 하위헌스의 빛이 파동 원리_재독한국과학기술자협회
- 선 하나로 공간을 왜곡시킨 매장_http://www.wikitree.co.kr/main/news_view.php?id=161350
- 회전혼합의 예_대교학습백과
- 자연에서 얻은 색의 조화_DISCOVER IMAGE
- RAL 색체계_https://www.amazon.com/RAL-K7-Colour-fan-deck/dp/B000TZFQXC

좋은 책을 만드는 길
독자님과 함께하겠습니다.

도서나 동영상에 궁금한 점, 아쉬운 점, 만족스러운 점이
있으시다면 어떤 의견이라도 말씀해 주세요.
SD에듀는 독자님의 의견을 모아 더 좋은 책으로 보답하겠습니다.

www.sdedu.co.kr

Win-Q 컬러리스트기사 · 산업기사 필기

개정2판1쇄 발행	2023년 01월 05일 (인쇄 2022년 11월 28일)
초 판 발 행	2021년 02월 05일 (인쇄 2020년 12월 30일)
발 행 인	박영일
책 임 편 집	이해욱
편 저	민율미, 정민경, 안영선
편 집 진 행	윤진영 · 김미애
표지디자인	권은경 · 길전홍선
편집디자인	심혜림 · 박동진
발 행 처	(주)시대고시기획
출 판 등 록	제10-1521호
주 소	서울시 마포구 큰우물로 75 [도화동 538 성지 B/D] 9F
전 화	1600-3600
팩 스	02-701-8823
홈 페 이 지	www.sdedu.co.kr
I S B N	979-11-383-3858-5(13650)
정 가	34,000원